DIREITO CONSTITUCIONAL

KILDARE GONÇALVES CARVALHO
Professor de Direito Constitucional na Faculdade de Direito Milton Campos.
Desembargador do Tribunal de Justiça de Minas Gerais.
Ex-Presidente do Tribunal Regional Eleitoral de Minas Gerais.
Atual 2º Vice-Presidente do TJMG e Superintendente da Escola Judicial – EJEF

DIREITO CONSTITUCIONAL POSITIVO

VOLUME 2 – 21ª edição

Del Rey Editora

Belo Horizonte
2015

Impresso no Brasil | *Printed in Brazil*

EDITORA DEL REY LTDA.
www.livrariadelrey.com.br

Editor: Arnaldo Oliveira

Editor Adjunto: Ricardo A. Malheiros Fiuza

Editora Assistente: Waneska Diniz

Coordenação Editorial: Wendell Campos Borges

Projeto gráfico: Lucila Pangracio Azevedo

Diagramação: Lucila Pangracio Azevedo

Revisão: Responsabilidade do autor

Capa: João Bosco Mourão

Editora / MG
Editora / MG
Rua dos Goitacazes, 71 – Sala 709-C – Centro
Belo Horizonte – MG – CEP 30190-050
Tel: (31) 3284-5845
editora@delreyonline.com.br

C331d Carvalho, Kildare Gonçalves
Direito Constitucional positivo. / Kildare Gonçalves Carvalho. 21. ed. Belo Horizonte: Del Rey, 2015.
v. 2, xxii, 938 p.
ISBN: 978-85-384-0398-2
1. Brasil. [Constituição (1988)]. 2. Direito constitucional. 3. Direito constitucional, Brasil. I. Título.
CDU: 342

Nilcéia Lage de Medeiros
Bibliotecária
CRB6: 1545

SUMÁRIO

PREFÁCIO

Kildare Gonçalves Carvalho, conceituado magistrado e professor, constitucionalista de escol, brinda-nos com a 21ª edição do seu "Direito Constitucional", livro que tem tido grande sucesso editorial.

O livro vem em boa hora. É que se tem, com o neoconstitucioalismo, a constitucionalização de todo o direito. Obras novas, portanto, de Direito Constitucional, que vive, anota Luís Roberto Barroso, verdadeiro triunfalismo, são benfazejas, são saudadas com alegria pelos juristas.

Cuidamos, aqui, do "Direito Constitucional Positivo," assim do segundo volume da obra.

Livro muito citado pelos estudiosos do Direito Constitucional e pelos advogados e juízes, é o "Direito Constitucional Positivo," do professor José Afonso da Silva. Agora, os estudiosos do Direito Constitucional e os operadores do Direito terão à mão outro livro no mesmo estilo. A obra do professor Kildare Gonçalves Carvalho é completa, sob todos os aspectos.

Anote-se que Kildare alia os seus vastos conhecimentos teóricos a sua experiência de magistrado. Tenho dito, recordando, aliás, o que proclamava o saudoso ministro Sálvio de Figueiredo Teixeira – Sálvio foi dos maiores juízes e juristas deste país – que é bom que o juiz seja professor e que o professor seja juiz, advogado militante, procurador, que seja, enfim, profissional do direito. É que o professor, que é somente professor, por não ter um laboratório de casos, a sua tendência é ficar com o direito puro, distante da realidade. Já o juiz, somente juiz, raciocina mais sob o ponto de vista prático, elaborando ilhas de conhecimento, é dizer, sem emprestar caráter sistemático ao direito.

Ora, o direito, segundo Miguel Reale, o mestre notável, que desenvolveu a famosa doutrina da teoria tridimensional do direito – o que fora aventado por E. Lask, G. Radbruch, Roscoe Pound e W. Sauer – deve ser estudado sob o ponto de vista da norma, dos valores (axiológico, valores buscados pela sociedade) e do fato social.[1]

O direito há de ser compreendido, em consequência, sob o ponto de vista doutrinário (desenvolvimento da norma), ao fato, com destaque, no ponto, da práxis (trabalho do juiz, do operador do direito, em termos empíricos, diante do fato) e dos valores perseguidos pela sociedade. A associação da doutrina à práxis, ao fato, na busca dos valores, faz ecléticos o juiz e o professor. É por isso que Sálvio exortava o

---

1 REALE, Miguel, "*Teoria Tridimensional do Direito*", 5ª edição, S. Paulo, 1994.

juiz a dedicar-se ao magistério, e que o professor fosse também operador do direito, profissional do direito.

O livro do professor e desembargador Kildare Gonçalves Carvalho associa conhecimentos teóricos ao direito vivo, direito que tem presente o fato que lhe dá nascimento, direito construído pelos juízes.

Em vinte capítulos, racionalmente elaborados, começa o livro por cuidar do Preâmbulo da Constituição. Examina, em seguida, nos capítulos 2 a 6, os Princípios Fundamentais do Estado brasileiro, os Direitos e Garantias Constitucionais, que são estudados extensamente, os Direitos da Nacionalidade, os Direitos Políticos e os Sistemas Eleitorais, os Partidos Políticos e os Grupos de Pressão. No capítulo 7, trata do Estado Federal e segue analisando, nos demais capítulos, a Administração Pública, o Poder Legislativo, o Processo Legislativo, a Fiscalização Contábil, Financeira e Orçamentária, o Poder Executivo, o Poder Judiciário, as Funções Essenciais à Justiça (Ministério Público, Advocacia Pública, Defensoria Pública e Advocacia), a Defesa do Estado e das Instituições Democráticas, a Tributação e o Orçamento, a Ordem Econômica e Financeira, a Ordem Social, as Disposições Constitucionais Gerais e o Ato das Disposições Constitucionais Transitórias.

Nada faltou, está-se a ver, na obra do professor Kildare Gonçalves Carvalho. Bem assinala o professor Ricardo Arnaldo Malheiros Fiúza, que ela "é mesmo obra completa, com aquele condão singular de ser útil e necessária (...) a todos os profissionais do Direito."

Num tempo em que, leciona Paulo Bonavides, "*entram em cotejo triunfal as direções metodológicas de modernização do Direito Constitucional, abrindo espaço ao advento da tópica, da teoria material da Constituição, do pós-positivismo, e de todos os movimentos renovadores, empenhados doravante em fazer a lei suprema girar ao redor dos direitos fundamentais num grau em que é mais importante garantir direitos do que simplesmente enunciá-los mediante textos formais*",[2] o livro que ora tenho a honra de prefaciar deve ser saudado com fervoroso júbilo.

Carlos Mário da Silva Velloso

Ministro aposentado, ex-presidente do Supremo Tribunal Federal e do Tribunal Superior Eleitoral; professor emérito da Universidade de Brasília (UnB) e da PUC/MG, em cujas Faculdades de Direito foi professor titular de Direito Constitucional e Teoria Geral do Direito Público; advogado.

---

2 BONAVIDES, Paulo, "*Curso de Direito Constitucional*", Malheiros ed., 16ª edição, 2005, prefácio, p. 20.

NOTA À 21ª EDIÇÃO

A 21ª edição deste trabalho anota as Emendas à Constituição promulgadas nos anos de 2013 e 2014, a legislação infraconstitucional, os atos normativos diretamente relacionados com a Constituição de 1988, e a jurisprudência constitucional do Supremo Tribunal Federal, naquele período.

No domínio do Direito Constitucional Jurisprudencial, há referência, nesta edição, aos seguintes julgados do Supremo Tribunal, entre outros: ADIs 4357 e 4425, em que foi declarado inconstitucional o regime especial para pagamento de crédito de precatórios de Estados, Distrito Federal e Municípios, instituído pela EC n. 62/2009; ADI 4917 MC/DF, em que foram suspensos os efeitos dos arts. 42-B; 42-C; 48, II; 49, II; 49-A; 49-B; 49-C; § 2º do art. 50; 50-A; 50-B; 50-C; 50-D; e 50-E da Lei n. 9.478/97, com as alterações promovidas pela Lei n. 12.734/2012, que introduziu novas regras de distribuição dos *royalties* e participações especiais devidos pela exploração do petróleo; ADI 454-DF, em que se declarou inconstitucional o art. 5º da Lei n. 12.034/2009, que cria o voto impresso a partir das eleições de 2014, por comprometer o sigilo e a inviolabilidade do voto assegurados pelo art. 14, e inciso II do § 4º do artigo 60, da CF; MS (preventivo) 32033/DF, impetrado por Senador alegando ofensa ao devido processo legislativo na tramitação do Projeto de Lei - PL 4.470/2012 (Câmara dos Deputados), convertido no Senado no Projeto de Lei da Câmara - PLC 14/2013, que estabelece novas regras para a distribuição de recursos do fundo partidário e de horário de propaganda eleitoral no rádio e na televisão, nas hipóteses de migração partidária.

O Supremo Tribunal Federal, em 2014, editou as Súmulas Vinculantes ns. 33 a 37, anotadas nesta 21ª edição.

Foram promulgadas as seguintes Emendas Constitucionais, em 2013: EC n. 72, que altera a redação do parágrafo único do art. 7º da Constituição Federal para estabelecer a igualdade de direitos trabalhistas entre os trabalhadores domésticos e os demais trabalhadores urbanos e rurais; EC n.73, que cria os Tribunais Regionais Federais da 6ª, 7ª, 8ª e 9ª Regiões; EC n. 74, que acrescenta o § 3º ao art. 134 da Constituição Federal, para determinar que se aplique às Defensorias Públicas da União e do Distrito Federal o disposto no § 2º deste mesmo artigo, assegurando-lhes autonomia funcional e administrativa e a iniciativa de sua proposta orçamentária; EC n. 75, que acrescenta a alínea *e* ao inciso VI do art. 150 da Constituição Federal, instituindo imunidade tributária sobre os fonogramas e videofonogramas musicais produzidos no Brasil contendo obras musicais ou literomusicais de autores brasileiros e/ou obras em geral interpretadas por artistas brasileiros bem como os suportes materiais ou arquivos digitais que os contenham; EC n. 76, que altera o § 2º do art. 55 e o § 4º do art. 66 da Constituição Federal, para abolir a votação secreta nos casos de perda de mandato de Deputado ou Senador e de apreciação de veto.

No ano de 2014, promulgaram-se as Emendas Constitucionais assim enunciadas: EC n. 77, que altera os incisos II, III e VIII do § 3º do art. 142 da Constituição Federal, para estender aos profissionais de saúde das Forças Armadas a possibilidade de cumulação de cargo a que se refere o art. 37, inciso XVI, alínea "c"; EC n. 78, que acrescenta art. 54-A ao Ato das Disposições Constitucionais Transitórias, para dispor sobre indenização devida aos seringueiros de que trata o art. 54 desse Ato; EC n. 79, que altera o art. 31 da Emenda Constitucional n. 19, de 4 de junho de 1998, para prever a inclusão, em quadro em extinção da Administração Federal, de servidores e policiais militares admitidos pelos Estados do Amapá e de Roraima, na fase de instalação dessas unidades federadas; EC n. 80, que altera o Capítulo IV - Das Funções Essenciais à Justiça, do Título IV - Da Organização dos Poderes, e acrescenta artigo ao Ato das Disposições Constitucionais Transitórias da Constituição Federal; EC n. 81, que dá nova redação ao art. 243 da Constituição Federal; EC n. 82, que inclui o § 10 ao art. 144 da Constituição Federal, para disciplinar a segurança viária no âmbito dos Estados, do Distrito Federal e dos Municípios; EC n. 83, que acrescenta o art. 92-A ao Ato das Disposições Constitucionais Transitórias – ADCT, para acrescer 50 (cinquenta) anos ao prazo fixado pelo art. 92 deste Ato das Disposições Constitucionais Transitórias; EC n. 84, que altera o art. 159 da Constituição Federal para aumentar a entrega de recursos pela União para o Fundo de Participação dos Municípios.

Em dezembro de 2014 foi ainda aprovada, pelo Congresso Nacional, a PEC n. 290, de 2013, que altera e adiciona dispositivos na Constituição Federal, para atualizar o tratamento das atividades de ciência, tecnologia e inovação, e emfevereiro de 2015, a PEC n. 358, de 2013 (PEC do orçamento impositivo), que altera os arts. 165, 166 e 198 da Constituição Federal, para tornar obrigatória a execução das emendas parlamentares ao orçamento até o limite de 1,2% da receita corrente líquida, sendo que a metade deste percentual será destinada a ações e serviços públicos de saúde. As Propostas de Emenda à Constituição foram encaminhadas à promulgação.

No plano infraconstitucional, há o registro, nesta edição, entre outras leis e atos normativos, da Lei n. 12.830, de 20.6.2013, que dispõe sobre a investigação criminal conduzida pelo delegado de polícia; da Lei n. 12.846, de 1º.8.2013 (Lei anticorrupção), que dispõe sobre a responsabilização administrativa e civil das pessoas jurídicas pela prática de atos contra a administração pública, nacional ou estrangeira, com previsão da responsabilidade objetiva; da Lei n. n. 12.852, de 5.8.2013, que institui o Estatuto da Juventude e dispõe sobre os direitos dos jovens, os princípios e diretrizes das políticas públicas de juventude e o Sistema Nacional de Juventude – SINAJUVE; da Resolução n. 175, de 14.5.2013, do Conselho Nacional de Justiça, que dispõe sobre a habilitação, celebração de casamento civil, ou de conversão de união estável em casamento, entre pessoas de mesmo sexo; da Resolução n.1, de 2013, do Congresso Nacional, que altera os arts. 104 a 106 do Regimento Comum do Congresso Nacional, relativamente à tramitação de vetos presidenciais; da Lei n. 12.955, de 5.2.2014, que acrescenta o § 9º ao art. 47 da Lei n. 8.069, de 13.7.1990 (Estatuto da Criança e do Adolescente), para estabelecer prioridade de tramitação aos processos de adoção em que o adotando for criança ou adolescente com deficiência ou com doença crônica, bem como da Lei n. 13.010, de 26.6.2014, que altera o Estatuto da Criança e do Adolescente, para estabelecer o direito da criança e do adolescente de serem educados e cuidados sem o uso de castigos físicos ou de tratamento cruel ou degradante; da Lei n. 12.966, de 24.4.2014, que altera a Lei n. 7.347/1985, para incluir, entre as finalidades da Ação Civil Pública, a proteção à honra e à dignidade de grupos raciais, étnicos ou religiosos, e da Lei n. 13.004, de 24.6.2014, a proteção do patrimônio público e social; da Lei n. 12.960, de 27.3.2014, alterou a Lei n. 9.394, de 20 de dezembro de 1996, que estabelece as diretrizes e bases da educação nacional, para fazer constar a exigência de manifestação de órgão normativo do sistema de ensino para o fechamento de escolas do campo, indígenas e quilombolas; da Lei n. 12.990, de 9.6.2014, com vigência de dez anos, que reserva aos negros 20% (vinte por cento) das vagas oferecidas nos concursos públicos para provimento de cargos efetivos e empregos públicos no âmbito da administração pública federal, das autarquias, das fundações públicas, das empresas públicas e das sociedades de economia mista controladas pela União.

Registra-se ainda a aprovação, no mês de dezembro de 2014, pelo Congresso Nacional, do novo Código de Processo Civil, cuja entrada em vigor se dará após um ano decorrido da data de sua publicação oficial. Em sua parte geral, o novo Código vem estruturado de modo a manter estreito vínculo com a Constituição de 1988, ao tratar das normas fundamentais do processo civil e da aplicação das normas processuais, com ênfase na irradiação dos direitos fundamentais constantes da Constituição. O novo CPC reforça ainda o princípio do contraditório e institui um modelo de ordenamento baseado na ideia de um processo justo e de legitimidade das decisões judiciais.

Este 2º volume anota, nos Capítulos 3, 13 e 14, dispositivos do novo Código, na versão do Projeto aprovado pelo Congresso Nacional, que guardam pertinência com a matéria constitucional neles tratada.

Buscamos, desse modo, com mais esta edição, propiciar ao leitor a atualização do Direito Constitucional Positivo Brasileiro, com a anotação de julgados, emendas constitucionais, legislação e atos normativos mais recentes, sem descuidarmos da atualização da parte teórica que envolve os princípios e os direitos fundamentais em espécie, a organização do Estado e dos poderes, enfim, todo o sistema constitucional brasileiro.

Belo Horizonte, fevereiro de 2015.
Kildare Gonçalves Carvalho

I

DIREITO CONSTITUCIONAL POSITIVO

CAPÍTULO 1

PREÂMBULO CONSTITUCIONAL

SUMÁRIO

1. RAZÃO DE ORDEM

Iniciamos o estudo do Direito Constitucional Positivo brasileiro considerando a estrutura da Constituição de 1988, com referências à legislação infraconstitucional e à jurisprudência do Supremo Tribunal Federal, que densificam e buscar dar efetividade ao texto constitucional.

Neste texto são analisadas matérias cujo conteúdo, se por um lado extrapola temas próprios da Teoria do Estado e da Constituição (versados no vol. 1), por outro lado articula-se fortemente com as noções de organização do Estado e dos poderes, Estado Democrático de Direito, princípios constitucionais e direitos humanos fundamentais.

2. CONCEITO DE PREÂMBULO CONSTITUCIONAL

O preâmbulo, do latim *praeambulu*, consiste numa declaração de propósitos que antecede o texto normativo da Constituição, revelando os fundamentos filosóficos, políticos, ideológicos, sociais e econômicos, dentre outros, informadores da nova ordem constitucional.

O preâmbulo, na expressão de João Barbalho, "enuncia por quem, em virtude de que autoridade e para que fim foi estabelecida a Constituição. Não é uma peça inútil ou de mero ornato na construção dela".[1]

[1] BARBALHO. *Constituição Federal brasileira*: comentários, p. 3.

O preâmbulo confere legitimidade à Constituição, seja quanto à sua origem, seja quanto ao seu conteúdo, que será variável segundo as circunstâncias históricas e a ideologia que se verificaram durante a atividade dos constituintes originários. Nessa linha, observa Jorge Miranda que "a sua forma e a sua extensão aparecem extremamente variáveis: desde as sínteses lapidares de estilo literário aos longos arrazoados à laia de relatórios preliminares ou exposições de motivos; desde a invocação do nome de Deus ou do título de legitimidade do poder constituinte ao conspecto histórico; desde a alusão a um núcleo de princípios filosófico-políticos à prescrição de determinados objectivos programáticos."[2]

São poucas as Constituições que não trazem preâmbulo, como as Constituições da Albânia, da Austrália, da Bélgica e da Dinamarca.

Se por um lado uma Constituição não tiver menor significado normativo por não dispor de um preâmbulo, por outro lado, um preâmbulo que revele a nova ideia de Direito em que se inspiraram os constituintes, torna o texto da Constituição mais efetivo e legítimo.

Na expressão de Vergottini, o preâmbulo "contém fórmulas promulgadoras, referências aos precedentes que originaram a Constituição e mostra uma motivação política; ademais pode expressar promessas, auspícios, afirmações de princípios, nem sempre anunciados por normas articuladas textualmente".[3]

Robert Pelloux aduz que "é no preâmbulo que se encontra, ou em todo caso deveria se encontrar a expressão da consciência coletiva de uma nação num determinado momento ou ao menos a expressão das ideias sobre as quais a maior parte dos espíritos estão de acordo: quer seja que o constituinte tenha pretendido somente reconhecer e proclamar os grandes princípios que comandam a evolução política e social, e consolidar os resultados já adquiridos na ordem legislativa, quer que, mais ambicioso, ele tenha indicado os futuros progressos e ditar as palavras de ordem, ou mesmo prescrições diretas, juridicamente obrigatórias para o legislador do futuro."[4]

O preâmbulo, como escreve Luís Carlos Martins Alves Jr., reportando-se a Peter Häberle, "é uma 'profissão de fé' de uma verdadeira 'religião civil' da comunidade política, cujo conteúdo revela as posturas valorativas, os altos ideais, convicções, motivos, em suma, a imagem refletida do próprio legislador constituinte. O preâmbulo exerce a função de 'ponte do tempo', recordando (ou negando) o passado, demonstrando o presente e perspectivando o futuro, revelando a necessidade dos elementos de identidade que integrem a comunidade política, ao estabelecer vínculos de comprometimento entre as pessoas com a coletividade da qual faz parte. Nessa função de 'ponte do tempo', o preâmbulo expressa desejos e esperanças, contendo um excesso 'concreto-utópico', um 'esboço do futuro', introduzindo um pedaço da tensão entre 'desejo' e 'realidade' na Constituição (e na política)." [5]

---

2 MIRANDA. *Manual de direito constitucional*, t. 2, p. 207.

3 VERGOTTINI. *Derecho constitucional comparado*, p. 163.

4 PELLOUX. *Revue de Droit Public et Science Politique*, p. 347.

5 ALVES JR. *O preâmbulo da Constituição brasileira de 1988*. *Jus Navigandi*, ano 13, n. 1649. Disponível em: <http://jus.com.br/revista/texto/10823>. Acesso em: 4 dez. 2011.

A Constituição francesa de 1858, acentua Sérgio Sérvulo da Cunha, "foge ao habitual e oferece farto material à discussão na medida em que a) destaca, do preâmbulo propriamente dito, uma epígrafe promulgatória; b) ressalta, nessa epígrafe, sua subordinação ao respectivo instrumento convocatório (a 'lei constitucional' de 3.6.1958); c) é promulgada por órgãos do governo (o Presidente da República, o Presidente e os membros do Conselho de Ministros); d) proclama, no preâmbulo, seu vínculo com a Declaração de 1789 e com o preâmbulo da Constituição de 1946; e, por fim, e) abre-se à adesão dos povos de suas antigas colônias."[6]

O preâmbulo da Constituição da República Portuguesa, de 1976, faz referência à sua legitimação revolucionária: "A 25 de Abril de 1974, o Movimento das Forças Armadas, coroando a longa resistência do povo português e interpretando os seus sentimentos profundos, derrubou o regime fascista. Libertar Portugal da ditadura, da opressão e do colonialismo representou uma transformação revolucionária e o início de uma viragem histórica da sociedade portuguesa. A Revolução restituiu aos portugueses os direitos e liberdades fundamentais. No exercício destes direitos e liberdades, os legítimos representantes do povo reúnem-se para elaborar uma Constituição que corresponde às aspirações do País. A Assembléia Constituinte afirma a decisão do povo português de defender a independência nacional, de garantir os direitos fundamentais dos cidadãos, de estabelecer os princípios basilares da democracia, de assegurar o primado do Estado de Direito democrático e de abrir caminho para uma sociedade socialista, no respeito da vontade do povo português, tendo em vista a construção de um país mais livre, mais justo e mais fraterno. A Assembléia Constituinte, reunida na sessão plenária de 2 de abril de 1976, aprova e decreta a seguinte Constituição da República Portuguesa."

3. O PREÂMBULO NAS CONSTITUIÇÕES BRASILEIRAS

Todas as Constituições brasileiras contiveram preâmbulo, sendo o mais longo o da Constituição de 1937, e o mais breve o da Constituição de 1967.

A Constituição Política do Império do Brasil, de 25 de março de 1824, trazia este preâmbulo: "Dom Pedro Primeiro, por graça de Deus e unânime aclamação dos povos, Imperador Constitucional e Defensor Perpétuo do Brasil: Fazemos saber a todos os nossos súditos que, tendo-nos requerido os povos deste Império, juntos em câmaras, que nós quanto antes jurássemos e fizéssemos jurar o projeto da Constituição, que havíamos oferecido às suas observações para serem depois presentes à nova Assembléia Constituinte, mostrando o grande desejo que tinham de que ele se observasse já como Constituição do Império, por lhes merecer a mais plena aprovação, e dele esperarem a sua individual e geral felicidade política; nós juramos o sobredito projeto para observarmos, e fazermos observar como Constituição, que dora em diante fica sendo, deste Império; a qual é do teor seguinte."

---

6 CUNHA. *Fundamentos de direito constitucional*, v.2, p. 6.

Em 24 de fevereiro de 1891, é promulgada a primeira Constituição republicana, com o seguinte preâmbulo, redigido e aprovado pela mesa do Congresso Constituinte:

"Nós, os representantes do povo brasileiro, reunidos em Congresso Constituinte, para organizar um regime livre e democrático, estabelecemos, decretamos e promulgamos a seguinte Constituição da República dos Estados Unidos do Brasil."

A Constituição de 16 de julho de 1934 tinha o preâmbulo abaixo: "Nós, os representantes do Povo Brasileiro, pondo a nossa confiança em Deus, reunidos em Assembleia Nacional Constituinte para organizar um regime democrático, que assegure à Nação a unidade, a liberdade, a justiça e o bem-estar social e econômico, decretamos e promulgamos a seguinte Constituição da República dos Estados Unidos do Brasil."

A outorga da Constituição de 10 de novembro de 1937, que, na classificação de Karl Loewenstein, se enquadra na categoria de semântica, porque, "em lugar de servir à limitação do poder, a Constituição é aqui o instrumento para estabilizar e eternizar a intervenção dos dominadores fáticos da localização do poder político",[7] foi precedida de preâmbulo assim redigido: "O Presidente da República dos Estados Unidos do Brasil, atendendo às legítimas aspirações do povo brasileiro, à paz política e social, profundamente perturbada por conhecidos fatores de desordem, resultantes da crescente agravação dos dissídios partidários, que uma notória propaganda demagógica procura desnaturar em luta de classes, e da extremação de conflitos ideológicos, tendentes, pelo seu desenvolvimento natural, a resolver-se em termos de violência, colocando a Nação sob a funesta iminência da guerra civil; atendendo ao estado de apreensão criado no país pela infiltração comunista, que se torna dia a dia mais extensa e mais profunda, exigindo remédios de caráter radical e permanente; atendendo a que, sob as instituições anteriores, não dispunha o Estado de meios normais de preservação e de defesa da paz, da segurança do bem-estar do povo; com o apoio das forças armadas e cedendo às inspirações da opinião nacional, umas e outras justificadamente apreensivas diante dos perigos que ameaçam a nossa unidade e da rapidez com que se vem processando a decomposição das nossas instituições civis políticas: resolve assegurar à Nação a sua unidade, o respeito à sua honra e à sua independência, e ao povo brasileiro, sob um regime de paz política e social, as condições necessárias à sua segurança, ao seu bem-estar e à prosperidade, decretando a seguinte Constituição, que se cumprirá desde hoje em todo o país."

É breve o preâmbulo da Constituição de 18 de setembro de 1946: "Nós, os representantes do povo brasileiro, reunidos, sob a proteção de Deus, em Assembléia Constituinte, para organizar um regime democrático, decretamos e promulgamos a seguinte Constituição dos Estados Unidos do Brasil." A Constituição de 1946 destacou do preâmbulo o ato de promulgação, com o seguinte teor: "A Mesa da Assembléia Constituinte promulga a Constituição dos Estados Unidos do Brasil e o Ato das Disposições Constitucionais Transitórias, nos termos dos seus arts. 218 e 36, respectivamente, e manda a todas as autoridades, às quais couber o conhecimento e a

---

[7] LOEWENSTEIN. *Teoría de la constitución*, p. 219.

execução desses atos, que os executem e façam executar e observar fiel e inteiramente como neles se contém."

Passando a se denominar "Constituição do Brasil", a Carta de 24 de janeiro de 1967, com vigência para 15 de março desse mesmo ano, continha o seguinte preâmbulo, que equivalia mais a uma cláusula promulgatória: "O Congresso Nacional, invocando a proteção de Deus, decreta e promulga a seguinte Constituição do Brasil."

A Emenda Constitucional n. 1, de 17 de outubro de 1969, manteve o preâmbulo da Constituição de 1967.

O preâmbulo da nova Constituição brasileira, promulgada a 5 de outubro de 1988, é do seguinte teor: "Nós, representantes do povo brasileiro, reunidos em Assembléia Nacional Constituinte para instituir um Estado Democrático, destinado a assegurar o exercício dos direitos sociais e individuais, a liberdade, a segurança, o bem-estar, o desenvolvimento, a igualdade e a justiça como valores supremos de uma sociedade fraterna, pluralista e sem preconceitos, fundada na harmonia social e comprometida na ordem interna e internacional, com a solução pacífica das controvérsias, promulgamos, sob a proteção de Deus, a seguinte Constituição da República Federativa do Brasil."

Verifica-se que, no preâmbulo da nova Carta, se acham enunciados os princípios que lançarão luzes para a interpretação do texto constitucional, representando, por isso mesmo, o ideário resultante do momento histórico que serviu de pano de fundo para os trabalhos constituintes.

Em pronunciamento sobre o Projeto de Constituição, o Instituto dos Advogados de Minas Gerais divulgou relatório elaborado pelo Prof. Raul Machado Horta, acentuando a propósito do preâmbulo em destaque: "A redação inicial do Preâmbulo deveria conferir primazia ao Povo, alterando, neste aspecto, a fórmula consagrada nas Constituições Republicanas, que têm conferido ênfase aos representantes do Povo, como preferiu o Projeto. Considerando que o Povo é o fundamento primário do Poder Constituinte Democrático, bastaria que se alterasse a redação, adotando a seguinte: 'O Povo Brasileiro, reunido em Assembléia Nacional Constituinte, através de seus representantes, invocando a proteção de Deus..."[8]

À exceção das Constituições de 1891 e 1937, inspiradas, respectivamente, no ideal positivista e na doutrina totalitária (ver adiante), os preâmbulos das demais Cartas Políticas brasileiras sempre se reportaram a Deus, não obstante a absoluta separação da Igreja e do Estado declarada na Constituição Federal de 1891 (art. 11, § 2º) e mantida nas Constituições posteriores.

A referência que as Constituições brasileiras fazem a Deus, no preâmbulo, não contraria a regra normativa da separação da Igreja e do Estado, mas é o reconheci-

---

[8] HORTA. *Revista de Informação Legislativa* 95/139, p. 13. Na mesma linha, o preâmbulo da Constituição dos Estados Unidos, de 1787: "We the people of the United States, in order to form a more perfect union, establish justice, insure domestic tranquility, provide for the common defense, promote the general welfare, and secure the blessings of liberty to ourselves and our posterity, do ordain and establish this Constitution for the United States of America."

mento de que a sociedade política brasileira aceita a irradiação, em seus segmentos, do humanismo cristão.[9] O Estado brasileiro, apesar de laico, não é um Estado ateu.

4. POSIÇÃO DO PREÂMBULO NA CONSTITUIÇÃO

A respeito de ser o preâmbulo integrante ou não da Constituição, Canotilho sustentara que formalmente não faz parte do texto constitucional. Mas como ele próprio disse, "em obra posterior modificamos relativamente este ponto de vista ao assinalarmos o valor jurídico do preâmbulo, expresso na sua utilidade como elemento de interpretação e integração, além de funcionar como título de legitimidade.[10] Celso Bastos e Ives Gandra afirmam que, sob o ponto de vista normativo e preceptivo, o preâmbulo não faz parte do texto constitucional, embora, do ângulo material, a Constituição não estaria completa sem ele.[11] No mesmo sentido se posiciona Carlos Maximiliano, ao dizer: "Embora o preâmbulo não seja parte integrante da lei básica, serve para determinar os fins para os quais foi elaborada, e, por eles, indica verdadeira interpretação dos pontos duvidosos."[12]

Contrariamente pensa Jorge Miranda. Entende ser o preâmbulo parte da Constituição, com todas as suas consequências. "Dela não se distingue nem pela origem, nem pelo sentido, nem pelo instrumento em que se contém. Distingue-se (ou pode distinguir-se) apenas pela sua eficácia ou pelo papel que desempenha. O preâmbulo dimana do órgão constituinte tal como as disposições ou preceitos; é aprovado nas mesmas condições e o acto de aprovação possui a mesma estrutura e o mesmo sentido jurídico. Nem deixaria de ser estranho que, estando depositado num mesmo

---

9 O Supremo Tribunal Federal julgou improcedente o pedido formulado em ação direta ajuizada pelo Partido Social Liberal – PSL – em relação ao preâmbulo da Constituição do Estado do Acre, em que se alegava a inconstitucionalidade por omissão da expressão "sob a proteção de Deus" constante do preâmbulo da Constituição Federal de 1988. Entendeu-se que a invocação da proteção de Deus, no preâmbulo da Constituição, não tem força normativa, afastando-se a alegação de que a expressão seria norma de reprodução obrigatória pelos Estados-Membros. O preâmbulo da Constituição do Acre foi promulgado com este teor: "A Assembléia Estadual Constituinte, usando dos poderes que lhe foram outorgados pela Constituição Federal, obedecendo ao ideário democrático, com o pensamento voltado para o povo e inspirada nos Heróis da Revolução Acreana, promulga a seguinte Constituição do Estado do Acre". O Relator, Min. Carlos Velloso, entendeu que o preâmbulo não configura norma de reprodução obrigatória na Constituição do Estado-Membro. Já o Min. Sepúlveda Pertence, a despeito de acompanhar o voto do Relator, consignou sua posição a respeito da locução "sob a proteção de Deus", assentando que a mesma "não é uma norma jurídica, até porque não se teria a pretensão de criar obrigação para a divindade invocada. Ela é uma afirmação de fato – como afirmou Clemente Mariani, em 1946, na observação recordada pelo eminente Ministro Celso de Mello – jactanciosa e pretensiosa, talvez – de que a divindade estivesse preocupada com a Constituição do Brasil. De tal modo, não sendo norma jurídica, nem princípio constitucional, independentemente de onde esteja, não é ela de reprodução compulsória pelos Estados-Membros" (ADI 2.076-AC, Rel. Min. Carlos Velloso, j. em 15.8.2002).

10 CANOTILHO. *Direito constitucional*, p. 237.

11 BASTOS; MARTINS. *Comentários à constituição do Brasil*, t. 1, p. 408-409.

12 MAXIMILIANO. *Comentários à constituição brasileira*, p. 162.

documento e inserido numa mesma unidade fosse subtraído do seu influxo ou fosse considerado despiciendo para sua compreensão. Tudo quanto resulte do exercício do poder constituinte – seja preâmbulo, sejam preceitos constitucionais – e conste da Constituição em sentido instrumental, tudo é Constituição em sentido formal.[13]

E no constitucionalismo francês, Laferrière argumentava que o preâmbulo, materialmente, é parte integrante da Constituição, é o limiar do texto único editado pela Assembleia no exercício de seu poder constituinte para estabelecer a nova organização do Estado, cujas partes são igualmente necessárias para fixar esta organização. Incorporado à Constituição, o preâmbulo participa de sua natureza. Não se pode considerar que, ao votar essa parte da Constituição, a Assembleia haja renunciado momentaneamente ao exercício de seu poder constituinte e tenha-se desviado para fazer obra acadêmica, uma simples profissão de fé política.[14]

5. VALOR JURÍDICO DO PREÂMBULO

Problema que se tem colocado para o Direito Constitucional diz respeito ao valor jurídico do preâmbulo, que se reduz às seguintes teses: 1. tese da irrelevância jurídica; 2. tese da eficácia do preâmbulo idêntica à de qualquer norma constitucional; 3. tese da relevância jurídica específica ou indireta.[15]

Biscaretti di Ruffia bem situou a questão: muito frequentemente são colocados precedentemente aos textos constitucionais *preâmbulos*, não subdivididos em artigos; existem largas disputas doutrinárias sobre se fazem ou não parte integrante das respectivas Constituições. Em geral para as *leis formais ordinárias*, considera-se que o *título* e o eventual preâmbulo não têm valor jurídico; mas com relação aos preâmbulos constitucionais ao lado de autores que lhe negam incisamente juridicidade (por exemplo, Romano), não raramente há outros que a afirmam (conferindo a eles – preâmbulo e título – a mesma eficácia das leis formais constitucionais). E talvez a questão seja resolvida distintamente em relação a cada ordenamento jurídico particular.[16]

Para os que sustentam a tese da irrelevância jurídica, o preâmbulo não ingressa no mundo jurídico, tendo valor meramente político. O preâmbulo "expressa idéias políticas, morais e religiosas que a Constituição pretende promover. Esse preâmbulo em geral não estipula quaisquer normas definidas para a conduta humana e, assim, carece de conteúdo juridicamente relevante. Ele tem antes um caráter ideológico do que jurídico."[17]

A Constituição da França, de 1946, excluía o preâmbulo do controle da constitucionalidade, que não poderia ser revelada em razão do contraste de preceito normativo com o preâmbulo.

---

[13] MIRANDA. *Manual de direito constitucional*, t. 2, p. 210.

[14] LAFERRIÈRE. *Manuel de droit constitutionnel*, p. 963-964.

[15] MIRANDA. *Op. cit.*, p. 209.

[16] RUFFIA. *Derecho constitucional*, p. 270.

[17] KELSEN. *Teoria geral do direito e do estado*, p. 254-255.

Evidente o alcance filosófico e político do preâmbulo, já que ele reflete, como se viu, o projeto de que a Constituição retira sua força, adquirindo todo um valor literário e simbólico.

A tese da eficácia jurídica do preâmbulo o equipara a norma constante da Constituição, com todas as suas consequências, inclusive no que se refere à inconstitucionalidade por violação dos princípios nele contidos.

Pela tese da relevância jurídica indireta, o preâmbulo, embora não se confunda com norma jurídica constitucional, contribui para a integração da Constituição, ou seja, os princípios declarados no preâmbulo poderão ser invocados para a explicitação de preceito normativo constitucional não suficientemente claro.

Neste sentido, o preâmbulo "não pode ser invocado enquanto tal, isoladamente, nem cria direitos ou deveres; invocados só podem ser os princípios nele declarados; e, do mesmo modo, não há inconstitucionalidade por violação do preâmbulo como texto *a se*; só há inconstitucionalidade por violação dos princípios nele consignados – que são os princípios consignados na Constituição."[18]

Os princípios consubstanciados no preâmbulo terão relevância jurídica se o texto normativo da Constituição exigir clarificação ou integração. Haverá caso, no entanto, em que o preâmbulo não terá relevância porque "as normas da Constituição consomem todas as afirmações nele contidas (com a vantagem de revelarem uma maior riqueza ideológica do que as fórmulas assépticas empregadas no texto preambular)".[19]

O preâmbulo é criação do poder constituinte, da mesma forma que o é o articulado normativo da Constituição: o preâmbulo e as normas jurídicas constitucionais são aprovados segundo o mesmo processo, passando a integrar materialmente a Constituição.

Distingue-se, pois, o preâmbulo dos preceitos normativos constitucionais não pela origem ou pelo instrumento em que se insere, mas, apenas, como observa Jorge Miranda, pela eficácia ou pela função que desempenha na Constituição.[20]

Sérgio Luiz Souza Araújo afirma: "As normas do Preâmbulo não consagram direitos imediatamente aplicáveis, mas que constituem, por sua vez, uma espécie de orientação, e sob este ponto de vista estão imbuídas do caráter de compromisso jurídico e político para o legislador do futuro. É inegável a dinamicidade do direito; o importante é que a substancialidade dos princípios e normas do Preâmbulo vão convertê-las amanhã em autênticos direitos. Não se pode negar valor jurídico aos princípios contidos no Preâmbulo, 'de vez que emanam de um poder estatal, o qual, por sua natureza, nunca faz declarações teóricas'. O que boa parte da doutrina tenta demonstrar é que o Preâmbulo não é numerado em artigos, não tendo caráter dispositivo, e assim não formando parte do texto estritamente normativo do instrumento constitucional. Ocorre que nem por isso o Preâmbulo deixa de ter valor jurídico."[21]

---

18 MIRANDA. *Op. cit.*, p. 211.

19 CANOTILHO. *Op. cit.*, p. 209.

20 MIRANDA. *Op. cit.*, v. 2, p. 210.

21 ARAÚJO. *Dos preâmbulos nas constituições* (dissertação de mestrado), p. 114-115.

O preâmbulo da Constituição de 1988 revela estreita conexão entre os valores nele enunciados (direitos sociais, liberdade, segurança, bem-estar, desenvolvimento, igualdade e justiça, sociedade pluralista e harmonia social), com os princípios e objetivos fundamentais da República Federativa do Brasil enunciados no Título I da Constituição.

O preâmbulo não constitui cláusula irrelevante em face do articulado normativo da Constituição, mas da mesma forma que os princípios, concorre para a harmonização e unificação do sistema constitucional, dando-lhe ainda coerência e consistência.

Filiamo-nos, pois, à corrente que considera o preâmbulo, formal e materialmente, parte integrante da Constituição, já que provém do Poder Constituinte originário, submete-se ao mesmo processo constituinte, e direciona o conteúdo material das normas constitucionais, orientando a atuação do legislador e a função do juiz. Reduzi-lo a mero enunciado político ou ideológico é transformá-lo em fórmula vazia e sem conteúdo, ausente de qualquer eficácia, o que é inconcebível em se tratando de cláusula emanada do Poder Constituinte.

CAPÍTULO 2

PRINCÍPIOS FUNDAMENTAIS DA CONSTITUIÇÃO DE 1988

SUMÁRIO

1. Princípios fundamentais do Estado brasileiro – 2. República – 3. Estado federal – 4. Estado democrático de direito – 5. Separação de poderes – 6. Soberania – 7. Cidadania – 8. Dignidade da pessoa humana – 9. Valores sociais do trabalho e da livre iniciativa – 10. Pluralismo político – interesses coletivos e difusos – 11. Objetivos fundamentais do estado brasileiro – 12. Princípios da ordem internacional – 13. Princípio da subsidiariedade.

1. PRINCÍPIOS FUNDAMENTAIS DO ESTADO BRASILEIRO

Princípios *fundamentais* ou *estruturantes* da Constituição de 1988 (Título I) são os que expressam as opções políticas fundamentais do constituinte, relativas à forma, estrutura e fundamento do Estado brasileiro, estabelecem os objetivos a serem alcançados e as diretrizes a serem adotadas nas relações internacionais.

Ainda no que se refere aos princípios fundamentais positivados na Constituição Federal de 1988 há uma afirmação de José Cretella Jr. que merece meditação, quando observa que "a expressão *princípios fundamentais* é redundante, porque princípios são proposições que se colocam nas bases dos sistemas, informando-os, sustentando-os, dando-lhes base, fundamento. Bastaria, assim, o vocábulo *princípios*".[1]

A Constituição Federal de 1988 foi promulgada com 315 artigos, sendo 245 na parte permanente e 70 no ato das disposições transitórias, superando em extensão normativa as Constituições brasileiras anteriores. Essa circunstância poderia contribuir para o agravamento de conflitos ou tensões normativas, não fosse a existência, no texto constitucional, de *princípios fundamentais* (Título I), harmonizando e dando

[1] CRETELLA JÚNIOR. *Op. cit.*, v. 2, p. 128.

coerência e consistência ao complexo normativo da Constituição, além de fixar as bases e os fundamentos da nova ordem constitucional.

De outra parte, a Constituição enuncia no art. 1º os *fundamentos* do Estado brasileiro e no art. 3º trata dos seus *objetivos*. Distinguem-se, pois, os fundamentos dos objetivos. É que aqueles são inerentes à estrutura do Estado e do Poder, enquanto estes se acham fora da estrutura do Estado, algo externo a ele, e que devem ser buscados por meio de ações do Estado e da própria sociedade (construção de uma sociedade livre, justa e solidária, erradicação da pobreza e da marginalização e redução das desigualdades sociais e regionais, promoção do bem de todos, sem preconceitos de origem, raça, sexo, cor, idade e quaisquer outras formas de discriminação).

2. REPÚBLICA

A república se contrapõe à monarquia. A Constituição de 1988 mantém a república como forma de governo no art. 1º, situando-a como princípio constitucional a ser observado pelos Estados federados, sob pena de intervenção federal, no art. 34, VII, *a*.

O conceito de *res publica*, para os romanos, indicava a ordem política em sua unidade. Como forma de governo, o conceito se acentuou a partir da obra de Maquiavel, no Renascimento, contrapondo-se à monarquia.

Aristóteles concebia as formas de governo, tendo em vista o número dos titulares do poder, em monarquia (governo de um só), aristocracia (governo de mais um) e democracia (governo de toda a coletividade), com suas formas degeneradas em tirania (o governo é exercido, despoticamente, no interesse do monarca), oligarquia (o governo é exercido no interesse dos ricos), e demagogia (o governo é exercido no interesse dos pobres).

A classificação das formas de governo em dois termos (monarquia ou principado, e república) surgiu com Maquiavel, no século XVI, que adotou como critério distintivo a vitaliciedade para a monarquia e a temporariedade para a república.

Para Duguit, a monarquia é a forma de governo em que há um Chefe de Estado hereditário; a república é a forma de governo em que não há Chefe de Estado, ou em que o Chefe de Estado não é hereditário.

O desenvolvimento da ideia de república buscava atribuir-lhe base popular, não obstante a existência de repúblicas aristocráticas, como assinalado por Montesquieu.

Examinando a configuração jurídica das formas políticas, Pablo Lucas Verdú mostra que, "historicamente, a democratização progressiva das monarquias, em fins do século passado, a extensão do sufrágio até fazê-lo universal, a conversão do monarca em órgão com funções delimitadas têm 'republicanizado' as formas monárquicas".[2]

---

[2] VERDÚ. *Curso de derecho político*, p. 232.

É certo, todavia, que, no século XX, algumas "ditaduras emergentes vêm sendo regimes republicanos, assim as de esquerda como as de direita. Vêm sendo formas de poder absoluto implantadas em Estados massificados".[3]

Verifica-se, então, que a concepção de república se tornou formal, pois não avança na direção da realidade do Estado, da sua ideologia e das suas finalidades.

Neste contexto, o adversário da República não é a Monarquia, mas o regime totalitário, qualquer que seja a denominação ou a forma que adote. Tais regimes não podem ser considerados republicanos porque, apesar de neles a chefia de governo não se conservar por vitaliciedade, nem se transmitir por herança, falta-lhes o traço próprio do governo republicano, que é a renovação periódica daquela chefia, mediante escolha popular.

Não se pode, nesse horizonte, conceber a República sem a presença de um regime democrático, pois uma das características do Republicanismo é que as decisões políticas são tomadas pelos cidadãos após amplo debate que viabilize uma escolha consciente. Desse modo, a Democracia é o único regime que possibilita o autogoverno dos cidadãos, com fundamento na ideia de cidadania ativa.

O Republicanismo tem como parâmetros a liberdade, a igualdade, *o autogoverno* e o respeito à *res publica*.

O Republicanismo, também chamado de *Neo-Republicanismo* ou *Neo-Romanismo*, porque serve para designar movimentos políticos que ocorreram em diversos países com algumas características semelhantes, mas também apresentando elementos diversos, deve ser estruturado, segundo Walber de Moura Agra, "com base em um radical comum que o caracteriza. De forma bastante concisa, podemos elencar as suas principais características: a) negação de qualquer tipo de dominação, seja através de relações de escravidão, de relações feudais ou assalariadas; b) defesa e difusão das virtudes cívicas; c) estabelecimento de um Estado de direito; d) construção de uma democracia participativa; e) incentivo ao autogoverno dos cidadãos; f) implementação de políticas que atenuem a desigualdade social, através da efetivação da isonomia substancial."[4]

A Constituição de 1988, ao instituir a República Federativa do Brasil como Estado Democrático de Direito (art. 1º), vincula essa forma de governo à ideia de democracia e, portanto, de um governo limitado e responsável, surgindo daí a ideia de responsabilidade da Administração Pública, presente no art. 37, art. 93, IX, e no princípio do art. 70, parágrafo único, segundo o qual "prestará contas qualquer pessoa física ou entidade pública que utilize, arrecade, guarde, gerencie ou administre dinheiros, bens e valores públicos ou pelos quais a União responda, ou que, em nome desta, assuma obrigações de natureza pecuniária".

A temporariedade dos mandatos eletivos vem ressaltada nos artigos 28, 29, I e II, e 77, sendo que o art. 60, § 4º, II, impede que seja objeto de deliberação a proposta de emenda à Constituição tendente a abolir "o voto direto, secreto, universal e pe-

---

3 SALDANHA. *Pequeno dicionário da teoria do direito e filosofia política*, p. 207.

4 AGRA. *Republicanismo*, p. 16.

riódico", não havendo, no entanto, referência à república, como constava do texto constitucional anterior.[5]

3. ESTADO FEDERAL

Ao declarar, no art. 1º, que "A República Federativa do Brasil, formada pela união indissolúvel dos Estados e Municípios e do Distrito Federal, constitui-se em Estado Democrático de Direito", a Constituição de 1988 mantém a forma federal do Estado brasileiro, nela incluindo, pela primeira vez, os Municípios como entidades federativas e, coerentemente, excluindo os Territórios.

Em livro dedicado à teoria jurídica do Estado Federal, M. Mouskhley o conceitua como o "Estado que se caracteriza por uma descentralização de forma especial e de grau elevado; que se compõe de coletividades membros por ele dominadas, mas que possuem autonomia constitucional e participam na formação da vontade federal, distinguindo-se desta maneira de todas as coletividades públicas inferiores".[6]

Por envolver técnica de descentralização do poder político, o Estado Federal revela dois princípios que o distinguem de outras formas de Estado: o princípio da *autonomia* e o princípio da *participação*. Pelo primeiro, as coletividades territoriais distintas do poder central (Estados federados na Constituição brasileira) têm sua própria estrutura governamental e competências peculiares; pelo segundo, os Estados federados participam da formação da vontade ou das leis nacionais (Constituição, art. 46, que atribui ao Senado a função de órgão legislativo de representação dos Estados).

A ideia de federação não se exaure apenas no plano jurídico. Ela envolve também o federalismo como princípio que harmoniza a diversidade com a unidade, o plural com o singular, o geral com o particular. O federalismo é aí entendido como uma concepção de vida, acarretando um comportamento da sociedade civil direcionado para a liberdade, em razão da noção mesma da descentralização que se acha presente na federação. Como estrutura do Estado, o federalismo revela um aspecto unitário e outro federativo, possibilitando que as entidades locais se organizem mediante regras próprias, capazes de reproduzir a diversidade de cada uma delas sem, no entanto, eliminar o sentimento nacional que mantém a unidade do Estado. Fala-se, então, que o povo, no âmbito do Estado Federal, deve lealdade ao governo e às autoridades federais, e aos governos e às autoridades estaduais.

O federalismo, segundo Otfried Höffe, é um princípio da organização estatal que – em posição contígua ao imperialismo – repele o Estado unitarista e centralista. No tocante aos processos decisórios, após o contrato federal, em que os Estados cederam parte de sua autonomia, reina, se partirmos de uma democracia, uma legitimação democrática dividida: a legitimação através do conjunto dos *demoi* primários, dos Estados-Membros formados democraticamente, será acrescida de uma legitimação através do recém-criado *demos*, o conjunto do povo nacional. Por causa de sua importância fundamental, esta bidimensionalidade é integrada à Constituição de Estados

---

5 Ainda sobre a República, cf. o Cap. 6, do vol. 1, deste trabalho.

6 MOUSKHELY. *La théorie juridique de l'État fédéral*, p. 261.

federativos. Enquanto o simples axioma da democracia – "todo poder emana do povo" – tem sua validade no seio dos Estados-Membros, na União ele ganha uma forma complexa: "todo poder emana do povo, *bem como* do conjunto dos Estados-Membros." Consequentemente, o Legislativo compõe-se de duas câmaras, uma câmara do povo (Câmara dos Deputados) ou câmara dos cidadãos, e uma câmara dos Estados (Senado Federal)[7].

Breve análise da evolução do Estado Federal brasileiro mostra que até a Constituição de 1988 houve progressiva centralização do poder político, desfigurando-se a federação. Lembra Oswaldo Trigueiro que, na história de nossas instituições federativas, "talvez a melhor fase do federalismo brasileiro terá sido, provavelmente, a da Constituição de 1946, durante cuja vigência de quase duas décadas os Estados usufruíam efetiva autonomia, mesmo aqueles governados por adversários do partido que ocupava a Presidência da República".

"Tivemos assim, excepcionalmente, quase vinte anos de normalidade institucional sem uma só intervenção que derrubasse qualquer governo estadual, e a única decretada no período, em Alagoas, executada sob a égide do Poder Judiciário, não afastou de seus cargos as autoridades estaduais, legitimamente eleitas".[8]

Depois do longo apogeu da centralização antifederativa, consagrada pela Constituição de 1967, e sua Emenda n. 1, de 1969, que institucionalizaram o federalismo hegemônico da União nos setores político, legislativo, econômico e social, com a hipertrofia do Poder Central, a Constituição de 1988 se propõe a restaurar a federação brasileira. Anotem-se, como exemplos, algumas medidas nesse sentido: necessidade de consulta plebiscitária para a criação de novos Estados (art. 18, § 3º); redefinição da repartição de competências, com ampliação das áreas de competência comum e concorrente (arts. 23 e 24); inovação dos tipos de competência, com a introdução da "competência delegada" dos Estados (art. 22, parágrafo único), pela qual lei complementar poderá autorizar os Estados a legislar sobre matérias de competência privativa da União; eliminação de algumas hipóteses de intervenção federal e revisão do sistema tributário nacional, com o alargamento da competência tributária dos Estados e Municípios e aprofundamento dos mecanismos do federalismo cooperativo (participação dos Estados e Municípios no produto da arrecadação de impostos federais e destes últimos nos impostos estaduais).

A Constituição de 1988 mantém o federalismo homogêneo ou simétrico, pelo qual cada Estado federado é dotado da mesma parcela de poder, não obstante revelar a ocorrência de fatores e peculiaridades próprias. A Constituição faz, no entanto, concessões ao federalismo assimétrico ou heterogêneo (determinados Estados têm competências, instituições e rendas tributárias segundo as suas peculiaridades, que podem ser de natureza geográfica, demográfica, econômica, financeira, dentre outras), ao prever, no art. 165, § 4º, a formulação de planos e programas regionais, bem como ao determinar, no art. 159, I, *c*, a entrega, pela União, dentre 47% do produto da arrecadação dos impostos sobre a renda e sobre produtos industrializados, do

---

7 HÖFFE. *A democracia no mundo de hoje*, p. 163, 166, 167.

8 TRIGUEIRO. *Revista Brasileira de Estudos Políticos* 60/61, p. 159.

percentual de 3% "para aplicação em programas de financiamento ao setor produtivo das regiões Norte, Nordeste e Centro-Oeste, através de suas instituições de caráter regional, de acordo com os planos regionais de desenvolvimento, ficando assegurada ao semi-árido do Nordeste a metade dos recursos destinados à Região, na forma que a lei estabelecer".

Defensor ardoroso do regionalismo, o Prof. Paulo Bonavides chega a afirmar que a federação no Brasil, hoje, é muito mais um problema de regiões do que um problema de Estados.[9] E o eminente constitucionalista Raul Machado Horta chegou até mesmo a propor o regionalismo "como nível de poder e de administração, de forma a incorporar aos quadros do regionalismo constitucional as regiões de desenvolvimento econômico, de natureza pluriestadual; as regiões metropolitanas, de âmbito plurimunicipal, nas áreas das grandes concentrações urbanas, dotadas de administração e de governo, e, finalmente, as regiões autônomas, de estrutura intermunicipal, para congregar Municípios da mesma região dentro do Estado, com estatuto e governo próprios".[10]

Mas o texto de 1988 não acolheu essas ideias, prevendo as regiões (art. 43) num plano meramente administrativo-financeiro, e não em nível de autonomia política.

Anote-se que o Prof. Raul Machado Horta concebe o federalismo simétrico como aquele dotado de uma sistematização normativa rigorosa, envolvendo a existência de ordenamento jurídico central, sede das normas centrais do Estado Federal, e ordenamentos jurídicos parciais, responsáveis pelas normas federais da União e das locais dos Estados-Membros. A simetria federativa revela homogeneidade e permanência nos quadros do constitucionalismo contemporâneo, expressas em instrumentos, órgãos e técnicas, assim identificadas: "a composição plural do Estado; a repartição de competências entre o Governo Central e os Governos locais, abrangendo legislação e tributação; a intervenção federal nos Estados-Membros, para preservar a integridade territorial, a ordem pública e princípios constitucionais da federação; o Poder Judiciário dual, repartido entre a União e os Estados, distribuído entre Tribunais e Juízes, assegurada a existência de um Supremo Tribunal, para exercer a função de guarda da Constituição, aplacar dissídios de competências e oferecer a interpretação conclusiva da Constituição Federal; o poder constituinte originário, com sede na União; o poder constituinte derivado nos Estados-Membros, fonte da *auto-organização* e da *autonomia* desses ordenamentos parciais; a organização bicameral do Poder Legislativo Federal, obediente ao princípio da representação do povo na Câmara dos Deputados e da representação dos Estados no Senado Federal ou órgão equivalente".

Já o federalismo assimétrico é aquele entendido como forma que rompe com as linhas definidoras do federalismo simétrico. Poderá consistir em deformações de estilo e das regras federais, em razão do funcionamento do sistema federal. "O federalismo assimétrico poderá, assim, localizar-se no fenômeno fático, por deformação de institutos federais, como no ato normativo, mediante a criação de soluções autônomas, oferecidas pela norma jurídica", apontando o Prof. Raul Machado Horta

---

9 BONAVIDES. *Constituinte e Constituição*, p. 261.

10 HORTA. *Anais do Simpósio Minas Gerais e a constituinte*, p. 504-505.

algumas regras desse federalismo na Constituição de 1988, como a que introduziu o Município na composição da República Federal, no art. 1º da Constituição; a do art. 18, que, ao enumerar as pessoas jurídicas que integram a organização político-administrativa da República, qualifica a União como ente autônomo, por equiparação aos Estados, ao Distrito Federal e aos Municípios.[11]

Para Dircêo Torrecillas Ramos, a simetria, no sistema federal, "é o nível de conformidade e do que têm em comum nas relações de cada unidade política separada do sistema para com o sistema como um todo e para com as outras unidades componentes", o que significa a "uniformidade entre os Estados-Membros dos padrões destes relacionamentos dentro do sistema federal". E a assimetria "refere-se a uma situação onde as diversidades dentro de uma sociedade maior encontra expressão política, através dos governos componentes".[12] Ainda segundo este autor, vários são os dispositivos da Constituição de 1988 que manifestam a assimetria, reconhecendo as diferenças e procurando o equilíbrio ou a diminuição das desigualdades, como os arts. 23; 43; 45, § 1º; 151, I; 155, I, *b*, § 2º, VI, XII, *g*. Já com relação à representação popular, a Constituição estabelece, em seu art. 45, § 1º, critérios para a composição da Câmara dos Deputados que acaba por provocar um desequilíbrio que favorece os Estados mais populosos, nada obstante a paridade garantida para o Senado.[13]

4. ESTADO DEMOCRÁTICO DE DIREITO

Ao declarar que a República Federativa do Brasil constitui-se em Estado Democrático de Direito (art. 1º), a Constituição institucionaliza um tipo de Estado que tem fundamentos e objetivos concretos (arts. 1º e 3º).

O Estado Democrático, segundo observa Dalmo de Abreu Dallari, constrói-se em torno de três pontos fundamentais: *a)* supremacia da vontade popular; *b)* preservação da liberdade, *c)* igualdade de direitos.[14]

Vinculado à ideia de democracia, tem na sua base o princípio da maioria, o princípio da igualdade e o princípio da liberdade. Entretanto, democracia é palavra que designa não apenas uma forma de governo, mas deve ser entendida também como regime político, forma de vida e processo.

Como processo de natureza dialética, a democracia "vai rompendo os contrários, as antíteses, para, a cada etapa da evolução, incorporar conteúdo novo, enriquecido de novos valores", afirma com convicção José Afonso da Silva, ao criticar a tese dos que sustentam o elitismo democrático, procurando identificar pressupostos para a democracia, como certo amadurecimento cultural, determinado nível de desenvolvimento econômico, educação do povo e tantos outros requisitos que acabam por transformar a democracia em algo somente acessível às elites.[15]

---

11 HORTA. *Direito constitucional*. p. 503-511.

12 RAMOS. *O federalismo assimétrico*, p. 62-63.

13 O Estado Federal é também examinado no Cap. 2 do vol.1, e no Cap.7 deste vol.

14 DALLARI. *Elementos de teoria geral do estado*, p. 128.

15 SILVA. *Op. cit.*, p. 112-114.

Pablo Lucas Verdú entende por democracia "o regime político que institucionaliza a participação de todo o povo na organização e exercício do poder político, mediante a intercomunicação e o diálogo permanente entre governantes e governados, e o respeito dos direitos e liberdades fundamentais dentro de uma justa estrutura socioeconômica".[16]

O Estado de Direito, expressão usada pela primeira vez por Robert von Mohl (*Rechtsstaat*), acha-se vinculado historicamente ao liberalismo político e econômico, destacando Verdú os seguintes elementos:

a) primazia da lei, que regula toda a atividade do Estado;

b) sistema hierárquico de normas, que realiza a segurança jurídica que se concretiza numa categoria distinta de normas com diferentes graus de validade;

c) legalidade da Administração, com um sistema de recursos em favor dos interessados;

d) separação de Poderes como garantia da liberdade e freio de possíveis abusos;

e) reconhecimento de direitos e liberdades fundamentais, incorporados à ordem constitucional;

f) sistema de controle da constitucionalidade das leis, como garantia contra eventuais abusos do Poder Legislativo.[17]

A concepção de Estado de Direito corresponde, ainda, no plano histórico, à luta contra o monarca, seu poder absoluto e os privilégios medievais do clero, da nobreza e das corporações. O Estado de Direito, inspirado na ideologia liberal-burguesa, ampliou a liberdade-autonomia, com o reconhecimento do homem como valor absoluto e centro de todas as coisas, numa concepção no entanto formalista, pois o homem era visto na sua dimensão abstrata, distante de sua concretitude histórica. Compõe-se a ideia de Estado de Direito, da limitação do arbítrio do poder político, da estabilidade jurídica dos direitos e garantias individuais, da submissão de todos (governantes e governados) à lei, concretizada no princípio da legalidade (art. 5º, II, da Constituição), que se traduz no adágio "suporta a lei que fizeste". Os valores fundamentais da pessoa humana são reconhecidos. A lei é o instrumento da justiça e da segurança. Um sistema de defesa dos cidadãos contra os atos administrativos ilegais propicia a responsabilidade da Administração, e um controle da constitucionalidade preserva a Constituição como norma originária, repositório dos valores liberais.

Martin Kriele escreve acerca da existência de graus no Estado de Direito, ou Estado Constitucional, que evidenciam seus problemas, acentuando que se trata de uma escala lógica e não histórica, e que são os seguintes: 1. *Estado de legalidade formal*: auto-obrigação do Estado mediante estatuições gerais e abstratas, sancionadas por meio de procedimentos determinados e dadas à publicidade; legalidade da administração, determinação da organização e das competências. 2. *Estado de direito material*: proble-

[16] VERDÚ. *Op. cit.*, t. II, p. 242.
[17] VERDÚ. *Op. cit.*, t. II, p. 238-239.

mas de justiça material, garantias da liberdade e do aspecto social das normas jurídicas formais, é dizer, obrigação do legislador de respeitar os direitos fundamentais e os direitos humanos, e o princípio da proporcionalidade, ou seja, limitações da liberdade somente quando e na medida em que sejam adequadas, necessárias e proporcionais ao fim buscado; defesa da confiança, tarefas sociais previstas na Constituição; ademais, problemas da integração do direito: interpretação das leis formais conforme os critérios de justiça, criação do direito *praeter* e *contra legem*, questões de equidade, a relação entre o direito natural e o direito positivo, condições para a legitimidade da legalidade. 3. *Estado de legalidade processual*: controle judicial da juridicidade formal e material; princípios do procedimento justo (em especial, o direito de ser ouvido); do juiz legal e da presunção de inocência; pluralidade de instâncias. 4. *Estado constitucional com divisão de poderes*: garantia institucional da independência pessoal e material do juiz; divisão institucional entre o poder legislativo e executivo; o princípio da reserva da lei (limitações da liberdade e da propriedade somente com base em leis formais), sistema de limitações mútuas dos poderes para obter a cooperação e o controle a serviço das garantias da juridicidade formal e material (*checks and balances*); controle judicial do legislador por meio da jurisdição constitucional; etc. 5. *Estado constitucional parlamentar*: prerrogativas do parlamento originado de eleições periódicas, em especial, o direito de legislar e a prioridade da lei parlamentar; o direito de ditar o pressuposto, assim como também o controle e, eventualmente, a eleição do governo. Trata-se de uma sequência lógica no sentido de que toda gradação superior inclui as inferiores, se bem que não em forma necessária e sem exceções, ao menos, em geral. O conceito de Estado constitucional parlamentar é o mais amplo, que abrange todas as demais gradações do conceito de Estado de direito.[18]

O Estado de Direito, conceito político que serviu historicamente ao liberalismo, vem-se transformando hoje em dia em Estado legalista, onde nem sempre o cumprimento da lei reflete a Justiça, desde que a multiplicidade e a instabilidade das leis vêm comprometendo a justiça. Como acentua Manoel Gonçalves Ferreira Filho, "desde o instante em que é aprovada, antes mesmo da promulgação, já lhe reclamam a revogação. Alteram-se, então, com as variações do sistema de forças políticas, leis sobre a mesma matéria, dispondo uma o oposto da outra (de cuja edição pouco tempo decorreu). O que era proibido torna-se permitido, para, logo mais, voltar a ser proibido, para, um instante depois, voltar a ser permitido. O lícito e o ilícito assim flutuam, desorientando e confundindo a todos que querem curvar-se à lei".[19]

A lei, muitas vezes, representa uma resposta pontual, tópica e possível para questão concreta, e é fruto de compromissos entre setores de interesses antagônicos, nem sempre relacionados com a intenção de atender o interesse coletivo.

A lei passa a ser uma solução, não uma norma. Obedece a exigências de programas partidários, vencedores nas eleições, e não a considerações racionais. Legisla-se "por legislar e não por imperativo racional ou ético. Como os partidos cada vez menos se distinguem por razões ideológicas profundas, é através da nova legislação que eles,

[18] KRIELE. *Introducción a la teoría del estado* – fundamentos históricos de la legitimidad del estado constitucional democrático, p. 139-141.

[19] FERREIRA FILHO. *Estado de direito e constituição*, p. 48.

uma vez no poder, têm a ambição de se demarcarem dos seus rivais. A multiplicação das leis só afeta a segurança jurídica porque a lei não tem a pretensão de definir uma ordem abstrata de justiça com vocação para a estabilidade e permanência. Já não temos lei, temos leis. A estrutura clássica das leis fica desfigurada; de normas gerais e abstratas com vocação para a permanência passam com frequência a comandos individuais e concretos, deliberados para atender a interesses parcelares e conjunturais e, portanto, passageiros, perdida a respectiva valia ética substituída agora por padrões de eficácia de modo a dar resposta satisfatória aos interesses presentes e afetou-se definitivamente o significado da sua observância".[20]

Deteriora-se ainda o Estado de Direito pelo formalismo. Silvio Drobowolski, citando Burdeau, afirma que, depois da conquista da liberdade, iniciou-se a fase da exploração da liberdade. O Estado de Direito, por se vincular historicamente ao liberalismo econômico, permitiu quase que um absolutismo da vontade privada, refletida na propriedade privada, no contrato e na livre empresa.

Assim, o Estado Democrático, em decorrência da noção mesma de democracia como processo dinâmico, é que propiciará a realização dos objetivos presentes no art. 3º da Constituição.

Note-se ainda que o Estado de Direito só é de direito se for democrático. O Estado de Direito é aquele que só pode ser visto à luz do princípio democrático, que legitima o domínio público e o exercício do poder.

A seu turno, o Estado Democrático de Direito também só pode ser entendido na perspectiva de Estado de Direito. Assim, como só existe um Estado de Direito Democrático, também só existe um Estado Democrático de Direito cujos elementos se articulam.

Ao considerar o Estado de Direito e a democracia como objetos de disciplinas diferentes, Habermas, lembrado por Marcelo Cattoni, acentua que, do ponto de vista empírico, há ordens jurídicas em que o exercício do poder político não se dá sob a forma do Estado de Direto, assim como há Estados de Direito em que o poder político não se exerce democraticamente. De qualquer modo, isso não significa que possa haver do ponto de vista normativo Estado de Direito sem democracia.[21]

O Estado Democrático de Direito, em seu aspecto substancial, se acha vinculado a um determinado regime. Noutras palavras, o Estado Democrático de Direito é aquele democraticamente legítimo pela sua formação e pelo seu conteúdo.

Deve ele ser examinado e entendido em torno de questões acerca de paradigmas de direito, entendidos como "visões exemplares de uma comunidade jurídica que considera como o mesmo sistema de direitos e princípios constitucionais podem ser realizados no contexto percebido de uma dada sociedade. Um paradigma de direito delineia um modelo de sociedade contemporânea para explicar como direitos e prin-

---

20 MONCADA. *Ensaio sobre a lei*, p. 89-90.

21 CATTONI DE OLIVEIRA. Coesão interna entre estado de direto e democracia na teoria discursiva do direito de Jürgen Habermas. *In*: *Jurisdição e hermenêutica constitucional*, p. 172-173.

cípios constitucionais devem ser concebidos e implementados para que cumpram naquele dado contexto as funções normativamente atribuídas a eles".[22]

A Constituição, portanto, quando menciona a expressão Estado Democrático de Direito opta por conformar as estruturas do poder político segundo a medida do direito, isto é, regras, formas, que excluem o arbítrio e a prepotência o que vem garantir a efetivação dos direitos fundamentais do homem, com a sua autonomia perante os poderes públicos. Reconhece o texto constitucional que o Estado de Direito só se realiza quando democraticamente legitimado, da mesma forma que o Estado Democrático tem a sua organização e o seu funcionamento assentados no direito e não na prepotência.

A propósito, observa José Afonso da Silva que o "democrático qualifica o Estado, o que irradia os valores da democracia sobre todos os elementos constitutivos do Estado, pois, sobre a ordem jurídica. A democracia que o Estado de Direito realiza há de ser um processo de convivência social numa sociedade livre, justa e solidária (art. 3º, III), em que o poder emana do povo, que deve ser exercido em proveito do povo, diretamente ou por seus representantes eleitos (art. 1º, parágrafo único); participativa, porque envolve a participação crescente do povo no processo decisório e na formação dos atos de governo; pluralista, porque respeita a pluralidade de ideias, culturais e étnicas, e pressupõe assim o diálogo entre opiniões e pensamentos divergentes e a possibilidade de convivência de formas de organização e interesses diferentes da sociedade; há de ser um processo de liberação da pessoa humana das formas de opressão que não depende apenas do reconhecimento formal de certos direitos individuais, políticos e sociais, mas especialmente da vigência de condições econômicas suscetíveis de favorecer o seu pleno exercício".[23]

Já Canotilho opõe o Estado de não Direito ao Estado de Direito, fixando-lhes as características essenciais. Para ele, o primeiro "é um Estado que decreta leis arbitrárias, cruéis ou desumanas; é um Estado em que o Direito se identifica com a 'razão do Estado' imposta e iluminada por 'chefes'; é um Estado pautado por radical injustiça e desigualdade na aplicação do direito". Já o Estado de Direito, que se afigura como um Estado constitucional, um Estado democrático, um Estado ambiental, é dizer, comprometido com a sustentabilidade ambiental, "está sujeito ao direito; atua através do direito, positiva normas jurídicas informadas pela ideia de direito". Assinala ainda Canotilho que "o Estado de Direito transporta princípios e valores materiais para uma ordem humana de justiça e de paz. São eles: a liberdade do indivíduo, a segurança individual e coletiva, a responsabilização dos titulares do poder, a igualdade de todos os cidadãos e a proibição de discriminação de indivíduos e de grupos. Para tornar efetivos estes princípios e estes valores, o Estado de Direito carece de instituições, de procedimentos de ação e de formas de revelação dos poderes e competências que permitam falar de um poder democrático, de uma soberania popular, de uma representação política, de uma separação de poderes, de fins e tarefas do Estado".[24]

---

[22] HABERMAS. *Between facts and norms*, p. 194-195.

[23] SILVA. *Curso de direito constitucional positivo*, p. 105-106.

[24] CANOTILHO. *Estado de direito*, p. 12-21.

Nessa perspectiva, o Estado Democrático de Direito é um Estado de:

1. supremacia da Constituição;
2. legalidade;
3. direitos fundamentais;
4. separação de poderes;
5. publicidade;
6. sistema hierárquico de normas, que realiza a segurança jurídica, mediante categorias distintas de leis de diferentes níveis, como se extrai do art. 59 da Constituição, que trata do processo legislativo;
7. responsabilização da administração pública, dos detentores do poder e da legalidade da administração.

Afiguram-se, ademais, como subprincípios do Estado Democrático de Direito:

1. garantia do acesso à Justiça e independência dos Tribunais;
2. garantia das relações jurídicas (ato jurídico perfeito, direito adquirido e coisa julgada);
3. garantias processuais especialmente de realização de um direito justo: ampla defesa e contraditório.

Anote-se que o Estado Democrático de Direito, conformado pela Constituição de 1988, é um Estado de Justiça Social. Com efeito, constituem seus fundamentos a soberania, a cidadania, a dignidade da pessoa humana, os valores sociais do trabalho e da livre iniciativa, o pluralismo político. E, segundo o art. 3º do texto constitucional, são objetivos fundamentais da República Federativa do Brasil a construção de uma sociedade livre, justa e solidária, o desenvolvimento nacional, a redução das desigualdades sociais e regionais, a promoção do bem-estar comum sem preconceito de origem, raça, sexo, idade ou qualquer outra forma de discriminação. Desse modo, o simples enunciado dos fundamentos e dos objetivos é suficiente para se concluir que o constituinte colocou, nos três primeiros artigos da Constituição o seu projeto de sociedade, cuja construção se antevê.

Desse modo, no âmbito do Estado Democrático de Direito os paradigmas tradicionais são superados pelas novas exigências decorrentes das transformações sociais e pela necessidade de se concretizarem as premissas de justiça social.

O Estado Social e Democrático de Direito, nesse horizonte, acha-se a serviço do indivíduo e da sociedade. Na concepção de Carlos Ari Sundfeld, o Estado Social e Democrático de Direito "é a soma e o entrelaçamento de: constitucionalismo, república, participação popular direta, separação de Poderes, legalidade, direitos (individuais, políticos e sociais), desenvolvimento e justiça social." [25] Ainda segundo o autor, são elementos do Estado Social e Democrático de Direito: "*a)* criado e regulado por uma Constituição; *b)* os agentes públicos fundamentais são eleitos e renovados periodicamente pelo povo e respondem pelo cumprimento de seus deveres; *c)* o poder político é exercido, em parte diretamente pelo povo, em parte por órgãos estatais

[25] SUNDFELD. *Fundamentos de direito público*, p. 56.

independentes e harmônicos, que controlam uns aos outros; *d)* a lei produzida pelo Legislativo é necessariamente observada pelos demais Poderes; *e)* os cidadãos, sendo titulares de direitos, inclusive políticos e sociais, podem opô-los ao próprio Estado; *f)* o Estado tem o dever de atuar positivamente para gerar desenvolvimento e justiça social."[26]

O Estado Social e Democrático de Direito, que supera a social democracia – estatizante, de fonte marxista e que almeja substituir progressivamente a economia capitalista por um sistema cada vez mais estatizado dos meios de produção –, existe para realizar a democracia social como "nova forma assumida pelo liberalismo numa sociedade pluralista que precisa compor em unidade dinâmica três valores complementares: o do indivíduo, com sua intocável subjetividade criadora; o da sociedade civil, com a livre expansão de seus grupos e categorias naturais; e o Estado, despido de seu papel de mito, capaz de tudo resolver, para passar a ter apenas fins compatíveis com a sua finalidade primordial, que consiste em ser instrumento mediador ou de repasse dos bens e riquezas arrecadados através de impostos e taxas, visando a atingir a justiça social que não podia ficar à mercê de meras competições individuais e grupalistas. Uma das características marcantes da Democracia Social é o desapego a soluções preconcebidas e abstratas, como as que somente acreditam numa ordem social constituída pela iniciativa privada; ou no extremo oposto, as que, de maneira violenta ou democraticamente deferida, apenas depositam suas esperanças na salvadora socialização ou estatização dos meios de produção."[27]

O Estado Democrático de Direito traduz, segundo Glauco Barreira Magalhães Filho, fórmula que estabelece a ideologia política que dá unidade à Constituição, e funciona como critério objetivo de harmonização dos princípios constitucionais, acentuando: "O Estado Democrático de Direito é aquele que se estrutura através de uma democracia representativa, participativa e pluralista, bem como o que garante a realização prática dos direitos fundamentais, inclusive dos direitos sociais, através de instrumentos apropriados conferidos aos cidadãos, sempre tendo em vista a dignidade humana.

As bases do Estado Democrático de Direito são a soberania do povo, expressa na manifestação da vontade popular, e a dignidade humana, consagrada na enunciação dos direitos fundamentais. Em razão desse segundo pilar, evidencia-se uma ampliação do conceito de democracia a qual terá que realizar-se não apenas no plano político, mas também nas dimensões econômica, social e cultural. Na esfera econômica, o trabalhador, parte mais fraca nas relações laborais, deve ser protegido juridicamente para que não seja explorado por aquele que dispõe de vantagem econômica, isto é, pelo empregador. Na perspectiva social, exige-se justiça social, sendo esta não apenas a justiça distributiva que estabelece que cada um deve receber de acordo com os seus méritos ou capacidades, mas também aquela que proclama que deve ser dado a cada um segundo as suas necessidades, ou seja, as necessidades humanas primordiais devem ser atendidas. Finalmente, no plano cultural, exige-se que a todos seja assegurada a educação.

[26] SUNDFELD. *Fundamentos de direito público*, p. 56.

[27] REALE. *Liberdade e democracia*, p. 8 e 10.

Assim, a estrutura democrática da sociedade consiste no clima socioeconômico favorável à vivência concreta dos direitos fundamentais."[28]

Há uma forma de Estado, segundo Peter Häberle, que se tipifica como Estado Constitucional Cooperativo, e que "não é apenas uma possível forma (futura) de desenvolvimento do tipo 'Estado Constitucional'; ele já assumiu conformação, hoje, claramente, na realidade e é, necessariamente, uma forma necessária de estatalidade legítima do amanhã. O *Estado Constitucional cooperativo* trata, ativamente, da questão de outros Estados, de instituições internacionais e supranacionais e dos cidadãos 'estrangeiros': sua 'abertura ao meio' é uma abertura ao mundo'. A cooperação realiza-se política e juridicamente. Ela é, sobretudo, um momento de configuração. O Estado Constitucional Cooperativo 'corresponde' a desenvolvimento de um 'Direito Internacional cooperativo'. O oposto *típico ideal* (em parte, ainda, '*típico real*'!) ao Estado Constitucional Cooperativo é – dentro do espectro do tipo Estado Constitucional – o Estado Constitucional 'egoísta', individualista e, para fora, 'agressivo'; externamente a esse espectro, o Estado Totalitário com 'sociedade fechada' (ex-União Soviética) ou o Estado 'selvagem' (países em desenvolvimento como Uganda)."[29]

5. SEPARAÇÃO DE PODERES

O princípio da separação de Poderes, embora concebido na Antiguidade por Aristóteles, teve sua formulação teórica com Locke e Montesquieu. Locke mencionava o Poder Federativo, que tratava do que dissesse respeito às relações exteriores do Estado, o Poder Legislativo e o Poder Judiciário, aludindo ainda a um quarto Poder, a Prerrogativa, de competência do príncipe, para a promoção do bem comum no caso de omissão ou lacuna da lei. O princípio serviu historicamente para limitar o poder absoluto dos monarcas (século XVII) e de fundamento para o liberalismo emergente. Por isso mesmo é que distingue Montesquieu três Poderes do Estado: o Poder Legislativo, o Poder Executivo (Poder Executivo das coisas que dependem do direito das gentes) e o Poder Judiciário (Poder Executivo das coisas que dependem do direito civil), correspondendo a cada um desses Poderes uma função do Estado. O autor de *O espírito das leis* esclarece, então, que a liberdade do homem estaria em perigo caso se concentrassem numa só pessoa os três Poderes antes referidos, pois a experiência mostra que todo homem que detém o poder tende a abusar dele. Mas, como os Poderes são dinâmicos e não estáticos quanto ao seu exercício, é preciso concebê-los como harmônicos e interdependentes. Daí a formulação da técnica dos freios e contrapesos (*checks and balances*), começada por Montesquieu e desenvolvida por Bolingbroke, na Inglaterra, durante o século XVIII.

O princípio da separação de poderes, "na sua dimensão orgânico-funcional, se acha na origem da liberdade individual e dos demais direitos humanos fundamentais.

---

28 MAGALHÃES FILHO. *Hermenêutica e unidade axiológica da constituição*, p. 103-104.

29 Häberle. *Estado constitucional cooperativo*, p. 5-7.

É "princípio de moderação, racionalização e limitação do poder político-estadual no interesse da liberdade. Tal constitui seguramente o seu núcleo imutável."[30]

José Afonso da Silva fundamenta o princípio da divisão dos Poderes em dois elementos:

a) especialização funcional, atribuindo a cada órgão o exercício de uma função (ao Congresso cabe a função legislativa, ao Presidente da República a função executiva e ao Judiciário a função jurisdicional);

b) independência orgânica, indicando a não subordinação de um órgão a qualquer outro.[31]

Luís Roberto Barroso, após se reportar a decisão do Supremo Tribunal Federal, que identificou como objetivo do princípio da separação de poderes a vedação de instâncias hegemônicas,[32] considera que "a independência orgânica demanda, na conformação da experiência presidencialista brasileira atual, três requisitos: 1) uma mesma pessoa não poderá ser membro de mais de um Poder ao mesmo tempo; 2) um Poder não pode destituir os integrantes de outro por força de decisão exclusivamente política; e 3) a cada Poder são atribuídas, além de suas funções típicas ou privativas, outras funções (chamadas normalmente de atípicas), como reforço de sua independência frente aos demais Poderes",[33] tema que adiante se examina.

A Constituição de 1988, ao consagrar no art. 2º o princípio da separação de Poderes, os declara independentes e harmônicos. Embora não tenha o texto reproduzido cláusula constante da Constituição anterior, vedando a indelegabilidade de atribuições, ela continua existindo pela noção mesma do princípio. Assinale-se, contudo, que essa independência não é absoluta, pois a própria Constituição prevê expressamente a atribuição de funções atípicas aos três Poderes do Estado. Citem-se, como exemplos, a competência do Executivo para expedir medidas provisórias, iniciar o processo legislativo e vetar projetos de lei, como atos de natureza legislativa; a competência do Legislativo para julgar o Presidente da República por crime de responsabilidade (função jurisdicional), aprovar a indicação de determinados titulares de cargos públicos (função executiva), e a competência do Judiciário para iniciar o processo legislativo referentemente a determinadas matérias (função legislativa) e nomear os magistrados de carreira (função executiva). Mas tais funções atípicas têm sempre em vista a noção de freios e contrapesos: assim, as medidas provisórias baixadas pelo Presidente da República deverão, para se converterem em lei, ser aprovadas pelo Congresso Nacional, que poderá também rejeitar o veto presidencial a projeto de lei, pelo voto da maioria dos Deputados e Senadores, em escrutínio secreto (art. 66, § 4º); se ao Poder Judiciário não cabe elaborar as leis, pode declarar a sua inconstitucionalidade, compensando-se, neste caso, a falta dessa prerrogativa.

---

[30] PIÇARRA. *A separação dos poderes como doutrina e princípio constitucional:* um contributo para o estudo das suas origens e evolução, p. 26.

[31] SILVA. *Op. cit.*, p. 96.

[32] STF, MS 23.452/RJ, Rel. Min. Celso de Mello, *DJU*, 12.5.2000.

[33] BARRROSO. *Curso de direito constitucional contemporâneo:* os conceitos fundamentais e a construção do novo modelo, p. 174.

Pode-se concluir no sentido de que o princípio da separação de Poderes, tão caro aos liberais, se acha em processo de irreversível transformação: o Estado contemporâneo não aceita mais a rigidez da separação de Poderes. Sem negar o princípio, cumpre, no entanto, atualizá-lo de modo a compatibilizar a eficiência do Estado com a preservação das liberdades constitucionais.[34]

6. SOBERANIA[35]

Soberania, palavra que tem sua origem em *super omnia, superanus ou supremitas*, indica o poder de mando de última instância numa sociedade politicamente organizada. No plano interno, consiste na supremacia ou superioridade do Estado sobre as demais organizações, e, no externo, quer dizer independência do Estado em relação aos demais Estados.

A concepção de soberania surgiu no século XVI para justificar o Estado absolutista, então emergente, com a eliminação dos poderes intermediários dos senhores feudais. O Estado moderno nasceu soberano, chegando-se até mesmo a falar que a soberania constituía traço essencial do Estado. O surgimento do Estado Federal criou, no entanto, o Estado não soberano dotado apenas de autonomia. Além do Estado Federal, o aprimoramento da teoria da separação de Poderes e a consolidação dos direitos fundamentais do homem, que provocaram a ruptura do Estado absoluto, empolgaram o conceito de soberania com o fracionamento do poder absoluto, que passou assim o sofrer limitações. A crise da noção de soberania tem-se agravado no mundo contemporâneo, havendo, inclusive, quem sustente que vivemos o ocaso da soberania, em razão, sobretudo, da superação do Estado nacional por outras formas de convivência social. Por isso mesmo é que Pablo Lucas Verdú, examinando a questão, acentua que "a crise do Estado nacional soberano exige a criação e consolidação de estruturas e instituições supranacionais de diversos tipos: econômico, militar, cultural (...), de modo que a questão da soberania se redimensione principalmente no plano das relações exteriores".[36]

7. CIDADANIA

A cidadania constitui outro fundamento do Estado Democrático de Direito (art. 1º, II). "Se *nacionalidade* é a sujeição, por nascimento ou por adoção, do indivíduo ao

---

[34] No Capítulo 4 do volume 1, deste trabalho, considera-se a separação de poderes no pensamento político, sua origem histórica e transformações.

[35] Segundo a doutrina, os incisos em que se desdobra o art. 1º da Constituição (soberania, cidadania, dignidade da pessoa humana, valores sociais do trabalho e da livre iniciativa e pluralismo político), expressam os valores fundamentais estruturantes do Estado. No âmbito da interpretação devem ser entendidos como postulados normativos interpretativos, relativamente às demais normas do ordenamento jurídico (NOVELINO. *Direito constitucional*, p. 337). De qualquer modo, não há como negar o caráter de normas jurídicas vinculativas aos princípios fundamentais.

[36] VERDÚ. *Op. cit.*, t. II, p. 132.

Estado, para gozo e exercício dos direitos políticos, *cidadania* é a habilitação do nacional para o exercício dos direitos políticos", esclarece José Cretella.[37]

Cidadania constitui, portanto, *status* do nacional para o exercício dos direitos políticos. No âmbito dos direitos políticos é conceito aplicável apenas às pessoas físicas que podem votar e ser votadas, enquanto que nacionalidade se aplica também a coisas (navios e aeronaves).

O texto constitucional em vigor ampliou os mecanismos de participação popular no processo político, redimensionando assim a cidadania:

I – art. 5º, LXXVII, que diz serem gratuitas as ações de *habeas corpus* e *habeas data*, e, na forma da lei, os atos necessários ao exercício da cidadania;

II – art. 14, que afirma que a soberania popular será exercida pelo sufrágio universal e pelo voto direto e secreto, com valor igual para todos, e, nos termos da lei, mediante plebiscito, referendo e iniciativa popular;

III – art. 14, II, *c*, que institui o alistamento e o voto facultativo para os maiores de dezesseis e menores de 18 anos, notando-se que, além da Constituição brasileira, a única no mundo, em vigor, que prevê o voto do maior de 16 anos é a Constituição da República da Nicarágua, de 19 de novembro de 1986, e publicada a 9 de janeiro de 1987;

IV – art. 37, I, que assegura o acesso a cargos, empregos e funções públicas;

V – art. 5º, LXXIII, que prevê legitimidade ao cidadão para a propositura de ação popular que vise anular ato lesivo ao patrimônio público ou de entidade de que o Estado participe, à moralidade administrativa, ao meio ambiente e ao patrimônio histórico e cultural. Observe-se ainda que, por expressa determinação da Constituição, matéria referente à cidadania não pode ser objeto de delegação legislativa ao Presidente da República (art. 68, § 1º, II).

A Constituição considera, desta forma, o estágio atual de evolução da vida dos povos, para admitir que a ideia de cidadania não se acha restrita ao cidadão eleitor, mas se projeta em vários instrumentos jurídico-políticos imprescindíveis para viabilizá-la.

A cidadania significa, nessa perspectiva, participação no Estado Democrático de Direito.

Deve-se destacar, ainda, o parágrafo único do art. 1º da Constituição, que prevê, ao lado da representação política, o exercício direto do poder pelo povo, reminiscência da democracia direta e que se traduz no plebiscito, referendo e iniciativa popular.

A democracia participativa, no entanto, segundo entendemos, deve ser valorizada não como substitutiva da democracia indireta ou representativa, mas como técnica capaz de corrigir os excessos e as insuficiências da representação política.

---

[37] CRETELLA JÚNIOR. *Op. cit.*, p. 138.

Assim, as duas formas de democracia que emergem do texto constitucional não se excluem mutuamente, mas antes se completam.[38]

A despeito do impacto que a democracia participativa possa ter, pela utilização dos meios eletrônicos, sobre a vida política, com destaque para o caráter interativo da internet, é preciso notar que a rapidez na transmissão de informações e no conhecimento das preferências populares, embora favoreça a formação de opinião e a participação política, não significa convergência que afaste a ocorrência de divergência ou colisão entre fins. Onde, portanto, houver divergência, conflito, haverá política e necessidade de negociação com vistas à busca de acordo ou entendimento, o que se dá pelas instituições democráticas representativas, é dizer, nos parlamentos.

8. DIGNIDADE DA PESSOA HUMANA

A dignidade da pessoa humana, que a Constituição de 1988 inscreve como fundamento do Estado, significa não só um reconhecimento do valor do homem em sua dimensão de liberdade, como também de que o próprio Estado se constrói com base nesse princípio. O termo dignidade designa o respeito que merece qualquer pessoa.

A dignidade da pessoa humana significa ser ela, diferentemente das coisas, um ser que deve ser tratado e considerado como um fim em si mesmo, e não para a obtenção de algum resultado. A dignidade da pessoa humana decorre do fato de que, por ser racional, a pessoa é capaz de viver em condições de autonomia e de guiar-se pelas leis que ela própria edita: todo homem tem dignidade e não um preço, como as coisas, já que é marcado, pela sua própria natureza, como fim em si mesmo, não sendo algo que pode servir de meio, o que limita, consequentemente, o seu livre arbítrio, consoante o pensamento kantiano.

"O conceito de dignidade humana repousa na base de todos os direitos fundamentais (civis, políticos ou sociais). Consagra assim a Constituição em favor do homem, um direito de resistência. Cada indivíduo possui uma capacidade de liberdade. Ele está em condições de orientar a sua própria vida. Ele é por si só depositário e responsável do sentido de sua existência. Certamente, na prática, ele suporta, como qualquer um, pressões e influências. No entanto, nenhuma autoridade tem o direito de lhe impor, por meio de constrangimento, o sentido que ele espera dar a sua existência. O respeito a si mesmo, ao qual tem direito todo homem, implica que a vida que ele leva dependa de uma decisão de sua consciência e não de uma autoridade exterior, seja ela benevolente e paternalista."[39]

---

38 Nada obstante, ao formular uma teoria material da Constituição quanto à democracia participativa, o Prof. Paulo Bonavides sustenta que "a democracia direta do voto no computador caracteriza o crepúsculo da intermediação, peculiar à democracia indireta do voto na urna. O futuro iminente revoga o passado, abolindo a técnica de bloqueio, mais difícil de afastar. Descortina-se assim a idade nova da democracia direta, democracia do século XXI, democracia direito da quarta geração, coroando, na linha histórica, um processo que leva o povo das regiões metafísicas do contrato social à sede das constituintes investidas na soberania popular" (BONAVIDES. *Teoria constitucional da democracia participativa – por um direito constitucional de luta e resistência – por uma nova hermenêutica – por uma repolitização da legitimidade*, p. 580).

39 DELPÉRÉE. *O Direito à dignidade humana*, p. 160.

O princípio abrange não só os direitos individuais, mas também os de natureza econômica, social e cultural, pois, no Estado Democrático de Direito a liberdade não é apenas negativa, entendida como ausência de constrangimento, mas liberdade positiva, que consiste na remoção de impedimentos (econômicos, sociais e políticos) que possam embaraçar a plena realização da personalidade humana. Na ordem econômica, vem garantido quando diz a Constituição que "a ordem econômica, fundada na valorização do trabalho humano e na livre iniciativa, tem por fim assegurar a todos existência digna, conforme os ditames da justiça social" (art. 170); na ordem social, quando declara a Constituição que "a ordem social tem como base o primado do trabalho, e como objetivo o bem-estar e a justiça sociais" (art. 193). Vem ainda reforçado no art. 5º, III (ninguém será submetido a tortura nem a tratamento desumano ou degradante); no inciso X, que garante a inviolabilidade da intimidade, vida privada, honra e imagem das pessoas; no inciso XLI, que prevê a punição, por lei, de qualquer discriminação atentatória dos direitos e liberdades fundamentais; no art. 7º (direitos sociais dos trabalhadores), quando, no inciso IV, institui como direitos dos trabalhadores urbanos e rurais o salário mínimo, fixado em lei, capaz de atender às suas necessidades vitais básicas e às de sua família; no inciso XXX, que proíbe diferença de salários, de exercício de funções e de critério de admissão por motivo de sexo, idade, cor ou estado civil.

O homem constrói cotidianamente o sentido de sua existência, dialogando com elementos díspares, paradoxais, contraditórios. A existência humana se afirma, portanto, entre tensões e busca de equilíbrio, como base de orientação para o agir humano.

A dignidade da pessoa humana, que perpassa toda a história do ser humano, e do humano inteiro, por mais que uma ou outra cultura venha fragmentar sua compreensão, desdobra-se em quatro campos indicativos de sua afirmação: "1) o dualismo histórico, diante das tensões entre natureza e cultura, conduz o humano à tensão entre existir e ser aceito: disso decorre que existir como membro da espécie humana corresponde à máxima extensão factual da dignidade humana; 2) o dualismo histórico, ante as tensões entre o particular e o universal, conduz o humano à tensão entre ser cidadão de sua pátria ou ser cidadão do mundo: donde decorre que ser cidadão do mundo corresponde à máxima extensão relacional da dignidade humana; 3) a tensão existencial diante das tendências dos determinismos e da liberdade conduz o humano à tensão entre uma aceitação submissa da realidade ou a sua superação pela práxis: donde decorre que é enquanto ser aberto à superação de si mesmo que reside a máxima compreensão praxiológica da dignidade humana; 4) a tensão existencial perante as dimensões secular e religiosa conduz o humano à tensão entre aceitar um sentido imanente ou transcendente para a vida humana: donde decorre que é na plena aceitação de um sentido imanente e transcendente que reside a máxima compreensão tensional da dignidade humana."[40]

A dignidade, como qualidade intrínseca da pessoa humana (em todo o homem e em toda a mulher se acham presentes todas as faculdades da humanidade), é irrenun-

---

[40] SANCHES. *Bioética* – Ciência e transcendência, p. 99.

ciável e inalienável, e constitui elemento que qualifica o ser humano como tal e dele não pode ser destacado. Ela existe, não apenas onde é reconhecida pelo Direito e na medida que este a reconhece, por se constituir dado prévio, preexistente e anterior a toda experiência especulativa. A dignidade representa o valor absoluto de cada ser humano (a despeito de se cogitar de uma eventual relativização do direito à dignidade em termos de sua normatização). A dignidade centra-se na autonomia e no direito de autodeterminação de cada pessoa, o que lhe permite conformar-se a si mesmo e a sua vida, de acordo com o seu próprio projeto espiritual. Não se deve, contudo, deixar de considerar que a dignidade possui também uma dimensão cultural e histórica, e resulta do trabalho de diversas gerações, que lhe determina o conteúdo num contexto concreto da conduta estatal e do comportamento pessoal de cada ser humano.

Considerando a dupla perspectiva ontológica e instrumental da dignidade da pessoa humana, procurando destacar tanto a sua faceta intersubjetiva, e, portanto, relacional, quanto a sua dimensão simultaneamente negativa (defensiva) e positiva (prestacional), Ingo Wolfgang Sarlet nos oferece a seguinte conceituação jurídica de dignidade da pessoa humana: "a qualidade intrínseca e distintiva reconhecida em cada ser humano que o faz merecedor do mesmo respeito e consideração por parte do Estado e da comunidade, implicando, neste sentido, um complexo de direitos e deveres fundamentais que assegurem a pessoa tanto contra todo e qualquer ato de cunho degradante e desumano, como venham a lhe garantir as condições existenciais mínimas para uma vida saudável, além de propiciar e promover sua participação ativa e co-responsável nos destinos da própria existência e da vida em comunhão com os demais seres humanos".[41]

No âmbito da Constituição brasileira de 1988, a dignidade da pessoa humana é o fundamento de todo o sistema dos direitos fundamentais, no sentido de que estes constituem exigências, concretizações e desdobramentos da dignidade da pessoa e que com base nesta é que devem aqueles ser interpretados.

Jorge Miranda, ao analisar o tema no sistema constitucional português, assevera que "a Constituição, a despeito do seu carácter compromissório, confere uma unidade de sentido, de valor e de concordância prática ao sistema de direitos fundamentais. E ela repousa na dignidade da pessoa humana, proclamada no art. 1º, ou seja, na concepção que faz da pessoa fundamento e fim da sociedade e do Estado. Pelo menos, de modo directo e evidente, os direitos, liberdades e garantias pessoais e os direitos econômicos, sociais e culturais comuns têm a sua fonte ética na dignidade da pessoa, de todas as pessoas. Mas quase todos os outros direitos, ainda quando projectados em instituições, remontam também à ideia de protecção e desenvolvimento das pessoas. Para além da unidade do sistema, o que conta é a unidade da pessoa. O 'homem situado' do mundo plural, conflitual e em acelerada mutação do nosso tempo encontra-se muitas vezes dividido por interesses, grupos e solidariedades discrepantes; só na consciência da sua dignidade pessoal retoma unidade de vida e de destino."[42]

---

[41] SARLET. *Dignidade da pessoa humana e direitos fundamentais na constituição federal de 1988*, p. 59-60.
[42] MIRANDA. *Manual de direito constitucional*, t. 4, p. 166-168.

Ainda é Jorge Miranda quem sintetiza as cinco diretrizes básicas relativamente à dignidade da pessoa humana, a partir de diferentes preceitos constitucionais: "*a)* A dignidade da pessoa humana reporta-se a todas e a cada uma das pessoas e é a dignidade da pessoa individual e concreta; *b)* Cada pessoa vive em relação comunitária, mas a dignidade que possui é dela mesma, e não da situação em si; *c)* O primado da pessoa é o do ser, não o do ter; a liberdade prevalece sobre a propriedade; *d)* A protecção da dignidade das pessoas está para além da cidadania portuguesa e postula uma visão universalista da atribuição dos direitos; *e)* A dignidade da pessoa pressupõe a autonomia vital da pessoa, a sua autodeterminação relativamente ao Estado, às demais entidades públicas e às outras pessoas."[43]

Desse modo, a dignidade é um valor que informa toda a ordem jurídica, se assegurados os direitos inerentes à pessoa humana. Os direitos fundamentais constituem, por isso mesmo, explicitações da dignidade da pessoa, já que em cada direito fundamental há um conteúdo e uma projeção da dignidade da pessoa.[44]

E para a viabilização da dignidade da pessoa humana, ao Estado cabe o dever de respeito, proteção e promoção dos direitos fundamentais. Em virtude do dever de respeito, o Estado não pode violar os direitos; relativamente ao dever de proteção, muda-se o papel do Estado, de adversário dos direitos, para uma função de custódia, não podendo permitir que os direitos sejam violados; no que respeita ao dever de promoção, o Estado deve proporcionar as condições básicas (o mínimo vital), seja por prestações normativas, seja por prestações fáticas, para o pleno exercício dos direitos fundamentais.

9. VALORES SOCIAIS DO TRABALHO E DA LIVRE INICIATIVA

A Constituição da Espanha de 1978 estabelece, em seu art. 35, que "todos os espanhóis têm o dever de trabalhar e o direito ao trabalho". O texto constitucional brasileiro, se não contém preceito idêntico, reconhece o trabalho como um valor social (art. 1º, IV) que, ao lado da livre iniciativa, constitui fundamento do Estado e da ordem econômica (art. 170). O trabalho pode ser apreciado sob dois ângulos: individual

---

[43] MIRANDA. *Manual de direito constitucional*, t. 4, p. 169-170.

[44] Na linha da absolutização da dignidade da pessoa humana, cite-se, entre outros, Daniel Sarmento, para quem a dignidade, como valor maior do ordenamento jurídico, atua como principal critério substantivo na ponderação de interesses constitucionais, pelo que não pode ser objeto de ponderação, no sentido de se permitir sua violação ou relativização ao confronto com outros direitos fundamentais, "uma vez que o homem não é apenas um dos interesses que a ordem constitucional protege, mas a matriz axiológica e o fim último desta ordem" (*A ponderação de interesses na constituição federal*, p. 73 *et seq.*). Pela relativização da dignidade da pessoa, ainda que ao nível jurídico-normativo, Edilsom Pereira de Farias (*Colisão de direitos*, p. 53) e Jônatas Machado, este acentuando que "o conceito de dignidade da pessoa humana apresenta-se desvinculado de qualquer concepção mundividencial fechada e heterónoma acerca do sentido existencial e ético da vida, não podendo servir para a imposição constitucional de qualquer absolutismo valorativo" (*Liberdade de expressão.* Dimensões constitucionais da esfera pública no sistema social, p. 358).

e social. Por dignificar o homem, a Constituição atribui-lhe relevante valor social, colocando-o, assim, como um dos fundamentos do Estado Democrático de Direito.

Acrescente-se que o art. 170, VIII, da Constituição, enuncia a busca do pleno emprego como um dos princípios da ordem econômica, o que representa a soma de esforços da iniciativa privada e do Estado para o oferecimento de empregos dignos a todos os brasileiros.

José Luiz Quadros de Magalhães elucida que no "direito ao trabalho (pleno emprego) temos uma caracterização perfeita da ligação necessária entre três grupos de direitos que compõem os Direitos Humanos: direitos econômicos, direitos sociais e direitos individuais. O direito de livre escolha do trabalho (individual) se completa pelos direitos do trabalhador no trabalho (direitos sociais), que por sua vez, para ser amplo (Direitos Humanos), depende do Direito Econômico e de uma política de pleno emprego (direito econômico). O Estado, ao valorizar o trabalho através de uma política econômica de pleno emprego e justa remuneração, está dizendo não a uma realidade do capitalismo moderno em que a riqueza está nas mãos de quem não trabalha."[45]

10. PLURALISMO POLÍTICO – INTERESSES COLETIVOS E DIFUSOS

O Estado contemporâneo é essencialmente pluralista. A complexidade das relações sociais determinou a necessidade da formação de estruturas diversificadas em grupos em que se divide a sociedade, cada um deles com base ideológica própria. Surgem então os sindicatos, as entidades culturais, ecológicas, clubes de lazer, cooperativas e tantas outras categorias sociais, acarretando a existência de uma sociedade conflitiva, com interesses contraditórios. Mas a democracia pluralista que se configura nesse tipo de sociedade, porque formada a partir de grupos sociais de variados matizes ideológicos entre o homem e o Estado, constitui fator de descompressão social, na medida em que amplia a participação popular nos mecanismos do poder que se descentraliza por força das reivindicações populares. Fala-se então em pluralismo político, pluralismo econômico, pluralismo religioso, pluralismo cultural, já que o homem passa a participar, simultaneamente, de uma pluralidade de organizações.[46]

No campo teórico, considere-se o pluralismo clássico e o pluralismo radical.

Os pluralistas clássicos, como Madison, Hamilton, Jay, (*O Federalista*), Seymour Martin Lipset e Robert Dahl, têm como maior preocupação fazer recomendações

---

45 MAGALHÃES. *Direito constitucional*, t. I, p. 338 e 340.

46 Destaque-se, no contexto da sociedade pluralista, as Organizações Não Governamentais (ONGs), cuja tipologia, levando em conta a sua principal fonte de financiamento, compreende: a) Piongs, (ONGs ligadas a instituições públicas); Bongs (associadas a "business", ou seja, dependentes de empresas); Iongs (relacionadas a redes internacionais; Ings, (indivíduos não-governamentais); Rongs (ONGs ligadas a instituições religiosas), e Pongs (ONGs associadas a partidos). Há ainda outras tipologias que enfatizam: a) o caráter local, nacional ou transnacional; b) o caráter voluntário ou profissional; c) a área de atuação. Como tipos ideais de ONGs, há aquelas orientadas a defender causas (*advocacy*), e as que desenvolvem políticas sociais exemplares.

sobre como manter a estabilidade e a paz em sociedades dominadas por conflitos, utilizando para isso unidades básicas de análise, quais sejam, os interesses de grupo. O perigo de conflitos mútuos destrutivos é evitado pela cessão de alguns dos poderes possuídos por aqueles grupos para um Estado encarregado de proteger a paz.

Já os pluralistas radicais, como Chantal Mouffe, Ernesto Laclau, Claude Lefort e William Connolly, embora se preocupem com o conflito e se esforcem para transformá-lo em uma de suas virtudes, divergem dos pluralistas clássicos. Na perspectiva dos pluralistas radicais, o Estado é visto como recipiente do poder derivado dos grupos de interesses pré-políticos, sendo os interesses que definem esses grupos aqueles que determinam as suas interações políticas, em vez de serem construídos politicamente. Os pluralistas radicais recomendam alguma versão da democracia liberal, em vez de alternativas participativas ou deliberativas. Enquanto que a teoria pluralista clássica é construída a partir de uma interpretação hobbesiana em termos de princípios filosóficos pressupostos, o pluralismo radical desenha-se sobre conceitos-chaves dos filósofos pós-estruturalistas, como Jean-François Lyotard, Michel Foucault e Jacques Derrida.[47]

Em profunda análise a respeito do pluralismo, ressalta Norberto Bobbio que, "se, do ponto de vista do Estado, a acusação que pode ser levantada contra o pluralismo é a de enfraquecer a compatibilidade e diminuir a força unificante e necessária, do ponto de vista do indivíduo o perigo consiste na tendência natural de cada grupo de interesse endurecer suas estruturas à medida que cresce o número dos membros e se amplia o raio de ação, da mesma forma que o indivíduo crê ter-se libertado do Estado-patrão torna-se escravo de muitos patrões".[48]

Saliente-se que a Constituição brasileira, não obstante mencionar o pluralismo político como um dos fundamentos do Estado Democrático de Direito, declara, no art. 5º, XX, que ninguém poderá ser compelido a associar-se ou a permanecer associado, norma que vem reforçada no art. 8º, V, no que se refere à sindicalização.

Com o pluralismo político surgem os interesses coletivos e difusos (direitos transindividuais), os quais deixam de se referir ao Estado para se centrarem nos grupos e na própria sociedade.

Tem-se assim, inicialmente, o interesse coletivo, cujo sujeito, apesar de plural, é determinado, havendo uma relação-base jurídica que permite sua identificação, qualificando-se ainda pelo polo de concentração que reside sempre num grupo social diferenciado. Não é uma soma de interesses individuais, mas um *tertium genus*, conflitando-se, em alguns casos, com os interesses individuais e até mesmo a eles se sobrepondo.

São coletivos, entre outros, o direito de um condomínio horizontal, de associação de bairro e de sindicato.

Já o interesse difuso traduz-se na indefinição subjetiva e na indivisibilidade objetiva: trata-se de direito que a muitos cabe, impassível de fruição individualizada excludente. Sem polo de concentração, manifesta-se na indisponibilidade e na inexistência

[47] CUNNINGHAM. *Teorias da democracia:* uma introdução crítica, p. 91-122; 217-232.

[48] BOBBIO. *As ideologias e o poder em crise*, p. 33.

de titularidade identificável (interesse que é de todos e ao mesmo tempo de ninguém, nem mesmo de grupo definido).

São difusos, entre outros, o direito ao meio ambiente, ao patrimônio artístico, estético, paisagístico e turístico, e o direito do consumidor.

Os direitos transindividuais são tutelados em juízo invariavelmente pela substituição processual. Processussual [49]

Diferem dos direitos transindividuais os direitos individuais homogêneos, direitos subjetivos individuais, de titularidade determinada e materialmente divisíveis, o que acarreta a sua tutela jurisdicional, tanto de modo coletivo (por regime de substituição processual), como individual (por regime de representação). [50]

11. OBJETIVOS FUNDAMENTAIS DO ESTADO BRASILEIRO

O estilo adotado pela Constituição brasileira, ao estabelecer os objetivos fundamentais do Estado, quais sejam: construir uma sociedade livre, justa e solidária; garantir o desenvolvimento nacional; erradicar a pobreza e a marginalização e reduzir as desigualdades sociais e regionais;[51] promover o bem de todos, sem preconceitos de origem, raça, sexo, cor, idade e quaisquer outras formas de discriminação, configura o que se tem convencionado chamar de proclamações "emblemáticas",[52] adquirindo assim a linguagem constitucional todo um valor literário e simbólico, que se acha também presente no Preâmbulo.

Ainda para além das enunciações de linguagem, os objetivos fundamentais previstos no art. 3º da Constituição são reveladores de uma utopia entendida como a antevisão de um projeto de sociedade, uma "consciência do amanhã" (João Baptista Herhenhoff), cumprindo dupla função, ou seja, possibilitar a crítica da realidade e permitir que se interaja na realidade de hoje com a consciência antecipadora do amanhã. Não se trata, pois, de uma utopia no sentido comum, ou seja, aquilo que é irreal, impossível, ou que não está em nenhum lugar, mas de uma utopia no sentido sociológico. O constituinte expressou, ao enunciar os fundamentos e os objetivos fundamentais da República, o seu

---

49 Instrumentos de tutela dos direitos transindividuais são a ação civil pública (Lei n. 7.347/85); a ação popular (Lei n. 4.717/65); a ação de improbidade administrativa (Lei n. 8.429/92).

50 A tutela de direitos individuais homogêneos têm como instrumento básico a ação civil coletiva disciplinada nos arts. 91 a 100 do Código de Defesa do Consumidor (Lei n. 8.078/90).

51 A EC n. 31/2000 acrescentou os arts. 79 a 83 ao ADCT e criou o Fundo de Combate e Erradicação da Pobreza, regulamentado pela Lei Complementar n. 111/2001. No âmbito federal, o Fundo compõe-se, basicamente, do imposto sobre grandes fortunas, dos rendimentos da receita da desestatização de sociedades de economia mista e empresas públicas controladas pela União, de doações e de adicionais sobre a CPMF. Os Estados e Municípios são também obrigados a instituir seus Fundos de Combate à Pobreza, que serão mantidos, basicamente, com adicionais do ICMS e do ISS, que poderão incidir sobre produtos e serviços supérfluos, os quais serão definidos em lei federal. A gestão dos Fundos deve contar com a participação da sociedade civil. A EC n. 67/2010 prorrogou, por tempo indeterminado, o prazo de vigência do Fundo de Combate e Erradicação da Pobreza.

52 MIRANDA. *Op. cit.*, p. 205.

projeto de uma sociedade mais justa. Nesse sentido é que se tem a utopia como pensamento dinâmico a ensejar ao aplicador ou intérprete da Constituição uma concreta atuação na realidade. E a posição hierárquica dos objetivos fundamentais, que têm natureza constitucional, faz com que o direito deva com eles se harmonizar, para que se superem eventuais antinomias entre a lei e o justo.

De qualquer modo, os objetivos fundamentais vêm enunciados sob a forma de ação verbal (construir, garantir, erradicar, reduzir, promover), o que implica na necessidade de um comportamento ativo pelos que se acham obrigados à sua realização.

Anote-se finalmente que a Constituição, sobretudo nos Títulos VII e VIII, referentes à ordem econômica e à ordem social, estabelece os instrumentos para a realização dos objetivos fundamentais da República.

12. PRINCÍPIOS DA ORDEM INTERNACIONAL

A Constituição enumera, no art. 4º, os princípios que nortearão as relações internacionais envolvendo o Estado brasileiro: independência nacional; prevalência dos direitos humanos; autodeterminação dos povos; não intervenção; igualdade entre os Estados; defesa da paz; solução pacífica dos conflitos, repúdio ao terrorismo e ao racismo, cooperação entre os povos para o progresso da humanidade, concessão de asilo político. O Ministro Francisco Rezek, analisando o tema, mostrou que há no texto constitucional uma redundância, pois os mencionados princípios poderiam ser reduzidos a apenas três: "a independência e a autodeterminação dos povos, e não-intervenção nos assuntos domésticos do Estado, e a igualdade de todas as soberanias na cena internacional."[53]

Para Celso Lafer, o art. 4º da Constituição de 1988 é representativo da abertura ao mundo, inerente a um regime democrático, pois os princípios nele positivados estão próximos dos que basicamente regem, de acordo com o Direito Internacional Público, *ex vi* do art. 2º da ONU, a comunidade internacional. Aponta para a complementaridade entre o Direito Internacional e o Direito Constitucional e indica a irradiação de conceitos elaborados no âmbito do Direito das Gentes no plano do Direito Público Interno. É por obra da natureza dos valores que os princípios do art. 4º são, ao mesmo tempo, mandados de otimização, abertos à nota da inexauribilidade e preceitos de intensidade modulável, nos quais pesa a nota da realizabilidade que avalia o possível e seus diferentes graus de efetividade à luz do cenário internacional no momento de sua aplicação.[54]

Independência e autodeterminação dos povos compõem a concepção de soberania, pelo que o Estado não se sujeita a nenhum outro, podendo adotar a forma e o governo que atendam ao seu povo.

O princípio da prevalência dos direitos humanos situa o homem como destinatário do direito internacional.

---

[53] REZEK. Princípios fundamentais. *In*: *A Constituição brasileira – 1988*: Interpretações, p. 14.

[54] LAFER. *A internacionalização dos direitos humanos*: constituição, racismo e relações internacionais, p. 13, 14, 20.

Assim, deve o Brasil tomar posição contrária aos Estados que desrespeitam os direitos humanos. A própria Constituição revela preocupação com os direitos humanos não só quando ressalta a dignidade da pessoa humana como um dos fundamentos do Estado (art. 1º, III), mas sobretudo quando declara, no art. 5º, § 2º, que "os direitos e garantias expressos nesta Constituição não excluem outros decorrentes do regime e dos princípios por ela adotados, ou dos tratados internacionais em que a República Federativa do Brasil seja parte", admitindo, com isso, a obrigação de respeitar direitos fundamentais decorrentes de tratados internacionais.

O princípio da igualdade jurídica reconhece aos Estados, não obstante as suas peculiaridades próprias, sejam elas econômicas, políticas, sociais, culturais, a mesma igualdade de tratamento jurídico. Anote-se, todavia, que, "de modo gritantemente escandaloso, a ONU, que patrocina todas as Convenções sobre os direitos políticos, econômicos e internacionais, estabeleceu privilégio de veto nas sessões do Conselho de Segurança, para as cinco maiores potências: Rússia, Estados Unidos, França, China e Grã-Bretanha".[55]

Uma reformulação de parâmetros segundo os quais se deveriam ampliar as Nações Unidas, de modo a torná-la uma democracia cosmopolita, envolveria não somente a atualização da representação dos Estados nacionais influentes no Conselho de Segurança, como ainda a concessão de voto privilegiado a regimes regionais, como a União Europeia. Ainda nesta retórica universalista, para que a ONU possa perder o caráter de Assembleia das delegações dos governos, precisa tornar-se uma espécie de Senador Federal e partilhar suas competências com uma Segunda Câmara em que os povos estariam representados como a totalidade dos cidadãos do mundo, não por seus governos, mas por representantes eleitos. E países que se recusassem a permitir a eleição de deputados segundo procedimentos democráticos, em especial levando em consideração suas minorias étnicas, poderiam ser representados provisoriamente por organizações não estatais designadas pelo Parlamento Mundial como representantes das populações oprimidas.[56]

A defesa da paz depende essencialmente da validade universal do direito internacional e do reconhecimento dos princípios de igualdade de todos os Estados e da não intervenção nos assuntos internos. A defesa da paz repele o unilateralismo armado, de efeito descivilizador.

A paz, na expressão de Vattel, "é o reverso da guerra; é aquele estado desejável no qual todo homem usufrui tranquilamente dos seus direitos ou, se são controvertidos, os discute amigavelmente pela razão. As Nações imbuídas dos sentimentos de humanidade, seriamente ocupadas com seus deveres, esclarecidas sobre os seus verdadeiros e sólidos interesses, nunca procurarão alcançar vantagens às custas de outrem. Cuidadosas de sua própria felicidade, elas procurarão associá-la com a de outros assim como a própria justiça e felicidade."[57] A paz, antes um conceito filosófico, tem hoje significado e dimensão jurídicas, pois vem enunciada na Constituição como um

---

55 COSTA. *Comentários breves à constituição federal*, p. 26.

56 HABERMAS. *A inclusão do outro*: estudos de teoria política, p. 218-219.

57 VATTEL. *O direito das gentes*, p. 493-494.

dos princípios que norteiam as relações internacionais do Brasil. É a paz, afirma Paulo Bonavides, "em seu caráter global, em sua feição agregativa de solidariedade, em seu plano harmonizador de todas as etnias, de todas as culturas, de todos os sistemas, de todas as crenças e que a fé e a dignidade do homem propugnam, reivindicam e sancionam. No mundo globalizado da unipolaridade, das economias desnacionalizadas e das soberanias relativizadas e desrespeitadas, ou ficamos com a força do direito ou com o direito da força. Não há mais alternativa."[58]

O direito de asilo a que se refere o texto constitucional é o asilo político, ou seja, aquele concedido pelo Estado asilante à pessoa estrangeira perseguida por motivos políticos. Há ainda uma outra modalidade de asilo, o territorial, que se verifica quando alguém, perseguido no seu Estado por motivos políticos, religiosos, de raça, entre outros, solicita refúgio no Estado em que se encontra, na condição de refugiado[59], abrangido, também, pelo art. 4º, inciso X, da Constituição.

O asilado submete-se à observância das normas jurídicas que o governo estabelecer, não podendo deixar o país sem autorização, sob pena de perder a condição de asilado.

O asilo não está sujeito a reciprocidade e protege indivíduos independentemente de sua nacionalidade.

O asilo político ou diplomático pode ser concedido em inúmeros locais, como nas legações que, nos termos da Convenção de Caracas, que regulamenta o asilo na América, onde ele encontrou a sua consagração, em decorrência da instabilidade de nossas instituições políticas e mesmo as constantes revoluções, abrangem a sede de toda missão diplomática ordinária, a residência dos chefes de Missão e os locais por eles destinados para esse efeito, quando o número de asilados exceder à capacidade normal dos edifícios, nos navios e aeronaves militares, em que o próprio comandante é quem concede o asilo, e nos acampamentos militares. Os consulados não são considerados, pelo Direito Internacional, locais de asilo, apesar de reação doutrinária postulando possam concedê-lo.

O asilo diplomático, segundo esclarece Celso D. de Albuquerque Mello, "é concedido apenas a indivíduos que sejam perseguidos por motivos ou delitos políticos.

---

58 BONAVIDES. O direito à paz. *In*: *Folha de S.Paulo*, de 3.12.2006, Caderno A, p. 3.

59 Refugiado, segundo a Convenção da ONU, de 1951, que estabeleceu o Estatuto dos Refugiados, é a pessoa que goza de asilo territorial. É aquele que, temendo ser perseguido por motivos de raça, religião, nacionalidade, grupo social ou opiniões políticas, se encontra fora de seu país de nacionalidade e que não pode ou, em virtude deste temor, não quer valer-se da proteção desse país; ou que se não tem nacionalidade e se encontra fora do país no qual tinha sua residência habitual em decorrência de tais acontecimentos, não pode ou, devido ao referido temor, não quer voltar a ele. Há uma definição mais ampla de refugiado, constante da Organização da Unidade Africana (OUA), que, em 2002, passou a se chamar União Africana, e que abrange os deslocamentos maciços de população que não estavam incluídos na definição da Convenção de 1951, por exemplo, as pessoas que necessitam abandonar os seus países sem que haja perseguição. Considera-se, desse modo, refugiado, "qualquer pessoa que, devido a agressão externa, ocupação, domínio estrangeiro ou eventos que perturbem seriamente a ordem pública em parte ou em todo o seu país de origem ou nacionalidade, é obrigado a deixar seu local de residência habitual para buscar refúgio em outro local fora de seu país de origem ou nacionalidade". A Lei n. 9.474, de 22 de julho de 1997, define mecanismos para a implementação do Estatuto dos Refugiados de 1951.

Não se dá o asilo 'a pessoas que, na ocasião em que o solicitem, tenham sido acusadas de delitos comuns, processadas ou condenadas por esse motivo pelos tribunais ordinários competentes, sem haverem cumprido as penas respectivas' (art. 3º da Convenção de Caracas). Ele não protege também aos 'desertores das forças de terra, mar e ar', a não ser que o ato que motiva o pedido de asilo tenha 'claramente caráter político'. Estipula ainda o mesmo dispositivo da Convenção de Caracas que as pessoas que se asilarem por crimes que não justificam o asilo, 'deverão ser convidadas a retirar-se, ou, conforme o caso, ser entregues ao governo local'. Este, entretanto, não poderá julgar tais indivíduos 'por delitos políticos anteriores ao momento da entrega'. O asilo deverá ser dado somente em casos de urgência, isto é, quando o indivíduo, por motivos políticos, é perseguido por multidões, pelas autoridades, quando se encontre em perigo de vida ou a sua liberdade e integridade pessoal estejam ameaçadas. A urgência é julgada pelo asilante (arts. 5º, 6º, 7º). A qualificação do delito é feita pelo Estado asilante. Entretanto, ela não tem aspecto definitivo, tanto assim que nada impede que ele altere no futuro esta qualificação. O asilante, na qualificação, deve levar em consideração as informações do Estado territorial sobre o asilado. Entretanto, a decisão sobre se o criminoso é ou não político, pertence exclusivamente ao asilante (art. 9º). O asilante pode prolongar o asilo para coligir informações, a fim de verificar da sua procedência (art. 14). A primeira obrigação do asilante é a de comunicar às autoridades do Estado que concedeu asilo a tal indivíduo. Esta comunicação deverá ser feita, de preferência, por escrito. Ela somente deixará de ser feita quando a sua realização apresentar perigo para a segurança dos asilados. O asilante não pode permitir que o asilado exerça qualquer atividade política. Este não deverá exercer atividade política de qualquer natureza (art. 18). O asilante deve impedir que o asilado se comunique com o exterior da Embaixada e que receba visitas. Estas só serão recebidas se forem pessoas da família do asilado e se o chefe da missão tiver concedido autorização. O asilo não deve ser concedido novamente se o asilado abandonar o local do asilo e pretenda se asilar de novo. Este princípio decorre do fato de que a Missão Diplomática não é um local que possa ser utilizado para o asilado simplesmente burlar as autoridades do Estado territorial. O asilante deve entregar ao Estado territorial o asilado que for criminoso comum. O asilo não pode ser oferecido. O asilado deve atingir os locais de asilo por seus próprios meios, isto é, sem auxílio do asilante. O asilante pode prolongar o asilo para coligir informações sobre fatos 'que ponham em perigo a segurança do asilado durante o trajeto para o país estrangeiro' (art. 14). O asilante não é obrigado a conceder asilo no seu território ao asilado, 'mas não poderá mandar de volta ao seu país de origem, salvo por vontade expressa do asilado'. Se o Estado territorial comunicar que pedirá, posteriormente, a extradição do asilado, este ficará residindo no território do asilante até que este receba o pedido de extradição. O asilado não poderá ficar sob vigilância por mais de 30 dias. As despesas, como a permanência preventiva no território do asilante, correrão por conta do Estado que o solicitou (art. 17)."[60]

Dispõe o art. 7º do Ato das Disposições Constitucionais Transitórias que o Brasil propugnará pela formação de um tribunal internacional dos direitos humanos.

---

60 MELLO. *Curso de direito internacional público*, vol. II, p. 1102-1103.

O Brasil aderiu à Convenção Americana sobre Direitos Humanos (Pacto de São José da Costa Rica). A Convenção foi promulgada pelo Decreto n. 678, de 6 de novembro de 1992. Pelo Decreto Legislativo n. 89, de dezembro de 1998, o Congresso Nacional aprovou a solicitação de reconhecimento da competência obrigatória da Corte Interamericana de Direitos Humanos para fatos ocorridos a partir do reconhecimento, de acordo com o previsto no parágrafo único do art. 62 daquele instrumento internacional. E o Decreto n. 4.463, de 25 de setembro de 2002, promulgou a Declaração de Reconhecimento da Competência Obrigatória da Corte Interamericana em todos os casos relativos à interpretação ou aplicação da Convenção Americana sobre Direitos Humanos. Desse modo, tornou-se obrigatória para o Brasil a jurisdição da Corte Interamericana de Direitos Humanos.

Ainda a propósito de tribunais internacionais de direitos humanos, o Decreto n. 4.388, de 25 de setembro de 2002, promulgou o texto do Estatuto de Roma do Tribunal Penal Internacional, por sua vez promulgado pelo Decreto Legislativo n. 112, de 6 de junho de 2002. Pelo art. 126, n. 1, o Estatuto entrará em vigor no primeiro dia do mês seguinte ao termo de um período de 60 dias após a data do depósito do sexagésimo instrumento de ratificação, de aceitação, de aprovação ou de adesão junto do Secretário-Geral da Organização das Nações Unidas.

O Tribunal, pelo art. 1º do Estatuto, é uma instituição permanente, com jurisdição sobre as pessoas responsáveis pelos crimes de maior gravidade, fixados nos termos do Estatuto, com alcance internacional, e será complementar às jurisdições penais nacionais, somente exercendo jurisdição no caso de incapacidade ou omissão dos Estados (princípio da complementaridade).

O Tribunal, de acordo com o art. 3º do Estatuto, tem sede em Haia, Países Baixos, podendo, no entanto, funcionar em outro local sempre que entender conveniente e nos termos do Estatuto. O Tribunal Penal Internacional limita-se aos crimes mais graves que afetam a comunidade internacional no seu conjunto, cabendo-lhe, nos termos do art. 5º do Estatuto, julgar os seguintes crimes: *a)* crime de genocídio; *b)* crimes contra a humanidade; *c)* crimes de guerra; *d)* crime de agressão. O Estatuto, no art. 86, consagra o princípio da cooperação pelo qual os Estados Partes deverão cooperar plenamente com o Tribunal no inquérito e no procedimento contra crimes de competência deste.

A Emenda Constitucional n. 45/2004 acrescentou o § 4º ao art. 4º da Constituição, para estabelecer que o Brasil se submete à jurisdição de Tribunal Penal Internacional a cuja criação tenha manifestado adesão.

O terrorismo, que deve ser repudiado pelo Brasil (art. 4º, VIII), é definido, segundo a Convenção de Nova Iorque, de 1999, como "todo ato destinado a causar a morte ou danos corporais graves a toda pessoa civil, ou a qualquer outra pessoa que participa diretamente nas hostilidades em uma situação de conflito armado, quando por sua natureza ou contexto, este ato é destinado a intimidar uma população ou a constranger um governo ou uma organização internacional a realizar ou a se abster de realizar qualquer ato".

O terrorismo constitui preocupação na ordem jurídica internacional, especialmente após os episódios de 11 de setembro de 2001, nos Estados Unidos.

Em setembro daquele ano o Conselho de Segurança da ONU aprovou resolução condenando o terrorismo, e o financiamento dos atos terroristas, sendo que os Estados devem tomar medidas para preveni-lo. Os Estados devem cooperar nas investigações. O terrorista não tem *status* de asilado ou de refugiado. Em razão do fundamento normativo da resolução, permite-se o uso da força contra o Estado que não cumprir o aprovado.

Nesta perspectiva, de se notar que o terrorismo cria uma armadilha para as democracias, porque para combatê-lo os Estados acabam por abandonar os valores da democracia (Robert Schmelck).

Pela legislação brasileira os atos de terrorismo são considerados crimes contra a segurança nacional.

Finalmente, há um objetivo fixado para a política externa brasileira, que é o de buscar a integração econômica, política e cultural dos povos da América Latina, visando à formação de uma comunidade latino-americana de nações (art. 4º, parágrafo único), fortalecendo-se, dessa forma, o grupo latino-americano, sobretudo para a negociação da dívida externa. A cláusula serviu de base para a participação do Brasil no Mercosul.[61]

13. PRINCÍPIO DA SUBSIDIARIEDADE

Na linguagem vulgar, subsidiário refere-se àquilo que é secundário, que vem em segundo lugar, que é auxiliar ou supletivo, que vem em decorrência do principal.

O princípio da subsidiariedade, segundo elucida o Professor Baracho, vincula-se diretamente à organização da sociedade,[62] destacando-se, em sua compreensão, o entendimento de que todo ordenamento jurídico visa à proteção da autonomia privada, em face das estruturas sociais. Ainda segundo o eminente constitucionalista, o princípio da subsidiariedade responde, ele próprio, à necessidade de fazer coabitar a liberdade autônoma e uma ordem justa, já que o Estado subsidiário, perseguindo os seus fins, harmoniza a liberdade autonômica com a ordem social justa, com a finalidade de manter o desenvolvimento de uma sociedade formada por autoridades plurais e diversificadas, recusando o individualismo filosófico. O Estado suplente deve, pois, atender às fraquezas individuais, desde que elas sejam circunstanciais e não permanentes. Considere-se, no entanto, que a atuação exclusivista do Estado acaba por resultar, muitas vezes, numa pior qualidade da prestação oferecida.

O princípio da subsidiariedade, se pode ser interpretado como argumento para conter ou restringir a intervenção do Estado, tem amplo domínio de aplicação, como, por exemplo, no âmbito do Estado Federal, em que se destacam, no caso do federalismo brasileiro: *a*) o Município como entidade menor da federação, que tem a capacidade de se autogovernar e de solucionar de forma simples as questões que a ele são diretamente

---

61 Para uma visão acerca da integração da América Latina no constitucionalismo latino-americano, e a origem do parágrafo único do art. 4º da Constituição de 1988, cf. SILVA. *Um pouco de direito constitucional comparado,* p. 203-206.

62 BARACHO. *O princípio de subsidiariedade* – conceito e evolução, p. 26.

afetas; *b)* a repartição de competências, em que o princípio da subsidiariedade revela que as unidades federativas são uma subsidiária da outra, em suas competências, querendo-se com isso dizer que à União só cabe fazer o que o Estado-Membro ou o Distrito Federal não puderem bem realizar, e que do Estado-Membro só se exige aquilo que o Município não fizer bem.

Nessa perspectiva, o princípio da subsidiariedade é aquele pelo qual as decisões, legislativas ou administrativas, devem ser tomadas no nível político mais baixo possível, isto é, por aqueles que estão o mais próximo possível das decisões que são definidas nas competências dos entes que compõem o tipo de Estado consagrado pela Constituição (Unitário, Regional ou Federal), e o processo de descentralização política e administrativa.

Note-se ainda que, no âmbito internacional, o princípio se aplica às formas organizatórias das Comunidades de Estados, como a União Europeia em articulação com os Estados-Membros, no sentido de que as comunidades ou esquemas organizatórios-políticos superiores só devem assumir as funções que as comunidades menores não puderem cumprir da mesma forma ou de forma mais eficiente.

Capítulo 3

DIREITOS E GARANTIAS FUNDAMENTAIS NA CONSTITUIÇÃO DE 1988

SUMÁRIO

1. CONSIDERAÇÕES GERAIS

A Constituição de 1988 ampliou consideravelmente o catálogo dos direitos e garantias fundamentais, desdobrando-se o art. 5º em LXXVIII incisos, o último acrescentado ao texto constitucional pela EC n. 45/2004, quando, pela Emenda Constitucional n. 1, de 1969, a matéria era tratada em 36 parágrafos, que integravam o art. 153.

Outro aspecto que deve ser salientado é o de que a declaração dos direitos fundamentais foi deslocada para o início do texto constitucional (Título II), rompendo assim a Constituição vigente com a técnica das Constituições anteriores, que situava os direitos fundamentais na parte final da Constituição, sempre depois da organização do Estado. Essa colocação topográfica da declaração de direitos no início da Constituição, seguindo modelo das Constituições do Japão, México, Portugal, Espanha,[1] dentre outras, tem especial significado, pois revela que todas as instituições estatais estão condicionadas aos direitos fundamentais, que deverão observar. Assim, nada se pode fazer fora do quadro da declaração de direitos fundamentais: Legislativo,

---

1 A precedência e a inviolabilidade dos direitos fundamentais vêm enunciadas no art. 10 da Constituição da Espanha, de 27 de dezembro de 1978: "Art. 10. A dignidade da pessoa, os direitos invioláveis que lhe são inerentes, o livre desenvolvimento da personalidade, o respeito à lei e aos direitos do semelhante constituem o fundamento da ordem política e da paz social."

Executivo e Judiciário, orçamento, ordem econômica, além de outras instituições, são orientados e delimitados pelos direitos humanos.

Esclareça-se, ainda, que a expressão "estrangeiros residentes no País", constante do art. 5º da Constituição, "deve ser interpretada no sentido de que a Carta Federal só pode assegurar a validade e o gozo dos direitos fundamentais dentro do território brasileiro".[2] O qualificativo "residentes no País" não é do substantivo "estrangeiro", mas do sujeito composto "brasileiros e estrangeiros."

"Em consequência, mesmo o estrangeiro não residente no Brasil tem acesso às ações, inclusive mandado de segurança, e aos demais remédios judiciais", é o que entende José Celso de Mello Filho.[3] De fato, os direitos fundamentais têm, como vimos, caráter universal, e deles serão destinatários todos os que se encontrem sob a tutela da ordem jurídica brasileira, nos limites da soberania nacional, pouco importando se são nacionais ou estrangeiros. Desse modo, os estrangeiros podem fazer uso de todos os instrumentos processuais de proteção aos direitos fundamentais, salvo naqueles casos em que a Constituição limita o exercício, como ajuizar ação popular. E ainda que estejam em situação irregular no Brasil, poderão ter reconhecido qualquer direito fundamental, mesmo aqueles que estejam previstos fora do art. 5º, como, por exemplo, o direito à saúde.

Os direitos fundamentais têm como titulares não só os seres humanos, mas também as pessoas jurídicas. José Afonso da Silva oferece-nos alguns exemplos de direitos fundamentais que não podem ser recusados às pessoas jurídicas. Tais são "o princípio da isonomia, o princípio da legalidade, o direito de resposta, o direito de propriedade, o sigilo da correspondência e das comunicações em geral, a inviolabilidade do domicílio. A garantia ao direito adquirido, ao ato jurídico perfeito e à coisa julgada, assim como a proteção jurisdicional, o direito de impetrar mandado de segurança. Há até direito que é próprio de pessoa jurídica, o direito à propriedade das marcas, aos nomes de empresas e a outros signos distintivos."[4]

Outro ponto a ser considerado é que a titularidade varia em função de cada direito.

Quer-se com isso dizer que são "titulares dos direitos fundamentais enunciados nos incisos do art. 5º somente os brasileiros e os estrangeiros residentes no Brasil. Isso ocorre quando o inciso não estabelece nada sobre a titularidade e também quando utiliza termos genéricos para designar os titulares, tais como 'todos' e 'ninguém.' Quando o inciso é mais restritivo que o *caput* estabelecendo como titulares categorias específicas ('presos', 'condenados', 'cidadãos', 'pobres'), deve-se entender que ocorre uma dupla limitação. Por um lado, excluem-se da titularidade aqueles que, mesmo sendo brasileiros ou estrangeiros residentes, não possuam a qualidade indicada pelo inciso. Por outro lado, são excluídos aqueles que mesmo tendo a qualidade específica indicada no inciso não são brasileiros ou estrangeiros residentes."[5]

---

[2] *RTJ* 3/566-568.

[3] MELLO FILHO. *Constituição federal anotada*, p. 320.

[4] SILVA. *Curso de direito constitucional positivo*, p. 171-172.

[5] DIMOULIS; MARTINS. *Teoria geral dos direitos fundamentais*, p. 85.

No domínio dos direitos sociais, pode-se entender que titulares são os que necessitam de prestações relacionadas à educação, à saúde, ao trabalho, à moradia, ao lazer, à segurança e à previdência social. Nessa perspectiva é que se definem as pessoas que necessitam das prestações enunciadas nos direitos sociais: os arts. 7º a 9º e o art. 11 referem-se a direitos dos trabalhadores urbanos e rurais; titulares do direito à saúde são "todos", pela dicção do art. 196; do direito à assistência social, titular é "quem dela necessitar" (art. 203), e do direito à educação "todos".

Quanto aos direitos políticos, os requisitos de sua titularidade se acham, em sua maioria, estabelecidos nos arts. 14 e 15, destacando-se a nacionalidade brasileira e os limites etários.[6]

2. ABRANGÊNCIA

O Título II da Constituição compreende cinco Capítulos. Neles são mencionados os direitos e deveres individuais e coletivos (Capítulo I), os direitos sociais (Capítulo II), a nacionalidade (Capítulo III), os direitos políticos (Capítulo IV) e os partidos políticos (Capítulo V). Portanto, os direitos fundamentais, na Constituição de 1988, compreendem os direitos individuais, os direitos coletivos, os direitos sociais e os direitos políticos.

2.1 *Direitos individuais*

Os direitos individuais são aqueles que se caracterizam pela autonomia e oponibilidade ao Estado, tendo por base a liberdade – autonomia como atributo da pessoa, relativamente a suas faculdades pessoais e a seus bens. Impõem, como vimos acima, ao tratarmos da sua classificação, uma abstenção, por parte do Estado, de modo a não interferir na esfera própria dessas liberdades. São direitos de *status negativus*, pois o seu núcleo está na proibição de interferência imediata imposta ao Estado. Os direitos individuais configuram uma pretensão de resistência à intervenção estatal, sendo, por isso mesmo, designados de direitos de defesa ou de resistência.

2.2 *Direitos sociais*

Os direitos sociais referidos no art. 6º da Constituição (educação, saúde, trabalho, moradia, lazer, segurança, previdência social, proteção à maternidade e à infância, assistência aos desamparados) são direitos que visam a uma melhoria das condições de existência, mediante prestações positivas do Estado, que deverá assegurar a criação de serviços de educação, saúde, ensino, habitação e outros, para a sua realização. A maioria dos direitos sociais vem enunciada em normas programáticas.

São direitos de *status positivus*, já que permitem ao indivíduo exigir determinada atuação do Estado, com o objetivo de melhorar suas condições de vida, garantindo os pressupostos materiais para o exercício da liberdade. Envolvem a melhoria de

---

[6] DIMOULIS; MARTINS. *Teoria geral dos direitos fundamentais*, p. 91-95.

vida de vastas categorias da população, mediante a instituição e execução de políticas públicas.

Diferentemente dos direitos sociais, considere-se os direitos culturais como "os que se relacionam aos elementos portadores de referências à identidade, à ação e à memória da sociedade brasileira, em sua várias expressões, compostos por bens físicos e espirituais."[7]

2.3 Direitos econômicos

Além dos direitos sociais, há na Constituição referência a direitos econômicos, que, contidos em normas de conteúdo econômico, visam proporcionar, por meio de uma política econômica, *v.g.*, a que trata do planejamento de metas e de financiamento para a consecução do pleno emprego (direito econômico), a realização dos demais direitos humanos, no caso, o oferecimento do salário mínimo (direito social) e o suprimento das necessidades humanas, conferindo ao homem uma vida digna (direito individual). Os direitos econômicos envolvem, desse modo, normas protetoras de interesses individuais, coletivos e difusos. Nesse sentido, posiciona-se José Luiz Quadros de Magalhães, que classifica os direitos econômicos em: I – direito ao meio ambiente; II – direito do consumidor; III – função social da propriedade rural e urbana; IV – transporte (como meio de circulação de mercadorias); V – pleno emprego (direito ao trabalho); VI – outras normas concretizadoras de direitos sociais, individuais e políticos).[8]

2.4 O direito do consumidor

Menção especial deve ser feita ao direito do consumidor, que tem base no art. 5º, XXXII, e art. 170, V, da Constituição. A Lei n. 8078, de 11.9.1990, dispõe sobre a proteção do consumidor (Código de Proteção e Defesa do Consumidor).

Cuida-se, com efeito, de direito econômico fundamental, mas que se caracteriza também como direito individual, difuso e coletivo. Os direitos dos consumidores "podem ser direitos que tenham como núcleo a proteção de interesses difusos, coletivos (de grupo, categoria ou classe de pessoas), ou individuais; estes últimos, embora sejam direitos individuais, decorrem de normas de intervenção na ordem econômica. Tendo essa intervenção como característica marcante desses direitos, classificamos também os direitos individuais do consumidor como norma de Direito Econômico, e não entre os Direitos Individuais Fundamentais clássicos, relativos à liberdade, à igualdade, à vida, à segurança, à propriedade. A necessidade da proteção do consumidor surge da expansão na economia com vultosos empreendimentos industriais, comerciais ou de prestação de serviços, comandada por maciça e atraente publicidade, criando novos hábitos, despertando ou mantendo o interesse da coletividade, que

---

7 WEIS. *Direitos humanos contemporâneos*, p. 45.

8 MAGALHÃES. *Direitos humanos na ordem jurídica interna*, p. 219.

adere à mensagem."[9] Daí a necessidade de proteção do consumidor, que se fragiliza em seu poder de negociação, o que leva à necessidade de coibir práticas ilícitas resultantes de um sistema econômico competitivo, que nem sempre respeita os valores éticos, causando variados danos ao consumidor, no que diz respeito à sua vida, privacidade e interesses econômicos ou a outros bens.[10]

2.5 Direitos coletivos e direitos difusos

Fala ainda a Constituição em direitos coletivos, entendendo-se como tais aqueles cujo exercício cabe a uma pluralidade de sujeitos, e não a cada indivíduo isoladamente. Entende José Carlos Vieira de Andrade que "o elemento coletivo integra o conteúdo do próprio direito – este só ganha sentido se for pensado em termos comunitários, pois estão em causa interesses partilhados por uma categoria ou um grupo de pessoas".[11] Esses direitos coletivos se apresentam às vezes como "direitos individuais de expressão coletiva", em que o *coletivo* não é sujeito de direitos (direito de reunião e de associação), e outras vezes se confundem com os direitos das pessoas coletivas (direito de organização sindical). Como direitos fundamentais coletivos previstos no

---

9 MAGALHÃES. *Direito constitucional*, t. I, p. 329-330.

10 MAGALHÃES. *Direito constitucional*, t. I, p. 330.

O Código de Proteção e Defesa do Consumidor prevê, em seu art. 56, sanções administrativas relativamente às infrações das suas normas, e que são: multa; apreensão do produto; inutilização do produto; cassação do registro do produto junto ao órgão competente; proibição de fabricação do produto; suspensão de fornecimento de produtos ou serviços; suspensão temporária de atividade; revogação de concessão ou permissão de uso; cassação de licença do estabelecimento ou de atividade; interdição, total ou parcial, de estabelecimento e ou atividade; intervenção administrativa; imposição de contrapropaganda.

Há ainda, no Código de Proteção e Defesa do Consumidor tipificação de infrações penais contra as relações de consumo., e que compreendem as seguintes condutas: omitir dizeres ou sinais ostensivos sobre a nocividade ou periculosidade de produtos, nas embalagens, nos invólucros, recipientes ou publicidade; deixar de comunicar à autoridade competente e aos consumidores a nocividade ou periculosidade de produtos cujo conhecimento seja posterior à sua colocação no mercado; executar serviço de alto grau de periculosidade, contrariando determinação de autoridade competente; fazer afirmação falsa ou enganosa, ou omitir informação relevante sobre a natureza característica, qualidade, quantidade, segurança, desempenho, durabilidade, preço ou garantia de produtos ou serviços; fazer ou promover publicidade que sabe ou deveria saber ser enganosa ou abusiva; fazer ou promover publicidade que sabe ou deveria saber ser capaz de induzir o consumidor a se comportar de forma prejudicial ou perigosa a sua saúde ou segurança; deixar de organizar dados fáticos, técnicos e científicos que dão base à publicidade; empregar, na reparaçao de produtos, peças ou componentes de reposição usados, sem autorização do consumidor; utilizar, na cobrança de dívidas, de ameaça, coação, constrangimento físico ou moral, afirmações falsas, incorretas ou enganosas ou de qualquer outro procedimento que exponha o consumidor, injustificadamente, a ridículo ou interfira com seu trabalho, descanso ou lazer; impedir ou dificultar o acesso do consumidor às informações que sobre ele constem em cadastros, bancos de dados, fichas e registros; deixar de corrigir imediatamente informação sobre consumidor constante de cadastro, banco de dados, fichas ou registros que sabe ou deveria saber ser inexata; deixar de entregar ao consumidor o termo de garantia adequadamente preenchido e com especificação clara de seu conteúdo. As penas variam de um mês a dois anos de detenção, prevendo-se ainda multa e circunstâncias agravantes.

11 ANDRADE. *Os direitos fundamentais na constituição portuguesa de 1976*, p. 174.

art. 5º são mencionados: o direito de reunião e de associação, o direito de entidades associativas representarem seus filiados, os direitos de recebimento de informações de interesse coletivo, dentre outros. Já os direitos difusos, de que tratamos no cap.15, vol.1, deste trabalho, são direitos que se revestem de uma indeterminação absoluta dos titulares, não sendo possível identificar uma titularidade individual para eles, e pressupõem um agir solidário, porquanto não podem ser exercidos individualmente

2.6 Direitos de nacionalidade

Os direitos de nacionalidade trazem a definição de nacionalidade e as suas faculdades.[12] A nacionalidade, no sentido sociológico, é conceito que se vincula à ideia de nação. Juridicamente, a nacionalidade constitui o vínculo que une a pessoa a um determinado Estado. Trata-se de um elo de subordinação direta, permanente e de natureza política do indivíduo ao Estado.

A nacionalidade traduz a dimensão pessoal do Estado soberano, não havendo, por isso mesmo, Estado sem nacionais e nacionalidade sem Estado. Ao nacional o Estado reconhece direitos civis e políticos.

A nacionalidade é examinada, com maior abrangência, no cap. 4, adiante.

2.7 Direitos políticos

Os direitos políticos têm por base a liberdade-participação, traduzida na possibilidade atribuída ao cidadão de participar do processo político, votando, sendo votado, e participando de partidos políticos, por exemplo.

Esses direitos, que constituem a base do regime democrático, "conheceram historicamente uma contínua extensão de seus limites (diminuição da idade mínima para o seu exercício; direito ao voto para as classes populares, para as mulheres e, recentemente em alguns países, para os estrangeiros) e multiplicaram-se com a introdução de formas de democracia direta (leis de iniciativa popular, referendo, orçamentos participativos)."[13]

Os direitos políticos se bipartem em direitos políticos positivos e direitos políticos negativos. Positivos são aqueles que permitem a participação do seu titular no processo político eleitoral, e negativos são aqueles que impedem a sua participação no processo político, estabelecendo, *v. g.*, as inelegibilidades. Ambas as modalidades de direitos políticos vêm consubstanciadas em normas materiais ou formalmente constitucionais.

No cap. 5, deste trabalho, são estudados os direitos políticos.

2.8 Direitos relacionados à existência, organização e participação em partidos políticos

Além dos direitos políticos, em que podem ser enquadrados os direitos envolvendo partidos políticos, como destacado no item anterior, costuma-se identificar

---

12 MORAES. *Doa direitos fundamentais*: contribuição para uma teoria, p. 200.

13 DIMOULIS; MARTINS. *Teoria geral dos direitos fundamentais*, p. 68.

direitos que envolvem a participação em partidos políticos, que se acham regulamentados na Constituição. São os partidos políticos, com efeito, instituições necessárias à democracia representativa e ao próprio Estado Democrático de Direito, havendo o texto constitucional a eles assegurado autonomia e liberdade de atuação, como veremos adiante.

3. DIREITOS FUNDAMENTAIS IMPLÍCITOS

Além dos direitos expressos e que vêm nela enumerados, a Constituição admite haver outros direitos fundamentais, os *direitos implícitos*, conforme dispõe o § 2º do art. 5º, os quais são direitos decorrentes dos princípios e do regime por ela adotados, ou dos tratados internacionais de que o Brasil seja parte.

As Constituições brasileiras, desde a de 1891, são recorrentes na previsão de direitos fundamentais implícitos, inovando o texto constitucional de 1988 apenas na inclusão dos tratados internacionais.[14]

Diante da inovação da Constituição de 1988, Flávia Piovesan propõe que os direitos fundamentais sejam organizados em três grupos distintos: a) o dos direitos expressos na Constituição, (p.ex., os direitos elencados nos incisos I a LXXVIII do art. 5º); b) o dos direitos expressos em tratados internacionais de que o Brasil seja parte; c) o dos direitos implícitos (direitos que estão subentendidos nas regras de garantias, bem como os direitos decorrentes do regime e dos princípios adotados pela Constituição.[15]

Por seu turno, José Afonso da Silva distingue os direitos individuais, sob esse aspecto, em três grupos: "1º) direitos individuais expressos, aquele explicitamente enunciados nos incisos do art. 5º; 2º) direitos individuais implícitos, aqueles que estão subentendidos nas regras e garantias, como o direito identidade pessoal, certos desdobramentos do direito à vida, o direito à atuação geral (art. 5º, II); 3º) direitos

---

[14] Constituição de 1891: "Art. 78. A especificação das garantias e direitos expressos na Constituição não exclui outras garantias e direitos não enumerados, mas resultantes da forma de governo que ela estabelece e dos princípios que consigna." Constituição de 1934; "Art. 114. "A especificação dos direitos e garantias expressos nesta Constituição não exclui outros, resultantes do regime e dos princípios que ela adota." Carta de 1937: "Art. 123. A especificação das garantias e direitos acima enumerados não exclui outras garantias e direitos, resultantes da forma de governo e dos princípios consignados na Constituição. O uso desses direitos e garantias terá por limite o bem público, as necessidades da defesa, do bem-estar, da paz e da ordem coletiva, bem como as exigências da segurança da Nação e do Estado em nome dela constituído e organizado nesta Constituição." Constituição de 1946: "Art. 144. A especificação dos direitos e garantias expressas nesta Constituição não exclui outros direitos e garantias decorrentes do regime e dos princípios que ela adota." Constituição de 1967: "Art. 150, § 35 A especificação dos direitos e garantias expressas nesta Constituição não exclui outros direitos e garantias decorrentes do regime e dos princípios que ela adota." Emenda Constitucional n. 1/1969: "Art. 153, § 36 A especificação dos direitos e garantias expressas nesta Constituição não exclui outros direitos e garantias decorrentes do regime e dos princípios que ela adota." Constituição de 1988; "Art. 5º, § 2º Os direitos e garantias expressos nesta Constituição não excluem outros decorrentes do regime e dos princípios por ela adotados, ou dos tratados internacionais em que a República Federativa do Brasil seja parte."

[15] PIOVESAN. *Direitos humanos e o direito constitucional internacional*, p. 89.

individuais decorrentes do regime e de tratados internacionais subscritos pelo Brasil, aqueles que não são nem explícita nem implicitamente enumerados, mas provêm ou podem vir a provir do regime adotado, como o direito de resistência, entre outros de difícil caracterização *a priori*."[16]

Paulo Hamilton Siqueira Jr. e Miguel Augusto Machado de Oliveira dividem os direitos fundamentais em dois grupos: "1. direitos imediatos, que são os direitos explícitos, diretos e garantias expressos na Constituição (art. 5º, I a LXXVIII); e os 2. direitos mediatos, que são os direitos e garantias decorrentes do regime e dos princípios constitucionais, direitos implícitos, e os expressos em tratados internacionais em que a República Federativa do Brasil seja parte e equivalentes a Emenda à Constituição, nos termos do art. 5º, § 3º, da Constituição Federal."[17]

4. DEVERES FUNDAMENTAIS

Relacionados com os direitos fundamentais, apresentam-se os *deveres* fundamentais, referidos no Capítulo I, do Título II, da Constituição, sob a rubrica de *deveres individuais e coletivos*. Por deveres, em sentido genérico, deve-se entender as situações jurídicas de necessidade ou de restrições de comportamentos impostas pela Constituição às pessoas.

Vale lembrar, a propósito, que os direitos individuais foram revelados na História como aquisição de direitos diante do Poder e não como sujeição a deveres.

Daí não existir, nesta perspectiva, no Capítulo dos Direitos Fundamentais, nenhum preceito dedicado a um dever, de forma específica e exclusiva. Os deveres se acham sempre ligados ou conexos com os direitos fundamentais (dever de votar, relacionado com o direito de voto – art. 14, § 1º, I; dever de educar os filhos, relacionado com o direito à educação – art. 205; dever de defesa do meio ambiente, conjugado com o direito correspondente – art. 225, etc.). Encontra-se ainda na Constituição referência ao serviço militar obrigatório (art. 143), ao direito de propriedade, que deve ser exercido conforme sua função social (art. 5º, XXIII), o que impõe ao seu titular o dever de exercer o seu direito de forma solidária, levando em consideração os interesses da sociedade, bem como ao legislador o dever de concretizá-la mediante a imposição de limites à propriedade, tendo em vista o princípio da ordem constitucional econômica (art. 170, III, da Constituição).

Há, no entanto, no âmbito da tipologia dos deveres fundamentais, autores, como Ingo Wolfgang Sarlet, que reconhecem a existência de deveres autônomos, considerados como aqueles que não estão diretamente relacionados à conformação de nenhum direito subjetivo (dever de prestar o serviço militar obrigatório, dever de pagar impostos e dever de colaborar na administração eleitoral, dentre outros). Ainda segundo Sarlet, é possível afirmar a existência de deveres fundamentais defensivos (ou negativos) e deveres fundamentais prestacionais (ou positivos). Também menciona a diferenciação entre deveres expressos e deveres implícitos, mas ressalta que, di-

---

16 SILVA. *Curso de direito constitucional positivo*, p. 174.

17 SIQUEIRA JR.; OLIVEIRA. *Direitos humanos e cidadania*, p. 191.

versamente do que ocorre com os direitos, em se tratando de deveres fundamentais, são poucas as hipóteses de deveres que vêm expressamente estabelecidos no texto constitucional.[18]

Consigne-se, por outro lado, os deveres do Estado em relação aos indivíduos, na efetivação dos direitos sociais, o que implica na necessidade da prática de medidas apropriadas, e não em simples omissão, que, em regra, se daria no âmbito dos direitos individuais. Mencione-se, ademais, os deveres específicos do Estado, como na hipótese do art. 5º, LXXV, que estabelece que o Estado indenizará o condenado por erro judiciário, em correspondência ao direito daquele que foi injustamente condenado, ao recebimento de indenização pelos danos indevidamente sofridos. Fala-se também em deveres de criminalização do Estado, como deveres normativos do Poder Legislativo de tipificar e punir criminalmente determinadas condutas, como a de punir como crime a prática da tortura (art. 5º, XLIII).[19]

5. DIREITOS FUNDAMENTAIS EM ESPÉCIE

5.1 Neste tópico são examinados os direitos fundamentais em espécie

5.2 Direito à vida

O primeiro direito do homem consiste no direito à vida, condicionador de todos os demais. Desde a concepção até a morte natural, o homem tem o direito à existência, não só biológica como também moral (a Constituição estabelece como um dos fundamentos do Estado a "dignidade da pessoa humana" – art. 1º, III).

No sentido fisiológico, a vida consiste no conjunto de propriedades e qualidades graças às quais os seres organizados, ao contrário dos organismos mortos ou da matéria bruta, se mantêm em contínua atividade, manifestada em funções, tais como o metabolismo, o crescimento, a reação a estímulos, a adaptação ao meio, a reprodução e outras.

Já a definição metabólica "concebe a vida como algo com limites definidos, continuamente trocando o meio ambiente matérias de que depende, sem alterar suas propriedades gerais nesse processo.

Bioquimicamente, a vida é definida como um sistema contendo informação hereditária reproduzível, codificada em moléculas de ácido-nucléico, que metabolizam reações químicas mediante enzimas."[20]

---

18 SARLET. *A eficácia dos direitos fundamentais*, p. 241-243.

19 Cf. DIMOULIS; MARTINS. *Teoria geral dos direitos fundamentais*, p. 76-80; 121-131, em que o assunto é debatido à luz do dever estatal de tutela, ou seja, do dever do Estado de proteger ativamente direito fundamental contra ameaças de violação provenientes, sobretudo, de particulares.

20 JAQUARIBE. *O posto do homem no cosmos*, p. 73-74.

As definições acima enunciadas deixam margem a questionamentos, porquanto: na fisiológica, certas máquinas exercem as funções apontadas; na metabólica, as sementes, seres vivos, não se ajustam à definição; na bioquímica, o vírus *scrapie* é considerado um organismo vivo, mas não contém ácidos nucleicos.[21]

A vida humana se distingue, portanto, das demais, seja pela sua origem, vale dizer, pelo processo de sua reprodução a partir de outra vida, seja pela característica de sua constituição genética: 46 cromossomos para as células diploides (respectivamente, 23 para as células haplóides ou gametas).[22]

Daí por que a "melhor definição da vida seja a de caráter genético e consista em considerá-la um sistema capaz de evolução por seleção natural."[23]

O direito à vida traduz-se no direito de permanecer existente e no direito a um adequado nível de vida.

Quanto ao momento inicial da vida, ou seja, a partir de quando se considera haver um ser humano vivo, e de que momento cessa a sua existência, é questão biológica, havendo várias teorias em torno do tema e que são assim resenhadas por André Ramos Tavares: "teoria da concepção, teoria da nidação, teoria da implementação do sistema nervoso; teoria dos sinais eletrencefálicos. A teoria da concepção é adotada pela Igreja Católica. Consiste em defender a existência de vida humana desde o momento da concepção, quer dizer, o ato de conceber (no útero). É, como se verificará, a diretriz atual encampada pela sistemática do Direito brasileiro. A teoria da nidação exige, contudo, que haja a fixação do óvulo no útero. A teoria da implementação do sistema nervoso exige que surjam os rudimentos do que será o sistema nervoso central. Para essa corrente, não basta a individualidade genética, sendo necessário que se apresente, no feto, alguma característica exclusivamente humana. O sistema nervoso central começa a se formar entre o décimo quinto e o quadragésimo dia do desenvolvimento embrionário. Para outros autores, seria necessário que no feto se verificasse a atividade cerebral, imprescindível para o reconhecimento da vida humana. A atividade elétrica do cérebro inicia-se após oito semanas. Por fim, tem-se a teoria de que apenas com o nascimento no sentido da exteriorização do ser é que se poderia avaliar a incidência do direito à vida."[24]

---

[21] Ácidos nucleicos são macromoléculas compostas por nucleotídeos, contendo uma base azotada, um açúcar de cinco átomos, de carbono e um átomo de fósforo, sendo o principal ácido nucléico o DNA, cujo açúcar constitutivo é o desoxirribose (Jaguaribe. *O posto do homem no cosmos*, p. 74).

[22] GUIMARÃES. *Comentários à constituição*: direitos e garantias individuais e coletivas, p. 17.

[23] JAQUARIBE. *O posto do homem no cosmos*, p. 74.

[24] TAVARES. *Curso de direito constitucional,* 5. ed., p. 500-501.

O Supremo Tribunal Federal, no julgamento da ADI 3510/DF, iniciado no dia 5.3.2008, e encerrado no dia 29.5.2008, em que se questiona a autorização de pesquisas com células-tronco embrionárias, prevista no art. 5º da Lei n. 11.105/95 (Lei de Biossegurança), julgou, por seis votos a cinco, improcedente a ADI. O Relator, Ministro Carlos Britto, deixou consignado, em seu voto, que, para existir vida humana, é preciso que o embrião tenha sido implantado no útero materno, tem que haver a participação ativa da futura mãe. O zigoto (embrião em estágio inicial) é a primeira fase do embrião humano, a célula-ovo ou célula-mãe, mas repre-

Já a morte, segundo definição mais amplamente aceita, ocorre quando se verifica a parada irreversível das funções cerebrais, cujo diagnóstico é feito ao exame do traçado do registro eletrencefalográfico do córtex cerebral isoelétrico, ou seja, ausência de sinal por determinado período de tempo.

A vida, como direito fundamental, tem uma dimensão subjetiva e uma dimensão objetiva. A primeira implica uma obrigação de abstenção pelo Estado e pelos próprios particulares de respeito e de não intervenção no âmbito do direito à vida. Na dimensão objetiva, em que o direito à vida tem o significado de valor, bem jurídico reconhecido e protegido, decorrem efeitos jurídicos que ampliam as possibilidades de proteção e promoção dos direitos fundamentais. As obrigações do Estado que derivam deste dever de proteção abrangem, segundo anota Ingo Sarlet: a) o dever de proteção da vida por meio de medidas positivas; b) dever de amparo financeiro (em espécie ou bens e serviços); c) estabelecimento de normas de direito organizacional e processual, como proteção de testemunhas, e garantia do réu no processo criminal; d) proibições e sanções estatais direcionadas aos particulares, como a tipificação penal de condutas que tragam dano ou ameaça de dano à vida.[25]

5.2.1 Aborto

Considera-se aborto a interrupção da gravidez antes de seu termo final, com ou sem expulsão do feto, espontâneo ou provocado.

---

senta uma realidade distinta da pessoa natural, porque ainda não tem cérebro formado. Ainda segundo o Min. Carlos Britto, "o zigoto não pode antecipar-se à metamorfose. Seria ir além de si mesmo para ser outro ser." Dando como exemplo a relação entre a chuva e a planta, a crisálida e a lagarta, "ninguém afirma que a semente já é planta ou que a crisálida é uma borboleta. Não há pessoa humana embrionária, mas um embrião de pessoa humana. Esta, sim, recebe tutela constitucional, moral, biográfica, espiritual, é parte do todo social, medida de todas as coisas." Ademais disso, o Min. Relator questionou por que – se a lei dá por finda a personalidade humana quando há morte encefálica e o corpo é mantido apenas por aparelhos e, portanto, autoriza a retirada de órgãos para fins de transplante – a Lei de Biossegurança não deveria autorizar a utilização de embriões congelados, descartáveis, para reprodução humana: "a escolha do embrião não é desprezo pelo embrião, nem um assassinato, mas sim a firme disposição para superar o infortúnio alheio. A cura de pessoas doentes está inserida na concepção de sociedade fraterna, que a Constituição da República preconiza. A Lei da Biossegurança encontra fundamento no art. 226, § 7º, art. 199, § 4º, arts. 196 a 200, arts. 218 e 219, da Constituição da República.

Anote-se que, pela improcedência da ação direta, além do Min. Relator, votaram os Ministros Ellen Gracie, Cármen Lúcia Antunes Rocha, Joaquim Barbosa, Marco Aurélio e Celso de Mello. Os Ministros Cezar Peluso e Gilmar Mendes também disseram que a lei é constitucional, mas pretendiam que o Tribunal declarasse, em sua decisão, a necessidade de que as pesquisas fossem rigorosamente fiscalizadas do ponto de vista ético por um órgão central, no caso, a Comissão Nacional de Ética em Pesquisa (Conep). Outros três Ministros disseram que as pesquisas podem ser feitas, mas somente se os embriões ainda viáveis não forem destruídos para a retirada das células-tronco. Esse foi o entendimento dos Ministros Carlos Alberto Menezes Direito, Ricardo Lewandowski e Eros Grau. Esses três ministros fizeram ainda, em seus votos, várias outras ressalvas para a liberação das pesquisas com células-tronco embrionárias no país (*Notícias* STF, quarta-feira, 5.3.2008, e quinta-feira, 29.5.2008. *Informativo* 497 e 508/STF).

[25] SARLET; MARINONI; MITIDIERO. *Curso de direito constitucional*, p. 360-362.

O embrião é protegido, sendo ilícito o aborto, porque, enquanto dura o processo fisiológico do feto no útero, o homem tem direito à vida embrionária.

O aborto é atualmente considerado ilícito pelo nosso Direito, salvo nos casos especiais previstos na legislação penal (art. 128, I e II, do Código Penal), quais sejam, o aborto praticado para salvar a vida da gestante (aborto necessário), ou se a gravidez resultar de estupro (aborto sentimental). Tem sido polêmica, contudo, a tipificação penal do aborto.

Não se acham abrangidos pela exceção da criminalização, o aborto praticado para impedir o estado de hipossuficiência da gestante (aborto social ou econômico) e o aborto realizado em virtude de gravidez extraconjugal (aborto *honoris causa*).

Outra modalidade de aborto é o denominado aborto eugenésico, que tem como pressuposto a inviabilidade da vida extrauterina, como, por exemplo, na hipótese de anencefalia (ausência total ou parcial dos centros nervosos ou cerebrais do feto).[26]

5.2.2 Genoma e clonagem

Questão que se coloca hoje acerca da vida vivida com dignidade, e do embrião, diz respeito à manipulação do genoma para a obtenção, em decorrência dos progressos da engenharia genética, na expressão de Fábio Konder Comparato, de "uma melhoria genética terminal, numa perspectiva eugênica: a criação de uma linhagem de homens considerados mais belos, ou dotados de maior capacidade esportiva, ou com memória mais desenvolvida, por exemplo. Da mesma sorte, os avanços tecnológicos permitem a realização, desde já, de operações de clonagem humana, seja para efeitos terapêuticos (tratamento de doenças neurodegenerativas mediante implantação de células geneticamente 'limpas'), seja para a reprodução de gêmeos, tanto de indivíduos em vida quanto já mortos". E indaga o ilustre jurista: "Em todas essas hipóteses,

---

[26] O tema foi questionado no Supremo Tribunal Federal, por meio da Ação de Descumprimento de Preceito Fundamental 54/DF. O Relator, Min. Marco Aurélio, concedeu a cautelar, para sobrestar os processos e decisões não transitadas em julgado, reconhecendo o direito constitucional da gestante de se submeter a operação terapêutica de parto de fetos anencéfalos a partir do laudo médico que atestasse a deformidade, à consideração de que á vida é um bem a ser preservado a qualquer custo, mas, quando a vida se torna inviável, não é justo condenar a mãe a meses de sofrimento, de angústia, de desespero (STF, ADPF 54-MC/DF, Rel. Min. Marco Aurélio, decisão de 1º.7.2004, *DJ*, 2.8.2004). A cautelar foi, contudo, suspensa, pelo Pleno do Supremo Tribunal, que, ao decidir questão de ordem, referendou a primeira parte da liminar, relativamente ao sobrestamento dos feitos, e revogou-se a segunda parte, que versava sobre o direito ao aborto, com efeitos *ex nunc*. Entendeu-se que não havia justificativa para manutenção da liminar, tendo em conta a pendência de decisão quanto à admissibilidade da ação. Salientou-se, ainda, o caráter satisfativo da medida deferida e a indevida introdução, por meio dela, de outra modalidade de excludente de ilicitude no ordenamento jurídico (*Informativo* 366/STF). Em 12.4.2012, foi julgada a ADPF. Por maioria de votos, o Plenário do STF julgou procedente o pedido para declarar a inconstitucionalidade de interpretação segundo a qual a interrupção da gravidez de feto anencéfalo é conduta tipificada nos artigos 124, 126 e 128, incisos I e II, todos do Código Penal. Ficaram vencidos os Ministros Ricardo Lewandowski e Cezar Peluso, que julgaram a ADPF improcedente (*Notícias* STF, 11.4.2012 e 12.4.2012; *Informativo* 661/STF).

como fica o princípio kantiano de que a pessoa humana não pode, jamais, ser utilizada como meio para a consecução de uma finalidade qualquer, mas deve sempre ser considerada como um fim em si mesma? A partir de que momento surge um ser humano, cuja dignidade merece integral respeito?"[27]

Anote-se que o eugenismo, eugenia ou eugenética (do grego *eu* = bom, e *genus* (nascimento) tem o significado de bom nascimento e indica a possibilidade de se criar uma humanidade melhorada, com substituição dos genes ruins pelos genes bons. O eugenismo pode ser negativo e positivo. O *eugenismo negativo* visa a prevenção de doenças mediante a correção dos genes. O *eugenismo positivo* é o que atua na melhoria psicofísica do ser humano, introduzindo ou potencializando no embrião genes da inteligência, do esporte, da arte, dos sentimentos, da memória, do sexo, da força física, dentre outros. É esta modalidade de eugenismo que provoca acesas discussões, do ponto de vista da Bioética e do Biodireito, por trazer a perspectiva de se criarem seres humanos artificiais geneticamente modificados, tais como indivíduos superiores no esporte e na ciência, raças de mulheres e homens loiros com olhos azuis, supersoldados destinados à guerra, superdotados para a indústria do sexo, grupos humanos criados com genes de Prêmio Nobel, indivíduos pré-programados para as metas da economia e da política. Ademais disso, a modificação genética, acontecendo sem o consentimento do indivíduo, o que poderia acarretar, futuramente, a sua revolta contra tal intervenção. Não se saberia ainda como inibir os abusos de que controlasse as informações genéticas, com o perigo do racismo e do Estado racial, e ocorrência de eventos de genocídio e politicídio. Enfim, o humano e o cultural viriam a se sujeitar ao biológico.[28]

Sobre o tema, restou consignado na Declaração Universal sobre o Genoma Humano e os Direitos Humanos, aprovada na 29ª sessão da conferência geral da UNESCO, em 1999, que "o genoma humano está na base da unidade fundamental de todos os membros da família humana, assim como do reconhecimento de sua dignidade intrínseca e de sua diversidade. Ele é patrimônio da humanidade" (art. 1º). "Cada indivíduo tem direito ao respeito de sua dignidade e de seus direitos, sejam quais forem suas características genéticas", e "essa dignidade impõe a não-redução dos indivíduos às suas características genéticas e o respeito do caráter único de cada um, bem como de sua diversidade" (art. 2º). Ainda segundo a Declaração, "o genoma humano, pela sua natureza evolutiva, é sujeito a mutações, e "encerra potencialidades que se exprimem diferentemente, de acordo com o meio ambiente natural e social de cada indivíduo, especialmente em razão do estado de saúde, das condições de vida, da nutrição e da educação" (art. 3º).[29]

Do ponto de vista ético, ao decidir o programa genético de outrem, pela clonagem, a pessoa estaria dispondo da pessoa dependente, controlando as suas possibilidades de ação e retirando-lhe, por consequência, a liberdade. Elucidativo nesta questão é o argumento de Habermas. Depois de lembrar que a escravidão é incompatível com

---

27 COMPARATO. *A afirmação histórica dos direitos humanos*, p. 32-33.

28 MARCHIONNI. *Ética*: a arte do bom, p. 365-366.

29 COMPARATO. *Op. cit.*, p. 33-34.

os conceitos constitucionais de direitos humanos e de dignidade humana, assevera: "Seguindo os mesmos padrões morais – e não apenas motivos religiosos –, deve-se condenar a cópia do material genético de uma pessoa. Esse procedimento destrói justamente um dos pressupostos essenciais da ação responsável. Decerto também dependemos até o momento de programas genéticos. Mas não podemos responsabilizar nenhuma pessoa que estaria obrigada a prestar contas pelo programa mesmo. O clone assemelha-se ao escravo na medida em que ele pode empurrar para outras pessoas uma parte da responsabilidade que normalmente deveria caber a ele mesmo. Justamente na definição de um código irrevogável decreta-se para o clone uma sentença que uma outra pessoa impôs sobre ela antes do seu nascimento."[30]

5.2.3 Eutanásia, ortotanásia e mistanásia

Há também controvérsia sobre a eutanásia ou homicídio piedoso, em que a morte é provocada para evitar o sofrimento decorrente de uma doença havida como incurável. Eutanásia (do grego *eu* = bom, e *thánatos* = morte), tem o significado de boa morte ou a "doce morte". A Constituição brasileira não acolheu a eutanásia. Nessa perspectiva, não a recomendam o progresso da medicina e o fato de que a vida é um bem não só individual, mas também social, e o desinteresse por ela, pelo indivíduo, não há de excluí-la da proteção do Direito.

Para Uadi Lammêgo Bulos, o "direito à vida não abre brechas para o império de artifícios médicos destinados a abreviar doenças incuráveis ou terríveis. É por esse motivo que a ordem jurídica proíbe todas as formas de manifestação da eutanásia. Ainda quando seja impossível prever ou impedir o exato momento em que alguém, *sponte sua*, elimina sua vida, mais certo ainda é que não é facultado ao homem dispor de sua própria morte".[31]

A eutanásia pode ser passiva e ativa. Eutanásia passiva ocorre quando o médico se abstém das curas que poderiam prolongar a vida do paciente. Já eutanásia ativa distingue-se em involuntária e voluntária. A eutanásia ativa involuntária ocorre quando o médico causa diretamente a morte do doente sem que ele saiba, e a eutanásia ativa voluntária, quando o médico causa a morte do doente a pedido deste. Trata-se de uma ajuda para morrer.

Diferente da eutanásia é a ortotanásia, a morte decorrente do desligamento de aparelhos, ou da suspensão de tratamentos ou procedimentos que prolongam a vida de doentes em estado terminal, sem possibilidade de cura, causando-lhes dor e sofrimento. Suspende-se a obstinação terapêutica. A ortotanásia, em regra geral, evita a distanásia, isto é, a distância da morte mediante remédios e aparelhos.

A Igreja Católica, no *Evangelho de Vida*, texto do Papa João Paulo II, de maio de 1995, admite a decisão de "renunciar ao chamado excesso terapêutico, ou seja, a certas intervenções já inadequadas à situação real do doente, porque não proporcionais aos resultados que se poderiam esperar e porque demasiado gravosas para ele e para

---

30 HABERMAS. *A constelação pós-nacional* – ensaios políticos, p. 210-211.

31 BULOS. *Constituição federal anotada*, p. 116.

a sua família. Nestas situações, quando a morte se anuncia iminente e inevitável, pode-se em consciência renunciar a tratamentos que dariam somente um prolongamento precário e penoso da vida."

O Conselho Federal de Medicina aprovou a Resolução n. 1.805/2006, que possibilita a prática da ortotanásia, nos seguintes termos: "Art. 1º É permitido ao médico limitar ou suspender procedimentos e tratamentos que prolonguem a vida do doente em fase terminal, de enfermidade grave e incurável, respeitada a vontade da pessoa ou de seu representante legal. § 1º O médico tem a obrigação de esclarecer ao doente ou a seu representante legal as modalidades terapêuticas adequadas para cada situação. § 2º A decisão referida no *caput* deve ser fundamentada e registrada no prontuário. § 3º É assegurado ao doente ou a seu representante legal o direito de solicitar uma segunda opinião médica. Art. 2º O doente continuará a receber todos os cuidados necessários para aliviar os sintomas que levam ao sofrimento, assegurada a assistência integral, o conforto físico, psíquico, social e espiritual, inclusive assegurando-lhe o direito da alta hospitalar."

De acordo com o inciso XXII do Capítulo que trata dos Princípios Fundamentais, o Código de Ética Médica, de 2009, estabelece que nas situações clínicas irreversíveis e terminais, o médico evitará a realização de procedimentos diagnósticos e terapêuticos desnecessários e propiciará aos pacientes sob sua atenção todos os cuidados paliativos apropriados.

Foi aprovada ainda a Resolução n. 1.995/2012, que dispõe sobre as diretivas antecipadas de vontade do paciente, sob a consideração, entre outras, de que os novos recursos tecnológicos permitem a adoção de medidas desproporcionais que prolongam o sofrimento do paciente em estado terminal, sem trazer benefícios, e que essas medidas podem ter sido antecipadamente rejeitadas por ele. Pela Resolução, as diretivas antecipadas são definidas como o conjunto de desejos, prévia e expressamente manifestadas pelo paciente, sobre cuidados e tratamentos que quer, ou não, receber no momento em que estiver incapacitado de expressar, livre e autonomamente, sua vontade (art. 1º). Nas decisões sobre cuidados e tratamento de pacientes que se encontram incapacitados de comunicar-se, ou de expressar de maneira livre e independente suas vontades, o médico levará em consideração suas diretivas antecipadas de vontade (art. 2º). Caso o paciente tenha designado um representante para tal fim, suas informações serão levadas em consideração pelo médico que, no entanto, não o fará, se em sua análise, estiverem elas em desacordo com os preceitos do Código de Ética Médica (§§ 1º e 2ºdo art. 2º). Não sendo conhecidas as diretivas antecipadas de vontade do paciente, nem havendo representante designado, familiares disponíveis ou falta de consenso entre estes, o médico recorrerá ao Comitê de Bioética da instituição, caso exista, ou, na falta deste, à Comissão de Ética Médica do hospital ou ao Conselho Regional e Federal de Medicina, para fundamentar sua decisão sobre conflitos éticos, quando entender que esta medida seja necessária e conveniente (§ 5º do art. 2º).

A eutanásia suscita a questão: suprimir a dor ou o doente?

Para a ética materialista, é direito do indivíduo fugir da dor e buscar o prazer, cabendo-lhe, portanto, dispor de sua vida como bem entender, tendo o direito de morrer.

Para a ética religiosa, e o Cristianismo, em especial, a assistência afetuosa ao doente é recomendável para que ele consiga aceitar a dor e o valor da vida. Pela mística da dor, os valores importantes da existência adquirem claridade aos olhos do ser humano. A dor, como a morte superveniente, é uma maneira difícil de aprender a viver. Há momentos, no entanto, em que o ser humano, sentindo-se frágil diante da dor, cabe aos presentes a misericórdia.[32]

No plano internacional, Holanda e Bélgica, na Europa, e o Estado do Oregon, nos Estados Unidos, permitem a eutanásia, enquanto que a maioria dos países a proíbem, mencionando-se Portugal e o Parlamento Europeu.

No Brasil, a eutanásia, nas suas diversas formas, é tratada como homicídio, podendo configurar sua forma privilegiada, a teor do disposto no art. 121, § 1º, do Código Penal, ou seja, se o agente comete o crime impelido por motivo de relevante valor social ou moral, já que o ato de tirar a vida de outrem que se encontre em grande sofrimento pode ser assim considerado.

A mistanásia ou eutanásia social é a morte miserável, fora e antes do seu tempo.

A forma mais comum da mistanásia, em especial na América Latina, é por omissão de socorro estrutural, em que a grande massa de doentes e deficientes, por motivos políticos, sociais e econômicos, não chegam a ser pacientes, pois não conseguem ingressar no serviço médico, e acabam morrendo antes da hora, padecendo, enquanto vivem, dores e sofrimentos que poderiam ser evitados. A segunda situação é daqueles que conseguem ser admitidos como pacientes, mas em seguida se tornam vítimas de erro médico, por imperícia, imprudência ou negligência. A terceira situação é a existente em pacientes vítimas de má prática por motivos econômicos, científicos ou sociopolíticos.

5.2.4 Suicídio

O suicídio é a morte intencional de si mesmo. É a morte auto-infligida. Em geral, o suicídio é objeto de proibição moral. O suicídio, moda na era romântica, foi diagnosticado, no século XX, como doença psicológica (Freud), ou como resultado da pressão das condições sociais (Durkheim). O Código de Direito Canônico estatui, para o suicídio deliberado, sem sinal de arrependimento, a privação da sepultura eclesiástica. O islamismo considera o suicídio o pior dos pecados, pois é a destruição da obra divina. A proteção à vida alcança, no Direito brasileiro, a criminalização da conduta de induzir ou instigar alguém ao suicídio, ou prestar auxílio para que o faça (art. 122 do Código Penal). Esta tipificação penal, como salienta Uadi Lammêgo Bulos, "faz sentido, porque o pior crime é aquele cometido contra si próprio. As consequências são terríveis, e só o tempo as evidencia. Não se pode fugir das dificuldades, das lutas, das dores, das decepções, dos aborrecimentos, dos enganos e dos desígnios da vida."[33]

O Código Penal, na esteira dos Códigos Penais contemporâneos, não pune o suicídio nem sua tentativa, pois, na hipótese de suicídio, de nenhum efeito seria a pu-

---

32 MARCHIONNI. *Ética*: a arte do bom, p. 368-370.

33 BULOS. *Curso de direito constitucional*, p. 414.

nição do morto, e, em se tratando de tentativa, o confisco dos bens poderia atingir pessoas inocentes ou traumatizadas com o ato.

As razões que levam a pessoa ao auto-extermínio são de difícil ou até mesmo impossível identificação. Fatores concorrentes foram, no entanto, diante da análise sistemática de uma multiplicidade de casos, identificados. Esses fatores são: predisponentes, determinantes e ocasionais, destacando-se, entre os fatores predisponentes: "A – influência do sexo. O suicídio é 2 a 3 vezes mais freqüente no homem do que na mulher; B –influência da estação do ano. O suicídio é mais freqüente no verão do que nas outras estações; C – influência da idade. Cerca de 2/3 dos suicidas tem mais de 45 anos; é mais raro na adolescência e na senectude; D – influência do urbanismo. A proporção dos suicídios nas cidades é cerca de 2 vezes maior do que nas zonas rurais; E – influência do estado civil. Os solteiros, desquitados (separados judicialmente) e divorciados suicidam-se com mais freqüência: cerca de 3 vezes maior do que os casados, de ambos os sexos; F – influência profissional. Entre os operários, o número de suicidas é maior do que nas pessoas que se dedicam a atividades liberais e militares; G – influência psicofisiológica. O suicídio é mais comum nas crises fisiológicas da puberdade em ambos os sexos e na menopausa. Entre os fatores determinantes, destacam-se: A – determinados estados mentais definidos, compreendendo dentro deste quadro as seguintes modalidades: *a)* suicídio melancólico, oriundo de psicose de caráter que acomete pessoas doentes; *b)* suicídio impulsivo, oriundo de esquizofrenia ou delírio crônico; *c)* suicídio obsessivo, provocado pela ideia fixa da morte, sem qualquer razão concreta ou imaginária; B- alcoolismo; C – desemprego; D – homossexualidade; E – dissolução do lar; F – impotência sexual; G – doença. Entre os fatores ocasionais, destacam-se: A – ansiedade e angústia, originadas por: *a)* desonra; *b)* perigo iminente; *c)* depressões; *d)* miséria; *e)* problemas domésticos; *f)* problemas afetivos; *g)* complexo de inferioridade ou de culpa; *h)* perdas no jogo; *i)* envelhecimento; B – estados psicológicos que levam ao suicídio: *a)* automático, consciente ou inconscientemente; *b)* emocional; *c)* passional; *d)* racional."[34] Note-se ainda que as taxas de suicídio em populações indígenas são as mais altas, em qualquer país, o que tem sido explicado por fatores sociológicos, e a utilização do álcool como um fator desagregador e desestabilizador dessas populações.

5.2.5 A questão da pena de morte

A pena de morte foi proibida pela Constituição de 1988, salvo em caso de guerra declarada (art. 5º, XLVII, *a*).[35] O Brasil é ainda parte na Convenção Americana sobre

---

[34] ZARZUELA. Suicídio. *In: Enciclopédia Saraiva do Direito*, p. 274-275.

[35] O Código Penal Militar (Decreto-Lei n. 1.001, de 21.10.1969, prevê a pena de morte para trinta e três crimes militares em tempo de guerra: traição (art. 355); favor ao inimigo (art. 356); tentativa contra a soberania do Brasil (art. 357); coação a comandante (art. 358); informação ou auxílio a inimigo (art. 359); aliciação de militar (art. 360); ato prejudicial à eficiência da tropa (art. 361); traição imprópria (art. 362); covardia qualificada (art. 364); fuga em presença do inimigo (art. 365); espionagem (art. 366); motim, revolta ou conspiração (art. 368); incitamento em presença do inimigo (art. 371); rendição ou capitulação (art. 372); falta de cumprimento de ordem, qualificada (art. 375, parágrafo único); separação reprovável (art. 378); abandono

Direitos Humanos ("Pacto de San José de Costa Rica"), de 1969, cujo art. 4º menciona o direito à vida como um direito fundamental e inderrogável. Por força também do art. 4º, 2 e 3, há proibição absoluta para estender, no futuro, a pena de morte para toda classe de delitos, bem como de seu restabelecimento nos Estados que a hajam abolido, como é o caso do Brasil, que aderiu a convenção em 25 de setembro de 1992.

Convenção Americana de Direitos Humanos:

"Art. 4º *Direito à vida*

1. Toda pessoa tem o direito de que se respeite sua vida. Esse direito deve ser protegido pela lei e, em geral, desde o momento da concepção. Ninguém pode ser privado da vida arbitrariamente.
2. Nos países que não houverem abolido a pena de morte, esta só poderá ser imposta pelos delitos mais graves, em cumprimento de sentença final de tribunal competente e em conformidade com lei que estabeleça tal pena, promulgada antes de haver o delito sido cometido. Tampouco se estenderá sua aplicação a delitos aos quais não se aplique atualmente.
3. Não se pode restabelecer a pena de morte nos Estados que a hajam abolido.
4. Em nenhum caso pode a pena de morte ser aplicada por delitos políticos nem por delitos comuns conexos com delitos políticos.
5. Não se deve impor a pena de morte a pessoa que, no momento da perpetração do delito, for menor de dezoito anos, ou maior de setenta, nem aplicá-la a mulher em estado de gravidez.

---

de comboio qualificado (art. 379; § 1º); dano especial (art. 383); danos em bens de interesse militar (art. 384); envenenamento, corrupção ou epidemia (art. 385); crimes de perigo comum (art. 386); recusa de obediência ou oposição (art. 387); violência contra superior ou militar em serviço (art. 389); abandono de posto (art. 390); deserção em presença do inimigo (art. 392); libertação de prisioneiro (art. 394); evasão de prisioneiro (art. 395); amotinamento de prisioneiros (art. 396); homicídio qualificado (art. 400, III); genocídio (art. 401); roubo ou extorsão (art. 405); saque (art. 406); violência carnal que resulte em morte (art. 408).

Nos termos do art. 56 do Código Penal Militar, a pena de morte será executada por fuzilamento. A sentença condenatória com trânsito em julgado que tiver aplicado a pena de morte será comunicada ao Presidente da República, somente podendo ser executada após sete dias da data da comunicação, pois sempre haverá a possibilidade de o Presidente da República conceder graça ao condenado (art. 84, XII, da Constituição). A pena de morte poderá ser executada imediatamente quando o exigir o interesse da ordem e da disciplina militares: é o que prevê o art. 57, parágrafo único, do Código Penal Militar). A execução da pena de morte acha-se disciplinada nos arts. 707 e 708 do Código de Processo Penal Militar (Decreto-Lei n. 1.002/69), nos seguintes termos: "O militar que tiver de ser fuzilado sairá da prisão com uniforme comum e sem insígnias, e terá os olhos vendados, salvo se o recusar, no momento em que tiver de receber as descargas. As vozes de fogo serão substituídas por sinais. O civil ou assemelhado será executado nas mesmas condições, devendo deixar a prisão decentemente vestido. Será permitido ao condenado receber socorro espiritual." Da "execução da pena de morte lavrar-se-á ata circunstanciada que, assinada pelo executor e duas testemunhas, será remetida ao comandante-chefe, para ser publicada em boletim."

6. Toda pessoa condenada à morte tem direito a solicitar anistia, indulto ou comutação da pena, os quais podem ser concedidos em todos os casos. Não se pode executar a pena de morte enquanto o pedido estiver pendente de decisão ante a autoridade competente."

O Brasil se obrigou, portanto, ao não estabelecimento da pena de morte no País. Na hipótese de violação dessa obrigação convencional, estaria configurada a responsabilidade internacional do Brasil.

O debate sobre a licitude e a oportunidade da pena de morte remonta ao Iluminismo, no século XVIII, com Beccaria, que examinou a função intimidatória da pena, ao dizer que "a finalidade da pena não é senão impedir o réu de causar novos danos aos seus concidadãos e demover os demais a fazerem o mesmo".[36]

Neste contexto é que trata da pena de morte com relação a outras penas.

No parágrafo intitulado "Doçura das penas", Beccaria sustenta que o maior freio contra os delitos não é a crueldade das penas, mas a sua infalibilidade e, consequentemente, a vigilância dos magistrados e a severidade de um juiz inexorável.

Assim, "não é necessário que as penas sejam cruéis para serem dissuasórias. Basta que sejam certas. O que constitui uma razão (aliás, a razão principal) para não se cometer o delito não é tanto a severidade da pena quanto a certeza de que será de algum modo punido". Portanto, conclui Beccaria, além da certeza da pena, há um segundo princípio: a intimidação que nasce não da intensidade da pena, mas de sua extensão, como, por exemplo, a prisão perpétua. A pena de morte é muito intensa, enquanto a prisão perpétua é muito extensa. Então, a perda perpétua da própria liberdade tem mais força intimidatória do que a pena de morte.

José Luiz Quadros de Magalhães, ao abordar a questão, com a apresentação de dados estatísticos recolhidos por Silvio Dobrowolski, acentua que "as estatísticas relativas aos países em que foi abolida a pena de morte demonstram claramente que esta pena não tem nenhum efeito dissuasivo", sendo que, "entre 12 Estados, apenas 2 apresentaram um ligeiro crescimento do número de homicídios, enquanto todos os outros apresentaram uma queda, em alguns lugares, bastante representativa."[37]

Este argumento de ordem utilitarista poderia, contudo, ser ultrapassado caso se demonstrasse que a pena de morte preveniria os chamados crimes de sangue, com mais eficácia do que as outras penas.

Neste caso, ter-se-ia que recorrer à instância de ordem moral, a um princípio ético, derivado do imperativo moral "não matarás", a ser acolhido como um princípio de valor absoluto. Mas como?

Se o indivíduo tem o direito de matar em legítima defesa, por que a coletividade não o tem?

Responde então Norberto Bobbio: "A coletividade não tem esse direito porque a legítima defesa nasce e se justifica somente como resposta imediata numa situação

---

[36] BECCARIA. *Dei delitti e delle pene*, p. 31.

[37] MAGALHÃES. *Direito constitucional*, t. I, p. 199-200.

onde seja impossível agir de outro modo; a resposta da coletividade é mediatizada através de um processo, por vezes até mesmo longo, no qual se conflitam argumentos pró e contra. Em outras palavras, a condenação à morte depois de um processo não é mais um homicídio em legítima defesa, mas um homicídio legal, legalizado, perpetrado a sangue frio, premeditado. O Estado não pode colocar-se no mesmo plano do indivíduo singular. O indivíduo age por raiva, por paixão, por interesse, em defesa própria. O Estado responde de modo mediato, reflexivo, racional."[38]

O saudoso Professor Lydio Machado Bandeira de Mello, ao se insurgir contra a pena de morte, o fez admiravelmente em página insuperável: "O Direito Penal é um direito essencialmente mutável e relativo. Logo, deve ficar fora de seu alcance a imposição de penas de caráter imutável e absoluto, de total irreversibilidade e irremediáveis quando se descobre que foram impostas pela perseguição, pelo capricho ou pelo erro. Deve ficar fora de seu alcance a pena que só um juiz onisciente, incorruptível, absolutamente igual seria competente para aplicar: a pena cuja imposição só deveria estar na alçada do ser absoluto, se ele estatuísse ou impusesse penas: a pena absoluta, a pena de morte. Aos seres relativos e falíveis só compete aplicar penas relativas e modificáveis. E, ainda assim, enquanto não soubermos substituir as penas por medidas mais humanas e eficazes de defesa social."[39]

A pena de morte, na expressão de Miguel Torga, nega aos homens o direito de morrer as suas próprias mortes.

Assinale-se que em todos os países evoluídos as execuções deixaram de ser públicas como se o Estado, mesmo sendo obrigado a matar, tivesse uma vergonha secreta de o fazer, e nos Estados americanos que ainda conservam a pena de morte, as execuções são cada vez mais raras.[40]

Finalmente, não se pode deixar de abordar a pena de morte fora de um contexto de exclusão social, isto é, falar em pena de morte é falar sobre a exclusão permanente do indivíduo do meio social, partindo-se do princípio de que a pena capital consiste numa forma de punição que deve estancar permanentemente uma pessoa da sociedade à qual se achava vinculada.

A pena de morte, nesta perspectiva, retira do indivíduo a sua condição humana. Na organização da sociedade romana, havia uma vinculação à república entendida como coisa de todos (*Res Publica*). Desse modo, quando um cidadão, deixando de ser virtuoso, cometia um delito, era apenado, dependendo do caso, com açoite ou multa. A reincidência poderia acarretar a perda da cidadania, o que o transformava em escravo, e aí surgia a possibilidade de ser-lhe aplicada a pena de morte. O que se quer dizer, portanto, é que apenas o não cidadão poderia ser condenado à morte: jamais alguém com cidadania sofreria tal punição. Na Idade Média, a perda da cidadania vem acrescida de elementos que estariam fora da sociedade, é dizer, um bom cidadão seria não apenas aquele que age em prol de todos, mas que é moralmente correto em suas ações. Na Idade Moderna, com Hobbes, o crime deve ser medido

---

38 BOBBIO. *A era dos direitos*, p. 176.

39 BANDEIRA DE MELLO. *O criminoso, o crime e a pena*, p. 3.

40 MAGALHÃES. *Direito constitucional*, t. I, p. 197.

segundo determinados graus, cujas penas devem a eles equivaler-se, ou seja, pela malignidade da fonte ou da causa, pelo contágio do exemplo, pelo prejuízo ou efeito e pela concorrência de tempo, lugares e pessoas. Como na fundação do Estado, cada um renunciou ao direito de se defender dos outros, em razão da natureza comum de todos os homens, cabe ao soberano determinar a pena a ser aplicada, inclusive a pena de morte, sobretudo porque de todas as paixões, a que menos faz os homens violar a lei é o medo. Até este ponto, o requisito para a aplicação da pena de morte, para os que a defendem, é a perda da cidadania, seja pela reincidência de um delito, seja por razões morais, seja, enfim, pela ameaça à paz da sociedade.

Destaca-se, entre os que se opõem à pena de morte, no contexto da exclusão social, Beccaria, como acima referido, além de Montesquieu e Helvetius. De qualquer modo, no que interessa, admitir a possibilidade de se excluir permanentemente um indivíduo do meio social é, antes de mais nada, admitir o fracasso da própria sociedade e dos poderes públicos na educação do indivíduo. E condená-lo à morte seria entrar em contradição com a definição do que vem a ser uma sociedade: a soma de todos os seus indivíduos. Se uma pessoa, durante certo tempo, contribuiu para a formação e funcionamento da sociedade, não pode ser descartada sumariamente, pouco importando o delito. As ideias de Beccaria foram aprofundadas e potencializadas por Jeremy Bentham, ao considerar que, relativamente às punições, a lei deve revestir-se de duas características básicas: a primeira, que o castigo seja aplicado quando efetivamente valer a pena fazê-lo, e a segunda que a lei deve induzir o criminoso a praticar o delito menos grave. Pode-se então dizer que, se para os que a aceitam, a pena de morte é uma opção plausível de exclusão do indivíduo do meio social, com base apenas na aplicação da penalidade, isto é, a punição do criminoso, para os que a inadmitem, necessário se torna saber até que ponto este tipo de punição oferece um ganho para o meio social, sendo, portanto, *a priori*, completamente desnecessária.

Conclui-se, neste contexto, que a opção ou não pela pena de morte estaria na dependência dos conflitos e modelos de organização política adotados pelos detentores do poder, em decorrência de conjunturas políticas que os levariam a aceitar essa exclusão permanente do indivíduo, ou, em contraponto, de conjunturas que não acatariam essa ideia.[41]

5.2.6 Direito à vida e direito à saúde

O direito à saúde é outra consequência do direito à vida.

Como decidiu o Supremo Tribunal Federal, "o direito à saúde representa consequência constitucional indissociável do direito à vida. O direito público subjetivo à saúde representa prerrogativa jurídica indisponível assegurada à generalidade das pessoas pela própria Constituição da República (art. 196). Traduz bem jurídico constitucionalmente tutelado, por cuja integridade deve velar, de maneira responsável, o Poder Público, a quem incumbe formular – e implementar – políticas sociais e eco-

[41] Cf. SILVA. Por que se deve ter e por que não se deve ter a pena de morte. Aspectos jurídicos e políticos. *In*: *Revista de Informação Legislativa*, v. 41, n. 164, out./dez. 2004, p. 179-190.

nômicas idôneas que visem a garantir, aos cidadãos, inclusive àqueles portadores do vírus HIV, o acesso universal e igualitário à assistência farmacêutica e médico-hospitalar. O direito à saúde – além de qualificar-se como direito fundamental que assiste a todas as pessoas – representa consequência constitucional indissociável do direito à vida. O Poder Público, qualquer que seja a esfera institucional de sua atuação no plano da organização federativa brasileira, não pode mostrar-se indiferente ao problema da saúde da população, sob pena de incidir, ainda que por censurável omissão, em grave comportamento inconstitucional. A interpretação da norma programática não pode transformá-la em promessa constitucional inconseqüente. O caráter programático da regra inscrita no art. 196 da Carta Política – que tem por destinatários todos os entes políticos que compõem, no plano institucional, a organização federativa do Estado brasileiro – não pode converter-se em promessa constitucional inconseqüente, sob pena de o Poder Público, fraudando justas expectativas nele depositadas pela coletividade, substituir, de maneira ilegítima, o cumprimento de seu impostergável dever, por um gesto irresponsável de infidelidade governamental ao que determina a própria Lei Fundamental do Estado."[42]

A efetivação do direito à saúde, como de outros direitos sociais, tem sido caracterizada por dificuldades decorrentes, sobretudo, das relações entre normas constitucionais e infraconstitucionais, a tensão entre direito e políticas públicas. Argumenta-se que os direitos prestacionais somente poderiam ser satisfeitos segundo conjunturas econômicas, de acordo com as disponibilidades do momento, que seriam avaliadas pelo legislador ordinário dentro das condições sociais e econômicas do país e das reservas orçamentárias. Os direitos prestacionais, nessa perspectiva, se encontrariam sob a *reserva do possível*, é dizer, daquilo que o indivíduo poderia esperar razoavelmente da sociedade, sendo que esses direitos somente poderiam ser garantidos na medida do possível e do adequado.

É preciso ponderar, no entanto, que o princípio da reserva do possível não se reveste do caráter absoluto que alguns juristas pretendem atribuir-lhe, à consideração principal de que, sendo a saúde um direito que se relaciona com a garantia da vida e da dignidade humana, pertence ao Judiciário, no âmbito do controle do devido processo legal, de cunho substantivo, impedir que seja violado por meio de qualquer processo, por mais razoável que seja, e que fique à mercê dos poderes Legislativo e Executivo. Caso contrário, a reserva do possível significaria: a) a total desvinculação jurídica do legislador quanto à dinamização dos direitos sociais constitucionalmente consagrados; b) a "tendência para zero" da eficácia jurídica das normas constitucionais consagradoras dos direitos sociais; c) a gradualidade com dimensão lógica e necessária da concretização dos direitos sociais, tendo sobretudo em conta os limites financeiros; d) a insindicabilidade jurisdicional das opções legislativas quanto à densificação legislativa das normas constitucionais reconhecedoras de direitos sociais.[43]

---

42 STF, RE n. 271.286 – AgRg – RS – Segunda Turma – Rel. Min. Celso de Mello, RTJ 175/1212 e 1213.

43 CANOTILHO. *Estudos sobre direitos fundamentais*, p. 107.

5.2.7 Bioética e direitos fundamentais

A bioética (do grego *bíos* = vida) e *éthos* (comportamento) é a ética da vida e, como parte da Ética, investiga a conduta humana nas ciências da vida. De fato, as questões éticas mais complexas e angustiantes se verificam nas duas pontas da vida humana: nascimento e morte, é dizer, embrião (pesquisa, aborto), e velhice (eutanásia). A Bioética surgiu na década de 1970, quando alguns médicos pretenderam que os novos conhecimentos biológicos fossem acompanhados pela reflexão sobre os valores humanos. A Bioética pressupõe os avanços da biotecnologia, como ciência que utiliza os seres viventes com a finalidade de produzir algo útil ao homem.

A Bioética envolve aspectos da vida humana, animal e vegetal, constituindo alguns de seus temas: genética, engenharia genética, controle dos genes; manuseio de embriões humanos; clonagem; eugenismo; inseminação artificial, fecundação *in vitro*; aborto; controle da reprodução, contracepção, preservativos; morte, suicídio assistido, pena de morte; eutanásia e ortotanásia; esterilização de deficientes; sexualidade, matrimônio, homossexualismo, transexualismo; controle do sistema nervoso; doação e transplante de órgãos; relação profissional-paciente, verdade ao doente; código do médico e comitês de ética; questões políticas e sociais inerentes à vida; condições ambientais de vida; bem-estar dos animais.

Os temas de que trata a Bioética envolvem, do ponto de vista epistemológico, múltiplas interpretações de diversos códigos morais, com fundamentos materialistas, cósmicos e religiosos, o que a torna necessariamente plural. A Bioética tem uma relação estreita com as políticas públicas de saúde e com a prática da medicina, pois os seus problemas referem-se às condições de conservação e melhoria da própria condição humana, que se manifestam no estado da saúde de cada pessoa. São princípios da Bioética, segundo o Relatório Belmont, divulgado, em 1978, nos Estados Unidos, pela Comissão Nacional para a Proteção dos Interesses Humanos de Bioética e Pesquisa Comportamental: a) princípio da autonomia ou do respeito às pessoas por suas opiniões e escolhas, segundo valores e crenças pessoais; b) princípio da beneficência, que se traduz na obrigação de não causar dano e de extremar os benefícios e minimizar os riscos; c) princípio da justiça ou imparcialidade na distribuição dos riscos e dos benefícios, não podendo uma pessoa ser tratada de maneira distinta de outra, salvo se houve entre ambas alguma diferença relevante. As soluções encontradas pela Bioética acabam por refletir no Biodireito, que, no entanto, com ela não se confunde: entende-se por Biodireito a disciplina jurídica, integrada por várias matérias, que trata da teoria, da legislação e da jurisprudência relativas às normas reguladoras da conduta humana em face dos avanços da Biotecnologia e da Medicina, também estudados pela Bioética. São princípios do Biodireito identificados por Sá e Naves: a) princípio da precaução, que se traduz em uma limitação à ação do profissional, que deve adotar medidas de precaução em caso de risco de dano grave e irreversível; b) princípio da autonomia privada, que é a concessão de poderes de atuação à pessoa; c) princípio da responsabilidade, que revela o dever jurídico em que se coloca a pessoa, com o propósito de satisfazer as obrigações convencionais ou suportar as sanções legais impostas por seu descumprimento; d) princípio da dignidade da pessoa humana, como garantia de pleno desenvolvimento dos vários aspectos da pessoa.[44]

5.3 Direito à privacidade: ideias centrais

A vida moderna, pela utilização de sofisticada tecnologia (teleobjetivas, aparelhos de escutas), tem acarretado enorme vulnerabilidade à privacidade das pessoas. De fato, se podemos circular entre os diversos espaços, o fazemos, contudo, sob o olhar atento das câmaras que nos vigiam e nos pedem para sorrir, excitados com nossa parafernália celular, com função de coleira eletrônica, o que permite rastrear os mínimos detalhes da nossa vida, ao mesmo tempo que somos monitorados pelas diversas ondas eletrônicas que nos rodeiam por todos os lados e nos fazem prisioneiros a céu aberto. Daí a Constituição declarar, no art. 5º, X, que "são invioláveis a intimidade, a vida privada, a honra e a imagem das pessoas, assegurado o direito à indenização pelo dano moral decorrente de sua violação". Portanto, o direito de estar só e o direito à própria imagem, às vezes tão impiedosamente exposta pelos meios de comunicação de massa, ganham eminência constitucional, protegendo-se o homem na sua intimidade e privacidade. O dano moral decorrente da violação desses direitos, além do dano material, será indenizado, encerrando assim a Constituição a polêmica até então existente no Direito brasileiro sobre a indenização do dano moral.

Conceito afim de direitos fundamentais, no âmbito da privacidade, é, dentre outros, o de direitos de personalidade. Segundo assinala Jorge Miranda, "os direitos de personalidade são posições jurídicas fundamentais do homem que ele tem pelo simples facto de nascer e viver; são aspectos imediatos da exigência de integração do homem; são condições essenciais ao seu *ser* e *devir*; revelam o conteúdo necessário da personalidade; são direitos de exigir de outrem o respeito da própria personalidade; têm por objecto, não algo de exterior ao sujeito, mas 'modos de ser físicos e morais da pessoa', ou 'bens da personalidade moral e jurídica'. Nada obstante largas zonas de coincidência, e adquirirem os direitos de personalidade imediata relevância constitucional, eis que nenhuma Constituição os pode omitir, não são, contudo, assimiláveis direitos fundamentais e direitos de personalidade", pois são distintos o sentido, a projecção, a perspectiva de uns e outros direitos. Os direitos fundamentais pressupõem relações de poder, os direitos de personalidade relações de igualdade. Os direitos fundamentais têm uma incidência publicística imediata, ainda quando ocorram efeitos nas relações entre os particulares, os direitos de personalidade uma incidência privatística, ainda quando sobreposta ou subposta à dos direitos fundamentais. Os direitos fundamentais pertencem ao domínio do Direito constitucional, os direitos de personalidade ao do Direito civil."[45]

De qualquer modo, os direitos de ordem moral, tais como a honra, a privacidade, a intimidade e a imagem são direitos fundamentais que se inserem no contexto dos direitos de personalidade, entendida essa como o caráter que individualiza a pessoa e que a distingue das outras. Releva notar que os direitos de personalidade, como "o

---

[44] SÁ; NAVES. *Manual de biodireito,* p. 36-41.

[45] MIRANDA. *Manual de direito constitucional,* t. 4, p. 55-59.

minimum necessário e imprescindível ao conteúdo da personalidade, sendo próprios da pessoa em si, como ente humano, existentes desde o seu nascimento,"[46] compreendem ainda o direito, ao nome, o direito à vida, o direito sobre o próprio corpo e o direito ao cadáver, em enumeração não exaustiva.

O direito à *privatividade*, segundo Paulo José da Costa Júnior, resulta da necessidade de o indivíduo "encontrar-se na solidão aquela paz e aquele equilíbrio, continuamente comprometido pelo ritmo da vida moderna."[47] Para o próprio desenvolvimento da personalidade, imprescindível que o indivíduo não se submeta ao crivo da observação alheia. Na lembrança de Gilmar Ferreira Mendes, reportando-se a William Prosser, há "quatro meios básicos de afrontar a privacidade: 1) intromissão na reclusão ou na solidão do indivíduo; 2) exposição pública de fatos privados; 3) exposição do indivíduo a uma falsa percepção do público (*false light*), que ocorre quando a pessoa é retratada de modo inexato ou censurável; 4) apropriação do nome e da imagem da pessoa, sobretudo para fins comerciais."[48]

O direito à vida privada tem por conteúdo, dentre outros, o direito à liberdade sexual, o direito à liberdade familiar, e a intimidade.[49]

A Declaração Universal dos Direitos do Homem, de 1948, contempla o direito à privacidade, em seu art. 12, que dispõe: "Ninguém será sujeito a interferência na sua vida privada, na sua família, no seu lar ou na sua correspondência, nem a ataques à sua honra e reputação. Todo homem tem direito à proteção da lei contra tais interferências ou ataques."

Também a Convenção Americana de Direitos Humanos explicita:

> "Art. 11. *Proteção da honra e da dignidade*
>
> 1 – Toda pessoa tem direito ao respeito de sua honra e ao reconhecimento de sua dignidade.
>
> 2 – Ninguém pode ser objeto de ingerências arbitrárias ou abusivas em sua vida privada, na de sua família, em seu domicílio ou em sua correspondência, nem de ofensas ilegais à sua honra ou reputação.
>
> 3 – Toda pessoa tem direito à proteção da lei contra tais ingerências ou ofensas."

5.3.1 Direito à honra

O direito à honra alcança tanto o valor moral íntimo do homem como a estima dos outros, a consideração social, o bom nome, a boa fama, enfim, o sentimento ou

---

[46] FARIAS. *Colisão de direitos:* a honra, a intimidade, a vida privada e a imagem *versus* a liberdade de expressão e informação, p. 131-132. Cf. também: BITTAR. *Os direitos da personalidade*, p. 10. CUPIS. *Os direitos da personalidade,* p. 17.

[47] COSTA JÚNIOR. *O direito de estar só,* p. 14.

[48] MENDES; COELHO; BRANCO. *Curso de direito constitucional*, p. 369.

[49] Cf. SAMPAIO. *Direito à intimidade e à vida privada:* uma visão jurídica da sexualidade, da família, da comunicação e informações pessoais, da vida e da morte.

a consciência da própria dignidade pessoal refletida na consideração dos outros e no sentimento da própria pessoa.[50]

Envolve, portanto, a honra subjetiva e a honra objetiva, a primeira tendo por núcleo o sentimento de autoestima do indivíduo, o sentimento que possui acerca de si mesmo, e a honra objetiva significando o conceito social que o indivíduo possui.

5.3.2 Direito à imagem

O direito à imagem envolve duas vertentes: a imagem-retrato e a imagem-atributo. No primeiro sentido significa o direito relativo à reprodução gráfica (retrato, desenho, fotografia, filmagem, dentre outros) da figura humana, podendo envolver até mesmo partes do corpo da pessoa, como a voz, a boca, o nariz, as pernas, etc. No segundo sentido, é entendida como a imagem dentro de um determinado contexto, é dizer, o conjunto de atributos cultivados pelo indivíduo e reconhecidos pelo meio social.

Edilsom Pereira de Farias, por entender que o direito à própria imagem de que trata o art. 5º, inciso X, da Constituição de 1988, é a faculdade que toda pessoa tem para dispor de sua aparência, autorizando ou não a captação e difusão dela, distingue o direito à própria imagem do direito à intimidade porque, "na hipótese de republicação de retrato, o objeto do direito é apenas a imagem e não a intimidade, vez que esta já fora invadida quando da primeira publicação."[51] Também afirma que o direito à própria imagem não se confunde com o direito à honra, embora se reconheça "a grande importância deste para a afirmação daquele. Por exemplo, constitui violação do direito à própria imagem, sem atingir o direito à honra, a publicação da fotografia de uma pessoa para fins comerciais sem a sua anuência, mesmo que a publicação em si mesma só pudesse vir a lisonjear-lhe a vaidade."[52]

A divulgação da imagem de alguém costuma tornar-se de difícil solução quando é necessário definir se houve consentimento tácito que envolve aspecto da sua intimidade, é o que constata Gilmar Mendes, ao escrever: "Em princípio, se alguém se encontra num lugar público está sujeito a ser visto e aparecer em alguma foto ou filmagem do mesmo lugar. Haveria, aí, um consentimento tácito na exposição. A pessoa não poderá objetar a aparecer, sem proeminência, numa reportagem, se se encontra em lugar aberto ao público e é retratada como parte da cena como um todo. Há opiniões contrastantes, entretanto, quando se discute se é possível destacar alguém no âmbito da paisagem."[53] Em qualquer hipótese, a fotografia não pode ser utilizada para fins comerciais.

---

[50] CUPIS. *Os direitos da personalidade*, p. 112.

[51] FARIAS. *Colisão de direitos:* a honra, a intimidade, a vida privada e a imagem *versus* a liberdade de expressão e informação, p. 148- 152, e 195.

[52] FARIAS. *Colisão de direitos:* a honra, a intimidade, a vida privada e a imagem *versus* a liberdade de expressão e informação, p. 148-152, e 195.

[53] MENDES; COELHO; BRANCO. *Curso de direito constitucional,* p. 372, em que o autor examina casos concretos envolvendo o tema no direito estrangeiro e na jurisprudência de tribunais brasileiros.

5.3.3 Direito à intimidade

Distingue-se ainda o direito de privacidade do direito de intimidade.

A intimidade é o modo de ser do indivíduo, que consiste na exclusão do conhecimento pelos outros de tudo quanto se refere ao mesmo indivíduo.[54]

Considere-se que a vida social do indivíduo divide-se em pública e privada. Por privacidade deve-se entender os níveis de relacionamento ocultados ao público em geral, como a vida familiar, o lazer, os negócios, as aventuras amorosas. Dentro, contudo, dessa privacidade há outras formas de relações, como as que se estabelecem entre cônjuges, pai e filho, irmãos, namorados, em que poderá haver abusos ou violações. Assim, na esfera da vida privada há um outro espaço que é o da intimidade. Há, portanto, uma noção de privacidade em que as relações interindividuais devem permanecer ocultas ao público e existe o espaço da intimidade, onde pode ocorrer a denominada "tirania da vida privada", na qual o indivíduo deseja manter-se titular de direitos impenetráveis mesmo aos mais próximos. Enfim, dir-se-ia que o espaço privado compreende o direito à privacidade e o direito à intimidade, sendo exemplo de violação deste último o ato do pai que devassa o diário de sua filha adolescente ou o sigilo de suas comunicações telefônicas.

Intimidade (do latim *intimus*) significa "mais recôndito", "interior", e se associa à ideia de "segredo" e "confiança", enquanto que privacidade tem o sentido de "particular", "próprio", "pessoal", "individual". A intimidade traz conteúdo intersubjetivo, relacional, de proximidade, confidência e amizade, enquanto que a vida privada parece significar algo isolado, distante, solitário.[55]

O direito à intimidade, a despeito de vir entrelaçado com o direito à honra, com este não se confunde, pois se com a proteção à intimidade busca-se garantir parcela da personalidade que se reserva da indiscrição alheia, com o direito à honra busca-se preservar a personalidade de ofensas que a depreciem ou ataquem a sua reputação. Assim, o atentado à honra pode ocorrer sem que haja intromissão na esfera do ofendido.

5.3.4 Inviolabilidade do domicílio

A inviolabilidade do domicílio constitui manifestação do direito à privacidade de que cuidamos acima.

Em discurso proferido no Parlamento da liberal Inglaterra, Lord Chatham afirmou, em relaçao à inviolabilidade do domicílio: O mais pobre dos homens pode desafiar na sua cabana as forças da Coroa. Embora a moradia ameace ruína, ofereça

---

[54] CUPIS. *Os direitos da personalidade*, p. 328.

A origem doutrinária do direito à intimidade reside no artigo intitulado *The right to privacy*, publicado na *Harvard Law Review*, em 15 de dezembro de 1890, de autoria de Samuel D. Warren e Louis D. Brandeis, os quais utilizaram no seu estudo a locução *right to be let alone*, formulada originalmente pelo juiz Cooley, em sua obra de 1873, intitulada: *The elements of torts*.

[55] Cf. SAMPAIO. *Direito à intimidade e à vida privada*: uma visão jurídica da sexualidade, da família, da comunicação e informações pessoais, da vida e da morte, p. 268.

o teto larga entrada à luz, sopre o vento através das frinchas, a tempestade faça de toda a casa o seu ludíbrio, nada importa: acha-se garantida a choupana humilde contra o Rei da Inglaterra, cujo poder vai despedaçar-se contra aquele miserável reduto. Portanto, *my house is my castle* passou a ser um princípio e um dogma no constitucionalismo inglês. Nos Estados Unidos, a inviolabilidade do domicílio foi incorporada à Constituição pelas 3ª e 4ª Emendas. E quando do julgamento do caso Luther *v.* Borden, declarou-se: O espírito de nossas liberdades considera repulsivas todas as incursões irregulares nos domicílios dos cidadãos e com zelo prudente os guarda como sagrados, exceto quando atacados pelas formas legais estabelecidas e permitidas.

A Constituição diz, no art. 5º, XI, que "a casa é asilo inviolável do indivíduo, ninguém nela podendo penetrar sem consentimento do morador, salvo em caso de flagrante delito ou desastre, ou para prestar socorro, ou durante o dia, por determinação judicial". Valem as seguintes observações.

I – o termo "casa" empregado no texto constitucional compreende qualquer compartimento habitado, aposento habitado, ou compartimento não aberto ao público, onde alguém exerce profissão ou atividade (Código Penal, art. 150, § 4º), independentemente de possuir *habite-se* ou sem registro em cartório. Não há necessidade de que seja um imóvel: pode ser um *trailer* ou um iate em que a pessoa more, uma caravana cigana ou circense. É a projeção espacial da pessoa; o espaço isolado do ambiente externo utilizado para o desenvolvimento das atividades da vida e do qual a pessoa pretenda normalmente excluir a presença de terceiros. Da noção de casa fazem parte as ideias de âmbito espacial, direito de exclusividade em relação a todos, direito à privacidade e à não intromissão. De se considerar, portanto, que nos teatros, restaurantes, mercados e lojas, desde que cerrem suas portas e neles haja domicílio, haverá a inviolabilidade por destinação, circunstância que não ocorre enquanto abertos. A casa "abrange, ainda, o jardim, a garagem, o quintal, as partes externas à casa, na delimitação das suas divisas espaciais";[56]

II – o conceito de noite é o astronômico, ou seja, o lapso de tempo entre o crepúsculo e a aurora;

III – as exceções constitucionais ao princípio da inviolabilidade do domicílio são: a) durante o dia, por determinação judicial, além da ocorrência das hipóteses previstas para a penetração à noite; b) durante a noite, no caso de flagrante delito ou desastre, ou para prestar socorro.

Titulares do direito à inviolabilidade do domicílio são as pessoas físicas e jurídicas. De notar que o indivíduo qualificado na proteção da inviolabilidade é o morador. Na hipótese de titularidade múltipla, havendo conflito, marido e mulher têm iguais direitos de proibição, a teor do art. 226, § 5º, da Constituição Federal, mas os filhos têm também o direito de admitir ou excluir terceiros, "direito, esse, que não elimina o direito dos pais quanto a todas as dependências da casa. O patrão tem o direito de entrar no quarto da empregada, desde que para fins lícitos e morais, ainda que contra

56 GROTTI. *Inviolabilidade do domicílio na constituição,* p. 76.

a vontade dela. Sustenta Damásio E. de Jesus que a empregada que deixa o amante penetrar em seu quarto, 'comete o crime em concurso com ele, uma vez que na espécie presume-se o dissentimento do *dominus* (dono da casa).' Na comunidade privada há também um superior e subordinados. Então, nos colégios, internatos, conventos e outros estabelecimentos coletivos o direito será exercitado pelo diretor do colégio ou do internato, pelo superior do convento, etc."[57] Já o locatário tem o dever de admitir visitas do locador para inspeções, se houver previsão no contrato de locação, ou por determinação judicial. No regime de igualdade, todos os moradores são titulares do direito de admitir ou excluir alguém, como nas repúblicas de estudantes, ou no caso de marido e mulher. Se, no entanto, houver divergência entre os moradores, em igualdade de condições, prevalecerá a proibição (*melior est conditio prohibentis*).[58]

O Código de Processo Penal prevê, em seu art. 240, a busca e apreensão, domiciliar ou pessoal, para: 1. prender criminosos; 2. apreender coisas achadas ou obtidas por meios criminosos; 3. apreender instrumentos de falsificação ou de contrafação e objetos falsificados ou contrafeitos; 4. apreender armas e munições, instrumentos utilizados na prática de crime ou destinados a fim delituoso; 5. descobrir objetos necessários à prova de infração ou à defesa do réu; 6. apreender cartas, abertas ou não, destinadas ao acusado ou em seu poder, quando haja suspeita de que o conhecimento do seu conteúdo possa ser útil à elucidação do fato; 7. apreender pessoas vítimas de crimes; 8. colher qualquer elemento de convicção.

A busca e apreensão domiciliar se acha condicionada a ordem judicial devidamente fundamentada, que deve indicar, de forma a mais precisa possível, o local em que será realizada, os motivos e os fins determinantes da diligência. Assim, a ordem judicial de busca e apreensão não pode ser vaga e imprecisa.

Desse modo, a "ausência de determinação do escopo ou fim da diligência ou a indeterminação na ordem de busca e apreensão que resulta na atribuição à autoridade policial da escolha dos objetos a serem apreendidos acabam por afetar a validade da decisão judicial, acarretando, com isso, a ilicitude da prova colhida. Por isso, diversamente do que ocorre no encontro fortuito de provas por meio de interceptações telefônicas – que inevitavelmente captam todos os diálogos, sejam eles relativos ou não aos crimes e pessoas definidos pela ordem judicial autorizadora da medida –, na busca e apreensão apenas são admitidas como casos de encontro fortuito de outras provas as hipóteses de flagrante delito. Assim ocorre nos casos em que, deferida a busca e apreensão de determinado objeto em local específico, encontram-se também nesse mesmo local objetos cuja posse por si só já constitui crime permanente (armas, munições, substâncias entorpecentes, cadáver etc.) , o que gera a situação de flagrância excepcionada pelo art. 5º, XI. Do contrário, se o objeto for apenas prova de crime, não poderá ocorrer a apreensão, que dependerá de nova ordem judicial a ser requerida pela autoridade policial."[59]

---

57 GROTTI. *Inviolabilidade do domicílio na constituição,* p. 107-108.

58 GROTTI. *Inviolabilidade do domicílio na constituição,* p. 108.

59 MENDES; COELHO; BRANCO. *Curso de direito constitucional,* p. 620-621.

Diligências administrativas "que suponham o ingresso na residência de alguém somente são legítimas se o morador consentir na conduta do agente administrativo ou se este estiver munido de autorização judicial. Tampouco podem agentes sanitários ingressar desautorizados na casa alheia. Nem mesmo para ler registros de água, luz, etc. cabe forçar a entrada sem mandado judicial."[60] Nada obstante estarem as empresas protegidas pela inviolabilidade do domicílio, não se deve levar ao extremo esta proteção, é o que pondera George Marmelstein. Desse modo, não se pode impedir que um agente de fiscalização sanitária venha a ingressar na cozinha de um restaurante para verificar se as normas de saúde pública estão sendo respeitadas, ainda mais se considerarmos que o efeito surpresa é um fator importante para o sucesso da fiscalização.[61]

Pelo princípio da reserva da jurisdição, as Comissões Parlamentares de Inquérito não podem, por autoridade própria, sem ordem do juiz, determinar a violação do domicílio. Nesse sentido, posiciona-se o Supremo Tribunal Federal: "As Comissões Parlamentares de Inquérito não podem determinar a busca e apreensão domiciliar, por se tratar de ato sujeito ao princípio constitucional da reserva de jurisdição, ou seja, ato cuja prática a Constituição Federal atribuiu com exclusividade aos membros do Poder Judiciário."[62]

5.3.5 Os sigilos bancário e fiscal

Os direitos de ordem moral, quais sejam, intimidade, vida privada, honra e imagem das pessoas são complementados pela regra constitucional que trata da inviolabilidade do sigilo de dados. Nesse ponto serão examinados os sigilos bancário e fiscal.

O sigilo bancário, matéria que integra o sistema financeiro nacional, foi regulamentado, consoante o disposto no art. 192 da Constituição Federal, pela Lei Complementar n. 105, de 10 de janeiro de 2001, ficando revogado o art. 38 da Lei n. 4.595, de 31 de dezembro de 1964.

A Lei Complementar n. 105/2001, em seu art. 6º, permite às autoridades fiscais tributárias da União, Estados, Distrito Federal e Municípios, o exame de documentos, livros e registros de instituições financeiras, inclusive os referentes a contas de depósitos e aplicações financeiras, quando houver processo administrativo instaurado ou procedimento fiscal em curso e tais exames sejam considerados indispensáveis pela autoridade administrativa competente. A seu turno, prevê o parágrafo único do mencionado art. 6º, que o resultado dos exames, as informações e os documentos nele mencionados serão conservados em sigilo, observada a legislação tributária.

Inova, portanto, a Lei Complementar ao permitir a quebra de sigilo bancário por autoridade administrativa, independentemente de autorização judicial.

---

60 MENDES; COELHO; BRANCO. *Curso de direito constitucional*, p. 381.

61 MARMELSTEIN. *Curso de direitos fundamentais*, p. 135.

62 STF, Pleno, MS 23.642/DF, Rel. Min. Néri da Silveira, decisão, 29.11.2000.

Mencione-se ainda que o Banco Central do Brasil e a Comissão de Valores Mobiliários, nas áreas de suas atribuições, e as instituições financeiras fornecerão ao Poder Legislativo Federal as informações e os documentos sigilosos que, fundamentadamente, se fizerem necessários ao exercício de suas respectivas competências constitucionais e legais.

5.3.5.1 Comissões parlamentares de inquérito e sigilos bancário e fiscal

As Comissões Parlamentares de Inquérito, no exercício de sua competência constitucional e legal de ampla investigação, obterão as informações e documentos sigilosos de que necessitarem, diretamente das instituições financeiras ou por intermédio do Banco Central do Brasil e da Comissão de Valores Mobiliários. As solicitações deverão ser previamente aprovadas pelo Plenário da Câmara dos Deputados, do Senado Federal, ou do Plenário de suas respectivas Comissões Parlamentares de Inquérito (art. 4º, §§ 1º e 2º, da Lei Complementar n. 105/2001).

Segundo vem decidindo o Supremo Tribunal Federal, a deliberação das CPIs deverá ser motivada, demonstrando-se também a existência de causa provável da prática ilícita. A motivação da necessidade da medida deve ser contemporânea do próprio ato decisório, não se admitindo seja suprida posteriormente, por constituir "pressuposto de legitimação do próprio ato decisório."[63]

A quebra de sigilo bancário pode ser determinada pelas Comissões Parlamentares de Inquérito instauradas nas Assembleias Legislativas, não sendo legítimo a recusa, pelo Banco Central, de fornecer-lhes os dados, desde que requeridos.[64]

5.3.6 O sigilo das comunicações – A inviolabilidade de correspondência

A Constituição, para preservar o direito do indivíduo em relação a sua privacidade e intimidade, declara que "é inviolável o sigilo de correspondência e das comunicações telegráficas, de dados e das comunicações telefônicas, salvo, no último caso, por ordem judicial, nas hipóteses e na forma que a lei estabelecer para fins de investigação criminal ou instrução processual penal" (art. 5º, XII). Note-se que o sigilo das comunicações poderá ser restringido na vigência de estado de defesa e estado de sítio (art. 136, § 1º, I, *b* e *c*, e art. 139, III).

5.3.6.1 Interceptação telefônica e gravação clandestina

Há nesse ponto que examinar as noções de *interceptação telefônica e gravação clandestina*.

---

63 STF, MS 23.452/RJ, *DJ*, 16.9.1999. No mesmo sentido: MS 23.454/DF, *DJ*, 19.8.1999.

64 STF, ACO 730/RJ, Rel. Min. Joaquim Barbosa, *Informativo* 362/STF, *DJ*, 11.11.2005.

A interceptação telefônica consiste na captação e gravação de conversa telefônica, no mesmo momento em que ela se realiza, por terceira pessoa sem o conhecimento de qualquer dos interlocutores.

A gravação clandestina é aquela em que a captação e gravação da conversa pessoal, ambiental ou telefônica se dá no momento em que ela se realiza, sendo feita por um dos interlocutores, ou por terceira pessoa com seu consentimento, sem que haja conhecimento dos demais interlocutores (Alexandre de Moraes).

A distinção entre as duas modalidades de quebra do sigilo de conversa telefônica está em que, enquanto na interceptação telefônica nenhum dos interlocutores tem ciência da gravação, na segunda um deles tem pleno conhecimento de que a gravação se realiza.

A gravação clandestina não se acha sujeita, para ser válida como prova, às condições previstas no art. 5º, XII, quais sejam, necessidade de ordem judicial e utilização para fins criminais. É possível, assim, que a gravação clandestina seja utilizada validamente como prova, desde que não viole a intimidade ou a privacidade da pessoa, de que trata o art. 5º, X, aplicando-se o princípio da proporcionalidade.

A Constituição Federal prevê exceção relativamente à interceptação telefônica (art. 5º, XII), desde que presentes os seguintes requisitos: *a)* ordem judicial; *b)* para fins de investigação criminal ou instrução processual penal; *c)* nas hipóteses e na forma que a lei estabelecer. A matéria se acha regulada pela Lei n. 9.296, de 24 de junho de 1996.[65]

---

[65] Lei n. 9. 296, de 24 de julho de 1996, que regulamenta o inciso XII, parte final, do art. 5º da Constituição Federal: "Art. 1º A interceptação de comunicações telefônicas, de qualquer natureza, para prova em investigação criminal e em instrução processual penal, observará o disposto nesta Lei e dependerá de ordem do juiz competente da ação principal, sob segredo de justiça. Parágrafo único. O disposto nesta Lei aplica-se à interceptação do fluxo de comunicações em sistemas de informática e telemática.

Art. 2º Não será admitida a interceptação de comunicações telefônicas quando ocorrer qualquer das seguintes hipóteses: I – não houver indícios razoáveis da autoria ou participação em infração penal; II – a prova puder ser feita por outros meios disponíveis; III – o fato investigado constituir infração penal punida, no máximo, com pena de detenção. Parágrafo único. Em qualquer hipótese deve ser descrita com clareza a situação objeto da investigação, inclusive com a indicação e qualificação dos investigados, salvo impossibilidade manifesta, devidamente justificada.

Art. 3º A interceptação das comunicações telefônicas poderá ser determinada pelo juiz, de ofício ou a requerimento: I – da autoridade policial, na investigação criminal; II – do representante do Ministério Público, na investigação criminal e na instrução processual penal.

Art. 4º O pedido de interceptação de comunicação telefônica conterá a demonstração de que a sua realização é necessária à apuração de infração penal, com indicação dos meios a serem empregados. § 1º Excepcionalmente, o juiz poderá admitir que o pedido seja formulado verbalmente, desde que estejam presentes os pressupostos que autorizem a interceptação, caso em que a concessão será condicionada à sua redução a termo. § 2º O juiz, no prazo máximo de vinte e quatro horas, decidirá sobre o pedido.

Art. 5º A decisão será fundamentada, sob pena de nulidade, indicando também a forma de execução da diligência, que não poderá exceder o prazo de quinze dias, renovável por igual tempo uma vez comprovada a indispensabilidade do meio de prova.

O Supremo Tribunal Federal, em julgados anteriores à edição da Lei n. 9.296/96, invalidou prova, afirmando que não havia sido recepcionado o art. 57 , II, *e*, da Lei n. 4.117/62 (Código Brasileiro de Telecomunicações), vedando-se qualquer espécie de interceptação telefônica, em virtude da reserva legal qualificada presente no art. 5º, XII, da Constituição Federal.[66]

Com o advento da Lei n. 9.296/96, o Supremo Tribunal Federal alterou seu posicionamento, e passou a considerar como lícita a prova, que, no entanto, pode ser rejeitada quando deficiente a fundamentação da decisão judicial que a autorizou e quando a gravação for executada por terceiro sem conhecimento de um dos interlocutores.[67]

Anote-se, ademais, que a adoção da escuta telefônica é permitida apenas, como se viu, no âmbito penal, para o exercício da investigação penal ou com vistas à instrução criminal. Assim, em princípio, seria incabível postular a escuta para outras finalidades, sendo, pois, impertinente sua utilização no processo civil, pois seria uma prova ilícita vedada pelo inciso LVI do art. 5º da Constituição.[68] A propósito, o Supremo Tribunal Federal, em caso líder, não admitiu prova de adultério obtida por gravação clandestina em fita magnética, em ação de antigo desquite (RTJ 84/609). Em outro julgamento, e reforçando esse entendimento, deixou consignado, em voto do Ministro Celso de Mello, que: "A gravação de conversação com terceiros, feita

---

Art. 6º Deferido o pedido, a autoridade policial conduzirá os procedimentos de interceptação, dando ciência ao Ministério Público, que poderá acompanhar a sua realização. § 1º No caso de a diligência possibilitar a gravação da comunicação interceptada, será determinada a sua transcrição. § 2º Cumprida a diligência, a autoridade policial encaminhará o resultado da interceptação ao juiz, acompanhado de auto circunstanciado, que deverá conter o resumo das operações realizadas. § 3º Recebidos esses elementos, o juiz determinará a providência do art. 8º, ciente o Ministério Público.

Art. 7º Para os procedimentos de interceptação de que trata esta Lei, a autoridade policial poderá requisitar serviços e técnicos especializados às concessionárias de serviço público.

Art. 8º A interceptação de comunicação telefônica, de qualquer natureza, ocorrerá em autos apartados, apensados aos autos do inquérito policial ou do processo criminal, preservando-se o sigilo das diligências, gravações e transcrições respectivas. Parágrafo único. A apensação somente poderá ser realizada imediatamente antes do relatório da autoridade, quando se tratar de inquérito policial (Código de Processo Penal, art. 10, § 1º) ou na conclusão do processo ao juiz para o despacho decorrente do disposto nos arts. 407, 502 ou 538 do Código de Processo Penal.

Art. 9º A gravação que não interessar à prova será inutilizada por decisão judicial, durante o inquérito, a instrução processual ou após esta, em virtude de requerimento do Ministério Público ou da parte interessada. Parágrafo único. O incidente de inutilização será assistido pelo Ministério Público, sendo facultada a presença do acusado ou de seu representante legal.

Art. 10. Constitui crime realizar interceptação de comunicações telefônicas, de informática ou telemática, ou quebrar segredo da Justiça, sem autorização judicial ou com objetivos não autorizados em lei. Pena: reclusão, de dois a quatro anos, e multa."

[66] STF, HC 72.588/PB, Rel.Min, Maurício Corrêa, *Informativo* 35/STF; HC 73.351/SP, Rel.Min. Ilmar Galvão, *Informativo* 30/STF.

[67] STF, HC 80.948, Rel. Min. Néri da Silveira, *DJ*, 19.12.2001.

[68] Cf. o item 5.8.7.3, deste Capítulo, em que se examina o conceito de prova ilícita.

através de fita magnética, sem o conhecimento de um dos sujeitos da relação dialógica, não pode ser contra este utilizada pelo Estado em juízo, uma vez que esse procedimento precisamente por realizar-se de modo sub-reptício, envolve quebra evidente de privacidade, sendo, em consequência, nula a eficácia jurídica da prova coligida por esse meio. O fato de um dos interlocutores desconhecer a circunstância de que a conversação que mantém com outrem está sendo objeto de gravação atua, em juízo, como causa obstativa desse meio de prova. O reconhecimento constitucional do direito à privacidade (CF, art. 5º, X) desautoriza o valor probante do conteúdo de fita magnética que registra, de forma clandestina, o diálogo mantido com alguém que venha a sofrer a persecução penal do Estado. A gravação de diálogos privados, quando executada com total desconhecimento de um de seus partícipes, apresenta-se eivada de absoluta desvalia, especialmente quando o órgão da acusação penal postula, com base nela, a prolação de um decreto condenatório (Ação Penal 307 – DF)."

Realmente, não se deve desconhecer que as gravações telefônicas apresentam possibilidades de manipulação, através de sofisticados meios eletrônicos e computadorizados, em que se pode suprimir trechos da gravação, efetuar montagens com textos diversos, alterar o sentido de determinadas conversas, realizar montagens e frases com a utilização de padrões vocais de determinadas pessoas, o que leva à imprestabilidade de tais provas.

Advirta-se, no entanto, que a rigidez da vedação das provas ilícitas vem sendo abrandada, mas em casos de excepcional gravidade, pela aplicação do princípio da proporcionalidade,[69] caso em que as provas ilícitas, verificada a excepcionalidade do caso, poderão ser utilizadas. Para tanto é necessário, contudo, que o direito tutelado seja mais importante que o direito à intimidade, segredo e privacidade.

O Supremo Tribunal Federal decidiu pela licitude da gravação quando feita como meio de legítima defesa: "Utilização de gravação de conversa telefônica feita por terceiro com a autorização de um dos interlocutores sem o conhecimento do outro quando há, para essa utilização, excludente da antijuridicidade. Afastada a ilicitude de tal conduta – a de, por legítima defesa, fazer gravar e divulgar conversa telefônica ainda que não haja o conhecimento do terceiro que está praticando o crime –, é ela, por via de consequência, lícita e, também consequentemente, essa gravação não pode ser tida como prova ilícita, para invocar-se o art. 5º, LVI, da Constituição, com fundamento em que houve violação da intimidade (art. 5º, X, da Carta Magna)."[70]

Também considerou o Supremo Tribunal admissível a utilização de gravação clandestina realizada em repartição pública, nos seguintes termos: "Falsidade ideológica. Interceptação ambiental por um dos interlocutores. Ilicitude da prova. Inocorrência. Reportagem levada ao ar por emissora de televisão. *Notitia criminis.* Dever-poder de investigar. 1. Paciente denunciado por falsidade ideológica, consubstanciada em exigir quantia em dinheiro para inserir falsa informação de excesso de contingente em certificado de dispensa de incorporação. Gravação clandestina realizada pelo alistan-

---

[69] O princípio da proporcionalidade é examinado no Capítulo 12 do v.1 deste trabalho.

[70] STF, HC 74.678. *DJ*, 15.8.1997, Rel. Min. Moreira Alves.

do, a pedido de emissora de televisão, que levou as imagens ao ar em todo o território nacional por meio de conhecido programa jornalístico. O conteúdo da reportagem representou *notitia criminis*, compelindo as autoridades ao exercício do dever-poder de investigar, sob pena de prevaricação. 2. A ordem cronológica dos fatos evidencia que as provas, consistentes nos depoimentos das testemunhas e no interrogatório do paciente, foram produzidas em decorrência da *notitia criminis* e antes da juntada da fita nos autos do processo de sindicância que embasou o Inquérito Policial Militar. 3. A questão não é de inviolabilidade das comunicações e sim da proteção da privacidade e da própria honra, que não constitui direito absoluto, devendo ceder em prol do interesse público (Precedentes). Ordem denegada." No julgamento, o Min. Sepúlveda Pertence, em seu voto, deixou consignado: "entendo que não há nenhuma ilicitude na documentação cinematográfica da prática de um crime, a salvo, é claro, se o agente se encontra numa situação de intimidade. Obviamente não é o caso de uma corrupção passiva praticada em repartição pública."[71]

A regra geral é a da inadmissibilidade das provas ilícitas, que só excepcionalmente poderiam ser aceitas em juízo, restritas ainda ao âmbito penal, pois a razão nuclear das normas que imponham restrições de direitos fundamentais não é outra senão a de assegurar a previsibilidade das consequências derivadas da conduta dos indivíduos. Toda intervenção na liberdade tem de ser previsível, além de clara e precisa.

Note-se ainda que, como salienta Gilmar Mendes, para o Supremo Tribunal Federal, "o sigilo garantido pelo art. 5º, XII, da CF refere-se apenas à comunicação de dados, e não os dados em si mesmos. A apreensão de um computador, para dele se extraírem informações gravadas no *hard disk*, por exemplo, não constitui hipótese abrangida pelo âmbito normativo daquela garantia constitucional."[72]

5.3.6.1.a Comissões parlamentares de inquérito e quebra de sigilo telefônico

A quebra de sigilo telefônico pelas Comissões Parlamentares de Inquérito tem sido considerada no âmbito do Supremo Tribunal Federal que vem admitindo possam as CPIs determinar, sem a necessidade de ordem judicial, a quebra de registros telefônicos das pessoas investigadas, desde que a decisão seja motivada e contemporânea, e haja a demonstração da existência de causa provável da prática ilícita.[73]

O Supremo Tribunal, como salienta Gilmar Mendes, "distingue a quebra do sigilo telefônico da interceptação telefônica. O sigilo telefônico se refere aos registros dos números telefônicos de onde procederam ligações para o investigado ou dos números telefônicos para os quais o investigado ligou, bem assim dados quando as ligações foram efetivadas e quanto duraram. O sigilo telefônico pode ser quebrado

---

[71] STF, HC 87.341-3/PR, Rel. Min. Eros Grau, j. 7.2.2006.

[72] MENDES; COELHO; BRANCO. *Curso de direito constitucional*, p. 382, com menção a jurisprudência do Supremo Tribunal Federal: RE 418.416, Rel. Min. Sepúlveda Pertence, Plenário, 10.5.2006.

[73] STF, MS 23.466-1/DF, Medida Liminar, Rel.Min. Sepúlveda Pertence, *DJ*, 22.6.1999; MS 25.890/DF, Rel. Min. Celso de Mello, *Informativo* 420/STF.

por deliberação da CPI. A interceptação de comunicação telefônica é algo diverso. Na interceptação, a própria comunicação é objeto de escuta. O conteúdo da comunicação torna-se o alvo da interferência. Com relação ao conteúdo das comunicações telefônicas, a Constituição conferiu proteção reforçada ao indivíduo. A hipótese de ruptura da proteção oferecida pela Constituição ao sigilo das comunicações telefônicas está prevista no texto constitucional (art. 5º, XII) – o sigilo somente pode ser violado, por ordem judicial, nas hipóteses previstas em lei, e para fins de investigação criminal ou instrução processual penal. Fala-se que a providência estaria submetida à reserva de jurisdição."[74]

5.3.6.2 Gravação ambiental

Fala-se ainda em interceptações e gravações ambientais, quando captam conversa entre presentes. As interceptações e gravações ambientais, que não vêm tratadas no inciso XII do art. 5º, da Constituição Federal, mas alcançadas pelo inciso X deste artigo, acham-se regulamentadas, em parte, pela Lei n. 9.034/95, que dispõe sobre a utilização de meios operacionais para prevenção e repressão de ações praticadas por organizações criminosas, cujo art. 2º, IV, permite, como meio investigatório e de formação de prova, "a captação e a interceptação ambiental de sinais eletromagnéticos, óticos ou acústicos, e o seu registro e análise, mediante circunstanciada autorização judicial."

O princípio da proporcionalidade tem sido ainda adotado na solução de questões que envolvem as interceptações e gravações ambientais, sobretudo quando se trata de gravação ambiental sem autorização judicial, realizada em local público no qual não há expectativa de privacidade, ou realizada por particular em situação de legítima defesa, estado de necessidade ou com justa causa, como, por exemplo, câmaras instaladas em condomínios, no interior de lojas, casas ou até mesmo nas ruas. Nessa linha, o Supremo Tribunal Federal reconheceu a licitude de gravação ambiental realizada por meio de câmara instalada em garagem pelo proprietário da casa, com a finalidade de identificar o autor dos danos a seu automóvel.[75] Em outro julgado, o Supremo Tribunal Federal decidiu ser admissível a gravação de diálogo levado a efeito em local público, por não estar em causa a proibição constante da parte final do inciso XII do art. 5º da Constituição Federal.[76]

Distingue-se, portanto, a interceptação ambiental da gravação ambiental clandestina. Na interceptação ambiental, para ser válida, há necessidade de ordem judicial circunstanciada, por envolver conversa na qual nenhum dos interlocutores sabe que o diálogo está sendo ouvido e gravado por estranhos; na gravação ambiental clandestina duas ou mais pessoas conversam, sendo que uma delas grava a conversa ou consente que terceiro faça a gravação ou a filmagem.

5.3.6.3 Sigilo das comunicações em sistemas telemáticos

A inviolabilidade das comunicações em geral abrange o sigilo das comunicações em sistemas telemáticos, vale dizer, comunicações associadas à informática, como os

---

74 MENDES; COELHO; BRANCO. *Curso de direito constitucional*, p. 824.

75 STF, *HC* 84.203/RS, Rel. Min. Celso de Mello.

76 STF, *HC* 74.356-1/SP, Rel. Min. Octavio Gallotti, *DJ*, 25.4.1997.

computadores, comunicações via *internet*, e *e-mail* (correspondência eletrônica). Nada obstante a garantia da sua inviolabilidade, as comunicações telemáticas estão sujeitas ao regime da Lei n. 9.296/96, cujo art. 1º, parágrafo único, as menciona como objeto de tutela jurídica.

5.3.6.4 Inviolabilidade de correspondência

Quanto à inviolabilidade de correspondência, embora garantida no art. 5º, XII, poderá ser restringida na vigência de estado de defesa e estado de sítio (art. 136, § 1º, I, *b* e art. 139, III) e naqueles em que vier a ser utilizada como instrumento de práticas ilícitas. É o que se dá, por exemplo, na interceptação da correspondência pela administração penitenciária, em que, mediante ato motivado, o diretor do estabelecimento prisional restringe ou suspende o direito de contato do reeducando com o mundo exterior mediante correspondência escrita ou outro meio de comunicação, como decidiu o Supremo Tribunal Federal.[77] Mencione-se ainda a possibilidade de o pai violar a correspondência de seu filho, caso tenha a suspeita de que ela vem servindo de meio para colocar a criança em risco, devendo ser aplicada a regra constante do art. 227 da Constituição.

De acordo com o art. 10 da Lei n. 6.538, de 22 de junho de 1978, que dispõe sobre os serviços postais, não constitui violação de sigilo da correspondência postal a abertura de carta: I – endereçada a homônimo, no mesmo endereço; II – que apresente indícios de conter objeto sujeito a pagamento de tributos; III – que apresente indícios de conter valor não declarado, objeto ou substância de expedição, uso ou entrega proibidos; IV – que deva ser inutilizada, na forma prevista em regulamento, em virtude de impossibilidade de sua entrega e restituição.

Enfim, é preciso considerar que, preservado o núcleo essencial dos direitos fundamentais, tem-se admitido que, não sendo absoluta qualquer liberdade individual, torna-se possível restringi-la com fundamento em direitos de terceiros ou em outros princípios de hierarquia constitucional, em especial quando estiverem sendo utilizadas como instrumento de salvaguarda de práticas ilícitas.

5.4 Liberdades constitucionais: noções preliminares

Vários são os sentidos de liberdade.

A discussão acerca da natureza da liberdade reporta-se a vários segmentos filosóficos. A palavra liberdade, para Felix E. Oppenheim, "tem uma notável conotaçao laudatória. Por essa razão, tem sido usada para acobertar qualquer tipo de ação, política ou instituição considerada como portadora de algum valor, desde a obediência ao direito natural ou positivo até a prosperidade econômica. Os escritos políticos ra-

[77] "Carta de presidiário interceptada pela administração penitenciária. Possibilidade excepcional e desde que respeitada a norma do art. 41, parágrafo único da Lei n. 7.210/84. Inviolabilidade do sigilo epistolar não pode constituir instrumento de salvaguarda de práticas ilícitas" (STF, HC 70814-5/SP, Rel. Min. Celso de Mello, *RT* 709/418).

ramente oferecem definições explícitas de liberdade em termos descritivos: todavia, em muitos casos, é possível inferir definições descritivas do conceito."[78]

Benjamin Constant já mencionava, em 1819, a liberdade dos antigos e a liberdade dos modernos, mostrando os equívocos da equiparação de ambos os termos.[79] Isaiah Berlin criou os conceitos de liberdade negativa e liberdade positiva. A primeira traduz uma visão restritiva dos direitos do cidadão, estando ligada aos direitos civis, e se acha representada pela expressão *estar-livre-de* (*freedom of*), associando-se à tradição liberal. A segunda busca ampliar a participação política, associando-se aos direitos políticos, e vem representada pela expressão *estar-livre-para* (*freedom to*), vinculando-se à tradição republicana.[80]

A liberdade, em sentido geral, consiste no estado de não estar sob o controle de outrem, de não sofrer restrições ou imposições, tendo aqui sentido negativo, o qual, juridicamente, quer dizer que à pessoa não são vedadas alternativas de ação. É a ausência de oposição ou impedimentos externos, que muitas vezes tiram o poder de cada um de fazer o que quer: neste sentido, liberdade não se confunde com capacidade, e a falta de capacidade não limita a liberdade (Hobbes). Mas significa também "a faculdade ou o poder que a pessoa tem de adotar a conduta que bem lhe parecer, sem que deva obediência a outrem".[81] José Afonso da Silva diz que a "liberdade consiste na possibilidade de coordenação consciente dos meios necessários à realização da felicidade pessoal".[82] Já Ylves José de Miranda Guimarães entende que "a liberdade, conceitualmente, é a força eletiva dos meios, guardada a ordem dos fins".[83] E Harold Laski entende por liberdade "a ausência de coação sobre a existência daquelas condições sociais que, na civilização moderna, são as garantias necessárias da felicidade individual".[84] Para Montesquieu, a liberdade é o direito de fazer tudo o que as leis permitem. Se um cidadão pudesse fazer tudo o que as leis proíbem, não haveria liberdade porque os demais cidadãos teriam igualmente esse poder.[85] O direito à liberdade, na definição de Robert Alexy, é extensão do direito da personalidade.[86]

A liberdade, assim, é inerente à pessoa humana, condição da individualidade do homem.

A liberdade é a distância do outro, o espaço social para o indivíduo perseguir seus próprios fins, dar a si mesmo as regras e normas de sua ação.

A conceituação de liberdade, para Philip Pettit, como adequação para alguém ser considerado responsável, pode ser discutida em três domínios: o da ação, o do *self* e

---

78 OPPENHEIM. Liberdade. *In: Dicionário de política*. BOBBIO; MATTEUCCIO; PASQUINO, p. 708.

79 BENJAMIN CONSTANT. *Da liberdade dos antigos comparada à liberdade dos modernos*.

80 BERLIN. *Quatro ensaios sobre a liberdade*.

81 CAETANO. *Direito constitucional*, v. 1, p. 355.

82 SILVA. *Op. cit.*, p. 207.

83 GUIMARÃES. *Op. cit.*, p. 19.

84 LASKI. *La libertad en el estado moderno*, p. 17.

85 MONTESQUIEU. *O espírito das leis*, p.148.

86 ALEXY. *Teoría de los derechos fundamentales*, p. 349.

o da pessoa. O primeiro envolve a liberdade da ação desempenhada pelo agente em uma ou outra ocasião; o segundo refere-se à liberdade do ser que está implícita na habilidade do agente para identificar-se com as coisas realizadas e o terceiro relaciona-se às liberdades das pessoas em desfrutar um *status* social que faz com que a ação seja realmente delas e não provocada por outros.[87]

A liberdade, como núcleo dos direitos humanos fundamentais, não é apenas negativa, ou seja, liberdade de fazer o que a lei não proíbe nem obriga, mas liberdade positiva, que consiste na remoção dos impedimentos (econômicos, sociais e políticos) que possam obstruir a autorrealização da personalidade humana, o que implica na obrigação, pelo Estado, de assegurar os direitos sociais através de prestações positivas com vistas a proporcionar as bases materiais para a efetivação daqueles direitos.

A liberdade, em seu sentido primitivo, revela o estado do ser que não se submete a outrem, agindo, assim, de acordo com a sua própria vontade, ou no caso dos irracionais, de acordo com a sua própria natureza. Do ponto de vista social e político, a liberdade caracteriza-se por um certo estado do cidadão nas suas relações com a sociedade e com o governo. Sendo a sociedade regida por normas jurídicas, a liberdade consiste em fazer tudo o que não for proibido pela lei social e poder recusar-se a fazer tudo o que ela não determina. Do ponto de vista psicológico e moral, como no interior do homem existem diversas forças que lhe são estranhas e que o constrangem, a liberdade é a independência do homem diante dessas forças.[88] A liberdade consiste na "retirada para a cidadela interior" (Isaiah Berlin). Para os racionalistas, as paixões, o ódio ou as obsessões são condições que desviam o homem da tomada de decisões com base na razão. A ideia de liberdade de um indivíduo submetido apenas às paixões ou interesses não o deixa mais livre do que quando se submete aos interesses e desígnios de outrem. A liberdade depende, portanto, da resistência aos desejos e às paixões que levam à autoanulação individual. A resistência, como processo de emancipação da pessoa humana, é fator de liberdade (a consciência acima da vontade). O homem livre, na concepção de Kant, não é aquele escravo de suas paixões, mas o que segue as leis derivadas da razão. A liberdade, portanto, está em seguir as leis da razão, que não resultam da experiência, mas de proposições lógicas *a priori*, que possam ser adotadas como lei universal: tais são os imperativos categóricos. A liberdade implica, assim, a capacidade de autocontenção.

Não pode existir liberdade pessoal se não houver segurança econômica e independência. Pessoas que enfrentam necessidades não são livres: há, portanto, uma ligação entre a pobreza a privação de direitos; a pobreza é tanto causa como consequência de violações dos direitos humanos.[89]

Se no liberalismo, a liberdade no sentido negativo pode acarretar um incremento na intensidade da dominação por parte dos entes privados, e a liberdade no sentido positivo poderia levar à dominação dos cidadãos por parte de grupos transnacionais, no republicanismo a liberdade tem sido compreendida tanto a ausência de domina-

---

[87] Cf. PETTIT. *Teoria da liberdade*.

[88] POLETTI. *Introdução ao estudo do direito*, p. 87 *et seq*.

[89] ARBOUR. *O dia dos direitos humanos e a pobreza*. *In: Folha de S. Paulo*, 2.12.2007, Caderno A, p. 3.

ção quanto a ausência de interferência, é dizer, a liberdade republicana seria a absoluta ausência de vinculação autoritária, seja pública, seja privada.[90]

Concebe-se ainda a liberdade, nos dias de hoje, como contraposição ao medo da violência. A liberdade, neste sentido, depende da criação de condições para a superação do estado de medo imposto pela guerra, pelo terrorismo ou pela criminalidade: só se é livre na ausência do medo.

A Constituição declara várias formas de liberdade, que passamos a examinar.

5.4.1 Liberdade de ação

A liberdade de ação é o ponto de contato entre a liberdade e a legalidade – ninguém será obrigado a fazer ou deixar de fazer alguma coisa senão em virtude de lei (art. 5º, II), base do Estado de Direito: um "governo mais das leis do que dos homens". O sentido de lei aqui é formal, ou seja, aquela espécie normativa elaborada pelo Congresso Nacional, segundo tramitação constitucional, própria sem o que ficaria comprometido o direito à segurança jurídica.

Considere-se, nessa linha, que, embora o Executivo exerça a função legislativa, ela é efetivada em caráter excepcional e exige a participação do Congresso Nacional em seu aperfeiçoamento, para que o ato legislativo se transforme em lei. Excluem-se nessa perspectiva, então, a nosso juízo, do conceito de lei formal a que se refere o dispositivo constitucional, as medidas provisórias, pois que, embora tenham força de lei (art. 62) desde a sua edição, por isso que obrigam, não são leis, somente passando a sê-lo após o processo de conversão que depende do voto da maioria dos membros das duas Casas do Congresso Nacional. As leis delegadas também obrigam por serem atos normativos equiparados a lei.

Nada obstante, há quem considere que o sentido da palavra lei constante da cláusula constitucional em análise é abrangente de qualquer ato legislativo mencionado no art. 59 da Constituição, que imponha comportamento, mas dele se afastam os atos administrativos, como decretos, portarias, instruções, dentre outros, que apenas dão cumprimento aos comandos da lei.[91]

O princípio da legalidade dirige-se aos Poderes Públicos e aos particulares. Com efeito, numa perspectiva positivista, os Poderes Legislativo, Executivo e Judiciário devem agir dentro da lei: qualquer ação por eles praticada, com vistas a ordenar ato ou abster-se de ato, somente será válida se tiver como fonte a lei em sentido formal. Já os particulares poderão, em suas relações privadas, fazer tudo aquilo que não lhes seja proibido pela lei (princípio da autonomia da vontade). Por outras palavras: uma

---

[90] AGRA. *Republicanismo*, p. 86.

[91] Para Manoel Gonçalves Ferreira Filho, a "Constituição vigente, contudo, prevê diferentes modalidades de ato normativo. Não é mais a lei, no direito pátrio, o único ato normativo primário. Outros há, como a medida provisória, que também derivam diretamente da Constituição. São atos, pois, que, tanto quanto a lei, em sua eficácia, aparecem no primeiro nível dos atos resultantes da Constituição. No texto em exame, lei não significa estritamente uma modalidade de ato normativo. Tem o sentido de gênero que abrange todos os atos normativos primários" (*Comentários à constituição brasileira de 1988*, v. 1, p. 30).

ação individual é permitida a não ser que exista uma lei que a proíba expressa e inequivocamente; a intervenção do governo é proibida a não ser que exista uma lei que a autorize expressa e inequivocamente (Jon Elster). Não se deve esquecer, todavia, de que, com o advento do pós-positivismo, muitas vezes a ausência de lei não impede que o intérprete aplique diretamente determinado princípio constitucional, para que se concretize e dê validade à Constituição, evitando o seu fracasso.[92]

O princípio da legalidade é republicano. Na "república, a lei não é comando, meio de controle e dominação dos súditos pelo governante, mas fórmula de conjugação das liberdades, segundo a racional mobilização cidadã. Dizer que a lei obriga significa que há coincidência entre eficácia e efetividade: à sua transgressão segue-se a respectiva sanção. República e licença, república e exceção, república e privilégio, república e jeitinho, república e corrupção, república e violência, república e impunidade são termos antinômicos."[93]

5.4.1.1 A reserva legal

A Constituição instituiu para determinadas matérias o princípio da reserva da lei (ou princípio da legalitariedade, para Pontes de Miranda), que coincide com a reserva de lei parlamentar, ou seja, matérias como tipificação de crimes, restrição a direitos fundamentais, dentre outras, somente poderão ser disciplinadas em lei elaborada pelo Poder Legislativo, segundo tramitação própria.

As restrições devem, todavia, revestir-se de caráter genérico, ou seja, alcançar a todos que se encontrem em determinada situação, provir da Administração Pública e possuir caráter ordenador.

A reserva da lei ao Poder Legislativo explica-se, entre outras razões, por ser o Parlamento o lócus dos debates políticos, e que, pela sua composição heterogênea, bem como pelo seu processo de funcionamento, torna a lei não apenas expressão de uma vontade predominante no setor social, mas a expressão de uma vontade que resulta da síntese de posições antagônicas de uma sociedade pluralista.

A Constituição Federal, ao prever a reserva da lei, direciona-se não somente ao legislador federal, mas ao legislador estadual e até mesmo ao municipal, cometendo-lhes a edição de lei complementar, ordinária, ou orgânica, como se vê do disposto no § 4º do art. 18, no § 3º do art. 25 e no art. 29 da Constituição Federal.

Além da reserva da lei, há a reserva de regimento, pela qual, para se garantir a independência das Casas Legislativas, certas matérias só podem ser objeto de normas constantes dos regimentos internos, com exclusão de sua disciplina em lei. Tais são, por exemplo, segundo os parâmetros constitucionais, os temas que se referem à auto-organização e ao funcionamento da Câmara dos Deputados, do Senado Federal e do Congresso Nacional, bem como a definição de casos de falta de decoro parlamentar, definidos no regimento interno (art. 55, § 1º).

---

[92] Cf. Cap. 12, vol. 1 deste trabalho.

[93] CUNHA. *Fundamentos de direito constitucional,* v. 1, p. 231-232.

José Afonso da Silva, reportando-se a Costantino Mortati e Vezio Crisafulli, distingue as seguintes categorias de reserva da lei:

"1ª) *do ponto de vista do órgão competente*, pelo qual o exercício da *função legislativa* para determinadas matérias só cabe ao Congresso Nacional, sendo, pois, *indelegável*, como é o caso da formação das leis sobre as matérias referidas no § 1º do art. 68;

2ª) *do ponto de vista da natureza da matéria*, pelo qual determinadas matérias são reservadas à *lei complementar*, enquanto que outras o são à *lei ordinária*, como são as hipóteses expressamente enumeradas na Constituição; e há casos que a reserva é de lei ordinária ou complementar estadual (p. ex., art. 18, § 4º), ou de lei orgânica local (art. 27);

3ª) *do ponto de vista do vínculo imposto ao legislador*, a reserva pode ser *absoluta* ou *relativa*. Alguns admitem também uma terceira, dita *reserva reforçada*, que, na verdade, ingressa no campo da reserva absoluta.

É *absoluta* a *reserva constitucional de lei* quando a disciplina da matéria é reservada pela Constituição à lei, com exclusão, portanto, de qualquer outra fonte infralegal, o que ocorre quando ela emprega fórmulas como: 'a lei regulará', 'a lei disporá', 'a lei complementar organizará', 'a lei criará', 'a lei poderá definir' etc.

É *relativa a reserva constitucional de lei* quando a disciplina da matéria é em parte admissível a outra fonte diversa da *lei*, sob a condição de que esta indique as bases em que aquela deva produzir-se validamente. Assim é quando a Constituição emprega fórmulas como as seguintes: 'nos termos da lei', 'no prazo da lei', 'na forma da lei', 'com base na lei', 'nos limites da lei', 'segundo critérios da lei'. São, em verdade, hipóteses em que a Constituição prevê a prática de ato infralegal sobre determinada matéria, impondo, no entanto, obediência a requisitos ou condições reservadas à lei."[94]

O dever de submissão à lei não tem, contudo, caráter absoluto para o seu destinatário, que, ao descumpri-la, submete-se à correspondente sanção. Daí a admissão, pela ordem jurídica democrática, da objeção de consciência, a vedação da auto-incriminação, a inexigibilidade de cumprimento do dever de verdade por parte do acusado. Se o Estado pode condenar quem se recusa manifestar vontade ou praticar um ato, não pode estabelecer uma execução específica dessa condenação, extorquindo da pessoa informação ou a prática do ato: a própria Constituição veda a tortura. A liberdade humana é "uma instância tão lata quanto o Estado, ou mais alta que o Estado."[95]

5.4.2 Liberdade de locomoção

Trata-se de liberdade da pessoa física, segundo a qual "é livre a locomoção no território nacional em tempo de paz, podendo qualquer pessoa, nos termos da lei, nele entrar, permanecer ou dele sair com seus bens" (art. 5º, XV). O direito de ir, vir e ficar (*jus manendi, ambulandi eundi ultro citroque*) é protegido pelo *habeas corpus* (art.

---

94 SILVA. *Curso de direito constitucional positivo*, p. 365.

95 CUNHA. *Princípios constitucionais*, p. 87-89.

5º, LXVIII). Locomover "significa andar, sair, passear, transitar, parar, ir, vir, ficar, estacionar, correr."[96] O direito de circulação no território nacional, em tempo de paz, é livre, observando-se, no entanto, que, se a circulação envolver meios de transporte (bicicleta, automóvel, motocicleta e outros), caberá ao poder de polícia estabelecer o controle do tráfego, sem que isso importe suspensão do direito. No caso de estrangeiros, a lei poderá estabelecer limitações para a entrada e saída do País com os seus bens, e, em tempo de guerra, poderá esse direito sofrer mais limitações, não excedentes, contudo, as previstas para o estado de sítio (art. 139, I).

Para os fins da cláusula constitucional, território é a base física sobre a qual há circulação das pessoas. Na expressão território nacional, não se incluem as extensões territoriais, como espaço aéreo, mar territorial e navios nacionais, a despeito de sobre elas o Estado exercer sua soberania.

O direito de locomoção, na concepção de Pimenta Bueno, decorre da própria natureza humana, "posto que o homem seja membro de uma nacionalidade, ele não renuncia por isso suas condições de liberdade, nem os meios reacionais de satisfazer suas necessidades ou gozos. Não se obriga ou reduz à vida vegetativa, não tem raízes, nem se prende à terra como escravo do solo. A faculdade de levar consigo os seus bens é um respeito devido ao direito de propriedade."[97]

O direito de locomoção vem declarado na Convenção Americana de Direitos Humanos (Pacto de San José da Costa Rica) ratificada pelo Brasil em 25.9.1992, e promulgada pelo Decreto Presidencial n. 678, de 6.11.1992, cujo art. 22 estabelece: 1. Toda pessoa que se ache legalmente no território de um Estado tem direito de circular nele e de nele residir em conformidade com as disposições legais. 2. Toda pessoa tem o direito de sair livremente de qualquer país, inclusive do próprio. 3. O exercício dos direitos acima mencionados não pode ser restringido senão em virtude de lei, na medida indispensável, numa sociedade democrática, para prevenir infrações penais ou para proteger a segurança nacional, a segurança ou ordem públicas, a moral, ou a saúde pública, ou os direitos e liberdades das demais pessoas. 4. O exercício dos direitos reconhecidos no n.1 pode também ser restringido pela lei, em zonas determinadas, por motivo de interesse público. 5. Ninguém pode ser expulso do território do Estado do qual for nacional, nem ser privado do direito de nele entrar. 6. O estrangeiro que se ache legalmente no território de um Estado-parte nesta Convenção só poderá dele ser expulso em cumprimento de decisão adotada de acordo com a lei. 7. Toda pessoa tem o direito de buscar e receber asilo em território estrangeiro, em caso de perseguição por delitos políticos ou comuns conexos com delitos políticos e de acordo com a legislação de cada Estado e com os convênios internacionais. 8. Em nenhum caso o estrangeiro pode ser expulso ou entregue a outro país, seja ou não de origem, onde seu direito à vida ou à liberdade pessoal esteja em risco de violação por causa da sua raça, nacionalidade, religião, condição social ou de suas opiniões políticas. 9. É proibida a expulsão coletiva de estrangeiros.

---

[96] BULOS. *Constituição federal anotada*, p. 178.

[97] BUENO. *Direito público brasileiro e análise da constituição do império*, p. 388.

No início deste século XXI, é preciso notar que o direito de locomoção só tem sentido se for materialmente garantido pelo Estado. Assim, para que se possa locomover, necessário que o poder estatal assegure ao indivíduo a existência de um transporte público eficiente (direito social), e o acesso a ele, ainda que não seja gratuito, mas economicamente acessível. Se não o fizer, está a cercear a ampla liberdade de locomoção no território nacional.

5.4.3 Direito à segurança individual ou à integridade física e moral

Diferentemente do direito de locomoção, é o *direito à segurança individual ou à integridade física e moral*. É que, enquanto o direito de locomoção assegura o direito de ir e vir, o direito à segurança individual visa assegurar a integridade física, mental e moral da pessoa humana, através de garantias expressas na Constituição, como a proibição da tortura e de tratamento desumano ou degradante; a proibição das penas de morte, de caráter perpétuo, de trabalhos forçados, de banimento e cruéis; a garantia da integridade física e moral dos presos; a garantia de que o preso será informado de seus direitos, inclusive o de permanecer calado, receberá assistência da família e do advogado, e terá direito à identificação dos responsáveis por sua prisão.

5.4.3.1 A proibição da tortura

A tortura,[98] que até o século XVIII era consagrada em sistemas jurídicos, como meio lícito e válido de obtenção de provas contra o imputado, foi combatida no período iluminista, notadamente por Beccaria e Montesquieu.

O art. 5º, inciso III, da Constituição, prevê que ninguém será submetido a tortura nem a tratamento desumano ou degradante, dispondo ainda o inciso XLIII que a lei considerará a prática da tortura crime inafiançável e insuscetível de graça, por ele respondendo os mandantes, os executores e os que, podendo evitá-lo, se omitirem.

No âmbito internacional, destaque-se, entre as declarações de direitos humanos que condenam a tortura, editadas após a 2ª Guerra Mundial, a "Convenção contra a Tortura e outros Tratamentos ou Penas Cruéis, Desumanos ou Degradantes", adotada pela Resolução n. 39/46, da Assembleia Geral das Nações Unidas, em 10 de dezembro de 1984, cujo art. 1º define a tortura como "qualquer ato pelo qual dores ou sofrimentos agudos, físicos ou mentais, são infligidos intencionalmente a uma pessoa a fim de obter, dela ou de uma terceira pessoa, informações ou confissões; de castigá-la por ato que ela ou uma terceira pessoa tenha cometido ou seja suspeita de ter cometido; de intimidar ou coagir esta pessoa ou outras pessoas; ou por qualquer motivo baseado em discriminação de qualquer natureza, quando tais dores ou sofrimentos são infligidos por um funcionário público ou outra pessoa no exercício de funções públicas, ou por sua instigação, ou com o seu consentimento ou aquiescência. Não se considerará como tortura as dores ou sofrimentos que sejam

98 Cf. BORGES. *Tortura*: aspectos históricos e jurídicos: o crime de tortura na legislação brasileira – análise da Lei 9.455/97.

consequência unicamente de sanções legítimas, ou que sejam inerentes a tais sanções ou delas decorram".

A Lei n. 9.455, de 7.4.1997, tipifica o crime de tortura, assim dispondo: "Art. 1º Constitui crime de tortura: I – Constranger alguém com emprego de violência ou grave ameaça, causando-lhe sofrimento físico ou mental: a) Com o fim de obter informação, declaração ou confissão da vítima ou de terceira pessoa; b) Para provocar ação ou omissão de natureza criminosa; c) Em razão de discriminação racial ou religiosa; II – Submeter alguém, sob sua guarda, poder ou autoridade, com emprego de violência ou grave ameaça, a intenso sofrimento físico ou mental, como forma de aplicar castigo pessoal ou medida de caráter preventivo."

5.4.3.2 Uso de algemas e integridade física e moral do cidadão

A imposição do uso de algemas deve ser aferida de modo cauteloso, à luz do princípio do respeito à integridade física e moral do cidadão, e dos elementos concretos que demonstrem a periculosidade do acusado.

O Supremo Tribunal Federal já havia aduzido, no tocante à necessidade ou não do uso de algemas, que "a Lei de Execução Penal (art. 199) determina que o emprego de algema seja regulamentado por decreto federal, o que ainda não ocorreu. Afirmou-se que, não obstante a omissão legislativa, a utilização de algemas não pode ser arbitrária, uma vez que a forma juridicamente válida do seu uso pode ser inferida a partir da interpretação dos princípios jurídicos vigentes, especialmente o princípio da proporcionalidade e o da razoabilidade. Citaram-se, ainda, algumas normas que sinalizam hipóteses em que aquela poderá ser usada (CPP, artigos 284 e 292; CF, art. 5º, incisos III, parte final e X; as regras jurídicas que tratam de prisioneiros adotadas pela ONU, n. 33; o Pacto de San José da Costa Rica, art. 5º, 2). Entendeu-se, pois, que a prisão não é espetáculo e que o uso legítimo de algemas não é arbitrário, sendo de natureza excepcional e que deve ser adotado nos casos e com as finalidades seguintes: a) para impedir, prevenir ou dificultar a fuga ou reação indevida do preso, desde que haja fundada suspeita ou justificado receio de que tanto venha a ocorrer; b) para evitar agressão do preso contra os próprios policiais, contra terceiros ou contra si mesmo. Concluiu-se que, no caso, não haveria motivo para a utilização de algema, já que o paciente não demonstrara reação violenta ou inaceitação das providências policiais".[99]

No julgamento do HC 91952/SP, de que foi Relator o Min. Marco Aurélio, o Supremo Tribunal Federal decidiu que "o uso de algemas tem caráter excepcional. Com base nesse entendimento, o Tribunal concedeu *habeas corpus* – impetrado em favor de condenado à pena de 13 anos e 6 meses de reclusão pela prática dos crimes previstos no art. 121, § 2º, II, III e IV, do CP, e no art. 10, da Lei 9.437/97 – para tornar insubsistente a decisão do Tribunal do Júri, e determinar – que outro julgamento seja realizado, com a manutenção do acusado sem as algemas. Na espécie, o paciente permanecera algemado durante toda a sessão do Júri, tendo sido indeferido o pedido da defesa para que as algemas fossem retiradas, ao fundamento de inexistência de constrangimento ilegal, sobretudo porque tal circunstância se fa-

[99] STF, HC 89429-RO, Rel. Min. Cármen Lúcia, j. 22.8.2006, *Informativo* 437/STF.

ria necessária ao bom andamento dos trabalhos, uma vez que a segurança, naquele momento, estaria sendo realizada por apenas 2 policiais civis, e, ainda, porque o réu permanecera algemado em todas as audiências ocorridas antes da pronúncia. Entendeu-se que o uso das algemas, no caso, estaria em confronto com a ordem jurídico-constitucional, tendo em conta que não havia, no caso, uma justificativa socialmente aceitável para submeter o acusado à humilhação de permanecer durante horas algemado, quando do julgamento no Tribunal do Júri, não tendo sido, ademais, apontado um único dado concreto, relativo ao perfil do acusado, que estivesse a exigir, em prol da segurança, a permanência com algemas. Além disso, afirmou-se que a deficiência na estrutura do Estado não autorizava o desrespeito à dignidade do envolvido e que, inexistente o aparato de segurança necessário, impunha-se o adiamento da sessão. Salientou-se, inicialmente, que o julgamento perante o Tribunal do Júri não requer a custódia preventiva do acusado (CF, art. 5º, LVII), não sendo necessária sequer sua presença (CPP, art. 474, alterado pela Lei 11.689/2008). Considerou-se, também, o princípio da não-culpabilidade, asseverando-se que a pessoa acusada da prática de crime doloso contra a vida merece o tratamento devido aos humanos, aos que vivem em um Estado Democrático de Direito. Ressaltou-se que o art. 1º da CF tem como fundamento a dignidade da pessoa humana e que da leitura do rol das garantias constitucionais previstas no art. 5º (incisos XIX, LXI, XLIX, LXI, LXIII, LXIV, LXV, LXVI, XLVIII), depreende-se a preocupação em se resguardar a figura do preso, repousando tais preceitos no inafastável tratamento humanitário do cidadão, na imprescindibilidade de lhe ser preservada a dignidade. Aduziu-se que manter o acusado algemado em audiência, sem que demonstrada, ante práticas anteriores, a periculosidade, implicaria colocar a defesa, antecipadamente, em patamar inferior. Acrescentou-se que, em razão de o julgamento no Júri ser procedido por pessoas leigas que tiram ilações diversas do contexto observado, a permanência do réu algemado indicaria, à primeira vista, que se estaria a tratar de criminoso de alta periculosidade, o que acarretaria desequilíbrio no julgamento, por estarem os jurados influenciados. Registrou-se que a proibição do uso de algemas e do uso da força já era previsto nos tempos do Império (Decreto de 23.5.1821 e Código de Processo Criminal do Império de 29.11.1832, art. 180) e que houve manutenção dessas normas no ordenamento jurídico brasileiro subsequente (Lei 261/1841; Lei 2.033/1871, regulamentada pelo Decreto 4.824/1871; Código de Processo Penal de 1941, artigos 284 e 292; Lei de Execução Penal – LEP 7.210/84, art. 159; Código de Processo Penal Militar, artigos 234, § 1º e 242). Citou-se, ademais, o que disposto no item 3 das regras da Organização das Nações Unidas – ONU para tratamento de prisioneiros, no sentido de que o emprego de algemas jamais poderá se dar como medida de punição. Concluiu-se que isso estaria a revelar que o uso desse instrumento é excepcional e somente pode ocorrer nos casos em que realmente se mostre indispensável para impedir ou evitar a fuga do preso ou quando se cuidar comprovadamente de perigoso prisioneiro. Mencionou-se que a Lei 11.689/2008 tornou estreme de dúvidas a excepcionalidade do uso de algemas ('Art. 474... § 3º Não se permitirá o uso de algemas no acusado durante o período em que permanecer no plenário do júri, salvo se absolutamente necessário à ordem dos trabalhos, à segurança das testemunhas ou à garantia da integridade física dos presentes.'), e que caberia ao Supremo emitir entendimento sobre a matéria, a fim de inibir uma série de abusos notados na atual quadra, bem como tornar clara, inclusive, a concretude da Lei 4.898/65, reguladora do instituto do abuso de autoridade, considerado o processo de responsabilidade administrativa, civil e penal."[100]

Considerando a existência de precedentes acerca da questão (HC 71195/SP, *DJU* de 4.8.95; HC 89429/RO, *DJU* de 2.2.2007), foi editada a Súmula Vinculante n. 11, com este enunciado: Só é lícito o uso de algemas em caso de resistência e de fundado receio de fuga ou de perigo à integridade física própria ou alheia, por parte do preso ou de terceiros, justificada a excepcionalidade por escrito, sob pena de responsabilidade disciplinar civil e penal do agente ou da autoridade e de nulidade da prisão ou do ato processual a que se refere, sem prejuízo da responsabilidade civil do Estado.

5.4.4 Liberdade de pensamento

Enquanto mera cogitação, o pensamento é livre, em termos absolutos, pois não se pode penetrar no mundo interior. José Cretella Jr. diz que "o ser humano pode pensar o que quiser (*pensiero non paga gabella*), não recebendo, por este ato, tão-só, qualquer espécie de punição (*nemo poenam cogitationis patitur*). Aliás, o pensamento, mau ou bom, que pode preocupar a religião, a qual recrimina o primeiro e exalta o segundo, é estranho às cogitações do mundo jurídico. No entanto, o próprio pensar tem sido objeto da ação administrativa, havendo regimes que preconizam e praticam a própria mudança do pensamento, mediante a lavagem cerebral".[101]

Por isso é que o pensamento, enquanto fenômeno da consciência, deve ser garantido pela Constituição, ainda mais se considerarmos que o pensamento é o início da atividade, a base do fazer.

O pensamento é o ensaio mental do que vamos fazer, ou do que vamos dizer. É atividade intelectual (raciocínio, consciência), através da qual o espírito humano forma conceitos e formula juízos. "Diferentemente do conhecimento, que visa apropriar-se dos dados empíricos ou conceituais, o pensamento constitui uma atividade intelectual visando à produção de um saber novo pela mediação da reflexão. Em outras palavras, o pensamento é o 'trabalho' efetuado pela reflexão do sujeito sobre um objeto, num movimento pelo qual a matéria-prima que é a experiência é transformada, de algo não-sabido, num saber produzido e compreendido."[102]

5.4.5 Liberdade de consciência ou de crença

A liberdade de consciência ou de crença: é assegurada pela Constituição (art. 5º, VI, parte inicial). "A liberdade de consciência é a liberdade do foro íntimo, em questão não religiosa. A liberdade de crença é também a liberdade do foro íntimo, mas voltada para

---

[100] STF, HC 91952/SP, Rel. Min. Marco Aurélio, j., 7.8.2008, *Informativo* 514/STF.

[101] CRETELLA Júnior. *Comentários à constituição brasileira de 1988*, v. 1, p. 205-206.

[102] JAPIASSU *et al. Dicionário básico de filosofia*, p. 192.

a religião".[103] A liberdade de consciência é mais ampla que a religiosa, eis que envolve o direito de ter ou não religião, bem como as convicções filosóficas e políticas que não possuem caráter religioso.[104] A liberdade de consciência é o direito do indivíduo de se guiar por suas próprias ideias e convicções, desde que não contrárias à ordem jurídica. Envolve o direito de se ter um juízo moral sobre as mais variadas questões e de agir segundo essas convicções e de não sofrer qualquer restrição em virtude delas. Em razão da liberdade de consciência, tem o indivíduo o direito de eleger entre as várias opções a corrente filosófica, política ou ideológica que preferir. Ao Estado é vedado exigir que alguém declare sua ideologia, religião ou crença.

5.4.6 A escusa de consciência

A Constituição declara que "ninguém será privado de direitos por motivo de crença religiosa ou de convicção filosófica ou política, salvo se as invocar para eximir-se de obrigação legal a todos imposta e recusar prestação alternativa, fixada em lei" (inciso VIII). Esse dispositivo se refere à escusa ou objeção de consciência, nomeadamente em se tratando de serviço militar (art. 143, § 1º), em que poderá ser invocada, em tempo de paz, a fim de que o indivíduo seja excluído de atividades essencialmente militares, sujeitando-se, contudo, a outros encargos que a lei estabelecer, em caráter de substituição.[105]

---

[103] FERREIRA FILHO. *Comentários à constituição brasileira de 1988*, p. 33.

[104] MIRANDA. Manual de direito constitucional, t.4, p. 355.

[105] Lei n. 8.239, de 4 de outubro de 1991, que regulamenta o art. 143, §§ 1º e 2º da Constituição Federal, que dispõem sobre a prestação de Serviço Alternativo ao Serviço Militar Obrigatório. "Art. 1º O Serviço Militar consiste no exercício de atividades específicas, desempenhadas nas Forças Armadas – Marinha, Exército e Aeronáutica. Art. 2º O Serviço Militar inicial tem por finalidade a formação de reservas destinadas a atender às necessidades de pessoal das Forças Armadas no que se refere aos encargos relacionados com a defesa nacional, em caso de mobilização. Art. 3º O Serviço Militar inicial é obrigatório a todos os brasileiros, nos termos da lei. § 1º Ao Estado-Maior das Forças Armadas compete, na forma da lei e em coordenação com os Ministérios Militares, atribuir Serviço Alternativo aos que, em tempo de paz, após alistados, alegarem imperativo de consciência decorrente de crença religiosa ou de convicção filosófica ou política, para se eximirem de atividades de caráter essencialmente militar. § 2º Entende-se por Serviço Alternativo o exercício de atividades de caráter administrativo, assistencial, filantrópico ou mesmo produtivo, em substituição às atividades de caráter essencialmente militar. § 3º O Serviço Alternativo será prestado em organizações militares da ativa e em órgãos de formação de reservas das Forças Armadas ou em órgãos subordinados aos Ministérios Civis, mediante convênios entre estes e os Ministérios Militares, desde que haja interesse recíproco e, também, sejam atendidas as aptidões do convocado. Art. 4º Ao final do período de atividade previsto no § 2º do art. 3º desta lei, será conferido Certificado de Prestação Alternativa ao Serviço Militar Obrigatório, com os mesmos efeitos jurídicos do Certificado de Reservista. § 1º A recusa ou cumprimento incompleto do Serviço Alternativo, sob qualquer pretexto, por motivo de responsabilidade pessoal do convocado, implicará o não-fornecimento do certificado correspondente, pelo prazo de dois anos após o vencimento do período estabelecido. § 2º Findo o prazo previsto no parágrafo anterior, o certificado só será emitido após a decretação, pela autoridade competente, da suspensão dos direitos políticos do inadimplente, que poderá, a qualquer tempo, regularizar sua situação mediante cumprimento das obrigações devidas. Art. 5º As mulheres e os eclesiásticos ficam isentos do Serviço Militar Obrigatório

A objeção de consciência é a recusa ao cumprimento dos deveres incompatíveis com as convicções morais, filosóficas e políticas, e se fundamenta na liberdade de consciência e de crença, confundindo-se com a dignidade pessoal. O Estado não tem o poder de ingerência em assuntos privativos da consciência individual, não alcançando, portanto, o foro íntimo e a privacidade da pessoa.

A escusa de consciência abrange qualquer obrigação coletiva que conflite com crença religiosa, convicção filosófica ou política, como a obrigação de se alistar e de votar, para os maiores de 18 e menores de 70 anos, cujas prestações alternativas se acham previstas nos arts. 7º e 8º do Código Eleitoral (justificação ou pagamento de multa pecuniária).

Mencione-se ainda como tipos de objeção de consciência: I – objeção de consciência do exercício profissional, traduzida na incompatibilidade moral entre o profissional e o serviço solicitado, como é o caso dos advogados (O Estatuto da Advocacia e da OAB – Lei n. 8.906/94 , art. 33, parágrafo único – prevê a recusa de patrocínio de uma causa por razões de foro íntimo); II – objeção de consciência à obrigação sanitária e tratamento médico: é a recusa ao tratamento médico e a tratamentos sanitários obrigatórios impostos pelo Estado para prevenir determinada enfermidade. O Código de Ética Médica, de 2009, aprovado pelo Conselho Federal de Medicina, referindo-se aos direitos humanos, estatui, em seu art. 24, ser vedado ao médico deixar de garantir ao paciente o exercício do direito de decidir livremente sobre sua pessoa ou seu bem-estar, bem como exercer sua autoridade para limitá-lo. E pelo art. 26, veda-se ao médico deixar de respeitar a vontade de qualquer pessoa, considerada capaz física e mentalmente, em greve de fome, ou alimentá-la compulsoriamente, devendo cientificá-la das prováveis complicações do jejum prolongado e, na hipótese de risco iminente de morte, tratá-la. Prevê o art. 22 que ao médico é vedado deixar de obter consentimento do paciente ou de seu representante legal após esclarecê-lo sobre o procedimento a ser realizado, salvo em caso de risco iminente de morte, notando-se que nesses casos há uma hierarquia de valores entre o dever do médico e o direito do paciente, devendo-se salientar que a vida vale mais que a crença religiosa; III – objeção de consciência ao aborto e a atos médicos: refere-se à recusa por parte dos profissionais de saúde ou da instituição hospitalar à prática do aborto, independentemente da licitude do ato. Há o reconhecimento da objeção de consciência para negar a prática do aborto por motivos morais, sendo que o exercício deste direito não caracteriza discriminação. Em se tratando de aborto necessário, em que não há outro meio de salvar a vida da gestante, a recusa caracteriza o crime de omissão de socorro, previsto no Código Penal (art. 128, I, c/c art. 135). Prevê o Código de Ética Médica, de 2009, que o médico exercerá sua profissão com autonomia, não sendo obrigado a prestar serviços que contrariem os ditames de sua consciência ou a quem não deseje, excetuadas as situações de ausência de outro médico, em caso de urgência ou emer-

em tempo de paz, sujeitos, porém, de acordo com suas aptidões, a encargos do interesse da mobilização. Art. 6º O Chefe do Estado-Maior das Forças Armadas baixará, no prazo de cento e oitenta dias após a sanção desta lei, normas complementares a sua execução, da qual será coordenador." A Portaria n. 2.681 – COSEMI, de 28.7.1992, aprovou o Regulamento da Lei de Prestação do Serviço Alternativo ao Serviço Militar Obrigatório.

gência, ou quando sua recusa possa trazer danos à saúde do paciente, bem como ser direito do médico recusar-se a realizar atos médicos que, embora permitidos por lei, sejam contrários aos ditames de sua consciência (inciso VII do Capítulo I e inciso IX do Capítulo II); IV – objeção de consciência ao trabalho nos sábados: refere-se a questões de ordem religiosa (os objetores mais conhecidos são os Adventistas do Sétimo Dia, que se recusam a trabalhar nos sábados). Esta objeção pode ser reconhecida no âmbito das relações de trabalho, envolvendo a autonomia dos contratos trabalhistas entre patrões e empregados quanto à aceitação da liberalidade da dispensa de trabalhos aos sábados. A Organização Internacional do Trabalho – OIT – reconhece, no art. 6º da Declaração de 1981, o sábado como um dia festivo, segundo determinada religião, embora não haja amparo legal para que se guarde o descanso em outro dia senão no domingo; V – objeção de consciência ao serviço do júri: refere-se à recusa à prestação do serviço imposto, caso em que o juiz, atendendo aos princípios da proporcionalidade e da razoabilidade, fixará o serviço alternativo consistente no exercício de atividades de caráter administrativo, assistencial, filantrópico ou mesmo produtivo, no Poder Judiciário, na Defensoria Pública, no Ministério Público ou em entidade conveniada para esses fins (art. 438 do Código de Processo Penal).

Nos casos em que não se admite a escusa de consciência, havendo recusa do cumprimento de obrigação a todos imposta ou prestação alternativa, o cidadão perderá os direitos políticos (art. 15, IV). Observe-se que, no caso de invocar escusa de consciência, o cidadão deverá cumprir prestação alternativa indicada em lei. Consoante assinala José Afonso da Silva, "pela simples escusa de consciência não se perdem os direitos políticos, mas apenas se o escusante também recusar a cumprir a prestação alternativa. Se, exercendo a faculdade de escusa de consciência, se submeter à prestação alternativa, não perderá os direitos políticos. Tudo isso está na dependência do que a lei fixar. Antes disso, não poderá haver perda de direitos políticos para o caso".[106]

5.4.7 Liberdade de manifestação do pensamento – Direito de resposta

O homem não se contenta com o pensamento interiorizado. Projeta o seu pensamento por meio da palavra oral ou escrita, ou outros símbolos que sirvam de veículo exteriorizador do pensamento.

A Constituição declara que "é livre a manifestação do pensamento, sendo vedado o anonimato" (art. 5º, IV), notando-se que a vedação do anonimato é para que se possa tornar efetivo o direito de resposta, proporcional ao agravo, com indenização por dano material ou moral à imagem (art. 5º, V).

A proteção constitucional, salienta Alexandre de Moraes, "engloba não só o direito de expressar-se, oralmente, ou por escrito, mas também o direito de ouvir, assistir e ler. Conseqüentemente, será inconstitucional a lei ou o ato normativo que proibir a aquisição ou o recebimento de jornais, livros, periódicos; a transmissão de notícias e informações seja pela imprensa falada, seja pela imprensa televisiva. Proibir a ma-

---

[106] SILVA. *Curso de direito constitucional positivo*, p. 331.

nifestação de pensamento é pretender alcançar a proibição ao pensamento e, conseqüentemente, obter a unanimidade autoritária, arbitrária e irreal. Como proclamou Kant, citado por Jorge Miranda, 'há quem diga: a liberdade de falar ou de escrever pode-nos ser tirada por uma ordem superior, mas não a liberdade de pensar. Mas quanto e com que correção pensaríamos nós se não pensássemos em comunhão com os outros, a quem comunicamos nossos pensamentos, e eles nos comunicam os seus! Por conseguinte, pode muito bem dizer-se que o poder exterior que arrebata aos homens a liberdade de comunicar publicamente os seus pensamentos, ele rouba também a liberdade de pensar.'"[107]

No âmbito do sistema jurídico internacional, além do artigo XIX da Declaração Universal dos Direitos Humanos (ver adiante), são mencionadas algumas declarações de direitos acerca do tema:

"1. Convenção Americana sobre Direitos Humanos:

Art. 13. Liberdade de pensamento e de expressão.

1. Toda pessoa tem direito à liberdade de pensamento e de expressão. Esse direito compreende a liberdade de buscar, receber e difundir informações e ideias de toda natureza, sem consideração de fronteiras, verbalmente ou por escrito, ou em forma impressa ou artística, ou por qualquer outro processo de sua escolha.
2. O exercício do direito previsto no inciso precedente não pode estar sujeito a censura prévia, mas a responsabilidades ulteriores, que devem ser expressamente fixadas pela lei e ser necessárias para assegurar:

a. o respeito aos direitos ou à reputação das demais pessoas; ou
b. a proteção da segurança nacional, da ordem pública, ou da saúde ou da moral públicas.

2. Relatoria para a Liberdade de Expressão da OEA – Declaração de Princípios sobre Liberdade de Expressão.

Princípios

1. A liberdade de expressão, em todas as suas formas e manifestações, é um direito fundamental e inalienável, inerente a todas as pessoas. É, ademais, um requisito indispensável para a própria existência de uma sociedade democrática.
2. Toda pessoa tem o direito de buscar, receber e divulgar informações e opiniões livremente, nos termos estipulados no art. 13 da Convenção Americana sobre Direitos Humanos. Todas as pessoas devem contar com igualdade de oportunidades para receber, buscar e divulgar informação por qualquer meio de comunicação, sem discriminação por nenhum motivo, inclusive os de raça, cor, sexo, idioma, opiniões políticas ou de qualquer outra índole, origem nacional ou social, posição econômica, nascimento ou qualquer outra condição social.

(*Omissis*).

---

107 MORAES. *Direitos humanos fundamentais*, p. 111.

5. A censura prévia, a interferência ou pressão direta ou indireta sobre qualquer expressão, opinião ou informação por meio de qualquer meio de comunicação oral, escrita, artística, visual ou eletrônica, deve ser proibida por lei. As restrições à livre expressão de ideias e opiniões, assim como a imposição arbitrária de informação e a criação de obstáculos ao livre fluxo de informações, violam o direito à liberdade de expressão.

6. Toda pessoa tem o direito de externar suas opiniões por qualquer meio e forma. A associação obrigatória ou a exigência de títulos para o exercício da atividade jornalística constituem uma restrição ilegítima à liberdade de expressão. A atividade jornalística deve reger-se por condutas éticas, as quais, em nenhum caso, podem ser impostas pelos Estados.

(*Omissis*).

10. As leis de privacidade não devem inibir a investigação e a difusão de informações de interesse público. A proteção à reputação deve estar garantida somente através de sanções civis, nos caos em que a pessoa ofendida seja um funcionário público ou uma pessoa jurídica pública ou particular que se tenha envolvido voluntariamente em assuntos de interesse público. Ademais, nesses casos, deve-se provar que, na divulgação de notícias, o comunicador teve intenção de infligir dano ou que estava plenamente consciente de estar divulgando notícias falsas, ou se comportou com manifesta negligência na busca da verdade ou falsidade das mesmas (*omissis*). Os meios de comunicação social têm o direito de realizar seu trabalho de forma independente. Pressões diretas ou indiretas para silenciar a atividade informativa dos comunicadores sociais são incompatíveis com a liberdade de expressão."

A liberdade de expressão, no regime democrático e no âmbito do pluralismo deve ser livre e aberta à discussão de todas as ideias, sendo o Estado o seu garantidor. Assim, todo indivíduo pode expressar qualquer opinião ou ideia, independentemente de seu conteúdo, o que tem por fundamento a tolerância e o repúdio à intolerância ou violação da dignidade humana. Um dos aspectos polêmicos que envolvem a liberdade de expressão na atualidade é o *discurso do ódio,* entendido como manifestação agressiva e provocadora do ódio em relação a determinados grupos sociais, em geral, as minorias, abrangendo a discriminação racial, social ou religiosa. Nesse contexto, o discurso do ódio entra em conflito com a preservação da dignidade da pessoa humana, da igualdade e do direito das minorias, e encontra soluções distintas em dois sistemas jurídicos: o americano, que propõe como solução o emprego de mais liberdade de expressão, e o europeu, que o proíbe.[108]

O direito de resposta, que tem por finalidade proteger a pessoa de imputações ofensivas à sua dignidade e à sua honra, e que pode envolver fatos que até mesmo

---

108 Sobre o tema, cf. MEYER-PFLUG. *Liberdade de expressão e discurso do ódio.* No Cap. 11, n. 4, examinamos a posição da autora acerca do assunto na jurisprudência do Supremo Tribunal Federal.

não se configuram como crimes, possibilita ao ofendido restabelecer a verdade, a reputação e a honra.

A proporcionalidade configura requisito para o direito de resposta. Por isso mesmo é que o desagravo deve ter o mesmo destaque, a mesma duração (em se tratando de rádio e televisão), o mesmo tamanho (imprensa escrita), que a notícia de que resultou a ofensa. É da direção do órgão de comunicação a responsabilidade pela divulgação do direito de resposta. O conteúdo do direito de resposta não pode ser ilícito.

Com o julgamento, pelo Supremo Tribunal Federal, da Arguição de Descumprimento de Preceito Fundamental n. 130/DF, declarando incompatível com a Constituição de 1988 a Lei de Imprensa (Lei n. 5.250/67), que regulava o direito de resposta, poder-se-ia ter criado um vácuo jurídico quanto à disciplina do instituto. Ponderou, no entanto, o Min. Celso de Mello, no referido julgamento, que o direito de resposta existe na legislação brasileira desde 1923, com a Lei Adolpho Gordo. Hoje, esse direito ganhou *status* constitucional (art. 5º, V), e se qualifica como regra de suficiente densidade normativa, podendo ser aplicada imediatamente, sem necessidade de regulamentação legal. Por isso, a eventual ausência de regulação legal não será obstáculo para o exercício dessa prerrogativa por quem se sentir ofendido, seja para exigir o direito de resposta ou de retificação.[109]

Anote-se que a censura foi proscrita da Constituição, mencionando o inciso IX do art. 5º, que "é livre a manifestação da atividade intelectual, artística, científica e de comunicação, independentemente de censura ou licença", e o art. 220, § 2º, que "é vedada toda e qualquer censura de natureza política, ideológica e artística". Acentue-se, contudo, que a Constituição institui como princípios orientadores da produção e programação das emissoras de rádio e televisão, dentre outros, os seguintes (art. 221, I a IV):

> I – preferência a finalidades educativas, artísticas, culturais e informativas; II – promoção da cultura nacional e regional e estímulo à produção independente que objetive sua divulgação; III – regionalização da produção cultural, artística e jornalística, conforme percentuais estabelecidos em lei; IV – respeito aos valores éticos e sociais da pessoa e da família.

Segundo o disposto § 3º do art. 220 da Constituição, compete à lei federal estabelecer os meios legais que garantam à pessoa e à família a possibilidade de se defenderem de programas ou programações de rádio e televisão que contrariem tais princípios, bem como da propaganda de produtos, práticas e serviços que possam ser nocivos à saúde e ao meio ambiente.

Compete, ainda, à lei federal regular as diversões e espetáculos públicos, cabendo ao Poder Público informar sobre a natureza deles, as faixas etárias a que não se recomendam, locais e horários em que sua apresentação se mostre inadequada.

Essas disposições constitucionais constituem limitações extrínsecas aos direitos humanos, traduzidas pelas vizinhanças de direitos de outros membros da coletividade.

---

[109] STF, ADPF n. 130/DF, Rel. Min. Carlos Britto, j. 30.4.2009; *Notícias* STF, quinta-feira, 30 de abril de 2009; *Informativo* 496/STF.

Assim, as restrições de que se trata incidem não sobre a liberdade de expressão, mas sobre os instrumentos de comunicação, que se inserem e devem sua existência à sociedade da qual participam como agentes sociais, adentrando ainda a privacidade do indivíduo. Trata-se, pois, não apenas de "defender um bem existente, mas de finalisticamente impedir um mal, a degradação dos costumes, a corrupção social" (Nuvoleno).

Enfim, se a obra é livre, o instrumento é que será limitado, nos termos da Constituição e da lei.[110]

O Estatuto da Criança e do Adolescente (Lei n. 8.069, de 13 de julho de 1990) dispõe que nenhum espetáculo será apresentado ou anunciado em emissora de rádio ou televisão, sem aviso de sua classificação, antes de sua transmissão, apresentação ou exibição, constituindo infração administrativa, sujeita à multa, o descumprimento desta obrigação. Em caso de reincidência, a autoridade judiciária poderá determinar a suspensão da programação da emissora por até dois dias (arts. 76, parágrafo único, e 254 do Estatuto).[111]

Dispõe também o Estatuto da Criança e do Adolescente que as revistas e publicações contendo material impróprio ou inadequado a crianças e adolescentes deverão ser comercializadas em embalagem lacrada, com a advertência de seu conteúdo. As editoras cuidarão para que as capas que contenham mensagens pornográficas ou obscenas sejam protegidas com embalagem opaca (art. 78, parágrafo único).

Em se tratando de propaganda eleitoral, há limites para a garantia constitucional, como já decidiu o Tribunal Superior Eleitoral: "Permitida ulteriormente a divulgação de programa de cunho objetivamente informativo e excluindo-se apenas a publicidade dotada de elemento subjetivo capaz de influenciar a vontade do público, diretamente em favor do governo, ou indiretamente, do candidato ou partido por

---

110 Em contraponto à liberdade de expressão sem barreiras, os limites ao conhecimento humano, suas formas de expressão, sua dimensão moral, filosófica e histórica, são estudados por Roger Shattuch, em *Conhecimento proibido*. Trad. S. Duarte. São Paulo: Companhia das Letras, 1998.

Há autores que entendem, como Fábio Konder Comparato, que a liberdade de expressão tem como titular apenas as pessoas naturais, e não as empresas que exploram meios de comunicação, as quais gozariam apenas da liberdade de empresa e de iniciativa. Esse posicionamento acaba por facilitar as restrições à liberdade de expressão que envolvam empresas de comunicação social (Cf. COMPARATO. A democratização dos meios de comunicação de massa, *in:* GRAU; GUERRA FILHO (Orgs.). *Direito constitucional:* estudos em homenagem a Paulo Bonavides).

111 A expressão "em horário diverso do autorizado" constante do art. 254 do Estatuto da Criança e do Adolescente acha-se impugnada na ADI 2404/DF, com julgamento iniciado no STF. Na sessão do dia 30.11.2011, o Relator, Min. Dias Toffoli e os Ministros Luiz Fux, Cármen Lúcia e Ayres Britto julgavam procedente a ação direta. O Min. Dias Toffoli afirmou que o trecho do art. 254 do ECA que impede as emissoras de transmitir seus programas "em horário diverso do autorizado" pelo Estado é inconstitucional. "São as próprias emissoras que devem proceder ao enquadramento do horário de sua programação, e não o Estado. As próprias emissoras se autocontrolam", disse. Ele acrescentou que o abuso deve ser "decidido por quem de direito". O julgamento foi adiado com pedido de vista do Min. Joaquim Barbosa (*Notícias* STF, 30.11.2011).

este apoiado, a extensão da segurança foi sensivelmente reduzida, não subsistindo a alegação de ofensas das garantias constitucionais questionadas."[112]

Para o controle das atividades relacionadas com a Comunicação Social prevista no Capítulo V do Título III da Constituição, o Congresso Nacional instituirá, como órgão auxiliar, o Conselho de Comunicação Social, na forma da lei (art. 224 da Constituição).[113]

---

[112] TSE, Pleno, MS 1362/SP, Rel. Min. Octavio Gallotti, *DJ*, 14.2.1991.

[113] Lei n. 8.389, de 30 de dezembro de 1991 – Institui o Conselho de Comunicação Social, na forma do art. 224 da Constituição Federal e dá outras providências. "Art. 1º É instituído o Conselho de Comunicação Social, como órgão auxiliar do Congresso Nacional, na forma do art. 224 da Constituição Federal. Art. 2º O Conselho de Comunicação Social terá como atribuição a realização de estudos, pareceres, recomendações e outras solicitações que lhe forem encaminhadas pelo Congresso Nacional a respeito do Título VIII, Capítulo V, da Constituição Federal, em especial sobre: a) liberdade de manifestação do pensamento, da criação, da expressão e da informação; b) propaganda comercial de tabaco, bebidas alcoólicas, agrotóxicos, medicamentos e terapias nos meios de comunicação social; c) diversões e espetáculos públicos; d) produção e programação das emissoras de rádio e televisão; e) monopólio ou oligopólio dos meios de comunicação social; f) finalidades educativas, artísticas, culturais e informativas da programação das emissoras de rádio e televisão; g) promoção da cultura nacional e regional, e estímulo à produção independente e à regionalização da produção cultural, artística e jornalística; h) complementaridade dos sistemas privado, público e estatal de radiodifusão; i) defesa da pessoa e da família de programas ou programações de rádio e televisão que contrariem o disposto na Constituição Federal; j) propriedade de empresa jornalística e de radiodifusão sonora e de sons e imagens; l) outorga e renovação de concessão, permissão e autorização de serviços de radiodifusão sonora e de sons e imagens; m) legislação complementar quanto aos dispositivos constitucionais que se referem à comunicação social. Art. 3º Compete ao Conselho de Comunicação Social elaborar seu regimento interno que, para entrar em vigor, deverá ser aprovado pela mesa do Senado Federal. Art. 4º O Conselho de Comunicação Social compõe-se de: I – um representante das empresas de rádio; II – um representante das empresas de televisão; III – um representante de empresas da imprensa escrita; IV – um engenheiro com notórios conhecimentos na área de comunicação social; V – um representante da categoria profissional dos jornalistas; VI – um representante da categoria profissional dos radialistas; VII – um representante da categoria profissional dos artistas; VIII – um representante das categorias profissionais de cinema e vídeo; IX – cinco membros representantes da sociedade civil. 1º Cada membro do conselho terá um suplente exclusivo. 2º Os membros do conselho e seus respectivos suplentes serão eleitos em sessão conjunta do Congresso Nacional, podendo as entidades representativas dos setores mencionados nos incisos I a IX deste artigo sugerir nomes à mesa do Congresso Nacional. 3º Os membros do conselho deverão ser brasileiros, maiores de idade e de reputação ilibada. 4º A duração do mandato dos membros do conselho será de dois anos, permitida uma recondução. 5º Os membros do conselho terão estabilidade no emprego durante o período de seus mandatos. Art. 5º O presidente e vice-presidente serão eleitos pelo conselho dentre os cinco membros a que se refere o inciso IX do artigo anterior. Parágrafo único. O presidente será substituído, em seus impedimentos, pelo vice-presidente. Art. 6º O conselho, presente a maioria absoluta dos seus membros, reunir-se-á, ordinariamente, na periodicidade prevista em seu regimento interno, na sede do Congresso Nacional. Parágrafo único. A convocação extraordinária do conselho far-se-á: I – pelo Presidente do Senado Federal; ou II – pelo seu Presidente, *ex officio*, ou a requerimento de cinco de seus membros. Art. 7º As despesas com a instalação e funcionamento do Conselho de Comunicação Social correrão à conta do orçamento do Senado Federal. Art. 8º O Conselho de Comunicação Social será eleito em até sessenta dias após a publicação da presente lei e instalado em até trinta dias após a sua eleição."

5.4.7.1 Liberdade de expressão e princípio da veracidade (o direito do cidadão à verdade perante o poder público)

Com relação à dignidade da pessoa humana e à cidadania, a "função de comunicação do governo destina-se: a) à preservação do espaço comunicativo e disciplina democrática do seu uso; b) à proteção do direito que têm o público, e cada sujeito em particular, de se informar e de ser informado; c) à preservação e implementação de meios e canais de comunicação; d) à garantia do sistema de informações públicas e privadas; e) à produção e difusão de informações de interesse público."[114]

Nessa perspectiva, não se pode deixar de considerar, como salienta Paulo Klautau Filho, a íntima relação existente entre a liberdade de expressão e comunicação com o princípio da veracidade e o direito dos cidadãos à verdade. Segundo ele, os valores relacionados às justificativas teóricas da proteção da liberdade, quais sejam, o progresso do conhecimento e da verdade no 'mercado de ideias', a promoção da democracia representativa e do autogoverno pelo povo, e a autorrealização através da autonomia moral e individual, "apontam para a liberdade de expressão como um direito intimamente ligado à busca da verdade, seja no modo instrumental, seja no constitutivo. A verdade, na sua dimensão ética, e mesmo na sua dimensão fática, pode ser considerada como o fundamento da liberdade de expressão e comunicação. Do ponto de vista da busca da verdade moral, sustenta-se que o exercício da liberdade de expressão contribui para compreendê-la e alcançá-la. Do ponto de vista da justificação democrática, entende-se que a liberdade de expressão não pode ser exercida de maneira a prejudicar a soberania popular, a responsabilidade dos governantes e dos direitos humanos. Por isso o homem público que não tem a intenção de veracidade não pode ser considerado verdadeiro, nem fiel e nem leal à soberania popular. Ele não pode mentir, nesse sentido, sob o abrigo da liberdade de expressão, pois sua visão desse direito colide com o princípio democrático e com o princípio republicano. Tal como a dignidade da pessoa humana constitui o núcleo essencial dos direitos humanos, o princípio da veracidade, como corolário da dignidade da pessoa humana, constitui razão justificadora do direito à liberdade de expressão."[115]

5.4.8 Liberdade de informação jornalística

Está dito na Constituição que "a manifestação do pensamento, a criação, a expressão e a informação, sob qualquer forma, processo ou veículo, não sofrerão qualquer restrição, observado o disposto nesta Constituição" (art. 220), sendo livre a expressão de comunicação (art. 5º, IX).[116] Assim, a liberdade de informação jornalística,

---

[114] CUNHA. *Princípios constitucionais*, p. 85.

[115] KLAUTAU FILHO. *O direito dos cidadãos à verdade perante o poder público*, p. 120-126.

[116] O Supremo Tribunal Federal, por maioria, ao julgar, na sessão de 30 de abril de 2009, a ADPF n. 130/DF, ajuizada pelo Partido Democrático Trabalhista, Relator Min. Carlos Britto, declarou que a Lei de Imprensa (Lei n. 5250/67) é incompatível com a Constituição Federal de 1988. Os Ministros Eros Grau, Menezes Direito, Cármen Lúcia, Ricardo Lewandowski, Cezar

Peluso e Celso de Mello, além do relator, ministro Carlos Britto, votaram pela total procedência da Arguição. Os Ministros Joaquim Barbosa, Ellen Gracie e Gilmar Mendes se pronunciaram pela parcial procedência da ação e o Min. Marco Aurélio, pela improcedência. Prevaleceu o voto do Min. Carlos Britto, relator, que entendeu, em síntese, que a Constituição Federal se posicionou diante de bens jurídicos de personalidade para, de imediato, fixar a precedência das liberdades de pensamento e de expressão *lato sensu* as quais não poderiam sofrer antecipado controle nem mesmo por força do Direito-lei, inclusive de emendas constitucionais, sendo reforçadamente protegidas se exercitadas como atividade profissional ou habitualmente jornalística e como atuação de qualquer dos órgãos de comunicação social ou de imprensa. Afirmou que isso estaria conciliado, de forma contemporânea, com a proibição do anonimato, o sigilo da fonte e o livre exercício de qualquer trabalho, ofício, ou profissão; *a posteriori*, com o direito de resposta e a reparação pecuniária por eventuais danos à honra e à imagem de terceiros, sem prejuízo, ainda, do uso de ação penal também ocasionalmente cabível, nunca, entretanto, em situação de maior rigor do que a aplicável em relação aos indivíduos em geral. Além disso, para o relator, não haveria espaço constitucional para a movimentação interferente do Estado em qualquer das matérias essencialmente de imprensa, salientando ele que a lei em questão, sobre disciplinar tais matérias, misturada ou englobadamente com matérias circundantes ou periféricas e até sancionatórias, o teria feito sob estruturação formal estatutária, o que seria absolutamente desarmônico com a Constituição de 1988, a resultar no juízo da não recepção pela nova ordem constitucional. Observou, por fim, que a Lei de Imprensa foi concebida e promulgada num longo período autoritário, o qual compreendido entre 31.3.1964 e o início do ano de 1985 e conhecido como "anos de chumbo" ou "regime de exceção", regime esse patentemente inconciliável com os ares da democracia resgatada e proclamada na atual Carta Magna. Essa impossibilidade de conciliação, sobre ser do tipo material ou de substância, contaminaria grande parte, senão a totalidade, da Lei de Imprensa, quanto ao seu ardiloso ou subliminar entrelace de comandos, a serviço da lógica matreira de que para cada regra geral afirmativa da liberdade é aberto um leque de exceções que praticamente tudo desfaz; e quanto ao seu *spiritus rectus* ou fio condutor do propósito último de ir além de um simples projeto de governo para alcançar a realização de um projeto de poder. O Ministro Menezes Direito, que seguiu o entendimento do Relator, pela total procedência do pedido, destacou que a imprensa é a única instituição "dotada de flexibilidade para publicar as mazelas do Executivo", sendo reservada a outras instituições a tarefa de tomar atitudes a partir dessas descobertas. Segundo ele, a imprensa apresenta uma missão democrática, pois o cidadão depende dela para obter informações e relatos com as avaliações políticas em andamento e as práticas do governo. Por isso, essa instituição precisa ter autonomia em relação ao Estado. "Não existe lugar para sacrificar a liberdade de expressão no plano das instituições que regem a vida das sociedades democráticas", disse o Ministro, revelando que há uma permanente tensão constitucional entre os direitos da personalidade e a liberdade de informação e de expressão. "Quando se tem um conflito possível entre a liberdade e sua restrição deve-se defender a liberdade. O preço do silêncio para a saúde institucional dos povos é muito mais alto do que o preço da livre circulação das ideias", completou, ao citar que a democracia para subsistir depende da informação e nao apenas do voto. Segundo Menezes Direito, "a sociedade democrática é valor insubstituível que exige, para a sua sobrevivência institucional, proteção igual a liberdade de expressão e a dignidade da pessoa humana e esse balanceamento é que se exige da Suprema Corte em cada momento de sua história". Ele salientou que deve haver um cuidado para solucionar esse conflito sem afetar a liberdade de expressão ou a dignidade da pessoa humana. Ao votar no mesmo sentido do Relator, a Min. Cármen Lúcia afirmou que o ponto de partida e ponto de chegada da Lei de Imprensa é "garrotear" a liberdade de expressão. Ela acrescentou que o direito tem "mecanismos para cortar e repudiar todos os abusos que eventualmente ocorram em nome da liberdade de imprensa". Ponderou que o fundamento da Constituição Federal é o da democracia e que não há qualquer contraposição entre a liberdade de expressão e de imprensa com o valor da dignidade da pessoa humana. Muito pelo contrário, afirmou, o segundo prin-

referida no § 1º do art. 220, não se restringe à liberdade de imprensa, pois alcança qualquer veículo de comunicação (rádio, cinema, televisão, dentre outros). Mas a liberdade de informação jornalística se relaciona com o direito ao acesso à informação (art. 5º, XIV), ou seja, como direito individual, a Constituição assegura o direito de ser informado corretamente não só ao jornalista, mas ao telespectador ou ao leitor de jornal. O *habeas data* é o instrumento que protege o acesso à informação.

---

cípio é reforçado diante de uma sociedade com imprensa livre. Para o Min. Ricardo Lewandowski, a Lei de Imprensa, editada em período de exceção institucional, é totalmente incompatível com os valores e princípios abrigados na Constituição Federal de 1988. Para ele, o texto da Lei, além de não se harmonizar com os princípios democráticos e republicanos presentes na Carta Magna, é supérfluo, uma vez que a matéria se encontra regulamentada pela própria Constituição. Diversos dispositivos constitucionais garantem o direito à manifestação de pensamento – direito de eficácia plena e aplicabilidade imediata. O Min. Cezar Peluso também seguiu o voto do Relator pela não recepção da Lei de Imprensa pela Constituição Federal de 1988. Para ele a Constituição Federal não prevê caráter absoluto a qualquer direito, sendo assim, "não poderia conceber a liberdade de imprensa com essa largueza absoluta. A Constituição tem a preocupação não apenas de manter um equilíbrio entre os valores que adota segundo as suas concepções ideológicas entre os valores da liberdade de imprensa e da dignidade da pessoa humana". Ressaltou que a liberdade de imprensa é plena dentro dos limites reservados pela Constituição. Peluso afirmou que "talvez não fosse prático manter vigentes alguns dispositivos de um sistema que se tornou mutilado e a sobrevivência de algumas normas sem organicidade realmente poderia levar, na prática, a algumas dificuldades". De acordo com o Ministro, até que o Congresso Nacional entenda a necessidade da edição de uma lei de imprensa – o que, para ele, é perfeitamente compatível com o sistema constitucional – cabe ao Judiciário a competência para decidir algumas questões relacionadas, por exemplo, ao direito de resposta. Mas a liberdade de expressão não é absoluta – como aliás nenhum direito, disse o Ministro, explicando que o próprio direito à vida tem limites, tendo em vista a possibilidade de pena de morte (art. 5º, XLVII) nos casos de guerra. Já o Min. Celso de Mello, depois de salientar que o direito de informar tem fundamento constitucional, o seu exercício abusivo se caracteriza ilícito e como tal pode gerar, inclusive, o dever de indenizar. Celso de Mello explicou que a própria Carta Magna reconhece a quem se sentir lesado o direito à indenização por danos morais e materiais. A mesma Constituição que garante a liberdade de expressão, frisou o Min. Celso de Mello, garante também outros direitos fundamentais, como os direitos à inviolabilidade, à privacidade, à honra e à dignidade humana. Esses direitos são limitações constitucionais à liberdade de imprensa. E sempre que essas garantias, de mesma estatura, estiverem em conflito, o Poder Judiciário deverá definir qual dos direitos deverá prevalecer, em cada caso, com base no princípio da proporcionalidade. (*Notícias* STF, quinta-feira, 30 de abril de 2009 ; *Informativos* 496, 518, 541 e 544/STF).

Com o mesmo propósito de assegurar a plenitude da liberdade de imprensa, o Supremo Tribunal Federal, em sessão de 2 de setembro de 2010, ratificou liminar concedida pelo Min. Ayres Britto na ADI 4451 para suspender a eficácia do inciso II do art. 45 da Lei n. 9.504/97, que, a partir de 1º de julho do ano da eleição, veda às emissoras de rádio e televisão, em sua programação normal e noticiário, usar trucagem, montagem ou outro recurso de áudio ou vídeo que, de qualquer forma, degradem ou ridicularizem candidato, partido ou coligação, ou produzir ou veicular programa com esse efeito. A liminar ratificada ainda suspendeu a eficácia da segunda parte do inciso III do mesmo dispositivo. E por consequência lógico-jurídica – o chamado arrastamento – foram suspensos os parágrafos 4º e 5º acrescentados ao art. 45 da Lei n. 9.504/97, pela Lei n. 12.034/09, que conceituam montagem e trucagem, mencionados no inciso II (Notícias STF, 26.8.2010, e 2.9.2010; *Informativo* 598/STF).

O sigilo da fonte é resguardado, quando necessário, ao exercício profissional.[117] A Constituição garante o direito de resposta proporcional ao agravo, bem como a indenização pelo dano moral decorrente da violação da intimidade, vida privada, honra ou imagem da pessoa (art. 5º, V e IX).

Anote-se que a informação jornalística se compõe pela notícia e pela crítica. A notícia traduz a divulgação de um fato cujo conhecimento tenha importância para o indivíduo na sociedade em que vive, e a crítica denota uma opinião, um juízo de valor que recai sobre a notícia.

Desse modo, o direito de informação jornalística deve ser exercitado segundo esses requisitos, considerando-se ainda que o fato a ser noticiado seja importante para que o indivíduo possa participar do mundo em que vive.

O direito à informação jornalística, para que seja considerado preferencial aos demais direitos da personalidade, deve atender aos requisitos acima referidos, é dizer, versar sobre fatos de real significado para a sociedade e a opinião pública. Versando sobre fatos sem importância, normalmente relacionados com a vida íntima das pessoas, desveste-se a notícia do caráter de informação, atingindo, muitas vezes, a honra e a imagem do ser humano. Não se quer com isso dizer que "apenas as notícias agradáveis sejam lícitas. A informação sobre o personagem de um evento pode-lhe ser ofensiva e não haverá ilicitude, desde que os termos empregados sejam condizentes com o intuito de informar assunto de interesse público."[118]

A respeito do assunto, o então Tribunal de Alçada Criminal de São Paulo deixou consignado: "No cotejo entre o direito à honra e o direito de informar, temos que este último prepondera sobre o primeiro. Porém, para que isto ocorra, necessário verificar se a informação é verídica e o informe ofensivo à honra alheia inevitável para a perfeita compreensão da mensagem.

Nesse contexto, que é onde se insere o problema proposto à nossa solução, temos as seguintes regras:

1) o direito à informação é mais forte do que o direito à honra;

2) para que o exercício do direito à informação, em detrimento da honra alheia, se manifeste legitimamente, é necessário o atendimento de dois pressupostos:

---

[117] Segundo decidiu o Min. Celso de Mello, o sigilo da fonte é "uma garantia de ordem jurídica, que, outorgada a qualquer jornalista em decorrência de sua atividade profissional, destina-se, em última análise, a viabilizar, em favor da própria coletividade, a ampla pesquisa de fatos ou eventos cuja revelação se impõe como consequência ditada por razões de estrito interesse público. Em suma: a proteção constitucional que confere ao jornalista o direito de não proceder à *disclosure* da fonte de informação ou de não revelar a pessoa de seu informante desautoriza qualquer medida tendente a pressionar ou a constranger o profissional da imprensa a indicar a origem das informações a que teve acesso, eis que – não custa insistir – os jornalistas, em tema de sigilo da fonte, não se expõem ao poder de indagação do Estado ou de seus agentes e não podem sofrer, por isso mesmo, em função do exercício dessa legítima prerrogativa constitucional, a imposição de qualquer sanção penal, civil ou administrativa" (*STF, Inq.* 870-02/RJ, Rel. Min. Celso de Mello, j. 8.4.1996, *DJU* 15.4.1996).

[118] MENDES; COELHO; BRANCO. *Curso de direito constitucional*, p. 364.

a) a informação deve ser verdadeira;

b) a informação deve ser inevitável para passar a mensagem."[119]

A verdade objetiva em si mesma não existe na liberdade de informação jornalística, já que o observador está sujeito apenas a expressar a verdade subjetiva, ou seja, a relacionada com o seu dever de diligência e vigilância em busca da idoneidade da fonte dos fatos e da consequente seriedade da notícia de qualquer divulgação. Assim, a veracidade da informação não constitui qualidade desta, mas se refere à atitude diligente daquele que divulga a notícia.

Considere-se ainda que, como qualquer direito fundamental, a liberdade de informação jornalística contém limites, pelo que, mesmo verdadeira, não deve ser veiculada de forma insidiosa ou abusiva, trazendo contornos de escândalo, sob pena de ensejar reparação por dano moral (RT 743/381). Mensagens que provocam reações de violenta quebra da ordem, bem como palavras belicosas – *fighting words* –, também não se acham abrangidas pela liberdade de expressão, já que não constituem pautas de persuasão racional, mas estopins de ação. Nessa mesma linha, o discurso do ódio não é tolerado, porque compromete o princípio da dignidade da pessoa humana e da igualdade jurídica.

Ao seu turno, o art. 20 do Código Civil veda que se divulguem escritos ou se transmita palavra de alguém, ou se publique, se exponha, ou se utilize a imagem de alguém, sob as condições de lesão da sua honra, da sua boa fama ou da sua respeitabilidade, ou de que tais atos persigam fins comerciais.

5.4.9 Liberdade religiosa

A liberdade religiosa deriva da liberdade de pensamento. É liberdade de crença e de culto e vem declarada no art. 5º, VI: "é inviolável a liberdade de consciência e de crença, sendo assegurado o livre exercício dos cultos religiosos e garantida, na forma da lei, a proteção aos locais de culto e a suas liturgias." A liberdade de crença envolve a de não ter crença e a de aderir ou mudar de religião.

A liberdade de culto é a liberdade de exteriorizar a fé religiosa, mediante atos e cerimônias, como procissões, adorações, cantos sagrados, missas, sacrifícios, dentre outros. Afirma José Cretella Jr. que, "na verdade, não existe religião sem culto, porque as crenças não constituem por si mesmas uma religião. Se não existe culto ou ritual, correspondente à crença, pode haver posição contemplativa, filosófica, jamais uma religião."[120]

No Brasil, sob o domínio português, o catolicismo foi predominante, com especial perseguição ao cristão-novo (judeu convertido), por meio da Santa Inquisição.

---

[119] Ac. n. 110, *RJDTACrim/SP* 17:206-209, Rel. Juiz Pedro Gagliardi. *Apud* ARAÚJO; NUNES JÚNIOR. *Curso de direito constitucional*, p. 78.

[120] CRETELLA JÚNIOR. *Liberdades públicas*, p. 103. A Constituição do Estado de Minas Gerais, de 21 de setembro de 1989, em seu art. 170, inciso V, com a redação da Emenda Constitucional n. 44/2000, dispensa a exigência de alvará ou de qualquer outro tipo de licenciamento para o funcionamento de templo religioso e proíbe a limitação, pelo Município, de caráter geográfico à sua instalação.

Note-se que a Constituição de 1824, embora consagrasse a liberdade de crença, limitava a liberdade de culto, já que seu art. 5º proclamava a Religião Católica Apostólica Romana como a religião do Império, sendo que todas as outras religiões seriam permitidas com o seu culto doméstico, ou particular em casas para isso destinadas, sem forma alguma exterior de templo. No Brasil Império, apenas os católicos eram elegíveis para a Câmara dos Deputados.

A Constituição de 1891 instituiu o Estado laico, no que foi seguido pelas Constituições posteriores, assegurando a liberdade de crença e de culto, ao declarar, em seu art. 72, § 3º, que todos os indivíduos e confissões religiosas podem exercer pública e livremente o seu culto, associando-se para esse fim e adquirindo bens, observadas as disposições do direito comum.

João Barbalho já elucidava que a fé escapa inteiramente à ingerência do Estado. Em nome de princípio algum pode a autoridade pública impor ou proibir crenças e práticas religiosas. Leis que a restrinjam estão fora de sua competência. Nenhuma autoridade pública pode invadir o domínio do pensamento. Mas a liberdade religiosa, desde que se revela em práticas exteriores que podem interessar à ordem legal, tem, como as outras liberdades, limitações impostas para preservar a coexistência social. Pode alguém, em seu foro íntimo, achar lícitos a poligamia, o casamento incestuoso. Uma seita religiosa pode professar a legitimidade dos sacrifícios humanos. O Estado, porém, não suportará que nada disso se ponha em execução. A liberdade espiritual nisso não lhe tolhe a ação. Haverá dependência do culto para com a ordem social; os cultos não podem ofender a moral pública e as leis.[121]

A Constituição assegura, nos termos da lei, a prestação de assistência religiosa nas entidades civis e militares de internação coletiva (art. 5º, VII), mas no art. 19, I, veda à União, aos Estados, ao Distrito Federal e aos Municípios (vedações de natureza federativa) estabelecer cultos religiosos ou igrejas, subvencioná-los, embaraçar-lhes o funcionamento ou manter com eles ou seus representantes relações de dependência ou aliança, ressalvada, na forma da lei, a colaboração de interesse público. E para evitar que o Estado crie embaraços à liberdade de religião, o texto constitucional institui a imunidade de impostos sobre templos de qualquer culto (art. 150,VI, *b*). A imunidade alcança apenas os impostos, em qualquer de suas modalidades, inclusive o IPTU sobre imóveis de propriedade de entidade religiosa que se encontram alugados, porquanto a imunidade de que se trata deve abranger não somente os prédios destinados ao culto, mas também o patrimônio, a renda e os serviços relacionados com as finalidades essenciais das entidades mencionadas na cláusula constitucional.

Todos os cultos deverão receber tratamento de igualdade pelo Poder Público, já que o Estado confessional existente no Império foi abolido com a República. Relevante o registro feito por Lêda Boechat Rodrigues, de que, nos Estados Unidos, "quando, no final dos anos 39, diversas leis e regulamentos municipais começaram a restringir a liberdade dos adeptos da pequena seita denominada Testemunhas de Jeová de distribuir sua literatura religiosa, mesmo nas cidades pertencentes a empresas privadas, de tocar campainha na porta das casas para essa distribuição, de solicitar

121 BARBALHO. *Constituição federal brasileira* – comentários, p. 409-417.

contribuições e apresentar pacificamente suas opiniões, a Suprema Corte afirmou que essas interdições eram inconstitucionais e invalidou leis de alguns Estados que tornavam obrigatória a saudação à bandeira pelos alunos das escolas públicas, sob pena de expulsão".[122]

No que se refere ao ensino religioso, a Constituição, no art. 210, § 1º, estabelece ser ele de matrícula facultativa, constituindo disciplina dos horários normais das escolas públicas de ensino fundamental. Assim, não se poderá instituir, nas escolas públicas, o ensino religioso de uma única religião, nem se pretender doutrinar os alunos a qualquer fé religiosa, ou a obrigá-los a se matricular.[123]

---

[122] RODRIGUES. *Direito e política:* os direitos humanos no Brasil e nos Estados Unidos, p. 104.

[123] Ao examinar questões relativas a ponderação de bens e valores na jurisprudência da Corte Constitucional alemã, Gilmar Ferreira Mendes nos relata que um dos casos mais recentes, e que talvez mereça destaque, é a decisão sobre a obrigatoriedade de colocação de crucifixos em sala de aula das escolas públicas. Embora a Corte administrativa e o Tribunal Constitucional da Baviera não tenham reconhecido a existência de qualquer lesão a direito individual, o primeiro Senado da Corte Constitucional acolheu o recurso, argumentando, entre outros fundamentos, que, tendo em vista a duração e a intensidade, o efeito dos crucifixos em sala de aula é muito mais significativo do que nas salas dos tribunais. A cruz é um símbolo de uma determinada convicção religiosa e não apenas uma expressão da cultura ocidental trazida pelo Cristianismo. Não se pode negar, igualmente, a influência que a cruz pode ter sobre os alunos. É correto afirmar-se que a aposição da cruz não contém qualquer obrigatoriedade e identificação ou de adoção de uma determinada crença. Também não se pode afirmar que as aulas das disciplinas profanas estejam marcadas pela existência da cruz ou condicionadas pela crença que ela representa. Isso não significa, porém, que estejam exauridas ou restem limitadas as suas possibilidades de influência. O evento escolar destina-se não apenas à aprendizagem de técnicas culturais fundamentais e ao desenvolvimento de capacidade cognitiva. Ele destina-se também a conferir desenvolvimento ao caráter emocional e afetivo do aluno. Neste contexto, adquire o crucifixo em sala de aula o seu significado. Ele tem um caráter apelativo e apresenta a crença representada como paradigmática e digna de ser seguida. Houve, contudo, voto divergente, em que se afirmou que o Estado não está impedido de conferir um espaço relevante, como a escola pública – no qual a atividade estatal e o direito de liberdade se encontram – configuração coerente com as concepções e valores dominantes para a maioria dos pais e alunos, inclusive com a preservação de símbolos que correspondem a uma intensa prática da população. O Estado estaria, portanto, outorgando espaço para a liberdade religiosa de índole positiva em um âmbito extremamente relevante. (MENDES. *Direitos fundamentais e controle de constitucionalidade*, p. 88-92).

Em obra dedicada ao estudo da (re)construção da identidade religiosa do sujeito constitucional brasileiro, Douglas Antônio Rocha Pinheiro nos relata que o Conselho Nacional de Justiça, em sessão ordinária de 29 de maio de 2007, julgou improcedentes quatro pedidos de providência (PP-1344, 1345, 1346 e 1362), visando à retirada de crucifixos afixados nos plenários e nas salas dos Tribunais de Justiça do Ceará, de Minas Gerais e de Santa Catarina, bem como do Tribunal Regional Federal da 4ª Região. O autor dos pedidos "alegou ofensa ao princípio da laicidade do Estado e o fato de a simbologia religiosa não compor decoração acidental, na medida em que se encontrava afixada em local de ampla visibilidade (por vezes, acima da própria bandeira nacional), sugerindo sobrepor-se aos símbolos e valores oficiais e inserir-se dentre os princípios regentes da administração pública. O Conselheiro Relator, Paulo Lobo, antes de proferir voto, sugeriu a abertura de uma audiência pública para que, no prazo de dois meses, quaisquer interessados pudessem oferecer subsídios que favorecessem a formação de um marco conceitual mais amplo e pluralista para posterior decisão do plenário". Prevaleceu,

Diferente é a situação nas escolas particulares, que poderão admitir que o ensino religioso seja confessional, não podendo se obrigar uma instituição religiosa a ministrar princípios de outras religiões. Sendo, contudo, a educação um serviço público, não se admite a matrícula obrigatória do ensino religioso em escolas particulares.

No domínio da cultura, cabe à lei dispor sobre a fixação de datas comemorativas, incluídos os feriados religiosos, de alta significação para os diversos segmentos étnicos nacionais (art. 215, § 2º).

Estas cláusulas constitucionais revelam que o Estado brasileiro, embora laico, não é ateu, pois convive com símbolos que expressam valores culturais brasileiros, ao possibilitar a prática de atos de fé professada pela maioria da população brasileira ou por uma porção significativa dela, o que justificaria a possibilidade de exibição de crucifixos ou de imagens sagradas em lugares públicos.

O Supremo Tribunal Federal decidiu que os estudantes judeus deveriam realizar prova do ENEM nos dias designados para todos, e não em data alternativa, de forma a não coincidir com o Shabat, período sagrado para os judeus. Entre outros argumentos, asseverou-se que a pretensão tornaria inviável a realização de concurso público no país, pois todos os dias poderiam estar comprometidos. A medida pleiteada por alunos de crença judaica não estaria em consonância com o princípio da isonomia, convolando-se em privilégio para este grupo religioso. É dever do Estado manter neutralidade em questões religiosas.[124]

A invocação da liberdade religiosa, de seu turno, esclarece Gilmar Mendes, "não pode servir de pretexto para a prática de atos que se caracterizam como ilícitos penais. Nessa linha, o STF decidiu que o curandeirismo não se inclui no âmbito da liberdade religiosa. A laicidade do Estado não significa, por certo, inimizade com a fé. Não impede a colaboração com confissões religiosas, para o interesse público (CF, art. 19, I). A sistemática constitucional acolhe, mesmo, expressamente, ação conjunta

---

no entanto, o voto divergente do Conselheiro Oscar Argollo, no sentido do indeferimento da audiência pública e, no mérito, da improcedência dos pedidos, ao argumento de que "a exibição eventual de crucifixos em órgãos públicos: a) corresponde a uma tradição e a costumes nacionais; b) atende a uma necessidade jurídica, qual seja, a representação de respeitabilidade que se deve àqueles locais; c) homenageia princípios éticos e, especialmente, a paz; d) não ofende ao interesse público primário; e) decorre da autonomia administrativa dos órgãos do Judiciário; f) não possui vedação legal expressa; g) não viola, agride, discrimina ou, sequer, perturba ou tolhe os direitos e ação de outrem ou dos outros". A decisão, segundo Douglas Pinheiro incorre em diversos equívocos: "a naturalização de usos, costumes e tradições como obstáculo à formação de uma ética reflexiva; a consagração de um único significado para um símbolo religioso intrinsecamente polissêmico, conduzindo a juízos teológicos reducionistas feitos por órgãos seculares; a pressuposição de uma homogeneidade cristã desconsiderando todas as disputas simbólicas do campo religioso; a validação de uma religião civil que se aproveita de símbolos sacros para legitimar um determinado *ethos* político; uma densificação dos princípios de liberdade e igualdade que não se ancora no paradoxo constitutivo da democracia constitucional; e a dispensa de verificação dos significados constitucionais pré-interpretados pelos diversos atores sociais (especialmente os religiosos) em seus discursos intersubjetivos travados na esfera pública" (*Direito, estado e religião:* a constituinte de 1987-1988 e a (re)construção da identidade religiosa do sujeito constitucional brasileiro, p. 101-104).

[124] STF, STA 389, AgR/DF, Rel. Min. Gilmar Mendes, j. em 3.12.2009; *Informativo* 570/STF.

dos Poderes Públicos no âmbito de cultos religiosos, como é o caso da extensão de efeitos civis ao casamento religioso. Nesse sentido, não há embaraço – ao contrário, parecem bem-vindas, como ocorre em tantos outros países – a iniciativa como a celebração de concordata com a Santa Sé, para a fixação de termos de relacionamento entre tal pessoa de direito internacional e o país, tendo em vista a missão religiosa da Igreja de propiciar o bem integral do indivíduo, coincidente com o objetivo da República de 'promover o bem de todos' (art. 3º, IV, da CF). Seria erro grosseiro confundir acordos dessa ordem, em que se garantem meios eficazes para o desempenho da missão religiosa da Igreja, com a aliança vedada pelos art. 19, I, da Constituição. A *aliança* que o constituinte repudia é aquela que inviabiliza a própria liberdade de crença, assegurada no art. 5º, VI, da Carta, por impedir que outras confissões religiosas atuem livremente no País."[125]

A crença religiosa tem sido às vezes alegada como motivo impeditivo para o recebimento, pelo paciente, de determinada conduta médica, especialmente a relacionada com a transfusão de sangue, ainda que dele próprio, coletado anteriormente ao procedimento clínico ou cirúrgico a ser implementado.

É o caso das Testemunhas de Jeová, que pautam sua vida no que o Evangelho prescreve. Para eles, a Bíblia é clara ao proibir a transfusão de sangue: "Levítico 7:26, 27: E não deveis comer nenhum sangue em qualquer dos lugares em que morardes, quer seja de ave quer de animal. Toda alma que comer qualquer sangue, esta alma terá de ser decepada do seu povo. Levítico 17: 10, 11: Se alguém da casa de Israel, ou dos estrangeiros que residirem entre eles, tomar qualquer sangue, eu porei a Minha face contra a pessoa, que toma o sangue, e a cortarei de entre seus parentes. Pois a vida da carne está no sangue."

Instaura-se assim um conflito entre a liberdade religiosa e o direito à vida. É de se notar, a esse propósito, que religiões devem existir para preservar a vida e não para exterminá-la. Saliente-se que especificidades culturais e religiosas não podem sobrepor ao direito à vida e à vida com dignidade. Pensar o contrário é admitir asquerosas brutalidades, como, por exemplo, a prática de certos povos de extirparem o clitóris, para que a mulher não tenha prazer nas relações sexuais, ou a de viúvas serem obrigadas a se matarem quando morre o marido.

Por outro lado, o argumento de que a defesa da liberdade vem antes do direito à vida não deve ser entendido em sentido absoluto, mas apenas que, em determinados contextos sociais e históricos, o homem pode resolver lutar por sua liberdade, ainda que para isso ponha em risco a vida, o que, no entanto, nada tem a ver com a relação médico-paciente, quando se trata de salvar a vida do paciente. Portanto, o dogma religioso não pode ir ao ponto de premeditadamente produzir a morte por proibição de tratamento médico.

Desse modo, se iminente o perigo de vida, é dever do médico empregar todos os tratamentos, inclusive cirúrgicos, para salvar o paciente, mesmo contra a sua vontade, de seus familiares ou de quem quer que seja, por motivos religiosos. E se a transfusão de sangue for tida como imprescindível, deve ser concretizada.

---

[125] MENDES; COELHO; BRANCO. *Curso de direito constitucional*, p. 409.

Um dos princípios da democracia é o da tolerância, o que significa a liberdade de se expressar publicamente opiniões de ordem privada, aqui entendidas na sua dimensão religiosa.[126] Por isso a necessidade de se examinar as relações entre o Estado e a religião, que sempre foram de conflito, em especial a dos adeptos do fundamentalismo religioso, no seu viés de adversários da democracia. Por outras palavras: se por um lado deve haver tolerância do poder político para com as Igrejas, por outro lado deve haver por parte delas respeito à laicidade, a qual, se recusada, levaria o Estado democrático a lutar por sua própria existência. E esse conflito se explicaria pelo simples fato de que tanto o poder político quanto o religioso têm por finalidade manipular certas forças, simbólicas no caso da religião, para a obtenção de determinados resultados ou efeitos.

Elucidativa, a este respeito, é a observação de José Luiz Quadros de Magalhães. Após assinalar que, no pensamento oriental a aproximação de Deus ocorre com a superação dos desejos, e no pensamento ocidental a manifestação de Deus está no suprir carências e atender a desejos, escreve: "O deus da promessa de atendimento dos desejos se mostra necessário ao Estado e às necessidades da economia capitalista. Seja incentivando a busca do consumo e a realização pessoal neste mesmo consumo, seja promovendo o paraíso para aqueles excluídos e que, justamente, devem viver uma vida de expiação. O Deus da superação do materialismo, da superação do apego e da libertação dos desejos não interessa ao capitalismo e nem ao Estado que este sistema suporta".[127]

As relações entre o poder político (temporal) e o religioso ocorrem: a) nas sociedades em que o político é totalmente absorvido pelo religioso, isto é, nas sociedades teocráticas, como a monarquia lamaísta, quando o Tibet era independente da China, e o Estado do Vaticano; b) nas sociedades em que o poder político, que se distingue do religioso, por expressar um sistema de forças divergentes, cada uma buscando alcançar o seu interesse próprio, deve, para preservar sua autonomia, dele se separar, é dizer, negociar com o religioso, conseguir concessões e lutar para preservá-las.

Sendo o poder religioso expansionista por excelência, mesmo que simbólico, toda religião tende a ditar normas capazes de regular a vida cotidiana, utilizando-se, para tanto, de mecanismos e instrumentos da democracia, em especial os partidos políticos. E para sobreviver, o poder político deve subtrair-se à influência do poder religioso, concedendo o mesmo *status* a todas as religiões, expressão da tolerância, bem como negar a todas as Igrejas o direito de colonizar os assuntos civis, públicos ou políticos, expressão da laicidade.

Aqui é de se indagar se o Estado laico deve tolerar a expressão pública de religiões hostis à própria ideia de laicidade, cujo objetivo seria a restauração ou a implantação de uma ordem teocrática, na qual o político e o social, esvaziados de seu conteúdo, seriam assumidos e dominados pelo poder religioso.

---

126 As religiões mundiais têm sido classificadas em dois grupos de três grandes religiões: a) as ocidentais: cristianismo, islamismo e judaísmo; b) as orientais: hinduísmo, budismo e taoísmo.

127 MAGALHÃES. *Direito constitucional*, t. II.

Nesse ponto, se o fundamentalismo, mesmo entendido como crença que volta aos "fundamentos" da fé, transgredir as regras do jogo democrático, deve ser rejeitado pela democracia, mas se não se intrometer no funcionamento das atividades sociais deve ser o mais amplamente possível tolerado, como todas as confissões religiosas. Com isso preservam-se as religiões no que elas têm de puro e original, e o fundamentalismo religioso deixa de ser visto como um desvio ou uma excrescência monstruosa, permanecendo o Estado como única instância capaz de determinar o que é ou não legítimo no âmbito do espaço público.

No campo religioso há uma competição simbólica entre grupos religiosos. Daí que "o *sangue* para as Testemunhas de Jeová não é apenas um tabu (o qual somente justificaria a recusa das mesmas em se submeter a transfusões sanguíneas), mas, também um bem simbólico original que serve para posicionar aquela empresa de salvação (expressão que não denota qualquer juízo de valor depreciativo, mas uma visão de mundo desencantada weberiana), em relação tanto aos consumidores quanto às demais empresas – assim, por exemplo, a Igreja Católica, ao defender a doutrina da transubstanciação e a ingestão do sangue de Cristo no sacramento eucarístico, estaria atentando contra um interdito, devendo, pois, ser considerada herética, uma acusação que mesmo não declarada permanece pressuposta pela ordem simbólica daquele grupo religioso."[128]

5.4.10 Liberdade de reunião

Diz o art. 5º, XVI, que "todos podem reunir-se pacificamente, sem armas, em locais abertos ao público, independentemente de autorização, desde que não frustrem outra reunião anteriormente convocada para o mesmo local, sendo apenas exigido prévio aviso à autoridade competente".

A Constituição de 1988 ampliou o direito de reunião, que é, "ao mesmo tempo, um direito fundamental e uma garantia coletiva (abrange uma pluralidade de participantes). Interliga-se com a *livre manifestação do pensamento* (o indivíduo é livre para participar ou não de reuniões) e com o *direito de petição* (possibilita a certos grupos, movidos pelos mesmos ideais, pleitear aos órgãos públicos a defesa de suas prerrogativas)".[129] Na reunião são veiculadas ideias, opiniões e convicções (valores supremos de uma sociedade democrática), bem como discutidos assuntos diversos. A reunião é instrumento idôneo a permitir a participação do indivíduo na formação da opinião pública.

Considere-se que a reunião em locais abertos ao público é mais importante para o processo de formação da opinião pública do que a reunião em salas fechadas que também são livres, somente podendo sofrer limitações apenas em situações excepcionais. A reunião consiste no "agrupamento voluntário de diversas pessoas que, previamente convocadas, acorrem ao mesmo lugar, com objetivos comuns", ensina

---

[128] PINHEIRO. *Direito, estado e religião:* a constituinte de 1987-1988 e a (re)construção da identidade religiosa do sujeito constitucional brasileiro, p. 25 e 28.

[129] BULOS. *Curso de direito constitucional*, p. 464.

José Cretella Júnior.[130] É o gênero, do qual a aglomeração constitui espécie, entendendo-se por aglomeração o ajuntamento de várias pessoas sem pré-aviso, imprevisto, levadas pela curiosidade, pelo acontecimento fortuito.

A reunião diferencia-se da associação, pois, enquanto esta tem base contratual, caráter de continuidade e estabilidade, a reunião não tem base contratual e é descontínua, pois "se o agrupamento adota laços duradouros passa da reunião para o campo da associação."[131]

Segundo o Min. Celso de Mello, "a estrutura constitucional da liberdade de reunião autoriza que nela se identifiquem, *pelo menos*, 5 (cinco) elementos que lhe compõem o perfil jurídico: a) elemento pessoal: pluralidade de participantes (possuem legitimação ativa ao exercício do direito de reunião os brasileiros e os estrangeiros aqui residentes);b) elemento temporal: a reunião é necessariamente transitória, sendo, portanto, descontínua e não permanente, podendo efetuar-se de dia ou de noite; c) elemento intencional: a reunião tem um sentido teleológico, finalisticamente orientado. Objetiva um fim, que é comum aos que dela participam; d) elemento espacial: o direito de reunião se projeta sobre uma área territorialmente delimitada. A reunião, conforme o lugar em que se realiza, pode ser pública (vias, ruas e logradouros públicos) ou interna (residências particulares, v.g.); e) elemento formal: a reunião pressupõe organização e direção, embora precárias."[132]

A reunião pacífica e sem armas é livre.

Por reunião pacífica entende-se aquela que não busca a conflagração física. Destarte, a "reunião não pacífica é 'aquela na qual todos os participantes ou a grande maioria deles põem, com os seus atos, em perigo pessoas e bens alheios.' Isso pressupõe condutas dolosas, voltadas a romper a paz social. Não é violenta a reunião que atraia reação violenta de outrem. O direito de reunião não se descaracteriza se a violência que vem a ocorrer lhe é externa, sendo deflagrada por pessoas estranhas ao agrupamento."[133] A despeito de não figurar expressamente na cláusula constitucional que prevê o direito de reunião, a licitude de propósitos é um de seus requisitos. Desse modo, será ilícita a reunião que fizer a apologia da violência física ou moral. Mas essa ilicitude, segundo pensamos, apenas ocorrerá se o discurso dos manifestantes tiver aptidão para produzir iminente ação ilegal.[134]

---

130 CRETELLA JÚNIOR. *Liberdades públicas*, p. 227.

131 FERREIRA FILHO. *Curso de direito constitucional*, p. 259.

132 STF, ADPF 187-DF, Rel. Min. Celso de Mello, j. 15.6.2011.

133 MENDES; COELHO; BRANCO. *Curso de direito constitucional*, p. 385.

134 No julgamento da ADPF 187 –DF – que discute a possibilidade de manifestação (marcha) pró-legalização das drogas – o STF deu interpretação conforme a Constituição ao art. 287 do Código Penal (tipifica como crime fazer apologia de "fato criminoso" ou de "autor do crime"), "de forma a excluir qualquer exegese que possa ensejar a criminalização da defesa da legalização das drogas ou de qualquer substância entorpecente específica, inclusive por meio de manifestações e eventos públicos". De acordo com o Relator, Min. Celso de Mello, a mera proposta de descriminalização de determinado ilícito penal, qualquer que ele seja, não se confunde com o ato de incitação à prática desse mesmo delito, nem com o de apologia de fato criminoso, "eis que o debate sobre abolição penal de determinadas condutas puníveis pode ser realizado

A reunião caracteriza-se como armada, sendo, portanto, vedada pelo texto constitucional, se os seus participantes portarem armas, entendido o termo em sentido amplo, é dizer, não apenas armas de fogo, mas também armas brancas e outros instrumentos desviados de sua finalidade, como bastões de *basebal* e produtos químicos. Para que a reunião se considere armada, exige-se que a maioria dos integrantes faça uso dos armamentos, pois se a minoria vier a portá-los, nada impede que a polícia os desarme, prosseguindo a reunião.

A reunião sofre limitação caso a sua realização impeça outra reunião convocada para o mesmo local. Exige-se apenas prévia comunicação à autoridade competente, não lhe cabendo, no entanto, indicar o local da reunião, que é escolhido pelos seus participantes. Nada impede que a polícia tome providências para o resguardo da ordem pública durante a reunião, sem, contudo, frustrá-la, devendo, ao contrário, garantir a sua realização.[135]

5.4.11 Liberdade de associação

A associação consiste num direito individual de expressão coletiva, como já acentuamos. Sua base é contratual, seu fim lícito, e o elemento psíquico é maior do que na liberdade de reunião (o objetivo comum será realizado em tempo relativamente longo, implicando vínculos mais duradouros e contínuos).[136]

---

de forma racional, com respeito entre interlocutores, ainda que a ideia, para a maioria, possa ser eventualmente considerada estranha, extravagante, inaceitável ou perigosa." (*Notícias* STF, 15.6.2011; *Informativo* 631/STF).

135 No julgamento da ADI 1.969-4-DF, em que se objetivava a declaração de inconstitucionalidade do Decreto n. 20.098/99, expedido pelo Governador do Distrito Federal, proibindo a utilização de carros, aparelhos e objetos sonoros nas manifestações públicas a serem realizadas na Praça dos Três Poderes, na Esplanada dos Ministérios e na Praça do Buriti, em Brasília, o STF deixou expresso, no voto do Ministro Marco Aurélio, Relator, que "não cabe à autoridade local regular preceito da Carta da República, muito menos a ponto de mitigá-lo, como ocorreu na espécie dos autos (...) como, em nome da preservação da democracia, pode-se agredir os princípios e valores que verdadeiramente a sustentam?" Remete-se então a uma verdadeira bula traçada pelo Ministro Celso de Mello acerca do direito de reunião: "a) o direito de reunião constitui faculdade constitucional assegurada a todos os brasileiros e estrangeiros residentes no país; b) os agentes públicos não podem, sob pena de responsabilidade criminal, intervir, restringir, cercear ou dissolver reunião pacífica, sem armas, convocada para fim lícito; c) o Estado tem o dever de assegurar aos indivíduos o livre exercício do direito de reunião, protegendo-os, inclusive, contra aqueles que são contrários à assembleia; d) o exercício do direito de reunião independe e prescinde de licença da autoridade policial; e) o direito de reunião, permitindo o protesto, a crítica e a manifestação de ideias e pensamento, constitui instrumento de liberdade dentro do Estado moderno". Cf. ainda Rd 15887/MG, Rel. Min. Luiz Fux, DJe de 24.6.2013 (*Informativo* 712/STF).

136 Pela densidade e abrangência, vale a lembrança da doutrina de Jorge Miranda sobre o conteúdo do direito de associação, em texto citado por eminentes constitucionalistas, em obras de Direito Constitucional: "I – O direito de associação apresenta-se como um direito complexo, com múltiplas dimensões – individual e institucional, positiva e negativa, interna e externa – cada qual com sua lógica própria, complementares umas das outras e que um sistema jurídico-constitucional coerente com princípios de liberdade deve desenvolver e harmonizar. II – Antes de mais, é um direito individual, positivo e negativo: 1º) O direito de constituir com

A Constituição trata das associações no art. 5º, XVII a XXI. A criação de associações e, na forma da lei, de cooperativas independe de autorização, vedando-se a interferência do Estado em seu funcionamento. A dissolução ou a suspensão das atividades das associações só se dará mediante decisão judicial, exigindo-se, no primeiro caso, trânsito em julgado. Diz ainda a Constituição que "ninguém será compelido a associar-se ou a permanecer associado", reproduzindo-se a regra no art. 8º, V, relativamente aos sindicatos. Permite o texto constitucional (art. 5º, XXI) que as associações, quando expressamente autorizadas, têm legitimidade para representar seus filiados, judicial ou extrajudicialmente.

A Constituição, portanto, estabelece limites para a liberdade de associação, ao vedar aquelas de fins ilícitos, como a que tenha por finalidade congregar racistas para a pregação de uma eventual superioridade de raça, ou a de associação paramilitar. O cunho paramilitar da associação deverá ser extraído da sua finalidade, ou seja, se o treinamento de seus membros visa a ações bélicas. A simples adoção, pela associação, de terminologia para os postos ocupados pelos seus membros, e a adoção de uniformes sem uma estrutura hierarquizada, não é bastante para caracterizá-la como paramilitar. A Constituição ainda garante a liberdade individual de opção, ao preceituar, como se mencionou, que ninguém poderá ser compelido a associar ou a permanecer associado.

A liberdade de associação política, quanto aos partidos políticos, se acha prevista no art. 17 da Constituição.

5.4.11.1 As sociedades cooperativas

Relativamente às cooperativas, a Constituição as estimula no art. 174, §§ 2º, 3º e 4º, e no art. 187, VI.

---

outrem associações para qualquer fim não contrário à lei penal e o direito de aderir a associações existentes, verificados os pressupostos legais e estatutários e em condições de igualdade; 2º) O direito de não ser coagido a inscrever-se ou a permanecer em qualquer associação, ou a pagar quotizações para associação em que se não esteja inscrito e, no limite, o direito de deliberar a dissolução de associação a que se pertença. Este direito tem a natureza de liberdade enquanto não implica, para nenhum efeito, a dependência de autorização de qualquer tipo ou de qualquer intervenção administrativa. III – Releva-se depois um direito institucional, a liberdade das associações constituídas: 1º) Internamente, o direito de auto-organização, de livre formação dos seus órgãos e da respectiva vontade e de acção em relação aos seus membros; 2º) Externamente, o direito de livre prossecução dos seus fins, incluindo o de filiação ou participação em uniões, federações ou outras organizações de âmbito mais vasto; 3º) Como corolários, a susceptibilidade de personificação – se a atribuição de subjectividade jurídica, sem condicionalismos arbitrários ou excessivos, for o meio mais idôneo para tal prossecução de fins – e o direito de não haver suspensão de actividades ou dissolução senão por razões de legalidade e mediante decisão judicial. A liberdade ou autonomia interna das associações acarreta a existência de uma vontade geral ou colectiva, o confronto de opiniões para a sua determinação, a distinção de maiorias e minorias. Daí a necessidade de observância do método democrático e das regras em que se consubstancia, ao lado da necessidade de garantia dos direitos dos associados. À lei e aos estatutos cabe prescrever essas regras e essas garantias, circunscrevendo, assim, a actuação dos órgãos associativos, mas não a liberdade de associação (devidamente entendida)." (MIRANDA. *Manual de direito constitucional*, t. 4, p. 391-393).

O cooperativismo envolve um sistema que considera as cooperativas como uma forma ideal de organização das atividades socioeconômicas da humanidade, fundado na cooperação e que se realiza por meio da aglutinação de várias pessoas em torno de objetivos comuns.

As cooperativas são, desse modo, sociedades que possuem forma e natureza jurídicas próprias, constituídas para prestar serviços aos associados, sem fins lucrativos.[137] As sociedades cooperativas são uma alternativa econômica e social, na competição com outras estruturas empresariais, tendo em vista, principalmente, a globalização. As cooperativas se definem como associações autônomas de pessoas que se unem, voluntariamente, para satisfazer aspirações econômicas, sociais e culturais comuns, por meio da criação de uma sociedade democrática e coletiva. A cooperativa diferencia-se de outras entidades, por ser ao mesmo tempo uma associação de pessoas e também um negócio. A consecução, pelas cooperativas, de melhores resultados depende do equilíbrio dessa dupla característica: o social e o econômico. As cooperativas dispõem de autonomia, pois o art. 5º, inciso XVIII, da Constituição, veda a interferência estatal em seu funcionamento. Nada obstante, as cooperativas de crédito, por serem instituições financeiras, estão sujeitas à autorização prévia de funcionamento e fiscalização do Banco Central, e as cooperativas operadoras de planos de saúde à da Agência Nacional de Saúde.

5.4.12 Liberdade de exercício profissional

Dispõe o art. 5º, XIII, que "é livre o exercício de qualquer trabalho, ofício ou profissão, atendidas as qualificações profissionais que a lei estabelecer". Trata-se do direito de livre escolha da profissão. A liberdade de ação profissional, reconhecida pela Constituição, exclui o privilégio de profissão, de que eram exemplos ilustrativos as corporações de ofício. Mas a liberdade de trabalho está condicionada às qualificações profissionais previstas em lei federal (cabe à União legislar sobre "condições para o exercício de profissões" – art. 22, XVI, parte final), entendendo-se por qualificações profissionais o conjunto de conhecimentos necessários e suficientes para a prática de alguma profissão. Note-se que as qualificações profissionais a que se refere o texto constitucional não dizem respeito apenas à habilitação presumida pelo diploma, mas ao cumprimento de exigências formais, estabelecidas e fundadas em lei, pelas autarquias fiscalizadoras do exercício da profissão, como, *v.g.,* a inscrição nos quadros da OAB para a advocacia.

O Supremo Tribunal Federal decidiu ser inconstitucional a exigência do diploma de jornalismo e registro profissional no Ministério do Trabalho como condição para o exercício da profissão de jornalista.

O entendimento foi de que o Decreto-Lei n. 972/1969, que estabelece regras para o exercício da profissão – inclusive o diploma – não foi recepcionado pela Constituição Federal de 1988 e que as exigências nele contidas ferem a liberdade de imprensa e contrariam o direito à livre manifestação do pensamento inscrita no art. 13 da Convenção Americana dos Direitos Humanos, também conhecida como Pacto de San

---

[137] A Lei n. 5.764/71 disciplina o regime jurídico das sociedades cooperativas.

José da Costa Rica, que garante a liberdade de pensamento e de expressão como direito fundamental do homem. No julgamento, "asseverou-se que o tema envolveria a delimitação do âmbito de proteção da liberdade de exercício profissional assegurada pelo art. 5º, XIII, da Constituição Federal ('é livre o exercício de qualquer trabalho, ofício ou profissão, atendidas as qualificações profissionais que a lei estabelecer'), assim como a identificação das restrições e conformações legais constitucionalmente permitidas. Afirmou-se que se teria no citado preceito uma inequívoca reserva legal qualificada, ou seja, a Constituição remeteria à lei o estabelecimento das qualificações profissionais como restrições ao livre exercício profissional. Esse modelo de reserva legal qualificada estaria presente nas Constituições anteriores que prescreviam à lei a definição das *condições de capacidade* como condicionantes para o exercício profissional. Considerou-se que, no âmbito desse modelo de reserva legal qualificada, pairaria uma imanente questão constitucional quanto à razoabilidade e proporcionalidade das leis restritivas, especificamente das leis que disciplinam as qualificações profissionais como condicionantes do livre exercício das profissões e salientou-se que a reserva legal fixada pelo art. 5º, XIII, da Constituição Federal, não conferiria ao legislador o poder de restringir o exercício da liberdade a ponto de atingir o seu próprio núcleo essencial. Assim, ressaltou-se que seria preciso verificar se a lei restritiva da liberdade de exercício profissional, ao definir as qualificaçoes profissionais, como autorizado pelo texto constitucional, transbordaria os limites da proporcionalidade, atingindo o próprio núcleo essencial dessa liberdade. Citou-se, a esse respeito, precedentes da Corte (RE 70563/SP, DJU de 22.4.71 e Rp 930/DF, DJU de 2.9.1977), e registrou-se que, desde a Rp 930/DF, o Supremo teria firmado orientação no sentido de que as restrições legais à liberdade de exercício profissional somente poderiam ser levadas a efeito no que respeita às qualificações profissionais, devendo ser reputada inconstitucional a restrição legal desproporcional e que violasse o conteúdo essencial daquela liberdade. Tendo em conta essas ponderações, aduziu-se, relativamente ao inciso V do art. 4º do Decreto-Lei n. 972/69, ser preciso aferir se o exercício da profissão de jornalista exigiria qualificações profissionais e capacidades técnicas específicas e especiais e se, dessa forma, estaria o Estado legitimado constitucionalmente a regulamentar a matéria em defesa do interesse da coletividade. Frisou-se que a doutrina constitucional consideraria que as qualificações profissionais a que se refere o art. 5º, XIII, da CF somente poderiam ser exigidas, pela lei, daquelas profissões que, de alguma forma, poderiam trazer perigo de dano à coletividade ou prejuízos diretos a direitos de terceiros, sem culpa das vítimas, como a medicina e as demais profissões ligadas à área da saúde, a engenharia, a advocacia e a magistratura, dentre outras. Dessa forma, a profissão de jornalista, por não implicar tais riscos, não poderia ser objeto de exigências quanto às condições de capacidade técnica para o seu exercício, sendo que eventuais riscos ou danos efetivos provocados por profissional do jornalismo a terceiros não seriam inerentes à atividade e, dessa forma, não seriam evitáveis pela exigência de um diploma de graduação. Tais entendimentos, que apreenderiam o sentido normativo do art. 5º, XIII, da CF, demonstrariam, portanto, a desproporcionalidade das medidas estatais que visam restringir o livre exercício do jornalismo mediante a exigência de registro em órgão público condicionado à comprovação de formação em curso superior de jornalismo.

Depois de distinguir o jornalismo despreparado do abusivo, destacou-se que o último não estaria limitado aos profissionais despreparados ou que não frequentaram um curso superior, e que as notícias falaciosas e inverídicas, a calúnia, a injúria e a difamação configurariam um grave desvio de conduta, passível de responsabilidade civil e penal, mas não solucionado na formação técnica do jornalista. No ponto, afastou-se qualquer suposição no sentido de que os cursos de graduação em jornalismo seriam desnecessários após a declaração de não-recepção do art. 4º, V, do Decreto -Lei 972/69, bem como se demonstrou a importância desses cursos para o preparo técnico e ético dos profissionais.

Ressaltou-se, ademais, que a impossibilidade do estabelecimento de controles estatais sobre a profissão jornalística também levaria à conclusão de que não poderia o Estado criar uma ordem ou um conselho profissional (autarquia) para a fiscalização desse tipo de profissão e que o exercício do poder de polícia do Estado seria vedado nesse campo em que imperam as liberdades de expressão e de informação. Asseverou-se que, no Estado Democrático de Direito, a proteção da liberdade de imprensa também levaria em conta a proteção contra a própria imprensa, sendo que a Constituição garantiria as liberdades de expressão e de informação sem permitir, entretanto, violações à honra, à intimidade e à dignidade humana.

Diante dessas considerações, julgou-se demonstrada a necessidade de proteção dos jornalistas não apenas em face do Estado, mas dos próprios meios de comunicação, ante seu poder quase incomensurável. Os direitos dos jornalistas, especificamente as garantias quanto ao seu estatuto profissional, deveriam ser assegurados em face do Estado, da imprensa e dos próprios jornalistas, sendo que a exigência de diploma comprovante da formatura em um curso de jornalismo não teria qualquer efeito nesse sentido. Reputou-se que, nesse campo de proteção dos direitos e prerrogativas profissionais dos jornalistas, a autorregulação seria a solução mais consentânea com a ordem constitucional e com as liberdades de expressão e de informação, solução essa aventada pela Corte para o campo da imprensa em geral no julgamento da citada ADPF 130/DF. Dessa forma, seriam os próprios meios de comunicação que deveriam estabelecer os mecanismos de controle quanto à contratação, avaliação, desempenho, conduta ética dos profissionais do jornalismo, podendo as empresas de comunicação estipular critérios de contratação, como a especialidade de determinado campo do conhecimento, e, ainda, a própria exigência de curso superior em jornalismo. Esse tipo de orientação regulatória, ao permitir a autopoiesis do sistema de comunicação social, ofereceria uma maior proteção das liberdades de expressão. Considerou-se que essa seria, portanto, a melhor interpretação dos artigos 5º, IX, XIII, e 220 da CF e a solução mais consentânea com a proteção das liberdades de profissão, de expressão e de informação na ordem constitucional brasileira. Destacou-se que tal interpretação também teria sido acolhida pela Corte Interamericana de Direitos Humanos que, em 13.11.1985, declarou que a obrigatoriedade do diploma universitário e da inscrição em ordem profissional para o exercício da profissão de jornalista violaria o art. 13 da Convenção Americana de Direitos Humanos, que protege a liberdade de expressão em sentido amplo. Acrescentou-se que, nessa mesma linha, tem-se manifestado a Organização dos Estados Americanos – OEA, por meio da Comissão Interamericana de Direitos Humanos. Por fim, constatou-se que o Decreto-Lei n. 972/69 teria sido editado sob a égide do regime ditatorial instituído pelo Ato Institucional n. 5/68, restando patente que a exigência de diploma de curso superior em jornalismo para o exercício da profissão tinha por finalidade afastar dos meios de comunicação intelectuais, políticos e artistas que se opunham ao regime militar, atendendo a outros valores que não estariam mais vigentes em nosso Estado Democrático de Direito".[138]

O Ministro Celso de Mello fez uma análise histórica das Constituições brasileiras desde o Império até os dias atuais, nas quais sempre foi ressaltada a questão do livre exercício da atividade profissional e acesso ao trabalho. Ainda no contexto histórico, o Ministro Celso de Mello salientou que não questionaria o que chamou de "origem espúria" do decreto-lei que passou a exigir o diploma ou o registro profissional para exercer a profissão de jornalista, uma vez que a norma foi editada durante o período da ditadura militar. A regra geral é a liberdade de ofício. O Ministro Celso de Mello citou projetos de lei em tramitação no Congresso que tratam da regulamentação de diversas profissões, como modelo de passarela, *designer* de interiores, detetives, babás e escritores. "Todas as profissões são dignas e nobres", porém há uma Constituição da República a ser observada, afirmou.[139]

Decidiu ainda o Supremo Tribunal que o exercício da profissão de músico não está condicionado a prévio registro ou licença de entidade de classe. "A liberdade de exercício profissional – inciso XIII, do art. 5º, da CF – é quase absoluta", ressaltou a Ministra Relatora, Ellen Gracie. Segundo ela, qualquer restrição a esta liberdade "só se justifica se houver necessidade de proteção do interesse público, por exemplo, pelo mau exercício de atividades para as quais seja necessário um conhecimento específico altamente técnico ou, ainda, alguma habilidade já demonstrada, como é o caso dos condutores de veículos". Considerou que as restrições ao exercício de qualquer profissão ou atividade devem obedecer ao princípio da mínima intervenção, a qual deve ser baseada nos princípios da razoabilidade e da proporcionalidade. Em relação ao caso concreto, avaliou que não há qualquer risco de dano social. "Não se trata de uma atividade como o exercício da profissão médica ou da profissão de engenheiro ou de advogado. A música é uma arte em si, algo sublime, próximo da divindade, de modo que se tem talento para a música ou não se tem", completou a Min. Relatora, entendendo ainda que a liberdade de expressão se sobrepõe, como ocorreu no julgamento do RE 511961, em que o Tribunal afastou a exigência de registro e diploma para o exercício da profissão de jornalista.[140]

5.4.13 Liberdade de ensino e aprendizagem

Embora se caracterize como manifestação do pensamento, a liberdade de aprender, ensinar, pesquisar e divulgar o pensamento, a arte e o saber é destacada pela

---

[138] STF, RE 511961/SP, Rel. Min. Gilmar Mendes, j. 17.6.2009 (*Informativo* 551/STF).

[139] STF, RE 511961/SP, Rel. Min. Gilmar Mendes, j. 17.6.2009 (*Notícias* STF, Quarta-feira, 17 de junho de 2009).

[140] STF, RE 414426/SC, Rel. Min. Ellen Gracie, j. 1º.8.2011. Notícias STF, 1º.8.2011; *Informativo* 634/STF.

Constituição segundo os princípios do pluralismo de ideias e de concepções pedagógicas e coexistência de instituições públicas e privadas de ensino (art. 206, II e III). Refere-se a Constituição não só à liberdade de ensinar, mas também à liberdade de aprender e de pesquisar. Assim, se por um lado o professor dispõe de autonomia sobre o que ensinar, limitada, é certo, pelo conteúdo programático da disciplina, por outro lado o aluno tem o direito de "reclamar um trabalho sério de seus mestres".[141] A liberdade de ensino garante o pluralismo e a diversidade das ideias e de concepções pedagógicas, bem como a coexistência de instituições públicas e privadas de ensino. Ao Estado é vedado se opor à adoção de determinadas teorias científicas.

5.5 Direito de igualdade: o princípio e sua efetivação

A Constituição abre o Título da Declaração de Direitos afirmando, no *caput* do art. 5º, que "todos são iguais perante a lei, sem distinção de qualquer natureza", dispondo ainda o seu inciso I que "homens e mulheres são iguais em direitos e obrigações, nos termos desta Constituição". A igualdade figura também no art. 3º, IV, da Constituição, como objetivo fundamental do Estado brasileiro.

Ao cuidar dos direitos sociais, a Constituição insere o princípio da igualdade nos incisos XXX e XXXI, do art. 7º, ao proibir:

a) diferença de salários, de exercícios de funções e de critério de admissão por motivo de sexo, idade, cor ou estado civil;
b) qualquer discriminação no tocante a salário e critérios de admissão do trabalhador portador de deficiência, notando-se que a vedação da letra *a* se estende aos servidores públicos civis (art. 39, § 3º).

O princípio da igualdade é o que mais tem "desafiado a inteligência humana e dividido os homens", afirma Paulino Jacques.[142] De fato, a igualdade formal, entendida como igualdade de oportunidades e igualdade perante a lei, tem sido insuficiente para que se efetive a igualdade material, isto é, a igualdade de todos os homens perante os bens da vida, tão enfatizada nas chamadas democracias populares, e que, nas Constituições democráticas liberais, vem traduzida, sobretudo, em normas de caráter programático, como é o caso da Constituição brasileira. Iguala-se por meio da concessão de direitos sociais substanciais, em que o Estado passa a atuar positivamente, proporcionando a todos condições reais para uma existência digna. A igualdade material, do ponto de vista do mínimo existencial, tem duas vertentes principais: "a) a discriminação positiva para assegurar meios mínimos para uma existência digna, como forma de se garantir o respeito pela dignidade do ser humano; b) a discriminação positiva para propiciar a superação de barreiras sociais – como preconceitos em razão de cor, raça, gênero, opção sexual, entre outros -, econômicas, físicas ou psíquicas, como meio de se buscar a construção do bem-estar social como um bem-estar de todos." [143]

---

[141] SILVA. *Op. cit.*, p. 227.

[142] JACQUES. *Da igualdade perante a lei*, p. 19.

[143] NETO. *O direito ao mínimo para uma existência digna,* p. 105.

No exame do princípio da igualdade, deve-se levar em conta, ainda, que, embora sejam iguais em dignidade, os homens são profundamente desiguais (compleição física e estrutura psicológica, entre outros fatores), o que dificulta a efetivação do princípio.

Daí ser incorreto o enunciado do art. 5º de que todos são iguais sem distinção de qualquer natureza, pois "prever simetria onde há desproporção visível não é garantir igualdade real, mas consagrar desigualdade palpitante e condenável".[144]

Igualdade, desde Aristóteles, significa tratar igualmente os iguais e desigualmente os desiguais, na medida em que se desigualam.

Para a formulação do conceito de igualdade, são apontados os seguintes critérios, segundo resenha de Renata Malta Vilas-Bôas: "*a)* Critério numérico – defendido por Aristóteles e Suart Mill. Por este critério a igualdade ocorre quando todos são igualmente tratados no número e volume das coisas recebidas. Norberto Bobbio faz uma crítica a esse critério e alega que, se o adotarmos, estaremos promovendo a desigualdade, haja vista que os iguais vão receber partes desiguais enquanto os desiguais receberão partes iguais. *b)* Critério quanto a um grupo relativamente grande – a distribuição dos benefícios ocorre considerando-se a dimensão da classe das pessoas que vão recebê-los, comparando-as ao número das excluídas, possibilitando, assim, a distinção entre o igualitarismo e inigualitarismo. Segundo Sérgio Abreu, possivelmente, este segundo critério não é um critério igualitário, principalmente naquelas sociedades em que uma parte da população possui as mesmas necessidades. *c)* Critério da proporcionalidade – é uma variação do critério numérico de Aristóteles, em que a igualdade de relações advém da distribuição de benefícios aos mais necessitados. Sendo assim, a distribuição ocorre em partes diferentes para pessoas diferentes, em razão de suas necessidades. *d)* Critério segundo o próprio merecimento – a distribuição dos benefícios ocorrerá em razão de mérito próprio, ou seja, aquelas pessoas que possuem determinados méritos serão beneficiadas. Dependendo da forma em que os valores estão hierarquizados e da conceituação dos méritos, tal critério pode ser considerado inigualitário. *e)* Desigualdade de distribuições correspondente a diferenças relevantes – este critério é uma espécie do critério da proporcionalidade. A distribuição ocorrerá de forma igualitária se as diferenças pessoais forem consideradas para a aquisição dos benefícios a serem distribuídos. Ocorrerá a inigualdade se este critério for utilizado de forma discriminatória com relação ao juízo de relevância, 'se uma política social é baseada em fundamentos científicos de hierarquização racial, os benefícios serão distribuídos segundo as diferenças raciais relevantes. *f)* Critério quanto à igualdade processual – para aqueles que consideram que a igualdade mantém uma estreita relação com a justiça, temos no igualitarismo um princípio processual. Frankend in Brandt afirmam que: 'trate-se às pessoas de modo igual, a menos que e enquanto não exista uma justificação para tratá-las de modo desigual'. *g)* Critério das regras de nivelamento – deve-se reduzir as diferenças entre as quantidades de bens existentes entre os cidadãos. *h)* nivelamento da riqueza – como a concentração de riqueza

[144] MARINHO. À margem da constituinte, p. 44.

reflete uma das piores formas de inigualitarismo, por este critério, a igualdade seria atingida por meio da tributação, ou ainda, pela socialização dos meios de produção, alcançando, assim, a igualdade de direito de propriedade. *i)* Igualdade de oportunidades – a igualdade seria atingida quando àquelas camadas sociais que, historicamente, se encontram em desvantagem, fossem oferecidas oportunidades de equiparação. *j)* Igual satisfação das necessidades fundamentais – as necessidades fundamentais são substancialmente idênticas em todos os homens numa determinada sociedade e época. Desta forma, poderia atingir-se a igualdade mediante nivelamento da riqueza e suprir as necessidades fundamentais dos seres humanos. *k)* A cada um segundo a sua capacidade – a ocupação final de cada um dos seres humanos será em decorrência de sua capacidade."[145]

A questão, portanto, é saber quem são os iguais e quem são os desiguais.

Para isso, importa conhecer os fatores de desigualação, já que, como se verificou, as coisas, os seres e as situações, se apresentam pontos comuns, revelam diferenças em alguns aspectos ou circunstâncias.

Como então identificar as desigualações sem que haja o comprometimento do princípio da igualdade sob, naturalmente, um ponto de vista normativo?

Em monografia acerca do tema, Celso Antônio Bandeira de Mello acentuou: "Para que um discrímen legal seja conveniente com a isonomia, impende que concorram quatro elementos:

a) que a desequiparação não atinja, de modo atual e absoluto, um só indivíduo;
b) que as situações ou pessoas desequiparadas pela regra de direito sejam efetivamente distintas entre si, vale dizer, possuam características, traços, *nelas residentes*, diferençados;
c) que exista, em abstrato, uma correlação lógica entre os fatores diferenciais existentes e a distinção de regime jurídico em função deles, estabelecida pela norma jurídica;
d) que, *in concreto*, o vínculo de correlação supra-referido seja pertinente em função dos interesses constitucionalmente protegidos, isto é, resulta em diferenciação de tratamento jurídico fundada em razão valiosa – ao lume do texto constitucional – para o bem público."[146]

Pondere-se ainda que a ideia de igualdade se relaciona com a da própria justiça, quando se trata de exigir de cada um aquilo que sua capacidade e possibilidade permitirem, e conceder algo a cada um, de acordo com os seus méritos (justiça distributiva).

Os dois princípios de justiça, consoante Rawls, são: primeiro: cada pessoa deve ter um direito igual ao mais abrangente sistema de liberdades básicas iguais que seja compatível com um sistema semelhante de liberdade para as outras; segundo: as desigual-

---

[145] *Ações afirmativas e o princípio da igualdade*, p. 14-16.

[146] BANDEIRA DE MELLO. *Regime constitucional dos servidores da administração direta e indireta*, p. 51.

dades sociais e econômicas devem ser ordenadas de tal modo que sejam ao mesmo tempo, a) consideradas como vantajosas para todos dentro dos limites do razoável, e b) vinculadas a posições e cargos acessíveis a todos.

Os princípios de justiça se acham ordenados hierarquicamente; há uma prioridade absoluta do primeiro princípio sobre o segundo, o que significa que considerações sobre o crescimento econômico, ou questões de oportunidade, não podem em nenhum caso ter prioridade relativamente ao respeito estrito das liberdades fundamentais. Por exemplo: não se poderia limitar a liberdade de expressão baseado em que as críticas da oposição trariam como consequência perturbações sociais e uma desaceleração do desenvolvimento.

A igualdade de chances tem prioridade sobre o princípio da diferença (maior benefício para os menos favorecidos). Este princípio, embora seja um princípio de igualdade, é um princípio realista, ou seja, as políticas econômicas devem visar à realização da maior justiça possível, mas levando em consideração o fato de que um igualitarismo radical pode ter consequências negativas, tanto do ponto de vista do respeito das liberdades como do ponto de vista da melhoria da sorte dos mais pobres (por exemplo: uma alíquota de imposto que provocaria uma fuga importante de capitais).[147]

Anote-se que a igualdade perante a lei, declarada em nossa Constituição (art. 5º, I), significa uma limitação ao legislador e uma regra de interpretação. Esclarece Manoel Gonçalves Ferreira Filho que, "como limitação ao legislador, proíbe-o de editar regras que estabeleçam privilégios, especialmente em razão da classe ou posição social, da raça, da religião, da fortuna ou do sexo do indivíduo. É também um princípio de interpretação. O juiz deverá dar sempre à lei o entendimento que não crie privilégios de espécie alguma. E, como juiz, assim deverá proceder todo aquele que tiver de aplicar uma lei".[148] Daí não haver, em nosso Direito, necessidade de se distinguir entre igualdade perante a lei, dirigida aos aplicadores do direito, e igualdade na lei, que se dirige àqueles que criam a norma jurídica, é dizer, os legisladores.

O princípio da igualdade, como se vê, não é absoluto, como nenhum direito o é.

5.5.1 Fatores de desigualação no texto constitucional

De início, a Constituição, embora estabeleça no art. 5º, *caput*, que o direito à igualdade tem como destinatários brasileiros e estrangeiros residentes no País, ressalva, no § 2º do art. 12, algumas diferenciações. Assim, por exemplo, não obstante vede a extradição de brasileiro, o texto constitucional a admite para o brasileiro naturalizado, em caso de crime comum, praticado antes da naturalização, ou de comprovado envolvimento em tráfico ilícito de entorpecentes e drogas, na forma da lei (art. 5º, LI), tornando ainda privativa de brasileiro nato ou naturalizado há mais de dez anos a propriedade de empresa jornalística e de radiofusão sonora e de sons e imagens.

---

[147] Cf. RAWLS. *Uma teoria da justiça.*

[148] FERREIRA FILHO. *Op. cit.*, p. 242.

A Emenda Constitucional n. 36/2002 deu nova redação ao art. 222 para permitir que a propriedade das empresas de comunicação seja também de pessoas jurídicas constituídas sob as leis brasileiras e que tenham sede no País. E o § 1º do art. 222 dispõe que pelo menos setenta por cento do capital total e do capital votante das empresas de comunicação social deverá pertencer, direta ou indiretamente, a brasileiros natos ou naturalizados há mais de dez anos, que exercerão obrigatoriamente a gestão das atividades e estabelecerão o conteúdo da programação. A responsabilidade editorial e as atividades de seleção e direção da programação veiculada, em qualquer meio de comunicação social, são privativas daqueles brasileiros, segundo estabelece o § 2º do art. 222.

No tocante à proibição de critério de admissão por motivo de idade, quanto ao serviço público, assinala Celso Antônio Bandeira de Mello que "tal requisito como regra não pode ser exigido. Isto porque haverá hipóteses nas quais do fator idade pode resultar uma específica incompatibilidade com algum determinado cargo ou emprego, cujo satisfatório desempenho demande grande esforço físico ou acarrete desgaste excessivo, inadequados ou impossíveis a partir de certa fase da vida. Não se tratará, pois, de uma pretendida limitação indiscriminada e inespecífica – inadmitida pelo texto constitucional –, mas, pelo contrário, da inadequação física para o satisfatório desempenho de certas funções como consequência natural da idade".[149]

O Supremo Tribunal Federal, depois de reconhecer a vedação constitucional de diferença de critério de admissão por motivo de idade como corolário do princípio fundamental de igualdade na esfera das relações de trabalho, estendendo-se a todo o sistema do pessoal civil, ressaltou que "é ponderável, não obstante, a ressalva das hipóteses em que a limitação de idade se possa legitimar como imposição da natureza e das atribuições do cargo a preencher".[150]

Assinale-se ainda que a Emenda Constitucional n. 19/98, ao dar nova redação ao inciso II do art. 37, reforçou esta tese, ao prever que a investidura em cargo ou emprego público depende de aprovação prévia em concurso público de provas ou de provas e títulos, de acordo com a natureza e a complexidade do cargo ou emprego, na forma prevista em lei, e o § 3º, acrescentado ao art. 39 pela mencionada Emenda, permite que lei estabeleça requisitos diferenciados de admissão quanto a natureza do cargo o exigir.

A própria Constituição prevê ainda idade mínima de 35 e máxima de 65 anos para os cargos, por nomeação do Presidente da República, de Ministro do Supremo Tribunal (art. 101); do Superior Tribunal de Justiça (art. 104, parágrafo único); do Tribunal Superior do Trabalho (art. 111-A, acrescentada à Constituição pela EC n. 45/2004); de Juiz dos Tribunais Regionais Federais (art. 107); e idade mínima de 35 anos para o cargo de Ministro civil do Superior Tribunal Militar (art. 123, parágrafo único).

---

149 BANDEIRA DE MELLO. *Regime constitucional dos servidores da administração direta e indireta*, p. 51.

150 STF, RMS n. 21.046-RJ, Rel. Min. Sepúlveda Pertence. *DJU* 14.11.1991, p. 16356. Supremo Tribunal Federal: Súmula n. 683 – O limite de idade para a inscrição em concurso público só se legitima em face do art. 7º, XXX, da Constituição, quando possa ser justificado pela natureza das atribuições do cargo a ser preenchido.

Há entendimento no sentido de que a idade mínima e máxima (respeitado nesta última o limite de 65 anos), para o ingresso na magistratura de carreira, poderá ser fixada em lei (Estatuto da Magistratura), o mesmo ocorrendo quanto aos cargos iniciais da carreira do Ministério Público, cujo limite de idade será estabelecido em lei. Tal entendimento tem como fundamento o fato de que os magistrados e os membros do Ministério Público têm regime funcional próprio, não se submetendo ao disposto no art. 39.

5.5.2 As ações afirmativas

De destacar, no âmbito do direito de igualdade, a existência de medidas de desigualização denominadas de ações afirmativas, e consideradas positivas porque visam corrigir desvantagens que as minorias teriam sofrido no passado.[151] As ações afirmativas envolvem um conjunto de estratégias, iniciativas ou políticas públicas que têm por escopo favorecer grupos ou segmentos sociais que se encontram em piores condições de competição na sociedade em razão, na maioria das vezes, da prática de discriminações negativas, presentes ou passadas. São medidas que objetivam eliminar os desequilíbrios existentes entre determinadas categorias sociais até que sejam eles neutralizados, concretizando-se mediante providências efetivas em favor daquelas categorias que se encontram em situação desvantajosa. E para a aplicação de tais medidas, as ações afirmativas se acham normalmente associadas à fixação de quotas, ou seja, estabelecimento de um número preciso de lugares ou da reserva de algum espaço em favor de membros do grupo beneficiado. Fala-se, por isso mesmo, entre outras, em quotas de ação afirmativa para a população negra no acesso a cargos e empregos públicos, educação superior, reserva de vagas nas universidades públicas para alunos egressos da rede pública de ensino.[152]

---

[151] A expressão ação afirmativa (*affirmative action*), originária dos Estados Unidos, foi utilizada em 1961, numa ordem executiva do então Presidente John Kennedy, no sentido de promover a igualdade de oportunidades para negros e brancos.

Apesar de as ações afirmativas terem por objeto determinadas minorias sociais, pode ocorrer que o segmento social que se busca com elas beneficiar seja majoritário, como ocorre com os negros da África do Sul, onde são maioria.

A Suprema Corte norte-americana decidiu, inicialmente, pela constitucionalidade das ações afirmativas (caso *Griggs v. Duke Power Co.* (1971), mas, recentemente, vem adotando uma posição restritiva, como se vê do julgamento dos casos *Wards Cove Packing Co v. Antonio* (1989), e *Richmond v. J. A. Croson* (1989).

[152] As ações afirmativas não se reduzem, no entanto, ao sistema de quotas, pois inúmeras são as medidas aplicadoras, como o sistema de metas, com a implantação de uma certa diversidade, e de uma maior representatividade dos grupos minoritários nos mais diversos domínios de atividade pública e privada, bem como aquelas de conteúdo redistributivo, positivo, promocional, de renivelamento e restauração (GOMES. *A ação afirmativa* & *princípio constitucional da igualdade: o direito como instrumento de transformação social. A experiência dos* E.U.*A*, p. 47). No âmbito da jurisdição constitucional, o STF julgou constitucional a política de cotas étnico-raciais para seleção de estudantes da Universidade de Brasília (UnB). O Relator, Min. Ricardo Lewandowski, afirmou que as políticas de ação afirmativa adotadas pela UnB estabelecem um ambiente acadêmico plural e diversificado, e têm o objetivo de superar distorções so-

Apesar de se ter essas medidas como progressistas, mesmo porque estabelecem uma efetiva igualdade de oportunidades, pela adoção da equidade (que trata os desiguais de forma desigual), alguns problemas são levantados por quem se posiciona de maneira contrária ao seu implemento, traduzidos na adequação ou não daquelas medidas aos fins dos concursos públicos ou dos vestibulares, que envolvem a aplicação do sistema de mérito, lembrando-se que determinado candidato, em decorrência da etnia, poderá ser beneficiado na entrada, com a continuação do curso sem base anterior, preparo ou conhecimento mínimo. Quanto às compensações em favor dos negros, debate-se sobre a enorme dificuldade de se determinar quem é negro, já que especialistas indicam não haver critério que não deixe,em todas as hipóteses, dúvidas sobre a etnia do indivíduo, considerando-se, ademais, que a raça não é determinada apenas pela cor da pele (o critério adotado pela legislação, neste caso, é a manifestação da própria pessoa, que deve declarar-se negra, o que pode levar a desvirtuamentos). De se levar ainda em conta que, no Brasil, país majoritariamente pobre, a imensa parcela de brancos também se encontra em situação aflitiva, muitos em piores condições do que as pessoas negras, circunstância que leva ao questionamento da utilização da quota de ação afirmativa para classes menos favorecidas. No âmbito da antropologia, indaga-se até que ponto a reserva de quotas poderia concorrer para a desvalorização da mestiçagem como uma das armas poderosas para serem usadas no combate antirracista no Brasil, até mesmo porque "não somos todos (nós seres humanos), desde sempre e para sempre, culturalmente e 'racialmente', mestiços?"[153] Ainda numa visão antropológica, Peter Fry observa que "para enfrentar as desigualdades sociais e raciais, as ex-colônias britânicas embarcaram em programas de ação afirmativa que são formal e logicamente consistentes com as políticas anteriores de segregação racial. Nos Estados Unidos, por exemplo, havia um largo

---

ciais historicamente consolidadas. Além disso, segundo ele, os meios empregados e os fins perseguidos pela UnB são marcados pela proporcionalidade, razoabilidade e as políticas são transitórias, com a revisão periódica de seus resultados. Segundo o Relator, "no caso da Universidade de Brasília, a reserva de 20% de suas vagas para estudante negros e 'de um pequeno número delas' para índios de todos os Estados brasileiros pelo prazo de 10 anos constitui, a meu ver, providência adequada e proporcional ao atingimento dos mencionados desideratos. A política de ação afirmativa adotada pela Universidade de Brasília não se mostra desproporcional ou irrazoável, afigurando-se também sob esse ângulo compatível com os valores e princípios da Constituição" (ADPF 186-DF, j. 26.4.2012;*Notícias* STF, 26.4.2012; *Informativo* 663/ STF). O STF ainda julgou, por maioria de votos, improcedente o pedido feito na ADI 3330 (Rel. Min. Ayres Britto), ajuizada pela Confederação Nacional dos Estabelecimentos de Ensino (Confenen). A entidade questionava a Medida Provisória n. 213/04, convertida na Lei n. 11.096/2005, que instituiu o Programa Universidade para Todos (ProUni) e passou a regular a atuação de entidades de assistência social no ensino superior, com o repasse, dentre outras medidas, de verbas para universidades privadas que instituírem ações afirmativas, reservando bolsas para alunos que cursaram o ensino médio em escolas públicas (j. 3.5.2012; *Notícias* STF, 3.5.2012). A Lei n. 12.711, de 29.8.2012, regulamentada pelo Decreto n. 7.824, de 11.10.2012, dispõe sobre o ingresso nas universidades federais e nas instituições federais de ensino técnico de nível médio, com observância de quotas para estudantes que tenham cursado integralmente o ensino médio em escolas públicas, e por autodeclarados pretos, pardos e indígenas.

[153] Cf. Vianna. Mestiçagem fora de lugar. Caderno "Mais", *Folha de S.Paulo*, 27 de junho de 2004, p. 4-6.

consenso entre sobre a identidade racial ou étnica dos cidadãos. A ação afirmativa não apresentou nenhuma mudança mais radical na maneira pela qual os americanos se imaginavam como nação dividida em categorias raciais ou étnicas mais ou menos estanques. Mais recentemente o Brasil embarcou nesse caminho. Aqui a ação afirmativa não veio somente para compensar os negros pelo passado de escravidão e pelo presente da discriminação. Veio desfazer a 'mistura racial' para produzir só duas raças. Antes uma sociedade de classes que recusava reconhecer as identidades raciais, o Brasil é agora imaginado como uma sociedade de 'raças' e 'etnias' distintas. As políticas de ação afirmativa racial terão a consequência de estimular os pertencimentos 'raciais' e 'étnicos', assim fortalecendo a crença em raças. Tenho argumentado (e tenho citado vários brasileiros com a mesma opinião) que há um sério risco de que as políticas de ação afirmativa que exigem a definição racial dos cidadãos, e que atribuem especificidade mórbida à 'raça negra', resvalem para a produção de uma cisão racial cada vez mais palpável."[154] No que se refere à reserva de vagas para alunos egressos da rede pública de ensino, como ficaria a situação daquele aluno que, com vistas à melhoria do aprendizado, estudou, com enorme dificuldade econômica, em colégio privado, ou em algum momento frequentou instituição privada? Do mesmo modo, as medidas em exame concorreriam por desestimular o Poder Público no investimento de políticas públicas que conduzam à redução das desigualdades, em especial no que se refere à melhoria de condições do ensino fundamental e médio.

5.5.3 Igualdade da mulher

Foram as Constituições do século XX que, por via de normas programáticas, iniciaram a definição dos diretos das mulheres envolvendo a igualdade social, direitos econômicos, sociais e culturais ou preceitos específicos dirigidos ao legislador. No cenário histórico das declarações de direitos dos séculos XVII, XVIII e XIX as Constituições liberais se limitavam a proclamar a igualdade perante a lei sem restrições, o que permitiu uma interpretação, condicionada pelas circunstâncias, que levava à permanência de múltiplas desigualdades entre homens e mulheres, tanto no Direito Privado como no Direito Público.

Com o advento da Declaração Universal, surgiram significativos textos internacionais declaratórios de direitos da mulher, como a Convenção sobre os Direitos Políticos da Mulher, de 1952, a Convenção sobre a Nacionalidade da Mulher Casada, de 1957, e a Convenção sobre a Eliminação de Todas as Discriminações contra a Mulher, de 1979 , cujo art. 1º afirma que a discriminação contra a mulher significa toda distinção, exclusão ou restrição baseada no sexo e que tenha por objeto ou resultado prejudicar ou anular o reconhecimento, gozo, exercício pela mulher, independentemente de seu estado civil, com base na igualdade do homem e da mulher, dos direitos humanos e das liberdades fundamentais nos campos político, econômico, social, cultural e civil ou em qualquer outro campo."

---

[154] FRY. *A persistência da raça*, p. 336 e 341.

De destacar ainda, como avanço na proteção internacional dos direitos das mulheres, a Convenção Interamericana para Prevenir, Punir e Erradicar a Violência contra a Mulher (Convenção de Belém).

O Direito Comparado, na resenha de Jorge Miranda, revela quatro tipos de resposta à questão que envolve a igualdade da mulher: 1. Constituições que se circunscrevem à declaração do princípio da igualdade, com proibição de discriminação e privilégios em razão do sexo ou de quaisquer outros fatores de diferenciação; 2. Constituições que se referem *expressis verbis* à igualdade de direitos de homens e mulheres; 3. Constituições que afirmam a igualdade de participação política de ambos os sexos; 4. Constituições que consentem ou impõem medidas positivas em favor da participação política das mulheres. A grande maioria das Constituições pertence ainda ao primeiro grupo, o que não significa que se desinteressem da promoção dos direitos políticos das mulheres, mas o fazem do prisma da efetivação dos direitos econômicos, sociais e culturais ou da própria participação em geral. Em menor número são as Constituições que de deparam nos outros grupos: no segundo, designadamente, a Constituição mexicana de 1917 (art. 4°); a alemã de 1949, após 1994 (art. 4ª, n.2), a indiana de 1949 (art. 38), a grega de 1975 (art. 4°, n.2), a cubana de 1976 (art. 44), a russa de 1993 (art. 19); no terceiro grupo, a Constituição italiana de 1947 (art. 51), a chinesa de 1982 (art. 48), a da Guiné-Bissau de 1984 (art. 24), a nicaraguense de 1987 (art. 40), a moçambicana de 1990 (art. 67), a ucraniana de 1996 (art. 24), a polaca de 1996 (art. 27); e no quarto grupo, a filipina de 1987 (art. 5º, (2), da seção VI) e a argentina, reformada em 1994 (art. 37).[155]

A Constituição brasileira de 1988 insere-se na classe das Constituições que contêm ações positivas em favor das mulheres. Ao proclamar no inciso I do art. 5º, que homens e mulheres são iguais em direitos e obrigações, quer dizer que homens e mulheres que estiverem em situação idêntica não poderão sofrer discriminações em suas prerrogativas e deveres. A Constituição traz, no entanto, algumas discriminações relativamente à mulher, como a aposentadoria da mulher com menos tempo de contribuição e menor limite de idade do que o homem (art. 40, § 1º, III, *a* e *b*). Também para preservar o tratamento isonômico entre homem e mulher, há previsão de tutela constitucional contra o discrímen sexual, nos termos dos arts. 7º, XVIII, XIX e XX; 143, § 2º). A proteção ao repouso mais prolongado da mulher, no caso de nascimento de filho, tem origem biológica, pois o parto é processo de que o homem não participa. A previsão de uma legislação que favoreça o mercado de trabalho da mulher, mediante proteção e incentivos, constitui reconhecimento da situação de desigualdade entre os sexos, e o ponto referente ao tempo de serviço para a aposentadoria voluntária tem fundamento puramente social.[156]

É cabível à legislação ordinária estabelecer disposições que visem atenuar os discrímens sexuais. A Lei n. 9029/95 proíbe a exigência de atestados de gravidez e esterilização, e outras práticas discriminatórias, para efeitos admissionais ou de permanência de relação jurídica de trabalho, constituindo praxes delituosas: a) a

---

155 MIRANDA. *Constituição e cidadania*, p. 296-297.

156 LIMA. *Isonomia entre os sexos no sistema jurídico nacional*, 27-29.

exigência de teste, exame, perícia, laudo, atestado, declaração ou qualquer outro procedimento relativo às esterilização ou a estado de gravidez; b) a adoção de quaisquer medidas, de iniciativa do empregador, que configurem indução ou instigamento à esterilização genética; c) a produção do controle de natalidade, assim não considerado o oferecimento de serviços e de aconselhamento ou planejamento familiar, realizados por instituições públicas ou privadas, submetidas às normas do Sistema Único de Saúde – SUS.

Em 7 de agosto de 2006, foi editada a Lei n. 11.340 (Lei Maria da Penha), que cria mecanismos para coibir a violência doméstica e familiar contra a mulher, estabelecendo medidas para a prevenção, assistência e proteção às mulheres em situação de violência.

No âmbito dos direitos políticos, a Lei n. 9.504/97 (Lei Eleitoral) prevê, no art. 10, § 3º, com a redação da Lei n. 12.034, de 29.9.2009, quotas eleitorais para candidaturas de ambos os sexos, é dizer, do número de vagas a preencher para as eleições proporcionais, cada partido ou coligação preencherá o mínimo de 30% e o máximo de 70% para candidaturas de cada sexo.

5.6 Direito de propriedade: fundamentos

A propriedade,[157] objeto imediato dos direitos fundamentais (art. 5º, *caput*), é garantida pelo inciso XXII e constitui princípio da ordem econômica (art. 170, II).

O direito de propriedade é "abrangente de todo o patrimônio, isto é, os direitos reais, pessoais e a propriedade literária, a artística, a de invenções e descoberta. A conceituação de patrimônio inclui o conjunto de direitos e obrigações economicamente apreciáveis, atingindo, consequentemente, as coisas, créditos e os débitos, todas as relações jurídicas de conteúdo econômico das quais participe a pessoa, ativa ou passivamente", ensina Ylves José de Miranda Guimarães.[158]

Para o Direito Natural, a propriedade antecede ao Estado e à própria sociedade, e não poderá ser abolida, mas seu uso poderá ser regulado em função do bem comum.

5.6.1 Função social da propriedade

Concebida como direito fundamental, a propriedade não é, contudo, um direito absoluto, estando ultrapassada a afirmação constante da Declaração dos Direitos do Homem e do Cidadão, de 1789, considerando a sagrada.

Ao dispor que "a propriedade atenderá a sua função social",[159] o art. 5º, XXIII, da Constituição a desvincula da concepção individualista do século XVIII. A pro-

---

[157] Propriedade, etimologicamente, deriva do latim *proprius,* que significa particular de, ou apropriado a um indivíduo. O termo evoluiu para *proprietas,* ou propriedade.

[158] GUIMARÃES. *Op. cit.*, p. 44.

[159] Glauco Barreira Magalhães Filho observa que a "função designa uma situação jurídica em que existe, previamente determinada em uma norma, uma finalidade que deve ser obrigatoriamente atendida por alguém, mas em benefício ou no interesse de outrem. Para execução de tal fim,

priedade, sem deixar de ser privada, se socializou, com isso significando que deve oferecer à coletividade uma maior utilidade, dentro da concepção de que o social orienta o individual.

O princípio incide sobre a estrutura e o conteúdo da propriedade, sobre a própria configuração do direito, e constitui elemento que qualifica a situação jurídica considerada, condicionando os modos de aquisição, uso, gozo e disposição dos bens. Não envolve, portanto, apenas limitação do exercício das faculdades do proprietário inerentes ao domínio. A função social da propriedade introduz, na esfera endógena do direito, um interesse que pode até mesmo não coincidir com o do proprietário, com o predomínio do social sobre o individual, fenômeno denominado de socialidade.

A função social da propriedade, que corresponde a uma concepção ativa e comissiva do uso da propriedade, faz com que o titular do direito seja obrigado a fazer, a valer-se de seus poderes e faculdades, no sentido do bem comum: enquanto as obrigações de não fazer impostas ao proprietário se acham ligadas ao poder de polícia, as obrigações de fazer decorrem da função social da propriedade.

Mencione-se, ainda, que a função social da propriedade vai além das limitações que lhe são impostas em benefício de vizinhos, previstas no Código Civil, pois que elas visam ao benefício da comunidade, do bem comum, do interesse social.

Portanto, "em face do princípio da função social fica o proprietário jungido a observar desde o papel produtivo que deve ser desempenhado pela propriedade – passando pelo respeito à ecologia – até o cumprimento da legislação social e trabalhista pertinente aos contratos de trabalho".[160]

A função social da propriedade urbana vem qualificada pela própria Constituição, ao estabelecer, no § 2º do art. 182, que "a propriedade urbana cumpre sua função social quando atende às exigências fundamentais de ordenação da cidade, expressas no plano diretor".

Observe-se que o plano diretor, obrigatório para cidades com mais de 20 mil habitantes, é o instrumento básico da política de desenvolvimento de expansão urbana e será estabelecido em lei municipal (art. 182, §§ 1º e 2º). O Poder Público municipal, mediante lei específica para área incluída no plano diretor, poderá exigir, nos termos da lei federal, do proprietário do solo urbano não edificado, subutilizado ou não utilizado, que promova seu adequado aproveitamento, sob pena, sucessivamente, de:

I – parcelamento ou edificação compulsórios;

II – imposto sobre a propriedade predial e territorial urbana progressivo no tempo;[161]

---

a ordem jurídica outorga os poderes indispensáveis. Como ensina Celso Antônio Bandeira de Mello, não se tem, na função, um poder-dever, mas um dever-poder, ou seja, tendo em vista a realização de uma finalidade que se expressa no interesse de outrem, nasce um dever para um sujeito, o qual recebe poderes outorgados pela ordem jurídica para cumpri-lo" (*Hermenêutica e unidade axiológica da constituição*, p. 196).

160 ORRUTEA. *Da propriedade e a sua função social no direito constitucional moderno*, p. 214.

161 Trata-se do Imposto sobre a Propriedade Territorial Urbana (IPTU). O Estatuto da Cidade (Lei n. 10.257/2001), em seu art. 7º, prevê, atendendo à exigência de sucessividade,

III – desapropriação com pagamento mediante títulos da dívida de emissão previamente aprovada pelo Senado Federal, com prazo de resgate de até dez anos, em parcelas anuais, iguais e sucessivas, assegurados o valor real da indenização e os juros legais (art. 182, § 4º, I a III). O Professor Raul Machado Horta, depois de dizer que "os capítulos da Política Urbana, da Política Agrícola, Fundiária e da Reforma Agrária estão igualmente impregnados de normas ambíguas e elásticas, sob a aparência de razoabilidade, mas que poderão conduzir a resultados extremos, na medida em que o legislador preferir explorar conteúdo dilatador da norma constitucional federal autorizativa", adverte para o fato de que a lei municipal, sob a invocação do princípio da função social da propriedade, poderá sujeitar o proprietário urbano a retaliações locais, muitas vezes inspiradas no facciosismo político.[162]

A função social da propriedade rural vem qualificada no art. 186 da Constituição, ou seja, é cumprida quando atende, simultaneamente, segundo critérios e graus de exigência estabelecidos em lei, aos seguintes requisitos:

I – aproveitamento racional e adequado;

II – utilização adequada dos recursos naturais disponíveis e preservação do meio ambiente;

III observância das disposições que regulam as relações de trabalho;

IV – exploração que favoreça o bem-estar dos proprietários e dos trabalhadores.

5.6.2 Desapropriação

Os bens do proprietário poderão ser transferidos para o Estado ou para terceiros, sempre que haja necessidade ou utilidade públicas, ou interesse social, mediante *prévia* e *justa* indenização em dinheiro, ressalvadas as hipóteses constitucionais em que a indenização se fará mediante títulos da dívida pública (art. 182, § 4º, III – desapropriação como sanção ao proprietário de imóvel urbano não edificado, subutilizado ou não utilizado), e títulos da dívida agrária (arts. 184 e 186 – desapropriação, pela União, por interesse social para fins de reforma agrária, do imóvel rural que não esteja cumprindo sua função social).

É a desapropriação "o procedimento administrativo pelo qual o poder público ou seus delegados, mediante prévia declaração de necessidade pública, utilidade pública

---

que, sendo descumpridos os prazos fixados para o parcelamento ou edificação compulsória, o Município aplicará o imposto progressivo no tempo, mediante a majoração da alíquota pelo prazo de cinco anos consecutivos. O valor da alíquota será estabelecido na lei específica, mas não poderá exceder a duas vezes o valor referente ao ano anterior, respeitada a alíquota máxima de 15%.

162 HORTA. A ordem econômica na nova Constituição: problemas e contradições. *In*: *A Constituição brasileira – 1988*: interpretações, p. 392.

ou interesse social, impõe ao proprietário a perda de um bem, substituindo-o em seu patrimônio por justa indenização".[163]

Desapropriar consiste num procedimento administrativo (não se trata de ato, pois somente se efetiva mediante uma sucessão ordenada de atos intermediários), pelo qual o Poder Público assume a propriedade de um bem privado, ou público de entidade de nível inferior para a superior, por ato unilateral, por necessidade pública, utilidade pública, ou interesse social, mediante indenização, em dinheiro ou em títulos, que recompõe o patrimônio particular na exata proporção em que foi atingido.

A desapropriação é forma originária de aquisição da propriedade, porquanto não existe referência a título anterior.

"Há necessidade pública sempre que a expropriação de determinado bem é indispensável para atividade essencial do Estado. Há utilidade pública quando determinado bem, ainda que não seja imprescindível ou insubstituível, é conveniente para o desempenho da atividade estatal. Entende-se existir interesse social toda vez que a expropriação de um bem for conveniente para a paz, o progresso social ou para o desenvolvimento da sociedade."[164]

A "finalidade pública ou o interesse social é, pois, exigência constitucional para legitimar a desapropriação. Não pode haver expropriação por interesse privado de pessoa física ou organização particular. O interesse há de ser do Poder Público ou da coletividade: quando o o interesse for do Poder Público, o fundamento da desapropriação será necessidade ou utilidade pública; quando for da coletividade será interesse social. Daí resulta que os bens expropriados por utilidade ou necessidade pública são destinados à Administração expropriante ou a seus delegados, ao passo que os desapropriados por interesse social, normalmente se destinam a particulares que irão explorá-los segundo as exigências da coletividade, embora em atividades da iniciativa privada, ou usá-los na solução de problemas sociais de habitação, trabalho e outros mais."[165] Destaca-se como de interesse social a desapropriação para fins de reforma agrária, prevista no art. 184 da Constituição Federal.

Há casos, no entanto, denominados de desapropriação indireta, que ocorre quando o Poder Público se apossa de bens de particulares sem prévia declaração de utilidade pública ou de interesse social (apossamento administrativo).

Os casos que ensejam a desapropriação acham-se taxativamente enumerados em lei: aqueles com fundamento em necessidade ou utilidade pública, no Decreto-Lei n. 3.365/41 (que os absorveu sob a denominação única de utilidade pública), e em leis especiais posteriores que os aditaram; aqueles com fundamento em interesse social, na Lei n. 4.132/62, e em outras leis, como a Lei n. 4.504/64 (Estatuto da Terra), Lei n. 8.174/91 (princípios da política agrícola), Lei n. 8.629/93 (regulamenta a desapropriação para reforma agrária de que trata o art. 184 da Constituição Federal).

---

163 PIETRO. *Direito administrativo*, p. 151.

164 FERREIRA FILHO. *Op. cit.*, p. 265.

165 MEIRELLES. *Direito administrativo brasileiro*, p. 541.

Como procedimento administrativo, a desapropriação se realiza em duas fases: *fase declaratória* e *fase executória*, que se divide em administrativa e judicial.

A primeira fase (*declaratória*) se inicia com a declaração, pelo Poder Público, da necessidade, utilidade pública, ou do interesse social do bem a ser desapropriado. A declaração é feita pelo Poder Executivo, mediante decreto, ou pelo Poder Legislativo, mediante lei. A declaração acarreta os seguintes efeitos: a) submete o bem à força expropriatória do Estado; b) fixa o estado do bem; c) permite ao Poder Público tomar as providências necessárias para ultimar a declaração, inclusive ingressar no bem para realizar medições. Portanto, somente serão indenizadas as benfeitorias realizadas anteriormente ao ato declaratório, salvo as necessárias, que se indenizem independentemente de consideração do momento de sua realização. Já o direito de ingresso no imóvel se acha previsto no art. 7º do Decreto-Lei n. 3.365/41, é dizer, declarada a utilidade pública, ficam as autoridades administrativas autorizadas e penetrar nos prédios compreendidos na declaração, podendo recorrer, em caso de oposição, ao auxílio de força policial. Tem-se entendido, todavia, que, em razão da cláusula constitucional garantidora da inviolabilidade do domicílio (art. 5º, XI), na hipótese de o proprietário não concordar com a entrada do expropriante em seu imóvel, terá de ser requerida autorização judicial, posto que vedado o ingresso compulsório.

Relativamente à desapropriação de imóvel rural, por interesse social, para fins de reforma agrária, dispõe o art. 2º, § 2º, da Lei Complementar n. 76/93, que declarado o interesse, fica o expropriante legitimado a promover a vistoria e a avaliação do imóvel, inclusive com o auxílio de força policial, mediante prévia autorização do juiz, responsabilizando-se por eventuais perdas e danos que seus agentes vierem a causar, sem prejuízo das sanções penais cabíveis.

Quanto à *fase executória*, será ela administrativa se houver acordo com o Poder Público e o desapropriado aceitar o valor indenizatório a ser-lhe pago, com a lavratura de escritura pública e registro imobiliário, se se tratar de bem imóvel. Será, no entanto, judicial caso não haja acordo quanto ao valor da indenização, e obrigatória quando não se conhecer o proprietário do bem. É relevante anotar que, no processo judicial de desapropriação a defesa do desapropriado está limitada à discussão do preço ofertado pelo expropriante, além de aspectos processuais, de acordo com o que dispõe o art. 20 do Decreto-Lei n. 3.365/41, ao prescrever que a contestação só poderá versar sobre vício do processo judicial ou impugnação do preço; qualquer outra questão deverá ser decidida por ação direta, o que significa que outras discussões serão travadas em vias judiciais próprias, como mandado de segurança, ação de procedimento ordinário, entre outras.

A indenização deverá, como se viu, ser justa, prévia e em dinheiro, ou, nos casos constitucionais, em títulos da dívida pública ou dívida agrária (art. 184, § 4º, III, e art. 184, da Constituição Federal).

Por ser prévia a indenização, é que a desapropriação somente pode ultimar-se com o efetivo pagamento, sendo a decisão judicial título hábil para o registro da propriedade imóvel no cartório imobiliário.

De se notar, no entanto, que o juiz pode imitir o expropriante na posse do bem objeto da desapropriação, mediante alegação de urgência e depósito do valor indenizatório, nos termos do art. 15 do Decreto-Lei n. 3.365/41. Em se se tratando de imissão na posse quando o objeto da desapropriação for imóvel residencial urbano, o Decreto-Lei n. 1.975/70 estabelece outras regras para o valor do depósito para a posse.

A justiça da indenização deverá recompor não só valor real e atual do bem expropriado, à data do pagamento, como também os danos emergentes e os lucros cessantes do proprietário, decorrentes do despojamento dos bens do seu patrimônio. A justa indenização compreende, pois, "o valor do bem, suas rendas, danos emergentes e lucros cessantes, além dos juros compensatórios e moratórios, despesas judiciais, honorários de advogado e correção monetária."[166]

Escrevendo sobre a indenização nas desapropriações, Walter Ceneviva aduz que as expressões "justa" e "prévia indenização em dinheiro", utilizadas pela Constituição, são expressões que "a jurisprudência transformou em mera indicação formal, sem compatibilidade com o significado de tais termos. *Justa e prévia*, ligadas pela conjunção aditiva, corresponderia ao valor efetivo expropriado, pago no momento em que o proprietário perde a fruição e a disposição do bem, em situação distinta de qualquer semelhança com o processo judicial da desapropriação. A indenização *justa e prévia*, feita em dinheiro – salvo as exceções admitidas em nível constitucional –, é incompatível com a prática tradicional de ser permitida a imissão de posse pelo expropriante, apenas feito o depósito segundo o valor venal fiscal do bem. A ideia do *justo*, em termos de valor do bem desapropriado, só pode ser aferida se compatível com o preço de mercado. De outro modo, o expropriado, ao perder o bem, sofre diminuição em seu patrimônio, sem ter sequer a possibilidade econômica de o recompor, no mesmo nível, se aceitar o montante oferecido. É compelido a ingressar em juízo para defesa de seu interesse juridicamente protegido, com os encargos daí decorrentes, porque a oferta raramente é *justa*, tal a distância que a aparta do preço do bem, na relação de direito privado. A oposição de recursos, frequentemente de caráter protelatório, pelos órgãos da administração, terminou resultando em indenizações nas quais os *juros compensatórios* (incidem normalmente sobre o bem) e os *moratórios* (punem o atraso excessivo no pagamento) aumentam o valor indenizatório final, onerando os cofres públicos, sem beneficiar a cidadania."[167]

Mencione-se a existência de duas modalidades de desapropriação para fins sancionatórios: 1. a desapropriação por ilícito administrativo, prevista no art. 182, § 4º, III, da Constituição Federal, ou seja, desapropriação para reforma urbana. É facultado ao Poder Municipal, mediante lei específica, para área incluída no plano diretor, exigir, nos termos de lei federal, do proprietário do solo urbano não edificado, que promova seu adequado aproveitamento, sob pena de desapropriação, que se tem como desapropriação-sanção, com pagamento mediante título da dívida pública, de emissão previamente aprovada pelo Senado Federal, com prazo de resgate de até dez anos, em parcelas anuais, iguais e sucessivas, assegurados o valor real da indenização e os juros legais. Anote-se que, antes da efetivação dessa medida, caberá parcelamento ou edificação

---

[166] MEIRELLES. *Direito administrativo brasileiro*, p. 552.

[167] CENEVIVA. *Direito constitucional brasileiro*, p. 70-71.

compulsórios e imposto sobre a propriedade predial e territorial urbana progressivo no tempo; 2. a desapropriação por ilícito penal, isto é, a desapropriação-confisco prevista no art. 234 da Constituição Federal, que tem por finalidade punir o proprietário que cultiva ou permite que se cultive plantas psicotrópicas, não havendo, nesta modalidade de perda da propriedade, qualquer indenização, e ainda se sujeitando o proprietário a sanções previstas em lei. As glebas desapropriadas serão destinadas a assentamento de colonos, para a produção de produtos alimentícios e medicamentosos.[168]

A Constituição prevê, no art. 5º, XXV, que, "no caso de iminente perigo público, a autoridade competente poderá usar de propriedade particular, assegurada ao proprietário indenização ulterior, se houver dano". Trata-se de requisição, que não se confunde com a desapropriação, pois a indenização será posterior à utilização da propriedade particular, que nem sempre será transferida para o Poder Público, ocorrendo apenas a sua utilização temporária. Anote-se que compete privativamente à União legislar sobre requisições civis e militares, em caso de iminente perigo e em tempo de guerra (art. 22, III).

5.6.3 Propriedades especiais

Os incisos XXVII a XXIX do art. 5º tratam de propriedades especiais, tais como a propriedade literária, artística e científica, a propriedade de invenções e a propriedade das marcas de indústria e comércio.

Consoante lição de Isabel Vaz, "sob a denominação 'propriedade intelectual', agrupam-se duas grandes categorias de bens, dando origem a direitos resultantes da atividade intelectual, com reflexos no domínio industrial, científico, literário ou artístico. Na primeira categoria, chamada 'propriedade industrial', incluem-se os direitos relativos a invenções, marcas de fábrica ou de comércio, dentre outros. A segunda, sob o título de 'direitos do autor' e correlatos, engloba as obras literárias, científicas, musicais, artísticas, filmes, fonogramas e demais criações semelhantes".[169]

Relativamente às obras literárias, artísticas, científicas e de comunicação social, prevê o art. 5º, inciso XXVII, que aos autores pertence o direito exclusivo de utilização, publicação ou reprodução de suas obras, transmissível aos herdeiros pelo tempo que a lei fixar.[170] E pelo inciso XXVII assegura-se, nos termos da lei: a) a proteção às participações individuais em obras coletivas e à reprodução da imagem e voz humanas, inclusive nas atividades desportivas; b) o direito de fiscalização do aproveitamento econômico das obras que criarem ou de que participarem aos criadores, aos intérpretes e às respectivas representações sindicais e associativas.

---

168 Esta modalidade de desapropriação acha-se regulamentada pela Lei n. 8.257/91.

169 VAZ. *Direito econômico das propriedades*, p. 413.

170 A Lei n. 9.610/98 regulamenta os direitos autorais, cujo art. 7ª estabelece que são obras intelectuais protegidas as criações do espírito, expressas por qualquer meio ou fixadas em qualquer suporte, tangível ou intangível, conhecido ou que se invente no futuro, sendo o prazo de proteção dos direitos autorais de 70 anos, a partir do qual a obra cai no domínio público.

No que concerne à propriedade industrial, a cláusula constitucional (art. 5º, inciso XXIX) abrange o privilégio de invenção, as marcas de indústria ou de comércio e o nome de empresas. [171]

5.6.4 Bem de família

O bem de família consiste no prédio para domicílio da família, isento de execução por dívida. Segundo dispõe o art. 5º, XXVI, "a pequena propriedade rural, assim definida em lei, desde que trabalhada pela família, não será objeto de penhora para pagamento de débitos decorrentes de sua atividade produtiva, dispondo a lei sobre os meios de financiar o seu desenvolvimento".

A seu turno, o Código Civil de 2002 estabelece, em seu art. 1.711: "Podem os cônjuges, ou a entidade familiar, mediante escritura pública ou testamento, destinar parte de seu patrimônio para instituir bem de família, desde que não ultrapasse 1/3 (um terço) do patrimônio líquido existente ao tempo da instituição, mantidas as regras sobre a impenhorabilidade do imóvel residencial estabelecida em lei especial."

Dispõe o parágrafo único do referido artigo que: "O terceiro poderá igualmente instituir bem de família por testamento ou doação, dependendo a eficácia do ato da aceitação expressa de ambos os cônjuges beneficiados ou da entidade familiar beneficiada."

Anote-se que a instituição do imóvel como bem de família depende de escritura pública.

Há ainda outra modalidade infraconstitucional de bem de família que é a definida na Lei n. 8.009, de 29 de março de 1990, não se exigindo, para seu aperfeiçoamento, nenhum requisito formal, como escritura pública. Segundo o art. 1º da Lei n. 8.009/90, "o imóvel residencial próprio do casal, ou da entidade familiar, é impenhorável e não responderá por qualquer tipo de dívida civil, comercial, fiscal, previdenciária ou de outra natureza, contraída pelos cônjuges ou pelos pais ou filhos que sejam seus proprietários e nele residam, salvo nas hipóteses previstas nesta Lei."

E segundo o parágrafo único, a "impenhorabilidade compreende o imóvel sobre o qual se assentam a construção, as plantações, as benfeitorias de qualquer natureza e todos os equipamentos, inclusive de uso profissional, ou móveis que guarnecem a casa, desde que quitados". E de acordo com o art. 5º, considera-se residência, para os efeitos de impenhorabilidade, um único imóvel utilizado pelo casal ou pela entidade familiar para moradia permanente, esclarecendo o parágrafo único que, na "hipótese de o casal, ou entidade familiar, ser possuidor de vários imóveis utilizados como residência, a impenhorabilidade recairá sobre o de menor valor, salvo se tiver sido registrado, para esse fim, no Registro de Imóveis na forma do art. 70 do Código Civil" (o art. 70 corresponde ao art. 1.711 do Código Civil de 2002).

---

[171] A Lei n. 9.279/96 disciplina os direitos e obrigações relativos à propriedade industrial.

5.6.5 Direito de herança

A Constituição garante o direito de herança (art. 5º, XXX). A herança viabiliza que alguém seja chamado para substituir o falecido em todos seus direitos e obrigações. Considerando que não há patrimônio sem titular, a legislação civil prevê uma ordem de vocação hereditária, pela qual o patrimônio do autor da herança se transmite aos herdeiros legítimos,[172] ou aos herdeiros testamentários. Há, contudo, limitações constitucionais ao direito de herança: a do art. 5º, XLV, que, ao estabelecer o caráter pessoal da pena, explicita que a obrigação de reparar o dano e a decretação do perdimento de bens, nos termos da lei, podem ser estendidas aos sucessores e contra eles executada, até o limite do patrimônio transferido, e a do art. 155, I, que confere aos Estados-Membros e ao Distrito Federal a instituição do imposto de transmissão *causa mortis* e de doação, de quaisquer bens ou direitos.

5.6.6 Sucessão de bens de estrangeiros situados no Brasil

De acordo com o disposto no art. 5º, XXXI, a sucessão de bens de estrangeiro situados no País será regulada pela lei brasileira em benefício do cônjuge ou dos filhos brasileiros, sempre que não lhes seja mais favorável a lei pessoal do *de cujus*. A norma constitucional viabiliza que se resolvam os conflitos da lei no espaço, aplicando-se os critérios de natureza real e de índole pessoal.[173]

5.7 Direito à segurança

A segurança, como direito individual, consiste naquela tranquilidade de espírito, própria de quem não teme o outro (Montesquieu). O direito adquirido, o ato jurídico perfeito e a coisa julgada são manifestações do direito à segurança jurídica. Do ponto de vista comunitário, a segurança é condição do bem comum; consiste na paz, a tranquilidade da ordem (Santo Tomás de Aquino). O homem, elucida Canotilho, "necessita de segurança para conduzir, planificar e conformar, autónoma e responsavelmente a sua vida. Por isso, desde cedo se consideravam os princípios da segurança jurídica e da protecção da confiança como elementos constitutivos do Estado de direito. Em geral, considera-se que a segurança jurídica está conexionada

---

[172] Código Civil: "Art. 1829. A sucessão legítima defere-se na ordem seguinte: I – aos descendentes, em concorrência com o cônjuge sobrevivente, salvo se casado este com o falecido, no regime da comunhão universal, ou no da separação obrigatória de bens (art. 1640), parágrafo único); ou se, no regime da comunhão parcial o autor da herança não houver deixado bens particulares; II – aos ascendentes, em concorrência com o cônjuge; III – ao cônjuge sobrevivente; IV – aos colaterais."

[173] Lei de Introdução às normas do Direito Brasileiro: "Art. 10. A sucessão por morte ou por ausência obedece à lei do país em que era domiciliado o defunto ou o desaparecido, qualquer que seja a natureza e a situação dos bens. § 1º A sucessão de bens de estrangeiros, situados no País, será regulada pela lei brasileira do cônjuge ou dos filhos brasileiros, ou de quem os represente, sempre que não lhes seja mais favorável a lei pessoal do *de cujus*. § 2º A lei do domicílio do herdeiro ou legatário regula a capacidade para suceder."

com elementos objectivos da ordem jurídica – garantia de estabilidade jurídica, segurança de orientação e realização do direito – enquanto a protecção da confiança se prende mais com as componentes subjectivas da segurança, designadamente a calculabilidade e previsibilidade dos indivíduos em relação aos efeitos jurídicos dos actos dos poderes públicos. Deduz-se já que os postulados da segurança jurídica e da protecção da confiança exigíveis perante qualquer acto de qualquer poder – legislativo, executivo e judicial. O princípio geral da segurança jurídica em sentido amplo (abrangendo, pois, a ideia de protecção da confiança) pode formular-se do seguinte modo: o indivíduo tem do direito poder confiar em que aos seus actos ou às decisões públicas incidentes sobre os seus direitos, posições ou relações jurídicas alicerçadas em normas jurídicas vigentes e válidas se ligam os efeitos jurídicos previstos e prescritos por essas mesmas normas. As refracções mais importantes do princípio da segurança jurídica são as seguintes: (1) relativamente a actos normativos – proibição de normas retroactivas restritivas de direitos ou interesses juridicamente protegidos; (2) relativamente a actos jurisdicionais – inalterabilidade do caso julgado; (3) em relação a actos da administração – tendencial estabilidade dos casos decididos através de actos administrativos constitutivos de direitos."[174]

Já a segurança jurídica consiste na previsibilidade de conhecimento de comportamentos que são proibidos, obrigatórios ou permitidos aos destinatários das normas jurídicas. Indicando que o termo é polissêmico, Dimitris Dimoulis destaca três dimensões para o princípio: a) trata-se de princípio estrutural da ordem capitalista, que necessita de estabilidade e previsibilidade, já que o capitalismo necessita de estabilidade e previsibilidade, à consideração de que todos são sujeitos de direito e devem ser tratados isonomicamente e não com base em decisões casuísticas, segundo critérios subjetivos; b) trata-se de um princípio que perpassa o sistema jurídico em diversas clivagens, e se associa à juridicidade, acesso à Justiça, submissão do Executivo e do Judiciário a normas editadas pelo Legislativo; c) trata-se de um anseio e interesse das partes envolvidas em relações conflituosas, que querem prever algo das autoridades estatais, diante da situação de conflito. Após destacar o elemento comum dessas três dimensões, o autor salienta que "a segurança jurídica é o resultado (subjetivo e de cunho psicológico) de uma configuração jurídica cujo elemento principal (objetivo) é a *previsibilidade* das consequências jurídicas." [175]

A segurança em matéria penal é examinada adiante, no item dedicado às garantias constitucionais.

A Constituição distingue segurança individual e segurança pública: esta é dever do Estado, direito e responsabilidade de todos, e é exercida para a preservação da ordem pública e da incolumidade das pessoas e patrimônio (art. 144).

---

[174] CANOTILHO. *Direito constitucional e teoria da constituição*, p. 250.

[175] DIMOULIS. *Positivismo jurídico:* introdução a uma teoria do direito e defesa do pragmatismo jurídico-político, p.196-198. Para um estudo do tema e suas implicações jurídico-filosóficas, com investigações sobre o formalismo jurídico, cf. CUNHA. *Segurança jurídica e crise no direito.*

5.8 Garantias constitucionais: explicação inicial

Há controvérsia sobre a conceituação de garantias constitucionais, entendendo-se até mesmo que rigorosamente elas se confundem com os próprios direitos fundamentais, se concebidas como limitações impostas ao Poder Público (Cf. Cap. 15 do vol. 1). Em vez de se utilizarem da expressão "garantias constitucionais", alguns autores preferem chamar de "remédios constitucionais" os processos previstos na Constituição para a defesa dos direitos violados (*habeas corpus*, mandado de segurança, dentre outros).[176]

Assumindo posição diante da controvérsia, adotamos, para os fins deste trabalho, o sentido dado às garantias constitucionais por Rosah Russomano, ou seja, as determinações e procedimentos mediante os quais os direitos inerentes à pessoa humana obtêm uma tutela concreta. Assim, passaremos ao exame de algumas delas.

5.8.1 Garantias das relações jurídicas: direito adquirido, ato jurídico perfeito, coisa julgada

Ao preceituar que "a lei não prejudicará o direito adquirido, o ato jurídico perfeito e a coisa julgada" (art. 5º, XXXVI), a Constituição procura tutelar situações consolidadas pelo tempo, dando segurança e certeza às relações jurídicas. A Constituição não veda expressamente a retroatividade das leis. Impede apenas que as leis novas apliquem-se a determinados atos passados (direito adquirido, ato jurídico perfeito e coisa julgada). As normas penais também não poderão retroagir, salvo para beneficiar o réu. As leis, assim, deverão reger e produzir efeitos para o futuro, não incidindo eficazmente sobre fatos consumados, produzidos pela lei anterior.

---

[176] José Luiz Quadros de Magalhães aponta significados diferentes para a expressão 'garantias constitucionais' ou 'garantias de direitos'. Segundo o constitucionalista, na "doutrina francesa, a garantia de direitos decorrerá da inserção nos textos constitucionais de princípios, institutos ou situações subjetivas, que após sua incorporação ao texto constitucional passam a ser especialmente asseguradas, isto é, garantidas constitucionalmente. A doutrina alemã, de forma diferente, vai empregar esta expressão para significar os mecanismos jurídicos que dão segurança ao ordenamento constitucional e estabelecem preceitos para a integridade de seu valor normativo. Estas concepções de garantias de direitos evoluíram como reflexo da evolução e conseqüente ampliação do leque de direitos fundamentais, aos quais se somaram no início do século os direitos sociais, econômicos e culturais, como complementação necessária aos direitos individuais e políticos. Desta forma, podemos dividir as garantias constitucionais em três tipos diferentes, que poderiam ser classificadas como garantias processuais, garantias de rigidez constitucional e garantias socioeconômicas dos direitos individuais e políticos". As garantias processuais que se localizam na Constituição são específicas (*habeas corpus* e *habeas data*) e genéricas (mandado de segurança, mandado de injunção, ação direta de inconstitucionalidade, mandado de injunção, ação popular). As garantias de rigidez constitucional se caracterizam pela inserção de determinados limites à atuação do poder público, das pessoas em geral e do legislador infraconstitucional no que respeita à proteção dos direitos fundamentais (inviolabilidade do domicílio). As garantias socioeconômicas dos direitos individuais e políticos são meios de que o indivíduo deve dispor para ser livre, em uma sociedade que ultrapassa o modelo liberal, pois não há liberdade política sem democracia econômica e social. Estas garantias levam à percepção da indivisibilidade dos direitos humanos, que são hoje integrados pelos direitos individuais, políticos, econômicos e sociais, e que se pressupõem necessariamente. (As garantias dos direitos fundamentais. *In*: *Revista de Informação Legislativa*, a. 31, n. 122, maio/jul. 1994, p. 41-46).

A Constituição não define nenhuma dessas garantias jurídicas, cabendo ao legislador ordinário a tarefa.

Tem-se por *direito adquirido*, segundo estabelece o art. 6º, § 2º, da Lei de Introdução às normas do Direito Brasileiro, aquele que o seu titular ou alguém por ele possa exercer, como aquele cujo começo do exercício tenha termo prefixado, ou condição preestabelecida inalterável, a arbítrio de outrem. Pontes de Miranda, ao tratar do dificílimo tema, define o direito adquirido como "o direito irradiado de fato jurídico, quando a lei não o concebeu como atingível pela lei nova".[177]

Para De Plácido e Silva, "direito adquirido é o direito que já se incorporou ao patrimônio da pessoa, já é de sua propriedade, já constitui um bem, que deve ser protegido contra qualquer ataque exterior, que ouse ofendê-lo ou turbá-lo".[178]

Se para Léon Duguit, inexistia direito adquirido, para C.F. Gabba, jurista italiano que versou o tema, o direito adquirido importa em patrimonialidade, e abrange tão somente direitos que têm significado econômico: "Adquirido é todo direito que resultante de um fato capaz de produzi-lo segundo a lei em vigor ao tempo em que este fato se verificou; embora a ocasião de fazê-lo valer se não haja apresentado antes da atuação de uma lei nova sobre o mesmo direito; direito este que, de conformidade com a lei sob a qual aquele fato foi praticado, passou, imediatamente, a pertencer a patrimônio de quem o adquiriu."[179]

Já entre nós, Clóvis Beviláqua dá ao direito adquirido um conceito amplo, embora acarrete para o seu titular vantagens: "Os direitos adquiridos, que as leis devem respeitar, são vantagens individuais, ainda que ligadas ao exercício de funções públicas."[180]

O direito adquirido recebeu tratamento inicial no Direito Privado, que o vinculava à ideia da irretroatividade das leis.

Elucida Raul Machado Horta, "o princípio do direito adquirido, que a doutrina civilística concebeu como projeção da irretroatividade das leis, não ingressou direta e imediatamente na Constituição. Também na ordem constitucional a primazia coube ao princípio da irretroatividade, que se converteu em regra da Constituição, enquanto o direito adquirido se comportava como princípio-reflexo daquele, sem dispor da incorporação ao plano da norma constitucional."[181]

Direito adquirido não se confunde com expectativa de direito, que se verifica quando o direito ainda se acha em formação, e se constitui somente com o advento de seu último elemento. O que não pode ser atingido pela lei nova é o direito adquirido e não o direito em potência: não há falar em direito adquirido a adquirir direito. Enquanto que o direito adquirido integra o patrimônio, a expectativa do direito depende de um acontecimento futuro para poder constituir um direito.

---

177 PONTES DE MIRANDA. *Comentários à Constituição de 1967 com a Emenda n. 1, de 1969*, p. 78-79.

178 SILVA. *Vocabulário jurídico.*

179 *Apud* RÁO. *O direito e a vida dos direitos*, p. 370-371.

180 BEVILÁQUA. *Teoria geral do direito civil*, p. 19.

181 HORTA. *Direito constitucional*, p. 240.

No campo do Direito Público, muito se tem discutido acerca da ocorrência ou não do direito adquirido.

Questão das mais relevantes, em razão, sobretudo, da ocorrência de emendas constitucionais alterando situações jurídicas que envolvem direitos subjetivos de vantagens para o seu titular, diz respeito a saber se a Constituição pode dispor contrariamente ao direito adquirido.

Relativamente ao poder constituinte originário, observa Raul Machado Horta que "as grandes revoluções, determinando profundas alterações na estrutura política, social e econômica, não se detiveram diante das situações consolidadas anteriormente, deixando de reconhecer o direito adquirido". Quanto ao Brasil, ressalta o eminente constitucionalista que, embora não se recuse ao constituinte originário desfazer o direito adquirido, as "mudanças operadas na fisionomia do regime político brasileiro não atingiram a profundidade das alterações que decorreram de processo revolucionário radical."[182]

No que se refere ao poder constituinte derivado, a questão assume maior relevo, porquanto é neste domínio que se situam as tentativas de atingir o direito adquirido, através de emendas constitucionais cujo texto visam, sobretudo, objetivos econômicos, sociais e previdenciários.

É de Carlos Ayres Britto a observação de que "em Estados como o Brasil, emenda não é matriz normativa do direito adquirido, nem do ato jurídico perfeito, nem da coisa julgada, para poder se auto-excluir, ou não, de incidência perante as três emblemáticas figuras". Lembra ainda que o inciso XXXVI do art. 5º da Constituição de 1988 "consagra um tipo de garantia contra a função legiferante do Estado, agindo este assim no exercício da função legislativa usual como da função reformadora", sendo, portanto, o direito adquirido um direito completamente a salvo de prejuízo por lei posterior.[183]

Deve-se considerar, de início, que a imunidade do direito adquirido acaba por importar em limitação aos efeitos imediatos da lei.

Tem-se assim que:

a) os fatos futuros (*facta futura*), ou seja, do presente para o futuro, e que vêm a ocorrer após a edição da norma, podem ser por ela atingidos;

b) os fatos anteriores (*facta proeterita*) à emenda constitucional estão fora do seu alcance, por não ter a norma retroeficácia, sendo-lhe defeso colher os fatos pretéritos à sua edição;

c) os fatos pendentes (*facta pendentia*), ou seja, aqueles que, embora ocorridos no passado, ainda têm efeitos a produzir no futuro, é que suscitam maior controvérsia. Manoel Gonçalves Ferreira Filho sustenta ser possível a extinção, restrição ou moderação, por norma constitucional, dos efeitos dos facta pendentia, desde que respeitados os princípios

---

182 HORTA. *Direito constitucional*, p. 245, 247, 249.

183 BRITTO. *Teoria da constituição*, p. 112.

inerentes a toda restrição dos direitos fundamentais, em especial os da razoabilidade e proporcionalidade.[184]

De se considerar, no entanto, que, à luz da concepção teórica em que se estrutura o sistema jurídico de proteção do direito adquirido, e levando em conta a evolução constitucional brasileira, o nosso constitucionalismo, consoante constata Raul Machado Horta, "ao invés de opor Constituição e direito adquirido como valores antitéticos, vem promovendo a acomodação e o convívio entre Constituição e direito adquirido, que perdura até os nossos dias".[185]

Esta observação vem reforçar a tese dos que entendem que se deve excluir da incidência da norma constitucional derivada a parte futura dos fatos pendentes.

É o que pensamos. Nesse sentido, cite-se o posicionamento de Alexandre de Moraes, ao examinar o direito adquirido em face da Previdência Social: "Todos os aposentados e pensionistas, portanto, possuem direito adquirido, não só em relação à existência da aposentadoria, como situação jurídica já concretizada, mas também em relação aos valores e regras de atualização dos proventos recebidos, regidos pela Constituição e legislação atuais, inatacáveis por meio de proposta de emenda constitucional, uma vez que, nas palavras de Limongi França, 'a diferença entre expectativa de direito e direito adquirido está na existência, em relação a este, de fato aquisitivo específico já configurado por completo'. Igualmente, aqueles que já preencheram todos os requisitos exigidos para a aposentadoria, na vigência da Constituição Federal e legislação atuais, porém continuam a exercer suas funções, têm a garantia do direito adquirido, não só, repetimos, em relação à aquisição da aposentadoria, como também de que seus proventos da inatividade regular-se-ão pela legislação vigente ao tempo em que reuniram os requisitos necessários."[186]

---

184 FERREIRA FILHO. *Aspectos do direito constitucional contemporâneo*, p. 118-111.

185 MORAES. *Direito constitucional*, p. 97-98.

186 Ainda quanto aos direitos previdenciários, a jurisprudência do Supremo Tribunal Federal ora tem adotado a tese da preservação do direito adquirido em face de norma constitucional nova, havendo neste sentido, editado a Súmula n. 359, ora tem adotado a tese de que a preservação do direito adquirido não impede a mudança do seu regime por força de norma constitucional posterior (cf. *Revista de Direito Administrativo*, 131/45, e *Revista Trimestral de Jurisprudência*, 64/462; 114/237; 154/225). Ao julgar, em 18.8.2004, a ADI 3105/DF e a ADI 3128/DF, contra o art. 4º da EC n. 41/2003, que impõe aos servidores públicos aposentados e aos pensionistas, em gozo de benefícios na data da publicação da Emenda, bem como àqueles alcançados pelo seu art. 3º, a obrigação de pagar contribuição previdenciária com percentual igual ao estabelecido para os servidores titulares de cargos efetivos, o Supremo Tribunal Federal, sob a Presidência do Ministro Nelson Jobim, entendeu, dentre outras razões, que *por serem as contribuições espécie de tributo, não há como opor-lhes a garantia constitucional do direito adquirido*; a norma que institui ou majora tributos incide sobre fatos posteriores à sua entrada em vigor; não consta do rol dos direitos subjetivos inerentes à situação de servidor inativo o de imunidade tributária absoluta dos proventos correlatos; o princípio constitucional da irredutibilidade da remuneração dos servidores públicos não se estende aos tributos porque não implica imunidade tributária; a EC n. 41/2003 transmudou a natureza do regime previdencial que, de solidário e distributivo, passou a ser meramente contributivo e, depois, solidário e contributivo, por meio de expressa previsão explícita da tributação dos inativos, em face da necessidade de se resolver o colapso havido no sistema, em decorrência, dentre outros fatores, da queda da natalidade, do acesso aos quadros funcionais

Ressalta Carlos Ayres Britto que "o direito subjetivo que se eleva ao patamar de direito adquirido (o adquirido é um plus em relação ao direito subjetivo) pode até não se encontrar em fase de exercício. Nem por isso deixa de ser direito adquirido, pois o exercício pode ficar pendente de presssupostos, a saber... o aguardo do lapso temporal, ou do preenchimento de certa condição, prefixados pela própria norma geral. Mas prefixados, não como requisitos de obtenção do direito (matéria de outra norma), e, sim, como requisitos do respectivo exercício; ou seja, é preciso distinguir entre a norma geral que indica os pressupostos de obtenção do direito e a norma igualmente geral que dispõe sobre a implementação de termo ou de condição para a empírica fruição daquele mesmo direito que a primeira norma elementarizou."[187]

O tema foi ainda abordado por José Tarcízio de Almeida Melo, ao situar os direitos previdenciários na categoria dos direitos sociais. O constitucionalista vai mais longe, ao escrever: "Os empregados e os servidores públicos são titulares dos direitos sociais quando assumem a qualificação subjetiva de destinatários das normas que contêm os direitos sociais. É titular de direito adquirido à aposentadoria, segundo o regime em que ingressou, não só o que preencheu as condições e o termo assinado pela Constituição como também aquele que tem o direito, o qual vai ser objeto de uso e fruição logo que completadas as condições e incidir o termo. O servidor que concorre para um resultado, de acordo com normas fixadas por lei, não pode ter dificultado aquele resultado, por condições novas. Não há a figura do direito adquirido proporcional. A ilicitude da modificação do plano de aposentadoria é da mesma natureza que a alteração das condições básicas daquele benefício e, pela mesma razão, envolvendo ambas as hipóteses, direitos sociais, não podem ser reduzidos ou limitados pela emenda constitucional. O direito ditado pela ordem jurídica, anterior e benéfica, passa a sofrer o impacto da inovação que piora a situação do sujeito ativo."[188]

Ato jurídico perfeito, de acordo com a Lei de Introdução às normas do Direito Brasileiro (art. 6º, § 1º), é aquele já consumado segundo a lei vigente ao tempo em que se efetuou. Pontes de Miranda[189] sustenta que ato jurídico perfeito "é o negócio jurídico,

---

públicos, do aumento da expectativa de vida do brasileiro e, consequentemente, do período de percepção do benefício; o regime previdenciário público deve ser custeado por toda a sociedade, de forma direta e indireta, o que se poderia denominar de princípio estrutural da solidariedade; o regime previdenciário assumiu caráter contributivo para efeito de custeio equitativo e equilibrado dos benefícios, sem prejuízo da observância dos princípios do parágrafo único do art. 194 da Constituição Federal: universalidade, uniformidade, seletividade e distributividade, equidade no custeio e diversidade da base de financiamento, o que leva à necessidade de se interpretar os elementos sistêmicos figurados no 'tempo de contribuição', no 'equilíbrio financeiro e atuarial' e na 'regra de contrapartida', em conjunto com aqueles princípios; a contribuição previdenciária imposta ao servidor não é prestação sinalagmática, mas tributo destinado à atuação do Estado na área da previdência social; a cobrança, em si, do valor da contribuição dos inativos não ofende o princípio da isonomia; portanto, o fato de o servidor já estar aposentado à data da publicação da EC n. 41/2003 não justifica tratamento desigual quanto à sujeição do tributo (Rel. orig. Min. Ellen Gracie, rel. para o acórdão Min. Joaquim Barbosa).

[187] BRITTO. *Teoria da constituição*, p. 116-117.

[188] MELO. *Reformas* – Administrativa, Previdenciária, do Judiciário, p. 185 e 188.

[189] PONTES DE MIRANDA. *Op. cit.*, p. 102.

ou o ato jurídico *stricto sensu*; portanto, assim as declarações unilaterais de vontade, como os negócios jurídicos bilaterais, assim os negócios jurídicos, como as reclamações, interpelações, a fixação de prazo para a aceitação de doação, as cominações, a constituição de domicílio, as notificações, o reconhecimento para interromper a prescrição ou como sua eficácia (atos jurídicos *stricto sensu*)".

Portanto, é perfeito o ato jurídico que reúna os elementos substanciais previstos na lei civil, quais sejam: agente capaz, objeto lícito e forma prescrita ou não vedada por lei. Ressalte-se ainda que, embora não consumado, o ato jurídico perfeito que se encontra apto a produzir efeitos tem garantida a sua execução contra a lei nova que não os pode regular, subordinados que ficam à lei antiga.

Em se tratando de normas de ordem pública aplicáveis a contratos de execução continuada, a nova regra incide imediatamente, mesmo se alterar o teor do contrato: nessa linha, a jurisprudência vinha admitindo a aplicação imediata da lei, a contratos em andamento, incidindo imediatamente, quando se tratava de regra econômica de ordem pública, como planos econômicos de combate à inflação, instituidores de índices de correção monetária, dentre outros. Houve, contudo, posicionamento contrário do Supremo Tribunal Federal, que decidiu pela inaplicabilidade imediata daquelas normas a contratos em andamento.[190]

Chama-se *coisa julgada* a decisão judicial de que já não caiba recurso (art. 6º, § 4º, da Lei de Introdução às normas do Direito Brasileiro). O Código de Processo Civil, em seu art. 467, define a coisa julgada material como "a eficácia, que torna imutável e indiscutível a sentença, não mais sujeita a recurso ordinário ou extraordinário".[191] Ensina José Cretella Júnior que coisa julgada formal é "a decisão definitiva que não mais pode ser discutida no âmbito do mesmo processo", sendo a coisa julgada material "a decisão definitiva, perene, imutável, que nem em outro processo pode mais ser discutida".[192]

Parece-nos que a Constituição, por não distinguir, outorga proteção tanto à coisa julgada formal quanto à coisa julgada material.

As garantias das relações jurídicas, como previstas na Constituição, constituem cláusula irreformável, já que se trata de garantias individuais. Assim, emenda à Constituição que vise desconstituí-las é suscetível de arguição de inconstitucionalidade. Elas devem ainda ser concebidas como valores inerentes à estrutura do Estado Democrático de Direito, assim definido na Constituição de 1988.

---

190 STF – Agravo Regimental n. 158.973-RS – 1ª Turma, Rel. Min. Ilmar Galvão; Recurso Extraordinário n. 201.017-1, j. em 18.6.96, Rel. Min. Carlos Velloso. O Código Civil de 2002 prevê, no art. 478, a figura da resolução do contrato por onerosidade excessiva: Nos contratos de execução continuada ou diferida, se a prestação de uma das partes se tornar excessivamente onerosa, com extrema vantagem para a outra, em virtude de acontecimentos extraordinários e imprevisíveis, poderá o devedor pedir a resolução do contrato.

191 Novo CPC (versão do Projeto aprovado pelo CN): "Art. 499. Denomina-se coisa julgada material a autoridade que torna imutável e indiscutível a decisão de mérito não mais sujeita a recurso."

192 CRETELLA JÚNIOR. *Comentários à Constituição brasileira de 1988*, v. 1, p. 461.

5.8.2 Garantias criminais

Objeto das garantias criminais é a tutela da liberdade pessoal (direito de locomoção e direito à segurança individual ou integridade física e moral).

Algumas garantias criminais, como proibição de juízes ou tribunais de exceção, garantia do juiz competente, contraditório e ampla defesa são examinadas adiante, como garantias jurisdicionais e processuais.

Neste tópico, estudamos as garantias criminais que dizem respeito à pena, tipificação de crimes, requisitos para a efetivação das prisões e aos princípios constitucionais que informam a persecução penal.

5.8.2.1 Julgamento dos crimes dolosos contra a vida pelo Tribunal do Júri

A Constituição (art. 5º, inciso XXXVIII) fortaleceu a instituição do júri pelos princípios da plenitude da defesa, sigilo das votações e soberania dos veredictos. [193]

A competência do Tribunal do Júri não é absoluta. Sempre que houver instituição de competência especial por prerrogativa de função, fixada na Constituição, haverá afastamento da norma de caráter geral (art. 29, X; art. 96, III; art. 102, I, *b* e *c*; art. 105, I, *a*; art. 108, I).

A competência constitucional do Tribunal do Júri prevalece, entretanto, sobre o foro por prerrogativa de função estabelecido exclusivamente pela Constituição estadual, de acordo com o enunciado da Súmula 721, do Supremo Tribunal Federal.

Note-se que, nos termos do art. 125, § 4º, com a redação da EC n. 45/2004, compete ao Tribunal do Júri julgar os crimes dolosos contra a vida praticados por militar quando a vítima for civil.

A soberania dos veredictos do Júri também não é absoluta, pois não se exclui a recorribilidade de suas decisões. Nessa linha, tem decidido o Supremo Tribunal Federal: "A soberania dos veredictos do Júri – não obstante a sua extração constitucional – ostenta valor meramente relativo, pois as decisões emanadas do Conselho de Sentença não se revestem de intangibilidade jurídico-processual. A competência do Tribunal do Júri, embora definida no texto da Lei Fundamental da República, não confere, a esse órgão especial da Justiça comum, o exercício de um poder incontrastável e ilimitado. As decisões que dele emanam expõem-se, em consequência, ao controle recursal do próprio Poder Judiciário, a cujos Tribunais compete pronunciar-se sobre a regularidade dos veredictos. A apelabilidade das decisões emanadas do Júri, nas hipóteses de conflito evidente com a prova dos autos, não ofende o postulado constitucional que assegura a soberania dos veredictos do Tribunal Popular. – A mera possibilidade jurídico-processual de o Tribunal de Justiça invalidar, em sede recursal (CPP, art. 593, III, *d*), a decisão emanada do Conselho de Sentença, quando esta se achar em evidente conflito com a prova dos

---

[193] A Lei n. 11.689, de 9 de junho de 2008, alterou dispositivos do Decreto-Lei n. 3.689, de 3 de outubro de 1941 – Código de Processo Penal – relativos ao Tribunal do Júri.

autos, não ofende a cláusula constitucional que assegura a soberania do veredicto do Júri. É que, em tal hipótese, o provimento da apelação, pelo Tribunal de Justiça, não importará em resolução do litígio penal, cuja apreciação remanescerá na esfera do Júri. Precedentes. Doutrina. – Inexiste, entre o art. 593, III, *d*, do CPP e o texto da Constituição promulgada em 1988 (CF, art. 5º, XXXVIII), *c*), qualquer relação de incompatibilidade vertical."[194]

5.8.2.2 Anterioridade da lei penal

A anterioridade da lei penal incriminadora (art. 5º, inciso XXXIX) é garantia nuclear dos direitos humanos, tendo sido formulada por Anselm von Feuerbach (*nullum crimen, nulla poena sine lege*), e constitucionalizada desde a *Magna Charta Libertatum*, de 1215. O princípio envolve o da reserva legal (é vedado à medida provisória definir condutas criminosas, nos termos do art. 62, § 1º, *b*, da Constituição Federal), e significa que, para haver delito, indispensável que o fato delituoso ocorra após a entrada em vigor da lei penal incriminadora. O princípio, com pequenas alterações, é recorrente no constitucionalismo brasileiro, e abrange não somente o fato definido na lei penal como crime, mas também as contravenções e infrações disciplinares.

5.8.2.3 Proibição da retroatividade da lei penal

A lei penal não retroagirá, salvo para beneficiar o réu: é a dicção do texto constitucional (art. 5º, XL). Pela proclamação do princípio da lei mais branda, a norma penal retrocederá para excluir a antijuridicidade do fato imputado como criminoso. A retroatividade da lei penal afasta até mesmo a coisa julgada, passível de modificação quando se trata da *abolitio criminis* prevista no art. 2º do Código Penal. De acordo com a Súmula 611 do Supremo Tribunal Federal, uma vez transitada em julgado a sentença condenatória, compete ao juízo das execuções a aplicação de lei mais benigna. A lei é considerada *mais doce,* e, portanto, retroage, se altera o regime anterior em favor do réu, cominando pena menor ou estabelecendo atenuante ou qualquer outro benefício.

Para que se aplique a norma constitucional da retroatividade da lei penal mais benéfica, "afigura-se fundamental a definição do momento do crime (*tempus delicti*). De qualquer forma, algumas dúvidas subsistem. Assim, a exigência de representação em determinado crime, o caráter público da ação ou a fixação de prazo de prescrição podem dar ensejo a considerações diversas. A propósito, observe-se que, no Direito brasileiro, diferentemente do que ocorre, v.g., no Direito alemão, tem-se que as normas sobre prescrição são consideradas de caráter material e, por isso, submetidas ao regime do art. 5º, XXXIX, da Constituição. Afirma-se correntemente, na linha do disposto na norma constitucional, que a proteção oferecida restringe-se ao direito penal material, não estando abrangidas as normas de processo e de execução. Cumpre, assim, identificar e distinguir normas materiais e processuais no Código de Processo Penal, no Código Penal, na Lei de Execuções e na legislação extravagante,

---

194 STF, HC 70.193-1/RS, Rel. Min. Celso de Mello, *DJ*, 6.11.2006.

para os fins de aplicação dos princípios de direito intertemporal",[195] dando-se como exemplos de normas de caráter material as que regulam a decadência do direito de queixa ou de representação, a renúncia, o perdão, direitos do preso ou do condenado.

5.8.2.4 Discriminação atentatória dos direitos e liberdades fundamentais

Dispõe o texto constitucional (art. 5°, XLI) que serão punidas pela lei quaisquer discriminações atentatórias a direitos e liberdades fundamentais. Pelo enunciado abrangente da cláusula constitucional, entende-se que haverá discriminação toda a vez que a norma contrariar o princípio da dignidade da pessoa humana, negando ao indivíduo a condição de humano, ou se fundando em preconceito que faz da pessoa humana ser inferior ou o exclua da sociedade.

5.8.2.5 Individualização da pena

A individualização da pena será regulada por lei, que adotará, entre outras, as seguintes: privação ou restrição da liberdade; perda de bens; multa; prestação social alternativa, e suspensão ou interdição de direitos (art. 5°, inciso XLVI), sendo que a pena será cumprida em estabelecimentos distintos, de acordo com a natureza do delito, a idade e o sexo do apenado (art. 5°, inciso XLVIII). José Afonso da Silva observa que "as penas privativas da liberdade vêm sofrendo candente condenação da doutrina. Para Luigi Gullo o cárcere é uma brutalidade, porque é um instrumento de destruição da personalidade do preso. Paulo José da Costa lembra que 'a prisão faliu na missão pedagógica que procurou desempenhar através dos tempos. A pena privativa de liberdade não reeduca, corrompe; não recupera, deprava.' Por isso, 'o legislador só deveria dela se socorrer em casos extremos, de suma gravidade. Substituí-la, o quanto possível, por sanções diversificadas, se impunha. As soluções alternativas mostram-se vantajosas, sob todos os aspectos.' A Constituição, no texto em comento, abriu larga estrada às penas alternativas, e a legislação penal diversificou-as, com grande possibilidade de corrigir os desvios de conduta e de aliviar os presídios. As *penas restritivas de direito* não são mais penas acessórias, mas penas autônomas (CP, art. 44), embora possam ser efeitos da condenação (Lei 9.613/1998, art. 7°)."[196]

O Código Penal (arts. 43 a 48) prevê as seguintes penas restritivas de direito: I – prestação pecuniária, que consiste no pagamento em dinheiro à vítima, a seus dependentes, ou a entidade pública ou privada com destinação social, de importância fixada pelo juiz, nao inferior a um nem superior a trezentos e sessenta salários mínimos, deduzindo-se o valor do montante de eventual condenação em ação de reparação civil, se coincidentes os beneficiários; II – perda de bens e valores pertencentes aos condenados, que, ressalvada a legislação especial, dar-se-á em favor do Fundo Penitenciário Nacional, e seu valor terá como teto o montante do prejuízo causado ou do provento obtido pelo agente ou por terceiro, em consequência da prática do crime; III – prestação de serviços à comunidade ou a entidades públicas, a ser aplica-

---

[195] MENDES; COELHO; BRANCO. *Curso de direito constitucional*, p. 565, 566, 569, 570.

[196] SILVA. *Comentário contextual à constituição*, p. 147.

da nos casos de condenações superiores a seis meses de privação da liberdade, e que consiste na atribuição de tarefas gratuitas ao condenado. A prestação de serviço à comunidade dar-se-á em entidades assistenciais, hospitais, escolas, orfanatos e outros estabelecimentos congêneres, em programas comunitários ou estatais; IV – interdição temporária de direitos, que compreende duas figuras: a) suspensão de direitos, como direitos políticos, de acordo com o art. 15 da Constituição Federal; suspensão de autorização ou de habilitação para dirigir veículo; b) interdição de direitos, como proibição do exercício de cargo, função ou atividade pública, bem como de mandato eletivo; proibição do exercício de profissão, atividade ou ofício que dependam de habilitação especial, de licença ou autorização do poder público; proibição de freqüentar determinados lugares; V – limitação de fim de semana, que consiste na obrigação de permanecer, aos sábados e domingos, por cinco horas diárias, em casa de albergado ou outro estabelecimento adequado.

Note-se que o Supremo Tribunal Federal, no julgamento do HC 82.959/SP, de que foi Relator o Min. Marco Aurélio, alterando posicionamento anterior, ampliou o âmbito de proteção do direito à individualização da pena, para declarar, *incidenter tantum*, inconstitucional o § 1º do art. 2º da Lei n. 8.072/90, que vedava a progressão de regime nos crimes hediondos, ao prever que a pena seria cumprida integralmente em regime fechado. Em seqüência, foi editada a Lei n. 11.464/07, que deu nova redação ao art. 2º da Lei n. 8.072/90, para estabelecer que a pena por crime hediondo será cumprida inicialmente em regime fechado, prevendo-se ainda que a progressão de regime aos condenados por estes crimes dar-se-á após o cumprimento de 2/5 da pena, se o apenado for primário, e de 3/5, se reincidente.

Sobre a questão, o Supremo Tribunal Federal editou a Súmula Vinculante n. 26 – Para efeito de progressão de regime no cumprimento de pena por crime hediondo, ou equiparado, o juízo da execução observará a inconstitucionalidade do art. 2º da Lei n. 8.072, de 25 de julho de 1990, sem prejuízo de avaliar se o condenado preenche, ou não, os requisitos objetivos e subjetivos do benefício, podendo determinar, para tal fim, de modo fundamentado, a realização de exame criminológico.

5.8.2.6 Personalização da pena

O princípio da personalização da pena (art. 5º, inciso XLV) significa que nenhuma pena passará da pessoa do condenado, podendo a obrigação de reparar o dano e a decretação do perdimento de bens ser, nos termos da lei, estendidas aos sucessores e contra eles executadas até o limite do valor do patrimônio transferido. Desse modo, as penas impostas em sentença penal somente se aplicam ao autor do delito.

O Supremo Tribunal Federal decidiu que "a intransmissibilidade da pena traduz postulados de ordem constitucional. A sanção penal não passará da pessoa do delinqüente. Vulnera o princípio da incontagiabilidade da pena a decisão judicial que permite ao condenado fazer-se substituir, por terceiro absolutamente estranho ao ilícito penal, na prestação de serviço à comunidade."[197]

---

[197] STF, HC 68.309/DF, Rel. Min. Celso de Mello, *DJ*, 8.3.1991.

5.8.2.7 Proibição de penas de morte, banimento, prisão perpétua, trabalhos forçados e cruéis

As penas de morte, banimento, prisão perpétua, trabalhos forçados e cruéis são proibidas pela Constituição (art. 5º, inciso XLVII).

A questão da pena de morte foi considerada no item 5.2.4 deste Capítulo.

A proibição da pena de banimento impede que o condenado seja expatriado ou desterrado, pois tem o direito de permanecer na comunidade a que pertence.

A prisão perpétua se acha vedada, considerando que a longevidade da pena contraria um dos seus princípios, que é a ressocialização e reeducação do delinquente, para que possa voltar ao convívio social, estimulando-lhe ainda a revolta, pela ausência de perspectiva de oportunidade. A prisão perpétua "priva o homem da sua condição humana. Esta exige sempre um sentido de vida. Aquele que estiver encarcerado sem perspectiva de saída, está destituído dessa dimensão espiritual, que é a condição mínima para que o homem viva dignamente."[198]

Trabalho forçado não é trabalho, não reeduca, mas constitui ocupação vazia de significado laborativo. Os trabalhos forçados contrariam o disposto no art. 5º, XIII, da Constituição, que assegura o livre exercício de qualquer trabalho, ofício ou profissão. O trabalho remunerado, previsto no art. 28 *et seq.* da Lei n. 7210/84 (Lei das Execuções Penais), não se caracteriza como trabalho forçado, pois terá sempre finalidade educativa e produtiva, sendo ainda remunerado. Anote-se que no âmbito do Direito Internacional dos Direitos Humanos, dispõe o art. 6, n. 3 do Pacto de San José da Costa Rica: "Não constituem trabalhos forçados ou obrigatórios para os efeitos deste artigo: *a)* os trabalhos ou serviços normalmente exigidos de pessoa reclusa em cumprimento de sentença ou resolução formal expedida pela autoridade judiciária competente. Tais trabalhos ou serviços devem ser executados sob a vigilância e controle das autoridades públicas, e os indivíduos que os executarem não devem ser postos à disposição de particulares, companhias ou pessoas jurídicas de caráter privado; *b)* o serviço militar e, nos países onde se admite a isenção por motivo de consciência, o serviço nacional que a lei estabelecer em lugar daquele; *c)* o serviço imposto em casos de perigo ou calamidade que ameace a existência ou o bem-estar da comunidade; e *d)* o trabalho ou serviço que faça parte das obrigações cívicas normais."

A proibição de tortura ou tratamento desumano ou degradante, a que se refere o art. 5º, inciso III, da Constituição, estende-se aos condenados. Ademais, é assegurado o respeito à integridade física e moral dos presos, à luz do princípio da dignidade da pessoa humana.

5.8.2.8 Proibição da não extradição de estrangeiro em razão de crime político, ou de opinião, e em caso algum de brasileiro nato

A extradição (art. 5º, incisos LI e LII), como ato pelo qual um Estado entrega a outro, que a solicita, uma pessoa acusada de delito ou já condenada, é considerada adiante, no capítulo dedicado à nacionalidade.

---

[198] BASTOS; MARTINS. *Comentários à constituição do Brasil*, v. 1, p. 241.

5.8.2.9 Presunção de inocência

A presunção de inocência vem consagrada no art. 5º, inciso LVII.

Salienta Alexandre de Moraes que "a presunção de inocência condiciona toda condenação a uma atividade probatória produzida pela acusação e veda, taxativamente, a condenação, inexistindo as necessárias provas. Em virtude disso, podemos agrupar três exigências decorrentes da previsão constitucional da presunção de inocência: 1. o ônus da prova dos fatos constitutivos da pretensão penal pertence com exclusividade à acusação, sem que se possa exigir a produção por parte da defesa de provas referentes a fatos negativos (provas diabólicas); 2. necessidade de colheita de provas ou de repetição de provas já obtidas perante o órgão judicial competente, mediante o devido processo legal, contraditório e ampla defesa; 3. absoluta independência funcional do magistrado na valoração livre das provas."[199]

Nos termos do enunciado da Súmula 9, do Superior Tribunal de Justiça, a exigência da prisão provisória, para apelar, não ofende a garantia constitucional da presunção de inocência.

O Supremo Tribunal Federal, no entanto, decidiu que "ofende o princípio da não-culpabilidade a execução da pena privativa de liberdade antes do trânsito em julgado da sentença condenatória, ressalvada a hipótese de prisão cautelar do réu, desde que presentes os requisitos autorizadores previstos no art. 312 do CPP. Com base nesse entendimento, o Supremo Tribunal, por maioria, concedeu *habeas corpus*, afetado ao Pleno pela 1ª Turma, para determinar que o paciente aguarde em liberdade o trânsito em julgado da sentença condenatória. Tratava-se de *habeas corpus* impetrado contra acórdão do STJ que mantivera a prisão preventiva do paciente, ao fundamento de que os recursos especial e extraordinário, em regra, não possuem efeito suspensivo. Salientou-se, de início, que a orientação até agora adotada pelo Supremo, segundo a qual não há óbice à execução da sentença quando pendente apenas recursos sem efeito suspensivo, deveria ser revista. Esclareceu-se que os preceitos veiculados pela Lei 7.210/84 (Lei de Execução Penal, arts. 105, 147 e 164), além de adequados à ordem constitucional vigente (art. 5º, LVII: 'ninguém será considerado culpado até o trânsito em julgado de sentença penal condenatória'), sobrepõem-se, temporal e materialmente, ao disposto no art. 637 do CPP, que estabelece que o recurso extraordinário não tem efeito suspensivo e, uma vez arrazoados pelo recorrido os autos do traslado, os originais baixarão à primeira instância para a execução da sentença. Asseverou-se que, quanto à execução da pena privativa de liberdade, dever-se-ia aplicar o mesmo entendimento fixado, por ambas as Turmas, relativamente à pena restritiva de direitos, no sentido de não ser possível a execução da sentença sem que se dê o seu trânsito em julgado. Aduziu-se que, do contrário, além da violação ao disposto no art. 5º, LVII, da CF, estar-se-ia desrespeitando o princípio da isonomia. Em seguida, afirmou-se que a prisão antes do trânsito em julgado da condenação somente poderia ser decretada a título cautelar. Enfatizou-se que a ampla defesa englobaria todas as fases processuais, razão porque a execução da sentença após

---

199 MORAES. *Direitos humanos fundamentais*, p. 277-278.

o julgamento da apelação implicaria, também, restrição do direito de defesa, com desequilíbrio entre a pretensão estatal de aplicar a pena e o direito, do acusado, de elidir essa pretensão. Ressaltou-se que o modelo de execução penal consagrado na reforma penal de 1984 conferiria concreção ao denominado princípio da presunção de inocência, não sendo relevante indagar se a Constituição consagraria, ou não, a presunção de inocência, mas apenas considerar o enunciado normativo de garantia contra a possibilidade de a lei ou decisão judicial impor ao réu, antes do trânsito em julgado de sentença condenatória, sanção ou consequência jurídica gravosa que dependesse dessa condição constitucional. Frisou-se que esse quadro teria sido alterado com o advento da Lei 8.038/90, que instituiu normas procedimentais relativas aos processos que tramitam perante o STJ e o STF, ao dispor que os recursos extraordinário e especial seriam recebidos no efeito devolutivo. No ponto, observou-se que a supressão do efeito suspensivo desses recursos seria expressiva de uma política criminal vigorosamente repressiva, instalada na instituição da prisão temporária pela Lei 7.960/89 e, posteriormente, na edição da Lei 8.072/90." [200]

Ainda decidiu o Supremo Tribunal que o art. 595 do Código de Processo Penal, ao dispor que se o réu condenado fugir depois de haver apelado, será declarada deserta a apelação, não foi recebido pela ordem jurídico-constitucional vigente. Com base nesse entendimento, o Tribunal deferiu *habeas corpus* para afastar o óbice ao conhecimento de apelação interposta pelo paciente – que empreendera fuga após sua condenação –, assegurando-lhe o direito de aguardar em liberdade o trânsito em julgado de possível decreto condenatório. Entendeu-se que o aludido dispositivo revelaria pressuposto extravagante de recorribilidade, qual seja, a prisão do condenado, em conflito com o princípio da não culpabilidade (CF, art. 5º, LVII). Ademais, assentou-se que o mencionado art. 595 do CPP encerraria, por via indireta, a execução antecipada da pena, caso inexistente base para se acionar o instituto da prisão preventiva, ao exigir a custódia para ser interposto e admitido recurso. O Min. Marco Aurélio, relator, declarava a inconstitucionalidade do art. 595 do CPP, bem como do art. 2º, § 3º, da Lei 8.072/90.[201]

O lançamento do nome do réu no rol dos culpados, antes do trânsito em julgado da sentença criminal condenatória, viola o princípio constitucional da presunção de inocência.

5.8.2.10 Proibição de identificação criminal

A proibição de identificação criminal do civilmente identificado (art. 5º, inciso LVIII) impede que o indiciado seja submetido a identificação datiloscópica, sendo o *habeas corpus* meio idôneo para evitar o constrangimento de se submeter à colheita de impressões digitais e de fotografias, que humilham e são ofensivas à dignidade da pessoa humana.

A cláusula constitucional em comento é de eficácia contida, daí a edição da Lei n. 12.037/2009, que restringe o âmbito de proteção da garantia constitucional.[202]

---

[200] *Informativo* 534/STF. HC 84078/MG, rel. Min. Eros Grau, j. 5.2.2009.

[201] *Informativo* 537/STF. HC 85961/SP, rel, Min. Marco Aurélio, j. 5.3.2009.

[202] Lei 12.037, de 1º de outubro de 2009, que dispõe sobre a identificação criminal do civilmente identificado, regulamentando o art. 5º, inciso LVIII, da Constituição Federal: "Art. 1º O civil-

5.8.2.11 Vedação e punição do racismo

A Constituição veda e prevê a punição do racismo (art. 5º, XLII).

Entende-se por raça o conjunto de indivíduos que têm os mesmos caracteres hereditários, tais como a cor da pele, o tipo de cabelo, a conformação do crânio e do rosto, a língua, dentre outros.

A Lei n. 12.288/2010 institui o Estatuto da Igualdade Racial destinado a garantir à população negra a efetivação da igualdade de oportunidades, a defesa dos direitos étnicos individuais, coletivos e difusos e o combate à discriminação e às demais formas de intolerância étnica. Para efeito do Estatuto, considera-se: I – discriminação racial ou étnico-racial: toda distinção, exclusão, restrição ou preferência baseada em raça, cor, descendência ou origem nacional ou étnica que tenha por objeto anular ou restringir o reconhecimento, gozo ou exercício, em igualdade de condições, de direitos humanos e liberdades fundamentais nos campos político, econômico, social, cultural ou em qualquer outro campo da vida pública ou privada; II – desigualdade racial: toda situação injustificada de diferenciação de acesso e fruição de bens, serviços e oportunidades, nas esferas pública e privada, em virtude de raça, cor, descendência ou origem nacional ou étnica; III – desigualdade de gênero e raça: assimetria existente no âmbito da sociedade que acentua a distância social entre mulheres negras e os demais segmentos sociais; IV – população negra: o conjunto de pessoas que se autodeclaram pretas e pardas, conforme o quesito cor ou raça usado

---

mente identificado não será submetido a identificação criminal, salvo nos casos previstos nesta Lei. Art. 2º A identificação civil é atestada por qualquer dos seguintes documentos: I – carteira de identidade; II – carteira de trabalho; III – carteira profissional; IV – passaporte; V – carteira de identificação funcional; VI – outro documento público que permita a identificação do indiciado. Parágrafo único. Para as finalidades desta Lei, equiparam-se aos documentos de identificação civis os documentos de identificação militares. Art. 3º Embora apresentado documento de identificação, poderá ocorrer identificação criminal quando: I – o documento apresentar rasura ou tiver indício de falsificação; II – o documento apresentado for insuficiente para identificar cabalmente o indiciado; III – o indiciado portar documentos de identidade distintos, com informações conflitantes entre si; IV – a identificação criminal for essencial às investigações policiais, segundo despacho da autoridade judiciária competente, que decidirá de ofício ou mediante representação da autoridade policial, do Ministério Público ou da defesa; V – constar de registros policiais o uso de outros nomes ou diferentes qualificações; VI – o estado de conservação ou a distância temporal ou da localidade da expedição do documento apresentado impossibilite a completa identificação dos caracteres essenciais. Parágrafo único. As cópias dos documentos apresentados deverão ser juntadas aos autos do inquérito, ou outra forma de investigação, ainda que consideradas insuficientes para identificar o indiciado. Art. 4º Quando houver necessidade de identificação criminal, a autoridade encarregada tomará as providências necessárias para evitar o constrangimento do identificado. Art. 5º A identificação criminal incluirá o processo datiloscópico e o fotográfico, que serão juntados aos autos da comunicação da prisão em flagrante, ou do inquérito policial ou outra forma de investigação. Art. 6º É vedado mencionar a identificação criminal do indiciado em atestados de antecedentes ou em informações não destinadas ao juízo criminal, antes do trânsito em julgado da sentença condenatória. Art. 7º No caso de não oferecimento da denúncia, ou sua rejeição, ou absolvição, é facultado ao indiciado ou ao réu, após o arquivamento definitivo do inquérito, ou trânsito em julgado da sentença, requerer a retirada da identificação fotográfica do inquérito ou processo, desde que apresente provas de sua identificação civil."

pela Fundação Instituto Brasileiro de Geografia e Estatística (IBGE), ou que adotam autodefinição análoga.

As Leis n. 7.716/1989 e n. 9.459/1997 tipificam os crimes resultantes de preconceito de raça, cor, idade e quaisquer outras formas de discriminação. O Decreto n. 4.886/2003 institui a política nacional de promoção da igualdade racial.

Os crimes e as penas aplicáveis aos atos discriminatórios ou de preconceito de raça, cor, religião, etnia (grupos com os mesmos caracteres biológicos e culturais), ou procedência nacional, praticados pelos meios de comunicação ou por publicação de qualquer natureza, são estabelecidos pela Lei n. 8.081, de 21.9.1990.

Algumas práticas relacionadas com a divulgação da suástica foram definidas como crime de racismo (Leis ns. 8.882/1994 e 9.459/1997).

O Supremo Tribunal Federal decidiu caracterizar crime de racismo o ato de propagar ideias antissemitas por meio da edição de livros (*HC* 82.424).

5.8.2.12 Vedação e punição da tortura

A prática da tortura, segundo a Constituição, será considerada crime inafiançável e insuscetível de graça ou anistia (art. 5º, inciso XLIII). O tema foi examinado no item 5.4.3.1, deste capítulo, que cuida do direito à segurança individual e à integridade física e moral.

5.8.2.13 Crimes imprescritíveis

A Constituição considera crimes imprescritíveis a prática do racismo e a ação de grupos armados, civis ou militares, contra a ordem constitucional e o Estado Democrático (art. 5º, incisos XLII e XLIV), rompendo assim com tradição de nosso Direito, que sempre considerou o decurso do tempo como causa de extinção da punibilidade.

5.8.2.14 Ação penal subsidiária

Segundo a Constituição, será admitida ação privada nos crimes de ação pública, se esta não for intentada no prazo legal (art. 5º, LIX).

Portanto, a despeito de a ação penal pública caber ao Ministério Público, por denúncia, mesmo quando se tratar de ação penal pública condicionada à representação do ofendido ou de requisição do Ministério da Justiça, a norma constitucional em análise permite ação de iniciativa privada nos crimes de ação pública, se o Ministério Público não oferece a denúncia no prazo legal: trata-se da ação penal privada subsidiária.

Na jurisprudência do Supremo Tribunal Federal, a admissibilidade da ação penal privada subsidiária da pública pressupõe, nos termos do art. 5º, LIX, a inércia do Ministério Público em adotar, no prazo legal (CPP, art. 46), uma das seguintes providências: oferecer denúncia, requerer arquivamento do inquérito policial ou requisitar novas diligências. Desse modo, se o Ministério Público requereu o arquivamento no prazo legal, descabe ação penal privada subsidiária ou a título originário (CPP, art. 29).[203]

---

[203] STF, HC 68.540/DF, Rel. Min. Octavio Gallotti, *DJ*, 28.6.1991; HC 74.276, Rel. Min. Celso de Mello, *DJ*, 3.9.1996; RE 274.115-AgRg. Rel. Min. Ellen Gracie, *DJ*, 19.3.2003.

5.8.2.15 Requisitos para a efetivação das prisões e direitos do preso

A Constituição, a par de estabelecer os requisitos para a efetivação das prisões, ampliou os direitos dos presos, dedicando à prisão os seguintes dispositivos: art. 5º, incisos LXI, LXII, LXIII, LXIV, LXV, LXVI, LXXV, LXXVII; art. 86, § 3º; art. 136, § 3º, incisos I a IV; à detenção foram dedicados os arts. 136, § 3º, II e III; 139, II.

Dispõe o art. 5º, inciso LXI, da Constituição: "Ninguém será preso senão em flagrante delito ou por ordem escrita e fundamentada da autoridade judiciária competente, salvo nos casos de transgressão militar ou crime militar, definidos em lei". O Código de Processo Penal define, em seu art. 302, as situações de flagrância, e os seus arts. 311 a 316 cuidam da prisão preventiva. Já a prisão temporária se acha prevista na Lei n. 7.960/89, destinando-se à tutela das investigações policiais, não sendo aplicável após a instauração da ação penal, e não pode ultrapassar o prazo de cinco dias, prorrogável uma vez por igual período, mas, em se tratando de crime hediondo, o prazo será de trinta dias, prorrogáveis por mais trinta, se demonstrada a sua necessidade. Vencido o prazo da prisão temporária, o preso deverá ser posto em liberdade, salvo se houver motivos para a decretação da prisão preventiva.

Quanto à prisão em caso de transgressões militares ou crimes propriamente militares, definidos em lei, conforme preceitua o art. 18 do Código de Processo Penal Militar, independentemente de flagrante delito, o indiciado poderá ficar detido, durante as investigações policiais, até 30 dias, comunicando-se a detenção à autoridade judiciária competente. A despeito de o art. 142, § 2º, da Constituição Federal, estabelecer que não caberá *habeas corpus* em relação a punições disciplinares militares, esta vedação refere-se ao mérito das punições militares, podendo o Poder Judiciário sindicar os pressupostos de legalidade, quais sejam hierarquia, poder disciplinar, ato ligado à função e pena disciplinar cabível.

São cinco as espécies de prisão, cuja titularidade para decretação é do Poder Judiciário, estabelecidas em nosso ordenamento jurídico: prisão penal, prisão processual, prisão administrativa, prisão civil e prisão disciplinar, esta última podendo ser decretada por autoridade administrativa, nos casos de transgressão disciplinar ou crime propriamente militar, definido em lei.

Como explicita Alexandre de Moraes, "as prisões penais são aquelas resultantes do trânsito em julgado da sentença condenatória e aplicáveis pelo Poder Judiciário, após o devido processo legal, em virtude da prática de uma infração penal. As prisões processuais englobam as prisões temporárias, em flagrante delito; preventivas, resultante de pronúncia e resultante de sentença condenatória recorrível. As prisões administrativas são previstas no Código de Processo Penal (art. 329) e em leis especiais, como, por exemplo, Estatuto do Estrangeiro (Lei n. 6.815/80). Ressalte-se que, tanto as hipóteses ensejadoras de prisões administrativas do art. 319 do Código de Processo Penal quanto as previstas em leis especiais, foram recepcionadas pela nova Constituição, continuando a existir em nosso ordenamento jurídico, porém, nos casos em que a legislação previa o poder de sua decretação à autoridade administrativa, houve alteração da titularidade, constitucionalmente deferida somente ao

Poder Judiciário. As prisões civis são aquelas decretadas pelo Poder Judiciário nas hipóteses de inadimplemento voluntário e inescusável de dívida de alimentos e do depositário infiel[204] (esta última se acha vedada pelo Pacto de San José da Costa Rica, conforme examinado no item 5.8.3 adiante). A prisão disciplinar é aquela decretada por autoridade administrativa, nos casos de transgressão militar ou crime propriamente militar, definidos em lei.

A proteção constitucional ao preso, como salienta Nagib Slaibi Filho, "não se refere ao caráter provisório ou definitivo da prisão, estendendo-se a todos aqueles que sofram, por ato estatal, restrição ao seu direito de locomoção, não só a prisão como a detenção e, até mesmo, a restrições de liberdades momentâneas, como, por exemplo, a condução de testemunha, a custódia de pessoas aguardando o momento de prestar depoimentos, etc. Detenção é a apreensão física da pessoa, limitando o seu direito de locomoção. Está detido quem está submetido a mandado de condução, ou a testemunha que foi mandada isolar pelo juiz, ou aquele que foi encontrado em aparente flagrante delito e é conduzido pelo miliciano à presença da autoridade policial que, então, decidirá se deverá ou não ser lavrado o auto de prisão em flagrante delito: tais são espécies de detenções legais. Constitui também detenção, embora ilegal, a apreensão física da pessoa sem que haja título jurídico para tal. Todo preso está detido, mas nem todo detido está preso. Prisão é o ato jurídico de restrição formal do direito de locomoção, não incidental, e só pode ser decorrente de decreto judicial ou de autoridade militar ou de auto de prisão em flagrante delito."[205]

São direitos do preso, ao ser detido:

1. Ser informado de seus direitos, entre os quais o de permanecer calado.

O direito de ser informado de seus direitos decorre do princípio da publicidade dos atos processuais (art. 5º, LX). Não tendo condições de entender a sua condição, cabe à autoridade designar-lhe curador, advogado ou não, que possa suprir a ausência de entendimento, como na autuação em flagrante delito de pessoa que se encontra sob o efeito do álcool ou drogas que inibem a sua compreensão.

O direito de permanecer calado (direito ao silêncio), que integra o direito à ampla defesa, de que tratamos adiante, expressa o princípio da não autoincriminação, que outorga ao preso o direito de não produzir provas contra si mesmo, e se estende aos investigados nas Comissões Parlamentares de Inquérito.[206] O Supremo Tribunal Federal deixou assentado: "Qualquer indivíduo que figure como objeto de procedimentos investigatórios policiais ou que ostente, em juízo penal a condição jurídica de imputado, tem, dentre as varias prerrogativas que lhe são constitucionalmente asseguradas, o direito de permanecer calado. *Nemo tenetur se detegere.* Ninguém pode ser constrangido a confessar a prática de um ilícito penal. O direito de permanecer em silêncio insere-se no alcance concreto da cláusula constitucional do devido processo legal, e nesse direito ao silêncio inclui-se até mesmo por implicitude, a prerrogativa

---

[204] MORAES. *Direitos humanos fundamentais*, p. 289.

[205] SLAIBI FILHO. *Direito constitucional*, p. 446-448.

[206] STF, HC 78.708, Rel. Min. Sepúlveda Pertence, *DJ*, 16.4.1999; HC 79.812/SP, Rel. Min. Celso de Mello, *DJ*, 16.2.2001.

processual de o acusado negar, ainda que falsamente, perante a autoridade policial ou judiciária, a prática da infração penal."[207] Com efeito, não é constitucionalmente exigível que alguém traia a si mesmo; o seu silêncio não pode ser havido como confissão ficta, nem levar à punição de alguém como evidência adicional de culpa.

A garantia constitucional ao silêncio foi consagrada no julgamento, pela Suprema Corte norte-americana em 1966, do caso *Miranda v. Arizona*, em que a Corte, por cinco votos a quatro, afastou a possibilidade de utilização, como meio de prova, de interrogatório policial quando não precedido da enunciação dos direitos do preso: "você tem o direito de ficar calado" (*you have the right to remain silent*), devendo ainda ser advertido pela própria polícia de que tem o direito, antes de falar, de comunicar-se com seu advogado ou com seus familiares. O direito ao silêncio, como ainda salienta Alexandre de Moraes, não impede que a legislação ordinária possa prever um benefício legal à confissão voluntária do agente da infração penal, como ocorre com as chamadas delações premiadas ou mesmo atenuantes genéricas, em que a confissão espontânea do agente criminoso, atendidos alguns requisitos, propiciar-lhe-á melhora em sua situação penal.[208]

2. Ser assistido pela família e pelo advogado.

É direito do preso contatar sua família e seu advogado, indicando o local para o qual está sendo levado. A assistência da família ou do advogado não poderá, no entanto, implicar em interrupção ou tumulto à lavratura do auto de prisão em flagrante ou à instauração do contraditório. A assistência da família compreende, ademais, a visita, oportunidade mínima de relacionamento, o direito de se comunicar por telefone, carta, o encaminhamento de comida, roupas e outros bens compatíveis com o nível socioeconômico dos envolvidos, incluindo-se as visitas íntimas.

3. Conhecer a identificação dos responsáveis por sua prisão e interrogatório policial.

Trata-se de medida que permitirá eventual responsabilização das autoridades ou agentes da autoridade policial que efetuaram a prisão, por ilegalidade ou abuso de poder. Segundo salienta Nagib Slaibi Filho, "responsável pela prisão não é somente a autoridade policial ou judicial que formalizou o auto de prisão em flagrante delito ou assinou o decreto de prisão, mas também o nome do agente da autoridade ou do Oficial de Justiça que o conduziu preso. Contudo, assumindo a autoridade a responsabilidade pela prisão, não está obrigada a declinar os nomes ou a identificar aqueles que, sob sua autoridade, praticaram os atos da prisão. Testemunha de acusação não é responsável direta pela prisão – responsáveis são aqueles que, diretamente, deram causa ao ato constritivo, o que compreende não só os agentes estatais como até mesmo pessoas privadas, pois o Código de Processo Penal diz que as autoridades policiais e seus agentes deverão, e qualquer do povo poderá, prender quem for encontrado em flagrante delito. Se a prisão foi em decorrência de mandado, nele consta o nome da autoridade que a decretou, devendo o Oficial de Justiça ou agente da autoridade policial se identificar ao preso, apondo o nome na contra-fé."[209]

---

[207] STF, HC 68.929/SP, Relator, Min. Celso de Mello, *DJ*, 28.8.1992.

[208] MORAES. *Direitos humanos fundamentais*, p. 295.

[209] SLAIBI FILHO. *Direito constitucional*, p. 461.

4. Ter a prisão ilegal imediatamente relaxada pela autoridade judiciária.

Os requisitos e as modalidades de prisão legal são taxativos e foram examinados acima. Sendo ilegal a prisão, prevalece o direito à liberdade, que deverá ser garantido ao preso pela autoridade judiciária.

5. Ser colocado em liberdade provisória, com ou sem fiança, nos casos permitidos em lei.

De acordo com o art. 5º, inciso LXVII, ninguém será levado à prisão ou nela mantido quando a lei admitir a liberdade provisória, com ou sem fiança. A cláusula constitucional é um reforço à tutela do princípio da presunção de inocência e ao direito à liberdade, sendo que as hipóteses de concessão de liberdade provisória com e sem fiança acham-se previstas no Capítulo VI do Código de Processo Penal. Anote-se que a Lei n. 9.099/95 (Lei dos Juizados Especiais Civis e Criminais) prevê, no art. 69, hipótese de concessão obrigatória de liberdade provisória sem fiança, pois ao autor do fato que, após a lavratura do termo, for imediatamente encaminhado ao Juizado ou assumir o compromisso de a ele comparecer não se imporá prisão em flagrante, nem se exigirá fiança.

6. Ter sua prisão comunicada imediatamente ao juiz e à família ou pessoa indicada pelo preso.

A comunicação da prisão há de ser imediata, no mínimo tempo possível, não cabendo à legislação ordinária fixar prazos que ignorem a imediata comunicação.

O Supremo Tribunal Federal decidiu, a respeito do descumprimento das exigências do art. 5º, LXIII, da Constituição Federal: "Circunstância que não compromete a materialidade dos delitos e sua autoria, nem autoriza o trancamento da ação penal, podendo ensejar a responsabilidade das autoridades envolvidas."[210] Trata-se de responsabilização civil, criminal (abuso de autoridade), por ato de improbidade administrativa (Lei n. 8.429/92, art. 11, inciso II).

Há polêmica acerca da obrigatoriedade da comunicação, quando se trata de prisão decretada pelo juiz. Em contraponto aos que pensam deva ser dispensada a comunicação neste caso, como Rogério Lauria Tucci, Gilmar Mendes sustenta que "o texto constitucional não comporta qualquer redução teleológica, devendo a prisão decretada pelo juiz ser igualmente comunicada à família do preso,[211] o que se afigura mais consentâneo com o âmbito de proteção da norma constitucional.

7. Ser respeitado em sua integridade física e moral.

Cabe ao Estado assegurar a integridade física e moral do preso, pena de responsabilidade. Aos presos deverão ser garantidos todos os direitos fundamentais reconhecidos à pessoa livre, com exceção, obviamente, daqueles incompatíveis com a condição peculiar de preso, tais como liberdade de locomoção (art. 5º, XV), livre exercício de qualquer profissão (art. 5º, XIII), inviolabilidade domiciliar em relação à cela (art. 5º, XI), exercício dos direitos políticos (art.15, III)."[212]

---

210 STF, HC 68.503, Rel. Min. Célio Borja, *DJ*, 29.5.1992.

211 Cf. MENDES; COELHO; BRANCO. *Curso de direito constitucional*, p. 634.

212 MORAES. *Direitos humanos fundamentais*, p. 247-248.

8. Em se tratando de mulher, o direito de amamentar.

O texto constitucional, como se verificou acima, refere-se às presidiárias, no art. 5º, inciso L, ao estabelecer que a elas serão asseguradas condições para que possam permanecer com seus filhos durante o período de amamentação. Trata-se do direito ao aleitamento materno, é dizer, a Constituição, ao mesmo tempo que garante à mãe o direito ao contato e amamentação com seu filho, assegura a este o direito à alimentação natural, por meio do aleitamento: com isso respeita-se o princípio da dignidade da pessoa humana.

9. Ser assistido em sua religião.

A Constituição assegura, no art. 5º, VII, "nos termos da lei, a prestação de assistência religiosa nas entidades civis e militares de internação coletiva". Não se trata de impor aos internos o atendimento aos serviços religiosos, mas de colocar à sua disposição o conforto religioso. Nos termos do art. 24 da Lei n. 7.10/84 (Lei de Execução Penal), "a assistência religiosa, com liberdade de culto, será prestada aos presos e aos internados, permitindo-se-lhes a participação nos serviços organizados no estabelecimento penal, bem como a posse de livros de instrução religiosa." Prevê ainda que "no estabelecimento haverá local apropriado para os cultos religiosos" (art. 24, § 1º) e que "nenhum preso ou internado poderá ser obrigado a participar de atividade religiosa (art. 24, § 2º).

A assistência religiosa não infirma o fato de o Estado brasileiro ser laico, pois, embora não seja confessional, tampouco é ateu, convivendo com valores que informam sua história cultural e são encarecidos por expressiva parte da população.

10. Ter ciência de que a prisão decorre de mandado de prisão expedido por autoridade judiciária ou de que foi preso em flagrante delito, salvo em se tratando de transgressão militar ou crime propriamente militar.

Além do direito à identificação dos responsáveis por sua prisão, o preso tem, igualmente, o direito de saber os motivos de sua prisão.

5.8.2.16 Algumas regras internacionais de proteção aos direitos dos reclusos

No âmbito internacional, são mencionados alguns documentos normativos sobre os reclusos: Regras Mínimas das Nações Unidas para o Tratamento dos Reclusos de 1977; Salvaguardas das Nações Unidas para Garantia da Proteção dos Direitos dos Condenados à Pena de Morte de 1984; Conjuntos de Princípios das Nações Unidas para a Proteção de Todas as Pessoas Submetidas a Qualquer Forma de Detenção ou Prisão de 1988; Princípios Básicos das Nações Unidas para o Tratamento dos Reclusos de 1990; Regras Mínimas das Nações Unidas sobre as Medidas da Liberdade (Regras de Tóquio) de 1990.

As Regras Mínimas das Nações Unidas para o Tratamento dos Reclusos, de 1977, conforme versão em língua portuguesa, publicada pelo Centro dos Direitos do Homem das Nações Unidas (publicação GE.94-15440), constam de um Anexo, que contém duas partes.

De acordo com as observações preliminares do texto, as normas mínimas de tratamento de reclusos devem ser observadas de forma relativa, tendo em conta a grande variedade das condições legais, sociais e econômicas e geográficas do mundo. Devem, contudo, servir como estímulo de esforços constantes para ultrapassar dificuldades práticas na sua aplicação, na certeza de que representam, em conjunto, as condições mínimas aceitas pelas Nações Unidas.

O instrumento editado pela ONU divide-se, como referido, em duas partes: a primeira cuida das matérias relativas à administração geral dos estabelecimentos penitenciários e é aplicável a todas as categorias de reclusos, dos foros criminal e civil, em regime de prisão preventiva ou já condenados, incluindo os que estejam detidos por aplicação de medidas de segurança ou que sejam objeto de medidas de reeducação ordenadas por um juiz. A segunda parte contém as regras que são especificamente aplicáveis às categorias de reclusos de cada seção.

As regras constantes do texto normativo não se aplicam à organização dos estabelecimentos para jovens delinquentes.

Como princípio básico, está a afirmação de que as regras constantes do texto normativo devem ser aplicadas imparcialmente. Não haverá discriminação alguma com base em raça, cor, sexo, língua, religião, opinião política ou outra, origem nacional ou social, meios de fortuna, nascimento ou outra condição. Por outro lado, é necessário respeitar as crenças religiosas e os preceitos morais do grupo a que pertença o recluso.

As diferentes categorias de reclusos devem ser mantidas em estabelecimentos penitenciários separados ou em diferentes zonas de um mesmo estabelecimento penitenciário, tendo em consideração o respectivo sexo e idade, antecedentes penais, razões da detenção e medidas necessárias a aplicar. Na medida do possível, homens e mulheres devem estar detidos em estabelecimentos separados; nos estabelecimentos que recebam homens e mulheres, a totalidade dos locais destinados às mulheres será completamente separada; presos preventivos devem ser mantidos separados dos condenados; pessoas presas por dívidas ou outros reclusos do foro civil devem ser mantidos separados de reclusos do foro criminal; os jovens reclusos devem ser mantidos separados dos adultos.

Há previsão, ainda no âmbito das regras gerais, de condições dos locais de reclusão, e dos direitos relacionados à higiene pessoal, vestuário e roupa de cama, exercício e desporto, serviços médicos, informação e direito de queixa dos reclusos, contatos com o mundo exterior, biblioteca, religião.

No que tange à disciplina e sanções, prevê-se que a ordem e a disciplina devem ser mantidas com firmeza, mas sem impor mais restrições do que as necessárias para a manutenção da segurança e da boa organização da vida comunitária.

A segunda parte do documento traz regras diferenciadas aplicáveis a categorias especiais de reclusos.

Registre-se ainda, como regra internacional de proteção aos direitos dos reclusos, o Pacto Internacional dos Direitos Civis e Políticos de 1966, cujo art. 10 estabelece que toda pessoa privada de sua liberdade deverá ser tratada com humanidade e respeito à dignidade inerente à pessoa humana. Também estabelece que as pessoas processadas deverão ser separadas, salvo em circunstâncias excepcionais, das pessoas condenadas e receber tratamento distinto, condizente com sua condição de pessoas não condenadas. Já as pessoas jovens processadas deverão ser separadas das adultas e julgadas o mais rápido possível. Ainda segundo o Pacto, o regime penitenciário consistirá em um tratamento cujo objetivo principal seja a reforma e reabilitação moral dos prisioneiros. Os delinquentes juvenis deverão ser separados dos adultos e receber tratamento condizente com sua idade e condição jurídica.

O Pacto de San José da Costa Rica também prevê regras protetivas aos direitos dos reclusos. Dispõe seu art. 5° que os processados devem ficar separados dos condenados, salvo em circunstâncias excepcionais, e devem ser submetidos a tratamento adequado a sua condição de pessoas não condenadas. Além disso, os menores, quando puderem ser processados, devem ser separados dos adultos e conduzidos a tribunal especializado, com a maior rapidez possível para seu tratamento. As penas privativas de liberdade têm por finalidade essencial a reforma e a readaptação social dos condenados.

5.8.3 Prisão civil por dívida do depositário infiel e do alimentante omisso

A Constituição proíbe a prisão civil por dívida, salvo a do responsável pelo inadimplemento voluntário e inescusável de obrigação alimentícia e a do depositário infiel (art.5°, inciso LXVII).

A prisão civil por dívida distingue-se da prisão penal, por não consubstanciar resposta estatal à prática de infração penal. Constitui meio processual de coerção do inadimplente, posto à disposição do Estado, para a execução da dívida. O regime da progressão da pena previsto no Código Penal (art. 33, § 1°, *a*, *b* e *c*), por ser ínsito à condenação criminal, não se aplica à prisão civil.[213] A prisão civil não é passível de detração (art. 42 do Código Penal).

A proibição da prisão civil por dívida foi introduzida, em nosso Direito, pela Constituição de 1934, já que a Constituição do Império, de 1824, e a da República, de 1891, nada dispunham sobre o tema. Por seu turno, a Carta de 1937 manteve-se silente acerca da matéria, mas as Constituições que se lhe seguiram previram, com pequena variação redacional, a proibição, mas admitiram a prisão civil do depositário infiel e do alimentante omisso. Gilmar Mendes salienta que "atualmente, a proibição da prisão civil é um princípio adotado em todos os países cujos sistemas constitucionais são construídos em torno do valor da dignidade humana, constando expressamente nos textos constitucionais e em tratados e convenções internacionais de direitos humanos. Há consenso a respeito da desproporcionalidade da restrição à liberdade do indivíduo como meio de coerção ao pagamento da dívida e, ao mesmo tempo, como retribuição ao prejuízo causado ao credor. Considera-se a existência

---

[213] STF, HC 77527/MG, Rel. p/ o acórdão Min. Moreira Alves, j. 23.9.1998, *DJ*, 16.4.2004.

de outros meios menos gravosos para compelir o devedor à quitação adequada do débito, como a execução civil."[214]

Relativamente à prisão civil do alimentante omisso, o tema se acha disciplinado na Lei de Alimentos (Lei n. 5.478/68,[215] e no Código de Processo Civil – arts. 732 e 733).[216].Segundo o enunciado da Súmula n. 309, do STJ, o "débito alimentar que autoriza a prisão civil do alimentante é o que compreende as três prestações anteriores ao ajuizamento da execução e as que vencerem no curso do processo".[217] Desse modo, as prestações anteriores a três meses, cujo caráter deixa de ser alimentar, passando a ser apenas indenizatório, ensejam a cobrança por meio de execução, nos termos do art. 732 do Código de Processo Civil,[218] sem a possibilidade de decretação da prisão. Considere-se ainda que a decretação de nova prisão enquanto pender de cumprimento o decreto anterior caracteriza *bis in idem*, sendo que a reiteração da prisão deve fundar-se em fato diverso, que configure novo descumprimento da obrigação alimentícia. A prisão civil é cabível tanto na hipótese de não pagamento de alimentos definitivos), quanto na de alimentos provisórios.

Quanto à prisão civil do depositário infiel, as legislações mais avançadas, ao proibirem a prisão civil, não admitem esse tipo de prisão, mas apenas a do alimentante omisso. Igual providência consta do Direito Internacional dos Direitos Humanos, sendo que o art. 7º, n. 7, do Pacto de San José da Costa Rica explicita que ninguém deve ser detido por dívidas. Este princípio não limita os mandados de autoridade judiciária competente expedidos em virtude do inadimplemento de obrigação alimentar. Tem-se por depositário infiel "aquele que, em vez de cumprir o dever que lhe é imposto, recusa-se a restituir os bens ou valores confiados, descumprindo ordem judicial."[219]

A expressão depositário infiel abrange tanto o depósito convencional quanto os casos de depósito legal, cabendo à legislação ordinária criar novas figuras de depósito sobre a qual incidiria a cláusula constitucional (art. 5º, LXVII).

Em se tratando, contudo, de alienação fiduciária em garantia, regida pelo Decreto-Lei n. 911/69, havia controvérsia doutrinária e jurisprudencial. Se num primeiro momento, a jurisprudência do Supremo Tribunal Federal e do Superior Tribunal de Justiça consideraram recepcionada pela Constituição a prisão civil do depositário infiel, no contrato de alienação fiduciária em garantia, por equiparação da figura do devedor-fiduciante, embora não proprietário, à do depositário,[220] num segundo momento, o Superior Tribunal de Justiça passou a entender que nesse tipo de contrato não há depósito propriamente dito, mas uma figura atípica de depósito por equi-

---

[214] MENDES; COELHO; BRANCO. *Curso de direito constitucional*, p. 641.

[215] O novo CPC (versão do Projeto aprovado pelo CN), revoga os arts. 16 a 18 da Lei n. 5.478/68.

[216] CPC (versão do Projeto aprovado pelo CN): arts. 525 a 530.

[217] Novo CPC (versão do Projeto aprovado pelo CN): art. 525, § 6º.

[218] Novo CPC (versão do Projeto aprovado pelo CN): art. 525, § 7º.

[219] BULOS. *Curso de direito constitucional*, p. 510.

[220] STF, HC n. 72.183/SP, Rel. Min. Marco Aurélio, *DJ*, 22.11.1996; HC n. 73.469-3, Rel. Min. Octávio Galloti, *DJ*, 20.4.1996. STJ, 5ª T. – RHC n. 4.569-8-SP, Rel. Min. Cid Flaquer Scartezzini, j. 21.6.1995; STJ, 5ª T. – RHC n. 4.712-SP, Rel. Min. Jesus Costa Lima, j. 16.8. 1995.

paração. Desse modo, o devedor-fiduciante que descumpre a obrigação pactuada e não entrega a coisa ao credor-fiduciário não se equipararia ao depositário infiel, não podendo, por isso, ser submetido à prisão civil. A expressão depositário infiel abrangeria, nesse horizonte, apenas os depósitos clássicos previstos no Código Civil.[221] Gilmar Mendes nos oferece amplo panorama da questão, ao dizer que "no Supremo Tribunal Federal, defendiam tese semelhante os Ministros Marco Aurélio, Francisco Rezek, Carlos Velloso e Sepúlveda Pertence, votos vencidos no julgamento do HC 72.131/RJ, de 22.11.1995. Na ocasião, assim se manifestou o Ministro Sepúlveda Pertence: 'É manifesto que a Constituição excetuou, da proibição de prisão por dívida, a prisão do inadimplente de obrigação alimentar e a do depositário infiel. A extensão dessa norma de exceção, não o contesto, pode sofrer mutações ditadas pelo legislador ordinário e até por Tratado. Mas, também me parece, ninguém discordará, em tese, de que, ao concretizar os seus termos – isto é, os conceitos de obrigação alimentar ou de depositário infiel – o legislador não pode, mediante ficções ou equiparações, ampliar arbitrariamente o texto constitucional, além da opção constituinte nele traduzida. E esta há de ser aferida à base da Constituição e de suas inspirações. Não, à base da lei. Em outras palavras, a admissibilidade, segundo a Constituição, da prisão por dívidas de alimentos e da prisão do depositário infiel não é cheque em branco passado ao legislador ordinário. Assim como não lhe é lícito, até com uma aparente base constitucional no art. 100, autorizar a prisão do governante que atrase a satisfação de débitos de natureza alimentar da Fazenda Pública, não creio que possa estender, além da marca que há de ser buscada dentro da própria Constituição, o âmbito conceitual de depósito.' No mesmo sentido, o voto do Ministro Carlos Velloso no julgamento do RE 206.482/SP, *DJ* de 5.9.2003: '(*omissis*) Temos, então, na alienação fiduciária em garantia, mais de uma ficção: a ficção que leva à falsa propriedade do credor-fiduciário, a ficção do contrato de depósito, em que o devedor é equiparado ao depositário, certo que o credor tem, apenas a posse indireta do bem, posse indireta que não passa, também, de outra ficção. E a partir dessas ficções, fica o comprador-devedor, na alienação fiduciária, sujeito à prisão. Mas o que deve ficar esclarecido é que a Constituição autoriza a prisão civil apenas do depositário infiel, ou seja, daquele que, recebendo do proprietário um certo bem para guardar, se obriga a guardá-lo e a devolvê-lo quando o proprietário pedir a sua devolução. A Constituição, no art. 5º, LXVII, não autoriza a prisão de quem não é depositário e, porque não é depositário na sua exata compreensão jurídica, não pode ser depositário infiel; noutras palavras, a Constituição autoriza a prisão civil – art. 5º, LXVII – apenas do depositário infiel, vale dizer, daquele que se tornou depositário mediante contrato de depósito, não de devedor que se torna depositário em razão de uma equiparação baseada numa mera ficção legal. Se isso fosse possível, amanhã, mediante outras equiparações, fortes em outras ficções legais, poderíamos ter uma prisão excepcional – CF, art. 5º, LXVII – transformada em regra, fraudando-se, assim, a Constituição. Mas o que deve ser acentuado é que a prisão civil do devedor-fiduciante, mediante a equiparação mencionada, não é tolerada pela Constituição.' Nesse sentido,

[221] STJ, REsp 7.943/RS, Rel. Min. Athos Carneiro, *DJ*, 10.6.1991; REsp. 0002320/RS, Rel. Athos Carneiro, *DJ*, 2.9.1991; REsp 0014938/PR, Rel. Bueno de Souza, *DJ*, 29.6.1992; HC 0003294/SP, Rel. Min. Adhemar Maciel, *DJ*, 18.9.1995.

deve-se ter em conta que a expressão 'depositário infiel' possui um significado constitucional peculiar que não pode ser menosprezado pelo legislador. Existe um desenho constitucional específico para a figura do depósito, o que lhe empresta a forma de instituto a ser observado pela legislação que lhe dá conformação."[222]

O Supremo Tribunal Federal, como referido, decidira anteriormente pela constitucionalidade da prisão civil do depositário infiel, prevista no art. 5º, inciso LXVII, da Constituição, posicionando-se no sentido de que os compromissos assumidos pelo Brasil em tratado internacional de que seja parte (art. 5º, § 2º, da Constituição) não minimizam o conceito de soberania do Estado-povo na elaboração de sua Constituição. Desse modo, o art. 7º, n. 7, do Pacto de São José da Costa Rica, no sentido de que "ninguém deve ser detido por dívida", devia ser interpretado com as limitações impostas pelo art. 5º, inciso LXVII, da Constituição.[223]

No julgamento do RE 466343/SP, iniciado no dia 22.11.2006, do RE 349703 e do HC 87585, o Supremo Tribunal Federal, em sessão realizada no dia 3.12.2008, alterando posicionamento anterior, passou a não mais admitir a prisão civil do depositário infiel, nos casos de alienação fiduciária em garantia. O Relator, Min. Cezar Peluso entendeu que para dar pela ilegitimidade da prisão civil não era preciso ir ao pacto de São José da Costa Rica, pois a questão se resolve em nível infraconstitucional, já que o contrato de alienação fiduciária em garantia, de que trata o Decreto-Lei n. 911/69, não se equipara ao contrato de depósito, e nem com ele tem afinidades, uma vez que, naquele concede-se ao depositário o direito de usar da coisa. O Min. Gilmar Mendes, acompanhado pelos demais Ministros que votaram, decidiu no sentido da incidência, à hipótese, do Pacto Internacional dos Direitos Civis e Políticos, e da Convenção sobre Direitos Humanos – Pacto de San José da Costa Rica –, que possuem *status* normativo supralegal, ressaltando ainda que a prisão civil do devedor-fiduciante viola o princípio da proporcionalidade, porque o ordenamento jurídico prevê outros meios processuais-executórios postos à disposição do credor-fiduciário para a garantia do crédito (Informativo 449/STF). Na sessão do dia 12 de março de 2008, o Min. Celso de Mello, em voto-vista, mudou entendimento que adotava, para se posicionar contra a prisão civil do depositário infiel. Destacou, em seu voto, que o Pacto de San José da Costa Rica sobre Direitos Humanos, já ratificado pelo Brasil, proíbe a prisão civil por dívida, excetuado o devedor voluntário de pensão alimentícia. O mesmo, segundo ele, ocorre com o Pacto Internacional sobre Direitos Civis e Políticos, patrocinado em 1966 pela ONU, ao qual o Brasil aderiu em 1990, cujo art. 11 dispõe: "Ninguém poderá ser preso apenas por não cumprir com uma obrigação contratual." Até a Declaração Americana dos Direitos da Pessoa Humana, firmada em 1948, em Bogotá, com a participação do Brasil, já previa esta proibição, enquanto a Constituição brasileira de 1988 ainda recepcionou legislação antiga sobre o assunto. Também a Conferência Mundial sobre Direitos Humanos, realizada em Viena (Áustria), em 1993, com participação ativa da delegação brasileira, preconizou

---

[222] MENDES; COELHO; BRANCO. *Curso de direito constitucional,* p. 646-648.

[223] STF – *Habeas Corpus* n. 73.044-2/SP, Rel. Min. Maurício Corrêa, *DJ*, Seção I, 20.9.1996, p. 34534.

o fim da prisão civil por dívida. O Min. Celso de Mello lembrou que, naquele evento, ficou bem marcada a interdependência entre democracia e o respeito dos direitos da pessoa humana, tendência que se vem consolidando em todo o mundo. Tanto isso é verdade que, hoje, os Estados totalitários se confundem com o desrespeito aos direitos humanos. E o Brasil, ao subscrever a declaração firmada no final da mencionada Conferência, abriu, ademais, a possibilidade de cidadãos brasileiros, que considerarem desrespeitados os seus direitos humanos, recorrerem a cortes internacionais, o que já vem ocorrendo. Ao invocar o disposto no inciso II do art. 4º da Constituição, que preconiza a prevalência dos direitos humanos como princípio nas suas relações internacionais, defendeu a tese de que tratados e convenções internacionais sobre direitos humanos, mesmo os firmados antes do advento da Constituição de 1988, devem ter o mesmo *status* dos dispositivos inscritos na Constituição Federal, ponderando, no entanto, que tais tratados e convenções não podem contrariar o disposto na Constituição, somente complementá-la. Afirmou ainda que o alcance das exceções constitucionais à cláusula geral que veda a prisão civil por dívida poderia sofrer mutações, decorrentes da atividade desenvolvida pelo próprio legislador comum, de formulações adotadas em sede de convenções ou tratados internacionais, ou ditadas por juízes e Tribunais, no processo de interpretação da Constituição e de todo o complexo normativo nela fundado, salientando, nessa parte, o papel de fundamental importância que a interpretação judicial desempenha, notadamente na adequação da própria Constituição às novas exigências, necessidades e transformações resultantes dos processos sociais, econômicos e políticos da sociedade contemporânea. Reconheceu, por fim, a supremacia da Constituição sobre todos os tratados internacionais celebrados pelo Estado brasileiro, inclusive os que versam o tema dos direitos humanos, desde que, neste último caso, as convenções internacionais que o Brasil tenha celebrado (ou a que tenha aderido) impliquem supressão, modificação gravosa ou restrição a prerrogativas essenciais ou a liberdades fundamentais reconhecidas e asseguradas pela própria Constituição.[224]

No julgamento do dia 3.12.2008, prevaleceu a tese defendida pelo Min. Gilmar Mendes que concede aos tratados e convenções internacionais sobre direitos humanos a que o Brasil aderiu *status* supralegal, porém admitindo a hipótese do nível constitucional delas quando ratificadas pelo Congresso Nacional, de acordo com o disposto no § 3º do art. 5º da Constituição Federal, acrescentado pela EC n. 45/2004. Ainda no julgamento, o Supremo Tribunal, por maioria, concedeu *habeas corpus* impetrado em favor de depositário judicial (HC 92566/SP), e evoluiu para estender a proibição da prisão civil por dívida a qualquer hipótese de infidelidade no depósito de bens, nela incluída a do depositário judicial, o que acabou por se pacificar com a edição da Súmula Vinculante n. 25 – É ilícita a prisão civil de depositário infiel, qualquer que seja a modalidade do depósito. Foi também revogada a Súmula 619, segundo a qual "a prisão do depositário judicial pode ser decretada no próprio processo em que se constituiu o encargo, independentemente da propositura de ação de depósito."[225]

---

[224] *Notícias* STF , quarta-feira, 12.3.2008; *Informativo* 498/STF.

[225] *Notícias* STF, quarta-feira, 3.12.2008; *Informativo* 531/STF.

5.8.4 Garantias jurisdicionais

São examinados, como garantias jurisdicionais, a inafastabilidade da jurisdição, bem como o juízo competente ou natural, e vedação de tribunais de exceção.

5.8.4.1 Inafastabilidade da jurisdição

A primeira garantia jurisdicional vem tratada no art. 5º, XXXV: "a lei não excluirá da apreciação do Poder Judiciário lesão ou ameaça de direito." É a inafastabilidade ao acesso ao Judiciário, traduzida no monopólio da jurisdição, ou seja, havendo ameaça ou lesão de direito, não pode a lei impedir o acesso ao Poder Judiciário. Anote-se que o preceito constitucional não reproduz cláusula constante da Emenda Constitucional n. 1, de 1969 (art. 153, § 4º), a qual possibilitava que o ingresso em juízo poderia ser condicionado à prévia exaustão das vias administrativas, desde que não fosse exigida garantia de instância, sem ultrapassar o prazo de 180 dias para a decisão do pedido. Assim, não existe mais o contencioso administrativo: o acesso ao Poder Judiciário é assegurado, mesmo pendente recurso na esfera administrativa.

A despeito de a Constituição prever a existência de juízes e tribunais na estrutura do Poder Judiciário, e de colocar à disposição das partes uma pletora de recursos, tais como ordinário constitucional, especial e extraordinário, disso não resulta que haja um direito ao duplo grau de jurisdição, "sob pena de se colocar em xeque um valor da própria ordem constitucional, o da segurança jurídica, que conta com especial proteção (coisa julgada). Se a Constituição consagra a competência originária de determinado órgão judicial e não define o cabimento de recurso ordinário, não se pode cogitar de um direito ao duplo grau de jurisdição, seja por força de lei, seja por força do disposto em tratados e convenções internacionais".[226] Portanto, o duplo grau de jurisdição só teria cabimento naqueles casos em que a própria Constituição expressamente assegurasse ou garantisse esse direito, como naquelas hipóteses de previsão de recurso ordinário ou de apelação para instância imediatamente superior.

Nesse sentido, a jurisprudência do Supremo Tribunal Federal: "o duplo grau de jurisdição, no âmbito da recorribilidade ordinária, não consubstancia garantia constitucional."[227]

Considere-se, demais disso, que, como salienta Alexandre de Moraes, "o fato de a Constituição Federal reconhecer a todas as pessoas o direito a obter a tutela judicial efetiva por parte dos juízes ou Tribunais no exercício de seus direitos e interesses legítimos não as desobriga ao cumprimento às condições da ação e dos pressupostos processuais legalmente estabelecidos. Dessa forma, essas previsões não encontram qualquer incompatibilidade com a norma constitucional, uma vez que se trata de requisitos objetivos e genéricos, que não limitam o acesso à Justiça, mas sim regulamentam-no."[228]

---

[226] MENDES; COELHO; BRANCO. *Curso de direito constitucional*, p. 481 e 483. STF, R*HC*, 79.785/RJ, Rel. Min. Sepúlveda Pertence, *DJ*. 22.11.2002.

[227] STF, MS 21.689-1, Rel. Min. Carlos Velloso, *DJ*, Seção I, 7.4.1995, p. 18.871.

[228] MORAES. *Direitos humanos fundamentais*, p. 198.

A exigência de depósito prévio para a discussão de créditos tributários constitui barreira ao acesso ao Poder Judiciário, revelando-se inconstitucional toda exigência de depósito ou arrolamento prévios de bens ou dinheiro como condição de admissibilidade de recurso administrativo: esta é a linha de entendimento do Supremo Tribunal Federal: "Ação direta de inconstitucionalidade. Art. 19, *caput*, da Lei Federal n. 8. 870/94. Discussão judicial de débito para com o INSS. Depósito prévio do valor monetariamente corrigido e acrescido de multa e juros. Violação do disposto no art. 5º, XXXV e LV, da Constituição do Brasil."[229] O relator consignou, em seu voto, que "ao dispor de forma genérica que 'as ações judiciais, inclusive cautelares, que tenham por objeto a discussão de débito para com o INSS serão, obrigatoriamente, precedidas do depósito preparatório', o art. 19 da Lei n. 8. 870/94 consubstancia barreira ao acesso ao Poder Judiciário. A mera leitura do texto normativo impugnado dá conta da imposição de condição à propositura das ações cujo objeto seja a discussão de créditos tributários, ainda que não estejam em fase de execução." Nessa mesma linha: "Administrativo. Depósito Prévio. Requisito de admissibilidade. Inconstitucionalidade das normas que o exigem. Violação ao art. 5º, LV, da CF. Recurso Extraordinário provido. Precedentes do Plenário. É inconstitucional toda exigência de depósito ou arrolamento prévios de dinheiro ou bens, para admissibilidade de recurso administrativo."[230] Também este julgado: "A exigência de depósito ou arrolamento prévio de bens e direitos como condição de admissibilidade de recurso administrativo constitui obstáculo sério (e instransponível, para consideráveis parcelas da população) ao exercício do direito de petição (CF, art. 5º, XXXIV), além de caracterizar ofensa ao princípio do contraditório (CF, art. 5º, LV). A exigência de depósito ou arrolamento prévio de bens e direitos pode converter-se, na prática, em determinadas situações, em supressão do direito de recorrer, constituindo-se, assim, em nítida violação ao princípio da proporcionalidade."[231] Foi ainda editada a Súmula Vinculante n. 21, com o seguinte enunciado: "É inconstitucional a exigência de depósito ou arrolamento prévios de dinheiro ou bens para admissibilidade de recurso administrativo."

A despeito de a Constituição exigir, no art. 217, § 1º, o prévio acesso às instâncias da justiça desportiva, em hipóteses que versem sobre a disciplina e às competições desportivas, reguladas em lei, o texto constitucional não condiciona o acesso ao Judiciário ao término do processo administrativo, tendo a justiça desportiva o prazo máximo de 60 dias contados da instauração do processo, para proferir decisão final (art. 217, § 2º).

Há um outro aspecto a ser ressaltado quanto à ampliação do acesso à Justiça, e que se refere às inovações na própria estrutura judiciária, tais como os "juizados de pequenas causas", voltados para uma solução mais rápida e efetiva de casos de menor complexidade, menor valor ou menor potencial ofensivo. Essa onda de reforma judiciária acaba por aproximar o Judiciário da população mais pobre e constitui uma

---

[229] STF, ADI 1074/ES, Rel. Min. Eros Grau, *DJ*, 25.5.2007.

[230] STF, RREE 546375/RJ e 546385/RJ, Rel. Min. Cezar Peluso, *DJ*, 15.6.2007.

[231] STF, ADI 1976/DF, Rel. Min. Joaquim Barbosa, *DJ*, 18.5. 2007.

tentativa de enfrentar a denominada "litigiosidade contida", ou seja, demandas que nem chegavam aos tribunais em função das dificuldades de acesso. Os juizados vêm sendo responsáveis por um grande volume de processos, às vezes superior ao da justiça comum, como é o caso do Estado do Amapá.

Não se pode deixar de considerar ainda que à expansão da Justiça, nos últimos anos, corresponde a crise e a reforma do Judiciário. A crise tem uma dupla dimensão: na função de controle de constitucionalidade das leis é uma crise política; nas atribuições relacionadas com a jurisdição comum, é uma crise funcional e de desempenho.

Quanto à primeira, enfatize-se a expansão do controle concentrado de constitucionalidade, com correspondente diminuição do controle difuso, o que reduz as chances de resistência política das minorias. Na dimensão funcional, há propostas de ampliação e diferenciação da estrutura judiciária, o que revela uma menor controvérsia, destacando-se as medidas constantes da Emenda Constitucional n. 45/2004 (Reforma do Poder Judiciário).

Anote-se que a Lei n. 9.307/96 instituiu a arbitragem como nova via de resolução alternativa de conflitos, alheia à jurisdição estatal. Pela arbitragem as partes litigantes investem, por meio de uma convenção arbitral, é dizer, cláusula compromissória e compromisso arbitral, de poderes decisórios para resolver seus conflitos relativos a direitos patrimoniais disponíveis, decisão que possui eficácia de sentença judicial, não se sujeitando, pois, a posterior homologação do Poder Judiciário, salvo quando se trata de sentença arbitral estrangeira, de competência do Supremo Tribunal Federal (art. 35 da Lei n. 9.307/96). Haverá também participação do Poder Judiciário nas hipóteses de descumprimento de cláusula compromissória, desacordo entre as partes quanto à nomeação do árbitro e fixação de seus honorários, execução e declaração de nulidade de sentença arbitral, quando no curso da arbitragem surja controvérsia acerca de direitos indisponíveis, condução de testemunhas, adoção de medidas coercitivas ou cautelares, etc.[232]

5.8.4.2 Juízo competente ou natural, e vedação de tribunais de exceção

O princípio do juízo competente (art. 5º, LIII), segundo o qual "ninguém será processado nem sentenciado senão pela autoridade competente", e a vedação de juízo ou tribunal de exceção (art. 5º, XXXVII) são garantias jurisdicionais.

Tribunal de exceção, segundo Marcelo Caetano, "é o criado especialmente para julgamento de certos crimes já cometidos ou de pessoas determinadas, arguidas de fatos passados, podendo mesmo suceder, em épocas revolucionárias, que tais fatos só sejam qualificados como delituosos por lei retroativa".[233]

O tribunal de exceção não se confunde, todavia, com o foro privilegiado estabelecido para o processo e julgamento de determinadas pessoas, a fim de preservar a independência do exercício de suas funções. Citamos como exemplos: o Prefeito é

---

232 MENDES; COELHO; BRANCO. *Curso de direito constitucional*, p. 484.

233 CAETANO. *Direito constitucional*, v. 2, p. 390.

julgado pelo Tribunal de Justiça (art. 29, X); Deputados Federais, Senadores e Presidente da República são processados e julgados criminalmente pelo Supremo Tribunal Federal (art. 53, § 4º, e 102, I, *b*). Também não podem ser considerados tribunais de exceção as justiças especializadas no Brasil, pois constituídas e organizadas pela Constituição Federal e leis de organização judiciária.

Segundo decidiu o Supremo Tribunal Federal, "o princípio da naturalidade do Juízo – que traduz significativa conquista do processo penal liberal, essencialmente fundado em bases democráticas – atua como fator de limitação dos poderes persecutórios do Estado e representa importante garantia de imparcialidade dos juízes e tribunais."[234]

5.8.5 Garantias processuais

Neste tópico, passa-se ao exame das garantias processuais de origem constitucional.

5.8.5.1 Devido processo legal, contraditório e ampla defesa

Como garantias processuais, destacam-se, na Constituição, a do devido processo legal, agora expressamente prevista no art. 5º, LIV ("ninguém será privado da liberdade ou de seus bens sem o devido processo legal"), a do contraditório e a da ampla defesa, asseguradas no art. 5º, LV ("aos litigantes, em processo judicial ou administrativo, e aos acusados em geral são assegurados o contraditório e ampla defesa, com os meios e recursos a ela inerentes"). Os textos constitucionais brasileiros anteriores não faziam referência expressa à cláusula, que era tratada de modo implícito.

O devido processo legal, como ideia, remonta ao Direito inglês, notadamente à Carta Magna de 1215, que a rubricou sob o rótulo de *lei da terra*. Uadi Lammêgo Bulos salienta que "pela *lei da terra*, os direitos dos barões e proprietários de glebas, relativos à vida, à propriedade e à liberdade, só poderiam sofrer supressão à luz do *jus consuetudinarium* da época. Era uma forma de o baronato proteger as suas terras contra os abusos da Coroa inglesa. De fato, embora a *Magna Charta Libertatum* do Rei João Sem Terra, no limiar do século XIII, não tivesse utilizado a locução *due process of law*, o certo é que ela foi empregada no sentido de *law of the land*. E, durante o reinado de Eduardo III, no ano de 1354, o Parlamento inglês editou o *Statute of Westminster of the Liberties of London*, substituindo a expressão per legem terrae por *due process of law*. Não se sabe, até hoje, quem propôs a substituição. Mais tarde, os constitucionalistas estadunidenses usaram a expressão *due process of law*, que se irradiou por todo o mundo."[235]

Para que se possa decidir a lide, é indispensável que sejam ouvidas as partes litigantes, sem o que não haverá julgamento justo e nem garantia das liberdades constitucionais.

Como acentua Nelson Nery Júnior, "o princípio do contraditório, além de fundamentalmente constituir-se em manifestação do princípio do Estado de Direito,

---

[234] STF, HC 69.601/SP, Rel. Min. Celso de Mello, *DJ*, 18.12.1992.

[235] BULOS. *Curso de direito constitucional*, p. 523-524.

tem íntima ligação com o da igualdade das partes e o do direito de ação, pois o texto constitucional, ao garantir aos litigantes o contraditório e a ampla defesa, quer significar que tanto o direito de ação, quanto o direito de defesa são manifestações do princípio do contraditório".[236]

O direito de defesa, que não se resume a um simples direito de manifestação no processo, já merecia de João Barbalho, ao comentar a Constituição de 1891, as seguintes considerações: "Com a plena defesa são incompatíveis, e, portanto, inteiramente, inadmissíveis, os processos secretos, inquisitoriais, as devassas, a queixa ou o depoimento de inimigo capital, o julgamento de crimes inafiançáveis na ausência do acusado ou tendo-se dado a produção das testemunhas de acusação sem ao acusado se permitir reinquiri-las, a incomunicabilidade depois da denúncia, o juramento do réu, o interrogatório dele sob coação de qualquer natureza, por perguntas sugestivas ou capciosas e em geral todo o procedimento que embarace a defesa."[237]

O devido processo legal, em sentido formal, compreende a ampla defesa (*v.g*, publicidade da decisão, citação, produção ampla de provas, o direito ao silêncio[238]), o contraditório e outras garantias enunciadas na Constituição. Já no sentido material, diz respeito à necessidade de observar o princípio da proporcionalidade, com resguardo da vida, da liberdade e da propriedade.

O direito ao contraditório e à ampla defesa, segundo se extrai de julgamento do Supremo Tribunal Federal, compreende o direito de: 1. informação, que obriga o órgão julgador a informar à parte contrária os atos praticados no processo e sobre os elementos dele constantes; 2. manifestação, que assegura ao defendente a possibilidade de manifestar-se oralmente ou por escrito sobre os elementos fáticos e jurídicos constantes do processo; 3. ver seus argumentos considerados, que exige do julgador a capacidade, apreensão e isenção de ânimo para contemplar as razões apresentadas, de forma séria e detida.[239]

Ao relacionar o devido processo legal com a tutela das liberdades públicas, decidiu o Supremo Tribunal Federal: "A submissão de uma pessoa à jurisdição penal do Estado coloca em evidência a relação de polaridade conflitante que se estabelece entre a pretensão punitiva do Poder Público e o resguardo à intangibilidade do *jus libertatis*

---

236 NERY JUNIOR. *Princípios do processo civil na constituição federal*, p. 130.

237 BARBALHO. *Constituição federal brasileira*: comentários, p. 437.

238 O direito ao silêncio acha-se examinado no tópico 5.8.2.15 deste trabalho.

239 STF, MS 24268/MG, Rel. Min. Gilmar Mendes, j. 5.2.2004.

Novo CPC (versão do Projeto aprovado pelo CN): "Art. 7º É assegurada às partes paridade de tratamento em relação ao exercício de direitos e faculdades processuais, aos meios de defesa, aos ônus, aos deveres e à aplicação de sanções processuais, competindo ao juiz zelar pelo efetivo contraditório. Art. 8º Ao aplicar o ordenamento jurídico, o juiz atenderá aos fins sociais e às exigências do bem comum, resguardando e promovendo a dignidade da pessoa humana e observando a proporcionalidade, a razoabilidade, a legalidade, a publicidade e a eficiência. Art. 9º Não se proferirá decisão contra uma das partes sem que esta seja previamente ouvida. Art. 10. O juiz não pode decidir, em grau algum de jurisdição, com base em fundamento a respeito do qual não se tenha dado às partes oportunidade de se manifestar, ainda que se trate de matéria sobre a qual deva decidir de ofício."

titularizado pelo réu. A persecução penal rege-se, enquanto atividade estatal juridicamente vinculada, por padrões normativos, que, consagrados pela Constituição e pelas leis, traduzem limitações significativas ao poder do Estado. Por isso mesmo, o processo penal só pode ser concebido – e assim deve ser visto – como instrumento de salvaguarda da liberdade do réu. O processo penal condenatório não é um instrumento de arbítrio do Estado. Ele representa, antes, um poderoso meio de contenção e de delimitação dos poderes de que dispõem os órgãos incumbidos da persecução penal. Ao delinear um círculo de proteção em torno da pessoa do réu – que jamais se presume culpado, até que sobrevenha irrecorrível sentença que, condicionada por parâmetros ético-jurídicos, impõe ao órgão acusador o ônus integral da prova, ao mesmo tempo em que faculta ao acusado que jamais necessita demonstrar a sua inocência, o direito de defender-se e de questionar, criticamente, sob a égide do contraditório, todos os elementos probatórios produzidos pelo MP. A própria exigência de processo judicial representa poderoso fator de inibição do arbítrio estatal e de restrição ao poder de coerção do Estado. A cláusula *nulla poena sine judicio* exprime, no plano do processo penal condenatório, a fórmula de salvaguarda da liberdade individual."[240]

Nos termos do enunciado da Súmula 526 do Supremo Tribunal Federal, no processo penal, falta da defesa constitui nulidade absoluta, mas a sua deficiência só o anulará se houver prova de prejuízo para o réu.

Dado ser o inquérito policial mera peça informativa, de natureza inquisitorial, sem natureza de processo judicial, nele não cabe o amplo contraditório: é o que se colhe da doutrina e da jurisprudência dominantes. Pondere-se que este entendimento "não impede, porém, que se reconheça o direito do advogado do investigado a ter acesso aos autos antes da data designada para o seu interrogatório, com fundamento na norma constitucional em que se assegura o direito de assistência de advogado (art. 5º, LXIII)."[241] Ademais, considera-se nula a sentença penal condenatória com apoio exclusivo em elementos do inquérito policial, por violação da garantia constitucional do contraditório.[242]

A jurisprudência do Supremo Tribunal Federal é no sentido de que atenta contra o direito ao contraditório o oferecimento de denúncia vaga ou imprecisa, por dificultar o exercício do direito de defesa:

"O processo penal de tipo acusatório repele, por ofensivas à garantia da plenitude de defesa, quaisquer imputações que se mostrem indeterminadas, vagas, contraditórias, omissas ou ambíguas. Existe, na perspectiva dos princípios constitucionais que regem o processo penal, um nexo de indiscutível vinculação entre a obrigação estatal de oferecer acusação formalmente precisa e juridicamente apta e o direito individual de que dispõe o acusado a ampla defesa. A imputação penal omissa ou deficiente, além de constituir transgressão do dever jurídico que se impõe ao Estado, qualifica-se como causa de nulidade processual absoluta. A denúncia – enquanto instrumento

---

240 STF, HC 73.338/RJ, Rel. Min. Celso de Mello, *RTJ* 161/264.

241 MENDES; COELHO; BRANCO. *Curso de direito constitucional*, p. 532.

242 STF, HC 331.133, Rel. Min. Sepúlveda Pertence, *DJ*, 25.2.2004.

formalmente consubstanciador da acusação penal – constitui peça processual de indiscutível relevo jurídico. Ela, ao delimitar o âmbito temático da imputação penal, define a própria *res in judicio deducta.* A peça acusatória deve conter a exposição do fato delituoso, em toda a sua essência e com todas as suas circunstâncias. Essa narração, ainda que sucinta, impõe-se ao acusador como exigência derivada do postulado constitucional que assegura ao réu o exercício, em plenitude, do direito de defesa. Denúncia que não descreve adequadamente o fato criminoso, é denúncia inepta."[243]

Relativamente à adequação do fato imputado ao réu no processo penal, o Código de Processo Penal prevê em seus arts. 383 e 384 e *emendatio libelli* e a *mutatio libelli*, a serem considerados pelo juiz para um perfeito enquadramento jurídico dos termos fáticos narrados pela acusação. Pelo art. 383 do CPP, "o juiz poderá dar ao fato definição jurídica diversa da que constar da queixa ou da denúncia, ainda que, em consequência, tenha de aplicar pena mais grave." Trata-se da *emendatio libelli,* situação em que não ofende o direito de defesa o exercício, pelo juiz, de tipicidade que considerar conveniente, de acordo com as circunstâncias ou peculiaridades de cada caso concreto. Ao seu turno, a *mutatio libelli* (art. 384, parágrafo único, do CPP) ocorre naqueles casos em que, durante o processo, surjam fatos ou circunstâncias elementares não contidos, expressa ou implicitamente, na peça acusatória. O direito de defesa, nesse caso, deve ser garantido: o juiz, ao reconhecer a possibilidade de nova definição jurídica do fato, determinará sejam baixados os autos para que a defesa se manifeste no prazo de oito dias, podendo, se quiser, produzir provas e arrolar até três testemunhas (*mutatio libelli* sem aditamento). Quando nova definição importar a aplicação de pena mais grave, em razão de prova existente nos autos, o juiz baixará o processo para que o Ministério Público possa aditar a denúncia ou a queixa, abrindo-se, em seguida, o prazo de três dias à defesa, que poderá oferecer prova, arrolando até três testemunhas (*mutatio libelli* com aditamento). Gilmar Mendes observa que "a jurisprudência do Supremo Tribunal Federal é pacífica no sentido de reconhecer o direito de defesa nos casos de *mutatio libelli,* e, contrariamente, de não o admitir nos casos de *emendatio libelli,* por entender caber ao réu defender-se somente dos fatos a ele imputados, e não de capitulação dada pela acusação."[244]

A sentença de pronúncia, que encerra mero juízo de admissibilidade da ação penal no procedimento especial do Júri, não deve conter excesso de linguagem a influenciar o Conselho de Sentença, em prejuízo para o réu. O Juiz deve evitar manifestar-se sobre o mérito da acusação, pois é do Júri a competência para apreciar as provas. Na sentença de pronúncia, marcada pelo comedimento, cabe ao Juiz apenas verificar se a existência do crime ou do indício da autoria.[245]

O interrogatório por videoconferência constitui técnica que se acha relacionada com a ampla defesa, o direito de presença, a segurança, a ordem pública e a eficiência do processo.

---

[243] STF, HC 70.763, Rel. Min. Celso de Mello, *DJ*, 23.9.1994.

[244] MENDES; COELHO; BRANCO. *Curso de direito constitucional*, p. 534.

[245] STF, HC 79.797, Rel. Min. Marco Aurélio, *DJ*, 29.6.2001; RHC 83986, Rel. Min. Joaquim Barbosa, *DJ*, 30.4.2004.

O sistema de videoconferência, para a realização de interrogatório, acha-se disciplinado no art. 185 do Código de Processo Penal, com a redação da Lei n. 11.900, de 8 de janeiro de 2009.

Segundo a nova cláusula legal, o interrogatório do réu preso por sistema de videoconferência ou outro recurso tecnológico de transmissão de sons e imagens em tempo real, constitui exceção, podendo ser realizado pelo juiz, por decisão fundamentada, de ofício ou a requerimento das partes, desde que a medida seja necessária para atender a uma das seguintes finalidades:

I – prevenir risco à segurança pública, quando exista fundada suspeita de que o preso integre organização criminosa ou de que, por outra razão, possa fugir durante o deslocamento;

II – viabilizar a participação do réu no referido ato processual, quando haja relevante dificuldade para seu comparecimento em juízo, por enfermidade ou outra circunstância pessoal;

III – impedir a influência do réu no ânimo de testemunha ou da vítima, desde que não seja possível colher o depoimento destas por videoconferência, nos termos do art. 217 do Código de Processo Penal;

IV – responder à gravíssima questão de ordem pública.

5.8.5.1.a Ampla defesa e contraditório nos processos administrativos

A Constituição estende a garantia do contraditório e da ampla defesa aos processos administrativos.[246]

Nessa linha, mencione-se parte do voto do Min. Mauro Aurélio:

"O vocábulo litigante há de ser compreendido em sentido lato, ou seja, a envolver interesses contrapostos. Destarte, não tem o sentido processual de parte, a pressupor uma demanda, uma lide, um conflito de interesses constante de processo judicial. Este enfoque decorre da circunstância de o princípio estar ligado, também, aos processos administrativos. A presunção de legitimidade dos atos administrativos milita não só em favor da pessoa jurídica de direito privado, como também do cidadão que se mostre, de alguma forma, por ele alcançado. Logo, o desfazimento, ainda que sob o ângulo da anulação, deve ocorrer cumprindo-se, de maneira irrestrita, o que se entende por como devido processo legal (*lato sensu*), a que o inciso LV do art. 5º objetiva preservar. O contraditório e ampla defesa, assegurados constitucionalmente, não estão restritos apenas àqueles processos de natureza administrativa que mostrem próprios ao campo disciplinar. O dispositivo constitucional não contempla especificidade.[247]

---

[246] A Lei n. 9.784, de 29.1.1999, regula o processo administrativo no âmbito da Administração Pública Federal, dispondo o art. 2º, que a Administração Pública obedecerá aos princípios da ampla defesa e do contraditório, e o parágrafo único desse artigo estabelece, nos incisos VIII e X, que, nos processos administrativos serão atendidos, dentre outros, os critérios de observância das formalidades essenciais à garantia dos direitos dos administrados e de garantia dos direitos à comunicação.

[247] STF, RE 199.733, Rel. Min. Marco Aurélio, *DJ*, 30.4.1999.

O direito de defesa no processo administrativo aplica-se tanto às questões de fato como de direito nele debatidas.[248]

No âmbito do processo administrativo disciplinar, o Supremo Tribunal Federal tem afirmado que a recusa de reinquirição de testemunha viola o princípio da ampla defesa.[249]

A jurisprudência do Supremo Tribunal Federal assegura o pleno direito de defesa no julgamento de contas de prefeitos, realizado pela Câmara Municipal com base em parecer do Tribunal de Contas que recomenda a rejeição.[250]

Pelo enunciado da Súmula Vinculante n. 5, do Supremo Tribunal Federal, "a falta de defesa técnica por advogado no processo administrativo disciplinar não ofende a Constituição."[251]

5.8.5.1.b Súmulas do Supremo Tribunal Federal e o devido processo legal

Súmula 70 – É inadmissível a interdição de estabelecimento como meio coercitivo para cobrança de tributo.

Súmula 323 – É inadmissível a apreensão de mercadorias como meio coercitivo para pagamento de tributos.

Súmula 547 – Ao contribuinte em débito, não é lícito à autoridade proibir que adquira estampilhas, despache mercadorias nas alfândegas exerça suas atividades profissionais.

Súmula 704 – Não viola as garantias do juiz natural, da ampla defesa e do devido processo legal a atração por continência ou conexão do processo do co-réu ao foro por prerrogativa de função de um dos denunciados.

Súmula Vinculante n. 3 – Nos processos perante o Tribunal de Contas da União asseguram-se o contraditório e a ampla defesa quando da decisão puder resultar anulação ou revogação de ato administrativo que beneficie o interessado, excetuada a apreciação da legalidade do ato de concessão inicial de aposentadoria, reforma e pensão.

5.8.5.2 Razoável duração do processo

A EC n. 45/2004 acrescentou o inciso LXXVIII ao art. 5º, para estabelecer que a todos, no âmbito judicial e administrativo, sao assegurados a razoável duração do

---

[248] STF, MS 24.268/MG, Rel. para o acórdão Min. Gilmar Mendes, *DJ*, 17.9.2004, em que o Supremo Tribunal reviu entendimento anterior no sentido de que o princípio do contraditório somente teria aplicação se o tema discutido versasse apenas questões de fato.

[249] STF, RE 222.294, Rel. Min. Ilmar Galvão, *DJ*, 13.8.1999.

[250] STF, RE 261.116, Rel. Min. Ilmar Galvão, j. em 5.12.2000, *DJ*, 16.3.2001.

[251] Restou superada, portanto, a Súmula 343, do Superior Tribunal de Justiça, que tornava obrigatória a presença de advogado em todas as fases do processo administrativo disciplinar.

processo e os meios que garantam a celeridade de sua tramitação, apontando, portanto, para a necessidade de que a prestação jurisdicional seja célere e eficaz.[252]

A razoável duração do processo relaciona-se com normas sobre justiça itinerante (art. 125, § 7º), proibição de férias coletivas, previsão de juízes em plantão (art, 93, XII), dentre outras.

O caráter da razoável duração do processo, que deve ser aferido diante do caso concreto, envolve três critérios principais: a complexidade da questão de fato e de direito discutidas no processo, o comportamento das partes e de seus procuradores e a atuação dos órgãos jurisdicionais.

A cláusula constitucional concorre para viabilizar, por lei ordinária, que se afaste a ideia do tempo-inimigo do Juiz e dos males do retardamento na prestação jurisdicional, que constituem o fundamento de todas as queixas que contra ele se erguem.

Gilmar Mendes salienta que "a duração indefinida ou ilimitada do processo judicial afeta não apenas e de forma direta a ideia de proteção judicial efetiva, como compromete de modo decisivo a proteção da dignidade da pessoa humana, na medida em que permite a transformação do ser humano em objeto de processos judiciais."[253]

No âmbito da Reforma do Judiciário, editou-se a Lei n. 11.419, de 19 de dezembro de 2006, com o propósito de efetivar a celeridade processual. A Lei, que dispõe sobre a informatização do processo judicial, estabelece a possibilidade de uso de meio eletrônico na tramitação de processos judiciais, comunicação de atos e transmissão de peças processuais, indistintamente, nos processos civil, penal e trabalhista, bem como nos juizados especiais, em qualquer grau de jurisdição.

Segundo a Lei n. 11.419/2006, considera-se: 1. meio eletrônico qualquer forma de armazenamento ou tráfego de documentos e arquivos digitais; 2. transmissão eletrônica toda forma de comunicação a distância com a utilização de redes de comunicação, preferencialmente a rede mundial de computadores; 3. assinatura eletrônica as seguintes formas de identificação inequívoca do signatário: *a)* assinatura digital baseada em certificado digital emitido por autoridade certificadora credenciada, na forma de lei específica; *b)* mediante cadastro de usuário no Poder Judiciário, conforme disciplinado pelos órgãos respectivos. A Lei admite o envio de petições, de recursos e a prática de atos processuais em geral, por meio eletrônico, mediante o uso de assinatura eletrônica, sendo obrigatório o credenciamento prévio no Poder Judiciário, conforme disciplinado pelos órgãos respectivos. O credenciamento será realizado mediante procedimento no qual esteja assegurada a adequada identificação presencial do interessado, bem como mediante atribuição de registro e meio de acesso ao sistema, de modo a preservar o sigilo, a identificação e a autenticidade de suas comunicações. A Lei autoriza a criação de cadastro único para o credenciamento.

---

[252] Novo CPC (versão do Projeto aprovado pelo CN): "Art. 4º As partes têm direito de obter em prazo razoável a solução integral do mérito, incluída a atividade satisfativa. Art. 6º Todos os sujeitos do processo devem cooperar entre si para que se obtenha, em tempo razoável, decisão de mérito justa e efetiva."

[253] MENDES. Proteção judicial efetiva dos direitos fundamentais. *In: Direitos fundamentais e estado constitucional:* estudos em homenagem a J. J. Gomes Canotilho (LEITE; SARLET, coord.), p. 382.

Na Justiça Eleitoral, considera-se duração razoável do processo que possa resultar em perda de mandato eletivo o período máximo de um ano, contado da sua apresentação à Justiça Eleitoral, abrangendo a tramitação em todas as instâncias desta Justiça especializada (art. 97-A da Lei n. 9.504, de 30 de setembro de 1997, acrescido pela Lei n. 12.034, de 29 de setembro de 2009).

O Conselho Nacional de Justiça editou a Recomendação n. 38/2011, que recomenda aos tribunais a instituição de mecanismos de cooperação judiciária entre os órgãos do Poder Judiciário, mecanismo contemporâneo, desburocratizado e ágil para o cumprimento de atos judiciais fora da esfera de competência do juízo requerente ou em interseção com ele, e que tem como finalidade institucionalizar meios para dar maior fluidez e agilidade à comunicação entre os órgãos judiciários e outros operadores sujeitos ao processo, substituindo o conflito pela cooperação judiciária.[254]

---

[254] **RECOMENDAÇÃO N. 38, DE 3 DE NOVEMBRO DE 2011:** "O PRESIDENTE DO CONSELHO NACIONAL DE JUSTIÇA, no uso de suas atribuições constitucionais e regimentais: CONSIDERANDO que a Emenda Constitucional n. 45/2004 instituiu o principio da duração razoável do processo e conferiu ao Conselho Nacional de Justiça a função de planejamento estratégico do Poder Judiciário; CONSIDERANDO que o Conselho Nacional de Justiça pode regulamentar a atuação administrativa do Judiciário, nos termos do art. 103-B, § 4º, I, da Constituição da República; CONSIDERANDO que a cooperação judiciária constitui mecanismo contemporâneo, desburocratizado e ágil para o cumprimento de atos judiciais fora da esfera de competência do juízo requerente ou em intersecção com ele; CONSIDERANDO que os mecanismos de cooperação judiciária vêm sendo utilizados com bom sucesso no intercâmbio jurisdicional na União Europeia; RESOLVE: Recomendar a todos os tribunais que: I – adotem mecanismos de cooperação, tais como os Núcleos de Cooperação Judiciária e a figura do Juiz de Cooperação, com a finalidade de institucionalizar meios para dar maior fluidez e agilidade à comunicação entre os órgãos judiciários e outros operadores sujeitos do processo, não só para cumprimento de atos judiciais, mas também para harmonização e agilização de rotinas e procedimentos forenses, fomentando a participação dos magistrados de todas as instâncias na gestão judiciária; II – observem, ao promover a cooperação judiciária, as diretrizes gerais e mecanismos previstos no regulamento constante do Anexo desta Recomendação, para viabilizar a implantação da Rede Nacional de Cooperação Judiciária. **ANEXO DA RECOMENDAÇÃO N. 38, DE 3 DE NOVEMBRO DE 2011.** Art. 1º Esta Recomendação dispõe sobre cooperação nacional, ativa, passiva e simultânea, entre os órgãos do Poder Judiciário da União e dos Estados, no âmbito das respectivas competências, observado sempre o princípio do juiz natural. Art. 2º Os pedidos de cooperação jurisdicional deverão ser prontamente atendidos. Parágrafo único. O processamento dos pedidos será informado pelos princípios da agilidade, concisão, instrumentalidade das formas e unidade da jurisdição nacional, dando-se prioridade ao uso dos meios eletrônicos. Art. 3º A cooperação judiciária é admissível para a prática de todos os tipos de atos, providências, medidas, incidentes, procedimentos e ritos processuais. Parágrafo único. O juiz poderá recorrer ao pedido de cooperação antes de determinar a expedição de carta precatória ou de suscitar conflito de competência. Art. 4º O pedido de cooperação judiciária prescinde de forma especial e compreende: I – auxílio direto; II – reunião ou apensamento de processos; III – prestação de informações; IV – cartas de ordem ou precatória; V – atos concertados entre os juízes cooperantes. Parágrafo único. Os atos concertados entre os juízes cooperantes poderão consistir, além de outros definidos em comum acordo, em procedimento para a prática de: I – citação, intimação e notificação, obtenção e apresentação de provas, coleta de depoimentos, medidas cautelares e antecipação de tutelas; II – medidas e providências para a recuperação e preservação de empresas, facilitação da habilitação de créditos na falência e recuperação judicial; III – transferência de presos; IV – reunião de processos repetitivos; V – execução de decisões judiciais em geral, especialmente aquelas que versem

5.8.5.3 Proibição de prova ilícita

A Constituição proíbe, no art. 5º, LVI, nos processos civil, pena e administrativo, as provas obtidas por meios ilícitos.

A proibição de provas ilícitas compatibiliza-se com o processo contraditório, em que se garante a ampla defesa, mesmo porque a prova ilícita compromete o princípio da lealdade e da seriedade processual.

As provas ilícitas, que não se confundem com as provas ilegítimas (= específicas da seara processual, porque obtidas ao arrepio dos códigos de processo, como a vedação de depoimentos comprometedores do sigilo profissional), compreendem, segundo Uadi Lammêgo Bulos, "as provas formalmente ilícitas – obtidas, no seu momento introdutório, por um procedimento ilegal, ainda que não se afigurem ilícitas na origem; e as provas materialmente ilícitas – conseguidas pela infringência de normas substanciais. Exemplos: invasão domiciliar, violação de segredo epistolar, inobservância dos preceitos legais que autorizam a interceptação telefônica, ruptura do sigilo profissional, subtração de documentos, etc."[255]

---

sobre interesse transindividual. Art. 5º O pedido de cooperação judiciária pode processar-se entre juízes de ramos judiciários distintos. Art. 6º Os magistrados designados para atuar como Juízes de Cooperação terão a função de facilitar a prática de atos de cooperação judiciária e integrarão a Rede Nacional de Cooperação Judiciária. § 1º Os Juízes de Cooperação poderão atuar em comarcas, foros, polos regionais, Unidades da Federação ou em unidades jurisdicionais especializadas. § 2º Observado o volume de trabalho, o juiz de cooperação poderá cumular a função de intermediação da cooperação com a jurisdicional ordinária, ou ser designado em caráter exclusivo para o desempenho de tal função. § 3º Os tribunais poderão designar também magistrados de cooperação de segundo grau. Art. 7º O Juiz de Cooperação tem por deveres específicos: I – fornecer todas as informações necessárias a permitir a elaboração eficaz de pedido de cooperação judiciária, bem como estabelecer os contatos diretos mais adequados; II – identificar soluções para os problemas que possam surgir no processamento de pedido de cooperação judiciária; III – facilitar a coordenação do tratamento dos pedidos de cooperação judiciária no âmbito do respectivo Tribunal; IV – participar das reuniões convocadas pela Corregedoria de Justiça, pelo Conselho Nacional de Justiça ou, de comum acordo, pelos juízes cooperantes; V – participar das comissões de planejamento estratégico dos tribunais; VI – promover a integração de outros sujeitos do processo à rede de cooperação; VI – intermediar o concerto de atos entre juízes cooperantes. § 1º Sempre que um juiz de cooperação receber, de outro membro da rede, pedido de informação a que não possa dar o seguimento, deverá comunicá-lo ao magistrado de cooperação ou ao membro da rede mais próximo para fazê-lo. § 2º O Juiz de Cooperação deve prestar toda a assistência para contatos ulteriores. Art. 8º Os pedidos de cooperação judiciária serão encaminhados, diretamente, ou por meio do Juiz de Cooperação. Art. 9º Os tribunais poderão constituir núcleos de cooperação judiciária, com a função de sugerir diretrizes de ação coletiva, harmonizar rotinas e procedimentos, bem como atuar na gestão coletiva de conflitos e na elaboração de diagnósticos de política judiciária, propondo mecanismos suplementares de gestão administrativa e processual, fundados nos princípios da descentralização, colaboração e eficácia. Art. 10 Os núcleos de cooperação poderão ser constituídos por comarcas, regiões, unidades de especialização ou Unidades da Federação. Art. 11 Os núcleos de cooperação deverão interagir de forma coordenada com os comitês nacional e estadual de cooperação judiciária, constituídos pelo Conselho Nacional de Justiça" (Publicada no DJ-e n. 205/2011, em 7/11/2011, p. 20-22).

[255] BULOS. *Curso de direito constitucional*, p. 536.

O Supremo Tribunal Federal tem admitido a utilização das provas ilícitas, em casos de extrema gravidade, à luz do princípio da proporcionalidade ou da razoabilidade, especialmente quando envolve sigilo de correspondência e de comunicações telegráficas, de dados e das comunicações telefônicas (gravação clandestina), gravação ambiental,[256] direito à intimidade e à privacidade, direito à inviolabilidade do domicílio, direito ao sigilo profissional, entre outros.

Ainda no âmbito das provas ilícitas, há a questão das chamadas provas ilícitas por derivação, que tem origem na doutrina dos frutos da árvore envenenada (*fruits of the poisonous tree doctrine*) invocada pela Suprema Corte dos Estados Unidos, em julgamento ocorrido no ano de 1939 (*Nardone versus United States*). A prova ilícita por derivação consiste naquela prova que, embora obtida de forma lícita, é extraída de prova conseguida ilicitamente. O Ministro Gilmar Mendes esclarece-nos que "a doutrina tem feito uma diferenciação entre a prova ilícita produzida pelo Estado e aquela produzida pelo particular, para afirmar que apenas no primeiro caso incidiria a regra do art. 5º, LVI. O fundamento, encontrado na jurisprudência norte-americana, é que apenas o Estado (produtor da prova) seria o sujeito passivo do direito fundamental à não-produção no processo da prova obtida por meios ilícitos. A teleologia da norma constitucional, além da garantia de um substrato ético ao processo (*fair trial*), é o efeito dissuasório da atividade persecutória das autoridades públicas, de modo que, na hipótese de inexistência de qualquer participação destas, a prova obtida pelo particular deveria ser *prima facie* admitida. O Supremo Tribunal Federal, porém, não tem dado relevância a essa distinção, mesmo porque atualmente o Tribunal tem aceitado a tese de que os direitos fundamentais não vinculam apenas o Estado, mas também os particulares."[257]

O Supremo Tribunal Federal, que no início de sua construção jurisprudencial, envolvendo o tema, vinha admitindo a validade de provas derivadas das provas ilícitas, alterou seu posicionamento, de modo a consolidar o entendimento de que a prova ilícita originária contamina as demais provas dela oriundas, adotando, portanto, a doutrina dos *frutos da árvore envenenada*.[258]

5.8.5.4 Publicidade

A publicidade dos atos processuais, que garante às partes e à própria opinião pública o controle da função jurisdicional, e constitui um dos elementos do Estado Democrático de Direito, acha-se prevista no art. 5º, LX, da Constituição, ao estabelecer que a lei só poderá restringi-la quando a defesa da intimidade ou o interesse social o exigirem. O princípio vem reproduzido no art. 93, IX, do texto constitucional, que trata do Poder Judiciário, indicando que todos os atos e julgamentos do Poder Judiciário serão públicos, sob pena de nulidade, podendo a lei limitar a presença, em determinados atos, às próprias partes e a seus advogados, ou somente a estes, em casos nos quais a preservação do direito à intimidade do interessado no sigilo

---

256 O assunto foi examinado acima, no item 5.3, que trata do direito à privacidade.

257 MENDES; COELHO; BRANCO. *Curso de direito constitucional*, p. 606-607.

258 STF, HC 78.937, Rel. Min. Maurício Corrêa, *DJ*, 29.8.2003; RE 251.445-4/GO, Rel. Min. Celso de Mello, decisão de 21.6.2000, *DJ*, 3.8.2000.

não prejudique o interesse público à informação. A publicidade aplica-se também às decisões administrativas dos Tribunais, que serão realizadas em sessões públicas, sendo as disciplinares, como as de remoção, disponibilidade ou aposentadoria por interesse público, tomadas pelo voto da maioria absoluta do respectivo tribunal (art. 93, VIII e X).

Há, porém, na Constituição, preceitos limitadores da publicidade: é o que se verifica no âmbito da ação de impugnação de mandato eletivo, que tramitará em segredo de justiça (art. 14, § 11), e no julgamento pelo Tribunal do Júri, com a regra do sigilo das votações (art. 5º, XXXVIII, *b*). Na legislação infraconstitucional, o art. 792 do Código de Processo Penal estabelece que as audiências, sessões e atos processuais serão, em regra, públicos, mas admite a possibilidade de sua realização a portas fechadas e a requerimento do Ministério Público e de ofício, se da publicidade puder resultar escândalo, inconveniente grave ou perturbação da ordem. Já na fase inquisitória, o sigilo dos atos deve ser preservado, tendo em vista a eficiência das investigações que serão objeto de tipificação penal. Ao seu turno, o Código de Processo Civil (art. 155) legisla que os atos processuais são públicos, podendo, no entanto, correr em segredo de justiça os processos em que o exigir o interesse público (inciso I) e os que dizem respeito a casamento, filiação, separação dos cônjuges, conversão desta em divórcio, alimentos e guarda de menores (inciso II).[259]

5.8.5.5 Motivação das decisões

O princípio da motivação ou fundamentação das decisões, que se acha previsto no art. 93, IX, da Constituição, significa que o juiz tem o dever de explicar as razões, de fato e de direito, pelas quais a decisão foi adotada. O princípio aplica-se também às decisões administrativas dos tribunais (art. 93, X). A motivação das decisões é garantia da jurisdição contra possíveis excessos do Estado-juiz, viabiliza o controle do processo e permite sua eventual impugnação. O Supremo Tribunal Federal consignou: "A exigência de fundamentação das decisões judiciais, mais do que expressiva imposição consagrada e positivada pela nova ordem constitucional (art. 5º, IX), reflete uma poderosa garantia contra eventuais excessos do Estado-juiz, pois, ao torná-la elemento imprescindível e essencial dos atos sentenciais, quis o ordenamento jurídico erigi-la como fator de limitação dos poderes deferidos aos magistrados e Tribunais."[260] Segundo expressa Ferrajoli, o princípio da fundamentação

---

[259] Novo CPC (versão do Projeto aprovado pelo CN): "Art. 188. Os atos processuais são públicos. Tramitam, todavia, em segredo de justiça os processos: I – em que o exija o interesse público ou social; II – que versem sobre casamento, separação de corpos, divórcio, separação, união estável, filiação, alimentos e guarda de crianças e adolescentes; III – em que constem dados protegidos pelo direito constitucional à intimidade; IV – que versem sobre arbitragem, inclusive sobre cumprimento de carta arbitral, desde que a confidencialidade estipulada na arbitragem seja comprovada perante o juízo. Parágrafo único. O direito de consultar os autos de processo que tramite em segredo de justiça e de pedir certidões de seus atos é restrito às partes e aos seus procuradores. O terceiro que demonstrar interesse jurídico pode requerer ao juiz certidão do dispositivo da sentença, bem como de inventário e partilha resultante de divórcio ou separação."

[260] STF, HC 68.202, Rel. Min. Celso de Mello, *DJ*, 15.3.1991.

das decisões judiciais "exprime e ao mesmo tempo garante a natureza cognitiva em vez da natureza potestativa do juízo, vinculando-o, em direito, à estrita legalidade, e, de fato, à prova das hipóteses acusatórias. É por força da motivação que as decisões judiciárias resultam apoiadas, e, portanto, legitimadas, por asserções, enquanto tais verificáveis e falsificáveis ainda que de forma aproximada; que a validade das sentenças resulta condicionada à verdade, ainda que relativa, de seus argumentos; que, por fim, o poder jurisdicional não é o 'poder desumano' puramente potestativo da justiça de cádi, mas é fundado no 'saber', ainda que só opinativo e provável, mas exatamente por isso refutável e controlável tanto pelo imputado e sua defesa como pela sociedade. Precisamente, a motivação permite a fundação e o controle das decisões seja de direito, por violação de lei ou defeito de interpretação ou subsunção, seja de fato, por defeito ou insuficiência de provas ou por explicação inadequada no nexo entre convencimento e provas."[261]

A obrigatoriedade da motivação aplica-se a todos os tipos de decisões tomadas no processo, sejam interlocutórias, sejam definitivas, mas não aos despachos de mero expediente, que não têm conteúdo decisório. Tem-se admitido, no entanto, a fundamentação concisa, em que o julgado não tem caráter analítico, especialmente quando se trata de decisões interlocutórias, dado o excesso de trabalho atribuído aos juízes.

5.8.6 Garantias tributárias

As garantias tributárias vêm expressas no art. 150, compreendendo as seguintes:

I – nenhum tributo será exigido ou aumentado, senão em virtude de lei. Esse princípio se acha excepcionado, pois a Constituição faculta ao Poder Executivo, atendidas as condições e os limites estabelecidos em lei, alterar as alíquotas dos impostos de importação, exportação, produtos industrializados e operações de crédito, câmbio e seguro, ou relativas a títulos ou valores mobiliários;

II – não se instituirá tratamento desigual entre contribuintes que se encontrem em situação equivalente, proibida qualquer distinção em razão de ocupação profissional ou função por eles exercida, independentemente da denominação jurídica dos rendimentos, títulos ou direitos;

III – nenhum imposto será cobrado em relação a fatos geradores ocorridos antes do início da vigência da lei que os houver instituído ou aumentado, e no mesmo exercício financeiro em que haja sido publicada a lei que os instituiu ou aumentou, nao se aplicando o princípio aos impostos mencionados acima, no inciso I, nem aos impostos extraordinários instituídos pela União na iminência ou no caso de guerra externa (art. 150, § 1º).

A Emenda Constitucional n. 42/2003 reforçou o princípio da anterioridade, ao acrescentar a alínea *c* ao inciso III do art. 150, vedando a cobrança de tributos antes de decorridos noventa dias da data em que

---

261 FERRAJOLI. *Direito e razão*: teoria do garantismo penal, p. 497.

haja sido publicada a lei que os instituiu ou aumentou, notando-se, contudo, que o princípio não se aplica aos tributos acima referidos, nem à fixação da base de cálculo do imposto sobre a propriedade de veículos automotores, nem à do imposto sobre a propriedade predial e territorial urbana;

IV – não haverá tributo com efeito confiscatório.

5.8.7 Garantias civis

Mencione-se, inicialmente, como garantia civil, a obtenção, independentemente do pagamento de taxas, de certidões em repartições públicas, para defesa de direitos e esclarecimento de situações pessoais (art. 5º, XXXIV, *b*). Relacionam-se ainda as garantias civis com o mandado de segurança e o *habeas data*, devendo ainda ser mencionada a ação civil pública, que serão examinados no tópico relativo às ações constitucionais.

5.8.7.1 Direito à obtenção de certidões

O direito à obtenção de certidão é limitado à situação pessoal, e o seu exercício independe de regulamentação.

A garantia é excepcionada pelas ressalvas legais relativas à segurança da sociedade e do Estado, às quais se impõe sigilo (art. 5º, XXXIII, da Constituição Federal).[262]

---

[262] Lei n. 11.111, de 5 de maio de 2005, que regulamenta a parte final do disposto no inciso XXXIII do *caput* do art. 5° da Constituição Federal e dá outras providências. Art. 1º Esta Lei regulamenta a parte final do disposto no inciso XXXIII do *caput* do art. 5º da Constituição Federal. Art. 2º O acesso aos documentos públicos de interesse particular ou de interesse coletivo ou geral será ressalvado exclusivamente nas hipóteses em que o sigilo seja ou permaneça imprescindível à segurança da sociedade e do Estado, nos termos do disposto na parte final do inciso XXXIII do *caput* do art. 5º da Constituição Federal. Art. 3º Os documentos públicos que contenham informações cujo sigilo seja imprescindível à segurança da sociedade e do Estado poderão ser classificados no mais alto grau de sigilo, conforme regulamento. Art. 4º O Poder Executivo instituirá, no âmbito da Casa Civil da Presidência da República, Comissão de Averiguação e Análise de Informações Sigilosas, com a finalidade de decidir sobre a aplicação da ressalva ao acesso de documentos, em conformidade com o disposto nos parágrafos do art. 6º desta Lei. Art. 5º Os Poderes Legislativo e Judiciário, o Ministério Público da União e o Tribunal de Contas da União disciplinarão internamente sobre a necessidade de manutenção da proteção das informações por eles produzidas, cujo sigilo seja imprescindível à segurança da sociedade e do Estado, bem como a possibilidade de seu acesso quando cessar essa necessidade, observada a Lei n. 8.159, de 8 de janeiro de 1991, e o disposto nesta Lei. Art. 6º O acesso aos documentos públicos classificados no mais alto grau de sigilo poderá ser restringido pelo prazo e prorrogação previstos no § 2º do art. 23 da Lei n. 8.159, de 8 de janeiro de 1991. § 1º Vencido o prazo ou sua prorrogação de que trata o caput deste artigo, os documentos classificados no mais alto grau de sigilo tornar-se-ão de acesso público. § 2º Antes de expirada a prorrogação do prazo de que trata o *caput* deste artigo, a autoridade competente para a classificação do documento no mais alto grau de sigilo poderá provocar, de modo justificado, a manifestação da Comissão de Averiguação e Análise de Informações Sigilosas para que avalie se o acesso ao documento ameaçará a soberania, a integridade territorial nacional ou as relações internacionais do País, caso em que a Comissão poderá manter a permanência da ressalva ao

acesso do documento pelo tempo que estipular. § 3º Qualquer pessoa que demonstre possuir efetivo interesse poderá provocar, no momento que lhe convier, a manifestação da Comissão de Averiguação e Análise de Informações Sigilosas para que reveja a decisão de ressalva a acesso de documento público classificado no mais alto grau de sigilo. § 4º Na hipótese a que se refere o § 3º deste artigo, a Comissão de Averiguação e Análise de Informações Sigilosas decidirá pela: I – autorização de acesso livre ou condicionado ao documento; ou II – permanência da ressalva ao seu acesso. Art. 7º Os documentos públicos que contenham informações relacionadas à intimidade, vida privada, honra e imagem de pessoas, e que sejam ou venham a ser de livre acesso poderão ser franqueados por meio de certidão ou cópia do documento, que expurgue ou oculte a parte sobre a qual recai o disposto no inciso X do *caput* do art. 5º da Constituição Federal. Parágrafo único. As informações sobre as quais recai o disposto no inciso X do caput do art. 5º da Constituição Federal terão o seu acesso restrito à pessoa diretamente interessada ou, em se tratando de morto ou ausente, ao seu cônjuge, ascendentes ou descendentes, no prazo de que trata o § 3º do art. 23 da Lei n. 8.159, de 8 de janeiro de 1991.

Lei n. 8.159, de 8 de janeiro de 1991, que dispõe sobre a política nacional de arquivos públicos e privados e dá outras providências (Lei dos Arquivos). Art. 23. Decreto fixará as categorias de sigilo que deverão ser obedecidas pelos órgãos públicos na classificação dos documentos por eles produzidos. § 1º Os documentos cuja divulgação ponha em risco a segurança da sociedade e do Estado, bem como aqueles necessários ao resguardo da inviolabilidade da intimidade, da vida privada, da honra e da imagem das pessoas são originariamente sigilosos. § 2º O acesso aos documentos sigilosos referentes à segurança da sociedade e do Estado será restrito por um prazo máximo de 30 (trinta) anos, a contar da data de sua produção, podendo esse prazo ser prorrogado, por uma única vez, por igual período. § 3º O acesso aos documentos sigilosos referente à honra e à imagem das pessoas será restrito por um prazo máximo de 100 (cem) anos, a contar da sua data de produção.

Decreto n. 4.553, de 27 de dezembro de 2002, que dispõe sobre a salvaguarda de dados, informações, documentos e materiais sigilosos de interesse da segurança da sociedade e do Estado, no âmbito da Administração Pública Federal, e dá outras providências, com as alterações do Decreto n. 5.301, de 9 de dezembro de 2004. Art. 5º Os dados ou informações sigilosos serão classificados em ultra-secretos, secretos, confidenciais e reservados, em razão do seu teor ou dos seus elementos intrínsecos. § 1º São passíveis de classificação como ultra-secretos, dentre outros, dados ou informações referentes à soberania e à integridade territorial nacionais, a planos e operações militares, às relações internacionais do País, a projetos de pesquisa e desenvolvimento científico e tecnológico de interesse da defesa nacional e a programas econômicos, cujo conhecimento não-autorizado possa acarretar dano excepcionalmente grave à segurança da sociedade e do Estado. § 2º São passíveis de classificação como secretos, dentre outros, dados ou informações referentes a sistemas, instalações, programas, projetos, planos ou operações de interesse da defesa nacional, a assuntos diplomáticos e de inteligência e a planos ou detalhes, programas ou instalações estratégicos, cujo conhecimento não-autorizado possa acarretar dano grave à segurança da sociedade e do Estado. § 3º São passíveis de classificação como confidenciais dados ou informações que, no interesse do Poder Executivo e das partes, devam ser de conhecimento restrito e cuja revelação não-autorizada possa frustrar seus objetivos ou acarretar dano à segurança da sociedade e do Estado. § 4º São passíveis de classificação como reservados dados ou informações cuja revelação não-autorizada possa comprometer planos, operações ou objetivos neles previstos ou referidos. Art. 6º A classificação no grau ultra-secreto é de competência das seguintes autoridades: I – Presidente da República; II – Vice-Presidente da República; III – Ministros de Estado e autoridades com as mesmas prerrogativas; IV – Comandantes da Marinha, do Exército e da Aeronáutica; e V – Chefes de Missões Diplomáticas e Consulares permanentes no exterior. § 1º Excepcionalmente, a competência prevista no *caput* pode ser delegada pela autoridade responsável a agente público em missão no exterior. § 2º Além das autoridades estabelecidas no *caput*, podem atribuir grau de sigilo: I – secreto: as autoridades que exerçam funções de direção, comando, chefia ou assessoramento, de acordo com regulamentação específica de cada órgão ou entidade da

Visando, contudo, dar celeridade na concretização do direito, foi editada a Lei n. 9.051/95, cujo art. 1º estabelece que as certidões para a defesa e esclarecimentos de situações, requeridas aos órgãos da administração centralizada ou autárquica, às empresas públicas, às sociedades de economia mista e às fundações públicas da União, dos Estados, do Distrito Federal e dos Municípios, deverão ser expedidas no prazo improrrogável de 15 dias, contado do registro do pedido no órgão expedidor. Nos requerimentos que objetivam a obtenção de certidões, deverão os interessados fazer constar esclarecimentos relativos aos fins e razões do pedido (art. 2º).

O direito de certidão compreende o direito à transparência documental, ou seja, o de vista e consulta a procedimentos e transcrição de documentos.

Segundo Celso de Mello, constituem pressupostos do direito: "*a) legítimo interesse* (existência de direito individual ou da coletividade a ser defendido). A falta de legitimação autoriza o indeferimento do pedido; *b) ausência de sigilo*: o interesse público pode, em casos excepcionais, justificar a decretação de sigilo, tornando insuscetíveis de certificação os atos emanados do Estado; *c) res habilis*: atos administrativos e atos judiciais constituem, em regra, atos certificáveis. É evidente que a administração pública não pode certificar sobre documentos inexistentes em seus registros; *d) indicação de finalidade*: a concessão das certidões está condicionada à declaração do fim a que se destinam. A simples e vaga menção de que elas se destinam a fins de direito autoriza a recusa do Poder Público. O requerente deve assinalar o objetivo concreto e específico que pretende."[263]

5.8.8 Garantias políticas

Como garantias políticas, examinaremos o direito de petição aos Poderes Públicos, em defesa de direitos ou contra ilegalidade ou abuso de poder (art. 5º, XXXIV, *a*). A ação popular (art. 5º, LXXIII), também garantia política, será analisada no âmbito das ações constitucionais constante deste Capítulo.

5.8.8.1 Direito de petição

Quanto ao direito de petição, o texto constitucional eliminou a expressão "direito de representação", constante do art. 153, § 30, da Emenda Constitucional n. 1, de 1969.

O direito de petição se exercita perante qualquer dos Poderes do Estado (Legislativo, Executivo e Judiciário) e cabe a nacional ou estrangeiro, devendo ser veiculado por escrito.

Administração Pública Federal; e II – confidencial e reservado: os servidores civis e militares, de acordo com regulamentação específica de cada órgão ou entidade da Administração Pública Federal. Art. 7º Os prazos de duração da classificação a que se refere este Decreto vigoram a partir da data de produção do dado ou informação e são os seguintes: I – ultra-secreto: máximo de trinta anos; II – secreto: máximo de vinte anos; III – confidencial: máximo de dez anos; e IV – reservado: máximo de cinco anos. Parágrafo único. Os prazos de classificação poderão ser prorrogados uma vez, por igual período, pela autoridade responsável pela classificação ou autoridade hierarquicamente superior competente para dispor sobre a matéria.

[263] MELLO FILHO. *Constituição federal anotada*, p. 377-378.

O direito de petição tem por finalidade dar notícia de fato ilegal ou abusivo ao Poder Público, para que tome as providências adequadas, havendo possibilidade posterior de se responsabilizar o servidor omisso, civil, administrativa e penalmente. O direito de petição não supre o *jus postulandi*, quando o interessado deva litigar em juízo, o que implica a necessária habilitação. Também não poderá ser utilizado como sucedâneo da ação penal.

5.9 Direitos sociais

A Constituição enumera, no art. 6º, com a redação dada pela Emenda Constitucional n. 26, de 14 de fevereiro de 2000, e pela Emenda Constitucional n. 64, de 4 de fevereiro de 2010, os direitos sociais: educação, saúde, alimentação,[264] trabalho, moradia, lazer,[265] segurança, previdência social, proteção à maternidade e à infância, assistência aos desamparados.

---

[264] O direito à alimentação acha-se previsto na Declaração e Programa de Ação de Viena, assinado pelo Brasil durante a II Conferência Mundial sobre Direitos Humanos, em 1993. Consta ainda da Declaração de Viena a afirmação da Conferência no sentido de que a alimentação não deve ser usada como instrumento de pressão política.

[265] A despeito do forte liame teleológico em que se encontram, no ordenamento jurídico brasileiro o direito à moradia distingue-se do direito de habitação. O direito à moradia tem cunho pessoal e o direito de habitação cunho patrimonial. O direito à moradia, como direito fundamental, tem as seguintes características: intransmissibilidade, indisponibilidade, irrenunciabilidade, universalidade, inviolabilidade, interdependência, além de ter caráter extrapatrimonial, de ser impenhorável, vitalício, necessário, essencial, oponível *erga omnes,* e imprescritível. Já o direito de habitação (Código Civil, arts. 1.414 a 1.416) é direito real, não vitalício e temporário, renunciável, transmissível, exceto na forma gratuita, não universal, penhorável e sujeito à hipoteca (SOUZA. *Direito à moradia e de habitação*: análise comparativa e suas implicações teóricas e práticas com os direitos da personalidade, p. 138-190).

O *direito à moradia* "significa ocupar um lugar como residência; ocupar uma casa, apartamento etc., para nele habitar. No 'morar' encontramos a ideia básica da habitualidade, o permanecer ocupando uma edificação, o que sobressai com sua correlação com o *residir* e o *habitar*, com a mesma conotação de ocupar um lugar permanentemente. O direito à moradia não é necessariamente direito à casa própria. Quer-se que se garanta a todos um teto onde se abriguem com a família de modo permanente, segundo a própria etimologia do verbo 'morar', do latim *morari*, que significava 'demorar', 'ficar'. Mas a casa própria constitui o meio mais efetivo de efetivação do direito à moradia, cujo conteúdo envolve não só a faculdade de ocupar uma habitação, mas também a habitação de dimensões adequadas, em condições de higiene e conforto e que preserve a intimidade pessoal e a privacidade familiar, como se vê na Constituição Portuguesa (art. 65). Lazer e recreação são funções urbanísticas. Sua natureza social decorre do fato de que constituem prestações estatais que interferem com as condições de trabalho e com a qualidade de vida, donde sua relação com o direito ao meio ambiente sadio e equilibrado. 'Lazer' é entrega à ociosidade repousante. 'Recreação' é entrega ao divertimento, ao esporte, ao brinquedo. Ambos se destinam a refazer as forças depois da labuta diária e semanal. Ambos requerem lugares apropriados, tranquilos, repletos de folguedos e alegrias. Como visto, ele está muito associado aos direitos dos trabalhadores relativos ao repouso" (SILVA. *Comentário contextual à constituição*, p. 186-187). O lazer, portanto, é o contraponto ao trabalho, um tempo ganho sobre o trabalho. É um tipo de atividade inserida no tempo livre. O lazer é o conjunto de ocupações às quais o indivíduo pode entregar-se de livre vontade, seja para repousar, divertir-se, recrear-se,

Os direitos sociais estão assim referidos no Capítulo II do Título II da Constituição, sendo, portanto, considerados como direitos fundamentais. A esses direitos acrescente-se o direito ao transporte, mencionado indiretamente no art. 7º, IV, da Constituição, ao dispor que o salário mínimo deve atender às necessidades vitais básicas do trabalhador e sua família, dentre elas a do transporte, e no art. 230, § 2º, que trata do transporte coletivo gratuito como direito dos idosos.

Como se disse no subitem 5.1 deste Capítulo, os direitos sociais visam a uma melhoria das condições de existência, através de prestações positivas do Estado, que deverá assegurar a criação de serviços de educação, saúde, habitação, dentre outros, para a sua realização. Enquanto que os direitos individuais impõem uma abstenção por parte do Estado, preservando a autonomia dos indivíduos, os direitos sociais, como se mostrou, reclamam "atividades positivas do Estado, do próximo e da própria sociedade, para subministrar ao homem certos bens e condições. Em contraste com os chamados direitos individuais, cujo conteúdo é um 'não fazer', um 'não violar', um 'não prejudicar', por parte das demais pessoas e sobretudo das autoridades públicas, resulta que, pelo contrário, o conteúdo dos direitos sociais consiste em 'um fazer', 'um contribuir', 'um ajudar', por parte dos órgãos estatais".[266]

Se os direitos individuais estão entrelaçados com o liberalismo, o Estado das declarações de direitos, tendo em sua base a liberdade humana, os direitos sociais vinculam-se ao Estado Social, "elaborado pelas revoltas populares e pelo descontentamento das massas proletárias", protagonizando-se pela tentativa de estabelecimento de igualdade jurídica, política e social, por meio de mudança gradual ou estrutural.[267]

5.9.1 Direitos sociais dos trabalhadores

Examinaremos neste tópico os direitos dos trabalhadores, mencionados no Capítulo II do Título II da Constituição, deixando os restantes direitos sociais (educação, saúde, assistência social, dentre outros) para serem tratados no capítulo deste trabalho dedicado à ordem social. O direito à moradia e ao lazer foram acima examinados.

---

entreter-se ou informar-se, após desembaraçar-se das obrigações profissionais (Joffre Dumazedier e Stanley Parker).

[266] SILVA. *Direito constitucional do trabalho*, p. 12.

[267] SARAIVA. *Garantia constitucional dos direitos sociais no Brasil*, p. 25-26. Consoante asssinala Paul Singer, o neoliberalismo acarretou o retrocesso dos direitos sociais, porquanto seus valores individualistas são "incompatíveis com a própria noção de direitos sociais, ou seja, direitos que não são do homem como cidadão, mas de categorias sociais, e que se destinam a desfazer o veredicto dos mercados, amparando os perdedores com recursos públicos, captados em grande medida por impostos que gravam os ganhadores. Em muitos países, os direitos sociais perderam apoio na opinião pública por causa do peso dos impostos, atribuídos à necessidade de financiar o gasto social. A luta pelos direitos sociais está longe de ser encerrada, mas mudou de lado. Até o fim dos 'anos dourados', os direitos sociais estavam consignados na legislação e sua observância estava a cargo do Estado, assim como a prestação de serviços que deles decorriam, como a assistência à saúde, a educação e a previdência social. Agora é a própria sociedade civil que se torna a protagonista da solução dos problemas que os direitos sociais pretendiam prevenir" (SINGER. *História da cidadania*, p. 254, 257 e 260).

A relação constitucional dos direitos sociais dos trabalhadores é meramente exemplificativa, pois à enumeração dos direitos constantes do art. 7º, por força da própria norma constitucional, poderão ser acrescidos outros que visem à melhoria da sua condição social. Observe-se ainda que o texto de 1988 equiparou o trabalhador urbano ao rural, eliminando a diferença de tratamento entre uma e outra categorias.

Passaremos ao exame dos direitos dos trabalhadores:

I – *proteção da relação de emprego*: a relação de emprego é protegida contra despedida arbitrária ou sem justa causa, nos termos da lei complementar, que preverá indenização compensatória, dentre outros direitos. Enquanto não se elaborar a lei complementar, prevê o art. 10 das Disposições Transitórias um aumento de quatro vezes da porcentagem prevista na Lei n. 5.107, de 13 de dezembro de 1966, vedando ainda esse dispositivo transitório a dispensa arbitrária ou sem justa causa do empregado eleito para cargo de direção de comissões internas de prevenção de acidentes, desde o registro de sua candidatura até um ano após o final de seu mandado, e da empregada gestante, desde a confirmação da gravidez até cinco meses após o parto. É vedada também a dispensa do empregado sindicalizado a partir do registro da candidatura a cargo de direção ou representação sindical e, se eleito, ainda que suplente, até um ano após o final do mandato, salvo se cometer falta grave nos termos da lei (art. 8º, VIII). Relacionam-se ainda com a garantia do emprego a previsão do seguro-desemprego, em caso de desemprego involuntário (art. 7º, II), e a extensão do fundo de garantia do tempo de serviço para o empregado rural (art. 7º, III);

II – *salário e remuneração*: o salário mínimo, agora fixado em lei, extensivo a todo trabalhador, inclusive ao que percebe remuneração variável, nacionalmente unificável (não pode ser mais fixado conforme as condições de cada região), visa atender a suas necessidades vitais básicas e às da família, com moradia, alimentação, educação, saúde, lazer, vestuário, higiene, transporte e previdência social, com reajustes periódicos que lhe preservem o poder aquisitivo. Importante é notar que a Constituição veda a vinculação do salário mínimo para qualquer fim, não podendo, pois, servir de referência para o aumento de qualquer prestação, como preços, aluguéis, dentre outras.

Os incisos V a XII tratam de outras normas referentes ao salário ou remuneração. Assim, o piso salarial proporcional à extensão e à complexidade do trabalho, consistindo num salário mínimo de determinadas categorias profissionais ou de certas atividades; a irredutibilidade do salário, salvo o disposto em convenção ou acordo coletivo, o que constitui novidade no campo constitucional dos direitos sociais dos trabalhadores; garantia do salário, nunca inferior ao mínimo, para os que percebem remuneração variável, 13º salário com base na remuneração integral ou no valor da aposentadoria, pago por ocasião do Natal; remuneração do trabalho noturno superior à do diurno, valendo dizer que o horário noturno, pela legislação trabalhista em vigor, vai das 22 às 5 horas; remuneração do serviço extraordinário superior, no mínimo, em 50% à do normal (art. 7º, XVI); proteção do salário na forma da lei, constituindo crime sua retenção dolosa, notando-se que à lei penal caberá a tipificação dessa figura delituosa; e salário-família para os dependentes do trabalhador de baixa renda, havendo, quanto à natureza do salário-família, controvérsia, admitindo uns sua natureza salarial e outros (em maioria) natureza apenas previdencial;

III – *participação nos lucros e cogestão*: a Constituição prevê, no inciso XI do art. 7º, como direito do trabalhador, "a participação nos lucros, ou resultados, desvinculada da remuneração, e, excepcionalmente, participação na gestão da empresa, conforme definido em lei". A participação nos lucros, embora prevista na Constituição de 1946, jamais foi regulamentada. A Constituição de 1988 não fala mais em "participação obrigatória e direta do trabalhador nos lucros da empresa, nos termos e pela forma que a lei determinar", constante do texto constitucional de 1946 (art. 157, IV), desvinculando ainda essa participação da remuneração, pelo que passa a mesma a ser uma vantagem a mais do trabalhador. A participação na gestão da empresa é assegurada ao trabalhador que a exercerá, em caráter excepcional, nos termos da lei;

IV – *duração do trabalho, repouso, férias, licenças, proteção dos trabalhadores e aviso prévio*: dispõe a Constituição (art. 7º, XIII) que a duração do trabalho, não superior a 8 horas diárias e 44 semanais, facultada a compensação de horários e a redução da jornada, mediante acordo ou convenção coletiva de trabalho, constitui direito do trabalhador, que terá ainda direito à jornada de seis horas para o trabalho realizado em turnos ininterruptos de revezamento, salvo negociação coletiva. O repouso semanal, preferencialmente aos domingos, é remunerado. No feriados, quer civis, quer religiosos, haverá ainda o repouso do trabalhador, ensejando-se assim sua participação nas comemorações cívicas e nos cultos religiosos. As férias anuais serão remuneradas com, pelo menos, um terço a mais do que o salário normal. Observa, a propósito, Manoel Gonçalves Ferreira Filho que "trata-se de norma paradoxal, pois valoriza o descanso mais do que o labor", ao determinar a Constituição o acréscimo de um terço na remuneração das férias.[268]

A gestante tem o direito, no período entre a concepção e o parto, de licença especial, consistente numa estabilidade provisória, com a duração de 120 dias corridos, sem prejuízo do emprego e do salário. Haverá ainda licença-paternidade, a ser gozada nos termos fixados em lei, observando-se, contudo, que, enquanto não editada a lei, o art. 10, § 1º, do Ato das Disposições Constitucionais Transitórias, fixou em cinco dias a duração da licença-paternidade. As normas protetoras dos trabalhadores foram ampliadas. Consistem elas na forma de segurança

[268] FERREIRA FILHO. *Comentários à constituição brasileira de 1988*, v. 1, p. 100.

do trabalho, pela redução dos riscos inerentes ao trabalho, por meio de normas de saúde, higiene e segurança, proteção, em face da automação, na forma da lei, o que irá possibilitar o estabelecimento de condições de defesa do trabalhador, em face dos avanços da tecnologia, pela substituição da mão de obra humana por equipamentos sofisticados.

Também constitui norma de proteção do trabalho o seguro contra acidentes do trabalho, a cargo do empregador, sem excluir a indenização a que este está obrigado, quando incorrer em dolo ou culpa. Protegem ainda o trabalhador as normas constitucionais que tratam da isonomia material, proibindo: diferença de salários, de exercício de funções e de critérios de admissão por motivo de sexo, idade, cor ou estado civil (art. 7º, XXX); discriminação no tocante a salário e critério de admissão do trabalhador portador de deficiência (art. 7º, XXXI), bem como a norma que garante a igualdade de direitos entre o trabalhador com vínculo empregatício permanente e o trabalhador avulso (art. 7º, XXXIV). Proíbe ainda a Constituição o trabalho noturno, perigoso ou insalubre a menores de 18 anos e qualquer trabalho a menores de 16 anos, salvo na condição de aprendiz, a partir de 14 anos (redação dada ao inciso XXXIII do art. 7º da Constituição, pela Emenda Constitucional n. 20/98). Fala ainda a Constituição em proteção do mercado de trabalho da mulher, mediante incentivos específicos, nos termos da lei (art. 7º, XX). Considere-se que o aviso prévio (notificação dada por uma parte à outra – empregado ou empregador – da rescisão do contrato de trabalho, sem justa causa) é, no mínimo, de 30 dias, podendo a lei determinar critérios proporcionais ao tempo de serviço, observado, contudo, o prazo mínimo de trinta dias acima referido[269];

V – *direitos dos dependentes*: além do salário-família, mencionado no n. II acima, a Constituição prevê, como direito dos dependentes do trabalhador, a assistência gratuita aos filhos e dependentes desde o nascimento até cinco anos de idade em creches e pré-escolas (art. 7º, XXV, com a redação da EC n. 53/2006).

Mencione-se que a Emenda Constitucional n. 28, de 25 de maio de 2000, deu nova redação ao inciso XXIX do art. 7º da Constituição, para, relativamente ao direito de ação quanto aos créditos resultantes das relações de trabalho, estabelecer o prazo prescricional de cinco anos para os trabalhadores urbanos e rurais, até o limite de dois anos após a extinção do contrato de trabalho. A mencionada Emenda Cons-

[269] A Lei n. 12.506, de 11 de outubro de 2011, dispõe sobre o aviso prévio: "Art. 1º O aviso prévio, de que trata o Capítulo VI do Título IV da Consolidação das Leis do Trabalho – CLT, aprovada pelo Decreto-Lei n. 5.452, de 1º de maio de 1943, será concedido na proporção de 30 (trinta) dias aos empregados que contem até 1 (um) ano de serviço na mesma empresa. Parágrafo único. Ao aviso prévio previsto neste artigo serão acrescidos 3 (três) dias por ano de serviço prestado na mesma empresa, até o máximo de 60 (sessenta) dias, perfazendo um total de até 90 (noventa) dias."

titucional ainda revogou o art. 223 da Constituição, que determinava ao empregador rural comprovasse, de cinco em cinco anos, perante a Justiça do Trabalho, o cumprimento das suas obrigações trabalhistas para com o empregado rural, na presença deste e de seu representante sindical.

A Emenda Constitucional n. 72/2013 alterou a redação do parágrafo único do art. 7º para assegurar à categoria dos trabalhadores domésticos os direitos previstos nos incisos IV, VI, VII, VIII, X, XIII, XV, XVI, XVII, XVIII, XIX, XXI, XXII, XXIV, XXVI, XXX, XXXI e XXXIII e, atendidas as condições estabelecidas em lei e observada a simplificação do cumprimento das obrigações tributárias, principais e acessórias, decorrentes da relação de trabalho e suas peculiaridades, os previstos nos incisos I, II, III, IX, XII, XXV e XXVIII, bem como a sua integração à previdência social.

5.9.2 Liberdade sindical

A Constituição institui a liberdade de associação profissional ou sindical, nada obstante o texto constitucional já ter previsto, em caráter genérico, a liberdade de associação (art. 5º, XVI a XXI).

São previstos, pela Constituição, dois tipos de associação: a sindical e a profissional, que não devem ser confundidas, "ainda que ambas detenham o traço comum da *profissionalidade*. Realmente, num sentido amplo, uma e outra são associações profissionais, pois a associação é gênero; a organização sindical é diferença específica. Mas tal constatação não serve de fundamento para as considerarmos idênticas. Nesse ínterim, a associação sindical possui prerrogativas especiais, as quais lhe conferem significado próprio, a saber: 1) *representação* – capacidade ativa para atuar em questões judiciais e administrativas, defendendo os interesses plúrimos ou particulares da categoria; 2) *regulamentação* – possibilidade de participar de negociações coletivas de trabalho, celebrando convenções e acordos coletivos; 3) *política* – fazer eleições para designar os representantes da categoria; 4) *financeira* – impor contribuições aos partícipes das categorias representadas; 5) *assistencial* – beneficiar associados através da prestação de serviços, *v.g.*, atendimento médico, ambulatorial, jurídico etc.; 6) *comportamental* – observação dos preceitos éticos de conduta a serem observados na vida de relações. Noutra órbita, a *associação profissional* atua organizando estudos, cursos, conclaves, seminários, circunscrevendo-se nos estreitos limites de defesa e coordenação dos interesses financeiros, econômicos e profissionais de seus sócios."[270]

A fundação de sindicatos independe de autorização governamental, ressalvado, contudo, o registro em órgão competente, que é a Delegacia Regional do Trabalho. Ao Poder Público é vedado, igualmente, interferência ou intervenção em sindicato. A Constituição consagrou a unicidade sindical, ao vedar a criação de mais de uma organização sindical, em qualquer grau, representativa de categoria profissional ou econômica, na mesma base territorial, que será definida pelos trabalhadores ou em-

---

270 BULOS. *Constituição federal anotada*, p. 464.

pregadores interessados, não podendo ser inferior à área de um Município. Aos sindicatos é assegurada a participação, em caráter obrigatório, nas negociações coletivas de trabalho. Foi instituída pela Constituição uma nova contribuição (que não é a sindical) a ser fixada pela assembleia geral, em se tratando de categoria profissional, e que será descontada em folha, destinada ao custeio do sistema confederativo da representação sindical respectiva.[271] Nada impede, contudo, que se estabeleça, em lei, a contribuição sindical.

5.9.3 Greve

O direito de greve foi consideravelmente ampliado pela Constituição, pois compete aos trabalhadores decidir sobre a oportunidade de exercê-lo e sobre os interesses que devam por meio dele defender. Entenda-se que tais interesses deverão ser os relacionados com os direitos sociais dos trabalhadores, e não de qualquer outra natureza, como reivindicações político-partidárias.

A Constituição dispõe que "a lei definirá os serviços ou atividades essenciais e disporá sobre o atendimento das necessidades inadiáveis da comunidade", sendo que "os abusos cometidos sujeitam os responsáveis às penas da lei". Verifica-se, portanto, que poderá haver greve nas atividades essenciais ou no serviço público (art. 37, VII), cabendo, todavia, à lei dispor sobre o atendimento das necessidades inadiáveis da comunidade[272]. Observe-se, finalmente, que a Constituição acolheu a teoria do abuso do direito no tocante à greve (art. 9º, § 2º).

Há abuso de direito, na lição de Silvio Rodrigues, lembrando Josserrand, "quando ele não é exercido de acordo com a finalidade social para a qual foi conferido, pois, como diz este jurista, os direitos são conferidos ao homem para serem usados de uma forma que se acomodem ao interesse coletivo, obedecendo à sua finalidade, segundo o espírito da instituição".[273] Nessa linha de raciocínio, enfatiza Manoel Gonçalves Ferreira Filho que "a lei deve apenar o exercício abusivo do direito de greve. Quer dizer, a greve com o fito preponderante de prejudicar a empresa, a greve que se exerça de modo a causar prejuízos anormais à vida da empresa, a greve desligada de objetivo reivindicativo de caráter trabalhista, a greve política, etc. Igualmente, como é óbvio,

---

[271] Supremo Tribunal Federal: Súmula n. 666 – A contribuição confederativa de que trata o art. 8º, IV, da Constituição, só é exigível dos filiados ao sindicato respectivo. Se a contribuição assistencial não pode ser cobrada daquele que se recusou a filiar-se ou permanecer filiado ao sindicato, a contribuição sindical definida em lei é obrigatória, exigível de todos os integrantes da categoria, independentemente de sua filiação ao sindicato.

[272] O Supremo Tribunal Federal decidiu que, enquanto não editada lei específica, aos servidores públicos são aplicáveis, no que couber, as disposições da Lei n. 7.783/89, que dispõe sobre o exercício do direito de greve na iniciativa privada (MI 670/ES, Rel. orig. Min. Maurício Corrêa, Rel. p/ o acórdão Min. Gilmar Mendes; MI 708/DF, Rel. Min. Gilmar Mendes; MI 712/PA, Rel. Min. Eros Grau, todos julgados em 25.10.2007).

[273] RODRIGUES. *Direito civil*, p. 309. O abuso de direito foi expressamente reconhecido pelo Código Civil de 2002, ao estatuir, em seu art. 187: "Também comete ato ilícito o titular de um direito que, ao exercê-lo, excede manifestamente os limites impostos pelo seu fim econômico ou social, pela boa-fé e pelos bons costumes."

a greve que em serviços ou atividades sociais se faça sem resguardar o atendimento às necessidades inadiáveis da comunidade".[274]

5.9.4 Garantias dos direitos sociais

Declarados na Constituição os direitos sociais, para se tornarem operativos e efetivos, dependem de prestações positivas do Estado. Em sua maioria, vêm enumerados em normas constitucionais não autoaplicáveis. O saudoso Prof. Afonso Arinos, no discurso proferido quando da promulgação da Constituição de 1988, advertia que "o Direito, nas novas Constituições, parece evoluir em conjunto, para tornar-se mais um corpo de normas teóricas e finalísticas, e cada vez menos um sistema legal vigente e aplicável. Por outras palavras: nunca existiu distância maior entre a letra escrita dos textos constitucionais e a sua aplicação. Hoje poderíamos juntar algo de mais grave, que é o seguinte: a aplicabilidade dos textos depende da sua aplicação." E enfatiza que "esta situação anômala manifesta-se fortemente no texto de 1988, confirmando-se aqui aquilo que Oliveira Viana chamou de 'idealismo constitucional'", para então concluir que "a garantia dos direitos individuais é cada vez mais eficaz e operativa nas Constituições Contemporâneas, mas a garantia dos direitos coletivos e sociais, fortemente capituladas nos textos, sobretudo nos países em desenvolvimento, e, particularmente no Brasil, torna-se extremamente duvidosa (para usarmos uma expressão branda), quaisquer que sejam as afirmações gráficas existentes nos documentos como este que estamos, hoje, comemorando. Afirmar o contrário é ingenuidade, ilusão, ou falta de sinceridade, quem sabe de coragem. Direito individual assegurado, direito social sem garantia – eis a situação".[275]

Norberto Bobbio lembra-nos que "o mais forte argumento adotado pelos reacionários de todos os países contra os direitos do homem, particularmente contra os direitos sociais, não é a sua falta de fundamento, mas a sua inexeqüibilidade. Quando se trata de enunciá-los, o acordo é obtido com relativa facilidade, independentemente do maior ou menor poder de convicção de seu fundamento absoluto; quando se trata de passar à ação, ainda que o fundamento seja inquestionável, começam as reservas e oposições. O problema fundamental em relação aos direitos do homem, hoje, não é tanto o de *justificá-los*, mas o de *protegê-los*. Trata-se de um problema não filosófico, mas político."[276]

Há fatores de ordem material, que entravam a concretização dos direitos sociais, como disponibilidade de recursos orçamentários, nível do desenvolvimento nacional, decisões envolvendo políticas públicas, limite do financeiramente possível (reserva do possível acima examinada), tanto mais reduzidos nos países subdesenvolvidos ou em desenvolvimento, onde maiores são as necessidades sociais.

Paulo Lopo Saraiva, ao examinar, ainda na vigência da Emenda Constitucional n. 1/69, a necessidade de uma garantia para os direitos sociais, e que propunha fosse o "mandado de garantia social", escreveu, perplexo: "como se dará crédito a uma nor-

---

[274] FERREIRA FILHO. *Comentários à constituição brasileira de 1998*, v. 1, p. 112.

[275] BONAVIDES; ANDRADE. *História constitucional do Brasil*, p. 927.

[276] BOBBIO. *A era dos direitos*, p. 24.

ma constitucional estabelecedora do seguro-desemprego, se há milhões de desempregados ou subempregados, sem nenhum acesso ao Judiciário, para garantia do direito que a Constituição lhes confere?"[277]

Em exaustivo estudo sobre a efetividade das normas constitucionais, Luis Roberto Barroso mostrou que, além das garantias jurídicas, outras há necessárias para fazer com que as normas jurídicas constitucionais se transformem, de exigências abstratas dirigidas à vontade humana, em ações concretas: tais são as garantias políticas e sociais, destacando-se a atuação participativa da sociedade civil, mediante organismos setoriais, como a Ordem dos Advogados do Brasil, sindicatos, movimentos de moradores de bairro, de negros, de mulheres, de preservação do meio ambiente, de mutuários do sistema financeiro da habitação, dentre outros.[278]

Já as garantias jurídicas se acham consubstanciadas nos meios processuais de proteção dos direitos, com destaque para as novidades emergentes da Constituição de 1988, como o mandado de segurança coletivo, o mandado de injunção e a inconstitucionalidade por omissão.

De qualquer modo, os direitos sociais podem ser submetidos à coerção pela via judicial, quer na sua titularidade individual, quer como interesses difusos e coletivos, com a utilização dos meios processuais adequados, dentre eles o mandado de segurança.

A garantia da justiciabilidade dos direitos sociais passa necessariamente pela garantia do direito à jurisdição, pelo qual o Estado tutela as pessoas em situação social vulnerável e cria condições para a redução das desigualdades. A negativa do Estado, sobretudo por opção do administrador público, em não cumprir obrigação social, de natureza e divisibilidade definidas, autoriza que o direito seja demandado junto ao Poder Judiciário para que ordene ao Estado a realização da atividade social. Nada obstante, este tema passa pela análise da natureza e eficácia das normas constitucionais, em especial as denominadas programáticas, cujo estudo desenvolvemos no Capítulo 9 deste trabalho, bem como pelos paradigmas do Direito Internacional dos Direitos Humanos.[279]

5.9.4.1 Proibição do retrocesso social

Ainda no âmbito da garantia dos direitos sociais, destaque-se a proibição do retrocesso social (*entrenchment* ou entrincheiramento, princípio do não retorno da concretização ou princípio da desnaturação do conteúdo da Constituição) entendida como a impossibilidade de se suprimir, em especial através de uma lei superveniente, direitos

---

[277] SARAIVA. *Op. cit.*, p. 67.

[278] BARROSO. *O direito constitucional e a efetividade de suas normas*, p. 118-119.

[279] Pacto Internacional dos Direitos Econômicos, Sociais e Culturais adotado pelas Nações Unidas, em 16.12.1966, por via da Resolução 2.200-A, da Assembleia Geral: "Art. 2º – I. Cada Estado-parte no presente Pacto compromete-se a adotar medidas, tanto por esforço próprio quanto pela assistência e cooperação internacionais, principalmente nos campos econômico e técnico, até o máximo de seus recursos disponíveis, que visem a assegurar, progressivamente, por todos os meios apropriados, o pleno exercício dos direitos reconhecidos no presente Pacto, incluindo, em particular, a adoção de medidas legislativas."

sociais de caráter positivo que foram outorgados pela norma constitucional. Não se pode, portanto, revogar normas legais sem que elas sejam substituídas por outras, "porque as tarefas constitucionais impostas ao Estado em sede de direitos fundamentais no sentido de criar certas instituições ou serviços não o obrigam apenas a criá-los, obrigam-no também a não aboli-los uma vez criados."[280]

Ressalte-se, dessa forma, que a proibição do retrocesso social implica no reconhecimento da inconstitucionalidade não apenas quando se cuida de revogação da lei, mas também quando há um afronta legislativa ao conteúdo do direito fundamental social concretizado pelo legislador.

Canotilho é incisivo quanto à questão, ao afirmar que "os direitos sociais e econômicos (ex.: direito dos trabalhadores, direito à assistência, direito à educação), uma vez obtido um determinado grau de realização, passam a constituir, simultaneamente, uma *garantia institucional* e um *direito subjectivo*. A 'proibição do retrocesso social' nada pode fazer contra as recessões e crises econômicas (*reversibilidade fáctica*), mas o princípio em análise limita a reversibilidade dos *direitos adquiridos* (ex.: segurança social, subsídio de desemprego, prestações de saúde), em clara violação do *princípio da protecção da confiança e da segurança dos cidadãos no âmbito econômico, social e cultural, e do núcleo essencial* da existência mínima inerente ao respeito pela dignidade da pessoa humana. A violação do núcleo essencial efectivado justificará a sanção de inconstitucionalidade relativamente a normas manifestamente aniquiladoras da chamada 'justiça social.' O princípio da *proibição de retrocesso social* pode formular-se assim: o núcleo essencial dos direitos sociais já realizado e efectivado através de medidas legislativas deve considerar-se constitucionalmente garantido sendo inconstitucionais quaisquer medidas estaduais que, sem a criação de outros esquemas alternativos ou compensatórios, se traduzam na prática numa 'anulação', 'revogação' ou 'aniquilação' pura a simples desse núcleo essencial."[281]

6. AÇÕES CONSTITUCIONAIS

As ações constitucionais, examinadas neste tópico, são entendidas como aquelas ações judiciais que visam obter um provimento judicial que tenha como referência a Constituição, para resguardar direito nela previsto, sendo suas características, entre outras, a celeridade de rito, a preferência de trâmite, a informalidade processual e a antecipação de tutela.

6.1 Habeas Corpus

6.1.1 Conceito, origem e objeto

O *habeas corpus* tutela a liberdade de locomoção: "conceder-se-á *habeas corpus* sempre que alguém sofrer ou se achar ameaçado de sofrer violência ou coação em sua liberdade de locomoção, por ilegalidade ou abuso de poder" (art. 5º, LXVIII).

---

[280] MIRANDA. *Manual de direito constitucional*, vol. IV, p. 338.

[281] CANOTILHO. *Direito constitucional e teoria da constituição*, p. 320-321.

A origem remota do *habeas corpus* se acha no Direito Romano, em que todo cidadão podia reclamar que se exibisse o homem livre detido ilegalmente, por uma ação denominada de "*interdictum de libero homine exhibendo*".[282]

A maior parte dos autores aponta, no entanto, o *habeas corpus* como originário da Inglaterra Medieval, mais precisamente, na Magna Carta de 1215, reaparecendo depois no *Bill of Rights*, e no *Habeas Corpus Amendment Act*, de 1679, sob o reinado de Carlos II, como remédio eficaz para a soltura de pessoa ilegalmente presa ou detida, e que estendeu o campo de sua aplicação para combater as prisões determinadas pelo monarca. Com efeito, por meio do *writ of habeas corpus*, quem estivesse sofrendo restrição na sua liberdade poderia pedir ao juiz a expedição de uma ordem, a fim de que o responsável pela ilegal detenção apresentasse a pessoa para que se constatasse a legitimidade do encarceramento. Note-se, que o *writ* limitava-se a atender as pessoas acusadas de crime, não sendo cabível nos demais casos de prisão ilegal, o que só viria a ocorrer posteriormente.

O *habeas corpus* foi incorporado à Constituição dos Estados Unidos da América (art. I, seção 9), na Declaração Universal dos Direitos do Homem e do Cidadão, de 1789.

Registre-se que, em 1816, proclamou-se um outro *Habeas Corpus Act*, que ampliou o anterior, passando a alcançar qualquer ofensa à liberdade da pessoa, ainda que não acusada de crime.

A dimensão institucional do *habeas corpus*, como salienta José Alfredo de Oliveira Baracho, apresenta certas categorias:

- *habeas corpus reparador*: trata-se do *habeas corpus* clássico, programado para terminar com detenções violatórias de cláusula constitucional;
- *habeas corpus preventivo*, em decorrência de ameaças de prisão;
- *habeas corpus restringido*, *secundário* ou *acessório*, que protege o cidadão contra perturbações menores do direito, frente à liberdade física, onde não há configuração da privação total da liberdade, mas apenas certa espécie de restrição;
- *habeas corpus corretivo*, destinado a impedir vexames ou tratos indevidos a pessoas presas;
- *habeas corpus de pronto despacho*, para acelerar trâmites administrativos necessários para dispor de uma liberdade;
- *habeas corpus por mora na trasladação*, criado com o fim de lograr a liberação do preso, quando o magistrado de outra jurisdição solicitou a captura, mas não a confirma.[283]

No Brasil, o *habeas corpus* não era previsto na Constituição do Império de 1824, tendo sido instituído pela Constituição Republicana de 1891, embora já previsto expressamente no Código de Processo Criminal de 29 de novembro de 1832.

---

[282] Para uma abordagem histórica do *habeas corpus*, cf. PONTES DE MIRANDA. *História e prática do habeas corpus*, 2 vols.

[283] BARACHO. *Direito processual constitucional*: aspectos contemporâneos, p. 60.

Como na Constituição de 1891 não havia outra garantia que tutelasse os demais direitos e liberdades contra ilegalidade ou abuso de poder, e considerando a amplitude com que o texto constitucional da Primeira República previa o *habeas corpus* (Art. 72, § 22: "Dar-se-á *habeas corpus*, sempre que o indivíduo sofrer ou se achar em iminente perigo de sofrer violação ou coação por ilegalidade ou abuso de poder"), passou-se a entender que o remédio constitucional poderia ser utilizado para reparar lesão a qualquer liberdade ou direito. Destaque-se a atuação de Rui Barbosa, que advogou junto ao Supremo Tribunal Federal a reintegração de posse em direitos pessoais, a fim de dar amparo aos demais direitos violados.

Por isso mesmo é que o Supremo Tribunal Federal acabou por desenvolver, a partir de 1910, o que viria a ser conhecido como "doutrina brasileira do *habeas corpus*", entendendo que a garantia constitucional era apta para tutelar não apenas a liberdade de locomoção, mas, dentre outros direitos, o exercício de funções eletivas, os direitos políticos, as imunidades parlamentares, liberdade do exercício de profissão, a liberdade de imprensa, a liberdade religiosa, a liberdade de reunião, as garantias constitucionais da magistratura, os direitos dos estrangeiros de ingressarem e permanecerem no território nacional contra expulsão ou extradição ilegais, e liberdades individuais dos militares contra abusos por parte de seus superiores.[284]

Com a reforma constitucional de 1926, o *habeas corpus* se restringiu a tutelar o direito de locomoção, deixando de ter o sentido genérico protetivo até então. A Constituição de 1891, com incorporação das emendas de 1926, passou a dispor, no art. 72, § 22: "Dar-se-á *habeas corpus* sempre que o indivíduo sofrer ou se achar em iminente perigo de sofrer violência, por meio de prisão ou constrangimento ilegal em sua liberdade de locomoção, ou coação, por ilegalidade, ou abuso de poder."

Objeto do *habeas corpus* é a tutela da liberdade de locomoção, ou seja, ir, vir e ficar, sendo excluídos de sua proteção os direitos públicos subjetivos, amparados por outros remédios constitucionais (mandado de segurança e *habeas data*, como se verá adiante).

A liberdade da pessoa física compreende a liberdade psíquica. Pontes de Miranda acentua: "Ou se seja materialista, ou se seja espiritualista, a psique está no Homem. Quando o direito distinguiu a liberdade física, ou liberdade de ir, ficar ou vir, de modo nenhum considerou como coação preexcluída a coação psíquica. Somente não são liberdade física a liberdade de crença, a liberdade de convicção filosófica ou científica, a liberdade de manifestação do pensamento, a liberdade de sigilar a correspondência e as comunicações telegráficas e telefônicas e outras liberdades. Admita-se, porém, que a coação ou a ameaça pode ser física para que se viole outra liberdade."[285]

As hipóteses de cabimento do *habeas corpus* se acham previstas, em enumeração não exaustiva, no art. 648 do Código de Processo Penal. Relaciona o Código as hipóteses de ausência de justa causa, o que seria, por exemplo, o fato que gerou a prisão não constituir crime; excesso de prazo que constitui o fato de alguém estar preso por tempo maior que o permitido pela lei; incompetência do coator, que pode

---

[284] RODRIGUES. *História do Supremo Tribunal Federal*, t. III, p. 29 *et seq.*

[285] PONTES DE MIRANDA. *História e prática do habeas corpus*, t. I, p. 36.

significar a ordem de prisão emanada de juiz incompetente ou a denúncia por parte de promotor sem competência para tanto; cessação do motivo de coação, que ocorre quando o condenado obtém liberdade condicional, quando é revogada a prisão preventiva ou quando a liberdade provisória é deferida com ou sem fiança prestada e o preso não é libertado; quando couber fiança prestada e o preso não é libertado; quando couber fiança e esta não for concedida; ocorrer nulidade do processo ao se desrespeitar o desenvolvimento válido e regular do processo, desrespeitando-se o contraditório e a ampla defesa; extinção da punibilidade sem a liberação do preso, que pode ocorrer por várias causas, entre elas pela anistia, graça ou indulto; lei mais benéfica retroagir e não mais considerar o fato praticado como criminoso; pela decadência, perempção e prescrição, dentre outras causas; e outros casos nos quais se caracterize ameaça, violência ou constrangimento à liberdade de locomoção por coação ou abuso de poder.[286]

Por se tratar de ação sumaríssima, e que exige prova preconstituída, o *habeas corpus* não pode ser utilizado para o reexame de questão de fato controvertida ou que demande dilação probatória. Nesse sentido, é pacífica a jurisprudência do Supremo Tribunal Federal: "A ação de *habeas corpus* constitui remédio processual inadequado, quando ajuizada com objetivo de promover a análise da prova penal, de efetuar o reexame do conjunto probatório regularmente produzido, de provocar a reapreciação da matéria de fato e de proceder à revalorização dos elementos instrutórios, coligidos no processo penal de conhecimento."[287] Nessa linha, o *habeas corpus* não se presta para o exame de questão que envolve a incidência de causa excludente de culpabilidade, para a análise de comprovação de indícios de autoria e materialidade do crime, para se aquilatar a importância ou não da prova para o caso concreto, para o exame da tipicidade da conduta do paciente, para verificar se a decisão dos jurados é ou não manifestamente contrária à prova dos autos.[288]

Segundo o enunciado da Súmula 693 do Supremo Tribunal Federal, "não cabe *habeas corpus* contra decisão condenatória a pena de multa, ou relativo a processo em curso por infração penal a que a pena pecuniária seja a única cominada." Pela Súmula 694, "não cabe *habeas corpus* contra a imposição da pena de exclusão de militar ou de perda de patente ou de função pública", e, nos termos da Súmula 695, "não cabe *habeas corpus* quando já extinta e pena privativa de liberdade".

Em situações que não afetam diretamente a liberdade de locomoção, tem-se por inadmissível o *habeas corpus*. Assim, "medida de segurança, consistente em portal eletrônico (detector de metais) não configura entrave ao exercício profissional da advocacia" e "não constitui ameaça à liberdade de locomoção", o que inviabiliza a apreciação da matéria no âmbito do *habeas corpus*.[289]

Ainda de acordo com a Súmula 692 do Supremo Tribunal Federal, "não se conhece de *habeas corpus* contra omissão de relator de extradição, se fundado em fato

---

286 ACKEL FILHO. *Writs constitucionais*: *habeas corpus*, mandado de segurança, mandado de injunção, *habeas data*, p. 31-37.

287 STF, HC 69.780, Rel. Min. Celso de Mello, *DJ*, 17.2.2005.

288 MENDES; COELHO; BRANCO. *Curso de direito constitucional*, p. 503, com farta jurisprudência.

289 STF, HC 84.179/SP, Rel. Min. Ellen Gracie, *DJ*, 3.12.2004.

ou direito estrangeiro cuja prova não constava dos autos, nem foi ele provocado a respeito".

6.1.2 Legitimação ativa e passiva

Sujeito ativo do *habeas corpus* é a pessoa, nacional ou estrangeiro, e pode ser impetrado mesmo por incapaz, sendo desnecessária a intervenção de advogado.

Pode ser ainda impetrado pelo Ministério Público ou até mesmo concedido de ofício pelo juiz. Tem-se admitido a possibilidade de sua impetração por pessoa jurídica, mas sempre em favor da pessoa humana, que poderá ser a beneficiária da impetração por qualquer dos legitimados ativos, já que uma pessoa pode impetrar o *habeas corpus* por outra.

Seu sujeito passivo é a autoridade responsável pela ilegalidade ou abuso de poder, de que resulte a coação ou violência (ou a ameaça delas) na liberdade de locomoção, como o delegado de polícia, o promotor de justiça e o juiz de direito. Discute-se sobre a possibilidade de particular vir a ser sujeito passivo de *habeas corpus*. A matéria não é pacífica, mas, em alguns casos, os Tribunais têm concedido a ordem, como, por exemplo, contra síndico de condomínio, para permitir a entrada ou a saída de pessoas, ou contra diretor clínico de hospital, para liberar paciente retido por falta de pagamento do débito hospitalar.

6.1.3. Alguns aspectos procedimentais

Ao apreciar o *habeas corpus*, a autoridade judiciária não está vinculada à causa de pedir e ao pedido. Poderá assim afastar o ato ilegal, concedendo a ordem, ainda que em sentido diverso do postulado pelo impetrante. Pode-se até mesmo deferir a ordem aquém ou além do pleiteado.

Nos termos do Regimento Interno do Supremo Tribunal Federal (art. 192, parágrafo único), "não se conhecerá de pedido desautorizado pelo paciente." Havendo, pois, dúvida sobre o interesse do paciente, cabe ao Relator determinar seja ele intimado para se manifestar sobre o pedido.

É cabível a desistência da ação constitucional de *habeas corpus*.

Havendo empate na decisão que aprecia o pedido de *habeas corpus*, seja no âmbito de competência originária, seja no de competência recursal, prevalecerá a decisão mais favorável ao paciente.[290]

6.1.4 Espécies

O *habeas corpus* pode ser preventivo ou liberatório. No primeiro caso, previne-se a coação, e, no segundo, é utilizado quando a coação já se consumou.

---

[290] STF, HC 72.445-1/DF, Rel. Min.Marco Aurélio, *DJ*, 22.9.1995, p. 30592; HC 74.750-7/PB, Rel. Min. Marco Aurélio, *DJ*, 26.11.1999, p. 84.

6.1.5 Liminar

Cabível a concessão de liminar, seja no *habeas corpus* preventivo, seja no *habeas corpus liberatório*, desde que presentes a probabilidade de dano irreparável e a aparência do bom direito caracterizada pelos elementos constantes da impetração que indiquem a existência da ilegalidade ou do constrangimento.

Segundo o enunciado da Súmula 691, do Supremo Tribunal Federal, "não compete ao Supremo Tribunal Federal conhecer de *habeas corpus* impetrado contra decisão de relator que, em *habeas corpus* requerido a tribunal superior, indefere a liminar." O rigor da Súmula tem sido, no entanto, abrandado, naqueles "casos específicos com vistas a elidir a sua aplicação nas hipóteses em que a negativa da liminar pelas instâncias inferiores configura afronta ao direito fundamental da liberdade."[291]

6.1.6 Punições disciplinares militares

Diz expressamente a Constituição que "não caberá *habeas corpus* em relação a punições disciplinares militares" (art. 142, § 2º), disposição aplicável aos militares dos Estados, do Distrito Federal e dos territórios, por força do § 1º do art. 42 da Constituição Federal, com a redação que lhe foi dada pela Emenda Constitucional n. 18/1998.

Pressupõe-se, contudo, a regularidade da punição, pois, se imposta por autoridade manifestamente incompetente ou com violação das normas regulamentares que vinculam a ação superior, cabível será o *habeas corpus*.

Sobre o tema, Pontes de Miranda escrevia, ainda na vigência da Constituição de 1946: "Quem diz transgressão disciplinar, especificamente militar, refere-se, necessariamente, a: *a)* hierarquia, pela qual flui o dever de obediência e de conformidade com instruções, regulamentos internos e recebimento de ordens; *b)* poder disciplinar, que supõe a atribuição de direito de punir, disciplinarmente, cujo caráter subjetivo o localiza em todos, ou em alguns, ou somente em algum dos superiores hierárquicos; *c)* ato ligado a função; *d)* pena, suscetível de ser aplicada disciplinarmente, portanto, sem ser pela justiça como justiça. Ora, desde que há hierarquia, há poder disciplinar, há ato e há pena disciplinar; qualquer ingerência da justiça na economia moral do encadeamento administrativo seria perturbadora da finalidade mesma das regras jurídicas que estabelecem o dever de obediência e o direito de mandar."[292]

6.1.7 *Habeas corpus*, estado de defesa e estado de sítio

O âmbito de incidência do *habeas corpus* restará diminuído quando se tratar de estado de defesa (art. 136, § 3º), ou estado de sítio decretado com fundamento no art. 137, I (comoção grave de repercussão nacional ou ocorrência de fatos que comprovem a ineficácia de medida tomada durante o estado de defesa), nos casos dos incisos I e II do art. 139 da Constituição Federal (obrigação de permanência em localidade deter-

---

[291] MENDES; COELHO; BRANCO. *Curso de direito constitucional*, p. 509.

[292] PONTES DE MIRANDA. *História e prática do habeas corpus*, t. II, p. 191.

minada e detenção em edifício não destinado a acusados ou condenados por crimes comuns). Nessas hipóteses, veda-se ao Judiciário a análise do mérito ou da conveniência da adoção, pelo Executivo, das medidas excepcionais de defesa do Estado e das Instituições Democráticas, mas não a correção de abuso ou ilegalidade verificados quando da execução das medidas.

6.1.8 Competência

Compete ao Juiz criminal de Primeiro Grau de jurisdição o julgamento de *habeas corpus* contra ato de autoridade policial ou de particular, de acordo com os critérios de competência territorial. Sendo a coação ou a ilegalidade imputáveis a Juiz de Primeiro Grau, a competência será do Tribunal de Segundo Grau de Jurisdição, e a partir deste Tribunal, será do Tribunal Superior. A Constituição prevê, além da competência recursal, competência originária para o julgamento do *habeas corpus*, nos artigos 102, inciso I, alíneas *d*, *i*; 105, inciso I, alínea *c*; 108, inciso I, alínea *d*; 121, § 3º. As Constituições dos Estados-Membros poderão ainda fixar competência originária dos Tribunais estaduais.

Cabe ao Tribunal de Justiça processar e julgar originariamente *habeas corpus* contra ato ilegal imputado a promotor de justiça (art. 96, III, § 1º, da Constituição Federal), e ao Tribunal Regional Federal este julgamento quando se tratar de membro do Ministério Público Federal que atue perante a primeira instância da Justiça Federal.

Com o advento da Emenda Constitucional n. 22/1999, que deu nova redação ao art. 102, I, *i*, e art. 105, I, *c*, da Constituição Federal, unificou-se a competência do Superior Tribunal de Justiça para processar e julgar originariamente o *habeas corpus* direcionado contra ato ou decisão dos Tribunais Regionais Federais ou dos Tribunais estaduais. Haverá possibilidade de recurso ordinário para o Supremo Tribunal Federal, se denegatória a decisão. Ao Supremo Tribunal Federal compete, no entanto, processar e julgar, originariamente, os *habeas corpus* impetrados perante os Tribunais Superiores.

O Supremo Tribunal Federal, ao julgar o *HC* n. 78.317-RJ, manifestou-se no sentido de que continua ele competente para julgar os *habeas corpus* contra decisão emanada de Turma do Conselho Recursal dos Juizados Especiais Criminas, mesmo após a Emenda Constitucional n. 22/1999.[293] Julgados posteriores do Supremo Tribunal vêm, no entanto, alterando esta orientação jurisprudencial para entender que é dos Tribunais de Justiça estaduais a competência para processar e julgar *habeas corpus* contra ato de Turma Recursal de Juizado Especial Criminal.[294]

É do Tribunal local a competência para processar e julgar *habeas corpus* contra ato de juiz, nos Juizados Especiais Criminais, pois o art. 98, I, da Constituição Federal, prevê apenas a possibilidade de julgamento de recurso por turmas de juízes de pri-

---

[293] Supremo Tribunal Federal: Súmula n. 690 – Compete originariamente ao Supremo Tribunal Federal o julgamento de *habeas corpus* contra decisão de turma recursal de juizados especiais.

[294] STF, HC n. 86.834/SP, Rel. Min. Marco Aurélio, j. 23.8.2006 – *Informativo* 437/STF; HC n. 86.009/DF, Rel. Min. Carlos Britto, j. 29.8.2006 – *Informativo* 438/STF; HC n. 87.530-1/SP, Rel. Min. Ricardo Lewandowski, j. DJ, 6.9.2006.

meiro grau, sendo de competência dos Tribunais Regionais Federais o processo e julgamento dos *habeas corpus* contra ato dos Juízes Federais que atuam nos Juizados Especiais Federais (art. 108, I, *d*).

É possível a impetração de *habeas corpus* concomitantemente com a interposição de recurso ordinário referente ao mesmo ato, pela relevância do direito de locomoção. Poderá, no entanto, o Tribunal remeter a impetração para o julgamento do recurso de maior abrangência.

Possível ainda a substituição, pelo interessado, do recurso ordinário contra a decisão denegatória do *habeas corpus*, dada em única ou última instância pelos Tribunais Regionais Federais ou pelos Tribunais estaduais, pela impetração originária da ordem perante o Superior Tribunal de Justiça.

6.2. Mandado de Segurança

6.2.1 Conceito, origem e objeto – Celeridade processual

A Lei n. 1.533, de 31 de dezembro de 1951, que tratava do mandado de segurança, e que vigorou em nosso País por mais de 50 anos, foi revogada pela Lei n. 12.016, de 7 de agosto de 2009, que disciplina o mandado de segurança individual e coletivo.[295]

---

[295] Lei n. 12.016, de 7 de agosto de 2009, que disciplina o mandado de segurança individual e coletivo:

"Art. 1º Conceder-se-á mandado de segurança para proteger direito líquido e certo, não amparado por *habeas corpus* ou *habeas data*, sempre que, ilegalmente ou com abuso de poder, qualquer pessoa física ou jurídica sofrer violação ou houver justo receio de sofrê-la por parte de autoridade, seja de que categoria for e sejam quais forem as funções que exerça. § 1º Equiparam-se às autoridades, para os efeitos desta Lei, os representantes ou órgãos de partidos políticos e os administradores de entidades autárquicas, bem como os dirigentes de pessoas jurídicas ou as pessoas naturais no exercício de atribuições do poder público, somente no que disser respeito a essas atribuições. § 2º Não cabe mandado de segurança contra os atos de gestão comercial praticados pelos administradores de empresas públicas, de sociedade de economia mista e de concessionárias de serviço público. § 3º Quando o direito ameaçado ou violado couber a várias pessoas, qualquer delas poderá requerer o mandado de segurança. Art. 2º Considerar-se-á federal a autoridade coatora se as consequências de ordem patrimonial do ato contra o qual se requer o mandado houverem de ser suportadas pela União ou entidade por ela controlada. Art. 3º O titular de direito líquido e certo decorrente de direito, em condições idênticas, de terceiro poderá impetrar mandado de segurança a favor do direito originário, se o seu titular não o fizer, no prazo de 30 (trinta) dias, quando notificado judicialmente. Parágrafo único. O exercício do direito previsto no *caput* deste artigo submete-se ao prazo fixado no art. 23 desta Lei, contado da notificação. Art. 4º Em caso de urgência, é permitido, observados os requisitos legais, impetrar mandado de segurança por telegrama, radiograma, fax ou outro meio eletrônico de autenticidade comprovada. § 1º Poderá o juiz, em caso de urgência, notificar a autoridade por telegrama, radiograma ou outro meio que assegure a autenticidade do documento e a imediata ciência pela autoridade. § 2º O texto original da petição deverá ser apresentado nos 5 (cinco) dias úteis seguintes. § 3º Para os fins deste artigo, em se tratando de documento eletrônico, serão observadas as regras da Infra-Estrutura de Chaves Públicas Brasileira – ICP-Brasil. Art. 5º Não se concederá mandado de segurança quando se tratar: I – de ato do qual caiba recurso administrativo com efeito suspensivo, independentemente de caução; II – de decisão judicial da qual caiba recurso com efeito suspensivo; III – de decisão judicial transitada em julgado. Parágrafo único. (VETADO) Art. 6º A petição inicial, que deverá preencher os requisitos estabelecidos pela lei processual, será apresentada em 2 (duas) vias com os documentos que instruírem a primeira reproduzidos na segunda e indicará, além da autoridade coatora, a pessoa jurídica que esta integra, à qual se acha vinculada ou da qual exerce atribuições. § 1º No caso em que o documento necessário à prova do alegado se ache em repartição ou estabelecimento público ou em poder de autoridade que se recuse a fornecê-lo por certidão ou de terceiro, o juiz ordenará, preliminarmente, por ofício, a exibição desse documento em original ou em cópia autêntica e marcará, para o cumprimento da ordem, o prazo de 10 (dez) dias. O escrivão extrairá cópias do documento para juntá-las à segunda via da petição. § 2º Se a autoridade que tiver procedido dessa maneira for a própria coatora, a ordem far-se-á no próprio instrumento da notificação. § 3º Considera-se autoridade coatora aquela que tenha praticado o ato impugnado ou da qual emane a ordem para a sua prática. § 4º (VETADO) § 5º Denega-se o mandado de segurança nos casos previstos pelo art. 267 da Lei nº 5.869, de 11 de janeiro de 1973 – Código de Processo Civil. § 6º O pedido de mandado de segurança poderá ser renovado dentro do prazo decadencial, se a decisão denegatória não lhe houver apreciado o mérito. Art. 7º Ao despachar a inicial, o juiz ordenará: I – que se notifique o coator do conteúdo da petição inicial, enviando-lhe a segunda via apresentada com as cópias dos documentos, a fim de que, no prazo de 10 (dez) dias, preste as informações; II – que se dê ciência do feito ao órgão de representação judicial da pessoa jurídica interessada, enviando-lhe cópia da inicial sem documentos, para que, querendo, ingresse no feito; III – que se suspenda o ato que deu motivo ao pedido, quando houver fundamento relevante e do ato impugnado puder resultar a ineficácia da medida, caso seja finalmente deferida, sendo facultado exigir do impetrante caução, fiança ou depósito, com o objetivo de assegurar o ressarcimento à pessoa jurídica. § 1º Da decisão do juiz de primeiro grau que conceder ou denegar a liminar caberá agravo de instrumento, observado o disposto na Lei nº 5.869, de 11 de janeiro de 1973 – Código de Processo Civil. § 2º Não será concedida medida liminar que tenha por objeto a compensação de créditos tributários, a entrega de mercadorias e bens provenientes do exterior, a reclassificação ou equiparação de servidores públicos e a concessão de aumento ou a extensão de vantagens ou pagamento de qualquer natureza. § 3º Os efeitos da medida liminar, salvo se revogada ou cassada, persistirão até a prolação da sentença. § 4º Deferida a medida liminar, o processo terá prioridade para julgamento. § 5º As vedações relacionadas com a concessão de liminares previstas neste artigo se estendem à tutela antecipada a que se referem os arts. 273 e 461 da Lei nº 5.869, de 11 janeiro de 1973 – Código de Processo Civil. Art. 8º Será decretada a perempção ou caducidade da medida liminar *ex officio* ou a requerimento do Ministério Público quando, concedida a medida, o impetrante criar obstáculo ao normal andamento do processo ou deixar de promover, por mais de 3 (três) dias úteis, os atos e as diligências que lhe cumprirem. Art. 9º As autoridades administrativas, no prazo de 48 (quarenta e oito) horas da notificação da medida liminar, remeterão ao Ministério ou órgão a que se acham subordinadas e ao Advogado-Geral da União ou a quem tiver a representação judicial da União, do Estado, do Município ou da entidade apontada como coatora cópia autenticada do mandado notificatório, assim como indicações e elementos outros necessários às providências a serem tomadas para a eventual suspensão da medida e defesa do ato apontado como ilegal ou abusivo de poder. Art. 10. A inicial será desde logo indeferida, por decisão motivada, quando não for o caso de mandado de segurança ou lhe faltar algum dos requisitos legais ou quando decorrido o prazo legal para a impetração. § 1º Do indeferimento da inicial pelo juiz de primeiro grau caberá apelação e, quando a competência para o julgamento do mandado de segurança couber originariamente a um dos tribunais, do ato do relator caberá agravo para o órgão competente do tribunal que integre. § 2º O ingresso de litisconsorte ativo não será admitido após o despacho da petição inicial. Art. 11. Feitas as notificações, o serventuário em cujo cartório corra o feito juntará aos autos cópia autêntica dos ofícios endereçados ao coator e ao órgão de representação judicial da pessoa jurídica interessada, bem como a prova da entrega a estes ou da sua recusa em aceitá-los ou dar recibo e, no caso do art. 4° desta Lei, a comprovação da remessa. Art. 12. Findo o prazo a que se refere o inciso I do *caput* do art. 7° desta Lei, o juiz ouvirá o representante do Ministério Público, que opinará, dentro do prazo improrrogável de 10 (dez) dias. Parágrafo único. Com ou sem o parecer do Ministério Público, os autos serão conclusos ao juiz, para a decisão, a qual deverá ser necessariamente proferida em 30 (trinta) dias. Art. 13. Concedido o mandado, o juiz transmitirá em ofício, por intermédio do oficial do juízo, ou pelo correio, mediante correspondência com aviso de recebimento, o inteiro teor da sentença à autoridade coatora e à pessoa jurídica interessada. Parágrafo único. Em caso de urgência, poderá o juiz observar o disposto no art. 4° desta Lei. Art. 14. Da sentença, denegando ou concedendo o mandado, cabe apelação. § 1° Concedida a segurança, a sentença estará sujeita obrigatoriamente ao duplo grau de jurisdição. § 2° Estende-se à autoridade coatora o direito de recorrer. § 3° A sentença que conceder o mandado de segurança pode ser executada provisoriamente, salvo nos casos em que for vedada a concessão da medida liminar. § 4° O pagamento de vencimentos e vantagens pecuniárias assegurados em sentença concessiva de mandado de segurança a servidor público da administração direta ou autárquica federal, estadual e municipal somente será efetuado relativamente às prestações que se vencerem a contar da data do ajuizamento da inicial. Art. 15. Quando, a requerimento de pessoa jurídica de direito público interessada ou do Ministério Público e para evitar grave lesão à ordem, à saúde, à segurança e à economia públicas, o presidente do tribunal ao qual couber o conhecimento do respectivo recurso suspender, em decisão fundamentada, a execução da liminar e da sentença, dessa decisão caberá agravo, sem efeito suspensivo, no prazo de 5 (cinco) dias, que será levado a julgamento na sessão seguinte à sua interposição. § 1° Indeferido o pedido de suspensão ou provido o agravo a que se refere o *caput* deste artigo, caberá novo pedido de suspensão ao presidente do tribunal competente para conhecer de eventual recurso especial ou extraordinário. § 2° É cabível também o pedido de suspensão a que se refere o § 1° deste artigo, quando negado provimento a agravo de instrumento interposto contra a liminar a que se refere este artigo. § 3° A interposição de agravo de instrumento contra liminar concedida nas ações movidas contra o poder público e seus agentes não prejudica nem condiciona o julgamento do pedido de suspensão a que se refere este artigo. § 4° O presidente do tribunal poderá conferir ao pedido efeito suspensivo liminar se constatar, em juízo prévio, a plausibilidade do direito invocado e a urgência na concessão da medida. § 5° As liminares cujo objeto seja idêntico poderão ser suspensas em uma única decisão, podendo o presidente do tribunal estender os efeitos da suspensão a liminares supervenientes, mediante simples aditamento do pedido original. Art. 16. Nos casos de competência originária dos tribunais, caberá ao relator a instrução do processo, sendo assegurada a defesa oral na sessão do julgamento. Parágrafo único. Da decisão do relator que conceder ou denegar a medida liminar caberá agravo ao órgão competente do tribunal que integre. Art. 17. Nas decisões proferidas em mandado de segurança e nos respectivos recursos, quando não publicado, no prazo de 30 (trinta) dias, contado da data do julgamento, o acórdão será substituído pelas respectivas notas taquigráficas, independentemente de revisão. Art. 18. Das decisões em mandado de segurança proferidas em única instância pelos tribunais cabe recurso especial e extraordinário, nos casos legalmente previstos, e recurso ordinário, quando a ordem for denegada. Art. 19. A sentença ou o acórdão que denegar mandado de segurança, sem decidir o mérito, não impedirá que o requerente, por ação própria, pleiteie os seus direitos e os respectivos efeitos patrimoniais. Art. 20. Os processos de mandado de segurança e os respectivos recursos terão prioridade sobre todos os atos judiciais, salvo *habeas corpus*. § 1° Na instância superior, deverão ser levados a julgamento na primeira sessão que se seguir à data em que forem conclusos ao relator. § 2° O prazo para a conclusão dos autos não poderá exceder de 5 (cinco) dias. Art. 21. O mandado de segurança coletivo pode ser impetrado por partido político com representação no Congresso Nacional,

A nova Lei, sem alterar as linhas básicas da Lei anterior, veio consolidar algumas conquistas que já se encontravam presentes na jurisprudência de nossos Tribunais, em especial do Supremo Tribunal Federal, bem como concorrer para a agilização da prestação jurisdicional e efetivação da jurisdição constitucional das liberdades, uma constante em nosso constitucionalismo republicano.

O mandado de segurança, segundo Hely Lopes Meirelles, "é o meio constitucional posto à disposição de toda pessoa física ou jurídica, órgão com capacidade processual, ou universalidade reconhecida por lei, para a proteção de direito individual ou coletivo, líquido e certo, não amparado por *habeas corpus* ou *habeas data*, lesado ou ameaçado de lesão, por ato de autoridade, seja de que categoria for e sejam quais forem as funções que exerça".[296] Trata-se de ação judicial com fundamento constitucional.

Note-se que ao mandado de segurança, por se caracterizar como garantia constitucional, deve ser dada uma interpretação que se compatibilize e se harmonize com

na defesa de seus interesses legítimos relativos a seus integrantes ou à finalidade partidária, ou por organização sindical, entidade de classe ou associação legalmente constituída e em funcionamento há, pelo menos, 1 (um) ano, em defesa de direitos líquidos e certos da totalidade, ou de parte, dos seus membros ou associados, na forma dos seus estatutos e desde que pertinentes às suas finalidades, dispensada, para tanto, autorização especial. Parágrafo único. Os direitos protegidos pelo mandado de segurança coletivo podem ser: I – coletivos, assim entendidos, para efeito desta Lei, os transindividuais, de natureza indivisível, de que seja titular grupo ou categoria de pessoas ligadas entre si ou com a parte contrária por uma relação jurídica básica; II – individuais homogêneos, assim entendidos, para efeito desta Lei, os decorrentes de origem comum e da atividade ou situação específica da totalidade ou de parte dos associados ou membros do impetrante. Art. 22. No mandado de segurança coletivo, a sentença fará coisa julgada limitadamente aos membros do grupo ou categoria substituídos pelo impetrante. § 1º O mandado de segurança coletivo não induz litispendência para as ações individuais, mas os efeitos da coisa julgada não beneficiarão o impetrante a título individual se não requerer a desistência de seu mandado de segurança no prazo de 30 (trinta) dias a contar da ciência comprovada da impetração da segurança coletiva. § 2º No mandado de segurança coletivo, a liminar só poderá ser concedida após a audiência do representante judicial da pessoa jurídica de direito público, que deverá se pronunciar no prazo de 72 (setenta e duas) horas. Art. 23. O direito de requerer mandado de segurança extinguir-se-á decorridos 120 (cento e vinte) dias, contados da ciência, pelo interessado, do ato impugnado. Art. 24. Aplicam-se ao mandado de segurança os arts. 46 a 49 da Lei nº 5.869, de 11 de janeiro de 1973 – Código de Processo Civil. Art. 25. Não cabem, no processo de mandado de segurança, a interposição de embargos infringentes e a condenação ao pagamento dos honorários advocatícios, sem prejuízo da aplicação de sanções no caso de litigância de má-fé. Art. 26. Constitui crime de desobediência, nos termos do art. 330 do Decreto-Lei nº 2.848, de 7 de dezembro de 1940, o não cumprimento das decisões proferidas em mandado de segurança, sem prejuízo das sanções administrativas e da aplicação da Lei nº 1.079, de 10 de abril de 1950, quando cabíveis. Art. 27. Os regimentos dos tribunais e, no que couber, as leis de organização judiciária deverão ser adaptados às disposições desta Lei no prazo de 180 (cento e oitenta) dias, contado da sua publicação. Art. 28. Esta Lei entra em vigor na data de sua publicação. Art. 29. Revogam-se as Leis nºs 1.533, de 31 de dezembro de 1951, 4.166, de 4 de dezembro de 1962, 4.348, de 26 de junho de 1964, 5.021, de 9 de junho de 1966; o art. 3º da Lei nº 6.014, de 27 de dezembro de 1973, o art. 1º da Lei nº 6.071, de 3 de julho de 1974, o art. 12 da Lei nº 6.978, de 19 de janeiro de 1982, e o art. 2º da Lei nº 9.259, de 9 de janeiro de 1996."

[296] MEIRELLES, Hely Lopes; WALD, Arnoldo; MENDES, Gilmar Ferreira. *Mandado de segurança e ações constitucionais.* 32. ed. São Paulo: Malheiros, 2009, p. 25-26.

suas finalidades essenciais de proteção das liberdades públicas, evitando-se uma interpretação restritiva que possa comprometer a sua aplicabilidade.

O mandado de segurança foi instituído pela Constituição de 1934.[297]

Na vigência da Constituição de 1891, pretendeu-se, como acima examinado, estender aos direitos públicos subjetivos o *habeas corpus*, dado o caráter abrangente da cláusula constitucional que dizia: "dar-se-á o *habeas corpus*, sempre que o indivíduo sofrer ou se achar em iminente perigo de sofrer violência ou coação por ilegalidade ou abuso de poder" (art. 72, § 22, da Constituição de 1891). Como, no entanto, a revisão da Constituição de 1891, ocorrida em 1926, restringiu o *habeas corpus* ao direito de locomoção, os demais direitos fundamentais ficaram sem proteção. Assim, a Carta de 1934 criou o mandado de segurança "para defesa do direito, certo e incontestável, ameaçado ou violado por ato manifestamente inconstitucional ou ilegal de qualquer autoridade", cujo processo seria o mesmo do *habeas corpus* (art. 113, item 33).

O mandado de segurança, "indiretamente, guarda similitude com institutos congêneres em vários *writs* do Direito anglo-americano (*mandamus, prohibition, certiorari, quo warranr, injunction, declaratory judgements*) e no *juicio de amparo* mexicano (Constituição de 1917), hondurenho e de El Salvador."[298]

O mandado de segurança acha-se atualmente previsto no art. 5º, LXIX, da Constituição, sendo que o inciso seguinte trata de variante do instituto, que é o mandado de segurança coletivo.

Dispõe o art. 5º, LXIX, da Constituição que "conceder-se-á mandado de segurança para proteger direito líquido e certo, não amparado por *habeas corpus* ou *habeas data*, quando o responsável pela ilegalidade ou abuso de poder for autoridade pública ou agente de pessoa jurídica no exercício de atribuição do Poder Público".

Trata-se de garantia constitucional, de natureza processual, que se destina à tutela de direito público subjetivo que emana de fato revestido de liquidez e certeza. O mandado de segurança é ainda ação especial, de jurisdição contenciosa, utilizada para invalidar atos ou suprir omissões de autoridades do Estado ou que atuem por delegação. O mandado de segurança objetiva a expedição de uma ordem, um mandamento acerca de determinado direito, e se constitui num comando que visa a assegurar a previsibilidade ao direito, não sendo, por isso mesmo, instrumento de reparação de direito.

Considerando a urgência da impetração e da comunicação da decisão, o art. 4º da Lei n. 12.016/2009 admite o uso de fax e de outros meios eletrônicos de autenticidade comprovada, com adoção das regras de Infraestrutura de Chaves Públicas Brasileira – ICP – Brasil. Ainda dispõe o art. 13 que, concedido o mandado, o juiz transmitirá, em ofício, por intermédio do oficial do juízo, ou pelo correio, mediante correspondência com aviso de recebimento, o inteiro teor da sentença à autoridade

---

[297] A expressão *mandado de segurança* foi criada por João Mangabeira, cunhada, pela primeira vez, no Dirário Oficial da União de 4.2.1933, alusiva à sessão de 27 de janeiro precedente, da Comissão do Itamarati (BULOS. *Curso de direito constitucional*, p. 575).

[298] BULOS. *Curso de direito constitucional*, p. 575.

coatora e à pessoa jurídica interessada, podendo ainda, se houver urgência, utilizar-se de fax ou de outros meios eletrônicos de autenticidade comprovada, nos termos do art. 4º da Lei.

Findo o prazo de 10 (dez) dias para a prestação de informações, o juiz ouvirá o representante do Ministério Público, que opinará dentro do prazo improrrogável de 10 (dez) dias, e, com ou sem o parecer do Ministério Público, os autos serão conclusos ao juiz, para a decisão, a qual deverá ser necessariamente proferida em 30 (trinta) dias (art. 12 da Lei n. 12.016/2009).

O art. 17 da nova Lei estabelece que nas decisões proferidas em mandado de segurança e nos respectivos recursos, o acórdão, quando não publicado, no prazo de 30 (trinta) dias contado da data do julgamento, será substituído pelas respectivas notas taquigráficas, independentemente de revisão. Por fim, prescreve o art. 20 que os processos de mandado de segurança e os respectivos recursos terão prioridade sobre todos os atos judiciais, salvo *habeas corpus*.

O Supremo Tribunal Federal decidiu ser possível a desistência em mandado de segurança, mesmo após a sentença de mérito, ainda que favorável ao impetrante, e sem anuência da parte contrária. Considerou-se que o mandado de segurança é uma ação dada ao cidadão contra o Estado e, portanto, não gera direito a autoridade pública considerada coatora, pois seria intrínseco na defesa da liberdade do cidadão. A desistência é uma opção do autor do mandado de segurança. Para a Ministra Rosa Weber, eventual má-fé na desistência deve ser coibida por meio de instrumento próprio, avaliando cada caso. [299]

6.2.2 Espécies

O mandado de segurança pode ser preventivo ou repressivo. No primeiro caso, necessário que o impetrante demonstre justo receio de sofrer uma violação de direito líquido e certo pela autoridade coatora, em virtude de um ato ou omissão concreta, pondo em risco o direito do impetrante. O mandado de segurança repressivo objetiva a correção de uma ilegalidade cometida.

6.2.3 Mandado de segurança e lei em tese – Atos de gestão comercial

Tem-se por incabível o mandado de segurança contra lei em tese, já que a norma geral e abstrata não é capaz de lesar direitos subjetivos. Assim, cabível é a segurança somente quando as normas abstratas e gerais são convertidas pela Administração em providências concretas e específicas de execução. Admite-se ainda o mandado de segurança "quando houver vício de tramitação do processo legislativo ou contra portaria ministerial que contém, em si mesma, medida coercitiva que possa produzir

[299] STF, RE 669367/RJ, Rel. Min. Luiz Fux, red. p/ o acórdão Min. Rosa Weber, j. 2.5.2013. (Notícias STF, 2.5.2013; *Informativo* 704/ STF).

efeito lesivo ao impetrante, sem necessidade de ato de aplicação, em concreto, da regra por ela editada".[300]

Pelo que dispõe o § 2º do art. 1º da Lei n. 12.016/2009, não cabe mandado de segurança contra os atos de gestão comercial praticados pelos administradores de empresas públicas, de sociedade de economia mista e de concessionárias de serviço público.

6.2.4 Mandado de segurança, recurso administrativo e decisão judicial sujeita a recurso. Coisa julgada

Incabível o mandado de segurança quando houver recurso administrativo com efeito suspensivo, independentemente de caução; contra decisão judicial para a qual haja recurso com efeito suspensivo; (art. 5º, II, da Lei n. 12.016/2009); contra decisão judicial transitada em julgado (art. 5º, III, da Lei n. 12.016/2009).

Pondere-se, no entanto, que será cabível o mandado de segurança, se as exceções mencionadas não forem suficientes para proteger direito líquido e certo do impetrante.

Não há, pois, necessidade de exaustão da via administrativa, desde que o acesso à Justiça não se acha a isso condicionado. Se o recurso administrativo, ainda que com efeito suspensivo, não bastar para a tutela integral do direito líquido e certo, admissível será a segurança.

O mesmo ocorre com o recurso judicial com efeito suspensivo, mas ineficaz para a correção imediata da ilegalidade. O mandado de segurança poderia então ser usado contra decisão judicial nas hipóteses em que o recurso não dispõe ou não recebeu efeito suspensivo.[301]

No que respeita ao ato disciplinar, possível o mandado de segurança para a revisão de elementos do ato administrativo no âmbito da ilegalidade e que violem direito líquido e certo do impetrante: forma, motivo, objeto e finalidade (Alexandre de Moraes).

O mandado de segurança é cabível, portanto, contra sanções disciplinares. Note-se que a atual Lei do mandado de segurança não reproduziu a dicção da lei revogada (Lei n. 1.533/51) que estabelecia, em seu art. 5º, III, não caber mandado de segurança "de ato disciplinar, salvo quando praticado por autoridade incompetente ou com inobservância de formalidade essencial". Pela Lei n. 12.016/2009, não há mais funda-

---

[300] STF – Pleno, MS 20.257-2-DF, *DJU* de 27.2.1982, p. 1304.

[301] Pondere-se que "as mais recentes inovações no regime do agravo de instrumento, em especial a partir da Lei n. 1.187/2005, ampliaram os poderes do relator para converter o recurso em retido e restringiram o cabimento do agravo interno, ou regimental, no tocante às decisões em torno do efeito suspensivo e da retenção (novos inciso II e parágrafo único do art. 527 do CPC). Assim, é provável que volte a crescer o número de impetrações de mandado de segurança na busca de efeito suspensivo negado em despacho monocrático do relator de agravo de instrumento, tendo em vista a previsão legal da irrecorribilidade desta decisão" (MEIRELLES; WALD; MENDES. *Mandado de segurança e ações constitucionais,* p. 46).

mento para que se exclua do âmbito do mandado de segurança os atos disciplinares em geral.

Relativamente à coisa julgada, a Lei n. 12.016/2009 consagrou o entendimento da Súmula n. 228 do Supremo Tribunal Federal, devendo ser observado, no entanto, que viável será o mandado de segurança, no caso, se o julgado for substancialmente inexistente ou nulo de pleno direito, ou não alcançar o impetrante nos seus pretendidos efeitos, é dizer, quando impetrado por terceiro, que não foi parte no feito em que a decisão impugnada transitou em julgado.

6.2.5 Direito líquido e certo

O direito líquido e certo é aquele cuja comprovação se faz de plano com a impetração, juntamente com a petição inicial, sem necessidade de dilação probatória. Esclarece Hely Lopes Meirelles que "direito líquido e certo é o que se apresenta manifesto na sua extensão e apto a ser exercitado no momento da impetração. Por outras palavras, o direito invocado, para ser amparável por mandado de segurança, há de vir expresso em norma legal e trazer em si todos os requisitos e condições de sua aplicação ao impetrante. Se sua existência for duvidosa; se sua extensão não estiver determinada; se o seu exercício depender de situações e fatos não esclarecidos nos autos, não rende ensejo à segurança, embora possa ser defendido por outros meios judiciais".[302]

Ainda quanto à natureza da expressão direito líquido e certo é preciso considerar que, por mais complexas e intrincadas que sejam as questões de direito, podem elas ser resolvidas em sede de mandado de segurança: trata-se de uma concepção processual da expressão, que diz respeito mais à prova produzida do que ao direito em si.[303] É o que se depreende da Súmula 625 do Supremo Tribunal Federal: "Controvérsia sobre a matéria de direito não impede a concessão de mandado de segurança". Desse modo, a expressão direito líquido e certo "está ligada à exigência de prova pré-constituída (prova documental) que não deixa dúvida sobre os fatos alegados, de forma a torná-los dentro do processo objetivamente incontestáveis. Por mais complexo que seja o direito alegado é cabível o mandado de segurança se não existam dúvidas sobre os fatos alegados pelo impetrante."[304]

Portanto, direito líquido e certo é "aquele direito titularizado pelo impetrante, embasado em situação fática perfeitamente delineada e comprovada de plano por meio de prova pré-constituída" [305], independentemente de sua complexidade jurídica.

---

302 MEIRELLES. *Mandado de segurança e ação popular*, p. 15.

303 Para explicar a natureza jurídica da expressão direito líquido e certo, além da corrente processual, há duas concepções: a) natureza material da expressão, em que a ausência de dúvida recai sobre o próprio direito; e b) natureza mista ou eclética, em que a certeza seria a ausência de dúvida sobre a os fatos alegados, e a liquidez seria a inexistência de dúvida sobre o próprio objeto do direito. Tem prevalecido, atualmente, a concepção processual (ALMEIDA. *Manual das ações constitucionais*, p. 441).

304 ALMEIDA. *Manual das ações constitucionais*, p. 441.

305 SODRÉ. Mandado de segurança. *In: Ações constitucionais* (DIDIER JR. (Org.), p. 124).

Deixará o direito de ser líquido e certo se a imprecisão recair sobre os fatos que necessitem de comprovação, e não sobre a interpretação do próprio direito.

Note-se ainda que, se houver documento necessário à prova do alegado na impetração, que se ache em repartição pública, ou em poder da autoridade impetrada, podem eles ser requisitados pelo juiz, o que não descaracteriza a liquidez e certeza do direito. Dispõem os §§ 2º e 3º do art. 6º da Lei n. 12.016/2009, que no caso em que o documento necessário à prova do alegado se ache em repartição ou estabelecimento público ou em poder de autoridade que se recuse a fornecê-lo por certidão ou de terceiro, o juiz ordenará, preliminarmente, por ofício, a exibição desse documento em original ou em cópia autêntica e marcará, para o cumprimento da ordem, o prazo de dez dias. O escrivão extrairá cópias do documento para juntá-las à segunda via da petição. Se a autoridade que tiver procedido for a própria autoridade coatora, a ordem far-se-á no próprio instrumento de notificação.

A inicial será desde logo indeferida, por decisão motivada, quando não for o caso de mandado de segurança ou lhe faltar algum dos requisitos legais ou quando decorrido o prazo legal para a impetração: é o que legisla o art. 10 da Lei n. 12.016/2009. Da decisão que indefere a inicial pelo juiz de primeiro grau caberá apelação e, quando a competência para o julgamento do mandado de segurança couber originariamente a um dos tribunais, do ato do Relator caberá agravo para o órgão competente do Tribunal que o integre (§ 1º do art. 10).

6.2.6 Legitimação ativa e passiva – Recurso pela própria autoridade coatora

Sujeito ativo do mandado de segurança é o titular do direito pessoal líquido e certo. Tanto pode ser pessoa física quanto jurídica, pública ou privada (a Lei n. 12.016/2009 passa a prever, expressamente, no âmbito da legitimação ativa da segurança, *qualquer pessoa física ou jurídica)*, nacional ou estrangeira. A despeito de não mencionados na Lei n. 12.016/2009, podem ainda figurar como legitimados ativos para a segurança, as universalidades reconhecidas por lei (espólio, massa falida, dentre outras), bem como os órgãos públicos despersonalizados, mas dotados de capacidade processual, como a Mesa do Congresso Nacional, do Senado, da Câmara, de Assembleia Legislativa, de Câmara de Vereadores, e o Ministério Público.

Sujeito passivo é a autoridade pública, entendida como todo agente público que exerce função estatal, bem como agentes delegados, ou seja, que exercem funções delegadas (permissionários e agentes de pessoas jurídicas privadas que executem, a qualquer título, atividades, serviços e obras públicas).

Dispõe o art. 1º, § 1º, da Lei n. 12.016/2009, que se equiparam às autoridades os representantes ou órgãos de partidos políticos (a despeito de serem pessoas jurídicas de direito privado) e os administradores de entidades autárquicas, bem como os dirigentes de pessoas jurídicas ou as pessoas naturais no exercício de atribuições do poder público, somente no que disser respeito a essas atribuições.

Considera-se sujeito passivo a autoridade coatora que pratica ou ordena a execução ou a inexecução do ato impugnado, ou seja, que deu causa à lesão jurídica considerada, e seja detentora das atribuições para fazer cessar a ilegalidade. Pelo art. 6º, § 3º, da Lei n. 12.016/2009, considera-se autoridade coatora aquela que tenha praticado o ato impugnado ou da qual emane a ordem para a sua prática. Há distinção entre o coator e o executor. Coator "é a autoridade superior que pratica ou ordena concreta e especificamente a execução ou inexecução do ato impugnado e responde pelas suas consequências administrativas; executor é o agente subordinado que cumpre a ordem por dever hierárquico, sem se responsabilizar por ela."[306] Se o executor "dispõe de uma forma eficaz de cumprir a prestação jurisdicional reclamada pelo impetrante", a jurisprudência tem exigido a sua notificação: é o que informa Paulo Roberto de Gouvêa Medina, reportando-se a Sérgio Ferraz. Elucida ainda: "quando o ato emanar de órgão colegiado, coator será o próprio órgão, representado pelo respectivo presidente; no caso de procedimento administrativo, sê-lo-á a autoridade responsável pelo ato que se impugne; em se tratando de ato composto, coator será a autoridade que tem competência para a prática do ato principal e não aquela que simplesmente o homologou; nos atos complexos, tem-se entendido que não só a última autoridade que neles intervém, mas todas as que concorrem, com a sua vontade, para a prática do ato serão considerados coatores. Três critérios, em suma, hão de servir de fanal na solução dos casos duvidosos: a) 'coatora é a autoridade que tem competência para corrigir a ilegalidade'; b) a precisa indicação da autoridade coatora é relevante, fundamentalmente, para a definição do juiz natural do mandado de segurança, pelo que a falta de uma delas, quando múltiplas e vinculadas à mesma entidade pública, assim como o erro na respectiva identificação, não induzirá nulidade, se não afetar a regra de competência; c) no processo do mandado de segurança, que é, por natureza, célere e eficaz, há de prevalecer o princípio da economia dos atos processuais, sendo de evitar-se, por isso, notificações repetitivas ou supérfluas, que só retardam a marcha processual."[307] A jurisprudência tem admitido que a pessoa jurídica de direito público que suporte os efeitos da decisão a ser proferida no mandado de segurança, integre a lide em qualquer fase do processo. Pelo art. 7º, II, da Lei n. 12.016/2009, ao despachar a inicial, o juiz ordenará que se dê ciência do feito ao órgão de representação judicial da pessoa jurídica interessada, enviando-lhe cópia da inicial sem documentos, para que, querendo, ingresse no feito. Ao seu turno, as autoridades administrativas, no prazo de 48 horas da notificação da medida liminar, remeterão ao Ministério ou órgão a que se acham subordinadas e ao Advogado-Geral da União, ou a quem tiver a representação judicial da União, do Estado, do Município ou da entidade apontada como coatora cópia autenticada do mandado notificatório, assim como indicações e elementos outros necessários às providências a serem tomadas para a eventual suspensão da medida e defesa do ato apontado como ilegal ou abusivo de poder (art. 9º da Lei n. 12.016/2009).

---

[306] MEIRELLES. *Mandado de segurança, ação popular, ação civil pública, mandado de injunção,* habeas data, *ação direta de inconstitucionalidade e ação declaratória de constitucionalidade*, 22. ed. atualizada por Arnoldo Wald e Gilmar Ferreira Mendes, p. 55.

[307] MEDINA. *Direito processual constitucional*, p. 167-168.

Há entendimento no sentido de que sujeito passivo do mandado de segurança seria a pessoa jurídica de direito público, posto que a autoridade coatora apenas constitui seu órgão.[308]

O tema é versado com acuidade por André Ramos Tavares, que não admite a autoridade impetrada como parte passiva na ação de mandado de segurança, mas sim a pessoa de Direito Público ou pessoa jurídica, ao escrever: "Diversos motivos obrigam a adotar a conclusão de que a parte passiva, no mandado de segurança, é a pessoa jurídica. Considere-se, em primeiro lugar, que apenas suportará o ônus da decisão judicial a pessoa jurídica de Direito Público, e não a autoridade coatora. Em segundo lugar, a autoridade coatora não mantém nenhuma relação jurídica com o impetrado, mas sim com a pessoa jurídica de Direito Público. Por fim, se realmente a autoridade incidiu na ilegalidade ou agiu com abuso de poder, a pessoa jurídica de Direito Público terá todo interesse em responder pelos atos para, em momento subsequente, pleitear os prejuízos sofridos. Certamente fosse representada pelo próprio agente causador do dano e não se aceitaria a realidade de um ato ilegal ou abusivo, pelo próprio interesse pessoal do envolvido. Ademais, gerar-se-ia um cerceamento de defesa às avessas. Sim, porque o agente público é obrigado ao dever de veracidade quando atua nessa qualidade. Mas se assegura a todos o direito de não se auto-incriminar. Se a autoridade coatora não pode ser considerada parte passiva, é preciso desvendar a natureza da posição que desenvolve. A referência constitucional à autoridade certamente pretende assegurar a participação daquele que é o maior conhecedor da causa, provocando sua manifestação, necessariamente (a própria Lei n. 1.533/51- atual Lei n. 12.016/2009 – em seu art. 7º, I, apenas exige que a autoridade preste informações, e não que produza uma defesa de seu ato). Portanto, trata-se de alguém que detém o conhecimento da ocorrência e que, melhor do que ninguém, pode esclarecer o juízo. Como muito bem advertiu Sérgio Ferraz, 'o coator é mero informante; por não ser parte, e por ser agente administrativo, está jungido ao dever da veracidade.'"[309]

Sustenta-se ainda que sujeitos passivos seriam a autoridade coatora e a pessoa jurídica de direito público, falando-se então em litisconsórcio necessário. Hely Lopes Meirelles se posicionou no sentido de que o impetrado é a autoridade coatora, e não a pessoa jurídica ou o órgão a quem representa em razão do ofício, podendo a pessoa jurídica ingressar no processo como assistente do coator. Com o advento da Lei n. 12.016/2009, por força do seu art. 7º, II, prevendo que, ao despachar a inicial, o juiz ordenará que se dê ciência do feito ao órgão de representação judicial da pessoa jurídica interessada, para que, querendo, ingresse no feito, esta passou agora a ser litisconsorte e não mais simples assistente, é o que preconizam Arnoldo Wald e Gilmar Ferreira Mendes, na obra de Hely Lopes Meirelles (atualizada) sobre o mandado de segurança.[310]

---

[308] Nesse sentido, posicionam-se os juristas: Celso Agrícola Barbi, Marco Aurélio Greco, Sérgio Ferraz, Celso Bastos, Seabra Fagundes, Pires dos Santos, Themístocles Cavalcanti e Lúcia Valle Figueiredo.

[309] TAVARES. *Curso de direito constitucional*, p. 637-638.

[310] MEIRELLES; WALD; MENDES. *Mandado de segurança e ações constitucionais*, 32. ed., p. 62-64.

Para Gregório Assagra de Almeida, a legitimidade passiva no mandado de segurança possui dupla dimensão, a da pessoa jurídica de direito público ou de direito privado nas funções do Poder Público, conforme o caso, que vai sofrer os efeitos substanciais da decisão, a que denomina de legitimada passiva ordinária, e a da autoridade coatora cujo ato omissivo ou comissivo está sendo atacado pela via mandamental, tida como legitimada passiva extraordinária, pois defende em nome próprio direito alheio.[311]

Questão controvertida em mandado de segurança consiste em saber se o erro na indicação da autoridade coatora teria como consequência a extinção ou não do processo. Eduardo Sodré afirma que nas "nas hipóteses em que a modificação da autoridade impetrada venha a gerar, como consequência, a alteração da parte ré, na medida em que a autoridade indevidamente encontra-se vinculada a pessoa jurídica diversa daquela em nome da qual atua o correto agente coator, o processo deve ser extinto sem exame de mérito. Contudo, nos casos em que a alteração da autoridade impetrada não modifique o pólo passivo da impetração, julgamos que a correção da irregularidade, porque fundada em interesse público e lastreada em economia e aproveitamento de atos processuais, deve ser levada a cabo *ex officio* pelo magistrado."[312]

Sempre ponderamos que, a despeito de haver julgados que sustentavam a extinção do processo, sem resolução de mérito, em caso de indicação errônea da autoridade coatora, deve-se admitir alguma flexibilidade quanto a esse entendimento, em razão, sobretudo, da complexidade da estrutura dos órgãos da administração no Brasil, e para que não seja dificultado o acesso à justiça pela via do mandado de segurança.[313] Nada impediria, nesses casos, que o juiz ou o tribunal, de ofício, viesse a corrigir a legitimidade passiva, e que remetesse os autos ao juiz ou tribunal competente.

Inovação constante da Lei n. 12.016/2009, é relativa aos recursos pela própria autoridade coatora. Anteriormente a esta Lei, à autoridade coatora, dado o caráter de rapidez e celeridade do mandado de segurança, cabia apenas a prestação das informações, findando aí sua atuação. Por isso é que a prática de outros atos processuais incumbia à pessoa jurídica, por seus órgãos de representação em juízo, entre eles a interposição de recurso. Este cenário foi alterado, pois o art. 14, § 2º, da Lei n. 12.016/2009, estende à autoridade coatora o direito de recorrer.

Observe-se que, no processo de mandado de segurança não cabem a interposição de embargos infringentes e a condenação em honorários advocatícios, sem prejuízo das sanções no caso de litigância de má-fé (art. 25 da Lei n. 12.016/2009).

Ao mandado de segurança são aplicáveis os arts. 46 a 49 do Código de Processo Civil, que tratam do litisconsórcio, mas o ingresso de litisconsorte ativo não será admitido após o despacho da petição inicial (arts. 10, § 2º, e 24 da Lei n. 12.016/2009).

---

311 ALMEIDA. *Manual das ações constitucionais*, p. 455.

312 SODRÉ. Mandado de segurança. *In: Ações constitucionais* (DIDIER JR. (Org.), p. 119).

313 ALMEIDA. *Manual das ações constitucionais*, p. 457.

6.2.7 Prazo para impetração

O prazo para impetração é de 120 dias contado da data em que o interessado tiver conhecimento oficial do ato a ser impugnado, normalmente por sua publicação em Diário Oficial. Trata-se de prazo decadencial, pelo que não se suspende nem se interrompe, uma vez iniciado. Em se tratando de mandado de segurança preventivo, não há falar em aplicação do prazo decadencial.

A fixação do aludido prazo, por lei ordinária, não contraria a Constituição Federal.[314]

6.2.8 Competência

A competência para processar e julgar o mandado de segurança é definida em função da hierarquia da autoridade legitimada a praticar o ato de que possa resultar lesão a direito do impetrante. A Constituição e as leis de organização judiciária normalmente especificam essa competência.

Segundo a Súmula n. 330, o Supremo Tribunal Federal não é competente para conhecer de mandado de segurança contra atos dos Tribunais de Justiça dos Estados, cabendo a eles próprios processar e julgar a ação de segurança contra seus atos e omissões.

Este mesmo entendimento se estende aos Tribunais Superiores, aos quais compete o conhecimento de mandado de segurança contra atos ou omissões deles emanados.

Anote-se, no entanto, que ao Supremo Tribunal Federal compete originariamente processar e julgar o mandado de segurança contra atos do Presidente da República, das Mesas da Câmara dos Deputados e do Senado Federal, do Tribunal de Contas da União, do Procurador-Geral da República e do próprio Supremo Tribunal Federal (art. 102, I, *d*). Cabe-lhe ainda julgar, em recurso ordinário, o mandado de segurança decidido em única instância pelos Tribunais superiores, se denegatória a decisão (art. 102, II, *a*).

Já ao Superior Tribunal de Justiça compete processar e julgar originariamente os mandados de segurança contra ato de Ministro de Estado, dos Comandantes da Marinha, do Exército e da Aeronáutica ou do próprio Tribunal (art. 105, I, *b*). É ainda de sua competência recursal ordinária julgar os mandados de segurança decididos em única instância pelos Tribunais Regionais Federais ou pelos tribunais dos Estados, do Distrito Federal e Territórios, quando denegatória a decisão (art. 105, II, *b*).

Aos Tribunais Regionais Federais compete processar e julgar originariamente os mandados de segurança contra ato do próprio Tribunal ou de juiz federal (art. 108, I, *c*), sendo que aos juízes federais compete processar e julgar os mandados de segurança contra ato de autoridade federal, excetuados os casos de competência dos tribunais federais (art. 109, VIII).

---

314 Supremo Tribunal Federal: Súmula n. 632 – É constitucional lei que fixa o prazo de decadência para a impetração de mandado de segurança.

No âmbito da Justiça Eleitoral, caberá recurso ordinário para o Supremo Tribunal Federal da decisão do Superior Tribunal Eleitoral denegatória de mandado de segurança (art. 121, § 3º, e art. 102, II, *a*). Das decisões dos Tribunais Regionais Eleitorais denegatórias de mandado de segurança caberá recurso para o Superior Tribunal Eleitoral (art. 121, § 4º, V).

No âmbito dos Juizados Especiais, segundo vem decidindo o Superior Tribunal de Justiça, o Tribunal de Justiça do Estado não possui competência originária, nem recursal para julgar mandado de segurança contra ato da Turma Recursal do Juizado Especial Cível (STJ, 4ª Turma, ROMS 10357/RJ, Rel. Min. Ruy Rosado de Aguiar, *DJ* de 1.7.1999, p. 178).

Mencione-se finalmente que, no Estado de Minas Gerais, cabe ao Tribunal de Justiça processar e julgar originariamente o mandado de segurança contra ato do Governador do Estado, da Mesa e da Presidência da Assembleia Legislativa, do próprio Tribunal ou de seus órgãos diretivos e colegiados, de Juiz de Direito, nas causas de sua competência recursal, de Secretário de Estado, do Presidente do Tribunal de Contas, do Procurador Geral de Justiça e do Advogado-Geral do Estado, e contra ato da Presidência da Câmara Municipal ou de suas comissões, quando se tratar de processo de perda do mandato de Prefeito.

6.2.9 Decisão e coisa julgada

A decisão em mandado de segurança, que assegura o direito reclamado pelo impetrante, o faz *in natura*, não podendo ser substituída por perdas e danos.

Concedida a segurança, a sentença estará sujeita obrigatoriamente ao duplo grau de jurisdição (art. 14, § 1º, da Lei n. 12.016/2009).

Nos termos do art. 205, parágrafo único, do Regimento Interno do Supremo Tribunal Federal, tratando-se de mandado de segurança impetrado contra ato do Presidente do Tribunal, havendo empate na votação, prevalecerá o ato impugnado.

Com relação à coisa julgada, se a decisão judicial aprecia o mérito, declarando que o impetrante não tem direito, há impedimento para a reapreciação da controvérsia em qualquer tipo de ação. Se, no entanto, a decisão se limita a dizer que o impetrante não tem direito líquido e certo, julga o impetrante carecedor da segurança, indefere de plano a petição inicial, por não ser caso do mandado de segurança ou por falta de requisitos processuais para a impetração, possível será a rediscussão da matéria por ação própria (art. 19 da Lei n. 12.016/2009 e Súmula n. 304 do STF).

De notar que, pela dicção do § 5º do art. 6º da Lei n. 12.016/2009, a segurança é denegada nos casos previstos no art. 267 do Código de Processo Civil, não se falando, assim, em extinção do processo sem resolução de mérito, mas em denegação da segurança, por ocorrência de hipótese estabelecida no CPC, que leva à extinção do processo de segurança.[315]

---

[315] Código de Processo Civil: "Art. 267. Extingue-se o processo, sem resolução de mérito: (Redação dada pela Lei n.11.232, de 2005) I – quando o juiz indeferir a petição inicial; II – quando

Nos termos do § 3º do art. 14 da nova Lei, a sentença que concede a segurança poderá ser executada provisoriamente, a despeito do duplo grau de jurisdição, salvo nos casos em que for vedada a concessão de liminar.

A Lei n. 12.016/2009, em seu art. 26, estabelece constituir crime de desobediência previsto no art. 330 do Código Penal o não cumprimento das decisões proferidas em mandado de segurança, sem prejuízo das sanções administrativas e da aplicação da Lei n. 1.079/50, quando cabíveis.

6.2.10 Liminar em mandado de segurança

A concessão de medida liminar é prevista no art. 7º, III, da Lei n. 12.016/2009, quando sejam relevantes os fundamentos da impetração e do ato impugnado puder resultar a ineficácia da segurança, caso seja ao final deferida. Não se concede a medida liminar como antecipação dos efeitos da sentença final, senão como instrumento acautelador do direito do impetrante, verificados os pressupostos legais. Por isso é que não implica em prejulgamento da segurança, tendo o impetrante direito à sentença final, que apreciará o pedido inicial.

Significativa inovação da Lei n. 12.016/2009 (§ 1º do art. 7º), é que da decisão do juiz de primeiro grau que denegar a liminar caberá agravo de instrumento, observado o disposto no Código de Processo Civil, e, nas seguranças de competência originária dos tribunais, da decisão do relator que conceder ou denegar a medida liminar caberá agravo ao órgão competente do tribunal que integre (art. 16, parágrafo único).[316] O recurso poderá ser interposto pela própria autoridade coatora, uma vez que dispõe ela do direito de recorrer da decisão que denega a segurança (art. 14, § 2º).

Também prevê a nova Lei a possibilidade de o juiz exigir garantia (caução, fiança ou depósito) do impetrante para que possa ser concedida a liminar (art. 7º, III,), com o objetivo de assegurar o ressarcimento à pessoa jurídica, o que, certa forma, acaba por contrair o próprio conceito de liquidez e certeza inerente ao mandado de segurança.

Os efeitos da medida liminar, salvo se revogada ou cassada, persistirão até a prolação da sentença.

---

ficar parado durante mais de 1 (um) ano por negligência das partes; III – quando, por não promover os atos e diligências que lhe competir, o autor abandonar a causa por mais de 30 (trinta) dias; IV – quando se verificar a ausência de pressupostos de constituição e de desenvolvimento válido e regular do processo; V – quando o juiz acolher a alegação de perempção, litispendência ou de coisa julgada; VI – quando não concorrer qualquer das condições da ação, como a possibilidade jurídica, a legitimidade das partes e o interesse processual; VII – pela convenção de arbitragem; (Redação dada pela Lei n.9.307, de 23.9.1996); VIII – quando o autor desistir da ação; IX – quando a ação for considerada intransmissível por disposição legal; X – quando ocorrer confusão entre autor e réu; XI – nos demais casos prescritos neste Código."

[316] Por força da nova lei, fica sem efeito a Súmula n. 622 do STF, que dispunha não caber agravo regimental contra decisão do relator que concede ou indefere liminar em mandado de segurança.

Na hipótese de paralisação do andamento do processo, por culpa do impetrante, ou omissão de atos ou diligências a seu cargo, prevê o art. 8º da Lei n. 12.016/2009, que seja decretada *ex officio* a perempção ou caducidade da medida liminar.

Havia leis que visavam restringir a concessão de medidas liminares em mandado de segurança, ou até mesmo proibi-las, que foram consolidadas pela Lei n. 12.016/2009, cujo art. 7º, § 2º, estabelece que não será concedida medida liminar que tenha por objeto a compensação de créditos tributários, a entrega de mercadorias e bens provenientes do exterior, a reclassificação ou equiparação de servidores públicos e a concessão de aumento ou a extensão de vantagens ou pagamento de qualquer natureza. Deferida a medida liminar, o processo terá prioridade para julgamento. As vedações relacionadas com a concessão de liminares se estendem à tutela antecipada a que se referem os arts. 273 e 461 do Código de Processo Civil.

A concessão de liminar e da sentença acham-se sujeitas a regime de suspensão pelo Presidente do Tribunal competente para conhecer do recurso cabível, a ser efetivada em decisão fundamentada, devendo o controle ser arguido mediante requerimento de pessoa jurídica de direito público interessada ou do Ministério Público e para evitar grave lesão à ordem, à saúde, à segurança e à economia públicas (art. 15 da Lei n. 12.016/2009).

Da decisão do Presidente do Tribunal caberá agravo, sem efeito suspensivo, no prazo de 5 (cinco) dias.[317] Indeferido o pedido de suspensão ou provido o agravo, caberá novo pedido de suspensão ao Presidente do Tribunal competente para conhecer de eventual recurso especial ou extraordinário. É cabível também o pedido de suspensão quando negado provimento a agravo de instrumento a que se refere o art. 15 da Lei n. 12.016/2009. A interposição de agravo de instrumento contra liminar concedida nas ações movidas contra o poder público e seus agentes não prejudica nem condiciona o julgamento do pedido de suspensão a que se refere o mencionado art. 15. O Presidente do Tribunal poderá ainda conferir ao pedido efeito suspensivo liminar se constatar, em juízo prévio, a plausibilidade do direito invocado e a urgência na concessão da medida. Já as liminares cujo objeto seja idêntico poderão ser suspensas em uma única decisão, podendo o Presidente do Tribunal estender os efeitos da suspensão a liminares supervenientes, mediante simples aditamento do pedido inicial.[318]

---

[317] O Supremo Tribunal Federal, em julgamento realizado no dia 19 de dezembro de 2002, reconheceu que, contra decisão do Presidente do Tribunal, que indefere o pedido de suspensão caberá agravo regimental, bem como contra a decisão que a defere, restando, pois, superada a Súmula 506, que impedia recurso na hipótese de indeferimento do pedido de suspensão (STF, SS-AgR-AgR-AgR-QO 1.945/AL, Rel. p/ o acórdão Min. Gilmar Mendes, *DJ*, 1º/8/2003).

[318] Súmulas mais recentes do Supremo Tribunal Federal sobre mandado de segurança:

623 – Não gera por si só a competência originária do Supremo Tribunal Federal para conhecer do mandado de segurança com base no art. 102, I, *n*, da Constituição, dirigir-se o pedido contra deliberação administrativa do tribunal de origem, da qual haja participado a maioria ou a totalidade de seus membros.

6.3 Mandado de Segurança Coletivo

6.3.1 Considerações gerais

A Constituição prevê ainda o mandado de segurança coletivo, omisso nas Constituições anteriores.[319] Diz o inciso LXX do art. 5º:

O mandado de segurança coletivo pode ser impetrado por:

- partido político com representação no Congresso Nacional;
- organização sindical, entidade de classe ou associação legalmente constituída e em funcionamento há pelo menos um ano, em defesa dos interesses de seus membros ou associados.

O mandado de segurança coletivo acha-se disciplinado pela Lei n. 12.016/2009, cujos arts. 21 e 22 trazem a seguinte dicção:

"Art. 21. O mandado de segurança coletivo pode ser impetrado por partido político com representação no Congresso Nacional, na defesa de seus interesses legítimos relativos a seus integrantes ou à finalidade partidária, ou por organização sindical,

---

624 – Não compete ao Supremo Tribunal Federal conhecer originariamente de mandado de segurança contra atos de outros tribunais.

626 – A suspensão da liminar em mandado de segurança, salvo determinação em contrário da decisão que a deferir, vigorará até o trânsito em julgado da decisão definitiva de concessão da segurança ou, havendo recurso, até a sua manutenção pelo Supremo Tribunal Federal, desde que o objeto da liminar deferida coincida, total ou parcialmente, com o da impetração.

627 – No mandado de segurança contra a nomeação de magistrado da competência do Presidente da República, este é considerado autoridade coatora, ainda que o fundamento da impetração seja nulidade ocorrida em fase anterior do procedimento.

628 – Integrante de lista de candidatos a determinada vaga da composição de tribunal é parte legítima para impugnar a validade da nomeação de concorrente.

629 – A impetração de mandado de segurança coletivo por entidade de classe em favor dos associados independe da autorização destes.

630 – A entidade de classe tem legitimação para o mandado de segurança ainda quando a pretensão veiculada interesse apenas a uma parte da respectiva categoria.

631 – Extingue-se o processo de mandado de segurança se o impetrante nao promove, no prazo assinado, a citação do litisconsorte passivo necessário.

701 – No mandado de segurança impetrado pelo Ministério Público contra decisão proferida em processo penal, é obrigatória a citação do réu como litisconsorte passivo.

[319] Antes mesmo da instituição do mandado de segurança coletivo, reconhecia-se à Ordem dos Advogados do Brasil (art. 1º, parágrafo único, da Lei n. 4.215, de 1963, hoje revogada) legitimidade para pleitear, em juízo ou fora dele, os interesses gerais da classe dos advogados e os individuais, relacionados com o exercício da profissão, bem como pela Lei n. 7.347, de 24 de julho de 1985, que disciplina a ação civil pública de responsabilidade por danos causados ao meio ambiente, ao consumidor, a bens e direitos valor artístico, estético, histórico, turístico e paisagístico, conferiu-se a associações de consumidores legitimação para promoverem o reconhecimento dos interesses de seus associados.

entidade de classe ou associação legalmente constituída e em funcionamento há, pelo menos, 1 (um) ano, em defesa de direitos líquidos e certos da totalidade, ou de parte, dos seus membros ou associados, na forma dos seus estatutos e desde que pertinentes às suas finalidades, dispensado, para tanto, autorização especial.[320]

Parágrafo único. Os direitos protegidos pelo mandado de segurança coletivo podem ser:

I – coletivos, assim entendidos, para efeito desta Lei, os transindividuais, de natureza indivisível, de que seja titular grupo ou categoria de pessoas ligadas entre si ou com a parte contrária por uma relação jurídica básica;

II – individuais homogêneos, assim entendidos, para efeito desta Lei, os decorrentes de origem comum e da atividade ou situação específica da totalidade ou de parte dos associados ou membros do impetrante.

Art. 22. No mandado de segurança coletivo, a sentença fará coisa julgada limitadamente aos membros do grupo ou categoria substituídos pelo impetrante.

§ 1º O mandado de segurança coletivo não induz litispendência para as ações individuais, mas os efeitos da coisa julgada não beneficiarão o impetrante a título individual se não requerer a desistência de seu mandado de segurança no prazo de 30 (trinta) dias a contar da ciência comprovada da impetração da segurança coletiva.

§ 2º No mandado de segurança coletivo, a liminar só poderá ser concedida após a audiência do representante judicial da pessoa jurídica de direito público, que deverá se pronunciar no prazo de 72 (setenta e duas) horas."

Note-se inicialmente que ao mandado de segurança coletivo são aplicáveis as regras gerais do mandado de segurança, como direito líquido e certo, ilegalidade ou abuso de poder, autoridade ou equiparado, lesão ou ameaça de lesão.

6.3.2 Legitimidade

O mandado de segurança coletivo vinha suscitando algumas questões quanto à legitimação das entidades de classe e associativas. Para Celso Agrícola Barbi, "quando se tratar de organização sindical, entidade de classe ou associação, é necessário que a ameaça ou lesão seja a interesses de seus membros ou associados".[321]

José Afonso da Silva pensa que "há ponderações a fazer quanto a isso, pois não se pode, p. ex., deixar de levar em conta o disposto no art. 8º, III, que dá aos sindicatos

---

[320] A Súmula n. 629 do Supremo Tribunal Federal já enunciava que: "A impetração de mandado de segurança coletivo por entidade de classe em favor dos associados independe da autorização destes". É que no mandado de segurança coletivo a entidade associativa não atua como representante dos associados, mas exerce a ação em nome próprio (art. 5º, LXX, *b*). Trata-se, pois, de substituição processual, e não de representação, motivo por que não há necessidade da prévia autorização de que trata o inciso XXI do art. 5º da Constituição, que se refere à representação (THEODORO JÚNIOR. *O mandado de segurança segundo a Lei n. 12.016, de 7 de agosto de 2009*, p. 49).

[321] Barbi. Mandado de segurança na Constituição de 1988. *In*: *Mandados de segurança e de injunção*, p. 73.

legitimidade para a defesa dos direitos e interesses coletivos ou individuais da categoria em Juízo".[322]

Para J. J. Calmon de Passos, "deve haver afinidade entre o interesse (individual) substrato do direito subjetivo e o interesse (social) que justifica ou fundamenta a associação." Nesta linha de raciocínio, carecerá de ação "a organização sindical que ajuizar o *mandamus* relativamente a interesse difuso do interesse da categoria sindicalizada e pertinente à representatividade do sindicato, a entidade de classe que promover a defesa de interesse que não seja o da classe (específico) que ela aglutina e representa".[323]

Pela Lei n. 12.016/2009, os direitos a serem tutelados pela segurança coletiva são os coletivos e os individuais homogêneos (art. 21, I e II), excluindo-se, portanto, de seu âmbito de abrangência, os direitos difusos, já que a Lei optou pela adoção do conceito restrito de direito coletivo.

Quanto aos partidos políticos, a sua legitimidade para a impetração da segurança coletiva teria deixado de ser universal, pois o art. 21 da Lei n. 12.016/2009 exige que se promova apenas a "defesa de seus interesses legítimos relativos a seus integrantes ou à finalidade partidária."[324] Em contraponto, sustenta-se que os partidos políticos detêm legitimação universal para a impetração da segurança coletiva, tal como ocorre para a propositura de ação direta de inconstitucionalidade, cabendo-lhes a defesa de direitos difusos e coletivos. Nessa linha de entendimento, Bernardo Gonçalves Fernandes interpreta a dicção do art. 21 da Lei n. 12.016/09, ao prever a legitimação dos partidos políticos para a segurança coletiva na defesa de seus interesses legítimos relativos à finalidade partidária, de forma ampla, por se referir a direitos da coletividade (direitos e interesses de cunho difuso).[325]

Na jurisprudência, há julgado do Supremo Tribunal Federal nesse mesmo sentido, ou seja, de que o partido político pode impetrar mandado de segurança coletivo na defesa de qualquer interesse difuso, abrangendo, inclusive, pessoas não filiadas a ele, embora não esteja autorizado a se valer desta via para impugnar exigência tributária.[326]

Relativamente às associações, o mesmo art. 21 exige, expressamente, para a propositura do mandado de segurança coletivo, o preenchimento de dois requisitos: a) defesa de direitos na forma de seus estatutos; b) que os direitos sejam pertinentes às finalidades da associação, pelo que haverá o objeto do mandado de segurança guardar vínculo com os fins próprios da entidade impetrante.

De acordo com o enunciado da Súmula 630 do Supremo Tribunal Federal, "a entidade de classe tem legitimação para o mandado de segurança ainda quando a pretensão veiculada interesse apenas a uma parte da respectiva categoria".

---

[322] SILVA. *Op. cit.*, p. 395.

[323] PASSOS. *Mandado de segurança coletivo, mandado de injunção,* habeas data: constituição e processo, p. 25 e 31.

[324] Neste sentido: MEIRELLES. *Mandado de segurança e ações constitucionais,* p. 32ª ed., p. 128.

[325] FERNANDES. *Curso de direito constitucional,* 3ª ed., p.386-388. Cf. também BUENO. *A nova lei do mandado de segurança*, p. 124; THEODORO JÚNIOR. *O mandado de segurança segundo a Lei n. 12.016, de 07 de agosto de 2009*, p. 51-52; JAYME. *Mandado de segurança*, p. 150-161.

[326] STF, RE 196.184/AM, Rel. Min. Ellen Gracie, j. 27.10.2004, DJ, 18.2.2005, p. 6.

De notar que o requisito de constituição e funcionamento pelo lapso temporal mínimo de um ano, a que se refere a alínea *b* do inciso LXX do art. 5º da Constituição, não se estende ao sindicato, mas se refere apenas às associações.

É que enquanto os sindicatos contam com uma série de exigências para a sua regular constituição, como se infere do art. 8º do texto constitucional as associações são formas mais livres, em que o ordenamento jurídico não disciplina pormenorizadamente a sua implementação.

Assim, para que não sejam as associações constituídas exclusivamente com o propósito de ajuizar mandado de segurança coletivo, fugindo do objetivo para o qual fora criada esta ação constitucional, exige-se quanto a elas a prova de que estejam constituídas e em funcionamento há pelo menos um ano.

Neste sentido, posiciona-se Maria Sylvia Zanella de Pietro: "O sindicato só pode agir no interesse da categoria profissional que o compõe; a entidade de classe só pode defender interesses de seus associados, relacionados com os objetivos sociais. Com relação à associação há a exigência de que esteja constituída legalmente há pelo menos um ano; o objetivo é claro: quer-se evitar a impetração de mandados de segurança coletivos por entidades constituídas aleatória e transitoriamente apenas com esse objetivo."[327]

Em vista deste perfil adotado para os sindicatos é que deles não se exige o preenchimento de nenhum outro requisito de forma a legitimá-los para a impetração de mandado de segurança coletivo, que não seja estar legalmente constituído e na defesa de seus membros e associados.

Ainda a respeito do tema, decidiu o Supremo Tribunal Federal: "Legitimidade do sindicato para a impetração de mandado de segurança coletivo independentemente da comprovação de um ano de constituição e funcionamento. Acórdão que, interpretando deste modo a norma do art. 5º, LXX, da CF, não merece censura" (Recurso Extraordinário 198919 – Rel. Min. Ilmar Galvão).

Além dos legitimados para a impetração do mandado de segurança coletivo, referidos nas alíneas *a* e *b* do inciso LXX do art. 5º, parte da doutrina tem admitido o Ministério Público como impetrante. Trata-se de interpretação ampliativa da cláusula constitucional e do rol indicado na Lei n. 12.016/2009. Na jurisprudência, há julgado do Superior Tribunal de Justiça aceitando a legitimação do Ministério Público:

O novel art. 129, III, da Constituição Federal habilitou o Ministério Público à promoção de qualquer espécie de ação na defesa de direitos difusos e coletivos não se limitando à ação de reparação de danos. Hodiernamente, após a constatação da importância e dos inconvenientes da legitimação isolada do cidadão, não há mais lugar para o veto da *legitimatio ad causam* do MP pra a Ação Popular, a Ação Civil Pública ou o Mandado de Segurança Coletivo.[328]

---

[327] PIETRO. *Direito administrativo*, p. 522.

[328] STJ, Resp 700206/MG, Rel. Min. Luiz Fux, j. 9.3.2010.

6.3.3 Procedimento

O procedimento, no mandado de segurança coletivo, segue, em linha geral, as diretrizes do mandado de segurança individual.

A Lei n. 12.016/2009 trouxe, no entanto, uma restrição temporal à concessão de liminar no domínio do mandado de segurança coletivo, traduzida no prazo de 72 horas para a pessoa jurídica interessada se pronunciar sobre o pedido de liminar. Essa restrição, a pretexto de preservar o contraditório e a ampla defesa, pode-se tornar, pela urgência da medida, inconstitucional, nos casos em que o direito pode perecer ou ser violado sem possibilidade de reconstituição, é o que afirma André Ramos Tavares.[329]

6.3.4 A sentença e seus efeitos

A sentença em mandado de segurança coletivo somente fará coisa julgada limitadamente aos membros do grupo ou categoria substituídos pelo impetrante (art. 22 da Lei n. 12.016/2009). Havendo ações individuais tramitando concomitantemente ao mandado de segurança coletivo, tendo o mesmo fundamento e pedido, os efeitos da coisa julgada coletiva não beneficiarão o impetrante individual que não houver requerido a desistência de seu mandado de segurança no prazo de 30 dias contado da data em que teve ciência comprovada da impetração do mandado de segurança coletivo (art. 22, parágrafo único, da Lei n. 12.016/2009). Observe-se que, ao impor a desistência do mandado de segurança individual para que o impetrante se beneficie dos efeitos da coisa julgada coletiva, a Lei n. 12.016/2009 impõe regime mais severo do que o previsto no art. 104 da Lei n. 8.078/1990, que exige apenas a suspensão da ação individual para que sejam obtidos os benefícios da ação coletiva.

6.4 Mandado de Injunção

6.4.1 Considerações preliminares

A ausência de norma regulamentadora de direitos consagrados na Constituição, pela inércia do legislador, levou à inserção, no texto constitucional de 1988, do mandado de injunção: "Conceder-se-á mandado de injunção sempre que a falta de norma regulamentadora torne inviável o exercício dos direitos e liberdades constitucionais e das prerrogativas inerentes à nacionalidade, à soberania e à cidadania (art. 5º, LXXI)."

No Direito Comparado, há medidas com o mesmo nome, como o *writ of injunction*, do Direito inglês e do Direito norte-americano (uma ordem judicial voltada para a defesa de direitos civis fundados na Constituição, e editada num caso por equidade, para determinar que uma parte se abstenha de fazer ou continuar a produzir algo, seja um ato particular, seja uma atividade, porque isto causaria dano irreparável); a *ingiunzione* do Direito italiano (instituto processual pelo qual

---

[329] TAVARES. *Manual do novo mandado de segurança:* Lei 12.016/2009, p. 177.

se pode conseguir uma decisão de condenação de forma mais simples que a do processo ordinário). Não se tem nessas medidas, como observa Manoel Gonçalves Ferreira Filho, a fonte do mandado de injunção, em nosso Direito.[330] Haveria, no entanto, semelhança com o sistema da *common law*, no que diz respeito à natureza do instituto como medida ordenada no juízo de equidade. A esse respeito, salienta José Afonso da Silva: "O mandado de injunção é um instituto que se originou da Inglaterra, no séc. XIV, como essencial remédio da *Equity*. Nasceu, pois, do Juízo de Eqüidade. Ou seja, é um remédio outorgado, mediante um juízo discricionário, quando falta norma legal (*statues*) regulando a espécie, quando o *Common Law* não oferece proteção suficiente. A equidade, no sentido inglês do termo (sistema de estimativa social para a formulação da regra jurídica para o caso concreto), assenta-se na valoração judicial dos elementos do caso e dos princípios de justiça material, segundo a pauta de valores sociais, e assim emite a decisão fundada não no justo legal mas no justo natural. Na *injunction* inglesa como no mandado de injunção do art. 5º, LXXI, o juízo de equidade não é inteiramente desligado de pautas jurídicas. Não tem o juiz inglês da *Equity* o arbítrio de criar norma de agir *ex nihil*, pois se orienta por pauta de valores jurídicos existentes na sociedade (princípios gerais de direito, costumes, *conventions*, etc.). E o juiz brasileiro também não terá o arbítrio de criar regras próprias, pois terá em primeiro lugar que se ater à pauta que lhe dá o ordenamento constitucional, os princípios gerais de direito, os valores jurídicos que permeiam o sentir social, enfim, os vetores do justo natural que se aufere no viver social, na índole do povo, no evolver histórico. Aí é que seu critério estimativo fundamenta sua decisão na falta de regulamentação do direito, liberdade ou prerrogativas objeto da proteção do mandado de injunção."[331]

Visa, pois, o mandado de injunção possibilitar o exercício de direitos e liberdades constitucionais e de prerrogativas inerentes à nacionalidade, à soberania e à cidadania, inviabilizados pela falta de norma regulamentadora do dispositivo constitucional não autoaplicável que os instituiu.

6.4.2 Legitimação ativa e passiva

Legitimado ativo para o mandado de injunção é a pessoa, física ou jurídica, que está impossibilitada de exercer um direito constitucional, por falta de norma regulamentadora.

Legitimado passivo é a pessoa estatal a quem pode ser imputado o dever jurídico de editar o provimento normativo (lei, regulamento, ato administrativo, normativo, dentre outros). Ressalte-se, contudo, que, no julgamento do Mandado de Injunção n. 305-DF, o Min. Marco Aurélio, como relator, determinou a inclusão, no polo passivo, tanto do Congresso Nacional quanto dos bancos aos quais se imputava a cobrança extorsiva de juros, no caso do art. 192, § 3º, da Constituição, já que es-

[330] FERREIRA FILHO. *Curso de direito constitucional*, p. 275-276.

[331] SILVA. *Curso de direito constitucional positivo*, p. 386.

tes últimos, embora pessoas jurídicas de direito privado, é que iriam suportar os efeitos da decisão. A jurisprudência dominante, porém, do Supremo Tribunal Federal é no sentido de que "somente pessoas estatais podem figurar no pólo passivo da relação processual instaurada com a impetração do mandado de injunção, eis que apenas a elas é imputável o dever jurídico de emanação de provimentos normativos" (AGRMI n. 335-DF, Rel. Min. Celso de Mello).

6.4.3 Procedimento

Quanto ao procedimento, serão observadas, no que couber, as normas do mandado de segurança, enquanto não editada legislação específica (art. 24, parágrafo único, da Lei n. 8.038, de 28 de maio de 1990).

6.4.4 Competência

Dispõe o art. 102, I, *p*, da Constituição, que compete ao Supremo Tribunal Federal processar e julgar, originariamente, o mandado de injunção, quando a elaboração da norma regulamentadora for atribuição do Presidente da República, do Congresso Nacional, da Câmara dos Deputados, do Senado Federal, das Mesas de uma dessas Casas Legislativas, do Tribunal de Contas da União, de um dos Tribunais Superiores, ou do próprio Supremo Tribunal Federal.

O art. 105, I, *h*, da Constituição insere na competência originária do Superior Tribunal de Justiça o processo e o julgamento do mandado de injunção, quando a elaboração da norma regulamentadora for atribuição de órgão, entidade ou autoridade federal, da administração direta ou indireta, excetuados os casos de competência do Supremo Tribunal Federal e dos órgãos da Justiça Militar, da Justiça Eleitoral, da Justiça do Trabalho e da Justiça Federal.

A seu turno, prevê o art. 121, § 4º, da Constituição, competir ao Tribunal Superior Eleitoral julgar, em grau de recurso, as decisões dos Tribunais Regionais Eleitorais que denegarem mandado de injunção.

Nada impede que lei federal disponha sobre competência remanescente para outros casos de mandado de injunção, respeitados aqueles previstos na Constituição.

Os Estados-Membros poderão estabelecer, em suas Constituições, hipóteses de competência para o processo e julgamento de mandado de injunção contra a omissão do Poder Público estadual ou municipal.

É o caso de Minas Gerais, cuja Constituição, em seu art. 106, I, *f*, dispõe ser da competência do Tribunal de Justiça processar e julgar originariamente o mandado de injunção, quando a elaboração da norma regulamentadora for atribuição de órgão, de entidade ou de autoridade estadual da administração direta ou indireta. Ressalte-se que a Constituição do Estado de Minas Gerais prevê competência de Juiz de Direito, portanto, de órgão monocrático (art. 113, parágrafo único), para julgar mandado de injunção quando a elaboração da norma regulamentadora for atribuição do Prefeito, da Câmara Municipal ou de sua Mesa Diretora, ou de autarquia ou fundação pública municipais.

6.4.5 Natureza da decisão e seus efeitos

Alguns problemas têm sido suscitados, não só pelo fato de que a Constituição não diz o que é mandado de injunção, mas apenas quando se dará (art. 5º, LXXI). A insuficiência do Direito Comparado, que não dispõe de instituto idêntico, nada obstante haver alguma semelhança com o *writ of injuction* do Direito norte-americano, é também outro problema.

Cuida-se, inicialmente, de verificar a extensão do mandado de injunção. Pela leitura do texto constitucional, parece-nos que a garantia alcança os direitos e liberdades constitucionais (individuais, coletivos e sociais), e as prerrogativas inerentes à nacionalidade, cidadania (direitos políticos) e soberania (entendida como soberania popular – art. 14).

A injunção surge no caso concreto, depois de verificada a ausência normativa, pois o prejudicado se acha impedido de exercer o direito, dada a omissão legislativa ou do Poder Executivo. Não cabe a injunção caso já exista a norma regulamentadora da qual decorre a efetividade do direito reclamado.

Caberia, no entanto, ainda recorrer ao mandado de injunção, no entendimento de Willis Santiago Guerra Filho, "não só quando houvesse falta completa de norma para regular caso concreto, mas também quando se verificasse 'omissão parcial', em havendo norma que regulasse de forma insuficiente certo direito ou prerrogativa constitucional, que não estariam regulamentados com efetividade, por não se atender plenamente ao estabelecido na nova Constituição. Também, por essa via interpretativa, seria possível lançar mão do instituto futuramente, para retirar a eficácia de normas que, com o passar do tempo, entram em dessintonia com o entendimento a que se chegou da disposição que elas regulamentam."[332]

A natureza da providência judicial deferida com a impetração do mandado de injunção tem provocado pronunciamentos de eminentes juristas. Alguns entendem que o alcance do mandado de injunção é análogo ao da inconstitucionalidade por omissão, escrevendo Manoel Gonçalves Ferreira Filho que "sua concessão leva o Judiciário a dar ciência ao Poder competente da falta de norma sem a qual é inviável o exercício de direito fundamental. Não importa no estabelecimento pelo próprio órgão jurisdicional da norma regulamentar necessária à viabilização do direito. Aliás, tal alcance está fora da sistemática constitucional brasileira, que consagra a 'separação de Poderes', para concluir que "não se pode dar ao mandado de injunção um alcance que não tem a inconstitucionalidade por omissão".[333]

Outros juristas pensam de modo diferente. José Afonso da Silva entende que "o conteúdo da decisão consiste na outorga direta do direito reclamado. Compete ao Juiz definir as condições para a satisfação direta do direito reclamado e determiná-la imperativamente".[334]

---

[332] GUERRA FILHO. Jurisdição constitucional no Brasil e tutela da ordem jurídica subjetiva. *In*: *Direito constitucional brasileiro*: perspectivas e controvérsias contemporâneas, p. 262.

[333] FERREIRA FILHO. *Op. cit.*, p. 277.

[334] SILVA. *Op. cit.*, p. 389-390.

Em "ensaio reconstrutivo do mandado de injunção", Marcelo Cattoni acentua, em crítica ao Direito como um sistema fechado de regras, à luz do paradigma do Estado Liberal, que nenhuma norma é capaz de regular o seu próprio processo de aplicação e que, para se definir a norma a ser aplicada, necessário o desenvolvimento discursivo daquilo que Dworkin chamou de "senso de adequabilidade". E "com base numa concepção deontológica das normas jurídicas, desenvolvida a partir da distinção lógico-argumentativa, proposta por Klaus Günther, entre normas *prima facie* e normas definitivas, é necessário, pois, distinguir a 'definição dos direitos' (seu caráter *prima facie*) do seu 'exercício' (o caráter *definitivo* das normas que irão reger, em cada caso, esse último), com base na diferenciação avançada, no marco do Estado Democrático de Direito, entre discursos de justificação e discursos de aplicação, o que nos leva a afirmar que a falta de norma regulamentadora pode inviabilizar o *exercício* dos direitos e não as normas que prescrevem ou 'definem' esses direitos. E isso inclusive porque a Constituição fala em 'falta de norma regulamentadora que torne inviável o *exercício* de direitos constitucionais' (art. 5º, LXXI) e ao mesmo tempo, ao explicitar o seu caráter vinculante, determina a 'aplicação imediata' das normas definidoras de direitos e garantias fundamentais (art. 5º, § 1º), expressos, implícitos ou decorrentes (art. 5º, § 2º). Com tais afirmações, podemos dizer, então, que a atividade realizada pelo Poder Judiciário, em sede do Mandado de Injunção, não deve ser compreendida, como o foi por parte da doutrina, como sendo legislativa, mas de regulamentação, e regulamentação para o caso concreto. Tal atividade não deve ser, portanto, compreendida como sendo de justificação mas de aplicação do Direito. Diante disso, garantir processualmente, através do Mandado de Injunção, o exercício de direitos constitucionais, cujo exercício está inviabilizado por falta de norma regulamentadora, consiste em aplicar diretamente a norma constitucional de um direito a um caso concreto, estabelecendo como esse direito deverá ser exercido. Deverá, também, ordenar ao impetrado que se submeta à normativa estabelecida, a fim de que seja efetivamente garantido o exercício do direito, liberdade ou prerrogativa constitucionais do impetrante."[335]

De fato, a ausência de norma regulamentadora para determinado caso concreto autoriza a impetração, com o Poder Judiciário criando norma individual para dar a proteção ou a garantia até então inexistente, em virtude da omissão do Legislador ou de órgão do Executivo. Assim decidindo, o Judiciário não compromete o princípio da separação de Poderes, pois não há criação de norma jurídica geral, mas apenas individual, específica, para atender ao caso concreto. Na injunção, o juiz julga sem lei, porque é ele quem cria a lei para o caso concreto, servindo-se para tanto da equidade como critério de julgamento.

Por isso é que a decisão concessiva do mandado de injunção é de caráter constitutivo-mandamental: trata-se de uma decisão que deve viabilizar o exercício do direito reclamado e ordenar de que modo esse exercício deve dar-se.

Mas o Supremo Tribunal Federal, no julgamento do Mandado de Injunção n. 168,[336] sendo relator o Ministro Sepúlveda Pertence, decidiu que "o mandado de

---

[335] CATTONI DE OLIVEIRA. *Direito processual constitucional*, p. 267-282.

[336] *DJ* 20.4.1990, p. 3047.

injunção nem autoriza o Judiciário a suprir a omissão legislativa ou regulamentar, editando o ato normativo omitido, nem menos ainda lhe permite ordenar, de imediato, ato concreto de satisfação do direito reclamado: mas, no pedido, posto que de atendimento impossível, para que o Tribunal o faça, se contém o pedido de atendimento possível para a declaração de inconstitucionalidade da omissão normativa, com ciência ao órgão competente para que a supra".

Assim decidindo, quer-nos parecer que o Supremo Tribunal Federal adotou a tese de que os efeitos do mandado de injunção são análogos aos da inconstitucionalidade por omissão, tornando-se, então, inócuo ou de nenhuma aplicação prática o novo instituto constitucional.

Novo posicionamento do Supremo Tribunal Federal surgiu, no entanto, com o julgamento do Mandado de Injunção n. 232-RJ, em que, dada a ocorrência da mora do Poder Legislativo, fixou prazo para o Congresso Nacional adotar as providências legislativas, visando ao cumprimento da obrigação de legislar, sob a cominação de considerar satisfeito o direito do impetrante, estatuído no art. 195, § 7º, da Constituição.

E no julgamento do Mandado de Injunção n. 283-5, de que foi relator o Ministro Sepúlveda Pertence, o Supremo Tribunal Federal reconheceu a mora legislativa do Congresso Nacional, quanto à edição da lei prevista no art. 8º, § 3º, do ADCT. Foi marcado prazo para a purgação da mora, prevendo-se que, caso subsistisse a lacuna, o titular do direito poderia obter, em juízo, contra a União, sentença líquida de indenização por perdas e danos. Decidiu-se ainda que, proferida a sentença condenatória, a superveniência de lei não prejudica a coisa julgada, ficando ainda o impetrante autorizado a obter os benefícios da lei posterior, no que lhe for mais favorável.

A natureza jurídica da decisão judicial no mandado de injunção, e seus efeitos, foi examinada por Alexandre de Moraes que, com base em pronunciamento do Ministro Nery da Silveira, classifica as posições a partir de dois grandes grupos: concretista, que se subdivide em concretista geral e concretista individual, e não concretista.

Pela posição concretista, o Poder Judiciário declara a existência da omissão legislativa ou administrativa, e implementa o exercício do direito reclamado, até que sobrevenha regulamentação do poder competente.

A concretista geral significa que a decisão judicial terá efeitos *erga omnes*, implementando o exercício da norma constitucional, atribuindo-lhe caráter geral até que a omissão seja suprida pelo poder competente. Trata-se de posição minoritária na doutrina, pois, neste caso, estaria o Supremo Tribunal Federal, juiz ou órgão que decidisse a injunção, exercendo a função do Poder Legislativo, em afronta ao princípio da separação de poderes.

A concretista individual leva ao entendimento de que a decisão judicial somente produzirá efeitos no caso concreto, ou seja, para o autor da injunção. Esta posição se subdivide em concretista individual direta e concretista individual intermediária. Pela primeira, o Poder Judiciário, ao decidir o mandado de injunção, implementa imediatamente a eficácia da norma constitucional em benefício do autor. Já na posição concretista individual intermediária, há a fixação, pelo Judiciário, de prazo que não deve ser inferior ao do processo legislativo sumário, que pode alcançar, no máximo, 100 dias, para a elaboração da norma regulamentadora, pelo Legislativo. Findo o prazo, e permanecendo a inércia do Legislativo, o Poder Judiciário deve fixar as condições necessárias para o exercício do direito, pelo autor.

A posição não concretista atribui ao mandado de injunção a finalidade específica de reconhecimento formal da inércia do Poder Legislativo, apenas dando ciência da decisão judicial, e exortando o legislador para que faça a lei, sem o estabelecimento de qualquer medida jurisdicional que, concretamente, venha a viabilizar o exercício do direito reclamado.[337]

Destaque-se ainda que, nada obstante haver o Supremo Tribunal Federal, no início de sua construção jurisprudencial, equiparado os dois institutos constitucionais, diferença há entre o mandado de injunção e a ação direta de inconstitucionalidade por omissão, embora ambos se refiram a incompletude normativa. A segunda ação tem a legitimidade ativa restrita e definida no art. 103 da Constituição, e por objeto a omissão legislativa considerada em si mesma, sendo forma de controle abstrato ou concentrado, em processo objetivo. Sua finalidade é colmatar a omissão normativa inconstitucional dos Poderes Públicos, constatando, em tese, a existência da lacuna que restringe a efetividade da ordem jurídica. Já o mandado de injunção tem uma legitimação ativa mais ampla, e visa socorrer direito subjetivo concreto do titular prejudicado em seu exercício pela ausência de norma regulamentadora, por meio de uma sentença. Não se trata de defesa genérica e concentrada da integridade do ordenamento jurídico, mas da viabilização de um direito, no caso concreto, em processo subjetivo.

6.4.6 Liminar

O cabimento de medida liminar em mandado de injunção tem sido discutido na doutrina. Hely Lopes Meirelles posicionou-se pela sua possibilidade, acentuando: "Entendemos cabível, eventualmente, até mesmo a medida liminar como providência cautelar para evitar lesão a direito do impetrante do mandado de injunção, desde que haja possibilidade de dano irreparável se se aguardar a decisão final da Justiça. Se tal medida é cabível para a defesa de direito individual ou coletivo amparado por lei ordinária, com mais razão há de ser para proteger os direitos e prerrogativas constitucionais asseguráveis pelo mandado de injunção, desde que ocorram os pressupostos do *fumus boni juris* e do *periculum in mora*.[338] No mesmo sentido, mencione-se Paulo Napoleão Nogueira da Silva."[339]

O Supremo Tribunal Federal vem, contudo, decidindo pela impossibilidade da concessão de medida liminar, por ser ela imprópria ao mandado de injunção (cf. Mandado de Injunção n. 530-3-SP, Rel. Min. Maurício Correa, Mandados de Injunção n. 535-4-SP, e 536-2-MG, Rel. Min. Ilmar Galvão).

---

[337] MORAES. *Direito constitucional*, p. 185-189.

[338] MEIRELLES. *Mandado de segurança, ação popular, ação civil pública, mandado de injunção*, habeas data, p. 174.

[339] SILVA. *Direito Constitucional*, p. 279.

6.5 Ação Civil Pública

6.5.1 Considerações gerais

A ação civil pública, embora não prevista no setor da Constituição que trata dos direitos fundamentais (o texto constitucional a menciona no art. 129, inciso III, ao elencar as funções institucionais do Ministério Público), constitui importante garantia instrumental de defesa do meio ambiente, do consumidor, do patrimônio histórico ou cultural, e de outros direitos e interesses difusos e coletivos.

A ação civil pública vem disciplinada pela Lei n. 7.347, de 24 de julho de 1985, de caráter geral, dela ainda tratando as Leis n. 7.853/89 (defesa das pessoas portadoras de deficiência); n. 7.913/89 (danos causados aos investidores no mercado de valores mobiliários); n. 8.069/90 (criança e adolescente); n. 8.078/90 (consumidor) e n. 8.884/94 (infrações contra a ordem econômica).[340]

Sobre o conceito de direitos e interesses difusos e coletivos amparados pela ação civil pública, examine-se o n. 2.5 deste capítulo, e o n. 10 do Capítulo 1 do volume 1.

Excluem-se, desse modo, da tutela da ação civil pública os direitos individuais, não se prestando ela a reparar prejuízos causados a particulares por conduta omissiva ou comissiva do réu.

6.5.2 Legitimação ativa e passiva

Detêm legitimidade ativa concorrente para a propositura da ação civil pública o Ministério Público, a Defensoria Pública, a União, os Estados, os Municípios, o Distrito Federal, autarquias, empresas públicas, fundações, sociedades de economia mista e associações. Observe-se que o Ministério Público, nesta ação, ora atua como autor, ora como fiscal da lei. No entanto, assume a titularidade da ação se houver desistência do autor. Ao Ministério Público cabe ainda promover o inquérito civil público.

Parte passiva na ação civil pública é qualquer pessoa, seja natural, seja jurídica, responsável pelo dano ao interesse tutelado. A responsabilidade do réu é objetiva.

6.5.3 Procedimento e liminar

É ordinário ou sumário o rito da ação civil pública, que poderá ser preventiva ou repressiva. A liminar é cabível, cuja decisão se sujeita a recurso de agravo. Admite-se ainda a suspensão da liminar, em decisão fundamentada do Presidente do Tribunal competente para o conhecimento do recurso. Possível também a tutela antecipada, por força do comando de sua subsidiariedade (art. 19 da Lei n. 7.347/85).

---

[340] Supremo Tribunal Federal: Súmula n. 643 – O Ministério Público tem legitimidade para promover ação civil pública cujo fundamento seja a ilegalidade de reajuste de mensalidades escolares.

A circunstância de existir, em curso, ação civil pública, não obsta o ajuizamento de ação individual, não havendo, pois, litispendência. Também não ocorre litispendência entre a ação civil pública e a ação popular.

6.5.4 Competência

O foro competente para a ação civil publica é o do local onde ocorrer o dano. Trata-se de competência funcional, absoluta, para julgar a causa. É que, nada obstante ser relativa a competência em razão do lugar, no caso da ação civil pública trata-se de competência absoluta, pelo fato de o art. 2º da Lei n. 7.347/85 haver disposto que o juízo terá *competência funcional*, já que esta competência constitui modalidade de competência absoluta. Por isso mesmo é que sendo o Estado, suas autarquias ou entidades paraestatais interessadas na causa, ainda que a Lei de Organização Judiciária local preveja Vara ou Juízo privativo na Capital, prevalece o foro do local do dano. Nas ações envolvendo a aplicação do Estatuto da Criança e do Adolescente, o foro competente será o do local da ação ou omissão. Havendo interesse da União, suas autarquias e empresas públicas, a causa será processada e julgada perante os juízes federais. Será, no entanto, competente a Justiça estadual para processar e julgar a ação civil pública, em primeiro grau de jurisdição, se, ainda que interessada a União, no local não houver vara da Justiça Federal. Porém, havendo recurso, competente para apreciá-lo será o Tribunal Regional Federal com jurisdição na área do juiz de primeiro grau que proferiu a decisão recorrida (art. 109, §§ 3º e 4º da Constituição Federal).

6.5.5 Decisão e coisa julgada

A sentença poderá condenar o réu a indenizar ou em obrigação de fazer ou não fazer, com as cominações pedidas na inicial.

O juiz poderá conferir efeito suspensivo ao recurso, para evitar dano irreparável à parte.

A sentença fará coisa julgada *erga omnes*, salvo se a ação for julgada improcedente por deficiência de provas, caso em que qualquer legitimado poderá intentar outra ação com idêntico fundamento, valendo-se de nova prova.

Quanto ao controle de constitucionalidade na ação civil pública, confira-se o cap.13, vol. 1, deste trabalho.

6.6 Habeas Data

6.6.1 Considerações gerais

Instituto novo, criado pela Constituição de 1988, é o *habeas data* (art. 5º, LXXII, *a* e *b*).

Conceder-se-á *habeas data*:

– para assegurar o conhecimento de informações relativas à pessoa do impetrante, constantes de registros ou bancos de dados de entidades governamentais ou de caráter público;
– para a retificação de dados, quando não se prefira fazê-lo por processo sigiloso, judicial ou administrativo.

Visa o *habeas data* assegurar ao impetrante (nacional ou estrangeiro) o conhecimento de informações existentes em registros ou bancos de dados de entidades governamentais ou de caráter público e retificar tais dados.

A locução latina "*habeas data*" compõe-se de *habeas*, segunda pessoa do subjuntivo de *habeo (...) habere*, significa aqui, "tenhas em tua posse", que é uma das acepções do verbo; e *data* é o acusativo plural de *datum*. Então: "que tenhas os registros ou dados".[341]

Note-se que o inciso XXXIII do art. 5º diz que "todos têm o direito a receber dos órgãos públicos informações de seu interesse particular, ou de interesse coletivo ou geral, que serão prestadas no prazo da lei, sob pena de responsabilidade, ressalvadas aquelas cujo sigilo seja imprescindível à segurança da sociedade e do Estado".[342] Entendemos que a ressalva da disposição constitucional não se aplica ao *habeas data*, que

---

341 OTHON SIDOU. *Habeas corpus, mandado de segurança, ação popular*, p. 448.

342 Lei n. 12.527, de 18.11.2011 (com entrada em vigor 180 dias após a data de sua publicação), que regula o acesso a informações previsto no inciso XXXIII do art. 5º, no inciso II do § 3º do art. 37 e no § 2º do art. 216 da Constituição Federal: "Art. 23. São consideradas imprescindíveis à segurança da sociedade ou do Estado e, portanto, passíveis de classificação as informações cuja divulgação ou acesso irrestrito possam: I – pôr em risco a defesa e a soberania nacionais ou a integridade do território nacional; II – prejudicar ou pôr em risco a condução de negociações ou as relações internacionais do País, ou as que tenham sido fornecidas em caráter sigiloso por outros Estados e organismos internacionais; III – pôr em risco a vida, a segurança ou a saúde da população; IV – oferecer elevado risco à estabilidade financeira, econômica ou monetária do País; V – prejudicar ou causar risco a planos ou operações estratégicos das Forças Armadas; VI – prejudicar ou causar risco a projetos de pesquisa e desenvolvimento científico ou tecnológico, assim como a sistemas, bens, instalações ou áreas de interesse estratégico nacional; VII – pôr em risco a segurança de instituições ou de altas autoridades nacionais ou estrangeiras e seus familiares; ou VIII – comprometer atividades de inteligência, bem como de investigação ou fiscalização em andamento, relacionadas com a prevenção ou repressão de infrações. Art. 24. A informação em poder dos órgãos e entidades públicas, observado o seu teor e em razão de sua imprescindibilidade à segurança da sociedade ou do Estado, poderá ser classificada como ultrassecreta, secreta ou reservada.

§ 1º Os prazos máximos de restrição de acesso à informação, conforme a classificação prevista no *caput*, vigoram a partir da data de sua produção e são os seguintes: I – ultrassecreta: 25 (vinte e cinco) anos; II – secreta: 15 (quinze) anos; e III – reservada: 5 (cinco) anos. § 2º As informações que puderem colocar em risco a segurança do Presidente e Vice-Presidente da República e respectivos cônjuges e filhos(as) serão classificadas como reservadas e ficarão sob sigilo até o término do mandato em exercício ou do último mandato, em caso de reeleição. § 3º Alternativamente aos prazos previstos no § 1º, poderá ser estabelecida como termo final de restrição de acesso a ocorrência de determinado evento, desde que este ocorra antes do transcurso do prazo máximo de classificação. § 4º Transcorrido o prazo de classificação ou consumado o evento que defina o seu termo final, a informação tornar-se-á, automaticamente, de acesso público. § 5º Para a classificação da informação em determinado grau de sigilo, deverá ser observado o interesse público da informação e utilizado o critério menos restritivo possível, considerados: I – a gravi-

assegura o conhecimento de informações relativas à pessoa do impetrante, tratando-se de proteção à privacidade, à intimidade e à honra do indivíduo, em que não pode haver segredo para o titular do direito.

O *habeas data* "é ação constitucional, de caráter civil, conteúdo e rito sumário, que tem por objeto a proteção de direito líquido e certo do impetrante em conhecer todas as informações e registros relativos à sua pessoa e constantes de repartições públicas ou particulares acessíveis ao público, para eventual retificação de seus dados pessoais".[343]

O *habeas data* é, pois, o mandado de segurança nominado quando versar sobre informações constantes de registros ou bancos de dados (Saulo Ramos). O *habeas data*, além de garantia constitucional, tutela a esfera íntima dos indivíduos, ao possibilitar a correção de dados falsos, que denigram sua identidade pessoal.

O ajuizamento do *habeas data* se acha condicionado a anterior indeferimento do pedido de informações de dados pessoais, ou da omissão em atendê-lo, sem o que se configura carência de ação, por falta de interesse de agir. A Lei n. 9.507, de 12 de novembro de 1997, que disciplina o rito processual do *habeas data*, prevê, em seu art. 8º, que a petição inicial deverá ser instruída com prova da recusa ao acesso às informações ou do decurso de mais de dez dias sem decisão; da recusa em fazer-se a retificação ou do decurso de mais de 15 dias, sem decisão; da recusa em fazer-se a anotação sobre a explicação ou contestação sobre determinado dado, mesmo que não seja inexato, justificando possível pendência sobre o mesmo ou do decurso de mais de 15 dias sem decisão. Observe-se, contudo, que a exigência do prévio esgotamento da via administrativa, como requisito de acesso ao Judiciário, relativamente ao *habeas data*, não se acha prevista na Constituição, o que levaria à impossibilidade de o legislador ordinário fazê-lo. Note-se que a Lei n. 9.507/97 prevê expressamente uma terceira finalidade para o *habeas data*, ao dispor no inciso III do art. 7º, que esta garantia constitucional poderá ser utilizada para a anotação nos assentamentos do interessado, de contestação ou explicação sobre dado verdadeiro, mas justificável, e que esteja sob pendência judicial ou amigável.

6.6.2 Legitimação ativa e passiva

São legitimados para a propositura do *habeas data* tanto a pessoa física quanto a jurídica, mas com vista à tutela de seu próprio direito ante dados referentes à sua pessoa.

Legitimado passivo é aquele que possui a guarda do banco de dados, ou seja, as entidades governamentais, da administração pública direta e indireta, e as instituições, entidades e pessoas jurídicas privadas que prestem serviços para o público ou de interesse público.

Assim, a legitimação passiva para o *habeas data* recai sobre a própria entidade, e não sobre o órgão responsável pela prática do ato, como acontece com o mandado de segurança.

---

dade do risco ou dano à segurança da sociedade e do Estado; e II – o prazo máximo de restrição de acesso ou o evento que defina seu termo final."

343 MORAES. *Op. cit.*, p. 140.

6.6.3 Procedimento e competência

O procedimento do *habeas data* se acha regulado, como se viu acima, pela Lei n. 9.507/97, que lhe deu uma feição similar ao mandado de segurança. Desse modo, no processo relativo ao *habeas data* fala-se em autoridade coatora, pelo que se extrai dos artigos 9º, 13 e 14, e não propriamente em réu.

A petição inicial deverá preencher os requisitos dos artigos 282 a 285 do CPC; será apresentada em duas vias, bem como de prova do esgotamento da instância administrativa, como acima analisado.

Nas informações, que deverão ser prestadas no prazo de dez dias, poderá o coator contestar o cabimento do *habeas data*. Passado o prazo para informações, o processo será encaminhado ao Ministério Público para parecer, decidindo o juiz em cinco dias (art. 12).

Na decisão que julga procedente o pedido de *habeas data*, o juiz marcará data e horário para que o coator apresente ao impetrante as informações a seu respeito, constantes de registros ou bancos de dados, ou apresente em juízo a prova da retificação ou da anotação feita nos assentamentos do impetrante (art. 13).

Admite a Lei n. 9.507/97, que a decisão seja comunicada ao coator por correio, com aviso de recebimento, ou por telegrama, radiograma ou telefonema, conforme o requerer o impetrante (art. 14). Trata-se, portanto, de meios mais céleres que já vêm sendo utilizados pelo setor comercial. Exige, contudo, o parágrafo único do art. 14, que os originais, no caso de transmissão telegráfica, radiofônica ou telefônica deverão ser apresentados à agência expedidora, com a firma do juiz devidamente reconhecida.

Da sentença que conceder o *habeas data* caberá recurso de apelação, e das decisões dos Tribunais caberão os recursos previstos nos incisos II e III do art. 20, com a observação adiante.

Os recursos serão sempre voluntários, já que a sentença não fica sujeita ao duplo grau de jurisdição, em reexame necessário. Prevê o art. 15 que, quando a sentença conceder o *habeas data*, o recurso terá efeito meramente devolutivo, o que possibilita a execução imediata da sentença. Entretanto, o Presidente do Tribunal ao qual competir o conhecimento do recurso poderá ordenar ao juiz a suspensão da execução da sentença. A Lei n. 9.507/97, em seu art. 16, não faz referência aos casos em que a suspensão da execução pode ser concedida nem limita o pedido à legitimidade de pessoa jurídica de direito público interessada, o que poderia levar ao entendimento de caber a qualquer coator – entidade governamental ou privada de caráter público – legitimidade para requerer ao Presidente do Tribunal a suspensão da execução da sentença. A aplicação subsidiária da Lei n. 4.348/64 (art. 4º), pertinente ao mandado de segurança, faz no entanto, com que o pedido de suspensão somente possa ser feito nos casos ali expressos, quando o requerente for pessoa jurídica de direito público.

Nos casos de competência do Supremo Tribunal Federal e dos demais Tribunais caberá ao relator a instrução do processo de *habeas data*.

Relativamente à competência, dispõe o art. 20 da Lei em comento que o julgamento do *habeas data* compete:

I – originariamente:
a) ao Supremo Tribunal Federal, contra atos do Presidente da República, das Mesas da Câmara dos Deputados e do Senado Federal, do Tribunal de Contas da União, do Procurador Geral da República e do próprio Supremo Tribunal Federal;
b) ao Superior Tribunal de Justiça, contra atos de Ministro de Estado ou do próprio Tribunal;
c) aos Tribunais Regionais Federais, contra ato do próprio Tribunal ou de juiz federal;
d) a juiz federal, contra ato de autoridade federal, excetuados os casos de competência dos tribunais federais;
e) a tribunais estaduais, segundo o disposto na Constituição do Estado;
f) a juiz estadual, nos demais casos;

II – em grau de recurso:
a) ao Supremo Tribunal Federal, quando a decisão denegatória for proferida em única instância pelos Tribunais Superiores;
b) ao Superior Tribunal de Justiça, quando a decisão for proferida em única instância pelos Tribunais Regionais Federais;
c) aos Tribunais Regionais Federais, quando a decisão for proferida por juiz federal;
d) aos Tribunais Estaduais e ao do Distrito Federal e Territórios, conforme dispuserem a respectiva Constituição e a lei que organizar a Justiça do Distrito Federal;

III – mediante recurso extraordinário ao Supremo Tribunal Federal, nos casos previstos na Constituição.

Observe-se que o inciso II do art. 20 da Lei n. 9.507/97 prevê recurso para o Superior Tribunal de Justiça das decisões proferidas em única instância pelos Tribunais Regionais Federais, em processo de *habeas data*. A Constituição da República, no entanto, quando dispõe sobre a competência recursal ordinária do Superior Tribunal de Justiça não menciona o *habeas data*, referindo-se apenas aos processos de *habeas corpus* e de mandado de segurança, se denegatória a decisão (art. 105, II, *a* e *b*). Poder-se-ia dizer que o recurso para o Superior Tribunal de Justiça previsto no dispositivo legal acima referido seria o ordinário, desde que denegatória a decisão, em razão da similitude do *habeas data* com o mandado de segurança. Note-se, contudo, que a ampliação, pelo legislador ordinário, das hipóteses de competências para o Superior Tribunal de Justiça, previstas na Constituição, parece-nos inadmissível. Considere-se ainda que o *habeas data* se acha mencionado expressamente, na Constituição (art. 102, II, a), ao tratar da competência recursal ordinária do Supremo Tribunal Federal para o julgamento de decisão denegatória de *habeas data*, o que não ocorre com o Superior Tribunal de Justiça. Seria então o caso de se entender a competência do Superior Tribunal de Justiça como recursal especial prevista no art. 105, III, da Constituição.

Os processos de *habeas data* têm prioridade sobre todos os atos judiciais, exceto *habeas corpus* e mandado de segurança. Na instância superior, deverão ser levados a julgamento na primeira sessão que se seguir à data em que, feita a distribuição, forem conclusos ao relator. O prazo para a conclusão não poderá exceder de 24 horas, a contar da distribuição (art. 19, parágrafo único).

Mencione-se que, pelo art. 18, o pedido de *habeas data* poderá ser renovado se a decisão denegatória não lhe houver apreciado o mérito, preceito que repete o art. 16 da Lei n. 1.533/51 (mandado de segurança).

6.6.4 Liminar

A liminar não foi prevista na Lei n. 9.507/97. Nada impede, todavia, seja ela concedida, aplicando-se subsidiariamente a Lei n. 12.016/2009, inclusive no que se refere ao litisconsórcio.

6.7 Ação Popular

6.7.1 Conceito e finalidade

A ação popular, prevista no art. 5º, LXXIII, acha-se regulada pela Lei n. 4.717, de 29 de junho de 1965.

Segundo o inciso constitucional, "qualquer cidadão é parte legítima para propor ação popular que vise anular ato lesivo ao patrimônio público ou de entidade de que o Estado participe, à moralidade administrativa, ao meio ambiente e ao patrimônio histórico e cultural, ficando o autor, salvo comprovada má-fé, isento de custas judiciais e do ônus da sucumbência".

A ação popular foi instituída, com o perfil que permanece até hoje, pela Constituição de 1934, tendo sido mantida pelas Constituições posteriores, à exceção da Carta de 1937.[344] A Constituição de 1988 ampliou-lhe o objeto para abranger, além da anulação de atos lesivos ao patrimônio público, os de entidade de que o Estado participe e os atos lesivos à moralidade administrativa, ao meio ambiente e ao patrimônio histórico e cultural.

6.7.2 Legitimação ativa e passiva

Autor popular é o cidadão (eleitor no gozo dos direitos políticos), não tendo, assim, legitimidade ativa para a propositura da ação o nacional não eleitor, o estrangeiro e as pessoas jurídicas.

---

[344] A Constituição do Império, de 1824, previa uma ação popular, abolida pela Constituição de 1891, mas sem os traços típicos que veio a ter no texto constitucional de 1934. Dispunham os arts. 156 e 157 da Constituição do Império que todos os juízes de direito e os oficiais de justiça são responsáveis pelos abusos de poder e prevaricações que cometerem no exercício de seus empregos; por suborno, peita, peculato e concussão, haverá contra eles a ação popular, que poderá ser intentada dentro de ano e dia pelo próprio queixoso ou por qualquer do povo, guardada a ordem do processo estabelecida em lei. Do mesmo modo que a Constituição de 1934, a Constituição de 1946, embora tenha tratado desta ação constitucional, não mencionou a expressão *ação popular*, que somente veio a figurar, em nosso constitucionalismo republicano, no texto da Constituição de 1967, nada obstante já constasse da Lei n. 4.717/65, que a regulamentou.

Legitimado ativo, portanto, para a ação popular é o cidadão brasileiro, nato ou naturalizado, entre 16 e 18 anos, e o português equiparado, no exercício dos direitos políticos. Comprova-se a legitimidade mediante a apresentação do título de eleitor ou, no caso dos portugueses, com o certificado de equiparação do gozo dos direitos civis e políticos e título de eleitor.

Legitimados passivos, segundo a Lei n. 4.717/65, são as pessoas jurídicas públicas, tanto da Administração direta quanto da indireta, inclusive as empresas públicas e as sociedades de economia mista, ou privada, em nome das quais foi praticado o ato a ser anulado, e ainda as autoridades, funcionários ou administradores que houverem autorizado, aprovado, ratificado ou praticado pessoalmente o ato ou firmado o contrato impugnado, ou que, por omissos, tiverem dado oportunidade à lesão, como também os beneficiários diretos do ato ou contrato.

6.7.3 Espécies

Pode a ação popular ser preventiva, caso em que será ajuizada antes da consumação dos efeitos lesivos, ou repressiva, em que se visa, além da anulação do ato impugnado, alcançar o ressarcimento do dano causado.

6.7.4 Competência

A competência para o processo e julgamento da ação popular é determinada pela origem do ato a ser anulado, com a aplicação das regras constitucionais e ordinárias de competência.

6.7.5 *Causa petendi*

Dispõe o art. 2º da Lei n. 4.717/65, que são nulos os atos lesivos ao patrimônio público, que contenham vício de competência, forma, ilegalidade de objeto, inexistência de motivos, e desvio de finalidade.

Tem-se aceitado ação popular contra ato legislativo, desde que de efeitos concretos.

Questiona-se sobre se o ato a ser invalidado dever ser ilegal e lesivo, caso em que seria do autor popular o ônus de demonstrar, além da lesividade, ser o ato nulo ou anulável, portanto, ilegal.

A matéria é polêmica. Mencione-se a posição de Hely Lopes Meirelles, para quem há a possibilidade de anular ato apenas ilegal, sem a necessidade da demonstração da efetiva lesividade, para aquelas hipóteses legalmente presumidas. Nos outros casos, necessária a dupla demonstração da ilegalidade e da lesão efetiva ao patrimônio público tutelado pela ação popular.[345]

Já Michel Temer coloca a questão nos seguintes termos: "A doutrina e a jurisprudência têm enfrentado o problema de saber se basta a lesividade para autorizar a

---

[345] MEIRELLES. *Mandado de segurança, ação popular, ação civil pública, mandado de injunção*, habeas data, p. 97-99.

demanda popular ou se é indispensável a configuração da ilegalidade". E conclui: "é impossível a existência de um ato lesivo, mas 'legal'. É que a lesividade traz em si a ilegalidade."[346]

Observa-se, a propósito, que, não sendo a ilegalidade pressuposto da ação popular, necessário é que se demonstre a lesividade, pois o ato apenas formalmente ilegal é algo diverso daquele lesivo.

Com a ampliação do objeto da ação popular no texto constitucional, sustenta-se que basta a lesividade para que seja considerado nulo o ato que se pretende invalidar.

Considere-se, no entanto, que, por força da lei da ação popular, alguns atos, desde que verificados, se presumem lesivos, independentemente de sua prova pelo autor popular.[347]

6.7.6 Decisão e coisa julgada

A decisão em ação popular é desconstitutiva-condenatória, alcançando a anulação do ato impugnado e a condenação dos responsáveis ou beneficiários em perdas e danos.

A procedência do pedido, além dessas consequências, implica na condenação dos réus nas custas e despesas com a ação, e honorários advocatícios, produzindo coisa

---

[346] TEMER. *Elementos de direito constitucional*, p. 204.

[347] Os atos ou contratos que se presumem lesivos vêm enumerados no art. 4º da Lei n. 4.717/65: "I – a admissão ao serviço público remunerado, com desobediência, quanto às condições de habilitação das normas legais, regulamentares ou constantes de instruções gerais; II – a operação bancária ou de crédito real, quando: *a)* for realizada com desobediência a normas legais, regulamentares, estatutárias, regimentais ou internas; *b)* o valor real do bem dado em hipoteca ou penhor for inferior ao constante de escritura, contrato ou avaliação; III – a empreitada, a tarefa e a concessão do serviço público, quando: *a)* o respectivo contrato houver sido celebrado sem prévia concorrência pública ou administrativa, sem que essa condição seja estabelecida em lei, regulamento ou norma geral; *b)* no edital de concorrência forem incluídas cláusulas ou condições, que comprometam o seu caráter competitivo; *c)* a concorrência administrativa for processada em condições que impliquem na limitação das possibilidades normais de competição; IV – as modificações ou vantagens, inclusive prorrogações que forem admitidas, em favor do adjudicatário, durante a execução dos contratos de empreitada, tarefa e concessão de serviço público, sem que estejam previstas em lei ou nos respectivos instrumentos; V – a compra e venda de bens móveis ou imóveis, nos casos em que não for cabível concorrência pública ou administrativa, quando: *a)* for realizada com desobediência a normas legais regulamentares, ou constantes de instruções gerais; *b)* o preço de compra dos bens for superior ao corrente no mercado, na época da operação; *c)* o preço de venda dos bens for inferior ao corrente no mercado, na época da operação; VI – a concessão de licença de exportação ou importação, qualquer que seja a sua modalidade, quando: *a)* houver sido praticada com violação das normas legais e regulamentares ou de instruções e ordens de serviço; *b)* resultar em exceção ou privilégio, em favor de exportador; VII – a operação de redesconto quando, sob qualquer aspecto, inclusive o limite de valor, desobedecer a normas legais, regulamentares ou constantes de instruções gerais; VIII – o empréstimo concedido pelo Banco Central da República, quando: *a)* concedido com desobediência de quaisquer normas legais, regulamentares, regimentais ou constantes de instruções gerais; *b)* o valor dos bens dados em garantia, na época da operação, for inferior ao da avaliação; IX – a emissão, quando efetuada sem observância das normas constitucionais, legais e regulamentadoras que regem a espécie".

julgada *erga omnes*. Já na hipótese de improcedência, por ser ela infundada, a sentença produzirá efeitos de coisa julgada com eficácia *erga omnes*, permanecendo válido o ato. Se, contudo, a improcedência decorrer de deficiência probatória, a decisão de mérito não fará coisa julgada *erga omnes*, podendo ser ajuizada nova ação popular com o mesmo objeto e fundamento, já que prevalece o interesse público de defesa da legalidade e da moralidade administrativas.

Em qualquer uma das hipóteses de improcedência, ficará o autor da ação popular, salvo comprovada má-fé, isento de custas judiciais e do ônus da sucumbência (art. 5º, LXXIII, da Constituição).

Capítulo 4

NACIONALIDADE

SUMÁRIO

1. NACIONAIS E ESTRANGEIROS

O termo nacionalidade, de que tratamos neste Capítulo, é aquele que apresenta sentido jurídico, ou seja, a qualidade de um indivíduo como membro de um Estado, e não o que dispõe de sentido sociológico, que se vincula à ideia de nação.

A atribuição de nacionalidade a determinado indivíduo traduz a dimensão pessoal do Estado soberano. Com efeito, o conjunto das pessoas que se encontram no território do Estado, compreendendo nacionais e estrangeiros, constitui a sua população, conceito demográfico apenas.

Assim, aquela dimensão pessoal do Estado é representada pelos nacionais, ou seja, pelos indivíduos que mantêm um vínculo jurídico-público com o Estado de que fazem parte.

Clóvis Beviláqua, lembrado por Yussef Said Cahali, conceitua nacionalidade como "um vínculo público e pessoal, que liga o indivíduo a determinado país, sua pátria de origem ou de adoção, tornando-o parte integrante do povo desse país, e submetendo-o à autoridade e proteção da soberania, que nele impera. A nacionalidade é, assim, o estado de dependência, fonte de deveres mas também de direitos, no qual se encontram os indivíduos em face de uma comunidade politicamente organizada".[1]

Consequentemente, estrangeiro é o não nacional, ou seja, aquele indivíduo que não satisfaz os pressupostos normativos do Estado para que se considere nacional. O Estado soberano, embora não esteja obrigado a consentir estrangeiros em seu territó-

---

1 CAHALI. *Estatuto do estrangeiro*, p. 3.

rio, mesmo em caráter temporário, a partir do momento em que nele os admite, passa a ter deveres para com os mesmos, decorrentes de normas de direito internacional costumeiro, não se descuidando, contudo, da preservação dos interesses nacionais, à luz dos quais estabelecerá a condição jurídica do não nacional.

Os estrangeiros, no entanto, devem ter uma condição jurídica que lhes preserve a dignidade, devendo ainda ser tratados como pessoas livres. Podem, no entanto, ser privados dos direitos políticos, ou seja, da não participação na formação das decisões nacionais, de acordo com o que dispuser o estatuto jurídico do Estado soberano.[2]

2. AQUISIÇÃO DA NACIONALIDADE – *JUS SOLI E JUS SANGUINIS* – BRASILEIROS NATOS

Cabe ao Estado legislar sobre nacionalidade, estabelecendo os modos de sua aquisição e perda. O Ministro Francisco Rezek anota que o Estado deverá observar regras gerais de Direito Internacional, assim como regras particulares com que acaso se tenha comprometido, destacando-se, dentre as regras gerais, a de que todo homem tem direito a uma nacionalidade. Ninguém será arbitrariamente privado de sua nacionalidade nem do direito de mudar de nacionalidade, constante do art. 15 da Declaração Universal dos Direitos do Homem (ONU – 1948).[3]

A formação da nacionalidade brasileira é sintetizada por José Afonso da Silva: "O branco (português) e sua cultura (considerada soma total de conhecimento e modo típico de vida de um povo) eram elementos de grande plasticidade, o que possibilitara viver em contato com os negros e índios. Assim, a população da colônia se forma envolvida num entrelaçamento de várias culturas, várias entre os índios (ou, pelo menos, vários estágios de uma mesma cultura), várias entre os negros e a branca europeia). Desse modo, o processo de aculturação, no Brasil, não se deu apenas entre três culturas típicas, mas entre várias, em diversos momentos, decorrendo daí

---

2 A Declaração Universal dos Direitos do Homem (ONU – 1948), traz as seguintes regras para os estrangeiros: *a)* a proibição de discriminação entre estrangeiros, desde que imposta arbitrariamente pelo Estado, já que não se admitem distinções de origem nacional, nem fundadas no estatuto do país ou território de naturalidade das pessoas – art. 2º; *b)* reconhecimento a todos os indivíduos, em todos os lugares, como pessoa perante a lei – art. 6º; *c)* direito de qualquer pessoa de abandonar o país em que se encontre – art. 13, n. 2; *d)* direito de qualquer pessoa sujeita a perseguição de procurar e de beneficiar-se de asilo em outro país – art. 14. O término da 2ª Guerra Mundial gerou uma multidão de refugiados. Por isso mesmo foram aprovadas pela Assembleia Geral das Nações Unidas Convenções sobre Refugiados e Apátridas, em que se estabeleceu um princípio geral de não discriminação dos refugiados e apátridas entre si e direitos e deveres perante os Estados que os acolhem. Trata-se do dever de obediência às leis e de direitos e garantias relativamente à religião, propriedade, associação não política, exercício de profissão, liberdade de circulação, concessão de títulos de viagem para o exterior, transferência de bens, facilidades de naturalização, direitos sociais, entre outros. Registre-se que a questão dos refugiados e dos apátridas foi tratada pela ONU em três ocasiões. A primeira data de 28 de junho de 1951, tomada em obediência à Resolução n. 429 (V) da Assembleia Geral, de 14 de dezembro de 1950; a segunda, de 28 de setembro de 1954, e a terceira, de 30 de agosto de 1961, que teve como objeto reduzir o número de apátridas.

3 REZEK. *Direito internacional público*, p. 181.

uma cultura tipicamente brasileira, com grande contribuição do elemento africano e pouca do índio.[4] Depois, no entanto, a cultura ocidental, com sua técnica mais desenvolvida e apurada, foi oprimindo a cultura negra, de tal forma que o negro teve que abandonar a sua por aquela, aproximando-se, assim, da cultura portuguesa. Mais tarde – na segunda metade do séc. XIX – a imigração italiana, japonesa, alemã, especialmente, introduziu matizes na cultura em formação, mormente nos Estados de São Paulo, Paraná, Santa Catarina e Rio Grande do Sul.

Além do contato das várias manifestações culturais em choque no Brasil colonial, houve um fato de extraordinária importância para a formação da nacionalidade brasileira: *o contato físico entre as raças em fricção*. Disso originou-se o *mestiço*. Deu-se, então, a formação étnica brasileira, porque o Brasil é, antes de tudo, um país de mestiços. E foram eles que desempenharam os papéis mais salientes nos movimentos nacionalistas do País."[5]

Os critérios utilizados para a aquisição de nacionalidade são o do *jus soli* e o do *jus sanguinis*. O primeiro considera nacional o indivíduo nascido no território do Estado; o outro atribui a nacionalidade, levando em consideração a descendência (nacionalidade dos pais), e tem sido adotado pelos países de emigração.

Fala-se ainda em *nacionalidade originária* e *nacionalidade derivada*. Originária é aquela que resulta do lugar do nascimento ou da nacionalidade dos pais, não pressupondo, assim, vínculo patrial anterior (observa-se, contudo, que o apátrida,[6] não tendo

---

[4] Anota Eduardo Viveiros de Castro que o tema das 'três raças' na formação da nacionalidade brasileira tende a atribuir a cada uma delas o predomínio de uma faculdade: aos índios a percepção, aos africanos o sentimento, aos europeus a razão, numa escala que, como em Gilberto Freyre, evoca as três almas da doutrina aristotélica. Aliás, indaga se Aristóteles não teria a sua parte na história vegetal dos índios, a partir, justamente, dessa proverbial e inconstância indiferença à crença, já que, na *Metafísica* lê-se que o homem 'não tem opinião sobre nada', recusa-se, em particular, a se curvar ao princípio de não contradição, 'não é melhor que um vegetal' (VIVEIROS DE CASTRO. *A inconstância da alma selvagem*, p. 187-188).

[5] SILVA. *Curso de direito constitucional positivo*, p. 281-282. Ainda a respeito do tema, cf. LIMA. *Formação histórica da nacionalidade brasileira*.

[6] A apatrídia, segundo Celso D. de Albuquerque Mello, "é um dos aspectos do Direito Internacional que se procura eliminar, uma vez que esta situação viola um dos direitos do homem, que é o de todo indivíduo ter uma nacionalidade. A melhor classificação dos apátridas é a dada por François: a) os que nunca tiveram nacionalidade e b) os que já tiveram nacionalidade, mas a perderam. Diversos fatores podem ocasionar a apatrídia: a) conflito de legislações consagrando *jus soli* e *jus sanguinis*; b) o indivíduo se naturaliza nacional de um Estado, perde a sua nacionalidade originária e, posteriormente, a naturalização que lhe foi concedida é retirada; c) fatores políticos, como a legislação da revolução comunista, que retirava a nacionalidade russa dos emigrados, etc. O mundo jurídico internacional tem procurado eliminar a apatrídia, e tem dentro desta orientação concluído convenções internacionais. Em 1961, em Nova Iorque, foi concluída, sob os auspícios da ONU, uma 'convenção para a redução dos casos de apatrídia no futuro'. Ela afirma, como um princípio na matéria, que o indivíduo só perde a sua nacionalidade originária quando tiver adquirido outra e, ainda, que o indivíduo adquirirá a 'nacionalidade do Estado em cujo território haja nascido'; nos casos em que se não for adotado o *jus soli* ele será considerado apátrida. A melhor solução para se acabar com a apatrídia seria de se adotar o domicílio para se atribuir a nacionalidade. O apátrida está submetido à legislação do Estado onde ele se encontra. Ele é régio pela lei do domicílio; em falta deste, pela da residência. Em 1954, sob os auspícios da

nacionalidade, adquire a de um Estado pela naturalização). Já a *derivada* consiste na aquisição da nacionalidade mediante a naturalização, e, regra geral, resulta do rompimento de vínculo anterior.

A Constituição de 1988 adota o *jus soli* (art. 12, I, a), fazendo ainda concessões ao *jus sanguinis* (art. 12, I, *b* e *c*).

O critério do *jus soli* ou *jus loci*, territorial ou da territorialidade, leva em conta a origem, sem considerar a descendência, e é próprio dos países de imigração.

Como se extrai do art. 12, I, *a*, da Constituição Federal, considera-se brasileiro nato o indivíduo que nascer na República Federativa do Brasil, ainda que de pais estrangeiros, desde que estes não estejam a serviço de seu país. Se os genitores estiverem exercendo atividade relacionada com o seu correspondente Estado de origem, os seus filhos não adquirem a nacionalidade brasileira, pois os laços de sangue prevalecem sobre o local de nascimento.

Por território nacional, para fins de reconhecimento da nacionalidade brasileira, deve-se entender toda a massa territorial brasileira contínua, compreendidas as unidades federadas e os municípios.

Os espaços hídricos, aéreos ou terrestres, como o alto-mar, o espaço aéreo, o continente antártico, não são referidos na Constituição relativamente às questões atinentes à nacionalidade. Na doutrina, Pontes de Miranda[7] deu solução adequada, qual seja, consideram-se nascidos no Brasil os nascidos a bordo de navios ou aeronaves de bandeira brasileira quando trafeguem por espaços neutros. O mesmo, contudo, não ocorre em espaço submetido à soberania de outro Estado, ainda que se trate de navio ou aeronave do Governo brasileiro.

A adoção do critério do *jus sanguinis* não se fez de modo exclusivo, pela Constituição de 1988, que sempre veio acompanhado de algum outro, como o *critério funcional* (art. 12, I, *b*), *o do registro*, ou *residencial mais opção confirmativa* (art. 12, I, *c*).

Assim, são brasileiros natos:

1. os nascidos no estrangeiro, de pai brasileiro ou mãe brasileira, desde que qualquer deles esteja a serviço da República Federativa do Brasil.

   Trata-se, como se indicou, do *jus sanguinis* acrescido do critério funcional. Nesse caso, além do vínculo de sangue, é necessário que os pais brasileiros estejam a serviço do Brasil. Segundo demonstra Francisco

---

ONU, foi concluída uma convenção, em Nova Iorque, que deu aos apátridas os mesmos direitos e tratamento que recebem os estrangeiros no território do Estado" (*Curso de direito internacional público*, vol. II, p. 999-1001). Anote-se ainda que o art. 20 da Convenção Americana sobre Direitos Humanos, celebrada em São José da Costa Rica, em 1969, estabeleceu que toda pessoa tem direito à nacionalidade do Estado em cujo território houver nascido, se não tiver direito a outra. A regra poderia contribuir para reduzir a incidência de casos de apatrídia, podendo até mesmo chegar a eliminá-la por inteiro quando complementada por disposições de direito interno relativa à extensão ficta do território (navios e aeronaves) e à presunção de nascimento local em favor dos expostos (REZEK. *Direito internacional*: curso elementar, p. 185).

[7] PONTES DE MIRANDA. *Comentários à constituição de 1967 com a emenda n. 1, de 1969*, t. 4, p. 432-437. Cf. também: REZEK. *Direito internacional público*: curso elementar, p. 187-188.

Rezek, "não importa que o co-genitor seja estrangeiro, e menos ainda importa, nesta hipótese, sua eventual preeminência no quadro do serviço público de seu país. Serviço do Brasil não é apenas o serviço diplomático ordinário, afeto ao Executivo federal. Compreende todo encargo derivado dos poderes da União, dos Estados e Municípios. Compreende, mais, nesse quadro múltiplo, as autarquias. Constitui serviço do Brasil, ainda, o serviço de organização internacional de que a República faça parte";[8]

2. os nascidos no estrangeiro de pai brasileiro ou de mãe brasileira, desde que sejam registrados em repartição brasileira competente ou venham a residir na República Federativa do Brasil e optem, em qualquer tempo, depois de atingida a maioridade, pela nacionalidade brasileira (art. 12, I, *c*, com a redação da Emenda Constitucional n. 54, de 20 de setembro de 2007).

A Emenda Constitucional de Revisão n. 3/94 alterara a redação da alínea *c* do inciso I do art. 12, para considerar brasileiros natos os nascidos no estrangeiro, de pai brasileiro ou mãe brasileira, desde que viessem a residir na República Federativa do Brasil e optassem, em qualquer tempo, pela nacionalidade brasileira. Pela redação anterior à da Emenda Constitucional de Revisão, eram considerados brasileiros natos os nascidos no estrangeiro, de pai brasileiro ou mãe brasileira, desde que fossem registrados em repartição brasileira competente, ou viessem a residir no Brasil antes da maioridade e, alcançada esta, optassem, em qualquer tempo, pela nacionalidade brasileira.

De notar, portanto, que, pelo texto alterado pela revisão constitucional, suprimiu-se a hipótese do registro em repartição brasileira competente, para a aquisição da nacionalidade originária.

Assim, eliminada a hipótese do registro em repartição brasileira competente, o filho de brasileiro, para fins de aquisição de nacionalidade, deveria fixar residência no Brasil e realizar a respectiva opção.

A Emenda Constitucional de Revisão n. 3/94 acabou por se revelar inadequada, pois acarretou o surgimento de um contingente de apátridas, já que passaram a essa condição os filhos de brasileiros nascidos em Estado onde se adota tão somente o *jus sanguinis* como critério de atribuição de nacionalidade.

Sobreveio, então, a Emenda Constitucional n. 54, de 20 de setembro de 2007, que, além de restabelecer o registro do recém-nascido em repartição pública competente (embaixada ou consulado), alterou a redação da alínea *c* do inciso I do art. 12 da Constituição Federal, para estabelecer expressamente que a opção pela nacionalidade brasileira se dará, em qualquer tempo, mas depois de atingida a maioridade.

Em decorrência, pois, da Emenda Constitucional n. 54/2007, considera-se brasileiro nato:

1. os nascidos no estrangeiro de pai ou mãe brasileira, natos ou naturalizados, desde que:

---

[8] REZEK. *Direito internacional público*: curso elementar, p. 189.

a) sejam registrados em repartição brasileira competente. Trata-se de assento de nascimento no exterior feito por agente consular, que tem a mesma eficácia jurídica dos atos praticados por oficiais do Registro Civil das pessoas naturais do Brasil, o que é bastante para a atribuição da nacionalidade nata (*jus sanguinis* acrescido do registro);

b) ou venham a residir na República Federativa do Brasil e optem, em qualquer tempo, depois de atingida a maioridade, pela nacionalidade brasileira.[9]

A nacionalidade prevista no art. 12, I, *c*, da Constituição Federal, com a redação da EC n. 54/2007, e que envolve o *jus sanguinis* acrescido de critério residencial e opção confirmativa, é denominada de nacionalidade potestativa. O caráter potestativo dessa nacionalidade está em que o interessado, depois de atingida a maioridade, opta, por vontade livre e espontânea, pelo vínculo que o tornará brasileiro.

Decorre daí que a nacionalidade brasileira é adquirida imediatamente, mas subordinada a dois eventos futuros: fixação de residência no território nacional e opção, em qualquer tempo, depois de atingida a maioridade, sendo a residência no Brasil requisito para a opção, que deverá ser manifestada perante Juiz Federal (art. 109, X, da Constituição).

Sustenta Francisco Xavier da Silva Guimarães que: "A fixação de residência no Brasil e a opção, tal como previstas, não geram nacionalidade, pois esta já existe antes daquelas condições que apenas suspendem o exercício da condição de brasileiro enquanto não ocorridas; é, assim, instituto de conservação do *status* de nacionalidade brasileira, gerador da definitividade que faz gerar a condição pendente."[10]

Há na doutrina entendimento de que fato gerador da nacionalidade é a fixação da residência no Brasil, mas que fica sujeita a uma condição confirmativa, a opção.[11]

O Supremo Tribunal Federal decidiu: "Vindo o nascido no estrangeiro, de pai brasileiro ou de mãe brasileira, a residir no Brasil, ainda menor, passa a ser considerado brasileiro nato, sujeita essa nacionalidade a manifestação da vontade do interessado, mediante opção, depois de atingida a maioridade. Atingida a maioridade, enquanto não manifestada a opção, esta passa a constituir-se em condição suspensiva da nacionalidade brasileira."[12]

Em outro julgado, consignou o Supremo Tribunal Federal: "Sob a Constituição de 1988, que passou a admitir a opção, 'em qualquer tempo' – antes e depois da ECR 3/94, que suprimiu também a exigência de que a residência no País fosse fixada antes da maioridade, altera-se o *status* do indivíduo entre a maioridade e a opção: essa, a opção – liberada do termo final ao qual anteriormente subordinada –, deixa de ter a

---

[9] Pela redação anterior, dada ao art. 12, I, *c*, da Constituição Federal, pela Emenda Constitucional de Revisão n. 3/1994, a concessão da nacionalidade brasileira, a fixação de residência no Brasil e a opção pela nacionalidade brasileira poderiam ocorrer em qualquer tempo.

[10] GUIMARÃES. *Nacionalidade*: aquisição, perda e reaquisição, p. 27.

[11] FERREIRA FILHO. *Comentários à constituição brasileira de 1988*, v. 1, p. 116; MORAES. *Direito constitucional*, p. 197; BULOS. *Curso de direito constitucional*, p. 650.

[12] STF, RE 418.096, Rel. Min. Carlos Velloso, *DJ*, 22.4.2005.

eficácia resolutiva que, antes, se lhe emprestava, para ganhar – desde que a maioridade a faça possível – a eficácia de condição suspensiva da nacionalidade brasileira, sem prejuízo – como é próprio das condições suspensivas –, de gerar efeitos *ex tunc*, uma vez realizada."[13]

Atingida, pois, a maioridade, a opção passa a constituir-se em condição suspensiva da nacionalidade brasileira, mas o ato confirmatório poderá gerar plenos efeitos, alcançando até mesmo situações pregressas. No caso de extradição, pendente a nacionalidade brasileira do extraditando de homologação judicial, suspende-se o processo extradicional.[14]

A partir da Emenda Constitucional n. 54/2007, a concessão da *nacionalidade potestativa* subordina-se aos seguintes requisitos:

1. nascimento no estrangeiro;
2. ser nascido de pais brasileiros, natos ou naturalizados;
3. fixação de residência, no Brasil, antes da maioridade;
4. opção, em qualquer tempo, depois de atingida a maioridade, pela nacionalidade brasileira.

A Emenda Constitucional n. 54/2007, para regularizar situações pendentes, prevê, em seu art. 2º, que os nascidos no estrangeiro entre 7 de junho de 1994 (data da promulgação da Emenda Constitucional de Revisão n. 3) e 20 de setembro de 2007, filhos de pai brasileiro ou mãe brasileira, poderão ser registrados em repartição diplomática ou consular brasileira competente ou em ofício de registro, se vierem a residir na República Federativa do Brasil. Com essa providência, são eliminados os casos de apatrídia que se configuraram em virtude daquela Emenda Constitucional de Revisão.

A aquisição da nacionalidade pelo casamento não é prevista em nosso Direito, e esta é a tendência mais moderna consagrada na Convenção sobre Nacionalidade de Montevidéu de 1933, nada obstante haver legislações, classificadas em diversos grupos, que a admitem, invocando a unidade da família, como a da Alemanha, em que a mulher passava a ter automaticamente a nacionalidade do marido, e a da Bulgária, em que o marido ou a mulher podem adquirir a nacionalidade pelo casamento, desde que assim declarem.

A moderna tendência em não admitir a aquisição da nacionalidade pelo casamento decorre de princípios estabelecidos na Convenção sobre a Nacionalidade da Mulher Casada, de 1957, concluída sob os auspícios da ONU: a) o casamento ou a sua dissolução não deve afetar automaticamente a nacionalidade da mulher; b) a mulher estrangeira casada com nacional pode adquirir a nacionalidade do marido se a solicitar por meio de um processo especial de naturalização; c) a renúncia ou aquisição de nacionalidade pelo marido não altera a da mulher.

Nosso Direito apenas prevê, como se verá adiante, um processo especial de naturalização do cônjuge casado há mais de cinco anos com diplomata brasileiro em atividade.

---

13 STF, AC-QO 70/RS, Rel. Min. Sepúlveda Pertence, *DJ*, 12.3.2004.

14 STF, AC-QO 70/RS, Rel. Min. Sepúlveda Pertence, *DJ*, 12.3.2004.

3. BRASILEIROS NATURALIZADOS

Naturalizado é o que adquire a nacionalidade brasileira nos termos do art. 12, II, *a* e *b*, da Constituição. Constitui, quase sempre, modalidade derivada de aquisição da nacionalidade.

Dispõe a Constituição (art. 12, II) que são brasileiros naturalizados:

a) os que, na forma da lei, adquiram a nacionalidade brasileira, exigidas aos originários de países de língua portuguesa (Portugal, Angola, Moçambique, Guiné Bissau, Açores, Cabo Verde, Príncipe, Goa, Gamão, Dio, Macau e Timor Leste) apenas residência por um ano ininterrupto e idoneidade moral;

b) os estrangeiros de qualquer nacionalidade, residentes no Brasil há mais de 15 anos ininterruptos e sem condenação penal, desde que requeiram a nacionalidade brasileira (o prazo de residência no Brasil, que era de 30 anos, foi reduzido para 15 anos pela Emenda Constitucional de Revisão n. 3, de 7.6.1994).

Houve recepção, pela Constituição de 1988, da Lei n. 818, de 18 de setembro de 1949 (em parte), e da Lei n. 6.815, de 19.8.1980 (Estatuto dos Estrangeiros), no que se refere à naturalização.

São modalidades de naturalização:

1. *naturalização comum* – concedida ao estrangeiro residente no Brasil pelo prazo mínimo de quatro anos, que atenda às demais exigências do art. 112 da Lei n. 6.815/80, e que são: *a)* capacidade civil de acordo com a lei brasileira; *b)* ser registrado como permanente no Brasil (visto permanente); *c)* ler e escrever em português; *d)* boa conduta e boa saúde; *e)* exercício de profissão ou posse de bens suficientes à manutenção própria e da família; *f)* bom procedimento; *g)* inexistência de denúncia, pronúncia ou condenação no Brasil ou no exterior por crime doloso a que seja cominada pena mínima de prisão, abstratamente considerada superior a um ano;
2. *naturalização extraordinária, excepcional ou simplificada* – concedida ao estrangeiro residente no Brasil, na forma da alínea *b* do inciso II do art. 12 da Constituição Federal, com a redação dada pela Emenda Constitucional de Revisão n. 3/94;
3. *naturalização provisória* – voltada para os que foram admitidos no território nacional durante os primeiros cinco anos de vida e a requerem antes da maioridade se aqui definitivamente radicados. Uma vez completada esta, poderá tornar-se definitiva por manifestação expressa, até dois anos após a maioridade – art. 116 e seu parágrafo único da Lei n. 6.815/80;
4. *naturalização especial* – conferida ao cônjuge casado há mais de cinco anos com diplomata brasileiro em atividade e aos empregados em missão diplomática brasileira ou em repartição consular do Brasil, com

mais de dez anos de serviços ininterruptos – art. 114 da Lei n. 6.815/80 e art. 14 da Lei n. 818/49.[15]

A naturalização depende de solicitação, escolha ou opção do indivíduo, que, ao aceitá-la, renuncia à nacionalidade de outro Estado. Perante a ordem jurídica brasileira, a naturalização confere ao indivíduo a condição única de brasileiro, pouco importando se, perante o Estado de origem, ele continua seu nacional.

A naturalização é ato discricionário do Estado soberano, que poderá concedê-la ou recusá-la, segundo aspectos de conveniência ou oportunidade. Inexiste direito público subjetivo à sua obtenção.

Compete ao Ministro da Justiça concedê-la (art. 111 da Lei n. 6.815/80). A naturalização produz efeitos *ex nunc*. Permanece assim inalterada a condição anterior em relação a fatos verificados antes da naturalização, motivo por que persiste a responsabilidade civil e penal do naturalizado para com o país de origem.

4. DISTINÇÃO ENTRE BRASILEIROS NATOS E NATURALIZADOS

Constitui regra constitucional a isonomia entre brasileiros natos e naturalizados: "a lei não poderá estabelecer distinção entre brasileiros natos e naturalizados, salvo nos casos previstos nesta Constituição" (art. 12, § 2º).

Verifica-se que são privativos de brasileiros natos os cargos de Presidente e Vice-Presidente da República; de Presidente da Câmara dos Deputados; Presidente do Senado Federal; de Ministro do Supremo Tribunal Federal; da carreira diplomática; de oficial das Forças Armadas (art. 12, § 3º, I a VI); de Ministro de Estado da Defesa; de Vogais do Conselho da República (art. 89, VII).[16]

A motivação de se tornar privativos de brasileiros natos os cargos referenciados está em evitar que interesses estranhos ao Brasil viessem a ser defendidos por nacionais de outros países, que se naturalizassem brasileiros, sem a necessária integração com a cultura do país ou o comprometimento com o seu destino.

Note-se ainda que o elenco de cargos privativos de brasileiros natos, relativamente à carreira diplomática, não alcança o cargo de Ministro das Relações Exteriores, em virtude do disposto no art. 87 da Constituição, que não torna o cargo de Ministro de Estado privativo de brasileiros natos, à exceção do de Ministro de Estado da Defesa.

---

15 GUIMARÃES. *Nacionalidade*: aquisição, perda e reaquisão, p. 43.

16 Os cargos privativos de brasileiros natos foram reduzidos, em relação à Constituição de 1967/1969, que, no art. 145, parágrafo único, exigia essa condição para os cargos de Presidente e Vice-Presidente da República, Ministros de Estado, Ministros do Supremo Tribunal Federal, do Superior Tribunal Militar, do Tribunal Superior Eleitoral, do Tribunal Superior do Trabalho, do Tribunal Federal de Recursos, do Tribunal de Contas da União, Procurador Geral da República, Senador, Deputado Federal, Governador do Distrito Federal, Governador e Vice-Governador de Estado e de Território e seus substitutos, os de Embaixador e os das carreiras de Diplomata, de Oficial da Marinha, do Exército e da Aeronáutica.

Quanto ao Conselho da República, ressalvado os cargos dos vogais, em número de seis (art. 89, VII), pode integrá-lo o brasileiro naturalizado, na condição de líder da maioria e da minoria na Câmara dos Deputados e no Senado Federal ou como Ministro da Justiça, pois para esses cargos a Constituição não exige a condição de nato.

Ainda de acordo com o art. 5º, LI, a Constituição não admite a extradição do brasileiro nato, mas prevê a do naturalizado em caso de crime comum, praticado antes da naturalização, ou de comprovado envolvimento em tráfico ilícito de entorpecentes e drogas afins, na forma da lei. Finalmente, a Constituição declara ser privativa de brasileiro nato ou naturalizado, há mais de dez anos, a propriedade de empresa jornalística e de radiodifusão sonora de sons e imagens, ou de pessoas jurídicas constituídas sob as leis brasileiras e que tenham sede no país (art. 222, com a redação dada pela EC n. 36/2002).

5. QUASE-NACIONALIDADE

A Constituição confere tratamento especial aos portugueses quanto ao exercício dos direitos inerentes aos brasileiros, salvo nos casos previstos na Constituição.

Trata-se do que se denomina de *quase-nacionalidade*, em que os portugueses no Brasil e os brasileiros em Portugal têm uma situação em princípio equiparada à dos nacionais, embora não integrem o povo de cada um dos Estados.

Pela disposição do § 1º do art. 12, o tratamento favorável aos portugueses não está condicionado à sua naturalização, exigindo-se apenas residência permanente no País e reciprocidade em favor dos brasileiros.

A Convenção sobre Igualdade de Direitos e Deveres entre Brasileiros e Portugueses foi firmada em Brasília, a 7 de setembro de 1971, e, após a edição, no Brasil, de vários diplomas normativos referentes ao assunto, o Decreto n. 70.436, de 18 de abril de 1972, regulamentou a aquisição, pelos portugueses, no Brasil, dos direitos e obrigações previstos no Estatuto da Igualdade.

Anote-se que a Convenção sobre Igualdade de Direitos e Deveres entre Brasileiros e Portugueses, promulgada pelo Decreto n. 70.391, de 12 de abril de 1972, foi substituída por novo tratado bilateral, que entrou em vigor em 2001, sendo que o Decreto n. 3.927, de 19 de setembro de 2001, promulgou o Tratado de Amizade, Cooperação e Consulta, entre a República Federativa do Brasil e a República Portuguesa, celebrado em Porto Seguro, em 22 de abril de 2000, para entrar em vigor em 5 de setembro de 2001.

Relativamente aos brasileiros, a Constituição portuguesa, em seu art. 15, submete a atribuição de direitos a convenção internacional e em condição de reciprocidade, assinalando ainda que se trata de faculdade do governo aquela outorga.

São dois os procedimentos básicos previstos no Estatuto da Igualdade: 1. igualdade de direitos e de obrigações civis; 2. igualdade de direitos políticos.

No que se refere ao primeiro, deverá ser feito requerimento dirigido ao Ministro da Justiça, com prova da nacionalidade, capacidade e admissão no Brasil em caráter permanente. Para a obtenção de direitos, deve-se provar o seu gozo em Portugal e residência no Brasil há pelo menos três anos. Relativamente aos direitos políticos, há a necessidade de requerimento à Justiça Eleitoral, sendo que os direitos políticos não podem ser usufruídos no Estado de origem e no Estado de residência. Desse modo, uma vez assegurado esse direito no Estado de residência, ficará ele suspenso no Estado de origem. No que respeita aos cargos públicos, serão eles acessíveis ao português beneficiário do estatuto pleno, salvo aqueles cargos privativos de brasileiros natos.

6. PERDA DA NACIONALIDADE

A perda da nacionalidade, de acordo com o § 4º do art. 12, será declarada, relativamente ao brasileiro que tiver cancelada sua naturalização por sentença judicial, em virtude de atividade nociva ao interesse nacional, e de adquirir outra nacionalidade, salvo, como se depreende da Emenda Constitucional de Revisão n. 3, de 7.6.1994, nos casos de reconhecimento de nacionalidade originária pela lei estrangeira, de imposição de naturalização, pela norma estrangeira, ao brasileiro residente em Estado estrangeiro, como condição para permanência em seu território ou para o exercício de direitos civis.

A Constituição não arrola como causa de perda de nacionalidade a aceitação, pelo brasileiro, de governo estrangeiro, sem licença do Presidente da República, de comissão, emprego ou pensão, que constava do art. 146, II, da Emenda Constitucional n. 1, de 1969.

As hipóteses de perda de nacionalidade são aquelas taxativamente enumeradas no texto constitucional, inadmitindo-se que venham a ser ampliadas por lei ordinária. A ela cabe apenas prever o procedimento de apuração das causas ensejadoras da perda da nacionalidade.

Por força da nova redação dada pela Emenda Constitucional de Revisão n. 3/94 ao inciso II, com acréscimo das alíneas *a* e *b* do § 4º do art. 12 da Constituição, na verificação dos motivos que levam à perda da nacionalidade brasileira, o que deverá ser apurado não é mais a intenção da pessoa que se naturalizou, mas o reconhecimento de nacionalidade pela lei estrangeira e a imposição da norma estrangeira da naturalização.

É individual a perda da nacionalidade. Ela não atinge os filhos, a esposa, etc., conforme consta do art. 5º da Convenção de Montevidéu de 1933. Na Suíça, no entanto, a renúncia atinge a mulher e filhos menores.

Tem-se admitido a possibilidade da reaquisição da nacionalidade brasileira, mas, como a lei ordinária não pode instituir outros casos de nacionalidade originária, entende-se que tanto os brasileiros natos como os naturalizados somente podem voltar a ser nacionais, na condição de naturalizados. (Pontes de Miranda, Francisco Rezek e Mirtô Fraga).

Há, contudo, posicionamento de eminentes autores (José Afonso da Silva, Gilmar Penna Marinho e Oscar Tenório), no sentido de que a reaquisição tem efeitos de naturalização, ou seja, aquele que readquire uma determinada nacionalidade recupera o antigo *status*: se nato, volta a ser nato; se naturalizado, volta a ser naturalizado, porquanto só se pode readquirir aquilo que se perdeu.

7. SITUAÇÃO JURÍDICA DO ESTRANGEIRO NO BRASIL

No Brasil, a situação do estrangeiro se acha regulada pela Lei n. 6.815, de 19.8.1980, alterada pela Lei n. 6.964/81.

Destacamos, para análise, alguns institutos relativos à condição do estrangeiro no Brasil:

1. *entrada* – todo estrangeiro tem direito a entrar no Brasil, mediante algumas condições legais, mencionando-se a obtenção do visto de entrada, que pode ser de trânsito, de turista, temporário, permanente, de cortesia, oficial ou diplomático. O visto não será concedido ao estrangeiro menor de 18 anos, salvo se viajar acompanhado de responsável;
2. *permanência* – consiste na estada do estrangeiro no Brasil, sem limitação de tempo, que abrange aquele que obtenha o visto com a intenção de se fixar se definitivamente no País, bem como aquele que, obtendo visto de turista ou temporário, resolva permanecer no Brasil definitivamente, desde que preencha as condições para o visto permanente;
3. *direitos civis e políticos* – quanto aos direitos civis, a Constituição estabelece algumas restrições, entre nacionais e estrangeiros, como, por exemplo, a aquisição ou o arrendamento de propriedade rural por pessoa física ou jurídica estrangeira, bem como os casos que dependerão de licença do Congresso Nacional (art. 190); envio de remessa de lucros para o exterior (art. 172). Já com relação aos direitos políticos, a Constituição os atribui apenas aos brasileiros natos ou naturalizados, ressalvada a situação dos portugueses no Brasil, desde que haja reciprocidade em favor de brasileiros (art. 12, § 1º);
4. *asilo político* – consiste no recebimento do estrangeiro no território nacional, para evitar punição ou perseguição, no país de origem, por delito político ou ideológico. Nossa Constituição vinculou o asilo político às relações internacionais, pois que ele constitui um princípio da ordem internacional (art. 4º, X). Nada obstante, o asilado sujeita-se à observância das normas que o governo estabelecer, não podendo deixar o País sem autorização;
5. *extradição* – é a transferência compulsória de um indivíduo de um Estado para outro, que a requer, para que nele responda a processo ou cumpra pena.[17] A extradição pode ser *ativa*, que é a requerida pelo Brasil

[17] A extradição se distingue da *entrega* de nacionais, entendida como a entrega de uma pessoa por um Estado ao Tribunal, conforme prevê o Estatuto de Roma do Tribunal Penal Internacional. A entrega deve ter preferência sobre a extradição, no caso de concorrência de pedidos. Admite-se ainda que, em se tratando de entrega, a execução penal ocorra no próprio Estado que a fizer, caso haja acordo entre este e o Tribunal Penal Internacional. O Tratado de Roma (art. 84) prevê a entrega, pelo Estado, ao Tribunal Penal Internacional, de nacionais e estrangeiros, para serem processados. Assim, o Brasil se obriga a enviar não só estrangeiro, como os seus nacionais (brasileiros natos e naturalizados) para serem julgados pelo Tribunal Penal Internacional, o que tem sido considerado, por parte da doutrina, como afronta ao art. 5º, inciso LI, da Constituição, que veda a extradição de brasileiro nato ou naturalizado, salvo, quanto a este, nas condições que menciona. Há, no entanto, quem sustente a inocorrência do conflito, pois a

a outros Estados soberanos, e *passiva*, que é a requerida ao Brasil, por parte dos Estados soberanos, sendo a esta que se refere o texto constitucional. Portanto, ativa é a extradição pelo ângulo de quem formula o pedido de extradição, e passiva é pelo ângulo de quem recebe o pedido de extradição. Além dessas formas de extradição, existem outras, a seguir examinadas: a) extradição de fato – está fundamentada na *comitas gentium*, consiste na entrega do criminoso sem que haja qualquer procedimento jurídico; b) 1) extradição instrutória – é quando o pedido de extradição é formulado a fim de submeter o indivíduo a processo criminal; 2) extradição executória – é quando o pedido de extradição é formulado a fim de obrigar o indivíduo a cumprir a pena a que foi condenado; c) extradição espontânea e extradição requerida. A espontânea não é propriamente uma extradição, e poderá ser confundida com a extradição de fato, na qual também não existe verdadeiramente um pedido de extradição. A extradição espontânea é contrária ao próprio instituto de extradição, que pressupõe um pedido do Estado interessado. A extradição requerida é pleonasmo, porque toda extradição é requerida; d) reextradição, que surge quando o indivíduo é extraditado para um Estado e este dá a sua extradição a um terceiro Estado.[18] Somente será possível o pedido extradicional se fundamentar em tratado internacional ou, se inexistente, houver a promessa do governo do país estrangeiro de reciprocidade de tratamento ao Brasil. De acordo com o disposto no art. 5°, LI e LII, nenhum brasileiro será extraditado (ver adiante), e não será concedida a extradição de estrangeiro por crime político ou de opinião. Já o português equiparado, que tem todos os direitos do brasileiro naturalizado, pode ser extraditado, mas, de acordo com o Decreto Legislativo n. 70.391/72, sua extradição é possível apenas para Portugal. Note-se que a extradição depende do pronunciamento do Supremo Tribunal Federal acerca da legalidade e procedência do pedido,[19] podendo, no entanto, o Presidente da República deixar de consumar a extradição, mesmo com o pronunciamento a ela favorável do Supremo;[20] se, no entanto, o Supremo Tribunal decidir con-

---

entrega do acusado se distingue, como referido, da extradição, e o brasileiro nato ou naturalizado será processado e julgado perante uma instância judiciária internacional e não por outro país.

18 MELLO. *Curso de direito internacional público*, vol. II, p. 1.022-1.023.

19 "O Supremo Tribunal Federal, no sistema constitucional brasileiro, somente dispõe de competência originária para processar e julgar as extradições passivas, requeridas, ao Governo do Brasil, por Estados estrangeiros. Não compete à Suprema Corte apreciar, nem julgar da legalidade de extradições ativas, pois estas deverão ser requeridas, diretamente, pelo Estado brasileiro, aos Governos estrangeiros, em cujo território esteja a pessoa reclamada pelas autoridades nacionais. Os pedidos de extradição, por envolverem uma relação de caráter necessariamente intergovernamental, somente podem ser formulados por Estados soberanos, falecendo legitimação, para tanto, a meros particulares" (STF, Ext. 955, Rel. Min. Celso de Mello, decisão de 17.12.2004).

20 O tema foi amplamente debatido no julgamento, em 18.11.2009, da Extradição 1.085, Relator Ministro Cezar Peluso, em que figura como requerente o Governo da Itália, prevalecendo a

trariamente à extradição, seu pronunciamento vinculará o Presidente da República, que não poderá consumá-la. Anote-se que o pedido de extradição deverá ser feito, pelo governo do Estado estrangeiro, por via diplomática, e não por carta rogatória. O pedido somente terá prosseguimento se o extraditando estiver preso e à disposição do Tribunal. A prisão preventiva para extradição será decretada pelo Ministro relator do processo extradicional, até o final do julgamento, inadmitindo-se a liberdade vigiada, a prisão domiciliar e a prisão-albergue.[21] Incabível é a renúncia do extraditando ao procedimento extradicional, pois, ainda que esteja ele de acordo com o seu retorno ao país, o Supremo Tribunal é que irá exercer o controle da legalidade do pedido. Aplica-se à extradição o princípio da especialidade, é dizer, o extraditado somente poderá ser processado e julgado no país estrangeiro pelo delito objeto do pedido de extradição, observando-se, contudo, que o Supremo Tribunal Federal poderá permitir, por solicitação do país estrangeiro, o processo de pessoa já extraditada por qualquer delito praticado antes da extradição e diverso daquele que motivou o pedido extradicional, desde que o Estado requerido o autorize (pedido de extensão).

Exige a legislação brasileira, para a concessão da extradição, a comutação da pena de morte,[22] salvo nas hipóteses em que a lei brasileira a prevê. Quando se tratar de prisão perpétua, a ser despeito do silêncio

---

decisão, por cinco votos a quatro, de que a entrega do extraditando cabe, discricionariamente, ao Presidente da República (*Notícias* STF, 18.11. 2009; *Informativo* 568/STF). Ao julgar, no dia 16 de dezembro de 2009, questão de ordem apresentada pelo Governo Italiano, o STF decidiu, no entanto, relativamente ao pedido de extradição 1.085, do ativista italiano Cesare Battisti, que será retirada da proclamação do resultado do julgamento a referência à discricionariedade do Presidente da República para efetuar a extradição e constará que ele não está vinculado à decisão da Corte que autoriza a extradição (*Notícias* STF, 16.12.2009).

21 A jurisprudência do Supremo Tribunal Federal, embora seja firme no sentido de que a prisão preventiva do extraditando constitua requisito de procedibilidade da ação extradicional, tem sido mitigada pela Corte, diante da injustificada demora na segregação do extraditando. É que não se pode fazer da prisão preventiva para fins de extradição uma dura e fria negativa de acesso aos direitos e garantias processuais de base constitucional e enfaticamente proclamados em tratados internacionais de que o Brasil faz parte, em especial se há nos autos risco processual ou à coletividade pelo fato em si da liberdade do extraditando, ante a primariedade do agente e por residir há mais de 7 anos no Brasil, com vínculo laboral formal e residência própria no país, considerando ainda a necessidade de se dar especialíssima proteção à família, porque a manutenção da custódia poderia implicar a total desassistência material de sua esposa e de seu filho brasileiro menor de idade. Por fim, para que se conceda a liberdade provisória a medida deve conter as seguintes cautelas: a) depósito do passaporte do nacional no STF; b) impossibilidade de sair do Estado-Membro do Rio de Janeiro sem autorização do Relator; c) compromisso de comparecer semanalmente à seção judiciária de seu domicílio, para dar conta de suas atividades; d) compromisso de atender todo e qualquer chamamento judicial. STF, 2ª Turma, Ext 1254 QO/Romênia, Rel. Min. Ayres Britto, 6.9.2011. Cf. ainda como precedente: Ext 1054 QO/EUA (DJe de 3.2.2009). *Informativo* 639/STF.

22 STF, Ext. 633-9. Requerente: Governo da República Popular da China – Extraditando: Qian Hong – Rel. Min. Celso de Mello, j. 28.8.1996.

da legislação, o que poderia levar ao entendimento de ser desnecessária sua comutação em pena privativa de liberdade com prazo máximo de

---

"Extradição – República Popular da China – Crime de estelionato punível com a pena de morte – Tipificação penal precária e insuficiente que inviabiliza o exame dos requisitos concernentes à dupla incriminação – Pedido indeferido.

Processo extradicional e função de garantia do tipo penal. O ato de tipificação penal impõe ao Estado o dever de identificar, com clareza e precisão, os elementos definidores da conduta delituosa. As normas de incriminação que desatendem a essa exigência de objetividade – além de descumprirem a função de garantia que é inerente ao tipo penal – qualificam-se como expressão de um discurso normativo absolutamente incompatível com a essência mesma dos princípios que estruturam o sistema penal no contexto dos regimes democráticos. O reconhecimento da possibilidade de instituição de estruturas típicas flexíveis não confere ao Estado o poder de construir figuras penais com utilização, pelo legislador, de expressões ambíguas, vagas, imprecisas e indefinidas. É que o regime de indeterminação do tipo penal implica, em última análise, a própria subversão do postulado constitucional da reserva de lei, daí resultando, como efeito conseqüencial imediato, o gravíssimo comprometimento do sistema das liberdades públicas. A cláusula de tipificação penal cujo conteúdo descritivo se revela precário e insuficiente não permite que se observe o princípio da dupla incriminação, inviabilizando, em conseqüência, o acolhimento do pedido extradicional.

Extradição e respeito aos direitos humanos – A essencialidade da cooperação internacional na repressão penal aos delitos comuns não exonera o Estado Brasileiro – e, em particular, o Supremo Tribunal Federal – de velar pelo respeito aos direitos fundamentais do súdito estrangeiro que venha a sofrer, em nosso país, processo extradicional instaurado por iniciativa de qualquer Estado estrangeiro. O fato de o estrangeiro ostentar a condição jurídica de extraditando não basta para reduzi-lo a um estado de submissão incompatível com a essencial dignidade que lhe é inerente como pessoa humana e que lhe confere a titularidade de direitos fundamentais inalienáveis, dentre os quais avulta, por sua insuperável importância, a garantia do *due process of law* (*omissis*). O Supremo Tribunal Federal não deve deferir o pedido de extradição se o ordenamento jurídico do Estado requerente não se revelar capaz de assegurar aos réus, em juízo criminal, a garantia plena de um julgamento imparcial, justo, regular e independente. A incapacidade de o Estado requerente assegurar ao extraditando o direito ao *fair trial* atua como causa impeditiva do deferimento do pedido de extradição.

Extradição, pena de morte e compromisso de comutação – O ordenamento positivo brasileiro, nas hipóteses em que se delineia a possibilidade de imposição do *supplicium extremum*, impede a entrega do extraditando ao Estado requerente, a menos que este, previamente, assuma o compromisso formal de comutar, em pena privativa de liberdade, a pena de morte, ressalvadas, quanto a esta, as situações em que a lei brasileira – fundada na Constituição Federal (art. 5º, XLVII, *a*) – permitir a sua aplicação, caso em que se tornará dispensável a exigência de comutação. O chefe da missão diplomática pode assumir, em nome de seu governo, o compromisso oficial de comutar a pena de morte em pena privativa de liberdade, não necessitando comprovar, para esse efeito específico, que se acha formalmente autorizado pelo Ministério das Relações Exteriores de seu país. A Convenção de Viena sobre Relações Diplomáticas – art. 3º, n. 1, *a*, – outorga à missão diplomática o poder de representar o Estado acreditante (*État d'envoi*) perante o Estado acreditado ou Estado receptor (o Brasil, no caso), derivando, dessa eminente função política, um complexo de atribuições e de poderes reconhecidos ao agente diplomático que exerce a atividade de representação institucional de seu país.

(*Omissis*). Validade do mandado de prisão expedido por representante do Ministério Público do Estado estrangeiro requerente – O ordenamento positivo brasileiro, no que concerne aos processos extradicionais, não exige que a ordem de prisão contra o extraditando tenha emanado, necessariamente, de autoridade estrangeira integrante do Poder Judiciário. Basta que se cuide de autoridade investida, nos termos da legislação do próprio Estado requerente, de atribuição para decretar a prisão do extraditando. Precedente."

cumprimento, o Supremo Tribunal Federal, alterando posicionamento anterior, decidiu no sentido de que a entrega do extraditando se condiciona à comutação da pena de prisão perpétua em pena de prisão temporária de no máximo 30 anos.[23]

O fato de ser o extraditando casado com cônjuge brasileiro ou possuir filho brasileiro não impede a extradição (Súmula n. 421 do STF);

6. *expulsão* – consiste em se expelir do território nacional um estrangeiro, por ter nele praticado delito ou atentado à sua ordem jurídica, que o tornem inconveniente.

   É passível de expulsão o estrangeiro que, de qualquer forma, atentar contra a segurança nacional, a ordem política ou social, a tranquilidade ou moralidade pública e a economia popular, ou cujo procedimento o torne nocivo à conveniência e aos interesses nacionais. É ainda cabível a expulsão do estrangeiro que praticar fraude a fim de obter a sua entrada ou permanência no Brasil; havendo entrado no território nacional com infração à lei, dele não se retirar no prazo que lhe for determinado para fazê-lo, não sendo aconselhável a deportação; entregar-se à vadiagem ou à mendicância; desrespeitar proibição especialmente prevista em lei para estrangeiro.[24] A expulsão é um ato soberano do Estado, motivo por que, ao contrário da extradição, praticamente não tem qualquer regulamentação ou limitação imposta pela ordem jurídica internacional. A expulsão é ato discricionário do Presidente da República, cabendo-lhe resolver sobre a conveniência e oportunidade de sua efetivação. É do Ministério da Justiça a competência para a instauração de inquérito para a expulsão do estrangeiro. O ato expulsório sujeita-se, contudo, ao controle jurisdicional da legalidade, podendo o interessado pleitear ao Supremo Tribunal Federal a aferição de sua legitimidade jurídico-constitucional, limitada, porém, aos aspectos formais, utilizando-se para tanto do *habeas corpus*. Poderá ainda o interessado valer-se de recurso administrativo (pedido de reconsideração) contra o decreto de expulsão.

   É vedada a expulsão se implicar em extradição inadmitida pela lei brasileira, ou se o estrangeiro tiver cônjuge brasileiro, do qual não esteja divorciado ou separado, de fato ou de direito, e desde que o casamento tenha sido celebrado há mais de cinco anos; ou ainda se tiver filho brasileiro que, comprovadamente, esteja sob sua guarda ou dependência econômica. A adoção ou o reconhecimento da filiação supervenientes aos fatos que motivaram o decreto de expulsão não a impedem, bem como o reconhecimento de paternidade posterior àqueles fatos, relativamente ao estrangeiro que tenha filho brasileiro.

   O português que se beneficiar do estatuto da igualdade não poderá ser expulso.

---

[23] STF – Extradição n. 855-2/DF, Rel. Min. Celso de Mello, DJ, 3.9.2004, p. 9.

[24] Lei n. 6.815/80 (art. 65, parágrafo único).

O estrangeiro expulso não poderá voltar ao território nacional, porque se voltar se sujeitará a uma pena. De qualquer modo, a expulsão pode ser revogada quando cessam as causas que a motivaram;

7. *deportação* – consiste na saída compulsória do estrangeiro, por ter entrado ou permanecido irregularmente no território nacional. Para que haja controle, pelos Estados, dos indivíduos que entram e saem de seu território, instituiu-se um sistema de passaportes. Passaporte é palavra que vem do francês *passer* e do inglês *port* (porta ou portão, pois as cidades medievais eram muradas e tinham portas de entrada. O passaporte "é um documento expedido pelas autoridades públicas competentes, certificando a identidade e a nacionalidade do seu titular e lhe permitindo viajar no território do Estado que o concedeu, ou se dirigir a um outro Estado. O passaporte pode ser individual (é o normal)."[25] No Brasil, a concessão de passaporte para estrangeiro acha-se disciplinada pela Lei n. 6.815/80, regulamentada pelo Decreto n. 86.715/81, sendo que o Brasil dá passaporte a estrangeiro: 1 – no Brasil: a) apátrida; b) asilado ou refugiado; c) nacional de país que não tenha representação diplomática; 2 – no Brasil e no exterior "ao cônjuge ou à viúva de brasileiro que haja perdido a nacionalidade originária em virtude do casamento". Os passaportes têm as seguintes cores: vermelho (diplomatas), verde (comum), azul-escuro (especial), amarelo (apátrida), vermelho-escuro (comunidade europeia), azul entre o azul claro e o azul turquesa (refugiado).[26]

   A deportação se fará para o país de origem ou de procedência no estrangeiro, ou para outro que consinta recebê-lo, desde que o estrangeiro não se retire voluntariamente do território brasileiro, em prazo determinado. Não haverá deportação se ela implicar em extradição vedada pela lei brasileira. Não sendo exequível a deportação ou quando existirem indícios sérios de periculosidade ou indesejabilidade do estrangeiro, proceder-se-á à sua expulsão.

   Diferentemente da expulsão, a deportação não impede que o estrangeiro volte ao território nacional, desde que preencha as condições necessárias.

O brasileiro não pode ser expulso nem deportado, o que caracterizaria o banimento proibido pelo art. 5º, XLVII, da Constituição.

8. LÍNGUA E SÍMBOLOS NACIONAIS

No art. 13, a Constituição declara que a língua portuguesa é o idioma oficial da República Federativa do Brasil. As Constituições anteriores não mencionavam a expressão "língua portuguesa", mas "língua nacional" ou "idioma pátrio". O art. 35, do Ato das Disposições Transitórias da Constituição de 1946, previa até mesmo uma

---

[25] MELLO. *Curso de direito internacional público*, v. II, p. 1086.
[26] MELLO. *Curso de direito internacional público*, v. II, p. 1087-1088.

comissão de professores, escritores e jornalistas para opinar sobre a denominação do idioma nacional, o que sinalizava a possibilidade de um idioma brasileiro distinto do português falado em Portugal. O texto constitucional de 1988, no entanto, ao adotar a língua portuguesa como idioma oficial da República Federativa do Brasil, fez opção pelo português, embora com as peculiaridades, diferenças e gradações com que é falado em nosso País.

Na definição de Celso Cunha e Lindley Cunha, *língua* "é um sistema gramatical pertencente a um grupo diferenciado de indivíduos. Expressão da consciência de uma coletividade, a língua é o meio por que ela concebe o mundo que o cerca e sobre ele age. *Linguagem* é 'um conjunto complexo de processos – resultado de uma certa atividade psíquica profundamente determinada pela vida social – que torna possível a aquisição e o emprego concreto de uma língua qualquer'. Usa-se também o termo para designar todo sistema de sinais que serve de meio de comunicação entre os indivíduos. *Discurso* é a língua no ato, na execução individual".[27] De qualquer modo, linguagem, língua e discurso são termos interdependentes, estreitamente ligados.

O idioma é a língua própria de um povo, de um país, de uma região. A língua portuguesa, nesse sentido, é o idioma oficial do Brasil, ou seja, idioma irrecusável, inafastável, justamente por ser oficial; nada obstante, a Constituição garante aos indígenas o direito à sua própria língua (art. 231), e de utilizá-la no ensino de suas comunidades (art. 210, § 2º).

A língua portuguesa é ainda tutelada pela Constituição, ao prever que o ensino fundamental regular será nela ministrado (art. 210, § 2º), e ao incluí-la no patrimônio cultural brasileiro, como forma de expressão e bem imaterial portador de referência à identidade, à ação, e à memória dos diferentes grupos formadores da sociedade brasileira (art. 216, I). Integrando o patrimônio cultural brasileiro, a língua portuguesa se insere no âmbito dos atos lesivos protegidos pela ação popular (art. 5º, LXXIII), bem como no domínio da ação civil pública (art. 129, III) que, tendo por objeto obrigação de fazer, é exercitável "para pedir que se substitua denominação noutra língua por denominação em português, ou para que se acrescente esta àquela."[28]

Pelo Decreto Legislativo n. 54, de 18.4.1995, foi aprovado o texto do Acordo Ortográfico da Língua Portuguesa, assinado em Lisboa, em 16.12.1990; pelo Decreto n. 6.583, de 29.9.2008, foi promulgado o Acordo Ortográfico, cuja implementação

---

[27] CUNHA; CINTRA. *Gramática do português contemporâneo*, p. 1.

[28] MOREIRA. A ação civil pública e a língua portuguesa. *In*: MIRALÉ. (Coord.) *Ação Civil Pública*, p. 304-308. Cf ainda: MIRANDA. *Tutela do patrimônio cultural brasileiro* (p. 60-61), que registra a existência, no Estado de Minas Gerais, da Lei n. 12. 701/97, que dispõe sobre a valorização da língua portuguesa, nos seguintes termos: "Art. 2º Fica proibido o uso de termos e expressões em língua estrangeira nos textos dos documentos oficiais dos órgãos e entidades da administração direta e indireta do Estado. Parágrafo único. Na falta de equivalente em português, poderá ser usado o termo ou a expressão estrangeira, desde que seguidos de sua tradução. Art. 3º O disposto no artigo anterior aplica-se também a: I – matéria publicada em órgão oficial de comunicação; II – matéria publicitária ou informativa paga parcial ou integralmente pelo Estado; III – nome de próprio público; IV – placa de identificação de obra ou serviço do Estado ou de que ele participe; V – texto de livro, jornal, revista ou outra publicação, de iniciativa pública."

(art. 2º, parágrafo único, do Decreto n. 6.583/2008, alterado pelo Decreto n. 7.875, de 27.12.2012), obedecerá ao período de transição de 1º de janeiro de 2009 a 31 de dezembro de 2015, durante o qual coexistirão a norma ortográfica atualmente em vigor (aprovada pela Lei n. 5.765, de 18.12.1971) e a nova norma estabelecida.

Os símbolos nacionais, de acordo com o § 1º do art. 13 da Constituição, são a bandeira, o hino, as armas e o selo nacionais. Os símbolos nacionais, como observa Manoel Gonçalves Ferreira Filho, "cumprem importante função psicossocial em prol da permanência do Estado. Servem de sinal sensível a solenizar a presença e a dignidade da Pátria. Por isso, estimulam os nacionais à dedicação, ao esforço e ao sacrifício. Sua força deriva das tradições a eles associadas."[29] Dir-se-ia que os símbolos nacionais circulam no imaginário social como um universo de significações que mantêm a identidade de um grupo social ao longo da História.

Diferentemente do texto constitucional anterior (EC n. 1/1969), que, embora mencionasse como símbolos nacionais a bandeira e o hino, permitia a criação de outros, por lei, a atual Constituição enumera taxativamente os símbolos, o que inviabiliza a sua ampliação ou diminuição, por lei ordinária, a quem cabe apenas dispor acerca de sua configuração.

A forma e a apresentação dos símbolos nacionais acham-se disciplinadas pela Lei n. 5.700, de 1º de setembro de 1971, ressaltando-se alguns pontos a seguir considerados.

A *Bandeira Nacional* é a que foi adotada pelo Decreto n. 4, de 19 de novembro de 1889, com a modificação da Lei n. 5.443, de 28 de maio de 1968. Na Bandeira Nacional está representado, em lavor artístico, um aspecto do céu do Rio de Janeiro, com a constelação "Cruzeiro do Sul" no meridiano, idealizado como visto por um observador situado na vertical que contém o zênite daquela cidade, numa esfera exterior à que se vê na Bandeira. São consideradas manifestações de desrespeito à Bandeira Nacional, e, portanto, proibidas: I – apresentá-la em mau estado de conservação; II – mudar-lhe a forma, as cores, as proporções, o dístico ou acrescentar-lhe outras inscrições; III – usá-la como roupagem, reposteiro, pano de boca, guarnição de mês, revestimento de tribuna, ou como cobertura de placas, retratos, painéis ou monumentos a inaugurar; IV – reproduzi-la em rótulos ou invólucros de produtos expostos à venda.

O *Hino Nacional*[30] é composto da música de Francisco Manoel da Silva e do poema de Joaquim Osório Duque Estrada. A marcha batida, de autoria do mestre de Música

[29] FERREIRA FILHO. *Comentários à constituição brasileira de 1988*, v. 1, p. 120-121.

[30] Lembra José Murilo de Carvalho que, no Império, o "sentimento monarquista da população não significava necessariamente sentimento de brasilidade. Era antes fidelidade à tradição monárquico-católica de natureza religiosa e cultural antes que política. O simples uso de símbolos cívicos clássicos, como o hino e a bandeira, não era feito de maneira eficiente. O hino nacional nunca teve letra fixa. As letras que se usavam tinham a ver com episódios específicos como a abdicação de Pedro I e a coroação de Pedro II. A execução do hino acabou resumindo-se à música de Francisco Manuel da Silva. Seu uso mais espetacular e eficaz foi feito por um estrangeiro, um republicano norte-americano, o pianista e compositor Louis Moreau Gottschalk. Em visita ao Rio de Janeiro, em 1868, aproveitando o ambiente emo-

Antão Fernandes, integrará as instrumentações de orquestra e banda, nos casos de execução do Hino Nacional, devendo ser mantida e adotada a adaptação vocal, em fá maior, do maestro Alberto Nepomuceno. É vedada a execução de quaisquer arranjos vocais do Hino Nacional, a não ser a de Alberto Nepomuceno; igualmente não será permitida a execução de arranjos artísticos instrumentais do Hino Nacional que não sejam autorizadas pelo Presidente da República. Na execução do Hino Nacional far-se-á o canto sempre em uníssono e, nos casos de simples execução instrumental tocar-se-á a música integralmente, mas sem repetição; nos casos de execução vocal, serão sempre cantadas as duas partes do poema. Será facultativa a execução do Hino Nacional na abertura de sessões cívicas, nas cerimônias religiosas a que se associe sentido patriótico, no início ou no encerramento das transmissões diárias das emissoras de rádio e televisão, bem assim para exprimir regozijo público em ocasiões festivas. Nas cerimônias em que se tenha de executar um Hino Nacional Estrangeiro, este deve, por cortesia, preceder o Hino Nacional Brasileiro. De acordo com o art. 40 da Lei n. 5.700, de 1º de setembro de 1971, ninguém poderá ser admitido no serviço público sem que demonstre conhecimento do Hino Nacional.

Nas cerimônias de hasteamento ou arriamento[31], nas ocasiões em que a Bandeira se apresentar em marcha ou cortejo, assim como durante a execução do Hino Nacional, todos devem tomar atitude de respeito, de pé e em silêncio, os civis do sexo masculino com a cabeça descoberta e os militares em continência, segundo o regulamento das suas corporações, sendo vedada qualquer outra forma de saudação.

Nas *Armas Nacionais*, o escudo redondo será constituído em campo azul-celeste, contendo cinco estrelas de prata, dispostas na forma da constelação do Cruzeiro do Sul, com a bordadura perfilada de ouro, carregada de vinte e duas estrelas de prata. O todo brocante sobre uma espada, em pala, empunhada de ouro, guardas de blau, salvo a parte do centro, que é de goles e contendo uma estrela de prata, figurará sobre uma coroa formada de um ramo de café frutificado, à destra, e de outro de um fumo florido, à sinistra, ambos da própria cor, atados de blau, ficando o conjunto sobre um resplendor de ouro, cujos contornos formam uma estrela de vinte pontas. Em listel de blau, brocante sobre os punhos da espada, inscrever-se-á, em ouro, a legenda República Federativa do Brasil, no centro, e ainda as expressões "15 de novembro", na extremidade destra, e as expressões "de 1889", na sinistra.

O *Selo Nacional* será constituído por um círculo representando uma esfera celeste, igual ao que se acha no centro da Bandeira Nacional, tendo em volta as palavras República Federativa do Brasil. O selo nacional será usado para autenticar os atos de

cional causado pela guerra contra o Paraguai, Gottschalk compôs uma *Marcha Solene Brasileira*, fantasia em torno do hino nacional. Para executar a marcha, organizou um concerto gigantesco, como nunca se vira na cidade, empregando quase todos os músicos disponíveis, incluindo bandas do Exército, da Marinha e da Guarda Nacional. O êxito foi estrondoso. Mas nem assim se interessou o governo em dar ao hino uma letra" (*Pontos e bordados*: escritos de história política, p. 239-240).

31 O art. 13 da Lei n. 5.700/1971, com a redação dada pela Lei n. 12.157, de 23 de dezembro de 2009, estabelece que, nos locais em que se hasteia diariamente a Bandeira Nacional, também será hasteada a Bandeira do Mercosul.

governo e os diplomas e certificados expedidos pelos estabelecimentos de ensino ou reconhecidos.

As cores nacionais, o verde e o amarelo, podem ser usadas sem quaisquer restrições, inclusive associadas a azul e branco.

A violação de qualquer disposição da Lei n. 5.700/1971, excluídos os casos previstos no art. 44 do Decreto-Lei n. 898/1969, é considerada contravenção, sujeito o infrator à pena de multa de uma a quatro vezes o valor de referência vigente no País, elevada ao dobro nos casos de reincidência.[32]

Os Estados, o Distrito Federal e os Municípios poderão ter símbolos próprios: é o que prevê o § 2º do art. 13 da Constituição. Esses símbolos têm sido bandeira e brasão. A Constituição de 1937, buscando fortalecer a unidade nacional, proibia a adoção de outros símbolos que não os nacionais.

[32] Diferentemente do Brasil, nos Estados Unidos o respeito aos símbolos nacionais, como à bandeira e ao hino, não os coloca em posição de supremacia aos direitos de crítica, de manifestação e de protesto. O povo norte-americano apropriou-se de tal modo dos símbolos nacionais, que passaram eles a integrar o cotidiano das pessoas, seja em manifestações esportivas ou culturais. Por isso mesmo é que não são considerados ilícitos penais a omissão de manifestação de respeito à bandeira, o mau uso e a incineração da bandeira. O Congresso norte-americano chegou até mesmo a rejeitar proposta de emenda constitucional, que autorizava o legislador (federal ou estadual) a proibir o mau uso da bandeira.

Capítulo 5

DIREITOS POLÍTICOS E SISTEMAS ELEITORAIS

SUMÁRIO

1. CONSIDERAÇÕES GERAIS

Os direitos políticos não são direitos de defesa, contra o Estado, mas direitos de integração ao Estado, e têm como instituições principais os partidos políticos e um Poder Legislativo livre e representativo, que legitima a organização política da sociedade.

Os direitos políticos, segundo Pimenta Bueno, "são as prerrogativas, os atributos, faculdades ou poder de intervenção dos cidadãos ativos no governo de seu país, intervenção direta ou só indireta, mais ou menos ampla, segundo a intensidade do gozo desses direitos. São o *jus civitatis*, os direitos cívicos, que se referem ao poder público, que autorizam o cidadão ativo a participar na formação ou exercício da autoridade nacional, a exercer o direito de votante ou eleitor, os direitos de deputado ou senador, a ocupar cargos políticos, e a manifestar suas opiniões sobre o governo do Estado. Os direitos individuais ou civis têm em vista o exercício legítimo das faculdades do homem; os direitos políticos são os meios de assegurar os direitos naturais pela intervenção que o cidadão ativo exerce no poder público, são as garantias que escudam aqueles, e sem as quais não poderia defendê-los, não teria apoio valioso e eficaz. Tais são os direitos políticos, e tal é a sua importância, conquista dos povos livres, que não basta alcançar, que é preciso saber conservar e defender em toda a sua plenitude. Passou, ofuscou-se para sempre o esplendor, a grandeza precária e sangrenta das conquistas militares; nos séculos atual e futuros da civilização a grandeza real, a glória e a felicidade dos povos e dos governos, não pode ter, e não terá outra base firme que não seja a das liberdades do homem e do cidadão".[1]

A participação do nacional no processo político, votando, sendo votado, exercendo cargo público e fiscalizando os atos dos detentores do poder, é traço do Estado Democrático de Direito. Assim, ao lado da liberdade autonomia, que se traduz na existência de direitos inerentes ao indivíduo e oponíveis ao Estado, fala-se em liberdade-participação, entendida como a prerrogativa do indivíduo de participar da vida política do Estado.

Os direitos políticos configuram, pois, essa liberdade-participação, que é assegurada a determinada categoria de nacionais, os chamados cidadãos. Portanto, há de se distinguir entre nacional e cidadão: nacional é aquele que se acha vinculado ao Estado por um liame jurídico-público, que, como vimos, o sujeita à ordem jurídica estatal; já o cidadão é o nacional capaz de exercer direitos políticos. Alguns autores, contudo, tomam uma expressão pela outra, sem distingui-las. Em nosso Direito, no âmbito dos direitos políticos, nacionalidade e cidadania não se equivalem: cidadão é o nacional investido da condição de participante do processo político: "é um *status* ligado ao regime político".[2]

Dentre as diversas formas em que se manifesta, a cidadania pode ser ativa (capacidade de votar) ou passiva (capacidade de ser votado).

O conceito de cidadania não se esgota no cidadão-eleitor. Como leciona Baracho, "o conceito de cidadão e cidadania vem adquirindo particularidades, que não se esgotam na compreensão de ser cidadão aquele que participa dos negócios da cidade. Os homens passaram da situação de sujeitos para a de cidadãos, sendo que, na França, somente em 1830 a palavra 'sujeito' desapareceu dos documentos oficiais. O cidadão, no dizer de Philippe Ardant, introduziu com ele a democracia; não há cidadãos sem democracia ou democracia sem cidadãos. O cidadão não aparece de um momento para outro, nos Estados Unidos em 1776, ou em Paris em 1789. Em séculos precedentes, em determinadas sociedades, as pessoas adquirem progressivamente os componentes de estatuto, que limita o posicionamento do poder: os do diálogo, os da participação e, sobretudo, os da proteção contra o arbítrio".[3] A cidadania, portanto, implica a participação ou a qualidade de membro da comunidade, pelo que formas distintas de comunidade política acarretam diferentes formas de cidadania. Nesse sentido tem-se que, por exemplo, no Estado social de direito a cidadania abrange, além dos direitos civis e políticos, o gozo de direitos econômicos, sociais e culturais. A Lei n. 9.265, de 12.2.1996, em seu art. 1º, considera como atos de cidadania, para fins de gratuidade: I – os que capacitam o cidadão ao exercício da soberania popular, a que se reporta o art. 14 da Constituição; II – aqueles referentes ao alistamento militar; III – os pedidos de informações ao poder público, em todos os seus âmbitos, objetivando a instrução de defesa ou a denúncia de irregularidades administrativas na órbita pública; IV – as ações de impugnação de mandato eletivo por abuso do poder econômico, corrupção

---

1 BUENO. *Direito público brasileiro e análise da constituição do império*, p. 458-459.

2 FERREIRA FILHO. *Curso de direito constitucional*, p. 99.

3 BARACHO. *Teoria geral da cidadania*, p. 1.

ou fraude; V – quaisquer requerimentos ou petições que visem às garantias individuais e à defesa do interesse público; VI – o registro civil de nascimento e o assento de óbito, bem como a primeira certidão respectiva.

Nos termos do art. 25 do Pacto Internacional sobre Direitos Civis e Políticos, "todo cidadão terá o direito e a possibilidade, sem qualquer das formas de discriminação mencionadas no art. 2º e sem restrições infundadas: a) de participar da condução dos assuntos públicos, diretamente ou por meio de representantes livremente escolhidos; b) de votar e ser eleito em eleições periódicas, autênticas, realizadas por sufrágio universal e igualitário e por voto secreto, que garantam a manifestação da vontade dos eleitores; c) de ter acesso, em condições gerais de igualdade, às funções públicas do seu país."

Ao afirmar que os direitos políticos pertencem imediatamente ao povo como um todo, a cada cidadão individualmente considerado, e mediatamente pertencem, conforme sua natureza, a pessoas e órgãos de mediação, Sérgio Sérvulo da Cunha os classifica em direitos políticos individuais ou coletivos, direitos políticos originais (imediatos) ou derivados (mediatos). Nessa linha, aduz: "São direitos políticos individuais originais: a) o direito individual de agir politicamente (manifestação de opinião política e ações correspondentes, direitos de petição, de reunião e de associação, prática de atos de controle do governo e de oposição ao governo, candidatura a função de governo, aceitação de função de governo, e as correspondentes pretensões a prestação jurisdicional); b) o direito individual de participar em ação coletiva (votar, participar de associação de fins políticos e de partido político, participar de oposição contra o governo, e as correspondentes pretensões a prestação jurisdicional). São direitos políticos individuais derivados o direito de exercer função de governo, e as correspondentes pretensões a prestação jurisdicional. São direitos políticos coletivos originais: a) o direito coletivo de agir (manifestação de opinião política e ações correspondentes, prática de atos de controle do governo e de oposição ao governo, e as correspondentes pretensões a prestação jurisdicional); b) o direito de instituir o governo; c) o direito de exercício direto de funções de governo (*v.g.* iniciativa, referendo, plebiscito); d) o direito de outorga ou delegação (*v.g.* eleição); e) o direito coletivo de controle (*v.g. recall*); f) o direito coletivo de oposição e as correspondentes pretensões a prestação jurisdicional. São direitos políticos coletivos derivados os direitos correspondentes às funções primárias de órgãos coletivos de mediação política, como partidos políticos e corpos colegiados de governo, e as correspondentes pretensões a prestação jurisdicional."[4]

2. SUFRÁGIO E VOTO

O sufrágio é universal, e o voto, direto e secreto, dispõe a Constituição no art. 14.

Cumpre inicialmente distinguir *sufrágio* (direito), *voto* (exercício), e *escrutínio* (modo de exercício).

4 CUNHA. *Fundamentos de direito constitucional*, v. 1, p. 156-157.

O *sufrágio* é universal, isto é, o direito de votar e de ser votado é conferido a todos os cidadãos, independentemente de qualquer distinção quanto, por exemplo, a sexo, classe social ou econômica, mas que atendam às condições indicadas genérica e abstratamente no texto constitucional, relativas à nacionalidade, capacidade, idade e alistamento eleitoral, que, no entanto, não desqualificam o sufrágio como universal, desde que sejam prévia, genérica e abstratamente definidos e aplicáveis a todos os cidadãos. Quer-se com isso dizer que o sufrágio universal, construído nos parâmetros do Estado Democrático de Direito, não admite incapacidades eleitorais que atinjam a universalidade e a igualdade definidas segundo critérios materiais.

O sufrágio universal foi proclamado na França, após o levante de Paris contra a Monarquia de julho, pelo Decreto de 5 de março de 1848, cujo art. 5º estabelecia: "O sufrágio será direto e universal." Nada obstante considerar os homens politicamente iguais, o sufrágio universal fora concebido mais como uma exclusão pelo censo do que uma ausência geral de exclusão: não se estendia, por exemplo, às mulheres. Lembre-se de que, no mês seguinte ao da concessão do sufrágio universal, o eleitorado francês, que era de 250 mil, passou para 8 milhões, e, um ano depois, atingiu 10 milhões.

O sufrágio universal não se confunde com o sufrágio restrito, denominação genérica que compreende várias fórmulas de limitação do sufrágio, como o sufrágio censitário que admitia como eleitores apenas aqueles indivíduos que possuíssem determinado padrão econômico, consubstanciado em bens ou rendas, o que se achava previsto, por exemplo, na Constituição de 1824, cujo art. 92, V, excluía das eleições para as Assembleias Paroquiais os que não tivessem renda líquida anual de cem mil reis, além de outros dispositivos que tratavam do tema. Também se considera como sufrágio restrito o denominado sufrágio masculino, pelo qual somente aos indivíduos do sexo masculino se assegurava a condição de eleitor. A extensão do sufrágio às mulheres em nível nacional, no Brasil só ocorreu com a Revolução de 1930, consagrado que foi pelo Código Eleitoral de 1932, e constitucionalizado na Constituição de 1934, nada obstante ter sido o tema cogitado quando da elaboração da Constituição de 1891, em que foi rejeitada proposta neste sentido, sob o argumento de que a mulher normal e típica é a que fica no lar doméstico, exercendo as virtudes femininas, base da tranquilidade da família, e por consequência da felicidade social. Além disso, segundo pronunciamento do então Deputado Pedro Américo, não se devia "arrastar para o turbilhão das paixões políticas a parte serena e angélica do gênero humano". Outra fórmula de sufrágio restrito é o sufrágio capacitário, entendido como aquele em que a qualidade de eleitor é atribuída a quem possua elevado grau de instrução, ou é negada àqueles que não a possuem em determinado grau. Como exemplo da primeira modalidade, mencione-se o art. 92, I, da Constituição de 1824, pelo qual a exigência de idade mínima de 25 anos é excepcionada para os bacharéis formados, e exemplo da segunda modalidade foi a exclusão da condição de eleitor aos analfabetos, hoje não mais presente (Constituição de 1988).

O *voto* é direto, ou seja, a escolha se faz sem a figura de eleitores intermediários.[5]

---

[5] No Império, até 1881, havia a figura do votante, denominação dada ao eleitor de 1º grau, pois, segundo a Constituição de 1824 (art. 90), as eleições eram indiretas, elegendo a massa

Além de direto, o voto se reveste de mais alguns caracteres, que são:

a) *personalidade*, que traduz a impossibilidade de ser exercido por procuração, só se efetivando pessoalmente;[6]
b) *igualdade*: o voto de cada eleitor tem o mesmo valor – *one man, one vote* – independentemente de sexo, idade, credo, posição social ou situação econômica;
c) *obrigatoriedade do comparecimento*, exigindo-se ainda do eleitor o depósito do voto na urna, e a assinatura da folha individual de votação,[7] salvo as exceções constitucionais quanto ao voto facultativo, sob pena de imposição de multa. Trata-se, no entanto, de obrigatoriedade formal, já que, por envolver o escrutínio secreto, não há como se exigir que o eleitor efetivamente vote. A previsão de multas, na Lei n. 387, de 1846, para os que faltassem às reuniões dos colégios eleitorais ou não participassem da escolha de Juízes de Paz e Vereadores, sinalizava um começo de voto obrigatório no Império. Na República, somente com o Código Eleitoral de 1932 é que seria introduzida a obrigatoriedade da inscrição do eleitor e do voto, regra mantida no atual Código Eleitoral.[8]

---

dos cidadãos ativos (votantes) em Assembleias Paroquiais os eleitores de Província, e estes os Representantes da Nação, e Província. A expressão votante, para caracterizar o que compunha essa 'massa dos cidadãos ativos', veio com o Decreto n. 157, de 4 de março de 1842.

6 O STF, no julgamento da Medida Cautelar na ADI 4.467-DF, Relatora Min. Ellen Gracie, dando interpretação conforme a Constituição, decidiu que apenas a ausência de documento oficial de identidade com fotografia impede o exercício do direito de voto. Desse modo, o eleitor que não esteja portando seu título eleitoral, está apto a votar mediante a apresentação de documento oficial com fotografia (j. 30.9.2010; DJ 1º.6.2011; *Informativo* 602/STF).

7 A Resolução TSE n. 22.713, de 28.2.2008, dispõe sobre os procedimentos de identificação biométrica do eleitor e votação nas seções eleitorais dos Municípios de Fátima do Sul /MS, Colorado do Oeste/RO e São João Batista/SC, relativamente às eleições de 5 de outubro de 2008: "Art. 4º Observar-se-ão na votação os seguintes procedimentos (Código Eleitoral, art. 146): V – o presidente da mesa receptora de votos ratificará a identidade do eleitor solicitando que ele posicione o dedo indicado pelo sistema sobre o leitor de impressões digitais; VI – havendo o reconhecimento da biometria, o presidente da mesa receptora de votos autorizará o eleitor a votar; VII – não havendo o reconhecimento da biometria, o presidente da mesa receptora de votos solicitará ao eleitor que posicione o próximo dedo indicado pelo sistema sobre o leitor de impressões digitais para identificação, e assim sucessivamente, até o reconhecimento; VIII – por fim, não havendo o reconhecimento biométrico do eleitor, o presidente da mesa receptora de votos autorizará o eleitor a votar por meio de um código numérico e consignará o fato em ata".

8 Código Eleitoral (Lei n. 4.737/65): "Art. 7º O eleitor que deixar de votar e não se justificar perante o Juiz Eleitoral até trinta dias após a realização da eleição incorrerá na multa de três a dez por cento sobre o salário mínimo da região, imposta pelo Juiz Eleitoral e cobrada na forma prevista no art. 367. § 1º Sem a prova de que votou na última eleição, pagou a respectiva multa ou de que se justificou devidamente, não poderá o eleitor: I – inscrever-se em concurso ou prova para cargo ou função pública, investir-se ou empossar-se neles; II – receber vencimentos, remuneração, salário ou proventos de função ou emprego público, autárquico ou paraestatal, bem como fundações governamentais, empresas, institutos e sociedades de qualquer natureza, mantidas ou subvencionadas pelo governo ou que exerçam serviço público delegado, correspondentes ao segundo mês subseqüente ao da eleição; III – participar de concorrência pública ou administrativa da União, dos Estados, dos Territórios, do Distrito Federal ou dos Municípios, ou das respectivas

d) *liberdade*: o cidadão escolhe a melhor alternativa que lhe convier, ou seja, manifesta sua preferência em relação a um candidato entre os que disputam o pleito eleitoral, sendo-lhe ainda facultado o voto em branco ou nulo;

e) *periodicidade*: o voto, como base da democracia representativa, é periódico, posto que os mandatos representativos também o são.

O *escrutínio* é secreto, pois com isso se procura resguardar a autenticidade da manifestação do eleitor, garantindo o sigilo da votação, por meio de mecanismos previstos na lei eleitoral. O sistema de votação acha-se, contemporaneamente, informatizado. Com a introdução da urna eletrônica, reforça-se a garantia do sigilo da votação, recolhendo-se o eleitor à cabine indevassável para o exercício do voto, digitando os números na urna.[9] No caso de eleitor portador de necessidades espe-

---

autarquias; IV – obter empréstimos nas autarquias, sociedades de economia mista, caixas econômicas federais ou estaduais, nos institutos e caixas de previdência social, bem como em qualquer estabelecimento de crédito mantido pelo governo, ou de cuja administração este participe, e com essas entidades celebrar contratos; V – obter passaporte ou carteira de identidade; VI – renovar matrícula em estabelecimento de ensino oficial ou fiscalizado pelo governo; VII – praticar qualquer ato para o qual se exija quitação do serviço militar ou imposto de renda. § 3º Realizado o alistamento eleitoral pelo processo eletrônico de dados, será cancelada a inscrição do eleitor que não votar em três eleições consecutivas, não pagar a multa ou não se justificar no prazo de seis meses, a contar da data da última eleição a que deveria ter comparecido."

9 A Lei n. 9.504/1997 trata do sistema eletrônico de votação e da totalização dos votos, em seus arts. 59 a 62. O STF declarou inconstitucional o art. 5º da Lei n. 12.034/2009, que cria o voto impresso a partir das eleições de 2014, por comprometer o sigilo e a inviolabilidade do voto assegurados pelo art. 14, e inciso II do § 4º do artigo 60, da CF (ADI 454-DF, Rel. Min. Cármen Lúcia, j. 6.11.2013. *Notícias* STF 6.11.2013; I*nformativo* 763/STF). Ementa do acórdão: "1. A exigência legal do voto impresso no processo de votação, contendo número de identificação associado à assinatura digital do eleitor, vulnera o segredo do voto, garantia constitucional expressa. 2. A garantia da inviolabilidade do voto impõe a necessidade de se assegurar ser impessoal o voto para garantia da liberdade de manifestação, evitando-se coação sobre o eleitor. 3. A manutenção da urna em aberto põe em risco a segurança do sistema, possibilitando fraudes, o que não se harmoniza com as normas constitucionais de garantia do eleitor."

"Art. 59. A votação e a totalização dos votos serão feitas por sistema eletrônico, podendo o Tribunal Superior Eleitoral autorizar, em caráter excepcional, a aplicação das regras fixadas nos arts. 83 a 89 (sistema de votação convencional, por cédula). § 1º A votação eletrônica será feita no número do candidato ou da legenda partidária, devendo o nome e a fotografia do candidato e o nome do partido ou a legenda partidária aparecer no painel da urna eletrônica, com a expressão designadora do cargo disputado no masculino ou feminino, conforme o caso. § 2º Na votação para as eleições proporcionais, serão computados para a legenda partidária os votos em que não seja possível a identificação do candidato, desde que o número identificador do partido seja digitado de forma correta. § 3º A urna eletrônica exibirá para o eleitor, primeiramente, os painéis referentes às eleições proporcionais e, em seguida, os referentes às eleições majoritárias. § 4º A urna eletrônica disporá de recursos que, mediante assinatura digital, permitam o registro digital de cada voto e a identificação da urna em que foi registrado, resguardado o anonimato do eleitor. § 5º Caberá à Justiça eleitoral definir a chave de segurança e a identificação da urna eletrônica de que trata o § 4º. § 6º Ao final da eleição, a urna eletrônica procederá à assinatura digital do arquivo de votos, com aplicação do registro de horário e do arquivo do boletim de urna, de maneira a impedir a substituição de votos e

ciais, permite-se, no entanto, que seja auxiliado por pessoa de sua confiança, que poderá ingressar com ele na cabine de votação e também digitar os números na urna.[10] O sigilo é ainda assegurado quando, à falta da urna eletrônica, procede-se à votação por cédula oficial, que será entregue ao eleitor no momento da votação, recolhimento deste à cabine indevassável, e depósito da cédula na urna, mostrando antes a parte rubricada para comprovação de que não houve substituição fraudulenta.

Nas eleições para os cargos majoritários são válidos os votos registrados na urna eletrônica a candidatos regularmente inscritos. Nas eleições proporcionais consideram-se válidos os votos registrados: a) aos candidatos regularmente inscritos; b) às legendas partidárias ou que tenham os dois primeiros dígitos coincidentes com a numeração do partido político concorrente ao pleito, e os três últimos dígitos não correspondentes a candidato existente nem a candidato que teve indeferido seu pedido de registro com decisão definitiva antes da carga da urna eletrônica, os quais serão computados para a legenda. Portanto, são considerados votos nulos se o eleitor digitar um número de candidato inexistente na urna eletrônica, desde que os dois primeiros dígitos não coincidam com o número de partido concorrente às eleições ou então digitar o número de candidato com registro indeferido com decisão definitiva antes da carga da urna eletrônica. Anote-se ainda que pela Lei n. 9.504/97, os votos em branco passaram a ter o mesmo valor dos votos nulos (ver adiante).

No Brasil, o processo de votação passou por várias transformações. Nos termos da primeira lei eleitoral (1824), editada após a Independência, os votantes depositavam na urna um pedaço de papel, conhecido como *relação*, com os nomes e as respectivas profissões do candidato, que traziam pronto, já que os nomes dos candidatos não eram escritos no local de votação. Exigia-se que a *relação* fosse assinada pelo votante, que também podia enviar seu voto por intermédio de outro. A partir de 1842, as cédulas deixaram de ser assinadas, tendo sido abolido o voto por procuração. O sigilo do voto foi introduzido pela lei de 1875, pois os votantes depositavam na urna a cédula, que devia estar fechada por todos os lados. O voto teria que ser escrito em papel branco ou anilado, não devendo ser transparente, ter marca, sinal ou numeração. A cédula, fechada por todos os lados e com o rótulo do cargo em disputa, era colocada em envelope fechado e depositada na urna. Durante a Primeira República, o processo de votação praticamente não foi alterado. Pela lei de 1916, a cédula deveria ser colocada em invólucro fechado, que não podia conter nenhum distintivo, utilizando-se uma cédula para cada cargo em disputa. Era comum a distribuição de cédulas pelos *cabos eleitorais*, no dia da eleição. Observe-se, no entanto, que, embora mantido o

---

a alteração dos registros dos termos e início e término da votação. § 7º O Tribunal Superior Eleitoral colocará à disposição dos eleitores urnas eletrônicas destinadas a treinamento. Art. 60. No sistema eletrônico de votação considerar-se-á voto de legenda quando o eleitor assinalar o número do partido no momento de votar para determinado cargo e somente para este será computado. Art. 61. A urna eletrônica contabilizará cada voto, assegurando-lhe o sigilo e inviolabilidade, garantida aos partidos políticos, coligações e candidatos ampla fiscalização. Art. 62. Nas Seções em que for adotada a urna eletrônica, somente poderão votar eleitores cujos nomes estiverem nas respectivas folhas de votação, não se aplicando a ressalva a que se refere o art. 148, § 1º, da Lei n. 4.737, de 15 de julho de 1965 – Código Eleitoral."

[10] Cf. Resolução TSE n. 21.819/2004.

escrutínio secreto, a lei de 1904 criou um mecanismo que o violava, ou seja, o eleitor apresentava duas cédulas, que deviam ser assinadas perante a mesa eleitoral, sendo uma depositada na urna e a outra ficava em poder do eleitor, o que possibilitava às lideranças partidárias o controle do seu voto. Aliás, como já referido, a fraude era generalizada em todo o processo eleitoral durante a Primeira República. Com o advento do Código Eleitoral de 1932, e a criação da Justiça Eleitoral, o sigilo do voto foi aperfeiçoado com duas medidas: *a)* a obrigatoriedade do uso de sobrecarta (envelope) oficial, uniforme e opaca, numerada e rubricada pelos membros da mesa eleitoral, na qual os eleitores deveriam inserir a cédula eleitoral, e, *b)* a introdução de um lugar indevassável, cuja porta ou cortina deveriam estar fechadas, onde o eleitor pudesse colocar a cédula no envelope oficial. Como a legislação permitia que as cédulas confeccionadas pelos partidos políticos e candidatos ficassem na cabine de votação, aqueles mais estruturados, que distribuíam as cédulas por todos os Municípios, eram beneficiados, facilitando-se ainda a coação dos eleitores pelos *cabos eleitorais*. Em 1955 (eleições para Presidente e Vice-Presidente da República) adotou-se a cédula oficial, que passou a ser confeccionada e distribuída pela Justiça Eleitoral. A partir de então os eleitores passaram a ter que preencher a cédula na seção eleitoral. Em 1962, a cédula oficial foi utilizada nas eleições para a Câmara dos Deputados, Senado Federal e Assembleias Legislativas. Chegou-se então à urna eletrônica, utilizada pela primeira vez nas eleições municipais de 1996 em 57 Municípios (capitais e cidades com mais de 200 mil eleitores). Nas eleições de 1998 a urna eletrônica passou a ser utilizada em 537 Municípios e, por fim, nas eleições de 2000 foi utilizada por todos os eleitores.[11]

Diz a Constituição que o alistamento e o voto são:

a) obrigatórios para maiores de 18 anos;[12]

b) facultativos para os analfabetos, os maiores de 70 anos, os maiores de 16 e menores de 18 anos (art. 14, § 1º)[13], não podendo alistar-se como eleitores os estrangeiros e, durante o período do serviço militar obrigatório, os conscritos. Note-se, então, que o maior de 16 e menor de 18 anos detém capacidade eleitoral ativa, ou seja, pode votar mas não pode ser votado, o que acarretará, com certeza, algumas questões delicadas, em virtude de não ser penalmente imputável, no caso de crime eleitoral.

O voto do analfabeto tem sido justificado pela circunstância de que os meios de comunicação de massa concorreriam para a efetivação de um nível de informações suficientes ao exercício do voto. Pondere-se, contudo, que o reconhecimento do voto ao analfabeto pode ser fator de desestímulo à alfabetização e, portanto, estímulo ao analfabetismo, podendo ainda contribuir para a ocorrência de fraudes eleitorais, pela dificuldade em se preservar a plenitude da independência e da liberdade

---

11 Cf. NICOLAU. *História do voto no Brasil.*

12 A redução da faixa etária mínima para o sufrágio é introduzida pela Constituição de 1934, que a estabelece em 18 anos. Anteriormente, a Constituição de 1891 estabelecia a idade mínima de 21 anos, suavizando a norma da Constituição do Império, que a fixava em 25 anos.

13 O sufrágio para os menores de 18 anos se acha previsto em alguns poucos países: Cuba, Irã, Nicarágua, Sérvia e Montenegro, Timor-Leste, Indonésia, Seicheles, Sudão e Argentina.

do analfabeto no ato de votar. Tem-se permitido, no entanto, o uso de instrumentos que auxiliem o analfabeto a votar. Demais disso, a urna eletrônica, com o seu teclado, facilita o voto do analfabeto.

De qualquer modo, a eliminação da barreira da alfabetização, no âmbito dos direitos políticos, contribui para a expansão da cidadania no contexto eleitoral, o que reforça, substancialmente, a democracia no Brasil.

O voto do analfabeto não era expressamente vedado pela Constituição do Império, de 1824, mas deste ano até 1842, a legislação exigia que a cédula fosse assinada, o que limitou, na prática, aquele direito. Entre 1842 e 1881, os analfabetos puderam ser votantes e eleitores. Na Primeira República, os analfabetos foram proibidos de votar (Decreto n. 6, de 19 de novembro de 1889). A concessão, pela primeira vez, na história republicana, do direito de voto aos analfabetos, se deu pela Emenda Constitucional n. 25/1985, ou seja, depois de mais de cem anos de restrição, que começou em fins do Império (1882), após a promulgação da Lei Saraiva de 1881. A informação é de Jairo Nicolau: "As exigências de alfabetização ou de certa escolaridade para ter direito de voto foram pouco frequentes na história eleitoral de outras democracias. Na Europa, apenas Portugal condicionou o direito de voto à alfabetização, exigência que foi banida em 1974. Já na América Latina, em muitos países os eleitores eram obrigados a saber ler e escrever para poder votar. A abolição da exigência de alfabetização para o sufrágio ocorreu na seguinte ordem: Uruguai (1918), Colômbia (1936), Venezuela (1946), Bolívia (1952), Chile (1970) e Peru (1980). O Brasil foi o último país a permitir o voto dos analfabetos."[14]

Vale o registro de que os presos provisórios, ao contrário dos presos condenados definitivamente, têm garantido o direito de votar, caso em que se faculta a criação de seções especiais em penitenciárias e cadeias públicas para o exercício do voto, permitindo-se ainda a presença de força policial e de agente penitenciário a menos de 100 metros do local de votação (art. 136 do Código Eleitoral).

Os índios, cuja capacidade se acha regulada por lei especial (Lei n. 6.001/73 – Estatuto do Índio), desde que integrados, têm o dever de alistar-se como eleitor e votar. Para tanto, necessário que requeiram ao Poder Judiciário a liberação do regime tutelar da União, tornando-se plenamente capazes, mediante o cumprimento dos seguintes requisitos: a) idade mínima de 18 anos; b) conhecimento da língua portuguesa; c) razoável compreensão dos usos e costumes da comunhão nacional. A emancipação dos índios também poderá ocorrer caso a Fundação Nacional do Índio assim o reconhecer, devendo o ato ser homologado judicialmente ou por decreto do Presidente da República.

Ainda quanto ao voto obrigatório, diga-se com Wanderley Guilherme dos Santos que não constitui ele ponto da doutrina democrática, assim como não o é o voto voluntário. A adoção de um ou outro se faz apenas por conveniência política e enquanto for conveniente. A Bélgica e a Austrália, países que não podem ser considerados atrasados, mantêm até hoje a obrigatoriedade do voto. Argumenta-se contra o voto

---

[14] NICOLAU. *História do voto no Brasil*, p. 61-62.

obrigatório que a abstenção, os votos brancos e nulos atestariam a sua condenação. A adoção, contudo, do voto voluntário implicaria no crescimento da abstenção, com a absorção dos votos brancos e nulos, já que não se vota por engano ou hesitação. Assim, "no agregado, o número de não-votos e dos votos nominais e de legenda continuariam aproximadamente os mesmos". E com o fim do voto obrigatório terminaria também a competição partidária para o recrutamento do maior número possível de cidadãos. Assim, o voto voluntário traria provavelmente o aumento do absenteísmo e da apatia política, por absorver os votos brancos e nulos, por via do arrefecimento da competição partidária, o que certamente não contribuiria para o aprimoramento e vitalidade da representação política no Brasil.[15] Demais disso, com o voto facultativo, são os setores populares os que mais, em maior medida, deixam de comparecer às eleições.

Considerando a evolução do sistema eleitoral brasileiro e a teoria política, são apontadas inúmeras modalidades de voto, destacando-se as seguintes, segundo terminologia de Walter Costa Porto: voto a descoberto; voto alternativo; voto australiano; voto cantado; voto censitário; voto colorido; voto corrente; voto cumulativo; voto da mulher; voto de liderança; voto de minerva; voto de palha; voto de prerrogativa; voto de redução; voto distrital; voto do analfabeto; voto em branco; voto encadeado; voto estéril; voto familiar; voto gradual ou por pontos; voto incompleto; voto informatizado; voto limitado; voto múltipo; voto negativo; voto nulo; voto obrigatório; voto pivotal; voto plural, ou suplementar; voto plural dos representantes; voto por correspondência; voto por legenda; voto por procuração; voto por procuração dos representantes; voto preferencial; voto público; voto secreto; voto sussurrado; voto único intransferível; voto único transferível; voto uninominal.[16]

Relevante modalidade de voto, no âmbito das relações entre eleição e economia, é a do voto retrospectivo e do voto prospectivo. Este modelo de comportamento político, qualificado como oportunista, leva em consideração que os partidos políticos formulam políticas para ganhar as eleições, e não ganham eleições para formular políticas. Desse modo, o voto retrospectivo considera o que o governo fez no passado, e não as propostas alternativas a serem desenvolvidas no futuro: o voto se vincula a um comportamento eleitoral de prêmio ou castigo sobre os resultados do governo. Mas o voto retrospectivo pode ser um guia para a formação de expectativas sobre o comportamento do governo no futuro, já que um bom guia do governo futuro é o que ele fez no passado.[17]

3. ELEGIBILIDADE

A elegibilidade consiste na capacidade eleitoral passiva, isto é, capacidade de ser votado.

---

15 SANTOS. *Décadas de espanto e uma apologia democrática*, p. 139-140.

16 PORTO. *Dicionário do voto*, p. 419-471.

17 BORSANI. *Eleições e economia*: instituições políticas e resultados macroeconômicos na América Latina (1979-1998), p. 57-89.

A Constituição estabeleceu alguns pressupostos fundamentais para a participação no certame eleitoral, denominando-os de condições de elegibilidade, presentes no art. 14, § 3º.

As condições de elegibilidade podem ser consideradas como fator jurídico positivo, que possibilitam aos cidadãos disputarem batalhas políticas. Não cabe, no entanto, interpretá-las como um direito fundamental da condição humana, pois embora direito subjetivo dos cidadãos, são prerrogativas que somente podem ser exercidas se todos os elementos exigidos pelo art. 14, § 3º, da Constituição da República forem atestados. Faltando um deles, o direito subjetivo desaparece e impede-se a prerrogativa de se disputar mandatos eletivos.

As condições de elegibilidade são consideradas cláusulas pétreas. O Poder Reformador não pode acrescer outras condições que impeçam o exercício da cidadania passiva, salvo se estiverem em consonância com o bloco de constitucionalidade formatado pela Constituição de 1988. Portanto, qualquer tentativa de impedir o registro de candidaturas, exigindo-se condições de elegibilidade não previstas na Constituição, representa inconstitucionalidade, sujeita aos controles concentrado ou difuso.

O momento para se aferir as condições de elegibilidade configura-se no ato do pedido de registro da candidatura, não podendo ser adiado posteriormente, para o momento da eleição ou da posse. No entanto, a legislação eleitoral e o Tribunal Superior Eleitoral consideram possível a perda do direito à elegibilidade em face de fatos supervenientes à data da obtenção do registro da candidatura, desde que provoquem alteração nas condições de elegibilidade, hipótese em que não há falar em direito adquirido à elegibilidade ou coisa julgada.[18]

São condições de elegibilidade, segundo o § 3º, do art. 14 da Constituição: a nacionalidade brasileira; o pleno exercício dos direitos políticos; o alistamento eleitoral; o domicílio eleitoral na circunscrição; a filiação partidária; a idade mínima de 35 anos para Presidente e Vice-Presidente da República e Senador; 30 anos para Governador e Vice-Governador de Estado e do Distrito Federal; 21 anos para Deputado Federal, Deputado Estadual ou Distrital, Prefeito, Vice-Prefeito e Juiz de Paz; 18 anos para Vereador.

A nacionalidade brasileira, o pleno exercício dos direitos políticos e o alistamento eleitoral poderiam, como requisitos de elegibilidade, ser reduzidos à condição de ser o elegível eleitor, pois, se por um lado somente o brasileiro é alistável, uma vez cumprido esse dever de alistamento eleitoral, passa a gozar da presunção, *juris tantum*, de exercício pleno dos direitos políticos.

Domicílio eleitoral "é o lugar da residência ou moradia do requerente, e, verificado ter o alistando mais de uma, considerar-se-á domicílio qualquer delas" (Código Eleitoral, art. 42, parágrafo único).

Daí não se confundir domicílio civil com domicílio eleitoral, pois, enquanto o primeiro pressupõe dois fatos, a residência e o ânimo definitivo de residir (art. 70

---

[18] AGRA. *A taxionomia das inelegibilidades*. *In*: Estudos Eleitorais, v. 6,n.2. maio/ago.2011, p. 30-31.

do Código Civil de 2002), para a caracterização do domicílio eleitoral é suficiente a moradia que revele um liame de interesse público na circunscrição, tanto que, tendo o candidato mais de uma moradia, poderá escolher qualquer delas. Mas a fim de conferir maior legitimidade à representação, tem a lei exigido tempo mínimo de moradia na circunscrição para o fim de ser votado. Nos termos do art. 9º da Lei das Eleições (Lei n. 9.504, de 30 de setembro de 1997), o candidato deverá possuir domicílio eleitoral na respectiva circunscrição pelo prazo de, pelo menos, um ano antes do pleito.

Consideram-se circunscrições eleitorais, para fins de domicílio eleitoral: *a)* o território nacional, nas eleições presidenciais; *b)* o território estadual, nas eleições federais e estaduais; *c)* o território municipal, nas eleições municipais.

A filiação partidária diz com o princípio constitucional do monopólio dos partidos políticos na apresentação de candidaturas. Não há, em nosso Direito, candidaturas avulsas, isoladas ou independentes.[19] O eleitor que se pretende candidato deve, portanto, filiar-se tempestivamente (há pelo menos um ano antes do pleito, podendo o estatuto estabelecer prazo superior, que não poderá ser alterado em ano de eleição – arts. 18 e 20 da Lei n. 9.096/95, e art. 9º da Lei n. 9.504/97) a partido político, identificando-se com o seu programa e submetendo-se à disciplina partidária.[20]

---

[19] No sistema eleitoral francês, filiação partidária não é condição de elegibilidade nem para deputado nem para senador.

[20] Lei n. 9.096, de 19 de setembro de 1995, que dispõe sobre partidos políticos, regulamenta os arts. 17 e 14, § 3º, inciso V, da Constituição Federal: "Art. 16. Só pode filiar-se a partido o eleitor que estiver no pleno gozo de seus direitos políticos. Art. 17. Considera-se deferida, para todos os efeitos, a filiação partidária, com o atendimento das regras estatutárias do partido. Parágrafo único. Deferida a filiação do eleitor, será entregue comprovante ao interessado, no modelo adotado pelo partido. Art. 18. Para concorrer a cargo eletivo, o eleitor deverá estar filiado ao respectivo partido pelo menos um ano antes da data fixada para as eleições, majoritárias ou proporcionais. Art. 19. Na segunda semana dos meses de abril e outubro de cada ano, o partido, por seus órgãos de direção municipais, regionais ou nacional, deverá remeter, aos juízes eleitorais, para arquivamento, publicação e cumprimento dos prazos de filiação partidária para efeito de candidatura a cargos eletivos, a relação dos nomes de todos os seus filiados, da qual constará a data de filiação, o número dos títulos eleitorais e das seções em que estão inscritos. (Redação dada pela Lei n. 9.504, de 30.9.1997) § 1º Se a relação não é remetida nos prazos mencionados neste artigo, permanece inalterada a filiação de todos os eleitores, constante da relação remetida anteriormente. § 2º Os prejudicados por desídia ou má-fé poderão requerer, diretamente à Justiça Eleitoral, a observância do que prescreve o *caput* deste artigo. § 3º Os órgãos de direção nacional dos partidos políticos terão pleno acesso às informações de seus filiados constantes do cadastro eleitoral. (Incluído pela Lei nº 12.034, de 2009) Art. 20. É facultado ao partido político estabelecer, em seu estatuto, prazos de filiação partidária superiores aos previstos nesta Lei, com vistas a candidatura a cargos eletivos. Parágrafo único. Os prazos de filiação partidária, fixados no estatuto do partido, com vistas a candidatura a cargos eletivos, não podem ser alterados no ano da eleição. Art. 21. Para desligar-se do partido, o filiado faz comunicação escrita ao órgão de direção municipal e ao Juiz Eleitoral da Zona em que for inscrito. Parágrafo único. Decorridos dois dias da data da entrega da comunicação, o vínculo torna-se extinto, para todos os efeitos. Art. 22. O cancelamento imediato da filiação partidária verifica-se nos casos de: I – morte; II – perda dos direitos políticos; III – expulsão; IV – outras formas previstas no estatuto, com comunicação obrigatória ao atingido no prazo de quarenta e oito horas da decisão. Parágrafo único. Quem se filia a outro partido deve fazer comunicação ao partido e ao juiz de sua respectiva Zona Eleitoral, para cancelar sua filiação;

Alguns agentes públicos que, por determinação constitucional, não podem dedicar-se a atividades político-partidárias, como os magistrados (art. 95, parágrafo único, III), membros do Ministério Público (art. 128, II, *e*), ministros do Tribunal de Contas da União (art. 73, § 3º), embora estejam dispensados do cumprimento do prazo de filiação partidária de um ano, têm de se filiar ao partido no mesmo prazo previsto para a desincompatibilização, que é de seis meses antes do pleito (art. 1º, II, *a*, 8, 14 e *j* da Lei Complementar n. 64/90).

No que concerne aos militares, a Constituição deu-lhes condição de elegibilidade, à exceção de uma categoria de praças de pré, os conscritos, que são inalistáveis (art. 14, § 2º), e, portanto, inelegíveis.

Quanto ao militar alistável (art. 14, § 2º) e elegível (art. 14, § 8º), mas não filiável (art. 142, § 3º, V), embora prevista a filiação partidária como requisito de elegibilidade (art. 14, § 3º, V), basta-lhe o pedido de registro da candidatura, apresentado pelo partido e autorizado pelo candidato, conforme decidiu o TSE, Ac. n. 11.314, Relator Ministro Gallotti, 30 de agosto de 1990. Ainda a respeito da colisão entre a norma constitucional que prevê a necessidade de filiação partidária e aquela que veda filiação do militar enquanto em serviço ativo, o TSE, em interpretação construtiva, editou a Resolução n. 22.156/2006 (art. 12, §1º), pela qual ficou assentado que a filiação partidária não é exigível do militar da ativa que pretenda concorrer a cargo eletivo, sendo suficiente o pedido de registro de sua candidatura após prévia escolha em convenção partidária. Desse modo, para ser candidato, não se faz necessário que o militar esteja filiado a partido político, bastando que detenha cidadania ativa, e seu nome seja escolhido em convenção do partido pelo qual pretende concorrer. Prevê ainda a Constituição que, se o militar contar menos de dez anos de serviço, deverá afastar-se da atividade; mais de dez anos de serviço, será agregado pela autoridade superior e, se eleito, passará automaticamente, no ato da diplomação, para a inatividade (art. 14, § 8º, I e II). Decidiu o TSE que o afastamento e a agregação somente ocorrerão com o deferimento do registro da candidatura (Ac. n. 20.169/2002, e Ac. n. 20.318/2002). De acordo com o Estatuto dos Militares, arts. 80 e 84, uma vez agregado, o militar deixa de ocupar vaga na escala hierárquica da organização a que serve, embora mantenha o respectivo registro militar, sem número, no mesmo lugar que até então ocupava. Se o militar já estiver na reserva remunerada, não se lhe aplica a restrição, devendo filiar-se no prazo legal, mas se a passagem para a inatividade ocorrer após o prazo-limite de filiação partidária, mas antes da escolha em convenção, ou seja, há menos de um ano da convenção, o militar da reserva deve se filiar a partido político em quarenta e oito horas contadas da sua passagem para a inatividade (Resoluções/TSE ns. 20.615/2000 e 20.614/2000).

O eleitor menor de 18 e maior de 16 anos pode filiar-se a partido político, mas não pode exercer cargo na agremiação partidária, por faltar-lhe capacidade civil plena (Resolução TSE n. 16.790).

---

se não o fizer no dia imediato ao da nova filiação, fica configurada dupla filiação, sendo ambas consideradas nulas para todos os efeitos."

Quanto à idade mínima, condição etária de elegibilidade, dispõe o § 2º do art. 11 da Lei n. 9.504/97, que a sua verificação tem por referência a data da posse. A Resolução/TSE n. 14.371, de 1994, cujo acórdão teve como Relator o Ministro Marco Aurélio dispõe: "Relativamente à elegibilidade, os precedentes desta Corte assentam que a idade mínima há que estar atendida na data do certame eleitoral e não do alistamento ou mesmo na do registro." Na doutrina há divergência, manifestando-se no sentido apontado pelo § 2º do art. 11 da Lei n. 9.504/97, Joel J. Cândido, e, em sentido contrário Adriano Soares da Costa, quando defende que o texto legal, ao estipular que a verificação da idade mínima exigível pela Constituição tem como referencial a *data da posse* confundiu "profundamente a elegibilidade (= direito de ser votado) com o direito ao exercício do mandato, advindo da diplomação e exercido a partir da posse. Pior ainda: concedeu ilicitamente, ao nacional de idade incompleta para pleitear o cargo, o direito de disputar as eleições, dilatando indevidamente a norma constitucional através da fixação de uma data-base que nada tem a ver com o registro e com o direito de ser votado. Já dissemos, e agora sublinhamos, que o direito de ser votado nasce do registro e se exaure com a votação. Logo se vê, portanto, que a data da posse no cargo eletivo não se presta para estabelecer o momento em que se perfaz, ou deve estar perfeita, a idade mínima exigível para a obtenção da elegibilidade. Tal idade é condição de registrabilidade, motivo pelo qual deve estar completada no momento do pedido de registro da candidatura."[21] Também nessa linha Alexandre de Moraes, para quem "as condições de elegibilidade devem ser verificadas no dia do pleito eleitoral, quando o eleitor escolherá seu candidato. A Constituição estabelece, claramente, o requisito da idade mínima como condição para que o candidato possa ser escolhido pelo eleitorado – fato esse que ocorre na data do pleito eleitoral –, e não como condição de posse."[22]

Ainda sobre a idade mínima, registre-se que as Constituições de 1946, 1967 e a EC n. 1/69, apenas a fixavam para Presidente da República, Vice-Presidente, Senador e Deputado Federal. A Constituição de 1988 é o primeiro texto a fixar a idade mínima para todos os cargos eletivos, é dizer, de Presidente da República a Vereador.

Os inalistáveis não podem votar nem ser votados; os analfabetos podem votar, mas não podem ser votados.

Diferentemente do Brasil, no Uruguai os analfabetos dispõem de direitos políticos integrais, é dizer, podem votar e ser votados.

Tem-se por analfabeto aquele que não sabe ler nem escrever. Se escreve, embora mal, ou sobretudo se lê e se compreende razoavelmente o que lê, há de ser considerado elegível.

Não se considera, então, analfabeto aquele que lê ou escreve mal.

Distingue-se, pois, o analfabeto do semialfabetizado, sendo este o que, em virtude de baixa escolaridade, escreve ou lê com dificuldade, mas consegue apreender o sentido de um texto simples.

---

21 COSTA. *Instituições de direito eleitoral*, p. 118.

22 MORAES. *Direito constitucional*, 17. ed., p. 214.

O texto constitucional, desse modo, não exige como condição de elegibilidade a alfabetização: basta que o candidato não seja analfabeto, e nesta situação se encontra o semialfabetizado.[23]

4. INELEGIBILIDADE

Inelegível é o que não pode ser votado. Consiste a inelegibilidade na suspensão da capacidade eleitoral passiva. As inelegibilidades visam proteger a probidade administrativa, a moralidade para o exercício do mandato, considerada a vida pregressa do candidato, e a normalidade e legitimidade das eleições contra a influência do poder econômico ou o abuso do exercício de função, cargo ou emprego na administração direta ou indireta (art. 14, § 9º, com a redação da Emenda Constitucional de Revisão n. 4, de 7 de junho de 1994). Resguardam o regime democrático.

A inelegibilidade consiste no obstáculo posto pela Constituição ou por lei complementar ao exercício da cidadania passiva, em razão de sua condição ou em face de certas circunstâncias.

A inelegibilidade é temporária, pois se estende ao cumprimento da sanção ou permanência da situação jurídica que a acarretou. A inelegibilidade não elide a cidadania de maneira integral, pois há a preservação da capacidade de votar. Não se confunde com a suspensão ou perda dos direitos políticos.

O primeiro fundamento ético da inelegibilidade é a preservação do regime democrático e garantia da moralidade e a luta contra o abuso do poder político e econômico.

O segundo fundamento ético configura-se na defesa do princípio da isonomia, assegurando aos cidadãos as mesmas oportunidades para disputar cargos públicos, sem que a ingerência do poder econômico e político sejam as linhas mestras para a obtenção do mandato eletivo.

O terceiro fundamento ético decorre do regime republicano, protegendo a oportunidade de todos ocuparem cargos públicos, impedindo a perpetuação de mandatários no poder.

No plano normativo, a inelegibilidade contém três significados:

a) é situação objetiva, contida no conteúdo proibitivo do preceito legal, criando obstáculo à candidatura, b) é estatuição impondo a desincompatibilização, visando à garantia da liberdade de voto, à lisura e à legitimidade das eleições e c) é sanção jurídica pelo descumprimento da estatuição ou desincompatibilização, isto é, implica um efeito imposto

---

[23] A comprovação da condição de alfabetizado, para fins de obtenção de registro como candidato acha-se prevista no art. 28 da Resolução TSE n. 21.608/2004, fazendo-se pelo comprovante de escolaridade e, à falta deste, pela declaração de próprio punho do candidato. Permite-se ao juiz, se for o caso, determinar a aferição da alfabetização, por outros meios, o que será feito caso persista dúvida quanto à declaração apresentada. Mas, "quando o teste de alfabetização, apesar de não ser coletivo, traz constrangimento ao candidato, não pode ser considerado legítimo"(Ac. TSE n. 24.343, de 11.10.2004, Rel. Min. Gilmar Mendes).

pela ordem jurídica: o impedimento e a nulidade dos atos concernentes à candidatura.[24]

Inelegibilidade não se confunde com incompatibilidade parlamentar, impedimento que se verifica após a eleição do congressista (cf. Capítulo 22, item 8).

Há analogia e diferença entre inelegibilidade e elegibilidade. Como analogia, os dois institutos apresentam a mesma consequência, que é retirar do cidadão sua possibilidade de disputar eleições. Como diferenças substanciais, podem ser apontadas: as inelegibilidades só aparecem quando já forem concretizadas as condições de elegibilidade; as inelegibilidades cerceiam o direito subjetivo de disputar eleições, incidindo sobre as condições de elegibilidade; enquanto as condições de elegibilidade são direitos subjetivos da coletividade, considerados cláusulas pétreas, as inelegibilidades são situações jurídicas advindas da realidade fática, que se amoldam em tipologias normativas, que estabelecem risco de macular a lisura e a isonomia das eleições.

As inelegibilidades previstas na Constituição de 1988 são mais amplas do que as da Constituição de 1946, que apenas as restringia a determinados cargos públicos, cujos titulares ficavam impossibilitados de se candidatarem.

As inelegibilidades podem ser, quanto à abrangência, absolutas e relativas.

Absolutas são as que valem para todos os cargos, sem prazo para desincompatibilização, como, por exemplo, as dos inalistáveis e analfabetos.

Relativas são as que valem para determinados cargos eletivos, com possibilidade de desaparecerem, caso o cidadão se desembarace da situação que o torna inelegível, mediante a desincompatibilização.

Quanto à natureza, as inelegibilidades são *constitucionais* e *legais*, sendo estas estabelecidas em lei complementar.

À consideração de que a classificação bipartite acima não se afigura suficiente e adequada em face do Direito positivo brasileiro, em razão de o território nacional estar dividido em circunscrições eleitorais, Antonio Carlos Mendes propõe uma classificação tripartite das inelegibilidades. Desse modo, as inelegibilidades seriam classificadas, segundo critério espacial ou territorial, em inelegibilidades *nacionais, estaduais* e *municipais.* Acentua que "essa classificação permite reconhecer em cada hipótese de inelegibilidade: a) o conteúdo proibitivo decorrente da situação objetiva descrita pela norma jurídica (aspecto material); b) a circunscrição eleitoral (âmbito espacial ou território) e c) as eleições como processo de investidura a cargos eletivos, marcando a relevância temporal (âmbito temporal). Também permite situar no tempo o adimplemento da desincompatibilização porque as eleições marcam os termos *a quo* e *ad quem* do período suspeito que gera a presunção legal atentatória à liberdade de voto (presunção *iuris et de iure*)."[25]

Relativamente à origem, as inelegibilidades são classificadas e*m inatas* e *cominadas.* As inelegibilidades inatas ocorrem independentemente da prática de qualquer conduta por

[24] MENDES. *Introdução à teoria das inelegibilidades*, p. 112.

[25] MENDES. *Introdução à teoria das inelegibilidades*, p. 117.

parte do cidadão ou de terceiro em seu benefício, como a inelegibilidade do analfabeto, do estrangeiro, ou aquela que alcança o cônjuge e os parentes consanguíneos ou afins até o 2º grau do titular de mandato executivo. As inelegibilidades cominadas decorrem da prática de ações vedadas pelo ordenamento jurídico, como a condenação criminal ou por improbidade administrativa transitada em julgado, e a rejeição de contas pelo Tribunal de Contas.

Classificam-se ainda as inelegibilidades, quanto à duração, em inelegibilidades *permanentes* e *temporárias*. Permanentes são aquelas que se fundam na existência de fato ou estado permanente ou duradouro, como a perda dos direitos políticos, e temporárias as que se baseiam em circunstâncias transitórias ou provisórias, que desaparecem com a ação do tempo, como a condição de conscrito ou a não filiação a partido político no prazo legal.

Estabelecia a Constituição, em sua redação originária: "São inelegíveis para os mesmos cargos, no período subseqüente, o Presidente da República, os Governadores de Estado e do Distrito Federal, os Prefeitos e quem os houver sucedido, ou substituído nos seis meses anteriores ao pleito" (art. 14, § 5º).

Rompendo tradição de nosso constitucionalismo, foi promulgada a Emenda Constitucional n. 16, de 4.6.1997, introduzindo a reeleição para um único período subsequente dos titulares de cargos executivos, nos três níveis de governo, vale dizer, Presidente da República, Governadores de Estado e do Distrito Federal, e Prefeitos Municipais.[26] Naturalmente que os respectivos vices poderão ser reeleitos, já que inexiste vedação constitucional para tanto, notando-se ainda que, mesmo tendo sucedido ou substituído os titulares, no curso dos mandatos, esta circunstância não constitui impedimento à reeleição, como se depreende do disposto no § 5º do art. 14 da Constituição Federal, com a redação dada pela Emenda Constitucional n. 16/97.

Para que possam ser reeleitos, os exercentes de cargos executivos não necessitam afastar-se das funções inerentes aos seus cargos, podendo neles permanecer até o término do mandato, salvo se pretenderem concorrer a outros cargos, hipótese em que o Presidente da República, os Governadores de Estado e do Distrito Federal e os Prefeitos devem renunciar aos respectivos mandatos até seis meses antes do pleito (art. 14, § 6º).

Ainda a propósito da reeleição, vale observar: a) o Presidente da República, os Governadores de Estado e do Distrito Federal, os Prefeitos ou quem os houver substituído ou sucedido no curso dos mandatos poderão ser reeleitos para um único período subsequente, b) uma mesma pessoa pode candidatar-se e, portanto, vir a exercer um terceiro mandato, desde que haja intervalo de um período, para os cargos executivos em comento, já que a Constituição de 1988 não adotou a fórmula da Constituição norte-americana que, por força da Emenda n. 22, de 1951, prevê que ninguém poderá ser eleito mais de duas vezes para o cargo de Presidente; c) o chefe

---

[26] Nas eleições municipais de 2002, que se seguiram à promulgação da Emenda Constitucional n. 16/1997, foi expressivo o número de prefeitos de capitais estaduais reeleitos (dos 19 que se candidataram à reeleição, 15 foram reeleitos), o que demonstra a postura favorável do eleitor a conferir mais um mandato a quem entende ser um bom administrador, em resposta ao programa de governo e políticas públicas desenvolvidas no curso da gestão administrativa.

do Poder Executivo, que esteja exercendo um segundo mandato, não poderá, antes do seu término, pleitear, renunciando ao cargo, nova recondução para o período subsequente; d) aquele que foi titular de dois mandatos sucessivos na chefia do Executivo, não poderá vir a candidatar, no período imediatamente seguinte, à vice-chefia, porquanto, se o Vice-Presidente substitui o Presidente, no caso de impedimento, e sucede-lhe no de vaga, o que é observado nos âmbitos estadual e municipal, configuraria fraude à Constituição a possibilidade de uma mesma pessoa exercer três mandatos consecutivos.[27]

Quanto aos Vices, anote-se: a) o Vice que sucedeu ao titular poderá candidatar-se ao cargo principal para um único período subsequente;[28] b) o Vice que substituir o titular a qualquer tempo do mandato poderá candidatar-se ao mesmo cargo de Vice, e o Vice que suceder o titular a qualquer tempo do mandato poderá candidatar-se ao mesmo cargo de Vice, desde que se desincompatibilize no prazo legal.[29] O fundamento dessas Resoluções está em que o Vice, que substituiu ou sucedeu o titular no semestre anterior às eleições, somente poderá disputar a reeleição: reeleição ao cargo do titular, em caso de sucessão, e reeleição ao cargo de Vice, em caso de substituição. É que se o Vice sucede o titular renuncia à condição de Vice para se erigir à de titular, pelo que poderá disputar a reeleição para o cargo no qual se encontra atualmente empossado, o que não ocorre quando se trata de substituição, porquanto, nesse caso, o Vice é ainda detentor de seu cargo. E, para que venha disputar nova eleição, e não reeleição, para o cargo de Vice, deverá desincompatibilizar-se no prazo legal. Não se deve desconhecer, contudo, determinadas situações em que o Vice passa quase todo o mandato no exercício da titularidade, circunstância que o impediria de se candidatar ao cargo principal, que se caracterizaria como um terceiro período consecutivo, evidenciando, portanto, fraude à Constituição.

As inelegibilidades relativas, para evitar abuso de poder, ou por motivos funcionais, admitem a desincompatibilização, que é o modo pelo qual o cidadão passa a

---

27 Com o propósito de evitar a utilização da máquina administrativa pelos candidatos à reeleição, a Lei n. 9.504/97 (arts. 73-78), secundada por resoluções da Justiça Eleitoral, vedou condutas aos agentes políticos em campanha eleitoral, destacando-se as seguintes proibições: a) impossibilidade de assessores ou funcionários subordinados ao pretendente a reeleição participarem das campanhas políticas, impondo-lhes prévio afastamento do cargo, o que na prática implica a realização de atos de campanha eleitoral com vistas à recondução de uma equipe governamental para a continuidade do programa desenvolvido por essa mesma equipe; b) impossibilidade de uso de veículo oficial (avião ou automóvel) para comparecer a atos de campanha. O corpo de segurança pode, no entanto, se deslocar com veículos oficiais e, na hipótese de avião, o usuário está obrigado a ressarcir ao erário público o valor da viagem; c) neutralidade por parte da equipe de segurança que eventualmente acompanhar a autoridade a eventos de campanha, sendo-lhe vedada a possibilidade de distribuição de material ou ato que possa ser considerado propaganda do candidato; d) aparelhos de telefone e fax do candidato a reeleição não podem ser utilizados para contatos de campanha; e) residência oficial não pode ser utilizada para jantares ou eventos que possam ser qualificados como reuniões de campanha político-eleitoral, f) proibição a qualquer candidato de comparecer, nos 3 (três) meses que precedem o pleito, a inaugurações de obras públicas.

28 Resolução TSE n. 20.462, de 31 de agosto de 1999.

29 Resolução TSE n. 20.148, de 31 de março de 1998.

elegível, afastando-se daquela situação que o torna inelegível. Tal afastamento, em alguns casos, deve ser permanente, e em outros, temporário.

O § 7º do art. 14 da Constituição prevê casos de inelegibilidade por motivo de parentesco, também conhecida como inelegibilidade reflexa, dizendo que "são inelegíveis, no território de jurisdição do titular, o cônjuge e os parentes consangüíneos ou afins, até o segundo grau ou por adoção, do Presidente da República, de Governador de Estado ou Território, do Distrito Federal, de Prefeito ou de quem os haja substituído dentro dos seis meses anteriores ao pleito, salvo se já titular de mandato e candidato à reeleição".

Cônjuge é o casado civilmente. A Constituição Federal reconhece, entretanto, como entidade familiar, a união estável entre o homem e a mulher (art. 226, § 3º).

Havia posicionamento jurisprudencial no sentido de que a separação judicial, mediante sentença que tivesse produzido seus efeitos legais, ausente simulação ou fraude, afastava a inelegibilidade.[30]

O Supremo Tribunal Federal, no entanto, editou a Súmula Vinculante n. 18, segundo a qual a dissolução da sociedade ou do vínculo conjugal, no curso do mandato, não afasta a inelegibilidade prevista no § 7º do art. 14 da Constituição Federal.

Anote-se que não configura a inelegibilidade reflexa se a separação judicial, o divórcio ou morte forem anteriores ao exercício do mandato. Se consumados durante o primeiro mandato, a inelegibilidade do ex-cônjuge do Chefe do Executivo permanece durante todo o período, mas só não se caracteriza em eventual segundo mandato (ver adiante).

Entendeu o Tribunal Superior Eleitoral que, dissolvendo a sociedade conjugal, o evento morte elimina a inelegibilidade da viúva do Prefeito.[31]

O Supremo Tribunal Federal decidiu que o enunciado 18 da Súmula Vinculante ("A dissolução da sociedade ou do vínculo conjugal, no curso do mandato, não afasta a inelegibilidade prevista no § 7º do artigo 14 da Constituição Federal") não se aplica aos casos de extinção do vínculo conjugal pela morte de um dos cônjuges. O STF sublinhou que, entre os desideratos do art. 14, § 7º, da CF, registrar-se-iam o de inibir a perpetuação política de grupos familiares e o de inviabilizar a utilização da máquina administrativa em benefício de parentes detentores de poder. A superveniência, no entanto, da morte do titular, no curso do prazo legal de desincompatibilização deste, afastaria ambas as situações. É que a morte, além de fazer desaparecer o "grupo político familiar", impediria que os aspirantes ao poder se beneficiassem de eventuais benesses que o titular lhes poderia proporcionar. Raciocínio contrário representaria perenização dos efeitos jurídicos de antigo casamento, desfeito pelo falecimento, para restringir direito constitucional de concorrer à eleição. O aludido preceito da Constituição, norma que imporia limitação de direito, sobretudo concernente à cidadania, deveria ter sua interpretação igualmente restritiva, de modo a não comportar ampliação.[32]

---

30 TSE, Ac. 12.874, Rel. Min. Sepúlveda Pertence, de 29 de setembro de 1992.

31 REsp. n. 14.385/RJ, Rel. Min. Eduardo Ribeiro.

32 STF, RE 758461/PB, rel. Min. Teori Zavascki, j. 22.5.2014 (*Informativo* 747/STF).

O parentesco que leva à inelegibilidade em análise pode ser consanguíneo ou afim, até o segundo grau ou por adoção.

Consanguíneo ou natural é o parentesco "quando o nexo que vincula entre si pessoas oriundas umas das outras ou de um tronco ancestral comum, resulta sempre dos laços de sangue."[33] É afim o parentesco que alia um consorte aos parentes consanguíneos do outro, e o parentesco por adoção se verifica quando o nexo é estabelecido artificialmente pela lei.

Na linha reta ascendente, até o segundo grau, encontram-se os pais e os avós das pessoas que exercem os cargos aludidos no preceptivo constitucional; na linha reta descendente, os filhos e os netos; na linha colateral, os irmãos.

Já na linha reta ascendente, por afinidade, até o segundo grau, acham-se o sogro, a sogra, o padrasto e a madrasta, e os avós do cônjuge; na linha reta descendente, o genro, a nora, o enteado e a enteada, e os netos do cônjuge; na linha transversal, os cunhados.

A inelegibilidade por parentesco é restrita ao território sujeito à influência direta do Chefe do Poder Executivo, vale dizer, à sua circunscrição. Deste modo, o cônjuge ou parente até segundo grau do Presidente da República ficam impossibilitados de elegerem-se no território nacional para qualquer cargo; já o cônjuge ou parente até segundo grau de Governador de Estado não podem disputar mandato eletivo municipal ou estadual no Estado que o seu parente chefia, podendo candidatar-se em outros Estados ou a mandato federal. Observe-se, contudo, que, segundo entendimento do Tribunal Superior Eleitoral, a norma proibitiva, quanto a parentes de Governador, alcança os cargos de Deputado Federal e Senador nas vagas do próprio Estado, pois em se tratando de eleição para aqueles cargos, cada Estado e o Distrito Federal constituem uma circunscrição eleitoral, denominada de jurisdição pela norma constitucional.[34]

O cônjuge ou parente até segundo grau de Prefeito não podem candidatar-se a este cargo ou a Vereador no âmbito do território do mesmo Município. Tal inelegibilidade não se aplica no caso de reeleição, nem a qualquer outra situação: irmão de Deputado, por exemplo, pode candidatar-se ao cargo de Presidente da República ou a outro cargo eletivo.

Em decorrência da Emenda Constitucional n. 16/1997, o Tribunal Superior Eleitoral vem entendendo que a o cônjuge e parentes dos chefes do Executivo são elegíveis para a sua sucessão, desde que o titular tenha sido eleito para o primeiro mandato e renunciado até seis meses antes do pleito.[35] É que a inelegibilidade prevista no § 7º do art. 14 da Constituição, somente incidirá quando, após ter sido reeleito o titular do cargo do Poder Executivo, pretenderem candidatar-se ao mesmo cargo, no pleito seguinte, o cônjuge e os parentes mencionados na cláusula constitucional. Em

---

33 OLIVEIRA. *Tratado de direito das sucessões*, p. 36.

34 TSE, Resolução n. 19.970, de 18 de setembro de 1997.

35 TSE – Recurso Eleitoral Especial n. 19.442 (*DJ*, Seção I, de 7 de dezembro de 2001, p. 8), Relatora: Ministra Ellen Gracie Northfleet; TSE – Resolução n. 21.099 – Consulta n. 788 – Classe 5ª, Relatora: Ministra Ellen Gracie Northfleet.

outras palavras: o cônjuge e os parentes do titular do cargo são inelegíveis apenas nas hipóteses em que o titular também o for. Enfim, se a inelegibilidade de que se trata visa evitar o continuísmo no poder, seja pelo mesmo ocupante do cargo executivo, seja por uma mesma família, esta preocupação desapareceria com a possibilidade da reeleição do titular, que nem se acha obrigado, para tanto, a se desincompatibilizar.

Observe-se que caberá à lei complementar estabelecer outros casos de inelegibilidade e os prazos de sua cessação (art. 14, § 9º). Trata-se da Lei Complementar n. 64, de 18 de maio de 1990.

Relativamente à apuração da *vida pregressa* do candidato, a que se refere o § 9º do art. 14, com a redação da Emenda Constitucional de Revisão n. 4/94, o Supremo Tribunal Federal havia decidido que o Judiciário não pode substituir o Legislativo e criar regra de inelegibilidade não prevista na Constituição e na Lei Complementar sobre a matéria. Segundo o Supremo Tribunal, impedir, portanto, a candidatura daquele que responde a processo, sem condenação transitada em julgado, constitui violação aos princípios constitucionais da presunção de inocência e do devido processo legal, mesmo porque o princípio da presunção de inocência irradia seus efeitos para além da esfera criminal, alcançando qualquer medida restritiva de direito.[36]

[36] STF, ADPF 144/DF, Rel. Min. Celso de Mello, j. em 6.8.2008. A ADPF foi ajuizada pela Associação dos Magistrados Brasileiros – AMB. Nela, se questionava a "validade constitucional das interpretações emanadas do Tribunal Superior Eleitoral – TSE em tema de inelegibilidade fundada na vida pregressa dos candidatos, bem como sustentava, por incompatibilidade com o § 9º do art. 14 da CF, na redação que lhe deu a ECR 4/94 ("Art. 14... § 9º Lei complementar estabelecerá outros casos de inelegibilidade e os prazos de sua cessação, a fim de proteger a probidade administrativa, a moralidade para exercício de mandato considerada vida pregressa do candidato, e a normalidade e legitimidade das eleições contra a influência do poder econômico ou o abuso do exercício de função, cargo ou emprego na administração direta ou indireta."), a não-recepção de certos textos normativos inscritos na Lei Complementar 64/90, nos pontos em que exige o trânsito em julgado para efeito de reconhecimento de inelegibilidade e em que acolhe ressalva descaracterizadora de hipótese de inelegibilidade *(omissis)*. Rejeitou-se a pretensão deduzida pela arguente no que respeita às alíneas d, e, e h do inciso I do art. 1º, e ao art. 15, todos da LC 64/90, ao fundamento de que o postulado consagrador da garantia de inocência irradia os seus efeitos para além dos limites dos processos penais de natureza condenatória, impedindo, desse modo, que situações processuais ainda não definidas por sentenças transitadas em julgado provoquem, em decorrência das exigências de probidade administrativa e de moralidade a que se refere o § 9º do art. 14 da CF, na redação dada pela ECR 4/94, a inelegibilidade dos cidadãos ou obstem candidaturas para mandatos eletivos. Afastou-se, também, a alegação de que a ressalva contida na alínea g do aludido inciso I do art. 1º da LC 64/90 estaria em confronto com o que disposto na ECR 4/94 porque descaracterizaria a hipótese de inelegibilidade referida no preceito legal em questão. No ponto, registrou-se que o TSE, em decorrência de várias decisões por ele proferidas, estabelecera diretriz jurisprudencial consolidada no Enunciado 1 da sua Súmula ["Proposta a ação para desconstituir a decisão que rejeitou as contas, anteriormente à impugnação, fica suspensa a inelegibilidade (Lei Complementar 64/90, art. 1º, I, g)"], mas, posteriormente, reformulara essa orientação, com o declarado propósito de conferir maior intensidade à proteção e defesa da probidade administrativa e da moralidade para o exercício do mandato eletivo. Além disso, reputou-se insustentável a suposta transgressão a preceitos fundamentais pelo fato de determinada regra legal ressalvar, para efeito de superação da cláusula de inelegibilidade, o acesso ao Poder Judiciário, em ordem a neutralizar eventual deliberação arbitrária que haja rejeitado, de modo abusivo, as contas do administrador.

Adveio, nada obstante, a Lei Complementar n. 135, de 4.6.2010, que altera a Lei Complementar n. 64, de 18 de maio de 1990, que estabelece, de acordo com o § 9º do art. 14 da Constituição Federal, casos de inelegibilidade, prazos de cessação e determina outras providências, para incluir hipóteses de inelegibilidade que visam a proteger a probidade administrativa e a moralidade no exercício do mandato.

De acordo com a Lei Complementar n. 64/90, com as alterações da Lei Complementar n. 135/2010, são inelegíveis os que forem condenados, em decisão transitada em julgado ou proferida por órgão judicial colegiado, desde a condenação até o transcurso do prazo de 8 (oito) anos após o cumprimento da pena, por crimes contra a economia popular, a fé pública, a administração pública e o patrimônio público; contra o patrimônio privado, o sistema financeiro, o mercado de capitais e os previstos na lei que regula a falência; contra o meio ambiente e a saúde pública; eleitorais, para os quais a lei comine pena privativa de liberdade; de abuso de autoridade, nos casos em que houver condenação à perda do cargo ou à inabilitação para o exercício de função pública; de lavagem ou ocultação de bens, direitos e valores; de tráfico de entorpecentes e drogas afins, racismo, tortura, terrorismo e hediondos; de redução à condição análoga à de escravo; contra a vida e a dignidade sexual; e praticados por organização criminosa, quadrilha ou bando.

Asseverou-se que estaria correto o entendimento do TSE no sentido de que a norma contida no § 9º do art. 14 da CF, na redação que lhe deu a ECR 4/94, não é auto-aplicável (Enunciado 13 da Súmula do TSE), e que o Judiciário não pode, sem ofensa ao princípio da divisão funcional do poder, substituir-se ao legislador para, na ausência da lei complementar exigida por esse preceito constitucional, definir, por critérios próprios, os casos em que a vida pregressa do candidato implicará inelegibilidade. Concluiu-se, em suma, que o STF e os órgãos integrantes da justiça eleitoral não podem agir abusivamente, nem fora dos limites previamente delineados nas leis e na CF, e que, em conseqüência dessas limitações, o Judiciário não dispõe de qualquer poder para aferir com a inelegibilidade quem inelegível não é. Reconheceu-se que, no Estado Democrático de Direito, os poderes do Estado encontram-se juridicamente limitados em face dos direitos e garantias reconhecidos ao cidadão e que, em tal contexto, o Estado não pode, por meio de resposta jurisdicional que usurpe poderes constitucionalmente reconhecidos ao Legislativo, agir de maneira abusiva para, em transgressão inaceitável aos postulados da não culpabilidade, do devido processo, da divisão funcional do poder, e da proporcionalidade, fixar normas ou impor critérios que culminem por estabelecer restrições absolutamente incompatíveis com essas diretrizes fundamentais. Afirmou-se ser indiscutível a alta importância da vida pregressa dos candidatos, tendo em conta que a probidade pessoal e a moralidade representam valores que consagram a própria dimensão ética em que necessariamente se deve projetar a atividade pública, bem como traduzem pautas interpretativas que devem reger o processo de formação e composição dos órgãos do Estado, observando-se, no entanto, as cláusulas constitucionais, cuja eficácia subordinante conforma e condiciona o exercício dos poderes estatais. Aduziu-se que a defesa desses valores constitucionais da probidade administrativa e da moralidade para o exercício do mandato eletivo consubstancia medida da mais elevada importância e significação para a vida política do país, e que o respeito a tais valores, cuja integridade há de ser preservada, encontra-se presente na própria LC 64/90, haja vista que esse diploma legislativo, em prescrições harmônicas com a CF, e com tais preceitos fundamentais, afasta do processo eleitoral pessoas desprovidas de idoneidade moral, condicionando, entretanto, o reconhecimento da inelegibilidade ao trânsito em julgado das decisões, não podendo o valor constitucional da coisa julgada ser desprezado por esta Corte", o Supremo Tribunal Federal (*Informativo* 514/STF; *Notícias*/ STF, 6.8.2008).

Ainda de acordo com a Lei Complementar n. 64/90, são inelegíveis:

I – os membros do Congresso Nacional, das Assembleias Legislativas, da Câmara Legislativa e das Câmaras Municipais, que hajam perdido os respectivos mandatos por infringência do disposto nos incisos I e II do art. 55 da Constituição Federal, dos dispositivos equivalentes sobre perda de mandato das Constituições Estaduais e Leis Orgânicas dos Municípios e do Distrito Federal, para as eleições que se realizarem durante o período remanescente do mandato para o qual foram eleitos e nos oito anos subsequentes ao término da legislatura (Redação dada pela LCP 81, de 13/04/94);

II- o Governador e o Vice-Governador de Estado e do Distrito Federal e o Prefeito e o Vice-Prefeito que perderem seus cargos eletivos por infringência a dispositivo da Constituição Estadual, da Lei Orgânica do Distrito Federal ou da Lei Orgânica do Município, para as eleições que se realizarem durante o período remanescente e nos 8 (oito) anos subsequentes ao término do mandato para o qual tenham sido eleitos (Redação dada pela Lei Complementar n. 135, de 2010);

III – os que tenham contra sua pessoa representação julgada procedente pela Justiça Eleitoral, em decisão transitada em julgado ou proferida por órgão colegiado, em processo de apuração de abuso do poder econômico ou político, para a eleição na qual concorrem ou tenham sido diplomados, bem como para as que se realizarem nos 8 (oito) anos seguintes (Redação dada pela Lei Complementar n. 135, de 2010);

IV – os que forem declarados indignos do oficialato, ou com ele incompatíveis, pelo prazo de 8 (oito) anos (Redação dada pela Lei Complementar n. 135, de 2010);

V – os que tiverem suas contas relativas ao exercício de cargos ou funções públicas rejeitadas por irregularidade insanável que configure ato doloso de improbidade administrativa, e por decisão irrecorrível do órgão competente, salvo se esta houver sido suspensa ou anulada pelo Poder Judiciário, para as eleições que se realizarem nos 8 (oito) anos seguintes, contados a partir da data da decisão, aplicando-se o disposto no inciso II do art. 71 da Constituição Federal, a todos os ordenadores de despesa, sem exclusão de mandatários que houverem agido nessa condição (Redação dada pela Lei Complementar n. 135, de 2010);

VI – os detentores de cargo na administração pública direta, indireta ou fundacional, que beneficiarem a si ou a terceiros, pelo abuso do poder econômico ou político, que forem condenados em decisão transitada em julgado ou proferida por órgão judicial colegiado, para a eleição na qual concorrem ou tenham sido diplomados, bem como para as que se realizarem nos 8 (oito) anos seguintes (Redação dada pela Lei Complementar n. 135, de 2010);

VII – os que, em estabelecimentos de crédito, financiamento ou seguro, que tenham sido ou estejam sendo objeto de processo de liquidação judicial ou extrajudicial, hajam exercido, nos 12 (doze) meses anteriores à respectiva decretação, cargo ou função de direção, administração ou representação, enquanto não forem exonerados de qualquer responsabilidade;

VIII – os que forem condenados, em decisão transitada em julgado ou proferida por órgão colegiado da Justiça Eleitoral, por corrupção eleitoral, por captação ilícita de sufrágio, por doação, captação ou gastos ilícitos de recursos de campanha ou por conduta vedada aos agentes públicos em campanhas eleitorais que impliquem cassação do registro ou do diploma, pelo prazo de 8 (oito) anos a contar da eleição (Incluído pela Lei Complementar n. 135, de 2010);

IX – o Presidente da República, o Governador de Estado e do Distrito Federal, o Prefeito, os membros do Congresso Nacional, das Assembleias Legislativas, da Câmara Legislativa, das Câmaras Municipais, que renunciarem a seus mandatos desde o oferecimento de representação ou petição capaz de autorizar a abertura de processo por infringência a dispositivo da Constituição Federal, da Constituição Estadual, da Lei Orgânica do Distrito Federal ou da Lei Orgânica do Município, para as eleições que se realizarem durante o período remanescente do mandato para o qual foram eleitos e nos 8 (oito) anos subsequentes ao término da legislatura (Incluído pela Lei Complementar n. 135, de 2010)[37];

X – os que forem condenados à suspensão dos direitos políticos, em decisão transitada em julgado ou proferida por órgão judicial colegiado, por ato doloso de improbidade administrativa que importe lesão ao patrimônio público e enriquecimento ilícito, desde a condenação ou o trânsito em julgado até o transcurso do prazo de 8 (oito) anos após o cumprimento da pena (Incluído pela Lei Complementar n. 135, de 2010);

XI – os que forem excluídos do exercício da profissão, por decisão sancionatória do órgão profissional competente, em decorrência de infração ético-profissional, pelo prazo de 8 (oito) anos, salvo se o ato houver sido anulado ou suspenso pelo Poder Judiciário (Incluído pela Lei Complementar n. 135, de 2010);

XII – os que forem condenados, em decisão transitada em julgado ou proferida por órgão judicial colegiado, em razão de terem desfeito ou simulado desfazer vínculo conjugal ou de união estável para evitar caracterização de inelegibilidade, pelo prazo de 8 (oito) anos após a decisão que reconhecer a fraude (Incluído pela Lei Complementar n. 135, de 2010);

---

[37] O Supremo Tribunal Federal, ao julgar, em 27.10.2010, o RE 631102 interposto por Jader Barbalho, decidiu pela prevalência da decisão do Tribunal Superior Eleitoral (TSE), que indeferiu o registro de candidatura do parlamentar para o cargo de Senador da República, com base na alínea "k" do inciso I do art. 1º da Lei Complementar n. 64/1990, com a redação da Lei Complementar n. 135/2010 (renunciar a mandato para evitar processo de cassação). Os Ministros, por maioria de votos (7x3), decidiram aplicar regra do Regimento Interno da Corte segundo o qual, em caso de empate, o ato contestado permanece válido (*Notícias* STF, 27.10.2010).

Ao julgar, no entanto, em 23.3.2011, o RE 633703/MG, Rel. Min. Gilmar Mendes, o Supremo Tribunal Federal decidiu que a Lei Complementar n. 35/2010 não se aplica às eleições de 2010, em face do princípio da anterioridade eleitoral. No ponto, afirmou que a expressão "processo eleitoral", contida em tal preceito, referir-se-ia à dinâmica das eleições, à escolha dos candidatos e às fases eleitorais (pré-eleitoral, eleitoral e pós-eleitoral). A inclusão de novas causas de inelegibilidades diversas das originalmente previstas na legislação, além de afetar a segurança jurídica e a isonomia inerentes ao devido processo eleitoral, influenciaria a possibilidade de que as minorias partidárias exercessem suas estratégias de articulação política em conformidade com as balizas inicialmente instituídas (*Informativo* 620/STF).

XIII – os que forem demitidos do serviço público em decorrência de processo administrativo ou judicial, pelo prazo de 8 (oito) anos, contado da decisão, salvo se o ato houver sido suspenso ou anulado pelo Poder Judiciário (Incluído pela Lei Complementar n. 135, de 2010);

XIV – a pessoa física e os dirigentes de pessoas jurídicas responsáveis por doações eleitorais tidas por ilegais por decisão transitada em julgado ou proferida por órgão colegiado da Justiça Eleitoral, pelo prazo de 8 (oito) anos após a decisão, observando-se o procedimento previsto no art. 22 (Incluído pela Lei Complementar n. 135, de 2010);

XV – os magistrados e os membros do Ministério Público que forem aposentados compulsoriamente por decisão sancionatória, que tenham perdido o cargo por sentença ou que tenham pedido exoneração ou aposentadoria voluntária na pendência de processo administrativo disciplinar, pelo prazo de 8 (oito) anos (Incluído pela Lei Complementar n. 135, de 2010).

Em sessão realizada no dia 9.11.2011, o Supremo Tribunal Federal iniciou o julgamento conjunto de 2 ações declaratórias de constitucionalidade (ADC 29/DF e ADC 30/DF) e da ação direta de inconstitucionalidade (ADI 4578/DF), nas quais se apreciava a denominada Lei da Ficha Limpa.

As 2 primeiras ações foram ajuizadas uma pelo Partido Popular Socialista – PPS e outra pelo Conselho Federal da Ordem dos Advogados do Brasil, tendo por objeto a integralidade da LC n. 135/2010, e a última, proposta pela Confederação Nacional das Profissões Liberais – CNPL em face do art. 1º, I, m, do mesmo diploma normativo.

O Min. Luiz Fux, Relator, "registrou que o Colegiado deveria apreciar se as inelegibilidades introduzidas pela LC 135/2010 alcançariam atos ou fatos ocorridos antes da edição da lei, bem como se o art. 1º, I, m, da LC 64/90 seria constitucional. Contudo, advertiu que a análise dessas questões demandaria previamente a discussão sobre a constitucionalidade de todas as hipóteses de inelegibilidade, as quais poderiam ser divididas em 5 grupos: 1) condenações judiciais (eleitorais, criminais ou por improbidade administrativa) proferidas por órgão colegiado; 2) rejeição de contas relativas ao exercício do cargo ou função pública; 3) perda de cargo (eletivo ou de provimento efetivo), incluindo-se as aposentadorias compulsórias de magistrados e membros do Ministério Público e, para os militares, a indignidade ou incompatibilidade com o oficialato; 4) renúncia a cargo político eletivo diante da iminência da instauração de processo capaz de ocasionar a perda do cargo; e 5) exclusão do exercício de profissão regulamentada, por decisão do órgão profissional respectivo, por violação de dever ético-profissional.

Afirmou ainda que a consideração de fatos anteriores, para fins de aplicação da LC 135/2010, não transgrediria o princípio constitucional da irretroatividade das leis. Distinguiu retroatividade mínima de retrospectividade, ao definir que, nesta, a lei atribuiria novos efeitos jurídicos, a partir de sua edição, a fatos ocorridos anteriormente, ao passo que, naquela, seriam alteradas, por lei, as consequências jurídicas desses fatos. No ponto, assinalou que a norma adversada configuraria caso de retrospectividade, já admitido na jurisprudência do Supremo. Mencionou que a adequação ao estatuto jurídico eleitoral caracterizaria relação continuativa – que operaria sob a cláusula *rebus sic stantibus* – e não integrante de patrimônio jurídico individual (direito adquirido), de modo a permitir a extensão, para 8 anos, dos prazos de inelegibilidade originariamente previstos.

Aduziu que a imposição de novo requisito negativo (inelegibilidade) não se confundiria com agravamento de pena e tampouco com *bis in idem*. Assim, em virtude da exigência constitucional de moralidade, realçou ser razoável entender-se que um cidadão que se enquadrasse nas situações dispostas na lei questionada não estaria, *a priori*, apto a exercer mandato eletivo. De igual modo, repeliu a alegação de que a norma em comento ofenderia a presunção constitucional de inocência. Destacou que o exame desse princípio não deveria ser feito sob enfoque penal e processual penal, mas sim no âmbito eleitoral, em que poderia ser relativizado. Dessa maneira, propôs a superação de precedentes sobre a matéria, para que se reconhecesse a legitimidade da previsão legal de inelegibilidades decorrentes de condenações não definitivas. Ao frisar que o legislador fora cuidadoso ao definir os requisitos de inelegibilidade, para que fossem evitadas perseguições políticas, e que a sociedade civil cobraria ética no manejo da coisa pública, sinalizou descompasso entre a jurisprudência e a opinião popular sobre o tema 'ficha limpa'. Nesse contexto, considerou que se conceber o art. 5º, LVII, da CF como impeditivo à imposição de inelegibilidade a indivíduos condenados criminalmente por decisões não transitadas em julgado esvaziaria o art. 14, § 9º, da CF, a frustrar o propósito do constituinte reformador de exigir idoneidade moral para o exercício de mandato eletivo.

Afastou eventual invocação ao princípio da vedação do retrocesso, uma vez que inexistiria pressuposto indispensável à sua aplicação, qual seja, sedimentação na consciência jurídica geral a demonstrar que a presunção de inocência estender-se-ia para além da esfera criminal. Ademais, não haveria que se falar em arbitrariedade na restrição legislativa. Vislumbrou, também, proporcionalidade nas hipóteses legais de inelegibilidade. Reconheceu tanto a adequação da norma (à consecução dos fins consagrados nos princípios relacionados no art. 14, § 9º, da CF) quanto a necessidade ou a exigibilidade (pois impostos requisitos qualificados de inelegibilidade a ser declarada por órgão colegiado, não obstante a desnecessidade de decisão judicial com trânsito em julgado). No que concerne ao sub-princípio da proporcionalidade em sentido estrito, consignou que o sacrifício exigido à liberdade individual de se candidatar a cargo público eletivo não superaria os benefícios socialmente desejados em termos de moralidade e de probidade para o exercício de cargos públicos. Aludiu que deveriam ser sopesados moralidade e democracia, de um lado, e direitos políticos passivos, de outro.

Evidenciou não haver lesão ao núcleo essencial dos direitos políticos, haja vista que apenas o direito passivo seria restringido, porquanto o cidadão permaneceria em pleno gozo dos seus direitos ativos de participação política. Reiterou tratar-se de mera validação de ponderação efetuada pelo próprio legislador que, ante a indeterminação jurídica da expressão 'vida pregressa', densificaria seu conceito. Nesse aspecto, correto concluir-se por interpretação da Constituição conforme a lei, de modo a prestigiar a solução legislativa para o preenchimento da conceituação de vida pregressa do candidato. Nesse panorama, asseverou que da leitura das alíneas e ['os que forem condenados, em decisão transitada em julgado ou proferida por órgão judicial colegiado, desde a condenação até o transcurso do prazo de 8 (oito) anos após o cumprimento da pena, pelos crimes: ...'] e l ['os que forem condenados à suspensão dos direitos políticos, em decisão transitada em julgado ou proferida por órgão judicial colegiado, por ato doloso de improbidade administrativa que importe lesão ao patrimônio público e enriquecimento ilícito, desde a condenação ou o trânsito em julgado até o transcurso do prazo de 8 (oito) anos após o cumprimento da pena'] do inciso I do art. 1º da LC 64/90, com a redação conferida pela LC 135/2010, poder-se-ia inferir que, condenado o indivíduo em decisão colegiada recorrível, ele permaneceria inelegível desde então, por todo o tempo de duração do processo criminal e por mais outros 8 anos após o cumprimento da pena. Tendo isso em conta, declarou os referidos dispositivos inconstitucionais, em parte, para, em interpretação conforme a Constituição, admitir a redução, do prazo de 8 anos de inelegibilidades posteriores ao cumprimento da pena, do prazo de inelegibilidade decorrido entre a condenação e o seu trânsito em julgado." Relativamente à alínea k do mesmo diploma, na sessão do dia 1º/12/2011, o Min. Luiz Fux, Relator, "modificou seu voto, para declarar constitucional também esse item, em respeito ao espírito que motivou a edição da lei complementar. Esse dispositivo torna inelegíveis os que renunciarem a seus mandatos desde o oferecimento de representação ou petição capaz de autorizar a abertura de processo por infringência a dispositivo da Constituição Federal, da Constituição Estadual, da Lei Orgânica do Distrito Federal ou da Lei Orgânica do Município, para as eleições que se realizarem durante o período remanescente do mandato para o qual foram eleitos e nos oito anos subsequentes ao término da legislatura".

O Min. Joaquim Barbosa, que havia pedido vista na sessão do dia 9.11.2011, votou pela constitucionalidade integral da LC 135, portanto, pela procedência das ADCs 29 e 30, e pela improcedência da ADI 4578. A 'lei se integra à CF para formar um todo, um estatuto da moralidade e da cidadania política,' afirmou. "Ainda em seu voto, ele observou que já a Constituição Federal de 1967 atribuía, em seu art. 148, à lei complementar estabelecer outros casos de inelegibilidades, além dos nela elencados, visando à preservação do regime democrático, da probidade administrativa, da normalidade e legitimidade das eleições, contra o abuso do poder econômico e do exercício dos cargos ou funções públicas. Observou que o país demorou 50 anos para estabelecer tais princípios na Lei da Ficha Limpa, emanada da coleta de assinatura nas ruas para apresentação do projeto de lei complementar. E ainda levou 23 anos após a promulgação da CF de 1988, não obstante a clareza de seu texto sobre a matéria.

Destacou ainda que até a Lei Complementar 64 mostrou-se inapta, por estabelecer exíguos prazos de inelegibilidade e a exigência de trânsito em julgado de sentença condenatória. Disse que, agora, com a Lei da Ficha Limpa, emanada da vontade popular, 'quer-se um futuro de virtude e coparticipação', um fim do 'execrável conceito do rouba, mas faz'. "Os critérios eleitos pelo legislador complementar, exigidos pelo movimento social, estão, sim, em harmonia com a Lei Maior", acrescentou.

Finalmente, na sessão conclusiva do dia 12 de fevereiro de 2012, o STF, por maioria, julgou totalmente procedentes a ADC 29/DF e a ADC 30/DF, e totalmente improcedente a ADI 4578/DF, afirmando, portanto, a constitucionalidade da Lei Complementar n. 135/2010, que poderá ser aplicada a partir das eleições de 2012, alcançando atos e fatos ocorridos antes de sua vigência.[38]

Do acórdão conjunto das ações, registra-se a seguinte ementa: *"AÇÕES DECLARATÓRIAS DE CONSTITUCIONALIDADE E AÇÃO DIRETA DE INCONSTITUCIONALIDADE EM JULGAMENTO CONJUNTO. LEI COMPLEMENTAR N. 135/10. HIPÓTESES DE INELEGIBILIDADE. ART. 14, § 9º, DA CONSTITUIÇÃO FEDERAL. MORALIDADE PARA O EXERCÍCIO DE MANDATOS ELETIVOS. INEXISTÊNCIA DE AFRONTA À IRRETROATIVIDADE DAS LEIS: AGRAVAMENTO DO REGIME JURÍDICO ELEITORAL. ILEGITIMIDADE DA EXPECTATIVA DO INDIVÍDUO ENQUADRADO NAS HIPÓTESES LEGAIS DE INELEGIBILIDADE. PRESUNÇÃO DE INOCÊNCIA (ART. 5º, LVII, DA CONSTITUIÇÃO FEDERAL): EXEGESE ANÁLOGA À REDUÇÃO TELEOLÓGICA, PARA LIMITAR SUA APLICABILIDADE AOS EFEITOS DA CONDENAÇÃO PENAL. ATENDIMENTO DOS PRINCÍPIOS DA RAZOABILIDADE E DA PROPORCIONALIDADE. OBSERVÂNCIA DO PRINCÍPIO DEMOCRÁTICO: FIDELIDADE POLÍTICA AOS CIDADÃOS. VIDA PREGRESSA: CONCEITO JURÍDICO INDETERMINADO. PRESTÍGIO DA SOLUÇÃO LEGISLATIVA NO PREENCHIMENTO DO CONCEITO. CONSTITUCIONALIDADE DA LEI. AFASTAMENTO DE SUA INCIDÊNCIA PARA AS ELEIÇÕES JÁ OCORRIDAS EM 2010 E AS ANTERIORES, BEM COMO E PARA OS MANDATOS EM CURSO.* 1. A elegibilidade é a adequação do indivíduo ao *regime jurídico* – constitucional e legal complementar – do processo eleitoral, razão pela qual a aplicação da Lei Complementar n. 135/10 com a consideração de fatos anteriores não pode ser capitulada na retroatividade vedada pelo art. 5º, XXXVI, da Constituição, mercê de incabível a invocação de direito adquirido ou de autoridade da coisa julgada (que opera sob o pálio da cláusula *rebus sic stantibus*) anteriormente ao pleito em oposição ao diploma legal retromencionado; subjaz a mera adequação ao sistema normativo pretérito (expectativa de direito). 2. A razoabilidade da expectativa de um indivíduo de concorrer a cargo público eletivo, à luz da exigência constitucional de moralidade para o exercício do mandato (art. 14, § 9º), resta afastada em face da condenação prolatada em segunda instância ou por um colegiado no exercício da competência de foro por prerrogativa de função, da rejeição de contas públicas, da perda de cargo público ou do impedimento do exercício de profissão por violação de dever ético-profissional. 3. A presunção de inocência consagrada no art. 5º, LVII, da Constituição Federal deve ser reconhecida como uma regra e interpretada com o recurso da metodologia análoga a uma redução teleológica, que reaproxime o enunciado normativo da sua própria literalidade, de modo a reconduzi-la aos efeitos próprios da condenação criminal (que podem incluir a perda ou a suspensão de direitos políticos, mas não a inelegibilidade), sob pena de frustrar o propósito moralizante do art. 14, § 9º, da Constituição Federal. 4. Não é violado pela Lei Complementar n.

[38] *Informativos* 647 e 655/STF; Notícias STF, 9.11.2011; 1º.12.2011, e 16.2.2012.

135/10 o princípio constitucional da vedação de retrocesso, posto não vislumbrado o pressuposto de sua aplicabilidade concernente na existência de consenso básico, que tenha inserido na consciência jurídica geral a extensão da presunção de inocência para o âmbito eleitoral. 5. O direito político passivo (*ius honorum*) é possível de ser restringido pela lei, nas hipóteses que, *in casu,* não podem ser consideradas arbitrárias, porquanto se adequam à exigência constitucional da razoabilidade, revelando elevadíssima carga de reprovabilidade social, sob os enfoques da violação à moralidade ou denotativos de improbidade, de abuso de poder econômico ou de poder político. 6. O princípio da proporcionalidade resta prestigiado pela Lei Complementar n. 135/10, na medida em que: (I) atende aos fins moralizadores a que se destina; (II) estabelece requisitos qualificados de inelegibilidade e (III) impõe sacrifício à liberdade individual de candidatar-se a cargo público eletivo que não supera os benefícios socialmente desejados em termos de moralidade e probidade para o exercício de referido *munus publico.*

7. O exercício do *ius honorum* (direito de concorrer a cargos eletivos), em um juízo de ponderação no caso das inelegibilidades previstas na Lei Complementar n. 135/10, opõe-se à própria democracia, que pressupõe a fidelidade política da atuação dos representantes populares. 8. A Lei Complementar n. 135/10 também não fere o núcleo essencial dos direitos políticos, na medida em que estabelece restrições temporárias aos direitos políticos passivos, sem prejuízo das situações políticas ativas. 9. O cognominado desacordo moral razoável impõe o prestígio da manifestação legítima do legislador democraticamente eleito acerca do conceito jurídico indeterminado de vida pregressa, constante do art. 14, § 9.º, da Constituição Federal. 10. O abuso de direito à renúncia é gerador de inelegibilidade dos detentores de mandato eletivo que renunciarem aos seus cargos, posto hipótese em perfeita compatibilidade com a repressão, constante do ordenamento jurídico brasileiro (v.g., o art. 55, § 4º, da Constituição Federal e o art. 187 do Código Civil), ao exercício de direito em manifesta transposição dos limites da boa-fé.

11. A *inelegibilidade* tem as suas causas previstas nos §§ 4º a 9º do art. 14 da Carta Magna de 1988, que se traduzem em *condições objetivas cuja verificação impede o indivíduo de concorrer a cargos eletivos ou, acaso eleito, de os exercer*, e não se confunde com a *suspensão ou perda dos direitos políticos*, cujas hipóteses são previstas no art. 15 da Constituição da República, e que importa restrição não apenas ao direito de concorrer a cargos eletivos (*ius honorum*), mas também ao direito de voto (*ius sufragii*). Por essa razão, não há inconstitucionalidade na cumulação entre a inelegibilidade e a suspensão de direitos políticos. 12. A extensão da inelegibilidade por oito anos após o cumprimento da pena, admissível à luz da disciplina legal anterior, viola a proporcionalidade numa sistemática em que a interdição política se põe já antes do trânsito em julgado, cumprindo, mediante interpretação conforme a Constituição, deduzir do prazo posterior ao cumprimento da pena o período de inelegibilidade decorrido entre a condenação e o trânsito em julgado.13. Ação direta de inconstitucionalidade cujo pedido se julga improcedente. Ações declaratórias de constitucionalidade cujos pedidos se julgam procedentes, mediante a declaração de constitucionalidade das hipóteses de inelegibilidade instituídas pelas alíneas "c", "d", "f", "g","h", "j", "m", "n", "o", "p" e "q" do

art. 1º, inciso I, da Lei Complementar n. 64/90, introduzidas pela Lei Complementar n. 135/10, vencido o Relator em parte mínima, naquilo em que, em interpretação conforme a Constituição, admitia a subtração, do prazo de 8 (oito) anos de inelegibilidade posteriores ao cumprimento da pena, do prazo de inelegibilidade decorrido entre a condenação e o seu trânsito em julgado. 14. Inaplicabilidade das hipóteses de inelegibilidade às eleições de 2010 e anteriores, bem como para os mandatos em curso, à luz do disposto no art. 16 da Constituição. Precedente: RE 633.703, Rel. Min. GILMAR MENDES (repercussão geral)".[39]

5. SUSPENSÃO E PERDA DOS DIREITOS POLÍTICOS

O cidadão pode ser privado, temporária (suspensão) ou definitivamente (perda), de seus direitos políticos.

São casos de suspensão dos direitos políticos a incapacidade civil absoluta, a condenação criminal transitada em julgado, enquanto durarem seus efeitos, e a improbidade administrativa nos termos do art. 37, § 4º, da Constituição.

A perda dos direitos políticos, segundo pensamos, se dará nos casos de cancelamento da naturalização por sentença transitada em julgado e de recusa em cumprir obrigação a todos imposta ou prestação alternativa nos termos no art. 5º, VIII (objeção de consciência).[40]

Note-se que a privação dos direitos políticos, seja por suspensão ou por perda, além de acarretar a inalistabilidade e a inelegibilidade, faz com que o indivíduo não possa participar de eleições sindicais, nem dirigir ou ser redator-chefe de jornal ou periódico, nem tampouco ser investido em cargo público ou participar de atividade partidária, inclusive comícios e atos de propaganda em recinto fechado ou aberto.

Passa-se a analisar as hipóteses constitucionais de perda dos direitos políticos:

1. Cancelamento de naturalização por sentença transitada em julgado. Dá-se pela prática comprovada de atividade nociva ao interesse nacional, e faz com que o indivíduo retorne à sua condição de estrangeiro. Deixando, portanto, de ser brasileiro, não pode exercer atos inerentes à cidadania, que é atributo dos nacionais. Cabe ao Poder Judiciário, é dizer, aos Juízes Federais de 1ª Instância decretar a perda dos direitos políticos, nesta hipótese, segundo o disposto no art. 109, X, da Constituição, bem como nas hipóteses de invalidação do procedimento da naturalização, por vício de consentimento do ato jurídico – erro, dolo, coação, fraude ou simulação – o que levará à perda dos direitos políticos.

---

[39] DJe, 29.6.2012, p. 1-4.

[40] No sentido do texto: FERREIRA FILHO. *Curso de direito constitucional*, p. 100; BASTOS. *Curso de direito constitucional*, p 238; Moraes. *Direito constitucional*, 17. ed., p. 234; Silva. *Comentário contextual à constituição*, p. 231-233; TAVARES. *Curso de direito constitucional*, p. 544. Contra, com o entendimento de que a única hipótese de perda dos direitos políticos é a do inciso I do art. 15, ou seja, cancelamento da naturalização, por sentença transitada em julgado: COSTA. *Instituições de direito eleitoral*, p. 83-84; BULOS. *Constituição federal anotada*, p. 511; MENDES. *Introdução à teoria das inelegibilidades*, p. 80-83.

Além da hipótese de perda da nacionalidade, envolvendo o cancelamento da naturalização, por sentença judicial, o texto constitucional prevê, no art. 12, § 4º, II, a perda da nacionalidade, por decisão administrativa, do brasileiro que adquirir outra nacionalidade, fora dos casos permitidos pela cláusula constitucional. Voltando à condição de estrangeiro, haverá a perda dos direitos políticos.

2. Recusa de cumprir obrigação a todos imposta ou prestação alternativa. Envolve a denominada escusa ou objeção de consciência (art. 5º, VIII). Assim, perderão os direitos políticos aqueles que se recusarem a cumprir obrigação imposta de forma generalizada, mesmo que invocando crença religiosa ou convicção filosófica ou política, desde que não se disponham a cumprir prestação alternativa, quando fixada em lei (hipótese do art. 143, § 1º, da Constituição, regulamentado pela Lei n. 8.239, de 4 de outubro de 1996). A seu turno, o eleitor que deixar de votar, não pagar a multa correspondente ou não apresentar a justificativa de sua omissão, ficará impedido de praticar qualquer ato, dentre outros, para o qual se exija quitação do serviço militar ou imposto de renda, a teor do Código Eleitoral. Observe-se ainda que se arrola entre os requisitos para a ocorrência da perda dos direitos políticos na hipótese de que estamos cuidando, a existência de lei prevendo a prestação alternativa. Não ocorrendo esta, não há possibilidade de o cidadão ser afetado em seus direitos políticos. Acentue-se finalmente que não há no texto constitucional previsão de atribuição de competência ao Presidente da República para a decretação da perda dos direitos políticos na hipótese em comento. Cabe assim à União legislar sobre a matéria (art. 22, XIII), dispondo sobre a autoridade a quem caberá a prática do ato, sendo do Poder Judiciário, segundo pensamos, essa competência enquanto não sobrevier lei federal dispondo em sentido contrário.

São casos de suspensão dos direitos políticos:

1. Incapacidade civil absoluta. Refere-se ela àqueles considerados pela lei civil como absolutamente incapazes de exercer, por si, os atos da vida civil, seja porque não chegaram a adquirir a capacidade, mesmo relativa, seja porque, uma vez que a adquiriram, perderam-na. Tais são os menores de 16 anos, os amentais submetidos a regular processo de interdição, os surdos-mudos que não podem exprimir sua vontade, e os ausentes. Uma vez capacitados para os atos da vida civil, desaparece a proibição para o exercício dos direitos políticos.

2. Condenação criminal transitada em julgado, enquanto durarem seus efeitos. Aqueles que sofreram condenação criminal com trânsito em julgado têm suspensos os seus direitos políticos até que ocorra a extinção da punibilidade como consequência da sentença condenatória. Segundo o enunciado da Súmula n. 9 do TSE, a "suspensão de direitos políticos decorrente de condenação criminal transitada em julgado cessa com o cumprimento ou a extinção da pena, independentemente de reabilitação ou de prova de reparação dos danos". Observe-se ainda que o disposto no art. 15, III, da Constituição abrange todos os tipos de infração legal cometida, seja crime doloso, seja culposo ou as contravenções penais, pois o que visa a norma constitucional é reservar os cargos públicos para os insuspeitos. A aduzida cláusula constitucional alcança, portanto, toda e qualquer condenação criminal definitiva e a duração de seus efeitos limita-se ao término de duração das respectivas penas, da suspensão condicional da pena, do livramento condicional, da prisão albergue ou domiciliar, e ao efetivo pagamento da pena de multa, ressalvados os casos de prescrição da pretensão punitiva e de outras hipóteses de extinção de punibilidade arroladas na legislação penal.

No que se refere aos Juizados Especiais Criminais, vale a observação de Adriano Soares da Costa, no sentido de que havendo conciliação das partes, com a renúncia do direito de queixa ou representação, não há sentença penal, porque ação não houve (art. 74, parágrafo único, da Lei n. 9.099/95). Já na hipótese de transação, prevista no art. 76 desta lei, há inflição de pena restritiva de direitos ou multa, com a incidência do art. 15, III, da CF/88. Diversamente, contudo, ocorre com a suspensão condicional do processo, prevista no art. 89 da Lei dos Juizados Especiais. Tal instituto, alvissareiro no nosso ordenamento jurídico, admite que haja paralisação do trâmite processual, dês que o réu se submeta a período de prova, assemelhado a cumprimento de pena restritiva de direito. Nada obstante, não há sentença penal de procedência, com a declaração da prática do crime e aplicação da pena, não havendo ensanchas à incidência do art. 15, inc. III, da CF/88. O cumprimento do período de prova é causa de extinção da punibilidade.[41]

Os Deputados e Senadores, no exercício do mandato, que forem condenados criminalmente, não perderão automaticamente o mandato eletivo, pois se sujeitam à decisão da Câmara ou do Senado, tomada pela maioria absoluta de seus membros, por voto secreto, após provocação da respectiva Mesa, ou do partido político com representação no Congresso Nacional, assegurada ampla defesa (art. 55, inciso VI, § 2º, da Constituição). A despeito de não perderem o mandato, senão após o mencionado procedimento, não poderão disputar novas eleições enquanto durarem os efeitos da sentença condenatória.

3. Improbidade administrativa. A Constituição da República veda ao administrador ímprobo participar do processo democrático, que se desenvolve e se aperfeiçoa sob o princípio da moralidade. Com efeito, o art. 37, § 4º, do texto constitucional, prevê que os atos de improbidade administrativa importarão a suspensão dos direitos políticos, a perda da função pública, a indisponibilidade dos bens e o ressarcimento ao erário, na forma e gradação previstas em lei, sem prejuízo da sanção penal cabível. Assim, a improbidade administrativa designa atos de corrupção na esfera pública, tenham ou não efeitos patrimoniais. Para que ocorra a suspensão dos direitos políticos do agente público ímprobo, é necessário que a sentença judicial, reconhecendo a ocorrência da improbidade administrativa, se pronuncie expressamente sobre a suspensão daqueles direitos. Anote-se que a Lei n. 8.429/92, tipifica os atos de improbidade administrativa, e estabelece a forma e gradação da suspensão dos direitos políticos, da perda da função pública, da indisponibilidade dos bens e do ressarcimento ao erário, como sanções cominadas aos agentes públicos. Assim, de acordo com a Lei n. 8.429/92, os atos de improbidade são agrupados em três espécies, com as correspondentes sanções: a) atos que importem enriquecimento ilícito – suspensão dos direitos políticos de oito a dez anos; b) atos que causam prejuízo ao erário – suspensão dos direitos políticos de cinco a oito anos; c) atos que atentam contra princípios da administração pública – suspensão dos direitos políticos de três a cinco anos. A competência para o processo e julgamento da ação que envolva atos de improbidade administrativa é da Justiça Comum.

41 COSTA. *Instituições de direito eleitoral*, p. 97.

A recuperação dos direitos políticos ocorre tanto nos casos de suspensão como nos de perda, pela cessação dos motivos que as determinaram.

6. AÇÃO DE IMPUGNAÇÃO DE MANDATO ELETIVO

Prevê o § 10 do art. 14 da Constituição, a ação de impugnação de mandato eletivo que leva a perder o mandato o candidato eleito mediante fraude, corrupção ou abuso do poder econômico.

Competente para o processo e julgamento dessa ação é o Juiz Eleitoral da zona em que ocorreu a diplomação, se proposta em face de prefeito ou vereador, ou perante o Tribunal Regional Eleitoral ou Tribunal Superior Eleitoral, de acordo com o órgão responsável pela expedição do diploma e por onde se processou o registro do candidato.

Trata-se de ação de conhecimento (constitutiva negativa), já que a sentença que julga procedente o pedido extingue um estado jurídico indevidamente criado com efeitos para o futuro.

O seu rito é o ordinário, com dispensa de prova pré-constituída, bastando a instrução com provas ou indícios idôneos e suficientes, e não meras alegações.

O prazo de quinze dias para a propositura da ação é decadencial, e o seu exercício não se suspende nem se interrompe, correndo contra todos, desaparecendo o direito por ela protegido, caso não haja impugnação judicial.

Detêm legitimidade para a propositura da ação de impugnação o Ministério Público Eleitoral, que no processo intervirá como fiscal da lei, quando não for parte, os partidos políticos, coligações e candidatos que tiverem concorrido ao pleito, com relato dos fatos e indicação das provas, indícios e circunstâncias. Segundo entendimento jurisprudencial os apenas eleitores não têm legitimidade para esta ação.[42]

Parte passiva na ação é o candidato que, favorecido com o abuso do poder econômico, corrupção ou fraude, elegeu-se, não havendo falar em litisconsórcio necessário relativamente à agremiação que apoiou a candidatura vitoriosa.

O preceito constitucional (§ 11, primeira parte, do art. 14), que prevê o segredo de justiça na tramitação da ação, merece crítica. É que, sendo a publicidade um dos requisitos de legitimidade do Estado Democrático de Direito, nele não pode haver, salvo em casos excepcionais, qualquer ato praticado por quem atue em nome do interesse público que não esteja sujeito à mais ampla forma de publicidade. Sendo a ação de impugnação de mandato eletivo de interesse público, públicos devem ser todos os atos processuais, a fim de que se possa viabilizar a fiscalização da conduta de tantos quantos participem do processo. A reforçar este entendimento, mencione-se que o princípio da publicidade constitui condição de validade do ato administrativo (art. 37, § 1º), além do que dispõe o art. 93, IX, do texto constitucional, com a redação que lhe foi dada pela EC n. 45/2004, que "todos os julgamentos do Poder Judiciário serão

[42] *JTSE* 3/95-132.

públicos", podendo a lei limitar a presença, em determinados atos, às próprias partes e a seus advogados ou somente a estes, em casos nos quais a preservação do direito à intimidade do interessado no sigilo não prejudique o interesse público à informação. Além disso, esclareça-se que os atos que podem levar à perda do mandato, mediante a ação de impugnação, relacionam-se com a vida pública do candidato, e não com sua vida particular.

7. SISTEMAS ELEITORAIS

Ao se estudar os direitos políticos, impõe-se o conhecimento dos sistemas eleitorais, para a exata compreensão da organização político-partidária do Estado, no que diz respeito à captação da vontade popular com vistas à formação do governo e do Parlamento.[43]

Entende-se por sistemas eleitorais os procedimentos utilizados em uma eleição para transformar os votos dos eleitores em poder parlamentar ou de governo. Podem ser ainda entendidos como métodos de transformação de votos em mandatos.

Virgílio Afonso da Silva assinala, no entanto, que os sistemas eleitorais devem ser conceituados de maneira mais alargada, de modo a abranger todos os seus elementos significativos. Nesse sentido, devem ser levados em consideração os elementos anteriores ao voto, ou seja, a forma como os eleitores expressam sua vontade, cujos efeitos podem ser até mesmo determinantes para a avaliação do resultado das eleições do que a própria fórmula de transformação de votos em mandatos. Para tanto, o referido autor se reporta à definição de Dieter Nohlen, para quem os sistemas eleitorais são "o modo pelo qual os eleitores expressam em votos sua preferência partidária ou pessoal, a qual será traduzida em mandatos".[44]

São dois, em síntese, os sistemas eleitorais: o sistema majoritário e o sistema de representação proporcional.

Pelo sistema majoritário, divide-se o território do País em circunscrições eleitorais correspondentes aos mandatos, elegendo-se em cada uma delas o candidato mais votado. Tal sistema comporta variante, como o voto distrital (há divisão do território em distritos eleitorais, onde se elege um candidato, por maioria simples ou relativa). Pode haver, no sistema majoritário, escrutínio em dois turnos: se nenhum candidato alcançar maioria absoluta, realiza-se uma segunda votação, considerando-se eleito o candidato que tiver obtido maior número de votos entre os primeiros colocados na primeira votação.

No sistema majoritário de voto em bloco o eleitor pode votar em tantos candidatos quantas forem as cadeiras disputadas em geral, com a possibilidade de votar em candidatos de diferentes partidos, sendo considerados eleitos os candidatos individuais mais votados (exemplos de países que o adotam: Tailândia e Filipinas).

As vantagens e desvantagens do sistema majoritário vêm elencadas por Paulo Bonavides. Como vantagens, produz governos estáveis, evita a pulverização parti-

---

43 Cf. TAVARES. *Sistemas eleitorais nas democracias contemporâneas*: teoria, instituições, estratégia.

44 SILVA. *Sistemas eleitorais*, p. 36.

dária, aproxima o eleitor do candidato, afasta do Parlamento grupos de interesses, fazendo com que o eleitor vote em pessoas mais do que em partidos, proporcionando soluções objetivas a problemas concretos de governo. Mas, como desvantagens, o sistema majoritário pode conduzir ao governo, com maioria no Parlamento, um partido que saiu vitorioso das eleições, sem, contudo, haver obtido no país uma quantidade superior de votos. Pesa a influência positiva ou negativa que poderá ter para os partidos o critério adotado na repartição do país em circunscrições eleitorais, em razão do *status* social e econômico correspondente ao eleitorado dessas circunscrições. A repartição pode eventualmente ser inspirada, manipulada ou patrocinada por grupos empenhados na obtenção de determinados resultados eleitorais, favoráveis aos seus interesses.[45]

O sistema de representação proporcional visa assegurar a cada corrente de opinião, entre as quais se repartem os eleitores, um número de representantes proporcional às suas respectivas forças eleitorais, sendo aplicável, no Brasil, na composição da Câmara dos Deputados, Assembleias Legislativas, Câmara Legislativa do Distrito Federal e Câmaras Municipais. Em nosso País, a representação proporcional foi introduzida, nacionalmente, pelo Código Eleitoral de 1932, embora, no plano regional, já tivesse sido adotada no Estado do Rio Grande do Sul, pela Lei n. 153, de 14 de julho de 1913. Como assinala Walter Costa Porto, "muitos haviam defendido, quando vigorava, em todo o mundo, o sistema majoritário, o direito à representação das minorias. E resultaram vãos os esforços – do voto limitado ou incompleto, do voto cumulativo – para resguardar, nos parlamentos, um espaço às parcelas menores de opinião. Foi a Dinamarca, pelos esforços de Andrae, professor e Ministro das Finanças, que, pela primeira vez, utilizou o sistema proporcional, em sua Constituição de 1855, na eleição para a Câmara Alta, através do chamado escrutínio de lista com voto transferível."[46]

O sistema de representação proporcional pressupõe a divisão de uma mesma circunscrição eleitoral entre as referidas correntes eleitorais. A distribuição no Parlamento deve ser proporcional aos votos obtidos, na eleição, pelos partidos políticos. Assim, em termos ideais, se determinado partido obteve 35% dos votos, este mesmo percentual deverá corresponder no Parlamento ao número de Cadeiras por ele preenchidas.

Como, no entanto, a proporcionalidade ideal não logra ser atendida, concebese de antemão procedimentos ou fórmulas com vistas a alcançar maior proximidade na distribuição de cadeiras entre os partidos políticos. Ademais, as fórmulas proporcionais são adotadas com listas partidárias, já que o sistema proporcional objetiva alocar mandatos parlamentares de forma proporcional ao peso de cada partido.

Os métodos para a distribuição das cadeiras disputadas podem ser divididos em dois grupos: maiores médias e maiores sobras. O primeiro método é aquele que distribui todas as cadeiras em apenas um procedimento matemático, sem que haja sobras, e o outro consiste na fórmula que, após uma primeira divisão incom-

[45] BONAVIDES. *Ciência política*, p. 296.

[46] PORTO. *O voto no Brasil*, p. 222.

pleta de mandatos, necessita de outro procedimento para distribuir as cadeiras restantes.

Pelo método das maiores médias, divide-se os votos recebidos pelos partidos políticos por números em série.

Os métodos de divisores utilizados nas eleições parlamentares de países democráticos são os de Hondt, Sainte-Laguë, e Sainte-Laguë modificado.[47]

Pela fórmula Hondt, os votos dos partidos são divididos pela série de números inteiros naturais, 1, 2, 3, 4, etc. A fórmula Sainte-Laguë utiliza uma série composta por números ímpares, 1,3, 5, 7, etc. A fórmula Sainte-Laguë modificada diferencia-se da original apenas no primeiro divisor, que é 1,4, mantidos os demais: 3, 5, 7, etc.

Fórmula Hondt:[48]

Divisores	Azuis 57.000	Brancos (26.000)	Vermelhos (25.950)	Verdes (12.000)	Amarelos (6.010)	Pretos (3.050)
1	(57.000) (A)	(26.000) (C)	(25.950) (D)	(12.000) (I)	(6.010)	(3.050)
2	(28.500) (B)	(13.000) (G)	(12.975) (H)	(12.000)		
3	(19.000) (E)	(8.667) (L)	(8.650)	(6.000)		
4	(14.250) (F)	(6.500)				
5	(11.400) (J)					
6	(9.500) (K)					
7	8.143					
Total de cadeiras	6	3	2	1	0	0

A essência do método de Hondt reside em que, quando se dividem vários números por um mesmo divisor, os quocientes obtidos estão na mesma proporção que os números divididos. Desse modo, a divisão de vários números por um mesmo divisor produz uma redução proporcional que resolve, prática e racionalmente, o problema. Para o próprio Hondt, a justiça do sistema se encontra na divisão de todas as cifras

47 Os métodos baseados em série de divisores podem também ser utilizados para distribuir somente as cadeiras não ocupadas (sobras).

48 Exemplo extraído de Blais & Massicotte, *apud* NICOLAU. *Sistemas eleitorais*, p. 40.

eleitorais pelo divisor que dê quocientes cuja soma seja igual ao número de representantes a eleger.

A fórmula Hondt, contudo, como elucida Jairo Nicolau, "favorece os partidos com maiores votações, enquanto a fórmula Sainte-Laguë é mais equânime na relação entre votos e cadeiras de cada partido. O propósito do aumento de 1 para 1,4 do primeiro divisor na fórmula Sainte-Laguë modificada é dificultar o acesso dos pequenos partidos à distribuição de cadeiras, o que gera um resultado menos proporcional do que o obtido na versão original".[49]

Pelo método de maiores sobras, faz-se a distribuição das cadeiras em duas operações distintas: na primeira, calcula-se uma quota eleitoral, pelo qual o número de votos de cada partido será dividido, e na segunda, como sempre há resultado não inteiro e restos (cadeiras no ar), a distribuição destas cadeiras é feita segundo as maiores sobras de cada partido.

Nas fórmulas de maiores sobras, empregam-se usualmente o quociente Hare ou o quociente Droop. O quociente Hare é obtido dividindo-se o número total de votos pelo número total de cadeiras de uma circunscrição eleitoral. O quociente Droop é o resultado da divisão do total de votos pelo número de cadeiras mais um.

Outro ponto que deve ser destacado, no exame dos sistemas eleitorais proporcionais, é o nível dos distritos eleitorais que se adota para a aplicação das fórmulas eleitorais com vistas ao cálculo das cadeiras. A maioria dos países consagra um único nível, nacional ou local; outros, no entanto, adotam mais de um nível (dois ou três), para a distribuição das cadeiras.

No Brasil o sistema proporcional gravita em torno de dois quocientes: quociente eleitoral e quociente partidário. Para se verificar o critério de distribuição das Cadeiras a preencher na Câmara dos Deputados, Assembleias Legislativas, Câmara Legislativa do Distrito Federal ou Câmaras Municipais, apura-se em primeiro lugar o número de votos válidos.[50] Apurados os votos válidos, divide-se esse número pelo de Cadeiras a preencher, encontrando-se o quociente eleitoral. O quociente eleitoral será assim o número mínimo de votos que um partido político deverá obter para eleger candidatos. O quociente partidário resulta da divisão do número de votos obtidos pelo partido político (legenda) pelo quociente eleitoral, encontrando-se o mínimo de

---

49 NICOLAU. *Sistemas eleitorais*, p. 40.

50 Anote-se que os votos em branco eram considerados válidos para o cômputo do quociente eleitoral, até o advento da Lei n. 9.504, de 30 de setembro de 1997, cujo art. 5º alterou a sistemática anterior ao estabelecer que nas eleições proporcionais contam-se válidos apenas os votos dados a candidatos regularmente inscritos e às legendas partidárias. O texto legal afastou, portanto, do conceito de voto válido os votos em branco. A exclusão dos votos em branco para o cálculo do quociente eleitoral, acaba por beneficiar os pequenos partidos, já que diminui a quantidade de votos necessária para o partido político obter representação na Câmara, pois haverá número menor de cadeiras a serem distribuídas. Segundo o Código Eleitoral (art. 224), haverá nova eleição, dentro do prazo de vinte a quarenta dias, se houver nulidade da votação, e a nulidade atingir a mais da metade dos votos do País nas eleições presidenciais, do Estado nas eleições federais e estaduais ou do Município nas eleições municipais. Não se trata de nulidade da eleição, em decorrência de votos nulos dados pelos eleitores, mas de questões relacionadas com fraude eleitoral e outras hipóteses previstas nos arts. 220 a 222 do Código Eleitoral.

Cadeiras que irá preencher. Definem ainda o quociente partidário os votos atribuídos a candidatos de um mesmo partido, pois no Brasil se adota o sistema de lista aberta, hierarquizada segundo a ordem de preferência do eleitor. Os mais votados, em número equivalente ao quociente partidário, são eleitos, e os demais passam a constituir a lista de suplência, válida para o partido ou coligação durante todo o mandato. A ordem de chamada, envolvendo os suplentes, é definida pelos votos obtidos pelo candidato na eleição, mesmo que, em se tratando de coligação, o suplente seja de outro partido coligado, e não oriundo da mesma legenda do deputado substituído, ou que tenha migrado de partido após o pleito, pois o critério de chamada para o preenchimento das vagas é o resultante da eleição, consagrado na lista de suplentes. Havendo sobras (Cadeiras no ar), soma-se uma unidade ao número de eleitos pelo partido, exclui-se o que não houver obtido número de votos ao menos igual ao quociente eleitoral, e divide-se por esse número o total de votos do partido. Repete-se a operação para cada partido, apurando-se qual o que tem a maior média, e atribui-se a este o lugar. Na continuidade dos cálculos, os partidos são mantidos com o número de cadeiras preenchidas, ao qual se acrescentará mais uma unidade. Esse critério é repetido até que se preencham todas as Cadeiras.

A exclusão dos partidos que não atingiram o quociente eleitoral na distribuição das sobras acaba por dificultar a obtenção da representação entre os pequenos partidos.[51]

Se, no entanto, nenhum partido ou coligação alcançar o quociente eleitoral, considerar-se-ão eleitos, até serem preenchidos todos os lugares, os candidatos mais votados. Desse modo, se as representações são distribuídas pela ordem majoritária dos votos dos candidatos, revela-se ainda mais incoerente a exclusão, na distribuição das sobras, dos partidos que não atingiram o quociente eleitoral.

Por outro lado, se o partido obtiver mais vagas que a quantidade de candidatos nominalmente votados, as vagas deverão ser atribuídas a candidatos sem votação do partido ou coligação.[52]

---

[51] Assinala Monica Herman Salem Caggiano, que o método desenhado pelo legislador acaba por privilegiar "a figura do partido político, e por que não dizer, daqueles de maior densidade eleitoral, porquanto na distribuição das sobras são os partidos com maior votação que acabam sendo contemplados com o maior número de cadeiras parlamentares restantes (as *sobras*). O sistema, como já anotado, gira em torno da entidade partido político. Retira da disputa as agremiações que não alcancem o QE (quociente eleitoral), independentemente da boa votação que alguns de seus candidatos possam ter obtido. De outra parte, acaba contemplando com cadeiras parlamentares os partidos ou coligações que, no conjunto de candidatura apresentadas, maior número de votos alcançaram. Essa operação pode, por vezes, resultar na produção de verdadeiras ficções eleitorais, a exemplo do caso Prona, que escandalizou os eleitores com a deturpação verificada no grau de representatividade dos eleitos" (*Direito parlamentar e direito eleitoral*, p. 123-124). Nas eleições de 2002, o Prona conquistou 6 cadeiras parlamentares (Câmara Federal), apoiado apenas pela votação obtida pelo seu líder, que recebeu 1.572.292 votos, sendo que os demais eleitos obtiveram número de sufrágios absolutamente irrisório, como 672 votos, 483 votos, 382 votos, 275 votos, muito inferior à média de votos necessária para, naquele pleito, se eleger, isto é, aproximadamente 100 mil votos.

[52] TSE- Resolução n. 20.945, de 4.12.2001.

Veja-se a seguinte simulação das fórmulas adotadas, tomando os números apresentados por Fávila Ribeiro:[53]

Número de votantes: 18.093

Votos nulos e brancos: 345

Votos válidos: 18.093 – 345 = 17.748

Cadeiras a preencher: 17

Votação do partido *ABC*: 13.666 (votos individuais) + 56 votos (votos na legenda somente) = 13.722

Votação do partido *DEF*: 2.738 (votos individuais) + 114 (votos na legenda somente) = 2.852

Assim, ter-se-ia:

Quociente eleitoral: $= \frac{17.748}{17} = 1.044$

Quociente partidário ABC: $= \frac{13.722}{1.044} = 13$

Quociente partidário DEF: $= \frac{2.852}{1.044} = 2$

Portanto, o partido *ABC* ocuparia 13 vagas e o partido *DEF* apenas 2.

Havendo mais duas vagas a preencher, para o primeiro resto, ter-se-ia:

ABC: $= \frac{13.722}{13 + 1} = 980$

DEF: $= \frac{2.852}{2 + 1} = 950$

Desse modo, a primeira vaga remanescente seria atribuída ao partido *ABC*, procedendo-se sucessivamente até o preenchimento de todas as vagas remanescentes, o que resultaria, no exemplo dado, em 14 (quatorze) vagas ao partido *ABC* e 3 (três) ao partido *DEF*.

Paulo Bonavides ressalta as vantagens do sistema de representação proporcional: "Encare-se em geral o princípio da justiça que preside ao sistema de representação proporcional. Ali todo voto possui igual parcela de eficácia e nenhum eleitor será representado por um deputado em quem não haja votado. É também o sistema que confere às minorias igual ensejo de representação de acordo com sua força quantitativa. Constitui este último aspecto alto penhor de proteção e defesa que o sistema proporciona aos grupos minoritários, cuja representação fica desatendida pelo siste-

---

53 RIBEIRO. *Direito eleitoral*, p. 131-133.

ma majoritário. Sendo por sua natureza, como se vê, aberto e flexível, ele favorece, e até certo ponto estimula, a fundação de novos partidos, acentuando desse modo o pluralismo político da democracia partidária. Torna por conseguinte a vida política mais dinâmica e abre à circulação das ideias e das opiniões novos condutos que impedem uma rápida e eventual esclerose do sistema partidário, tal como acontece onde se adota o sistema eleitoral majoritário, determinante da rigidez bipartidária."

Com relação às desvantagens do sistema representativo proporcional, escreve: "Uma das objeções feitas se refere à multiplicidade de partidos que ela engendra e de que resulta a fraqueza e instabilidade dos governos, sobretudo no parlamentarismo. A representação proporcional ameaça de esfacelamento e desintegração o sistema partidário ou enseja uniões esdrúxulas de partidos – uniões intrinsecamente oportunistas – que arrefecem no eleitorado o sentimento de desconfiança na legitimidade da representação, burlada pelas alianças e coligações de partidos, cujos programas não raro brigam ideologicamente. Da ocorrência dessas alianças deduz-se outro defeito grave da representação proporcional: exagera em demasia a importância das pequenas agremiações políticas, concedendo a grupos minoritários excessiva soma de influência, em inteiro desacordo numérico dos seus efetivos eleitorais. Ofende assim o princípio da justiça representativa, que se almeja com a adoção daquela técnica, fazendo de partidos insignificantes os 'donos do poder', em determinadas coligações. É que de seu apoio dependerá a continuidade de um ministério no parlamentarismo ou a conservação da maioria legislativa no presidencialismo."[54]

Anote-se ainda que é possível a adoção de sistema misto, resultado da combinação do sistema majoritário e do sistema de representação proporcional.

Os sistemas mistos podem ser de dois tipos: de combinação ou de correção.

No sistema de combinação, as cadeiras eleitas pelo sistema proporcional são independentes das eleitas pelo sistema majoritário (alguns países que o adotam: Coreia do Sul, Equador, Japão, Rússia, Taiwan, Ucrânia). No sistema de correção, as cadeiras proporcionais são distribuídas com o objetivo de corrigir as distorções geradas pela parte majoritária (exemplos de países que o adotam: Alemanha, Bolívia, Hungria, Itália, México, Nova Zelândia, Venezuela).

A Constituição brasileira consagra o sistema majoritário – art. 77 – e o sistema de representação proporcional – art. 45.

Considere-se, ademais, que a representação proporcional, que tem como propósito a representação dos partidos políticos, e o cálculo para a distribuição das cadeiras é feito tomando como base a votação total das legendas, torna-se necessária a utilização de procedimentos a fim de definir como as candidaturas individuais serão eleitas. Fala-se, então, em representação proporcional de lista, para a seleção de candidatos, compreendendo as listas *fechada*, *flexível*, *aberta* e *livre*.

No sistema de lista fechada, os eleitores não votam em candidaturas individuais, mas apenas na lista partidária, ficando a cargo dos partidos políticos decidir, antes das eleições, a posição de cada candidato na lista. Desse modo, as cadeiras que cada partido conquistar serão ocupadas pelos primeiros nomes da lista. Por esse sistema,

---

54 BONAVIDES. *Ciência política*, p. 298-299.

privilegia-se o controle dos partidos na designação dos seus representantes, desprestigiando-se os eleitores, que ficam em segundo plano, já que não podem mudar a posição de cada candidato na lista. Israel, Argentina, Itália, Filipinas, Rússia e, parcialmente, a Alemanha adotam esse sistema.

No sistema de lista flexível, apesar de também caber aos partidos a ordenação das candidaturas, com a posição de cada candidato na lista, os eleitores têm como intervir na sua disposição, já que podem votar, em alguns casos, em um candidato e, noutros, alterar a posição em que se encontram. A lista flexível é adotada, entre outros países, pela Bélgica, Holanda, Áustria, Suécia e Grécia.

No sistema de lista aberta, os eleitores votam em um candidato da lista ou na legenda, cabendo-lhes, e não aos partidos, determinar a ordem final dos candidatos, já que as agremiações partidárias não apresentam relação de nomes preordenados. Os candidatos que receberem maior número de votos individualmente ocuparão as cadeiras a que o partido terá direito. Critica-se esse sistema pelo fato de acarretar acirrada competição entre os candidatos de um mesmo partido, bem como pela possibilidade de produzir resultados distintos e não desejados pelo eleitor, que, em caso de partido acentuadamente heterogêneo, o voto dado a um candidato de sua preferência pode ajudar a eleger um outro de tendência oposta e conflitante com suas afinidades políticas. A Finlândia, Dinamarca, Suécia, Suíça, Holanda, Chile, República Checa, Letônia, Iraque, Chipre e Brasil adotam a lista aberta.

No sistema de lista livre, os eleitores dispõem de maior número de alternativas, podendo votar em tantos nomes quantas forem as cadeiras a preencher em seu distrito eleitoral, escolhidos entre candidatos constantes de uma lista não ordenada e apresentada pelos partidos políticos. Formula-se crítica a esse sistema, porquanto a possibilidade de o eleitor dar dois votos para um mesmo candidato, ou votar em candidatos de mais de um partido, acaba comprometendo o princípio do sistema proporcional de lista, que é o da representação prioritária dos partidos. Luxemburgo e Suíça adotam a lista livre.

No sistema proporcional de voto único transferível (STV, do inglês *single transferable vote*), procura-se assegurar a representação de opiniões da sociedade em geral, e não as expressas por intermédio dos partidos políticos, o que se dá na representação proporcional de lista.

País que adota o STV: Irlanda.

7.1 Sistemas eleitorais no mundo

Tabela 1

Sistemas Majoritários

País	Votação necessária para eleição	Quantidade de distritos/eleitores
Reino Unido	Maioria simples	659 distritos uninominais com cerca de 69 mil eleitores

EUA	Maioria simples	435 distritos uninominais
Austrália	Voto Alternativo	148 distritos uninominais com cerca de 79 mil eleitores
Índia	Maioria simples	543 distritos uninominais
Canadá	Maioria simples	
França	Maioria absoluta (possibilidade de segundo turno)	555 distritos uninominais com cerca de 70 mil eleitores

Tabela 2

Sistemas Proporcionais

País	Âmbito territorial da eleição	Tipo de lista	Cláusula de barreira ou não
Argentina	Distritos locais	Lista fechada	3% do eleitorado do distrito
África do Sul	Distrito superior corretivo	Lista fechada	Não
Bélgica	Distrito superior corretivo	Lista flexível	33% da cota em ao menos um dos *arrondissements* da província
Chile	Distritos locais	Lista aberta	
Espanha	Distritos locais	Lista fechada	3% da votação distrital
Israel	Distrito único nacional	Lista fechada	1,5% da votação nacional
Polônia	Distrito superior independente	Lista aberta	5% para votação nacional e 8% para coligações

Portugal	Distritos locais	Lista fechada	Não
Suécia	Distrito superior corretivo	Lista flexível	4% da votação nacional
Turquia	Distritos locais	Lista fechada	10% da votação nacional, tendo que alcançar a cota do distrito
Uruguai	Distritos locais	Lista fechada	Não
Suíça	Distritos locais	Lista livre	Não

Tabela 3

Sistemas Mistos

País e ano de adoção do sistema	Âmbito territorial da eleição proporcional	Votação necessária para eleição majoritária	Total de cadeiras preenchidas por eleição majoritária	Total de cadeiras preenchidas por eleição proporcional	Eleitor tem dois votos?	Permitida a candidatura no distrito e na lista?
Alemanha, 1949	Todo o país	Maioria simples	328 (50%)	328 (50%)	Sim	Sim
México, 1963	Todo o país	Maioria simples	300 (60%)	200 (40%)	Sim	Sim
Rússia, 1993	Todo o país	Maioria simples	225 (50%)	225 (50%)	Sim	Não
Itália, 1993	Todo o país	Maioria simples	475 (75%)	155 (25%)	Sim	Sim
Venezuela, 1993	22 distritos locais	Maioria simples	100 (50%)	99 (50%)	Sim	Sim

Japão, 1994	11 distritos	Maioria simples	300 (52%)	180 (48%)	Sim	Sim
Coreia do Sul, 1994	Todo o país	Maioria simples	253 (85%)	46 (15%)	Não	Não
Filipinas, 1995	Todo o país	Maioria simples	208 (80%)	52 (20%)	Sim	Não
Bolívia, 1996	9 distritos locais	Maioria simples	68 (52%)	62 (48%)	Sim	Sim

* Fonte: Oliveira, Arlindo Fernandes. Os regimes eleitorais – e suas variações – mundo afora. Disponível em: <http://www.senado.gov.br/senado/detalha/presidencia/noticia _ asp?>. Acesso em: 10.3.2011.

CAPÍTULO 6

PARTIDOS POLÍTICOS E GRUPOS DE PRESSÃO

SUMÁRIO

1. CONSIDERAÇÕES GERAIS

Os partidos políticos são indispensáveis para a democracia e o funcionamento do regime representativo. O fenômeno partidário é inevitável, desde que os partidos políticos surgiram e se enraizaram na realidade política estatal.

Diz Maurice Duverger, autor da proposta do termo "estasiologia" para uma possível ciência dos partidos políticos, que, "em 1850, nenhum país do mundo (salvo os Estados Unidos) conhecia partidos políticos no sentido moderno do termo: encontravam-se tendências de opiniões, clubes populares, associações de pensamento, grupos parlamentares, mas nenhum partido propriamente dito. Em 1950, estes funcionavam na maior parte das nações civilizadas, os outros se esforçavam por imitá-las".[1]

Os precursores dos partidos políticos no mundo moderno foram os *tories* (conservadores) e os *whigs* (liberais), na Inglaterra, entre os séculos XVII e XIX.

Os *whigs* defendiam a monarquia constitucional e foram os primeiros a apoiar a Revolução Gloriosa de 1688, que estabeleceu a supremacia do Parlamento. Durante o século XVIII, os *whigs* representaram os interesses mercantis e promoveram reformas políticas e sociais, enquanto os *tories* defendiam a aristocracia e a tradição. A maioria dos *whigs* apoiou a independência dos Estados Unidos, e os *tories* se opuseram

[1] DUVERGER. *Os partidos políticos*, p. 19.

a ela. Na década de 1830, os *tories* tornaram-se o Partido Conservador e os *whigs* formaram o Partido Liberal.

Os partidos políticos desempenham significativo papel nos regimes democráticos, falando-se até mesmo em democracia de partidos, porquanto é por meio deles que se organiza a vontade popular, em busca do poder para a realização de um programa comum. Assim, na noção de partido político entram todas as organizações da sociedade civil, surgidas no momento em que se reconhecia teórica ou praticamente ao povo o direito de participar da gestão do Poder Público.

A palavra partido sempre significou, durante toda a história do poder no Ocidente, divisão, conflito, oposição no seio do corpo político, devendo, por isso mesmo, ser considerados como agentes de conflito e instrumento de sua integração. Propicia assim a mediação entre a sociedade civil e a sociedade política, ao traduzir e converter as reivindicações setoriais em projetos políticos globais.

Para que um grupo possa ser considerado um partido político, deve preencher as seguintes condições:

a) a continuidade na organização – isto é, uma organização cuja esperança de vida não dependa da dos seus dirigentes atuais;

b) uma organização visível e verossimilmente permanente em nível local, dotada de comunicações regulares e de outros modos de relações entre elementos locais e regionais;

c) uma determinação consciente dos dirigentes em conquistar e conservar o poder de decisão sozinhos ou em coalizão com outros, tanto em nível local quanto nacional, e não influenciar simplesmente o exercício do poder;

d) uma preocupação com a organização, tendo em vista ganhar partidários por ocasião das eleições ou de qualquer outro meio de obter o apoio popular (Jo Lapalombara e Myron Weiner).

As definições de partidos políticos são várias, destacando-se a de Jellinek, para quem "são grupos formados sob a influência de convicções comuns voltadas para certos fins políticos, que se esforçam para realizar", e o de P. Virga que concebe os partidos políticos como "uma formação social espontânea que tem como base uma concepção política ou interesses políticos comuns, e que se propõe à conquista do poder".[2]

Daniel-Louis Seiler, após considerar que os partidos políticos transpõem para a cena política os grandes conflitos da sociedade civil, e que a questão da origem dos partidos políticos pede respostas diferentes se as abordamos como vetor de ideologias que pretendem orientar as ações do governo ou como organização constituída com vistas ao acesso ao poder, enumera várias definições: "Para os filósofos e ensaístas, um partido é:

– 'Um conjunto organizado de homens unidos para trabalhar em comum pelo interesse nacional, conforme o princípio particular com o qual se puseram em acordo' (Edmund Burke).

---

2 TRANSMONTE. *Dicionário de ciências sociais.* Verbete: partido político.

– 'Uma reunião de homens que professam a mesma doutrina política' (Benjamin Constant).

Para os cientistas políticos e sociólogos que abordam os partidos do ponto de vista do projeto e de sua natureza ideológica:

– 'Os partidos são formações que agrupam homens de mesma opinião para lhes garantir uma influência verdadeira sobre a gestão de negócios políticos' (Hans Kelsen).

– 'Um partido político é um agrupamento organizado para participar na vida política, tendo em vista conquistar, parcial ou totalmente, o poder e de nele fazer prevalecer as idéias e os interesses de seus membros' (François Goguel).

– 'Constitui um partido todo agrupamento de indivíduos que, professando os mesmos pontos de vista políticos, se esforçam para fazer prevalecê-los, ao mesmo tempo juntando a eles o maior número possível de cidadãos e procurando conquistar o poder ou, pelo menos, influenciar suas decisões' (Georges Burdeau).

Para os cientistas políticos e sociólogos que privilegiam a organização:

– 'Um partido não é uma comunidade, mas um conjunto de comunidades, uma reunião de pequenos grupos disseminados pelo país (seções, comitês, associações locais, etc.) ligados por instituições coordenadoras' (Maurice Duverger).

Para os cientistas políticos e sociólogos apegados a diversas facetas da realidade partidária:

– O partido constitui 'relações de tipo associativo, uma dependência fundada num recrutamento de forma livre. Seu objetivo é assegurar o poder a seus dirigentes no seio de um grupo institucionalizado, a fim de realizar um ideal ou de obter vantagens materiais para seus militantes' (Max Weber).

– 'Os partidos políticos são agrupamentos voluntários mais ou menos organizados que pretendem, em nome de uma certa concepção de interesse comum e de sociedade, assumir, sozinhos ou em coalizão, as funções de governo' (Raymond Aron)."[3]

2. OS PARTIDOS POLÍTICOS NO BRASIL

Os partidos políticos no Brasil[4] foram institucionalizados com a Constituição de 1946, dizendo Paulo Bonavides que não andaria exagerado quem datasse dessa Cons-

---

[3] SEILER. *Os partidos políticos*, p. 23-25.

[4] Partidos políticos registrados no TSE

	SIGLA	NOME	DEFERIMENTO	Nº
1	PMDB	Partido do Movimento Democrático Brasileiro	30.6.1981	15
2	PTB	Partido Trabalhista Brasileiro	3.11.1981	14
3	PDT	Partido Democrático Trabalhista	10.11.1981	12
4	PT	Partido dos Trabalhadores	11.2.1982	13

tituição "a existência verdadeira do partido político em nosso país, existência que começa com o advento dos partidos nacionais. Os cem anos antecedentes viram ape-

5	DEM	Democratas	11.9.1986	25
6	PCdoB	Partido Comunista do Brasil	23.6.1988	65
7	PSB	Partido Socialista Brasileiro	1º.7.1988	40
8	PSDB	Partido da Social Democracia Brasileira	24.8.1989	45
9	PTC	Partido Trabalhista Cristão	22.2.1990	36
10	PSC	Partido Social Cristão	29.3.1990	20
11	PMN	Partido da Mobilização Nacional	25.10.1990	33
12	PRP	Partido Republicano Progressista	29.10.1991	44
13	PPS	Partido Popular Socialista	19.3.1992	23
14	PV	Partido Verde	30.9.1993	43
15	PTdoB	Partido Trabalhista do Brasil	11.10.1994	70
16	PP	Partido Progressista	16.11.1995	11
17	PSTU	Partido Socialista dos Trabalhadores Unificado	19.12.1995	16
18	PCB	Partido Comunista Brasileiro	9.5.1996	21
19	PRTB	Partido Renovador Trabalhista Brasileiro	28.3.1995	28
20	PHS	Partido Humanista da Solidariedade	20.3.1997	31
21	PSDC	Partido Social Democrata Cristão	5.8.1997	27
22	PCO	Partido da Causa Operária	30.9.1997	29
23	PTN	Partido Trabalhista Nacional	2.10.1997	19
24	PSL	Partido Social Liberal	2.6.1998	17
25	PRB	Partido Republicano Brasileiro	25.8.2005	10
26	PSOL	Partido Socialismo e Liberdade	15.9.2005	50
27	PR	Partido da República	19.12.2006	22
28	PSD	Partido Social Democrático	27.9.2011	55
29	PPL	Partido Pátria Livre	4.10.2011	54
30	PEN	Partido Ecológico Nacional	19.6.2012	51
31	PROS	Partido Republicano da Ordem Social	24.9.2013	90
32	SDD	Solidariedade	24.9.2013	77

Fonte: TSE.

nas agremiações que, à luz dos conceitos contemporâneos, relativos à organização e funcionamento dos partidos, dificilmente poderiam receber o nome partidário".[5]

Note-se, contudo, que no Brasil não há tradição partidária, seja pelo exagerado personalismo que domina a vida política brasileira e a dos próprios partidos, levando ao desapreço pelos programas e diretrizes partidárias, seja pelo acentuado regionalismo que tem servido de base e orientado a sua formação.

No período republicano brasileiro, segundo observa Rachel Meneguello, identificam-se vetores que revelam, de modo global, a fragilidade e a debilitação dos partidos políticos, e que são: 1 – grau de descontinuidade dos partidos e dos sistemas partidários formados ao longo daquele período, destacando-se a existência de seis sistemas partidários desde 1889 até o mais recente quadro organizado a partir de 1985, e que são: de 1889 a 1937, quando as siglas partidárias representavam fundamentalmente as oligarquias rurais; de 1930 a 1937, um sistema pluripartidário, em que se redimensionou a organização do Estado nacional; de 1945 a 1965, sistema pluripartidário organizado sob a égide da redemocratização do País, com o fim da ditadura do Estado Novo, e que foi rompido com o golpe militar de 1964; de 1965 a 1979, em que se mantiveram, apesar do regime militar, os partidos com um sistema bipartidário; de 1979 a 1985, com o retorno ao pluripartidarismo, sob os influxos da "abertura política"; de 1985 em diante, com a definição de um novo quadro multipartidário definido pela Emenda Constitucional n. 25. Assim, o que se verifica é a inexistência de condições para a constituição de uma história partidária contínua e de uma memória política vinculada às organizações partidárias com posições ideológicas definidas; 2 – complexidade das formações partidárias, entendida como reflexo de dois conjuntos de fatores, isto é, a heterogeneidade regional, o que dificulta a formação de partidos nacionais, pela predominância de grupos políticos intrapartidários de caráter regional, e o baixo grau de estruturação interna dos partidos, resultado de sua fragilidade institucional, o que compromete a coesão e disciplina partidárias; 3 – na história política do país, desde 1889, a quase totalidade das organizações partidárias é caracterizada por um perfil organizacional frágil e não traduz experimentos de interesses articulados, com forte enraizamento social, exceções feitas ao Partido Comunista Brasileiro de 1922 e a formação do Partido dos Trabalhadores em 1979;[6] 4 – papel predominante do Estado na organização e na representação de interesses, revelada por uma estrutura fortemente centralizada e marcadamente burocrática, mediante limitações impostas pelo Estado à dinâmica da organização de interesses sociais, o que fragiliza os vínculos entre os Partidos e suas bases sociais.[7]

---

[5] BONAVIDES. *Ciência política*, p. 470.

[6] Para uma análise do percurso histórico do PT desde sua fundação até nossos dias, cf. SECCO. *História do PT 1978-2011*.

[7] MENEGUELLO. *Partidos e governos no Brasil contemporâneo*, p. 28-32. Assinale-se o posicionamento de Wanderley Guilherme dos Santos, no sentido de que "fragmentação partidária não resulta de excessivo ou reduzido número de partidos, mas da distribuição do poder parlamentar entre esses partidos, expresso em cadeiras conquistadas. Um sistema bipartidário pode atingir o máximo de fragmentação desde que cada partido controle aproximadamente 50% da representação. Foi o caso do Brasil após as eleições bipartidárias de 1974 e, sobretudo, de 1978. Em contrapartida, um sistema pluripartidário será muito pouco fragmentado enquanto

3. CLASSIFICAÇÃO DOS PARTIDOS POLÍTICOS

Há vários critérios utilizados para a classificação dos partidos políticos.

Os partidos de quadros e os partidos de massas tomam como base a estrutura interna. Proposta por *Duverger*, considera ele partidos de quadros os que se caracterizam por visar à qualidade de seus membros, e não à sua quantidade, cujo grupo reduzido desenvolve a atividade partidária. Procura reunir personalidades que devem ter um certo prestígio e que, pela fortuna, se disponham a ajudar a cobrir as despesas partidárias. Reúnem cidadãos, abstraídas suas condições sociais, mas na busca dos melhores para governar; não colocam em discussão a organização social e econômica, mas se voltam basicamente para a transição e harmonização de interesses, operando sobre a opinião pública; apresentam uma estrutura interna elástica e flexível.

Os partidos de massas caracterizam-se por englobarem um maior número de adeptos e visam contribuir para a formação política da população, criar estruturas econômicas e sociais de massas. As contribuições financeiras se baseiam em quotas pagas pelos adeptos do partido. Reúnem militantes preocupados em atrair, para suas fileiras, classes, setores ou grupos, de influência na sociedade, em busca do maior número possível de votos; são ideológicos, pois tentam trazer para o centro das discussões políticas, os fundamentos da ordem econômica e social, visando alterá-los mais ou menos radicalmente, ou conservá-los, admitindo um maior ou menor grau de reforma; tendem à rigidez, hierarquia e consistência nos objetivos ideológicos.

Após a 2ª Guerra, Otto Kirchheimer enunciou a teoria dos partidos *catch-all*, partidos "pegam-tudo". Com isso quis dizer que os partidos de massas, diante dos altos custos das derrotas eleitorais, para chegar ao governo precisariam de captar votos onde fosse possível, e, portanto, não poderiam ser partidos de uma só classe. Desse modo, os partidos de massas eram apenas uma etapa superada ou em vias de superação.

Tomando, no entanto, a distinção entre burocratas e profissionais, e acentuando a dimensão organizativa dos partidos, que considera fundamental, e não a da representação social, Angelo Panebianco nos oferece dois tipos ideais de partido, o partido burocrático de massa e o partido profissional-eleitoral (que não se confunde com o partido pega-tudo).

---

houver concentração de poder parlamentar em um ou dois partidos. A experiência eleitoral brasileira revela que esta possibilidade materializou-se por ocasião das eleições de 1945/47. O Partido Social Democrata de então apropriou-se de 53% das cadeiras da Câmara Federal, distribuindo-se as demais entre nove partidos.

É também incorreto sustentar que elevadas taxas de fragmentação (que independem, como se mostrou, do número de partidos) comprometem a governabilidade. Índices de fragmentação indicam diferentes graus de eqüidade na distribuição do poder parlamentar e, na ausência de outras variáveis, elevadas taxas de fragmentação só indicam a existência de governo por via de negociação, antes que ingovernabilidade" (*Décadas de espanto e uma apologia democrática*, p. 124-125).

Anote-se ainda que recentes análises estão a revelar um papel positivo dos partidos políticos no Brasil, indicando o seu fortalecimento, tanto no que se refere à configuração do seu perfil ideológico, capacidade de expressar demandas da sociedade, como no que se refere à sua capacidade de dar sustentação aos governos (cf. RODRIGUES. *Partidos, Ideologia e composição social*).

Esses dois tipos de partidos se diferenciam ao longo de uma pluralidade de dimensões:

1. Partido burocrático de massa: a) centralização da burocracia (competência político-administrativa); b) partido de *membership*, ligações organizativas verticais fortes; apelo ao eleitorado fiel; c) predominância dos dirigentes internos, direções colegiais; d) financiamentos por meio da filiação e atividades colaterais; e) ênfase na ideologia; centralização dos crentes no interior da organização.

2. Partido profissional-eleitoral: a) centralização dos profissionais (competências especializadas); b) partido eleitoral, ligações organizativas verticais fracas; apelo ao eleitorado de opinião; c) predominância dos representantes públicos, direções personalizadas; d) financiamento por meio de grupos de interesse e fundos públicos; e) ênfase nas *issues* e na liderança; centralização dos carreiristas e dos representantes dos grupos de interesse no interior da organização.[8]

Os partidos flexíveis caracterizam-se pela ausência de disciplina interna e bancadas parlamentares; já os partidos rígidos, por serem centralizados, exigem uma "disciplina estreita" a seus integrantes.

Fala-se ainda em sistemas de partido único, sistemas bipartidários e sistemas multipartidários, considerando-se sua organização externa. "O unipartidarismo pode ser simples ou básico, na hipótese de existir, apenas, um partido, como na União Soviética (extinta), na Alemanha nazista ou na Itália fascista, ou existirem mais, sujeitos, todavia, à ação de um partido predominante, como no México (Partido Republicano Institucional). O mesmo sucede com o bipartidarismo que, no aspecto ortodoxo, existe no Uruguai e na Turquia (blancos e colorados, e Partido da Nação e Partido Democrata, respectivamente). Os regimes inglês (também o canadense) e americano são bipartidários básicos."[9]

Apesar da existência do bipartidarismo no Brasil, depois de 1964, esse dualismo partidário foi fraudado pela ação de um partido absorvente, ocorrendo, assim, indissimulável monocracia partidária, é o que esclarece Fernando Whitaker da Cunha.

O pluripartidarismo caracteriza-se pela existência de vários partidos, com a possibilidade de um predominar sobre os demais. A multiplicação, contudo, de partidos políticos, pode levar a uma excessiva divisão do eleitorado, com a necessidade de coligações partidárias, como pode ocorrer a formação de um bipartidarismo, pela existência de duas agremiações de maior presença.

Mencione-se, ainda, os partidos de patronagem (buscam o poder para entregá-lo a seus dirigentes e servir à sua clientela); os partidos ideológicos (objetivam a aplicação política de suas ideias); os partidos de classe (representam determinadas camadas sociais), classificação proposta por Max Weber.

São ainda tipos partidários, os partidos de direita, de esquerda ou de centro, segundo assumam uma orientação conservadora, socializante ou intermediária.[10]

---

8 PANEBIANCO. *Modelos de partido*: organização e poder nos partidos políticos, p. 513-514.

9 CUNHA. *Representação política e poder*, p. 74.

10 Os termos 'direita, esquerda e centro' são provenientes da Revolução Francesa, e designavam o local onde se colocavam os grupos na fase da Convenção Nacional (1792). À direita fica-

Pode-se ainda diferenciar o "partido do poder" do que não está no poder: o primeiro se desintegra quando está no governo em razão das transações políticas que deve realizar, da inaplicabilidade de muitos dos seus princípios e das resistências que suscitam outros; o segundo é um partido de oposição, com as facilidades que tal postura acarreta. É mais fácil unir-se contra que a favor de algo; por isso, o partido de oposição aproveita a crítica ao partido governante para obter a adesão de muitos simpatizantes (Bidart Campos).

Os partidos de oposição, segundo Panebianco, necessitam, muito mais que os da situação, de uma organização forte e sólida. Não podem apoiar-se na burocracia estatal, não podem utilizar-se do Estado, nem dispõem de expressivo apoio financeiro que são reservados aos partidos governistas. O fortalecimento, portanto, da própria organização partidária, torna-se necessário para colocá-la em condições de mobilizar com eficácia e continuidade os defensores do partido, bem como para superar a desvantagem na disputa com os partidos da situação. Já os partidos governistas têm uma multiplicidade de recursos públicos à sua disposição, para serem usados na disputa política, e que costumam ser o substituto eficaz da mobilização por meio da organização partidária. Diante dessas premissas, a tendência dos partidos que surgem e se consolidam na oposição é se tornarem instituições fortes, ao passo que os partidos que conquistam o poder, em dimensão nacional, logo após sua fundação, e se consolidam em termos organizacionais, tendem a se tornar instituições fracas. Estas tendências podem, contudo, variar, segundo os diferentes graus de institucionalização entre os partidos de oposição e entre os partidos governistas.[11]

Finalmente, há os partidos nacionais, devendo ter filiados em grande parte do território nacional que lhes confiram expressão nacional; os partidos regionais, limitado o âmbito de sua atuação a determinada região, e os partidos locais, de âmbito municipal.

4. FUNÇÕES DOS PARTIDOS POLÍTICOS

Consideram-se como principais funções dos partidos políticos as seguintes: *a)* coordenação e simplificação de opiniões e interesses concretos com vistas a influir no poder político, consubstanciados em ideias gerais, como justiça social, igualdade, segurança; *b)* difusão do seu programa político, já que todo partido é sempre um instrumento de promoção ideológica; *c)* seleção, em seu próprio âmbito de atuação, das pessoas que devem ascender a cargos no governo, como organizador da chamada "classe política", orientando e promovendo a experiência da carreira política de seus membros; *d)* organização das eleições, com a apresentação e apoio aos seus candidatos, mediante a utilização de sua estrutura; *e)* apoio, com propaganda e ação partidária, em deter-

vam os girondinos que dominavam a Convenção e defendiam os interesses da burguesia. No centro ficava o grupo da planície (ou pântano) que representava a burguesia financeira, mas que estava sempre do lado dos que detinham o poder. À esquerda ficavam os jacobinos (da montanha, pois ficavam no alto), que defendiam os interesses da burguesia e do povo.

[11] PANEBIANCO. *Modelos de partido*: organização e poder nos partidos políticos, p. 127-128.

minado órgão do Poder, especialmente no Parlamento, à obra do governo, quando se tratar de partido da situação, e crítica a seus adversários; *f)* realização de atividades internas de conservação, estabelecendo os seus quadros e os meios necessários para suas atividades, como donativos, cotas etc.; *g)* realização, em nível de seus líderes e de seus quadros diretivos, do equilíbrio entre consenso e conflito, resultante de uma divisão ou confronto de interesses ou ideologias.

No campo da representação, as funções dos partidos políticos são as de promover o revezamento de homens e ideias, com a estabilização do sistema político, e de legitimar o sistema político, ao permitir que os eleitores escolham, mesmo indiretamente, os legisladores e governantes, fixando o quadro e as grandes orientações da política que desejam ver realizadas. Os partidos são, portanto, essenciais à democracia representativa, sendo que toda crise dos partidos leva à crise da democracia, que nunca conseguiu ficar sem eles.

A expansão, desde os anos noventa do século XX, da participação popular direta nas estruturas do poder tem acarretado, no entanto, uma crise da representação. No âmbito dos partidos, dada a sua inépcia em resolver os problemas existentes e a desmobilização de seus afiliados, a crise da representação política conduz a um crescimento das organizações da sociedade civil e a um enfraquecimento dos órgãos tradicionais de representação política. Em contraponto, é preciso acentuar que, a despeito do exercício, pelas organizações civis, de algumas funções que também são próprias dos partidos, aquelas organizações não têm como assumir a mais importante função dos partidos, que é a participação nas eleições universais, a comprovar sua representatividade. Observe-se ainda que, nos últimos anos e em diversos países, houve a ascensão de partidos que possuíam uma base relativamente forte nas organizações civis, e deixaram patente que a participação e a mudança de poder e de política são possíveis mediante o sistema partidário (foi o caso, por exemplo, do PT, no Brasil, do *Frente Amplio*, no Uruguai, tendo ainda, no México, ocorrido uma mudança de poder por meio do sistema da democracia representativa).[12]

5. OS PARTIDOS POLÍTICOS NA CONSTITUIÇÃO DE 1988

Dispõe o artigo 17 da Constituição de 1988:

"Art. 17. É livre a criação, fusão, incorporação e extinção de partidos políticos, resguardados a soberania nacional, o regime democrático, o pluripartidarismo, os direitos fundamentais da pessoa humana e observados os seguintes preceitos:

I – caráter nacional;

II – proibição de recebimento de recursos financeiros de entidade ou governo estrangeiros ou de subordinação a estes;

III – prestação de contas à Justiça Eleitoral;

IV – funcionamento parlamentar de acordo com a lei."

---

[12] HOFMEISTER. Problemas da democracia partidária. América Latina à luz das experiências internacionais. *In: Cadernos Adenauer*, ano VIII (2007), n. 3, p. 25-27.

Os partidos políticos têm autonomia para definir sua estrutura interna, organização e funcionamento.

A EC n. 52, de 8.3.2006, deu nova redação ao § 1º do art. 17 da Constituição Federal, para considerar que a autonomia dos partidos políticos compreende a adoção dos critérios de escolha e o regime de suas coligações eleitorais, sem obrigatoriedade de vinculação entre as candidaturas em âmbito nacional, estadual, distrital ou municipal. Determinou ainda o art. 2º da Emenda a sua aplicação às eleições de 2002.

A EC n. 52/2006 põe fim, portanto, à denominada *verticalização*, no âmbito das coligações partidárias, com a ampliação da autonomia dos partidos políticos.

O Supremo Tribunal Federal, no julgamento da Ação Direta de Inconstitucionalidade n. 3.685-8 – Distrito Federal, ocorrido em 22.3.2006, de que foi Relatora a Ministra Ellen Gracie, que visava a declaração de inconstitucionalidade do fim da verticalização, prevista na EC n. 52/2006, julgou procedente a ação, para fixar que o § 1º do art. 17 da Constituição, com a redação dada pela EC n. 52/2006, não se aplica às eleições de 2006, remanescendo aplicável a tal eleição a redação original do mesmo artigo. O Supremo Tribunal afastou, relativamente às eleições de 2006, as novas regras contidas na Emenda, por entender que deve ser obedecido o princípio da anterioridade eleitoral, contida no art. 16 da Constituição da República, que prevê que a alteração do processo eleitoral somente terá validade após decorrido um ano do início da vigência da norma. Assim decidindo, o Supremo Tribunal Federal considerou a necessidade de que sejam garantidos o devido processo eleitoral, a igualdade para a disputa e a estabilidade das regras eleitorais. No julgamento, deu-se ainda interpretação conforme à Constituição, no sentido de que a parte remanescente da Emenda, ou seja, o fim da verticalização, aplica-se somente aos pleitos eleitorais que vierem a ocorrer após um ano de sua vigência, ou seja, a partir das eleições gerais de 2010. Até estas eleições, prevalece o denominado princípio da coerência na formação das coligações partidárias.

A verticalização na formação das coligações partidárias fora, anteriormente à EC n. 52/2006, afirmada pelo TSE, com fundamento no caráter nacional dos partidos políticos, ao entender que "os partidos políticos que ajustarem coligação para eleição de presidente da República não poderão formar coligações para eleição de governador de Estado ou do Distrito Federal, senador, deputado federal e deputado estadual ou distrital com outros partidos políticos que tenham, isoladamente ou em aliança diversa, lançado candidato à eleição presidencial".[13] O princípio da verticalização, ainda segundo o TSE, não se aplica às eleições municipais, pois no pleito municipal "o eleitor vota somente em cargos da mesma circunscrição."[14]

Todas as matérias que refletem a autonomia partidária serão reguladas no estatuto do partido, e não em lei. O estatuto disporá ainda sobre normas de fidelidade e disciplina partidárias.

---

[13] TSE – Pleno – Resolução n. 21.002/02 – Brasília/DF – Rel. Min. Garcia Vieira. *DJ*, Seção I, de 15.3.2002, p. 183.

[14] TSE – Pleno – Resolução n. 21.474 – Brasília/DF – Rel. Min. Fernando Neves. *DJ*, Seção I, de 3.10.2003, p. 103.

A Constituição de 1967, com a redação da Emenda Constitucional n. 1, de 1969, previa, no art. 35, inciso V, e no art. 152, parágrafo único, a perda do mandato, no Senado Federal, na Câmara dos Deputados, nas Assembleias Legislativas e nas Câmaras Municipais, de quem, por atitudes ou pelo voto, se opusesse às diretrizes legitimamente estabelecidas pelos órgãos de direção partidária ou deixasse o partido sob cuja legenda tivesse sido eleito. A Emenda Constitucional n. 11/1978 deu nova redação ao art. 152 da Constituição de 1967/1969, para ressalvar que não ocorreria a perda do mandato se o parlamentar deixasse a legenda de origem para participar, como fundador, da constituição de novo Partido. A perda do mandato seria decretada pela Justiça Eleitoral, mediante representação do Partido, assegurado o direito de ampla defesa. A cláusula constitucional da infidelidade partidária foi revogada pela Emenda Constitucional n. 25/1985.

A Constituição de 1988 não prevê, expressamente, a perda do mandato de congressista por infidelidade partidária, cabendo aos partidos, a teor do disposto no art. 17, § 1º, estabelecer normas de disciplina e fidelidade partidária.

O Supremo Tribunal Federal decidiu que o cancelamento de filiação partidária, ou a transferência, para legenda diversa, do candidato eleito por outro partido, pelo sistema proporcional, sem razão legítima, configura ato de infidelidade partidária, a ser apurado pela Justiça Eleitoral, e que pode levar à perda do mandato parlamentar[15]. O mesmo ocorre com os ocupantes de mandato eletivo, obtido pelo sistema eleitoral majoritário (Presidente da República, Senadores, Governadores e Prefeitos Municipais), segundo consignou o Tribunal Superior Eleitoral, ao responder afirmativamente à Consulta n. 1.407, em sessão realizada no dia 16 de outubro de 2007.

Relativamente à organização, que deverá ser definida pelos Partidos Políticos, em seus estatutos, em regra geral os órgãos partidários são agrupados nas seguintes categorias:

I – de deliberação: as Convenções Municipais, Regionais e Nacionais;

II – de direção e de ação: os Diretórios Distritais, Municipais, Regionais e Nacionais. Os Diretórios terão ainda Comissões Executivas correspondentes, cuja composição e competência serão também definidas em norma estatutária;

III – de ação parlamentar: as Bancadas, as Câmaras Municipais, Assembleias Legislativas e o Congresso Nacional;

IV de cooperação: os conselhos de ética partidária, os conselhos fiscais e consultivos, os departamentos trabalhistas, estudantis, femininos e outros com a mesma finalidade.

Os partidos políticos, além de resguardarem os princípios constitucionais da soberania nacional, do regime democrático, do pluripartidarismo e dos direitos fundamentais da pessoa humana, deverão cumprir alguns requisitos formais, como o cará-

[15] STF, MS 26.602/DF, Rel. Min. Eros Grau; MS 26.603/DF, Rel. Min. Celso de Mello; MS 26.604, Rel. Min. Cármen Lúcia, j. 3 e 4.10.2007. Cf. Cap. 22, item 8.1, deste trabalho, em que a matéria é tratada com maior abrangência.

ter nacional, a prestação de contas à Justiça Eleitoral e o funcionamento parlamentar de acordo com a lei.

O *caráter nacional* dos partidos políticos visa impedir a formação de partidos com simples programas regionais ou locais, como ocorria na primeira República. É preciso considerar que o caráter nacional dos partidos, a que se refere o texto constitucional, não se confunde com o conceito de âmbito nacional, pois enquanto a primeira expressão se relaciona com a "ideia de globalização em seus propósitos e na envergadura de sua capacidade de arregimentação, com polarizações em amplitude nacional nos temas de debates e de suas arregimentações estaduais ou regionalistas, o que serviria para inflamar descabidas dissensões ou acender focos separatistas" (Fávila Ribeiro), o âmbito nacional dos partidos envolve designação espacial, geográfica, campo de ação, zona de atividade. Para Orides Mezzaroba, "o sentido do *caráter nacional* do partido vincula-se à exigência de um programa político-partidário que contenha propostas voltadas para o conjunto do território brasileiro e não tanto à obrigatoriedade de se construir uma estrutura partidária que contenha ramificações organizacionais em algumas unidades da Federação. Em síntese, o espírito do caráter nacional impõe que os partidos tenham compromissos voltados, acima de tudo, para a construção de projetos políticos que envolvam o conjunto do país, e não de pequenos grupos ou facções locais".[16]

Nada obstante, segundo o art. 7º, § 1º, da Lei n. 9.096/95, tem caráter nacional o partido que comprove o apoiamento de eleitores correspondente a, pelo menos, meio por cento dos votos dados na última eleição geral para a Câmara dos Deputados, não computados os votos brancos e os nulos, distribuídos por um terço, ou mais, dos Estados, com um mínimo de um décimo por cento do eleitorado que haja votado em cada um deles. E este entendimento legal tem sido o da jurisprudência brasileira, que vincula a expressão *caráter normativo* à abrangência geográfica do partido político, revelada pela sua representação política nos Estados federados, como se extrai do voto do Ministro Carlos Velloso: "A Constituição quer que os partidos políticos tenham caráter nacional, como está posto no inciso I do art. 17, e nada melhor para aferir-lhes esse caráter nacional do que aquele princípio que toma como parâmetro o número de representantes na Câmara Federal."[17]

A prestação de contas à Justiça Eleitoral objetiva o estabelecimento de mecanismos que possam evitar o abuso do poder econômico nos processos eleitorais, ficando obrigados os partidos políticos a prestar contas das doações financeiras recebidas e de todos os gastos realizados nos processos eleitorais.

A aplicação deste princípio tem esbarrado em dois problemas, que são o desaparelhamento da Justiça Eleitoral, que ainda não dispõe de mecanismos técnicos adequados para fiscalizar as contas dos partidos, e a diversidade das contribuições, muitas das quais não aparecem na contabilidade por eles apresentada.[18]

---

16 MEZZAROBA. *Introdução ao direito partidário brasileiro*, p. 250.

17 *Lex:* Jurisprudência do Supremo Tribunal Federal, vol. 214, outubro de 1996, p. 152-153.

18 Relativamente ao controle financeiro das campanhas eleitorais, a Lei n. 9.504/97 (arts. 17 a 27) estabelece normas compatíveis com as práticas de arrecadação de fundos; reconhece e regulamenta a captação de recursos no âmbito da esfera privada, de pessoas físicas e jurídicas,

O funcionamento parlamentar de acordo com a lei constitui o último requisito formal a ser cumprido pelos partidos políticos. Assim, para funcionar os partidos políticos devem ter representação no Legislativo a fim de que possam usufruir do direito à estrutura de lideranças e participar na divisão proporcional da composição das mesas de comissões, nos termos dos regimentos internos das Casas legislativas. Os partidos políticos atuam no Parlamento pelos seus órgãos de representação denominados de bancadas.[19]

---

de modo a assegurar determinado equilíbrio à campanha e a transparência necessária a identificar as fontes de financiamento que operam por trás dos partidos políticos e dos candidatos, instituindo medidas que buscam garantir a lisura e a autenticidade das consultas; aperfeiçoa os mecanismos referentes à inserção de tetos máximos de contribuições e acerca do controle das interferências oriundas da utilização dos bens públicos.

Os aportes autorizados devem advir do partido, do comitê financeiro, do Fundo Partidário, de pessoas físicas ou jurídicas e de recursos próprios do candidato. As despesas da campanha eleitoral serão realizadas sob a responsabilidade dos partidos, ou de seus candidatos, e financiadas na forma da Lei n. 9.504/97. Caberá à lei, a cada eleição, observadas as peculiaridades locais, fixar até o dia 10 de junho de cada ano eleitoral o limite dos gastos de campanha para os cargos em disputa; não sendo editada a lei até aquela data, caberá a cada partido fixar o limite de gastos, comunicando à Justiça Eleitoral, que dará a essas informações ampla publicidade (Lei n. 9.504/97, art. 17, e art.17-A acrescido pela Lei n. 11.300/2006). Exige-se, além do registro das doações, escrituração contábil e prestação de contas ao final de cada eleição, tudo sob o controle da Justiça Eleitoral, sendo obrigatório para o partido e para os candidatos abrir conta bancária específica para o registro de todo o movimento financeiro da campanha.

As doações de pessoas físicas para as campanhas eleitorais somente ocorrerão a partir do registro dos comitês financeiros, e ficam limitadas a dez por cento dos rendimentos brutos auferidos no ano anterior à eleição. A Lei n. 9.504/97 (art. 27), com vistas a estimular a participação política e o exercício da cidadania, introduz a possibilidade de o eleitor realizar gastos, em apoio a candidato de sua preferência, até a quantia equivalente a mil Ufir, não sujeitos a contabilização, desde que não reembolsados. A técnica, contudo, pode acarretar distorções, quando, por meio de múltiplas e pequenas contribuições, o dinheiro passa a circular por via marginal, sem qualquer transparência e a salvo de qualquer controle. No caso em que o candidato utilize recursos próprios, a sua doação fica limitada ao valor máximo de gastos estabelecido pelo seu partido, na forma da Lei n. 9.504/97.

As doações das pessoas jurídicas (art. 81, § 1º, da Lei n. 9.504/97) ficam limitadas a dois por cento do faturamento bruto do ano anterior à eleição, e poderão ser feitas a partir do registro dos comitês financeiros dos partidos ou coligações.

É vedada contribuição financeira oriunda de entidade ou governo estrangeiro ou que tenha lastro estrangeiro, afastando-se também, à exceção dos recursos do Fundo Partidário, os que possam vir canalizados do erário público (órgãos da administração pública direta ou indireta, concessionários ou permissionários de serviços públicos, entidades de utilidade pública, sindicatos, pessoas jurídicas que recebem auxílio financeiros estrangeiros ou beneficiadas com contribuições compulsórias fixadas por lei). Veda-se ainda qualquer colaboração por meio de material, serviços, locação de bens e uma série de condutas que implicam recursos oferecidos de forma camuflada (arts. 24 e 26 da Lei n. 9.504/97).

19 Anote-se que o art. 13 da Lei n. 9.096/95 instituiu uma cláusula de barreira, a vigorar nas eleições de 2006 (art. 57), ao prever que somente tem direito a funcionamento parlamentar, em todas as Casas Legislativas para as quais tenha elegido representantes, o partido que, em cada eleição para a Câmara dos Deputados, obtenha o apoio de, no mínimo, cinco por cento dos votos apurados, não computados os em branco e os nulos, distribuídos em, pelo menos, um terço dos Estados, com um mínimo de dois por cento do total de cada um deles. A constitucionalidade desta cláu-

Inovação significativa do texto de 1988 diz respeito à natureza jurídica dos partidos políticos, que são agora pessoas jurídicas de direito privado, pois, após adquirirem personalidade jurídica na forma da lei civil, registrarão seus estatutos no Tribunal Superior Eleitoral (art. 17, § 2º). Quer isso dizer que os partidos políticos deverão inscrever seus estatutos no registro das pessoas jurídicas, adquirindo personalidade jurídica de direito privado.

Têm os partidos políticos direito a recursos do fundo partidário para a realização de qualquer serviço, trabalho ou empreendimento da agremiação, e acesso gratuito ao rádio e à televisão, na forma da lei (art. 17, § 3º).[20]

---

sula de barreira foi questionada, por violar o sistema eleitoral proporcional e o princípio contido no art. 17 da Constituição, que garante serem livres a criação, fusão, incorporação de extinção dos Partidos Políticos.

A cláusula de barreira, de que trata a Lei n. 9.096/95, embora não se confunda com a cláusula de exclusão, que afasta o partido da competição por cadeiras no Parlamento e não lhe assegura o direito de eleger representantes, foi declarada inconstitucional pelo Supremo Tribunal Federal, no julgamento, ocorrido em 7.12.2006, das Ações Diretas de Inconstitucionalidade ns. 1351-DF e 1354-DF. O Ministro Marco Aurélio, Relator, acentuou que relativamente aos partidos, "o disposto no art. 13 da Lei n. 9.096/95, veio a mitigar o que garantido pela Constituição Federal, asfixiando-os sobremaneira, a ponto de alijá-los do campo político, com isso ferindo de morte, sob o ângulo político-ideológico, certos segmentos, certa parcela de brasileiros." De fato, dos 29 partidos existentes à data da eleição, apenas 7 alcançariam os requisitos previstos na legislação, ou seja, ultrapassariam a cláusula de barreira, designada, como declarou o Ministro Eros Grau, em seu voto, reportando-se a Marcello Cerqueira, "o corredor da morte das minorias políticas." O Supremo Tribunal declarou a inconstitucionalidade do art. 13; da expressão *obedecendo aos seguintes critérios*, constante do art. 41; dos incisos I e II do art. 41; do art. 48; da expressão *que atenda ao disposto no art. 13*, contida no art. 49, com redução de texto; e da expressão *no art. 13*, constante do inciso II do art. 57, todos da Lei n. 9.096/95. Entendeu-se que os dispositivos impugnados violam o art. 1º, V; o art. 17; e o art. 58, § 1º, da Constituição Federal. Relativamente ao inciso IV do art. 17 da Constituição Federal, entendeu-se que a previsão quanto ao legislador ordinário para tratar do funcionamento parlamentar, não deve ser tomada a ponto de esvaziar-se os princípios constitucionais, notadamente o revelador do pluripartidarismo, e inviabilizar esse funcionamento, terminando com as bancadas dos partidos minoritários e impedindo os respectivos deputados de comporem a Mesa e as Comissões. Acentuou-se ainda que, no Estado Democrático de Direito, a nenhuma maioria é dado tirar ou restringir os direitos e liberdades fundamentais da minoria, tais como a liberdade de se expressar, de se organizar, de denunciar, de discordar e de se fazer representar nas decisões que influem nos destinos da sociedade como um todo, enfim, de participar plenamente da vida pública. (*Informativo 451/STF*).

[20] Lei n. 9.096, de 19 de setembro de 1995: "Art. 1º O partido político, pessoa jurídica de direito privado, destina-se a assegurar, no interesse do regime democrático, a autenticidade do sistema representativo e a defender os direitos fundamentais definidos na Constituição Federal. Art. 38. O Fundo Especial de Assistência Financeira aos Partidos Políticos (Fundo Partidário) é constituído por: I – multas e penalidades pecuniárias aplicadas nos termos do Código Eleitoral e leis conexas; II – recursos financeiros que lhe forem destinados por lei, em caráter permanente ou eventual; III – doações de pessoa física ou jurídica, efetuadas por intermédio de depósitos bancários diretamente na conta do Fundo Partidário; IV – dotações orçamentárias da União em valor nunca inferior, cada ano, ao número de eleitores inscritos em 31 de dezembro do ano anterior ao da proposta orçamentária, multiplicados por trinta e cinco centavos de real, em valores de agosto de 1995. § 1º (VETADO) § 2º (VETADO) Art. 39. Ressalvado o disposto no art. 31, o partido político pode receber doações de pessoas físicas e ju-

rídicas para constituição de seus fundos. § 1º As doações de que trata este artigo podem ser feitas diretamente aos órgãos de direção nacional, estadual e municipal, que remeterão, à Justiça Eleitoral e aos órgãos hierarquicamente superiores do partido, o demonstrativo de seu recebimento e respectiva destinação, juntamente com o balanço contábil. § 2º Outras doações, quaisquer que sejam, devem ser lançadas na contabilidade do partido, definidos seus valores em moeda corrente. § 3º As doações em recursos financeiros devem ser, obrigatoriamente, efetuadas por cheque cruzado em nome do partido político ou por depósito bancário diretamente na conta do partido político. § 4º (Revogado pela Lei n. 9.504, de 30.9.1997) § 5º Em ano eleitoral, os partidos políticos poderão aplicar ou distribuir pelas diversas eleições os recursos financeiros recebidos de pessoas físicas e jurídicas, observando-se o disposto no § 1º do art. 23, no art. 24 e no § 1º do art. 81 da Lei nº 9.504, de 30 de setembro de 1997, e os critérios definidos pelos respectivos órgãos de direção e pelas normas estatutárias. (Incluído pela Lei nº 12.034, de 2009) Art. 40. A previsão orçamentária de recursos para o Fundo Partidário deve ser consignada, no Anexo do Poder Judiciário, ao Tribunal Superior Eleitoral. § 1º O Tesouro Nacional depositará, mensalmente, os duodécimos no Banco do Brasil, em conta especial à disposição do Tribunal Superior Eleitoral. § 2º Na mesma conta especial serão depositadas as quantias arrecadadas pela aplicação de multas e outras penalidades pecuniárias, previstas na Legislação Eleitoral. Art. 41. O Tribunal Superior Eleitoral, dentro de cinco dias, a contar da data do depósito a que se refere o § 1º do artigo anterior, fará a respectiva distribuição aos órgãos nacionais dos partidos, obedecendo aos seguintes critérios: (Vide ADIs ns. 1.351-3 e 1.354-8) I – um por cento do total do Fundo Partidário será destacado para entrega, em partes iguais, a todos os partidos que tenham seus estatutos registrados no Tribunal Superior Eleitoral; (Vide ADIs ns. 1.351-3 e 1.354-8) II – noventa e nove por cento do total do Fundo Partidário serão distribuídos aos partidos que tenham preenchido as condições do art. 13, na proporção dos votos obtidos na última eleição geral para a Câmara dos Deputados. (Vide ADIs ns. 1.351-3 e 1.354-8) Art. 41-A. 5% (cinco por cento) do total do Fundo Partidário serão destacados para entrega, em partes iguais, a todos os partidos que tenham seus estatutos registrados no Tribunal Superior Eleitoral e 95% (noventa e cinco por cento) do total do Fundo Partidário serão distribuídos a eles na proporção dos votos obtidos na última eleição geral para a Câmara dos Deputados. (Incluído pela Lei n. 11.459, de 2007) Art. 42. Em caso de cancelamento ou caducidade do órgão de direção nacional do partido, reverterá ao Fundo Partidário a quota que a este caberia. Art. 43. Os depósitos e movimentações dos recursos oriundos do Fundo Partidário serão feitos em estabelecimentos bancários controlados pelo Poder Público Federal, pelo Poder Público Estadual ou, inexistindo estes, no banco escolhido pelo órgão diretivo do partido. Art. 44. Os recursos oriundos do Fundo Partidário serão aplicados: I – na manutenção das sedes e serviços do partido, permitido o pagamento de pessoal, a qualquer título, observado neste último caso o limite máximo de 50% (cinquenta por cento) do total recebido; (Redação dada pela Lei nº 12.034, de 2009); II – na propaganda doutrinária e política; III – no alistamento e campanhas eleitorais; IV – na criação e manutenção de instituto ou fundação de pesquisa e de doutrinação e educação política, sendo esta aplicação de, no mínimo, vinte por cento do total recebido; V – na criação e manutenção de programas de promoção e difusão da participação política das mulheres conforme percentual que será fixado pelo órgão nacional de direção partidária, observado o mínimo de 5% (cinco por cento) do total. (Incluído pela Lei nº 12.034, de 2009). § 1º Na prestação de contas dos órgãos de direção partidária de qualquer nível devem ser discriminadas as despesas realizadas com recursos do Fundo Partidário, de modo a permitir o controle da Justiça Eleitoral sobre o cumprimento do disposto nos incisos I e IV deste artigo. § 2º A Justiça Eleitoral pode, a qualquer tempo, investigar sobre a aplicação de recursos oriundos do Fundo Partidário. § 3º Os recursos de que trata este artigo não estão sujeitos ao regime da Lei n. 8.666, de 21 de junho de 1993. (Parágrafo incluído pela Lei n. 9.504, de 30.9.1997) § 4º Não se incluem no cômputo do percentual previsto no inciso I deste artigo encargos e tributos de qualquer natureza. (Incluído pela Lei nº 12.034, de 2009) § 5º O partido que não cumprir o disposto no inciso V do caput deste artigo deverá, no ano subsequente, acrescer o percentual de 2,5% (dois inteiros e cinco décimos por cento) do Fundo Partidário para essa destinação, ficando impedido de utilizá-lo para finalidade diversa. (Incluído pela Lei nº 12.034, de 2009) Art. 45. A propaganda partidária gratuita, gravada ou ao vivo, efetuada mediante transmissão por rádio e televisão será realizada entre as dezenove horas e trinta minutos e as vinte e duas horas para, com exclusividade: I – difundir os programas partidários; II – transmitir mensagens aos filiados sobre a execução do programa partidário, dos eventos com este relacionados e das atividades congressuais do partido; III – divulgar a posição do partido em relação a temas político-comunitários; IV – promover e difundir a participação política feminina, dedicando às mulheres o tempo que será fixado pelo órgão nacional de direção partidária, observado o mínimo de 10% (dez por cento). (Incluído pela Lei nº 12.034, de 2009) § 1º Fica vedada, nos programas de que trata este Título: I – a participação de pessoa filiada a partido que não o responsável pelo programa; II – a divulgação de propaganda de candidatos a cargos eletivos e a defesa de interesses pessoais ou de outros partidos; III – a utilização de imagens ou cenas incorretas ou incompletas, efeitos ou quaisquer outros recursos que distorçam ou falseiem os fatos ou a sua comunicação; § 2º O partido que contrariar o disposto neste artigo será punido: (Redação dada pela Lei nº 12.034, de 2009) I – quando a infração ocorrer nas transmissões em bloco, com a cassação do direito de transmissão no semestre seguinte; (Incluído pela Lei nº 12.034, de 2009) II – quando a infração ocorrer nas transmissões em inserções, com a cassação de tempo equivalente a 5 (cinco) vezes ao da inserção ilícita, no semestre seguinte. (Incluído pela Lei nº 12.034, de 2009) § 3º A representação, que somente poderá ser oferecida por partido político, será julgada pelo Tribunal Superior Eleitoral quando se tratar de programa em bloco ou inserções nacionais e pelos Tribunais Regionais Eleitorais quando se tratar de programas em bloco ou inserções transmitidos nos Estados correspondentes. (Redação dada pela Lei nº 12.034, de 2009) § 4º O prazo para o oferecimento da representação encerra-se no último dia do semestre em que for veiculado o programa impugnado, ou se este tiver sido transmitido nos últimos 30 (trinta) dias desse período, até o 15º (décimo quinto) dia do semestre seguinte. (Incluído pela Lei nº 12.034, de 2009) § 5º Das decisões dos Tribunais Regionais Eleitorais que julgarem procedente representação, cassando o direito de transmissão de propaganda partidária, caberá recurso para o Tribunal Superior Eleitoral, que será recebido com efeito suspensivo. (Incluído pela Lei nº 12.034, de 2009) § 6º A propaganda partidária, no rádio e na televisão, fica restrita aos horários gratuitos disciplinados nesta Lei, com proibição de propaganda paga. (Incluído pela Lei nº 12.034, de 2009) Art. 46. As emissoras de rádio e de televisão ficam obrigadas a realizar, para os partidos políticos, na forma desta Lei, transmissões gratuitas em âmbito nacional e estadual, por iniciativa e sob a responsabilidade dos respectivos órgãos de direção. § 1º As transmissões serão em bloco, em cadeia nacional ou estadual, e em inserções de trinta segundos e um minuto, no intervalo da programação normal das emissoras. § 2º A formação das cadeias, tanto nacional quanto estaduais, será autorizada pelo Tribunal Superior Eleitoral, que fará a necessária requisição dos horários às emissoras de rádio e de televisão, mediante requerimento dos órgãos nacionais dos partidos, com antecedência mínima de quinze dias. § 3º No requerimento a que se refere o parágrafo anterior, o órgão partidário solicitará conjuntamente a fixação das datas de formação das cadeias, nacional e estaduais. § 4º O Tribunal Superior Eleitoral, independentemente do âmbito nacional ou estadual da transmissão, havendo coincidência de data, dará prioridade ao partido que apresentou o requerimento em primeiro lugar. § 5º As fitas magnéticas com as gravações dos programas em bloco ou em inserções serão entregues às emissoras com a antecedência mínima de doze horas da transmissão. § 6º As inserções a serem feitas na programação das emissoras serão determinadas: I – pelo Tribunal Superior Eleitoral, quando solicitadas por órgão de direção nacional de partido; II – pelo Tribunal Regional Eleitoral, quando solicitadas por órgão de direção estadual de partido. § 7º Em cada rede somente serão autorizadas até dez inserções de trinta segundos ou cinco de um minuto por dia. Art. 47. Para agilizar os procedimentos, condições especiais podem ser pactuadas

Veda-se aos partidos a utilização de organização paramilitar, pois a própria Constituição declara, no art. 5º, XLIV, que "constitui crime inafiançável e imprescritível a ação de grupos armados, civis ou militares, contra a ordem constitucional e o Estado Democrático".

Aos partidos políticos é ainda vedado o recebimento de recursos financeiros e de subordinação a organismos estrangeiros. Esta vedação não impede, contudo, que haja aproximação ideológica dos partidos políticos nacionais com entidades ou partidos estrangeiros, desde que a ideologia destes corresponda aos princípios programáticos ou às diretrizes de ação daqueles. O que é preciso verificar é se esta aproximação não coloca em risco a soberania nacional, que deve ser resguardada pelos partidos políticos, conforme estabelece o art. 17 da Constituição.

6. GRUPOS DE PRESSÃO

Grupo de pressão é aquele que se constitui para influir nas decisões do poder político, com um objetivo concreto e determinado, sem assumir as responsabilidades da decisão política.

Mas, além dos grupos de pressão, que são coletivos, há, no tocante à influência sobre o poder político, a pressão desenvolvida por indivíduos isoladamente, motivo por que se deve considerar os grupos de pressão como um aspecto parcial das forças de pressão, que podem ser individuais e plurais.

Mencione-se ainda, como distinto do grupo de pressão, o grupo de interesses que, ao contrário daquele, não persegue necessariamente o político, mas, de índole política, cultural ou religiosa, agrega pessoas que apenas sustentam um gosto comum, ou uma atitude comum perante o mundo e a vida.[21]

Os grupos de pressão se acham inseridos na sociedade pluralista e suprem a insuficiência dos partidos políticos que não conseguem satisfazer as necessidades das aspirações populares, nem tutelar seus interesses. Cria-se, desse modo, um vazio preenchido pelos grupos de pressão.

Daí por que no sistema representativo "se desenvolveu uma forma de representação de grupos que supera os corpos eleitorais distribuídos geograficamente e faz pe-

---

diretamente entre as emissoras de rádio e de televisão e os órgãos de direção do partido, obedecidos os limites estabelecidos nesta Lei, dando-se conhecimento ao Tribunal Eleitoral da respectiva jurisdição. Art. 48. O partido registrado no Tribunal Superior Eleitoral que não atenda ao disposto no art. 13 tem assegurada a realização de um programa em cadeia nacional, em cada semestre, com a duração de dois minutos. (Vide ADIs ns. 1.351-3 e 1.354-8) Art. 49. O partido que atenda ao disposto no art. 13 tem assegurado: (Vide ADIs ns. 1.351-3 e 1.354-8) I – a realização de um programa, em cadeia nacional e de um programa, em cadeia estadual em cada semestre, com a duração de vinte minutos cada; II – a utilização do tempo total de quarenta minutos, por semestre, para inserções de trinta segundos ou um minuto, nas redes nacionais, e de igual tempo nas emissoras estaduais."

21 MOREIRA. *Ciência política*, p. 154.

sar muito mais fortemente a influência dos interesses especiais na balança legislativa do que a de qualquer agregado irrelevante de eleitores ocasionais".[22]

E a capacidade de influência dos grupos de pressão acha-se condicionada a três características: número representativo de componentes, capacidade financeira e organização.

Quanto ao número de filiados, que garante a legitimidade do grupo para agir em nome de determinado segmento social ou empresarial, pode ser grande ou pequeno, variando em função do interesse motivador, devendo, contudo, ser representativo. Já a capacidade financeira e a organização residem nos grupos bem estruturados, com vistas a dotar a associação de mobilidade e instrumental de persuasão, capacitando-o gerencialmente para a obtenção de recursos humanos, técnicos e financeiros, para o exercício de influência no processo decisório.

Podem-se citar como motivação dos grupos, as seguintes: *a)* econômica; *b)* ideológica; *c)* religiosa; *d)* cultural; *e)* política; *f)* profissional; *g)* ambiental; *h)* geográfica. Observa-se que, na maioria dos casos, as motivações não surgem isoladamente como fator de impulsão dos grupos, mas se acham permeadas por mais de um deles. Assim, no que se refere à atuação dos grupos no Congresso Nacional, na sua maioria está presente a motivação econômica associada a fatores políticos, profissionais ou de caráter regional.

Os grupos de pressão, conhecidos como *lobbys* (= antecâmaras, corredores, a cabala dos corredores do Congresso), envolve o *lobbying*, isto é, o método de ação por eles empregado, bem como o *lobbyisten*, que são as pessoas que se entregam à prática dessa atuação política.

A ação dos "lobistas" pode ser positiva ou negativa.

No primeiro caso, ela suplementa a ação dos partidos políticos, permitindo a realização do próprio interesse público, em especial junto ao processo legislativo: como falava Nehemias Gueiros, na 1ª Conferência da Ordem dos Advogados do Brasil, o *lobbying* é "uma atividade correta e corregedora, espécie de higiene da lei". Observe-se, no entanto, que muitas vezes os grupos de pressão, em vez de influenciar a feitura das leis, buscam criar uma aparência de apoio público.

No aspecto negativo, assinale-se os graves inconvenientes dos grupos de pressão, quais sejam, sua luta desenfreada pelos interesses particulares (utilizando, até mesmo, a intimidação e a corrupção), o poder sem responsabilidade, a desunião dos membros da comunidade e a sua contribuição para o que se pode chamar de dispersão ou atomização do poder: "É certo que uma série de fatores deve ser considerado ao analisar o grupo de pressão. Primeiramente, cumpre verificar que tipos de interesses almejam, se permanentes ou ocasionais; permanentes no sentido do interesse fixo perseguido, por exemplo, econômico, material, social, etc. Qual o número de seus adeptos e qual a capacidade financeira do grupo: como está organizado, qual a capacidade que tem em influenciar os agentes estatais ou mesmo a opinião pública, direta ou indiretamente: que tipos de 'métodos' são utilizados para conseguir alcan-

[22] RODRIGUES. *Direito e política*, p. 148.

çar seus objetivos. Obviamente respondendo a essa série de questões, ter-se-á uma boa medida do grupo de pressão analisado, e de sua conveniência ou não ao sistema democrático."[23]

Considere-se ainda, como assinala Thomas Fleiner-Gerster, que a "influência das associações sobre o governo e os membros do parlamento se exerce quase sempre a portas fechadas; as poderosas associações chegam previamente a um acordo entre si sobre a maneira de 'trabalhar' certas pessoas, a fim de que um assunto seja regulado no sentido de seus interesses. Tudo isto escapa completamente ao controle da opinião pública, embora interesses públicos essenciais sejam possivelmente afetados ou até mesmo lesados. Desse modo, a democracia corre o perigo de ser substituída por uma oligarquia das grandes associações que, por sua vez, na maior parte dos casos agem de maneira não-democrática".[24]

Deve-se então buscar corretivos contra a influência de determinados grupos de pressão: tais se encontrariam no fortalecimento dos partidos políticos, eleições honestas, amplo sufrágio e livre exercício das liberdades públicas.

[23] FIGUEIREDO. *Teoria geral do Estado*, p. 134.

[24] FLEINER-GERSTER. *Teoria geral do estado*, p. 544-545.

CAPÍTULO 7

ESTADO FEDERAL

SUMÁRIO

1. INTRODUÇÃO

Ao tratarmos das formas de Estado e dos princípios fundamentais da Constituição, examinamos a noção de Estado Federal, identificando-lhe os traços básicos, e, sucintamente, a evolução do federalismo no Brasil (cf. cap. 2 do vol. 1 e deste volume).

Apesar disso, insistiremos na análise do tema, a fim de melhor compreendermos a estrutura federal brasileira.

O Estado Federal surgiu no século XVIII, com a Constituição norte-americana de 1787, não obstante se falar em federações na Grécia antiga, as quais, sem as características dos Estados federais modernos, traduziam meras alianças temporárias, como as alianças religiosas dos anfictiões, e, mais tarde, na Liga de Delos, na Grécia Central, e na Liga Etólica, no Peloponeso.

É importante, pois, examinarmos o nascimento histórico do Estado Federal no mundo moderno, para extrairmos dessa análise o seu perfil constitucional.

A federação norte-americana resultou da necessidade que tiveram as ex-treze colônias inglesas,[1] recém-independentes, de não regredirem ao estado colonial, objetivando uma unidade política suficientemente forte para garantir a independência conquistada. Assinaram, então, em 1781, após a independência ocorrida em 1776, um

---

[1] As trezes colônias instituidoras dos Estados Unidos foram: Delaware, Pensilvânia, Nova Jersey, Georgia, Connecticut, Massachusetts, Maryland, Carolina do Sul, New Hampshire, Virgínia, Nova Iorque, Carolina do Norte e Rhode Island.

tratado com o nome de artigos de Confederação, pelo qual conservava cada Estado independente sua soberania, mesmo porque esse acordo podia a qualquer tempo ser desfeito pelo Estado subscritor, revogando a delegação que havia cedido para os Estados Unidos (art. 2º do Tratado).

Surgiu, então, em 1787, a Constituição norte-americana, quando os Estados passaram a se sujeitar a uma série de princípios e diretrizes emanados da Constituição comum a todos eles, estreitando-se o vínculo federativo. Reservaram-se todos os poderes que não foram delegados para a União.

Até a criação do Estado Federal norte-americano, em 1787, o regime em vigor era o confederativo. A Confederação possuía um órgão político central, o Congresso, de cunho predominantemente diplomático, que carecia de autoridade própria, e respeitava a independência dos Estados associados (cada Estado conservava a soberania, a liberdade, e a independência, bem como o poder, a jurisdição e os direitos que não foram delegados expressamente à Confederação). Os seus representantes se reuniam no Congresso para deliberar assuntos de interesse comum, na sua maioria, os ligados às relações e comércio internacional. O Congresso era subordinado ao poder dos Estados, sujeitando-se ao seu poder de veto (a União não tinha, por exemplo, competência para criar tributos nem para regulamentar o comércio). Assim, as decisões só poderiam ser tomadas pela unanimidade dos treze Estados. A necessidade de revisão dos Artigos de Confederação residia em que o poder central não dispunha de poder para agir sobre os cidadãos que compunham a União, mas apenas poderia recomendar a aplicação de suas resoluções, cabendo aos Estados (fontes da soberania) adotarem-nas ou não: o que se buscava era o reforço do poder central, que deveria dispor dos poderes necessários para atuar sobre os cidadãos, sem passar pelos Estados, que passariam a ser autônomos e não mais soberanos. A Confederação acabava por gerar um governo instável, devido aos constantes impasses políticos, que prejudicavam a ação conjunta e ameaçavam a própria subsistência da Confederação. Essa instabilidade fez com que se procurasse dotar o país de um governo efetivamente nacional (um governo central forte, sem, no entanto, concentrar o poder), criando-se então uma Constituição,[2] que instituiu um novo modelo de Estado, o federal, capaz de garantir a unidade norte-americana, com respeito e assimilação da diversidade. Desse modo, a Constituição dos Estados Unidos, de 1787, definiu as atribuições da União, e deixou o resto para os Estados. Os principais objetivos a serem defendidos pela União seriam a defesa comum dos membros, a

---

2 Para rever os Artigos da Confederação, o Congresso recomendou a convocação, em Filadélfia, em maio de 1787, de uma convenção de Estados. A convocação teve como precedente a Convenção de Annápolis, de 1786, ocorrida em virtude da disputa comercial entre Virgínia e Maryland, sendo que doze Estados enviaram representantes, à exceção apenas de Rhode Island. As sessões, que se prolongaram por quatro meses, foram presididas por George Washington. Em 17 de setembro de 1787, o texto constitucional foi assinado por trinta e nove delegados, e enviado ao Congresso, que o aprovou e submeteu à ratificação dos Estados. A Constituição entraria em vigor se pelo menos nove Estados a ratificassem. Para explicar ao povo a nova Constituição e obter apoio para a ratificação, foram publicados, nos jornais de Nova Iorque, por Alexander Hamilton, James Madison e John Jay, sob o pseudônimo coletivo de *Publius*, entre 27 de outubro de 1787 e 4 de abril de 1788, uma série de oitenta e cinco artigos, reunidos em volume com o título de *O federalista*.

preservação da paz pública contra convulsões internas ou ataques externos, a regulação do comércio com outras nações e a manutenção de relações políticas e comerciais com os países estrangeiros. Dúvidas seriam dirimidas pela Suprema Corte. O federalismo é definido, na sua acepção positiva, como salienta Ivo Coser, "como um meio termo entre um governo unitário, com os poderes exclusivamente concentrados na União, e uma confederação, na qual o poder central seria nulo ou fraco."[3]

Lê-se no Preâmbulo, sede do Pacto Federativo da Constituição dos Estados Unidos, cujo comando pertence ao povo, que constituem fins do Pacto: tornar mais perfeita a União, fortalecendo os laços federativos, que a Confederação enfraqueceu; estabelecer a justiça, assegurar a tranquilidade nacional, prover a defesa comum; fomentar o bem-estar geral e assegurar os benefícios da liberdade. Trata-se de um federalismo de agregação, ou federalismo integrativo (*integrative federalism*), em que se busca a unidade na diversidade.

Afirma o Prof. Raul Machado Horta que "o Estado Federal criou o Estado não soberano".[4] Ao se analisar o Estado Federal, deve-se destacar, assim, as ideias de soberania e autonomia.

De fato, no Estado Federal a soberania pertence à União e a autonomia, aos Estados-Membros, não se falando, pois, em dualidade de soberanias, como se pretendeu por algum tempo.

Em razão disso, há, no Estado Federal, na concepção de Kelsen, uma ordem jurídica central e ordens jurídicas parciais, sendo que a primeira abrange todos os indivíduos que se encontram no território do Estado, e as outras, os que se acham no âmbito territorial dos entes federados. A reunião dessas duas ordens jurídicas forma a terceira ordem jurídica, que é o Estado Federal, comunidade jurídica total.

Outro aspecto relevante do Estado Federal é a descentralização político-normativa.

Deveras, há no Estado Federal uma descentralização do poder político, distribuído pela Constituição entre União e Estados Federados. Não é apenas administrativo o nível dessa descentralização, mas constitucional-normativo, ou seja, cada Estado detém competência para estabelecer sua organização política, mediante Constituição própria, configurando-se assim o princípio da autonomia, que "pressupõe um poder de direito público não soberano, que pode, em virtude de direito próprio e não de delegação, estabelecer regras de direito obrigatórias".[5]

No federalismo coexistem dois ou mais entes políticos autônomos, com capacidade de auto-organização, unidos por um pacto de cooperação que se expressa na repartição de competências.

Não há federação sem que se assegure a participação dos Estados federados na formação da vontade nacional, que se manifesta geralmente por uma Câmara Legislativa dos Estados, o Senado Federal, embora possa haver outros instrumentos que viabilizem essa participação.

---

3 COSER. Federal/Federalismo. *In: Léxico da história dos conceitos políticos do Brasil* (FEREZ JÚNIOR, org.), p. 91.

4 HORTA. *A autonomia do Estado-Membro no direito constitucional brasileiro*, p. 39.

5 HORTA. *Op. cit.*, p. 40.

As características do Estado Federal vêm sumariadas por Marcelo Rebelo de Sousa da seguinte forma:

a) as Constituições dos Estados federados conformam-se necessariamente com a Constituição do Estado Federal;

b) os Estados federados usualmente não podem desvincular-se do Estado Federal;

c) os Tribunais federais controlam a conformidade das Constituições e leis dos Estados federados relativamente à Constituição do Estado Federal;

d) compete exclusivamente ao Estado Federal manter as relações internacionais, bem como definir a política de defesa de toda a federação.

Os principais poderes de que usufruem os Estados federados são os seguintes:

a) os Estados federados se autoconstituem, isto é, elaboram a sua própria Constituição;

b) os Estados federados participam, através de representantes próprios, na feitura e revisão da Constituição Federal;

c) os Estados federados dispõem normalmente de representantes seus numa das Câmaras Parlamentares do Estado Federal;

d) os Estados federados têm poderes legislativos próprios, que respeitam a matérias de interesse específico, e não de interesse da federação ou de interesse comum a vários Estados federados (princípio da especialidade das leis). A estes corresponde uma orgânica legislativa própria;

e) os Estados federados dispõem de Tribunais, Administração Pública e forças de segurança aos quais incumbe a aplicação e execução das leis no seu território.[6]

A estrutura do Estado federal, na observação de José Alfredo de Oliveira Baracho, "apesar das diferenças concretas que ocorrem através dos diversos modelos que surgem, apresenta alguns pontos comuns:

– princípio federal que consiste no método de dividir os poderes, de modo que os governos central e regionais sejam, a cada um dentro de sua esfera, coordenados e independentes;

– equilibrar a pluralidade com a unidade;

– manutenção da unidade do Estado, para que a descentralização não leve à dissolução da comunidade jurídica;

– o ato constituinte do Estado federal é um ato político que integra uma unidade conjunta com coletividades particulares;

– é um Estado soberano composto de vários Estados;

---

[6] SOUSA. *Direito constitucional*, p. 134-135.

– não há tratado nem pacto que dão origem contratual a essa unidade das partes, mas uma Constituição surge como norma principal que tem eficácia e validade para dar suporte, também, aos ordenamentos locais;

– esta preeminência da Constituição federal não retira a atribuição dos Estados particulares em elaborar a própria organização constitucional;

– a Constituição federal ordena uma distribuição de competências que determinam as relações entre a federação e os Estados;

– as relações decorrentes da distribuição de competências podem determinar: a) participação: consiste no direito que têm os Estados-Membros de colaborar na formação e decisão dos órgãos federais; b)coordenação."[7]

O Estado Federal, como esclarece Raul Machado Horta, pressupõe, na sua construção normativa, a adoção de determinados princípios, técnicas e instrumentos operacionais, e que podem ser condensados na seguinte relação:

1. a decisão constituinte criadora do Estado Federal e de suas partes indissociáveis, a Federação ou União, e os Estados-Membros;
2. a repartição de competências entre a Federação e os Estados-Membros;
3. o poder de auto-organização constitucional dos Estados-Membros, atribuindo-lhes autonomia constitucional;
4. a intervenção federal, instrumento para restabelecer o equilíbrio federativo, em casos constitucionalmente definidos;
5. a Câmara dos Estados, como órgão do Poder Legislativo Federal, para permitir a participação do Estado-Membro na formação da legislação federal;
6. a titularidade dos Estados-Membros, através de suas Assembleias Legislativas, em número qualificado, para propor emenda à Constituição Federal;
7. a criação de novo Estado ou modificação territorial de Estado existente dependendo da aquiescência da população do Estado afetado;
8. a existência no Poder Judiciário Federal de um Supremo Tribunal ou Corte Suprema, para interpretar e proteger a Constituição Federal, e dirimir litígios ou conflitos entre a União, os Estados e outras pessoas jurídicas de direito interno.[8]

Adverte, no entanto, o Prof. Machado Horta, que a reunião desses requisitos não se realiza homogeneamente na realidade dos Estados Federais, havendo casos em que a lista é atendida total ou parcialmente. Nessa última hipótese, há ênfase em determinados requisitos e diluição de outros, o que dá origem a modelos múltiplos

---

[7] BARACHO. *Teoria geral do federalismo*, p. 24.

[8] HORTA. *Direito constitucional*, p. 307.

de federalismo: federalismo norte-americano, federalismo alemão, federalismo brasileiro, federalismo canadense, federalismo mexicano, federalismo argentino.[9]

Pode-se sintetizar dizendo que no Estado Federal ocorrem dois princípios que lhe são basilares: o princípio da autonomia dos Estados federados e o princípio da sua participação na formação das leis nacionais.

2. A FEDERAÇÃO NO BRASIL – EVOLUÇÃO

A federação brasileira resultou da desagregação ou segregação de um Estado unitário, com a transformação das províncias em Estados-Membros. Não se configurou no Brasil o fenômeno norte-americano da agregação, em que o Estado Federal surgiu depois de se extinguirem os Estados soberanos que renasceram como entes autônomos. O nosso federalismo, por isso mesmo, é conhecido como federalismo de desagregação ou federalismo devolutivo (*devolutionary federalism*), em que os poderes de um Estado unitário foram redistribuídos entre suas entidades componentes, buscando-se afirmar a diversidade, posto que a unidade já existia.

A federação brasileira, conforme relato de Fernando Luiz Abrucio, "foi sendo moldada pela existência de fortes heterogeneidades entre as elites políticas de cada região – fruto de um processo de colonização com vários pólos e características distintivas – e, mais adiante, pela desigualdade socioeconômica entre os Estados. Porém, a elite imperial procurou construir uma unidade nacional que não transformasse tais diferenciações espaciais num nativismo exacerbado. As experiências das revoltas pernambucanas de 1817 e 1824 e diversos dos conflitos regenciais fizeram com que os 'donos do poder' de então temessem demasiadamente a divisão do país e, por isso, montassem um modelo extremamente centralizador, no qual o poder político provincial era basicamente definido pelas decisões do governo central. Mas o paulatino enfraquecimento de dom Pedro II, desde o final da Guerra do Paraguai e principalmente com a abolição da escravatura levou à perda de legitimidade do Império junto às elites. Além disso, o sentimento de autonomia das províncias cresceu enormemente à medida que a centralização prolongava-se no tempo e reforçava-se em seus instrumentos, por meio da indicação de governantes locais pela cúpula do poder central, que normalmente não só escolhia pessoas de outras regiões como estabeleceu uma alta rotatividade no cargo. Por isso, a luta pelo fim da monarquia respondeu, em grande medida, mais aos anseios por descentralização do poder do que por uma republicanização da vida política. Desse modo, a república brasileira não só nasceu colada a um certo ideal federativo como a ele foi subordinada.

A federação brasileira nasceu nesse contexto, inspirada formalmente na experiência norte-americana. Todavia, sua conformação seguiu trilhas bem diferentes. Primeiro porque no momento de constituição do nosso federalismo partiu-se de um Estado unitário fortemente centralizado para um modelo descentralizador do poder. A partir dessa característica, nossa experiência estaria mais para o modelo do *hold together*, em que uma união anterior desconcentra o poder, tal qual a construção federa-

9 HORTA. *Direito constitucional*, p. 307/308.

tiva da Índia, do que para o do *come together*, a junção entre partes antes separadas que distinguiu o paradigma estadunidense, segundo a terminologia utilizada por Stepan. É nesse sentido que Rui Barbosa, ao comparar nossa realidade com a norte-americana, afirmou: 'Não somos uma Federação de povos até ontem separados e reunidos de ontem para hoje. Pelo contrário, é da União que partimos. Na União nascemos.'

O caso brasileiro, no entanto, também diferencia-se dos modelos de *hold together*, os quais buscavam descentralizar o poder e concomitantemente fortalecer a unidade nacional, pois, ao invés disso, enfraquecemos o governo central em nome, sobretudo, do repasse de uma enorme autonomia para os estados, que queriam, basicamente, eleger seus governantes – os governadores. Nesse projeto federativo, portanto, só cabia a busca do autogoverno e pouco espaço sobrava para a interdependência. Isso se agravou por conta da forte assimetria e hierarquização existente entre os estados, como São Paulo e Minas Gerais detendo poder e riqueza muito maiores do que a grande maioria das unidades, o que dificultava o equilíbrio horizontal na Federação. Além disso, as oligarquias dominavam a política local na República Velha, enfraquecendo qualquer ideal republicano e democratizador do sistema político.

Em linhas gerais, o caráter centrífugo (1), o federalismo assimétrico e hierárquico (2) e a oligarquização do sistema político no plano subnacional, com o respectivo fortalecimento dos governadores e de suas máquinas estaduais (3), constituem as três características básicas do modelo federativo brasileiro em seu nascedouro."[10]

O federalismo brasileiro tem sofrido avanços e recuos. Estruturada inicialmente pela Constituição de 1891, depois de ter sido provisoriamente estabelecida pelo Decreto n. 1, de 1889, a federação tem caminhado para uma progressiva centralização de competências em favor da União, notadamente a partir da Constituição de 1934, que deu início ao federalismo de cooperação, substituindo a federação dual ou isolacionista da República Velha. O apogeu da centralização antifederativa ocorreu com a Constituição de 1967 e sua Emenda n. 1, de 1969, que instituíram a federação hegemônica da União, sufocando a autonomia dos Estados-Membros. A propósito, disse Raul Machado Horta que "a centralização antifederativa se associou, especialmente, a partir da Emenda Constitucional n. 1, de 1969, ao fortalecimento exacerbado do Presidencialismo, dos poderes do Presidente da República, fazendo com que o regime presidencial se transfigurasse na ditadura presidencial, submetendo Estados, Municípios, instituições, Poderes, economia pública e privada, cidadãos e partidos à vontade absoluta e incontestável do Presidente da República. A ditadura presidencial edificou o Estado centralizado, seja em normas escritas da Constituição e das leis, como nos atos paralegislativos que diariamente brotavam das antecâmaras ministeriais. O presidencialismo autoritário desfigurou a federação, e o edifício federativo fragmentou-se nos escombros que identificam as ruínas do federalismo brasileiro".[11]

A Constituição de 1988 se propõe a restaurar o Estado Federal brasileiro, estruturando um federalismo de equilíbrio, mediante a ampliação da autonomia dos Estados federados e o fortalecimento de sua competência tributária.

---

[10] ABRUCIO. Reforma política e federalismo. *In*: *Reforma política e cidadania*, p. 244-246.

[11] HORTA. *Anais do Simpósio Minas Gerais e a constituinte*, p. 503.

3. ESTRUTURA DA FEDERAÇÃO – AS DESCENTRALIZAÇÕES DA FEDERAÇÃO BRASILEIRA

Declara o art. 18 da Constituição que a organização político-administrativa da República Federativa do Brasil compreende a União, os Estados, o Distrito Federal e os Municípios, todos autônomos, nos termos da Constituição. O art. 1º da Constituição afirma que a República Federativa do Brasil, formada pela união indissolúvel dos Estados e Municípios, constitui-se em Estado Democrático de Direito, configurando-se uma federação de dois níveis pela presença dos Municípios.

Ao denominar o Título III, em que se insere o art. 18, de "Organização do Estado", afastou-se a Constituição da quase centenária experiência de redação constitucional republicana e federal, pois abandonou a qualificação consagrada nas Constituições Federais de 1891, 1934 e 1946 – Da organização Federal –, que tem o mérito de revelar, desde logo, a matéria própria do Título III, denominação preferível à da Constituição, a qual, desatenta à organização da forma de Estado, preferiu a designação genérica e global: é o que afirma o Prof. Raul Machado Horta, no Pronunciamento do Instituto dos Advogados de Minas Gerais sobre o Projeto de Constituição.

Os Municípios passam a compor o Estado Federal, rompendo o texto de 1988, também neste passo, com tradição de nosso constitucionalismo que foi a de não fazer constar o Município como ente integrante da estrutura federal. A rigor, não há federação de Municípios, mas de Estados, não se justificando, em princípio, sua inserção no quadro federativo, notadamente se observarmos que os Municípios não dispõem de órgão legislativo próprio, como o Senado Federal, que é câmara dos Estados, para efetivar o princípio da participação na formação da vontade nacional, essencial à caracterização do Estado Federal.

A Constituição Federal, no entanto, determina que as Constituições dos Estados-Membros adotem a descentralização em Municípios, considerados por isso mesmo como entidades intraestaduais autônomas. Assim, além de Estados descentralizados, os Estados-Membros, por imposição constitucional, são constitucionalmente descentralizados.

Os Territórios foram excluídos da organização federal, eis que deixaram de ser seus componentes para se integrarem apenas na União, segundo dispõe o art. 18, § 2º.

Já o Distrito Federal teve sua autonomia ampliada, como veremos adiante, dispondo de autonomia organizacional, legislativa, de governo e administrativa (art. 32).

Assinala Raul Machado Horta, que é "criticável, de modo geral, a redação que as Constituições Federais Brasileiras vem dando ao artigo que trata da composição da República Federativa. Além da inclusão dos Territórios, nas Constituições anteriores, e a dos Municípios, na Constituição de 1988, como entes constitutivos da República Federativa, nota-se o esquecimento da União Federal na composição federativa. Os textos constitucionais brasileiros não identificam a União Federal como ordenamento central do Estado Federal ou da República Federativa. A União permanece oculta na cláusula da União indissolúvel, que vincula os ordenamentos parciais dos Estados e do Distrito Federal, sem explicitar a presença da União Federal na composição da forma de Estado."[12]

Nesta perspectiva, fala-se em Constituição materialmente federal, que não tem a extensão da Constituição Nacional, dado o conteúdo específico de sua matéria, e de que são exemplos representativos as Constituições dos Estados Unidos, da Argentina, do Canadá e da Alemanha.

A Constituição prevê, além dos entes federativos enunciados, regiões metropolitanas, microrregiões e aglomerações urbanas (art. 25, § 3º). Não se trata de entes federativos. Constituem agrupamentos de Municípios limítrofes, objetivando, basicamente, a resolução de problemas comuns.

Cada uma dessas figuras tem contornos jurídicos próprios. Como observa André Ramos Tavares: "Na região metropolitana sempre haverá um Município mais importante, chamado *cidade pólo*, em torno do qual se reunirão os demais Municípios. Isso só haverá nessa espécie de aglomeração. Entre tais Municípios observar-se-á uma continuidade urbana, sendo densamente povoado, de contínua construção.

Na microrregião, existem Municípios limítrofes, todos relativamente semelhantes, sem nenhum Município que predomine, que seja mais importante. É a lei complementar que vai estabelecer uma *cidade-sede*, que poderá ser, em princípio, qualquer daqueles Municípios. Não há continuidade urbana. Observar-se-á em cada Município um núcleo urbano próprio, com o que há descontinuidade urbana. Por fim, é uma área menos povoada do que aquela propensa à formação de uma região metropolitana.

Nos aglomerados urbanos os Municípios também se equivalem, existe uma continuidade urbana e a área também é densamente povoada. Assim, essa modalidade acaba reunindo características das duas anteriores. Não existirá, contudo, nem cidade-pólo, nem cidade-sede."[13]

4. REPARTIÇÃO DE COMPETÊNCIAS

Como foi assinalado, no Estado Federal ocorre uma descentralização do poder político.

Toda a estrutura federal baseia-se, assim, na repartição de competências considerada como a grande questão do federalismo, o elemento essencial da construção federal, o tema representativo de medida dos poderes políticos do Estado.

No Estado Federal, assinale-se que as normas não são hierarquizadas em função da origem de sua emanação, mas em virtude de um critério de competências para editá-las, estabelecido pela Constituição Federal.

Desse modo, o que coloca as leis em posição de superioridade ou inferioridade, umas em relação às outras, é a sua espécie e o exercício de competências constitucionalmente atribuídas a cada ente federado.

---

[12] HORTA. *Direito constitucional*, p. 323. A Lei n. 13.089, de 12.1.2015, institui o Estatuto da Metrópole.

[13] TAVARES. *Curso de direito constitucional*, p. 746-747.

Portanto, é o grau em que são exercidas as competências legislativas que dará à lei a sua posição hierárquica.

Competências, no dizer de José Afonso da Silva, "são as diversas modalidades de poder de que servem os órgãos ou entidades estatais para realizar suas funções".[14] Competência é a capacidade de agir numa esfera determinada.

Impõe-se, então, o exame do critério, da técnica (maneira como se distribuem), e dos tipos de competências consagrados no texto constitucional.

Inicialmente, lembre-se de que o critério próprio para a repartição de competências é o "da amplitude do interesse em jogo. À União dirá respeito a tudo quanto concernir ao país em sua totalidade, abrangendo-se, sob este prisma genérico, o âmbito de suas relações internas, e o domínio de suas relações externas. Aos Estados-Membros dirá respeito tudo quanto se vincular a seu próprio território e aos interesses preponderantemente regionais".[15]

Acentue-se, todavia, que interesses que ontem eram dos Estados podem hoje se revestir de generalidade, passando para a esfera da União.

No tocante às técnicas de repartição, avultam-se as seguintes:

a) repartição enumerada da competência de cada entidade política, consagrada na Constituição hindu;

b) enumeração da competência da União e atribuição aos Estados dos poderes reservados ou não enumerados, originária da Constituição norte-americana e adotada na Constituição brasileira;

c) enumeração da competência dos Estados-Membros e atribuição à União dos poderes reservados, técnica constante da Constituição do Canadá.

No Brasil, há de se falar em enumeração da competência da União e dos Municípios, pela presença dessas entidades locais na estrutura federal, atribuindo-se aos Estados os poderes reservados.

Identifica-se na Constituição os seguintes tipos de competências: competência exclusiva (material e legislativa), competência legislativa concorrente, competência material comum, competência legislativa supletiva e competência legislativa complementar.

Na concepção de Raul Machado Horta, a repartição de competências na Constituição Federal de 1988 abrange cinco planos distintos: "I – competência geral da União (art. 21, I até XXV; II – competência de legislação privativa da União (art. 22, I a XXIX, parágrafo único); III – competência comum da União, dos Estados, do Distrito Federal e dos Municípios (art. 23, I a XII, parágrafo único); IV – competência de legislação concorrente da União, dos Estados e do Distrito Federal (art. 24, I a XVI, §§ 1º, 2º, 3º e 4º); V – competência dos poderes reservados aos

[14] SILVA. *Curso de direito constitucional positivo*, p. 413.
[15] RUSSOMANO. *O princípio do federalismo na Constituição brasileira*, p. 58.

Estados (art. 25, § 1º, e 125, §§ 1º, 2º 3º e 4º",[16] com o acréscimo dos §§ 5º, 6º e 7º, pela EC n. 45/2004).

No tocante aos Municípios, é de registrar que, salvo no que concerne à competência comum, a Constituição, nada obstante ter sido elevado à categoria de ente constitutivo da federação brasileira, reservou espaço próprio para enumerar a sua competência (arts. 29 a 31).

Competência legislativa é aquela relacionada com a elaboração da lei, enquanto que a *competência material*, geral ou de execução, se acha voltada para a realização de diferentes tarefas ou serviços. Trata-se de competência não legislativa. No âmbito da competência material da União, de que trata o art. 21 da Constituição, classificada, como se viu, por Raul Machado Horta como competência geral, encontram-se os seguintes poderes da União, que agrupam os assuntos a ele correspondentes, que adiante examinaremos: "Poderes Soberanos; Poderes de Defesa do Estado e da Estrutura Federal; Poderes de Administração e Fiscalização Econômico-Financeira; Poderes de Planejamento e Desenvolvimento; Poderes de Comunicação, Telecomunicação e Transportes; Poderes de Polícia e Segurança Federais; Poderes de Organização; Poderes de Atividade Nuclear e Monopolização de Minérios Nucleares e seus Derivados; Poder de Anistiar; Poder de Regular."[17]

É bom lembrar, todavia, que a competência material não exclui a possibilidade de ação normativa precedente da pessoa jurídica que a titulariza. Por isso mesmo é que as competências materiais da União se acham relacionadas com as competências legislativas privativas ou exclusivas constantes do art. 22.

Por *competência exclusiva* (*material e legislativa*) entende-se aquela conferida a determinada entidade que a exerce em toda sua plenitude, sem interferência de outra entidade política. José Afonso da Silva distingue, no entanto, "quanto à extensão, ou seja, quanto à participação de uma ou mais entidades na esfera da normatividade ou da realização material", competência exclusiva de competência privativa.

No primeiro caso, trata-se de competência indelegável (art. 21), e no segundo, quando enumerada como própria de uma entidade, pode ser de delegação ou suplementar (art. 22 e seu parágrafo único, e art. 24 e seus parágrafos).[18]

Pondere-se, todavia, que o entendimento do consagrado publicista, no sentido de distinguir competência exclusiva de competência privativa, parece conflitar com o próprio significado de "exclusivo" e "privativo", pois ambos os termos indicam privação, negação, ou o que é próprio da pessoa, com exclusão das demais. Note-se ainda que a Constituição toma uma expressão pela outra, ao mencionar, nos artigos 51 e 52, como indelegáveis as competências privativas da Câmara dos Deputados e do Senado Federal.

Nada há, no entanto, que impeça o estabelecimento de uma classificação de competências delegáveis e indelegáveis como categoria própria: o que nos parece deva ser afastada é a distinção entre competência privativa e exclusiva, com base no critério da

---

16 HORTA. *Direito constitucional*, p. 348.

17 HORTA. *Direito constitucional*, p. 348-349.

18 SILVA. *Op. cit.*, p. 414.

delegação, pois ambas denotam a ideia de exclusão, tendo assim o mesmo significado no texto constitucional.

Competência legislativa concorrente é a exercida por duas ou várias entidades políticas, desaparecendo a exclusividade (art. 24). A competência concorrente pode ser:

a) *cumulativa ou clássica*, quando não há limites prévios à atuação legislativa dos entes políticos, que podem assim legislar ilimitadamente sobre as mesmas matérias;

b) *não cumulativa ou limitada*, quando a União fixa princípios, diretrizes, normas gerais, e os Estados estabelecem normas de aplicação, ou específicas, detalhando as normas gerais da União.

A competência legislativa concorrente, que "cria outro ordenamento jurídico dentro do Estado Federal, o ordenamento misto, formado pela participação do titular do ordenamento central e dos titulares de ordenamentos parciais",[19] abrange, de acordo com o art. 24 da Constituição, os seguintes assuntos: Direito Tributário; Direito Financeiro; Direito Penitenciário; Direito Econômico; Direito Urbanístico; Orçamento; Juntas Comerciais; Custas dos Serviços Forenses; Produção e consumo; Florestas, caça, pesca, fauna, conservação da natureza, defesa do solo e dos recursos naturais, proteção do meio ambiente e controle da poluição; Proteção ao patrimônio histórico, cultural, artístico, turístico e paisagístico; Responsabilidade por dano ao meio ambiente, ao consumidor, a bens e direitos de valor artístico, estético, histórico, turístico e paisagístico; Educação, cultura, ensino e desporto; Criação, funcionamento e processo do juizado de pequenas causas; Procedimentos em matéria processual; Previdência social, proteção e defesa da saúde; Assistência jurídica e Defensoria Pública; Proteção e integração social das pessoas portadoras de deficiência; Proteção à infância e à juventude; Organização, garantias, direitos e deveres das Polícias Civis.

Note-se que o art. 24 não inclui os Municípios no campo da legislação concorrente, embora afirme o art. 30, II, que é de sua competência suplementar a legislação federal e estadual.

A competência suplementar do Município só caberá, segundo pensamos, em relação a assuntos que digam respeito ao interesse local, pois não haveria sentido o Município suplementar a legislação federal ou estadual em matérias a ele estranhas, como, por exemplo, a legislação referente à nacionalidade ou à organização do Poder Judiciário estadual.

Competência legislativa supletiva é a que permite que os entes políticos próprios supram a legislação federal não exercida, quando a União deixa de regular determinada matéria. A Constituição, no art. 24, § 3º, diz que, inexistindo lei federal sobre normas gerais, os Estados exercerão a competência legislativa plena, para atender a suas peculiaridades. Mas a superveniência de lei federal sobre normas gerais suspende a eficácia da lei estadual, no que lhe for contrário (art. 24, § 4º).

---

[19] HORTA. *Direito constitucional*, p. 356.

A Constituição alargou a regra da competência supletiva, já que as Constituições anteriores somente possibilitavam-na em caso de preexistência da lei federal, o que acabava por frustrar o seu exercício pela legislação estadual.

Competência legislativa complementar é a que os Estados-Membros, respeitadas as normas gerais ou os princípios emanados da União, exercem para complementar a legislação federal, a fim de atender as peculiaridades locais.

É importante acentuar que, no âmbito da legislação concorrente, cabe à União legislar sobre normas gerais (art. 24, § 1º), sendo que os Estados federados irão completar a legislação federal, detalhando-a segundo suas peculiaridades, mas respeitando sempre os limites da lei federal.

Não é fácil a formulação de um conceito de normas gerais, notadamente pelo ângulo positivo; pelo ângulo negativo a dificuldade é menor.

Assim, pelo enfoque positivo, tem-se entendido que normas gerais são princípios, bases, diretrizes, que sustentam um sistema jurídico. Na conceituação de Diogo de Figueiredo Moreira Neto, "normas gerais são declarações principiológicas que cabe à União editar, no uso de sua competência concorrente limitada, restrita ao estabelecimento de diretrizes nacionais sobre certos assuntos, que deverão ser respeitados pelos Estados-Membros na feitura das suas legislações, através de normas específicas e particularizantes que as detalharão, de modo que possam ser aplicadas, direta e indiretamente, às relações e situações concretas a que se destinam, em seus respectivos âmbitos políticos".[20]

A dificuldade reside, contudo, em saber até onde a norma será geral, e a partir de onde haverá particularização.

Pelo enfoque negativo, as normas que não complementem, particularizem ou especifiquem são gerais.

A expressão normas gerais caracteriza-se, desse modo, pela vagueza, tendo em vista a existência de dúvidas sobre os objetos aos quais se aplica. E "palavras como 'gerais' fazem referência a uma propriedade que ocorre em graus distintos nos objetos, sendo difícil identificar até que ponto ela deve ser aplicada, ou seja, quando se ultrapassa a fronteira entre uma norma 'geral' e uma norma 'particular'. Além disso, outras disposições que tratam da repartição de competências são vagas por utilizarem palavras que não se definem por uma série de propriedades necessárias e suficientes, mas sim por um conjunto de propriedades relevantes. Assim, um objeto pode reunir algumas dessas propriedades mas não outras, o que provoca dúvidas sobre a aplicação da palavra a tal objeto."[21]

Paulo Afonso Cavichioli Carmona sintetiza catorze entendimentos doutrinários acerca de normas gerais, com os respectivos juristas que compartilham o mesmo entendimento: "1. *São principiológicas, ou seja, estabelecem princípios, diretrizes, fundamentos, critérios básicos, linhas mestras* – Alice Gonzales Borges, Burdeau, Celso Antônio Bandeira

---

[20] MOREIRA NETO. Competência concorrente limitada. O problema de conceituação de normas gerais. *In: Revista de Informação Legislativa*, n. 100, ano 25, out./dez. 1988, p. 159.

[21] MAUÉS. O federalismo brasileiro na jurisprudência do Supremo Tribunal Federal. *In: Direito constitucional contemporâneo: estudos em homenagem ao Professor Paulo Bonavides*, p. 74-75.

de Mello, Diogo de Figueiredo Moreira Neto, Eros Roberto Grau, Francisco Cavalcante Pontes de Miranda, José Afonso da Silva, Hely Lopes Meirelles, Marco Aurélio Greco, Maunz, Ottmar Bühler, Paulo de Barros Carvalho, Roque Antonio Carrazza; 2. *São nacionais, aplicando-se indistinta e uniformemente em todo território nacional pelos entes públicos* – Adilson Abreu Dallari, Alice Gonzales Borges, Carlos Alberto Alves de Carvalho Pinto, Celso Antônio Bandeira de Mello, Diogo de Figueiredo Moreira Neto, Geraldo Ataliba, Hely Lopes Meirelles, José Souto Maior Borges, Paulo de Barros Carvalho; 3. *Devem ser regras uniformes para todas as situações homogêneas*– Adilson Abreu Dallari, Carlos Alberto Alves de Carvalho Pinto, Pinto Falcão; 4. *Visam prevenir conflitos de atribuições entre as entidades locais, nos assuntos de competência concorrente das ordens federadas*– Alice Gonzales Borges, Diogo de Figueiredo Moreira Neto, Geraldo Ataliba, Hely Lopes Meirelles; 5. *Só cabem quando preencham lacunas constitucionais ou disponham sobre áreas de conflitos*– Geraldo Ataliba, Paulo de Barros Carvalho, Roque Antonio Carrazza; 6. *Visam uniformizar o essencial sem cercear o acidental*– Alice Gonzales Borges, Carlos Alberto Alves de Carvalho Pinto, Diogo de Figueiredo Moreira Neto; 7. *Devem referir-se a questões fundamentais*– Adilson Abreu Dallari, Francisco Cavalcante Pontes de Miranda; 8. *São limitativas na medida em que limitam, como princípios, a União, os Estados, os Municípios, o DF e os particulares*– Diogo de Figueiredo Moreira Neto; 9. *São limitadas, no sentido de não poderem violar a autonomia dos Estados, DF e Municípios* – Adilson Abreu Dallari, Francisco Cavalcante Pontes de Miranda, Lúcia *Valle Figueiredo, Manoel Gonçalves Ferreira Filho, Paulo de Barros Carvalho; 10. Sempre que existir a previsão de norma geral existe competência estadual sobre a matéria* – Marco Aurélio Greco; 11. *Não podem representar instrumentos de regulação da atividade de uma pessoa pública por outra também pública*– Geraldo Ataliba; 12. *Não são normas de aplicação direta* – Burdeau, Cláudio Pacheco; 13. *São as que cuidam de determinada matéria de maneira ampla*– Adilson Abreu Dallari; 14. *Estabelecem diretrizes sobre o cumprimento dos princípios constitucionais expressos e implícitos*– Lúcia Valle Figueiredo."[22] Apesar de todas essas dificuldades na sua identificação, as normas gerais se justificam pela necessidade de uniformização de determinadas matérias, a fim de se evitar que a excessiva diversificação normativa dos Estados-Membros comprometa o conjunto do país, em que, como no caso do Brasil, as dimensões continentais e as disparidades econômicas, geográficas e culturais entre os Estados-Membros propiciam que a legislação estadual reflita as diversas realidades locais. Essa situação, se por um lado, leva ao fortalecimento das competências estaduais, por outro lado acarreta a necessidade de uniformização de soluções para todo o país, pelo que a competência concorrente surge como forma de harmonizar essas duas realidades.

De qualquer modo, as normas gerais não podem exaurir o tema nelas tratado, pois caberá sempre aos entes federados particularizá-las, no exercício de sua autonomia. A Constituição dispõe ainda sobre *competência comum*, que é uma competência concorrente administrativa, deferida à União, Estados, Distrito Federal e Municípios (art. 23).

Quanto ao conteúdo, encontra-se na Constituição competência político-administrativa, competência econômico-social, competência legislativa e competência tributária,

---

[22] CARMONA. *Das normas gerais:* alcance e extensão da competência legislativa concorrente, p. 57-58.

notando-se que, nesta última, é enumerada a competência de todas as entidades componentes da federação (arts. 153, 155 e 156). Ainda quanto à competência tributária, de notar que a Constituição realçou a autonomia formal e material do sistema tributário, ao conferir título próprio a esta matéria (Título VI – da Tributação e do Orçamento – arts. 145 a 169).

5. UNIÃO – NATUREZA JURÍDICA

A União é pessoa jurídica de direito público, que exerce competências próprias conferidas pela Constituição, seja na ordem interna, seja na ordem internacional. Resulta da aglutinação de Estados federados, fonte da federação.

A União, apesar de haver uma tendência em identificá-la com a Federação, não é uma conjunção de Estados, Distrito Federal e Municípios. É ela apenas um dos entes federativos que compõem o Estado Federal brasileiro. Esclarecedora é a lição de José Afonso da Silva, no sentido de que a "União é a entidade federal formada pela reunião das partes componentes, constituindo pessoa jurídica de Direito Público interno, autônoma em relação às unidades federadas (ela é unidade federativa, mas não é unidade federada); é a que cabe exercer as prerrogativas da soberania do Estado brasileiro. Estado federal, com o nome de República Federativa do Brasil, é o todo, ou seja, o complexo constituído da União Estados, Distrito Federal e Municípios, dotado de personalidade de Direito Público internacional. O território da União abrange todo o território físico estatal. O Estado chamado República Federativa do Brasil, entidade de direito das gentes, e a União, entidade de Direito Constitucional, têm o mesmo domínio territorial físico. Mas, em sentido jurídico, o território estatal brasileiro, o território como âmbito de validade da ordem jurídica do Estado federal, é mais amplo do que o território da União. Quer dizer, a ordem jurídica do Estado federal – da República Federativa do Brasil – é mais do que a ordem jurídica da União, porquanto abrange também as ordens jurídicas particulares das unidades regionais e locais autônomas. Ora, a ordem jurídica da União difere das ordens jurídicas dos Estados federados e dos Municípios".[23]

Afirma-se, pois, que o Estado Federal constitui-se de uma ordem jurídica central e de ordens jurídicas parciais, mas ambas integram a ordem jurídica total, que é o Estado Federal, composta por um ente central e por entes locais.

No âmbito da Constituição de 1988, deve-se afastar, nessa ordem de ideias, a leitura isolada e literal do art. 1º, segundo o qual a República Federativa do Brasil, por ser formada pela união indissolúvel dos Estados, Municípios e do Distrito Federal, levaria ao entendimento de ser a União uma associação destes entes federativos, confundindo-se com a Federação brasileira. É que o art. 18 esclarece peremptoriamente que a República Federativa do Brasil compreende a União, os Estados, o Distrito Federal e os Municípios, sendo a União apenas um dos entes federativos que compõem o Estado Federal brasileiro.

A União age em nome próprio, como em nome da federação.

[23] SILVA. *Curso de direito constitucional positivo*, p. 425.

Agindo em nome próprio é dotada, sobretudo, de autonomia, pois "exerce parcela de competência que lhe é atribuída pela Constituição".[24] Como entidade que encarna o Estado Federal, manifesta-se soberana, quando, por exemplo, celebra tratados internacionais.

No plano interno atua em nome da federação, como em nome próprio. No primeiro caso, revela a vontade da federação, ao editar *leis transitivas*, ou seja, as que alcançam todos os habitantes do território nacional, como as leis civis, processuais, trabalhistas, dentre outras. No segundo caso, ao editar *leis intransitivas*, que incidem apenas sobre os jurisdicionados da União, como as que tratam dos servidores federais, ou ainda quando intervém em Estado-Membro.

No plano internacional, o Estado Federal, isto é, a República Federativa do Brasil é que detém personalidade jurídica de direito externo, cujas relações se efetivam presente a União. Desse modo, é da competência exclusiva da União manter relações com Estados estrangeiros e participar de organizações internacionais, já que sujeitos de Direito Internacional são os Estados soberanos e as organizações internacionais. Esclarece, contudo, o Ministro Francisco Rezek que "não há razão por que o direito internacional se oponha à atitude do Estado soberano que, na conformidade de sua ordem jurídica interna, decide vestir seus componentes federados de alguma competência para atuar no plano internacional, na medida em que as outras soberanias interessadas tolerem esse procedimento, conscientes de que, na realidade, quem *responde* pela província é a união federal".[25] Por isso é que se veem Estados federados contratando empréstimo externo ou celebrando com organismos internacionais outros contratos financeiros. Nesses casos o contrato não vincula a União, salvo se houve sua participação no instrumento negocial.

No constitucionalismo latino-americano, a Constituição da Argentina, em decorrência da reforma de 1994, introduziu os Estados-Membros no domínio das relações internacionais, ao assegurar às Províncias, no art. 124, competência para celebrar convênios internacionais, desde que não sejam incompatíveis com a política exterior da Nação e não conflitem com as faculdades delegadas ao Governo Federal ou o crédito público da Nação. É desejável a generalização desta tendência às Constituições latino-americanas, nelas incluída a Constituição Brasileira, de modo a atender à comunidade de Estados, de que trata o Mercosul.

5.1 Competências da União

A União exerce *competência material exclusiva* (art. 21), *competência legislativa privativa ou exclusiva* (art. 22), *competência material comum* (art. 23) e *competência legislativa concorrente*, limitada a normas gerais (art. 24). As competências da União são enumeradas, como já vimos. Fala-se ainda em poderes implícitos da União, formulação da Corte Suprema norte-americana no julgamento do caso McCullock *versus* Maryland, decidido, em 1819, por John Marshall, onde ficou patente que "embora o Governo federal tenha os

[24] BASTOS. *Curso de direito constitucional*, p. 260.

[25] REZEK. *Direito internacional público* (curso elementar), p. 239.

seus poderes enumerados, a sua autoridade não é descrita minuciosamente, admitindo-se que ele possua não somente os poderes que lhe são específica ou expressamente outorgados, mas também aqueles necessários e apropriados ao exercício efetivo de tais poderes expressos".[26] São, portanto, poderes implícitos da União os que se desdobram em consonância com os expressos, de maneira a permitir sua realização.

No campo tributário, a União, além da competência enumerada (art. 153), exerce:

a) *competência residual* para instituir outros impostos, desde que sejam não cumulativos e não tenham fato gerador ou base de cálculo próprios dos discriminados na Constituição (art. 154, I);

b) *competência extraordinária*, para a instituição de impostos extraordinários, compreendidos ou não em sua competência tributária, os quais serão suprimidos, gradativamente, cessadas as causas de sua criação;

c) *competência concorrente* com os Estados, Distrito Federal e Municípios, para a instituição de taxas e contribuição de melhoria (art. 145, II e III).

As *competências materiais exclusivas da União*, constantes do art. 21, são a seguir enumeradas:

I – *competência internacional ou de relações internacionais*: cabe à União manter relações com Estados estrangeiros e participar de organizações internacionais (art. 21, I); declarar a guerra e celebrar a paz (art. 21, II). Há erronia técnica na menção à declaração de guerra. É que as guerras declaradas foram suprimidas, desde 1945, pela Carta da ONU; permitir, nos casos previstos em lei complementar, que forças estrangeiras transitem pelo território nacional ou nele permaneçam temporariamente (art. 21, IV);

II – *competência de política de segurança ou de defesa nacional*: compete à União assegurar a defesa nacional (art. 21, III); permitir, nos casos previstos em lei complementar,[27] que forças estrangeiras transitem pelo território

---

[26] SCHWARTZ. *Direito constitucional americano*, p. 53-54.

[27] A Lei Complementar n. 90, de 1°. 10. 1997, determina os casos em que forças estrangeiras possam transitar pelo território nacional ou nele permanecer temporariamente: "Art. 1° Poderá o Presidente da República permitir que forças estrangeiras transitem pelo território nacional ou nele permaneçam temporariamente, independente da autorização do Congresso Nacional, nos seguintes casos: I – para a execução de programas de adestramento ou aperfeiçoamento ou de missão militar de transporte, de pessoal, carga ou de apoio logístico do interesse e sob a coordenação de instituição pública nacional; II – em visita oficial ou não oficial programada pelos órgãos governamentais, inclusive as de finalidade científica e tecnológica; III – para atendimento técnico, nas situações de abastecimento, reparo ou manutenção de navios ou aeronaves estrangeiras; IV – em missão de busca e salvamento. Parágrafo único. À exceção dos casos previstos neste artigo, o Presidente da República dependerá da autorização do Congresso Nacional para permitir que forças estrangeiras transitem ou permaneçam no território nacional, quando será ouvido, sempre, o Conselho de Defesa Nacional. Art. 2° Em qualquer caso, dependendo ou não da manifestação do Congresso Nacional, a permanência ou trânsito de forças estrangeiras no território nacional só poderá ocorrer observados os seguintes requisitos, à exceção dos casos previstos nos incisos III e IV do artigo anterior, quando caracterizada situação de emergência: I – que o tempo de permanência e o trecho a ser transitado sejam previamente estabelecidos; (Re-

nacional ou nele permaneçam temporariamente (art. 21, IV); decretar o estado de sítio, o estado de defesa e a intervenção federal (art. 21, V); autorizar e fiscalizar a produção e o comércio de material bélico (art. 21, VI); organizar e manter a polícia federal, a polícia rodoviária e a ferroviária federais, bem como a polícia civil, a polícia militar e o corpo de bombeiros militar do Distrito Federal e dos Territórios (art. 21, XIV); conceder anistia (art. 21, XVII); executar os serviços de polícia marítima, aérea e de fronteira (art. 21, XXII);

III – *competência econômico-social e financeira*: compete à União elaborar e executar planos nacionais e regionais de ordenação do território nacional e de desenvolvimento econômico e social (art. 21, IX); institui diretrizes para o desenvolvimento urbano, inclusive habitação, saneamento básico e transportes urbanos (art. 21, XX); organizar, manter e executar a inspeção do trabalho (art. 21, XXIV); estabelecer as áreas e as condições para o exercício da atividade de garimpagem, em forma associativa (art. 21, XXV); emitir moeda (art. 21, VII); administrar as reservas cambiais do País e fiscalizar as operações de natureza financeira, especialmente as de crédito, câmbio e capitalização, bem como as de seguro e de previdência privada (art. 21, VIII);

IV – *competências de cooperação*: cabe à União elaborar e executar planos nacionais e regionais de ordenação do território e de desenvolvimento econômico e social (art. 21, IX); organizar e manter o Poder Judiciário, o Ministério Público do Distrito Federal e dos Territórios e a Defen-

---

dação dada pela Lei Complementar n. 149, de 2015) II – que o Brasil mantenha relações diplomáticas com o país a que pertençam as forças estrangeiras; III – que a finalidade do trânsito e a permanência no território nacional sejam plenamente declaradas; (Redação dada pela Lei Complementar n. 149, de 2015) IV – que sejam especificados o quantitativo e a natureza do contingente ou grupamento, bem como os veículos, os equipamentos bélicos, de comunicação, (Redação dada pela Lei Complementar n. 149, de 2015) V - que as forças estrangeiras não provenham de países beligerantes, circunstância a ser prevista em lei especial; Parágrafo único. Implicará em crime de responsabilidade o ato de autorização do Presidente da República sem que tenham sido preenchidos os requisitos previstos nos incisos deste artigo, bem como quando a permissão não seja precedida da autorização do Congresso Nacional, nos casos em que se fizer necessária. Art. 3º Verificada hipótese em que seja necessária a autorização do Congresso Nacional para o trânsito ou permanência de forças estrangeiras no território nacional, observar-se-ão os seguintes procedimentos: I – o Presidente da República encaminhará mensagem ao Congresso Nacional, que tramitará na forma de projeto de decreto legislativo, instruída com o conteúdo das informações de que tratam os incisos I a V do artigo anterior. II – a matéria tramitará em regime de urgência, com precedência sobre qualquer outra na Ordem do Dia que não tenha preferência constitucional. Art. 4º Para os efeitos desta Lei Complementar, considera-se forças estrangeiras o módulo armado de emprego operacional marítimo, terrestre ou aéreo. (Redação dada pela Lei Complementar n. 149, de 2015) Parágrafo único. O trânsito ou a permanência de grupamento ou de contingente de força armada, bem como o navio, a aeronave e a viatura que pertençam ou estejam a serviço de força armada estrangeira, quando não enquadrados na hipótese do *caput*, requer autorização do Ministro de Estado da Defesa, permitida a delegação formal aos Comandantes da Marinha, do Exército e da Aeronáutica, respeitado o disposto nos incisos I, III e IV do art. 2º." (Incluído pela Lei Complementar n. 149, de 2015)

soria Pública dos Territórios (art. 21, XIII, com a redação da EC n. 69/2012); planejar e promover a defesa permanente contra as calamidades públicas, especialmente as secas e as inundações (art. 21, XVIII); instituir diretrizes para o desenvolvimento urbano, inclusive habitação, saneamento básico e transportes urbanos (art. 21, XX);

V – *competência de comunicações e de prestação de serviços*: compete à União manter o serviço postal e o correio aéreo nacional (art. 21, X);[28] organizar e manter os serviços oficiais de estatística, geografia, geologia e cartografia de âmbito nacional (art. 21, XV); exercer a classificação, para efeito indicativo, de diversões públicas e de programas de rádio e televisão (art. 21, XVI), cabendo à lei federal a regulamentação de diversões e espetáculos para efeitos classificatórios (art. 220, § 3º, I). Note-se ainda que é vedada qualquer censura de natureza política, ideológica e artística, científica e de comunicação (art. 5º e 220, § 2º); instituir sistema nacional de gerenciamento de recursos hídricos e definir critérios de outorga de direitos de seu uso (art. 21, XIX); estabelecer princípios e diretrizes para o sistema nacional de viação (art. 21, XXI); explorar, diretamente ou mediante autorização, concessão ou permissão:

a) os serviços de radiodifusão sonora, de sons e imagens; os serviços de telecomunicações, nos termos da lei, que disporá sobre a organização dos serviços, a criação de um órgão regulador e outros aspectos institucionais (redação dada pela Emenda Constitucional n. 8, de 15 de agosto de 1995). Verifica-se, pois, que cabe à lei estabelecer os serviços de telecomunicações que poderão ser explorados diretamente pela União ou mediante autorização, concessão ou permissão. A nova disciplina da matéria, decorrente da mencionada emenda constitucional, irá possibilitar a flexibilização dos serviços de telecomunicações, cuja exploração não está mais restrita a empresa sob o controle estatal;

b) os serviços e instalações de energia elétrica e o aproveitamento energético dos cursos de água, em articulação com os Estados onde se situam os potenciais hidroenergéticos;

c) a navegação aérea, aeroespacial e a infraestrutura aeroportuária;

d) os serviços de transporte ferroviário e aquaviário entre portos brasileiros e fronteiras nacionais, ou que transponham os limites de Estado ou Território;

e) os serviços de transporte rodoviário interestadual e internacional de passageiros;

f) os portos marítimos, fluviais e lacustres (art. 21, XII, *a*, *b*, *c*, *d*, *f*);

VI – *competência nuclear*: compete à União explorar os serviços de instalações nucleares de qualquer natureza e exercer monopólio estatal sobre a pesquisa, a lavra, o enriquecimento e reprocessamento, a industriali-

[28] Cf. o Cap. 17, item 2, deste trabalho, em que se registra decisão do STF acerca da manutenção do monopólio dos Correios.

zação e o comércio de minérios nucleares e seus derivados, atendidos os seguintes princípios e condições:

a) toda atividade nuclear em território nacional somente será admitida para fins pacíficos e mediante aprovação do Congresso Nacional;

b) sob regime de permissão, são autorizadas a comercialização e a utilização de radioisótopos para a pesquisa e usos médicos, agrícolas e industriais (redação da EC n. 49/2006);

c) sob regime de permissão, são autorizadas a produção, comercialização e utilização de radioisótopos de meia-vida igual ou inferior a duas horas (redação da EC n. 49/2006);

d) a responsabilidade civil por danos nucleares independe da existência de culpa (art. 21, XXIII, *a*, *b*, *c*).

Relativamente à competência nuclear da União, a EC n. 49, de 8.2.2006, alterou a redação da alínea *b* e acrescentou alínea *c* ao inciso XXIII do art. 21, bem como alterou a redação do inciso V do *caput* do art. 177 da Constituição Federal para excluir do monopólio da União a produção, a comercialização e a utilização de radioisótopos de meia-vida curta, para usos médicos, agrícolas e industriais.

A Emenda possibilita, portanto, sob regime de permissão, a comercialização e a utilização de radioisótopos para a pesquisa e usos médicos, agrícolas e industriais.

Ainda sob o regime de permissão, são autorizadas a produção, comercialização e utilização de radioisótopos de meia-vida, igual ou inferior a duas horas.

Embora seja de competência da União exercer o monopólio estatal sobre a pesquisa, a lavra, o enriquecimento, o reprocessamento, a industrialização e o comércio de minérios e minerais nucleares e seus derivados, a Emenda excepciona do monopólio os radioisótopos, na forma acima referida, alterando, consequentemente, a redação do inciso V do art. 177 da Constituição Federal.

O afastamento do monopólio da União, relativamente aos radioisótopos (isótopos que possuem radioatividade), de que trata a Emenda, irá viabilizar a sua utilização na medicina, agricultura e indústria, e diversas áreas de pesquisas. Na medicina, por exemplo, o Iodo-131 é utilizado para fins de diagnóstico e terapia da tireóide; o Tecnécio-99m, ligado a moléculas específicas, permite a realização de diagnósticos para quase todos os órgãos do corpo humano; o Cromo-51 para marcação de células; o Cácio-45 para estudos metabólicos do cálcio; o Sódio-24 para estudo da difusão em membranas e equilíbrio sódio-potássio; o Gálio-67 para detecção de tumores em tecidos moles; o Tálio-201 para a visualização do miocárdio e recentemente o uso de Samário-153 para eliminação de dor de câncer ósseo.

O art. 21 não esgota o elenco de competências materiais exclusivas da União. Outros dispositivos constitucionais desdobram ou preveem novas competências.

O art. 142 dispõe sobre as Forças Armadas como instituições nacionais, sob a autoridade suprema do Presidente da República, e o art. 144, § 1º, discrimina as competências da polícia federal. O art. 214 prevê o plano nacional de educação. Já o art. 198 revela a ocorrência de uma centralização das ações e serviços públicos de saúde que integrarão uma rede regionalizada e hierarquizada, constituindo um sistema único. A saúde vem tratada ainda no art. 194, que constitui uma Seção do Capítulo da seguridade social, e compreende um conjunto integrado de ações de iniciativa dos Poderes Públicos e da sociedade destinadas a assegurar os direitos relativos à saúde, à previdência e à assistência social. O art. 164 e seus parágrafos cuidam da competência da União para emitir moeda, deferida ao Banco Central, e o art. 176 e seus parágrafos tratam da pesquisa e lavra de recursos minerais e aproveitamento de energia hidráulica. O art. 177 refere-se à pesquisa e lavra das jazidas de petróleo e gás natural e outros hidrocarbonetos, à refinação do petróleo e gás natural e outros hidrocarbonetos, à refinação do petróleo nacional ou estrangeiro, à importação e exportação dos produtos derivados básicos resultantes dessas atividades, ao transporte marítimo do petróleo e seus derivados e à pesquisa, lavra, enriquecimento, processamento, industrialização e comércio de minérios nucleares. Nos setores de política fundiária e agrícola, encontra-se, no art. 184, regra segundo a qual cabe à autoridade federal a desapropriação por interesse social, para fins de reforma agrária, do imóvel rural que não atenda à função social da propriedade, cabendo ainda à União o planejamento e a execução da política agrícola, que deve ser compatível com a política de reforma agrária. É ainda da competência da União a organização da seguridade social (art. 194) e do sistema único de saúde (art. 198). Cabe também à União as funções de fiscalização, incentivo e planejamento da atividade econômica, tendo em vista as diretrizes e bases do planejamento do desenvolvimento nacional equilibrado, o qual deverá incorporar e compatibilizar os planos nacionais e regionais de desenvolvimento (art. 174, § 1º).

O rol de competências materiais da União não foi reduzido. Ao contrário, ampliou-se, com a explicitação, inclusive, de competências anteriormente consideradas implícitas, como a que se refere à administração das reservas cambiais do País, e às condições para o exercício da garimpagem, em forma associativa.

A competência material comum vem referida no art. 23, que enumera, em seus incisos de I a XII, as matérias de competência comum da União, dos Estados, do Distrito Federal e dos Municípios, envolvendo a prestação de serviços a serem partilhados entre essas entidades políticas.

Dispõe o parágrafo único do citado art. 23 que leis complementares fixarão normas para a cooperação entre a União e os Estados, o Distrito Federal e os Municípios, tendo em vista o equilíbrio do desenvolvimento e do bem-estar em âmbito nacional (redação da EC n. 53/2006).

Tais entes políticos exercerão, portanto, ação conjunta de cooperação na execução de tarefas e objetivos comuns a eles conferidos pelo texto constitucional.

A Constituição, neste ponto, segundo Raul Machado Horta, ampliou consideravelmente os objetivos da competência comum, transformando-a em competência nacional, com descaracterização da competência local e estadual. Além disso, atribuiu à lei complementar competência de regular e articular a cooperação entre a União e os entes de Direito Público Interno, em caso não expressamente contemplado nas competências geral e de legislação privativa da União. E ao eleger a lei complementar federal para instituir competência dos encargos dos Estados e Municípios, o texto constitucional incursionou na autonomia de um e outro, o que é vedado à lei federal, ainda que complementar, pois só a norma constitucional poderia dispor a respeito.[29]

De qualquer modo, à lei complementar cabe fixar as bases políticas e as normas operacionais que irão disciplinar a forma de execução dos serviços e atividades conferidos concorrentemente aos entes federativos.

Outro ponto a ser destacado é que o parágrafo único do art. 23 silenciou quanto à possibilidade de celebração de convênios entre a União, os Estados e os Municípios, para a execução, por intermédio de servidores federais, estaduais ou municipais, de serviços administrativos. O sistema de execução de serviços, no Brasil, à luz da Constituição de 1988, é o *imediato*, pois fica a cargo da burocracia de cada esfera federativa a execução, pelo seu próprio corpo de servidores, dos serviços administrativos que lhes cabe.[30] Nada impede, todavia, que a lei complementar prevista no parágrafo único do art. 23 disponha sobre a possibilidade de celebração de convênio para a execução das competências materiais comuns.

Segundo o art. 23 da Constituição, constitui competência material comum dos mencionados entes políticos:

I – zelar pela guarda da Constituição, das leis e das instituições democráticas e conservar o patrimônio público;

II – cuidar da saúde e assistência pública, da proteção e garantia das pessoas portadoras de deficiência;

III – proteger os documentos, as obras e outros bens de valor histórico, artístico e cultural, os monumentos, as paisagens naturais notáveis e os sítios arqueológicos;

IV – impedir a evasão, a destruição e a descaracterização de obras de arte e de outros bens de valor histórico, artístico ou cultural;

V – proporcionar os meios de acesso à cultura, à educação e à ciência;

VI – proteger o meio ambiente e combater a poluição em qualquer de suas formas;

VII – preservar as florestas, a fauna e a flora;

VIII – fomentar a produção agropecuária e organizar o abastecimento alimentar;

IX – promover programas de construção de moradias e a melhoria das condições habitacionais e de saneamento básico;

---

29 HORTA. *Direito constitucional*, p. 355-356.

30 No Estado Federal, há ainda, quanto à execução de serviços, o *sistema mediato*, pelo qual os serviços federais, em cada Estado-Membro, são executados por seus servidores, mantendo a União pequeno corpo de servidores encarregados da vigilância e fiscalização desses serviços, como se dá na Alemanha e na Índia, e o *sistema misto*, que, ao combinar os sistemas imediato e mediato, possibilita que certos serviços sejam executados por servidores estaduais e outros por servidores federais, e vice-versa, como ocorre na Suíça e na Áustria (cf. Silva, José Afonso da. *Curso de direito constitucional positivo*, p. 415-416).

X – combater as causas da pobreza e os fatores de marginalização, promovendo a integração social dos setores desfavorecidos;

XI – registrar, acompanhar e fiscalizar as concessões de direitos de pesquisa e exploração de recursos hídricos e minerais em seus territórios;

XII – estabelecer e implantar política de educação para a segurança do trânsito.

Observe-se que também a competência material comum pressupõe normatividade precedente. A maioria dos temas que se incluem na competência material comum são de competência legislativa concorrente, cabendo à União editar regras gerais e às demais esferas do poder a legislação suplementar (art. 24).

É o que se verifica, por exemplo, com matérias como cuidar da saúde e da proteção dos deficientes; proteger o patrimônio cultural; proporcionar o acesso à cultura e à educação; proteger o meio ambiente; preservar florestas, a fauna e a flora, as quais pressupõem a existência de regras gerais da União (art. 24, VI, VII, VIII, IX, XII e XIV).

A competência legislativa privativa da União vem tratada, em sua maior parte, no art. 22 da Constituição que, ao mencionar as atribuições legislativas do Congresso Nacional, também a elas faz referência no art. 48.

O mencionado art. 22 traz, no entanto, algumas matérias que são de competência concorrente, em que cabe à União editar, a respeito, normas gerais, e não legislar plenamente sobre elas.

A propósito, esclarece José Afonso da Silva que a competência da União para legislar sobre normas gerais abrange não apenas as normas referidas no art. 24 no tocante a matéria nele relacionada, mas também "as *normas gerais* indicadas em outros dispositivos constitucionais, porque justamente a característica da legislação principiológica (normas gerais, diretrizes, bases), na repartição de competências federativas, consiste em sua correlação com competência suplementar (complementar ou supletiva) dos Estados".[31]

Tais são os incisos IX, XXI, XXIV e XXVII, que tratam de diretrizes da política nacional de transportes, de normas gerais de organização das policiais militares, de diretrizes e bases da educação nacional e de normas gerais de licitação e contratação na Administração Pública em geral. Também o inciso I, na parte referente ao Direito Processual, pois compete concorrentemente à União, aos Estados e ao Distrito Federal legislar sobre custas do serviço forense (art. 24, IV); criação, funcionamento e processo do juizado de pequenas causas (art. 24, X); procedimentos em matéria processual (art. 24, XI). Note-se que enquanto o processo consiste numa relação jurídica que envolve direitos e ônus das partes, poderes e deveres do juiz com a participação de terceiros, como testemunhas, peritos, etc., visando à realização da função jurisdicional, o procedimento consiste no conjunto de normas que regulamentam a forma exterior do processo, sem, no entanto, interferir no próprio Direito. Exemplificando: a indeclinabilidade da citação constitui norma processual, e a maneira de realizá-la é

---

31 SILVA. *Op. cit.*, p. 434.

norma procedimental. O direito ao recurso é norma processual, mas como processá-lo é regra procedimental; assistência jurídica e defensoria pública; o inciso XXIII, sobre seguridade social, já que o art. 24, XII, insere na órbita de competência concorrente a legislação sobre previdência social, proteção e defesa da saúde.

A inserção de assuntos de competência concorrente da União, dos Estados e do Distrito Federal no campo da competência legislativa privativa da União constitui grave erro de técnica constitucional, que poderá acarretar equívocos no domínio da interpretação do texto constitucional comprometedores dos fundamentos da repartição de competências na federação. É que, de fato, poder-se-ia erroneamente entender que a edição, pelos Estados federados, de normas específicas sobre matérias de competência concorrente estaria sujeita a prévia autorização da União, mediante lei complementar (art. 22, parágrafo único).

Sustentamos que as matérias constantes dos incisos XI, XXI, XXIV e XXVIII, do art. 22, não estão sujeitas à incidência do seu parágrafo único, já que sobre questões específicas, no âmbito da competência concorrente, os Estados legislam por direito próprio e não por delegação da União.

Como se verifica do próprio texto constitucional, os mencionados incisos referem-se a matérias em que à União cabe legislar, não em toda sua extensão, mas apenas sobre regras gerais ou diretrizes. Assim, estando a União inibida de regular questões específicas dessas matérias, é então intuitivo que não lhe caberá delegar ou transferir aos Estados a competência que não possui, ou seja, aquela voltada para a disciplina das especificidades, desde que, insista-se, a competência da União está limitada a normas gerais.

Quanto à delegação das competências privativas da União, prevista no parágrafo único do art. 22, ver o que a propósito escrevemos acima (item 4), ao tratarmos da noção de competência exclusiva. Ainda sobre o assunto, Manoel Gonçalves Ferreira Filho entende que a delegação de competências privativas da União para os Estados só tem sentido desde que não seja feita, nos mesmos termos, relativamente a todos os Estados. Assim, a delegação de competências deverá atender às peculiaridades e condições de cada Estado federado, caso em que a norma editada terá eficácia apenas no seu território.[32]

Pondere-se, todavia, que o princípio da igualdade jurídica dos Estados que alicerça a federação brasileira (federalismo simétrico) impede a atribuição de competências desiguais aos entes federados, a menos que haja disposição constitucional expressa nesse sentido. Resulta daí que "a transferência de competência privativa para os Estados, mesmo para as questões específicas, não poderá ser desigual em número, profundidade ou complexidade, sequer para atender à diversidade entre os Estados".[33]

5.2 Bens da União

A União tem os seus bens enumerados no art. 20 da Constituição. Pelo art. 99, I a III, do Código Civil de 2002, os bens públicos classificam-se em:

---

32 FERREIRA FILHO. *Comentários à Constituição brasileira de 1988*, v. 1, p. 23.
33 FERRAZ. *A nova Constituição paulista*, p. 71.

a) *de uso comum* do povo, tais como rios, mares, estradas, ruas e praças;

b) *de uso especial*, tais como os edifícios ou terrenos destinados a serviço ou estabelecimento da administração federal, estadual, territorial ou municipal, inclusive os de suas autarquias;

c) *dominicais*, que constituem o patrimônio das pessoas jurídicas de direito público, como objeto de direito pessoal ou real de cada uma dessas entidades.

E consoante o parágrafo único do art. 99 do Código Civil de 2002, não dispondo a lei em contrário, consideram-se dominicais os bens pertencentes às pessoas jurídicas de direito público a que se tenha dado estrutura de direito privado.

São bens da União:

I – os que atualmente lhe pertencem e os que lhe vierem a ser atribuídos;

II – as terras devolutas indispensáveis à defesa das fronteiras, das fortificações e construções militares, das vias federais de comunicação e à preservação ambiental, definidas em lei. Por terras devolutas se entende as que jamais saíram do patrimônio público, ou a ele não retornaram depois de terem saído, e que não se encontrem afetadas a uma utilização pública, prevalecendo ainda quanto a elas o princípio de que são públicas desde que o particular não possa, por meio de título hábil, fazer prova de sua propriedade;[34]

Observe-se, contudo, que, segundo anota José Celso de Mello Filho, "a inexistência de registro imobiliário não é suficiente para a caracterização do domínio público. Essa circunstância não induz à presunção de que as terras sejam devolutas. O fato de o imóvel não se achar registrado em nome de um particular não o converte em terra devoluta (*RTJ* 65/856, 99/234, 81/191; *RJTJSP* 19/54, 23/260, 26/246; *RT* 405/153,411/120, 419/129, 490/65, 551/110, 520/141, 549/204). Nesse mesmo sentido: Pontes de Miranda, Tratado de direito privado, Borsoi, v. 12, § 1.419. Em sentido contrário: Considera-se devoluta toda a terra sobre a qual não recaia título registrado no Registro de Imóveis (*RF* 159/71, 116/470; *RT* 388/619, 307/260, 257/465). Trata-se de posição minoritária (*RDA* 134/208). Registre-se, ainda, que não basta a mera alegação de ser, a terra, devoluta. É necessário que o Poder Público prove que o imóvel é de sua propriedade: *RT* 537/77, 541/131, 555/223, 558/95";[35]

III – os lagos, rios e quaisquer correntes de água em terrenos de seu domínio, ou que banham mais de um Estado, sirvam de limites com outros países, ou se estendam a território estrangeiro ou dele provenham, bem como os terrenos marginais e as praias fluviais;

---

[34] BASTOS. *Curso de direito constitucional*, p. 265.

[35] Mello Filho. *Constituição Federal anotada*, p. 16.

IV – as ilhas fluviais e lacustres nas zonas limítrofes com outros países; as praias marítimas; as ilhas oceânicas e as costeiras, excluídas, destas, as que contenham a sede de Municípios, exceto aquelas áreas afetadas ao serviço público e a unidade ambiental federal, e as referidas no art. 26, II (redação dada pela EC n. 46/2005).

'A alteração do inciso IV do art. 20 da Constituição, promovida pela Emenda, retira do patrimônio da União terras que lhe foram indevidamente atribuídas, e as restitui aos Municípios, à consideração de que essas terras passaram a integrar suas respectivas áreas administrativas, destacando-se os Municípios, que também são Capital de Estado, como Florianópolis/SC, São Luis/MA e Vitória/ES. Ademais, a medida constante da Emenda evitará que tais Municípios continuem sendo discriminados em relação aos demais Municípios brasileiros, com penalização de sua população: por exemplo, além da obrigatoriedade de pagamento do IPTU, e de não ter o domínio útil dos imóveis, os moradores daqueles Municípios estavam ainda obrigados, quando da transferência do domínio, ao pagamento de laudêmio à União;

V – os recursos naturais da plataforma continental e da zona econômica exclusiva;

VI – o mar territorial. Pelo Decreto-lei n. 1.098, de 25 de maio de 1970, o mar territorial do Brasil foi estendido para até 200 milhas da costa brasileira. Mas a Lei n. 8.617, de 4 de janeiro de 1993, revogou este Decreto-lei, estabelecendo em 12 milhas marítimas de largura o mar territorial brasileiro e uma zona econômica exclusiva numa faixa que se estende das 12 às 200 milhas marítimas;

VII – os terrenos de marinha e seus acrescidos;

VIII – os potenciais de energia hidráulica;

IX – os recursos minerais, inclusive os do subsolo. Afirma o art. 176 que as jazidas, em lavra ou não, e demais recursos minerais e os potenciais de energia hidráulica constituem propriedade distinta do solo, para efeito de exploração ou aproveitamento, e pertencem à União, garantida ao concessionário a propriedade do produto da lavra;

X – as cavidades naturais subterrâneas e os sítios arqueológicos e pré-históricos;

XI – as terras tradicionalmente ocupadas pelos silvícolas.

As terras tradicionalmente ocupadas pelos índios destinam-se à sua posse permanente, cabendo-lhes o usufruto exclusivo das riquezas do solo, dos rios e dos lagos nelas existentes, e são inalienáveis e indisponíveis, e os direitos sobre elas, imprescritíveis, é o que declaram os §§ 2º e 4º do art. 231.

A Constituição assegura, nos termos da lei, aos Estados, ao Distrito Federal e aos Municípios, bem como a órgãos da administração direta da União, participação no resultado da exploração de petróleo ou gás natural, de recursos hídricos para fins de geração de energia elétrica e de outros recursos minerais no respectivo território, plataforma continental, mar territorial ou zona econômica exclusiva, ou compensação financeira por essa exploração, os denominados *royalties* (art, 20, § 1º).[36]

A faixa de até cento e cinquenta quilômetros de largura, ao longo das fronteiras terrestres, designada de faixa de fronteira, é considerada fundamental para defesa do território nacional, sendo que sua ocupação e utilização serão reguladas em lei (art. 20, § 2º).[37]

---

[36] A respeito da forma pela qual essas entidades podem participar do produto da exploração, especialmente sobre a exploração de petróleo para qualquer Estado ou Município não confrontante com o mar territorial ou com a plataforma continental, cf. STF, ADI 4917 MC/DF, em que foram suspensos os efeitos dos arts. 42-B; 42-C; 48, II; 49, II; 49-A; 49-B; 49-C; § 2º do art. 50; 50-A; 50-B; 50-C; 50-D; e 50-E da Lei n. 9.478/97, com as alterações promovidas pela Lei n. 12.734/2012, que introduziu novas regras de distribuição dos royalties e participações especiais devidos pela exploração do petróleo (decisão de 18.3.2013, Rel. Min. Cármen Lúcia). Cf. ainda: DERZI; COELHO; BUSTAMANTE. Mar territorial, plataforma continental, competência tributária e royalties do petróleo: uma análise da contribuição do professor Raul Machado Horta. In: Revista Brasileira de Estudos Políticos – Série Estudos Sociais e Políticos, n. 40, ano 2012, p. 235-262.

[37] A Lei n. 6.634, de 2 de maio de 1979, dispõe sobre a faixa de fronteira: "Art. 1º É considerada área:indispensável à Segurança Nacional a faixa interna de 150 Km (cento e cinqüenta quilômetros) de largura, paralela à linha divisória terrestre do território nacional, que será designada como Faixa de Fronteira. Art. 2º Salvo com o assentimento prévio do Conselho de Segurança Nacional, será vedada, na Faixa de Fronteira, a prática dos atos referentes a: I – alienação e concessão de terras públicas, abertura de vias de transporte e instalação de meios de comunicação destinados à exploração de serviços de radiodifusão de sons ou radiodifusão de sons e imagens; II – construção de pontes, estradas internacionais e campos de pouso; III – estabelecimento ou exploração de indústrias que interessem à Segurança Nacional, assim relacionadas em decreto do Poder Executivo; IV – instalação de empresas que se dedicarem às seguintes atividades: a) pesquisa, lavra, exploraçao e aproveitamento de recursos minerais, salvo aqueles de imediata aplicação na construção civil, assim classificados no Código de Mineração; b) colonização e loteamento rurais; V – transações com imóvel rural, que impliquem a obtenção, por estrangeiro, do domínio, da posse ou de qualquer direito real sobre o imóvel; VI – participação, a qualquer título, de estrangeiro, pessoa natural ou jurídica, em pessoa jurídica que seja titular de direito real sobre imóvel rural; § 1º O assentimento prévio, a modificação ou a cassação das concessões ou autorizações serão formalizados em ato da Secretaria-Geral do Conselho de Segurança Nacional, em cada caso. § 2º Se o ato da Secretaria-Geral do Conselho de Segurança Nacional for denegatório ou implicar modificação ou cassação de atos anteriores, da decisão caberá recurso ao Presidente da República. § 3º Os pedidos de assentimento prévio serão instituídos com o parecer do órgão federal controlador da atividade, observada a legislação pertinente em cada caso. Art. 3º Na faixa de Fronteira, as empresas que se dedicarem às indústrias ou atividades previstas nos itens III e IV do art. 2º deverão, obrigatoriamente, satisfazer às seguintes condições: I – pelo menos 51% (cinqüenta e um por cento) do capital pertencer a brasileiros; II – pelo menos 2/3 (dois terços) de trabalhadores serem brasileiros; e III – caber a administração ou gerência a maioria de brasileiros, assegurados a estes os poderes predominantes. Parágrafo único. No caso de pessoa física ou empresa individual, só a brasileiro será permitido o estabelecendo ou exploração das indústrias ou das atividades referidas neste artigo. Art. 4º As autoridades, entidades e serventuários públicos exigirão prova do assentimento prévio do Conselho de Segurança Nacional para prática de qualquer ato regulado por esta lei. Parágrafo único. Os

6. ESTADOS FEDERADOS – AUTONOMIA

A autonomia dos Estados-Membros constitui, no dizer de Raul Machado Horta, "elemento essencial à configuração do Estado Federal",[38] e consiste na capacidade de que são dotados os Estados federados para expedirem normas básicas de organização (constituição e leis) dentro dos princípios constitucionais da União.

Portanto, tendo os Estados federados autonomia constitucional, suas Constituições deverão ser elaboradas por um Poder que se tem convencionado chamar de Poder Constituinte Decorrente, apesar de alguns autores negarem sua existência.

Como Poder Constituinte, é derivado, subordinado e condicionado, desdobrando-se ainda em Poder Constituinte Decorrente Institucionalizador, cuja missão é a de organizar inicialmente a ordem jurídica do Estado, e Poder Constituinte Decorrente de Revisão Estadual, voltado para a revisão do texto constitucional estadual.

Ainda é Raul Machado Horta quem afirma que "a autonomia do Estado-Membro, no Direito Constitucional brasileiro, apresenta três elementos constantes: a capacidade de auto-organizar-se pelo exercício do poder constituinte, a de elaborar ordenamento jurídico ordinário, mediante atividade legislativa própria, e a de prover as necessidades do governo e da administração".[39]

Temos aí o conteúdo da autonomia dos Estados federados:

---

tabeliães e Oficiais do Registro de Imóveis, bem como os servidores das Juntas Comerciais, quando não derem fiel cumprimento ao disposto neste artigo, estarão sujeitos à multa de até 10% (dez por cento) sobre o valor do negócio irregularmente realizado, independentemente das sanções civis e penais cabíveis. Art. 5º As Juntas Comerciais não poderão arquivar ou registrar contrato social, estatuto ou ato constitutivo de sociedade, bem como suas eventuais alterações, quando contrariarem o disposto nesta Lei. Art. 6º Os atos previstos no art. 2º, quando praticados sem o prévio assentimento do Conselho de Segurança Nacional, serão nulos de pleno direito e sujeitarão os responsáveis à multa de até 20% (vinte por cento) do valor declarado do negócio irregularmente realizado. Art. 7º Competirá à Secretaria-Geral do Conselho de Segurança Nacional solicitar, dos órgãos competentes, a instauração de inquérito destinado a apurar as infrações às disposições desta Lei. Art. 8º A alienação e a concessão de terras públicas, na faixa de Fronteira, não poderão exceder de 3000 ha (três mil hectares), sendo consideradas como uma só unidade as alienações e concessões feitas a pessoas jurídicas que tenham administradores, ou detentores da maioria do capital comuns. § 1º O Presidente da República, ouvido o Conselho de Segurança Nacional e mediante prévia autorização do Senado Federal, poderá autorizar a alienação e a concessão de terras públicas acima do limite estabelecido neste artigo, desde que haja manifesto interesse para a economia regional. § 2º A alienação e a concessão de terrenos urbanos reger-se-ão por legislação específica. Art. 9º Toda vez que existir interesse para a Segurança Nacional, a união poderá concorrer com o custo, ou parte deste, para a construção de obras públicas a cargo dos Municípios total ou parcialmente abrangidos pela Faixa de Fronteira. § 2º Os recursos serão repassados diretamente às Prefeituras Municipais, mediante a apresentação de projetos específicos. Art. 10. Anualmente, o Desembargador – Corregedor da Justiça Estadual, ou magistrado por ele indicado, realizará correção nos livros dos Tabeliães e Oficiais do Registro de Imóveis, nas comarcas dos respectivos Estados que possuírem municípios abrangidos pelo Faixa de Fronteira, para verificar o cumprimento desta Lei, determinando, de imediato, as providências que forem necessárias."

[38] HORTA. *A autonomia do Estado-Membro no direito constitucional brasileiro*, p. 13.

[39] HORTA. *Op. cit.*, p. 330.

I – auto-organização (art. 25, dizendo a Constituição que os Estados organizam-se e regem-se pelas Constituições e leis que adotarem, observados os princípios da Constituição). Dispõem, portanto, os Estados-Membros de capacidade de ter Constituição própria, observados os princípios e regras de aplicação compulsória presentes na Constituição Federal;

II – autolegislação (art. 25), que compreende a capacidade dos Estados-Membros de elaborarem suas próprias normas jurídicas, passando pelas leis complementares e ordinárias, até alcançar os regulamentos administrativos, como expressão da autoadministração dos Estados;

III – autogoverno (arts. 27, 28 e 125, referindo-se ao Governador, Vice-Governador de Estado, número de Deputados à Assembleia Legislativa, e Poder Judiciário estadual): compete aos Estados-Membros escolher seus governantes, no caso brasileiro, por eleição direta para os cargos no Executivo e Legislativo;

IV – autoadministração (art. 25, § 1°, em que são reservadas aos Estados as competências que não lhes sejam vedadas pela Constituição). Aos Estados-Membros é assegurada autonomia para prover as necessidades de sua administração.

6.1 Autogoverno estadual

A autonomia dos Estados-Membros envolve a capacidade de dispor de Legislativo, Executivo e Judiciário estaduais, cabendo ao povo, no âmbito do Estado Federado, eleger seus representantes nos Poderes Legislativo e Executivo locais, sem subordinação ao Poder Central.

O Poder Legislativo estadual é unicameral. A própria Constituição Federal dispõe sobre o sistema legislativo estadual, mencionando, no art. 27, que o número de Deputados à Assembleia Legislativa corresponderá ao triplo da representação do Estado na Câmara dos Deputados e, atingido o número de 36, será acrescido de tantos quantos forem os Deputados Federais acima de 12. Ora, nos termos do art. 45, parágrafo único, da Constituição Federal, o número de Deputados Federais eleitos em cada Estado guarda relação com o tamanho da população, mas haverá um mínimo de 8 e um máximo de 70 Deputados Federais por unidade da federação, que inclui o Distrito Federal.[40] Assim, o número de Deputados Estaduais varia de 24 a 94. Para se calcular o número de Deputados Estaduais, adota-se uma primeira regra para os Estados onde se elegerem, no máximo, 12 Deputados Federais (n° de Deputados Estaduais = 3 *x* n. de Deputados Federais), mas haverá uma segunda regra: atingido o número de 36 Deputados Estaduais, serão acrescidos tantos quantos forem os Deputados Federais acima de 12 (n. de Deputados Estaduais = 36 + n° de Deputados Federais – 12). Exemplo: Minas Gerais elege 53 Deputados Federais; logo, sua Assembleia Legislativa é

[40] A distorção na composição da Câmara dos Deputados provocada pelo art. 45, § 1°, da Constituição Federal, será examinada no Capítulo 22, que trata do Poder Legislativo.

composta de 36 + 53 – 12 = 77 Deputados Estaduais.[41] O constituinte decorrente deve respeitar a autonomia do Legislativo estadual, não podendo inverter a preva-

41 Pela Resolução n. 23.220, de 2.3.2010, do Tribunal Superior Eleitoral, em relação às Assembleias Legislativas e à Câmara Legislativa do Distrito Federal, a legislatura com início em 2011 tem o seguinte número de Deputados:

CÂMARA LEGISLATIVA E ASSEMBLEIAS LEGISLATIVAS

ESTADO	NÚMERO DE DEPUTADOS
São Paulo	94
Minas Gerais	77
Rio de Janeiro	70
Bahia	63
Rio Grande do Sul	55
Paraná	54
Pernambuco	49
Ceará	46
Maranhão	42
Pará	41
Goiás	41
Santa Catarina	40
Paraíba	36
Espírito Santo	30
Piauí	30
Alagoas	27
Rio Grande do Norte	24
Amazonas	24
Mato Grosso	24
Mato Grosso do Sul	24
Distrito Federal	24
Sergipe	24
Rondônia	24
Tocantins	24
Acre	24
Amapá	24
Roraima	24
Total	1.059

lência da Casa Parlamentar para iniciar o processo legislativo, nem pode estabelecer *quorum* diferente daquele previsto no modelo federal para reforma à Constituição do Estado.[42] Não cabe ainda ao constituinte decorrente desconsiderar a limitação à apresentação de projeto de lei sobre matéria constante de projeto rejeitado ou julgado prejudicado.[43] Por inexistir expressa previsão no texto constitucional federal, não há como garantir a servidor, eleito Deputado Estadual, o direito à disponibilidade, com todas as vantagens do mais elevado cargo ou função que tenha ocupado, após o término de seu mandato.[44] Outras regras atinentes ao Poder Legislativo estadual são estudadas adiante.

O Poder Executivo estadual é unipessoal, porque exercido por um Governador, eleito para mandato de quatro anos, permitindo-se a reeleição para um único período subsequente. A eleição do Governador e do Vice-Governador realizar-se-á no primeiro domingo de outubro, e no último domingo de outubro, em segundo turno, se houver, do ano anterior ao do término do mandato de seus antecessores, e a posse ocorrerá em primeiro de janeiro do ano subsequente (art. 28 com a redação dada pela EC n. 16/1997). Aplica-se ao Governador o disposto no art. 77 da Constituição Federal, que trata de normas relativas à eleição do Presidente da República. Já o art. 81 da Constituição Federal, que disciplina o modelo de eleição para o caso de dupla vacância do cargo de Presidente da República, e eleição para o período restante do mandato, é de observância facultativa no plano estadual. Não há como atribuir características de direito eleitoral *stricto sensu* às normas que regem a eleição indireta no caso de dupla vacância no último biênio do mandato, cabendo aos Estados-Membros a definição e a regulamentação das normas de substituição do Governador e Vice-Governador, podendo ainda definir que a votação, pela Assembleia Legislativa, seja aberta ou secreta.[45] Perderá o mandato o Governador que assumir outro cargo ou função na administração pública direta e indireta, ressalvada a posse em virtude de concurso público e observado o disposto no art. 38, I, IV e V, da Constituição Federal. As atribuições do Governador devem ser simétricas às do Presidente da República. Não detém, portanto, o Estado-Membro, autonomia plena nesta matéria, afirma José Afonso da Silva, ao listar algumas matérias que devem ser definidas na Constituição do Estado, e que se incluem no rol de atribuições do Governador: "representar o Estado nas suas relações jurídicas, políticas, administrativas e sociais; exercer, com auxílio dos secretários de Estado, a direção superior da Administração Estadual; sancionar e vetar os projetos de lei; promulgar e fazer publicar as leis; exercer o poder regulamentar; exercer o poder hierárquico e disciplinar sobre todos os servidores do Executivo, na forma que a lei estabelecer; prover e extinguir cargos públicos do Estado, com as restrições da Constituição do Estado e na forma da lei;

O Decreto Legislativo n. 424/2013 sustou os efeitos da Resolução n. 23.389, de 9 de abril de 2013, expedida pelo Tribunal Superior Eleitoral, que dispõe sobre o número de membros da Câmara dos Deputados e das Assembleias e Câmaras Legislativas para as eleições de 2014.

42 STF, ADI 486-ES, Rel. Min. Celso de Mello, *DJ*, 15.4.1997.

43 STF, ADI 1.546-SP, Rel. Min. Nelson Jobim.

44 STF, ADI-MC 1.255-RO, Rel. Min. Ilmar Galvão, *DJ*, 2.6.1995.

45 ADI 4298 MC/TO e ADI 4309 MC/TO, Rel. Min. Cezar Peluso, j. 7.10.2009, *Informativo* 562/STF.

nomear e exonerar livremente os secretários de Estado e demais ocupantes de cargos de provimento em comissão; nomear e exonerar os dirigentes de autarquias, observadas as condições estabelecidas na Constituição do Estado; decretar e fazer executar a intervenção municipal, na forma da Constituição; solicitar intervenção federal no Estado, nos termos da Constituição Federal; enviar à Assembleia Legislativa proposta orçamentária; prestar contas da administração do Estado à Assembleia Legislativa até a data fixada; apresentar à Assembleia Legislativa, na sua sessão inaugural, mensagem sobre a situação do Estado, solicitando as medidas que julgar de interesse do governo; iniciar o processo legislativo nos casos previstos na Constituição Estadual; prestar as informações solicitadas pelos Poderes Legislativo e Judiciário; praticar, enfim, os demais atos de administração, nos limites da competência do Executivo, etc."[46]

Não cabe ao Poder Legislativo Estadual exercer controle sobre o Poder Executivo, que não esteja previsto na Constituição Federal. Desse modo, a Assembleia Legislativa não pode decidir sobre a exoneração de Secretário de Estado,[47] ou aprovar por maioria qualificada moção de desaprovação a atos por ele praticados.[48] Do mesmo modo, não pode ser exigida a aprovação da Assembleia Legislativa para nomeação de cargos no Executivo, além das hipóteses equivalentes previstas na Constituição Federal,[49] nem a participação do Poder Legislativo estadual no processo de escolha do Chefe do Ministério Público local, não podendo a Constituição estadual exigir tal participação parlamentar, a menos que se trate do tema de destituição do Procurador-Geral de Justiça (CF, art. 128, § 4º).[50] É vedado ao constituinte decorrente estabelecer, em *numerus clausus*, as hipóteses de impedimento ensejadoras da substituição do Governador pelo Vice-Governador, havendo de se entender como *impedimento* qualquer obstáculo, de fato ou de direito, que iniba o exercício das atribuições deferidas ao Chefe do Executivo.[51] Não pode ainda o constituinte estadual, por afronta ao modelo federal: criar subsídio mensal e vitalício a título de representação para Governador de Estado e Prefeito Municipal, após cessada a investidura no respectivo cargo;[52] prever eleição avulsa para Vice-Governador, realizada pela Assembleia Legislativa a qualquer tempo, quando vago o cargo, e vedar a ausência do Governador do Estado, do país por prazo inferior a 15 dias, sem licença da Assembleia Legislativa, sob pena de perda do cargo.[53] É inconstitucional dispositivo da Constituição do

---

[46] SILVA. *Comentário contextual à constituição*, p. 297-298.

[47] STF, ADI 214/PB, Rel. Min. Sydney Sanches, *RTJ* 132/82.

[48] STF, ADI-MC 676/RJ, Rel. Min. Carlos Velloso, *RTJ* 140/791.

[49] STF, ADI 862/AP, Rel. Min, Moreira Alves, *RTJ* 152/82; ADI 1.281/PA, Rel. Min. Maurício Corrêa, *RTJ* 157/487.

[50] STF, ADI 1506/SE (DJU de 12.11.99); ADI 3727/RN, Rel. Min. Ayres Britto, j. 12.5.2010; ADI-3727; ADI 3888/RO, Rel. Min. Ayres Britto, j. 12.5.2010; *Informativo* 586/STF.

[51] STF, ADI-MC 819/RR, Rel. Min. Celso de Mello, *RTJ* 143/819.

[52] STF, ADI-MC 1.461/AP, Rel. Min. Maurício Corrêa, *DJ*, 22.8. 1997.

[53] STF, ADI 2.453/RO, Rel. Min. Maurício Corrêa, *RTJ* 179/1029; ADI 678/RJ, Rel, Min. Marco Aurélio, *RTJ*, 146/56; ADI 3.647, Rel. Min. Joaquim Barbosa, j. 17-9-2007, *DJE*, 16-5-2008. Nas ADIs 775 e 2453, julgadas em 3.4.2014, foram questionados dispositivos das Constituições dos Estados do Rio Grande do Sul e do Paraná, que estabelecem a necessidade de autorização da Assembleia Legislativa para o Governador e o Vice-Governador ausentarem-se do país "a qualquer tempo". A Constituição Federal estabelece

Estado-Membro que estabelece a perda do mandato de Deputado Estadual que sofra condenação criminal nos casos de "crimes apenados com reclusão, atentatórios ao decoro parlamentar", porquanto a Carta Federal determina que deve perder o mandato todo parlamentar que sofrer condenação criminal em sentença transitada em julgado, independentemente da natureza do delito ou da pena imposta.[54]

Relativamente aos crimes de responsabilidade do Governador, entende-se que a Constituição Estadual não pode estabelecer normas sobre esses delitos.[55] O Governador será julgado, pela prática de crime de responsabilidade, por um Tribunal Especial constituído de cinco membros do Poder Legislativo e de cinco Desembargadores, sob a presidência do Presidente do Tribunal de Justiça. A condenação somente poderá ser decretada pelo voto de dois terços dos membros e limitar-se-á à perda do cargo, com inabilitação de até cinco anos para o exercício de qualquer função pública, sem prejuízo da ação da justiça comum (Lei n. 1.079/1950, art. 78, §§ 2º e 3º).

Nos crimes comuns, o Governador será processado e julgado pelo Superior Tribunal de Justiça (art. 105, I, *a,* da Constituição Federal). Não pode a Constituição Estadual estender ao Chefe do Executivo Estadual as imunidades previstas para o Presidente da República em relação à prisão cautelar[56] e a atos estranhos ao exercício de suas funções.[57] No julgamento da ADI 1.021/SP, restou ementado: "Ação Direta de Inconstitucionalidade – Constituição do Estado de São Paulo – outorga de prerrogativa de caráter processual penal ao Governador do Estado, imunidade à prisão cautelar e a qualquer processo penal por delitos estranhos à função governamental – inadmissibilidade – ofensa ao princípio republicano – usurpação de competência legislativa da União – prerrogativas inerentes ao Presidente da República, enquanto Chefe de Estado (CF/88, art. 86, §§ 3º e 4º) – ação direta procedente."[58] Há julgados do Supremo Tribunal Federal no sentido de que Governador de Estado só pode ser processado penalmente com a autorização da Assembleia Legislativa, por simetria do art. 51, I, da Constituição Federal.[59] No julgamento do *Habeas Corpus* 102732, o Supremo Tribunal entendeu, todavia, que exigir prévia autorização legislativa para a prisão cautelar ou a instauração de inquérito ou processo, significaria blindar o Governador, até mesmo pela pressão política que pode exercer no âmbito do legislativo local.[60]

A Administração Pública, que compõe a autonomia dos Estados-Membros, consiste "no conjunto de meios institucionais, materiais, financeiros e humanos preorde-

---

a necessidade de autorização do Congresso Nacional ao Presidente e o Vice-Presidente da República para ausentarem-se do país em prazo superior a 15 dias. Tanto o Relator da ADI 775, Min. Dias Toffoli, como da ADI 2453, Min. Marco Aurélio, julgaram procedentes as ações para excluir a determinação de autorização "a qualquer tempo." (*Notícias* STF, 3.4.2014).

54 ADI 3200, Rel. Min. Marco Aurélio, j. 22.5.2014 (Notícias STF, 22.5.2014).

55 STF, ADI 1.628/SC, Rel. Min. Nelson Jobim, *RTJ* 166/147; ADI 111/BA, Rel. Min. Carlos Madeira, *RTJ* 130/524.

56 STF, ADI 1.010/MT, Rel. Min. Celso de Mello, *RTJ* 165/795.

57 STF, ADI 978/PB, Rel. Min. Celso de Mello, *RTJ* 162/462.

58 STF, ADI 1.021/SP, Rel. Min. Celso de Mello, *RTJ* 178/565.

59 RTJ 151/978-979; RTJ 158/280; RTJ 170/40.

60 STF, HC 102732, Rel. Min. Marco Aurélio, j. 4.3.2010.

nados à execução das decisões políticas."[61] Desse conceito, destacam-se dois aspectos que lhe são essenciais: a Administração Pública é subordinada ao Poder Político, e instrumento para a consecução de determinadas finalidades públicas.[62] Nada obstante a autonomia dos Estados-Membros no que pertine à organização de seus serviços públicos, do funcionamento de sua Administração e de seus servidores, devem eles observar os princípios do art. 37 da Constituição Federal (ver adiante), o que lhes deixa pequena margem de liberdade para o exercício de sua autoadministração. Nesse setor, são inúmeras as decisões do Supremo Tribunal Federal, a apontar os limites da auto-organização estadual, e que envolvem temas como: normas sobre concurso público; estabilidade no serviço público; aposentadoria e disponibilidade dos servidores públicos estaduais; acumulação de cargos públicos nos Estados-Membros; isonomia entre carreiras nos Estados-Membros; serviços notariais e de registro nos Estados-Membros.[63]

O Poder Judiciário Estadual é estudado no Capítulo 13 deste trabalho.

6.2 Formação dos Estados-Membros

Os requisitos para o processo de criação de Estados-Membros se acham mencionados no art. 18, § 3º, ao dispor que os Estados podem incorporar-se ente si, subdividir-se ou desmembrar-se para se anexarem a outros, ou formarem novos Estados ou Territórios Federais, mediante aprovação da população diretamente interessada, através de plebiscito, e do Congresso Nacional, por lei complementar. Já o art. 48, VI, prevê a necessidade de audiência das correspondentes Assembleias Legislativas para a incorporação, fusão ou desmembramento de áreas de Territórios ou Estados. O processo de formação de Estados-Membros se dá por fusão, cisão ou desmembramento. Pela fusão, dois ou mais Estados se unem geograficamente, formando um terceiro e novo Estado ou Território Federal, distinto dos Estados anteriores, que perderão sua personalidade primitiva. A cisão ocorre quando um Estado existente subdivide-se, formando dois ou mais Estados novos, que não existiam, com personalidades distintas ou Territórios Federais.O Estado primitivo que se subdividiu desaparece. Pelo desmembramento, possibilita-se que um ou mais Estados cedam parte de seu território geográfico para formar um novo Estado ou Território que não existia ou a parte desmembrada se anexar a outro que já existia. Geralmente, o Estado originário não desaparece. São duas as modalidades de desmembramento: "desmembramento anexação – a parte desmembrada vai anexar-se a um Estado que já existe, ampliando o seu território geográfico. Não haverá a criação de um novo Estado. Tanto o Estado primitivo permanece (só que com área e população menores) como o Estado que receberá a parte desmembrada continua a existir (só que com área e população maio-

---

61 SILVA. *Curso de direito constitucional positivo*, p. 551.

62 SILVA. *Curso de direito constitucional positivo*, p. 551.

63 Decisões do STF acerca do tema são analisadas por Magno Guedes Chagas no livro: *Federalismo no Brasil*: o poder constituinte decorrente na jurisprudência do Supremo Tribunal Federal, p. 193-209. Cf. ainda: O federalismo brasileiro na jurisprudência do Supremo Tribunal Federal. *In: Direito constitucional contemporâneo*: estudos em homenagem ao Professor Paulo Bonavides, p.73-74.

res); desmembramento formação – a parte desmembrada se transformará em um ou mais de um Estado novo ou Território que não existia."[64]

O Supremo Tribunal Federal vem decidindo que a expressão "população diretamente interessada" constante do § 3º do art. 18 da Constituição deve ser entendida como a população tanto da área desmembranda do Estado-Membro como a da área remanescente.[65]

6.3 Conteúdo das Constituições Estaduais

A auto-organização dos Estados federados, consagrada pelo art. 25 da Constituição, revela-se por meio de Constituição própria elaborada pelo Poder Constituinte Decorrente. Assim, aos Estados são reservados todos os poderes que não lhes sejam vedados pela Constituição (art. 25, § 1º). Verifica-se, pois, que a autonomia estadual decorre da Constituição Federal, fonte matriz do Poder Constituinte Estadual, que estabelece uma série de princípios e vedações a serem observados pelos Estados federados na sua organização.

Fala-se então naquela situação de sujeição (heteronomia) dos Estados-Membros à observância de normas constitucionais federais que preordenam a estrutura normativa das Constituições estaduais.

Naturalmente que haverá ampliação do campo autonômico dos Estados federados, se ocorrer redução dos princípios ou das vedações que lhes impõe a Constituição Federal, e contração daquela autonomia, no caso de ampliação das normas federais centrais.

A formulação de uma teoria das limitações do Poder Constituinte Decorrente não há de partir dos ordenamentos estaduais, mas sim da análise do ordenamento constitucional federal, matriz do Poder Constituinte Estadual.

São princípios da Constituição Federal, limitadores da autonomia dos Estados-Membros:

I – princípios constitucionais enumerados (ou, na classificação de José Afonso da Silva, princípios constitucionais sensíveis), os constantes do art. 34, VII, *a* até *d*, e que se referem aos valores que informam o nosso sistema constitucional, formando assim os seus pilares ou vigas mestras, traduzidos na forma republicana, sistema representativo e regime democrático; direitos da pessoa humana; autonomia municipal; prestação de contas da administração pública, direta e indireta. A violação desses princípios autoriza a intervenção federal nos Estados. O termo *sensíveis,* esclarece José Afonso da Silva, "está aí no sentido daquilo que é facilmente percebido pelos sentidos, daquilo que se faz perceber claramente, evidente, visível, manifesto, portanto, *princípios sensíveis* são aqueles clara e indubitavelmente mostrados pela Constituição, os *apontados, enumerados.* São *sensíveis* em outro sentido, como coisa dotada de sensibilidade, que,

[64] LENZA. *Direito constitucional esquematizado,* 15ª ed., p. 397.
[65] ADI 2650/DF, Rel. Min. Dias Toffoli, j. 24.8.2011; *Informativo 637/STF.*

em sendo contrariada, provoca reação, e esta, no caso, é a intervenção nos Estados, exatamente para assegurar sua observância"[66];

II – princípios estabelecidos, cuja identificação reclama pesquisa e interpretação do texto constitucional federal, no seu conjunto. Observa Raul Machado Horta que "os princípios estabelecidos se alojam nas normas constitucionais federais sobre repartição de competências, o sistema tributário, a organização dos poderes, os direitos políticos, a nacionalidade, os direitos sociais – a ordem econômica, a educação, a família, a cultura, afinal, na matéria dispersa no texto constitucional federal".[67]

Sem pretender esgotar a matéria, enunciaremos alguns princípios constitucionais estabelecidos, segundo estudo realizado por Raul Machado Horta,[68] que os denomina de princípios desta Constituição, observando ainda que há também, na Constituição, normas específicas limitadoras e condicionadoras da autonomia dos Estados-Membros (normas de preordenação).

Assim, além dos princípios constitucionais enumerados (art. 34, inciso VII), são princípios da Constituição de observância obrigatória pelos Estados-Membros: os fundamentos e objetivos fundamentais da República Federativa (art. 1º, I, II, III, IV, V; art. 3º, I, II, III, IV; art. 4º, I, II, III, IV, V, VI, VII, VIII, IX, X); a separação de Poderes (art. 2º); os princípios contidos nos direitos e deveres individuais e coletivos (art. 5º). Também os direitos sociais (arts. 6º, 7º, 8º, 9º, 10, 11); as normas sobre nacionalidade e direitos políticos (arts. 12 e 14); preceitos aplicáveis aos Municípios (art. 29, I a XIV); preceitos relativos à administração pública direta, indireta e fundacional (art. 37 a 39); princípios aplicáveis à magistratura (art. 93, I a XV e art. 95, I, II e III); princípios de organização da Justiça estadual (art. 125); princípios da ordem econômica (art. 170, I a IX); limitações do poder de tributar (art. 150, I, II, III, *a* e *b*, IV, V, VI, *a*, *b*, *c*, e *d*; §§ 1º a 13 e art. 152); objetivos da seguridade social (art. 194, parágrafo único, I a VII); diretrizes do sistema único de Saúde (art. 198, I a III, e art. 199, §§ 1º a 4º); princípios informadores do plano de Previdência Social (art. 201, I a V, §§ 1º a 13º); objetivos da assistência social (art. 203, I a V); princípios do ensino (art. 206, I a VIII); princípios aplicáveis à produção e à programação de emissoras de rádio e televisão (art. 221, I a IV); princípios do planejamento familiar (art. 226, § 7º).

Ainda, na terminologia de Raul Machado Horta, são normas de preordenação que incidem sobre o poder de organização dos Estados-Membros: número de Deputados à Assembleia Legislativa (art. 27); mandato dos Deputados Estaduais (art. 27, § 1º); subsídio dos Deputados Estaduais (art. 27, § 2º), que será fixado por lei de iniciativa da Assembleia Legislativa, na razão de, no máximo, 75% daquele estabelecido, em espécie, para os Deputados Federais, observado o que dispõem os artigos 39, § 4º, 57, § 7º, 150, II, 153, III e 153, § 2º, I (redação dada pela EC n. 19/98); eleição, man-

---

66 SILVA. *Curso de direito constitucional positivo*, p. 514-515.

67 HORTA. Natureza do poder constituinte do Estado-Membro. *In: RDP* 85/63.

68 HORTA. O estado-membro na constituição federal brasileira.*In: Revista Brasileira de Estudos Políticos* 69/70, p. 61-89.

dato e posse do Governador e do Vice-Governador (art. 28); perda do mandato do Governador e do Prefeito (art. 28, § 1º);[69] organização, composição e fiscalização dos Tribunais de Contas e Conselhos de Contas dos Municípios; garantias dos Juízes (art. 95, I a III); vedações aos Juízes (art. 95, parágrafo único, I a V, com a redação da EC n. 45/2004); normas básicas para os dez primeiros anos de criação de novo Estado (art. 235, I a XI).

Manoel Gonçalves Ferreira Filho, ao seu turno, identifica como limites à autodeterminação dos Estados-Membros: a) *princípios de limitação*, que vêm enumerados no art. 34, inciso VII, cuja observância é imperativa, sob pena de ensejar a intervenção federal. Além desses princípios, menciona o da separação de poderes, que, embora não conste do art. 34, VII, decorre do art. 60, § 4º; b) *normas de preordenação*: são normas específicas que, além dos princípios, terão ser respeitadas pelo constituinte estadual, e podem ser: I – regras de preordenação institucional: definem a estrutura dos órgãos estaduais, como, por exemplo, os arts. 27 e 28 da Constituição Federal; II – *regras de extensão normativa*: estendem aos Estados-Membros regras que presidem a uma instituição, ou lhe cometem poderes, como por exemplo, o art. 75, *caput*, atinente aos Tribunais de Contas; III – *regras de subordinação normativa*: predefinem o conteúdo da legislação que será editada por Estado-Membro, dando-se como exemplo o art. 37, que preside à atuação da administração pública direta e indireta, bem como o art. 39, que direciona diretamente a legislação dos Estados-Membros relativamente aos servidores públicos. Ainda segundo Manoel Gonçalves Ferreira Filho, a subordinação pode ser *direta* ou *indireta*. É direta quando deflui, sem intermediário, da Constituição Federal e obriga desde logo o legislador estadual. É indireta quando se faz por meio da legislação federal obrigatória para os Estados. Essa subordinação normativa indireta advém de normas gerais no exercício da competência concorrente do art. 24.[70]

Pode-se ainda dizer que a jurisprudência do Supremo Tribunal Federal tem afirmado a prevalência da simetria dos Estados com o modelo federal de organização dos poderes, o que tem levado a uma excessiva centralização, como se depreende do tópico 6.1 acima examinado. Considere-se, no entanto, que o federalismo deve ser concebido mais como um processo do que como estrutura. Daí a necessidade de que as potencialidades da Constituição, no domínio da federação, sejam exploradas no sentido de favorecer a extensão da autonomia estadual e mesmo municipal. Nessa perspectiva é que se pode dizer que "a exigência geral de simetria não se compatibiliza com o federalismo, que é um sistema que visa a promover o pluralismo nas formas de organização política. A regra geral não pode ser a exigência de reprodução dos modelos e arranjos previstos para a União, eis que incompatível com a autonomia dos entes federais, que envolve a sua prerrogativa de auto-organização. Adotar a simetria como regra geral é negar uma das mais importantes dimensões do federalismo, que

---

[69] O Governador e o Prefeito perderão ainda o mandato, na hipótese de desfiliação partidária, sem justa causa, decretada pelo tribunal eleitoral do respectivo Estado, cabendo à Assembleia Legislativa ou à Câmara Municipal empossar, no prazo de dez dias contados da ciência da comunicação da decisão, o Vice-Governador ou o Vice-Prefeito (TSE, Consulta n. 1.407, e Resolução n. 22.610, de 25.10.2007).

[70] FERREIRA FILHO. *Comentários à constituição brasileira de 1988*, v. 1, p. 201-203.

envolve a ideia de 'diversidade na unidade.' A regra geral deve ser a liberdade para que cada ente federativo faça as suas escolhas institucionais".[71]

6.4 Competências dos Estados federados

Os Estados federados detêm poderes reservados, ou seja, são-lhes reservadas todas as competências não vedadas pela Constituição. As competências, portanto, que sobrarem ou remanescerem dos poderes da União e dos Municípios serão de atribuição dos Estados.

Além das competências reservadas, têm os Estados competência comum com a União e Municípios, em assuntos de caráter administrativo (art. 23), e competência legislativa concorrente com a União (art. 24). Exercem ainda os Estados federados competência tributária expressa para a instituição de impostos (art. 155) e taxas e contribuição de melhoria (art. 145, II e III), sendo esta última competência nominalmente comum.

Note-se finalmente que a Constituição discrimina algumas competências dos Estados: criação, incorporação, fusão e desmembramento de Municípios, obedecidos os requisitos do § 4º do art. 18; exploração, direta ou mediante concessão, dos serviços locais de gás canalizado, na forma da lei (art. 25, § 2º, com a redação dada pela Emenda Constitucional n. 5, de 15 de agosto de 1995) e instituição de regiões metropolitanas, aglomerações urbanas e microrregiões (art. 25, § 3º).

Verifica-se da leitura do texto constitucional que, em matéria de competências materiais privativas e competências legislativas privativas, é bastante restrito o âmbito de atuação dos Estados, que se limita a matérias administrativas e financeiras. Tal fato decorre, sobretudo, do alargamento dos princípios constitucionais de imposição obrigatória aos Estados, e da ampliação das competências dos Municípios.

7. MUNICÍPIOS – POSIÇÃO NA FEDERAÇÃO

O Município passa a integrar a federação como ente federativo: é o que se infere dos artigos 1º e 18 da Constituição de 1988 – o primeiro falando em união indissolúvel dos Estados e Municípios na formação da federação, e o outro estabelecendo que a organização político-administrativa da República Federativa do Brasil compreende a União, os Estados, o Distrito Federal e os Municípios, todos autônomos, nos termos da Constituição.

A posição dos Municípios como entes políticos essenciais da federação rompe com a tradição de nosso federalismo, que foi a de não alçá-los à condição de ente federativo, embora sempre dotando-os de autonomia.

Alguns publicistas não aceitam, contudo, a ideia de que os Municípios componham a federação como entidades de segundo nível, como José Afonso da Silva, ao dizer que "não temos uma federação de Municípios. Não é uma união de Municípios que

---

[71] SOUZA NETO; SARMENTO. *Direito constitucional:* teoria, história e métodos de trabalho, p. 334.

forma a federação. Se houvesse uma federação de Municípios, estes assumiriam a natureza de Estados-Membros, mas poderiam ser Estados-Membros (de segunda classe?) dentro dos Estados federados?"[72] Também Aires Barreto segue a mesma linha, ao indagar sobre o alcance do art. 1º da Constituição: "ora, que ente federativo é este, que não tem representação no Congresso?"[73]

Não teria sentido, todavia, inserir-se o Município na definição da estrutura federal brasileira, se o texto constitucional não pretendesse atribuir-lhe *status* federativo.

A Constituição, portanto, não se contentou em estabelecer a federação descentralizando o todo, mas estabeleceu a descentralização das partes, havendo, por isso mesmo, não duas mas três ordens de poder, ou seja, a ordem total (União), as ordens regionais (Estados-Membros), e as ordens locais (Municípios). É que a "ordem total ao mesmo tempo que prevê e reconhece os Estados, dando-lhes competências e rendas, prevê e reconhece os Municípios, entidades intra-estaduais, conferindo-lhes competências e rendas".[74]

No que concerne à criação de novos Municípios, o Supremo Tribunal Federal, no julgamento, em 1995, da ADI 733/MG, de que foi Relator o Min. Sepúlveda Pertence, decidiu que, no caso de emancipação de distrito, a consulta prévia, mediante plebiscito, seria a da população da área desmembrada, o que facilitaria o processo de criação dos novos entes políticos locais. De fato, se nos processos de emancipação, o plebiscito se fizesse relativamente à população, quase sempre maior, do Município originário, dificilmente seria aprovada a criação do novo Município, por ser prejudicial àquele.

Com o advento da EC n. 15/96, que deu nova redação ao § 4º do art. 18 da Constituição Federal, diretamente interessada passou a ser a população dos Municípios envolvidos, o que significa maior dificuldade para o processo de criação de novos Municípios. Em contraponto, parte da doutrina, estudos e produções acadêmicas têm sustentado que a consulta popular somente se faz necessária quando envolve mais de um Município, e não quando se trata de um Município com distrito a ser desmembrado.

A EC n. 15/96 passou a exigir, ainda, para a criação de novos Municípios, lei complementar federal, e substituiu a necessidade de se demonstrar a "preservação de continuidade e unidade histórico-cultural do ambiente urbano", pela de "estudos de viabilidade municipal, apresentados e publicados na forma da lei.

Nada obstante essas exigências, foram criados, a partir de setembro de 2006, cinquenta e sete Municípios, sem atenderem às regras introduzidas pela Emenda Constitucional 15, de 1996, acima explicitadas, mesmo porque não fora editada a lei complementar federal prevista na Emenda.

Para evitar que esses Municípios criados retrocedam à condição de distrito, foi promulgada a Emenda Constitucional n. 57, de 18 de dezembro de 2008, que acrescenta

---

72 SILVA. *Curso de direito constitucional positivo*, p. 408.

73 BARRETO. Os municípios na nova Constituição brasileira. *In*: *A Constituição brasileira – 1988*: interpretações, p. 83.

74 FERREIRA FILHO. *Curso de direito constitucional*, p. 48.

o art. 96 ao Ato das Disposições Constitucionais Transitórias, nos seguintes termos: "Ficam convalidados os atos de criação, fusão, incorporação e desmembramento de Municípios, cuja lei tenha sido publicada até 31 de dezembro de 2006, atendidos os requisitos estabelecidos na legislação do respectivo Estado à época de sua criação."

7.1 Lei orgânica dos Municípios

A Constituição confere expressamente aos Municípios competência para a elaboração de sua lei orgânica. A Constituição, no art. 29, dispõe sobre o conteúdo da lei orgânica municipal, que é dotada de certa rigidez, já que sua alteração depende do voto de 2/3 dos membros da Câmara Municipal, uma vez que este *quorum* especial é exigido para sua aprovação.

Diz a Constituição que a lei orgânica do Município será promulgada pela Câmara Municipal (não há sanção nem veto do Prefeito).

O poder encarregado de elaborá-la é o político. A lei orgânica difere das demais normas jurídicas municipais em função do processo legislativo previsto para a sua elaboração e revisão.

A Constituição, no art. 29, fixa o conteúdo da lei orgânica do Município, que, observados os princípios estabelecidos na Constituição Federal e do respectivo Estado, versará sobre:

1. eletividade do Prefeito, Vice-Prefeito e Vereadores;
2. posse do Prefeito, Vice-Prefeito e Vereadores;
3. número de Vereadores proporcional à população do Município, observados os limites estabelecidos na Constituição. O Supremo Tribunal Federal, ao julgar o RE n. 197.917, de que foi Relator o Ministro Maurício Corrêa, em sessão realizada no dia 24 de março de 2004, havia consignado que os Municípios têm direito a um vereador para cada 47.619 habitantes. O parâmetro ideal para que se obtenha a proporcionalidade entre o número de habitantes e seus representantes locais é o que prevê o mínimo de 9 e o máximo de 21 vereadores nos Municípios de até um milhão de habitantes.

A Emenda Constitucional n. 58, de 23 de setembro de 2009, ao dar nova redação ao inciso IV do art. 29 da Constituição Federal, definiu, no entanto, que para a composição das Câmaras Municipais, será observado o limite máximo de:

a) 9 (nove) Vereadores, nos Municípios de até 15.000 (quinze mil) habitantes;
b) 11 (onze) Vereadores, nos Municípios de mais de 15.000 (quinze mil) habitantes e de até 30.000 (trinta mil) habitantes;
c) 13 (treze) Vereadores, nos Municípios com mais de 30.000 (trinta mil) habitantes e de até 50.000 (cinquenta mil) habitantes;

d) 15 (quinze) Vereadores, nos Municípios de mais de 50.000 (cinquenta mil) habitantes e de até 80.000 (oitenta mil) habitantes;

e) 17 (dezessete) Vereadores, nos Municípios de mais de 80.000 (oitenta mil) habitantes e de até 120.000 (cento e vinte mil) habitantes;

f) 19 (dezenove) Vereadores, nos Municípios de mais de 120.000 (cento e vinte mil) habitantes e de até 160.000 (cento sessenta mil) habitantes;

g) 21 (vinte e um) Vereadores, nos Municípios de mais de 160.000 (cento e sessenta mil) habitantes e de até 300.000 (trezentos mil) habitantes;

h) 23 (vinte e três) Vereadores, nos Municípios de mais de 300.000 (trezentos mil) habitantes e de até 450.000 (quatrocentos e cinquenta mil) habitantes;

i) 25 (vinte e cinco) Vereadores, nos Municípios de mais de 450.000 (quatrocentos e cinquenta mil) habitantes e de até 600.000 (seiscentos mil) habitantes;

j) 27 (vinte e sete) Vereadores, nos Municípios de mais de 600.000 (seiscentos mil) habitantes e de até 750.000 (setecentos cinquenta mil) habitantes;

k) 29 (vinte e nove) Vereadores, nos Municípios de mais de 750.000 (setecentos e cinquenta mil) habitantes e de até 900.000 (novecentos mil) habitantes;

l) 31 (trinta e um) Vereadores, nos Municípios de mais de 900.000 (novecentos mil) habitantes e de até 1.050.000 (um milhão e cinquenta mil) habitantes;

m) 33 (trinta e três) Vereadores, nos Municípios de mais de 1.050.000 (um milhão e cinquenta mil) habitantes e de até 1.200.000 (um milhão e duzentos mil) habitantes;

n) 35 (trinta e cinco) Vereadores, nos Municípios de mais de 1.200.000 (um milhão e duzentos mil) habitantes e de até 1.350.000 (um milhão e trezentos e cinquenta mil) habitantes;

o) 37 (trinta e sete) Vereadores, nos Municípios de 1.350.000 (um milhão e trezentos e cinquenta mil) habitantes e de até 1.500.000 (um milhão e quinhentos mil) habitantes;

p) 39 (trinta e nove) Vereadores, nos Municípios de mais de 1.500.000 (um milhão e quinhentos mil) habitantes e de até 1.800.000 (um milhão e oitocentos mil) habitantes;

q) 41 (quarenta e um) Vereadores, nos Municípios de mais de 1.800.000 (um milhão e oitocentos mil) habitantes e de até 2.400.000 (dois milhões e quatrocentos mil) habitantes;

r) 43 (quarenta e três) Vereadores, nos Municípios de mais de 2.400.000 (dois milhões e quatrocentos mil) habitantes e de até 3.000.000 (três milhões) de habitantes;

s) 45 (quarenta e cinco) Vereadores, nos Municípios de mais de 3.000.000 (três milhões) de habitantes e de até 4.000.000 (quatro milhões) de habitantes;

t) 47 (quarenta e sete) Vereadores, nos Municípios de mais de 4.000.000 (quatro milhões) de habitantes e de até 5.000.000 (cinco milhões) de habitantes;

u) 49 (quarenta e nove) Vereadores, nos Municípios de mais de 5.000.000 (cinco milhões) de habitantes e de até 6.000.000 (seis milhões) de habitantes;

v) 51 (cinquenta e um) Vereadores, nos Municípios de mais de 6.000.000 (seis milhões) de habitantes e de até 7.000.000 (sete milhões) de habitantes;

w) 53 (cinquenta e três) Vereadores, nos Municípios de mais de 7.000.000 (sete milhões) de habitantes e de até 8.000.000 (oito milhões) de habitantes; e

x) 55 (cinquenta e cinco) Vereadores, nos Municípios de mais de 8.000.000 (oito milhões) de habitantes;[75]

4. subsídios do Prefeito, do Vice-Prefeito e dos Secretários Municipais fixados por lei de iniciativa da Câmara Municipal, observado o que dispõem os artigos 37, XI, 39, § 4º, 150, II, 153, III e 153, § 2º, I; subsídio dos Vereadores fixados por lei de iniciativa da Câmara Municipal, na razão de, no máximo, 75% daquele estabelecido, em espécie, para os Deputados Estaduais, observado o que dispõem os artigos 39, § 4º, 57, § 7º, 150, II, 153, III, 153, § 2º, I (redação dada pela EC n. 19/98);

Relativamente ao subsídio dos Vereadores, a Emenda Constitucional n. 25, de 14 de fevereiro de 2000, com entrada em vigor a 1º de janeiro de 2001, deu nova redação ao inciso VI do art. 29 da Constituição, prevendo que será ele fixado pelas respectivas Câmaras Municipais, em cada legislatura para a subsequente, observado o que dispõe a Constituição, os critérios estabelecidos na respectiva Lei Orgânica e os seguintes limites máximos: *a)* em Municípios de até dez mil habitantes, o subsídio máximo corresponderá a 20% daquele dos Deputados Estaduais; *b)* em Municípios de dez mil e um a 50 mil habitantes, o subsídio máximo corresponderá a 30%

[75] O art. 3º, I, da EC n. 58/2009, que determina que a alteração no cálculo dos números de vereadores deve valer para as eleições de 2008, foi suspenso pelo STF, por força de cautelar deferida na Ação Direta de Inconstitucionalidade (ADI) 4307/DF, Relatora Ministra Cármen Lúcia, e retroativa à data da promulgação da Emenda. É que a aplicação retroativa da emenda fere o art. 16 da Constituição Federal, que prevê que leis que alterem o processo eleitoral só podem surtir efeitos após um ano de sua publicação. A Emenda, por conta de seu art. 3º, mudaria um processo eleitoral já concluído. O dispositivo afrontaria não só o princípio do devido processo legal, mas também o da segurança jurídica (*Notícias* STF, 2.10.2009; Informativo 567/STF). A ADI 4307 foi julgada procedente (STF, sessão de 11.4.2013; *Informativo* 701/STF).

daquele dos Deputados Estaduais; *c)* em Municípios de cinquenta mil e um a 100 mil habitantes, o subsídio máximo corresponderá a 40% daquele dos Deputados Estaduais; *d)* em Município de cem mil e um a 300 mil habitantes, o subsídio máximo corresponderá a 50% daquele dos Deputados Estaduais; *e)* em Municípios de trezentos mil e um a 500 mil habitantes, o subsídio máximo corresponderá a 60% daquele dos Deputados Estaduais; *f)* em Municípios de mais de 500 mil habitantes, o subsídio máximo corresponderá a 75% daquele dos Deputados Estaduais;

5. inviolabilidade dos Vereadores por suas opiniões, palavras e votos, no exercício do mandato e na circunscrição do Município, observando-se que os Vereadores gozam apenas da inviolabilidade ou imunidade material, não sendo amparados pela imunidade formal ou processual;
6. proibições e incompatibilidades, no exercício da vereança, similares, no que couber, ao disposto na Constituição da República, para os membros do Congresso Nacional e, na Constituição do respectivo Estado, para os membros da Assembleia Legislativa;
7. julgamento do Prefeito perante o Tribunal de Justiça. A competência do Poder Judiciário enunciada neste inciso, segundo vem entendendo o Supremo Tribunal Federal, abrange os crimes tipificados no art. 1º do Decreto-lei n. 201, de 1967, os quais, na realidade, são crimes comuns, apesar de denominados crimes de responsabilidade. Ela não se estende, contudo, às chamadas infrações político-administrativas dos prefeitos, sancionadas com a cassação do mandato. Neste caso, estão os chefes do Executivo Municipal sujeitos ao julgamento pela Câmara de Vereadores. Tais infrações, na tradição do direito brasileiro, podem ser denominadas de crimes de responsabilidade (STJ-*HC* n. 71991-1/MG, Rel. Min. Sidney Sanches);[76]
8. organização das funções legislativas e fiscalizadoras da Câmara Municipal;
9. cooperação das associações representativas no planejamento municipal;

---

[76] A Lei n. 10.628, de 24 de dezembro de 2002, alterou a redação do art. 84 do Código de Processo Penal, para estabelecer que a competência especial por prerrogativa de função, relativa a atos administrativos do agente, no caso, Prefeito Municipal, prevalece ainda que o inquérito ou a ação judicial sejam iniciados após a cessação do exercício da função pública, e que a ação de improbidade de que trata a Lei n. 8.429, de 2 de junho de 1992, será proposta perante o tribunal competente para processar e julgar criminalmente o funcionário ou autoridade na hipótese de prerrogativa de foro em razão de função pública.

O Supremo Tribunal Federal, no julgamento da ADI 2.797, ocorrido em 15.9.2005, de que foi Relator o Ministro Sepúlveda Pertence, julgou inconstitucional a Lei n. 10.628, de 24 de dezembro de 2002, que alterou a redação do art. 84 do Código de Processo Penal, para estabelecer que a competência especial por prerrogativa de função relativa a atos administrativos de ex-detentores de cargos públicos prevalece, e que a ação de improbidade administrativa de que trata a Lei n. 8.429/1992, será proposta perante o tribunal competente para processar e julgar o funcionário ou autoridade, na hipótese de prerrogativa de foro em razão de função pública. No julgamento da ADI, considerou-se que lei ordinária não pode ampliar a competência do Supremo Tribunal Federal, e que a ação de improbidade administrativa não envolve competência penal.

10. iniciativa popular de projetos de lei de interesse específico do Município, da cidade ou de bairro, por meio de manifestação de, pelo menos, 5% do eleitorado. Observe-se que a iniciativa popular, instituto da democracia direta, manifesta-se, no âmbito federal, através de 1% do eleitorado nacional, distribuído pelo menos por cinco Estados, com não menos de 0,3% dos eleitores de cada um deles (art. 61, § 2º) e, no âmbito dos Estados federados, será regulado pela respectiva Constituição (art. 27, § 4º);
11. perda do mandato do Prefeito, tendo como uma de suas causas a assunção de outro cargo ou função na administração pública direta ou indireta, ressalvada a posse em virtude de concurso público e observado o disposto no art. 38, I, IV e V.

Foi acrescido ao art. 29 da Constituição o art. 29-A, pela Emenda Constitucional n. 25/2000. Referido dispositivo passou a ter nova redação dada pela EC n. 58/2009, com entrada em vigor a partir de 1º de janeiro do ano subsequente ao da promulgação da Emenda, nos seguintes termos:

"Art. 29-A. O total da despesa do Poder Legislativo Municipal, incluídos os subsídios dos Vereadores e excluídos os gastos com inativos, não poderá ultrapassar os seguintes percentuais, relativos ao somatório da receita tributária e das transferências previstas no § 5º do art. 153 e nos arts. 158 e 159, efetivamente realizado no exercício anterior:

I – 7% (sete por cento) para Municípios com população de até 100.000 (cem mil) habitantes;

II – 6% (seis por cento) para Municípios com população entre 100.000 (cem mil) e 300.000 (trezentos mil) habitantes;

III – 5% (cinco por cento) para Municípios com população entre 300.001 (trezentos mil e um) e 500.000 (quinhentos mil) habitantes;

IV – 4,5% (quatro inteiros e cinco décimos por cento) para Municípios com população entre 500.001 (quinhentos mil e um) e 3.000.000 (três milhões) de habitantes;

V – 4% (quatro por cento) para Municípios com população entre 3.000.001 (três milhões e um) e 8.000.000 (oito milhões) de habitantes;

VI – 3,5% (três inteiros e cinco décimos por cento) para Municípios com população acima de 8.000.001 (oito milhões e um) habitantes.

§ 1º A Câmara Municipal não gastará mais de setenta por cento de sua receita com folha de pagamento, incluído o gasto com o subsídio de seus Vereadores.

§ 2º Constitui crime de responsabilidade do Prefeito Municipal:

I – efetuar repasse que supere os limites definidos neste artigo;

II – não enviar o repasse até o dia vinte de cada mês; ou

III – enviá-lo a menor em relação à proibição fixada na Lei Orçamentária.

§ 3º Constitui crime de responsabilidade do Presidente da Câmara Municipal o desrespeito ao § 1º deste artigo."

Note-se que, por essa cláusula constitucional, foi prevista a possibilidade de membro do Poder Legislativo, no caso, o Presidente de Câmara Municipal, responder por crime de responsabilidade, inovação em nosso Direito Constitucional, que não previa a responsabilização de membros do Poder Legislativo por tais crimes.

O exame dos incisos constitucionais que tratam do conteúdo mínimo da lei orgânica (art. 29, I a XIV) revela algumas impropriedades de ordem técnica. Tais são, por exemplo, aqueles que cuidam de assuntos que não são de competência da lei orgânica, mas de normas federais e até mesmo constitucionais, como os referentes à definição de eleições, duração de mandato, pleito direto e simultâneo em todo o País, época de eleições e princípio da maioria absoluta (dois turnos), bem como o privilégio de foro para o julgamento do Prefeito.

Por outro lado, a lei orgânica não é ato normativo idôneo para tratar de assuntos próprios de lei ordinária, cuja iniciativa seja reservada ao Prefeito Municipal. Ora, a lei orgânica, como se viu, além de se submeter a procedimento legislativo especial de elaboração, é promulgada pela Câmara Municipal. Assim, inexiste a participação do Prefeito em sua elaboração. Não há, pois, iniciativa, sanção, veto ou promulgação do chefe do Executivo municipal. Decorre dessa circunstância que assuntos dependentes de iniciativa legislativa exclusiva do Prefeito, como, por exemplo, aumento de despesa pública e criação de órgãos ou entidades municipais, não podem ser disciplinados na lei orgânica, sob pena de ocorrer usurpação de competência.

Havendo contrariedade das leis ordinárias municipais em relação à lei orgânica, não cabe ação direta de inconstitucionalidade ou invalidade para impugná-las. A invalidade ou ilegitimidade da lei ordinária, nessas condições, será declarada pelo Poder Judiciário apenas mediante via indireta. A propósito, menciona José Afonso da Silva que "as leis locais contrárias à lei orgânica serão ilegítimas e inválidas, desde que assim seja declarado pelo Judiciário, por via indireta, não estando prevista na Constituição Federal a possibilidade de ação direta de ilegitimidade da lei local em face da lei orgânica do Município".[77]

7.2 Competências dos Municípios

A competência dos Municípios foi ampliada pela Constituição de 1988. Deve-se ressaltar, contudo, que o texto constitucional, para delimitar a matéria de competência municipal, substituiu a expressão "peculiar interesse", da tradição de nosso constitucionalismo, por "interesse local", o que certamente dará margem a novas interpretações. Entendemos, contudo, que a alteração da expressão "peculiar interesse" por "interesse local" não implica mudança do sentido que aquela expressão sempre teve em nosso Direito, consistindo no interesse predominante e não exclusivo do Município, em relação aos interesses da União e dos Estados. O texto constitucional não restringiu, com a adoção de "interesse local", a autonomia dos Municípios.

---

[77] SILVA. *O município na Constituição de 1988*, p. 14.

Anote-se: o que determina a competência dos Municípios é o "interesse local" a ser satisfeito e não o inverso. "Sob esse ângulo, a situação é precisamente oposta ao que se passa com a União. No caso dela, em face da matéria pré-selecionada é que comparece, por definição, o interesse nacional."[78]

Relevante fator de fortalecimento da autonomia dos Municípios foi o reconhecimento expresso de sua capacidade de auto-organização (art. 29), a ser materializada, como se viu, em lei orgânica, votada em dois turnos, com o interstício mínimo de dez dias, e aprovada por 2/3 dos membros da Câmara Municipal, que a promulgará, atendidos os princípios estabelecidos na Constituição Federal e na do respectivo Estado.

De acordo com o art. 30 da Constituição, compete aos Municípios:

I – legislar sobre assuntos de interesse local;[79]

II – suplementar a legislação federal e a estadual no que couber, notando-se que, embora o art. 24 não inclua os Municípios na competência legislativa concorrente, pelo art. 30, II, serão eles titulares de competência complementar relativamente às matérias enumeradas no art. 24, que envolvam interesse local;

III – instituir e arrecadar os tributos de sua competência (taxas, contribuição de melhoria e os impostos discriminados no art. 156), bem como aplicar suas rendas, sem prejuízo da obrigatoriedade de prestar contas e publicar balancetes nos prazos fixados em lei;

IV – criar, organizar e suprimir distritos, observada a legislação estadual;

V – organizar e prestar, diretamente ou sob regime de concessão ou permissão, os serviços públicos de interesse local, incluído o de transporte coletivo, que tem caráter essencial. [80] Observe-se que alguns serviços são privativos dos Municípios; outros, no entanto, sujeitam-se à atuação da União, Estados e Municípios, como, por exemplo, o que se refere a trânsito, cujas normas gerais são da União, as secundárias dos Estados

---

[78] BANDEIRA DE MELLO. Competências dos municípios para fixar horários de bancos. Parecer. *RDP* 69/289-290.

[79] Supremo Tribunal Federal: Súmula n. 645 – É competente o Município para fixar horário de funcionamento de estabelecimento comercial.

Supremo Tribunal Federal: Súmula n. 646 – Ofende o princípio da livre concorrência lei municipal que impede instalação de estabelecimentos comerciais do mesmo ramo em determinada área.

No que respeita ao funcionamento de instituições bancárias, o Supremo Tribunal tem decidido que o tema transcende o interesse local, sendo da União a competência para legislar sobre a matéria (RE 77.254, j. 20.2.1974; RE 130.683, *DJ*, 9.10.1992).

Cabe, no entanto, à lei municipal, por ser matéria de interesse local (proteção do consumidor), fixar tempo máximo de espera em fila de banco (RE 432.789, Rel. Min. Eros Grau, *DJ*, 7.10.2005).

[80] O Supremo Tribunal Federal decidiu que para a exploração de transporte urbano, por meio de linha de ônibus, há necessidade de prévia licitação para autorizá-la, quer sob a forma de permissão, quer sob a de concessão (STF, RE 140.989, Rel. Min. Octavio Gallotti, *DJ*, 27.8.1993).

e a regulamentação urbana cabe aos Municípios (estacionamento, mão e contramão, velocidade no perímetro urbano, etc.);

VI – manter, com a cooperação técnica e financeira da União e dos Estados, programas de atendimento à saúde da população e programas de educação infantil e de ensino fundamental (redação da EC n. 53/2006);

VII – promover, no que couber, adequado ordenamento territorial, mediante planejamento e controle do uso do parcelamento e da ocupação do solo urbano, notando-se que é obrigatório plano diretor para cidades com mais de 20 mil habitantes (art. 182, § 1º). Pela Constituição, cabe à União, Estados e Distrito Federal legislar concorrentemente sobre Direito Urbanístico (art. 24, I). Os Municípios poderão, no entanto, estabelecer regras específicas sobre a matéria (art. 182), suplementando a legislação federal e estadual, no que couber;

VIII – promover a proteção do patrimônio histórico-cultural local, observada a legislação e ação fiscalizadora federal e estadual.

7.3 Fiscalização financeira e orçamentária dos Municípios

A fiscalização financeira e orçamentária dos Municípios será exercida mediante sistema de controle interno do Poder Executivo municipal, na forma da lei, e sistema de controle externo pela Câmara Municipal, auxiliada pelo Tribunal de Contas do respectivo Estado ou do Município, ou dos Conselhos ou Tribunais de Contas dos Municípios, onde houver.

As contas dos Municípios ficarão, durante sessenta dias, anualmente, à disposição de qualquer contribuinte para exame e apreciação, o qual poderá questionar-lhes a legitimidade nos termos da lei (art. 31, § 3º), instituindo a Constituição, aqui, a fiscalização popular das contas municipais.

Embora possa revelar aparente contradição com o disposto no § 1º do art. 31, que fala em Tribunais e Conselhos de Contas dos Municípios, o § 4º deste mesmo artigo, ao vedar a criação de Tribunais, Conselhos ou órgãos de Contas Municipais, pretendeu estabelecer que o controle externo das contas dos Municípios seja feito com o auxílio do Tribunal de Contas do Estado, Conselhos ou Tribunais de Contas dos Municípios, como órgãos estaduais.[81] O que o § 4º do art. 31 vedou foi a criação

[81] STF, ADI 687, Rel. Min. Celso de Mello, j. 2.2.1995, *DJ*, 10.2.2006: "Municípios e Tribunais de Contas. A Constituição da República impede que os Municípios criem os seus próprios Tribunais, Conselhos ou órgãos de contas municipais (CF, art. 31, § 4º), mas permite que os Estados-Membros, mediante autônoma deliberação, instituam órgão estadual denominado Conselho ou Tribunal de Contas dos Municípios (RTJ 135/457, Rel. Min. Octavio Gallotti – ADI 445/DF, Rel. Min. Néri da Silveira), incumbido de auxiliar as Câmaras Municipais no exercício de seu poder de controle externo (CF, art. 31, § 1º). Esses Conselhos ou Tribunais de Contas dos Municípios – embora qualificados como órgãos estaduais (art. 31, § 1º) – atuam, onde tenham sido instituídos, como órgãos auxiliares e de cooperação técnica das Câmaras de Vereadores. A prestação de contas desses Tribunais de Contas dos Municípios, que são órgãos estaduais (CF, art. 31, § 1º), há de se fazer, por isso mesmo, perante o Tribunal de Contas do próprio Estado, e não

de Tribunais de Contas pelos próprios Municípios, a partir da Constituição de 1988, permanecendo, no entanto, em funcionamento aqueles que existiam à época da promulgação da Carta de Outubro, como os Tribunais de Contas do Rio de Janeiro e de São Paulo.

8. DISTRITO FEDERAL – NATUREZA

A Constituição, no art. 18, § 1º, declara que Brasília é a Capital Federal. Mas a cidade de Brasília se insere na divisão administrativa do Distrito Federal, que compreende várias Regiões Administrativas, incluindo as chamadas cidades-satélites, já que o Distrito Federal não pode ser dividido em Municípios.[82]

O Distrito Federal, que originalmente não tinha divisões, foi dividido, em 1964, em 8 Regiões Administrativas. Em 1989 quatro novas regiões foram criadas, elevando o número para 12. De 1992 a 1994 mais sete divisões resultaram num total de 19 Regiões Administrativas, número que permaneceu de 1994 a 2003. De 2003 a 2005 dez novas regiões foram criadas, chegando ao número atual de 29, como se vê do quadro abaixo. O fato de a RAI-I ser denominada de Brasília tem acarretado controvérsia, pois enquanto há os que defendem que a cidade de Brasília se limitaria à área da RA-I, e consideram as outras regiões como sendo uma cidade de fato cada uma, outros defendem que a cidade de Brasília inclui as áreas urbanas de todas as 29 Regiões Administrativas.

RA-I	Brasília
RA-II	Gama
RA-III	Taguatinga
RA-IV	Brazlândia
RA-V	Sobradinho
RA-VI	Planaltina
RA-VII	Paranoá
RA-VIII	Núcleo Bandeirante
RA-IX	Ceilândia
RA-X	Guará
RA-XI	Cruzeiro
RA-XII	Samambaia
RA-XIII	Santa Maria
RA-XIV	São Sebastião
RA-XV	Recanto das Emas
RA-XVI	Lago Sul

perante a Assembleia Legislativa do Estado-Membro. Prevalência, na espécie, da competência genérica do Tribunal de Contas do Estado (CF, art.71, II, c/c o art. 75)."

[82] Cf. GONÇALVES. As cidades satélites de Brasília: registro histórico. Disponível em: <http://www.unb.br/ics/sol/itinerancias/bsb/historico/c_satelites.pdf>. Acesso em: 22.6.2008.

RA-XVII	Riacho Fundo
RA-XVIII	Lago Norte
RA-XIX	Candangolândia
RA-XX	Águas Claras
RA-XXI	Riacho Fundo II
RA-XXII	Sudoeste e Octogonal
RA-XXIII	Varjão
RA-XXIV	Park Way
RA-XXV	SCIA (Setor Complementar de Indústria e Abastecimento)
RA-XXVI	Sobradinho II
RA-XXVII	Jardim Botânico
RA-XXVIII	Itapoá
RA-XXIX	SIA (Setor de Indústria e Abastecimento)

Fonte: <http://www.geocities.com/augusto_areal/regioes.htm>. Acesso em: 22.6.2008.

O Distrito Federal não é Estado nem Município, mas pessoa jurídica de direito público, integrado por Brasília, a Capital Federal. Compõe formalmente a federação, ao lado da União, dos Estados-Membros e dos Municípios.

O Distrito Federal sucedeu ao Município neutro que era a sede do Governo e Capital do Império. Ao Município neutro era atribuída organização própria, diversa dos demais Municípios. Não integrava o território de nenhuma província, sendo a cidade do Rio de Janeiro a sede do Governo, com o estabelecimento da família real em seu território.

Proclamada a República, a Constituição de 1891 transformou o Município da Corte em Distrito Federal, dispondo o seu art. 2º que cada uma das antigas províncias formará um Estado, e o antigo Município neutro constituirá o Distrito Federal, continuando a ser a capital da União, enquanto não se der execução à cláusula daquela Constituição que dispunha pertencer à União, no planalto central da República, uma zona de 14,400 quilômetros quadrados, que será oportunamente demarcada, para nele estabelecer-se a futura Capital Federal.

Até 1985, o Distrito Federal era subordinado à União. Pela EC n. 25/1985, o Distrito Federal passou a ocupar a posição de ente federativo autônomo, dotado de capacidade para eleger representantes na Câmara dos Deputados e no Senado Federal.

O Distrito Federal, contudo, não mais é considerado Capital do Brasil, papel atribuída a Brasília, pela Constituição de 1988.

Relata Ivan Alves Filho que memória lida na Assembleia Constituinte, em 9 de junho de 1823, justificava a necessidade da transferência da Capital do país do Rio de Janeiro para um ponto do interior. O nome Brasília, sugerido por José Bonifácio de Andrada e Silva ("parece muito útil, até necessário, que se edifique uma nova capital do Império no interior do Brasil para assento da corte, da assembleia legislativa e dos tribunais superiores que a Constituição determinar. Esta capital poderá chamar-se Petrópole ou Brasília"), foi adotado mais de um século e meio depois por Juscelino Kubitschek de Oliveira, em homenagem ao principal articulador político da Independência brasileira. Empossado no cargo, Juscelino Kubitschek encaminha, no espaço de alguns meses, ao Congresso Nacional, a denominada Mensagem de Anápolis. E, em 20 de setembro de 1956, a Câmara e o Senado aprovam a criação da Companhia Urbanizadora da Nova capital – Novacap. Uma equipe composta por Oscar Niemeyer, Lúcio Costa e Israel Pinheiro passa a coordenar os trabalhos de milhares de técnicos e operários, possibilitando a inauguração da nova Capital em prazo recorde, ou seja, em 21 de abril de 1960.[83]

Brasília, consoante elucida José Afonso da Silva, "assume uma posição jurídica específica no conceito brasileiro de cidade. Brasília é *civitas civitatum*, na medida em que é cidade-centro, pólo irradiante, de onde partem, aos governados, as decisões mais graves, e onde acontecem os fatos decisivos para os destinos do País. Mas não se encaixa no conceito geral de cidades, porque não é sede de Município. É *civitas* e *polis*, enquanto modo de habitar de sede do Governo Federal. Brasília tem como função servir de Capital da União, Capital Federal e, portanto, Capital do Brasil."[84]

Apesar de ter sido criada para ser uma cidade puramente oficial, em Brasília foram-se desenvolvendo relações sociais e de comércio, o que acabou por lhe dar dimensão de cidade.

Além de Capital da República, Brasília é sede do Governo do Distrito Federal (art. 6º da Lei Orgânica do Distrito Federal).

8.1 Autonomia

A Constituição de 1988 conferiu ao Distrito Federal:

I – autonomia organizacional para elaborar a sua lei orgânica, que será votada pela Câmara Legislativa em dois turnos, com interstício mínimo de dez dias, aprovada por dois terços de seus membros (Deputados Distritais) e promulgada pelo citado órgão legislativo;

II – autonomia legislativa: cabe ainda à Câmara Legislativa legislar para o Distrito Federal sobre as matérias de competência dos Estados e Municípios;

III – autogoverno, revelado: *a)* pela existência de uma Câmara Legislativa, composta por Deputados Distritais, cujo número será fixado nos termos do art. 27 e aos quais se aplica o tratamento constitucional dispensado aos Deputados, às Assembleias Legislativas estaduais, pertinentes à duração

83 FILHO. *Brasil, 500 anos em documentos*, p. 160-161. Anote-se que somente em 2002 é que foi concedido pela Câmara Legislativa do Distrito Federal, ao fundador, Juscelino Kubitschek de Oliveira, o título póstumo de cidadão honorário de Brasília.

84 SILVA. *Curso de direito constitucional positivo*, p. 406.

do mandato, princípios constitucionais sobre o sistema eleitoral, inviolabilidade, imunidades, remuneração, perda do mandato, licença, impedimentos e incorporação às Forças Armadas;[85] *b)* pelo Poder Executivo, chefiado por um Governador, que será eleito com um Vice-Governador pelo voto direto, para mandato de quatro anos. Anote-se que o Poder Judiciário, no âmbito do Distrito Federal, é organizado e mantido pela União, mas, não obstante, é local e não integra a Justiça Federal.[86] O mesmo se diga relativamente ao Ministério Público, notando-se que a EC n. 69/2012 atribuiu ao próprio Distrito Federal a competência para organizar e manter a sua Defensoria Pública. Dispõe ainda a Constituição (art. 75) que haverá um Tribunal de Contas no Distrito Federal, auxiliar do Legislativo na fiscalização financeira e orçamentária. O Distrito Federal elege Deputados Federais e três Senadores;

IV – autoadministração, pela capacidade de gerir os serviços públicos locais, devendo, contudo, observar que a utilização, pelo governo do Distrito Federal, das polícias civil e militar e do corpo de bombeiros militar dependerá de lei federal (art. 32, § 4º).

8.2 Competências

O Distrito Federal exerce as competências legislativas atribuídas aos Estados e Municípios, cabendo-lhe ainda as competências comum, concorrente, supletiva e complementar. No campo tributário, compete-lhe instituir taxas e contribuição de melhoria, e os impostos de competência dos Estados e dos Municípios (arts. 145, 147 e 155).

9. TERRITÓRIOS

Os Territórios não integram o Estado Federal.

Os Territórios são circunscrições administrativas ou divisões administrativas da União, sem autonomia.

Por considerar que o Território integra a base física da federação, em sua conformação geográfica, Michel Temer o conceitua como "pessoa jurídica de direito públi-

---

[85] Os primeiros Deputados Distritais, em número de 24, foram eleitos em 1991, tendo sido a primeira Câmara Legislativa presidida por Salviano Guimarães.

[86] Havendo necessidade de substituição do Governador e de seu Vice, se há a possibilidade de o Presidente da Câmara Legislativa ser chamado para o exercício do cargo, em caráter temporário, o mesmo não pode ocorrer relativamente ao Presidente do Tribunal de Justiça. E a impossibilidade tem fundamento em que "esse Tribunal não integra a estrutura do Poder governamental do Distrito Federal. A Lei Orgânica do Distrito Federal, por um lado, não tem poder para definir competência, faculdade ou prerrogativa do Poder Judiciário, que não pertence àquela unidade da Federação, nem de seus membros e, por outro lado, não será adequado conferir a função de governador de uma unidade autônoma a uma autoridade de fora de sua própria organização" (SILVA. *Curso de direito constitucional positivo*, p. 548). Admitir o contrário seria, portanto, violar a autonomia do Distrito Federal, e viabilizar a usurpação, pelo Distrito Federal, de competência da União.

co, de capacidade administrativa e de nível constitucional, geneticamente ligado à União, tendo nesta a fonte do seu regime jurídico infraconstitucional".[87]

No âmbito da legislação infraconstitucional, anote-se que o Código Civil de 2002, em seu art. 41, II, considera os Territórios como pessoa jurídica de direito público interno.

Na história constitucional brasileira, os Territórios não figuraram na Constituição de 1891, ao dispor que os Estados Unidos do Brasil ficariam constituídos pelas antigas províncias, que foram transformadas em Estados Federados, e pelo antigo Município neutro, transformado em Distrito Federal. Inexistia ainda previsão de incorporação de novas áreas ao território nacional.

O primeiro Território Federal foi criado por lei ordinária (Lei n. 1.181, de 24 de fevereiro de 1904), que a União subordinara ao seu domínio. Tratava-se do Território do Acre, adquirido pelo Brasil da Bolívia, mediante tratado internacional, o Tratado de Petrópolis, em 1903.[88] Como não havia previsão constitucional expressa, instalou-se celeuma doutrinária sobre a questão, e no âmbito judicial com a pretensão do Estado do Amazonas sobre a área do Acre. Rui Barbosa, advogado do Estado do Amazonas, sustentou a tese da anexação, argumentando que na Constituição do Império só se cuidava da existência de Províncias, e que a Constituição da República renovava este ponto em termos ainda mais incisivos, desenvolvidos e peremptórios. A partir daí estabeleceu-se o princípio de que a União poderia instituir Territórios Federais a ela subordinados, pois, caso contrário, se concluiria pela incapacidade de expandir-se territorialmente, o que só era vedado por meio de conquista.

A partir da Constituição de 1934, os Territórios passaram a constar de todas as Constituições brasileiras.

Durante o governo discricionário de Vargas, foram criados outros Territórios por motivos de segurança. O Acre deixou de ser Território, em 1962.

---

87 TEMER. *Território federal nas constituições brasileiras*, p. 73.

88 No início do século XX, a borracha passou a ser o segundo produto mais exportado do Brasil, perdendo apenas para o café. O Acre era responsável por 60% da produção de borracha nacional, daí sua importância estratégica para o Brasil. A despeito de pertencer à Bolívia, o Acre fora invadido por imigrantes brasileiros em busca da riqueza da borracha. A Bolívia nunca conseguiu, no entanto, exercer a sua soberania na região do Acre, em virtude, sobretudo, de sua distância, o que implicava na dificuldade de meios de transporte para extrair a borracha da mata e transportá-la aos portos do Atlântico, onde era exportada. Após arrendar, em 1901, o Acre para uma empresa anglo-americana, o *Bolivian Syndicate*, a tensão com o Brasil aumentou, e, em fevereiro de 1903, a empresa, que já havia perdido interesse no negócio do Acre, aceitou uma indenização do governo brasileiro, do valor de cento e dezesseis mil libras esterlinas para deixar a área arrendada. As negociações com a Bolívia prosseguiram, sempre sob a orientação do Barão de Rio Branco, Ministro das Relações Exteriores, culminando com a incorporação do Acre ao Brasil em troca de pequenas concessões territoriais na fronteira entre os dois países, pagamento de uma indenização de dois milhões de libras esterlinas para o governo boliviano e a promessa de construção da ferrovia Madeira-Mamoré, que ajudaria a escoar tanto a produção boliviana quanto a da borracha brasileira para os portos do norte do país.

A Constituição de 1967 e a EC n. 1/69 declaravam que o Brasil era uma República Federativa, constituída, sob o regime representativo, pela união indissolúvel dos Estados, do Distrito Federal e dos Territórios.

Pela Constituição de 1988, os Territórios não integram o Estado Federal: o art. 1º do texto constitucional, ao definir a federação brasileira, a eles não faz menção.

Os dois últimos Territórios, Amapá e Roraima, foram transformados em Estados, e o de Fernando de Noronha incorporado ao Estado de Pernambuco (arts. 14 e 15 das Disposições Constitucionais Transitórias).

A Constituição estabelece, no art. 18, § 2º, que os Territórios integram a União, e sua criação, transformação em Estado ou reintegração ao Estado de origem serão regulados em lei complementar. Já a organização administrativa e judiciária será estabelecida em lei federal. Prevê a Constituição (art. 33, § 3º) que, nos Territórios com mais de 100 mil habitantes, haverá órgãos judiciários de primeira e segunda instâncias, membros do Ministério Público e Defensores Públicos federais, bem como uma Câmara Territorial com função deliberativa.

Anote-se que o art. 12 do Ato das Disposições Constitucionais Transitórias prevê a implantação de Comissão de Estudos Territoriais, à qual incumbe a tarefa de realizar estudos e elaborar anteprojetos para novas unidades territoriais, notadamente na Amazônia Legal e em áreas pendentes de solução.

10. INTERVENÇÃO FEDERAL

Rompendo técnica adotada pelas Constituições anteriores (1934, 1946, 1967 e sua Emenda n. 1 de 1969), que foi a de dar tratamento separado à intervenção federal, a Constituição de 1988 trata, no Capítulo VI do Título III, da intervenção no sentido global, mencionando a intervenção federal e a intervenção dos Estados nos Municípios. Note-se ainda que foi prevista intervenção no Distrito Federal, em razão de ser o mesmo considerado ente autônomo integrante da federação (art. 18).

A intervenção é cláusula de defesa da federação, objetivando garantir o equilíbrio federativo contra situações que, pela sua gravidade, possam comprometer a integridade ou a unidade do Estado Federal.

O art. 34 consagra o princípio da não intervenção: prevalece, no sistema federativo, a regra geral da autonomia dos Estados-Membros, sendo a intervenção federal, que acarreta suspensão provisória dessa autonomia, cláusula excepcional.

Por se tratar de exceção, a intervenção federal só poderá ocorrer nas hipóteses exaustivamente enumeradas no texto constitucional, não se admitindo sejam elas ampliadas por norma infraconstitucional.

São hipóteses de intervenção federal:

I – defesa nacional interna e externa (art. 34, I a III);

II – respeito dos poderes constituídos e observância da Constituição (art. 34, IV, VI e VII, *a* e *d*);

III – ordem financeira (art. 34, V, *a* e *b*).

São, portanto, materiais ou de fundo as hipóteses de intervenção previstas na Constituição para:

– *manter a integridade nacional* – Sendo federativa a forma do Estado brasileiro (art. 1º da Constituição), vedado é o direito de secessão a qualquer das entidades componentes da união indissolúvel. Havendo, portanto, ameaça à coesão nacional, mediante propósitos separatistas, é viável a intervenção federal;

– *repelir invasão estrangeira ou de uma unidade da federação em outra* – Na caracterização de invasão estrangeira não é necessário que o governo estadual seja conivente com ela, bastando que importe em sacrifício da autonomia do Estado Federado a ação do governo federal, a fim de afastar a apontada invasão, de impedi-la ou evitá-la, se iminente. A intervenção, nesse caso, segundo Enrique Ricardo Lewandowski, "se justifica, precisamente, porque a defesa do território nacional interessa à União, ou seja, ao conjunto de todos os entes federados, e porque, cada qual, isoladamente, não teria condições de repelir a agressão, com os seus próprios meios, fazendo-se mister, como regra, o acionamento das forças armadas nacionais."[89]

No caso de invasão de um Estado em outro, há ruptura da coesão nacional e do equilíbrio federativo, entendendo-se estar a União autorizada a intervir tanto no Estado invasor, quanto no invadido;

– *pôr termo a grave comprometimento da ordem pública* – A perturbação da ordem há de ser grave, ou seja, aquela que o Estado Federado não pode ou não quer debelar. Dispondo, pois, o Estado-Membro de condições para debelar a crise, não se há falar em intervenção federal, que, no caso, violaria a sua autonomia;

– *garantir o livre exercício de qualquer dos Poderes nas unidades da federação* – Ocorrendo coação de um dos poderes nas unidades da federação, ou estando impedido de exercer as suas funções, viabiliza-se a intervenção federal, dependendo, contudo, de solicitação do Poder Legislativo ou do Poder Executivo coato ou impedido, ou de requisição do Supremo Tribunal Federal, se a coação for exercida contra o Poder Judiciário (art. 36, I);

– *reorganizar as finanças das unidades da federação que: a) suspender o pagamento da dívida fundada por mais de dois anos consecutivos, salvo motivo de força maior; b) deixar de entregar aos Municípios receitas tributárias fixadas na Constituição, nos prazos estabelecidos em lei* – Dívida fundada, segundo o disposto no art. 98 da Lei n. 4.320, de 17 de março de 1964, compreende os compromissos de exigibilidade superior a 12 meses, contraídos para atender a desequilíbrio orçamentário ou a financiamento de obras e serviços públicos. Segundo dispõe o parágrafo único dessa disposição normativa, "a

[89] LEWANDOWSKI. *Pressupostos materiais e formais da intervenção federal no Brasil*, p. 90-91.

dívida fundada será escriturada com individuação e especificações que permitam verificar, a qualquer momento, a posição dos empréstimos, bem como os respectivos serviços de amortização e juros".

Para Ernesto Leme, "a dívida pública pode ser externa e interna. Uma e outra podem ser ativa e passiva. E ambas se subdividem em fundada, flutuante e especial. A dívida é fundada quando constituída por títulos de renda ou apólices, inscritas nos livros respectivos, negociáveis na bolsa, de juros, assim como a prazo, de pagamento e resgate expressamente estipulados."[90]

Pontes de Miranda, aproximando-se dessa conceituação, fala que dívida fundada "é a resultante da vinculação da entidade estatal, regularmente inscrita nos livros da Fazenda, tal como se dá com os títulos, os empréstimos e adicionais restituíveis".[91]

Já para Geraldo Ataliba, toda dívida pública é igual, diferenciando-se a dívida fundada e a flutuante apenas nos objetivos da administração ao tomar um empréstimo em dinheiro. Segundo este jurista, dívida fundada é "aquela que corresponde a um investimento de capital, a um incremento do patrimônio público ou a uma inversão de qualquer forma duradoura, que apresente um saldo positivo – ou financeiro, ou patrimonial – para o Estado, ou, pelo menos, equilíbrio entre a quantia que fica o Estado devendo e o benefício que ela produz ou propicia". E arremata: "Não é o prazo de doze meses que qualifica uma dívida como fundada; não cabe constituir dívida fundada para atender a desequilíbrio orçamentário."[92]

No entender de Hely Lopes Meirelles, dívida fundada ou consolidada "é a garantia por título próprio da entidade pública devedora, amortizável ou resgatável em prazo certo, geralmente longo, com fluência de juros prefixados, sendo os títulos negociáveis nos respectivos mercados e bolsas. Distingue-se da dívida flutuante, que é aquela que o Poder Público contrai por um breve e indeterminado período de tempo para atender às momentâneas necessidades de caixa, pelo que é também denominada dívida de tesouraria ou dívida administrativa"[93]

De acordo com o disposto no art. 29, I, da Lei Complementar n. 101/2000, que estabelece normas de finanças públicas voltadas para a responsabilidade na gestão fiscal, dívida pública fundada ou consolidada é o montante total, apurado sem duplicidade, das obrigações financeiras do ente da Federação, assumidas em virtude de leis, contratos, convênios ou tratados e da realização de operações de crédito, para amortização em prazo superior a doze meses. Integram ainda a dívida pública fundada as operações de crédito de prazo inferior a doze meses cujas receitas tenham constado do orçamento, bem como os precatórios judiciais emitidos a partir de 5 de maio de 2000, e não pagos durante a execução do orçamento em que houverem sido incluídos, para fins de aplicação dos limites. Na dívida pública fundada da União, será incluída a relativa à emissão de títulos de responsabilidade do Banco Central do Brasil (art. 29, §§ 2º e 3º, e art. 30, § 7º, da Lei Complementar n. 101/2000).

---

90 LEME. *A intervenção federal*, p. 187.
91 PONTES DE MIRANDA. *Comentários à constituição de 1967 com a emenda n. 1, de 1969*, t. II, p. 228.
92 ATALIBA. *Regime jurídico do crédito público*, p. 98, 99 e 139.
93 MEIRELLES. *Direito municipal brasileiro*, p. 105.

Em decorrência das regras inerentes ao federalismo cooperativo, os Estados federados se acham obrigados a transferir aos Municípios determinadas quotas tributárias, nos prazos fixados em lei, cuja retenção é sancionada com a intervenção federal;

– *prover a execução de lei federal, ordem ou decisão judicial*: Tem-se entendido que a intervenção para a execução de lei federal somente poderá ocorrer quando não haja solução judicial para o caso, ou seja, a recusa do governo estadual em cumprir lei federal não seja passível de correção pelos órgãos judiciários.

  O descumprimento de ordem ou decisão judicial refere-se a decisão proferida tanto pela Justiça Federal quanto pela Estadual;

– *assegurar a observância dos seguintes princípios constitucionais*: *a) forma republicana, sistema representativo e regime democrático; b) direitos da pessoa humana; c) autonomia municipal; d) prestação de contas da administração pública, direta e indireta* – Tais são os denominados princípios constitucionais enumerados ou sensíveis, referidos no item *6.1* do Capítulo *15* deste trabalho, notando-se que a inobservância, pelos Estados-Membros, dos direitos da pessoa humana, como hipótese interventiva, foi introduzida pela Constituição de 1988.

Compete ao Presidente da República decretar a intervenção, mediante audiência dos Conselhos da República e de Defesa Nacional (arts. 90, I, e 91, § 1º, II), devendo o decreto interventivo ser submetido à apreciação do Congresso Nacional, no prazo de vinte e quatro horas (art. 36, § 1º).

O Congresso Nacional exerce, assim, controle político a *posteriori* sobre o decreto de intervenção, admitindo-se até mesmo venha a responsabilizar o Presidente da República, caso verifique a ocorrência de crime de responsabilidade.

Pondere-se que o ato interventivo produz eficácia desde a sua edição, independentemente de aprovação pelo Poder Legislativo. A suspensão da intervenção pelo Congresso Nacional produz efeitos meramente *ex nunc*.

Tem-se entendido que a intervenção consiste num dever do Presidente da República, quando requisitada pelo Supremo Tribunal Federal ou pelo Tribunal Superior Eleitoral, mas é direito do Chefe do Executivo quando for solicitada pelo Executivo ou Legislativo.

Na hipótese de descumprimento de princípio constitucional enumerado (art. 34, VII e alíneas) e de recusa ao cumprimento de lei federal (art. 34, VI), a intervenção dependerá de representação do Procurador-Geral da República ao Supremo Tribunal Federal e do provimento da representação. Nesse caso, o Supremo Tribunal comunicará a decisão ao Presidente da República, que suspenderá a execução do ato impugnado, se essa medida tiver eficácia (art. 36, § 3º). Assim, a intervenção só ocorrerá se o Estado federado ou o Distrito Federal não acatarem a medida presidencial de suspensão do ato impugnado.

Ressalte-se que a Emenda Constitucional n. 45/2004 deu nova redação ao inciso III do art. 36, e revogou o inciso IV do art. 36, da Constituição Federal, pelos quais se atribuía ao Superior Tribunal de Justiça competência para processar e julgar a ação interventiva fundada em recusa de execução de lei federal. Com isso, restabeleceu-se a competência do Supremo Tribunal Federal para o julgamento da ação interventiva, o que se revela adequado, por caber a ele, na tradição do nosso constitucionalismo, como órgão máximo do Poder Judiciário, o controle da autonomia do Estado-Membro e a defesa da federação.[94]

O decreto de intervenção especificará a amplitude, o prazo e as condições de sua execução e, se couber, nomeará o interventor. A intervenção nem sempre ocorre sobre os três Poderes do Estado, podendo incidir em apenas um ou dois deles.

Diz a Constituição que, cessados os motivos da intervenção, as autoridades afastadas de seus cargos a estes voltarão, salvo impedimento legal (art. 36, § 4º), como, por exemplo, suspensão ou perda dos direitos políticos e término do mandato.

11. INTERVENÇÃO NOS MUNICÍPIOS

A Constituição prevê a intervenção dos Estados nos Municípios, ou da União nos Municípios situados em Território (art. 35).

A intervenção nos Municípios se explica, principalmente, pela autonomia de que desfrutam no sistema federal, já que não se entende o exercício da autonomia fora de certos limites. E a intervenção consiste justamente num instrumento jurídico-político, mais drástico deles, concebido para controlar a autonomia municipal.

Hely Lopes Meirelles afirma, a propósito, em conceito adotado pelo Supremo Tribunal Federal (RE n. 94.252-I-PB), que "a intervenção do Estado no Município é medida excepcional de caráter corretivo político-administrativo".

Se a intervenção é, por um lado, antítese da autonomia municipal, por outro lado constitui medida eficaz para a preservação dessa autonomia, pois, sem suportar a medida interventiva, os entes locais poderiam chegar até mesmo ao aniquilamento de suas instituições. Hely Lopes Meirelles observa que, "com as cautelas estabelecidas pela Constituição e com a prudência dos governantes na utilização desse instrumento de controle das atividades comunais, a intervenção estadual não desfigura o nosso regime municipal, nem descaracteriza as franquias dos governantes locais, que devem ser autônomos, mas sujeitos a responsabilizações e sanções pelos desmandos administrativos que cometerem."[95]

Cabe indagar se a intervenção estadual nos Municípios confunde-se com a intervenção federal nos Estados ou, ao contrário, dispõe de contornos jurídicos próprios. Josaphat Marinho enfrentou com inteira propriedade a questão, ao interpretar o pensamento de Pontes de Miranda. Disse que, "se Pontes de Miranda acentua que 'a intervenção pelo Estado-Membro é inconfundível com a intervenção federal no

---

94 A Lei n. 12.562, de 23 de dezembro de 2011, regulamenta o inciso III do art. 36 da Constituição Federal, para dispor sobre o processo e julgamento da representação interventiva perante o Supremo Tribunal Federal.

95 MEIRELLES. *Direito municipal brasileiro*, p. 103.

Estado-Membro', não o faz por ver entre as duas diferença da natureza, mas porque a última pode ser restrita a alguma zona, a algum Município ou a alguns Municípios".[96]

Consideram-se materiais ou de fundo as quatro hipóteses interventivas previstas nos incisos correspondentes ao art. 35 da Constituição Federal, e que se referem à ordem financeira municipal (art. 35, I e III), observância da Constituição Estadual e respeito dos poderes constituídos (art. 35, II e IV).

Por se tratar de medida excepcional, a intervenção em Município só poderá ocorrer nas hipóteses exaustivamente enumeradas no texto constitucional federal, não se admitindo sejam elas ampliadas pela Constituição do Estado-Membro ou por lei infraconstitucional.

11.1 Falta de pagamento da dívida fundada

A falta de pagamento da dívida fundada, sem motivo de força maior, por dois anos consecutivos, é a primeira hipótese de intervenção estadual em Município (art. 35, I, da Constituição Federal).

O conceito de dívida fundada foi examinado anteriormente (item *10*).

Acrescente-se que o montante da dívida fundada ou consolidada dos Municípios está sujeito aos limites fixados pelo Senado Federal, por proposta do Presidente da República (art. 52, VI, da Constituição Federal), cabendo ainda ao Senado Federal dispor sobre os limites globais e as condições para as operações de crédito externo e interno dos Municípios (art. 52, VII, da Constituição Federal).

O exame da dívida municipal, que ensejará eventual intervenção, deve ser procedido minuciosamente por técnicos ou agentes do Estado, incluindo os do Tribunal de Contas.

Advirta-se que o Município deverá provar a ocorrência de força maior para eximir-se da intervenção, não bastando alegá-la. E o conceito de força maior é o legal, consistindo no "fato necessário, cujos efeitos não era possível evitar, ou impedir" (Código Civil de 2002, art. 393, parágrafo único).

Já "no cômputo dos dois anos consecutivos, exclui-se o dia do começo, que é o do vencimento mesmo, ou o da exigibilidade, e inclui-se o último, porque se trata de princípio geral de direito, tanto invocável no direito privado quanto no direito público", esclarece Pontes de Miranda.[97]

11.2 Não prestação de contas

A prestação de contas constitui dever do Prefeito, como administrador público. A Constituição prevê, em seu art. 35, II, intervenção em Município, "desde que não forem prestadas contas devidas, na forma da lei". O texto constitucional anterior mencionava a expressão "lei estadual". O atual considera apenas o termo lei, circuns-

---

[96] MARINHO. *Revista de Direito Público*, p. 62.

[97] PONTES DE MIRANDA. *Comentários à constituição de 1967 com a emenda n. 1, de 1969*, t. II, p. 228-229.

tância que possibilita a intervenção por violação de lei federal, estadual ou municipal (a lei orgânica no Município contém regras sobre controle interno de cada um dos Poderes).

Hely Lopes Meirelles distingue a falta de prestação de contas da sua prestação irregular, para concluir que apenas no primeiro caso é admissível a intervenção, "pois que, a dar um sentido mais amplo ao dispositivo constitucional, iríamos propiciar a intervenção do Estado no Município toda vez que o Prefeito errasse na prestação de contas ou apresentasse qualquer irregularidade na efetivação da despesa".[98] Na hipótese de ocorrer prestação irregular de contas, pelo Prefeito, ao Tribunal de Contas do Estado, Tribunal ou Conselho de Contas dos Municípios, onde houver, aplicar-se-á ao Chefe do Executivo local as sanções político-administrativas, civis e penais cabíveis, sendo desnecessária a medida extrema da intervenção.

11.3 Inaplicação do percentual constitucional da receita de impostos na manutenção e desenvolvimento do ensino e nas ações e serviços públicos de saúde

A Constituição Federal autoriza, em seu art. 35, III, com a redação da Emenda Constitucional n. 29/2000, a intervenção, "se não tiver sido aplicado o mínimo exigido da receita municipal na manutenção e desenvolvimento do ensino e nas ações e serviços públicos de saúde". De acordo com o disposto no seu art. 212, os Municípios aplicarão 25%, no mínimo, da receita resultante de impostos, compreendida a proveniente de transferências, na manutenção e desenvolvimento do ensino.

A respeito dessa hipótese de intervenção, cabem algumas observações. A primeira é a de que a referida porcentagem compreende não só as receitas tributárias do Município, de que trata o art. 156, I a III, da Constituição Federal, como também as resultantes de transferências de outros entes da federação, vale dizer, União e Estados-Membros. Outra observação diz respeito ao grau de ensino-objeto da aplicação da receita tributária. Apesar de o art. 211, § 2º, da Carta Federal determinar que os Municípios atuarão prioritariamente no ensino fundamental e pré-escolar, nada impede que, respeitada essa prioridade, o percentual em consideração seja aplicado em qualquer grau de ensino. Uma terceira observação está no fato de que integram as despesas de ensino aquelas referentes a gastos com transportes de professores e alunos, segurança nas escolas, construção, recuperação e aluguel de imóveis destinados ao funcionamento de escolas, pagamento de pessoal docente e seus correspondentes encargos sociais, fornecimento de material didático e escolar para o ensino fundamental, pagamento de despesas com o educando, seja com alimentação, aí incluída a merenda escolar, assistência à saúde, como médicos, dentistas, enfermeiros, medicamentos, na unidade escolar. Finalmente, vale a observação de que a diferença entre a receita e a despesa previstas e as efetivamente realizadas que resultem no não-atendimento do percentual mínimo obrigatório, admite compensação no exercício seguinte, de acordo com o disposto no § 4º da Lei Federal n. 7.348, de 24 de julho de 1985.

---

[98] MEIRELLES. *Direito municipal brasileiro*, p. 106.

Já no que se refere às ações e serviços públicos de saúde, os Municípios aplicarão, anualmente, recursos mínimos provenientes do produto da arrecadação dos impostos de sua competência previstos no art. 156, e dos recursos de que tratam os artigos 158 e 159, inciso I, alínea *b* e § 3º, em percentuais a serem estabelecidos em lei complementar, que será reavaliada pelo menos a cada cinco anos. Observe-se que, pelo art. 77, acrescentado ao Ato das Disposições Constitucionais Transitórias pela EC n. 29/2000, até o exercício financeiro de 2004, os recursos mínimos aplicados nas ações e serviços de saúde serão equivalentes, no caso dos Municípios, a 15% do produto da arrecadação dos impostos a que se refere o art. 156 e dos recursos de que tratam os artigos 158 e 159, inciso I, alínea *b* e § 3º. Assinale-se que os Municípios que apliquem percentual inferior àqueles acima estabelecidos, deverão elevá-los gradualmente, até o exercício financeiro de 2004, reduzida a diferença à razão de, pelo menos, 1/5 por ano, e, a partir de 2000, a aplicação será de pelo menos 7%. E pelo disposto no § 4º do art. 77 do ADCT, na ausência da lei complementar de que se trata, os Municípios, a partir do exercício financeiro de 2005, deverão aplicar os mesmos percentuais previstos para o exercício financeiro de 2004.

11.4 Inobservância dos princípios indicados na Constituição Estadual, descumprimento de lei, ordem ou decisão judicial

Os Municípios estão obrigados a respeitar os princípios constantes da Constituição do respectivo Estado-Membro, que, por sua vez, incorpora os princípios da Constituição Federal (arts. 25 a 28 e 29) e acrescenta outros referentes à diversidade regional.

A inobservância, pelo Município, desses princípios acarreta intervenção.

São princípios constitucionais: forma republicana, sistema representativo, regime democrático, direitos da pessoa humana, autonomia municipal, independência e harmonia dos Poderes, os referentes à elaboração e execução orçamentária, moralidade e probidade administrativa, dentre tantos outros identificáveis no texto constitucional.

O descumprimento de lei constitui hipótese interventiva no Município. Esclareça-se que a Constituição Federal (art. 35, IV) não qualifica a lei como municipal: trata-se, dessa forma, de qualquer lei (federal, estadual ou municipal). Também o decreto, "que é lei em sentido material e tem o mesmo conteúdo normativo da lei formal, nas matérias de sua alçada, há de ser cumprido fielmente pelas autoridades e agentes municipais", sob pena de intervenção, é o que esclarece Hely Lopes Meirelles.[99]

O Prefeito, como Chefe do Executivo municipal, pode deixar de cumprir leis municipais inconstitucionais? A despeito da polêmica acerca da matéria, entendemos que sim. Nesse sentido, opinou Adroaldo Mesquita da Costa: "A tese de que o Poder Executivo pode e deve negar cumprimento a leis que julgar inconstitucionais é francamente vitoriosa."[100]

---

[99] MEIRELLES. *Direito municipal brasileiro*, p. 109.

[100] COSTA. *Revista de Direito Administrativo*, p. 358.

O emitente Ministro Moreira Alves, em voto proferido no Supremo Tribunal Federal, acentuou: "Não tenho dúvida em filiar-me à corrente que sustenta que pode o Chefe do Poder Executivo deixar de cumprir – assumindo os riscos daí decorrentes – lei que se lhe afigura inconstitucional. A opção entre cumprir a Constituição é concedida ao particular para a defesa do seu interesse privado. Não o será ao Chefe de um dos Poderes do Estado para a defesa, não do seu interesse particular, mas da supremacia da Constituição que estrutura o próprio Estado."[101]

Este poder-dever ao Prefeito em não cumprir leis inconstitucionais deve cercar-se de alguns condicionamentos. A justificativa para não dar cumprimento à norma inconstitucional é o primeiro deles. Ao recusar aplicação à lei que repute inconstitucional, o Prefeito deverá motivar a recusa, fundamentando-a devidamente, para que não incida em responsabilização criminal (art. 1º, XIV, do Decreto-lei n. 201/67). Outro condicionamento situa-se no plano constitucional-processual. Na hipótese de figurar o Prefeito como legitimado ativo para a propositura de ação direta de inconstitucionalidade de lei municipal, em face da Constituição Estadual, deverá, paralelamente ao ato de recusa de cumprimento da norma inconstitucional, ajuizar a competente ação direta junto ao Tribunal de Justiça. Requerendo medida cautelar, continuará a não aplicar a lei que entenda inconstitucional, até a decisão dessa medida que, deferida, libera o Chefe do Executivo local a prosseguir na recusa de cumprimento da lei. Caso seja indeferida, desaparecem os fundamentos do ato de rejeição à lei, que deverá então ser cumprida.

O descumprimento de ordem ou de decisão judicial acarreta intervenção em Município.

Ordem judicial significa "qualquer comandamento ou mandado", e por decisão judicial entende-se "qualquer resolução, que se haja de executar".[102]

A ordem ou a decisão devem expressar o exercício de função jurisdicional. Assim, os atos administrativos praticados pelos juízes não se enquadram na categoria de ordem ou decisão judicial.

Os casos de intervenção mencionados neste tópico dependem de representação do Procurador-Geral de Justiça ao Tribunal de Justiça do Estado, que lhe dará provimento (art. 35, IV, da Constituição Federal).

Note-se ainda que a Constituição Federal prevê uma fase premonitória para esses casos de intervenção, ou seja, haverá decreto do Governador suspendendo a execução do ato impugnado, se essa medida bastar ao restabelecimento da normalidade, circunstância que evita a intervenção. Se, no entanto, o Prefeito não acatar o decreto do Governador, insistindo na prática do ato, será inevitável a medida interventiva.

A competência para decretar a intervenção é do Governador, mediante decreto. Não se exige lei autorizada para o ato.

O decreto de intervenção deverá especificar as razões, o prazo e as condições de execução da medida e, se couber, nomeará o interventor.

---

[101] *Revista Trimestral de Jurisprudência* v. 96, p. 508, abr. 1981.

[102] PONTES DE MIRANDA. *Comentários à constituição de 1967 com a emenda n. 1, de 1969*, p. 244.

A renúncia antecipada do Prefeito e a assunção do cargo pelo Vice-Prefeito não obstam juridicamente a intervenção, foi o que decidiu o Supremo Tribunal Federal (RE n. 94.252-1 – PB), com o voto do Ministro Leitão de Abreu, assim expresso: "A intervenção, pela qual se intenta restaurar a regularidade na administração municipal, supõe o interventor e o afastamento, por isso mesmo, do Prefeito do Município, bem que esse afastamento possua, em regra, caráter provisório, uma vez que a intervenção não é forma de destituição de cargo político, a qual só poderá ocorrer em face de outra causa legal. Em outras palavras, o ato de intervenção, ato político-administrativo, implica o afastamento de quem se ache na Chefia da Prefeitura, cujas atribuições passam ao interventor."

Capítulo 8

ADMINISTRAÇÃO PÚBLICA

SUMÁRIO

1. Princípios e normas gerais – 2. Agentes e cargos públicos – 3. Servidores públicos – 4. Improbidade administrativa.

1. PRINCÍPIOS E NORMAS GERAIS

A Constituição trata da "administração pública" no Capítulo VII do Título III, incluindo normas referentes aos servidores públicos civis e militares.

Afirma Oswaldo Aranha Bandeira de Mello que "a palavra *administração*, etimologicamente, vem do latim, segundo uns, da preposição *ad* e do verbo *ministro-as-are*, que significa servir, executar, e, segundo outros, de *ad manus trahere*, que envolve idéia de direção ou gestão. Daí a possibilidade de lhe emprestar sentido amplo, sem restringi-lo a uma compreensão tão-somente de execução subordinada. Lícito, também, se afigura incluir nela a compreensão de deliberação, de comando".[1]

Pode-se entender Administração Pública em sentido subjetivo (e aqui a palavra é grafada com maiúscula), como o conjunto de órgãos e de pessoas jurídicas aos quais a lei atribui o exercício da função administrativa do Estado, e em sentido objetivo, ou seja, "conjunto de atividades preponderantemente executórias de pessoas jurídicas de Direito Público ou delas delegatárias, gerindo interesses coletivos, na prossecução dos fins desejados pelo Estado".[2]

Ao tratarmos da atividade administrativa, necessário que se distinga desconcentração de descentralização.

A desconcentração corresponde à divisão interna de competências, ou seja, repartição de competências entre órgãos integrantes da mesma pessoa jurídica.

---

1 BANDEIRA DE MELLO. *Princípios gerais de direito administrativo*, p. 34.

2 MOREIRA NETO. *Curso de direito administrativo*, p. 88.

A descentralização se verifica quando há distribuição de competência para outra pessoa jurídica.

A Emenda Constitucional n. 19, de 4 de junho de 1998, introduziu relevantes alterações neste Capítulo, como a seguir verificaremos.

O art. 37 da Constituição menciona que a administração direta e indireta de qualquer dos Poderes da União, do Distrito Federal e dos Municípios obedecerá aos princípios da legalidade, impessoalidade, moralidade, publicidade e eficiência.

Observe-se que o texto constitucional originário fazia menção à administração direta, indireta e fundacional. Abrange a administração direta os órgãos administrativos que compõem a organização administrativa do Estado; a indireta é integrada pelas autarquias, empresas públicas, sociedades de economia mista, e fundações públicas.

Em crítica ao texto constitucional originário, José Cretella Jr. diz que o constituinte se equivocou, pois quando coloca a administração indireta ao lado da *fundação* (e sem o atributo "pública"), incide em erro, porque a "entidade fundacional pública é uma das espécies em que se desdobra o gênero Administração Indireta".[3]

O equívoco ficou, no entanto, reparado com a Emenda Constitucional n. 19/98, que eliminou o termo "administração fundacional" do *caput* do art. 37.

A administração direta e indireta revela-se nas três esferas de governo em que se articula a federação (União, Estados e Municípios), havendo ainda a Administração local do Distrito Federal.

Ao mencionar "administração pública direta e indireta de qualquer dos Poderes" (art. 37), parece-nos que o texto constitucional está abrindo a possibilidade de não só o Executivo, mas também o Legislativo e o Judiciário instituírem autarquias e outras entidades da administração indireta, bem como fundações, desde que convenientes para a descentralização de seus serviços de natureza administrativa, embora tais serviços sejam atípicos desses dois Poderes.

Ainda é José Cretella Jr. quem observa, a propósito: "Administração existe nos três Poderes, mas o volume de *serviços administrativos* do Poder Judiciário e do Poder Legislativo é pequeno e, regra geral, interno (concessão de férias, de licenças aos agentes desses Poderes), às vezes externo (atendimento ao público). O volume, a massa, o grande número, o acúmulo de 'serviço administrativo' é que se torna a 'causa determinante' da descentralização e, pois, da criação de entidades *periféricas*, que colaboram com o *centro superlotado.* Onde não existe *superlotação* não existe 'exportação' ou 'transferência' e, portanto, Administração Indireta, criação incompatível lógica e juridicamente com o Poder Judiciário e com o Poder Legislativo."

Para concluir: "... desse modo, constituintes e seus assessores deram às expressões 'Administração Pública', 'Administração Direta', 'Administração Indireta' e 'entidade fundacional' sentidos não-técnicos, divorciados da doutrina, do Direito positivo e da

---

[3] CRETELLA JÚNIOR. A administração pública. *In*: *A Constituição brasileira – 1988*: interpretações, p. 142.

realidade prática. Para que o dispositivo fique inatacável, basta a supressão da expressão 'de qualquer dos Poderes'."[4]

A Constituição não inclui na administração indireta as denominadas 'agências reguladoras'. Apenas faz referência a 'órgãos reguladores' (arts. 21, XI, e 177, § 2º, III) de determinada entidade estatal.

Apesar da controvérsia doutrinária sobre a sua natureza jurídica, verifica-se que os órgãos reguladores têm sido constituídos como autarquias especiais designadas de agências (pessoas jurídicas de direito público), conferindo-lhes a lei poder normativo para as concessões e permissões de serviços públicos, notando-se ainda que as agências reguladoras já criadas, como a *Aneel*, *Anatel*, *Anp*, *Anvs*, *Ans*, *Ana*, *Antt* e *Antaq*, permitem que seus dirigentes sejam detentores de mandato.

De modo geral, às agências reguladoras, ressalvadas as peculiaridades de cada uma delas, tem sido cometidas as seguintes tarefas: "a) controle de tarifas, de modo a assegurar o equilíbrio econômico e financeiro do contrato; b) universalização do serviço, estendendo-se a parcelas da população que deles não se beneficiavam por força da escassez de recursos; c) fomento da competitividade, nas áreas nas quais não haja monopólio natural; d) fiscalização do cumprimento do contrato de concessão; e) arbitramento dos conflitos entre as diversas partes envolvidas: consumidores do serviço, poder concedente, concessionários, a comunidade como um todo, os investidores potenciais, etc."[5]

Autarquia, segundo o Decreto-Lei n. 200/67, é o "serviço autônomo, criado por lei, com personalidade jurídica, patrimônio e receita próprios, para executar atividades da Administração Pública que requeiram, para o seu melhor funcionamento, gestão administrativa e financeira descentralizadas". É pessoa jurídica de direito público interno (Código Civil de 2002, art. 41, IV), distinta do Estado.

Segundo resenha de Chimenti, as autarquias congregam "as seguintes peculiaridades:

a) atuam em nome próprio, uma vez que criadas por lei específica (CF, art. 37, XIX);
b) a lei de criação é de iniciativa do Chefe do Executivo (CF, art. 61, § 1º);
c) são organizadas por decreto, regulamento ou estatuto;
d) possuem patrimônio próprio (bens públicos), transferidos pela entidade estatal a que se vinculam; detendo a natureza de patrimônio público, seus bens são gravados de inalienabilidade, impenhorabilidade e imprescritibilidade, admitindo-se a defesa por atuação do Ministério Público (CF, art. 129, III);
e) a forma de investidura dos seus dirigentes é fixada na lei de criação e, na sua falta, na forma disposta por seu estatuto ou regulamento, mostrando-se ilegal qualquer condicionante externo de escolha (*RDA*, 140/37, e *RT*, 595/249);

---

4 CRETELLA JÚNIOR. A administração pública. *In*: *A Constituição brasileira – 1988*: Interpretações, p. 145.

5 BARROSO. Agências reguladoras. Constituição. Transformações do Estado. *In*: *Revista Latino-Americana de Estudos Constitucionais*, n. 1, jan./jun. 2003, p. 304.

f) seus agentes devem ser titulares de cargos públicos, admitidos, em regra, por concurso público, por isso são equiparados, para todos os fins, a agentes públicos (CP, art. 327, e Lei n. 8.429/1992); a investidura em função pública sem a prévia aprovação em concurso somente será possível para atender a hipóteses excepcionais (art. 37, II);

g) as contratações que promovem devem ser antes licitadas (CF, art. 37, XXI, e Lei n. 8.666/1993);

h) como exercem funções típicas do Estado (administrativas), são equiparadas ao Poder Público para fins de privilégios, dentre eles:

h.1) não-incidência, por imunidade, de impostos sobre patrimônio, renda e serviços (CF, art. 150, § 2º);

h.2) foro privilegiado para as ações judiciais de seu interesse (CF, art. 109, I);

h.3) prazos processuais diferenciados (CPC, art. 188);

h.4) seus atos são dotados de presunção de legalidade e seus créditos admitem execução fiscal (CPC, art. 578);

h.5) suas dívidas estão sujeitas a regime especial de cobrança (CF, art. 100 e parágrafos);

h.6) ação regressiva em face de servidores (CF, art. 37, § 6º);

i) como todas as entidades públicas, estão sujeitas a controle externo. O controle exercido pela Administração direta da entidade que as criou, no entanto, é efetuado nos termos e nos limites da lei que criou as autarquias. As chamadas autarquias de regime especial (como as universidades públicas e o Banco Central) recebem tal designação porque a incidência do controle externo é restrito, sendo dotados de maior autonomia (daí serem identificadas como sendo de 'regime especial')."[6]

Empresa pública, na definição do Decreto-Lei n. 200/67, é entidade dotada de personalidade jurídica de direito privado, com patrimônio próprio e capital exclusivo do Estado, criada por lei para a exploração de atividade econômica, podendo revestir-se de qualquer das formas admitidas em direito.

Sociedade de economia mista corresponde a entidade dotada de personalidade jurídica de direito privado, criada por lei para a exploração de atividade econômica, sob a forma de sociedade anônima, como se depreende do art. 6º, II e III, do Decreto-Lei n. 200/67, com a redação do Decreto-Lei n. 900/96. As sociedades de economia mista, quanto ao objeto social ou atividade a que se destinam podem ser ainda classificadas em: *a)* prestadoras de serviço público; *b)* exploradoras de atividade econômica.

As fundações são criadas após autorização legislativa e sua característica é a realização de trabalhos científicos, culturais e outros que não envolvam interesses econômicos diretos ou fins lucrativos. São dotadas de autonomia administrativa, patrimônio próprio gerido pelos respectivos órgãos de direção e funcionamento custeado por recursos da União e de outras fontes. Parte da doutrina entende ser possível a instituição, pelo Estado, de fundações sob o regime de direito público, havendo outra

[6] CHIMENTI *et al. Curso de direito constitucional*, p. 199/200.

parte que somente as admite regidas pelo Direito Privado, de acordo com o modelo previsto no Código Civil de 2002, em seus arts. 62 a 69).

A administração pública, em *sentido objetivo*, compreende o conjunto de atividades concretas e imediatas que o Estado desenvolve para a consecução dos interesses coletivos. Como salienta Alexandre de Moraes, a atividade administrativa diz-se concreta porque corresponde à aplicação da vontade do direito prevista em lei, e imediata, pois visa à satisfação direta dos fins estatais. A administração pública engloba fomento, polícia administrativa, serviço público e intervenção: a) fomento: corresponde à atividade administrativa de incentivo à iniciativa privada de utilidade pública, por meio de subvenções, financiamentos, favorecimentos fiscais e desapropriações; b) polícia administrativa: corresponde ao concreto exercício de restrições ao exercício de direitos individuais em benefício do interesse maior da coletividade, exteriorizando-se por intermédio de sanções, notificações, licenças, fiscalizações. Trata-se, pois, da execução das chamadas limitações administrativas que, obrigatoriamente, devem estar previstas em lei; c) serviço público: corresponde a toda atividade, sob regime predominantemente público, executada, direta ou indiretamente, pela Administração Pública, com a finalidade de satisfazer à necessidade da coletividade; d) intervenção: corresponde à regulamentação e à fiscalização da atividade econômica de natureza privada, e da atuação direta do Estado no domínio econômico, por meio de empresas estatais. A Constituição Federal prevê, em seu art. 173, essa hipótese, ao afirmar que, ressalvados os casos previstos na Constituição, a exploração direta de atividade econômica pelo Estado só será permitida quando necessária aos imperativos da segurança nacional, ou a relevante interesse coletivo, conforme definido em lei. Prevê, ainda, que a empresa pública, a sociedade de economia mista e outras entidades que explorem atividade econômica sujeitam-se ao regime jurídico próprio das empresas privadas, inclusive quanto às obrigações trabalhistas e tributárias."[7]

A Constituição menciona, no art. 37, os princípios da legalidade, impessoalidade, moralidade, publicidade e eficiência, a serem observados pela administração pública.

Vale notar, inicialmente, que esses princípios não são os únicos em Direito Administrativo, fixando os publicistas inúmeros deles.

Por outro lado, o texto constitucional faz referência, no inciso XXI e nos §§ 5º e 6º do art. 37, a outros princípios da Administração Pública (licitação pública, prescritibilidade dos ilícitos administrativos, responsabilidade civil da Administração), que examinaremos sucintamente adiante.

O princípio da legalidade subordina a administração pública à lei.

Numa visão positivista do direito, diferentemente do indivíduo, que é livre para agir, podendo fazer tudo o que a lei não proíbe, a administração somente poderá fazer o que a lei manda ou permite. Esclarece Hely Lopes Meirelles que "a legalidade, como princípio de administração, significa que o administrador público está, em toda sua atividade funcional, sujeito aos mandamentos da lei, e às exigências do bem comum,

[7] MORAES. *Direito constitucional administrativo*, p. 92-93.

e deles não se pode afastar ou desviar, sob pena de praticar ato inválido e expor-se à responsabilidade disciplinar, civil e criminal, conforme o caso".[8]

O princípio da legalidade, é preciso lembrar, deve submeter-se, no Estado Democrático de Direito, ao exame da parametricidade constitucional, seja formal, seja material, buscando sua validade nos princípios constitucionais. A legalidade administrativa associa-se, em especial, ao princípio da razoabilidade, vale dizer, à adequação entre meios e fins, com a vedação de imposição de obrigações ou sanções em medida superior àquelas estritamente necessárias ao atendimento do interesse público.

O princípio da legalidade, nesse horizonte, para que tenha juridicidade, deve ser aferido a partir de uma filtragem constitucional, por ser a Constituição o centro irradiador do Direito Administrativo, falando-se até mesmo em uma Constituição administrativa. Com o advento do neoconstitucionalismo, e numa perspectiva pós-positivista, e considerando que o Direito Administrativo se constitucionalizou, o princípio da legalidade se transmuda em princípio da constitucionalidade e da juridicidade administrativa, em que, não raro, há o reconhecimento da validade e da incidência imediata de determinados princípios constitucionais, ainda que ausente a lei para mediar a relação entre Constituição e Administração Pública. Como acentua Gustavo Binenbojm, "a ideia de juridicidade administrativa, elaborada a partir da interpretação dos princípios e regras constitucionais, passa a englobar o campo da legalidade administrativa, como um de seus princípios internos, mas não mais altaneiro e soberano como outrora. Isso significa que a atividade administrativa continua a realizar-se, via de regra, (I) segundo a lei, quando esta for constitucional (atividade *secundum legem*), (II) mas pode encontrar fundamento direto na Constituição, independente ou para além da lei (atividade *praeter legem*), ou, eventualmente, (III) legitimar-se perante o direito, ainda que contra a lei, porém com fulcro numa ponderação da legalidade com outros princípios constitucionais (atividade *contra legem*, mas com fundamento numa otimizada aplicação da Constituição)."[9]

O princípio da impessoalidade revela que os atos da Administração Pública não são imputáveis a quem os pratica, mas ao órgão ou entidade administrativa competentes. A impessoalidade consiste ainda na vedação de tratamento discriminatório pelos agentes públicos.

Desdobramento desse princípio é a regra do § 1º, do art. 37 da Constituição, no sentido de que "a publicidade dos atos, programas, obras, serviços e campanhas dos órgãos públicos deverá ter caráter educativo, informativo ou de orientação social, dela não podendo constar nomes, símbolos ou imagens que caracterizem promoção pessoal de autoridades ou servidores públicos".

A relação de comunicação da Administração com a sociedade compreende, portanto, apenas informar e ser informada, mas nunca manipular, sendo imoral a relação

---

8 MEIRELLES. *Direito administrativo brasileiro*, p. 67.

9 BINENBOJM. A constitucionalização do direito administrativo no Brasil: um inventário de avanços e retrocessos, *in: A constitucionalização do direito: fundamentos teóricos e aplicações específicas* (SOUZA NETO; SARMENTO – Orgs.), p.756-757.

que o Poder Público venha a estabelecer com a sociedade, objetivando seu controle pela propaganda.

A moralidade administrativa como princípio, segundo escreve Hely Lopes Meirelles, "constitui hoje pressuposto da validade de todo ato da Administração Pública". Não se trata – diz Hauriou, o sistematizador de tal conceito – da *moral comum*, mas sim de uma *moral jurídica*, entendida como "o conjunto de regras de conduta tiradas da disciplina interior da Administração". Assim, o administrador, ao agir, deverá decidir não só entre o legal e o ilegal, o conveniente e o inconveniente, o oportuno e o inoportuno, mas também entre o honesto e o desonesto.[10]

A gestão da coisa pública deve-se orientar de conformidade com os padrões de conduta que a comunidade elegeu como relevantes, num determinado momento histórico, para o aperfeiçoamento da vida em comum, sob o influxo de um poder central.

A moralidade surge para coibir as arbitrariedades e os excessos cometidos pelo Poder Público, na esfera da discricionariedade, submetendo-se a Administração à finalidade a que deva visar. A exigência do comportamento conforme à moralidade representa uma evolução do controle de desvio de finalidade ou de excesso de poder.

Relativamente ao conteúdo do que seja moralidade, vale a ponderação de André Ramos Tavares, para quem "não se encontra nitidamente demonstrado, seja na lei ou na Constituição, mesmo porque realizável, talvez, apenas perante determinado caso concreto, segundo critérios como o da justeza, da igualdade, de atribuir a cada um o que é seu, de escolher a melhor dentre as melhores opções possíveis, de determinar-se segundo o anseio popular existente, seguindo a linha da figura que já se tem no Direito Privado do *bonus pater familia* (pois, se é necessária responsabilidade nos assuntos privados, por muito maior razão ela é imperiosa nos públicos), de atuar de acordo com a moral e a ética, obedecendo a princípios como o da máxima eficiência possível, o da prestação de contas, da razoabilidade, pautar-se nos limites publicamente circunscritos, ter produtividade no exercício da função, havendo adequação técnica aos fins visados etc. Todos estes, bons dimensionadores do grau de moralidade atingido na prática de determinado ato."[11]

Já para Maria Sylvia Zanella Di Pietro, "não é preciso penetrar na intenção do agente, porque do próprio objeto resulta a imoralidade. Isto ocorre quando o conteúdo de determinado ato contrariar o senso comum de honestidade, retidão, equilíbrio, justiça, respeito à dignidade do ser humano, à boa-fé, ao trabalho, à ética das instituições. A moralidade exige proporcionalidade entre os meios e os fins a atingir; entre os sacrifícios impostos à coletividade e os benefícios por ela auferidos; entre as vantagens usufruídas pelas autoridades públicas e os encargos impostos à maioria dos cidadãos. Por isso mesmo, a imoralidade salta aos olhos quando a Administração Pública é pródiga em despesas legais, porém inúteis, como propaganda ou mordomia, quando a população precisa de assistência médica, alimentação, moradia, segurança, educação, isso sem falar no mínimo indispensável à existência digna. Não é preciso, para invalidar despesas desse tipo, entrar na difícil análise

---

10 MEIRELLES. *Op. c it.*, p. 68-69.

11 TAVARES. *Curso de direito constitucional*, p. 697.

dos fins que inspiraram a autoridade; o ato em si, o seu objeto, o seu conteúdo, contraria a ética da instituição, afronta a norma de conduta aceita como legítima pela coletividade administrada. Na aferição da imoralidade administrativa, é essencial o princípio da razoabilidade."[12]

Relacionado com os princípios da moralidade administrativa, impessoalidade e eficiência, a proibição do chamado nepotismo foi objeto da Súmula Vinculante n. 13, do Supremo Tribunal Federal, nos seguintes termos: "A nomeação de cônjuge, companheiro ou parente em linha reta, colateral ou por afinidade, até o terceiro grau, inclusive, da autoridade nomeante ou de servidor da mesma pessoa jurídica, investido em cargo de direção, chefia ou assessoramento, para o exercício de cargo em comissão ou de confiança, ou, ainda, de função gratificada na Administração Pública direta e indireta, em qualquer dos Poderes da União, dos Estados, do Distrito Federal e dos Municípios, compreendido o ajuste mediante designações recíprocas, viola a Constituição Federal."[13]

---

[12] DI PIETRO. *Discricionariedade administrativa na constituição de 1988*, p. 111.

[13] Precedentes citados: ADI 1521/RS (DJU de 17.3.2000); ADC 12 MC/DF (DJU de 1º.9.2006); MS 23780/MA (DJU de 3.3.2006); RE 579951/RN (j. em 20.8.2008). No julgamento deste último recurso extraordinário, Relator o Ministro Ricardo Lewandowski, "ressaltou-se que o fato de haver diversos atos normativos no plano federal que vedam o nepotismo não significaria que somente leis em sentido formal ou outros diplomas regulamentares fossem aptos para coibir essa prática, haja vista que os princípios constitucionais, que não configuram meras recomendações de caráter moral ou ético, consubstanciam regras jurídicas de caráter prescritivo, hierarquicamente superiores às demais e positivamente vinculantes, sendo sempre dotados de eficácia, cuja materialização, se necessário, pode ser cobrada por via judicial. Assim, tendo em conta a expressiva densidade axiológica e a elevada carga normativa que encerram os princípios contidos no *caput* do art. 37 da CF, concluiu-se que a proibição do nepotismo independe de norma secundária que obste formalmente essa conduta. Ressaltou-se, ademais, que admitir que apenas ao Legislativo ou ao Executivo fosse dado exaurir, mediante ato formal, todo o conteúdo dos princípios constitucionais em questão, implicaria mitigar os efeitos dos postulados da supremacia, unidade e harmonização da Carta Magna, subvertendo-se a hierarquia entre esta e a ordem jurídica em geral. Aduziu-se que art. 37, *caput*, da CF/88 estabelece que a Administração Pública é regida por princípios destinados a resguardar o interesse público na tutela dos bens da coletividade, sendo que, dentre eles, o da moralidade e o da impessoalidade exigem que o agente público paute sua conduta por padrões éticos que têm por fim último alcançar a consecução do bem comum, independentemente da esfera de poder ou do nível político-administrativo da Federação em que atue. Acrescentou-se que o legislador constituinte originário, e o derivado, especialmente a partir do advento da EC 1/98, fixou balizas de natureza cogente para coibir quaisquer práticas, por parte dos administradores públicos, que, de alguma forma, buscassem finalidade diversa do interesse público, como a nomeação de parentes para cargos em comissão ou de confiança, segundo uma interpretação equivocada dos incisos II e V do art. 37 da CF. Considerou-se que a referida nomeação de parentes ofende, além dos princípios da moralidade administrativa e da impessoalidade, o princípio da eficiência, haja vista a inapetência daqueles para o trabalho e seu completo despreparo para o exercício das funções que alegadamente exercem. Frisou-se, portanto, que as restrições impostas à atuação do administrador público pelo princípio da moralidade e demais postulados do art. 37 da CF são auto-aplicáveis, por trazerem em si carga de normatividade apta a produzir efeitos jurídicos, permitindo, em consequência, ao Judiciário exercer o controle dos atos que transgridam os valores fundantes do texto constitucional. Com base nessas razões, e fazendo distinção entre cargo estritamente administrativo e cargo político, declarou-se nulo o ato de

A moral administrativa é ainda tutelada pela ação popular (art. 5º, LXXIII), mencionando a Constituição que a suspensão dos direitos políticos se dará no caso de improbidade administrativa, nos termos do art. 37, § 4º. Determina esta cláusula constitucional que, além da suspensão dos direitos políticos, os atos de improbidade administrativa importarão a perda da função pública, a indisponibilidade dos bens e o ressarcimento ao erário, sem prejuízo da ação penal cabível. Portanto, a improbidade administrativa envolve atos de corrupção na esfera pública,[14] tenham ou não efeitos patrimoniais. A Lei n. 8.429/1992 regulamentou o disposto no art. 37, § 4º, da Constituição, estabelecendo a forma e gradação das sanções decorrentes dos atos de improbidade administrativa. Ainda a propósito deste tema, verificar o n. 5 do Capítulo 18, bem como o n. 4 deste capítulo.

Cabe, pois, ao Poder Judiciário exercer o controle jurisdicional, não apenas da legalidade do ato administrativo, mas sua conformidade com a moral administrativa, o que alarga a jurisdição para o controle da legitimidade, reconhecendo-se ao juiz uma margem de discricionariedade.

A publicidade consiste na "divulgação oficial do ato para conhecimento público e início de seus efeitos externos", não sendo elemento formativo do ato administrativo, mas condição de sua eficácia.[15]

O princípio da eficiência foi introduzido pela Emenda Constitucional n. 19/98. Relaciona-se com as normas da boa administração no sentido de que a Administração Pública, em todos os seus setores, deve concretizar suas atividades com vistas a extrair o maior número possível de efeitos positivos ao administrado, sopesando a relação custo-benefício, buscando a excelência de recursos, enfim, dotando de maior eficácia possível as ações do Estado.

Segundo Maria Sylvia Zanella Di Pietro, o princípio da eficiência impõe ao agente público um modo de atuar que produza resultados favoráveis à consecução dos fins que cabem ao Estado alcançar. Salienta que "a eficiência é princípio que se soma aos demais princípios impostos à Administração, não podendo sobrepor-se a nenhum deles, especialmente ao da legalidade, sob pena de sérios riscos à segurança jurídica e ao próprio Estado de Direito".[16]

---

nomeação do motorista, considerando hígida, entretanto, a nomeação do Secretário Municipal de Saúde." (*Informativo* 516/STF).

14 A corrupção, para Joseph Nye, é um comportamento que se desvia das obrigações normais que decorrem do exercício de uma função pública, em função de busca de ganho privado (pessoal ou de grupo) pecuniário ou de *status*. É, ainda, algo que viola regras que combatem certas formas de influência, voltadas para ganhos privados. Isso inclui comportamentos tais como suborno (uso de recompensas para perverter julgamentos de pessoas em posições de confiança), nepotismo (patronagem em função de relações de parentesco) e apropriação indébita (apropriação ilegal de recursos públicos para fins privados). Cf. NYE, Joseph S. Corruption and political Development: A. Cost-Benefit Analysis. *In*: A. HEIDENHEIMER, J; JOHNSTON, M.; LEVINE, V.T. (Ed). *Political Corruption*: A. Handbook. New Brumswick: Transaction, 1989, p. 963-983.

15 MEIRELLES. *Direito administrativo brasileiro*, p. 72.

16 DI PIETRO. *Direito administrativo*, p. 73-74.

Acentua Alexandre de Moraes que "o princípio da eficiência compõe-se das seguintes características básicas: direcionamento da atividade e dos serviços públicos à efetividade do bem comum, imparcialidade, neutralidade, transparência, participação e aproximação dos serviços públicos da população, eficácia, desburocratização e busca da qualidade".[17]

Para garantir a aplicabilidade e a efetividade do princípio da eficiência, estabelece o § 3º do art. 37 que a lei disciplinará as formas de participação do usuário na Administração Publica direta e indireta, regulando especificamente as reclamações relativas à prestação dos serviços públicos em geral, asseguradas a manutenção de serviços de atendimento ao usuário e a avaliação periódica, externa e interna, da qualidade dos serviços; o acesso dos usuários a registros administrativos e a informações sobre atos de governo, observado o disposto no art. 5º, X e XXXIII; e a disciplina da representação contra o exercício negligente ou abusivo de cargo, emprego ou função na Administração Pública. O § 2º do art. 39 estabelece que a União, os Estados e o Distrito Federal manterão escolas de governo para a formação e o aperfeiçoamento dos servidores públicos, constituindo-se a participação nos cursos um dos requisitos para a promoção na carreira, facultada, para isso, a celebração de convênios ou contratos entre os entes federados. E o § 4º do art. 41 prevê como condição obrigatória para a aquisição da estabilidade a avaliação especial de desempenho por comissão instituída para essa finalidade. Quanto aos Municípios, a despeito de não serem obrigados, pela Constituição, a instituir e manter escolas de governo, segundo os paradigmas citados, não há impedimento a que o façam, para aumentarem a eficiência da Administração Pública.

Como princípios extraídos de alguns incisos do art. 37, avultam os seguintes:

I – *princípio da licitação pública*, mencionado no inciso XXI, segundo o qual, "ressalvados os casos especificados na legislação, as obras, serviços, compras e alienações serão contratados mediante processo de licitação pública que assegure igualdade de condições a todos os concorrentes, com cláusulas que estabeleçam obrigações de pagamentos, mantidas as condições efetivas da proposta, nos termos da lei, o qual somente permitirá as exigências de qualificação técnica e econômica indispensáveis à garantia do cumprimento das obrigações". A licitação objetiva possibilitar a disputa entre todos quantos desejem participar de negócios com a Administração, assegurando-lhes a seleção de propostas mais vantajosas. A regra geral, portanto, é a da licitação.

Pode haver, no entanto, exceções à regra de licitar, como se depreende da própria cláusula constitucional, ao prever ressalvas dos casos especificados na legislação. Tais são as hipóteses de dispensa e inexigibilidade.

A dispensa consiste na celebração direta de contrato entre a Administração e o particular sem nenhum procedimento administrativo prévio, quando, apesar de viável, a realização do procedimento licitatório, há inconveniência em realizá-lo. A inexigibilidade ocorre quando há inviabi-

---

[17] MORAES. *Direito constitucional*, p. 299.

lidade da competição, por impossibilidade jurídica do processo licitatório entre os participantes, seja pela específica natureza do negócio, seja pelos objetivos visados pela Administração Pública. A inexigibilidade configura-se, pois, consoante Alexandre de Moraes, seja pela inexistência de pluralidade de participantes aptos a fornecer produtos ou serviços à Administração Pública, seja por inexistirem produtos diversos e inconfundíveis aptos a satisfazer, de modo equivalente, os interesses públicos.[18] Por sua vez, dispõe o art. 22, XXVII, que compete privativamente à União legislar sobre normas gerais de licitação e contratação, em todas as modalidades, para as administrações públicas diretas, autárquicas e fundacionais da União, Estados, Distrito Federal e Municípios, obedecido o disposto no art. 37, XXI, e para as empresas públicas e sociedades de economia mista, nos termos do art. 173, § 1º, III. Observe-se que, com a nova redação dada pela Emenda Constitucional n. 19/98 à aduzida cláusula constitucional, no que toca à licitação e ao contrato, submetem-se ao disposto no art. 37, XXI, todos os entes políticos das diversas esferas de governo, integrantes da administração direta, indireta e fundacional, enquanto que as empresas públicas e sociedades mistas reger-se-ão, nessa matéria, pelo inciso III do § 1º do art. 173, que, a seu turno, prevê lei específica para o processo de licitação, contratação a ser objeto de regulamentação própria, que assim poderá simplificá-lo, e adaptá-lo às peculiaridades de cada uma dessas espécies institucionais, sem, contudo, deixar de observar os princípios da administração pública;

II – *princípio da prescritibilidade dos ilícitos administrativos* (art. 37, § 5º), mediante o qual "a lei estabelecerá os prazos de prescrição para ilícitos praticados por qualquer agente, servidor ou não, que causem prejuízos ao erário, ressalvadas as respectivas ações de ressarcimento". Assim, pela ressalva constante da parte final do dispositivo, somente não prescreverá o direito da administração ao ressarcimento ou indenização do prejuízo;

III – *princípio da responsabilidade civil da Administração*, que figura no § 6º do art. 37, com a seguinte redação: "As pessoas jurídicas de direito público e as de direito privado prestadoras de serviços públicos responderão pelos danos que seus agentes, nessa qualidade, causarem a terceiros, assegurado o direito de regresso contra o responsável nos casos de dolo ou culpa."

Trata-se de responsabilidade objetiva da Administração com base na doutrina do risco administrativo, não estando o prejudicado obrigado a provar a ocorrência de dolo ou culpa do agente causador do dano, bastando a existência de nexo causal entre a ação ou omissão[19] e o resultado danoso. A Administração poderá eximir-se da obri-

---

[18] MORAES. *Direito constitucional administrativo*, p. 170.

[19] Há dissenso doutrinário e jurisprudencial sobre a natureza da responsabilidade civil do Estado por conduta omissiva, se objetiva ou subjetiva. No sentido da responsabilidade objetiva, cf. MEDAUAR, *Direito administrativo moderno*, p. 430; MUKAI, *Direito administrativo sistematizado*, p. 105; BRAGA NETTO, *Responsabilidade civil*, p. 250. A subjetivida-

gação de indenizar, caso prove que houve culpa exclusiva do terceiro. Haverá ação regressiva contra o agente causador do dano, se demonstrar a Administração que o mesmo agiu com dolo ou culpa. Observe-se que a norma constitucional alargou a incidência da obrigação de indenizar da Administração, incluindo os danos provocados pelas pessoas jurídicas de direito privado, prestadoras de serviços públicos, tais como as empresas concessionárias ou permissionárias (art. 175.[20]

A responsabilidade civil do Estado é independente das responsabilidades criminal e administrativa dos agentes públicos, por se tratar de instâncias independentes. A absolvição do servidor no juízo criminal não afasta a responsabilidade civil do Estado, se não restar comprovada a culpa exclusiva da vítima.

Havendo culpa concorrente, abranda-se a responsabilidade do Estado, com a repartição, em regra geral, do valor da indenização.

A indenização abrange os danos emergentes e os lucros cessantes, honorários advocatícios, correção monetária e juros de mora, em ocorrendo atraso no pagamento. Cabível também a indenização por danos morais (art. 5º, V, da Constituição Federal).

A esses princípios acrescente-se outros que são extraídos do texto constitucional de forma implícita. São eles:

Princípio da supremacia do interesse público sobre o privado: os interesses da administração pública sobrepõem-se aos particulares, no caso de com estes colidir. Baseados neste princípio é que se fala na autotutela administrativa, pela qual a Administração tem o poder de anular os seus próprios atos praticados em desrespeito à lei, e de revogá-los por conveniência e oportunidade, mediante juízo de discricionariedade. De notar,

---

de na responsabilização do Estado por ato omissivo é defendida por BANDEIRA DE MELLO, *Curso de direito administrativo*, p. 672; DI PRIETO, *Direito administrativo*, p. 508; CARVALHO FILHO, *Curso de direito administrativo*, p. 444-445. Argumenta-se, no que se refere às omissões do Estado, e sua responsabilidade subjetiva, que não pode haver nexo causal entre uma omissão e um dano. É que a omissão, entendida como abstenção de um comportamento, nada pode causar, pois no plano físico inexiste uma relação de causalidade entre a omissão e o resultado. Desse modo, para que se caracterize a responsabilidade do Estado em face de uma omissão, necessário que haja o descumprimento, pelo Estado, de um dever jurídico de agir. O argumento em contrário,é dizer, que postula a responsabilidade objetiva do Estado por atos omissivos, tem por fundamento a denominada teoria da imputação objetiva formulada no âmbito do Direito Penal, como um limite para a configuração do nexo causal. Por esta teoria, todos os sujeitos que vivem em sociedade, neles incluído o Estado, se acham na condição de portadores de um papel. Somente quando a violação deste papel for determinante para a produção do efeito lesivo é que este pode ser imputado ao sujeito, devendo a verificação da adequação da conduta às expectativas a serem feitas de modo objetivo, ou seja, de acordo com o desenvolvimento de uma determinada sociedade. Haverá, nessa ordem de ideias, responsabilidade objetiva do Estado por atos omissivos, se o dano causado ao particular for consequência da violação do papel destinado ao Estado nas relações sociais. Ademais, no plano legislativo, o Código Civil de 2002, ao tratar do tema, em seu art. 43, ratifica a norma constitucional, no sentido de que se verificará dolo ou culpa somente em ação regressiva do Estado em face do agente causador do dano.

20 Em contraponto, a Lei n. 12.846, de 1º. 8.2013 (Lei anticorrupção), dispõe sobrea a responsabilização administrativa e civil das pessoas jurídicas pela prática de atos contra a administração pública, nacional ou estrangeira, com previsão da responsabilidade objetiva.

no entanto, que a incidência, no domínio do Direito Administrativo, dos princípios constitucionais, resulta na redefinição de alguns de seus paradigmas, entre os quais a ideia de supremacia do interesse público sobre o particular, que se constitucionalizou. É que a distinção entre interesse público primário, ou seja, o interesse da sociedade consubstanciado em valores como justiça, segurança e bem-estar social, e interesse público secundário, isto é, o interesse da pessoa jurídica de direito público (União, Estados-Membros e Municípios), que se identifica com o interesse da Fazenda Pública ou do erário, implica em que este último jamais gozará de uma supremacia abstrata e *a priori* em face do interesse particular. A colisão entre esses interesses deverá ser resolvida utilizando-se o juízo da ponderação guiado pelo postulado da proporcionalidade, à vista dos elementos do caso concreto.

Princípio da finalidade: cabe à autoridade administrativa praticar o ato administrativo com o propósito de realizar a finalidade prevista em lei.

Princípio da razoabilidade: o administrador, na realização do ato administrativo discricionário, deve empreender a necessária ponderação dos valores existentes, segundo os parâmetros extraídos de um senso médio de racionalidade. Afirma Celso Antônio Bandeira de Mello que "enuncia-se com este princípio que a administração, ao atuar no exercício de discrição, terá de obedecer a critérios aceitáveis do ponto de vista racional, em sintonia com o senso normal de pessoas equilibradas e respeitosas das finalidades que presidam a outorga da competência exercida".[21]

2. AGENTES E CARGOS PÚBLICOS

No que respeita aos agentes e cargos públicos, a Constituição, no art. 37, prevê os preceitos que são de observância obrigatória pela administração pública direta e indireta de qualquer dos Poderes da União, dos Estados, do Distrito Federal e dos Municípios, assim enunciados:

1. os cargos, empregos e funções públicas são acessíveis aos brasileiros que preencham os requisitos estabelecidos em lei, assim como os estrangeiros, na forma da lei.[22] Observe-se que o acesso de estrangeiros

---

[21] BANDEIRA DE MELLO. *Curso de direito administrativo*, p. 63.

[22] Cargo público "é a denominação dada à mais simples unidade de poderes e deveres estatais a serem expressos por um agente"; "o lugar instituído na organização do serviço público, com denominação própria, atribuições e responsabilidades específicas e estipêndio correspondente, para ser provido e exercido por um titular, na forma estabelecida em lei" (Celso Antônio Bandeira de Mello). A função pública é todo posto oficial de trabalho na Administração Pública, que não seja cargo público nem emprego público. Ocorre quando se trata de servidor contratado temporariamente, com base no art. 37, IX, e quando corresponde às chefias, direção ou assessoramento. Não se exige concurso público para o exercício da função pública, que, por isso mesmo, não titulariza cargo público. Emprego público consiste num vínculo contratual, regido pela C.L.T., com o Estado, diverso, portanto, daquele existente no cargo público, embora se refira a uma unidade de atribuições.

Anota André Ramos Tavares: os "cargos distribuem-se em classes e carreiras, sendo excepcional serem isolados. Classe é o agrupamento de cargos da mesma profissão, com idênticas atribuições, responsabilidades e vencimentos. São fases, etapas na carreira. Carreira é o agrupamento de classes da mesma profissão ou atividade, sotopostas hierarquicamente. O conjun-

aos cargos, empregos e funções públicas dependerá de lei, que, por óbvio, não poderá estabelecer diferenciações abusivas e arbitrárias, privilegiando-os em detrimento dos brasileiros. Entende-se que essa norma constitucional aplica-se tanto aos estrangeiros residentes no País quanto aos que aqui não residem, podendo-se, na forma da lei, permitir que sejam admitidos estrangeiros para o exercício de cargo, função ou emprego público em repartições brasileiras no exterior, como motoristas, recepcionistas, etc. Mencione-se ainda que, de acordo com o § 1º do art. 207, é facultada às universidades admitir professores, técnicos e cientistas estrangeiros, na forma da lei;

2. a investidura em cargo ou emprego público depende de aprovação prévia em concurso público de provas ou provas e títulos, de acordo com a natureza e a complexidade do cargo ou emprego, na forma prevista em lei, ressalvadas as nomeações para cargo em comissão declarado em lei de livre nomeação e exoneração.[23] Acrescente-se a essa norma

---

to de carreiras constitui o quadro permanente de serviço. Quadro é o conjunto das diversas carreiras e quadros isolados, assim como das funções. Não se admite promoção ou acesso de um quadro para outro. Cargo isolado, ao contrário do cargo em carreira, é o que não se escalona em classes, por ser o único. Lotação é o número de servidores de cada repartição ou serviço" (*Curso de direito constitucional*, p. 880).

[23] Cf. item 1 deste Capítulo, em que se examina o nepotismo como vedação moralizadora em relação ao exercício de cargo de provimento em comissão, de função gratificada, contratação temporária, contratação para prestação de serviços e contratação de empresas, à luz da Súmula Vinculante n. 13, do STF.

Decreto n. 7.203, de 4 de junho de 2010, que dispõe sobre a vedação do nepotismo no âmbito da administração pública federal: "Art. 1º A vedação do nepotismo no âmbito dos órgãos e entidades da administração pública federal direta e indireta observará o disposto neste Decreto. Art. 2º Para os fins deste Decreto considera-se: I – órgão: a) a Presidência da República, compreendendo a Vice-Presidência, a Casa Civil, o Gabinete Pessoal e a Assessoria Especial; b) os órgãos da Presidência da República comandados por Ministro de Estado ou autoridade equiparada; e c) os Ministérios; II – entidade: autarquia, fundação, empresa pública e sociedade de economia mista; e III – familiar: o cônjuge, o companheiro ou o parente em linha reta ou colateral, por consanguinidade ou afinidade, até o terceiro grau. Parágrafo único. Para fins das vedações previstas neste Decreto, serão consideradas como incluídas no âmbito de cada órgão as autarquias e fundações a ele vinculadas. Art. 3º No âmbito de cada órgão e de cada entidade, são vedadas as nomeações, contratações ou designações de familiar de Ministro de Estado, familiar da máxima autoridade administrativa correspondente ou, ainda, familiar de ocupante de cargo em comissão ou função de confiança de direção, chefia ou assessoramento, para: I – cargo em comissão ou função de confiança; II – atendimento a necessidade temporária de excepcional interesse público, salvo quando a contratação tiver sido precedida de regular processo seletivo; e III – estágio, salvo se a contratação for precedida de processo seletivo que assegure o princípio da isonomia entre os concorrentes. § 1º Aplicam-se as vedações deste Decreto também quando existirem circunstâncias caracterizadoras de ajuste para burlar as restrições ao nepotismo, especialmente mediante nomeações ou designações recíprocas, envolvendo órgão ou entidade da administração pública federal. § 2º As vedações deste artigo estendem-se aos familiares do Presidente e do Vice-Presidente da República e, nesta hipótese, abrangem todo o Poder Executivo Federal. § 3º É vedada também a contratação direta, sem licitação, por órgão ou entidade da administração pública federal de pessoa jurídica na qual haja administrador ou sócio com poder de direção, familiar de detentor de cargo em comissão ou função de confiança que atue na área responsável pela

constitucional o inciso IX do art. 37, que prescreve: "a lei estabelecerá os casos de contratação por tempo determinado para atender a necessidade temporária de excepcional interesse público." Assim, a primeira exceção à regra do concurso reclama que a lei determine expressamente quais os cargos de confiança que podem ser providos por pessoas estranhas ao funcionalismo e sem o concurso público, e a segunda exceção depende da ocorrência desses requisitos: *a)* excepcional interesse público; *b)* temporariedade da contratação; *c)* hipóteses expressamente previstas em lei, que poderá ser federal, estadual, distrital ou municipal, segundo a entidade contratadora.[24] Acentue-se que a exigência do concurso público se impõe não só para a primeira investidura, mas ainda

---

demanda ou contratação ou de autoridade a ele hierarquicamente superior no âmbito de cada órgão e de cada entidade. Art. 4º Não se incluem nas vedações deste Decreto as nomeações, designações ou contratações: I – de servidores federais ocupantes de cargo de provimento efetivo, bem como de empregados federais permanentes, inclusive aposentados, observada a compatibilidade do grau de escolaridade do cargo ou emprego de origem, ou a compatibilidade da atividade que lhe seja afeta e a complexidade inerente ao cargo em comissão ou função comissionada a ocupar, além da qualificação profissional do servidor ou empregado; II – de pessoa, ainda que sem vinculação funcional com a administração pública, para a ocupação de cargo em comissão de nível hierárquico mais alto que o do agente público referido no art. 3º; III – realizadas anteriormente ao início do vínculo familiar entre o agente público e o nomeado, designado ou contratado, desde que não se caracterize ajuste prévio para burlar a vedação do nepotismo; ou IV – de pessoa já em exercício no mesmo órgão ou entidade antes do início do vínculo familiar com o agente público, para cargo, função ou emprego de nível hierárquico igual ou mais baixo que o anteriormente ocupado. Parágrafo único. Em qualquer caso, é vedada a manutenção de familiar ocupante de cargo em comissão ou função de confiança sob subordinação direta do agente público. Art. 5º Cabe aos titulares dos órgãos e entidades da administração pública federal exonerar ou dispensar agente público em situação de nepotismo, de que tenham conhecimento, ou requerer igual providência à autoridade encarregada de nomear, designar ou contratar, sob pena de responsabilidade. Parágrafo único. Cabe à Controladoria-Geral da União notificar os casos de nepotismo de que tomar conhecimento às autoridades competentes, sem prejuízo da responsabilidade permanente delas de zelar pelo cumprimento deste Decreto, assim como de apurar situações irregulares, de que tenham conhecimento, nos órgãos e entidades correspondentes. Art. 6º Serão objeto de apuração específica os casos em que haja indícios de influência dos agentes públicos referidos no art. 3º: I – na nomeação, designação ou contratação de familiares em hipóteses não previstas neste Decreto; II – na contratação de familiares por empresa prestadora de serviço terceirizado ou entidade que desenvolva projeto no âmbito de órgão ou entidade da administração pública federal. Art. 7º Os editais de licitação para a contratação de empresa prestadora de serviço terceirizado, assim como os convênios e instrumentos equivalentes para contratação de entidade que desenvolva projeto no âmbito de órgão ou entidade da administração pública federal, deverão estabelecer vedação de que familiar de agente público preste serviços no órgão ou entidade em que este exerça cargo em comissão ou função de confiança. Art. 8º Os casos omissos ou que suscitem dúvidas serão disciplinados e dirimidos pela Controladoria-Geral da União."

24 O Supremo Tribunal Federal havia decidido que a contratação a que se refere o art. 37, IX, da Constituição Federal, não seria possível para "atividades permanentes que são desempenhadas por servidores públicos devidamente concursados" (voto do Min. Moreira Alves, Rel. da ADI MC 2.380-2/DF, j. em 20.6.2001).

Este entendimento foi, no entanto, alterado, no julgamento, pelo Supremo Tribunal Federal, da ADI 3.068-0/DF, Rel. para o acórdão Min. Eros Grau, j. em 25.8.2004, decidindo-se que o art. 37, IX, da Constituição Federal, "autoriza contratações temporárias, sem concurso

para as hipóteses de transformação de cargos e transferência de servidores para outros cargos ou categorias funcionais diversas das iniciais.[25]

A exigência do concurso público aplica-se a todas as admissões da Administração Pública, abrangendo as autarquias, empresas públicas ou sociedades de economia mista ainda que destinadas a explorar atividade econômica; à investidura do titular de titular de serventias judiciais, e ao ingresso na atividade notarial e de registro (art. 236, § 3º, da Constituição Federal).[26]

Há impossibilidade, como regra geral, de ingerência do Poder Judiciário na valoração dos critérios adotados para avaliação, especialmente no que pertine ao conteúdo de questões envolvendo correção de provas pela Banca Examinadora, cujas funções não cabe ao Judiciário substituir. Ressalva-se, no entanto, a possibilidade de revisão judicial para garantir os princípios da igualdade, legalidade, impessoalidade, moralidade e publicidade do certame;

3. o prazo de validade do concurso público será de até dois anos, prorrogável uma vez, por igual período;
4. durante o prazo improrrogável previsto no edital de convocação, aquele aprovado em concurso público de provas ou de provas e títulos será convocado com prioridade sobre novos concursados para assumir cargo ou emprego, na carreira. O Supremo Tribunal Federal vem decidindo haver direito líquido e certo à nomeação para cargo público de candidato aprovado dentro do número de vagas previstas em edital, afastando, com este entendimento, anterior concepção da mera expectativa de direito em ser nomeado.[27]

---

público, (*omissis*) quer para o desempenho das atividades de caráter eventual, temporário ou excepcional, quer para o desempenho das atividades de caráter regular e permanente".

[25] Supremo Tribunal Federal: Súmula n. 685 – É inconstitucional toda modalidade de provimento que propicie ao servidor investir-se, sem prévia aprovação em concurso público destinado ao seu provimento, em cargo que não integra a carreira na qual anteriormente investido.

[26] Segundo decidiu o STF, os serviços sociais autônomos, por possuírem natureza jurídica de direito privado e não integrarem a Administração Pública, mesmo que desempenhem atividade de interesse público em cooperação com o ente estatal, não estão sujeitos à observância da regra de concurso público (CF, art. 37, II) para contratação de seu pessoal. Os serviços sociais autônomos, para que não se submetam à exigência do concurso público, devem apresentar as seguintes características básicas: a) dedicarem-se a atividades privadas de interesse coletivo cuja execução não é atribuída de maneira privativa ao Estado; b) atuarem em regime de mera colaboração com o Poder Público; c) possuírem patrimônio e receita próprios, constituídos, majoritariamente, pelo produto das contribuições compulsórias que a própria lei de criação institui em seu favor; e d) possuírem a prerrogativa de autogerir seus recursos, inclusive no que se refere à elaboração de seus orçamentos, ao estabelecimento de prioridades e à definição de seus quadros de cargos e salários, segundo orientação política própria (STF, RE 789874/DF, rel. Min. Teori Zavascki, j. 17.9.2014). *Informativo* 759/STF.

[27] "Por reputar haver direito subjetivo à nomeação, a 1ª Turma proveu recurso extraordinário para conceder a segurança impetrada pelos recorrentes, determinando ao Tribunal Regional Eleitoral catarinense que proceda as suas nomeações, nos cargos para os quais regularmente aprovados, dentro do número de vagas existentes até o encerramento do prazo de validade do concurso." RE 581113/SC, Rel. Min. Dias Toffoli, 5.4.2011. (RE-581113). *Informativo* 622/STF.

Decidiu ainda o Pleno do STF, em sessão de 10.8.2011, no julgamento do RE 598099-MS, Relator, Min. Gilmar Mendes, que a administração pública está vinculada ao número de vagas previstas no edital: "Entendo que o dever de boa-fé da administração pública exige o respeito incondicional às regras do edital, inclusive quanto à previsão das vagas no concurso público", disse o Ministro, ao ressaltar que tal fato decorre do "necessário e incondicional respeito à segurança jurídica". O STF, conforme o Relator,tem afirmado em vários casos que o tema da segurança jurídica é "pedra angular do Estado de Direito, sob a forma da proteção à confiança". O Min. Relator afirmou que, quando a administração torna público um edital de concurso convocando todos os cidadãos a participarem da seleção para o preenchimento de determinadas vagas no serviço público, "ela, impreterivelmente, gera uma expectativa quanto ao seu comportamento segundo as regras previstas nesse edital". "Aqueles cidadãos que decidem se inscrever e participar do certame público depositam sua confiança no Estado-administrador, que deve atuar de forma responsável quanto às normas do edital e observar o princípio da segurança jurídica como guia de comportamento", avaliou. Dessa forma, segundo Mendes, o comportamento da administração no decorrer do concurso público deve se pautar pela boa-fé, "tanto no sentido objetivo quanto no aspecto subjetivo de respeito à confiança nela depositada por todos os cidadãos". De acordo com o Relator, a administração poderá escolher, dentro do prazo de validade do concurso, o momento no qual se realizará a nomeação, mas não poderá dispor sobre a própria nomeação, "a qual, de acordo com o edital, passa a constituir um direito do concursando aprovado e, dessa forma, um dever imposto ao poder público". O Min. Gilmar Mendes salientou que o direito à nomeação surge quando se realizam as condições fáticas e jurídicas. São elas: previsão em edital de número específico de vagas a serem preenchidas pelos candidatos aprovados no concurso; realização do certame conforme as regras do edital; homologação do concurso; e proclamação dos aprovados dentro do número de vagas previstos no edital em ordem de classificação por ato inequívoco e público da autoridade administrativa competente. Conforme Mendes, a acessibilidade aos cargos públicos "constitui um direito fundamental e expressivo da cidadania". Ele destacou também que a existência de um direito à nomeação limita a discricionariedade do poder público quanto à realização e gestão dos concursos públicos. "Respeitada a ordem de classificação, a discricionariedade da administração se resume ao momento da nomeação nos limites do prazo de validade do concurso, disse. No entanto, o Min. Gilmar Mendes entendeu que devem ser levadas em conta "situações excepcionalíssimas" que justifiquem soluções diferenciadas devidamente motivadas de acordo com o interesse público. "Não se pode ignorar que determinadas situações excepcionais podem exigir a recusa da administração de nomear novos servidores, salientou o Relator. Segundo ele, tais situações devem apresentar as seguintes características: superveniência – eventuais fatos ensejadores de uma situação excepcional devem ser necessariamente posteriores à publicação de edital do certame público; imprevisibilidade – a situação deve ser determinada por circunstâncias extraordinárias à época da publicação do edital; gravidade – os acontecimentos extraordinários e imprevisíveis devem ser extremamente graves, implicando onerosidade excessiva, dificuldade ou mesmo impossibilidade de cumprimento efetivo das regras do edital; crises econômicas de grandes proporções; guerras, fenômenos naturais que causem calamidade pública ou comoção interna; necessidade – a administração somente pode adotar tal medida quando não existirem outros meios menos gravosos para lidar com a situação excepcional e imprevisível. O Relator avaliou a importância de que essa recusa de nomear candidato aprovado dentro do número de vagas seja devidamente motivada "e, dessa forma, seja passível de controle por parte do Poder Judiciário". Mendes também salientou que as vagas previstas em edital já pressupõem a existência de cargos e a previsão de lei orçamentária, "razão pela qual a simples alegação de indisponibilidade financeira desacompanhada de elementos concretos tampouco retira a obrigação da administração de nomear os candidatos". Segundo o Min. Celso de Mello, o julgamento de hoje "é a expressão deste itinerário jurisprudencial, que reforça, densifica e confere relevo necessário ao postulado constitucional do concurso público". Por sua vez, a Min. Cármen Lúcia afirmou não acreditar "numa democracia que não viva do princípio da confiança do cidadão na administração". Para o Min. Marco Aurélio, "o Estado não pode brin-

5. as funções de confiança, exercidas exclusivamente por servidores ocupantes de cargo efetivo, e os cargos em comissão, a serem preenchidos por servidores de carreira nos casos, condições e percentuais mínimos previstos em lei, destinam-se apenas às atribuições de direção, chefia e assessoramento. A norma constitucional que prevê essa regra (inciso V do art. 37, com a redação dada pela EC n. 19/98), substitui o termo "preferencialmente", que constava da redação anterior, pela expressão "percentuais mínimos previstos em lei", para a ocupação de cargos em comissão por servidores de carreira;
6. é garantido ao servidor público civil o direito à livre associação sindical;
7. o direito de greve será exercido nos termos e nos limites definidos em lei específica. Verifica-se que o direito de greve assegurado pela Constituição aos servidores públicos não tem a mesma extensão com que foi conferido aos trabalhadores sob regime de direito privado, já que para aqueles deverá preexistir lei específica. No entendimento anterior do Supremo Tribunal Federal "o preceito constitucional que reconheceu o direito de greve ao servidor público civil constitui norma de eficácia limitada, desprovida, em consequência, de auto-aplicabilidade, razão pela qual, para atuar plenamente, depende da edição da lei complementar exigida pelo próprio texto da Constituição. A mera outorga constitucional do direito de greve ao servidor público civil não basta – ante a ausência de auto-aplicabilidade da norma constante do art. 37, VII, da Constituição – para justificar o seu imediato exercício. O exercício do direito público subjetivo de greve outorgado aos servidores civis só se revelará possível depois da edição da lei complementar (atualmente lei ordinária, por força da nova redação dada ao inciso VII do art. 37, pela EC n. 19/98), reclamada pela Carta Política. A lei complementar referida (leia-se ordinária) – que vai definir os termos e os limites do exercício do direito de greve no serviço público – constitui requisito de aplicabilidade e de operatividade da norma inscrita no art. 37, VII, do texto constitucional".[28]

   Este entendimento jurisprudencial foi, no entanto, modificado pelo próprio Supremo Tribunal Federal, que, ao julgar os Mandados de Injunção 670/ES, 708/DF e 712/PA, declarou a omissão legislativa do Congresso

---

car com cidadão. O concurso público não é o responsável pelas mazelas do Brasil, ao contrário, busca-se com o concurso público a lisura, o afastamento do apadrinhamento, do benefício, considerado o engajamento deste ou daquele cidadão e o enfoque igualitário, dando-se as mesmas condições àqueles que se disponham a disputar um cargo". "Feito o concurso, a administração pública não pode cruzar os braços e tripudiar o cidadão", completou (*Notícias* STF, 10.8.2011; *Informativo* 635/STF).

No mesmo sentido a jurisprudência do Superior Tribunal de Justiça: o candidato aprovado em concurso público dentro do número de vagas previstas em edital tem direito líquido e certo à nomeação e à posse no cargo. RMS 31.611-SP, DJe, 17.5.2010, e AgRg no MS 30.308, DJe, 15.3.2010. Resp. 1.220.684-AM, Rel. Min. Castro Meira, j. 3.2.2011.

[28] STF – Pleno – Mandado de Injunção n. 20 – Rel. Min. Celso de Mello, *Diário da Justiça*, Seção I, 22; nov./1996, p. 45.690.

Nacional quanto ao dever constitucional em editar lei que regulamente o direito de greve pelos servidores públicos, para aplicar, no que couber, a lei de greve vigente no setor privado (Lei n. 7.783/89), até que seja colmatada a lacuna normativa decorrente da inconstitucional falta de edição da lei especial a que se refere o inciso VII do art. 37 da Constituição da República. No julgamento do MI 670/ES e do MI 708/DF, em que prevaleceu o voto do Min. Gilmar Mendes, ressaltou-se "que a Corte, afastando-se da orientação inicialmente perfilhada no sentido de estar limitada à declaração da existência da mora legislativa para a edição de norma regulamentadora específica, passou, sem assumir compromisso com o exercício de uma típica função legislativa, a aceitar a possibilidade de uma regulação provisória pelo próprio Judiciário. Registrou-se, ademais, o quadro de omissão que se desenhou, não obstante as sucessivas decisões proferidas nos mandados de injunção. Entendeu-se que, diante disso, talvez se devesse refletir sobre a adoção como alternativa provisória, para esse impasse, de uma moderada sentença de perfil aditivo. Aduziu-se, no ponto, no que concerne à aceitação das sentenças aditivas ou modificativas, que elas são em geral aceitas quando integram ou completam um regime previamente adotado pelo legislador ou, ainda, quando a solução adotada pelo Tribunal incorpora 'solução constitucionalmente obrigatória'. Salientou-se que a disciplina do direito de greve para os trabalhadores em geral, no que tange às denominadas atividades essenciais é especificamente delineada nos arts. 9º a 11 da Lei n. 7.783/89 e que, no caso de aplicação dessa legislação à hipótese do direito de greve dos servidores públicos, afigurar-se-ia inegável o conflito existente entre as necessidades mínimas de legislação para o exercício do direito de greve dos servidores públicos, de um lado, com o direito a serviços públicos adequados e prestados de forma contínua, de outro. Assim, tendo em conta que ao legislador não seria dado escolher se concede ou não o direito de greve, podendo tão-somente dispor sobre a adequada configuração da sua disciplina, reconheceu-se a necessidade de uma solução obrigatória da perspectiva constitucional. Por fim, conclui-se que, sob pena de injustificada e inadmissível negativa de prestação jurisdicional nos âmbitos federal, estadual e municipal, seria mister que, na decisão do writ, fossem fixados, também, os parâmetros institucionais e constitucionais de definição de competência, provisória e ampliativa, para apreciação de dissídios de greve instaurados entre o Poder Público e os servidores com vínculo estatutário. Dessa forma, no plano procedimental, vislumbrou-se a possibilidade de aplicação da Lei n. 7.701/88, que cuida da especialização das turmas dos Tribunais do Trabalho em processos coletivos. No MI 712/PA, prevaleceu o voto do Min. Eros Grau, relator, nessa mesma linha;[29]

[29] Informativo 485/STF; MI 670/ES, Rel. orig. Min. Maurício Corrêa, Rel. p/ o acórdão Min. Gilmar Mendes; MI 708/DF, Rel. Min. Gilmar Mendes; MI 712/PA, Rel. Min. Eros Grau, j. 25.10.2007.

8. a lei reservará percentual dos cargos e empregos públicos para as pessoas portadoras de deficiência e definirá os critérios de sua admissão. Isso não quer dizer que o acesso dessas pessoas aos cargos públicos será indiscriminado, mas que, havendo aprovação em concurso público, deverá existir prioridade na classificação. Assim, o concurso será o mesmo, observadas as peculiaridades em relação aos deficientes, que, uma vez aprovados, terão sua classificação feita separadamente, ingressando no serviço público aquele que obteve melhor classificação dentre os deficientes;[30]
9. a remuneração dos servidores públicos e o subsídio de que trata o § 4º do art. 39 somente poderão ser fixados ou alterados por lei específica, observada a iniciativa privativa, em cada caso, assegurada a revisão geral anual, sempre na mesma data e sem distinção de índices. Trata-se do princípio da periodicidade, isto é, garante-se anualmente ao funcio-

---

O Decreto n. 7.777, de 24.7.2012, dispõe sobre as medidas para a continuidade de atividades e serviços públicos dos órgãos e entidades da administração pública federal durante greves, paralisações ou operações de retardamento de procedimentos administrativos promovidas pelos servidores públicos federais: "Art. 1º Compete aos Ministros de Estado supervisores dos órgãos ou entidades em que ocorrer greve, paralisação ou retardamento de atividades e serviços públicos: I – promover, mediante convênio, o compartilhamento da execução da atividade ou serviço com Estados, Distrito Federal ou Municípios; e II – adotar, mediante ato próprio, procedimentos simplificados necessários à manutenção ou realização da atividade ou serviço. § 1º As atividades de liberação de veículos e cargas no comércio exterior serão executadas em prazo máximo a ser definido pelo respectivo Ministro de Estado supervisor dos órgãos ou entidades intervenientes. § 2º Compete à chefia de cada unidade a observância do prazo máximo estabelecido no § 1º. § 3º A responsabilidade funcional pelo descumprimento do disposto nos §§ 1º e 2º será apurada em procedimento disciplinar específico. Art. 2º O Ministro de Estado competente aprovará o convênio e determinará os procedimentos necessários que garantam o funcionamento regular das atividades ou serviços públicos durante a greve, paralisação ou operação de retardamento. Art. 3º As medidas adotadas nos termos deste Decreto serão encerradas com o término da greve, paralisação ou operação de retardamento e a regularização das atividades ou serviços públicos."

[30] A ONU, pela Resolução n. 3.447, de 9 de dezembro de 1975, define o deficiente como "qualquer pessoa incapaz de assegurar por si mesma, total ou parcialmente, as necessidades de uma vida individual ou social normal, em decorrência de uma deficiência, congênita ou não, em suas capacidades físicas ou mentais".

A deficiência significa "uma restrição física, mental ou sensorial, de natureza permanente ou transitória, que limita a capacidade de exercer uma ou mais atividades essenciais da vida diária, causada ou agravada pelo ambiente econômico e social" (Convenção Interamericana sobre a Eliminação de Todas as Formas de Discriminação contra Pessoas com Deficiências, de 1999). Além destes documentos internacionais, referem-se às pessoas portadoras de deficiência: a) o Acordo Europeu Interino sobre Esquema da Seguridade Social Relativa a Idosos, Inválidos e Sobreviventes, de 1953; b) a Declaração sobre os Direitos das Pessoas Mentalmente Deficientes, de 1971; c) a Convenção da Organização Internacional do Trabalho sobre a Readaptação Profissional e Emprego das Pessoas Inválidas, de 1983; d) Princípios das Nações Unidas para a Proteção dos Enfermos Mentais e para a Melhoria da Atenção à Saúde Mental, de 1991.

No Brasil, o Decreto n. 3.298, de 20 de dezembro de 1999, considera, em seu art. 3º, inciso I, a deficiência como "toda perda ou anormalidade de uma estrutura ou função psicológica, fisiológica ou anatômica que gere incapacidade para o desempenho de atividade, dentro do padrão considerado normal para o ser humano".

nalismo público, no mínimo, uma revisão geral. Para tanto, torna-se obrigatório o envio de, pelo menos, um projeto de lei anual, cuidando da reposição do poder aquisitivo do subsídio do servidor público. Nada impede, contudo, que se concedam reajustes em periodicidade inferior a um ano. Tem-se que cabe à lei ordinária a fixação do teto de remuneração bruta do funcionalismo público, sendo impróprio que tal matéria seja estabelecida em decreto do Executivo, ou resolução do Legislativo ou do Judiciário. Observa-se que, segundo o § 4º do art. 39, introduziu-se mecanismo híbrido de remuneração dos servidores públicos. Com efeito, o membro de Poder, o detentor de mandato eletivo, os Ministros de Estado, os Secretários Estaduais e Municipais, membros do Ministério Público, Procuradores do Estado e do Distrito Federal, membros da Advocacia Geral da União, membros da Procuradoria Geral da Fazenda Nacional e da Defensoria Pública passam a ser remunerados exclusivamente por "subsídio fixado em parcela única", vedado o acréscimo de qualquer gratificação, adicional, abono, prêmio, verba de representação ou qualquer outra espécie remuneratória, percebidas cumulativamente ou não, obedecido, em qualquer caso, o disposto no art. 37, X e XI. Já a remuneração dos servidores públicos, organizados em carreira poderá, de acordo com o disposto no art. 39, § 8º, ser fixada nos termos do § 4º do art. 39. Desta forma, os servidores que não foram incluídos expressamente na relação dos remunerados por subsídio poderão, ou não, caso organizados em carreira, sê-lo por meio deste. Portanto, há, no tocante ao regime de remuneração, a convivência de duas modalidades: subsídio para os casos expressamente indicados pela Constituição e para os servidores organizados em carreira. Nas outras hipóteses, permanece a remuneração pelo sistema de vencimentos;

10. a remuneração e o subsídio dos ocupantes de cargos, funções e empregos públicos da administração direta, autárquica e fundacional, dos membros de qualquer dos Poderes da União, dos Estados, do Distrito Federal e dos Municípios, dos detentores de mandato eletivo e dos demais agentes políticos e os proventos, pensões ou outra espécie remuneratória, percebidos cumulativamente ou não, incluídas as vantagens pessoais ou de qualquer natureza, não poderão exceder o subsídio mensal, em espécie, dos Ministros do Supremo Tribunal Federal. Segundo a nova redação dada ao art. 37, inciso XI, da Constituição, pela Emenda Constitucional n. 41/2003, relativamente a esse teto remuneratório, aplicar-se-á, como limite, nos Municípios, o subsídio do Prefeito, e nos Estados e no Distrito Federal, o subsídio mensal do Governador no âmbito do Poder Executivo, o subsídio mensal dos Deputados Estaduais e Distritais no âmbito do Poder Legislativo e o subsídio dos Desembargadores do Tribunal de Justiça, limitado a noventa inteiros e vinte e cinco centésimos por cento do subsídio mensal, em espécie, dos Ministros do Supremo Tribunal Federal, no âmbito do Poder Judiciário, aplicável este limite aos membros do Ministério Público, aos Pro-

curadores e aos Defensores Públicos.[31] Cuida-se de norma constitucional de eficácia limitada à edição de lei ordinária de iniciativa exclusiva do Presidente do Supremo Tribunal Federal, conforme previsto nos arts. 48, inciso XV, e 96, inciso II, alínea *b*, da Constituição, com a nova redação que lhes foi dada pela Emenda Constitucional n. 41/2003, que eliminou a figura da iniciativa conjunta.

Assinale-se, entretanto, que, consoante o disposto no art. 8º da Emenda Constitucional n. 41/2003, até a fixação, por lei, do valor do aludido subsídio, será considerado, para os fins do limite previsto no inciso XI do art. 37 da Constituição Federal, o valor da maior remuneração atribuída por lei, na data da publicação da Emenda, a Ministro do Supremo Tribunal Federal, a título de vencimento, de representação mensal e da parcela recebida em razão de tempo de serviço, aplicando-se como limite, nos Municípios, o subsídio do Prefeito, e nos Estados e no Distrito Federal, o subsídio mensal do Governador no âmbito do Poder Executivo, o subsídio dos Deputados Estaduais e Distritais no âmbito do Poder Legislativo e o subsídio dos Desembargadores do Tribunal de Justiça, limitado a noventa inteiros e vinte e cinco centésimos por cento da maior remuneração mensal de Ministro do Supremo Tribunal Federal calculada na forma aqui prevista, no âmbito do Poder Judiciário, aplicável este limite aos membros do Ministério Público, aos Procuradores e aos Defensores Públicos.

A EC n. 47/2005 acrescentou o § 11 ao art. 37 da Constituição, para estabelecer que não serão computados, para efeito dos limites remuneratórios previstos no inciso XI, as parcelas de caráter indenizatório previstas em lei, observando-se que, enquanto não editada esta lei, não será computada

---

31 A regra constante do art. 9º da EC n. 41/03, conforme grande parte da doutrina, deve ser interpretada à luz do direito adquirido e do princípio da separação de poderes. Desse modo, sua aplicação somente alcança os servidores que ingressarem no serviço público a partir da data da publicação da EC n. 41/03. O direito adquirido, nessas condições, é intangível, não podendo ser afastado por futura alteração de regime jurídico: a vontade do poder constituinte derivado não pode prevalecer sobre a do poder constituinte originário que considerou o direito adquirido entre os direitos fundamentais, porque constitui fator de segurança jurídica.

Sobre o tema, há precedentes do Supremo Tribunal Federal, ao decidir acerca da antiga redação do inciso XI do art. 37 da Constituição Federal, no sentido de que vantagem pessoal que acresceu aos vencimentos de servidor público, mesmo acima do teto salarial, incorporou-se ao seu patrimônio, havendo direito adquirido ao seu recebimento (STF – 2ª T. RMS n. 21.966, Rel. Min. Carlos Velloso, Diário da Justiça, Seção I, 14 nov. 1996; STF – 1ª T. – RMS n. 21.839, Rel. Min. Sydney Sanches, Diário da Justiça, Seção I, 18 abr. 1997).

No julgamento do MS n. 24.875-1-DF, ocorrido no dia 11.5.2006, de que foi Relator o Ministro Sepúlveda Pertence, o Supremo Tribunal Federal decidiu que as vantagens pessoais que vinham sendo percebidas, a título de proventos, acima do limite remuneratório estabelecido pelo art. 37, inciso XI, com a redação da EC n. 41/2003, são preservadas até que seu montante seja coberto pelo subsídio fixado em lei para os Ministros do Supremo Tribunal Federal, em razão da garantia constitucional da irredutibilidade de vencimentos. O STF entendeu, no julgamento, que a questão não deve ser equacionada à luz da preservação do direito adquirido, que não pode ser invocado em face de regime jurídico modificado por legislação superveniente, mas por aplicação da garantia da irredutibilidade de vencimentos.

qualquer parcela de caráter indenizatório, assim definida pela legislação em vigor na data da publicação da EC n. 41/2003.

O § 12 do art. 37 da Constituição, também acrescentado pela EC n. 47/2005, permite a instituição de um outro subteto remuneratório, ao facultar aos Estados e ao Distrito Federal fixar, em seu âmbito, mediante emenda às respectivas Constituições e Lei Orgânica, como limite único, o subsídio mensal dos Desembargadores do respectivo Tribunal de Justiça, limitado a noventa inteiros e vinte e cinco centésimos por cento do subsídio mensal dos Ministros do Supremo Tribunal Federal. Este subteto não se aplica, no entanto, aos subsídios dos Deputados Estaduais e Distritais e dos Vereadores,

11. os vencimentos dos cargos do Poder Legislativo e do Poder Judiciário não poderão ser superiores aos pagos pelo Poder Executivo;
12. os acréscimos pecuniários percebidos por servidor público não serão computados nem acumulados, para fins de concessão de acréscimos ulteriores, sob o mesmo título ou idêntico fundamento;
13. o subsídio e os vencimentos dos ocupantes de cargos e empregos públicos são irredutíveis, ressalvado o disposto nos incisos XI e XIV do art. 37 e nos arts. 39, § 4º, 150, II, 153, III, e 153, § 2º, I;
14. a administração fazendária e seus servidores fiscais terão, dentro de suas áreas de competência e jurisdição, precedência sobre os demais setores administrativos, na forma da lei;
15. a lei disporá sobre os requisitos e as restrições ao ocupante de cargo ou emprego da administração direta e indireta que possibilite o acesso a informações privilegiadas;
16. as administrações tributárias da União, dos Estados, do Distrito Federal e dos Municípios, atividades essenciais ao funcionamento do Estado, exercidas por servidores de carreiras específicas, terão recursos prioritários para a realização de suas atividades, e atuarão de forma integrada, inclusive com o compartilhamento de cadastros e de informações fiscais, na forma da lei ou convênio (inciso XXII acrescentado ao art. 37 pela Emenda Constitucional n. 42/2003);[32]
17. é vedada a acumulação de cargos públicos, exceto quando houver compatibilidade de horários, observado em qualquer caso o disposto no inciso XI:

a) a de dois cargos de professor;

b) a de um cargo de professor com outro, técnico ou científico;

c) a de dois cargos ou empregos privativos de profissionais de saúde (redação da EC n. 34/2001). A EC n. 77/2014 estendeu aos profissionais de saúde das Forças Armadas a possibilidade dessa cumulação.

---

[32] Os sistemas integrados, por via eletrônica, que se devem à dinâmica moderna de movimentação financeira entre os contribuintes, importam mudança de paradigma nas atividades de arrecadação, fiscalização e cobrança de tributos, com o propósito de diminuir a evasão fiscal. O sistema do *Simples*, da Receia Federal, é exemplo desta nova realidade.

Observe-se que a proibição de acumular estende-se a empregos e funções e abrange autarquias, fundações, empresas públicas, sociedades de economia mista, suas subsidiárias e sociedades controladas, direta ou indiretamente, pelo poder público.

A Emenda Constitucional n. 19/98 instituiu, para os casos suscetíveis de cumulação de cargos públicos, uma limitação salarial, ao determinar, no inciso XI do art. 37, que a remuneração e o subsídio dos ocupantes de cargos, funções e empregos públicos da administração direta, autárquica e fundacional, dos membros de qualquer dos Poderes da União, dos Estados, do Distrito Federal e dos Municípios, dos detentores de mandato eletivo e dos demais agentes políticos e os proventos, pensões ou outra espécie remuneratória, percebidos cumulativamente ou não, incluídas as vantagens pessoais ou de qualquer outra natureza, não poderão exceder o subsídio mensal, em espécie, dos Ministros do Supremo Tribunal Federal, com as alterações da Emenda Constitucional n. 41/2003, acima tratadas.

Já o § 10 acrescentado ao art. 37 pela Emenda Constitucional n. 20/98, estabelece ser vedada a percepção simultânea de proventos de aposentadoria com a remuneração de cargo, emprego ou função pública, ressalvados os cargos constitucionalmente acumuláveis, os cargos eletivos e os cargos em comissão declarados em lei de livre nomeação e exoneração. Ainda por força da referida Emenda Constitucional, é vedada a percepção de mais de uma aposentadoria à conta do regime previdenciário do art. 40 da Constituição Federal, ressalvadas as aposentadorias decorrentes de cargos acumuláveis constitucionalmente. E nessa última hipótese, não haverá possibilidade de se exceder o valor referente ao subsídio dos Ministros do Supremo Tribunal Federal.

Ao servidor público da administração direta, autárquica e fundacional, no exercício de mandato eletivo, aplicam-se as seguintes regras:

a) tratando-se de mandato eletivo federal, estadual ou distrital, ficará afastado de seu cargo, emprego ou função; se a remuneração do cargo eletivo for menor, nada impede que o servidor opte pela do cargo público em que se deu o afastamento, pois não há vedação constitucional para tanto;

b) investido no mandato de Prefeito, será afastado do cargo, emprego ou função, sendo-lhe facultado optar pela sua remuneração;

c) investido no mandato de Vereador, havendo compatibilidade de horários, perceberá as vantagens de seu cargo, emprego ou função, sem prejuízo da remuneração do cargo eletivo, e, não havendo compatibilidade, será aplicada a regra anterior. Determina ainda a Constituição que, em qualquer caso que exige o afastamento para o exercício de mandato eletivo, seu tempo de serviço será contado para todos os efeitos legais, exceto para promoção por merecimento.

De observar que, pelo art. 17 do Ato das Disposições Constitucionais Transitórias, os vencimentos, a remuneração, as vantagens e os adicionais, bem como os proventos de aposentadoria que estejam sendo percebidos em desacordo com a Constituição serão imediatamente reduzidos aos limites dela decorrentes, não se admitindo, neste caso, invocação de direito adquirido ou percepção de excesso a qualquer título.

E segundo prevê o art. 9º da Emenda Constitucional n. 41/2003, o disposto naquela cláusula transitória aplica-se aos vencimentos, remunerações e subsídios dos ocupantes de cargos, funções e empregos públicos da administração direta, autárquica e fundacional, dos membros de qualquer dos Poderes da União, dos Estados, do Distrito Federal e dos Municípios, dos detentores de mandato eletivo e dos demais agentes políticos e os proventos, pensões ou outra espécie remuneratória percebidos cumulativamente ou não, incluídas as vantagens pessoais ou de qualquer outra natureza.

3. SERVIDORES PÚBLICOS

O art. 39 da Constituição, com a redação que lhe foi dada pela Emenda Constitucional n. 19/98, dispõe que a União, os Estados, o Distrito Federal e os Municípios instituirão planos de política de administração e remuneração de pessoal, integrado por servidores designados pelos respectivos Poderes. Eliminou-se a figura do regime jurídico único, possibilitando agora a multiplicidade de regimes. O Supremo Tribunal Federal, no julgamento da ADI 2.135-4/DF, ocorrido em 2 de agosto de 2007, suspendeu a eficácia do *caput* do art. 39, restabelecendo a sua redação original, nos seguintes termos: "Art. 39. A União, os Estados, o Distrito Federal e os Municípios instituirão, no âmbito de sua competência, regime jurídico único e planos de carreira para os servidores da administração pública direta, das autarquias e das fundações públicas." Note-se, entretanto, que o fundamento para a concessão da cautelar foi a existência de vício formal na alteração do referido dispositivo, já que não fora alcançado, na votação do destaque em separado (DVS n.9), o *quorum* de três quintos exigido pelo art. 60 da Constituição Federal. Como os efeitos da cautelar foram *ex nunc*, permanece válida toda a legislação editada na vigência do *caput* do art. 39, com a redação da EC n. 19/98.

Aos servidores públicos civis se estendem os direitos sociais previstos no art. 7º, IV, VII, VIII, IX, XII, XIII, XV, XVI, XVII, XVIII, XIX, XX, XXII e XXX, da Constituição, quais sejam:

1. salário mínimo, fixado em lei, nacionalmente unificado, capaz de atender a suas necessidades vitais básicas e às de sua família com moradia, alimentação, educação, saúde, lazer, vestuário, higiene, transporte e previdência social, com reajustes periódicos que lhe preservem o poder aquisitivo, sendo vedada a sua vinculação para qualquer fim;[33]
2. garantia de salário, nunca inferior ao mínimo, para os que percebem remuneração variável;
3. décimo terceiro salário com base na remuneração integral ou no valor da aposentadoria;
4. remuneração do trabalho noturno superior à do diurno;

[33] Súmula Vinculante n. 15 – O cálculo de gratificações e outras vantagens não incide sobre o abono utilizado para se atingir o salário mínimo do servidor público.

Súmula Vinculante n. 16 – Os arts. 7º, IV, e 39, § 3º (redação da EC n. 19/98), da Constituição, referem-se ao total da remuneração percebida pelo servidor público.

5. salário-família pago em razão do dependente do trabalhador de baixa renda nos termos da lei;
6. salário-família para os seus dependentes;
7. duração do trabalho normal não superior a oito horas diárias e 44 semanais, facultada a compensação de horários e a redução da jornada, mediante acordo ou convenção de trabalho;
8. repouso semanal remunerado, preferencialmente aos domingos;
9. remuneração do serviço extraordinário superior, no mínimo, em 50% à do normal;
10. gozo de férias anuais remuneradas com, pelo menos, um terço a mais do que o salário normal;
11. licença à gestante, sem prejuízo do emprego e do salário, com a duração de 120 dias;
12. licença-paternidade, nos termos fixados em lei;
13. proteção do mercado de trabalho da mulher, mediante incentivos específicos, nos termos da lei;
14. redução dos riscos inerentes ao trabalho, por meio de normas de saúde, higiene e segurança;
15. proibição de diferença de salários, de exercício de funções e de critérios de admissão por motivo de sexo, idade, cor[34] ou estado civil.

Além desses direitos, a Constituição conferiu aos servidores públicos civis o direito à livre associação sindical e o direito de greve, como acima explicitado.

A nova redação dada ao § 3º do art. 39 da Constituição, pela EC n. 19/98 poderia levar ao entendimento de que teria havido supressão de dois direitos sociais dos servidores públicos previstos na Constituição originária, quais sejam: irredutibilidade do salário, salvo o disposto em convenção ou acordo coletivo, e adicional de remuneração para as atividades penosas, insalubres ou perigosas, na forma da lei. Quanto à garantia da irredutibilidade, é preciso observar, no entanto, que ela permanece, já que o inciso XX do art. 37, com a redação da EC n. 19/98, dispõe que o subsídio e os vencimentos dos ocupantes de cargos e empregos públicos são irredutíveis, ressalvado o disposto nos incisos XI e XIV do art. , e nos arts. 39, § 4º, 150, II, 153, III, e 153, § 2º, I. No que respeita ao inciso XXIII do art. 7º, a matéria se revela polêmica, se considerarmos que alguns direitos dos servidores públicos, apesar de não constar do rol do art. 5º, são materialmente constitucionais, e que os direitos sociais constituem cláusula pétrea, portanto, imutáveis.

3.1 Estabilidade

Declara a Constituição, em seu art. 41, que "são estáveis, após 3 (três) anos de efetivo exercício os servidores nomeados para cargo de provimento efetivo em virtude

---

[34] A Lei n. 12.990, de 9.6.2014, com vigência de dez anos, reserva aos negros 20% (vinte por cento) das vagas oferecidas nos concursos públicos para provimento de cargos efetivos e empregos públicos no âmbito da administração pública federal, das autarquias, das fundações públicas, das empresas públicas e das sociedades de economia mista controladas pela União.

de concurso público". Desse modo, são requisitos para a aquisição da estabilidade a nomeação para cargo de provimento efetivo em virtude de concurso público, o efetivo exercício por três anos (estágio probatório), e avaliação especial e obrigatória de desempenho por comissão instituída para essa finalidade.

A estabilidade diz respeito à permanência no serviço público. Não se confunde com a efetividade, que é inerente ao cargo. A estabilidade, embora seja um *plus* em relação à efetividade, pois somente são estáveis os servidores nomeados por concurso público, dela se desvincula, em caráter excepcional, quando a Constituição, no art. 19 das Disposições Transitórias, dispõe que "os servidores públicos civis da União, dos Estados, do Distrito Federal e dos Municípios, da administração direta, autárquica e das fundações públicas, em exercício na data da promulgação da Constituição, há pelo menos cinco anos continuados, e que não tenham sido admitidos na forma regulada no art. 37 da Constituição, são considerados estáveis no serviço público". Essa estabilidade não se aplica aos ocupantes de cargos, funções e empregos de confiança ou em comissão, nem aos que a lei declare de livre exoneração, nem aos professores de nível superior, nos termos da lei (art. 19, §§ 2º e 3º, do Ato das Disposições Constitucionais Transitórias).

Os servidores estáveis só perderão o cargo em virtude de sentença judicial transitada em julgado, mediante processo administrativo em que lhes seja assegurada ampla defesa, mediante procedimento de avaliação periódica de desempenho, na forma de lei complementar, assegurada ampla defesa. Além dessas hipóteses, a Emenda Constitucional n. 19/98 prevê uma outra hipótese para a perda do cargo, pelo servidor estável, dependente de lei complementar. Essa hipótese se dará se as medidas previstas no art. 169 não forem suficientes para assegurar o cumprimento das providências previstas na lei complementar, é dizer, com redução em pelo menos 20% das despesas com cargos em comissão e funções de confiança, exoneração dos servidores estáveis.[35] A perda do cargo do estável exige que o ato correspondente seja motivado e que cada um dos Poderes especifique a atividade funcional, o órgão ou unidade

---

[35] A despesa com pessoal ativo e inativo da União, dos Estados, do Distrito Federal e dos Municípios não poderá exceder os limites estabelecidos em lei complementar.

A Lei Complementar n. 96, de 31 de maio de 1999, estabelece que os limites das despesas totais com pessoal não podem exceder os seguintes parâmetros: I – União: cinquenta por cento da receita corrente líquida federal. Considera-se receita corrente líquida federal o somatório das receitas tributárias, de contribuições patrimoniais, industriais, agropecuárias e de serviços e outras receitas correntes, com as transferências correntes, destas excluídas as transferências intergovernamentais, deduzidas: a) as repartições constitucionais e legais de sua receita tributária para os Estados, Distrito Federal e Municípios; b) o produto da arrecadação das contribuições sociais, dos empregados e empregadores, ao regime geral de previdência geral e das contribuições de que trata o art. 239 da Constituição; II – Estados e Distrito Federal: sessenta por cento da receita líquida estadual ou distrital, que corresponde ao somatório das receitas tributárias, as contribuições patrimoniais, industriais, agropecuárias e de serviços e outras receitas correntes, com as transferências correntes, destas excluídas as transferências intragovernamentais, deduzidas as repartições constitucionais e legais de sua receita tributária para os Municípios; III – Municípios: sessenta por cento da receita corrente líquida municipal, que consiste no somatório das receitas tributárias, de contribuições patrimoniais, industriais, agropecuárias e de serviços e outras receitas correntes, com as transferências correntes, destas excluídas as transferências intragovernamentais.

administrativa objeto da redução de pessoal. Acentue-se que o servidor estável que perder o cargo na mencionada hipótese, terá direito à indenização correspondente a um mês de remuneração por ano de serviço, sendo que o cargo objeto da redução será extinto, vedada a criação de cargo, emprego ou função com atribuições iguais ou assemelhadas pelo prazo de quatro anos.

Observe-a que, segundo dispõe o art. 247, acrescentado à Constituição pela Emenda Constitucional n. 19/98, as leis complementares que regularão a perda do cargo do servidor estável, e a adoção das medidas previstas no art. 169, estabelecerão critérios e garantias especiais para o servidor que, em decorrência das atribuições de seu cargo efetivo, desenvolva atividades exclusivas de Estado.

3.2 Aposentadoria (EC n. 41/2003, EC n. 47/2005 e EC n. 70/2012)

São dois os regimes jurídicos distintos para a aposentadoria do trabalhador: a) regime geral da previdência social; b) regime especial ou peculiar aplicável aos agentes públicos. Fica vedada a existência de mais de um regime de previdência social para os titulares de cargos efetivos, e de mais de uma unidade gestora do respectivo regime em cada ente estatal, ressalvadas as disposições legais relativas à inatividade dos militares, de que trata o art. 142, § 3º, X, da Constituição Federal.

Pelo disposto no art. 40 da Constituição, com a redação da EC n. 41/2003, aos servidores de cargos efetivos da União, dos Estados, do Distrito Federal e dos Municípios, incluídas suas autarquias e fundações, é assegurado regime de previdência de caráter contributivo e solidário, mediante contribuição do respectivo ente público, dos servidores ativos e inativos e dos pensionistas, observados critérios que preservem o equilíbrio financeiro e atuarial e o disposto no art. .

Verifica-se, pois, que, além de os direitos previdenciários referirem-se aos servidores públicos titulares de cargos efetivos, estão eles sujeitos à contribuição previdenciária, de que sempre foram isento, em nosso Direito, devendo esta contribuição ser fixada em valor que preserve o equilíbrio financeiro e atuarial do sistema previdenciário.

A Constituição assegura, nos termos do art. 40, § 1º, aos servidores públicos civis o direito à aposentadoria:

A Lei Complementar ainda distingue os conceitos de despesas totais com pessoal e despesas de pessoal. As despesas totais com pessoal, que servirão de paradigma para os limites de gastos impostos aos entes federativos correspondem à soma de: a) despesas de pessoal, definidas como o somatório dos gastos com qualquer espécie remuneratória, tais como vencimentos e vantagens fixas e variáveis, subsídios, proventos de aposentadoria, reformas e pensões, provenientes de cargos, funções ou empregos públicos, civis, militares ou de membros de Poder, inclusive adicionais, gratificações, horas extras e vantagens pessoais de qualquer natureza; b) encargos sociais da administração direta e indireta, considerando-se os ativos, inativos e pensionistas, definidos como o somatório das despesas com os encargos sociais, inclusive as contribuições para as entidades de previdência realizadas pela União, pelos Estados, pelo Distrito Federal e pelos Municípios. Excetua-se do conceito de despesas totais com pessoal as obrigações relativas a indenizações por demissões, inclusive gastos com incentivos à demissão voluntária.

1. por invalidez permanente, sendo os proventos proporcionais ao tempo de contribuição, exceto se decorrente de acidente em serviço, moléstia profissional ou doença grave, contagiosa ou incurável, na forma da lei. A EC n. 70/2012 acrescentou o art. 6º-A, à EC n. 41/2003, para assegurar ao servidor da União, dos Estados, do Distrito Federal e dos Municípios, incluídas suas autarquias e fundações, que tenha ingressado no serviço público até a data de publicação desta Emenda Constitucional, ou seja, 31.12.2003, e que tenha se aposentado ou venha a se aposentar por invalidez permanente, com fundamento no inciso I do § 1º do art. 40 da Constituição Federal, o direito a proventos de aposentadoria calculados com base na remuneração do cargo efetivo em que se der a aposentadoria, na forma da lei, não sendo aplicáveis as disposições constantes dos §§ 3º, 8º e 17 do art. 40 da Constituição Federal. A Emenda assegura, portanto, aposentadoria por invalidez permanente com proventos integrais para todos esses servidores, independentemente da doença causadora (especificada ou não em lei), desde que tenham ingressado no serviço público até 31.12.2003;[36]
2. compulsoriamente, aos setenta anos de idade, com proventos proporcionais ao tempo de contribuição;
3. voluntariamente, desde que cumprido o tempo mínimo de dez anos de efetivo exercício no serviço público e cinco anos no cargo efetivo em que se dará a aposentadoria, observadas as seguintes condições: 60 anos de idade e 35 de contribuição, se homem, e 55 anos de idade e 30 de contribuição, se mulher; 65 de idade, se homem, e 60 anos de idade, se mulher, com proventos proporcionais ao tempo de contribuição.

Os servidores públicos e vitalícios que ingressarem no serviço público após a data da publicação da EC n. 41, ou seja, até 31.12.2003, os comissionados, os temporários e os empregados públicos sujeitam-se ao regime geral da previdência social.

A aposentadoria com proventos integrais é assegurada para os servidores públicos que ingressaram no serviço público até 31.12.2003, observadas as regras de transição das Emendas Constitucionais ns. 20 e 41.

Portanto, a aposentadoria com proventos integrais (ressalvada a opção pela regra geral do art. 40 da Constituição), que corresponderão à totalidade da remuneração do servidor no cargo efetivo em que se der a aposentadoria, depende do preenchimento cumulativo dos seguintes requisitos: a) 60 anos de idade, se homem, e 55 anos de idade, se mulher; b) 35 anos de contribuição, se homem, e 30 anos de contribuição,

[36] Na dicção do art. 2º da EC n. 70/2012, a União, os Estados, o Distrito Federal e os Municípios, assim como as respectivas autarquias e fundações, procederão, no prazo de 180 (cento e oitenta) dias da entrada em vigor da Emenda (30.3.2012), à revisão das aposentadorias, e das pensões delas decorrentes, concedidas a partir de 1º de janeiro de 2004, com base na redação dada ao § 1º do art. 40 da Constituição Federal pela Emenda Constitucional n. 20, de 15 de dezembro de 1998, com efeitos financeiros a partir da data de promulgação da EC n. 70/2012.

se mulher; c) 20 anos de efetivo exercício no serviço público; d) 10 anos de carreira e cinco anos de efetivo exercício no cargo em que se der a aposentadoria.

Os requisitos pertinentes a idade e tempo de contribuição são reduzidos em cinco anos para aquele que comprovar exclusivamente tempo de serviço no exercício das funções de magistério na educação infantil, ensinos fundamental e médio, nos termos do § 5º do art. 40 da Constituição Federal.

A EC n. 47/2005, em seu art. 3º, assegurou, ressalvado o direito de opção à aposentadoria pelas normas do art. 40 da Constituição Federal ou pelas regras estabelecidas pelos arts. 2º e 6º da EC n. 41/2003, ao servidor da União, dos Estados, do Distrito Federal e dos Municípios, incluídas suas autarquias e fundações, que tenha ingressado no serviço público até 16.12.1998, o direito à aposentadoria com proventos integrais, desde que preencha, cumulativamente, as seguintes condições: a) 35 anos de contribuição, se homem, e trinta anos de contribuição, se mulher; b) 25 anos de efetivo exercício no serviço público, 15 anos de carreira de cinco anos no cargo em que se der a aposentadoria; c) idade mínima resultante da redução, relativamente aos limites do art. 40, § 1º, inciso III, alínea *a*, da Constituição Federal, de um ano de idade para cada ano de contribuição que exceder a condição de idade de contribuição, se homem ou mulher, acima referida.

Relativamente aos servidores que ingressaram no serviço público antes da EC n. 20/1998, admitiu-se a aposentadoria aos 53 ou aos 48 anos, se homem ou mulher. A EC n. 41/2003 põe fim a esta regra de transição, estendendo aos atuais servidores a idade mínima de 60 e 55 anos para a aposentadoria, se homem ou mulher.

Consoante o disposto no art. 2º, da EC n. 41/2003, a aposentadoria a partir da idade estabelecida pela EC n. 20/1998, implicará na aplicação de um redutor, para cada ano de antecipação, em relação aos limites de idade estabelecidos pelo art. 40, § 1º, III, *a*, e § 5º da Constituição, de três inteiros e cinco décimos por cento, para aquele que completar as exigências para a aposentadoria até 31 de dezembro de 2005, e cinco por cento, para aquele que as completar a partir de 1º de janeiro de 2006, o que se aplica ao magistrado, aos membros do Ministério Público e de Tribunal de Contas. Relativamente a estes servidores, se homem, terá o tempo de serviço até a data da publicação da EC n. 20/1998, contado como acréscimo de dezessete por cento.

Note-se que, pelo art. 4º da Emenda Constitucional n. 20/98, "o tempo de serviço considerado pela legislação vigente para efeito de aposentadoria, cumprido até que a lei discipline a matéria, será contado como tempo de contribuição". E, pelo § 10 do art. 40, com a redação dada pela Emenda Constitucional n. 20/98, "a lei não poderá estabelecer qualquer forma de contagem de tempo de contribuição fictício".

A Constituição Federal, no § 4º do art. 40, com a redação dada pela EC n. 47/2005, veda a adoção de requisitos e critérios diferenciados para a concessão de aposentadoria aos abrangidos pelo regime de que trata o art. , ressalvados, nos termos definidos em leis complementares, os casos de: I – portadores de deficiência; II – que exerçam atividades de risco; III – cujas atividades sejam exercidas sob condições especiais que prejudiquem a saúde ou a integridade física.

Além das regras relativas à aposentadoria voluntária, a EC n. 41/2003 trouxe significativas inovações, destacando-se a ampliação dos requisitos para a concessão de benefícios, fim da integralidade, com a aposentadoria calculada sobre a média das remunerações do servidor, instituição do abono de permanência, fim da paridade e redefinição do teto remuneratório, com subtetos nos Estados e Municípios, limitação das pensões, bem como instituiu a contribuição dos inativos, como se examinará:

I – Cálculo da aposentadoria com o fim da integralidade

Em substituição à integralidade de que tratamos acima, para o cálculo dos proventos de aposentadoria, por ocasião de sua concessão, serão consideradas as remunerações utilizadas como base para as contribuições do servidor aos regimes de previdência, ou seja, a aposentadoria será calculada pela média de todas as remunerações utilizadas como base para as contribuições recolhidas ao regime geral de previdência e para os diversos regimes próprios, da União, dos Estados ou dos Municípios. Os benefícios serão limitados ao teto estabelecido para o regime geral de previdência social, de que trata o art. 201 da Constituição. O mencionado teto é fixado, pelo art. 5º da EC n. 41/2003, em R$ 2.400,00 (dois mil e quatrocentos reais), devendo, a partir da data da publicação da Emenda, isto é, 31 de dezembro de 2003, ser reajustado de forma a preservar, em caráter permanente, seu valor real, atualizado pelos mesmos índices aplicados aos benefícios do regime geral de previdência social.

Observe-se que os magistrados, membros do Ministério Público, Procuradores e Defensores Públicos terão o teto e os subtetos remuneratórios de aposentadoria estabelecidos segundo o disposto no art. 37, XI, da Constituição, isto é, não poderão exceder o subsídio mensal dos Ministros do Supremo Tribunal Federal, aplicando-se como limite, nos Municípios, o subsídio do Prefeito, e nos Estados e no Distrito Federal, o subsídio mensal do Governador no âmbito do Poder Executivo, o subsídio dos Deputados Estaduais e Distritais no âmbito do Poder Legislativo e o subsídio dos Desembargadores do Tribunal de Justiça, limitado a noventa inteiros e vinte e cinco centésimos por cento do subsídio mensal, em espécie, dos Ministros do Supremo Tribunal Federal, no âmbito do Poder Judiciário, aplicável este limite aos membros do Ministério Público, aos Procuradores e aos Defensores Públicos.

De notar que a EC n. 47/2005 acrescentou o § 11 ao art. 37 da Constituição, para estabelecer que não serão computados, para efeito dos limites remuneratórios previstos no inciso XI, as parcelas de caráter indenizatório previstas em lei, observando-se que, enquanto não editada esta lei, não será computada qualquer parcela de caráter indenizatório, assim definida pela legislação em vigor na data da publicação da EC n. 41/2003.

O § 12 do art. 37 da Constituição, também acrescentado pela EC n. 47/2005, permite a instituição de um outro subteto remuneratório, ao facultar aos Estados e ao Distrito Federal fixar, em seu âmbito, mediante emenda às respectivas Constituições e Lei Orgânica, como limite único, o subsídio mensal dos Desembargadores do respectivo Tribunal de Justiça, limitado a noventa inteiros e vinte e cinco centésimos por cento do subsídio mensal dos Ministros do Supremo Tribunal Federal. Este subteto não se aplica, no entanto, aos subsídios dos Deputados Estaduais e Distritais e dos Vereadores.

Os militares submetem-se o regime previdenciário próprio, previsto no art. 142, § 3º, X, da Constituição.

II – Abono de permanência

É criado um abono de permanência para o servidor que tenha completado as exigências para a aposentadoria voluntária estabelecidas no § 1º, III, *a*, do art. 40 da Constituição, e que, optando por permanecer no serviço público, fará jus a um abono de permanência equivalente ao valor de sua contribuição previdenciária até completar as exigências para a aposentadoria compulsória. É dizer: o servidor que, até a data da publicação da Emenda, tenha 53 anos de idade, se homem, 35 anos de contribuição e esteja imune de contribuição, nos termos da EC n. 20/1998, voltará a contribuir até completar 60 anos de idade se permanecer em atividade.

III – Paridade

A Emenda põe fim à paridade, ao estabelecer que as aposentadorias e pensões serão reajustados, para preservar-lhes, em caráter permanente, o valor real, conforme critérios estabelecidos em lei (art. 40, § 8º, da Constituição Federal, com a redação da EC n. 41/2003).

É preservada a paridade (extensão aos benefícios dos reajustes e aumentos promovidos nos cargos de origem) quanto aos proventos de aposentadoria e pensões já concedidas (art. 7º da EC n. 41/2003); aos proventos de aposentadoria dos servidores em atividade, porém com todos os requisitos cumpridos para a obtenção da aposentadoria à data da publicação da EC n. 45/2003; aos proventos de aposentadoria dos servidores em atividade na data da publicação da EC n. 45/2003, e que se aposentarem com proventos integrais, desde que preenchidos os requisitos do art. 6º da Emenda; aos proventos dos servidores que tenham ingressado no serviço público até 16.12. 1998, e que se aposentarem com proventos integrais, satisfeitos os requisitos do art. 3º da EC n. 47/2005; aos proventos de aposentadoria concedida ao servidor da União, dos Estados, do Distrito Federal e dos Municípios, incluídas suas autarquias e fundações, que tenha ingressado no serviço público até a data de publicação da EC n. 41/2003, e que tenha se aposentado ou venha a se aposentar por invalidez permanente, com fundamento no inciso I do § 1º do art. 40 da Constituição Federal.

IV – Valor das pensões

A pensão por morte corresponderá à totalidade dos proventos do servidor falecido, até o limite máximo estabelecido para os benefícios do regime geral de previdência social de que trata o art. 201 da Constituição, acrescido de setenta por cento da parcela excedente a este limite, caso aposentado à data do óbito, ou ao valor da totalidade da remuneração do servidor no cargo efetivo em que se deu o falecimento, até aquele limite, e com o mesmo percentual de acréscimo a ele excedente, caso em atividade na data do óbito.

A nova sistemática para o cálculo do valor das pensões não se aplica em caráter retroativo: garante-se, portanto, a integralidade do valor das pensões concedidas até a data da publicação da Emenda. Também aos dependentes dos servidores públicos que, até a data da publicação da Emenda, tenham cumprido todos os requisitos para a obtenção do benefício, garante-se a concessão, a qualquer tempo, da pensão integral, que será igual ao valor dos proventos do servidor falecido ou ao valor dos proventos a que teria direito o servidor em atividade na data do falecimento. O art. 7º da Emenda garante a paridade das pensões, já que serão revistas na mesma proporção e na mesma data, sempre que se modificar a remuneração dos servidores em atividade, sendo também estendidos aos pensionistas quaisquer benefícios ou vantagens posteriormente concedidos aos servidores em atividade, inclusive quando decorrentes da transformação ou reclassificação do cargo ou função que serviu de referência para a concessão da pensão, na forma da lei.

As pensões derivadas dos proventos dos servidores falecidos que tenham se aposentado em conformidade com o art. 3º da EC n. 47/2005, isto é, que tenham ingressado no serviço público até 16.12.1998, e cumprido as condições previstas naquele art., serão revistas em conformidade com o disposto no art. 7º da EC n. 41/2003.

De se notar que, no cálculo do valor das pensões, deverão ser observados o teto e o subteto salarial para os servidores públicos previstos na EC n. 41/2003, e na EC n. 47/2005.

V – Contribuiçao dos inativos

Os inativos e pensionistas, tanto os atuais quanto os que se vierem a aposentar ou receber pensão, passam a contribuir. Segundo o disposto no § 18 do art. 40 da Constituição, com a redação da EC n. 41/2003, incidirá contribuição sobre os proventos de aposentadorias e pensões concedidas pelo regime de que trata o art. , que superem o limite máximo estabelecido para os benefícios do regime geral de previdência social mencionado no art. 201, com percentual igual ao estabelecido para os servidores titulares de cargos efetivos.

Segundo o § 21 acrescentado ao art. 40 pela EC n. 47/2005, a contribuição dos inativos e pensionistas incidirá apenas sobre as parcelas de proventos de aposentadoria e de pensão que superem o dobro do limite máximo estabelecido para os benefícios do regime geral de previdência social de que trata o art. 201 da Constituição Federal, quando o beneficiário, na forma da lei, for portador de doença profissional incapacitante.

Já com relação às aposentadorias e pensões atuais, bem como aos servidores inativos e pensionistas da União, dos Estados, do Distrito Federal e dos Municípios alcançados pelo disposto no art. 3º da Emenda, dispõe o seu art. 4º que contribuirão para o custeio do regime mencionado no art. 40 da Constituição.

O Supremo Tribunal Federal, no julgamento da ADI 3105/DF e da ADI 3128/DF, em 18.8.2004, declarou a inconstitucionalidade das expressões "cinquenta por cento do" e "sessenta por cento do" constantes, respectivamente, dos incisos I e II do parágrafo único do art. 4º da EC n. 41/2003, pelo que se aplica à hipótese do art. 4º da EC n. 41/2003 o § 18 do art. 40 da Constituição Federal, introduzido pela mesma Emenda.

Desse modo, incidirá contribuição sobre os proventos de aposentadoria e pensões concedidas pelo regime de previdência, de que trata o art. 40, que superem o limite máximo estabelecido para os benefícios do regime geral de previdência social previsto no art. 201, com percentual igual ao estabelecido para os servidores titulares de cargos efetivos, o que significa que, sendo unitário o fim público dos regimes previdenciários, e considerando o princípio da isonomia, o limite a que alude o inciso II do art. 195 da Constituição Federal, aplica-se a ambos os regimes, sem distinção.

Prevê o § 2º do art. 42 da Constituição, com a nova redação da EC n. 41/2003, que aos pensionistas dos militares dos Estados, do Distrito Federal e dos Territórios aplica-se o que for fixado em lei específica do respectivo ente estatal.

VI – Previdência complementar

O regime de previdência complementar privada previsto no art. 40, § 14, da Constituição, será instituído, consoante a nova redação dada ao seu § 15 pela EC n. 41/2003, por lei de iniciativa do respectivo Poder Executivo, observado o disposto no art. 202 e seus parágrafos, no que couber, por intermédio de entidades fechadas de previdência complementar, de natureza pública, que oferecerão aos respectivos participantes planos de benefícios somente na modalidade de contribuição definida.[37]

VII – Previdência e direito adquirido

A questão relativa aos direitos previdenciários à luz do direito adquirido foi por nós tratada no item 5.8.1 do Capítulo 3, deste trabalho.

3.3 Militares

A Constituição Federal, por força da Emenda Constitucional n. 18/98, passou a tratar, em capítulos diversos, os militares dos Estados, do Distrito Federal e dos Territórios (art. 42), e as Forças Armadas (art. 142). Alexandre de Moraes lembra que "o regime único dos servidores públicos militares já diferia entre si, até porque o ingresso nas Forças Armadas dá-se tanto pela via compulsória do recrutamento oficial, quanto pela via voluntária do concurso de ingresso nos cursos de formação de oficiais; enquanto o ingresso dos servidores militares das polícias militares ocorre somente por vontade própria do interessado, que se submeterá a obrigatório concurso público".[38]

Consideram-se militares dos Estados, do Distrito Federal e dos Territórios os membros das Polícias Militares e Corpos de Bombeiros Militares, instituições organizadas com base na hierarquia e disciplina, sendo-lhes aplicáveis, além do que vier a ser fixado em lei, as disposições previstas no art. 14, § 8º, art. 40, § 9º, e no art. 142, §§ 2º e 3º.

---

37 A Lei n. 12.618, de 30 de abril de 2012, institui o regime de previdência complementar para os servidores públicos federais titulares de cargo efetivo, inclusive os membros dos órgãos que menciona; fixa o limite máximo para a concessão de aposentadorias e pensões pelo regime de previdência de que trata o art. 40 da Constituição Federal; autoriza a criação de 3 (três) entidades fechadas de previdência complementar, denominadas Fundação de Previdência Complementar do Servidor Público Federal do Poder Executivo (Funpresp-Exe), Fundação de Previdência Complementar do Servidor Público Federal do Poder Legislativo (Funpresp-Leg) e Fundação de Previdência Complementar do Servidor Público Federal do Poder Judiciário (Funpresp-Jud); e altera dispositivos da Lei nº 10.887, de 18 de junho de 2004.

38 MORAES. *Direito constitucional*, p. 299.

À lei estadual cabe especificar sobre o ingresso dos Militares dos Estados, os limites de idade, a estabilidade e outras condições de transferência do militar para a inatividade, os direitos, a remuneração, as prerrogativas e outras situações especiais dos militares, dos Estados, consideradas as peculiaridades de suas atividades. As patentes dos Militares dos Estados e do Distrito Federal só serão conferidas pelo Governador do Estado ou do Distrito Federal.

4. IMPROBIDADE ADMINISTRATIVA

A Constituição Federal determina, no art. 37, § 4º, com vistas a instrumentalizar o dever de probidade, a imposição de sanções para os atos de improbidade administrativa.

O princípio da improbidade é uma decorrência do princípio da moralidade que venha a ser violado pela conduta ilícita do servidor público, ou seja, pela corrupção administrativa entendida como desvio ético a ser combatido no plano da responsabilidade administrativa, civil e penal.

A corrupção (*corruptio* = explosão do âmago de um fruto, em razão de sua podridão interna), genericamente, consiste "num desvio de conduta aberrante em relação ao padrão moral consagrado pela comunidade. Não apenas um desvio, mas um desvio pronunciado, grave, insuportável", e, especificamente, na "conduta de autoridade que exerce o Poder de modo indevido, em benefício de interesse privado, em troca de uma retribuição de ordem material".[39]

Para regulamentar o disposto no art. 37, § 4º, da Constituição Federal, editou-se a Lei n. 8.429/92, que dispõe amplamente sobre a determinação de atos de improbidade administrativa e estabelece as sanções aplicáveis aos agentes públicos nos casos de lesão ao patrimônio público ou pela conduta ilícita do servidor da administração direta, indireta ou fundacional.

Considera-se ato de improbidade administrativa "o ilícito praticado em razão do exercício de funções públicas (cargos, empregos ou funções públicas). A improbidade corresponde, assim, ao uso indevido dos poderes ou funções atribuíveis ao Estado, seja porque importa o enriquecimento do agente ou de terceiro, seja porque causa dano ao Erário, ou porque significa desprestígio dos deveres a todos dirigidos".[40]

Alexandre de Moraes ressalta a natureza civil dos atos de improbidade administrativa, ao conceituá-los como "aqueles que, possuindo natureza civil e devidamente tipificados em lei federal, ferem direta ou indiretamente os princípios constitucionais e legais da administração pública, independentemente de importarem enriquecimento ilícito ou de causarem prejuízo material ao erário público".[41]

A Lei n. 8.429/92 consagrou a responsabilidade subjetiva do agente público, exigindo-lhe, para enquadramento na Lei, culpa ou dolo, pelo que é necessário verificar

---

39 FERREIRA FILHO. *A democracia no limiar do século XXI*, p. 87.

40 CHIMENTI *et al. Curso de direito constitucional*, p. 24.

41 MORAES. *Direito constitucional administrativo*, p. 320.

se houve um mínimo de má-fé, sendo insuficiente para sua condenação a simples inabilidade no trato da coisa pública.

É preciso ainda que haja tipificação (prévia previsão legal das condutas ilícitas), em decorrência dos princípios constitucionais da reserva legal e da anterioridade, para que os agentes públicos sejam responsabilizados por improbidade administrativa. Assim, somente podem eles ser responsabilizados por atos de improbidade posteriores à edição da Lei n. 8.429/92, vedada a sua aplicação retroativa.

Assinale-se que os tipos legais de improbidade administrativa, por terem natureza civil, são tipos abertos, mais genéricos, o que viabiliza uma interpretação mais construtiva da jurisprudência.

Passa-se a enunciar os tipos legais de improbidade administrativa:

I – Atos que importam enriquecimento ilícito: são os previstos no art. 9º da Lei n. 8.429/92, ou seja, auferir, por meio das 12 condutas descritas em seus incisos, qualquer tipo de vantagem patrimonial indevida em razão do exercício de cargo, mandato, função emprego ou atividade da Administração direta, indireta ou fundacional de qualquer dos Poderes da União, dos Estados, do Distrito Federal, dos Municípios, de Território, de empresa incorporada ao patrimônio público ou de entidade para cuja criação ou custeio o erário haja concorrido ou concorra com mais de 50% do patrimônio ou da receita anual, notadamente:

1. receber, para si ou para outrem, dinheiro, bem móvel ou imóvel, ou qualquer outra vantagem econômica, direta ou indireta, a título de comissão, percentagem, gratificação ou presente de quem tenha interesse, direto ou indireto, que possa ser atingido ou amparado por ação ou omissão decorrente das atribuições do agente público; 2. perceber vantagem econômica, direta ou indireta, para facilitar a aquisição, permuta ou locação de bem móvel ou imóvel, ou a contratação de serviços pelas entidades referidas no art. 1º da Lei, por preço inferior ao valor de mercado; 3. perceber vantagem econômica, direta ou indireta, para facilitar a alienação, permuta ou locação de bem público ou o fornecimento de serviço por ente estatal por preço inferior ao valor de mercado; 4. utilizar, em obra ou serviço particular, veículos, máquinas, equipamentos ou material de qualquer natureza, de propriedade ou à disposição de qualquer das entidades mencionadas no art. 1º da Lei, bem como o trabalho de servidores públicos, empregados ou terceiros contratados por essas entidades; 5. receber vantagem econômica de qualquer natureza, direta ou indireta, para tolerar a exploração ou a prática de jogos de azar, de lenocínio, de narcotráfico, de contrabando, de usura ou de qualquer outra atividade ilícita, ou aceitar promessa de tal vantagem; 6. receber vantagem econômica de qualquer natureza, direta ou indireta, para fazer declaração falsa sobre medição ou avaliação em obras públicas ou qualquer outro serviço, ou sobre quantidade, peso, medida, qualidade ou característica de mercadorias ou bens fornecidos a qualquer das entidades mencionadas no art. 1º da Lei; 7. adquirir, para si ou para outrem, no exercício de mandato, cargo, emprego ou função pública, bens de qualquer natureza cujo valor seja desproporcional à evolução do patrimônio ou à renda do agente público; 8. aceitar emprego, comissão ou exercer atividade de consultoria ou assessoramento para pessoa física ou jurídica que tenha interesse suscetível de ser atingido ou amparado por ação ou omissão decorrente das

atribuições do agente público, durante a atividade; 9. perceber vantagem econômica para intermediar a liberação ou aplicação de verba pública de qualquer natureza; 10. receber vantagem econômica de qualquer natureza, direta ou indiretamente, para omitir ato de ofício, providência ou declaração a que esteja obrigado; 11. incorporar, por qualquer forma, ao seu patrimônio bens, rendas, verbas ou valores integrantes do acervo patrimonial das entidades mencionadas no art. 1º da Lei; 12. usar, em proveito próprio, bens, rendas, verbas ou valores integrantes do acervo patrimonial das entidades mencionadas no art. 1º da Lei.

A estes atos outros tipos de conduta poderão ser acrescidos, desde que compatíveis com os elementos do tipo previsto no *caput* do art. 9º:

II – Atos que importam dano ao erário: são os previstos no art. 10 da Lei n. 8.429/92, ou seja, qualquer ação ou omissão, dolosa ou culposa, que enseje perda patrimonial, desvio, apropriação, malbaratamento ou dilapidação dos bens ou haveres das entidades referidas no art. 1º da Lei, notadamente:

1. facilitar ou concorrer por qualquer forma para a incorporação ao patrimônio particular, de pessoa física ou jurídica, de bens, rendas, verbas ou valores integrantes do acervo patrimonial das entidades mencionadas no art. 1º da Lei; 2. permitir ou concorrer para que pessoa física ou jurídica privada utilize bens, rendas, verbas ou valores integrantes do acervo patrimonial das entidades mencionadas no art. 1º da Lei, sem a observância das formalidades legais ou regulamentares aplicáveis à espécie; 3. doar à pessoa física ou jurídica bem como ao ente despersonalizado, ainda que de fins educativos ou assistenciais, bens, rendas, verbas ou valores do patrimônio de qualquer das entidades mencionadas no art. 1º da Lei, sem observância das formalidades legais e regulamentares aplicáveis à espécie; 4. permitir ou facilitar a alienação, permuta ou locação de bem integrante do patrimônio de qualquer das entidades referidas no art. 1º da Lei, ou ainda a prestação de serviço por parte delas, por preço inferior ao de mercado; 5. permitir ou facilitar a aquisição, permuta ou locação de bem ou serviço por preço superior ao de mercado; 6. realizar operação financeira sem observância das normas legais e regulamentares ou aceitar garantia insuficiente ou inidônea; 7. conceder benefício administrativo ou fiscal sem a observância das formalidades legais ou regulamentares aplicáveis à espécie; 8. frustrar a licitude de processo licitatório ou dispensá-lo indevidamente; 9. ordenar ou permitir a realização de despesas não autorizadas em lei ou regulamento; 10. agir negligentemente na arrecadação de tributo ou renda, bem como no que diz respeito à conservação do patrimônio público; 11. liberar verba pública sem a estrita observância das normas pertinentes ou influir de qualquer forma para a sua aplicação irregular; 12. permitir, facilitar ou concorrer para que terceiro se enriqueça ilicitamente; 13. permitir que se utilize, em obra ou serviço particular, veículos, máquinas, equipamentos ou material de qualquer natureza, de propriedade ou à disposição de qualquer das entidades mencionadas no art. 1º da Lei, bem como o trabalho de servidor público, empregados ou terceiros contratados por essas entidades; 14. celebrar contrato de rateio de consórcio público sem suficiente e prévia dotação orçamentária, ou sem observar as formalidades previstas na lei.

A enumeração destes atos é meramente exemplificativa, da mesma forma que a dos atos de improbidade que importam enriquecimento ilícito.

III – Atos que importam violação de princípios da Administração: são os previstos no art. 11 da Lei n. 8.429/92, ou seja, qualquer ação ou omissão que violando os deveres de honestidade, imparcialidade, legalidade e lealdade às instituições atentem contra os princípios da Administração Pública, notadamente:

1. praticar ato visando fim proibido em lei ou regulamento ou diverso daquele previsto, na regra de competência; 2. retardar ou deixar de praticar, indevidamente, ato de ofício; 3. revelar fato ou circunstância de que tem ciência em razão das atribuições e que deva permanecer em segredo; 4. negar publicidade aos atos oficiais; 5. frustrar a licitude de concurso público; 6. deixar de prestar contas quando esteja obrigado a fazê-lo; 7. revelar ou permitir que chegue ao conhecimento de terceiro, antes da respectiva divulgação oficial, teor de medida política ou econômica capaz de afetar o preço de mercadoria, bem ou serviço.

A enumeração destes atos de improbidade é também meramente exemplificativa, pelos mesmos motivos já explicitados.

[42]O agente responsável pelo ato de improbidade fica sujeito às seguintes penalidades, sem que se excluam as sanções penais eventualmente cabíveis: a) suspensão dos direitos políticos; b) perda da função pública; c) indisponibilidade dos bens; d) ressarcimento ao erário. A forma, gradação e ampliação destas sanções se acham previstas na Lei de Improbidade (arts. 5º, 6º e 12), conforme o ato perpetrado, como autoriza o § 4º do art. 37 da Constituição da República. Nos termos do art. 12 da Lei de Improbidade, com a redação dada pela Lei n. 12.120, de 15.12.2009, essas cominações podem ser aplicadas isolada ou cumulativamente, de acordo com a gravidade do fato.

Consoante o art. 5º, ocorrendo lesão ao patrimônio público, por ação ou omissão, dolosa ou culposa, do agente ou de terceiro, dar-se-á integral ressarcimento do dano. A seu turno, dispõe art. 6º que no caso de enriquecimento ilícito, perderá o agente público ou terceiro beneficiário os bens ou valores acrescidos ao seu patrimônio. Trata-se, pois, de sanções apenas patrimoniais.

A gradação das sanções constitucionalmente previstas vem detalhada no art. 12 da Lei n. 8.429/92, conforme o ato perpetrado: I – Enriquecimento ilícito: a) perda dos bens ou valores acrescidos ilicitamente ao patrimônio; b) ressarcimento integral do dano, quando houver; c) suspensão da função pública; d) suspensão dos direitos políticos de oito a dez anos; e) multa civil de até três vezes o valor do acréscimo patrimonial; f) proibição de contratar com o Poder Público ou receber benefícios ou

[42] Art. 21 da Lei n. 13.089, de 12.1.2015: "Art. 21. Incorre em improbidade administrativa, nos termos da Lei n. 8.429, de 2 de junho de 1992: I – o governador ou agente público que atue na estrutura de governança interfederativa que deixar de tomar as providências necessárias para: a) garantir o cumprimento do disposto no *caput* do art. 10 desta Lei, no prazo de 3 (três) anos da instituição da região metropolitana ou da aglomeração urbana mediante lei complementar estadual; b) elaborar e aprovar, no prazo de 3 (três) anos, o plano de desenvolvimento urbano integrado das regiões metropolitanas ou das aglomerações urbanas instituídas até a data de entrada em vigor desta Lei mediante lei complementar estadual; II – o prefeito que deixar de tomar as providências necessárias para garantir o cumprimento do disposto no § 3º do art. 10 desta Lei, no prazo de 3 (três) anos da aprovação do plano de desenvolvimento integrado mediante lei estadual."

incentivos fiscais ou creditícios, direta ou indiretamente, ainda que por intermédio de pessoa jurídica da qual seja sócio majoritário, pelo prazo de dez anos. II – Dano ao erário: a) ressarcimento integral do dano; b) perda da função pública; c) suspensão dos direitos políticos de cinco a oito anos; d) multa civil de até duas vezes o valor do dano; e) proibição de contratar com o Poder Público ou receber benefícios ou incentivos fiscais ou creditícios, direta ou indiretamente, ainda que por intermédio de pessoa jurídica da qual seja sócio majoritário, pelo prazo de cinco anos; f) perda dos bens ou valores acrescidos ilicitamente ao patrimônio, se concorrer essa circunstância. III – Violação de princípios da Administração: a) perda da função pública; b) suspensão dos direitos políticos de três a cinco anos; c) multa civil de até cem vezes o valor da remuneração percebida pelo agente; d) proibição de contratar com o Poder Público ou receber benefícios ou incentivos fiscais ou creditícios, direta ou indiretamente, ainda que por intermédio de pessoa jurídica da qual seja sócio majoritário, pelo prazo de três anos; e) ressarcimento integral do dano, se houver.

Observe-se que haverá exceções quanto à aplicação de todas as sanções, seja a determinados agentes públicos, seja a particulares, estes, por exemplo, não sujeitos à perda da função, e os Senadores, Deputados Federais e Estaduais, embora não se sujeitem à perda da função pública, submetem-se às demais sanções, incluindo a suspensão dos direitos políticos.

Segundo dispõe o art. 20 da Lei n. 8.429/92, a perda da função pública e a suspensão dos direitos políticos só se efetivam com o trânsito em julgado da sentença condenatória.

A aplicação das sanções previstas na Lei de Improbidade independe da efetiva ocorrência de dano ao patrimônio público, salvo quanto à pena de ressarcimento: é o que dispõe o art. 21, I, da Lei n. 8.429/92, com a redação que lhe foi dada pela Lei 12.120/09.

Sujeito ativo da improbidade é o agente público, servidor ou não, que exerce, ainda que transitoriamente ou sem remuneração, por eleição, nomeação, designação, contratação ou qualquer outra forma de investidura ou vínculo, mandato, cargo, emprego ou função na Administração direta ou indireta, em empresa incorporada ao patrimônio público ou de entidade para cuja criação ou custeio o erário haja concorrido ou concorra com mais de 50% do patrimônio ou da receita anual.

Sujeito passivo mediato é o Estado, e imediato a pessoa jurídica afetada pelo ato de improbidade, dentre as mencionadas no art. 1º da Lei de Improbidade.

A ação principal, que terá o rito ordinário, será proposta pelo Ministério Público ou pela pessoa jurídica interessada.

A ação civil pública constitui o instrumento processual adequado para o controle dos atos do poder público, buscando alcançar a reparação do dano causado ao patrimônio público por ato de improbidade, bem como a aplicação das sanções previstas na Constituição da República (art. 37, § 4º).

No caso de a ação ter sido proposta pelo Ministério Público, deverá a pessoa jurídica lesada ser cientificada para integrar a lide, se entender necessário, podendo suprir omissões, falhas e indicar provas (art. 17, § 3º, da Lei n. 8.429/92, com a redação dada pela Lei n. 9.366/96).

Sendo a ação de improbidade administrativa proposta pela pessoa jurídica prejudicada, o Ministério Público atuará, obrigatoriamente, como fiscal da lei.

Nas ações de improbidade administrativa, é vedada a transação, acordo ou conciliação (art. 17, § 1º, da Lei n. 8.429/92).

Há previsão, na Lei de Improbidade, de medidas cautelares específicas, e que são: a) indisponibilidade dos bens; b) sequestro de bens do responsável por lesão ao erário ou enriquecimento ilícito; c) bloqueio de bens, contas bancárias e aplicações financeiras mantidas no exterior, no caso de enriquecimento ilícito ou lesão ao erário; d) possibilidade de afastamento, por parte da autoridade judicial ou administrativa competente, do agente público do exercício do cargo, emprego ou função pública, sem prejuízo da remuneração, quando a medida se fizer necessária à instrução processual.

A sentença que julgar procedente a ação civil de reparação de dano ou decretar a perda dos bens havidos ilicitamente determinará o pagamento ou a reversão dos bens, conforme o caso, em favor da pessoa jurídica prejudicada pelo ilícito (art. 18).

Relativamente à competência para o julgamento das ações de improbidade, envolvendo foros especiais, a matéria é examinada no Capítulo do Poder Judiciário.

Capítulo 9

PODER LEGISLATIVO

SUMÁRIO

1. INTRODUÇÃO

O Poder Legislativo é indissociável do regime democrático, e se legitima pela Constituição.

A Constituição Federal de 1988 consagra o princípio da divisão ou separação de Poderes (art. 2º), cabendo ao Poder Legislativo o exercício precípuo da função legislativa voltada para a criação de normas jurídicas obrigatórias que vão inovar o Direito, e aos Poderes Executivo e Judiciário a sua realização.

Incluem-se, ainda, como atividades típicas do Legislativo a fiscalização e o controle dos atos do Executivo.

Antes mesmo de exercer função legislativa, o Parlamento reunia-se para "saber da regularidade da captação de recursos pelos emissários reais, para depois fixar as contribuições dos feudos e escrevê-las, a pedido do rei".[1]

O termo latino *parlamentum* aparece pela primeira vez nos documentos do século XII, e designa "um conjunto de pessoas que se reúnem para 'falar', para 'conversar', para 'debater' algum assunto. Usaram-no as ordens monásticas da Idade Média para denominar as palestras que os monges mantinham nos claustros após a ceia e que geralmente versavam sobre assuntos profanos: *parabolare in parlamento*. Empregaram-no

[1] SOARES. Fiscalização e controle do executivo pelo legislativo. *Revista de Informação Legislativa* 101/147.

também os senhores feudais, quando se reuniam para discutir problemas de interesse comum e que não precisavam ser levados à apreciação da *curia regia*. Finalmente, no século XIII, o termo *parlamentum* já figura oficialmente nas salas das assembleias políticas e dos conselhos reais, bem como na publicação dos editos e ordenações, onde o rei fazia questão de anunciar sempre que decidira *in parlamento*, com os seus magnatas, os seus próceres e os seus súditos".[2]

Em sua clássica obra *O mecanismo do governo britânico*, o Professor Orlando Magalhães Carvalho narra que "o rei consultava o *Magnum Consilium* (de cujas reuniões surgiu o Parlamento) para fazer leis e lançar impostos. O Parlamento não legislava, aprovava medidas. A função legislativa decorreu de prática posterior. No fim do século XIV, com a separação das câmaras e como parte do mesmo processo geral, o sistema de petição ao rei contra agravos sofridos nos direitos ou contra a infração de costumes transforma-se em processo legislativo. O Parlamento que, até então, se limitara a opinar quando consultado e somente sobre o consultado, investiu-se de autoridade legislativa, elaborando a lei, que o rei sancionava, reservando-se a prerrogativa de obstar à sua execução pelo veto".[3]

A história do Parlamento inglês pode dividir-se em quatro períodos: o dos Parlamentos medievais, dos quais o de 1295 foi modelo; o período dos Tudor e dos Stuarts, cujo núcleo se acha constituído pela época de conflitos entre o Rei e o Parlamento, entre a prerrogativa e o privilégio; o período compreendido entre a Revolução de 1688 e a Lei da Reforma de 1832; o período moderno, que começa em 1832. Após o incêndio de 16 de outubro de 1834, que destruiu a antiga sede do Parlamento, o novo Parlamento foi edificado em nova casa, que atualmente se chama de Palácio de Westminster.[4]

Afirmando que, "tradicionalmente, o Legislativo é o poder financeiro", Manoel Gonçalves Ferreira Filho esclarece que "o poder de votar as regras jurídicas – as leis –, foi, em realidade, conquistado por essas Câmaras (legislativas), na Inglaterra, a *mãe dos Parlamentos*, por meio de uma barganha: o consentimento em impostos em troca da extensão de sua influência na função legislativa".[5]

O Parlamento vai, então, alcançando novas funções. Depois da tarefa de legislar, outras funções vão-se alinhando, em virtude do quadro político: controle, investigação, eleitorais, jurisdicionais, deliberativas, administrativas, de orientação política e de comunicação.

Com a Revolução Francesa, o Poder Legislativo atingiu notável posição de supremacia.

O advento do 1º pós-Guerra (1914-1918) acarretou o declínio do Poder Legislativo na sua função criadora do Direito. É que a intervenção do Estado nos múltiplos setores da realidade social, em razão da concepção do Estado de Bem-Estar (*Welfare State*),

---

2 ANDRADE. A evolução política dos parlamentos e a maturidade democrática. *Revista de Informação Legislativa*. Brasília: Senado Federal, ano 21, n. 81, jan./mar. 1984, p. 72-75.

3 CARVALHO. *O mecanismo do governo britânico*, p. 87.

4 ILBERT. *El parlamento*: su historia, constitución y práctica, p. 7-24.

5 FERREIRA FILHO. *Curso de direito constitucional*, p. 138.

revelou a incapacidade do Legislativo para o atendimento normativo das necessidades sociais e econômicas da sociedade. A morosidade das deliberações legislativas contribuiu para o avanço do Executivo. Surgiu a ideia da urgência legislativa, com a introdução, nas Constituições, de mecanismos que autorizavam o governo a prontamente legislar (leis delegadas, decretos autônomos, decretos-leis).

O Estado contemporâneo não mais se compatibiliza com a rígida separação de Poderes do século XVIII, seja pela expansão, como se viu, de suas atividades, seja pela lentidão do processo de criação das leis no âmbito do Legislativo, circunstâncias essas que levaram o Executivo a ampliar o espectro de sua atuação normativa. Assinale se, todavia, que o "Poder Legislativo, por natureza, corresponde à sociedade; e, como representantes dela, às câmaras, cuja missão é formular regras públicas em harmonia com as necessidades de cada época".[6] Daí o indeclinável papel que cabe ao Legislativo no Estado Democrático de Direito, voltado para o controle e a fiscalização dos atos do Executivo, impedindo-lhe os abusos comprometedores das liberdades democráticas.

São apontados cinco princípios que informam as instituições parlamentares democráticas: 1. representação; 2.transparência; 3. acessibilidade; 4. responsabilidade (*accountability*); 5. efetividade em todos os níveis: nacional, internacional e local. Esses princípios levam ao conjunto de características centrais para um parlamento democrático: a) representatividade: social e politicamente representativo da diversidade das pessoas, com oportunidades e proteções iguais para todos os seus membros; b) transparente: ser aberto à sociedade, por meio da mídia, e transparente na conduta de suas atividades; c) acessível: envolvimento dos públicos, incluindo associações e movimentos da sociedade civil no trabalho parlamentar; d) responsável: serem os membros do parlamento responsáveis, perante o eleitorado, pelo seu desempenho no mandato e pela integridade de conduta; e) organização efetiva das atividades de acordo com os valores democráticos e com as funções legislativas e de controle político do Parlamento.[7]

2. FUNÇÕES DO PODER LEGISLATIVO

Ao lado das funções típicas do Legislativo, quais sejam, a criação da lei,[8] a fiscalização e o controle dos atos do Executivo, a Constituição atribui-lhe funções atípicas consubstanciadoras da concepção de freios e contrapesos (*checks and balances*),

---

[6] MARTINEZ. *Dicionário de ciências sociais*, p. 918.

[7] Disponível em: <wwwipu.org/strct-e/strct.htm> Acesso em: 31 dez. 2011.

[8] O princípio da separação de poderes impõe que seja suavizada a concentração, no Legislativo, da função de produção da lei. Para evitar seus efeitos negativos, é que se enfatiza a ideia de "limitação, no tempo, dos mandatos parlamentares, limitação do número de mandatos que uma pessoa possa exercer sucessivamente, método de renovação, por frações, das Assembleias, inviabilidade de acumulação do mandato parlamentar com outras funções que interferissem de forma perniciosa no seu exercício (a necessidade de desincompatibilização), procedimento próprio e previamente estabelecido para a feitura da lei e inserção de comissões técnicas para o aprimoramento dos trabalhos de produção legislativa" (CAGGIANO. *Direito parlamentar e direito eleitoral*, p. 19).

inerentes às relações entre os Poderes do Estado. Assim, o Poder Legislativo, além de criar o Direito, participa da função jurisdicional e executiva, quando o Senado Federal julga o Presidente da República por crime de responsabilidade (art. 52, I, parágrafo único) e aprova a indicação de nomes para cargos na estrutura política da República brasileira (art. 52, III). Por sua vez, o Executivo também legisla, adotando medidas provisórias (arts. 62 e 84, III). Já o Poder Judiciário exerce função legislativa ao iniciar o processo legislativo, encaminhando à Câmara dos Deputados projeto de lei sobre determinadas matérias (art. 96, II), e ainda função administrativa, quando os Presidentes dos Tribunais concedem férias aos seus servidores, ou procedem ao provimento dos cargos de juiz de carreira da respectiva jurisdição (art. 96, I, *c*).

Verifica-se, pois, com tais exemplos, que o princípio da separação de Poderes não deve ser entendido naquela rigidez absoluta que historicamente deu origem ao seu surgimento, justificado pela necessidade de se limitar o poder do monarca. Assim, quando o Senado Federal aprecia a indicação, pelo Presidente da República, de nome para ocupar determinado cargo na estrutura política da República, está freando o Executivo que, por sua vez, freia o Legislativo ao vetar projeto de lei aprovado pelo Congresso Nacional (art. 66, § 1º). Da mesma forma o Poder Judiciário, que, se não exerce função legislativa, declara a inconstitucionalidade das leis.

A legislação, no Estado contemporâneo, é produzida por um Parlamento de muitos, composto de centenas de parlamentares, em ambiente, na maioria das vezes, de tumulto, conflito e discórdia. Expressando, embora, a vontade da maioria, o Parlamento reflete troca de favores, manobras de assistência mútua e procedimentos eleitoreiros. Como então lhe dar credibilidade, ou, por outras palavras, como pensar na dignidade da legislação, fonte de direito respeitável? Jeremy Waldron, ao estudar o tema, salienta que não há nada sobre legislaturas ou legislação na moderna jurisprudência filosófica que seja remotamente comparável à discussão da decisão judicial. Ninguém parece ter percebido a necessidade de uma teoria ou de um tipo ideal que faça pela legislação o que o juiz-modelo de Ronald Dworkin, "Hércules", pretende fazer pelo raciocínio adjudicatório. Vale a pena perguntar: como seria desenvolver um retrato róseo das legislaturas (aqui significando corpos legislativos) e seus métodos, que estivesse à altura, em sua normatividade e, talvez, em sua ingenuidade, do retrato dos tribunais? Entretanto, a comparação entre os tribunais e as legislaturas e a questão da revisão judicial não são as únicas razões pelas quais queremos ou precisamos de uma teoria filosófica da legislação. Precisamos dela, entre outras coisas, para desenvolver modelos adequados de autoridade legislativa, interpretação legislativa e de equidade. A legislação não representa, portanto, um resultado arbitrário de decisões majoritárias. O respeito à legislação é devido, ainda, como tributo que devemos pagar à conquista da ação concertada, cooperativa, coordenada ou coletiva nas circunstâncias da vida moderna.

No tocante à revisão judicial (controle de constitucionalidade das leis), em que vigoraria o império do Direito e do princípio, enquanto que no Legislativo vigoraria o império da maioria, Waldron procura mostrar que a diferença entre a legislação e a decisão da Corte constitucional é de representação, não de método decisório, pois sendo as Cortes formadas por muitos membros que discordam, também decidem por voto majoritário. Assim, a abordagem mais correta da revisão judicial é a procedimental, e não de substância, pelo que se opõe à forma com que é ela descrita como a de proteger direitos e assegurar o cumprimento da justiça e da democracia. Uma teoria substantiva dos direitos não é a teoria da autoridade necessária em face do desacordo. Ainda segundo Waldron, se insistirmos numa visão não procedimental da revisão judicial, dado o desacordo moral, teríamos de prever um novo procedimento para decidir qual a visão sobre a decisão da Corte que deveria prevalecer, o que levaria a uma regressão ao infinito, é perguntar: quem guarda o guardião, ou quem vigia o vigia, quem controla o controlador? Ninguém, pois se o vigia (Tribunal) decidir errado, não há a quem recorrer, havendo simplesmente que conviver com o erro. Demais disso, a Corte constitucional não é uma instituição contramajoritária, seja porque toma suas decisões por maioria, seja porque a qualidade da decisão não tem impacto nenhum no peso de seu voto: será somente mais um voto a se somar aos outros. O voto mais eloquente conta a mesma coisa que um voto medíocre. O Tribunal decide, portanto, com base na maioria, independentemente do mérito.

O direito dos direitos é ter uma parcela na elaboração das leis; o direito à participação (levando a participação a sério) estaria no plano da teoria da autoridade, os outros, no plano da teoria da justiça. A participação, para Waldron, envolve também decisões sobre princípios, e não apenas sobre preferências políticas.[9]

O Parlamento, como lócus da representação política que caracteriza as sociedades políticas desde a Revolução Francesa, não exclui a participação popular, que viabiliza o retorno do representado ao discurso normativo, e à construção da norma, concorrendo também para um maior grau de adesão ao comando normativo.[10]

Tendo em vista a estrutura, composição, finalidade e as relações do Poder Legislativo com a sociedade política, pode-se considerar, como suas funções principais, as seguintes: *a) função mobilizadora do consenso popular:* compreende a atuação na mobilização popular para as políticas defendidas e executadas pelo Executivo, desempenhando o Legislativo papel fundamental para a paz social e a sobrevivência do sistema político, com a articulação, no processo eleitoral, de interesses no contexto de um sistema político mais aberto; *b) função informativa*: o Legislativo dá oportunidade de receber e divulgar fatos referentes a todo o país, sobre todas as regiões e segmentos sociais, diminuindo a distância entre o centro do Poder e os cidadãos; *c) função educadora*: manifesta-se quando as atividades do Poder Legislativo alcançam maior visibilidade, pelo desenvolvimento dos veículos de comunicação, tendo papel relevante os discursos e os debates parlamentares. A atividade legislativa desenvolve o lado político do cidadão e promove a manifestação da cultura de cidadania, da ética e da moral; *d) função eletiva*: manifesta-se nos sistemas parlamentares, em que o Legislativo escolhe o Primeiro Ministro e pode destituí-lo. No presidencialismo, como é o caso do Brasil, a Constituição prevê competência do Senado para a escolha de embaixadores, diretores do Banco Central, entre outros, às

---

9 WALDRON. *A dignidade da legislação*, p. 1, 151 *et seq*. No livro, o autor examina as concepções teórico-políticas envolvendo a matéria, em Kant, Locke, Rawls e Aristóteles. Cf. também: WALDRON. *Law and disagreement,* p. 232 e 244.

10 SOARES. *Teoria da legislação*: formação e conhecimento da lei na idade tecnológica, p. 1-64.

Casas Legislativas competência para a escolha da Mesa Diretora de seus trabalhos, ao Congresso Nacional competência para eleger o Presidente e o Vice-Presidente da República, no caso de vacância destes cargos nos últimos dois anos do período presidencial. A Constituição norte-americana (Emenda n. 12, de 1804) atribui à Câmara de Representantes, no caso de nenhum dos candidatos alcançar a maioria dos votos dos delegados (*electors*), competência para eleger o Presidente entre os três candidatos mais votados, cabendo ao Senado, em situação similar, a eleição do Vice-Presidente, entre os dois candidatos mais votados. A Constituição do México (art. 73, XXVI) confere ao Congresso o poder de "constituir-se em colégio eleitoral e designar o cidadão que deva substituir o Presidente da República, com o caráter de substituto, interino ou provisório"; *e) função representativa*: traduz-se na capacidade de o Legislativo representar toda a diversidade existente na sociedade e ponderar sobre os múltiplos interesses da variedade dos segmentos representados num governo plurarístico. Protege as minorias da opressão potencial da maioria e desempenha, quando necessário, a função de freio; *f) função obstrucionista*: coincide, em parte, com a função representativa. Ressalte-se que, por ter características mais conservadoras do que os outros poderes, o Legislativo exerce uma resistência saudável – em parte por ser um colegiado e suas decisões coletivas serem mais lentas – contra a iniciativa unilateral do Executivo, muitas das vezes sem o apoio de parte da população. Nos sistemas presidenciais de governo os Legislativos tendem a ser mais obstrucionistas do que nos sistemas parlamentares, e essa função protege a democracia representativa.[11]

No contexto da divisão de poderes, as funções fundamentais do Poder Legislativo são a de *representação*, a de *legitimação* da ação governamental, a de *controle*, a de *juízo político* e a *constituinte*.[12]

As atribuições de controle das funções administrativas podem ser exercidas de forma direta ou vinculada. O controle parlamentar político ou direto é aquele exercido pelo Poder Legislativo sem intermediários (art. 49, X) e compreende os seguintes instrumentos: sustação de atos do Poder Executivo (art. 49, V); convocação de ministros de Estado e requerimento de informações (art. 50, § 2º; art. 58, § 2º, IV e V); comissões parlamentares de inquérito (art. 58, § 3º); autorização ou aprovação do Congresso Nacional para atos concretos do Poder Executivo (art. 49, I, II, III, IV, XII, XIII, XIV, XVI, XVII); poderes controladores privativos do Senado Federal (art. 52, III, IV, V, VI, VII, VIII, IX, X, XI, XIV, XV; *impeachment* do Presidente da República e dos ministros de Estado (art. 86); fiscalização orçamentária (art. 166, § 1º). O controle vinculado é aquele exercido pelo Poder Legislativo com o auxílio do Tribunal de Contas da União, e compreende: julgamento das contas do Executivo (art. 49, IX); informações ao Tribunal de Contas (art. 71, VII e § 4º); sustação de contratos (art. 71, X e § 1º); despesas irregulares (art. 166, § 1º; art. 72); inspeções e auditorias (art. 71, IV).[13] A Constituição de 1988 propiciou um incremento das funções desse controle legislativo

---

11 AZEVEDO. *Prática do processo legislativo*, p. 71-74.

12 SILVA. *Comentário contextual à Constituição*, p. 383-384.

13 BANDEIRA DE MELLO. *Curso de direito administrativo*, p. 870-876.

chamado de *accountability* horizontal (que se distingue da *accountability* vertical, realizada por meio do voto secreto e regular, em eleições competitivas), o que se explicaria pela liberdade de imprensa, ao permitir que a reorganização da sociedade civil e a diversificação de interesses organizados viessem a aumentar a pressão sobre os parlamentares para a vigilância de iniciativas que afetariam seus interesses; pela liberdade de expressão, que favoreceu, na imprensa, o surgimento de denúncias que chamam a atenção dos parlamentares para dados eventos; pela renovação de lideranças e aumento de parlamentares de oposição organizada e numericamente relevante.[14]

As funções parlamentares foram examinadas por Maurizio Cotta, que observa: "Do ponto de vista funcional, os Parlamentos são instituições geralmente polivalentes. A variedade de funções desempenhadas tem uma explicação no papel característico dos Parlamentos, que faz delas os instrumentos políticos do princípio da soberania popular. É deste papel que nasce para o Parlamento o direito e o dever de intervir, embora de formas diversas, em todos os estádios do processo político. Segundo o estádio e as modalidades de tal intervenção, haverá atividades de estímulo e de iniciativa legislativa, de discussão e de deliberação, de inquérito e de controle, de apoio e de legitimação. Tão variadas atividades podem ser globalmente compreendidas no quadro das quatro funções parlamentares fundamentais: representação, legislação, controle do Executivo e legitimação. É natural que, conforme a posição que cada Parlamento ocupa no sistema político, varie a importância das diversas funções; certamente há funções que, em determinadas situações políticas, podem se atrofiar e ficar reduzidas ao simples aspecto formal.

Dentre as funções parlamentares, é a representativa a que possui uma posição que poderíamos chamar *preliminar.* Isso porque, em primeiro lugar, ela é uma constante histórica em meio das transformações sofridas pelas atribuições do Parlamento, e, em segundo lugar, porque nela se baseiam todas as demais funções parlamentares, cujas características dependem, em boa parte, das formas do seu desenvolvimento. Por ser fundamental, esta função assume um significado discriminante entre um Parlamento e outro. Todas as demais atividades parlamentares estão estreitamente ligadas à função representativa: elas são, na realidade, os instrumentos da sua atuação."[15]

Ao examinar as funções parlamentares, na perspectiva histórica, Monica Caggiano constata que o Parlamento, após surgir como superpotência, foi conduzido "a uma flagrante fase de decadência; isso, a partir do agravamento das crises econômicas e políticas, em períodos agudos como os identificados pelos dois conflitos bélicos mundiais e, mais recentemente, diante do avanço da ideologia de nuanças comunistas, principalmente no Leste Europeu, que imprimiu um clima crônico de tensão no mundo com o histórico período da Guerra Fria. Nesse panorama, as assembleias representativas perdem, gradativamente, o prestígio e veem-se despojadas

---

[14] LEMOS. O controle legislativo no Brasil. *In*: NICOLAU; POWER (Orgs.). *Instituições Representativas no Brasil*, p. 37-54.

[15] COTTA. Parlamento. *In*: BOBBIO, Norberto; MATTEUCCI, Nicola; PASQUINO, Gianfranco. *Dicionário de política*. Brasília: UnB, 1986, p. 883-884.

da sua tarefa de maior relevância – a de produzir a lei. Para o estágio de senilidade, até mesmo pré-falimentar, que atingiram os parlamentos contribuiu – de forma expressiva – o próprio sistema parlamentar de trabalho, envolvendo discussões e debates infindáveis entre correntes, agora de difícil conciliação; a receita não mais atendia às exigências de uma sociedade conturbada pelas guerras, crises econômicas e permanente estado de alerta entre os Estados. A essas novas demandas o Parlamento não lograva atender de forma satisfatória e passou a observar – quase como espectador – suas funções sendo transportadas para um Executivo dinâmico, tecnicamente preparado e extremamente ágil no oferecimento de medidas sanatórias. Enfim, é no território deste estudo comparativo que, de maneira muito lúcida, colocam-se indagações que inquietam os juristas desde os anos de 1960, acerca da espécie de remodelação que se impõe para a retomada, pelo Parlamento, de uma posição de destaque no cenário político e para o aprimoramento da democracia representativa. Qual a função a priorizar? Robustecer a atividade de controle sobre a atuação governamental? Remodelar o processo legislativo? São preocupações que passaram a impor uma análise cautelosa, tendente a preordenar o lugar e o papel das assembleias representativas no panorama dos sistemas políticos contemporâneos. De se remarcar, contudo, que o esforço não foi em vão. Superado o período de letargia, há um novo foco de luz a envolver a atividade parlamentar e a ressuscitar a imposição de um debruçar mais atento sobre a sua atuação. Quer nos sistemas parlamentaristas, quer nos sistemas presidencialistas ou ainda nos quadros híbridos, o Parlamento, hoje, é presença constante no mundo da política, em razão da sua natureza representativa, de suas atividades de controle, de sua competência financeira e orçamentária ou, até mesmo, da produção legislativa."[16]

Analisando a evolução dos Parlamentos, Afonso Arinos salienta que o Legislativo passou a ser uma fonte de despesas e não um guardião da receita, à proporção que o sufrágio se foi alargando e o voto foi-se transformando em arma política dos não possuidores. Lembra então Carlos Peixoto, que, como relator da receita, já reclamava contra o poder de aumentar despesas do Congresso e dizia que as emendas dos deputados ao orçamento não passavam de bilhetes eleitorais.[17] De qualquer modo, Afonso Arinos atribui a prática da corrupção às oligarquias econômicas, tendo por objetivo garantir a eleição de seus representantes e assegurar a aprovação de políticas públicas em seu favor, ao dizer que, "na sua marcha expansionista, o Estado foi deixando de ser liberal, isto é, foi incorporando à sua jurisdição uma série de assuntos e controles anteriormente reservados à atividade privada: ensino, relações de trabalho, vida econômica. Por conseguinte, as atividades do Estado passaram a interessar diretamente a setores cada vez mais amplos de intervir, através da escolha de representantes, nas decisões do Estado. Perdida a barreira dos controles e artifícios legais, passaram os grupos privilegiados, inconformados com a evolução democrática, a empregar uma outra técnica, que foi a da corrupção".[18]

---

16 CAGGIANO. *Direito parlamentar e direito eleitoral*, p. 4 e 6.

17 FRANCO. *Evolução da crise brasileira*, p. 179.

18 FRANCO. *Evolução da crise brasileira*, p. 73.

A temporariedade do mandato eletivo é elemento indicativo de sua legitimação, representatividade, e pressuposto do regime democrático. A duração temporal do mandato, portanto, não deve ser longa, para se evitar o seu distanciamento do eleitor, sob pena de perda de autenticidade da representação, mas também não deve ser breve, para evitar que se torne inexequível a realização das funções parlamentares.

Considere-se, ademais, que a duração distinta dos mandatos parlamentares (no Brasil os Deputados Federais são eleitos para mandato de quatro anos e os Senadores para mandato de oito anos, com renovação alternada de um e dois terços, de quatro em quatro anos) evita a tirania da maioria, pois há apenas delegação parcial de poder aos vencedores do pleito. Nos Estados Unidos, o sistema é ainda mais apurado, pois o mandato dos Deputados é de dois anos, o do Presidente da República quatro anos, e o de Senador seis anos, a significar que o eleitor precisa votar durante seis anos consecutivos no mesmo partido para que ele possa dominar o Congresso.

3. ORGANIZAÇÃO DO PODER LEGISLATIVO

Seguindo tradição de nossas Constituições, a de 1988 consagra a organização bicameral do Poder Legislativo, enunciando, no art. 44, que o Poder Legislativo é exercido pelo Congresso Nacional, que se compõe da Câmara dos Deputados e do Senado Federal.

O bicameralismo brasileiro é do tipo federal, pois decorre da forma de Estado (cabe ao Senado Federal a função de órgão representativo dos Estados federados na formação das leis nacionais, implementando-se, assim, o princípio da participação, essencial à configuração do federalismo), embora com resquícios do bicameralismo de moderação, por figurar como condição de elegibilidade, dentre outras, para o Senado, a idade mais avançada: 35 anos (art. 14, § 3º, VI, *a*), em relação à Câmara dos Deputados.

Anote-se que, em razão da natureza da segunda Câmara, costuma-se classificar o bicameralismo como: 1) bicameralismo aristocrático; 2) bicameralismo sistemático; 3) bicameralismo técnico; 4) bicameralismo federal. No primeiro, a exemplo da Inglaterra, no século XIX, a Câmara Alta é integrada pela nobreza (Câmara dos Lordes).[19] No segundo, que se pode também denominar de bicameralismo conservador, a estrutura e funções do Senado o tornam um freio contra os excessos e desbordamentos da primeira Câmara. Na terceira modalidade, tem-se a segunda Câmara como órgão

---

[19] Estrutura do bicameralismo aristrocrático, na Grã-Bretanha: a "Câmara Alta, chamada *House of Lords*, é composta por nobres, em número limitado: os lordes 'temporais', entre os quais os onze lordes 'judiciais' (que compõem a Suprema Corte Britânica) e os lordes 'espirituais' (arcebispos e bispos da Igreja Anglicana). A Câmara Baixa, ou *House of Commons*, é formada por 635 membros eleitos por sufrágio direto e universal nos círculos territoriais. As eleições devem ser realizadas de cinco em cinco anos, nos termos do *Parliament Act* (1911), um dos documentos da Constituição inorgânica do Reino Unido. Numa e noutra Câmara há cadeiras reservadas para a Inglaterra, a Escócia, o País de Gales e a Irlanda do Norte, garantindo a representatividade dos antigos Estados, hoje incorporados" (FIUZA. *Direito constitucional comparado*, p. 173).

de assessoramento técnico, sendo exemplo a Áustria, em 1934, pela figura das denominadas Câmaras corporativas. A quarta estrutura é peculiar ao Estado Federal, já que a segunda Câmara é integrada por representantes dos Estados-Membros.[20] De se notar, contudo, que pode existir federação com uma só Câmara, bem como Estado unitário bicameralista, não sendo portanto o bicameralismo essencial à configuração do Estado Federal.[21]

O bicameralismo implica a existência, no âmbito da organização do Estado, de duas Câmaras Legislativas, uma das quais, pelo menos, tem caráter representativo, notando-se ainda que o bicameralismo predomina nos Estados de democracia clássica, sobre o monocameralismo e sobre o pluricameralismo.

Há ainda que considerar, no bicameralismo, a ocorrência de procedimentos diferenciados quanto à composição da segunda Câmara, de modo a possibilitar que seja integrada por outras pessoas, e que outros interesses sejam nela tutelados, como a nomeação de seus membros pelo Chefe de Estado, por sistema misto, ou sistema

---

[20] "Os Estados Unidos, primeira Federação do mundo, estabelecem, em sua Constituição de 1787 (art. I), que *all legislative powers* serão confiados a um Congresso dos Estados Unidos, composto de um Senado e de uma Câmara de Representantes. A Câmara Alta tem 100 membros (dois para cada Estado-Membro) que são eleitos diretamente para um mandato de seis anos, entre cidadãos de mais de 30 anos, com renovação de um terço a cada dois anos. A Câmara Baixa compõe-se de 435 membros, todos eleitos diretamente por dois anos, entre cidadãos de 25 anos de idade mínima, em proporção ao número de habitantes de cada distrito eleitoral. Vê-se, então, que os constituintes americanos criaram o bicameralismo 'federal', mesclado com o bicameralismo 'conservador', ao fixarem a diferença de idade mínima para as duas Câmaras" (FIUZA. *Direito constitucional comparado*, p. 174).

[21] Na Espanha, Estado autonômico, o Parlamento, denominado de *Cortes Generales*, é bicameral, sendo formado pelo *Congreso de los Diputados* e pelo Senado. O *Congreso* é composto de um mínimo de 300 e um máximo de 400 Deputados (art. 68 da Constituição Espanhola), eleitos diretamente pelo voto popular de acordo com o sistema proporcional de lista fechada. A Lei Orgânica n. 5/1985 estabelece o número de Deputados em 350. A circunscrição eleitoral é a província, sendo a representação mínima de dois Deputados para cada circunscrição, distribuindo-se os demais na proporção da população. As populações das cidades autônomas de Ceuta e Melilla são representadas cada uma delas por um Deputado. O Senado é constituído de 259 representantes territoriais dos quais 208 representam as províncias. Cada província é representada por quatro Senadores eleitos diretamente pelo voto popular, de acordo com um sistema majoritário atenuado (são três Senadores para a lista majoritária e um para a seguinte). Os demais 51 Senadores representam as comunidades autônomas. As províncias insulares de Gran Canária, Mallorca e Tenerife são representadas, cada uma, por três Senadores, e as de Ibiza-Formentera, Menorca, Fuenteventura, Gomera, Hierro Lanzarote e La Palma, por apenas um. As cidades autônomas de Ceuta e Melilla elegem, cada uma delas, dois Senadores.

Na França o Parlamento é igualmente bicameral, sendo formado pela *Assemblée Nationale* e pelo Senado. A *Assemblée Nationale* é composta de 577 Deputados eleitos diretamente pelo voto popular, de acordo com o sistema majoritário absoluto, cada um representando uma circunscrição por um período de cinco anos, sob reserva de dissolução. O Senado, constituído de 343 representantes de coletividades territoriais e de franceses estabelecidos no exterior, teve sua composição elevada para 348, a partir de 2011 (Lei Orgânica n. 696/2003). A partir de 2008 os Senadores passaram a ser eleitos por seis anos, com renovação pela metade a cada três anos a partir de 2011.

eletivo, embora mediante a utilização de sistema eleitoral distinto do empregado na primeira Câmara, por exemplo, sistema majoritário ao invés de sistema proporcional.

Dos 72 Estados que adotam o bicameralismo, em 21 deles o Senado é integralmente eleito pelo voto direto. Desses últimos, 14 consagram o presidencialismo, 11 dos quais situados no continente americano.

Mencione-se ainda, no bicameralismo, a tendência de se conferir à segunda Câmara, segundo os diversos casos, de modo expresso ou implícito, e com maior ou menor intensidade, a tutela de outros interesses, e de atribuir-lhe funções particulares de ordem executiva ou jurisdicional.

As Constituições brasileiras anteriores adotaram o bicameralismo, abrandado, todavia, pelas Constituições de 1934 e 1937, sendo que naquela o Senado exercia papel de coordenação de Poderes; bicameral, quando "se impunha a colaboração do Senado na confecção dos atos legislativos (art. 22, 91, I, *a* até I), e monocameral, quando essa colaboração era dispensada (art. 43)", na síntese do Professor Raul Machado Horta.[22] Por sua vez, o não-funcionamento do Parlamento Nacional, durante a vigência da Constituição de 1937, desfigurou o bicameralismo nela previsto.

O sistema bicameral constitui, todavia, à exceção das referidas Constituições, uma constante no constitucionalismo brasileiro.

Aponta-se, em favor do bicameralismo, a sua contribuição para o aprimoramento da técnica legislativa. É que, submetendo-se o projeto de lei à discussão e votação das duas Casas Legislativas, tal fato concorre para a melhoria da qualidade das leis. Há, contudo, fortes argumentos contra o sistema bicameral, arrolando-se como principais o da morosidade do processo de elaboração das leis, acarretando essa lentidão a necessidade de ampliação da atividade normativa pelo Executivo, e o de que, sendo a lei a expressão da vontade do povo, não poderia haver duas vontades diferentes ao mesmo tempo sobre uma única questão legislativa. A lentidão, no entanto, é que permite que a paixão esfrie e que a razão (ou o interesse) retome o controle.

De qualquer modo, o processo legislativo, que é baseado na necessidade de acordos entre interesses conflitantes, cujos elementos essenciais são a demora e a imprevisibilidade, é caracterizado, mesmo no unicameralismo, pela lentidão, mas traz, em contraponto, a abertura e a transparência viabilizando a participação de toda a sociedade. Um debate amplo, e num maior lapso de tempo, permite escolhas mais eficazes e mais adaptáveis à sociedade, evitando-se distorções e erros. Por isso mesmo é que as tomadas de decisões no âmbito do Poder Legislativo, seja na sua feição unicameral, seja na bicameral, não se equipara ao modo gerencial das decisões na esfera do Poder Executivo.

No bicameralismo brasileiro não há predominância ou hierarquia de uma Casa sobre outra. O que a Constituição estabelece em favor da Câmara dos Deputados é formalmente "certa primazia relativamente à iniciativa legislativa", pois é perante ela que o Presidente da República, o Supremo Tribunal Federal, os Tribunais Superiores

---

22 HORTA. *Revista de Informação Legislativa*, 101/10.

de Justiça e os cidadãos promovem a iniciativa do processo de elaboração das leis (arts. 61, § 2º, e 64), acentua José Afonso da Silva.[23] Anote-se, no entanto, que a Câmara dos Deputados exerce, por isso mesmo, grande influência sobre a deliberação legislativa final, pois os seus membros podem rejeitar as alterações introduzidas pela Casa Revisora, o que, de certa maneira, afeta o equilíbrio dos poderes revisores, contribuindo para uma distribuição de poder mais favorável à Câmara dos Deputados. Demais disso, o fato de as medidas provisórias, em decorrência da EC n. 32/2001, terem sua tramitação iniciada na Câmara dos Deputados, concorre para um maior fortalecimento da Câmara dos Deputados.

3.1 Câmara dos Deputados

A Câmara dos Deputados, de acordo com o art. 45 da Constituição, compõe-se de representantes do povo, eleitos pelo sistema proporcional em cada Estado e Território, e no Distrito Federal.[24] Os Deputados Federais são eleitos para mandato de quatro anos. Inexiste vedação constitucional à reeleição.[25]

O número total de Deputados varia, de acordo com o § 1º do art. 45, proporcionalmente à população de cada Estado ou do Distrito Federal, e será estabelecido, para cada legislatura, no ano anterior às eleições, por lei complementar, a fim de que nenhum Estado-Membro, ou o Distrito Federal, tenha menos de 8 ou mais de 70 Deputados,[26] critério que tem sido considerado injusto, pela disparidade existente entre os Estados mais populosos e os menos populosos.[27]

---

[23] SILVA. *Curso de direito constitucional positivo*, p. 440.

[24] Atualmente, são 27 as circunscrições eleitorais, que correspondem às unidades federativas (Estados-Membros e Distrito Federal), para a eleição de Deputados Federais e Senadores.

[25] No México, os Deputados e Senadores não podem ser reeleitos para o período imediato (art. 59 da Constituição de 1917). Nos Estados Unidos, há limites à renovação de mandatos em Assembleias estaduais de mais de vinte Estados, a despeito de, em três deles, tenham sido declarados inconstitucionais. Cf. ROCHA. *Limitações dos mandatos legislativos*, p. 325 *et seq.*

[26] Decidiu o STF que "a norma consubstanciada no art. 45, § 1º, da CF/88, reclama e necessita, para efeito de sua plena aplicabilidade, de integração normativa, a ser operada, mediante adequada intervenção legislativa do CN (*interpositio legislatoris*), pela edição de lei complementar , que constitui o único e exclusivo instrumento juridicamente idôneo, apto a viabilizar e concretizar a fixação do número de Deputados Federais por Estado-Membro. A ausência dessa lei complementar (*vacuum juris*), que constitui o necessário instrumento normativo de integração, não pode ser suprida por outro ato estatal qualquer, especialmente um provimento de caráter jurisdicional, ainda que emanado desta Corte. O reconhecimento dessa possibilidade implicaria transformar o STF, no plano do controle concentrado de constitucionalidade, em legislador positivo, condição que ele próprio se tem recusado a exercer. (RTJ, 161/739).

[27] Lei Complementar n. 78, de 30.12.1993, que disciplina a fixação do número de Deputados, nos termos do art. 45, § 1º, da Constituição Federal. "Art. 1º Proporcional à população dos Estados e do Distrito Federal, o número de deputados federais não ultrapassará de quinhentos e treze representantes, fornecida, pela Fundação Instituto Brasileiro de Geografia e Estatística, no ano anterior às eleições, a atualização estatística e demográfica das unidades da Federação. Parágrafo único. Feitos os cálculos da representação dos Estados e do Distrito Federal, o Tribunal Superior Eleitoral fornecerá aos Tribunais Regionais Eleitorais e aos partidos políticos o número de vagas a serem disputadas. (art. 1º e seu parágrafo único julgados inconstitucionais pelo STF (ADIs 4947, 4963,

4965, 5020, 5028 e 5130, e ADC 33; j. 18.6.2014). Art. 2º Nenhum dos Estados membros da Federação terá menos de oito deputados federais. Parágrafo único. Cada Território Federal será representado por quatro deputados federais. Art. 3º O Estado mais populoso será representado por setenta deputados federais."

A Resolução n. 23.220, de 2.3.2010, do Tribunal Superior Eleitoral, dispõe sobre o número de membros da Câmara dos Deputados, para as eleições de 2010, relativamente à legislatura que se inicia em 2011:

CÂMARA DOS DEPUTADOS

ESTADO	NÚMERO DE DEPUTADOS
São Paulo	70
Minas Gerais	53
Rio de Janeiro	46
Bahia	39
Rio Grande do Sul	31
Paraná	30
Pernambuco	25
Ceará	22
Maranhão	18
Pará	17
Goiás	17
Santa Catarina	16
Paraíba	12
Espírito Santo	10
Piauí	10
Alagoas	9
Rio Grande do Norte	8
Amazonas	8
Mato Grosso	8
Mato Grosso do Sul	8
Distrito Federal	8
Sergipe	8
Rondônia	8
Tocantins	8
Acre	8
Amapá	8
Roraima	8
Total	513

O Decreto Legislativo n. 424/2013 sustou os efeitos da Resolução n. 23.389, de 9 de abril de 2013, expedida pelo Tribunal Superior Eleitoral, que dispõe sobre o número de membros da Câmara dos Deputados e das Assembleias e Câmara Legislativa para as eleições de 2014. Por maioria de votos, o Plenário do Supremo Tribunal Federal julgou inconstitucionais a Resolução TSE 23.389/2013, e o art. 1º, parágrafo único, da Lei Complementar n. 78/1993, que autoriza a corte eleitoral a definir os quantitativos das vagas a serem disputadas. Entendeu-se que a Resolução do TSE invadiu a competência do Congresso Nacional, observando-se ainda que o artigo 45, § 1º, da Constituição Federal, determina que o número de Deputados e as

Um exemplo ilustrará a hipótese de que, pela regra constitucional da proporcionalidade na composição da Câmara dos Deputados, os Estados mais representativos ficariam sub-representados: São Paulo, na eleição de 2010, com 41.262.199 habitantes, elegeu 70 Deputados, ou seja, um Deputado para cada 589.459 habitantes; e Roraima, com 450.479 habitantes, elegeu 8 Deputados, ou seja, um Deputado para cada 56.309 habitantes. Estes dados demonstram uma relação de 1/13, o que significa que um habitante de Roraima pesa, na Câmara dos Deputados, cerca de treze vezes mais que um habitante de São Paulo.

Além do mais, aplicando-se o coeficiente de 589.459 (resultado da divisão do número da maior população, hoje o Estado de São Paulo, pelo número máximo de 70 Deputados), haveria inevitavelmente uma redução da representação popular em vários Estados da federação. Daí a necessidade, nesta perspectiva, de mudança no critério constitucional (art. 45, § 1º) para a composição da Câmara.[28]

---

representações dos Estados e do DF serão estabelecidos por lei complementar, e o artigo 68, § 1º, veda a delegação de matéria reservada a lei complementar. (ADIs 4947, 4963, 4965, 5020, 5028 e 5130, e ADC 33; j. 18.6.2014); Notícias STF, 18.6.2014; *Informativo* 751/STF. O TSE, em sessão realizada no dia 1º.7.2014, em razão da declaração de inconstitucionalidade da Resolução TSE n. 23.389/2013, e para não remanescer um vazio normativo, manteve, tão somente para o pleito de 2014, a Resolução TSE n. 23.220/2010, que fixou o número de Deputados Federais para as eleições de 2010 (Questão de Ordem na Petição n. 954-57.2011.600.0000 – Classe 24 – Manaus – Amazonas, Relator Min. Dias Toffoli).

[28] Anote-se que para a maioria dos estudiosos do tema, a desproporcionalidade acaba por enfraquecer os setores progressistas e fortalecer os que dependem da patronagem. Do ponto de vista ideológico tem-se entendido que a desproporcionalidade poderia beneficiar a direita: foi o que ocorreu na Assembleia Constituinte de 1946, em que a bancada conservadora de São Paulo aprovou regras de preenchimento de cadeiras que prejudicavam o próprio Estado, bem como no regime militar de 1964, em que se acrescentou um senador a cada Estado, dividiu-se alguns Estados para aumentar sua representação e se fundiu dois Estados (Rio de Janeiro e Guanabara), para diminuir a oposição da antiga Capital. Já o cientista político Wanderley Guilherme dos Santos argumenta que o fenômeno da sobre-representação dos Estados de populações minoritárias precisa ser visto também no seu avesso. Assevera que "quanto à justiça federativa da representação não há nada de criticável nesse fenômeno, na medida em que é esse mecanismo que garante o essencial em um regime representativo, a saber, a não-tirania da maioria e a impossibilidade de veto da minoria". Acentua ainda que os críticos da injustiça distributiva relacionada com o sistema da representação desproporcional "esquecem-se de anotar que a representação dos Estados minoritários compensa com densidade a vantagem obtida na desproporcionalidade. Em outras palavras, se é verdade que existe uma desigualdade entre população/representação dos Estados minoritários, *vis-à-vis* os Estados majoritários, esta se inverte no que diz respeito às razões quociente eleitoral/eleitorado e quociente-eleitoral/população". Apresentando dados estatísticos, passa a afirmar que "a relação entre quociente eleitoral e eleitorado é bem mais adversa nos Estados de populações menores. Quanto maiores o eleitorado e a população, *menor a densidade da representação.* Cada mandato em São Paulo ou Minas Gerais, em 1950, correspondia a 1,8% do eleitorado, enquanto no Piauí ou Rio Grande do Norte equivalia, respectivamente, a 10,6% e 10,2%. Em 1962, a relação era de 1,4% e 1,6% para São Paulo e Minas, e 8,9% e 10,9% para Piauí e Rio Grande do Norte". (SANTOS. *O cálculo do conflito* – estabilidade e crise da política brasileira, p. 124-127). Pelo Censo de 2010, divulgado pelo IBGE, a população de São Paulo é de 41.262.199 habitantes, e Roraima tem 450.479 habitantes, dados que não alteram o desvirtuamento apontado.

Ademais, o desvirtuamento da representação desproporcional na composição da Câmara dos Deputados atinge diretamente o quadro partidário, pois dependendo da região na qual os partidos políticos concentram suas bases eleitorais eles acabam por ser beneficiados ou prejudicados nas disputas pelas cadeiras a preencher. Assim, os partidos cujos principais distritos eleitorais situam-se nas regiões sobre-representadas na Câmara (Norte, Nordeste e Centro-Oeste), são favorecidos pela distorção representativa. Em contrapartida, os partidos que concentram, por exemplo, no Sudeste seu reduto eleitoral, são os grandes prejudicados, embora recebam uma maior votação do que os outros.

Há ainda outros aspectos que concorrem para comprometer a proporcionalidade entre os votos e a representatividade dos partidos na Câmara dos Deputados, e que são a exclusão dos partidos que não hajam alcançado o quociente eleitoral estadual das disputas pelas sobras, circunstância que favorece as maiores legendas no Estado, bem como a permissão para coligações parlamentares, observando-se que as cadeiras conquistadas não são distribuídas proporcionalmente à votação de cada membro da coligação, o que resulta em que o voto dado a um partido seja computado em benefício de outro. Além destes aspectos, deve-se ressaltar, segundo Carlos Ranulfo Melo, "que a distância entre o que dizem os votos depositados nas urnas e a distribuição das cadeiras entre os partidos na Câmara dos Deputados continua a aumentar depois de iniciada cada legislatura, como resultado da migração partidária e sem que haja, evidentemente, qualquer interferência do eleitor. A migração partidária, portanto, soma-se ao conjunto de fatores que contribui para diminuir o grau de representatividade do sistema político brasileiro. Mais interessante é perceber que o impacto das trocas de legenda pode se revelar tão ou mais significativo do que aquele decorrente da ação dos fatores diretamente ligados à legislação eleitoral".[29]

Note-se que, pela Constituição de 1946, o número de Deputados Federais seria definido em lei de tal modo que, para cada Estado, não excedesse de um para cada 150 mil habitantes, até vinte Deputados, e de um para cada 250 mil habitantes, a partir daí. Cada Território teria um Deputado e sete seria o número mínimo por Estado e para o Distrito Federal (art. 58). Emendas constitucionais posteriores alteraram estes números. A Emenda Constitucional n. 8, de 1977, que deu nova redação a dispositivos da Constituição de 1967, com a redação da Emenda Constitucional n. 1, de 1969, introduziu, no entanto, novo critério em nosso constitucionalismo, quanto à representação proporcional na composição da Câmara dos

---

[29] MELO. *Retirando as cadeiras do lugar.* Migração partidária na Câmara dos Deputados, p. 153-154.Para exemplificar, Carlos Ranulfo Melo reporta-se às eleições de 1998, que revelam o impacto das migrações partidárias sobre as bancadas eleitas para a Câmara dos Deputados: Cadeiras *fora do lugar* nos Estados, tendo em vista o efeito das coligações: 37; cadeiras *fora do lugar* nos Estados, tendo em vista a utilização do quociente eleitoral como cláusula de barreira: 43; cadeiras *fora do lugar* nos Estados, tendo em vista a ocorrência de migração partidária: 94 (*Op. cit.*, p. 154).

O Supremo Tribunal Federal decidiu, todavia, que a migração partidária, sem justa causa, leva à perda do mandato, o que irá reduzir, sobremaneira, as trocas de legenda (cf. item 8.1 adiante).

Deputados, e que deu origem às distorções acima examinadas, ao dispor que a Câmara dos Deputados seria composta de até 420 representantes do povo, sendo o número de Deputados, por Estado, estabelecido pela Justiça Eleitoral, para cada Legislatura, proporcionalmente à população, com o reajuste necessário para que nenhum Estado tivesse mais de 55 ou menos de 6 Deputados.

CÂMARA DOS DEPUTADOS

Quadro de evolução do número de cadeiras

Ano	Vagas
1890	205
1894	212
1933	214
1945	286
1953	326
1962	404
1970	293
1974	364
1978	420
1982	479
1986	487
1990	503
1994	513

Fonte: PORTO. *O voto no Brasil,* p. 407.

Os requisitos de elegibilidade para a Câmara dos Deputados, de acordo com o art. 45, são os seguintes: ser brasileiro (nato ou naturalizado); maior de 21 anos de idade; ser eleitor, e não apresentar a condição de inelegível. Observe-se que, pelo art. 12, § 3º, II, é privativo de brasileiro nato apenas o cargo de Presidente da Câmara dos Deputados, não o de Deputado Federal. Assim, o cidadão brasileiro naturalizado pode-se eleger Deputado Federal, mas não Presidente da Câmara dos Deputados. A explicação é simples. É que o Presidente da Câmara dos Deputados pode exercer, temporariamente, a Presidência da República, em caso de impedimento do Presidente e do Vice-Presidente ou vacância desses cargos (art. 80). Dessa forma, evita-se um conflito de lealdade entre o país de origem e o país onde se naturalizou. Os Deputados são eleitos pelo sistema proporcional, e os Senadores pelo sistema majoritário.

Pelo sistema majoritário elege-se o mais votado. Ao sistema proporcional não se aplica a regra simples de se eleger o mais votado. Os sistemas eleitorais são tratados no Capítulo 5 deste trabalho.

O sistema proporcional, cujos contornos jurídicos e critérios para apuração da proporcionalidade vêm fixados na legislação eleitoral, é considerado mais democrático do que o majoritário. De fato, a eleição majoritária despreza parcela significativa de condutos de opinião da sociedade. Já o sistema proporcional possibilita que as Cadeiras a preencher sejam distribuídas entre partidos políticos minoritários, representativos de múltiplas correntes ideológicas.

Na estrutura da Câmara dos Deputados, há ainda as representações parlamentares ou os blocos parlamentares, bem como o Líder e o Colégio de Líderes, que examinaremos adiante.

A Constituição enumera, no art. 51, as competências privativas da Câmara dos Deputados, que são: autorizar, por dois terços de seus membros, a instauração de processo contra o Presidente da República, o Vice-Presidente e os Ministros de Estado, que consiste no juízo de admissibilidade, que conduzirá à pronúncia ou não do Chefe do Governo, acarretando o seu *impeachment* mediante decisão do Senado Federal (art. 52, I, parágrafo único); proceder à tomada de contas do Presidente da República, quando não apresentadas ao Congresso Nacional dentro de sessenta dias após a abertura da sessão legislativa, acentuando-se que a abertura da sessão anual do Congresso Nacional se verifica no dia 2 de fevereiro de cada ano (art. 57, com a redação da EC n. 50/2006); elaborar seu regimento interno, assunto *interna corporis*, que constitui um dos principais fatores de independência da Câmara dos Deputados; dispor sobre sua organização, funcionamento, polícia, criação, transformação ou extinção dos cargos, empregos e funções de seus serviços, e a iniciativa de lei (trata-se de iniciativa reservada) para fixação da respectiva remuneração, observados os parâmetros estabelecidos em lei orçamentária; eleger membros do Conselho da República, nos termos do art. 89, VII, ou seja, dois cidadãos brasileiros natos com mais de 35 anos de idade.

3.2 Senado Federal

O Senado Federal[30] compõe-se de representantes dos Estados e do Distrito Federal, eleitos segundo o princípio majoritário, para mandato de oito anos.[31] O mandato mais longo dos Senadores constitui fator de harmonia e ponderação, precaução e cuidado, afastando-se das paixões e dos interesses de curto prazo, em virtude ainda do papel conservador do Senado, de modo a evitar atritos no âmbito do bicameralismo, o que irá contribuir para melhor entendimento entre o Legislativo e o Executivo. A não coincidência do mandato dos Senadores com o dos Deputados

---

[30] Foi Rui Barbosa quem apresentou emenda de redação ao anteprojeto da Comissão de Juristas (Comissão dos Cinco), de que resultou a Constituição de 1891, alterando o nome inicial de Câmara dos Senadores para Senado.

[31] São 81 os Senadores.

Federais concorre também, como já acentuado, para evitar a tirania da maioria, pois há apenas delegação parcial de poder aos parlamentares vencedores do pleito. Cada Estado-Membro e o Distrito Federal elegerão três Senadores (eram dois Senadores pela Constituição de 1934). É traço do federalismo homogêneo que a representação de cada Estado-Membro seja em número fixo. Dois dos raros exemplos em que o número de Senadores varia de acordo com a população do Estado-Membro são a Constituição da Alemanha Federal (Lei Fundamental de Bonn de 1949) e a Constituição da Áustria. O Distrito Federal também se faz representar por três Senadores.[32] A renovação da representação de cada Estado e do Distrito Federal se faz alternadamente, de quatro em quatro anos, por um e dois terços.[33] O Senado Federal funciona como Câmara de resfriamento, por se afigurar mais conservador e como órgão de equilíbrio (veja-se a exigência de idade superior a 35 anos como requisito de elegibilidade para o Senado). O próprio bicameralismo, como se viu acima, seria a solução para o problema das maiorias passionais. Nesse sentido, Jon Elster salienta: quando Thomas Jefferson perguntou a George Washington por que a convenção havia estabelecido um Senado, Washington respondeu perguntando: "Por que você serve o seu café no pires?". "Para esfriá-lo", Jefferson respondeu." É a mesma coisa", disse Washington. "Nós servimos as leis no pires senatorial para esfriá-las." Na França, Mounier observou que a maioria pode até mesmo precisar de proteção contra sua própria tentação de abdicar do poder: 'Uma Assembleia de Câmara única (*omissis*) poderia, em um momento de entusiasmo, decidir aumentar o poder de um rei vitorioso ou, em circunstâncias difíceis, estabelecer em seu favor uma ditadura que se tornasse perpétua. Em contraste, duas Câmaras que deliberem separadamente assegurarão a sabedoria de suas respectivas resoluções, e darão ao corpo legislativo aquele ritmo lento e majestoso do qual nunca se deve desviar.'"[34]

Como requisitos de elegibilidade, a Constituição exige que o candidato seja brasileiro nato ou naturalizado (é privativo de brasileiro nato o cargo de Presidente do Senado, pelas mesmas razões antes apontadas para a Câmara dos Deputados); tenha idade superior a 35 anos e não seja inelegível.

---

[32] Demonstrando a distorção do sistema federativo relativamente à composição do Senado, Barry Ames mostra que no Brasil, o Senado, contando com três Senadores por Estado, "dá a Roraima, com uma população que não chega a 250 mil pessoas, uma representação igual a São Paulo, que tem mais de 30 milhões de habitantes. Um voto em Roraima tem um peso 144 vezes maior do que um voto em São Paulo, de modo que os senadores que representam 13% da população brasileira podem bloquear uma legislação que 87% apoiam. E nos Estados Unidos, a pior proporção é a que existe entre o Wyoming e a Califórnia: um voto do Wyoming equivale a 66 da Califórnia" (AMES. *Os entraves da democracia no Brasil*, p. 36-37).

[33] A primeira renovação do Senado, por um terço, ocorreu em 1951, e a primeira, por dois terços, em 1955, pois o termo *a quo* da alternância fora fixado em decorrência dos §§ 1º e 2º do art. 2º do Ato das Disposições Constitucionais Transitórias, promulgado com a Constituição de 1946, ao estabelecer que o mandato dos Senadores que fossem eleitos para completar o número de três, fixado pela Constituição, coincidiriam com o do Presidente da República, e que os mandatos dos demais Senadores terminariam a 31 de janeiro de 1955.

[34] ELSTER. *Ulisses liberto:* estudos sobre racionalidade, pré-compromisso e restrições, p. 172-173.

Cada Senador será eleito com dois suplentes. Trata-se do método de *chapa única*, em que cada candidato ao Senado concorre com seus dois suplentes, implicando sua eleição a dos substitutos. Assim, ocorrendo vacância do cargo, o Senador não será sucedido pelo segundo ou terceiro candidato mais votado, mas pelo seu suplente. Se, no entanto, tornar-se inviável a investidura do suplente, por alguma circunstância, far-se-á eleição para preencher a vaga, desde que faltarem mais de quinze meses para o término do mandato.

A composição do Senado conhece várias formas: nos Estados Unidos, como no Brasil, pelo voto dos eleitores dos Estados; na Alemanha, como representantes dos governos estaduais, e no Canadá por meio de escolha realizada pelo Primeiro-Ministro.

Também são diferenciadas as funções do Senado em Estados Federais: nos Estados Unidos cabe-lhe papel fundamental e histórico na política externa; na Alemanha, o Conselho Federal tem como função essencial redistribuir recursos para as regiões mais pobres, a fim de garantir maior homogeneidade socioeconômica ao país.

De qualquer modo o Senado, como Casa dos Estados, cumpre o papel de proteger os direitos dos Estados, no âmbito do pacto federativo. No Brasil, esta função do Senado, no sistema bicameral, deve ser repensada, no sentido de que, como Segunda Câmara em relação à Câmara Baixa, seu problema não residiria tanto na representação, mas em sua competência. Desse modo, a redução da agenda do Senado a atividades próprias de uma Câmara dos Estados, com verdadeiras funções de ingerência e equilíbrio federativo, poderia contribuir para aliviar uma pauta constitucional tão carregada, com o comprometimento de sua capacidade para lidar com seus temas específicos. Não haveria, portanto, razão para se extinguir o Senado, pois afastada estaria a sua inutilidade enquanto ramo autônomo do Poder Legislativo.[35]

Ademais, o princípio eleitoral majoritário convive com o consociativo. Nas federações, a ideia de povo é ancorada na existência e autonomia de entidades territoriais regionais. Nas federações, o "povo" é tomado como uma entidade única, em um sentido, mas também como uma pluralidade de entidades, em outro. O povo é repre-

---

[35] José Afonso da Silva sustenta que, no Brasil, não haverá qualquer violência ao princípio federativo, à autonomia dos Estados, se se suprimir o Senado, que não defende os interesses dos Estados, ou não tem defendido, pelo menos. É que os Senadores não são, na realidade, delegados dos Estados-Membros, mas dos respectivos partidos, sendo eleitos pelo povo, como os Deputados (Princípios do processo de formação das leis no direito constitucional, p. 70-74). Escreve ainda que o "argumento da representação dos Estados pelo Senado se fundamentava na ideia, inicialmente implantada dos EUA, de que se formava de delegados próprios de cada Estado, pelos quais estes participavam das decisões federais. Há muito que isso não existe nos EUA e jamais existiu no Brasil, porque os Senadores são eleitos diretamente pelo povo, tal como os Deputados, por via de partidos políticos. Ora, a representação é partidária. Os Senadores integram a representação dos partidos tanto quanto os Deputados, e dá-se o caso não raro de os Senadores de um Estado, eleitos pelo povo, serem de partido adversário do Governador, portanto defenderem, no Senado, programa diverso deste, e como conciliar a tese da representação do Estado com situações como esta?" (*Curso de direito constitucional positivo*, p. 441). A tese do unicameralismo puro foi, no entanto, abandonada pelo autor, que, na 2ª edição de seu livro dedicado aos princípios do processo de formação das leis, com o título de Processo Constitucional de Formação das Leis, propõe a adoção de um bicameralismo desigualitário em lugar do igualitário, com mudança na estrutura bicameral existente no Brasil (SILVA. *Processo constitucional de formação das leis*).

sentado como um todo (nação) e como partes (as diferentes regiões que compõem a nação). O povo, desse modo, é tomado tanto como unidade quanto como diversidade. Esta dualidade, para a vida da federação, é implicitamente inexpugnável.[36]

As competências privativas do Senado constam do art. 52 da Constituição, assim discriminadas:

I – processar e julgar o Presidente e o Vice-Presidente da República nos crimes de responsabilidade, bem como os Ministros de Estado e os Comandantes da Marinha, do Exército e da Aeronáutica nos crimes da mesma natureza conexos com aqueles (art. 52, I, com a redação dada pela Emenda Constitucional n. 24/99), ressaltando-se que essa competência será exercida depois que a Câmara dos Deputados autorizar, por dois terços de seus membros, a instauração do processo (art. 51, I). A sessão de julgamento será presidida pelo Presidente do Supremo Tribunal Federal, e a condenação, proferida por 2/3 dos votos do Senado Federal, limitar-se-á à perda do cargo com inabilitação por oito anos, para o exercício de função pública, sem prejuízo das demais sanções judiciais cabíveis (art. 52, parágrafo único). Note-se ainda que, se o crime de responsabilidade, imputado a Ministro de Estado, não for conexo com o do Presidente da República, a competência para o seu processo e julgamento é do Supremo Tribunal Federal (art. 102, I, *c*);

II – processar e julgar os Ministros do Supremo Tribunal Federal os membros do Conselho Nacional de Justiça e do Conselho Nacional do Ministério Público, o Procurador-Geral da República e o Advogado-Geral da União, nos crimes de responsabilidade (redação da EC n. 45/2004), sendo a sessão de julgamento presidida pelo Presidente do Supremo Tribunal Federal, aplicando-se à condenação o que foi dito anteriormente;

III – aprovar, previamente: *a)* por voto secreto, após arguição pública, a escolha de: magistrados, nas hipóteses previstas na Constituição, ou seja, Ministros do Tribunal de Contas da União, Governador de Território, presidente e diretores do banco central, Procurador-Geral da República, todos indicados pelo Presidente da República; *b)* em sessão secreta, a escolha dos chefes de missão diplomática de caráter permanente;

IV – aprovar, por maioria absoluta e por voto secreto, a exoneração, de ofício, do Procurador-Geral da República antes do término de seu mandato;

V – autorizar operações externas de natureza financeira, de interesse da União, dos Estados, do Distrito Federal, dos Territórios e dos Municípios; fixar, por proposta do Presidente da República, limites globais para o montante da dívida consolidada da União, dos Estados, do Distrito Federal e dos Municípios;[37] dispor sobre limites globais e condições para

---

[36] KING. *Federation and representation*. Comparative federalism and federation, p. 96.

[37] A Resolução n. 40, de 2001, dispõe sobre os limites globais para o montante da dívida pública consolidada e da dívida pública mobiliária dos Estados, do Distrito Federal e dos Municípios, em atendimento ao disposto no art. 52, VI e IX, da Constituição Federal; a Resolução n. 43, de

as operações de crédito externo e interno da União, dos Estados, do Distrito Federal e dos Municípios, de suas autarquias e demais entidades controladas pelo Poder Público Federal; dispor sobre limites e condições para a concessão de garantia da União em operações de crédito externo e interno; estabelecer limites globais e condições para o montante da dívida mobiliária dos Estados, do Distrito Federal e dos Municípios. Refere-se essa competência à intervenção do Senado Federal em matéria financeira envolvendo os Estados, Distrito Federal e Municípios e, em alguns casos, a União;

VI – suspender a execução, no todo ou em parte, de lei declarada inconstitucional por decisão definitiva do Supremo Tribunal Federal. Aqui valem duas observações: a primeira é que essa competência do Senado Federal somente será exercida em se tratando de inconstitucionalidade no caso concreto, ou pelo método difuso, e não de inconstitucionalidade em tese. É que nesta última hipótese a decisão do Supremo Tribunal Federal produz efeitos *erga omnes*, tornando-se desnecessária a intervenção do Senado Federal, como já decidiu o próprio Supremo Tribunal Federal no processo administrativo n. 4.477/72, e hoje entendimento constante do art. 178 do seu regimento interno. A segunda observação é a de que a referida comunicação só se dirige ao Senado Federal quando não se tratar de ação direta de inconstitucionalidade para fins de intervenção federal (art. 34, VII, e art. 36, III), caso em que a comunicação da inconstitucionalidade será feita ao Presidente da República para as providências mencionadas no § 3º do art. 36, ou seja, suspensão da execução do ato normativo ou da lei declarados inconstitucionais pelo Supremo Tribunal Federal;

VII – elaborar o seu regimento interno e dispor sobre sua organização, funcionamento, polícia, criação, transformação ou extinção de cargos, empregos e funções de seus serviços, e a iniciativa de lei para fixação da respectiva remuneração, observados os parâmetros estabelecidos na lei de diretrizes orçamentárias, aplicando-se o que foi dito acima sobre a competência da Câmara dos Deputados.

VIII – eleger membros do Conselho da República, na forma do art. 89, VII;

IX – avaliar periodicamente a funcionalidade do Sistema Tributário Nacional, em sua estrutura e seus componentes, e o desempenho das administrações tributárias da União, dos Estados e do Distrito Federal e dos Municípios (esta competência foi introduzida pela Emenda Constitucional n. 42/2003).

2001, dispõe sobre as operações de crédito interno e externo dos Estados, do Distrito Federal e dos Municípios, inclusive concessão de garantias, seus limites e condições de autorização; a Resolução n. 48, de 2007, dispõe sobre os limites globais para as operações de crédito externo e interno da União, de suas autarquias e demais entidades controladas pelo poder público federal e estabelece limites e condições para a concessão de garantia da União em operações de crédito externo e interno.

4. SESSÕES CONJUNTAS DO CONGRESSO NACIONAL

A regra geral do bicameralismo é o funcionamento separado de cada Casa Legislativa.

A Constituição estabelece, contudo, alguns casos de reunião conjunta do Congresso Nacional para: *a)* inaugurar sessão legislativa; *b)* elaborar o regimento comum e regular a criação de serviços comuns às duas Casas; *c)* receber o compromisso do Presidente e do Vice-Presidente da República; *d)* conhecer do veto e sobre ele deliberar (art. 57, § 3º, I a IV).

Além destes casos, haverá ainda reunião conjunta para discutir e votar o orçamento (art. 166), e delegar ao Presidente da República poderes para legislar (art. 68).

As sessões conjuntas somente serão abertas com a presença mínima de 1/6 dos membros de cada Casa do Congresso Nacional (art. 28 do Regimento Comum).

5. AUTO-ORGANIZAÇÃO E REGIMENTO INTERNO

Importante requisito de autonomia do Poder Legislativo é a garantia constitucional de sua auto-organização, expressa na Constituição de 1988 nos arts. 51, III e IV, para a Câmara dos Deputados; 52, XII e XIII, para o Senado Federal; e 57, § 3º, II, para o Congresso Nacional.

Considera Esmein que "cada uma das Câmaras tem o direito de fazer separadamente seu regimento interno. O regimento é a lei interna de uma Assembleia deliberante. Ele determina as regras segundo as quais ela prepara e conduz suas deliberações; ele fixa os direitos e os deveres internos dos membros que a compõem".[38]

Há, contudo, na Constituição de 1988, várias regras que preordenam os regimentos internos das Casas Legislativas e do próprio Congresso Nacional, restritivas da autonomia regimental, e que passaremos a examinar.

5.1 Direção e funcionamento dos trabalhos legislativos

Neste tema incluem-se:

a) *composição da mesa*: embora não estabeleça a composição numérica dos membros da mesa de cada Casa Legislativa, considerando-se por Mesa o órgão diretor dos trabalhos legislativos[39], a Constituição fixa, no en-

---

[38] ESMEIN. *Éléments de droit constitutionnel, français et comparé*, p. 404.

[39] A composição da Mesa é fixada pelo Regimento Interno das Casas Legislativas. Nos Estados Unidos, nem a *House of Representatives* nem o Senado têm Mesa Diretora. Tampouco existe Mesa do Congresso. Há o *Speaker of the House* e o Presidente *pro tempore* do Senado eleitos por seus pares. A presidência do Senado é exercida pelo Vice-Presidente dos Estados Unidos. *O Speaker* é o líder do partido majoritário na *House of Representatives*, ao passo que o Presidente *pro tempore* do Senado é comumente o membro mais antigo do partido majoritário. O *Speaker of the House* detém mais poderes do que o Presidente do Senado, pois é ele quem controla a agenda da *House*, enquanto que a agenda do Senado é controlada pelo líder da maioria. O *Speaker of the House* e o Presidente

tanto, que o Presidente do Senado Federal preside a Mesa do Congresso Nacional, sendo os demais cargos exercidos, alternadamente, pelos ocupantes de cargos equivalentes na Câmara dos Deputados e no Senado Federal (art. 57, § 5º), vale dizer, a primeira vice-presidência é exercida pelo Primeiro Vice-Presidente da Câmara; a segunda vice-presidência, pelo Segundo Vice-Presidente do Senado; a primeira-secretaria, pelo Primeiro-Secretário da Câmara; a segunda-secretaria, pelo Segundo-Secretário do Senado; a terceira-secretaria, pelo Terceiro-Secretário da Câmara; e a quarta-secretaria, pelo Quarto-Secretário do Senado. Na composição das Mesas da Câmara dos Deputados e do Senado Federal, deve ser assegurada, tanto quanto possível, a representação dos partidos ou blocos parlamentares. Pelo Regimento Interno da Câmara dos Deputados (art. 14, §§ 1º e 2º), a sua Mesa compõe-se de Presidência e de Secretaria, constituindo-se, a primeira, do Presidente e de dois Vice-Presidentes e, a segunda, de quatro Secretários (sete membros). A Mesa contará, ainda, com quatro suplentes de Secretário. A Mesa do Senado (art. 46 do Regimento Interno do Senado Federal) se compõe de Presidente, dois Vice-Presidentes e quatro Secretários (sete membros). Haverá também quatro suplentes de Secretários (art. 46, §§ 1º e 2º, do Regimento Interno). Na Câmara dos Deputados é cabível, no entanto, a candidatura de qualquer Deputado ao cargo de Presidente da Câmara, ainda que a representação partidária ou o bloco parlamentar de que faça parte não tenha direito, pelo princípio da proporcionalidade, a assento na Mesa. A Constituição estabelece ainda a duração do mandato dos membros de qualquer das Casas e do Congresso Nacional em dois anos, vedada a recondução para o mesmo cargo na eleição imediatamente subsequente, o que vale dizer que não é inelegível para Presidente da Câmara o Deputado que ocupava no período anterior o cargo, por exemplo, de Vice-Presidente.[40] Esta restrição não é de reprodução obrigatória pelas Constituições dos Estados-Membros, por não configurar princípio constitucional estabelecido, conforme decidiu o Supremo Tribunal Federal (RTJ 163/52; ADI 2.292-MA);

b) *quorum para deliberações*: constitui regra geral extraída do art. 47 da Constituição que as deliberações de cada Casa e de suas Comissões serão tomadas por maioria dos votos, presente a maioria absoluta de seus membros. Entende-se por *quorum* o número de membros cujo concurso ativo seja necessário para a validade das decisões de uma assembleia.

---

do Senado, embora não decidam as matérias que são submetidas ao Pleno com a mesma discricionariedade com que o fazem os Presidentes da Câmara dos Deputados e do Senado brasileiros, resolvem as questões de ordem suscitadas nas correspondentes Casas Legislativas.

40 Segundo o § 1º do art. 5º do Regimento Interno da Câmara dos Deputados, não se considera recondução a eleição para o mesmo cargo em legislaturas diferentes, ainda que sucessivas. Desse modo, para a norma regimental, a proibição constitucional da recondução vale apenas para a legislatura.

Não se deve confundir o *quorum* de *instalação* da sessão com o de *deliberação*. Pelo Regimento Interno da Câmara dos Deputados (art. 79, § 2º), a Sessão Ordinária (não deliberativa) é instalada, achando-se presente na Casa pelo menos a décima parte do número total de Deputados, isto é, 51 Deputados, desprezada a fração, ou 1/20 dos senadores (art. 155 do RI do Senado). Já o *quorum* de deliberação pressupõe a presença da maioria absoluta dos membros da Casa Legislativa (por maioria absoluta deve-se entender o primeiro número inteiro depois da metade, "sendo erro considerá-lo como metade mais um, como não raro se ouve e se lê, visto que será impossível apurá-lo quando a Câmara se compuser de número ímpar de membros", esclarece José Afonso da Silva),[41] devendo ainda ser tomado em relação à totalidade dos integrantes da Casa Legislativa e não em relação aos presentes. Assim, a maioria absoluta dos membros da Câmara, com 513 Deputados, é de 257 Deputados, e a maioria absoluta dos membros do Senado, com 81 membros, é de 41 Senadores. As deliberações para a aprovação de projeto de lei serão tomadas pelo voto da maioria simples, apurado entre os presentes à reunião, excluídas as abstenções (na sessão deliberativa da Câmara dos Deputados, com a presença de 257 Deputados, votando todos eles, aprova-se o projeto com 129 votos).

Para efeito de número, são computados os votos em branco e as abstenções registrados na votação nominal, mas, como se viu, para que haja aprovação, necessário que se vote nesse sentido a maioria dos congressistas pertencentes à Casa Legislativa, e presentes à sessão, excluídas as abstenções, as quais, portanto, interferem na definição da maioria simples ou relativa necessária para a aprovação do projeto de lei. Exemplificando: se estiverem presentes 60 Senadores, serão necessários 31 votos para a aprovação do projeto de lei. Se, no entanto, estiverem presentes os mesmos 60 Senadores, mas 10 deles se abstiverem de votar, serão necessários 26 votos (número equivalente à maioria de 50 Senadores) para a aprovação.

Não se deve ainda confundir *quorum* e maioria. Embora as duas realidades sejam necessárias para a validade dos votos, não se acham sempre reunidas. É que pode haver maioria, mesmo que não haja *quorum* e, reciprocamente, um voto válido, porque o *quorum* existe, pode ser tido como nulo, uma vez que não se atinja o número de votos legalmente exigido.

Saliente-se que a exigência de *quorum* muito elevado para a deliberação, acaba por facilitar o ato de não deliberar.

A Constituição estabelece, em relação a determinadas matérias, *quorum* qualificado. Assim, exige maioria absoluta para a cassação de mandato parlamentar (art. 55, § 2º); rejeição de veto (art. 66, § 4º); aprovação de lei complementar (art. 69); aprovação de projeto de resolução que estabelece as alíquotas relativas ao ICMS aplicáveis às operações e prestações, interestaduais e de exportação, bem como alíquotas mínimas nas operações internas (art. 155, § 2º, IV e V, *a*); aprovação de projeto de resolução que autoriza a abertura de crédito suplementar ou especial com finalidade precisa, necessários para a realização de operações de créditos que excedam o montante das despesas de capital (art. 167, III); aprovação da exoneração, de

---

41 SILVA. *Op. cit.*, p. 448.

ofício, do Procurador-Geral da República (art. 52, XI); aprovação do nome indicado para Ministro do Supremo Tribunal Federal (art. 101, parágrafo único), para Ministro do Superior Tribunal de Justiça (art. 104, parágrafo único, com a redação da EC n. 45/2004), e do Procurador-Geral da República (art. 128, § 1º); aprovação ou suspensão do decreto de estado de defesa, pelo Presidente da República (art. 136, § 4º); autorização para o Presidente da República decretar estado de sítio (art. 137, parágrafo único); aprovação do Defensor Público Geral (art. 52, III, *f*, e art. 6º da Lei Complementar n. 80, de 1994); maioria de dois terços da Câmara dos Deputados para a autorização de instauração do processo por crime comum e de responsabilidade contra o Presidente da República (art. 51, I), bem como do Senado Federal para a sua condenação por este último crime (art. 52, parágrafo único); condenação, pelo Senado Federal, dos Ministros do Supremo Tribunal Federal, dos membros do Conselho Nacional de Justiça e do Conselho Nacional do Ministério Público, do Procurador-Geral da República e do Advogado-Geral da União nos crimes de responsabilidade (art. 52, II, com a redação da EC n. 45/2004); fixação de alíquotas máximas de ICMS, nas operações internas (art. 155, § 2º, V, *b*); suspensão da imunidade de congressista, durante o estado de sítio (art. 53, § 8º); maioria de três quintos para aprovação de proposta de emenda à Constituição (art. 60, § 2º); maioria de dois quintos para aprovação de não-renovação da concessão ou permissão para o serviço de radiodifusão sonora e de sons e imagens (art. 223, § 2º).

5.2 Abertura e término das sessões legislativas

São examinados, neste ponto, os períodos legislativos correspondentes ao funcionamento do Congresso Nacional e de suas Casas.

5.2.1 Legislatura

Legislatura, no direito constitucional norte-americano, é termo que se aplica ao próprio Poder Legislativo; é a assembleia, ou corpo de homens que faz leis para um Estado ou nação, um corpo legislativo.

Na França, atribui-se um significado mais restrito ao termo: legislatura vem a ser cada um dos períodos que separa a renovação integral de uma assembleia.

A legislatura, no Brasil, compreende o período de funcionamento do Congresso Nacional equivalente à duração do mandato de Deputado Federal: quatro anos (art. 44, parágrafo único). Não se confunde, pois, com sessão legislativa. Inicia-se no dia 1º de fevereiro seguinte à eleição, e finda em 31 de janeiro do quarto ano subsequente. Os Senadores exercem seu mandato por duas legislaturas, ou seja, oito anos, renovando-se, alternadamente, de quatro em quatro anos, por um e dois terços (art. 46, § 2º).

A legislatura tem grande significado, pois marca o tempo em que cada Casa Legislativa irá desempenhar suas atividades, como, por exemplo, compor as comissões permanentes, e extinguir as comissões temporárias, nos termos regimentais.[42]

---

[42] No âmbito do processo legislativo, de que trataremos adiante, por aplicação do princípio denominado de *unidade da legislatura*, dispõe o art. 105, parágrafo único, do Regimento Interno da Câmara dos

5.2.2 Sessão legislativa ordinária e período legislativo

O funcionamento das Casas Legislativas varia de acordo com o sistema adotado: *a)* sistema da permanência; *b)* sistema das sessões.

De acordo com o sistema da permanência, a Casa Legislativa permanece reunida pelo tempo que lhe aprouver. O sistema amplia a importância do Legislativo e concorre para a sua influência na vida do país. Acarreta, no entanto, inconvenientes, pois tende à perpetuidade das reuniões.

O sistema das sessões efetiva-se por dois processos distintos, em razão do órgão competente para sua fixação. O período das sessões pode ser determinado pelo Executivo ou estatuído pela Constituição. A competência do Executivo, neste domínio, é, historicamente, peculiar à monarquia, pois cabia ao monarca avaliar a conveniência da convocação, caso em que o Parlamento permanecia num plano inferior, o que compromete o regime democrático. O sistema das sessões estatuídas na Constituição realça a independência do Poder Legislativo, em face do Executivo, e tem a vantagem de contornar a fadiga dos parlamentares. Necessário, todavia, que se estabeleça período certo e razoável para as sessões legislativas, pois a sua fixação em prazo curto pode frustrar o resultado das atividades parlamentares, e um prazo excessivo acaba por resultar numa reversão ao sistema da permanência. Tem-se ainda uma combinação dos sistemas, o que se verifica quando a Constituição especifica o período normal das sessões legislativas, e outorga ao Chefe do Executivo competência para, durante o recesso parlamentar, convocar extraordinariamente as Câmaras, quando ocorrerem situações excepcionais que exijam a atuação do Parlamento: este tem sido o sistema adotado no Brasil.

A duração da sessão legislativa ordinária tem variado em nosso constitucionalismo republicano.

A Constituição de 1891, em seu art. 17, assegurava o direito de reunir-se o Congresso, independentemente de convocação pelo Executivo, a 3 de maio de cada ano, se a lei não designasse outro dia, e funcionaria quatro meses da data da abertura. Permitia ainda o texto constitucional de 1891 que o próprio Congresso adiasse ou prorrogasse suas sessões.

A Constituição de 1934, em seu art. 25, ao dispor sobre a sessão legislativa, retirou do legislador ordinário a competência para estabelecer outra data que não a de 3 de maio, para o início da reunião da Câmara dos Deputados, apesar de ainda considerá-la competente para adiar e prorrogar suas sessões. De acordo com a cláusula

---

Deputados: "Art. 105. Finda a legislatura, arquivar-se-ão todas as deliberações que no seu decurso tenham sido submetidas à deliberação da Câmara, e ainda se encontrem em tramitação, bem como as que abram crédito suplementar, com parecer ou sem eles, salvo as: I – com pareceres favoráveis de todas as Comissões; II – já aprovadas em turno único, em primeiro ou segundo turno; III – que tenham tramitado pelo Senado, ou dele originárias; IV – de iniciativa popular; V – de iniciativa de outro poder ou do Procurador-Geral da República. Parágrafo único. A proposição poderá ser desarquivada mediante requerimento do Autor, ou Autores, dentro dos primeiros cento e oitenta dias da primeira sessão legislativa ordinária da legislatura subsequente, retomando a tramitação desde o estágio em que se encontra."

constitucional, a "Câmara dos Deputados reúne-se anualmente, no dia 3 de maio, na Capital da República, sem dependência de convocação, e funciona durante seis meses podendo ser convocada extraordinariamente por iniciativa de um terço dos seus membros, pela Seção Permanente do Senado Federal ou pelo Presidente da República". O parágrafo único do art. 25 estabelecia competir à Câmara dos Deputados "também resolver sobre o adiamento ou a prorrogação da sessão legislativa, com a colaboração do Senado Federal, sempre que estiver reunido".

A Carta de 1937 estabelecia que o Parlamento Nacional reuniria, independentemente de convocação, a 3 de maio de cada ano, se a lei não designasse outro dia, e funcionaria quatro meses, do dia da instalação, somente por iniciativa do Presidente da República, podendo ser prorrogado, adiado ou convocado extraordinariamente. Note-se que a menção feita à Carta de 1937 é meramente histórica, pois no período autoritário de Vargas não houve funcionamento regular do Parlamento Nacional.

A Constituição de 1946 fixou um prazo mais longo para a sessão legislativa ordinária: nove meses, com omissão ao seu adiamento e prorrogação. Dispunha o art. 39 da Constituição de 1946, que o "Congresso Nacional reunir-se-á na Capital da República, a 15 de março de cada ano, e funcionará até 15 de dezembro." A Emenda Constitucional n. 17, de 26.11.1965, deu nova redação ao art. 39 da Constituição de 1946, para estabelecer dois períodos relativos à sessão legislativa ordinária: o primeiro, de 1º de março a 30 de junho, e o segundo, de 1º de agosto a 1º de dezembro.

A Constituição de 1967 estabeleceu, em seu art. 31, dois períodos legislativos anuais: 1º de março a 30 de junho, e 1º de agosto a 30 de novembro. A Emenda Constitucional n. 1, de 1969, em seu art. 29, fixou o período de 31 de março a 30 de novembro para a reunião anual do Congresso Nacional.

A Constituição de 1988 restabeleceu, no art. 57, a regra da divisão da sessão legislativa ordinária, em dois períodos: 15 de fevereiro a 30 de junho, e 1º de agosto a 15 de dezembro.

A Emenda Constitucional n. 50/2006 dá nova redação ao art. 57 da Constituição de 1988, para fixar o início da sessão legislativa ordinária ou anual em 2 de fevereiro, esclarecendo que ela compreende dois períodos legislativos: o primeiro, que se inicia no dia 2 de fevereiro e termina no dia 17 de julho, e o outro, que começa no dia 1º de agosto, para encerrar a 22 de dezembro.

Portanto, há dois períodos legislativos por sessão legislativa, sendo que, em uma legislatura têm-se quatro sessões legislativas ordinárias e oito períodos legislativos

5.2.3 Recesso parlamentar

Na origem dos parlamentos, o recesso (afastamento para lugar remoto) era utilizado pelos parlamentares, que se afastavam das reuniões, durante certo tempo, para retornar a seus distritos ou circunscrições eleitorais, a fim de confirmar o mandato. Tem-se hoje o recesso como o período de *férias* parlamentares, em que os congressistas, além de disporem de horas de lazer necessárias para a recomposição de energias, entram em contato com o eleitorado, retornando às suas bases eleitorais: é, portanto, o recesso uma necessidade parlamentar.

O recesso compreendia, na forma do texto constitucional originário de 1988, 90 dias.

Este período foi reduzido para 55 dias, pela EC n. 50/2006, que deu nova redação ao art. 57 da Constituição Federal. O recesso abrange os períodos de 18 a 31 de julho e 23 de dezembro a 1º de fevereiro. Havendo sessões preparatórias destinadas à posse dos congressistas e eleição das mesas diretoras (art. 57, § 4º), caso em que os trabalhos legislativos se iniciarão no dia 1º de fevereiro (ver adiante), o recesso será de 54 dias.

5.2.4 Sessão legislativa extraordinária

A sessão legislativa extraordinária consiste no período de funcionamento do Congresso Nacional, e não de cada uma de suas Casas isoladamente, durante o recesso.

A convocação extraordinária do Congresso, de acordo com a EC n. 50/2006, far-se-á:

a) pelo Presidente do Senado Federal, em caso de decretação de estado de defesa ou de intervenção federal, de pedido de autorização para a decretação de estado de sítio ou para o compromisso e a posse do Presidente e do Vice-Presidente da República;

b) pelo Presidente da República, pelos Presidentes da Câmara dos Deputados e do Senado Federal ou a requerimento da maioria dos membros de ambas as Casas, em caso de urgência ou interesse público relevante, com a aprovação, nestas hipóteses, da maioria absoluta de cada uma das Casas do Congresso Nacional (art. 57, § 6º, II, com a redação da EC n. 50/2006). Portanto, quando a convocação se fizer nestas condições, ela dependerá da aprovação da maioria absoluta dos membros da Câmara dos Deputados e do Senado Federal, aprovação esta que será, no entanto, dispensada na hipótese de a convocação partir apenas do Presidente do Senado Federal, nos termos da alínea *a*, acima referida.

A alteração da cláusula constitucional, pela EC n. 50/2006, no sentido de exigir que a convocação extraordinária do Congresso, pelo Presidente da República, submeta-se à aprovação da maioria absoluta dos membros de ambas as Casas, é um contrapeso ao poder presidencial de interferência na agenda legislativa do Congresso, cabendo aos congressistas avaliar a urgência ou o interesse público alegado pelo Chefe do Executivo.

Durante a sessão legislativa extraordinária, o Congresso Nacional somente deliberará sobre a matéria para a qual foi convocado, é o que dispõe o art. 57, § 7º, da Constituição, salvo havendo medidas provisórias em vigor na data da convocação, caso em que serão elas automaticamente incluídas na pauta da convocação (art. 57, § 8º, da CF).

Tem-se entendido ser cabível dupla convocação extraordinária para o mesmo período, a fim de que seja incluída ou aditada a pauta de convocação, por iniciativa de um dos legitimados constitucionais para a providência.

Durante a sessão legislativa extraordinária, é vedado o pagamento de parcela indenizatória, em razão da convocação (art. 57, § 7º, com a redação da EC n. 50/2006).

5.2.5 Sessão ordinária e sessão extraordinária

Sessão ordinária consiste na reunião diária das Casas Legislativas: é o dia a dia do Congresso Nacional.

Sessão extraordinária é a reunião realizada além do horário preestabelecido ou em dias não úteis, para apreciar matéria determinada ou concluir a apreciação de matéria que já tenha tido a discussão iniciada.[43] Tem duração de 4 horas.

As sessões ordinárias e as extraordinárias são disciplinadas pelos Regimentos Internos das Casas do Congresso Nacional.

As sessões deliberativas da Câmara dos Deputados podem ser ordinárias e extraordinárias.

As sessões ordinárias da Câmara dos Deputados dividem-se em Pequeno Expediente, Grande Expediente, Ordem do Dia e Comunicações Parlamentares, e são realizadas apenas uma vez por dia, de terça a quinta-feira, com duração de 5 horas, iniciando-se às 14 horas para encerrar às 19 horas (arts. 65 e 66 do Regimento Interno, com a redação da Resolução n. 19/2012). O Pequeno Expediente compreende o lapso temporal de 60 minutos improrrogáveis e é o período dos pequenos comunicados; o Grande Expediente (período dos grandes comunicados) compreende o lapso temporal de 50 minutos improrrogáveis, e a Ordem do Dia (período das discussões e votações) compreende o lapso temporal de 3 horas prorrogáveis para a apreciação da pauta. As Comunicações Parlamentares, desde que haja tempo, são destinadas a representantes de Partidos e Blocos Parlamentares, alternadamente, indicados pelos Líderes.

As sessões não deliberativas compreendem: *a)* as sessões de debates, realizadas de forma idêntica às ordinárias, porém sem Ordem do Dia, apenas uma vez às segundas e sextas-feiras, iniciando-se às 14 horas nas segundas e às 9 horas nas sextas-feiras, disciplinando o Presidente da Câmara dos Deputados o tempo que corresponderia à Ordem do Dia, podendo os Líderes delegar a membros de suas bancadas o tempo relativo às Comunicações de Lideranças; *b)* as sessões solenes, realizadas para grandes comemorações ou para homenagens especiais.

O Regimento Interno da Câmara dos Deputados prevê ainda sessões secretas convocadas a requerimento de Comissão, do Colégio de Líderes ou por deliberação do

---

[43] O STF suspendeu, liminarmente, a vigência do § 5º do art. 147 do Regimento Interno da Assembleia Legislativa do Estado de Goiás, que prevê a remuneração dos deputados estaduais pela participação em sessões extraordinárias, mediante o pagamento de até um trinta avos do subsídio mensal por sessão, por violação dos arts. 57, § 7º, e 39, § 4º, da CF (ADI 4587, Rel. Min. Ricardo Lewandowski, j. 25.8.2011; Notícias STF, 25.8.2011; *Informativo* 637/STF). Entendeu-se, portanto, que a vedação do pagamento de parcela indenizatória para a sessão legislativa extraordinária aplica-se às sessões extraordinárias. A ADI 4587 foi julgada procedente em sessão do dia 22.5.2014 (Notícias STF, 22.5.2014). Cf. ainda ADI 4108, Referendo-MC/MG (*DJe* de 26.11.2009) e ADI 4509 MC/PA (*DJe* de 25.5.2011).

Plenário, para que se possa deliberar sobre projeto de fixação ou modificação dos efetivos das Forças Armadas, declaração de guerra ou acordo sobre a paz; passagem de forças estrangeiras pelo território nacional, ou sua permanência nele.

Já as sessões ordinárias do Senado Federal dividem-se em Hora do Expediente, com a duração de 120 minutos, e Ordem do Dia, que tem a duração de 150 minutos, e são realizadas de segunda a quarta-feira às 14h30, às quintas às 10 horas e às sextas às 9 horas, podendo ser deliberativas ou não deliberativas – isto é, havendo Ordem do Dia previamente designada. Normalmente, as sessões de segunda e sexta são não deliberativas. As sessões têm a duração regimental de quatro horas (art. 154 do Regimento Interno do Senado).

A Ordem do Dia é o período mais longo e mais importante da sessão, e tem início logo após o Pequeno Expediente, na Câmara, ou a Hora do Expediente, no Senado.

5.2.6 Sessões preparatórias

As sessões preparatórias, que se realizam a partir de 1º de fevereiro, no primeiro ano da legislatura, destinam-se à posse dos congressistas e eleição da Mesa de cada Casa Legislativa, vedada a recondução para o mesmo cargo na eleição imediatamente subsequente.

De acordo com o art. 5º do Regimento Interno da Câmara dos Deputados, na segunda sessão preparatória da primeira sessão legislativa de cada legislatura, no dia 1º de fevereiro, sempre que possível sob a direção da Mesa da sessão anterior, realizar-se-á a eleição do Presidente, dos demais membros da Mesa e dos Suplentes dos Secretários, para mandato de dois anos, vedada a recondução para o mesmo cargo na eleição imediatamente subsequente.

E nos termos do art. 6º daquele Regimento, no terceiro ano de cada legislatura, em data e hora previamente designadas pelo Presidente da Câmara dos Deputados, antes de inaugurada a sessão legislativa e sob a direção da Mesa da sessão anterior, realizar-se-á a eleição do Presidente, dos demais membros da Mesa e dos Suplentes dos Secretários.[44] Portanto, a primeira e terceira sessões legislativas ordinárias de cada legislatura serão precedidas de sessões preparatórias.

5.3 Comissões parlamentares

A complexidade dos assuntos submetidos à apreciação do Poder Legislativo, decorrente da própria estrutura da sociedade contemporânea, acarreta a necessidade de se especializarem, no âmbito dos Parlamentos, as competências legislativas em razão das matérias sujeitas ao seu exame. Daí a exigência do estudo prévio e especializado das propostas legislativas pelas comissões parlamentares, na sua função de órgãos técnicos que irão emitir parecer[45] para posterior apreciação em plenário. Vê-se, então,

---

[44] Arts. 5º e 6º do RICD, com a redação da Resolução n. 19/2012.

[45] Parecer é a proposição com que uma Comissão se pronuncia sobre qualquer matéria sujeita ao seu estudo. O parecer traduz a opinião fundamentada da Comissão sobre a matéria em exame. O

que o Congresso Nacional não se reduz ao plenário, mas tem nas comissões parlamentares um de seus principais pontos de apoio e de fortalecimento.

É de se destacar, portanto, que "o trabalho legislativo não se resume ao trabalho em plenário e reuniões. Esse é um dos maiores equívocos na compreensão do Poder Legislativo. Um plenário repleto de parlamentares é uma visão bonita e confortante de se ver em dias de votação de matérias relevantes e polêmicas. No entanto, se o parlamentar passar todas as suas horas de trabalho sentado em plenário, sua atuação parlamentar será no mínimo medíocre".[46] Assim, constitui equívoco pensar em credibilidade, responsabilidade e legitimidade do Poder Legislativo baseando-se apenas nas listas de comparecimento e votação.

Em estudo dedicado às comissões parlamentares, notadamente às comissões parlamentares de inquérito, José Alfredo de Oliveira Baracho, depois de esclarecer que o papel das comissões é preparar o trabalho legislativo, mostra que as comissões parlamentares "tiveram seus primeiros indícios no regime inglês. No Parlamento, desde que o projeto fosse apresentado, designava-se o seu autor e outro que o secundava (*seconder*), com um ou dois membros, para procederem ao estudo. Com o decorrer do tempo, surgiu a especialização, começando a praticar-se a fórmula de dar determinadas competências a certas Comissões".[47]

O art. 58 da Constituição de 1988 distingue as comissões parlamentares em *permanentes* e *temporárias*, que poderão ser criadas em cada Casa Legislativa ou pelo Congresso Nacional.

Ingrid Ahumada Muñoz, citado por José Alfredo de Oliveira Baracho, classifica as comissões parlamentares segundo os seguintes critérios:

"a) de acordo com a competência:
- legislativas;
- investigadoras;
- de acusação;
- protocolares;

b) segundo a forma de integração:
- formadas por membros de uma só Câmara;
- formadas por membros de ambas as Câmaras (Comissões Mistas Permanentes);
- membros das Câmaras, setores privados e do Executivo;

c) comissões formadas por parlamentares:

parecer é, pois, o ato pelo qual o Colegiado se manifesta sobre proposição ou documento apresentados de acordo com as normas regimentais. O parecer é geralmente escrito, mas pode ser oral nas hipóteses previstas nos Regimentos Internos das Casas legislativas. Na realidade, é o Relatório aprovado na Comissão que deve ser conclusivo relativamente à matéria a que se referir, podendo a conclusão ser: pela aprovação, total ou parcial; pela rejeição; pelo arquivamento; pelo destaque, para proposição em separado, de parte da proposição principal, quando originária do Senado, ou de emenda; pela apresentação de projeto, requerimento, emenda ou subemenda, etc.

[46] AZEVEDO. *Prática do processo legislativo*, p. 147.

[47] BARACHO. *Teoria geral das comissões parlamentares*, p. 39.

– técnicos, grupos de interesse e do Executivo;

d) de acordo com a duração:

– permanentes;

– especiais;

e) segundo a sua origem:

– comissões constitucionais;

– comissões legais;

– comissões regulamentares."[48]

Paulo Adib Casseb relaciona as seguintes classificações das comissões parlamentares:

Quanto à duração

Comissões permanentes – sem prazo de duração. Não se extinguem com o término das legislaturas. Apresentam duas espécies: Comissões especializadas – divididas por matérias; dotadas de campos temáticos próprios, e comissões não especializadas – ao comissões permanentes desprovidas de campos temáticos e imbuídas de competência geral. Recebem projetos de lei, independentemente das matérias neles contidas, para exame instrutório das proposições.

Comissões temporárias – são ocasionais, constituídas com prazo determinado de duração, que se estende, no máximo, pelo período da legislatura.

---

[48] BARACHO. *Op. cit.*, p. 39-40.

De acordo com o Regimento Interno da Câmara dos Deputados (art. 32), são as seguintes as Comissões Permanentes: I – Comissão de Agricultura, Pecuária, Abastecimento e Desenvolvimento Rural; II – Comissão da Amazônia, Integração Nacional e de Desenvolvimento Regional; III – Comissão de Ciência e Tecnologia, Comunicação e Informática; IV – Comissão de Constituição e Justiça e de Cidadania; V – Comissão de Defesa do Consumidor; VI – Comissão de Desenvolvimento Econômico, Indústria e Comércio; VII – Comissão de Desenvolvimento Urbano; VIII – Comissão de Direitos Humanos e Minorias; IX – Comissão de Educação e Cultura; X – Comissão de Finanças e Tributação; XI – Comissão de Fiscalização Financeira e Controle; XII – Comissão de Legislação Participativa; XIII – Comissão de Meio Ambiente e Desenvolvimento Sustentável; XIV – Comissão de Minas e Energia; XV – Comissão de Relações Exteriores e de Defesa Nacional; XVI – Comissão de Segurança Pública e Combate ao Crime Organizado; XVII – Comissão de Seguridade Social e Família; XVIII – Comissão de Trabalho, de Administração e Serviço Público; XIX – Comissão de Turismo e Desporto; XX – Comissão de Viação e Transportes.

No Senado, são as seguintes as Comissões Permanentes (art. 72 do Regimento Interno), além da Comissão Diretora: I – Comissão de Assuntos Econômicos; II – Comissão de Assuntos Sociais; III – Comissão de Constituição, Justiça e Cidadania; IV – Comissão de Educação, Cultura e Esporte; V – Comissão de Meio Ambiente, Defesa do Consumidor e Fiscalização e Controle; VI – Comissão de Direitos Humanos e Legislação Participativa; VII – Comissão de Relações Exteriores e Defesa Nacional; VIII – Comissão de Serviços de Infra-Estrutura; IX – Comissão de Desenvolvimento Regional e Turismo; X – Comissão de Agricultura e Reforma Agrária; XI – Comissão de Ciência, Tecnologia, Inovação, Comunicação e Informática.

Quanto à natureza da atividade

Comissões legislativas – atuam no processo legislativo e admitem subespécies: preparatórias – comissões que examinam os projetos, previamente, com o propósito de elaboração de parecer para a instrução da discussão e votação pelo Plenário; deliberantes – comissões que dotadas de capacidade legislativa plena, que votam os projetos de lei em caráter final, sem apreciação posterior pelo Plenário; consultivas – comissões que emitem parecer, em caráter consultivo, sobre projetos de competência originária de outra comissão, quando o conteúdo da proposição alcançar matéria inserida em seu campo temático; redatoras – comissões que atuam no processo legislativo com a competência para promoverem a redação final de projeto já submetido à deliberação das Casas Legislativas; políticas ou de estudos – comissões que resultam das situações em que as comissões especiais estudam certos temas, sem a finalidade de instruírem projeto sujeito a seu exame, no momento; conciliatórias ou mediadoras – comissões que, no curso do processo legislativo, objetivam firmar acordos entre as Câmaras, relativamente à aprovação do texto sob exame.

Comissões de fiscalização – aquelas que exercem o controle da Administração Pública e decorrem da função típica de fiscalização, sendo exemplos as comissões parlamentares de inquérito e as comissões permanentes especializadas, quanto no exercício da função de controle.

Comissões híbridas – aquelas que, ao atuarem no processo legislativo, exercem, simultaneamente, função de controle do Executivo e da Administração Pública em geral, como a comissão de orçamento, as comissões que apreciam medidas provisórias e que analisam pedidos de delegação legislativa.

Comissões de representação – comissões que representam as Casas Legislativas em situações específicas.

Comissões meramente administrativas – comissões que tratam da administração interna das Câmaras, sendo delas exemplo a Comissão Diretora do Senado Federal (art. 98 do Regimento Interno do Senado Federal).

Quanto à composição

Comissões unicamerais – integradas por parlamentares de apenas uma das Casas Legislativas.

Comissões mistas – formadas por membros de ambas as Casas Legislativas. Considerando a quantidade de Deputados e Senadores que delas participam, subdividem-se em: comissões paritárias, compostas por idêntico número de Deputados e de Senadores, como as comissões mistas que examinam as medidas provisórias e os vetos presidenciais; comissões não paritárias constituídas por número não uniforme de Deputados e Senadores, como a Comissão Mista do Orçamento. As comissões mistas, quanto ao sistema de votação, classificam-se em: comissões mistas integradas – os Deputados e Senadores votam reunidos, como se formassem um único corpo de parlamentares; comissões mistas conjuntas, em que os Deputados e Senadores que as compõem votam separadamente, cada qual com seus pares.

Quanto ao âmbito de atuação

Comissões internas – atuam exclusivamente no recinto interna das Casas Legislativas às quais se acham vinculadas.

Comissões externas – aquelas cuja atuação não se restringe ao âmbito da Casa Legislativa à qual pertencem.

Quanto à previsão no ordenamento jurídico

Comissões constitucionais – previstas no texto constitucional.

Comissões regimentais – previstas, tão somente, nos Regimentos das Casas Legislativas.

Comissões legais – criadas por lei, como a Comissão de Controle Parlamentar sobre RTVE (rádio e televisão da Espanha), criada pela Lei n. 4/80.

Quanto à dimensão

Comissões plenárias – formadas por todos os membros da Casa Legislativa, mas não são conduzidas pelo Presidente da respectiva Câmara, destacando-se ainda que sua atuação está sujeita a menos formalidades do que as reuniões plenárias.

Comissões fracionárias ou propriamente ditas – são os órgãos fracionários internos das Casas Legislativas, permanentes ou temporários, que, verdadeiramente, merecem ser chamados de *comissões*.[49]

Seguindo orientação do texto constitucional e do regimento interno da Câmara dos Deputados, pode-se classificar as comissões parlamentares em:

a) *permanentes*, assim consideradas as que têm a mesma composição durante a legislatura e são estruturadas "em função da matéria, geralmente coincidente com o campo funcional dos Ministérios".[50]

O tamanho das Comissões Permanentes pode variar entre 25 e 61 Deputados, e a indicação dos parlamentares para integrá-las é feita no início de cada sessão legislativa anual.

As Comissões Permanentes poderão estabelecer regras e condições específicas para a organização e o bom andamento dos seus trabalhos, observadas as normas fixadas no Regimento Interno e no Regulamento das Comissões, bem como ter Relatores e Relatores substitutos previamente designados por assuntos (art. 51 do RI da Câmara dos Deputados).

As Comissões Permanentes reúnem-se com a presença, no mínimo, da maioria da composição de seus membros, ou com qualquer número, se não houver pauta a ser votada. Para efeito do *quorum* de abertura,

[49] CASSEB. *Processo legislativo*: atuação das comissões permanentes e temporárias, p. 24-27.
[50] SILVA. *Op. cit.*, p. 443.

o comparecimento dos Deputados verificar-se-á pela sua presença na Casa, e do *quorum* de votação por sua presença no recinto onde se realiza a reunião (art. 50 do RI da Câmara dos Deputados);

b) *temporárias*, as que funcionam durante a legislatura, ou se dissolvem com o encerramento dos seus trabalhos, subdividindo-se em externas, quando visam representar a Câmara em atos externos (congressos, solenidades e outros), e especiais, para tratar de assuntos concretos. As Comissões Especiais, segundo o Regimento Interno da Câmara, serão constituídas para emitir parecer sobre proposta de emenda à Constituição, projeto de código e proposições que versarem matéria de competência de mais de três Comissões que devam pronunciar-se quanto ao mérito, por iniciativa do Presidente da Câmara, ou a requerimento do Líder ou de Presidente de Comissão interessada.

As Comissões Parlamentares de Inquérito, embora sejam temporárias, serão examinadas como categoria autônoma, em razão de sua relevância no âmbito do Poder Legislativo e do próprio Estado Democrático de Direito;

c) *mistas*, as constituídas por Deputados e Senadores, ou seja, comissões do Congresso Nacional (criadas, por exemplo, para emitir parecer sobre o veto, projetos de leis financeiras, ou seja, plano plurianual, diretrizes orçamentárias, orçamento anual, créditos adicionais); [51]

d) *comissão representativa do Congresso Nacional*: a Constituição de 1988 prevê uma comissão representativa do Congresso Nacional, eleita por suas Casas na última sessão ordinária do período legislativo, com atribuições definidas no regimento comum, cuja composição reproduzirá, quanto possível, a proporcionalidade da representação partidária (art. 58, § 4º). Essa comissão representa o Congresso Nacional durante o recesso, mostrando aos que se opõem à Democracia que o Congresso Nacional está de plantão, exercendo suas atribuições, controlando e fiscalizando os atos do Executivo.

A Resolução n. 3, de 1990-CN, que integra o Regimento Comum, disciplina a Comissão Representativa do Congresso Nacional, que será integrada por sete Senadores e dezesseis Deputados, e igual número de suplentes, eleitos pelas respectivas Casas na última sessão ordinária de cada período legislativo, e cujo mandato coincidirá com o período de recesso do Congresso Nacional, que se seguir à sua constituição, excluindo-se os dias destinados às sessões preparatórias para a posse dos parlamentares e a eleição das Mesas. A Resolução n. 3, de 1990/CN considera período legislativo as di-

---

[51] A Resolução n. 2, de 2007-CN, criou a Comissão Mista Representativa do Congresso Nacional no Fórum Interparlamentar das Américas – FIPA. A Comissão é composta por 10 (dez) Deputados Federais e 10 (dez) Senadores e igual número de suplentes. A Comissão Mista representará o Congresso Nacional no Fórum Interparlamentar das Américas (FIPA), cabendo-lhe exercer os direitos e cumprir os deveres inerentes à participação nesta organização. A Comissão Mista terá caráter permanente e prazo indeterminado de funcionamento.

visões da sessão legislativa anual compreendidas de acordo com a EC n. 50/2006, que deu nova redação ao art. 57 da Constituição Federal, entre 2 de fevereiro a 17 de julho e 1º de agosto a 22 de dezembro, incluídas as prorrogações decorrentes das hipóteses previstas nos §§ 1º e 2º do art. 57 da Constituição Federal. O mandato da Comissão não será suspenso quando o Congresso Nacional for convocado extraordinariamente. A eleição dos membros da Comissão será procedida em cada Casa, aplicando-se, no que couber, as normas estabelecidas nos respectivos Regimentos Internos para a escolha dos membros de suas Mesas. Exercerão a Presidência e a Vice-Presidência da Comissão os membros das Mesas do Senado Federal e da Câmara dos Deputados.

À Comissão Representativa do Congresso Nacional compete (art. 7º da Resolução n. 3, de 1990-N): I – zelar pelas prerrogativas do Congresso Nacional, de suas Casas e de seus membros; II – zelar pela preservação da competência legislativa do Congresso Nacional em face da atribuição normativa dos outros Poderes (art. 49, inciso XI, da Constituição Federal); III – autorizar o Presidente e o Vice-Presidente da República a se ausentarem do País (art. 49, inciso III, da Constituição Federal); IV – deliberar sobre: *a)* a sustação de atos normativos do Poder Executivo que exorbitem do poder regulamentar ou dos limites de delegação legislativa, desde que se caracterize a necessidade da medida cautelar em caráter urgente (art. 49, inciso V, da Constituição Federal); *b)* projeto de lei relativo a créditos adicionais solicitados pelo Presidente da República, desde que sobre o mesmo já haja manifestação da Comissão Mista Permanente a que se refere o § 1º do art. 166 da Constituição Federal; *c)* projeto de lei que tenha por fim prorrogar prazo de lei, se o término de sua vigência ocorrer durante o período de recesso ou nos dez dias úteis subsequentes ao seu término; *d)* tratado, convênio ou acordo internacional, quando o término do prazo, no qual o Brasil deva sobre ele se manifestar, ocorrer durante o período de recesso ou nos dez dias úteis subsequentes a seu término; V – ressalvada a competência das Mesas das duas Casas e a de seus membros: *a)* conceder licença a Senador e Deputado; *b)* autorizar Senador ou Deputado a aceitar missão do Poder Executivo; VI – exercer a competência administrativa das Mesas do Senado Federal e da Câmara dos Deputados, em caso de urgência, quando ausentes ou impedidos os respectivos membros; VII – fiscalizar e controlar os atos do Poder Executivo, incluídos os da administração indireta; VIII – receber petições, reclamações, representações ou queixas de qualquer pessoa contra atos ou omissões das autoridades ou entidades públicas; IX – convocar Ministros de Estado e enviar-lhes pedidos escritos de informação, quando houver impedimento das Mesas de qualquer das Casas interessadas; X – representar, por qualquer de seus membros, o Congresso Nacional em eventos de interesse nacional e internacional; XI – exercer outras atribuições de caráter urgente, que não possam aguardar o início do período legislativo seguinte sem prejuízo para o País ou suas instituições.

A Comissão Representativa do Congresso Nacional se reunirá com a presença mínima do terço de sua composição em cada Casa do Congresso Nacional; as suas deliberações serão tomadas por maioria simples, presente a maioria absoluta dos Senadores e Deputados que integrarem a Comissão. Nas deliberações, os votos dos Senadores e dos Deputados serão computados separadamente, iniciando-se a votação pelos Membros da Câmara dos Deputados e representando o resultado a decisão da respectiva Casa. Para que se considere aprovada, a matéria deverá obter decisão favorável de ambas as Casas.

As comissões parlamentares, seja de que natureza for, serão constituídas de forma a assegurar, tanto quanto possível, a representação proporcional dos partidos ou dos blocos parlamentares que participam da respectiva Casa Legislativa (art. 58, § 1º), esclarecendo Elcias Ferreira da Costa que "a composição proporcional da Mesa e das Comissões resulta de aplicação de um quociente final que se obtém, dividindo o número de membros da Câmara pelo número de membros de cada comissão e dividindo, em seguida, o número de Deputados de cada Partido pelo quociente alcançado".[52]

[52] COSTA. *Comentários breves à Constituição federal*, p. 131.

Regimento Interno da Câmara dos Deputados: "Art. 27. A representação numérica das bancadas nas Comissões será estabelecida dividindo-se o número de membros da Câmara pelo número de membros de cada Comissão, e o número de Deputados de cada Partido ou Bloco Parlamentar pelo quociente assim obtido. O inteiro do quociente final, dito quociente partidário, representará o número de lugares a que o Partido ou Bloco Parlamentar poderá concorrer em cada Comissão. § 1º As vagas que sobrarem, uma vez aplicado o critério do *caput*, serão destinadas aos Partidos ou Blocos Parlamentares, levando-se em conta as frações do quociente partidário, da maior para a menor. § 2º Se verificado, após aplicados os critérios do *caput* e do parágrafo anterior, que há Partido ou Bloco Parlamentar sem lugares suficientes nas Comissões para a sua bancada ou Deputado sem legenda partidária, observar-se-á o seguinte: I – a Mesa dará quarenta e oito horas ao Partido ou Bloco Parlamentar nessa condição para que declare sua opção para obter lugar em Comissão em que não esteja ainda representado; II – havendo coincidência de opções terá preferência o Partido ou Bloco Parlamentar de maior quociente partidário, conforme os critérios do *caput* e do parágrafo antecedente; III – a vaga indicada será preenchida em primeiro lugar; IV – só poderá haver o preenchimento de segunda vaga decorrente de opção, na mesma Comissão, quando em todas as outras já tiver sido preenchida uma primeira vaga, em idênticas condições; V – atendidas as opções do Partido ou Bloco Parlamentar, serão recebidas as dos Deputados sem legenda partidária; VI – quando mais de um Deputado optante escolher a mesma Comissão, terá preferência o mais idoso, dentre os de maior número de legislaturas. § 3º Após o cumprimento do prescrito no parágrafo anterior, proceder-se-á à distribuição das demais vagas entre as bancadas com direito a se fazer representar na Comissão, de acordo com o estabelecido no *caput*, considerando-se para efeito de cálculo da proporcionalidade o número de membros da Comissão diminuído de tantas unidades quantas as vagas preenchidas por opção. Art. 28. Estabelecida a representação numérica dos Partidos e dos Blocos Parlamentares nas Comissões, os Líderes comunicarão ao Presidente da Câmara, no prazo de cinco sessões, os nomes dos membros das respectivas bancadas que, como titulares e suplentes, irão integrar cada Comissão. § 1º O Presidente fará, de ofício, a designação se, no prazo fixado, a Liderança não comunicar os nomes de sua representação para compor as comissões, nos termos do § 3º do art. 45." Relativamente às Comissões temporárias, dispõe o art. 33, § 1º, do Regimento Interno da Câmara dos Deputados, que serão compostas de número de membros que for previsto no ato ou requerimento de sua constituição, designados pelo Presidente por indicação dos Líderes, ou independentemente desta se, no prazo de quarenta e oito hora após criar-se a Comissão, não se fizer a escolha. Pela Resolução n. 34/2005, da Câmara dos Deputados, que entrou em vigor a partir de 1º de fevereiro de 2007, a distribuição dos cargos da Mesa Diretora e das Comissões Parlamentares passou a ter como critério o tamanho da bancada partidária eleita e não o número de Deputados no momento em que tais cargos são distribuídos. A nova regra estabelece o monopólio dos Partidos Políticos sobre os cargos, e amplia o controle das agremiações partidárias sobre a seleção dos Deputados, incentivando, com isso, a fidelidade partidária.

Pode-se, afinal, afirmar que a Constituição de 1988 valorizou as comissões parlamentares, seja pela criação de uma comissão representativa do Congresso Nacional, seja pela ampliação dos poderes das comissoes parlamentares de inquérito (ver adiante), seja ainda pelas atribuições que se lhes assinalou nos incisos I a VI do § 2º, do art. 58, relacionadas com:

a) discussão e votação de projeto de lei que dispensar, na forma do regimento, a competência do plenário (delegação *interna corporis*), salvo se houver recurso de um décimo dos membros da casa. A Constituição instituiu, assim, a apreciação terminativa nas Comissões competentes para o exame de projeto de lei ordinária, com a finalidade de dar maior celeridade à tramitação de proposições a serem apreciadas em cada Casa legislativa. Preservou, contudo, o direito de qualquer congressista oferecer emendas, mesmo quando não for membro da Comissão, bem como o direito de apreciação da matéria pelo Plenário, quando objeto de recurso assinado por um décimo dos membros da Casa Legislativa;

b) realização de audiências públicas com entidades da sociedade civil (necessárias à colheita de informações para o aprimoramento de projetos de lei ou para a efetividade da função fiscalizadora);

c) convocação de Ministros de Estado ou quaisquer titulares de órgãos diretamente subordinados à presidência da República, para prestarem informações sobre assuntos inerentes a suas atribuições, sob pena de crime de responsabilidade (art. 50);

d) recebimento de petições, reclamações ou queixas de qualquer pessoa contra atos ou omissões das autoridades ou entidades públicas (atribuição relacionada com o direito de petição, de que trata o art. 5º, XXXIV, *a*);

e) solicitação de depoimento de qualquer autoridade ou cidadão;

f) finalmente, apreciação de programas de obras, planos nacionais, regionais e setoriais de desenvolvimento para a emissão de parecer.

Partido político criado no curso da legislatura não tem o direito de participação proporcional nas comissões permanentes e temporárias. O Min. Ayres Britto negou liminar requerida pelo Partido Social Democrático (PSD) no MS 31184, impetrado contra ato do Presidente da Câmara dos Deputados, tomado em questão de ordem, na qual o partido reivindicou participação proporcional nas comissões permanentes e temporárias da Casa e teve seu pedido negado. De acordo com o Min. Ayres Britto, o PSD, em uma análise inicial, não pode pretender ter o mesmo tratamento de partidos políticos que já passaram pelo 'teste das urnas'. "Ora, o partido autor da presente ação de segurança não participou de nenhuma eleição popular. Não contribuiu para a eleição de nenhum candidato. Não constou do esquadro ideológico ou de filosofia política de nenhuma eleição em concreto. Não submeteu a nenhum corpo de eleitores o seu estatuto ou programa partidário. Ainda *não passou* pelo teste das urnas, enfim, porque não ungido na *pia batismal* do voto. Não vejo, portanto, como reconhecer a sua equiparação em tudo e por tudo, com partidos e coligações já dotados de representantes por eles mesmos (partidos e coligações) submetidos, com êxito, ao corpo eleitoral do País", ponderou o Relator (*Notícias* STF, 22.2.2012).

5.3.1 Comissões Parlamentares de Inquérito

As *Comissões Parlamentares de Inquérito* são as que têm poderes de investigação próprios das autoridades judiciais, além de outros previstos em lei e nos regimentos internos das respectivas Casas Legislativas, e serão criadas pela Câmara dos Deputados[53] e pelo

---

[53] Lei n. 1.579, de 18 de março de 1952, que dispõe sobre as Comissões Parlamentares de Inquérito: "Art. 1º As Comissões Parlamentares de Inquérito, criadas na forma do art. 53 da Constituição Federal (refere-se à Constituição de 1946), terão ampla ação nas pesquisas destinadas a apurar os fatos determinados que deram origem à sua formação. Parágrafo único. A criação de Comissão Parlamentar de Inquérito dependerá de deliberação plenária, se não for determinada pelo terço da totalidade dos membros da Câmara dos Deputados ou do Senado. Art. 2º No exercício de suas atribuições, poderão as Comissões Parlamentares de Inquérito determinar as diligências que reportarem necessárias e requerer a convocação de Ministros de Estado, tomar o depoimento de quaisquer autoridades federais, estaduais ou municipais, ouvir os indiciados, inquirir testemunhas sob compromisso, requisitar de repartições públicas e autárquicas informações e documentos, e transportar-se aos lugares onde se fizer mister a sua presença. Art. 3º Indiciados e testemunhas serão intimados de acordo com as prescrições estabelecidas na legislação penal. § 1º Em caso de não-comparecimento da testemunha sem motivo justificado, a sua intimação será solicitada ao juiz criminal da localidade em que resida ou se encontre, na forma do art. 218 do Código de Processo Penal (renumerado pela Lei n. 10.679, de 23.5.2003). § 2º O depoente poderá fazer-se acompanhar de advogado, ainda que em reunião secreta (incluído pela Lei n. 10.679, de 23.5.2003). Art. 4º Constitui crime: I – Impedir, ou tentar impedir, mediante violência, ameaça ou assuadas, o regular funcionamento de Comissão Parlamentar de Inquérito, ou o livre exercício das atribuições de qualquer dos seus membros. Pena – a do art. 329 do Código Penal. II – Fazer afirmação falsa, ou negar ou calar a verdade como testemunha, perito, tradutor ou intérprete, perante a Comissão Parlamentar de Inquérito: Pena – a do art. 342 do Código Penal. Art. 5º As Comissões Parlamentares de Inquérito apresentarão relatório de seus trabalhos à respectiva Câmara, concluindo por projeto de resolução. § 1º Se forem diversos os fatos objeto de inquérito, a comissão dirá, em separado, sobre cada um, podendo fazê-lo antes mesmo de finda a investigação dos demais. § 2º A incumbência da Comissão Parlamentar de Inquérito termina com a sessão legislativa em que tiver sido outorgada, salvo deliberação da respectiva Câmara, prorrogando-a dentro da Legislatura em curso. Art. 6º O processo e a instrução dos inquéritos obedecerão ao que prescreve esta Lei, no que lhes for aplicável, às normas do processo penal."

Regimento Interno da Câmara dos Deputados: "Art. 35. A Câmara dos Deputados, a requerimento de um terço de seus membros, instituirá Comissão Parlamentar de Inquérito para apuração de fato determinado e por prazo certo, a qual terá poderes de investigação próprios das autoridades judiciais, além de outros previstos em lei e neste regimento. § 2º Recebido o requerimento, o Presidente o mandará a publicação, desde que satisfeitos os requisitos regimentais; caso contrário, devolvê-lo-á ao Autor, cabendo desta decisão recurso para o Plenário, no prazo de cinco sessões, ouvida a Comissão de Constituição e Justiça e de Cidadania. § 3º A Comissão, que poderá atuar também durante o recesso parlamentar, terá o prazo de cento e vinte dias, prorrogável por até metade, mediante deliberação do Plenário, para conclusão de seus trabalhos. § 4º Não será criada Comissão Parlamentar de Inquérito enquanto estiver funcionando pelo menos cinco na Câmara, salvo mediante projeto de resolução com o mesmo *quorum* de apresentação previsto no *caput* deste artigo. § 5º A Comissão Parlamentar de Inquérito terá sua composição numérica indicada no requerimento ou projeto de criação. § 6º Do ato de criação constarão a provisão de meios ou recursos administrativos, as condições organizacionais e o assessoramento necessários ao bom desempenho da Comissão, incumbindo à Mesa e à Administração da Casa o atendimento preferencial das providências que a Comissão solicitar. Art. 36. A Comissão Parlamentar de Inquérito poderá, observada a legislação específica: I – requisitar funcionários dos serviços administrativos da Câmara, bem como, em caráter transitório, os de qualquer órgão ou entidade da administração pública direta, indireta, fundacional, ou do Poder Judiciário, necessários aos seus trabalhos; II – determinar diligências, ouvir indiciados, inquirir testemunhas sob compromisso, requisitar de órgãos e entidades da administração pública informações e documentos, requerer a audiência de Deputados e Ministros de Estado, tomar depoimentos de autoridades federais, estaduais e municipais, e requisitar os serviços de quaisquer autoridades, inclusive policiais; III – incumbir qualquer de seus membros, ou funcionários requisitados dos serviços administrativos da Câmara, da realização de sindicâncias, ou diligências necessárias aos seus trabalhos, dando conhecimento prévio à Mesa; IV – deslocar-se a qualquer ponto do território nacional, para a realização de investigações e audiências públicas; V – estipular prazo para o atendimento de qualquer providência ou realização de diligência sob as penas da lei, exceto quando da alçada de autoridade judiciária; VI – se forem diversos os fatos inter-relacionados objeto do inquérito, dizer em separado sobre cada um, mesmo antes de finda a investigação dos demais. Parágrafo único. As Comissões Parlamentares de Inquérito valer-se-ão, subsidiariamente, das normas contidas no Código de Processo Penal. Art. 37. Ao termo dos trabalhos a Comissão apresentará relatório circunstanciado, com suas conclusões, que será publicado no *Diário do Congresso Nacional* e encaminhado: I – à Mesa, para as providências de alçada desta ou do Plenário, oferecendo, conforme o caso, projeto de lei, de decreto legislativo ou de resolução, ou indicação que será incluída em Ordem do Dia dentro de cinco sessões; II – ao Ministério Público ou à Advocacia-Geral da União, com a cópia da documentação, para que promovam a responsabilidade civil ou criminal por infrações apuradas e adotem outras medidas decorrentes de suas funções institucionais; III – ao Poder Executivo, para adotar as providências saneadoras de caráter disciplinar e administrativo decorrentes do art. 37, §§ 2º a 6º, da Constituição Federal, e demais dispositivos constitucionais e legais aplicáveis, assinalando prazo hábil para seu cumprimento; IV – à Comissão Permanente que tenha maior pertinência com a matéria, à qual incumbirá fiscalizar o atendimento do prescrito no inciso anterior; V – à Comissão Mista Permanente de que trata o art. 166, § 1º, da Constituição Federal, e ao Tribunal de Contas da União, para as providências previstas no art. 71 da mesma Carta. Parágrafo único. Nos casos dos incisos II, III e V, a remessa será feita pelo Presidente da Câmara, no prazo de cinco sessões."

Regimento Interno do Senado Federal: "Art. 145. A criação de comissão parlamentar de inquérito será feita mediante requerimento de um terço dos membros do Senado Federal. § 1º O requerimento de criação da comissão parlamentar de inquérito determinará o fato a ser apurado, o número de membros, o prazo de duração da comissão e o limite das despesas a serem realizadas. § 2º Recebido o requerimento, o Presidente ordenará que seja numerado e publicado. § 3º O Senador só poderá integrar duas comissões parlamentares de inquérito, uma como titular, outra como suplente. § 4º A comissão terá suplentes, em número igual à metade do número de titulares mais um, escolhidos no ato da designação destes, observadas as normas constantes do art. 78. Art. 146. Não se admitirá comissão parlamentar de inquérito sobre matérias pertinentes: I – à Câmara dos Deputados; II – às atribuições do Poder Judiciário; III – aos Estados. Art. 147. Na hipótese de ausência do relator a qualquer ato do inquérito, poderá o Presidente da comissão designar-lhe substituto para a ocasião, mantida a escolha na mesma representação partidária ou bloco parlamentar. Art. 148. No exercício de suas atribuições, a comissão parlamentar de inquérito terá poderes de investigação próprios das autoridades judiciais, facultada a realização de diligências que julgar necessárias, podendo convocar Ministros de Estado, tomar o depoimento de qualquer autoridade, inquirir testemunhas, sob compromisso, ouvir indiciados, requisitar de órgão público informações ou documentos de qualquer natureza, bem como requerer ao Tribunal de Contas da União a realização de inspeções e auditorias que entender necessárias. § 1º No dia previamente designado, se não houver número para deliberar, a comissão parlamentar de inquérito poderá tomar depoimento das testemunhas ou autoridades convocadas, desde que estejam presentes o Presidente e o relator. § 2º Os indiciados e testemunhas serão intimados de acordo

Senado Federal, em conjunto ou separadamente, mediante requerimento de um terço de seus membros (171 Deputados e 27 Senadores), para a apuração de fato determinado e por prazo certo, sendo suas conclusões, se for o caso, encaminhadas ao Ministério Público para que promova a responsabilidade civil ou criminal dos infratores (art. 58, § 3º).[54]

As CPIs, no âmbito do Congresso Nacional, sujeitam-se ao controle judicial, por meio de *habeas corpus* ou de mandado de segurança, diretamente pelo Supremo Tribunal Federal (CF, art. 102, I, *d* e *i*).

A falta de indicação dos integrantes das CPIs, pelos líderes partidários, não pode embaraçar o início do seu funcionamento, pena de afronta a direito público subjetivo das minorias de ver instaurado o inquérito legislativo.

Embora a Constituição não estabeleça restrição quanto ao número de Comissões em funcionamento, tem-se admitido a validade dessa limitação fixada nos Regimentos Internos das Casas Legislativas, notando-se que o Regimento Interno da Câmara dos Deputados (art. 35, § 4º) limita em cinco o número de Comissões Parlamentares de Inquérito em funcionamento.

---

com as prescrições estabelecidas na legislação processual penal, aplicando-se, no que couber, a mesma legislação, na inquirição de testemunhas e autoridades. Art. 149. O Presidente da comissão parlamentar de inquérito, por deliberação desta, poderá incumbir um dos seus membros ou funcionários da Secretaria do Senado da realização de qualquer sindicância ou diligência necessária aos seus trabalhos. Art. 150. Ao término de seus trabalhos, a comissão parlamentar de inquérito enviará à Mesa, para conhecimento do Plenário, seu relatório e conclusões. § 1º A comissão poderá concluir seu relatório por projeto de resolução se o Senado for competente para deliberar a respeito. § 2º Sendo diversos os fatos objeto de inquérito, a comissão dirá, em separado, sobre cada um, podendo fazê-lo antes mesmo de finda a investigação dos demais. Art. 151. A comissão parlamentar de inquérito encaminhará suas conclusões, se for o caso, ao Ministério Público, para que promova a responsabilidade civil ou criminal dos infratores. Art. 152. O prazo da comissão parlamentar de inquérito poderá ser prorrogado, automaticamente, a requerimento de um terço dos membros do Senado, comunicado por escrito à Mesa, lido em plenário e publicado no Diário do Senado Federal, observado o disposto no art. 76, § 4º. Art. 153. Nos atos processuais, aplicar-se-ão, subsidiariamente, as disposições do Código de Processo Penal."

Regimento Comum do Congresso Nacional: "Art. 21. As Comissões Parlamentares Mistas de Inquérito serão criadas em sessão conjunta, sendo automática a sua instituição se requerida por 1/3 (um terço) dos membros da Câmara dos Deputados mais 1/3 (um terço) dos membros do Senado Federal. Parágrafo único. As Comissões Parlamentares Mistas de Inquérito terão o número de membros fixado no ato da sua criação, devendo ser igual a participação e Deputados e Senadores, obedecido o princípio da proporcionalidade partidária."

[54] Para Uadi Lammêgo Bulos, o requerimento de uma CPI arquivada não logra efeitos jurídicos concretos. Não atingem atos futuros, nem, ao menos, podem desconstituir aquilo que foi firmado no passado. Se a CPI não chegou à fase das conclusões, resumindo-se a um requerimento frustrado, é dever institucional do Ministério Público arquivar o processo, em virtude de dois motivos: 1º) impossibilidade de o órgão ministerial determinar investigações na etapa inicial do requerimento, porquanto tal desiderato apenas pode realizar-se depois de conclusos os trabalhos investigatórios, *ex vi* do art. 58, § 3º, da Constituição Federal; e b) os requerimentos arquivados das CPIs são absolutamente nulos, não produzindo efeitos concretos (CPI: requerimento nulo e arquivamento. *Revista Latino-Americana de Estudos Constitucionais*, n. 4, jul./dez. 2004, p. 559-560).

Na prática parlamentar brasileira vale a observação de que nem sempre a CPI "é instaurada exclusivamente com o fim de apurar irregularidades: muitas vezes uma CPI é instalada para se angariar benefícios eleitorais ou prestígio com um grupo de interesse; como estratégia da oposição para desgastar a imagem do governo; para se conseguir benefícios políticos, de barganha com o governo; como forma de pressionar outro grupo a retardar ou suspender investigações em outra arena, até mesmo outra CPI; para impedir a instalação de outra comissão, dado o limite de cinco CPIs trabalhando simultaneamente".[55]

As Comissões Parlamentares de Inquérito têm por finalidade a investigação de fato determinado, cuja conceituação não tem sido tarefa fácil.

Lembre-se inicialmente de que tais Comissões não podem investigar fato que seja apenas de interesse privado, e que não diga respeito à ordem constitucional, legal, econômica e social do país.

Pontes de Miranda, lembrado por Odacir Klein, entende por fato determinado "qualquer fato da vida constitucional do país, para que dele tenha conhecimento preciso e suficiente, a Câmara dos Deputados ou o Senado Federal. José Celso de Mello Filho acentua que somente fatos determinados, concretos e individuais, ainda que múltiplos, que sejam de relevante interesse para a vida política, econômica, jurídica e social do Estado, são passíveis de investigação parlamentar. Constitui verdadeiro abuso instaurar-se inquérito legislativo com o fito de investigar fatos genericamente enunciados, vagos ou indefinidos".[56]

O Regimento Interno da Câmara dos Deputados, em seu art. 35, § 1º, considera como fato determinado o acontecimento de relevante interesse para a vida pública e a ordem constitucional, legal, econômica e social do país, que estiver devidamente caracterizado no requerimento da Comissão.

Para que se determine o fato é necessário: a) no plano da existência: se houve o fato, ou se não houve; b) no plano da legalidade: *v.g.*, se o fato compõe determinada figura penal ou ato ilícito civil (ou administrativo); c) no plano da topografia: onde se deu o fato; d) no plano do tempo: quando se deu o fato; e) no plano da quantitatividade: *v.g.*, se houve redução do fato ou a quanto sobe o prejuízo.

Observe-se que, em virtude da repartição vertical de competências, portanto, sob pena de comprometimento da autonomia federativa, não cabe à Comissão Parlamentar de Inquérito a investigação de fatos de interesse público que se refiram exclusivamente às competências dos Estados e Municípios, admitindo-se, no entanto, a investigação acerca de um mesmo fato se houver interesse simultâneo da União, de Estados e de Municípios.

A Constituição atribui às Comissões Parlamentares de Inquérito poderes de investigação próprios das autoridades judiciais, além de outros previstos nos regimentos das Casas Legislativas (art. 58, § 3º).

---

[55] LEMOS. O controle legislativo no Brasil pós-1988. *In:* NICOLAU, Jairo; POWER, Timothy J. (Orgs.). *Instituições representativas no Brasil*: balanço e reforma, p. 46.

[56] KLEIN. *Comissões parlamentares de inquérito*: a sociedade e o cidadão, p. 34-35.

Trata-se de poderes próprios das autoridades judiciárias, e não de jurisdição que é inerente aos órgãos do Judiciário, no seu poder-dever de dizer o direito e aplicá-lo ao caso concreto. Os poderes investigatórios da Comissão visam apenas à instrução de inquérito legislativo.

No exercício de suas atribuições, as Comissões Parlamentares de Inquérito devem observar os direitos e garantias fundamentais previstos na Constituição, pelo que determinados atos somente podem ser praticados por decisão judicial, como a quebra da inviolabilidade do domicílio (art. 5º, XI); a prisão, salvo o caso de flagrante delito (art. 5º, LXI). As decisões que importem limitação da liberdade devem ser fundamentadas, com a justificação da necessidade e o objetivo das medidas decretadas, indicando-se o fato concreto em que se baseiam as suspeitas de suposto envolvimento do investigado, não deve ser dispensado à testemunha ou ao investigado tratamento como se culpados fossem.

O Supremo Tribunal Federal tem decidido no sentido de admitir a possibilidade de quebra do sigilo telefônico, por Comissão Parlamentar de Inquérito, da pessoa que esteja sendo investigada, desde que em decisão fundamentada, da qual conste referência a fatos concretos que justifiquem a causa provável que indique a necessidade da medida excepcional da *disclosure.*

No julgamento do Mandado de Segurança n. 23.452 RJ, assim se manifestou o Min. Celso de Mello: "O sigilo bancário, o sigilo telefônico (sigilo este que incide sobre os dados/registros telefônicos e que não se identifica com a inviolabilidade das comunicações telefônicas) – ainda que representem projeções específicas do direito à intimidade, fundado no art. 5º, X, da Carta Política – não se revelam oponíveis, em nosso sistema jurídico, às Comissões Parlamentares de Inquérito, eis que o ato que lhes decreta a quebra traduz natural derivação dos poderes de investigação que foram conferidos, pela própria Constituição da República, aos órgãos de investigação parlamentar. As Comissões Parlamentares de Inquérito, no entanto, para decretarem, legitimamente, por autoridade própria, a quebra do sigilo bancário, do sigilo fiscal e/ou do sigilo telefônico, relativamente a pessoas por elas investigadas, devem demonstrar, a partir de meros indícios, a existência concreta de causa provável que legitime a medida excepcional (ruptura da esfera de intimidade de quem se acha sob investigação) justificando a necessidade de sua efetivação no procedimento de ampla investigação dos fatos determinados que deram causa à instauração do inquérito parlamentar, sem prejuízo de ulterior controle jurisdicional dos atos em referência (CF, art. 5º, XXXV)."

No mesmo sentido, o voto do Min. Sepúlveda Pertence, ao examinar a quebra do sigilo telefônico; "não há como negar sua natureza probatória e, em princípio, sua compreensão no âmbito dos poderes de instrução do juiz, que a letra do art. 58, § 3º, da Constituição, faz extensíveis às comissões parlamentares de inquérito".[57]

O entendimento do Supremo Tribunal Federal é no sentido de que a competência da Comissão Parlamentar de Inquérito é para requerer a quebra de registros telefônicos pretéritos, ou seja, com quem o investigado falou durante determinado período

---

[57] STF, MS 23.466-1/DF, Medida Liminar – Rel. Min. Sepúlveda Pertence. *Diário da Justiça*, Seção I, 22.6.1999, p. 31.

pretérito, e não para promover a interceptação telefônica, por se caracterizar como ato abrangido pela reserva de jurisdição.

Ainda segundo entendimento do Supremo Tribunal, o segredo de justiça é oponível à Comissão Parlamentar de Inquérito e representa uma expressiva limitação aos seus poderes de investigação. Com base nesse argumento, o Tribunal, por maioria, referendou decisão concessiva de pedido de liminar, formulado em mandado de segurança, impetrado por operadoras de telefonia fixa e móvel, contra ato do Presidente de Comissão Parlamentar de Inquérito (CPI) para investigar Escutas Telefônicas Clandestinas, que lhes determinara a remessa de informações cobertas por sigilo judicial. Em 4.8.2008, o Min. Cezar Peluso deferira a cautelar, autorizando, até decisão contrária nesta causa, as impetrantes a não encaminharem à CPI o conteúdo dos mandados judiciais de interceptação telefônica cumpridos no ano de 2007 e protegidos por segredo de justiça, exceto se os correspondentes sigilos fossem quebrados prévia e legalmente. Reputou que aparentava razoabilidade jurídica (*fumus boni iuris*) a pretensão das impetrantes de se guardarem da pecha de ato ilícito criminoso, por força do disposto no art. 325 do Código Penal, e no art. 10, c/c o art. 1º, da Lei federal 9.296/96, que tipifica como crime a quebra de segredo de justiça, sem autorização judicial, ou, ainda, por deixarem de atender ao que se caracterizaria como requisição da CPI, bem como que estaria presente o risco de dano grave, porque na referida data se esgotava o prazo outorgado, sob cominação implícita, no ato impugnado, a cujo descumprimento poderia corresponder medida imediata e suscetível de lhes acarretar constrangimento à liberdade. Considerou o relator a jurisprudência pacífica da Corte no sentido de que, nos termos do art. 58, § 3º da CF, as CPIs têm todos os "poderes de investigação próprios das autoridades judiciais", mas apenas esses, restando elas sujeitas aos mesmos limites constitucionais e legais, de caráter formal e substancial, oponíveis aos juízes de qualquer grau, no desempenho de idênticas funções. Asseverou o Relator que, sob esse ponto de vista, o qual é o da qualidade e extensão dos poderes instrutórios das CPIs, estas se situam no mesmo plano teórico dos juízes, sobre os quais, no exercício da jurisdição, que lhes não é compartilhada às Comissões, nesse aspecto, pela Constituição, não têm elas poder algum, até por força do princípio da separação dos poderes, nem têm poder sobre as decisões jurisdicionais proferidas nos processos, entre as quais relevam, para o caso, as que decretam o chamado segredo de justiça, previsto como exceção à regra de publicidade, a *contrario sensu*, no art. 5º, LX, da Constituição Federal. Esclareceu, no ponto, que as CPIs carecem de poder jurídico para revogar, cassar, compartilhar, ou de qualquer outro modo quebrar sigilo legal e constitucionalmente imposto a processo judiciário, haja vista tratar-se de competência privativa do Poder Judiciário, ou seja, matéria da chamada reserva jurisdicional, onde o Judiciário tem a primeira e a última palavra. Aduziu, ainda, ser intuitiva a razão última de nem a Constituição nem a lei haverem conferido às CPIs, no exercício de suas funções, poder de interferir na questão do sigilo dos processos jurisdicionais, porque se cuida de medida excepcional, tendente a resguardar a intimidade das pessoas que lhe são submissas, enquanto garantia constitucional explícita (art. 5º, X), cuja observância é deixada à estima exclusiva do Poder Judiciário, a qual é exercitável apenas pelos órgãos jurisdicionais competentes para as respectivas causas – o que implica que nem outros órgãos jurisdicionais podem quebrar esse sigilo, não o podendo, *a fortiori*, as CPIs. Concluiu que é essa também a razão pela qual não pode violar tal sigilo nenhuma das pessoas que, *ex vi legis*, lhe tenham acesso ao objeto, assim porque intervieram nos processos, como porque de outro modo estejam, a título de destinatários de ordem judicial, sujeitas ao mesmo dever jurídico de reserva. A liminar foi concedida nestes termos: se a Comissão tiver interesse, as operadoras deverão encaminhar as seguintes informações: 1) relação dos juízos que expediram os mandados, bem como da quantidade destes e dos terminais objeto das ordens – quantos mandados e quantos terminais; 2) relação dos órgãos policiais específicos destinatários das ordens judiciais; 3) havendo elementos, relação dos órgãos que requereram as interceptações; 4) relação da cidade ou das cidades em que se situam os terminais objeto das ordens de interceptações; e 5) duração total de cada interceptação. Ficando claro que não podem constar das informações, de modo algum: 1) o número de cada processo; 2) o nome de qualquer das partes ou dos titulares dos terminais interceptados; 3) os números dos terminais; e 4) cópias dos mandados e das decisões que os acompanharam ou que os determinaram.[58]

De acordo com o art. 2º da Lei n. 1.579/52, que dispõe sobre as Comissões Parlamentares de Inquérito, poderão elas, no exercício de suas atribuições, determinar as diligências que reputarem necessárias; requerer a convocação de Ministros de Estado; tomar depoimentos de quaisquer autoridades federais, estaduais ou municipais; ouvir indiciados; inquirir testemunhas sob compromisso; requisitar de repartições públicas e autárquicas informações e documentos; transportar-se aos lugares onde se fizer necessária a sua presença.

O requerimento de diligências envolve a necessidade de se obter auditorias, análises contábeis, informações sobre a existência e movimentação de contas bancárias, entre outras.

Poderão as Comissões Parlamentares de Inquérito convocar Ministros de Estado e demais titulares de órgãos diretamente subordinados à Presidência da República, para prestarem, pessoalmente, informações sobre assunto previamente determinado, importando em crime de responsabilidade a ausência sem justificação adequada (art. 50).

Quanto a outras autoridades, podem elas ser convidadas, como informantes, pelas Comissões Parlamentares de Inquérito, ou convocadas como testemunhas para prestarem depoimento sob compromisso. Recusando-se a autoridade a comparecer para depor como informante, poderá ser convocada como testemunha, nos termos da legislação processual penal.

Cabe às Comissões Parlamentares de Inquérito tomar depoimentos, como testemunha, de toda e qualquer pessoa. Os depoimentos poderão ser prestados sem a necessidade de submissão a compromisso, desde que, a critério da CPI, não visem a investigação de prática de delito ou ilícito lesivo ao interesse público. Os depoimentos

[58] STF, MS 27.483MC/DF, Rel. Min. Cezar Peluso, j, 14.8.2008 (*Informativo* 515/STF).

poderão ainda ser prestados sob compromisso, caso em que a testemunha que fizer afirmações falsas, negar ou calar a verdade, poderá ser eventualmente processada pela prática de crime de falso testemunho (art. 342 do Código Penal). E, segundo o disposto no art. 3º da Lei n. 1.579/52, em não comparecendo a testemunha, sem motivo justificado, a sua intimação será solicitada ao juiz criminal da localidade em que resida ou se encontre, na forma do art. 218 do Código de Processo Penal. Há precedente do Supremo Tribunal admitindo a oitiva de testemunhas, por parte das Comissões Parlamentares de Inquérito, com a possibilidade de condução coercitiva.[59]

É possível a prisão em flagrante por crime de falso testemunho.[60]

Com relação aos indiciados, no seu interrogatório devem ser observadas as normas próprias do Código de Processo Penal, podendo, de acordo com o disposto no art. 5º, LXIII, da Constituição Federal, permanecer calado, sem que isso possa ser interpretado em prejuízo de sua própria defesa. O indiciado não poderá ser compelido a prestar o compromisso de dizer a verdade, já que ninguém é obrigado a se autoincriminar.

Decidiu o Supremo Tribunal Federal: "Comissão Parlamentar de Inquérito. Privilégio contra a autoincriminação. Direito que assiste a qualquer indiciado ou testemunha. Impossibilidade de o Poder Público impor medidas restritivas a quem exerce, regularmente, essa prerrogativa. Medida liminar concedida.

- O privilégio contra a autoincriminação – que é plenamente invocável perante as Comissões Parlamentares de Inquérito – traduz direito público subjetivo assegurado a qualquer pessoa que deva prestar depoimento perante órgãos do Poder Legislativo, do Poder Executivo ou do Poder Judiciário.
- O exercício do direito de permanecer em silêncio não autoriza os órgãos estatais a dispensarem qualquer tratamento que implique restrição à esfera jurídica daquele que regularmente invocou essa prerrogativa fundamental. Precedentes.
- Ninguém pode ser tratado como culpado, independentemente da natureza do ilícito penal que lhe possa ser atribuído, sem que exista decisão judicial condenatória transitada em julgado.
- O princípio constitucional da não culpabilidade consagra, em nosso sistema jurídico, uma regra de tratamento que impede o Poder Público de agir e de se comportar, em relação ao suspeito, ao indiciado, ao denunciado ou ao réu, como se estes já houvessem sido condenados definitivamente por sentença do Poder Judiciário. Precedentes".[61]

---

[59] "Possibilidade de intimação para depor, por parte da CPI, contendo em si a possibilidade de condução coercitiva da testemunha que se recusar a comparecer" (STF, *HC* 71261/RJ, Rel. Min. Sepúlveda Pertence, *DJ*, 24.6.1994).

[60] STF, *HC* 75.287-0, Medida Liminar, Rel. Min. Maurício Corrêa, *DJ*, 30.4.1997, p. 16302.

[61] STF, *HC* 79.812-8/SP, Medida Liminar, Rel. Min. Celso de Mello, j. em 29.11.1999.

Anote-se que a Lei n. 10.679, de 23 de maio de 2003, acrescentou ao art. 3º da Lei n. 10.679/52 o § 2º, passando o seu parágrafo único a vigorar como § 1º, dispondo que o depoente (indiciado ou testemunha) poderá fazer-se acompanhar de advogado, ainda que em reunião secreta.

A prerrogativa conferida às Comissões Parlamentares de Inquérito para a obtenção, junto às instituições financeiras, de informações, envolve o denominado sigilo bancário. Dispõem os §§ 1º e 2º do art. 4º da Lei Complementar n. 105/2001, que as Comissões Parlamentares de Inquérito, no exercício de sua competência constitucional e legal de ampla investigação, obterão as informações e documentos sigilosos de que necessitarem, diretamente das instituições financeiras ou por intermédio do Banco Central do Brasil e da Comissão de Valores Mobiliários. As solicitações deverão ser previamente aprovadas pelo Plenário da Comissão Parlamentar de Inquérito. Assegura-se, desse modo, às Comissões Parlamentares de Inquérito, no exercício de sua competência constitucional e legal de ampla investigação, a obtenção das informações que necessitarem, cujos pedidos deverão ser aprovados pela maioria absoluta dos membros das Comissões.

Nota-se, pois, que, apesar de o direito ao sigilo ser a regra, não tem ele caráter absoluto, admitindo-se a sua quebra, para atendimento a uma finalidade pública. E condição para a violação do sigilo é a demonstração da existência de um motivo relevante, num processo investigatório, dado o seu caráter de excepcionalidade.

Acha-se vedado às Comissões Parlamentares de Inquérito determinar a aplicação de medidas cautelares, como indisponibilidade de bens, arrestos, sequestro, hipotecas judiciárias, proibição de ausentar-se da comarca ou do país, por serem atos tipicamente jurisdicionais, próprios do exercício da jurisdição cautelar e pertinentes à eficácia de eventual sentença condenatória.

As Comissões Parlamentares de Inquérito não podem impedir, dificultar ou frustrar o exercício, pelo advogado, das prerrogativas de ordem profissional a ele outorgadas pelo Estatuto da Advocacia e da OAB (Lei n. 8.906/1994).[62]

---

[62] "O advogado – ao cumprir o dever de prestar assistência técnica àquele que o constituiu, dispensando-lhe orientação jurídica perante qualquer órgãos do Estado – converte a sua atividade profissional, quando exercida com independência e sem indevidas restrições, em prática inestimável de liberdade. Qualquer que seja o espaço institucional de sua atuação, ao Advogado incumbe neutralizar os abusos, fazer cessar o arbítrio, exigir respeito ao ordenamento jurídico e velar pela integridade das garantias jurídicas – legais ou constitucionais – outorgadas àquele que lhe confiou a proteção de sua liberdade e de seus direitos, dentre os quais avultam, por sua inquestionável importância, a prerrogativa contra a auto-incriminação e o direito de não ser tratado, pelas autoridades públicas, como se culpado fosse, observando-se, desse modo, diretriz consagrada na jurisprudência do Supremo Tribunal Federal. A função de investigar não pode resumir-se a uma sucessão de abusos nem deve reduzir-se a atos que importem em violação de direitos ou que impliquem desrespeito a garantias estabelecidas na Constituição e nas leis. O inquérito parlamentar, por isso mesmo, não pode transformar-se em instrumento de prepotência e nem converter-se em meio de transgressão ao regime da lei" (STF, MS 23.576-DF, Pedido de Reconsideração, Rel. Min. Celso de Mello, Informativo STF, n. 176, Brasília, 9.2.2000).

As Comissões Parlamentares de Inquérito, omitidas na Constituição Federal de 1891 e previstas pela primeira vez no texto constitucional de 1934, têm suscitado graves problemas quanto à efetividade de suas conclusões, pois que, na sua maioria, têm os seus resultados comprometidos por ação política ou de grupos. Não se deve, contudo, exagerar o papel dessas comissões que se incluem como instrumento de fiscalização e investigação pelo Poder Legislativo e, por isso mesmo, têm limitações constitucionais. Salienta a esse propósito o Professor Raul Machado Horta que, "dentro do sistema constitucional de governo, a função parlamentar de investigação está naturalmente sujeita às regras e limitações que atingem o próprio órgão legislativo. A competência das comissões de inquérito deve comportar-se no quadro da competência do Poder Legislativo".[63] São as Comissões Parlamentares de Inquérito que irão colher as informações para a tarefa legislativa, pois tão importante quanto a tarefa de legislar é a função investigatória subjacente. Daí se entender que as Comissões Parlamentares de Inquérito não devem ser analisadas em si mesmas, porém como instrumento de atividade do Congresso Nacional, voltada para a criação das leis e do controle dos atos do Poder Executivo. Assim, não "podem substituir-se à ação dos juízes e tribunais, para determinar procedimentos de natureza judiciária. Se o fizessem, atentariam contra a divisão de poderes e poriam em risco as próprias liberdades individuais".[64] A existência, contudo, de procedimento penal investigatório, em tramitação no órgão judiciário competente, não impede a realização de atividade apuratória por uma Comissão Parlamentar de Inquérito, ainda que seus objetos sejam correlatos, pois cada qual possui amplitude distinta, delimitada constitucional e legalmente, além de finalidades diversas.[65]

Deve-se considerar, no entanto, que as conclusões das Comissões Parlamentares de Inquérito, se não são substitutivas da função jurisdicional, constituem fator de fortalecimento do Poder Legislativo e, de resto, do próprio Estado Democrático de Direito, mostrando à opinião pública eventuais irregularidades apuradas, tornando assim efetivo o princípio republicano e democrático da responsabilidade dos agentes políticos.[66]

---

63 HORTA. Limitações constitucionais dos poderes de investigação. *Revista de Direito Público,* n. 5/34.

64 SÁ FILHO. *Relações entre os poderes do Estado*, p. 104-105.

65 STF, HC n. 100.341/AM, j. 4. 11. 2010, Rel. Min. Joaquim Barbosa.

66 O relatório da CPI consiste na exposição circunstanciada de fatos e dos procedimentos referentes à sua investigação, que conclui pela enumeração das providências a serem tomadas em decorrência dos resultados apurados.

Dispõe o art. 37 do Regimento Interno da Câmara dos Deputados que o relatório circunstanciado com as conclusões da CPI será encaminhado: "I – à Mesa, para as providências de alçada desta ou do Plenário, oferecendo, conforme o caso, projeto de lei, de decreto legislativo ou de resolução, ou indicação, que será incluída em Ordem do Dia dentro de cinco sessões; II – ao Ministério Público ou à Advocacia-Geral da União, com a cópia da documentação, para que promovam a responsabilidade civil ou criminal por infrações apuradas e adotem outras medidas decorrentes de suas funções institucionais; III – ao Poder Executivo, para adotar as providências saneadoras de caráter disciplinar e administrativo decorrentes do art. 37, §§ 2º a 6º, da Constituição Federal, e demais dispositivos constitucionais e legais aplicáveis, assinalando

5.3.2 Comissões parlamentares e relatoria

Os Relatores não são mencionados na Constituição, mas têm origem nos regimentos internos das Casas Legislativas. Relator é o autor de um parecer, designado para analisar um problema e propor a solução. O Relator não inicia o processo legislativo, que é uma fase anterior ao início de seu trabalho e caracteriza a iniciativa legislativa. A atividade do Relator é parte indissociável do trabalho das Comissões. As relatorias não são autônomas em relação às Comissões ou ao Plenário. O Relator colabora com o trabalho futuro do órgão de que faz parte, ou seja, a Comissão Parlamentar. Sua atividade tem como ponto de partida o projeto de lei ou a proposição, cabendo-lhe inicialmente a redação de um parecer, em vista do texto ou das emendas a ele apresentadas. Os Relatores são membros das respectivas Casas Legislativas, e efetivos integrantes das Comissões. De acordo com o art. 41, VI, do Regimento Interno da Câmara dos Deputados, ao Presidente de Comissão compete designar Relatores e Relatores Substitutos e distribuir-lhes a matéria sujeita a parecer. Portanto, há tantos relatores quantas as proposições apresentadas, o que exclui a concepção da existência de um Relator geral.

A função principal dos Relatores, portanto, é a de redigir parecer sobre a constitucionalidade e aspectos técnico-jurídicos da proposição, dentro dos prazos regimentais, podendo, para tanto, solicitar ao Presidente da Comissão a prestação de assessoria ou consultoria técnico-legislativa ou especializada. Neste domínio, o Relator examina a aplicação e a interpretação da Constituição, a origem das proposições legislativas, e propõe um novo texto ou modifica o texto inicial. O Regimento Interno da Câmara dos Deputados estabelece que, excetuados os casos em que o Regimento determine de forma diversa, o Relator disporá da metade do prazo concedido à Comissão para oferecer seu

---

prazo hábil para seu cumprimento; IV – à Comissão Permanente que tenha maior pertinência com a matéria, à qual incumbirá fiscalizar o atendimento do prescrito no inciso anterior; V – à Comissão Mista Permanente de que trata o art. 166, § 1º, da Constituição Federal, e ao Tribunal de Contas da União, para as providências previstas no art. 71 da mesma Carta. Parágrafo único. Nos casos dos incisos II, III e V, a remessa será feita pelo Presidente da Câmara, no prazo de cinco sessões."

A Lei n. 10.001, de 4 de setembro de 2000, dispõe sobre a prioridade nos procedimentos a serem adotados pelo Ministério Público e por outros órgãos a respeito das conclusões das Comissões Parlamentares de Inquérito: "Art. 1º Os Presidentes da Câmara dos Deputados, do Senado Federal ou do Congresso Nacional encaminharão o relatório da Comissão Parlamentar de Inquérito respectiva, e a resolução que o aprovar, aos chefes do Ministério Público da União ou dos Estados, ou ainda às autoridades administrativas ou judiciais com poder de decisão, conforme o caso, para a prática de atos de sua competência. Art. 2º A autoridade a quem for encaminhada a resolução informará ao remetente, no prazo de trinta dias, as providências adotadas ou a justificativa pela omissão. Parágrafo único. A autoridade que presidir processo ou procedimento, administrativo ou judicial, instaurado em decorrência de conclusões de Comissão Parlamentar de Inquérito, comunicará, semestralmente, a fase em que se encontra, até a sua conclusão. Art. 3º O processo ou procedimento referido no art. 2º terá prioridade sobre qualquer outro, exceto sobre aquele relativo a pedido de *habeas corpus*, *habeas data* e mandado de segurança. Art. 4º O descumprimento das normas desta Lei sujeita a autoridade a sanções administrativas, civis e penais."

parecer (art. 52, § 1º), notando-se que o prazo das Comissões para o exame das proposições é de cinco sessões, quando se trata de matéria em regime de urgência; dez sessões, quando se trata de matéria em regime de prioridade; quarenta sessões, quando se trata de matéria em regime de tramitação ordinária, e o mesmo prazo da proposição principal, quando se trata de emendas apresentadas no Plenário da Câmara. Estes prazos poderão, no entanto, ser dilatados, por até a metade das sessões previstas inicialmente, a pedido do Relator e com a concordância do Presidente, salvo para o caso de tramitação em regime de urgência. Se o prazo é esgotado, a maioria dos membros da Comissão poderá solicitar o envio das matérias para o Plenário, pendente de parecer. Caso o Relator não ofereça o parecer, o Presidente da Comissão deve designar outro Deputado para fazê-lo.

Se o parecer do Relator for aprovado em todos os seus termos, é tido como parecer da Comissão e enviado para a Mesa da Câmara para entrada na Ordem do Dia. Se ao parecer do Relator forem sugeridas alterações com as quais ele concorde, é-lhe concedido prazo para a redação do novo texto. Se o voto do Relator não for adotado pela Comissão, caberá a um Relator substituto preparar o novo texto nos termos aprovados pela maioria. Tendo o Relator substituto também seu voto vencido, o Presidente designa novo Deputado para redigir o parecer da Comissão.

Apesar de caber ao Relator a função de emitir parecer técnico-jurídico acerca de proposição, a prática parlamentar tem revelado que, em razão do caráter representativo do Parlamento, os Relatores têm-se convertido em instrumento ou meio de negociação de projetos, em que se operam acordos e transações, ou até mesmo se afirmam dissensões, o que, na realidade, deveria ocorrer nas Comissões. A relatoria, nesta perspectiva, deixa de ser um elemento imparcial na elaboração da lei. De qualquer modo, o parecer dos Relatores, em especial com a apresentação de texto alternativo ao inicial, acaba por orientar a tramitação subsequente da proposta legislativa.

5.4 Bancadas, blocos parlamentares, frentes parlamentares, maioria e minoria

As bancadas são órgãos de representação parlamentar dos partidos políticos, organizadas no início de cada legislatura.

As bancadas podem ser da maioria e da minoria. A bancada da maioria é integrada pela maioria absoluta dos membros da Casa, considerando-se minoria a representação imediatamente inferior que, em relação ao Governo, expresse posição diversa da maioria.

As representações de dois ou mais partidos, por deliberação das respectivas bancadas, poderão constituir bloco parlamentar, sob liderança comum. Os blocos parlamentares podem ser da maioria ou da minoria, cuja caracterização é a mesma das bancadas.

As lideranças dos partidos que se coligarem em bloco parlamentar perdem suas atribuições e prerrogativas regimentais. Não se admite a formação de bloco parlamentar composto de menos de três centésimos por cento dos membros da Câmara dos Deputados. No Senado, somente será admitida a formação de bloco parlamentar que represente, no mínimo, um décimo da composição da Casa. Extingue-se o bloco parlamentar se o desligamento da bancada implicar a perda do *quorum* previsto para a sua formação. O bloco parlamentar tem existência circunscrita à legislatura, devendo o ato de sua criação e as alterações posteriores ser apresentados à Mesa para registro e consequente publicação. Uma vez dissolvido o bloco parlamentar, ou modificado o quantitativo da representação que o integrava em virtude do desligamento do partido, será revista a composição das Comissões, mediante provocação do partido ou bloco parlamentar, para o fim de redistribuição dos lugares vagos, observando-se o princípio da proporcionalidade partidária. A agremiação que integrava bloco parlamentar dissolvido, ou que dele se desvincular, não poderá constituir ou integrar outro na mesma sessão legislativa, e a que integra bloco parlamentar não pode fazer parte de outro simultaneamente.

Há ainda na Câmara dos Deputados as Frentes Parlamentares, cujo funcionamento foi regulamentado pelo Ato n.69, de 10 de novembro de 2005, editado pela Mesa. A Frente Parlamentar é uma associação suprapartidária destinada a aprimorar a legislação referente a um tema específico. As Frentes Parlamentares, enquanto coalizões suprapartidárias, tematicamente motivadas, buscam influenciar as decisões legislativas sobre determinadas áreas de políticas, podendo, potencialmente, concorrer na decisão de voto do deputado com a orientação partidária. Para que a Frente seja registrada perante a Mesa, necessário o número mínimo de 1/3 dos membros da Câmara. De acordo com o Ato n.69/2005, o apoio institucional da Casa às Frentes Partidárias é limitado à concessão de espaço físico para reunião, desde que não interfira no andamento dos trabalhos da Casa, não implique contratação de pessoal ou fornecimento de passagens aéreas.

As minorias políticas operam em determinadas condições institucionais na Câmara dos Deputados, evitando-se com isso a concentração do poder de agenda nas mãos das lideranças partidárias. Nessa perspectiva, são direitos parlamentares individuais das minorias: iniciativas de proposição legislativa infraconstitucional; apresentação de emendas a comissão – na hipótese de tramitação conclusiva – e de emenda de Plenário; levantamento de questão de ordem, requerimento de informação a Ministro de Estado; proposta de audiência pública de comissão e requerimento de votação nominal.

Diga-se ainda, a respeito dos direitos parlamentares e recursos institucionais das minorias que, se os patamares de apoio exigidos para iniciativas coletivas não apontam para a viabilização de regras supermajoritárias, direitos parlamentares que são decisivos para a atividade legislativa requerem iniciativas com patamares relativamente moderados de apoio parlamentar, embora estejam a exigir, em sua maioria, a deliberação do Plenário (Quadro 1).

Quadro 1

Direitos parlamentares e patamares de apoio parlamentar exigidos

<table>
<tr><th>Direito Parlamentar</th><th>Patamar de apoio exigido (% de deputados que devem manifestar apoio à iniciativa)</th><th>Se a deliberação da iniciativa pelo Plenário é requerida</th></tr>
<tr><td>Requerer encerramento de discussão de projeto no Plenário</td><td>5%</td><td>Sim</td></tr>
<tr><td>Pedir verificação de votação e realização de votação nominal</td><td>6%</td><td>Não</td></tr>
<tr><td>Apresentar recurso contra apreciação conclusiva de matérias pelas comissões</td><td rowspan="9">10%</td><td>Sim</td></tr>
<tr><td>Apresentar recurso, com efeito suspensivo, contra decisão da presidência da Mesa Diretora sobre questão de ordem levantada pelo deputado</td><td>Sim</td></tr>
<tr><td>Requerer a realização de sessão extraordinária</td><td>Sim</td></tr>
<tr><td>Emendar matérias no 2º turno de votação</td><td>Não</td></tr>
<tr><td>Solicitar prioridade para proposição legislativa (autor da iniciativa)</td><td>Sim</td></tr>
<tr><td>Requerer destaque para votação em separado (DVS)</td><td>Sim</td></tr>
<tr><td>Adiamento, por duas sessões, de discussão e de votação de matéria urgente</td><td>Sim</td></tr>
<tr><td>Votação pelo método secreto</td><td>Sim</td></tr>
<tr><td>Solicitar regime de urgência para apreciação de proposição</td><td>Sim</td></tr>
<tr><td>Apresentar proposta de emenda constitucional</td><td rowspan="2">1/3</td><td>Sim</td></tr>
<tr><td>Requerer criação de comissão parlamentar de inquérito</td><td>Não</td></tr>
</table>

Fonte: INÁCIO. Estrutura e Funcionamento da Câmara dos Deputados. In: MELO; SÁEZ (Org.). *A democracia brasileira*: balanço e perspectivas para o século 21, p. 224-225.

5.5 Líder e colégio de líderes

Na estrutura da Câmara dos Deputados, são significativas as representações parlamentares ou os blocos parlamentares, que, tendo representação igual ou superior a um centésimo da composição da Casa, escolhem seu Líder.

A função do Líder é crucial na atividade parlamentar, pois ele expressa e faz valer, perante a bancada, a orientação partidária nas discussões e deliberações. O Líder pode atuar em nome de seus liderados, com um voto ponderado pelo peso da bancada. A denominada *urgência urgentíssima*, na tramitação de proposições (instrumento estratégico para o desempenho das maiorias parlamentares), pode ser requerida pela maioria absoluta da composição da Câmara, ou de Líderes que representam esse número.

Há ainda, quanto à estrutura da Câmara, um órgão-chave, que é o Colégio de Líderes, cujas deliberações, sempre que possível, devem tomar-se mediante consenso entre seus integrantes, e, quando isto não for possível, pelo critério da maioria absoluta, ponderados os votos dos Líderes em função da expressão numérica de cada bancada, consoante o disposto no art. 20 do Regimento Interno da Câmara dos Deputados. Enuncia-se, como função do Colégio de Líderes a de ser ouvido pelo Presidente da Casa na organização da agenda com a previsão das proposições a serem apreciadas no mês subsequente, para a distribuição aos Deputados.

O Colégio de Líderes é composto pelos Líderes da Maioria, da Minoria, dos Partidos, dos Blocos Parlamentares e do Governo. Segundo o art. 20, § 1º, do Regimento Interno da Câmara dos Deputados, os Líderes de Partidos que participem do Bloco Parlamentar e o Líder do Governo terão direito a voz no Colégio de Líderes, mas não a voto.

As lideranças se acham também previstas no Senado (arts. 61 a 66-A do Regimento Interno).

5.6 Obstrução parlamentar

A obstrução parlamentar é um direito assegurado aos partidos políticos de se declarar em obstrução, não se computando, para efeito de *quorum*, a presença dos deputados que assim se posicionarem. Segundo dispõe o art. 82, § 6º, do Regimento Interno da Câmara dos Deputados, a ausência às votações não se equipara, para todos os efeitos, à ausência às sessões, se ocorrer a título de obstrução parlamentar legítima, assim considerada a que for aprovada pelas bancadas ou suas lideranças e comunicada à Mesa. A obstrução, portanto, embora seja uma decisão da bancada partidária, pode ser tomada pelos líderes partidários. A obstrução não só bloqueia decisões específicas, como também favorece, se for numericamente expressiva, barganhas sequenciais mais abrangentes, ao impedir que seja alcançado o *quorum* de votação, de modo a adiar votações importantes e impor ao Governo a necessidade de barganhar com os opositores. A obstrução ocorre principalmente em votações relativas aos procedimentos de deliberação e é utilizada pelas oposições sobretudo com o intuito de protelar decisões legislativas.

5.7 Poder de polícia

O Congresso Nacional dispõe do poder de polícia, a ser regulado no regimento interno, voltado para a manutenção da ordem dos trabalhos legislativos. Para tanto, poderá regulamentar o acesso de populares às suas dependências, dispor de guardas próprios, cabendo ao Presidente da Casa a prática de atos necessários ao resguardo do bom funcionamento das funções legislativas. Na Câmara dos Deputados, a polícia legislativa se acha prevista no art. 51, IV, e, de forma mais abrangente, no seu Regimento Interno.[67] No Senado Federal, a Resolução n. 59, de 2002, ao dispor sobre a polícia legislativa, não só ampliou as suas atribuições, conferindo-lhe funções gerais de segurança, tanto de parlamentares, em casos nela previstos, como de todo o complexo que se inclui em suas dependências, e de apoio à Corregedoria e às Comissões Parlamentares de Inquérito. Foram ainda previstas na Resolução funções judiciária

---

[67] RICD: "Art. 267. A Mesa fará manter a ordem e a disciplina nos edifícios da Câmara e suas adjacências. Parágrafo único. A Mesa designará, logo depois de eleita, quatro de seus membros efetivos para, como Corregedor e Corregedores substitutos, se responsabilizarem pela manutenção do decoro, da ordem e da disciplina no âmbito da Casa. Art. 268. Se algum Deputado, no âmbito da Casa, cometer qualquer excesso que deva ter repressão disciplinar, o Presidente da Câmara ou de Comissão conhecerá do fato e promoverá a abertura de sindicância ou inquérito destinado a apurar responsabilidades e propor as sanções cabíveis. Art. 269. Quando, nos edifícios da Câmara, for cometido algum delito, instaurar-se-á inquérito a ser presidido pelo diretor de serviços de segurança ou, se o indiciado ou o preso for membro da Casa, pelo Corregedor ou Corregedor substituto. § 1º Serão observados, no inquérito, o Código de Processo Penal e os regulamentos policiais do Distrito Federal, no que lhe forem aplicáveis. § 2º A Câmara poderá solicitar a cooperação técnica de órgãos policiais especializados ou requisitar servidores de seus quadros para auxiliar na realização do inquérito. § 3º Servirá de escrivão funcionário estável da Câmara, designado pela autoridade que presidir o inquérito. § 4º O inquérito será enviado, após a sua conclusão, à autoridade judiciária competente. § 5º Em caso de flagrante de crime inafiançável, realizar-se-á a prisão do agente da infração, que será entregue com o auto respectivo à autoridade judicial competente, ou, no caso de parlamentar, ao Presidente da Câmara, atendendo-se, nesta hipótese, ao prescrito nos arts. 250 e 251. Art. 270. O policiamento dos edifícios da Câmara e de suas dependências externas, inclusive de blocos residenciais funcionais para Deputados, compete, privativamente, à Mesa, sob a suprema direção do Presidente, sem intervenção de qualquer outro Poder. Parágrafo único. Este serviço será feito, ordinariamente, com a segurança própria da Câmara ou por esta contratada e, se necessário, ou na sua falta, por efetivos da polícia civil e militar do Distrito Federal, requisitados ao Governo local, postos à inteira e exclusiva disposição da Mesa e dirigidos por pessoas que ela designar. Art. 271. Excetuado aos membros da segurança, é proibido o porte de arma de qualquer espécie nos edifícios da Câmara e suas áreas adjacentes, constituindo infração disciplinar, além de contravenção, o desrespeito a esta proibição. Parágrafo único. Incumbe ao Corregedor, ou Corregedor substituto, supervisionar a proibição do porte de arma, com poderes para mandar revistar e desarmar. Art. 272. Será permitido a qualquer pessoa, convenientemente trajada e portando crachá de identificação, ingressar e permanecer no edifício principal da Câmara e seus anexos durante o expediente e assistir das galerias às sessões do Plenário e às reuniões das Comissões. Parágrafo único. Os espectadores ou visitantes que se comportarem de forma inconveniente, a juízo do Presidente da Câmara ou de Comissão, bem como qualquer pessoa que perturbar a ordem em recinto da Casa, serão compelidos a sair, imediatamente, dos edifícios da Câmara. Art. 273. É proibido o exercício de comércio nas dependências da Câmara, salvo em caso de expressa autorização da Mesa."

ou investigativa da polícia legislativa, envolvendo o cumprimento de medidas de revista, busca e apreensão, além de atividades de inteligência, registro e outras tipicamente investigativas, incluída a de presidir inquéritos policiais. [68]

6. ATRIBUIÇÕES DO CONGRESSO NACIONAL

A Constituição enumera, no art. 48, as atribuições legislativas e, no art. 49, as atribuições deliberativas do Congresso Nacional. A distinção está em que as primeiras se praticam com a sanção do Presidente da República, sendo, portanto, reguladas em lei, e as outras se exercitam sem a sanção presidencial, particularmente por meio de decreto legislativo, pois encerram assuntos de competência exclusiva do Congresso Nacional.

Às atribuições legislativas constantes do art. 48 poderão ser acrescidas outras constantes do texto constitucional, desde que de competência da União (arts. 21, 22, 23 e 24).

---

[68] Resolução n. 59, de 2002, que dispõe sobre o poder de polícia do Senado Federal: "Art. 1º A Mesa fará manter a ordem e a disciplina nas dependências sob a responsabilidade do Senado Federal. Art. 2º A Secretaria de Polícia do Senado Federal, unidade subordinada à Diretoria-Geral, é o órgão de Polícia do Senado Federal. (alteração nos termos do art. 1º do Ato da Comissão Diretora n. 15, de 2006) § 1º São consideradas atividades típicas de Polícia do Senado Federal: I – a segurança do Presidente do Senado Federal, em qualquer localidade do território nacional e no exterior; II – a segurança dos Senadores e autoridades brasileiras e estrangeiras, nas dependências sob a responsabilidade do Senado Federal; III – a segurança dos Senadores e de servidores em qualquer localidade do território nacional e no exterior, quando determinado pelo Presidente do Senado Federal; IV – o policiamento nas dependências do Senado Federal; V – o apoio à Corregedoria do Senado Federal e às comissões parlamentares de inquérito (atribuição acessória – art. 8º do Ato da Comissão Diretora n. 14, de 2005); VI – as de revista, busca e apreensão; VII – as de inteligência; VIII – as de registro e de administração inerentes à Polícia; IX – as de investigação e de inquérito. § 2º. As atividades típicas de Polícia do Senado Federal serão exercidas exclusivamente por Analistas Legislativos, Área de Polícia e Segurança e por Técnicos Legislativos, Área de Polícia Legislativa, especialidade Policial Legislativo Federal, desde que lotados e em efetivo exercício na Secretaria de Polícia do Senado Federal (alteração nos termos do art. 8º do Ato da Comissão Diretora n. 15, de 2006). Art. 3º É proibido o porte de arma de qualquer espécie nas dependências do Senado Federal e de seus órgãos supervisionados, excetuado aos servidores no exercício de atividade típica de polícia, e com a autorização expressa do Presidente do Senado Federal. § 1º. A autorização de que trata este artigo dependerá de prévia habilitação em curso específico e avaliação psicológica, renovados periodicamente e de treinamento em estandes oficiais. § 2º Ato da Comissão Diretora disciplinará as situações especiais não previstas no *caput* deste artigo. Art. 4º Na hipótese de ocorrência de infração penal nas dependências sob a responsabilidade do Senado Federal, instaurar-se-á o competente inquérito policial presidido por servidor no exercício de atividade típica de polícia, bacharel em Direito. § 1º Serão observados, no inquérito, o Código de Processo Penal e os regulamentos policiais do Distrito Federal, no que lhe forem aplicáveis. § 2º O Senado Federal poderá solicitar a cooperação técnica de órgãos policiais especializados ou requisitar servidores de seus quadros para auxiliar na realização do inquérito. § 3º O inquérito será enviado, após a sua conclusão, à autoridade judiciária competente. Art. 5º Os servidores lotados e em efetivo exercício na Secretaria de Polícia do Senado Federal passam a ser identificados por documento próprio."

A Emenda Constitucional n. 32/2001 deu nova redação aos incisos X e XI do art. 48, dispondo constituir matéria de lei: a) criação, transformação e extinção de cargos, empregos e funções públicas, cabendo, no entanto, ao Presidente da República dispor, mediante decreto, sobre criação ou extinção de órgãos públicos, e extinção de funções ou cargos públicos, quando vagos; b) a criação e extinção de Ministérios e órgãos da administração pública, cabendo, no entanto, ao Presidente da República dispor, mediante decreto, sobre organização e funcionamento da administração federal, quando não implicar aumento de despesa nem criação ou extinção de órgãos públicos (art. 84, VI, *a* e *b*, com a redação dada pela EC n. 32/2001).

Passaremos em revista as atribuições deliberativas do Congresso Nacional, dada a circunstância de ter havido, no texto constitucional de 1988, abrangentes inovações.

Assim, é da competência exclusiva do Congresso Nacional:

a) resolver definitivamente sobre tratados, acordos ou atos internacionais que acarretem encargos ou compromissos gravosos ao patrimônio nacional. De acordo com o art. 21, I, é da competência exclusiva da União manter relações com estados estrangeiros e participar de organizações internacionais, detendo assim a União competência internacional. Poder-se-ia imaginar que os tratados, acordos ou atos internacionais que não acarretam encargos ou compromissos gravosos ao patrimônio nacional, estão dispensados da ratificação congressual. Anote-se, contudo, que Manoel Gonçalves Ferreira Filho, a propósito do assunto, esclarece que "a fórmula é ampla e, se for amplamente aplicada, nada, no relacionamento do Brasil com o exterior, poderá ser feito sem passar pelo Congresso Nacional, porque, evidentemente, sempre haverá um encargo, senão um compromisso gravoso, para o patrimônio nacional, por detrás de qualquer negociação internacional".[69]

Pela dicção do § 3º, acrescentado ao art. 5º da Constituição Federal, pela Emenda Constitucional n. 45/2004, os tratados e convenções internacionais sobre direitos humanos que forem aprovados, em cada Casa do Congresso Nacional, em dois turnos, por três quintos dos votos dos respectivos membros, serão equivalentes às emendas constitucionais.

Questão que tem dividido a doutrina é saber se o Poder Legislativo tem o direito de alterar o projeto de tratado enviado pelo Poder Executivo. A divergência se arrasta há mais de um século. Enquanto Aristides Milton, João Barbalho, Clóvis Beviláqua, Carlos Medeiros Silva, Cançado Trindade, Celso D. de Albuquerque Mello sustentam que o Poder Legislativo não pode alterar o conteúdo dos projetos de tratado, devendo limitar-se a aprová-lo ou rejeitá-lo na íntegra, outros como Carlos Maximiliano, Aurelino Leal, Pontes de Miranda, Temístocles Cavalcanti, Vicente Marotta Rangel admitem essa possibilidade. Para Celso D. de Albuquerque Mello "a emenda apresentada pelo Congresso é uma

[69] FERREIRA FILHO. Organização dos Poderes: Poder Legislativo. *In*: *A Constituição brasileira – 1988*: interpretações, p. 156.

interferência indevida nos assuntos do Executivo, uma vez que só a ele competem negociações no domínio internacional e a emenda nada mais é do que uma forma indireta pela qual o Legislativo se imiscui na negociação."[70] Em contraponto, vale assinalar o pensamento de Wilson Accioli, para quem "*resolver definitivamente* não significa apenas *aprovar* ou *desaprovar totalmente. Aprovar totalmente,* mesmo que, nessa aprovação, se englobassem cláusulas contrárias ao interesse nacional, seria contraproducente. *Desaprovar totalmente*, mesmo que essa desaprovação importasse no julgamento de certas cláusulas favoráveis às conveniências da política nacional, seria desaconselhável. Por essa razão, entendemos perfeitamente desejáveis as *emendas* ou *reservas*, pois tais modificações não elidiriam o preceito do art. 44, inciso I (da Constituição de 1967), quanto à aprovação definitiva."[71] De qualquer modo, aprovado com emendas, deve o tratado, se multilateral, ser aprovado na forma de reservas, e se bilateral, ser apresentado à consideração da outra parte, para que se pronuncie sobre as reservas. Na prática parlamentar, para obviar a esses procedimentos, tem se adotado, em vez de emendas ou reservas, a apresentação de *declarações interpretativas,* para, com isso, evitar a retomada de negociações com os países estrangeiros;

b) autorizar o Presidente da República a declarar guerra, a celebrar a paz, a permitir que forças estrangeiras transitem pelo território nacional ou nele permaneçam temporariamente, ressalvados os casos previstos em lei complementar. Essa atribuição se relaciona ainda com a competência internacional da União (art. 21, II, III e IV). Vale lembrar que ao Conselho de Defesa Nacional compete opinar nas hipóteses de declaração de guerra e de celebração da paz (art. 91, § 1º, I). O Ministro Francisco Rezek adverte, no entanto, que "desde 1945 não há mais guerras declaradas. A proibição da guerra na cena internacional começa a germinar em 1919, no Pacto da Sociedade das Nações; dá um passo alentado com o Pacto Briand-Kellog de 1928, e se consolida, em 1945, com a carta da ONU. Sabemos que, infelizmente, a confrontação armada é uma possibilidade constante, que poderia, Deus não permita, abater-se sobre o Brasil um dia. Nunca, porém, à luz do velho figurino. Há 40 anos não existe mais 'declaração de guerra', de modo que a referência a esse ato, numa Constituição a promulgar se em 1988, é um evidente descuido de índole técnica";[72]

c) autorizar o Presidente e o Vice-Presidente da República a se ausentarem do País, quando a ausência exceder a 15 dias. Tem sido da tradição de nossa política a prática de assumir o Vice-Presidente as funções presidenciais, quando o titular se ausenta do País em viagem. Nada há que justifique essa liturgia. Arnaldo Malheiros Filho mostra que "o presidencialismo é absolu-

---

70 MELLO. *Curso de direito internacional público*, v.I, p. 238.

71 ACCIOLI. *Instituições de direito constitucional*, p. 166.

72 REZEK. Princípios fundamentais. *In*: *A Constituição brasileira – 1988*: interpretações, p. 14.

tamente incompatível com a repartição da chefia do Executivo entre duas pessoas diferentes. Não é possível que, no mesmo dia, haja um cidadão expedindo um decreto e outro firmando um convênio internacional, ambos usando o título de Presidente da República Federativa do Brasil";[73]

d) aprovar o estado de defesa e a intervenção federal, autorizar o estado de sítio ou suspender qualquer uma dessas medidas. Enquanto o estado de sítio será decretado após prévia autorização do Congresso Nacional, o estado de defesa e a intervenção federal serão decretados pelo Presidente da República sem aquela autorização, devendo, no entanto, o ato respectivo, com sua justificação, ser encaminhado posteriormente ao Congresso Nacional para fins de controle político das medidas;

e) sustar os atos normativos do Poder Executivo que exorbitem do poder regulamentar ou dos limites da delegação legislativa. Trata-se de atribuição nova. Essa atribuição não poderá, naturalmente, excluir o pronunciamento do Poder Judiciário, a quem cabe o controle da constitucionalidade e dos atos administrativos na sistemática jurídica brasileira. Caso o Executivo não aceite a suspensão do ato regulamentar, por entendê-lo nos limites da lei, irá postular sua validade junto ao Judiciário, que dará a palavra final;

f) mudar temporariamente sua sede. Note-se que a mudança temporária da sede do governo federal constitui matéria de lei (art. 48, VII); a do Congresso é que será determinada mediante decreto legislativo;

g) fixar idêntico subsídio para os Deputados Federais e os Senadores, observado o que dispõem os arts. 37, XI, 39, § 4º, 150, II, 153, III, e 153, § 2º, I;

h) fixar os subsídios do Presidente e do Vice-Presidente da República e dos Ministros de Estado, observado o que dispõem os arts. 37, XI, 39, § 4º, 150, II, 153, III, e 153, § 2º, I;

i) julgar anualmente as contas prestadas pelo Presidente da República e apreciar os relatórios sobre a execução dos planos de governo. Essa é uma atribuição fiscalizadora e de controle do Executivo. O Presidente da República deverá prestar, anualmente, ao Congresso Nacional, dentro de sessenta dias após a abertura da sessão legislativa, ou seja, contados de 2 de fevereiro de cada ano (art. 57), as contas referentes ao exercício anterior. Se não o fizer, cabe à Câmara dos Deputados proceder à tomada de contas (art. 51, II);

j) fiscalizar e controlar diretamente, ou por qualquer de suas Casas, os atos do Poder Executivo, incluídos os da administração indireta. Nessa atribuição se consolida uma das funções típicas do Legislativo, que é a fiscalização dos atos do Executivo;

l) zelar pela preservação de sua competência legislativa em face da atribuição normativa dos outros Poderes. A Constituição atribui função legislativa, em caráter atípico, ao Executivo (medidas provisórias e leis delegadas) e ao

73 MALHEIROS FILHO. *Revista Veja* 1.087/142.

Judiciário. Cabe ao Congresso Nacional zelar pela preservação de sua competência normativa, reforçando-se aqui a ideia de que a criação do Direito é tarefa predominante do Poder Legislativo;

m) apreciar os atos de concessão e renovação de concessão de emissoras de rádio e televisão. O pronunciamento do Congresso Nacional deve efetivar-se no prazo de 45 dias, contados do recebimento da mensagem presidencial, por força do disposto no art. 223, § 1º;

n) escolher dois terços dos membros do Tribunal de Contas da União. O fortalecimento do Poder Legislativo implica o do Tribunal de Contas, que é órgão auxiliar do Congresso Nacional para o controle externo da atividade financeira e do orçamento do Estado. Os requisitos para o provimento do cargo de Ministro do Tribunal de Contas da União constam do § 1º do art. 73;

o) aprovar iniciativas do Poder Executivo referentes a atividades nucleares;

p) autorizar, em terras indígenas, a exploração e o aproveitamento de recursos hídricos e a pesquisa e lavra de riquezas naturais. Esse assunto, como o anterior, envolve matéria tipicamente administrativa, sujeita, agora, ao controle do Legislativo. A autorização em tela se dará mediante audiência das comunidades afetadas, ficando-lhes assegurada participação nos resultados da lavra, na forma da lei (art. 231, § 3º);

q) aprovar previamente a alienação ou concessão de terras públicas com área superior a 2.500 hectares. Na Constituição anterior, essa competência se referia a 3.000 hectares e era exclusiva do Senado Federal (art. 171, parágrafo único da Emenda Constitucional n. 1/69). O art. 188, § 2º, exclui da autorização do Congresso Nacional as alienações ou concessões de terras públicas, mesmo superiores a 2.500 hectares, desde que sejam para fins de reforma agrária;

r) autorizar referendo e convocar plebiscito. Como formas de consulta ao eleitorado genericamente previstas no art. 14, I e II, o plebiscito e o referendo deverão ser autorizados pelo Congresso Nacional, cabendo, no entanto, à lei fixar os critérios para sua realização.

7. GARANTIAS LEGISLATIVAS – AS IMUNIDADES PARLAMENTARES

As garantias legislativas, segundo ensina *Esmein*, dividem-se em dois grupos: no primeiro grupo estão as que se referem às Câmaras como expressão do Poder Legislativo, e no segundo grupo consideram-se as que protegem os parlamentares individualmente considerados.[74] Num caso ou noutro, constituem condição de independência do Poder Legislativo, pois mesmo as imunidades parlamentares que passaremos a examinar não são instituídas como privilégios dos membros do Congresso Nacional,

[74] ESMEIN. *Éléments de droit constitutionnel, français et comparé*, p. 391.

mas têm finalidade pública e não particular, voltada para a garantia de independência e bom funcionamento do Legislativo.

É preciso considerar: o Poder Legislativo é simultaneamente representativo da sociedade e do pluralismo político e o mais frágil de todos os Poderes, por ser órgão colegial numeroso, dependente dos jogos políticos, sobretudo do Poder Executivo, e mais aberto ao juízo da opinião pública.

Daí as imunidades parlamentares como garantia de defesa dos parlamentares contra ações ou intromissões provindas do exterior, e de independência do Parlamento, pois, sem ele, sem debate, sem contraditório e sem oposição não há democracia. E sem democracia não há plenamente direitos fundamentais. Estabelecer "a irresponsabilidade dos deputados pelas opiniões que exprimam é uma forma de garantir em linha reta, os direitos fundamentais dos cidadãos. Sem liberdade de expressão dos deputados não há liberdade de expressão dos cidadãos."[75]

7.1 *Imunidades parlamentares: considerações gerais*

A origem histórica das imunidades parlamentares remonta muito antes da elaboração doutrinária do sistema representativo, quando surgiu na Inglaterra, consoante elucida Pedro Aleixo," a prerrogativa de proteger-se o membro do Parlamento contra as prisões arbitrárias determinadas pelo rei. O primeiro caso de conflito entre o rei e a Câmara dos Comuns, que costuma ser citado, é o de Haxey, que teria proposto, com a aprovação da Câmara dos Comuns, a redução das despesas da Casa Real, o que motivou a prisão do proponente e censuras de Ricardo II àquela Câmara, em 1397. Dois anos depois foi Haxey libertado, quando subiu ao trono Henrique IV, que reconheceu a ilegalidade da prisão. O episódio acima lembrado não tem relação com o exercício de funções de membro do Parlamento. Era Haxey simples procurador eclesiástico. Entre outros conflitos entre a Câmara dos Comuns e a Coroa e até em conflito daquela com a Corte Judiciária, acabou sendo afirmado o princípio da liberdade de opinião perante os membros do Parlamento. Os incidentes, em que se verifica a contestação da liquidez e da certeza da prerrogativa, foram afinal resolvidos com a vitória da tese que proclama, como consta do *Bill of Rights* de 1689. Mantido é o uso de reivindicar o *speker*, ao ser investido de suas funções, 'a liberdade da palavra nos debates e a imunidade que subtrai a toda a prisão os membros da Câmara dos Comuns'.[76]

Orientação igual à da Inglaterra foi seguida pela Constituição dos Estados Unidos da América, de 1787, em que se considera o congressista inviolável. Dispõe o art. 1º, seção 6 desta Constituição que: "Em nenhum caso, exceto traição, felonia e violação da paz, eles (senadores e representantes) poderão ser presos, durante sua frequência às sessões de suas respectivas Câmaras, nem quando a elas se dirigirem, ou delas retornarem; e não poderão ser incomodados ou interrogados, em qualquer outro lugar, por discursos ou opiniões emitidos em uma ou outra Câmara."

---

75 MIRANDA. *Constituição e cidadania*, p. 346.

76 ALEIXO. *Imunidades parlamentares*, p. 23-24.

Verifica-se que as Constituições ocidentais, em regra geral, consagram a dupla imunidade, como proteção do mandato parlamentar, ou seja, a imunidade material ou inviolabilidade, e a imunidade formal ou processual.

7.2 Imunidades parlamentares no Brasil: histórico

No Brasil, as imunidades parlamentares constaram de todas as Constituições.

A Constituição Política do Império, de 1824, declarava que os membros das Câmaras eram invioláveis pelas opiniões que proferissem no exercício de suas funções. E sem ordem da respectiva Câmara, nenhum senador ou deputado podia ser preso, menos em flagrante delito de pena capital. Mas a imunidade não impedia que se instaurasse, em qualquer caso, o processo criminal até a pronúncia, inclusive, depois do que o prosseguimento da causa ficava na dependência de decisão da Câmara (arts. 26 a 28).

A Constituição da República, de 1891, em seus arts. 19 e 20, previa que os congressistas eram invioláveis por suas opiniões, palavras e votos, e não podiam ser processados criminalmente sem prévia licença de sua Câmara.

Sem a licença, apenas era permitida a prisão em caso de flagrância de crime inafiançável. Preso o congressista em flagrante delito, instaurava-se e formava-se o processo até a pronúncia, inclusive, mas daí por diante somente seria autorizado o prosseguimento, se o acusado optasse pelo julgamento imediato ou se a Câmara, de posse dos autos, resolvesse ser procedente a acusação.

As imunidades parlamentares sofreram severas críticas de constitucionalistas brasileiros da Primeira República. João Barbalho, em seus *Comentários à Constituição*, asseverou que "nada há mais estranho do que existirem invioláveis numa República. Num regime em que o chefe do executivo dispõe da imensa força e prestígio que é inerente à realeza, é preciso fortalecer e amparar o elemento democrático; os representantes do povo precisam ser garantidos contra o rei, que sem isso os pode perseguir e anular. Foi isso o que deu lugar às imunidades dos membros do parlamento, e ainda hoje se vê, na culta e livre Inglaterra. Mas é da essência do regime republicano que quem quer que exerça uma parcela do poder público tenha a responsabilidade desse exercício; nele ninguém desempenha funções políticas por direito próprio; nele não pode haver *invioláveis* e *irresponsáveis* entre os que exercitam poderes delegados pela soberania nacional. A liberdade de palavra e de voto é inerente, não há negá-lo, ao mandato legislativo; mas não é, não pode ser absoluta e ilimitada, ao ponto de impunemente ferir direitos do povo e do cidadão. Isso seria até absurdo: o mandato é para agir no sentido do bem público e em prol da nação. Para as perseguições de que se possam arreceiar os representantes, para as violências, prisões ilegais, há o recurso à justiça e devemos supô-la organizada de modo que suas decisões sejam acatadas pelo governo. Existem poder judiciário, *habeas corpus*, fórmulas garantidoras, recursos, estabelecidos para todos, inclusive os que forem senadores ou deputados."[77]

---

[77] BARBALHO. *Constituição federal brasileira* – comentários, p. 93-94.

Também Aurelino Leal, reportando-se a Amaro Cavalcanti e M. J. Carvalho de Mendonça, considerava que a "inviolabilidade dos membros do Congresso é instituição mal vista pelos nossos autores. De mim, penso que esses privilégios já fizeram seu tempo. Não concebo que um cidadão elevado à categoria de representante do povo precise expender opiniões caluniosas, pronunciar palavras que contenham injúrias, para desempenhar o seu mandato."[78]

É preciso anotar, contudo, que as críticas às imunidades, na Primeira República, estão relacionadas com a noção de privilégios parlamentares, que se procurava banir do Estado brasileiro, porque próprias da monarquia que havia dado lugar para a república. O certo é que as imunidades parlamentares dizem respeito à ideia de prerrogativa parlamentar e não à de privilégio, e é com este sentido que se acham universalmente consagradas como necessárias para a proteção do Poder Legislativo e ao exercício independente do mandato representativo.

A Constituição de 1934 previa a imunidade do parlamentar por suas opiniões, palavras e votos no exercício do mandato (art. 31) e imunidade relacionada à prisão e ao processo (art. 32). O texto constitucional promoveu, no entanto, algumas modificações quanto à imunidade, pois concedia a imunidade processual ao suplente e prescrevia que logo depois da prisão em flagrante do deputado se comunicasse o fato ao Presidente da Câmara, a quem seriam remetidos os autos e os depoimentos tomados, cabendo à própria Câmara resolver sobre a legitimidade e a conveniência da prisão e autorizar, ou não, a formação da culpa.

A Carta de 1937, em seus arts. 42 e 43, impunha a exigência de licença, salvo caso de flagrante em crime inafiançável, para prisão ou processo criminal de parlamentar, durante o prazo em que estivesse funcionando o Parlamento. O parlamentar não tinha, porém, as garantias quanto às opiniões e aos votos emitidos no exercício de suas funções, pois era civil e criminalmente responsável por difamação, calúnia, injúria, ultraje à moral pública ou provocação pública do crime, e ficava sujeito à perda do lugar se, por maioria de votos, a Câmara a que pertencia entendesse que ele se manifestou contrariamente à existência ou independência da Nação ou fez incitamento à subversão violenta da ordem política e social.

A Constituição de 1946 restabeleceu a tradição democrática brasileira, interrompida com a Carta de 1937, e consagrou, nos arts. 44 e 45, as imunidades material e formal, ao dispor que os deputados e senadores são invioláveis no exercício do mandato, por suas opiniões, palavras e votos, e que desde a expedição do diploma até a inauguração da legislatura seguinte, os membros do Congresso Nacional não poderão ser presos, salvo em flagrante de crime inafiançável, nem processados criminalmente, sem prévia licença de sua Câmara. No caso de crime inafiançável, os autos serão remetidos, dentro de 48 horas, à Câmara respectiva, para que resolva sobre a prisão e autorize, ou não, a formação da culpa. A EC n. 9, de 22.7.64, acrescentou dispositivo à Constituição prevendo que, em se tratando de crime comum, se a licença para o processo criminal não estivesse resolvida em 120 dias, contados

---

78 LEAL. *Teoria e prática da Constituição federal brasileira*, p. 285-286.

da apresentação do pedido, este seria incluído na ordem do dia, para ser discutido e votado, independentemente de parecer.

A Constituição de 1967 estabeleceu as imunidades material e formal, no art. 34, garantindo a inviolabilidade do congressista, no exercício do mandato, por suas opiniões, palavras e votos, e a necessidade de prévia licença da casa respectiva para a prisão e o processo penal (art. 34). Permitia, no entanto, a concessão tácita da licença para o processo de parlamentar, se, no prazo de 90 dias, a contar do recebimento, a Casa respectiva não deliberasse sobre o pedido de licença, com a inclusão do mesmo na Ordem do Dia, permanecendo durante 15 sessões ordinárias consecutivas, quando entao, permanecendo a inércia, se teria por concedida a licença.

A Emenda Constitucional n. 1/69 previa que os deputados e senadores eram invioláveis no exercício do mandato, por suas opiniões, palavras e votos, mas poderiam ser responsabilizados no caso de crime contra a Segurança Nacional. Os congressistas não poderiam ser presos, desde a expedição do diploma até a inauguração da legislatura seguinte, salvo no caso de crime inafiançável, nem processados, criminalmente, sem prévia licença de sua Câmara, exceto quanto aos crimes contra a Segurança Nacional. Se a Câmara respectiva não se pronunciasse sobre o pedido, dentro de 40 dias a contar de seu recebimento, se teria como concedida a licença.

A Constituição de 1988, na sua redação originária, previa as imunidades material e formal. Estabelecia que os deputados e senadores eram invioláveis por suas opiniões, palavras e votos, e desde a expedição do diploma não poderiam ser presos, salvo em flagrante de crime inafiançável, nem processados criminalmente, sem prévia licença de sua Casa. No caso de flagrante de crime inafiançável, os autos seriam remetidos, dentro de vinte e quatro horas, à Casa respectiva, para que, pelo voto secreto da maioria de seus membros, resolvesse sobre a prisão e autorizasse, ou não, a formação da culpa (art. 53, §§ 1º, 2º, 3º).

A Emenda Constitucional n. 35, de 20 de dezembro de 2001, estabeleceu novas regras para as imunidades parlamentares, que serão examinadas adiante.

7.3 Imunidade material

A *imunidade material ou inviolabilidade* (*freedom of speech*), prevista no art. 53, com a redação da EC n. 35/2001, exclui a responsabilidade civil e penal dos congressistas, por quaisquer de suas opiniões, palavras e votos.[79] Ela exclui o crime de opinião, esclarecendo Rosah Russomano que "o congressista usufrui de uma proteção ampla,

---

[79] Acerca da natureza jurídica da imunidade material, Alexandre de Moraes nos oferece a seguinte resenha doutrinária: "Pontes de Miranda (*Comentários à Constituição de 1967*), Nélson Hungria (*Comentários ao Código Penal*), e José Afonso da Silva (*Curso de Direito Constitucional Positivo*) entendem-na como *causa excludente de crime*; Basileu Garcia (*Instituições de Direito Penal*), como *causa que se opõe à formação do crime*; Damásio de Jesus (*Questões Criminais*), *causa funcional de exclusão ou isenção de pena*; Aníbal Bruno (*Direito Penal*), *causa pessoal e funcional de isenção de pena*; Heleno Cláudio Fragoso (*Lições de Direito Penal*) considera-a *causa pessoal de exclusão de pena*; Magalhães Noronha (*Direito Penal*) *causa de irresponsabilidade*; José Frederico Marques (*Tratado de Direito Penal*), *causa de incapacidade penal por razões políticas* (MORAES. *Direito Constitucional*, 2008, p. 438).

integral, ininterrupta, sempre que atua no exercício do mandato. Sua palavra é livre, desconhece peias e limitações. Vota pelo modo que lhe parece mais digno e que melhor se coadune com os reclamos de sua consciência. Emite opiniões desafogadamente, sem que o atormente o receio de haver incidido em algum crime de calúnia, de injúria ou de difamação".[80] Por excluir o crime, não há que se falar em processo penal instaurado contra congressista, mesmo após o término de seu mandato. O notável Pedro Aleixo, em monografia sobre o tema, rejeita a opinião dos que pretendem que a inviolabilidade não compreenda fatos criminosos, hipótese em que teria a Constituição proclamado a imunidade material apenas quanto a opiniões, palavras e votos que não estivessem sujeitos a qualquer sanção penal. E o faz com simples argumento: "para isso, evidentemente, não seria necessária a solene proclamação que o art. 44 (da Constituição de 1946) contém. A esse propósito o Sr. Deputado Raimundo Brito, em declaração de voto sobre o Projeto de Resolução n. 115, de 1957, com muita penetração escreveu: 'As opiniões, palavras e votos hão de conter, pois, necessariamente, um aspecto de ilicitude, ou os parlamentares não seriam resguardados pela inviolabilidade'."[81]

A inviolabilidade "abrange os discursos pronunciados, em sessões ou nas Comissões, os relatórios lidos ou publicados, e assim os votos proferidos pelos Deputados ou Senadores. Protege o congressista ou parlamentar pelos atos praticados na Comissão Parlamentar de Inquérito. A inviolabilidade obsta a propositura de ação civil ou penal contra o parlamentar, por motivo de opiniões ou votos proferidos no exercício de suas funções. Ela protege, igualmente, os relatórios e os trabalhos nas Comissões. É absoluta, permanente, de ordem pública. A inviolabilidade é total. As palavras e opiniões sustentadas no exercício do mandato ficam excluídas de ação repressiva ou condenatória, mesmo depois de extinto o mandato. É a *insindacabilità* das opiniões e dos votos, no exercício do mandato, que imuniza o parlamentar em face de qualquer responsabilidade: penal, civil, ou administrativa, e que perdura após o término do próprio mandato."[82]

O marco inicial da imunidade material é a investidura do congressista no mandato parlamentar, ou seja, a data da posse. Tem como termo final o da legislatura. A imunidade não incide retroativamente a período anterior ao da investidura, é dizer, mesmo eleito, mas ainda não investido nas funções do mandato, não está o congressista amparado pela imunidade material.

A imunidade material não se estende aos que auxiliem o congressista. Auxiliares e assessores não são por ela alcançados. Também os suplentes não gozam da imunidade material. Apenas quando vierem a exercer o mandato é que terão reconhecida a inviolabilidade parlamentar.

O parlamentar se acha protegido pela imunidade material ainda que sua manifestação, desde que guarde relação com o exercício do mandato, seja produzida fora do recinto da Casa Legislativa.

---

80 RUSSOMANO. *O Poder legislativo na república*, p. 140-141.

81 ALEIXO. *Imunidades parlamentares*, p. 69.

82 HORTA. *Direito constitucional*, p. 582.

A imunidade parlamentar alcança a divulgação, pela imprensa, por iniciativa do congressista ou de terceiros, do fato coberto por ela.[83]

A imunidade material imuniza o parlamentar relativamente a qualquer responsabilidade, é dizer, penal, civil, administrativa, afastando, desse modo, a responsabilidade por perdas e danos decorrente de palavras e opiniões sustentadas no exercício do mandato.

O Supremo Tribunal Federal pronunciou-se no sentido de que a imunidade material abrange as opiniões, palavras e votos proferidos em virtude da condição de parlamentar, não alcançando as manifestações sobre matéria alheia ao exercício do mandato (INQ 1.710-DF, Rel. Min. Sydney Sanches, j. em 27.2.2002).

Anote-se ser irrenunciável a imunidade parlamentar, pois se trata de garantia institucional deferida ao Congresso Nacional, não sendo prerrogativa de ordem subjetiva.

Tem-se entendido ainda que o congressista licenciado para exercer cargo no Poder Executivo não pode invocar a imunidade, material ou formal, já que as imunidades se acham vinculadas à proteção do Poder Legislativo e ao exercício independente do mandato representativo.

E por ter a imunidade material eficácia temporal permanente, já que pressupõe a inexistência da infração, mesmo finda a legislatura não há como ser o parlamentar investigado, incriminado ou responsabilizado.

7.4 Imunidade formal

A imunidade formal ou *processual* (*freedom from arrest*) não exclui o crime: garante o congressista contra a prisão ou o processo penal, segundo o sistema brasileiro. A regra constitucional anterior era a improcessabilidade, ou seja, a instauração do processo penal dependia de prévia licença da Casa Legislativa a que pertencesse o congressista.

A imunidade formal ou processual não foi suprimida, mas apenas restringida pela Emenda Constitucional n. 35/2001.

Quanto à prisão dos congressistas, dispõe o § 2º do art. 53 da Constituição Federal, com a redação que lhe foi dada pela EC n. 35/2001, que desde a expedição do diploma, não poderão ser presos, salvo em flagrante de crime inafiançável. Nesse caso, os autos serão remetidos dentro de vinte e quatro horas à Casa respectiva, para que, pelo voto da maioria de seus membros, resolva sobre a prisão. A vedação à prisão do congressista se refere à prisão penal e civil, incluindo a prisão provisória (prisão temporária, prisão em flagrante por crime afiançável, prisão preventiva e prisão por pronúncia). Segundo decidiu o Supremo Tribunal Federal, a proibição da prisão do parlamentar não engloba a prisão decorrente de condenação penal definitiva.[84] Verifica-se ainda que a aprovação pela Casa legislativa respectiva se faz necessária para a manutenção da prisão por crime inafiançável já efetivada, deliberação que deverá ser tomada pelo voto nominal e

---

[83] STF, RE 210.917, Rel. Min. Sepúlveda Pertence, *DJ*, 18.6.2001.

[84] RTJ 70/607 e 135/509. No Inq. 510 (*DJ*, 19.4.1991) Rel. Min. Celso de Mello, consignou-se: "Dentro do contexto normativo delineado pela Constituição, a garantia jurídico-institucional da imunidade parlamentar formal não obsta, observado o *due processo of law*, a execução de penas privativas da liberdade definitivamente impostas ao membro do Congresso Nacional."

aberto, pois a EC n. 35/2001 eliminou, para a hipótese, a votação secreta que constava do texto anterior.

Relativamente à imunidade formal para a responsabilização penal dos congressistas, o princípio da improcessabilidade de que tratava a norma constitucional anterior foi substituído pelo da processabilidade. Os congressistas, portanto, poderão sofrer processo penal independentemente de qualquer deliberação prévia da Casa respectiva. A inovação introduzida pela EC n. 35/2001, nessa matéria, permite que a Casa respectiva, por maioria absoluta, e por iniciativa de partido político suste, a qualquer momento, após o recebimento da denúncia, o processo-crime, até a decisão final. Entende-se que o pedido de sustação pressupõe que a ação penal esteja em andamento, podendo ser feito até o trânsito em julgado da sentença final proferida na ação penal, ou até o término do mandato. O pedido de sustação será apreciado pela Casa respectiva no prazo improrrogável de quarenta e cinco dias contado do seu recebimento pela Mesa. Além disso, a imunidade formal passou a alcançar apenas os crimes ocorridos após a diplomação, não abrangendo aqueles praticados anteriormente a ela (art. 53, § 3º).

A imunidade formal não é impeditiva da instauração do inquérito policial contra o congressista, nem possibilita a suspensão do procedimento administrativo, por se tratar de investigação sem o contraditório.

Oferecida a denúncia ou a queixa-crime, o Relator não mais solicita licença da Casa Legislativa respectiva, para iniciar o processo, podendo prosseguir nos atos de persecução penal.

Desde a publicação da EC n. 35/2001, de natureza meramente processual, é possível que se inicie a ação penal em relação a todas as infrações penais praticadas pelo congressista, incluindo aquelas em que a licença tenha sido negada, ou esteja pendente de apreciação pela Casa Legislativa respectiva, prosseguindo o feito do ponto em que paralisado.[85]

Cabe ao Supremo Tribunal Federal, uma vez recebida a denúncia contra Senador ou Deputado, dela dar ciência à Casa respectiva.

Anote-se ainda que a deliberação da Casa respectiva, para a suspensão do processo-crime, deve ser precedida do exame da conveniência pública, política e moral do procedimento. Deve ser examinada a existência ou não do propósito de perseguir o congressista, ou a intenção de desprestigiar o Poder Legislativo. Assim, o papel da Casa Legislativa limita-se a apreciar a conveniência da continuação do processo e os reflexos que pode trazer para o livre desempenho do mandato popular. Examina-se ainda se para o congressista incriminado haverá ou não segurança de reto julgamento. Avaliam-se os fundamentos da ação penal, a classificação do delito, bem como se o processo tem fundamento material bastante seguro para que não se veja nele manobra governamental ou manifestação de animosidade da parte da pessoa interessada.

---

[85] STF, Pleno – INQO n. 1566-1/AC-0, Rel. Min. Sepúlveda Pertence – *Diário da Justiça*, Seção I, 22.3.2002, p. 32.

A iniciativa para a suspensão do processo-crime atribuída, com exclusividade, a Partido Político, pelo § 3º do art. 53, ficará sujeita, no entanto, a fatores de ordem política, em cada caso, circunstância que poderá comprometer o pedido de sustação.

Por se referir a atividades estranhas à função parlamentar é que a imunidade processual não exclui o crime; impede apenas a prisão ou a formação da culpa, alcançando o parlamentar somente enquanto durar o seu mandato, tendo, portanto, eficácia temporal limitada, cujo termo inicial é a expedição do diploma e o termo final o início da nova legislatura.

Havendo concurso de agentes com não congressista, e ocorrendo a sustação do processo em relação ao parlamentar, o processo deverá ser separado, com o envio dos autos à Justiça comum, para o prosseguimento do processo e julgamento do co-agente não parlamentar, que não se beneficia da imunidade parlamentar e contra o qual não se suspenderá a prescrição.

Na hipótese de concurso de agentes, em que não ocorre a sustação da ação penal para o congressista, o Supremo Tribunal Federal tem abrandado a tese do desmembramento processual relativamente aos co-réus, para atender à conveniência da instrução processual e aplicação da Súmula 704 do STF, segundo a qual nao viola as garantias do juiz natural, da ampla defesa e do devido processo legal a atração por continência ou conexão do processo do co-réu ao foro por prerrogativa de função de um dos denunciados. [86]

No caso de crime comum praticado por congressista na vigência do mandato, enquanto este durar, a competência para o processo e julgamento é do Supremo Tribunal Federal. Entretanto, encerrado o mandato, e cessada a prerrogativa de foro do parlamentar, não mais prevalecerá a competência do Supremo Tribunal Federal (ver adiante). Os autos deverão ser encaminhados à Justiça de 1° Grau. Se ocorrer a eleição do congressista, investigado ou réu, durante o inquérito policial, ou no curso da ação penal, com sua correspondente diplomação, o caso será imediatamente remetido ao Supremo Tribunal Federal, para o prosseguimento do feito.

A Constituição contém salutar preceito, ao prescrever que a sustação do processo suspende a prescrição, enquanto durar o mandato (art. 53, § 5º), voltando a ter curso no dia em que o mandato se encerra. Se a suspensão do processo ocorreu antes da EC n. 35/2001, o prazo prescricional torna a ocorrer da data da promulgação da Emenda.

De acordo com o disposto no § 8º do art. 53, as imunidades de Deputados ou Senadores subsistirão durante o estado de sítio, só podendo ser suspensas mediante o voto de dois terços dos membros da Casa respectiva, nos casos de atos praticados fora do recinto do Congresso Nacional, que sejam incompatíveis com a execução da medida.

Algumas observações devem ser feitas sobre as restrições da imunidade formal. Verificou-se, com efeito, uma crescente repulsa da opinião pública e comentários da imprensa questionando a improcessabilidade dos membros do Congresso Nacional,

---

[86] STF, Inq. n. 2.245, j. 6.12.2006, Rel. Min. Joaquim Barbosa (não desmembramento); Inq. n. 2.597 ED. AgR., Rel. Min. Menezes Direito, j. 13.3.2008; AP (AgR) n. 493, j. 2.10.2008 (desmembramento).

já que, em regra geral, não se concedia licença para a instauração do processo-crime, o que representava abuso das prerrogativas de que eram titulares os congressistas, relativamente à prática de crimes. No Brasil, entre 1995 e 1999, a Câmara dos Deputados recebeu 137 pedidos de autorização, e indeferiu 109 deles, segundo dados da Agência Brasil, de 29 de abril de 2001. Destaque-se que em alguns países a imunidade processual, relativa ao processo criminal, foi abolida ou restringida. Assim ocorreu nas Constituições da Colômbia de 1991, de Portugal de 1976, da República Dominicana de 1966, de Porto Rico de 1956, da Costa Rica de 1949. Diante dessa situação, é que se promulgou a Emenda Constitucional n. 35/2001, instituindo o princípio da processabilidade dos parlamentares.

Nada obstante a revisão da imunidade processual operada pela Emenda Constitucional n. 35/2001, compatibilizar-se com os parâmetros do Estado Democrático de Direito concernentes aos princípios da igualdade de todos perante a lei, da responsabilidade dos agentes públicos, e do acesso ao Poder Judiciário, não se deve esquecer de que a sua supressão pura e simples poderá frustrar o funcionamento das instituições democráticas brasileiras se considerarmos a experiência histórica em nosso País em épocas de arbítrio, quando o Parlamento viveu momentos de intimidação e de temor do chefe do Executivo. Porém, mesmo no Estado Democrático de Direito, com o normal funcionamento das instituições políticas, a imunidade parlamentar processual constitui requisito de independência e de autonomia do Poder Legislativo, com vistas à preservação do princípio da separação de poderes.

Para o Prof. Raul Machado Horta, a Emenda n. 35 "não obstante a inspiração em nobres propósitos, fraturou sistema consolidado no Direito Constitucional Republicano. Dispensou prerrogativa histórica, cuja ausência poderá ser lamentada no funcionamento das instituições constitucionais de nosso País. Inovações e mudanças poderiam ser promovidas no exercício do poder de emenda, sem a eliminação da improcessabilidade no conjunto das imunidades. O constituinte de revisão afastou-se da solução preferida pelo Direito Constitucional Brasileiro, apoiada nas coincidentes manifestações das Assembleias Constituintes de 1824, 1891, 1934, 1946 e 1988. A ruptura é tão profunda, tratando-se de garantia protetora do Poder Legislativo, que justificaria, para repeli-la, invocar o princípio tutelar da harmonia e independência dos Poderes (Constituição Federal, art. 2º), sob o fundamento idôneo de lesão a uma limitação material, dirigida ao poder de reforma, que veda proposta de emenda tendente a aboli-la (Constituição Federal, art. 60, § 4º, III)."[87]

7.5 *Privilégio de foro*

O *privilégio de foro* é outra garantia parlamentar prevista no § 1º do art. 53, segundo o qual os Deputados e Senadores, desde a expedição do diploma, serão submetidos a julgamento perante o Supremo Tribunal Federal. Note-se, contudo, que esse privilégio de foro só se refere ao processo penal, e não aos ilícitos de outra natureza, como os civis e trabalhistas.

---

[87] HORTA. *Direito constitucional*, p. 601.

Encerrado o exercício do mandato, cessaria a prerrogativa de foro, não mais subsistindo a prerrogativa de foro do congressista, motivo por que não mais se aplicaria a regra da contemporaneidade do crime comum com o exercício do mandato.[88] Por

---

[88] O STF, no julgamento da AP 396/RO, Rel. Min. Cármen Lúcia, 28.10.2010, resolveu, por maioria, questão de ordem suscitada pela Relatora, no sentido de se reconhecer a subsistência da competência do Supremo para prosseguir no julgamento da ação penal, mesmo tendo em conta que o parlamentar apresentara, perante à Presidência da Câmara dos Deputados, manifestação formal de renúncia ao seu mandato. É que o pleito de renúncia fora formulado em 27.10.2010 e publicado no Diário da Câmara no dia seguinte, data para a qual pautado o julgamento da ação penal. Portanto, os motivos e fins desse ato demonstrariam o intento do parlamentar de se subtrair ao julgamento pela Corte, em inaceitável fraude processual, que frustraria as regras constitucionais e não apenas as de competência. Destacou-se, desse modo, que os fins da renúncia – às vésperas da apreciação do feito e após a tramitação do processo por mais de 14 anos – não se incluiriam entre aqueles aptos a impedir o prosseguimento do julgamento, configurando, ao revés, abuso de direito ao qual o sistema constitucional vigente não daria guarida (*Informativo* 606/STF. Com este julgamento, o Supremo Tribunal alterou posicionamento anterior ocorrido em 5.12.2007, Rel. Min. Joaquim Barbosa, no julgamento de uma questão de ordem na AP 333/PB , em que, por maioria de votos (7x4) decidiu não caber ao STF, mas sim ao Juízo Criminal da Comarca de João Pessoa (PB) julgar a ação penal em que o ex-deputado federal Ronaldo Cunha Lima (PSDB-PB) fora acusado de crime de homicídio qualificado, na modalidade tentada, contra o ex-governador da Paraíba Tarcísio Burity (PMDB, diante do fato de que Cunha Lima renunciou ao mandato parlamentar cinco dias antes do início do julgamento da ação penal. Anote-se, no entanto, que, já em 2008, o Supremo Tribunal vinha entendendo que, após iniciado o julgamento de parlamentar militar da reserva, por crime previsto no Código Penal Militar, não tendo sido ele reeleito, esta alteração de estado de fato não atingiria o julgamento, que deve prosseguir no Supremo, por ser um ato unitário que se desdobra fisicamente (*Informativo* 525/STF). No julgamento ocorrido em 27.3.2014 (AP 536/QO/MG), o STF, por maioria, assentou o declínio da sua competência para prosseguir com o trâmite de ação penal na qual se imputa a deputado federal suposta prática dos crimes de peculato e de lavagem de dinheiro, em concurso material e de pessoas. Na espécie, após o oferecimento de alegações finais pelo Procurador-Geral da República, o réu comunicara a esta Corte a renúncia ao cargo de deputado federal. Dias depois, a defesa apresentara suas razões finais. Inicialmente, o Colegiado destacou que a vigente Constituição estabelece extenso rol de autoridades com prerrogativa de foro, o que geraria disfuncionalidades no sistema. Assinalou-se, no ponto, a necessidade de se promover um diálogo institucional com o Poder Legislativo, para, em seguida, distinguir-se a situação dos autos do precedente firmado na AP 396/RO (DJe de 4.10.2013), ocasião na qual o Tribunal mantivera a sua competência para o exame da ação penal, não obstante a renúncia do réu, porquanto considerara ter havido abuso de direito e fraude processual na aludia renúncia, ocorrida após a inclusão do processo em pauta, na véspera do julgamento e com iminente risco de prescrição da pretensão punitiva. Consignou-se que, no presente caso, o processo já estaria instruído e pronto para ser julgado. Ademais, afastou-se eventual perigo de prescrição da pena em abstrato. Assim, foi adotado entendimento no sentido de que a perda do mandato, por qualquer razão, importaria em declínio da competência do STF. O Min. Roberto Barroso, relator, após fazer um retrospecto da jurisprudência da Corte quanto aos efeitos da renúncia ao mandato de parlamentar, propôs que o Tribunal definisse um critério geral na matéria. Reputou indispensável a fixação de marco temporal a partir do qual a renúncia não mais deveria produzir o efeito de deslocar a competência do STF para outro órgão. Mencionou que, na construção desse critério, existiriam três balizas a serem consideradas: a) o princípio do juiz natural; b) o caráter indisponível da competência jurisdicional do STF; e c) a natureza unilateral da renúncia ao mandato parlamentar. Tendo em conta esses parâmetros, assim como o fato de o processo penal instaurar-se

esse motivo, os autos devem ser remetidos à Justiça de 1º Grau. Nessa linha de entendimento é que o Supremo Tribunal Federal cancelou a Súmula n. 394, cujo enunciado era no sentido de que, cometido o crime durante o exercício funcional, prevalece a competência especial por prerrogativa de função, ainda que o inquérito ou a ação penal sejam iniciados após a cessação daquele exercício.

A Lei n. 10.628, de 24 de dezembro de 2002, que alterou a redação do art. 84 do Código de Processo Penal, para restabelecer a regra da contemporaneidade do fato com o mandato, de que tratava a Súmula n. 394, foi julgada inconstitucional pelo Supremo Tribunal Federal, já que à lei ordinária não cabe ampliar a competência do Supremo Tribunal (ADI 2.797, Rel. Min. Sepúlveda Pertence, j. em 15.9.2005).[89]

7.6 Dever de testemunhar

Com relação ao *dever de testemunhar*, a Constituição, embora não o exclua relativamente aos congressistas, restringe seu alcance, ao dizer que os Deputados e Senadores não serão obrigados a testemunhar sobre informações recebidas ou prestadas em razão do exercício do mandato, nem sobre as pessoas que lhes confiarem ou deles receberam informações (art. 53, § 6º). É necessário, portanto, que haja nexo de causalidade com o mandato. Se não houver, o congressista terá que testemunhar. [90]

---

com o recebimento da denúncia, o relator concluiu que, a partir do recebimento da inicial acusatória, mesmo que o parlamentar viesse a renunciar, a competência para o processo e julgamento da ação penal não se deslocaria. Salientou que essa solução estaria em consonância com o art. 55, § 4º, da CF. A definição, para o futuro, de critério objetivo referente à preservação da competência penal originária da Corte na hipótese de renúncia do réu ao mandato parlamentar, como proposto pelo Min. Roberto Barroso, teve sua apreciação relegada para outro momento (*Informativo* 740/STF).

[89] No julgamento dos embargos de declaração opostos pelo Procurador–Geral da República, o STF decidiu, por maioria, em sessão realizada no dia 16.5.2012, que a supressão do direito de ex-ocupantes de cargos públicos e ex-detentores de mandatos eletivos a foro por prerrogativa de função é válida desde 15 de setembro de 2005, quando a Suprema Corte julgou inconstitucional a Lei n. 10.628/2002, que acrescentou os parágrafos 1º e 2º ao art. 84 do Código de Processo Penal (CPP), prevendo esse benefício. O STF decidiu, entretanto, preservar a validade de todos os atos processuais que eventualmente tenham sido praticados em processos de improbidade administrativa e ações penais contra ex-detentores de cargos públicos e de mandatos eletivos, julgados anteriormente, ao abrigo dos §§ 1º e 2º do art. 84 do CPP, isto é, no período de vigência da Lei n. 10.628 (24 de dezembro de 2002 até 15 de setembro de 2005), quando foi declarada inconstitucional pelo Supremo Tribunal (*Notícias STF*, 16.5.2012; I*nformativo* 666/STF).

[90] Havendo obrigatoriedade de testemunhar, o Supremo Tribunal Federal, no julgamento da AP 421 QO/SP, resolveu questão no sentido de declarar a perda da prerrogativa prevista no *caput* do art. 221 do CPP ("O Presidente e o Vice-Presidente da República, os senadores e deputados federais, os ministros de Estado, os governadores de Estados e Territórios, os secretários de Estado, os prefeitos do Distrito Federal e dos Municípios, os deputados às Assembleias Legislativas Estaduais, os membros do Poder Judiciário, os ministros e juízes dos Tribunais de Contas da União, dos Estados, do Distrito Federal, bem como os do Tribunal Marítimo serão inquiridos em local, dia e hora previamente ajustados entre eles e o juiz.") em relação a Deputado Federal arrolado como testemunha que, sem justa causa, não atendera, ao chamado da justiça, no prazo de trinta dias. Na espécie, o juízo federal encarregado da diligência informara que o parlamentar em questão, embora tivesse indicado cinco diferentes datas e horários em que desejava ser inquirido, não

7.7 Isenção de serviço militar

A isenção do serviço militar vem prevista no art. 53, § 7º, significando que a incorporação às Forças Armadas, embora seja o congressista militar e ainda que em tempo de guerra, dependerá de prévia licença da Casa respectiva. Como anota Manoel Gonçalves Ferreira Filho, "sua inserção no texto visa a impedir a repetição do que fez o Mal. Floriano, qual seja, convocar nas férias para serviço ativo parlamentar oposicionista, a fim de que este aprendesse disciplina".[91]

7.8 Direito a subsídio

Têm os congressistas *direito a subsídio*. De fato, imunidade, subsídio e impedimentos são os alicerces da independência do parlamentar. O direito a uma remuneração contribui para a democratização do mandato eletivo, que não fica restrito a pequeno grupo de pessoas em condições de se manterem e à sua família durante os trabalhos congressuais. De outra parte, o subsídio concorre para evitar que o congressista venha a se dedicar a atividades escusas e desonestas, desde que seria inevitavelmente levado a barganhar com grupos econômicos ou outros para compensar a ausência de remuneração.

Pontes de Miranda acentua: "Razões de ordem moral e econômica depõem contra a gratuidade das funções públicas; depõem, até, contra a pouca remuneração de cargos públicos. Ao sistema dos cargos gratuitos opõe-se que os eleitores teriam de votar só em ricos, que pudessem deslocar-se dos lugares em que têm o centro das suas atividades, ou só em pessoas domiciliadas ou residentes na Capital Federal. Os gratuitos custam caro; e o dito de Talleyrand, a propósito, é famoso. Opõe-se

comparecera a nenhuma das audiências designadas nessas datas por ele indicadas. Asseverou-se que a regra prescrita no art. 221 do CPP tenta conciliar o dever que todos têm de testemunhar com as relevantes funções públicas exercidas pelas autoridades ali mencionadas, por meio de agendamento prévio de dia, hora e local para a realização de audiência em que essas autoridades serão ouvidas. Afirmou-se que o objetivo desse dispositivo legal não seria abrir espaço para que essas autoridades pudessem, simplesmente, recusar-se a testemunhar, seja não indicando a data, a hora e o local em que quisessem ser ouvidas, seja não comparecendo aos locais, nas datas e nos horários por elas indicados. Em razão disso, concluiu-se que, sob pena de admitir-se que a autoridade, na prática, pudesse, indefinidamente, frustrar a sua oitiva, dever-se-ia reconhecer a perda da sua especial prerrogativa, decorrido tempo razoável sem que ela indicasse dia, hora e local para sua inquirição ou comparecesse no local, na data e na hora por ela mesma indicados. Registrou-se, por fim, que essa solução não seria nova no cenário jurídico brasileiro, tendo em conta o disposto no § 7º do art. 32 da EC 1/69, incluído pela EC 11/78, que estabelecia a perda das prerrogativas processuais de parlamentares federais, arrolados como testemunhas, que não atendessem, sem justa causa, no prazo de trinta dias, ao convite judicial. O Min. Celso de Mello observou que essa prerrogativa processual muitas vezes é utilizada para procrastinar intencionalmente o regular andamento e o normal desfecho de causa penal em andamento na Corte, e que a proposta formulada pelo relator seria plenamente compatível com a exigência de celeridade e seriedade por parte de quem é convocado como testemunha para depor em procedimentos judiciais (*Informativo* 564/STF).

[91] FERREIRA FILHO. *Curso de direito constitucional*, p. 155.

mais: que os escolhidos teriam de dedicar-se a outras profissões, desatentos à sua missão pública."[92]

O subsídio dos congressistas vem regulado no art. 49, VII, da Constituição, presentes os seguintes requisitos, de acordo com a redação dada pela Emenda Constitucional n. 19/98: *a)* os subsídios são idênticos para Deputados Federais e Senadores; *b)* a remuneração, o subsídio e os proventos, pensões ou outra espécie remuneratória, percebidos cumulativamente ou não, incluídas as vantagens pessoais de qualquer natureza, não poderão exceder o subsídio mensal, em espécie, dos Ministros do Supremo Tribunal Federal; *c)* os congressistas serão remunerados exclusivamente por subsídio fixado em parcela única, vedado o acréscimo de qualquer gratificação, adicional, abono, prêmio, verba de representação ou outra espécie remuneratória, obedecido, em qualquer caso, o disposto no art. 37, X e XI; *d)* vedação de tratamento privilegiado em relação aos demais contribuintes (art. 150, II); *e)* vedação à exclusão da incidência de imposto de renda e proventos de qualquer natureza (art. 153, III); *f)* respeito aos critérios da generalidade, da universalidade e da progressividade (art. 153, § 2º, I).[93]

---

92 PONTES DE MIRANDA. *Comentários à Constituição de 1967 com a emenda n. 1, de 1969*, t. III, p. 24.

93 Os Deputados ainda são beneficiários de: I – Cota para o exercício da atividade parlamentar (CEAP) instituída pelo Ato da Mesa da Câmara dos Deputados n. 43/2009, que se destina a custear gastos exclusivamente vinculados ao exercício da atividade parlamentar, observados os limites mensais constantes do Anexo ao referido Ato, sendo a menor cota de R$ 23.033,13 (para os Deputados pelo Distrito Federal), e a maior, de R$ 34.258,50 (para os Deputados eleitos em Roraima), de acordo com o Estado-Membro da Federação. Nos termos do art. 2º do Ato, cada cota atenderá às seguintes despesas: 1. passagens aéreas; 2. telefonia; 3. serviços postais, vedada a aquisição de selos; 4. manutenção de escritórios de apoio à atividade parlamentar, compreendendo: a) locação de imóveis; b) condomínio; c) IPTU; d) serviços de energia elétrica; e) locação de móveis e equipamentos; f) material de expediente e suprimentos de informática; g) acesso à Internet; h) assinatura de TV a cabo ou similar; i) locação ou aquisição de licença de uso de software; 5. assinatura de publicações; 6. fornecimento de alimentação do parlamentar; 7. hospedagem, exceto do parlamentar no Distrito Federal; 8. locação ou fretamento de aeronaves, embarcações e veículos automotores; 9. combustíveis e lubrificantes, até o limite inacumulável de R$ 4.500,00 mensais; 10. serviços de segurança prestados por empresa especializada, até o limite inacumulável de R$ 4.500,00 mensais; 11. contratação, para fins de apoio ao exercício de do mandato parlamentar, de consultorias e trabalhos técnicos, permitidas pesquisas socioeconômicas; 12. divulgação da atividade parlamentar, exceto nos 180 dias anteriores á data das eleições de âmbito federal, estadual ou municipal; II – Verba de Gabinete – Secretariado Parlamentar, destinada à contratação de pessoal (até 25 secretários parlamentares (Ato da Mesa n. 0 a 3/2003, Lei n. 11.335/2006 e Ato da Mesa n. 20/2008); III – Auxílio-moradia (Atos da Mesa ns. A104/1988; 34/1992, 76/1993, Ata da Reunião n. 14/1996; IV – Fornecimento de jornais, revistas e publicações técnicas, até o limite máximo de 4 jornais e 1 revista (Ato da Mesa n.68/2005); V – serviços gráficos: têm os parlamentares direito a impressos personalizados e reprodução de documentos (Atos da Mesa ns. 65/1997 e 62/2005), destacando-se: a) reprodução em papel A4: 15.000 cópias/mês; b) separata de discursos: 20.000 páginas em papel A5/ano; c) pasta para avulsos: 1.000 unidades/ano; d) papel ofício personalizado: 2.000 folhas/ano – 5 tipos de cartões. Os Senadores também fazem jus a verba indenizatória e pagamento de despesas com passagens aéreas. Aos membros do Congresso Nacional é devida, no início e no fim do mandato, ajuda de custo equivalente ao valor

8. INCOMPATIBILIDADES PARLAMENTARES E PERDA DO MANDATO

Ao lado das garantias legislativas, a Constituição estabelece impedimento para os congressistas cujos propósitos são os mesmos daquelas, ou seja, preservar a dignidade e a autonomia do Poder Legislativo. De fato, ao vedar o exercício pelo congressista de determinada função, cargo ou emprego público, ou a prática de certa atividade, simultaneamente com o desempenho do mandato eletivo, a Constituição preserva a função parlamentar, evitando que o congressista, valendo-se de sua posição, venha a utilizá-la com objetivos escusos para alcançar proveitos pessoais, ou se sujeite a pressões do Executivo que influenciem seu voto ou sua opinião.

As incompatibilidades parlamentares se acham descritas no art. 54 da Constituição, ocorrendo algumas a partir da diplomação, e outras, depois da posse (incisos I e II do art. 54), todas, no entanto, acarretando a perda do mandato, como veremos adiante.

Prevê a Constituição, no art. 54, que os Deputados e Senadores não poderão:

I – desde a expedição do diploma:

a) firmar ou manter contrato com pessoa jurídica de direito público, autarquia, empresa pública, sociedade de economia mista ou empresa concessionária de serviço público, salvo quando o contrato obedecer a cláusulas uniformes, ou seja, "sempre que o contrato não fizer acepção de pessoa, contiver cláusulas iguais às que são postas, em geral, para qualquer particular";[94]

b) aceitar ou exercer cargo, função ou emprego remunerado, inclusive os de que sejam demissíveis *ad nutum*, nas entidades constantes da alínea anterior. *Ad nutum* tem o significado de "ao menor sinal", "a um simples aceno de cabeça", *a nuto*;

II – desde a posse:

a) ser proprietários, controladores ou diretores de empresa que goze de favor decorrente de contrato com pessoa jurídica de direito público, ou nela exercer função remunerada;

b) ocupar cargo ou função de que sejam demissíveis *ad nutum*, nas entidades referidas no inciso I, *a*; [95]

---

do subsídio, destinada a compensar as despesas com mudança e transporte. A ajuda de custo não será devida ao suplente reconvocado dentro do mesmo mandato (§§ 1º e 2º acrescentados ao art. 1º do Decreto Legislativo n. 805/2010, pelo Decreto Legislativo n. 210/2013).

94 FERREIRA FILHO. *Comentários à Constituição brasileira de 1988*, v. 2, p. 53.

95 Esta hipótese é a mesma daquela prevista no art. 54, I, b. Trata-se de defeito de técnica legislativa, como explicita José Afonso da Silva, que auxiliara os trabalhos constituintes: "Vê-se que, no art. 54, I, *b*, veda aceitar ou exercer cargo, função ou emprego remunerado de que sejam demissíveis *ad nutum*, desde a diplomação; no mesmo art. 54, II, *b*, veda a ocupar cargo ou função de que sejam demissíveis *ad nutum*, nas mesmas entidades, desde a posse. Não houve jeito de convencer Relator e constituintes que essa redundância, sujeita a situações diversas, é pura

c) patrocinar causa em que seja interessada qualquer das entidades a que se refere o inciso I, *a*;

d) ser titulares de mais de um cargo ou mandato público eletivo.

As incompatibilidades classificam-se, portanto, como *funcionais*, *negociais*, *políticas* e *profissionais*.

Importa estabelecer distinção entre incompatibilidade parlamentar e inelegibilidade. Inelegível é o que não dispõe de capacidade eleitoral passiva, ou seja, o que não pode ser eleito. A Constituição estabelece, no art. 14, §§ 1º a 9º, algumas hipóteses de inelegibilidade, remetendo, contudo (art. 14, § 9º), para a lei complementar a fixação de outros casos de inelegibilidade. Há inelegibilidade absoluta quando o impedimento eleitoral se refere a qualquer cargo eletivo, sem possibilidade de o impedido se desvencilhar da situação de inelegibilidade a tempo de concorrer ao cargo; há inelegibilidade relativa quando o impedimento se refere a alguns cargos eletivos, com possibilidade de o inelegível passar a elegível mediante a desincompatibilização (afastamento permanente ou temporário da situação que o tornava inelegível). A inelegibilidade se verifica, portanto, antes da eleição e, por ser circunstância impeditiva, acarreta a invalidade do pleito.

A incompatibilidade se refere ao eleito, impedindo-o de exercer, concomitantemente com a função eletiva, determinada função, cargo ou emprego público, ou praticar certos atos. Se eleito, deve deixar o cargo que anteriormente ocupava ou não vir a ocupá-lo, vedando-lhe ainda a Constituição a realização de determinadas atividades. Verificada a situação de incompatibilidade, o congressista perderá o mandato (art. 55, I).

A perda do mandato parlamentar pode resultar de cassação ou de extinção, que configuram hipóteses distintas e têm procedimentos distintos, como bem elucida Hely Lopes Meirelles: "*Cassação* é a decretação da perda do mandato por ter o seu titular incorrido em falta funcional, definida em lei e punida com esta sanção. *Extinção* é o perecimento do mandato pela ocorrência de fato (morte), ato ou situação que torne automaticamente inexistente a investidura eletiva (renúncia, perda dos direitos políticos)".[96]

A perda do mandato eletivo constitui sanção constitucional para o congressista que violou qualquer uma das proibições do art. 54, I e II, ou dos incisos II a VI do art. 55. As hipóteses mencionadas nos incisos I (incompatibilidade), II (procedimento do membro do Congresso Nacional incompatível com o decoro parlamentar) e VI (condenação criminal em sentença transitada em julgado), todas do art. 55, constituem casos de cassação, ou seja, a perda do mandato será decretada pela Câmara dos Deputados ou pelo Senado Federal, por maioria absoluta, mediante provocação da respectiva Mesa ou de partido político representado no Congresso Nacional, assegurado ao acusado o direito de ampla defesa. A EC n. 76/2013 aboliu a votação secreta nos casos de perda de mandato de Deputado ou Senador.[97]

---

tolice. Ora, aceitar e exercer não difere de ocupar. A única diferença é que num se menciona emprego em outro não" (*Curso de direito constitucional positivo*, p. 462).

96 MEIRELLES. *Direito municipal brasileiro*, p. 583.

97 Arts. 188,§ 2º, V, e 240, § 1º, do Regimento Interno da Câmara dos Deputados, com a redação da Resolução n. 47, de 2013: "Art. 188. § 2º Não serão objeto de deliberação por

Já as hipóteses previstas nos incisos III a V do art. 55 se referem à extinção do mandato, que será declarada pelas Mesas da Câmara dos Deputados ou Senado Federal, de ofício ou mediante provocação de qualquer de seus membros ou de partido político representado no Congresso Nacional, assegurada também ampla defesa ao congressista.

Em edições anteriores, acentuamos que a perda do mandato em decorrência de sentença criminal transitada em julgado seria decidida pela Casa Legislativa a que pertencesse o congressista, e não apenas declarada pela Mesa. Tratava-se, pois, de caso de cassação e não de extinção do mandato, de modo que a condenação criminal, por si só, e ainda que transitada em julgado, não implicaria a suspensão dos direitos políticos do congressista, que somente ocorreria se a perda do mandato viesse a ser declarada pela Casa a que ele pertencesse. O conflito, portanto, que poderia existir entre a perda de mandato, neste caso, com a hipótese prevista no inciso IV do art. 55 da Constituição (perda de mandato decorrente de suspensão ou perda dos direitos políticos) seria aparente, pois, embora fosse um dos efeitos da sentença condenatória transitada em julgado a suspensão dos direitos políticos, a perda do mandato, por condenação criminal, repita-se, não seria automática, pois dependeria de um juízo político do Plenário da Casa Legislativa.

O Supremo Tribunal Federal, todavia, ao julgar a AP 470, decidiu que a especialidade contida no art. 55, VI, da CF ("Art. 55. Perderá o mandato o Deputado ou Senador: VI – que sofrer condenação criminal em sentença transitada em julgado") justificar-se-ia nos casos em que a sentença condenatória não tivesse decretado a perda do mandato pelo parlamentar por não estarem presentes os requisitos legais. Nessa hipótese, o procedimento estabelecido no art. 55 da CF disciplinaria circunstâncias em que a perda de mandato eletivo parlamentar poderia ser decretada com base em juízo político. Conjectura diversa envolveria, no entanto, a aludida perda a partir de decisão do Poder Judiciário, a qual atingiria não somente o parlamentar eleito como qualquer outro mandatário político. Desse modo, condenado Deputado Federal ou Senador, no curso do mandato, pela mais alta instância judiciária (no caso, a pena de prisão superior a quatro anos, por crime contra a Administração Pública, quando do exercício do mandato, a revelar conduta incompatível com a função eleti-

meio de escrutínio secreto: V - deliberação sobre a decretação de perda de mandato nas hipóteses dos incisos I, II e VI do art. 55 da Constituição Federal. Art. 240.§ 1º Nos casos dos incisos I, II e VI, a perda do mandato será decidida pela Câmara dos Deputados, em votação ostensiva e por maioria absoluta de seus membros, mediante provocação da Mesa ou de partido com representação no Congresso Nacional, assegurada ampla defesa."

Arts. 13 e 14 do Código de Ética e Decoro Parlamentar da Câmara dos Deputados, com a redação da Resolução n. 47, de 2013: "Art. 13. O projeto de resolução oferecido pelo Conselho de Ética e Decoro Parlamentar que proponha a suspensão de prerrogativas regimentais, aplicável ao Deputado que incidir nas condutas previstas nos incisos VI a VIII do art. 5º deste Código, será apreciado pelo Plenário da Câmara dos Deputados, em votação ostensiva e por maioria absoluta de seus membros, observado o seguinte. Art. 14. A aplicação das penalidades de suspensão do exercício do mandato por no máximo 6 (seis) meses e de perda do mandato é de competência do Plenário da Câmara dos Deputados, que deliberará em votação ostensiva e por maioria absoluta de seus membros, em virtude de provocação da Mesa ou de partido político representado no Congresso Nacional, após a conclusão de processo disciplinar instaurado pelo Conselho de Ética e Decoro Parlamentar, na forma deste artigo."

va), inexistiria espaço para o exercício de juízo político ou de conveniência pela Casa Legislativa, uma vez que a suspensão de direitos políticos, com a subsequente perda de mandato eletivo, seria efeito irreversível da sentença condenatória. A deliberação da Casa Legislativa, prevista no art. 55, § 2º, da CF, possuiria efeito meramente declaratório, sem que aquela pudesse rever ou tornar sem efeito decisão condenatória final proferida pelo STF.[98]

---

[98] "PERDA DO MANDATO ELETIVO. COMPETÊNCIA DO SUPREMO TRIBUNAL FEDERAL. AUSÊNCIA DE VIOLAÇÃO DO PRINCÍPIO DA SEPARAÇÃO DE PODERES E FUNÇÕES. EXERCÍCIO DA FUNÇÃO JURISDICIONAL. CONDENAÇÃO DOS RÉUS DETENTORES DE MANDATO ELETIVO PELA PRÁTICA DE CRIMES CONTRA A ADMINISTRAÇÃO PÚBLICA. PENA APLICADA NOS TERMOS ESTABELECIDOS NA LEGISLAÇÃO PENAL PERTINENTE.

O Supremo Tribunal Federal recebeu do Poder Constituinte originário a competência para processar e julgar os parlamentares federais acusados da prática de infrações penais comuns. Como consequência, é ao Supremo Tribunal Federal que compete a aplicação das penas cominadas em lei, em caso de condenação. A perda do mandato eletivo é uma pena acessória da pena principal (privativa de liberdade ou restritiva de direitos), e deve ser decretada pelo órgão que exerce a função jurisdicional, como um dos efeitos da condenação, quando presentes os requisitos legais para tanto. 2. Diferentemente da Carta outorgada de 1969, nos termos da qual as hipóteses de perda ou suspensão de direitos políticos deveriam ser disciplinadas por Lei Complementar (art. 149, §3º), o que atribuía eficácia contida ao mencionado dispositivo constitucional, a atual Constituição estabeleceu os casos de perda ou suspensão dos direitos políticos em norma de eficácia plena (art. 15, III). Em consequência, o condenado criminalmente, por decisão transitada em julgado, tem seus direitos políticos suspensos pelo tempo que durarem os efeitos da condenação. 3. A previsão contida no artigo 92, I e II, do Código Penal, é reflexo direto do disposto no art. 15, III, da Constituição Federal. Assim, uma vez condenado criminalmente um réu detentor de mandato eletivo, caberá ao Poder Judiciário decidir, em definitivo, sobre a perda do mandato. Não cabe ao Poder Legislativo deliberar sobre aspectos de decisão condenatória criminal, emanada do Poder Judiciário, proferida em detrimento de membro do Congresso Nacional. A Constituição não submete a decisão do Poder Judiciário à complementação por ato de qualquer outro órgão ou Poder da República. Não há sentença jurisdicional cuja legitimidade ou eficácia esteja condicionada à aprovação pelos órgãos do Poder Político. A sentença condenatória não é a revelação do parecer de umas das projeções do poder estatal, mas a manifestação integral e completa da instância constitucionalmente competente para sancionar, em caráter definitivo, as ações típicas, antijurídicas e culpáveis. Entendimento que se extrai do artigo 15, III, combinado com o artigo 55, IV, §3º, ambos da Constituição da República. Afastada a incidência do §2º do art. 55 da Lei Maior, quando a perda do mandato parlamentar for decretada pelo Poder Judiciário, como um dos efeitos da condenação criminal transitada em julgado. Ao Poder Legislativo cabe, apenas, dar fiel execução à decisão da Justiça e declarar a perda do mandato, na forma preconizada na decisão jurisdicional. 4. Repugna à nossa Constituição o exercício do mandato parlamentar quando recaia, sobre o seu titular, a reprovação penal definitiva do Estado, suspendendo-lhe o exercício de direitos políticos e decretando-lhe a perda do mandato eletivo. A perda dos direitos políticos é "*consequência da existência da coisa julgada*". Consequentemente, não cabe ao Poder Legislativo "*outra conduta senão a declaração da extinção do mandato*" (RE 225.019, Rel. Min. Nelson Jobim). Conclusão de ordem ética consolidada a partir de precedentes do Supremo Tribunal Federal e extraída da Constituição Federal e das leis que regem o exercício do poder político-representativo, a conferir encadeamento lógico e substância material à decisão no sentido da decretação da perda do mandato eletivo. Conclusão que também se constrói a partir da lógica sistemática da Constituição, que enuncia a cidadania, a capacidade para o

A perda do mandato, quando o decretar a Justiça Eleitoral (art. 55, V), abrange a decisão final na ação de impugnação de mandato eletivo (art. 14, §§ 10 e 11), e as decisões relativas à inelegibilidade de candidatos e anulação de diplomas eleitorais (art. 121, § 4º, III e IV).

Nesses casos, a perda do mandato será declarada pela Mesa da Casa Legislativa correspondente. Uma vez comunicada a decisão à Casa Legislativa, assegura-se ao parlamentar o direito à ampla defesa, a qual, no entanto, não abrange a revisão de fatos, ou o próprio mérito da decisão, mas aspectos formais, como a validade da comunicação da Justiça Eleitoral, a idoneidade dos documentos que comprovam a decisão, ou a formação da coisa julgada material. De consignar que o Supremo Tribunal Federal decidiu no sentido de que a atribuição da Mesa da Casa, a que pertence o parlamentar que incorrera nas hipóteses sancionatórias previstas nos incisos III a V do art. 55 da Constituição Federal (cuidava-se especificamente da aplicação do inciso V), circunscrever-se-ia a declarar a perda do mandato, dando posse, por conseguinte, a quem devesse ocupar o cargo vago, haja vista que o registro do parlamentar já teria sido cassado pela Justiça Eleitoral, não podendo subsistir, dessa forma, o mandato eletivo. Asseverou-se, ademais, que a ampla defesa a que alude o § 3º do art. 55 da Constituição Federal, não diria respeito a nenhum procedimento eventualmente instaurado no âmbito de uma das Casas Legislativas, e sim à garantida nos processos que tramitam na Justiça Eleitoral, não cabendo à Mesa da Casa Legislativa a que pertence o titular do mandato eletivo cassado aferir o acerto, ou não, das decisões emanadas da Justiça Eleitoral, ou ainda fixar o momento adequado para cumprir tais julgados. Registrou-se que o ato da Mesa do Senado ou da Câmara que dispõe sobre a perda do mandato parlamentar (CF, art. 55, V) tem natureza meramente declaratória.[99]

Ocorrendo vacância decorrente de falecimento, renúncia[100] ou perda do mandato, bem como nas hipóteses constitucionais acima examinadas, o suplente tomará posse, em caráter definitivo.

---

exercício de direitos políticos e o preenchimento pleno das condições de elegibilidade como pressupostos sucessivos para a participação completa na formação da vontade e na condução da vida política do Estado. 5. No caso, os réus parlamentares foram condenados pela prática, entre outros, de crimes contra a Administração Pública. Conduta juridicamente incompatível com os deveres inerentes ao cargo. Circunstâncias que impõem a perda do mandato como medida adequada, necessária e proporcional. 6. Decretada a suspensão dos direitos políticos de todos os réus, nos termos do art. 15, III, da Constituição Federal. Unânime. 7. Decretada, por maioria, a perda dos mandatos dos réus titulares de mandato eletivo." (STF, AP 470/MG, Rel. Min. Joaquim Barbosa; *Informativo* 691/STF; DJe n.74/2013, de 19.4.2013).

Em nova decisão, tomada no julgamento da AP 565, ocorrido em 8.8.2013, o STF adotou o entendimento de que a perda do mandato de Senador, na hipótese de condenação criminal, deve ser deliberada pelo Senado Federal, aplicando-se o artigo 55, inciso VI e § 2º, da Constituição Federal. (Notícias STF, 8.8.2013; *Informativo* 714/STF).

[99] STF, MS 27.613/DF, Rel. Min. Ricardo Lewandowski, j. 28.10.2009. *Informativo 565/STF.*

[100] Regimento Interno da Câmara dos Deputados: "Art. 239. A declaração de renúncia do Deputado ao mandato dever ser dirigida por escrito à Mesa, e independe de aprovação da Câmara, mas somente se tornará efetiva e irretratável depois de lida no expediente e publicada no *Diário do Congresso Nacional.* § 1º Considera-se também haver renunciado: I – o Deputado que não prestar compromisso no prazo estabelecido neste regimento; II – o Suplente que, convocado,

O Supremo Tribunal Federal decidiu que a vaga decorrente do licenciamento de titulares de mandato parlamentar deve ser ocupada pelos suplentes das coligações, e não dos partidos. É que se o quociente eleitoral para o preenchimento de vagas é definido em função da coligação, a mesma regra deve ser seguida para a sucessão dos suplentes, já que estes formam a única lista de votação que em ordem decrescente representa a vontade do eleitorado. Admitir o contrário, ou seja, que o mandato pertence aos partidos, no caso, significaria desconsiderar a decisão partidária que aprovou a formação da coligação, bem como negar aos partidos políticos autonomia para adotar os critérios de escolha e regime de coligações partidárias consagrados na Constituição Federal.[101]

De acordo com o sistema eleitoral proporcional, a lista de suplência, para o partido ou coligação, é válida durante o mandato parlamentar. Se o suplente convocado tiver trocado de partido após o pleito, o critério para preenchimento das vagas é o resultante da eleição consagrado na lista de suplentes.

A Emenda Constitucional de Revisão n. 6, de 7 de junho de 1994, dispôs que a renúncia de congressista submetido a processo que vise ou possa levar à perda do mandato, terá seus efeitos suspensos até as correspondentes deliberações finais. Trata-se de norma moralizadora, pois evita a utilização da renúncia como instrumento impeditivo da aplicação de eventual sanção a congressista.[102]

A perda do mandato de congressista, cujo procedimento for declarado incompatível com o decoro parlamentar, surgiu pela primeira vez na Constituição de 1946. O vigente texto constitucional, apesar de mencionar que é incompatível com o decoro parlamentar o abuso das prerrogativas asseguradas a membro do Congresso Nacional ou a percepção de vantagens indevidas (art. 55, § 1º), não esclarece o que se deve entender por decoro parlamentar, ficando assim a sua conceituação a cargo do regimento interno. Tem-se entendido que a falta de decoro parlamentar se caracteriza pela prática de atos que afetam a dignidade do mandato, inconciliáveis com as qualidades morais ou compostura que se exige dos congressistas.[103]

---

não se apresentar para entrar em exercício no prazo regimental. § 2º A vacância, nos casos de renúncia, será declarada em sessão pelo Presidente."

[101] STF, MS 30260/DF e 30272/MG, Rel. Min. Cármen Lúcia, j. 27.4.2011 (*Notícias* STF, 27.4.2011; *Informativo* 624/STF).

[102] Observa Bernardo Gonçalves Fernandes que a renúncia, nos casos em que o parlamentar estiver sendo submetido a processo que vise ou possa levar à perda do mandato, não é algo interessante em nenhuma hipótese para o parlamentar. É que "se o processo é finalizado com uma decisão não favorável ao parlamentar (decisão pela perda do mandato), a renúncia não valeu para nada, sendo a declaração (de renúncia) meramente arquivada. Já, de a decisão do processo é favorável ao parlamentar (decisão contra a perda de mandato), a renúncia (que estava com seus efeitos suspensos) terá validade e o parlamentar não poderá mais exercer o cargo em virtude da mesma" (FERNANDES. *Curso de direito constitucional*, p. 671).

[103] O Regimento Interno da Câmara dos Deputados trata do decoro parlamentar no art. 244.

O assunto vem ainda disciplinado na Resolução n. 25, de 2001, da Câmara dos Deputados, que institui o Código de Ética e Decoro Parlamentar: "Art. 4º Constituem procedimentos incompatíveis com o decoro parlamentar, puníveis com a perda do mandato: III – celebrar acordo que

As regras referentes às incompatibilidades comportam exceções. A Constituição declara, no art. 56, as hipóteses que não acarretam perda do mandato: a investidura do congressista no cargo de Ministro de Estado, Governador de Território, Secretário de Estado, do Distrito Federal, de Território, de Prefeitura de Capital ou chefe de missão diplomática temporária, bem como se licenciado pela respectiva Casa por motivo de doença ou para tratar, sem remuneração, de interesse particular, desde que, nesse caso, o afastamento não ultrapasse cento e vinte dias por sessão legislativa.

Nessas hipóteses, será convocado o suplente e, não o havendo, far-se-á eleição para preencher a vaga, se faltarem mais de 15 meses para o término do mandato. Assim, caso ocorra a vaga em período inferior a quinze meses, inexistindo suplente, permanecerá vago o cargo eletivo até a próxima legislatura.

Questão a ser considerada é se o parlamentar afastado do exercício do mandato, em decorrência da licença prevista no art. 56 da Constituição, pode ser cassado por falta de decoro parlamentar.

Os que defendem o não cabimento da perda do mandato, nestas circunstâncias, salientam que os atos praticados pelo parlamentar não poderiam ser levados em conta para a quebra do decoro, porque ele não exercia funções de membro do Legislativo. Em abono desta tese, argumentam que a revogação da Súmula n. 4, do Supremo Tribunal Federal, que possibilitava a invocação da imunidade por congressista nomeado Ministro de Estado, para não mais admitir esta proteção, significa que se o membro do Poder Legislativo não está ao abrigo do regime parlamentar constitucional não pode, consequentemente, faltar com o decoro, parte integrante deste regime. Registre-se ainda que haveria violação à cláusula da separação dos poderes, punir parlamentar que estivesse licenciado para assumir cargos executivos.

---

tenha por objeto a posse do suplente, condicionando-a a contraprestação financeira ou à prática de atos contrários aos deveres éticos ou regimentais dos deputados; IV – fraudar, por qualquer meio ou forma, o regular andamento dos trabalhos legislativos para alterar o resultado de deliberação; V – omitir intencionalmente informação relevante, ou, nas mesmas condições, prestar informação falsa nas declarações de que trata o art. 18. Art. 5º Atentam, ainda, contra o decoro parlamentar as seguintes condutas, puníveis na forma deste Código: I – perturbar a ordem das sessões da Câmara ou das reuniões de comissão; II – praticar atos que infrinjam as regras de boa conduta nas dependências da Casa; III – praticar ofensas físicas ou morais nas dependências da Câmara ou desacatar, por atos ou palavras, outro parlamentar, a Mesa ou comissão, ou os respectivos Presidentes; IV – usar os poderes e prerrogativas do cargo para constranger ou aliciar servidor, colega ou qualquer pessoa sobre a qual exerça ascendência hierárquica, com o fim de obter qualquer espécie de favorecimento; V – revelar conteúdo de debates ou deliberações que a Câmara ou comissão hajam resolvido devam ficar secretos; VI – revelar informações e documentos oficiais de caráter reservado, de que tenha tido conhecimento na forma regimental; VII – usar verbas de gabinete em desacordo com os princípios fixados no *caput* do art. 37 da Constituição Federal; VIII – relatar matéria submetida à apreciação da Câmara, de interesse específico de pessoa física ou jurídica que tenha contribuído para o financiamento de sua campanha eleitoral; IX – fraudar, por qualquer meio ou forma, o registro de presença às sessões, ou às reuniões de comissão. Parágrafo único. As condutas puníveis neste artigo só serão objeto de apreciação mediante provas."

Já os que se posicionam pela possibilidade da perda do mandato, por falta de decoro, nas hipóteses do art. 56, consideram que a proibição de invocação, pelo parlamentar, da imunidade, quando licenciado para assumir funções executivas, não significa que o Parlamento perdeu o poder disciplinar, em termos de decoro, ou que não poderia ter o mesmo Parlamento sua respeitabilidade maculada pelo congressista. A dignidade do Parlamento pode ser atingida, enquanto o parlamentar for um de seus membros, mesmo licenciado, pois a licença não implica a perda do mandato eletivo. Enfim, a honra ou o decoro são sempre pessoais, e não admitem fragmentação, e exige do parlamentar um comportamento digno em todas as circunstâncias da vida: o Supremo Tribunal Federal adotou este entendimento, ao julgar mandado de segurança impetrado por Deputado Federal, que respondera a procedimento, no âmbito do Conselho de Ética e Decoro Parlamentar da Câmara dos Deputados, por falta de decoro parlamentar, a ele imputado enquanto no exercício do cargo de Ministro de Estado.[104]

Acentue-se que, excluído do Parlamento, "rompe-se o vínculo representativo. No entanto, a perda do mandato não alcança os atos anteriores praticados na atividade parlamentar, operando a perda efeitos *ex nunc*. As proposições apresentadas pelo parlamentar continuam tramitando; seus pareceres mantêm-se válidos, sendo assegurada a eficácia dos votos proferidos nas Comissões e no Plenário para composição do *quorum* deliberativo. A remuneração era-lhe, até então, devida, insuscetível, pois, de compulsória devolução ao erário".[105]

A perda do mandato parlamentar, por infringência do disposto nos incisos I (ofensa às incompatibilidades mencionadas no art. 54), e II (procedimento incompatível com o decoro parlamentar), do art. 55 da Constituição Federal, acarreta a inelegibilidade do congressista para qualquer cargo público nas eleições que se realizarem durante o período remanescente do mandato para o qual foi eleito, e nos oito anos subsequentes ao término da legislatura em que ocorreu a perda do mandato. Estes efeitos são de Direito Eleitoral, achando-se previstos no art. 1º, inciso I, alínea *b*, da Lei Complementar n. 64/1990, com a redação da Lei Complementar n. 81/1994. As hipóteses previstas nos incisos III a VI do art. 54 têm consequências próprias, que podem até coincidir com a cominação de inelegibilidade, notando-se, todavia, que a perda do mandato por ausência à terça parte das sessões legislativas (inciso III do art. 54), e em razão de licença para tratar de interesses particulares por mais de 120 dias (art. 56, II) não é sancionada com a inelegibilidade.

O exercício de cargo na esfera do Executivo por membro do Congresso Nacional, de regra proibitiva na Constituição de 1891 (art. 50, parágrafo único), declarando a perda do mandato eletivo de Deputado ou Senador, que, salvo missões diplomáticas, aceitasse cargo de Ministro de Estado, vem, no entanto, recebendo tratamento condescendente ao longo de nosso constitucionalismo. A permissão para o congressista exercer cargo executivo, se compromete o princípio da separação de Poderes, vê-se

---

104 STF – MS 25.579, Rel. Min. Sepúlveda Pertence; MS 25.618, Rel. Min. Eros Grau.

105 CALIMAN. *Mandato parlamentar*: aquisição e perda antecipada, p. 184.

justificada pela crescente necessidade de se estreitarem as relações entre Legislativo e Executivo, mediante proveitosa troca de experiências.

8.1 Infidelidade partidária e perda do mandato

Questão a ser examinada consiste em saber se o desligamento ou a mudança de partido político, pelo parlamentar, acarreta ou não a desvinculação da Casa Legislativa a que pertence, por infidelidade partidária. O mesmo se diga relativamente ao suplente que posteriormente à sua eleição se desvincula do partido pelo qual se elegeu.

A mudança de filiação partidária, pelos parlamentares, tem sido tolerada em alguns países, como os Estados Unidos, a Itália e a Espanha. Note-se que, onde há partidos políticos consolidados, é baixo o número de migrantes. Nos Estados Unidos, a Câmara de Representantes, constituída de 435 Deputados, houve 72 casos de migração partidária em um século e meio de história parlamentar, constatando-se que, de 1879 a 1945, apenas 48 Deputados desligaram-se do seu partido para se filiar a outro; de 1946 a 1987, 16; de 1988 a 1999, 8, ou seja, em média, dois Deputados migram a cada legislatura. Na Espanha, onde o número de migrações era alto (104 movimentações foram registradas no Congresso dos Deputados, entre 1977 e 1989), com o predomínio do Partido Socialista Espanhol – PSOE e do Partido Popular – PP, o número de migrantes caiu para três, um e oito, respectivamente, na quarta (1989-1993), quinta (1993-1996) e sexta (1996-2000) legislaturas.[106]

A possibilidade de migração partidária, sem o consectário da perda do mandato, sustenta-se em vários argumentos, destacando-se: a) o mandato é do eleitor, e não do partido político; b) o sistema eleitoral proporcional de lista aberta induz o eleitor a votar no candidato, e não no partido, privilegiando aquele em relação a este; c) a desfiliação partidária não se equivale à renúncia do mandato; d) após trocar de partido, os parlamentares migrantes, salvo uma pequena minoria, que transita entre os blocos ideológicos e muda de comportamento, continuam marcando a mesma posição política, conservando a sua identidade, o que não prejudica o sistema representativo; e) a Constituição de 1988 não prevê expressamente, como hipótese de perda de mandato, o cancelamento da filiação partidária, ou a transferência do parlamentar para outra legenda.

No Brasil pós-1985, observa Carlos Ranulfo Melo, a migração partidária no interior das Casas Legislativas assumiu um caráter endêmico. Regularmente praticada pelos representantes eleitos, "tornou-se, no plano federal, fator de constante alteração na composição partidária do Congresso, introduzindo um novo elemento de instabilidade nas bancadas nacionais dos partidos, provocando modificações por vezes radicais nas bancadas estaduais e afastando sobremaneira a representatividade do sistema partidário parlamentar, uma vez que este passou a se afastar, sem a intermediação do eleitor, do sistema partidário eleitoral. Finalmente, cabe mencionar que inibir a migração partidária seria relativamente simples: no limite, bastaria es-

[106] ROMA. Os efeitos da migração partidária na conduta parlamentar. *Dados – Revista de Ciências Sociais*, v. 50, n. 2, 2007, p. 351-392.

tipular em quatro anos o prazo mínimo de filiação prévia para candidatos a cargos públicos proporcionais ou majoritários, proposta que não exigiria, para a aprovação, maioria qualificada. Se isto até hoje não ocorreu, a razão não deve ser buscada no poder de veto dos que trocam de partido. Ainda que a troca de legenda beneficie cerca de 30% dos deputados em cada legislatura e que tais deputados possam se mobilizar contra uma mudança na legislação, o fato é que o processo legislativo brasileiro funciona de forma centralizada e tem sua agenda definida no circuito Executivo/Mesa Diretora/Colégio de Líderes. Se a migração partidária continua permitida no Brasil, é porque, no interior deste circuito, não foi possível chegar a um consenso sobre como proceder."[107]

O Supremo Tribunal Federal, após posicionamento expendido pelo Tribunal Superior Eleitoral ao responder, em 27 de março de 2007, à Consulta n. 1.398-DF, decidiu que a mudança de partido, pelo parlamentar, quando envolve eleição pelo sistema proporcional, desde que constitua ato de infidelidade partidária, leva à perda do mandato.

No julgamento dos Mandados de Segurança 26.602/DF, 26.603/DF e 26.604/DF, o Supremo Tribunal Federal, revendo padrões jurisprudenciais anteriores,[108] assentou que a desfiliação partidária dos parlamentares, eleitos pelo sistema proporcional, que ocorreu a partir do dia 27 de março de 2007 (data da nomeada Consulta respondida pelo TSE) pode acarretar a perda do mandato, pois os partidos políticos, ressalvadas situações excepcionais, têm o direito de preservar a vaga obtida pelo sistema proporcional (eleições para deputados federais, deputados estaduais e vereadores), nos casos em que haja pedido de cancelamento de filiação partidária, ou transferência, para legenda diversa, de candidato eleito por outro partido. No sistema eleitoral proporcional, a força dos partidos políticos deve corresponder ao resultado que eles logram nas urnas. Poucos são, com efeito, os candidatos às cadeiras legislativas que obtêm votos nominais em número igual ou superior ao quociente eleitoral, para assegurar sua eleição com os seus próprios votos. No sistema de representação proporcional a vinculação entre candidato e partido político prolonga-se depois da eleição, e o ato de infidelidade, seja ao partido político, seja ao eleitor, mais do que um desvio ético-político, representa, quando não precedido de uma justa razão, inadmissível ofensa ao princípio democrático e ao exercício legítimo do

---

[107] MELO. Retirando as cadeiras do lugar – migração partidária na Câmara dos Deputados (1985-2002), p. 24, 171. Entre 1985 e 2001, segundo informa o autor, nada menos que 852 Deputados Federais, entre titulares e suplentes, mudaram sua filiação, alguns deles antes mesmo de tomar posse do mandato ou fazem isso várias vezes durante o exercício da função representativa, havendo casos de parlamentares que, em uma legislatura, trocaram sete vezes de legenda (MELO. *Op. cit.*, p. 64-68).

[108] STF, MS 20.927/DF, Rel. Min. Moreira Alves; MS 23.405/GO, Rel. Min. Gilmar Mendes, em que se decidiu pela inaplicabilidade do princípio da fidelidade partidária entre as causas de perda de mandato a que alude o art. 55 da Constituição Federal. Na doutrina, e nesta mesma linha de pensamento, Manoel Gonçalves Ferreira Filho: "Poderá, entretanto (o partido), reclamar a perda do mandato do parlamentar 'infiel' (o que deixar o partido por que se elegeu, ou o que desobedecer às diretrizes de conduta e voto por este estabelecidas)? A resposta, em face do disposto no art. 55, que enumera as hipóteses de perda de mandato de deputado ou senador, é negativa. Nas hipóteses do art. 55 não se inclui a infidelidade partidária" (*Comentários à Constituição brasileira de 1988*, v. 1, p. 137).

poder, na medida em que migrações inesperadas não apenas causam surpresa ao próprio corpo eleitoral e às agremiações partidárias de origem, privando-as da representatividade por elas conquistada nas urnas, mas acabam por acarretar um arbitrário desequilíbrio de forças no Parlamento, vindo, em fraude à vontade popular e afronta ao próprio sistema eleitoral proporcional, a tolher, em razão da súbita redução numérica, o exercício pleno da oposição política.[109] A infidelidade do representante eleito, quer ao partido político, quer aos eleitores, caracteriza desrespeito à vontade soberana do povo, que se vê fraudado em suas expectativas, e frustrado pela conduta desviante do infiel. O Ministro Celso de Mello, Relator do Mandado de Segurança 26.603/DF, sustentou, em seu voto, que o "monopólio partidário das candidaturas é tão inquestionável que gera, como natural consequência, a nulidade, para todos os efeitos, dos votos dados a candidatos não registrados por partidos políticos. Desse monopólio, resulta a exigência de prévia filiação político-partidária, como requisito ou pressuposto de elegibilidade."[110]

Se os partidos políticos têm o direito de preservar a vaga obtida pelo sistema eleitoral proporcional, quando houver pedido de cancelamento de filiação ou de migração partidária, deve-se, no entanto, assegurar ao parlamentar que pretende se desligar do partido de origem, a possibilidade de exercer, plenamente, o direito de defesa (art. 5º, LIV e LV, da Constituição Federal), a fim de que possa resguardar a titularidade do mandato legislativo, "exercendo – quando a iniciativa não for da própria agremiação partidária – a prerrogativa de fazer instaurar, perante órgão competente da Justiça Eleitoral (o TSE, tratando-se de Deputado Federal), procedimento em cujo âmbito se lhe viabilize a possibilidade de demonstrarem a ocorrência das exceções justificadoras da desfiliação partidária. Isso permitirá, ao parlamentar interessado, quer seja dele ou do partido político de origem a iniciativa de referido procedimento (de jurisdição voluntária) perante a Justiça Eleitoral, justificar a concreta configuração de causas legitimadoras da desfiliação partidária, tais como 'a existência de mudança significativa de orientação programática do partido' ou de 'prática odiosa de perseguição', como a elas se referiu, em douto voto proferido na Consulta n. 1.398/DF, o eminente Ministro Cezar Peluso."[111]

A seu turno, o Superior Tribunal Eleitoral, ao responder à Consulta n. 1.407, afirmou que os Senadores[112] também se acham sujeitos à perda do mandato, nos casos de cancelamento de filiação partidária, ou de transferência para outra legenda, sem causa legítima.

8.1.1 A Resolução n. 22.610, de 25 de outubro de 2007

O processo de perda de cargo eletivo, bem como de justificação de desfiliação partidária, tem sua disciplina na Resolução n. 22.610, de 25 de outubro de 2007[113] do

---

[109] *Informativo 482*/STF.

[110] STF, MS 26.603/DF, Rel. Min. Celso de Mello, j. 3 e 4.10.2007.

[111] STF, MS 26.603/DF, Rel. Min. Celso de Mello, j. 3 e 4.10.2007.

[112] Na Consulta n. 1.407, respondida afirmativamente, o TSE considerou que, além dos Senadores, todos os detentores de mandato obtido pelo sistema eleitoral majoritário (Presidente da República, Governadores e Prefeitos Municipais), sujeitam-se à perda do mandato em decorrência de arbitrária desfiliação partidária.

[113] Publicada no *Diário da Justiça* de 30.10.2007.

Tribunal Superior Eleitoral, aplicável depois de 27 de março de 2007 aos eleitos pelo sistema proporcional, e após 16 de outubro de 2007 aos eleitos pelo sistema majoritário, datas, respectivamente, das consultas respondidas pelo Tribunal acerca do tema. Para as desfiliações anteriores, o prazo para o pedido de decretação da perda de cargo eletivo conta-se a partir do início de vigência da Resolução, ou seja, 30.10.2007.

1. Legitimação para o pedido

Detêm legitimação para o pedido:

a) partido político, dentro de 30 dias da desfiliação;
b) todo aquele que tenha interesse jurídico no caso ou o Ministério Público Eleitoral, nos 30 dias subsequentes.

O mandatário que se desfiliou ou pretenda desfiliar-se pode também pedir a declaração da existência de justa causa, fazendo citar o partido, na forma da Resolução.

2. Justa causa

Considera-se justa causa a obstar à perda do mandato:

a) incorporação ou fusão do partido;
b) criação de novo partido;
c) mudança substancial ou desvio reiterado do programa partidário;
d) grave discriminação pessoal.

3. Competência

O Tribunal Superior Eleitoral é competente para processar e julgar pedido relativo a mandato federal e, nos demais casos (mandatos estaduais, distritais e municipais), o Tribunal Eleitoral do respectivo Estado ou do Distrito Federal. A Resolução não conferiu, ao que se vê, aos juízes de direito que exercem a jurisdição eleitoral competência para processar e julgar o pedido. Portanto, os pedidos que envolvem mandatos municipais serão processados e julgados pelos Tribunais Regionais Eleitorais.

4. Procedimento e celeridade

Na inicial, o requerente, expondo o fundamento do pedido, requererá prova documental da desfiliação, podendo arrolar até o máximo de três testemunhas, e requerer, justificadamente, outras provas, inclusive requisição de documentos em poder de terceiros ou de repartições públicas. Do mandado constará expressa advertência de que, em caso de revelia, se presumirão verdadeiros os fatos afirmados na inicial.

Na resposta, o requerido juntará prova documental, podendo arrolar testemunhas, até o máximo de três, e requerer, justificadamente, outras provas, inclusive requisição de documentos em poder de terceiros ou de repartições públicas.

Findo o prazo de resposta, o tribunal ouvirá, em 48 horas, o representante do Ministério Público, quando não seja o requerente, e, em seguida, julgará o pedido, se não houver necessidade de dilação probatória.

Havendo necessidade de provas, o Relator, ao deferi-las, designará o quinto dia útil subsequente para, em única assentada, tomar depoimentos pessoais e inquirir testemunhas, as quais serão trazidas pela parte que as arrolou, não cabendo, portanto, a intimação destas.

Declarada encerrada a instrução, o Relator intimará as partes e o representante do Ministério Público, para apresentarem, no prazo comum de 48 horas, alegações finais por escrito.

Aos requeridos incumbe o ônus da prova de fato extintivo, impeditivo ou modificativo da eficácia do pedido.

Para o julgamento, antecipado ou não, o Relator preparará voto e pedirá a inclusão do processo na pauta da sessão seguinte, observada a antecedência de 48 horas, facultada a sustentação oral por quinze minutos.

Os processos, desse modo, terão preferência na pauta de julgamento, tanto do Tribunal Superior Eleitoral quanto dos Tribunais Regionais Eleitorais e deverão estar encerrados no prazo de 60 dias.

5. Irrecorribilidade

São irrecorríveis as decisões interlocutórias do Relator, as quais, no entanto, podem ser revistas no julgamento final, de cujo acórdão cabe o recurso previsto no art. 121, § 4º, da Constituição da República (art. 11 da Resolução n. 22.610/2007, alterado pela Resolução n. 22.733/2008).

6. Perda do cargo

Julgado procedente o pedido, o tribunal decretará a perda do cargo, e a decisão será comunicada ao Presidente do órgão legislativo competente para que emposse, conforme o caso, o suplente ou o vice, no prazo de dez dias.

Portanto, em se tratando de perda do cargo eletivo parlamentar decretada pela Justiça Eleitoral, em decorrência de cancelamento de desfiliação partidária sem justa causa, à Casa Legislativa a que pertencer o parlamentar compete, tão somente, empossar o suplente, não lhe cabendo emitir qualquer juízo acerca da decisão judicial. Desse modo, o parlamentar não terá oportunidade de exercer ampla defesa junto à Casa Legislativa a que pertence, pois o pronunciamento da Justiça Eleitoral tem caráter definitivo.

O reconhecimento de justa causa para a desfiliação partidária permite que o parlamentar desfiliado continue no exercício do mandato, mas não transfere ao novo partido o direito de sucessão à vaga na hipótese de vacância, como, por exemplo, a decorrente de morte do parlamentar.[114]

9. O ATO LEGISLATIVO

A atividade legislativa envolve precipuamente a emissão do ato legislativo, entendido como "a declaração unilateral da vontade estatal expressa e exteriorizada por escrito, que dispõe sobre a criação, modificação ou extinção de normas jurídicas abstratamente gerais."[115]

---

[114] STF, MS 27938/DF, Rel. Min. Joaquim Barbosa, j. em 11.3.2010; *Informativo* 578/STF.

[115] MEEHAN. *Teoría y técnica legislativas*, p. 32.

A lei constitui, desse modo, produto do ato legislativo.[116] Neste sentido, por lei se entende a regra imperativa de caráter geral, emanada de autoridade competente, após tramitação segundo procedimento legislativo estabelecido pelo Direito, imposta ao homem e sancionada pela força pública. A lei, na sua dimensão jurídica, que se acha inserida entre as leis humanas, porque provém diretamente das leis éticas ou morais, constitui regra de conduta social, que regula a conduta do homem com seus semelhantes, e reveste-se de duas características fundamentais: coerção potencial e conteúdo de justiça. É ainda dotada de sanção jurídica de imperatividade.

Consoante síntese de André Ramos Tavares, o "vocábulo lei pode apresentar vários sentidos. Assim, encontram-se autores que vinculam sua origem ao verbo leggere (de ler). Nesse sentido, a lei é compreendida como a norma escrita (*jus scriptum*). Outros, ao contrário, atrelam sua etimologia ao verbo ligare (ligar), enaltecendo, dessa forma, o vínculo estabelecido pela lei, e que liga uma pessoa a determinada forma de agir. Outros, ainda, sustentam que a palavra 'lei' vem do verbo *eligere* (de eleger), o que se justifica pela circunstância de que a lei é fruto da escolha do legislador da norma que deve presidir a vida em sociedade".[117]

No baixo Império romano a palavra *lex* designava especificamente as constituições imperiais, em oposição *ao jus*, *constituído* pela doutrina e o conjunto das regras de direito em vigor na República e início do Império. O direito natural é então concebido como um conjunto de leis aplicáveis a uma sociedade humana a partir da observação da natureza. Ocupando o Direito Canônico o lugar do Direito Romano, o termo *lex* passou a aplicar-se à lei divina, à revelação. O evangelho é que continha a lei. Mas com a utilização da língua latina nos meios jurídicos durante séculos, é que a *lex* estendeu-se a várias regras em vigor, como as ordenações, os estatutos, entre outras, passando a palavra lei a ter o significado do que se denomina de direito positivo. Nos séculos XVII e XVIII, a lei passou a encarnar a razão, que deve responder às exigências de justiça, pelo que se torna a expressão da vontade geral, especialmente

---

[116] Expressivo é o conceito de lei dado por Montesquieu: as leis são as relações necessárias que derivam da natureza das coisas. Dizia ele que a lei em geral é a razão humana, e as leis políticas e civis de cada nação devem ser os casos particulares em que se aplica a razão humana. Examinando todas estas relações, entendia Montesquieu que formam elas um conjunto, esforçando-se então por revelar-lhes o espírito, ou seja, o mais forte curso da relação entre variáveis diversas, concretas e relativas que fazem e desfazem as relações humanas (Do espírito das leis).

Para Platão, o Estado ideal governado por filósofos, não tem necessidade de leis, mas apenas as cidades que ainda não puderam desenvolver um Estado ideal. Para Aristóteles, as leis já são normas jurídicas postas, imperativas e conformes à vontade do legislador, mas que devem estar em harmonia com a moral, os costumes e as tradições. Há ainda outras concepções de lei, assim sumariadas por Jorge Miranda: 1. a lei, ordenação da razão (Santo Tomás de Aquino); 2. a lei, vontade do soberano (Hobbes); 3. a lei, garantia da liberdade civil e da propriedade (Locke); 4. a lei, expressão da vontade geral; 5. a lei, vontade racional (Kant); 6. a lei, instrumento para a utilidade e a felicidade geral (Bentham); 7. a lei, manifestação imediata do poder soberano (Austin); 8. a lei, instrumento do domínio de classe (Marx e Engels); 9. a lei, escalão de normas imediatamente seguintes à Constituição (Kelsen); 10. a lei como decisão política (Schmitt) – *Teoria do estado e da Constituição*, p. 241-242.

[117] TAVARES. *Curso de direito constitucional*, p. 808.

por obra da Revolução Francesa de 1789. O século XX veio a qualificar esta lei como positiva, em oposição à lei natural.

Nos sistemas jurídicos oriundos do Direito Romano, a lei ocupa significativo lugar entre as fontes do Direito, sendo certo que, quando admitidas, as demais fontes do Direito são recebidas como supletivas ou interpretativas. A lei situa-se no ápice da hierarquia dos atos jurídicos, o que acarreta o fenômeno da codificação.[118]

Canotilho, ao analisar o conceito de lei no âmbito da teoria do Estado e do direito, afirma, em considerações preliminares: "*a*) desde o período pré-socrático até Aristóteles, passando por Sócrates, os estóicos e Platão, que o conceito de lei é praticamente inseparável da sua dimensão material; leis verdadeiras são as leis boas e justas dadas no sentido do bem comum. A lei só pode ser determinada em relação ao justo (igual), dirá Aristóteles na *Ética a Nicómaco;* a 'soberania da lei equivale à soberania de deus e da razão', 'é a inteligência sem paixões', escreverá ainda o mesmo autor em *A Política*. A lei é a 'suprema *ratio*, ínsita na natureza', opinará Cícero. A 'lei é uma ordenação racional, dirigida no sentido do bem comum e tornada pública por aquele que está encarregado de zelar pela comunidade', escreverá S. Tomás. Retenhamos, pois, as duas características da lei, mais ou menos explicitamente acentuadas pela filosofia antiga e intermediária: a *dimensão material*, na medida em que a lei era expressão do justo e do racional; *dimensão de universalidade*, porque a lei se dirigia ao bem comum da humanidade. 'A lei ao dispor só de uma maneira geral, não pode prever todos os casos acidentais' (Aristóteles, *Política*, III, X). A natureza geral da lei ressaltava também da forma clara como a jurisprudência romana distinguia entre as leis (*leges*) e os *privilegia*: através das primeiras, o povo estabelecia uma determinação geral; os segundos eram determinações individuais a favor ou contra particulares (*omissis*). *b*) Com Hobbes, surge o conceito voluntarista e positivo de lei: 'a lei propriamente dita é a palavra daquele que, por direito, tem comando sobre os demais'. Deste modo, a lei é *vontade e ordem* e vale como *comando* e não como expressão do justo e racional (*omissis*). *c*) Com Locke surgem os contornos da lei, típica do liberalismo. A lei é o instrumento que assegura a liberdade. A lei, afirma Locke, nos célebres *Two Treatises of Government*, II, VI, 57, no seu verdadeiro conceito, 'não é tanto a limitação, mas sim o guia de um agente livre e inteligente, no seu próprio interesse'. A lei geral e abstracta é entendida já como a protecção da liberdade e propriedade dos cidadãos ante o arbítrio do soberano. Montesquieu, que definirá as leis como as 'relações necessárias que derivam da natureza das coisas', articulará a teoria da lei com a doutrina da separação dos poderes, ligando as leis gerais ao poder legislativo e as ordens e decisões individuais ao Poder Executivo. *d*) A Rousseau competirá o mérito de considerar a lei como instrumento de actuação da igualdade política e daí a consideração da lei como um produto de vontade geral. A lei era geral num duplo sentido: geral, porque é a vontade comum do povo inteiro, e geral porque estatui não apenas para um caso ou homem mas para o corpo de cidadãos. A lei é, pois, geral quanto à sua origem e quanto ao seu objecto: é o produto da vontade geral e estatui abstractamente para os assuntos

---

118 Contemporaneamente, o desenvolvimento tecnológico tem provocado a multiplicação das leis, que estão a perder muito do seu papel como fonte de direito, fenômeno que é acompanhado pela proliferação de textos regulamentares e de desprestígio dos Parlamentos.

da comunidade. *e*) A distinção entre *lei (Gesetz)* e *máxima* é um ponto de partida para a concepção kantiana da lei: é um princípio prático e uma proposição contendo uma determinação tornando-a válida para qualquer ser racional e por isso é lei; se for válida só pela vontade do sujeito é uma simples máxima. *f*) Hegel, ao conceber o Poder Legislativo como o poder de organizar o universal, considera a lei como expressão do *geral* e os actos do executivo como expressão do particular. 'Quando se tem de distinguir entre aquilo que é objecto de legislação geral e aquilo que pertence ao domínio das autoridades administrativas e da regulamentação governamental, pode essa distinção geral assentar em que na primeira se encontra o que, pelo seu conteúdo, é inteiramente universal. No segundo, encontram-se, ao contrário, o particular e as modalidades de execução.'"[119]

Os sentidos da lei são, para Jorge Miranda, os mais variados na Ciência Jurídica: "*a*) A *lei como norma jurídica*, como ordenamento jurídico-positivo ou até como Direito; *b*) A *lei como fonte intencional unilateral de Direito* – criação (ou, doutra óptica, revelação) de normas jurídicas por acto de autoridade dirigido a esse fim – contraposta, portanto, quer ao costume (criação de normas jurídicas a partir da prática ou da comunidade dos destinatários), quer à jurisprudência (criação de normas jurídicas através da decisão de questões submetidas ao tribunal), quer ainda a formas convencionais de Direito interno ou de Direito internacional, máxime ao tratado (criação de normas jurídicas por acordo de vontades entre os interessados, que serão depois seus destinatários); *c*) A lei como *fonte intencional unilateral centralizada ou estatal de Direito* – criação do Direito do Estado por obra de autoridade estatal – contraposta, por um lado, às formas descentralizadas de criação do Direito, correspondentes às autarquias locais, a outras comunidades territoriais e às instituições sociais dotadas de poder normativo, entre as quais as associações públicas e, por outro lado, às formas de criação do Direito próprias de organizações internacionais e de outros sujeitos de Direito internacional (*v.g.* resoluções do Conselho de Segurança das Nações Unidas ou regulamentos comunitários); *d*) A lei como *acto da função legislativa latissimo sensu*, independentemente do tempo, do modo, das regras a que esteja sujeito e dos destinatários, e abrangendo tanto a lei constitucional como a lei infraconstitucional ou lei ordinária e, nesta, tanto a lei de eficácia predominantemente externa como a lei de eficácia predominantemente interna; *e*) A lei como *acto da função legislativa lato sensu* ou lei ordinária – acto normativo da função política subordinado à Constituição, tenha eficácia predominantemente externa ou interna; *f*) A lei como *acto da função legislativa stricto sensu* – acto normativo da função política subordinado à Constituição e dotado de eficácia predominantemente externa – ou seja, acto dirigido à comunidade política e ainda às relações entre órgãos de poder, contrapondo-se, assim, aos regimentos das assembleias e de outros órgãos colegiais e, porventura, a certas leis meramente organizatórias; *g*) A lei como *acto legislativo da assembleia política representativa* (ou Parlamento), como *lei em sentido nominal* contraposta quer ao decreto com força de lei e ao decreto-lei (dimanado de órgão do Poder Executivo) quer à resolução, acto não normativo do Parlamento (*omissis*); *h*) A lei como *acto sob forma de lei*, recortado não tanto pelo conteúdo quanto pelo processo

---

[119] CANOTILHO. *Direito constitucional e teoria da constituição*, p. 623-625.

de formação e pela forma final, implicando essa forma determinada força jurídica – a força de lei – e havendo diversas formas de lei consoante as tramitações que as leis sigam ou os órgãos que as editem."[120]

Nos sistemas jurídicos anglo-saxãos, a lei não tem o mesmo lugar privilegiado daqueles outros sistemas. O Direito inglês, com efeito, é jurisprudencial e tanto a *common law* quanto a *equity* foram elaborados historicamente pelas Cortes, cabendo à lei somente corrigir ou desenvolver este direito. A *common law* acaba por atribuir ao juiz um papel central no âmbito do Poder Judiciário, pois a ele cabe explicar e desenvolver a lei através de argumentos e contra-argumentos, segundo um estilo subjetivo e discursivo. A rigidez da lei, embora revestida de clareza, nos sistemas de tradição romano-canônico, tem como consequência o princípio constitucional da igualdade, ao vedar as exceções ou distinções de pessoas ou de circunstâncias individuais, já que a lei deve aplicar-se a todos os indivíduos que se encontrem nas condições previstas em seu texto, sem referência a pessoas ou destinatários.

A abstração e a generalidade revelam a essência e a natureza do ato legislativo.

A generalidade da lei, além da nota de racionalidade que possibilita o seu tratamento sistemático e a sua inteligibilidade científica, deve ser vista como fator de proteção do indivíduo contra a arbitrariedade do Estado quando impede que os detentores do poder adotem decisão individual em relação a situação determinada, pois se acham vinculados pela regra geral contida na lei. Para Kant, a generalidade e a abstração da lei expressam garantia das condições externas *a priori* para o desenvolvimento da liberdade individual, enquanto que para Hegel, as leis, graças ao seu conteúdo, completamente gerais, são um momento da universalidade corporificada pela ação do Estado, capazes, apenas elas, de conferir valor moral à vida em comum.

Além disso, a generalidade se apresenta como consequência do princípio da igualdade perante a lei, ao vedar as exceções ou distinções de pessoas ou de circunstâncias individuais, já que a lei deve aplicar-se a todos os indivíduos que se encontrem nas condições previstas em seu texto, sem referência a pessoas ou destinatários.

A abstração é um corolário da generalidade, pois se a regra é geral, não abrange apenas uma situação jurídica individual concreta, mas tantas outras da mesma forma.

O paradigma da cientificidade, que levou à fixação dos conceitos de generalidade e abstração como próprios da lei, vem sendo alterado. Com efeito, atualmente não mais se exige um tratamento geral e abstrato ao objeto da lei. Há um deslocamento do paradigma da cientificidade, a possibilitar que o conteúdo da legislação, geral e abstrata ou não, seja mais aberto e indeterminado, levando em conta a importância das questões nela tratadas para a sociedade. Surge, desse modo, um novo conceito material de lei, que se configura, especialmente, pela presença de valores e princípios constitucionais, que se deslocam para a legislação ordinária, conformando o seu conteúdo material, derivado agora, não mais da razão abstrata ou da virtude, mas da própria ordem constitucional. Trata-se do fenômeno conhecido como "constitucionalização do direito".

---

[120] MIRANDA. *Manual de direito constitucional*, t.5, p. 121-123.

Fala-se ainda em novidade como essência do ato legislativo (Laband e Ranelleti). A novidade serviria para distinguir a lei do regulamento, pois enquanto aquela, além de impessoal, geral e abstrata, inovaria a ordem jurídica, ao regulamento faltaria apenas a novidade, já que seria, como a lei, regra impessoal, geral e abstrata.

Há, no entanto, quem sustente ser impreciso o critério de novidade em relação aos seus verdadeiros alcances.

É que, se inovar significa produzir originariamente, apenas os atos legislativos de hierarquia constitucional inovariam a ordem jurídica, pois antes deles é que nada havia, nada existia.[121]

Seabra Fagundes, a propósito, esclarece: "a novidade do preceito, importando modificação de situação jurídica, não pode, por si só, caracterizar a lei, pois que todo ato jurídico (e, consequentemente, também o ato administrativo) implica em modificar situação jurídica anterior".[122]

Advirta-se, no entanto, que a novidade da lei significa estabelecer direitos e obrigações, circunstância inexistente no regulamento, que, sendo de execução, não cria, altera ou extingue direitos e obrigações. Caracteriza-se ainda como novo o direito (lei) criado em plano imediatamente inferior à Constituição, enquanto o regulamento emerge de um segundo plano, que é mediato relativamente à Constituição.

O nosso Direito distingue lei de regulamento. A própria Constituição Federal, em seu art. 84, IV, estabelece ser da competência privativa do Presidente da República sancionar, promulgar e fazer publicar as leis, bem como expedir decretos e regulamentos para sua fiel execução.

Para Cristina Queiroz, considerando que, na modernidade, o Parlamento é muitas vezes chamado a ratificar as escolhas ou os acordos realizados entre os interesses sociais organizados e o Executivo, nesse quadro o que "diferencia o conceito de 'lei' do conceito de 'regulamento' não é a característica da generalidade e abstração da norma, pois ambos se apresentam como 'lei em sentido material', mas o fato de caber ao parlamento a apreciação, discussão e decisão das 'questões fundamentais' da vida constitucional, cabendo, em contrapartida, aos 'regulamentos' a regulamentação das 'questões secundárias' ou 'não-fundamentais'. Estas não necessitam ser decididas pelo parlamento".[123]

O ato legislativo pode classificar-se segundo vários critérios. Levando em consideração o ordenamento jurídico positivo, é oferecida a seguinte classificação do ato legislativo:

I – segundo o nível de governo a que se refere é:

a) federal;

b) estadual;

---

[121] MEEHAN. *Op. cit.*, p. 17.

[122] SEABRA FAGUNDES. *O controle dos atos administrativos pelo Poder Judiciário*, p. 21.

[123] QUEIROZ. *Direito constitucional:* as instituições do estado democrático e constitucional, p. 246-247.

c) municipal. Para tanto, examine-se a repartição de competências contida na Constituição Federal (arts. 21, 22, 23, 24, 25, 30, entre outros dispositivos);

II – segundo a hierarquia institucional, diferencia-se o ato legislativo em constitucional e não constitucional ou ordinário;

III – segundo a quantidade de órgãos estatais que intervêm na emissão e expressão do ato legislativo, apresenta-se este como ato simples e complexo. O primeiro decorre da vontade de um só órgão (unipessoal ou colegiado), e o outro surge da vontade de vários órgãos que, objetivando um único fim, integra-se em um só ato;

IV – segundo o âmbito temporal de vigência, o ato legislativo pode ser permanente e transitório. Permanente é aquele cuja vigência subsistirá até que outro ato legislativo, emitido pelo mesmo órgão que o editou, o revogue. Transitório é aquele que, havendo sido editado por um prazo determinado, ou para uma única situação, vigora durante o termo previsto ou até o cumprimento daquela situação;

V – segundo o âmbito territorial de vigência, classifica-se o ato legislativo em universal e local. O primeiro tem aplicação em todo o território do Estado e o outro somente em uma parte dele;

VI – segundo a conformação com o ordenamento jurídico vigente, o ato legislativo classifica-se em válido e inválido, caso se conforme ou não com as normas jurídicas que compõem esse ordenamento;

VII – segundo o cumprimento, o ato legislativo pode ser eficaz ou ineficaz. A eficácia dependerá do grau de cumprimento que na realidade evidencie o ato legislativo e as normas que revelam o seu conteúdo. A propósito do conceito de eficácia, ensina Pinto Ferreira: "a eficácia do direito pode ser entendida no sentido social e no sentido jurídico. A eficácia social da norma jurídica significa que a conduta humana se efetiva realmente de acordo com a própria norma; a norma é realmente seguida e aplicada. A eficácia jurídica designa a força que tem a norma jurídica de produzir os seus próprios efeitos na regulação da conduta humana; indica uma possibilidade da aplicação da norma a sua exigibilidade, a sua exequibilidade, a sua executoriedade como possibilidade. O que caracteriza o direito é a coercibilidade, a possibilidade da coação; o que caracteriza a eficácia é a possibilidade da sua executoriedade".[124]

Eficácia não se confunde *com vigência nem* com validade. A vigência do ato legislativo significa verificar se as normas jurídicas têm vida ou existência, vale dizer, se foram regularmente promulgadas e publicadas, quais os alcances de seu âmbito territorial e temporal e se seus efeitos não foram modificados ou extintos.

A validade, como vimos, refere-se à conformação, formal e substancial, do ato legislativo com o ordenamento jurídico do Estado. Assim, ato

---

[124] PINTO FERREIRA. *Enciclopédia Saraiva do Direito*, v. 30, p. 158.

legislativo válido é aquele que se conforma com as normas a que se deve subordinar, dentro de um sistema normativo hierarquizado.

Esclareça-se que a observância da técnica legislativa é fator primordial para a eficácia das leis;

VIII – segundo a existência independente ou dependente, o ato legislativo classifica-se em principal e acessório. Principal é aquele cuja permanência não depende de outro; acessório é o que se extingue ao se extinguirem os atos principais de que dependem;

IX – segundo os efeitos normativos, distingue-se o ato legislativo de efeitos constitutivos do ato legislativo que modifica ou extingue normas jurídicas.

As leis, como produto do ato legislativo, podem ser assim classificadas:

I – leis formais e leis materiais. As leis formais relacionam-se com o processo legislativo de que se originam, independentemente de seu conteúdo, já que atualmente as leis regulam qualquer matéria, inclusive contendo prescrições de conteúdo concreto. As leis materiais são aquelas que versam matéria de caráter abstrato e genérico, de que tratamos acima;[125]

II – leis de Direito Público e leis de Direito Privado, segundo a distinção tradicional dos ramos do Direito em Público e Privado;

III – leis substantivas e leis adjetivas. As leis substantivas contêm disposições materiais ou de fundo (Código Penal, Código Civil, etc.), enquanto que as leis adjetivas dispõem sobre a organização, as formas e os procedimentos mediante os quais as leis substantivas deverão ser aplicadas (Códigos de Processo Penal e de Processo Civil). A propósito, dispõe a Constituição Federal brasileira (art. 22, I) que é de competência privativa da União legislar sobre direito civil, comercial, penal, processual, eleitoral, agrário, marítimo, aeronáutico, espacial e do trabalho, cabendo, no entanto, aos Estados e ao Distrito Federal legislar concorrentemente com a União sobre procedimentos em matéria processual (art. 24, XI);

IV – leis imperativas, supletivas, de ordem pública e de ordem privada. Imperativas, também conhecidas como cogentes, preceptivas, absolutas, são as leis que se impõem aos particulares independentemente e ainda contrariando qualquer manifestação de sua vontade. Não deixam liberdade à vontade individual. São inderrogáveis pela vontade das partes. Supletivas são as leis que "deixam liberdade aos particulares de dispo-

---

[125] A história da caracterização material da lei vem resumida por Canotilho: a) a lei material como regra ou norma geral e abstrata: a generalidade era essencialmente existente na norma, como deliberação abstrata para regulamentação de todos os casos de mesma natureza e a todas as pessoas nas condições previstas; b) a lei material como regra de direito delimitadora da esfera livre de atividade das pessoas nas suas relações recíprocas: lei é a criação do direito, mas o que importa não mais é o caráter de abstração, mas a modificação da situação jurídica das pessoas; c) a lei material no sentido de ato que intervém na propriedade e liberdade dos cidadãos: para se intervir nas esferas de liberdade e propriedade é necessária uma lei, ou pelo menos, autorização legal (*Direito constitucional e teoria da constituição*, p. 625-626).

rem de outro modo e se aplicam em caso de obscuridade ou omissão na manifestação da vontade dos interessados".[126] Aplicam-se, portanto, somente no caso em que os interessados não tenham previsto algo distinto em relação a elas, e disciplinam subsidiariamente o seu silêncio. Consideram-se de ordem pública as leis que tratam dos princípios fundamentais da organização social, e de ordem privada as que se referem sobretudo aos interesses particulares dos indivíduos. Cabe advertir, contudo, que, apesar da controvérsia, não se identificam as leis de ordem pública com as cogentes, nem as de ordem privada com as supletivas.

É que, de fato, há muitas normas cogentes no Direito Privado, da mesma forma que há normas de ordem privada no Direito Público. Assim, não há utilidade prática na distinção entre normas de ordem pública e normas de Direito Privado. A questão fundamental, ao que nos parece, é distinguir normas imperativas ou cogentes de normas supletivas;

V – leis positivas, negativas e autorizativas. Positivas são as leis que expressam o que devem realizar aqueles que por elas se obrigam. Negativas são as que expressam o que não se deve fazer (a Constituição Federal brasileira declara em seu art. 5º, II, que "ninguém será obrigado a fazer ou deixar de fazer alguma coisa senão em virtude da lei"). Autorizativas, também conhecidas como permissivas, são as leis que, vinculadas a uma proibição anterior, revogam-na ou limitam-na quanto a seus alcances;

VI – leis gerais, especiais ou excepcionais. Gerais ou comuns são as leis "de aplicação genérica e ampla, que regulam o maior número das hipóteses enquadradas nos tipo legais, como o direito civil, o processo civil, etc. Especiais são as que regulam determinado número de situações, de amplitude mais ou menos considerável, sujeitando-as a um tratamento diferente, como o direito comercial, a lei de acidentes do trabalho, os códigos de minas e águas, a lei das execuções fiscais, etc.";[127]

VII – leis permanentes, temporárias, transitórias e repristinatórias. As leis permanentes são as que vigoram até que sejam revogadas por outras (o art. 2º da Lei de Introdução às normas do Direito Brasileiro dispõe:[128] "Não se destinando à vigência temporária, a lei terá vigor até que outra a modifique ou revogue"). Temporárias são as leis destinadas a vigorar por um certo período fixado na própria lei, ou dependente de uma condição nela também determinada. Transitórias são as leis cujas disposições são editadas para solucionar as dificuldades oriundas da transição do regime de uma lei revogada para o regime de uma lei nova.

As leis repristinatórias são as que revigoram ou restauram leis anteriormente revogadas. A Lei de Introdução às normas do Direito

---

[126] LEAL. *Problemas de direito público*, p. 40.

[127] LEAL. *Op. cit.*, p. 48.

[128] A Lei n. 12.376, de 30 de dezembro de 2010, alterou a ementa do Decreto-Lei n. 4.657, de 4 de setembro de 1942, para ampliar seu campo de aplicação. Portanto, a expressão "Lei de Introdução ao Código Civil" foi alterada para "Lei de Introdução às normas do Direito Brasileiro".

Brasileiro exige que o revigoramento de leis anteriormente revogadas conste de texto expresso, conforme dispõe seu o art. 2º, § 3º: Salvo disposição em contrário, a lei revogada não se restaura por ter a lei revogadora perdido a vigência."

VIII – leis normativas e leis construtivas. Normativas são as que impõem ao homem que vive em sociedade certa abstenção ou certa ação, e construtivas ou técnicas aquelas que preordenam medidas, organizam e fixam competências e asseguram sanções;[129]

IX – leis de arbitragem e leis de impulsão. As leis de arbitragem têm por função compor conflitos de interesses interindividuais; harmonizarem as pretensões de indivíduos e grupos, procurando fazer Justiça para estabelecer a paz e a ordem; as leis de impulsão destinam-se a realizar políticas públicas, fixar metas de realização governamental, estimular e estabelecer programas e interferir no domínio econômico.[130]

Gustavo Zagrebelsky tipifica as leis de acordo com suas especificidades e objetivos:

a) leis-provimento, que alcançam resultado direto, portanto não são abstratas, já que não exigem atividade executiva, mesmo sendo regras gerais;

b) leis-contrato, que regulamentam relações entre particulares, fixando garantias às atividades que exijam investimentos particulares;

c) leis-incentivo, que compreendem os incentivos estatais, auxílios fiscais e financiamentos especiais que, como as leis-contrato, não apresentam caráter autoritário, mas de negociação com a iniciativa privada;

d) leis programáticas, compreendidas pelas leis que estabelecem metas a serem atingidas, quer seja pela administração, quer por particulares, ou ainda envolvendo concurso de ambas as esferas (pública e privada), como as leis sociais;

e) leis-princípio (ou leis-quadro), que se limitam ao estabelecimento de amplos critérios, exigindo, por conseguinte, atuação legislativa secundária do Poder Executivo. Não regulamentam diretamente as situações jurídicas, mas estabelecem direção principiológica de necessária observância pelas autoridades na condução da administração;

f) leis de procedimento, que se delimitam por organizar amplos e complexos procedimentos, envolvendo ampla gama de entidades públicas e privadas, como manifestações sociais na atividade pública;

g) leis de finanças, que compreendem as previsões orçamentárias e as leis tributárias.[131]

---

[129] SILVA. *Processo constitucional de formação das leis,* p. 28.

[130] FERREIRA FILHO. *Do processo legislativo,* p. 270 e ss.

[131] ZAGREBELSKY. *Manuale di diritto costituzionale:* il sistema delle fonti del diritto, v. I, p. 156-161. Cf. ainda MODENA. *Medida provisória e lei de conversão:* horizonte estreito para aplicação em matéria tributária e ambiental, p. 70-71.

9.1 A crise da lei

A inflação legislativa e a desregulamentação ou a deslegalização, nos dias que correm, não reforçam a autoridade da lei. Por isso é que a função de garantia da ordem jurídica e dos valores fundamentais da comunidade política transfere-se para a Constituição. Ao invés da soberania da lei, entram em cena o princípio da constitucionalidade e a efetivação da justiça constitucional.

Além desse fenômeno, em que decretos e regulamentos fazem concorrência com a lei, também o ativismo judicial vem contribuindo para o enfraquecimento da lei, chegando-se então ao paradoxo: quanto mais invasiva, mais impotente é a lei. As decisões dos Tribunais não se restringem mais a produzir efeitos puramente negativos ou cassatórios, mas avançam para efeitos constitutivos de variada ordem, tornando cada vez menos nítida a fronteira entre justiça e legislação.

No âmbito da inflação legislativa, acentua Manoel Gonçalves Ferreira Filho que a lei, "desde o instante em que é aprovada, antes mesmo da promulgação, já lhe reclamam a revogação. Alteram-se, então, com as variações do sistema de forças políticas, leis sobre a mesma matéria, dispondo uma o oposto da outra (de cuja edição pouco tempo decorreu). O que era proibido torna-se permitido, para, logo mais, voltar a ser proibido, para, um instante depois, voltar a ser permitido. O lícito e o ilícito assim flutuam, desorientando e confundindo a todos que querem curvar-se à lei".[132] Essa avalanche legislativa acaba por dificultar o conhecimento da lei, situação que se agrava pela ausência, muitas vezes, de indicação da legislação revogada com a nova lei. A própria ideia de codificação fica comprometida, pois não há como considerar, nos dias de hoje, a ideia de sistematização racional que outrora deu origem aos Códigos como diplomas normativos voltados para a estabilidade e a permanência.

A crise da lei não decorre apenas de aspectos ligados à sua elaboração, em sentido material e formal, mas também de outras razões, como a crise do paradigma legalista, no âmbito da crise de legitimação do Estado, em que diferentes atores sociais não se reconhecem na legislação aprovada pelo Legislativo ou pelo Executivo. O contexto de dificuldades do Estado Social, que levou a um excesso de regulamentação, dificultando a comunicação entre legislador e destinatários da lei, constitui outro fator de crise da lei.

Cada vez menos obedecida, a lei se esvai na instabilidade e na injustiça,

A lei, muitas vezes, representa uma resposta pontual, tópica e possível para questão concreta, e é fruto de compromissos entre setores de interesses antagônicos, nem sempre relacionados com a intenção de atender o interesse coletivo.

A lei passa a ser uma solução, não uma norma. Obedece-se a exigências de programas partidários, vencedores nas eleições, e não a considerações racionais. Legisla-se "por legislar e não por imperativo racional ou ético. Como os partidos cada vez menos se distinguem por razões ideológicas profundas, é através da nova legislação que eles, uma vez no poder, têm a ambição de se demarcarem dos seus rivais. A multipli-

---

[132] FERREIRA FILHO. *Estado de direito e constituição*, p. 48.

cação das leis só afeta a segurança jurídica porque a lei não tem a pretensão de definir uma ordem abstrata de justiça com vocação para a estabilidade e permanência. Já não temos lei, temos leis. A estrutura clássica das leis fica desfigurada; de normas gerais e abstratas com vocação para a permanência passam com frequência a comandos individuais e concretos, deliberados para atender a interesses parcelares e conjunturais e, portanto, passageiros, perdida a respectiva valia ética substituída agora por padrões de eficácia de modo a dar resposta satisfatória aos interesses presentes e afetou-se definitivamente o significado da sua observância".[133]

Resgatar, portanto, a "dignidade da legislação" implica pensar a origem da lei como reflexo da sociedade e não como vontade do legislador, e que a concepção da lei conferidora de direitos aos indivíduos é anterior àquela da lei como mando e poder. Enfim, lei emanada de assembleias (legislaturas) e produzidas segundo um processo legislativo democrático e organizado pelo princípio do contraditório.

Nesse horizonte, vivencia-se uma alteração do paradigma de legitimidade, destacando-se a concepção de Habermas, para quem a construção legítima do direito se faz no âmbito do processo comunicativo, em que a participação política se instrumentaliza por um processo institucional de formação de opinião e da vontade públicas. Este processo se desenvolve por meio de formas comunicativas que consubstanciam os princípios do discurso, nos vieses cognitivo e procedimental.[134]

O paradigma deliberativo, que ultrapassa sistema político, para abri-lo à participação dos cidadãos, é outra visão da teoria democrática, e se sustenta na crença de que a deliberação dos atores sociais, sejam representantes, sejam representados, em fóruns públicos de debates e de negociação, possibilitará que o processo decisório nas sociedades complexas seja mais inclusivo e democrático.

A opinião pública que se forma nos espaços públicos acabará por influenciar a formação da vontade formal das instituições no processo de elaboração das leis, por meio dos denominados fluxos comunicativos.

10. CONSIDERAÇÕES FINAIS

Cabe, em conclusão, indagar qual a função do Poder Legislativo que deve ser priorizada, a fim de que possa o Parlamento adaptar-se às exigências de um mundo novo, evitando-se o seu declínio: fortalecer a atividade de controle sobre a atuação governamental, ou remodelar o processo legislativo?

A tarefa de legislar não tem sido monopólio do Poder Legislativo, como se observa na atualidade (delegação legislativa e medidas provisórias na Constituição brasileira). Esse fenômeno que permite ao Executivo legislar, embora sob o controle político do Legislativo, resulta, sobretudo, da inércia dos Parlamentos que, em virtude de mecanismos regimentais, neles incluída a obstrução parlamentar, concorre para a morosidade das deliberações legislativas. Por outro lado, a desvalorização da ideia de lei como norma geral, observável nos dias que correm, leva o Executivo a necessitar

---

[133] MONCADA. *Ensaio sobre a lei*, p. 89-90.

[134] HABERMAS. *Direito e democracia:* entre facticidade e validade.

regularmente de leis de efeitos concretos, pois a ausência de normas gerais orientadoras da ação administrativa faz com que só se possa governar legislando.

Não obstante, ao Poder Legislativo, por corresponder à sociedade, cabe a indeclinável tarefa de preservar as liberdades e o Estado Democrático de Direito, intermediando o permanente diálogo entre governantes e governados.

A renovação do Poder Legislativo brasileiro está relacionada com o exercício pleno das tarefas que a Constituição de 1988 lhe atribuiu.

Rapidez e eficácia na elaboração das leis, grandeza e autoridade nas relações com o Poder Executivo concorrerão certamente para a afirmação do Poder Legislativo como Poder representativo e autêntico.

De qualquer modo, os parlamentos, apesar do deslocamento do debate político para os partidos, órgãos de classe e meios de comunicação, e da transferência de importantes deliberações e negociações, sobretudo as relacionadas com políticas macroeconômicas, para foruns em que se representam centrais sindicais, patronais e de governo, ainda são a instituição mais bem aparelhada para a regulação da competição política democrática, que dificilmente poderia desenvolver fora da arena parlamentar, e que não se esgota no momento das eleições. Esta tarefa de institucionalização do conflito político, inerente aos parlamentos, pressupõe uma estrutura formalmente adequada, com regras complexas de procedimento, práticas e padrões reconhecíveis de comportamento, destacando-se, neste contexto, as comissões permanentes.

Capítulo 10

PROCESSO LEGISLATIVO

SUMÁRIO

1. INTRODUÇÃO

O processo legislativo é fenômeno específico do Poder Legislativo, e envolve um conjunto de regras às quais o legislador deve obedecer para a elaboração das leis.

O Direito é a ciência que prevê o processo de sua própria criação. Assim, o processo legislativo, que estuda a formação das leis, reveste-se de significativa importância, na medida em que se concebe o Direito como complexo normativo.

Neste trabalho abordamos o processo legislativo no sentido estritamente jurídico, muito embora, segundo elucida Nelson de Sousa Sampaio, possa também ser entendido no sentido sociológico, quando se refere "ao conjunto de fatores reais ou fáticos que põem em movimento os legisladores e ao modo como eles costumam proceder ao realizar a tarefa legislativa",[1] examinando-se, neste aspecto, a opinião pública, as crises sociais, os grupos de pressão, os acordos partidários, enfim, todos aqueles fatores que, de alguma forma, condicionam ou determinam a "demanda da lei".

O processo legislativo pode ainda ser analisado sob: *a*) uma racionalidade fundada nos princípios do Estado Democrático de Direito; *b*) a orientação da ética do discurso, considerando os valores de justiça (extrínsecos à sociedade) e segurança jurídica; *c*) a consideração de que existem diferenças entre as capacidades argumentativas no

---

[1] SAMPAIO. *O processo legislativo*, p. 1.

momento da criação da norma (desigualdade de forças, dos grupos representativos, no interior do Parlamento).[2]

O processo legislativo contemporâneo, apesar de manter sua estrutura básica oriunda do processo clássico, e sem desconsiderar as orientações procedimentais ou formais, acha-se vinculado à ética social na criação da norma jurídica. Fala-se, desse modo, em processo legislativo material no sentido neopositivista: o processo legislativo é visto como um instrumento de absorção e sede dos valores e conceitos vigentes na sociedade, buscando estabelecer normas legítimas sob a perspectiva de sua correção material. O processo legislativo é um sistema que tem por finalidade a organização da deliberação sobre valores, buscando atender às expectativas socialmente reconhecidas e concretiza os ideais que justificam a formação do Estado Democrático de Direito, cujas regras muitas vezes não se compatibilizam com o interesse exclusivo do Parlamento. Há, na concepção de Habermas, uma importante substituição no âmbito da sociedade, que interfere no interior do próprio Parlamento, ou seja, "o lugar dos cidadãos e seus interesses individuais é ocupado por organizações e interesses organizados".[3]

Assinale-se com Raul Machado Horta que "o processo legislativo não existe autonomamente, como valor em si, pois é técnica a serviço de concepções políticas, realizando fins do Poder. Daí sua mutabilidade no tempo e na sua compreensão variada, refletindo a organização social, as formas de Governo e de Estado, a estrutura partidária e o sistema político".[4]

Levando em consideração as formas de organização política, quatro são os tipos de processo legislativo: a) *o autocrático*, em que o governante fundamenta em si próprio a competência para dar leis, pertencendo, portanto, a este tipo, todo processo legislativo em que não seja expressão da atividade legiferante do corpo de cidadãos, seja diretamente, seja por intermédio de seus representantes; b) *o direto*, em que as proposições legislativas são discutidas e votadas pelo próprio povo; c) *o indireto ou representativo*, em que o povo escolhe seus representantes, a quem cabe decidir sobre as proposições legislativas; d) *o semidireto*, em que a elaboração das leis cabe ao órgão legislativo competente com a concordância do eleitorado, mediante o *referendum* popular.

A organização bicameral do Poder Legislativo é uma constante no processo legislativo brasileiro, mas, como assinala Raul Machado Horta, os tipos variados de bicameralismo resultaram em distintos modelos de processo legislativo: *a)* o *processo legislativo complexo* organizado pela Constituição de 1891, propício aos embaraços e à lentidão legislativa, em que se compunha, com requintamento técnico e embaraços recíprocos, a orquestração do governo deliberativo do século XX, em especial pela revisão complexa do projeto de lei;[5] *b)* o *processo legislativo híbrido* da Constituição de

---

2 CARVALHO. *Controle judicial e processo legislativo*: a observância dos regimentos internos das casas legislativas como garantia do estado democrático de direito, p. 75-76.

3 HABERMAS. *Direito e democracia*: entre facticidade e validade, v. II, p. 59.

4 HORTA. O processo legislativo nas constituições federais brasileiras. *Revista de Informação Legislativa*, 101/5.

5 A revisão complexa "impunha, no seu primeiro tempo, ou terceiro ato da tramitação bicameral, a volta do projeto à Câmara revisora, e se as alterações nela obtivessem dois terços dos votos dos

1934, que refletiu o hibridismo da solução constitucional, ou seja, ele foi bicameral quando se impunha a colaboração do Senado na confecção dos atos legislativos, e monocameral, quando essa colaboração era dispensada; *c)* o *processo legislativo nominal* da Carta de 1937, porquanto, nesse setor, a Carta permaneceu inaplicada; *d)* o *processo legislativo de equilíbrio* da Constituição de 1946, que restaurou valores preteridos na experiência autoritária de 1937; e) o *processo legislativo autoritário*, concebido e organizado pela Constituição de 1967 e pela Emenda Constitucional de 1969, que, entre outras medidas, converteram o Presidente da República em legislador, pela expedição do decreto-lei, e colegislador, mediante os instrumentos que lhe asseguravam ampla iniciativa sobre qualquer matéria de competência da União; o benefício dos prazos de deliberação abreviada e de urgência, amparados na deliberação automática e de urgência; a exclusividade da iniciativa de projetos de lei de maior relevância, com a vedação de emendas que aumentam a despesa neles prevista.[6] .

Ainda no sistema constitucional brasileiro, ao que se extrai da Constituição de 1988, o processo legislativo se acha norteado, entre outros, pelos princípios relativos à independência dos Poderes (para o exercício de suas competências e atribuições), ao exercício dos direitos políticos, à composição partidária da representação parlamentar, às competências dos entes federativos, ao do Estado Democrático, em especial à tomada de decisões pelo voto majoritário.

2. NOÇÃO DE PROCESSO LEGISLATIVO

O processo legislativo compreende o conjunto de atos (iniciativa, emenda, votação, sanção e veto) realizados pelos órgãos legislativos, visando à formação de emendas à Constituição, leis complementares, leis ordinárias, leis delegadas, medidas provisórias, decretos legislativos e resoluções que, como espécies normativas, constituem o seu objeto.[7]

Para Marcelo Caetano, o processo legislativo consiste na "sucessão ordenada dos trâmites a observar na elaboração dos atos normativos pelos órgãos colegiados constitucionalmente competentes para legislar, e das formalidades complementares".[8]

Nelson de Sousa Sampaio esclarece que o processo legislativo "prescreve a competência e a forma para a criação de normas de caráter geral, inclusive, portanto, das normas dos outros processos".[9]

membros presentes, considerar-se-iam aprovadas, para ingresso no quarto ato da tramitação, quando devolvido o projeto à Câmara iniciadora, esta só poderia rejeitá-las pela maioria de dois terços dos votos dos membros presentes. Se assim ocorresse, sendo rejeitadas as alterações da Câmara revisora, por idêntica maioria, o projeto seria submetido à sanção presidencial, concluindo o último ato do procedimento complexo, propício aos embaraços recíprocos e à lentidão legislativa" (HORTA. *Direito constitucional*, p. 522).

6 HORTA. *Direito constitucional*, p. 521-534.

7 SILVA. *Curso de direito constitucional positivo*, p. 452.

8 CAETANO. *Direito constitucional*, v. 2, p. 275.

9 SAMPAIO. *O processo legislativo*, p. 3.

A expressão *processo legislativo* sugere dúvida, levantada por Manoel Gonçalves Ferreira Filho, sobre o significado de *legislativo* no texto constitucional: "referir-se-á esse adjetivo à matéria ou ao sujeito? E se ao sujeito, a qual sujeito, o Poder Legislativo ou o Legislador?"[10]

Na realidade, considerando a matéria, no elenco dos objetos do processo legislativo se encontram atos de efeitos concretos, como as resoluções, e não se inserem outros de caráter abstrato, como os regimentos internos de cada Casa Legislativa ou dos Tribunais, e, considerando o sujeito, o processo legislativo inclui as emendas à Constituição, que não são elaboradas pelo legislador ordinário, mas pelo Poder Constituinte Derivado ou Poder de Revisão, e ainda trata das medidas provisórias elaboradas pelo Presidente da República, não obstante a possibilidade de se converterem em lei por manifestação do Legislativo.

A palavra processo, embora seja precipuamente empregada para a atividade jurisdicional, a sua adoção para a atividade legiferante denota uma abrangência ampla da expressão, que alcança a noção técnica do *modus operandi* na elaboração das normas, sem privilegiar as suas fontes, e trata ainda das espécies normativas sujeitas ao controle de constitucionalidade quanto à sua elaboração.

Assim, se o processo traz no seu âmago a ideia de "atos coordenados que se desenvolvem no tempo e tendem à formação de um ato final, donde decorre a ideia de *procedere*, ou seja, *dirigir-se* para uma meta", o processo legislativo constitui esse conjunto de atos, postos em movimento, no exercício da função legislativa.[11] Nesta perspectiva, o processo legislativo não é exclusivo da função jurisdicional, mas ocorre na presença da lei, da sentença e do ato administrativo.

É de importância significativa, como fonte do processo legislativo, o regimento interno das Casas Legislativas. Como esclarece Raul Machado Horta, ao "lado das causas mais gerais, que alteraram o mecanismo do processo legislativo, para atender exigências da nossa época e da nossa sociedade, é necessário anotar a tendência que assinala deslocamento técnico na fonte de regulação do procedimento legislativo. As assembleias políticas sempre detiveram apreciável controle das normas disciplinadoras da formação das leis. As regras regimentais, plásticas ou rígidas, escritas ou consuetudinárias, absorvem largos setores da disciplina legislativa, dando aos regimentos parlamentares singular projeção. A 'fenomenologia ritualística' dos regimentos incorpora normas materialmente constitucionais, exercendo os textos regimentais a tarefa de complementação dos dispositivos constitucionais da elaboração legislativa. Não perderam os regimentos sua matéria específica, nem se lhes deve recusar a titularidade do princípio da autonormatividade, que é peculiar à elaboração regimental. As Constituições contemporâneas constitucionalizaram numerosas normas regimentais, mas este fenômeno de absorção de normas regimentais na Constituição não diminuiu, como se observou, a importância dos Regimentos dos órgãos legislativos. O Regimento perdeu, em alguns casos, a condição de fonte primária da norma, mas continua sendo o texto responsável pelo desdobramento das normas constitucio-

---

10 FERREIRA FILHO. *Do processo legislativo*, p. 199.

11 SILVA. *Princípios do processo de formação das leis no direito constitucional*, p. 26.

nais, na sua função de relevante fonte do Direito Parlamentar. O Regimento poderá assegurar a eficiência do processo legislativo pela supressão da morosidade, que entorpece e desprestigia as deliberações legislativas. A organização dos trabalhos, mediante programas, calendários e esquemas de trabalhos; a fixação da duração dos discursos – o Regulamento da Câmara dos Deputados da Itália dispõe que a leitura de um discurso não poderá exceder a trinta minutos (art. 39.4); o debate limitado; a organização da Ordem do Dia, são soluções regimentais adotadas para preservar a eficiência e o rendimento do Poder Legislativo."[12]

2.1 Fases do processo legislativo

O processo legislativo compreende as fases: a) introdutória (instauradora ou iniciadora), em que se deflagra o processo de criação da lei, e que faz com que ele tenha início; b) constitutiva, que é a fase de tramitação do processo legislativo na qual ocorrerão as discussões e deliberações parlamentares, bem como a sanção ou o veto do Presidente da República; c) complementar (integração de eficácia), da promulgação e publicação da lei. Para Ferreira Filho, a elaboração da lei no Direito Constitucional clássico se desdobra em três fases: a fase de iniciativa, que envolve o poder de propor a adoção de uma lei como também a apresentação do projeto junto ao órgão competente; a fase constitutiva da lei, que se caracteriza pela aprovação da câmara ou câmaras legislativas mais a sanção do chefe de estado, ou sua superação; a fase integratória de eficácia, compreendendo a promulgação e a publicação, que estão fora propriamente do processo legislativo.[13] Galeotti divide as fases do procedimento legislativo (e não processo legislativo) baseadas nos atos principais de formação dessas fases: a) instaurativa, cuja *fattispecie* é a iniciativa da proposição; perfectiva, destinada a materializar a lei, como *fattispecie* juridicamente relevante; integrativa de eficácia, cuja *fattispecie* se constitui na atribuição de eficácia à nova norma legal, em que veicula os destinatários efetivamente aos seus cânones.[14] Para Viveiros de Carvalho, o processo legislativo se desdobra em quatro fases, compostas de vários atos: a) fase instaurativa; b) fase deliberativa; c) fase confirmatória; d) fase integrativa de eficácia. A fase instaurativa se compõe de dois atos: proposição, que se completa com a leitura em plenário, e juízo de admissibilidade (verificação prévia pelo Presidente da Casa: de constitucionalidade, compatibilidade com a competência da Casa Legislativa e em conformidade com o Regimento Interno). A segunda fase compreende outras subfases (emendas, discussões pelas Comissões, votação nas Comissões e no Plenário de cada uma das Casas Legislativas, conforme o caso), dependendo do processo e da norma criada. A fase confirmatória compreende a sanção ou o veto, fase na qual há a participação do Chefe do Executivo (integração entre os poderes). A última fase, integrativa de eficácia, é compreendida pela promulgação e pela publicação, não integrando o processo legislativo, pois a norma já existe antes dela.[15]

---

12 HORTA. *Direito constitucional*, p. 520-521.

13 FERREIRA FILHO. *Do processo legislativo*, p. 72-74.

14 GALEOTTI. *Contributo alla teoria del procedimento legislativo*, p. 241-244.

15 CARVALHO. *Controle judicial e processo legislativo*: a observância dos regimentos internos das casas legislativas como garantia do estado democrático de direito, p.73-74.

3. ATOS DO PROCESSO LEGISLATIVO

Começaremos por examinar os atos do processo legislativo, da iniciativa à sanção e ao veto, para depois cuidarmos da promulgação e da publicação da lei como atos complementares.

3.1 Iniciativa

O primeiro ato do processo legislativo é a iniciativa.[16] A iniciativa deflagra e impulsiona o trâmite legislativo. Por meio dela o titular legislativo competente encaminha projeto de lei, depositando-o na Mesa da Casa Legislativa competente (Câmara dos Deputados ou Senado Federal), objetivando sua aprovação, para afinal se converter em lei. Segundo José Afonso da Silva, a iniciativa se consuma, ou seja, considera-se perfeita e acabada, com a apresentação do projeto em Plenário, caso o titular da proposta seja parlamentar, e em se tratando de titular extraparlamentar, a consumação da iniciativa só se dará com o recebimento da Mensagem pela Mesa. Ainda segundo o autor, a iniciativa válida gera os seguintes efeitos: "a) determinar a ativação do procedimento legislativo; b) determinar a obrigação da Câmara destinatária de submeter o projeto de lei, em que se materializar a iniciativa, a uma deliberação definitiva qualquer."[17]

Em geral, a iniciativa, quando envolve proposições a cargo de parlamentares, salvo as propostas de emenda constitucional e as matérias de iniciativa reservada, é individual de cada parlamentar que pode deflagrar o processo legislativo no Congresso Nacional. A iniciativa individual é comum nas democracias contemporâneas, como a brasileira, que não exige para a apresentação de projeto de lei número determinado de subscritores que não se confundem com a figura do apoiamento. Segundo o art. 102, §§ 1º e 2º do Regimento Interno da Câmara dos Deputados, o projeto de lei pode ser apresentado individual ou coletivamente, mas as atribuições ou prerrogativas regimentais conferidas ao autor serão exercidas em plenário por um só dos signatários, regulando-se a precedência segundo a ordem dos que o subscreveram. Há, no entanto, países europeus em que a iniciativa individual é restringida pelos regimentos internos dos parlamentos. Como afirma Paolo Ricci, "no *Bundestag* alemão, o direito de iniciativa não é individual, mas coletivo, limitado a uma fração de deputados correspondente a pelo menos 5% dos membros da Casa. Da mesma forma na Áustria, após a reforma regimental de 1988, as assinaturas necessárias para a apresentação de um projeto de lei foram reduzidas de oito para cinco (*omissis*). Na Espanha, o direito de iniciativa é individual, mas as propostas de lei do Congresso devem ser assinadas por quatorze deputados. Deve-se destacar, igualmente, que não há restrições temporais quanto à data em que os parlamentares brasileiros podem apresentar suas pro-

---

16 Para Manoel Gonçalves Ferreira Filho, a iniciativa não é uma fase do processo legislativo, já que se esgota num único ato, que é o depósito do projeto, embora reconheça que, politicamente, é na fase de iniciativa que se faz sentir a influência dos interesses em disputa (*Do processo legislativo*, p.72).

17 SILVA. *Processo constitucional de formação das leis*, p. 165, 166, 169.

postas legislativas, diferentemente de países como Grécia, França, Islândia, Irlanda, Reino Unido e Suécia, nos quais há restrições regimentais à introdução das propostas dos deputados."[18]

O que se observa é que, mesmo no caso do Brasil, em que a iniciativa das leis é individual, na prática parlamentar tornou-se secundário o papel individual dos congressistas, pois o Parlamento é mais um conjunto de grupos parlamentares do que um conjunto de Deputados e Senadores. Os grupos parlamentares detêm, no Parlamento, poderes instrumentais relativos ao seu funcionamento, substituindo as múltiplas posições individuais. Sem real poder de influência e de intervenção, os parlamentares se utilizam do poder de iniciativa das leis, na maioria das vezes como forma de obterem visibilidade midiática e de exprimirem vitalidade política junto aos eleitores.

A Constituição Federal, no art. 61, indica os titulares (órgãos, pessoas, autoridades ou entidades) competentes para apresentar projeto de lei complementar ou ordinária ao Poder Legislativo. Pela análise desse dispositivo, verifica-se que houve ampliação do poder de iniciativa, já que o ordenamento constitucional anterior, ao tratar da iniciativa geral, estabelecia como seus titulares número menor de órgaos, pessoas, autoridades ou entidades. A Constituição de 1988 ampliou o elenco dos titulares da iniciativa geral, incluindo o Procurador-Geral da República (art. 127, § 2º, e art. 128, § 5º), como também estabeleceu a iniciativa popular (art. 61, § 2º), mediante a qual os cidadãos que representam 1% do eleitorado nacional, distribuído pelo menos por cinco Estados, com não menos de 0,3% dos eleitores de cada um deles, poderão propor projeto de lei complementar ou ordinária à Câmara dos Deputados.[19]

---

[18] RICCI. A produção legislativa de iniciativa parlamentar no Congresso: diferenças e similaridades entre a Câmara dos Deputados e o Senado Federal. *In: O Senado Federal no pós-constituinte,* p. 243-244.

[19] Lei n. 9.709, de 18 de novembro de 1998: "Art. 13. A iniciativa popular consiste na apresentação de projeto de lei à Câmara dos Deputados, subscrito por, no mínimo, um por cento do eleitorado nacional, distribuído pelo menos por cinco Estados, com não menos de três décimos por cento dos eleitores de cada um deles. § 1º O projeto de lei de iniciativa popular deverá circunscrever-se a um só assunto. § 2º O projeto de lei de iniciativa popular não poderá ser rejeitado por vício de forma, cabendo à Câmara dos Deputados, por seu órgão competente, providenciar a correção de eventuais impropriedades de técnica legislativa ou de redação.

Art. 14. A Câmara dos Deputados, verificando o cumprimento das exigências estabelecidas no art. 13 e respectivos parágrafos, dará seguimento à iniciativa popular, consoante as normas do Regimento Interno."

Regimento Interno da Câmara dos Deputados: "Art. 252. A iniciativa popular pode ser exercida pela apresentação à Câmara dos Deputados de projeto de lei subscrito por, no mínimo, um centésimo do eleitorado nacional, distribuído pelo menos por cinco Estados, com não menos de três milésimos dos eleitores de cada um deles, obedecidas as seguintes condições: I – a assinatura de cada eleitor deverá ser acompanhada de seu nome completo e legível, endereço e dados identificadores de seu título eleitoral; II – as listas de assinatura serão organizadas por Município e por Estado, Território e Distrito Federal, em formulário padronizado pela Mesa da Câmara; III – será lícito a entidade da sociedade civil patrocinar a apresentação de projeto de lei de iniciativa popular, responsabilizando-se inclusive pela coleta das assinaturas; IV – o projeto será instruído com documento hábil da Justiça Eleitoral quanto ao contingente de eleitores alistados em cada Unidade da Federação, aceitando-se, para esse fim, os dados referentes ao ano anterior, se não disponíveis outros mais

Quanto às propostas de emenda à Constituição, inexiste previsão expressa, no texto constitucional, de iniciativa popular.

A iniciativa popular é incabível quando se trata de projetos de lei de iniciativa reservada, de que tratamos adiante.

Também não cabe iniciativa popular para leis delegadas, medidas provisórias, decretos legislativos e resoluções, por se tratar de espécies normativas com titularidade e procedimento específicos.

A iniciativa popular constitui eventual elemento de contraste e de oposição para compensar o predomínio dos que detêm o controle da iniciativa parlamentar.

Prevê, ainda, a Constituição a iniciativa reservada ou exclusiva, pela qual determinadas matérias somente poderão ser objeto de projeto de lei, se apresentado por único proponente legislativo. A iniciativa reservada se revela assim pela matéria que determina o órgão competente para o depósito do projeto de lei, sendo seus titulares:

---

recentes; V – o projeto será protocolizado perante a Secretaria-Geral da Mesa, que verificará se foram cumpridas as exigências constitucionais para sua apresentação; VI – o projeto de lei de iniciativa popular terá a mesma tramitação dos demais, integrando a numeração geral das proposições; VII – nas Comissões ou em Plenário, transformado em Comissão Geral, poderá usar da palavra para discutir o projeto de lei, pelo prazo de vinte minutos, o primeiro signatário, ou quem este tiver indicado quando da apresentação do projeto; VIII – cada projeto de lei deverá circunscrever-se a um único assunto, podendo, caso contrário, ser desdobrado pela Comissão de Constituição e Justiça e de Cidadania em proposições autônomas, para tramitação em separado; IX – não se rejeitará, liminarmente, projeto de lei de iniciativa popular por vícios de linguagem, lapsos ou imperfeições de técnica legislativa, incumbindo à Comissão de Constituição e Justiça e de Cidadania escoimá-lo dos vícios formais para sua regular tramitação; X – a Mesa designará Deputado para exercer, em relação ao projeto de lei de iniciativa popular, os poderes ou atribuições conferidos por este regimento ao Autor de proposição, devendo a escolha recair sobre quem tenha sido, com a sua anuência, previamente indicado com essa finalidade pelo primeiro signatário do projeto".

As exigências de assinaturas, previstas na Lei n. 9.709/1998, praticamente têm inviabilizado a apresentação de projetos de lei de iniciativa popular, reduzindo, portanto, a sua utilização. Basta, para tanto, verificar que, após 14 anos da promulgação da Constituição, somente dois projetos de lei de iniciativa popular foram apresentados: o primeiro, que cria o Fundo Nacional de Moradia Popular, e o segundo visando combater a corrupção eleitoral, que, aprovado, resultou na Lei n. 9.840/1999. Faz-se ainda menção a outros dois projetos que teriam sido apresentados: um sobre os crimes hediondos, e outro sobre punição de crimes. Ambos não tramitaram regularmente, porquanto contavam apenas com a assinatura e número das carteiras de identidade dos subscritores. Observe-se, contudo, que o primeiro projeto acima referido foi encampado pelo Presidente da República e apresentado ao Congresso como de sua iniciativa. Em data de 29 de setembro de 2010, foi apresentado à Mesa da Câmara dos Deputados projeto de lei complementar, de iniciativa popular, prevendo novos casos de inelegibilidade. O projeto, encampado pelo Projeto de lei da Câmara n. 58, de 2010 – complementar (n. 168, de 1993 – complementar, na Casa de origem), após regular tramitação, foi aprovado, com emendas, pelas duas Casas do Congresso Nacional, convertendo-se na Lei Complementar n. 135, de 4 de junho de 2010, que altera a Lei Complementar n. 64, de 18 de maio de 1990, que estabelece, de acordo com o § 9º do art. 14 da Constituição Federal, casos de inelegibilidade, prazos de cessação e determina outras providências, para incluir hipóteses de inelegibilidade que visam a proteger a probidade administrativa e a moralidade no exercício do mandato.

a) o Presidente da República,[20] para a iniciativa das leis a que se refere o § 1º do art. 61 da Constituição: fixação ou modificação dos efetivos das Forças Armadas; criação de cargos, empregos públicos na administração direta e autárquica ou aumento de sua remuneração;[21] organização administrativa e judiciária, matéria tributária e orçamentária, serviços públicos e pessoal da administração dos Territórios;[22] servidores públicos da União e Territórios, seu regime jurídico, provimento de cargos, estabilidade e aposentadoria de civis, reforma e transferência de militares para a inatividade; organização do Ministério Público e da Defensoria Pública da União, bem como normas gerais para a organização do Ministério Público e da Defensoria Pública dos Estados, do Distrito Federal e dos Territórios, valendo notar que a competência para a iniciativa da lei de organização do Ministério Público da União e dos Estados é facultada aos respectivos Procuradores-Gerais, daí se tratar de iniciativa concorrente com o Presidente da República e Governadores de Estado (art. 128, § 5º),[23] e, finalmente, criação, estruturação e atribuições dos Ministérios e órgãos da Administração Pública.[24]

---

20 As normas da Constituição que disciplinam a iniciativa legislativa privativa do Presidente da República são de observância obrigatória para as Constituições Estaduais.

21 O regime jurídico dos servidores civis é matéria reservada à iniciativa do Chefe do Poder Executivo, não sendo admissível emenda parlamentar que gere aumento de despesa (STF, ADI 1.201/RO, Rel. Min. Moreira Alves, j. 14.11.02; ADI 2.420/ES, Rel. Min. Ellen Gracie, j. 24.2.05). Também não é facultado ao parlamentar suprir a inércia do Chefe do Poder Executivo no início do processo legislativo de matérias que se encontram sob a competência privativa desse (STF, ADI 2.721/ES, Rel. Min. Maurício Corrêa, j. 6.8.03), nem fixar prazo para que o Chefe do Poder Executivo dê início ao processo legislativo (STF, ADI 546/DF, Rel., Min. Moreira Alves, j. 11.3.99; ADI 2.393/AL, Rel. Min. Sydney Sanches. J. 13.2.03). Mas é possível a apresentação, por parlamentar, de emenda a projeto de lei de iniciativa privativa do Chefe do Poder Executivo, desde que não desvirtue, ao tratar de matérias diversas, os objetivos do projeto, nem gere aumento de despesa, salvo se o dispêndio advier da aplicação direta de norma constitucional (STF, ADI 1.254/ MC/RJ, Rel. Min. Celso de Mello, j. 14.6.95; ADI 1.835 MC/SC, Rel. Min. Sepúlveda Pertence, j. 3.8.98).

22 É de iniciativa privativa do Presidente da República e, pelo princípio da simetria, dos Chefes do Poder Executivo de todas as unidades políticas subnacionais da federação, à lei de diretrizes orçamentárias, ao orçamento anual e ao plano plurianual, bem como referente ao orçamento dos órgãos integrantes da administração direta e indireta (STF, ADI 1.759 MC/SC, Rel. Min. Néri da Silveira, j.12.3.98).

É constitucional a iniciativa de parlamentar em matéria tributária, pois a iniciativa privativa do Presidente da República se limita a matéria tributária dos Territórios Federais (STF, ADI 724 MC/RE, Rel. Min. Celso de Mello, j. 7.5.92; RE 309.425, AgR/SP, Rel. Min. Carlos Velloso, j. 26.11.02).

23 Há julgados do STF definindo ser concorrente entre o Presidente da República (art. 61, § 1º, II, *d*) e o Procurador-Geral da República (art. 128, § 5º) a iniciativa para apresentação de projeto de lei complementar de organização do Ministério Público da União (RTJ 147/126); RE 262.178/DF, Rel. Min. Sepúlveda Pertence (*Informativo* 205/STF).

24 Após a Emenda Constitucional n. 32/2001, se não houver aumento de despesa, nem criação ou extinção de órgão público, ou se cuidar da extinção de cargos ou funções vagas, a matéria pode ser disciplinada por decreto do Presidente da República.

Anote-se que a Constituição não veda ao parlamentar a iniciativa de projeto de lei de que decorra aumento de despesa, desde que o projeto não seja de iniciativa reservada do Presidente da República, como os projetos de leis financeiras;[25]

b) Câmara dos Deputados, sobre assuntos exclusivos de seu interesse (art. 51, V), o mesmo ocorrendo com o Senado Federal (art. 52, VIII);

c) o Supremo Tribunal Federal, para a lei complementar que estabelecerá o estatuto da magistratura (art. 93) e para as leis de criação e extinção de cargos e fixação de vencimentos de seus membros e dos seus serviços auxiliares (art. 96, II, *b*);

d) os Tribunais Superiores, para as leis de alteração de cargos e fixação de vencimentos de seus membros, dos juízes, inclusive dos tribunais inferiores, onde houver, e dos serviços auxiliares e dos juízes que lhes forem vinculados (art. 96, II, *a*, *b* e *c*). Vale dizer que é dos Tribunais de Justiça a iniciativa reservada para propor às Assembleias Legislativas projeto de lei de alteração da organização e divisão judiciárias (art. 96, II, *d*).

A Emenda Constitucional n. 19/98, ao acrescentar o inciso XV ao art. 48 da Constituição, introduziu uma nova modalidade de iniciativa, a que denominamos de conjunta, que é aquela que indica que o poder de iniciativa pertence conjuntamente a mais de uma pessoa, pressupondo o consenso de vontades, para a deflagração do processo legislativo, no caso, traduzida no projeto de lei, que fixa o subsídio dos Ministros do Supremo Tribunal Federal, de iniciativa conjunta dos Presidentes da República, da Câmara dos Deputados, do Senado Federal e do Supremo Tribunal Federal.

A iniciativa conjunta foi, no entanto, abolida pela Emenda Constitucional n. 41/2003, que deu nova redação ao inciso XV do art. 48 da Constituição, mencionando apenas caber ao Congresso Nacional, com a sanção do Presidente da República, dispor, mediante lei, entre outras matérias, sobre a fixação do subsídio dos Ministros do Supremo Tribunal Federal, observado o que dispõem os arts. 39, § 4º, 150, II; 153, III; e 153, § 2º, I, da Constituição.

A fixação do subsídio dos Ministros do Supremo Tribunal Federal passa a ser de iniciativa exclusiva de seu Presidente, consoante prevê o art. 96, inciso II, alínea *b*, da Constituição, com a nova redação que lhe foi dada pela Emenda Constitucional n. 41/2003, que suprimiu a ressalva da iniciativa conjunta, nele anteriormente referida.

---

[25] "A CF não reproduziu em seu texto a norma contida no art. 57, I, da Carta Política de 1969, que atribuía ao chefe do Poder Executivo da União a iniciativa de leis referentes a matéria financeira, o que impede, agora, vigente um novo ordenamento constitucional, a útil invocação da jurisprudência que se formou, anteriormente, no STF, no sentido de que tal constituía princípio de observância necessária, e de compulsória aplicação, pelas unidades federadas" (ADI 352-MC, Rel. Min. Celso de Mello, j. 29.8.1990. Cf. também: RE 328.896, Rel. Min. Celso de Mello, decisão monocrática, de 9.10.2009, *DJe*, 5.11.2009).

3.2 Emenda

Iniciado o processo legislativo, por meio do encaminhamento à Câmara ou ao Senado de projeto de lei (observe-se que a Câmara dos Deputados funciona como Câmara iniciadora dos projetos de lei de iniciativa do Presidente da República, dos Tribunais Superiores e dos cidadãos – art. 61, § 2º, e art. 64 da Constituição), ele ficará sobre a Mesa para receber emendas.

A segunda fase do processo legislativo é a da emenda. Não se confunda a emenda como ato do processo legislativo com a emenda à Constituição como seu objeto (art. 60). Como ato do processo legislativo, a emenda é o acessório do principal (projeto de lei, por exemplo).

Se acessório significa o que se acrescenta a alguma coisa, sem dela fazer parte, no âmbito do processo legislativo, a emenda, na observação de Aurelino Leal, "é, positivamente, o contrário disto. Pode-se emendar sem se acrescentar; e, não raro, se emenda suprimindo-se total ou parcialmente. Emenda, pois, no sentido parlamentar, é a correção que se propõe a qualquer matéria sujeita às Câmaras para suprimi-la, substituí-la, aditá-la ou modificá-la."[26]

A Constituição Federal de 1988 ampliou o poder de emenda dos parlamentares. Pela Constituição anterior, não se admitia emenda aos projetos de lei de iniciativa reservada do Presidente da República, desde que da emenda decorresse aumento da despesa; embora esta exigência ainda permaneça, mas agora, por força do art. 166, §§ 3º e 4º, da Constituição, os projetos do orçamento anual e das diretrizes orçamentárias podem ser emendados.

Lembre-se ainda de que não serão admitidas emendas que impliquem aumento da despesa prevista nos projetos sobre organização dos serviços administrativos da Câmara dos Deputados, do Senado Federal, dos Tribunais Federais e do Ministério Público.

A emenda deve guardar *pertinência temática* com o projeto originário de iniciativa reservada, a fim de evitar fraude à iniciativa. Este tem sido o entendimento do Supremo Tribunal Federal: "O poder de emenda a projetos de iniciativa reservada pressupõe (*omissis*) a pertinência entre o tema da emenda e a matéria do objeto do projeto. Caso contrário, a emenda representaria, na verdade, uma iniciativa legislativa sobre matéria reservada à iniciativa de outro Poder".[27]

As emendas podem ser *aditivas*, quando acrescentam algo ao projeto; *supressivas*, quando visam erradicar disposição ou parte do projeto; *modificativas*, quando visam alterar o projeto, sem modificá-lo substancialmente. Note-se a existência de emenda denominada de substitutiva, que é aquela apresentada como sucedânea de outra proposição sendo denominada de *substitutivo* quando a alterar substancial ou formalmente, em seu conjunto, considerando-se formal a alteração que vise exclusivamente ao aperfeiçoamento da técnica legislativa; *aglutinativas*, quando resultam da fusão de

---

[26] LEAL. *Teoria e prática da constituição federal brasileira*, p. 869.

[27] STF, ADI 574 (RDA, 197/229). No mesmo sentido: RE 274383 /SP, Relatora, Min. Ellen Gracie, j. 29/03/2005, *DJ*, 22.4.2005.

outras emendas, ou destas com o texto, por transação tendente à aproximação dos respectivos objetos. Mencione-se ainda a *subemenda*, que é a emenda apresentada em Comissão a outra emenda, e que pode ser, a seu turno, supressiva, substitutiva ou aditiva, desde que não incida, a supressiva, sobre emenda com a mesma finalidade. Denomina-se, finalmente, *emenda de redação* a modificativa que visa sanar vício de linguagem, incorreção de técnica legislativa ou lapso manifesto.

A quem cabe o poder de emenda? Se partirmos da ideia de que a emenda é uma proposição acessória apresentada a uma proposta principal (projeto de lei), ela seria um corolário do poder de iniciativa. Então, quem pode iniciar o projeto pode emendá-lo, inclusive o Presidente da República como titular extraparlamentar. Se, no entanto, entendermos que a emenda se situa em determinado momento da tramitação legislativa, poderíamos concluir que o poder de emenda cabe somente aos Congressistas ou às Comissões Parlamentares. Isso porque os titulares extraparlamentares não participam da fase legislativa em que as emendas são apresentadas. A prática parlamentar tem, contudo, admitido o exercício do poder de emenda dos titulares extraparlamentares, mediante a apresentação de mensagens aditivas.

As emendas poderão ser apresentadas em Comissão ou em Plenário, nos termos e segundo as condições regimentais.[28]

---

[28] Regimento Interno da Câmara dos Deputados: "Art. 119. As emendas poderão ser apresentadas em Comissão no caso de projeto sujeito à apreciação conclusiva: I – a partir da designação do Relator, por qualquer Deputado, individualmente, e se for o caso com o apoiamento necessário, e pela Comissão de Legislação Participativa, nos termos da alínea *a* do inciso XII do art. 32 deste Regimento; II – a substitutivo oferecido pelo Relator, por qualquer dos membros da Comissão. § 1º As emendas serão apresentadas no prazo de cinco sessões, após a publicação de aviso na Ordem do Dia das Comissões. § 2º A emenda somente será tida como da Comissão, para efeitos posteriores, se versar sobre matéria de seu campo temático ou área de atividade e for por ela aprovada. § 3º A apresentação de substitutivo por Comissão constitui atribuição da que for competente para opinar sobre o mérito da proposição, exceto quando se destinar a aperfeiçoar a técnica legislativa, caso em que a iniciativa será da Comissão de Constituição e Justiça e de Cidadania. § 4º Considerar-se-ão como não escritos emendas ou substitutivos que infringirem o disposto nos parágrafos anteriores, desde que provida reclamação apresentada antes da aprovação definitiva da matéria pelas Comissões ou pelo Plenário. Art. 120. As emendas de Plenário serão apresentadas: I – durante a discussão em apreciação preliminar, turno único ou primeiro turno: por qualquer Deputado ou Comissão; II – durante a discussão em segundo turno: a) por Comissão, se aprovada pela maioria absoluta de seus membros; b) desde que subscritas por um décimo dos membros da Casa, ou Líderes que representem este número; III – à redação final, até o início da sua votação, observado o *quorum* previsto nas alíneas *a* e *b* do inciso anterior. § 1º Na apreciação preliminar só poderão ser apresentadas emendas que tiverem por fim escoimar a proposição dos vícios arguidos pelas Comissões referidas nos incisos I a III do art. 54. § 2º Somente será admitida emenda à redação final para evitar lapso formal, incorreção de linguagem ou defeito de técnica legislativa, sujeita às mesmas formalidades regimentais da emenda de mérito. § 3º Quando a redação final for de emendas da Câmara a proposta de emenda à Constituição ou a projeto oriundos do Senado, só se admitirão emendas de redação a dispositivo emendado e as que decorram de emendas aprovadas. § 4º As proposições urgentes, ou que se tornarem urgentes em virtude de requerimento, só receberão emendas de Comissão ou subscritas por um quinto dos membros da Câmara ou Líderes que representem este número, desde que apresentadas em Plenário até o início da votação da matéria. § 5º Não poderá ser emendada a parte do projeto de lei aprovado

3.3 Votação

A discussão e votação do projeto de lei se procedem mediante a manifestação das duas Casas Legislativas. A fase que antecede imediatamente à da votação é a discussão da proposta, fase marcadamente oral, em que os congressistas expõem seus argumentos a favor ou contrários à matéria discutida, mediante inscrição, segundo as normas regimentais.[29]

---

conclusivamente pelas Comissões que não tenha sido objeto do recurso provido pelo Plenário. Art. 121. As emendas de Plenário serão publicadas e distribuídas, uma a uma, às Comissões, de acordo com a matéria de sua competência. Parágrafo único. O exame do mérito, da adequação financeira ou orçamentária e dos aspectos jurídicos e legislativos das emendas poderá ser feito, por delegação dos respectivos colegiados técnicos, mediante parecer apresentado diretamente em Plenário, sempre que possível pelos mesmos Relatores da proposição principal junto às Comissões que opinaram sobre a matéria. Art. 122. As emendas aglutinativas podem ser apresentadas em Plenário, para apreciação em turno único, quando da votação da parte da proposição ou do dispositivo a que elas se refiram, pelos Autores das emendas objeto da fusão, por um décimo dos membros da Casa ou por Líderes que representem esse número. § 1º Quando apresentada pelos Autores, a emenda aglutinativa implica a retirada das emendas das quais resulta. § 2º Recebida a emenda aglutinativa, a Mesa poderá adiar a votação da matéria por uma sessão para fazer publicar e distribuir em avulsos o texto resultante da fusão. Art. 123. As emendas do Senado a projetos originários da Câmara serão distribuídas, juntamente com estes, às Comissões competentes para opinar sobre as matérias de que tratam. Art. 124. Não serão admitidas emendas que impliquem aumento da despesa prevista: I – nos projetos de iniciativa exclusiva do Presidente da Republica, ressalvado o disposto no art. 166, §§ 3º e 4º, da Constituição Federal; II – nos projetos sobre organização dos serviços administrativos da Câmara dos Deputados, do Senado Federal, dos Tribunais Federais e do Ministério Público. Art. 125. O Presidente da Câmara ou de Comissão tem a faculdade de recusar emenda formulada de modo inconveniente, ou que verse sobre assunto estranho ao projeto em discussão ou contrarie prescrição regimental. No caso de reclamação ou recurso, será consultado o respectivo Plenário, sem discussão nem encaminhamento de votação, a qual se fará pelo processo simbólico."

29 Regimento Interno da Câmara dos Deputados: "Art. 165. Discussão é a fase dos trabalhos destinada ao debate em Plenário. § 1º A discussão será feita sobre o conjunto da proposição e das emendas, se houver. § 2º O Presidente, aquiescendo o Plenário, poderá anunciar o debate por títulos, capítulos, seções ou grupos de artigos. Art. 166. A proposição com a discussão encerrada na legislatura anterior terá sempre a discussão reaberta para receber novas emendas. Art. 167. A proposição com todos os pareceres favoráveis poderá ter a discussão dispensada por deliberação do Plenário, mediante requerimento de Líder. Parágrafo único. A dispensa da discussão deverá ser requerida ao ser anunciada a matéria e não prejudica a apresentação de emendas. Art. 168. Excetuados os projetos de código, nenhuma matéria ficará inscrita na Ordem do Dia para discussão por mais de quatro sessões, em turno único ou primeiro turno, e por duas sessões, em segundo turno. § 1º Após a primeira sessão de discussão, a Câmara poderá, mediante proposta do Presidente, ordenar a discussão. § 2º Aprovada a proposta, cuja votação obedecerá ao disposto na primeira parte do § 1º do art. 154, o Presidente fixará a ordem dos que desejam debater a matéria, com o número previsível das sessões necessárias e respectivas datas, não se admitindo inscrição nova para a discussão assim ordenada. Art. 169. Nenhum Deputado poderá solicitar a palavra quando houver orador na tribuna, exceto para requerer prorrogação de prazo, levantar questão de ordem, ou fazer comunicação de natureza urgentíssima, sempre com permissão do orador, sendo o tempo usado, porém, computado no de que este dispõe. Art. 170. O Presidente solicitará ao orador que estiver debatendo matéria em discussão que interrompa o seu discurso, nos seguintes casos: I – quando houver número legal para deliberar, procedendo-se imediatamente à votação; II – para leitura de requerimento de urgência,

Antes de iniciada a discussão, a requerimento assinado por Líder, Autor ou Relator, e aprovado pelo Plenário, é permitido o adiamento da discussão dos projetos por prazo não superior a dez sessões. Não se admite adiamento de discussão da proposição em regime de urgência, salvo se requerido por um décimo dos membros da Câmara, ou líderes que representem esse número, por prazo não excedente a duas sessões. Quando para a mesma proposição forem apresentados dois ou mais requerimentos de adiamento, será votado em primeiro lugar o de prazo mais longo. Tendo sido adiada uma vez a discussão de uma matéria, só o será novamente ante a alegação, reconhecida pelo Presidente da Câmara, de erro na publicação.[30] Na fase de discussão, poderá ocorrer aparte, entendido como a interrupção breve e oportuna do orador, para indagação ou esclarecimento relativo à matéria em debate. Na Câmara,

---

feito com observância das exigências regimentais; III – para comunicação importante à Câmara; IV – para recepção de Chefe de qualquer Poder, Presidente da Câmara ou Assembleia de país estrangeiro, ou personalidade de excepcional relevo, assim reconhecida pelo Plenário; V – para votação da Ordem do Dia, ou de requerimento de prorrogação da sessão; VI – no caso de tumulto grave no recinto, ou no edifício da Câmara, que reclame a suspensão ou o levantamento da sessão. Art. 171. Os Deputados que desejarem discutir proposição incluída na Ordem do Dia devem inscrever-se previamente na Mesa, antes do inicio da discussão. § 1º Os oradores terão a palavra na ordem de inscrição, alternadamente a favor e contra. § 2º É permitida a permuta de inscrição entre os Deputados, mas os que não se encontrarem presentes na hora da chamada perderão definitivamente a inscrição. § 3º O primeiro subscritor de projeto de iniciativa popular, ou quem este houver indicado para defendê-lo, falará anteriormente aos oradores inscritos para seu debate, transformando-se a Câmara, nesse momento, sob a direção de seu Presidente, em Comissão Geral. Art. 172. Quando mais de um Deputado pedir a palavra, simultaneamente, sobre o mesmo assunto, o Presidente deverá concedê-la na seguinte ordem, observadas as demais exigências regimentais: I – ao Autor da proposição; II – ao Relator; III – ao Autor de voto em separado; IV – ao Autor da emenda; V – a Deputado contrário à matéria em discussão; VI – a Deputado favorável à matéria em discussão. § 1º Os Deputados, ao se inscreverem para discussão, deverão declarar-se favoráveis ou contrários à proposição em debate, para que a um orador favorável suceda, sempre que possível, um contrário, e vice-versa. § 2º Na hipótese de todos os Deputados inscritos para a discussão de determinada proposição serem a favor dela ou contra ela, ser-lhes-á dada a palavra pela ordem de inscrição, sem prejuízo da precedência estabelecida nos incisos I a IV do *caput* deste art. . § 3º A discussão de proposição com todos os pareceres favoráveis só poderá ser iniciada por orador que a combata; nesta hipótese, poderão falar a favor oradores em numero igual ao dos que a ela se opuseram. Art. 173. Anunciada a matéria, será dada a palavra aos oradores para a discussão. Art. 174. O Deputado, salvo expressa disposição regimental, só poderá falar uma vez e pelo prazo de cinco minutos na discussão de qualquer projeto, observadas, ainda, as restrições contidas nos parágrafos deste art. . § 1º Na discussão prévia só poderão falar o Autor e o Relator do projeto e mais dois Deputados, um a favor e outro contra. § 2º O Autor do projeto e o Relator poderão falar duas vezes cada um, salvo proibição regimental expressa. § 3º Quando a discussão da proposição se fizer por partes, o Deputado poderá falar, na discussão de cada uma, pela metade do prazo previsto para o projeto. § 4º Qualquer prazo para uso da palavra, salvo expressa proibição regimental, poderá ser prorrogado pelo Presidente, pela metade, no máximo, se não se tratar de proposição em regime de urgência ou em segundo turno. § 5º Havendo três ou mais oradores inscritos para discussão da mesma proposição, não será concedida prorrogação de tempo. Art. 175. O Deputado que usar a palavra sobre a proposição em discussão não poderá: I – desviar-se da questão em debate; II – falar sobre o vencido; III – usar de linguagem imprópria; IV – ultrapassar o prazo regimental."

No Senado, a matéria se acha tratada nos arts. 272 a 279 do seu Regimento Interno.

30 Art. 177, §§ 1º a 3º, do RIC; art. 279 do RISF.

o aparteante só poderá apartear o orador se lhe solicitar e obtiver permissão, devendo permanecer de pé ao fazê-lo. Não será admitido aparte: I – à palavra do Presidente; II – paralelo a discurso; III – a parecer oral; IV – por ocasião do encaminhamento de votação; V – quando o orador declarar, de modo geral, que não o permite; VI – quando o orador estiver suscitando questão de ordem, ou falando para reclamação; VII – nas comunicações do Pequeno Expediente e de Líderes dos Partidos destinadas a debate em torno de assunto de relevância nacional.[31]

A publicidade da discussão é garantida pelos anais das Casas Legislativas. A discussão se faz em um ou dois turnos, de acordo com a Constituição, podendo, contudo, a exigência de mais de um turno ser ampliada por normas regimentais.[32] Referentemente à votação, não basta que o projeto seja aprovado na Câmara; se for aprovado na Câmara e rejeitado no Senado, não está aprovado. Só será aprovado pelas duas Casas Legislativas, ou seja, pela Casa iniciadora e pela Casa revisora. Não há exclusividade, seja da Câmara, seja do Senado, em atuar como Casa iniciadora. É de se observar, no entanto, que, pelo art. 64, há certa primazia da Câmara dos Deputados como Casa iniciadora, pois os projetos de lei apresentados pelo Presidente da República, pelo Supremo Tribunal Federal, pelos Tribunais Superiores e pelos cidadãos deverão ser depositados na Mesa da Câmara. As hipóteses que poderão ocorrer nas relações entre Câmara iniciadora e revisora são: o projeto aprovado pela Casa iniciadora, se aprovado também pela Casa revisora, será encaminhado ao Presidente da República para sanção; se o projeto aprovado pela Casa iniciadora for rejeitado pela Casa revisora, será arquivado, porque não houve a manifestação do Poder Legislativo, que compreende as duas Casas. A terceira hipótese é a aprovação do projeto de lei pela Casa iniciadora, mas emendado pela Casa revisora. De acordo com o parágrafo único do art. 65, o projeto emendado pela Casa revisora retorna à Casa iniciadora para que aprecie a emenda.

Na apreciação final, a Casa iniciadora tem duas opções quanto à matéria emendada: acolher as emendas e proceder à redação final com o texto consolidado para ser aprovado e remetido à sanção do Presidente da República; ou rejeitar as emendas e mandar à sanção presidencial o projeto original aprovado pela Casa iniciadora. Havendo, no entanto, substitutivo da Casa revisora a projeto de outra Casa, pode-se

31 Art. 176 do RICD.

32 Regimento Interno da Câmara dos Deputados: "Art. 148. As proposições em tramitação na Câmara dos Deputados são subordinadas, na sua apreciação, a turno único, excetuadas as propostas de emenda a Constituição, os projetos de lei complementar e os demais casos expressos neste regimento."

Regimento Interno do Senado Federal: "Art. 270. As proposições em curso no Senado são subordinadas, em sua apreciação, a um único turno de discussão e votação, salvo proposta de emenda à Constituição."

O Regimento Interno do Senado prevê, no entanto, em seu art. 270, parágrafo único, o turno suplementar, que é a oportunidade de se discutir, emendar e votar um texto substituído de uma proposição já submetida à apreciação. O turno suplementar ocorre quando uma matéria é aprovada nos termos de substitutivo integral, isto é, quando a matéria recebe emenda substitutiva que propõe a substituição integral do texto do projeto pelo texto da emenda.

na Casa iniciadora: a) apresentar emendas supressivas, com o propósito de introduzir pequenas alterações no texto do substitutivo; b) rejeitá-lo integralmente, remetendo à sanção o projeto original; c) aprová-lo integralmente.

Relativamente ao processo de votação, há a votação nominal, que usualmente se faz pelo registro eletrônico dos votos,[33] diferentemente da votação simbólica, em que os congressistas que pretenderem aprovar a matéria permanecem sentados, levantando-se os que votam pela rejeição. Esse tipo de votação compreende o voto de liderança,[34] em que o voto dos líderes representa o de seus liderados presentes, permitida, no entanto, a declaração de voto em documento escrito a ser encaminhado à Mesa para publicação. Há ainda a votação secreta, que procura guardar a identificação do votante, prevista apenas para as matérias expressas na Constituição, usando-se, igualmente, o sistema eletrônico, disponibilizando-se somente o total dos votantes, os votos favoráveis, contrários e as abstenções.

São, pois, modalidades e procedimentos de votação: I – ostensiva, que compreende os procedimentos: *a)* simbólico, para leis e proposições em geral; *b)* nominal, para normas com *quorum* especial, quando decorrente de requerimento previamente aprovado, e quando decorrente de verificação de votação; II – secreta, que compreende o procedimento nominal para: *a)* suspensão de imunidades parlamentares durante o estado de sítio; b*)* eleição do Presidente e demais membros da Mesa, do Presidente e Vice-Presidentes de Comissões Permanentes e Temporárias, dos membros da Câmara que irão compor a Comissão Representativa do Congresso Nacional, dos dois cidadãos que irão integrar o Conselho da República, e demais eleições.

No Congresso norte-americano, a manifestação se faz sempre pelo voto aberto, devendo cada congressista levantar-se e manifestar-se, de voz, a favor ou contra determinada proposição (*yea* ou *nay*).

Quanto ao método de votação, a proposição, ou seu substitutivo, será votada sempre em globo, ressalvada a matéria destacada ou deliberação diversa do Plenário. As emendas serão votadas em grupos, conforme tenham parecer favorável ou parecer

[33] Na Câmara dos Deputados (art. 187, § 4º, do Regimento Interno), quando o sistema eletrônico não estiver em condições de funcionamento, e nas hipóteses que envolvem autorização para instauração de processo criminal e por crime de responsabilidade contra o Presidente e o Vice-Presidente da República e os Ministros de Estado, a votação nominal será feita pela chamada dos Deputados, alternadamente, do norte para o sul, observando-se que: I – os nomes serão anunciados, em voz alta, por um dos Secretários; II – os Deputados, levantando-se de suas cadeiras, responderão sim ou não, conforme aprovem ou rejeitem a matéria em votação; III – as abstenções serão também anotadas pelo Secretário. No Senado, quando o sistema eletrônico não estiver em condições de funcionar, a votação nominal será feita pela chamada dos Senadores, que responderão sim ou não, conforme aprovem ou rejeitem a proposição, sendo os votos anotados pelos Secretários (art. 294, parágrafo único, do Regimento Interno do Senado).

[34] Há controvérsia acerca da constitucionalidade do voto de liderança, em especial se se considerar que ele cria uma representação sem mandato, em que o Líder representa todos os Deputados do seu Partido, independentemente da vontade deles. O voto de liderança criaria ainda ambiente de artificialismo nas votações, pois acordos entre os Líderes impedem que se peça a verificação de presença, o que acarreta a aprovação de matérias por uma *minoria* eventualmente presente.

contrário de todas as Comissões. A emenda que tenha pareceres divergentes e as emendas destacadas serão votadas uma a uma, conforme sua ordem e natureza. O Plenário poderá conceder, a requerimento de qualquer Deputado, que a votação das emendas se faça destacadamente, bem como deferir a divisão da votação da proposição por título, capítulo, seção, artigo ou grupo de artigos ou de palavras (art. 189 do Regimento Interno da Câmara dos Deputados).

O destaque consiste no pedido de que emendas sejam separadas para votação, ao final. Refere-se ainda ao pedido de votação do projeto ou substitutivo, quando a preferência recair sobre o outro ou sobre a proposição apensada. O requerimento de destaque deve ser formulado até ser anunciada a votação da proposição, se o destaque atingir alguma de suas partes ou emendas, e antes de iniciar a votação da matéria principal, a Presidência dará conhecimento ao Plenário dos requerimentos de destaque apresentados à Mesa (art. 162 do Regimento Interno da Câmara dos Deputados).

Incidente que ocorre na votação (e também na discussão) consiste na preferência entendida como a primazia de uma proposição sobre outra, ou outras, o que acaba por inverter ou modificar a Ordem do Dia.[35]

Outro incidente, na votação simbólica, refere-se à dúvida quanto ao resultado ou quando qualquer Parlamentar o requerer. Procede-se então à verificação de votos.

O esgotamento da hora da sessão não interrompe o processo de votação, na Câmara dos Deputados, ou o de sua verificação, nem do requerimento de prorrogação

---

[35] RICD: "Art. 159. Denomina-se preferência a primazia na discussão, ou na votação, de uma proposição sobre outra, ou outras. § 1º Os projetos em regime de urgência gozam de preferência sobre os em prioridade, que, a seu turno, têm preferência sobre os de tramitação ordinária e, entre estes, os projetos para os quais tenha sido concedida preferência, seguidos dos que tenham pareceres favoráveis de todas as Comissões a que foram distribuídos. 2º Haverá entre os projetos em regime de urgência a seguinte ordem de preferência: I – declaração de guerra e correlatos; II – estado de defesa, estado de sítio e intervenção federal nos Estados; III – matéria considerada urgente; IV – acordos internacionais; V – fixação dos efetivos das Forças Armadas. § 3º Entre os projetos em prioridade, as proposições de iniciativa da Mesa ou de Comissões Permanentes têm preferência sobre as demais. § 4º Entre os requerimentos haverá a seguinte precedência: I – O requerimento sobre proposição em Ordem do Dia terá votação preferencial, antes de iniciar-se a discussão ou votação da matéria a que se refira; II – o requerimento de adiamento de discussão, ou de votação, será votado antes da proposição a que disser respeito; III – quando ocorrer a apresentação de mais de um requerimento, o Presidente regulará a preferência pela ordem de apresentação ou, se simultâneos, pela maior importância das matérias a que se reportarem; IV – quando os requerimentos apresentados, na forma do inciso anterior, forem idênticos em seus fins, serão postos em votação conjuntamente, e a adoção de um prejudicará os demais, o mais amplo tendo preferência sobre o mais restrito. Art. 160. Será permitido a qualquer Deputado, antes de iniciada a Ordem do Dia, requerer preferência para votação ou discussão de uma proposição sobre as do mesmo grupo. § 1º Quando os requerimentos de preferência excederem a cinco, o Presidente, se entender que isso pode tumultuar a ordem dos trabalhos, verificará, por consulta prévia, se a Câmara admite modificação na Ordem do Dia. § 2º Admitida a modificação, os requerimentos serão considerados um a um na ordem de sua apresentação. § 3º Recusada a modificação na Ordem do Dia, considerar-se-ão prejudicados todos os requerimentos de preferência apresentados, não se recebendo nenhum outro na mesma sessão. § 4º A matéria que tenha preferência solicitada pelo Colégio de Líderes será apreciada logo após as proposições em regime especial."

obstado pelo surgimento de questões de ordem. Quando esgotado o período da sessão, ficará esta automaticamente prorrogada pelo tempo necessário à conclusão da votação.[36] No Senado, a votação não se interrompe senão por falta de *quorum*. Se, portanto, o término do tempo da sessão ocorrer quando iniciada a votação, esta será ultimada independentemente de pedido de prorrogação, o que se dará também na hipótese em que se esteja apreciando matéria urgente.[37]

O adiamento da votação de qualquer proposição só pode ser solicitado antes de seu início, mediante requerimento assinado por Líder, pelo Autor ou Relator da matéria. O adiamento da votação só poderá ser concedido uma vez e por prazo previamente fixado, não superior a cinco sessões. Solicitado, simultaneamente, mais de um adiamento, a adoção de um requerimento prejudicará os demais. Não admite adiamento de votação a proposição em regime de urgência, salvo se requerido por um décimo dos membros da Câmara, ou líderes que representem este número, por prazo não excedente a duas sessões.[38]

Anunciada uma votação, é lícito ao congressista o uso da palavra para encaminhá-la, salvo disposição regimental em contrário, pelo prazo de cinco minutos, ainda que se trate de matéria não sujeita a discussão, ou que esteja em regime de urgência. Só poderão usar da palavra quatro oradores, dois a favor e dois contrários, assegurada a preferência, em cada grupo, a Autor de proposição principal ou acessória e de requerimento a ela pertinente, e a Relator. Com a ressalva acima referida, cada líder poderá manifestar-se para orientar sua bancada, ou indicar Deputado para fazê-lo em nome da Liderança, pelo tempo não excedente a um minuto (art. 192 do Regimento Interno da Câmara dos Deputados). Também no Senado é lícito ao Senador usar da palavra por cinco minutos para encaminhar a votação (art. 308 do Regimento Interno do Senado Federal).

A prática parlamentar tem demonstrado que, na maioria das votações, os líderes recomendam um tipo de voto à sua bancada. O Presidente da Câmara, antes do início da votação, pergunta a cada Líder que tipo de voto o partido está encaminhando. Os líderes respondem "sim" ou "não", ou ainda "a bancada está liberada para votar como quiser". Algumas vezes, os líderes respondem ao Presidente com a expressão: "a bancada está liberada, mas o líder vota..." De qualquer modo, os encaminhamentos não obrigam os Deputados a votar de determinada maneira, salvo como consequência de uma decisão de fechar questão na matéria em pauta.

Ultima-se a fase de votação pelo cômputo do resultado, que poderá ser pela aprovação ou pela rejeição do projeto. Aprovado o projeto, será ele, com as emendas, se houver, encaminhado à Comissão competente para a redação final. Rejeitado, será arquivado.

No tocante à votação, é preciso ainda considerar que a Constituição eliminou o chamado decurso de prazo existente na Constituição anterior, em que o Presidente da República poderia encaminhar às Casas Legislativas projeto de lei de sua inicia-

---

36 Arts.72, § 2°, e 181, § 1°, do RICD.
37 Art. 303 do RICD.
38 Art. 193 do RICD.

tiva e solicitar que a apreciação daquele projeto se fizesse em determinado prazo, sob pena de se considerar aprovado por decurso de prazo. Esse instituto foi muito criticado, porque possibilitava a aprovação de um projeto de lei sem a manifestação do Congresso Nacional. O decurso de prazo comprometia o ideal democrático. A Constituição vigente eliminou o decurso de prazo, porém manteve, no art. 64, § 1º, a chamada urgência para a apreciação de projeto de lei de iniciativa do Presidente da República. Se Câmara e Senado não apreciarem o projeto em até 45 dias, contados do seu recebimento, ele não se considera aprovado por decurso de prazo. O que ocorre é que esse projeto será incluído na ordem do dia para apreciação, sobrestando-se a votação de outras matérias, salvo aquelas que tiverem prazo constitucional assinalado, como as medidas provisórias, por exemplo.

Nesta modalidade de tramitação, as emendas do Senado deverão ser apreciadas pela Câmara no prazo de dez dias (art. 64, § 3º). Anote-se com José Afonso da Silva, que o prazo de urgência de 45 dias não é global, o que significa que o"projeto deverá ser apreciado pela Câmara dos Deputados no prazo de 45 dias, a contar de seu recebimento. Se for aprovado na Câmara, terá o Senado Federal igual prazo para sua apreciação. O prazo total é, pois, de 90 dias para o pronunciamento de ambas as Casas. Mas se o Senado emendar o projeto, as emendas deverão ser apreciadas pela Câmara em 10 dias, com o que o prazo total fica dilatado para 100 dias."[39] No mesmo sentido, Alexandre de Moraes.[40] De fato, este é o melhor entendimento, e não o de que seriam 45 dias ao total, porque, se é da essência do bicameralismo que a apreciação do projeto se realize separadamente em cada uma das Casas do Congresso Nacional, aquele prazo deve-se referir a cada uma delas.

O prazo de urgência não corre nos períodos de recesso do Congresso Nacional, nem se aplica aos projetos de código (art. 64, § 4º).[41]

Dispõe a Constituição, no art. 67, que a matéria constante de projeto de lei rejeitado somente poderá constituir objeto de novo projeto, na mesma sessão legislativa, mediante proposta da maioria absoluta dos membros de qualquer das Casas do Congresso Nacional, sendo absoluta a proibição para as propostas de emenda à Consti-

---

39 SILVA. *Comentário contextual à Constituição*, p. 455.

40 MORAES. *Direito constitucional*, 17. ed., p. 583.

O Regimento Interno da Câmara dos Deputados expressa esta mesma linha de entendimento, ao prever, em seu art. 204, I, e II, que, findo o prazo de quarenta e cinco dias de seu recebimento pela Câmara, sem a manifestação definitiva do Plenário, o projeto será incluído na Ordem do Dia, sobrestando-se a deliberação quanto aos demais assuntos, para que se ultime a votação; a apreciação das emendas do Senado, pela Câmara, em função revisora, far-se-á no prazo de dez dias, ao término do qual, sem a manifestação do Plenário, o projeto será incluído na Ordem do Dia, sobrestando-se a deliberação quanto aos demais assuntos, para que se ultime a votação.

41 A faculdade de que dispõe o Presidente da República de requerer urgência no procedimento legislativo procrastina o exame dos projetos de iniciativa do próprio Legislativo e do Judiciário. Tome-se como exemplo dessa realidade a Legislatura de 1995 a 1998, em que média de tempo que o Congresso despendeu para deliberar os projetos de iniciativa do Executivo foi de 183 dias, enquanto que precisou de 1.194 dias para apreciar as proposições de iniciativa do Legislativo e 550 dias para analisar as do Judiciário (CASSEB. *Processo legislativo:* atuação das comissões permanentes e temporárias, p. 341-342).

tuição (ver adiante). Havendo sessão legislativa extraordinária convocada para o mês de janeiro, decidiu-se que esta sessão não integra a sessão legislativa deste ano, mas pertence à do ano anterior, motivo por que não é alcançada pela limitação do art. 67 (STF – ADI 2.010-DF, Rel. Min. Celso de Mello).

3.4 Sanção

A Câmara que por último apreciou o projeto de lei o encaminhará ao Presidente da República para sanção.

A sanção é a concordância, a aquiescência do Presidente da República a projeto de lei aprovado pelo Legislativo. Não são suscetíveis de sanção ou de veto os projetos de emenda à Constituição, os decretos legislativos e as resoluções. A sanção pode ser expressa ou tácita. Sanção expressa é a dada por escrito; a tácita decorre do silêncio do Presidente da República no prazo de 15 dias úteis de que dispõe para sancionar (art. 66, § 3º). Pode ainda a sanção ser total ou parcial, esta a incidir sobre o setor não vetado do projeto de lei. Se o Presidente sancionar expressamente apenas parte do projeto de lei, silenciando quanto ao restante, estará, na realidade, sancionando-o tacitamente no todo.

Observe-se que a Constituição não fixa expressamente o prazo para sanção. Refere-se ao prazo para o veto, que é o mesmo para a sanção (art. 66, § 1º).

Segundo mostra Hilda de Souza, há "quem sustente a desnecessidade da sanção entendendo que a mesma é mera formalidade e 'representa um desses *residual rights*, tão numerosos na organização inglesa, porque, como um fruto que perdeu o conteúdo e só ficou com a casca, tem apenas a virtude de lembrar que o rei fazia lei no parlamento, e lei não podia haver sem o seu concurso.' A sanção, no entanto, expressa ou tácita, é essencial à vida da lei. Esta só nasce depois de satisfeito este pressuposto, assim como só ganha existência no sistema jurídico depois de promulgada e publicada oficialmente. Segundo José Afonso da Silva, 'a sanção constitui, assim, não mera ratificação ou confirmação de uma lei já nascida, mas a adesão dada pelo chefe do Poder Executivo ao projeto aprovado pelas Câmaras, de tal sorte que, enquanto ela não se manifesta, a obra legislativa não se encontra definitivamente formada'. Do mesmo modo manifesta-se Manoel Gonçalves Ferreira Filho, ao grafar que 'a sanção é que transforma o projeto aprovado pelo Legislativo em lei. Por ela fundem-se as duas vontades, a do Congresso e a do Presidente, de cuja conjunção o constituinte quis que resultasse a lei ordinária. Só pela sanção é que se aperfeiçoa o processo de elaboração deste tipo de ato normativo, em nosso Direito'".[42]

3.4.1 Sanção e vício de iniciativa

Questão polêmica tem sido a de considerar se a sanção supre o defeito de iniciativa do projeto. Manoel Gonçalves Ferreira Filho discute amplamente a questão, concluindo pela não convalidação da iniciativa, embora haja respeitáveis pontos de

---

42 SOUZA. *Processo legislativo.* Linhas jurídicas essenciais, p. 103-104.

vista pela convalidação, como os de José Afonso da Silva, Themístocles Cavalcanti e Seabra Fagundes, entre outros publicistas.[43]

Segundo José Afonso da Silva, "a sanção supre a falta de iniciativa governamental para a formação de leis de iniciativa exclusiva do Executivo. A regra de reserva tem como fundamento pôr na dependência do titular da iniciativa a regulamentação dos interesses vinculados a certas matérias. Não se trata de adotar aqui a tendência que distingue as cláusulas constitucionais em diretórias e mandatórias. Pois a regra de reserva é imperativa no que tange subordinar a formação da lei à vontade exclusiva do titular de iniciativa. Ora, essa vontade pode atuar em dois momentos: no da iniciativa e no da sanção. Faltando a sua incidência, o ato é nulo; mas se ela incidir, com a sanção, satisfeita estará a razão da norma de reserva. Se não houvesse a possibilidade de recusar validamente a sanção, se esta fosse ato obrigatório, então, sim, a infringência da regra de exclusividade da iniciativa importaria em viciar irremediavelmente o ato legislativo. Caso o Executivo não queira a regulamentação pretendida pelo projeto adotado com infração da exclusividade, cabe-lhe o recurso do veto. Vetado o projeto, não há mais possibilidade de formar-se a lei, proveniente de projeto gerado com desrespeito à regra de reserva. Ao Legislativo só cabe aceitar as razões dele, pois, se mantiver projeto em tais circunstâncias, a inconstitucionalidade surge inapelavelmente".[44]

Também Menelick de Carvalho Netto sustenta a tese da convalidação, aduzindo: "em um Estado de sistema presidencial de governo, no qual se concentram monocraticamente, na figura do Chefe de Estado e de Governo, cientificamente, por força do princípio da unicidade e da economia procedimental, e tendo-se em vista a vinculação direta, imediata e principal reservada à sanção do Chefe de Estado, no tipo de procedimento legislativo caracterizado pelo próprio instituto, frente ao caráter estruturalmente indireto, mediato e secundário de que se reveste a iniciativa no procedimento legislativo, outra não poderia a conclusão do que a da sanabilidade do vício. O ato total daí resultante revela-se como perfeitamente idôneo precisamente por contar com a aquiescência daquele a quem competia iniciá-lo, no momento mesmo da constituição. Idoneidade de tal forma confirmada pela reconstrução do percurso no qual se realizam os elementos singulares da série, que repugnaria ao princípio da unidade e da economia procedimental solução contrária. Não se justificaria supor que seria duplicar, repetir toda a série procedimental, reiterar as mesmas atividades, se não obstante o defeito, o ato persiste substancialmente idôneo, enquanto instrumento de realização dos fins colimados. Daí resulta a perfeita sanabilidade do vício em exame".[45]

Pondere-se, contudo, com Manoel Gonçalves Ferreira Filho, que sustenta a tese da não convalidação, que "a validade de qualquer ato derivado da Constituição depende de sua concordância com a Constituição. Depende, mais precisamente, da

---

[43] FERREIRA FILHO. *Do processo legislativo*, p. 218-224. Observe-se que o problema da usurpação da iniciativa não se apresenta quando o projeto de lei é de iniciativa reservada dos Tribunais, porquanto, não tendo eles o poder de sancionar ou vetar o projeto, não haveria como suprir este defeito, pela convalidação.

[44] SILVA. *Princípios do processo de formação das leis no direito constitucional*, p. 191.

[45] CARVALHO NETTO. *A sanção no procedimento legislativo*, p. 249-250.

observância dos requisitos formais e substanciais estabelecidos na Constituição. No plano estritamente jurídico, a tese da convalidação contradiz um dos postulados que a doutrina italiana aponta a respeito do ato complexo. De fato, segundo o ensinamento dessa doutrina, 'não é válido um ato complexo se não são válidos todos os elementos que devem concorrer à sua formação'. Destarte, não sendo válida a iniciativa seria inválida a lei, apesar da sanção posterior. Portanto, admitir a convalidação do defeito de iniciativa é admitir a convalidação de ato nulo, é admitir que se distinga na Constituição entre o que é absolutamente cogente e o que não o é. Em realidade, o direito que o Executivo exerce ao propor leis é propriamente uma 'função' exercida em favor do Estado, representante do interesse geral. Em vista disso, é bem claro que não pode ele concordar com a usurpação daquilo que rigorosamente não é seu. E sobretudo, como assinalou José Frederico Marques, a concordância do Executivo em que uma função a ele delegada seja exercida pelo Legislativo importa em delegação proibida pela lógica da Constituição, a menos que esta expressamente a permita".[46]

Nessa mesma linha de entendimento, Marcelo Caetano observa que o "direito de iniciativa exclusiva do Presidente da República é irrenunciável. Resulta de superiores razões de interesse público que levam a Constituição a estabelecer uma exceção à regra da faculdade de iniciativa de qualquer membro do Congresso. Caso o Presidente entenda que a iniciativa indevidamente tomada por deputado ou senador é útil e necessária o que deve fazer é chamá-la a si, enviando mensagem ao Congresso com projeto idêntico ou semelhante. Esse é o modo adequado de ratificação da iniciativa. Mas, a sanção pressupõe o prévio decurso regular do processo legislativo no Congresso, é um ato colegislativo pelo qual o Poder Executivo adere à decisão do Legislativo de modo a produzir a lei. Um projeto resultante de iniciativa inconstitucional sofre de pecado original, que a sanção não tem a virtude de apagar, até porque, a par das razões jurídicas, militam os fortes motivos políticos que determinaram a exclusividade da iniciativa presidencial, cujo afastamento poderia conduzir a situações de intolerável pressão sobre o Executivo".[47]

O Supremo Tribunal Federal,[48] ainda na vigência da Emenda Constitucional n. 1/69, adotou a tese da não convalidação, alterando a Súmula n. 5, que admitia a convalidação. Acatou, assim, a tese da natureza obrigatória e vinculativa das regras do processo legislativo.

Ao julgar a ADI 266-0-RJ, em 1993, o Supremo Tribunal Federal voltou a aplicar a Súmula n. 5, restabelecendo seu posicionamento quanto à possibilidade de a sanção suprir a falta de iniciativa do Executivo.[49]

---

46 FERREIRA FILHO. *Curso de direito constitucional*, p. 170-172.

47 CAETANO. *Direito constitucional*, vol. II, p. 332.

48 BRASÍLIA, STF, Representações 890-GB (*RTJ* 626/64) e 1.051-GO (*DJ* 15.5.1981).

49 Em seu voto, o Ministro Octavio Gallotti acentuou:

"A lei impugnada versa, efetivamente, matéria relativa ao regime jurídico de servidor público e originou-se de projeto de iniciativa parlamentar, mas foi sancionada pelo Governador, então em exercício. A inconstitucionalidade formal, arguida perante o art. 66, §§ 1º, 2º, *c*, deve ser afastada, em obséquio ao enunciado da Súmula n. 5, do Supremo Tribunal: '5. A sanção do projeto supre a falta de iniciativa do Poder Executivo'.

Em julgamentos posteriores, o Supremo Tribunal Federal passou, no entanto, a firmar o entendimento de que a sanção do projeto de lei não convalida o defeito de iniciativa.[50]

3.5 Veto

Em vez de concordar com o projeto, o Presidente da República (art. 66, § 1º) pode vetá-lo, no prazo de quinze dias úteis contados do recebimento do projeto de lei. Na contagem do prazo, exclui-se o dia inicial, e se inclui o dia do término. Há na doutrina, divergência sobre a natureza jurídica do veto: se direito, se poder, ou se poder-dever do Presidente da República. Mário Casasanta posiciona-se no sentido de constituir o veto um poder, entendimento a que aderimos: "Juridicamente, é o veto, em nosso sistema, o poder que se confere ao chefe do Executivo de devolver ao Congresso o projeto de lei que julgar inconstitucional ou inconveniente aos interesses nacionais, para efeito de nova consideração."[51] Ainda quanto à natureza jurídica do veto, o poder de veto equilibra, no sistema presidencial, a falta de prerrogativa do Presidente para dissolver a Câmara. O veto, na expressão de Hamilton, revela-se conveniente porque não só serve de defesa ao Executivo como também fornece garantia adicional contra a decretação de leis inconvenientes. Estabelece-se o controle salutar sobre o Poder Legislativo. O veto é a negativa ou a antítese da sanção. O veto, ao contrário da sanção, é sempre expresso, inexistindo veto tácito porque, decorridos os quinze dias úteis sem manifestação, presume-se que o projeto tenha sido tacitamente sancionado. O veto tem de ser motivado por inconstitucionalidade do projeto (veto jurídico), ou por ser o mesmo contrário ao interesse público (veto político), que se qualifica, por exemplo, pelo seu distanciamento das diretrizes políticas, de governo e administrativas, ou econômicas, dentre outras, traçadas ou propostas pelo Presidente. O veto político revela-se como solução para o problema das maiorias passionais, mesmo porque impede a tirania legislativa. É também solução para o problema dos legisladores com interesses próprios. Mencione-se ainda o denominado veto restitu-

---

Esse verbete, aprovado na vigência da Constituição de 1946, subsistiu na prática da de 1967, com a ressalva de não ser aplicável ao caso de projeto ou emenda causadores de aumento de despesa, dada a proibição terminante introduzida pelo parágrafo único do art. 57 daquela segunda Carta (a de 1967), que encontra correspondência no art. 63 da atual. Não estando em causa essa hipótese especial (aumento de despesa) é, portanto, de aplicar-se a orientação consagrada pela Súmula do Supremo Tribunal."

A seu turno, o Ministro Moreira Alves decidiu:

"Pedi vista apenas para examinar a jurisprudência desta Corte quanto à primeira parte do voto do eminente relator que afasta, no caso, a inconstitucionalidade formal da lei em causa com base na Súmula 5, sob o fundamento de que tal súmula só não é aplicável a partir da Constituição de 1967 pela proibição introduzida pelo parágrafo único do art. 57 desta, que, à semelhança do disposto no art. 63 da Carta Magna atual, se limita às hipóteses de projeto ou emenda de que decorra aumento de despesa. Estando voto do eminente Relator em conformidade com a jurisprudência da Corte, como verifiquei do exame a que procedi com atenção a ela, também não acolho, no caso, a arguição de inconstitucionalidade formal da lei sob exame."

[50] STF, RE 397.354/SC; ADI 2.867/ES; ADI 1.438/DF; ADI 2.417.

[51] CASASANTA. *O poder de veto*, p. 63.

tório ou translativo, previsto inicialmente na Constituição de Weimar, e que é aquele que submete ao povo, em referendo, a solução da controvérsia. Consiste esta modalidade de veto no poder que se dá ao Executivo de submeter à aprovação dos cidadãos o texto que ele desaprova. Este tipo de veto inexiste no sistema constitucional brasileiro. Já os denominados *veto-players*, que não se confundem com o veto previsto no art. 66, § 1º, da Constituição, são os atores institucionais (poderes de Estado, entes territoriais e partidos políticos) cuja anuência é necessária às decisões políticas.

O veto, em nosso Direito, é relativo e não absoluto. Relativo porque, vetado, o projeto de lei não se extingue, mas necessariamente retorna ao exame do Congresso Nacional, que vai dar a última palavra sobre se o projeto deve ou não ser aprovado. Para rejeitar o veto e assim aprovar o projeto (§ 4º do art. 66), exige-se o voto da maioria absoluta de Deputados e Senadores em escrutínio aberto (EC n. 76/2013). A Constituição de 1988 reduziu o *quorum* de rejeição do veto, que, pela Constituição anterior, era de dois terços dos membros de cada uma das Casas. O veto será apreciado em sessão conjunta do Congresso Nacional, dentro de trinta dias a contar de seu recebimento. Uma vez esgotado o prazo de sua apreciação, o veto será colocado na ordem do dia da sessão imediata, sobrestadas as demais proposições, até sua votação final.[52]

---

[52] Arts. 104, 105 e 106 do Regimento Comum (do Congresso Nacional), alterados pela Resolução n.1/2013, aplicável aos vetos publicados a partir de 1º de julho de 2013:

"Art. 104. Comunicado o veto ao Presidente do Senado, este designará a Comissão Mista que deverá relatá-lo e estabelecerá o calendário de sua tramitação no prazo de 72 (setenta e duas) horas. § 1º O prazo de que trata o § 4º do art. 66 da Constituição Federal será contado da protocolização do veto na Presidência do Senado Federal. § 2º A Comissão será composta de 3 (três) Senadores e (três) Deputados, indicados pelos Presidentes das respectivas Câmaras, integrando-a, se possível, os Relatores da matéria na fase de elaboração do projeto. Art. 105. A Comissão Mista terá o prazo de 20 (vinte) dias, contado da data de sua constituição, para apresentar seu relatório.Art. 106. Distribuídos os avulsos com o texto do projeto, das partes vetadas e sancionadas, após o esgotamento do prazo de que trata o art. 104, o veto será obrigatoriamente colocado na ordem do dia da sessão conjunta imediata, independente da apresentação de relatório pela Comissão Mista, sobrestada a pauta das sessões conjuntas do Congresso Nacional para qualquer outra deliberação, até a votação final do veto. § 1º A apreciação dos vetos ocorrerá em sessões do Congresso Nacional a serem convocadas para a terceira terça-feira de cada mês, impreterivelmente. § 2º Se por qualquer motivo não ocorrer a sessão referida no § 1º, será convocada sessão conjunta para a terça-feira seguinte, sobrestando as demais matérias até que se ultime sua apreciação." (NR)

O STF, ao julgar o AgR. contra decisão do Min. Luiz Fux, que concedera liminar no MS 31816, pela qual o veto parcial ao Projeto de Lei 2.565/2011 só poderia ser apreciado após a deliberação sobre todos os vetos pendentes de análise no Congresso Nacional, em ordem cronológica, cassou, por maioria, a liminar. O Min. Teori Zavascki afirmou que, a exemplo do decidido na ADI 4029, o STF deveria atribuir à decisão do MS 31816 eficácia *ex nunc* (não retroativa) excluindo dos seus efeitos as deliberações já tomadas e aquelas pendentes de apreciação. É que, uma rígida aplicação dos princípios constitucionais invocados no MS 31816 com eficácia *ex tunc* (retroativa) resultaria em um futuro caótico para a atuação do Congresso Nacional, pois implicaria paralisar qualquer nova deliberação, e ainda lançaria um "manto de insegurança jurídica" sobre todas as deliberações tomadas pelo Congresso nos últimos 13 anos, com mais de 3.000 vetos pendentes para análise, nos dias de hoje (j. 27.2.2013; Notícias STF, 27.2.2013; *Informativo* 696/STF).

O veto encerra ideia de eliminação, exclusão, vedação. Nunca de adição, acréscimo, adjunção, já que a produção do projeto de lei se dá no Legislativo. Desse modo, não há como restabelecer ou adicionar algo ao projeto que não fora aprovado pelo Legislativo.

Ainda sobre o veto, questiona-se mais acerca de sua natureza jurídica, havendo autores, como José Afonso da Silva, que a concebem como legislativa, pois o Presidente da República, ao sancionar o projeto, colabora com o Legislativo, e se integra como legislador no processo legislativo, e outros como Ernesto Rodrigues, que a tem como executiva, pois, se a essência do Poder Executivo é executiva, ela se estende a todos os atos dele oriundos. O tema vem adequadamente abordado por Hilda de Souza: "Ora, a integração no processo legislativo não transforma o Poder Executivo em Poder legislador e, em consequência, a natureza do veto não pode ser legislativa. É que, em certo momento do processo legislativo, a decisão desloca-se da esfera do Poder propriamente legislativo para a esfera do Poder Executivo, interrompendo as fases exclusivamente legislativas para permitir o estabelecimento de uma espécie de parceria entre os dois – onde pode ser apostos pelo Poder Executivo sua discordância com o conteúdo do projeto de lei, quer do ponto de vista da sua constitucionalidade, quer do ponto de vista de seu ajustamento ao interesse público. O poder de veto integra as atribuições do Poder Executivo que transfere ao veto a natureza executiva de seus atos da mesma forma que o poder de sanção é também integrante das competências do Executivo, não possuindo natureza legislativa."[53]

O veto pode ser total ou parcial (§ 1º do art. 66). O veto total incide sobre todo o projeto de lei, e o veto parcial, sobre determinado dispositivo do projeto. De acordo com o § 2º do art. 66, o veto parcial somente abrangerá texto integral de artigo parágrafo, inciso ou alínea. A prática constitucional mostrou que o veto parcial, incidindo sobre qualquer parte do projeto, como previsto na Constituição revogada, desvirtuava, muitas vezes, o sentido da proposta legislativa e transformava o Presidente em legislador.

Michel Temer, com apoio em Nelson de Sousa Sampaio, pensa que não andou bem a Constituição ao proibir o veto de palavras ou do conjunto delas, pois, segundo pensa:

> *a)* o todo lógico da lei pode desfigurar-se também pelo veto, por inteiro, do artigo do inciso, do item ou da alínea. E até com maiores possibilidades;
>
> *b)* se isto ocorrer – tanto em razão do veto da palavra ou de art. –, o que se verifica é usurpação de competência pelo Executivo, circunstância vedada pelo art. 2º da Constituição Federal.[54]

O veto parcial, considerando as relações do Presidente com o Poder Legislativo, "é mais poderoso que o veto total, por dois motivos: *a)* impõe aos Deputados levar em conta a preferência do Executivo não apenas em relação a proposições legislativas

---

[53] SOUZA. *Processo legislativo*. Linhas jurídicas essenciais, p. 113-114.

[54] TEMER. *Elementos de direito constitucional*, p. 143-144.

como um todo, mas também em cada art. e parágrafo de um projeto; *b)* concede ao Presidente a capacidade de interferir nos acordos intralegislativos de apoio mútuo".[55]

3.6 Promulgação

Promulgação, do latim *promulgare*, que significa publicar, dar a conhecer uma lei, constitui ato complementar do processo legislativo. José Afonso da Silva, citando Laband, aponta as duas naturezas da promulgação: legislativa e executiva. Como ato de natureza legislativa, entende-se a promulgação como declaração de existência da lei, dizendo-se que sem promulgação não há lei; como ato de natureza executiva, a promulgação não faz a lei, mas certifica a regularidade de seu processo de formação, assegurando-lhe a execução.[56]

Num caso ou noutro, a promulgação não se confunde com a sanção, esta incidindo sobre o projeto e aquela sobre a lei.

Ainda sobre a natureza da promulgação, mencione-se quatro teorias: 1. *Teoria declarativa*: o Presidente da República, com a promulgação, limita-se a atestar a existência da lei e o seu regular processo de formação. Equipara-se a um notário da lei, atestando a sua regularidade formal e orgânica. 2. *Teoria legislativa*: o Presidente da República participa, com a promulgação, do exercício da função legislativa. A promulgação constitui elemento necessário para a perfeição da lei e não apenas um requisito de sua eficácia. 3. *Teoria da administração*: a promulgação é uma espécie de cláusula executiva. É ela que confere à lei o 'crisma da autoridade' e o vigor da 'executoriedade'. 4. *Teoria do controle constitucional*: a promulgação é um ato a *se stante*, do Presidente da República, pelo qual ele exercita um controle constitucional sobre a regularidade do ato normativo e sobre a sua legitimidade constitucional. Controverte-se, no entanto, sobre se este controle se limita à constitucionalidade formal, ou se estende à conformidade intrínseca do ato com a Constituição. Esta teoria encontra apoio no poder de veto suspensivo.[57] Para Jorge Miranda, "a estrutura da promulgação deve encontrar-se fora do conceito de executoriedade e da vontade legislativa. Só se compreende à luz de uma função política ou de garantia política atribuída ao Chefe de Estado. Promulgando, ele exerce um poder que se insere no âmbito da sua competência reservada

---

[55] SANTOS, Fabiano. *O Poder Legislativo no presidencialismo de coalizão.* Belo Horizonte: Ed. UFMG; Rio de Janeiro: IUPERJ, 2003, p. 74.

Manoel Gonçalves Ferreira Filho anota que estabelecido "para eliminar abuso por parte dos parlamentares, o veto parcial, todavia, passou a servir entre nós para abusos por parte do governo", já que "o Executivo veio a colher pelo veto até palavras isoladas dentro do texto, mudando-lhe não raro o sentido, ou o alcance. E essa prática, apesar da repulsa doutrinária, foi aprovada pelos tribunais. Conforme relata Casasanta, Artur Bernardes, em cuja presidência foi adotado o veto parcial, havia feito propor, em 1920, emenda à Constituição mineira onde se dispunha que 'o veto parcial só pode ser parcial, quando a parte vetada e a sancionada não forem mutuamente dependentes e conexas, de maneira que, com a sua supressão, a parte sancionada continue a ser um ato inteligível e completo, correspondendo, em conjunto, com a intenção e propósitos do Congresso'" (*Do processo legislativo.* São Paulo: Saraiva, 2002, p. 222-223).

[56] SILVA. *Princípios do processo de formação das leis no direito constitucional*, p. 208-209.

[57] CANOTILHO. *Direito constitucional e teoria da Constituição*, p. 542.

e ao serviço do sistema de governo constitucionalmente acolhido. A existência do processo legislativo será sempre um elemento essencial, mas não constituirá o objecto único nem imediato do acto declarativo; ressaltará para a promulgação na medida em que, antepondo-se-lhe, acarretá-la-á como consequência jurídica necessária".[58]

A promulgação acarreta dois efeitos: o primeiro efeito é "tornar conhecidos os fatos e atos geradores da lei; o segundo é indicar, até que os tribunais se pronunciem em contrário, que a lei é válida, executável e obrigatória – válida e eficaz; quer dizer: a comunicação administrativa por intermédio de uma autoridade, investida de altos poderes pela Constituição, carrega, a respeito do ato – lei – objeto da comunicação, uma presunção *iuris tantum* de que a lei é apta a produzir todos os seus efeitos jurídicos próprios".[59]

Os constituintes de 1988 deixaram passar rara oportunidade para corrigir defeito do texto de 1969, que falava em promulgação do projeto de lei (art. 59, § 3º, parte final), mantendo o mesmo equívoco no art. 66, § 5º, ao declarar que "se o veto não for mantido, será o projeto enviado, para promulgação, ao Presidente da República".

A competência para promulgar a lei é do Presidente da República, que dispõe do prazo de 48 horas, contado do término dos 15 dias úteis, sem que tenha sancionado o projeto (sanção tácita), ou da data em que recebeu o projeto aprovado pelo Congresso Nacional, depois de rejeitado o veto (art. 66, § 7º).

Essa competência é sucessiva, pois, de acordo com o mencionado dispositivo constitucional, se o Presidente da República não promulgar a lei no prazo acima referido, caberá ao Presidente do Senado a promulgação, no mesmo prazo de 48 horas, e, finalmente, caso não o faça, a competência recai no Vice-Presidente do Senado, sem sucessão. Tal circunstância impede a recusa, pelo Vice-Presidente do Senado, de promulgar a lei. Assim, caso não o faça, poderá vir a ser responsabilizado.

É que a recusa do Vice-Presidente do Senado em promulgar a lei resulta no não cumprimento da Constituição, já que não se trata de projeto de lei, mas de lei sancionada por decurso de prazo ou porque o Congresso Nacional reafirmou o projeto, rejeitando o veto (art. 66, §§ 3º e 4º). E a própria Constituição diz taxativamente constituir crime de responsabilidade os atos que atentarem contra ela: assim pensam Luiz Bispo e Pontes de Miranda, dizendo este jurisconsulto que, "se o Vice-Presidente do Senado Federal não cumpre o que se lhe atribui o § 5º do art. 59 (da Emenda Constitucional n. 1/69), comete crime de responsabilidade (a lei ordinária pode e tem de apontar os crimes de responsabilidade; porém há casos em que já resulta a figura de alguma regra jurídica constitucional que estabeleça dever)".[60]

Contra a tese da responsabilização do Vice-Presidente do Senado insurge-se Nelson de Sousa Sampaio, ponderando que a norma constitucional que dispõe sobre a competência para a promulgação é uma norma imperfeita, como muitas do Direito Constitucional. Assim, a tese da responsabilização do Vice-Presidente do Senado Federal "somente procederia se a lei sobre os crimes de responsabilidade

---

58 MIRANDA. *Contributo para uma teoria da inconstitucionalidade*, p. 129.

59 SILVA. *Princípios do processo de formação das leis no direito constitucional*, p. 223.

60 PONTES DE MIRANDA. *Comentários à Constituição de 1967 com a Emenda n. 1, de 1969*, p. 191.

incluísse tal figura delituosa". E criticando a posição de Pontes de Miranda acima referida, diz ainda que "o nosso comentarista, ao examinar a quebra do dever de promulgar, refere-se apenas a crime de responsabilidade do Vice-Presidente do Senado – o que, se não for um cochilo, será, ao mesmo tempo, uma contradição e uma injustiça. O Vice-Presidente do Senado, então e hoje também o seu Presidente não estão sujeitos a *impeachment*. Ademais, seria inconcebível que a responsabilidade somente atingisse a última autoridade, na cadeia das encarregadas da promulgação dos projetos".[61] Sem criticar expressamente o ponto de vista de Pontes de Miranda, no sentido de se imputar crime de responsabilidade ao Vice-Presidente do Senado Federal, Manoel Gonçalves Ferreira Filho observa, também, como Nelson de Sousa Sampaio, que a lei que define tais crimes ignorou, contudo, essa figura delituosa (Lei n. 1.079, de 10 de abril de 1950), quanto à recusa de promulgação pelo Vice -Presidente do Senado.[62]

Note-se que, nas hipóteses de atos normativos de competência do Congresso Nacional (decreto legislativo ou resolução de cada uma de suas Casas), a promulgação será de competência de seus Presidentes e não do Presidente da República, o mesmo ocorrendo com as emendas à Constituição, que serão promulgadas pelas Mesas da Câmara dos Deputados e do Senado Federal, com o respectivo número de ordem (art. 60, § 3º). Ocorrendo sanção expressa, os atos da sanção e da promulgação se realizam num mesmo momento, embora sejam distintos, o que levou Nelson de Sousa Sampaio a qualificá-los de "atos xifópagos".[63]

Pelo princípio da separação de poderes, "não cabe ao Poder Judiciário interferir no processo legislativo a fim de promulgar texto em lei".[64]

Não haverá referendo ministerial nas leis promulgadas pelo Presidente ou pelo Vice-Presidente do Senado.

3.7 Publicação

A publicação informa a existência e o conteúdo da lei aos seus destinatáriosPela publicação, o texto legal torna-se público, é colocado à disposição dos cidadãos, e se reveste de caráter de autenticidade.

As medidas que devem ser tomadas quanto à publicidade das leis são: *a)* publicação no órgão oficial que tenha legalmente reconhecida esta função; *b)* publicação inteligível; *c)* publicação e difusão imediatas; *d)* publicação completa; *e)* publicação exata.

A publicação é feita no órgão oficial que tenha legalmente reconhecida esta função. No Brasil, a publicação das leis federais se faz mediante sua inserção no *Diário Oficial da União*; nos Estados-Membros também no Diário Oficial, e nos Municípios, também no Diário Oficial, se houver, e, caso não haja, por edital afixado em lugar em que sei afixam os papéis públicos.

---

61 SAMPAIO. *Op. cit.*, p. 87-88.

62 FERREIRA FILHO. *Do processo legislativo*, p. 265.

63 *Ibidem*, p. 87.

64 STF, RE 62.683, *RDA* 97/218.

A publicação inteligível das leis significa que sua apresentação deve revestir das características formais típicas de uma norma (denominação, estrutura e conteúdo normativo), e se reproduza na parte do Diário Oficial destinada à publicação de disposições de caráter geral.

A publicação e difusão imediata da lei, uma vez promulgada, é uma exigência de segurança jurídica e da igualdade de todos os cidadãos. A publicação imediata evita a possibilidade de que, entre o momento da promulgação da lei e o momento de sua publicação medeie um prazo gerador de confusão e de possíveis abusos. No direito brasileiro, não existe prazo para a publicação, o que pode fazer com que o ato normativo seja publicado com atraso. A demora na publicação não acarreta a invalidade do ato. Pode, contudo, caracterizar fraude, por excesso de poder quando o atraso na publicação visar a destruição ou alteração dos resultados jurídicos da lei.

A publicação completa da lei é requisito para sua entrada em vigor.

A publicação exata exige que o texto publicado coincida com o texto original. Este ponto suscita algumas questões, como o valor do texto publicado em relação ao texto original, o tempo em que se deve conservar o texto original para seu cotejo com o publicado, o acesso ao texto original, quem e com que efeitos pode determinar a correção de erros constantes do texto original ou do texto publicado.

Canotilho distingue publicidade e publicação: "a publicação é a forma de publicidade de actos normativos (os mais importantes, individualizados no art. 119º da CRP) feita através do 'jornal oficial', Diário da República; publicidade em sentido amplo é qualquer forma de comunicação dos actos dos poderes públicos dotados de eficácia externa (através de ordens de serviço, editais, avisos, etc.)."[65]

A competência para publicar recai sobre a autoridade que promulga o texto normativo.

A Constituição não contém normas acerca da publicação, que é tratada na Lei de Introdução às Normas do Direito Brasileiro (art. 1º). O texto constitucional menciona apenas caber privativamente ao Presidente da República "fazer publicar as leis", o que deve ser entendido naquelas hipóteses em que as promulgou (art. 84, IV). Constitui crime de responsabilidade do Presidente da República omitir ou retardar dolosamente a publicação das leis e resoluções do Poder Legislativo ou dos atos do Poder Executivo (art. 9º, 1, da Lei n. 1.079, de 10 de abril de 1950). O Decreto n. 4.176, de 28 de março de 2002, que estabelece normas e diretrizes para a elaboração, a redação, a alteração, a consolidação e o encaminhamento ao Presidente da República de projetos de atos normativos de competência dos órgãos do Poder Executivo Federal, prevê a consulta pública: "Art. 34. Compete à Casa Civil da Presidência da República: II. decidir sobre a ampla divulgação de texto básico de projeto de ato normativo de especial significado político ou social, até mesmo por meio da Rede Mundial de Computadores ou mediante a realização de audiência pública, tudo com o objetivo de receber sugestões de órgãos, entidades ou pessoas." A Lei Complementar n. 101, de 4 de maio de 2000 (Lei de Responsabilidade Fiscal) dispõe: "Art 48. São instrumentos de transparência da gestão fiscal, aos quais será dada ampla divulgação, inclusive por

---

65 CANOTILHO. *Direito constitucional e teoria da Constituição*, p. 771.

meios eletrônicos de acesso público: os planos, orçamentos e leis de diretrizes orçamentárias, as prestações de contas e o respectivo parecer prévio, o relatório resumido da execução orçamentária e o relatório de gestão fiscal, e as versões simplificadas desses documentos. Parágrafo único. A transparência será assegurada também mediante incentivo à participação popular e realização de audiências públicas, durante os processos de elaboração e de discussão dos planos, leis de diretrizes orçamentárias e orçamentos."

A Lei Complementar n. 95, de 26 de fevereiro de 1998, que dispõe sobre a elaboração, a redação e a consolidação das leis, conforme determina o parágrafo único do art. 59 da Constituição Federal, e fixa normas para a consolidação dos atos normativos que menciona, alterada pela Lei Complementar n. 107, de 26 de abril de 2001, estabelece, em seu art. 8º e §§ 1º e 2º, que a vigência da lei será indicada de forma expressa e de modo a contemplar prazo razoável para que dela se tenha amplo conhecimento, reservada a cláusula "entra em vigor na data de sua publicação" para as leis de pequena repercussão; a contagem do prazo para entrada em vigor das leis que estabeleçam período de vacância far-se-á com a inclusão da data da publicação e do último dia do prazo, entrando em vigor no dia subsequente à sua consumação integral, devendo ainda utilizar a cláusula "esta lei entra em vigor após decorridos (o número de) dias de sua publicação oficial".

O veto parcial rejeitado pelo Congresso Nacional acarretará duas datas de vigência da lei: a da parte cujo veto foi rejeitado, esta última começando a vigorar a partir da publicação do ato promulgatório do dispositivo aprovado pelo Congresso Nacional.[66] No entendimento de Manoel Gonçalves Ferreira Filho, a "imediata entrada em vigor da parte não vetada, que é possível no Direito brasileiro (ao contrário da Constituição da Argentina que prevê, em seu art. 72, que todo o projeto aguarde apreciação do veto, para somente após ser promulgado e publicado), apresenta vantagens, mas também desvantagens graves. Sem dúvida, é vantajoso que as disposições estabelecidas pelo Congresso e aprovadas pelo Presidente possam desde logo ser aplicadas. Todavia, se superado o veto, ocorrerá o inconveniente tantas vezes sentido entre nós de uma mesma lei ter vigorado com um texto (o da publicação sem a parte vetada, até a publicação do texto com a parte que fora vetada incluída) e passa a vigorar com outro texto. Esse inconveniente tem até provocado a prática esdrúxula de a parte vetada ser publicada com outro número como se fosse outra lei. Dessa situação (em vigor a parte não vetada, pendente a parte vetada) resulta sempre incerteza sobre o alcance e o verdadeiro sentido da lei, o que redunda necessariamente em insegurança jurídica".[67]

O defeito na publicação concorre para a ignorância da lei, pelos seus destinatários. Para Fabiana de Menezes Soares, o sistema brasileiro "de direito positivo apresenta as suas dificuldades em conciliar o pressuposto do conhecimento presumido das leis

[66] "Quando há veto parcial, e a parte vetada vem a ser, por causa da rejeição dele, promulgada e publicada, ela se integra na lei que decorreu do projeto. Em virtude dessa integração, a entrada em vigor da parte vetada segue o mesmo critério estabelecido para a vigência da lei a que ela foi integrada, considerando, porém, o dia da publicação da parte vetada que passou a integrar a lei, e não o desta" (STF, RE 85.950, Rel. Min. Moreira Alves, *DJ*, 31.12.76).

[67] FERREIRA FILHO. *Curso de direito constitucional*, p. 174.

fundamento de segurança e certeza. Analisando o próprio sentido de conhecimento da lei extraído da realidade normativa deduz-se alguns elementos norteadores da nossa reflexão do conceito de conhecimento da lei e de sua íntima relação com a sua compreensão: I – Existem certos tipos de lei que reclamam uma publicidade qualificada. II – A publicidade da lei em termos pragmáticos se confunde com a prova de sua vigência em detrimento de seu fim: o seu conhecimento. III – No Estado de modelo federal é exigida a prova de existência de direito municipal e estadual. IV – A redação da lei é que interfere na sua inteligência, de um lado permanece fora do juízo sobre a sua validade formal e de outro (produção da norma e publicidade) utiliza-se da disponibilização universal (publicidade e interesse) e do seu teor (consulta e audiência pública). V – Não só a lei, mas também atos administrativos de efeitos gerais (notadamente aqueles oriundos da administração federal) são objeto de consulta pública. VI – O desconhecimento é uma situação interna do sujeito que a publicidade fato externo tem o escopo de diminuir, sob pena de não justificar toda a limitação das liberdades, subvertendo o sistema normativo regulador de sua ocorrência. Todos os elementos acima expostos refletem a tensão que a presunção do conhecimento da lei possui dentro do estado democrático de direito: o direito de participação popular na produção da lei, a evolução do fenômeno comunicativo (que as normas evidenciam), o conhecimento da lei e a compreensão da norma".[68]

Ainda examinando a publicidade oficial no Brasil, Fabiana de Menezes Soares salienta que o *Diário Oficial da União (DOU)*, que constitui, hoje, um modelo para não ser lido, "revela na sua forma de diagramação (ou disposição gráfica dos atos) um forte senso de hierarquia e a concepção de que a leitura e compreensao destinam-se às fontes emanadoras daqueles atos e não ao cidadão comum. A primeira autoridade a ter seus atos publicados é o Presidente da República abaixo do título 'Poder Executivo', logo após estão dispostos os ministérios, os Atos do Poder Legislativo e os do Poder Judiciário. As deficiências e desafios da publicidade oficial não residem só na sua dimensão simbólica. A leitura do *DOU* e a busca dos atos objeto de publicação constitui-se numa verdadeira 'odisseia' para os desavisados. Ademais, o *DOU* é pago. O acesso eletrônico do *DOU* ainda permanece restrito àqueles que possuem acesso à Internet em casa ou no trabalho, até o momento de implantação da Internet pública".[69] Desse modo, o modelo de publicidade oficial no Brasil deve ser mudado, para considerar o potencial da tecnologia da informação e possibilitar a realização da validade forma das leis, com a eliminação dos obstáculos à cidadania.

4. ESPÉCIES NORMATIVAS

O processo legislativo tem por objeto as espécies normativas arroladas nos sete incisos do art. 59, que serão examinadas segundo sua natureza e o processo de sua elaboração.[70]

---

68 SOARES. *Teoria da legislação*: formação e conhecimento da lei na idade tecnológica, p. 279, 281, 282.

69 SOARES. *Teoria da legislação*: formação e conhecimento da lei na idade tecnológica, p. 287, 288, 292.

70 No sistema constitucional português, costuma-se discriminar as seguintes categorias de leis: leis constitucionais; leis (reforçadas) orgânicas; leis (reforçadas) estatutárias; leis (reforçadas) de autori-

4.1 Emendas à Constituição

As emendas à Constituição visam promover acréscimo, supressão ou modificação no texto constitucional.

Constituem processos formais de mudança da Constituição, distinguindo-se dos processos informais de mutação constitucional que, segundo ensina Anna Cândida da Cunha Ferraz, são "a interpretação constitucional, em suas várias modalidades, os usos e costumes constitucionais".[71]

É significativo insistir em que as mudanças constitucionais não se restringem às emendas formais, mas, como esclarece a eminente publicista, segundo Biscaretti di Ruffia, embora a letra da Constituição permaneça inalterada, graças a fatores diversos, sofre modificações consideráveis que podem ser agrupadas em dois tipos. No primeiro, reúnem-se modificações operadas em virtude de atos elaborados por órgãos estatais: *a)* de caráter normativo (leis, regulamentos, etc.); *b)* de natureza jurisdicional (decisões judiciais, notadamente em matéria de controle de constitucionalidade das leis). No segundo grupo, as operadas em virtude de fatos: *a)* de caráter jurídico (tais como os costumes); *b)* de natureza político-social (tais como as normas convencionais ou as regras sociais de conduta correta frente à Constituição), ou simplesmente as práticas constitucionais (tais como a inatividade do legislador ordinário que, não elaborando normas de execução, logra, em substância, impedir a realização efetiva de disposições constitucionais).[72]

O processo legislativo das emendas à Constituição se acha descrito no art. 60 da Constituição, não se confundindo com o processo de sua revisão, constante do art. 3º do Ato das Disposições Constitucionais Transitórias, prevista para ser realizada após cinco anos, contados da promulgação da Constituição, pelo voto da maioria absoluta dos membros do Congresso Nacional, em sessão unicameral.

Por ter sido o dispositivo de revisão transitório e não o reproduzindo a Constituição revista, houve apenas uma primeira e única revisão, encerrada no dia 31 de maio de 1994 (sobre a revisão da Constituição de 1988, ver Capítulo 14, item 9, vol. 1).

São titulares do poder de iniciativa do projeto de emenda à Constituição: um terço, no mínimo, dos membros da Câmara dos Deputados ou do Senado Federal, o Presidente da República e mais da metade das Assembleias Legislativas das uni-

---

zação; leis (reforçadas) de bases; leis (reforçadas) de enquadramento; leis reforçadas; leis de reserva absoluta; leis de reserva relativa; leis de conversão ou de transposição de directivas comunitárias; leis da Assembleia da República (QUEIROZ. *Direito constitucional:* as instituições do estado democrático e constitucional, p. 255). O conceito de leis reforçadas, ou leis de valor reforçada vem de Canotilho, que alude aos seguintes critérios de identificação: 1) o critério da forma e do procedimento; 2. o critério da maioria reforçada exigido para a sua aprovação; 3. o critério da parametricidade específica; 4. o critério da parametricidade geral (CANOTILHO. *Direito constitucional e teoria da Constituição,* p. 684-685).

[71] FERRAZ. *Processos informais de mudança da Constituição, mutações constitucionais e mutações inconstitucionais,* p. 13.

[72] FERRAZ. *Processos informais de mudança da Constituição, mutações constitucionais e mutações inconstitucionais,* p. 12.

dades da Federação, manifestando-se, cada uma delas, pela maioria relativa de seus membros (art. 60, I a III). A titularidade das Assembleias Legislativas constava das Constituições de 1891, art. 90; 1934, art. 178, § 1º, *b*, e § 2º; 1946, art. 217, § 1º; e 1967, art. 50, III, § 4º. A participação das Assembleias Legislativas no processo de emenda limita-se à iniciativa, pois a Constituição não prevê a ratificação, pelas mesmas, das emendas constitucionais aprovadas pelo Congresso, como exige a Constituição dos Estados Unidos, em seu art. V. A iniciativa popular não se aplica aos projetos de emenda à Constituição. É que a proposta de emenda envolve, à luz do procedimento que caracteriza a rigidez constitucional, iniciativa própria e diferenciada de outras espécies normativas. Assinale-se, contudo, posicionamentos em sentido contrário, como o de José Afonso da Silva, para quem não está excluída a iniciativa popular nessa matéria, que tem por base a regra de que todo o poder emana do povo. De qualquer modo, o uso desse instituto, no âmbito da emenda constitucional, vai depender do desenvolvimento e da prática da democracia participativa, um dos princípios fundamentais da Constituição.[73]

Inovação constante do texto constitucional de 1988 refere-se à discussão e votação da proposta de emenda em cada Casa do Congresso Nacional e não em reunião conjunta dessas duas Casas, considerando-se aprovada a emenda que obtiver, em ambas, 3/5 (e não 2/3, como ocorria anteriormente) dos votos dos respectivos membros (art. 60, § 2º), é dizer, 308 votos favoráveis na Câmara dos Deputados e 48 votos favoráveis no Senado Federal.

Houve ampliação das cláusulas pétreas, entendidas assim as irreformáveis por via de emenda. Declara o texto constitucional que não será objeto de deliberação a proposta de emenda tendente a abolir a forma federativa de Estado, o voto direto, secreto, universal e periódico, a separação dos Poderes, e os direitos e garantias individuais.

De se notar que a república não figura como limite material expresso ao poder reformador.

Como, no entanto, realizado o plebiscito previsto no art. 3º do Ato das Disposições Transitórias, que culminou com a confirmação do modelo republicano-presidencial, mostra-se intuitivo não poder o constituinte derivado introduzir qualquer alteração no que se refere à atual forma de governo (república), o que vale também para o atual sistema de governo (presidencialismo), que foram petrificados em razão do plebiscito, a não ser mediante nova consulta popular.

Dispõe ainda a Constituição que a matéria constante de emenda rejeitada ou havida por prejudicada não pode ser objeto de nova proposta na mesma sessão legislativa (art. 60, § 5º), pouco importando que a proposta tenha partido do Presidente da República, que não poderá renová-la na mesma sessão legislativa anual.

A Constituição não poderá ser emendada na vigência de intervenção federal, de estado de defesa ou de estado de sítio (art. 60, § 1º), pois em tais circunstâncias não há clima de liberdade para a plenitude da manifestação do Poder de Emenda.

---

73 SILVA. *Curso de direito constitucional positivo*, p. 56.

A emenda à Constituição será promulgada pelas Mesas da Câmara dos Deputados e do Senado Federal, com o respectivo número de ordem (art. 60, § 3º), inocorrendo, portanto, sanção ou veto presidenciais.

Os tratados e convenções internacionais de direitos humanos são equivalentes às emendas constitucionais, se aprovados, em cada Casa do Congresso Nacional, em dois turnos, por três quintos dos votos dos respectivos membros (§ 3º do art. 5º, acrescentado à Constituição pela EC n. 45/2004).

4.2 Leis complementares

A expressão lei complementar, no Brasil, foi utilizada, na vigência da Constituição de 1946, no âmbito do Congresso Nacional, quando se preocupou em criar a Comissão Mista de Leis Complementares. Nas Constituições de 1891 (art. 34, n. 34), e de 1934 (art. 39, 1), aparece como lei orgânica. Em 1961, a Emenda Constitucional n. 4 (Ato Adicional), que instituiu o parlamentarismo, utilizou, em seu art. 22, o termo complementar, permitindo que se complementasse o sistema parlamentar de governo mediante leis votadas nas duas Casas do Congresso, pela maioria absoluta dos seus membros. O Ato Institucional n. 2, de 1965, autorizou o Presidente da República a baixar "'atos complementares" com posição hierárquica superior aos decretos-leis. Foi, no entanto, a Emenda Constitucional n. 17, de 1965, que, pela primeira vez, designou a expressão "lei complementar" (art. 6º, § 8º), seguida da Emenda Constitucional n. 18 daquele mesmo ano, que atribuiu à lei complementar a regulamentação do sistema tributário nacional.

As leis complementares não são tipificadas pela Constituição segundo critério ontológico. Caracterizam-se pelos assuntos que a Carta lhes reserva e pelo *quorum* de aprovação. Assim, aquelas matérias indicadas na Constituição como próprias de lei complementar não podem ser tratadas pelas leis ordinárias, que não têm força para modificar preceitos nela contidos, salvo se cuidarem de assuntos de lei ordinária. A Constituição exige, no art. 69, o voto da maioria absoluta dos membros das duas Casas do Congresso Nacional para a aprovação de projeto de lei complementar, resultando daí maior dificuldade para sua elaboração.

Debate-se acerca da hierarquia da lei complementar em relação à lei ordinária. A doutrina que admite a superioridade hierárquica entre a lei complementar e a ordinária utiliza-se de três critérios:

a) a posição topográfica da lei complementar no texto constitucional (art. 59, II), logo abaixo das emendas à Constituição, revelaria sua posição hierárquica entre as regras jurídicas componentes do ordenamento jurídico brasileiro;

b) formalmente, a lei complementar é superior à lei ordinária, pois esta não pode alterá-la, mas, ao contrário, a lei complementar revoga e altera a lei ordinária;

c) o *quorum* especial e qualificado exigido pela Constituição para a aprovação da lei complementar (maioria absoluta dos membros das duas Casas do Congresso Nacional) conferiria à lei complementar uma superioridade formal com relação à lei ordinária.

Examinando a eficácia e a hierarquia da lei complementar, José Souto Maior Borges, em substancioso estudo, mostra o equívoco dos que, com base nos três critérios acima referidos, sustentam a tese da hierarquia daquela espécie normativa, dizendo, em síntese:

a) "concluir pela supremacia hierárquica de lei complementar – porque ela está situada, na enunciação das categorias legislativas pelo art. 46 (referia-se à Emenda Constitucional n. 1/69), logo abaixo das emendas constitucionais – é tão descabido quanto sustentar que as leis delegadas (n. 4) e os decretos-leis (n. 5), porque situados abaixo das leis ordinárias (n. 3) estão hierarquicamente numa posição inferior a estas";

b) a superioridade formal da lei complementar sobre a lei ordinária não significa, contudo, que se admita a possibilidade de que aquela espécie normativa possa revogar lei ordinária. Sustenta então o referido publicista que "os campos da lei complementar e da lei ordinária, em princípio, não se interpenetram, numa decorrência da técnica constitucional de distribuição *ratione materiae* de competência legislativa", para então concluir que "não se coloca o problema da revogação das leis quando estamos diante de campos legislativos distintos. Do mesmo modo, a inobservância do *quorum* especial e qualificado e a extravasão do seu âmbito material de validez não possibilitam sequer o aperfeiçoamento existencial de ato legislativo, como lei complementar";[74]

c) não é o *quorum* especial previsto para a aprovação de lei complementar que lhe confere uma superioridade formal com relação à lei ordinária, pois tal *quorum* é tão somente um requisito de existência e não um requisito de eficácia da lei complementar: situa-se na fase de elaboração da lei e não na sua fase executiva, sendo, portanto, irrelevante para, com base nele, admitir-se a hierarquia formal da lei complementar.[75]

Pela inexistência da hierarquia entre as duas espécies normativas também se posicionam, além de José Souto Maior Borges, eminentes juristas, como Pontes de Miranda, Celso Bastos e Michel Temer.

O entendimento de que inexiste hierarquia entre lei complementar e lei ordinária parece-nos ser o correto, pois, na realidade, ambas as espécies normativas têm idêntica fonte de fundamento, que é a Constituição. O parâmetro de validade da lei ordinária não é a lei complementar, mas a Constituição.

---

[74] A jurisprudência do STF tem sido no sentido de que "só se exige lei complementar para as matérias cuja disciplina a Constituição expressamente faz tal exigência, e, se porventura a matéria, disciplinada por lei cujo processo legislativo observado tenha sido o da lei complementar, não seja daquelas para que a Carta Magna exige essa modalidade legislativa, os dispositivos que tratam dela se têm como dispositivos de lei ordinária" (*RTJ* 156/721, Rel. Min. Moreira Alves; AI n. 457.926-6/MG, Rel. Min. Sepúlveda Pertence, *DJ*, Seção I, 6.9.2006, p. 38).

[75] BORGES. Eficácia e hierarquia da lei complementar. *RDP* 25/93.

4.3 Leis ordinárias

O procedimento de elaboração das leis ordinárias é o comum, segundo terminologia de José Afonso da Silva,[76] compreendendo as seguintes fases:

a) introdutória, em que ocorre a apresentação do projeto;

b) exame do projeto pelas Comissões parlamentares permanentes, onde ocorre seu estudo e se abre a possibilidade de emendas;

c) discussões, onde ainda se admitem emendas;

d) decisória, ou seja, aprovação ou rejeição do projeto, observando-se que o *quorum* de aprovação do projeto é o da maioria simples de votos, presente a maioria absoluta dos membros da Casa Legislativa (art. 47);

e) revisória, onde o projeto aprovado será revisto pela outra Casa, passando pelas mesmas fases anteriores, observando-se que haverá, na Casa revisora, apenas um turno de votação.

O campo de abrangência da lei ordinária é o residual, vale dizer, cabe-lhe dispor sobre todas as matérias que, a juízo do legislador, devem ser normatizadas. Há, contudo, algumas matérias vedadas à lei ordinária: a primeira delas consiste naquelas reservadas à lei complementar, vindo depois as de competência exclusiva do Congresso Nacional (art. 49), e as privativas da Câmara dos Deputados e do Senado Federal (arts. 51 e 52), as quais, por serem tratadas em decretos legislativos ou resoluções, excluem a sanção do Presidente da República.

4.4 Leis delegadas

A Constituição cuida, na parte relativa ao processo legislativo, da delegação externa, entendida como a autorização concedida pelo Congresso Nacional ao Presidente da República, para a elaboração de leis delegadas (art. 68). A delegação interna vem prevista no art. 58, § 2º, I, que trata das Comissões, consistindo na discussão e votação, por Comissões permanentes, de projeto de lei que dispensar, na forma do regimento, a competência do plenário, salvo se houver recurso de um décimo dos membros da Casa.

A delegação externa, que a princípio sofreu resistência, por constituir violação ao princípio da separação de Poderes, tem sido hoje aceita como mecanismo necessário para possibilitar a eficiência do Estado, em razão da inércia dos parlamentos. Acentue-se, todavia, que, para preservar a ideia de separação de Poderes do Estado Democrático de Direito, não se deve permitir que a delegação abranja qualquer matéria. A restrição se acha na Constituição de 1988 (art. 68, § 1º), que enumera, como insuscetíveis de delegação, os atos de competência privativa da Câmara dos Deputados ou do Senado Federal, a matéria reservada à lei complementar, a legislação sobre organização do Poder Judiciário e do Ministério Público, a carreira e a garantia de seus membros, nacionalidade, cidadania, direitos políticos e eleitorais, planos plurianuais, diretrizes orçamentárias e orçamentos.

---

[76] SILVA. *Curso de direito constitucional positivo*, p. 456.

São ainda modalidades de lei delegada: a) delegação própria ou típica, aquela em que o Congresso Nacional autoriza a delegação ao Presidente da República, mediante resolução, a elaborar, promulgar e fazer publicar a lei delegada; b) delegação imprópria ou atípica, aquela em que haverá apreciação pelo Congresso Nacional, em votação única, do projeto, vedada qualquer emenda. Aprovado o projeto de lei delegada, o Presidente da República promulgará a lei; rejeitado o projeto, será ele arquivado.

A lei delegada é ato normativo primário, nada obstante a necessidade de ser aprovada, pelo Congresso Nacional, resolução autorizando o Presidente da República a editá-la. A lei delegada é ato legislativo que deriva imediatamente da Constituição, apesar de condicionado.

No sistema presidencialista, não há razão para a delegação legislativa, em especial se considerarmos a previsão, no texto constitucional, das medidas provisórias. Nesse sentido, Manoel Gonçalves Ferreira Filho salienta que "caracterizando-se o parlamentarismo fundamentalmente pela responsabilidade política do Gabinete, sendo este ao mesmo tempo a cúpula da maioria parlamentar e sua expressão, motivo por que a desagregação dessa maioria há de produzir a queda do Gabinete, a delegação do Poder Legislativo pode ser com facilidade justificada. No presidencialismo, a situação é diversa. O Presidente não está na dependência do Congresso nem exprime, necessariamente, a sua maioria. Assim, a delegação em seu favor opera uma concentração de poderes em sua mão (ficando de fora só o Judiciário), que o fortalece sobremodo, sem que isso seja de alguma forma compensado pelo desenvolvimento de qualquer controle novo".[77]

O Congresso Nacional, na resolução, pode ou não fixar prazo para o exercício, pelo Presidente da República, da delegação. Não havendo prazo, a delegação não pode ultrapassar a legislatura, pena de usurpação da função legiferante que é inerente ao Poder Legislativo.

Nada impede que o Congresso Nacional legisle, a qualquer tempo, sobre o tema objeto da delegação, ou que antes de encerrado o prazo fixado na resolução, desfaça a delegação. Por outro lado, editada a lei delegada pelo Presidente da República, desde que nela esgotados os limites materiais da delegação, com a sua utilização integral, exaure-se a delegação, não podendo o Chefe do Executivo editar outra lei delegada no curso do prazo da resolução, ressalvada a hipótese em que são editados vários diplomas legislativos sem que se exceda os limites da delegação. Este é o posicionamento de Clèmerson Merlin Clève.[78] Em sentido contrário pensa Manoel Gonçalves Ferreira Filho, que admite a possibilidade de ser editada, pelo Presidente da República, mais de uma lei delegada no prazo estabelecido pelo Congresso Nacional, ao acentuar que "se a delegação é por prazo certo, obviamente persiste durante todo ele; desse modo não há por que não possa o Presidente editar mais de uma lei, enquanto este prazo estiver em curso".[79]

---

77 FERREIRA FILHO. *Do processo legislativo*, p. 235.

78 CLÈVE. *Atividade legislativa do Poder Executivo*, p. 259-260.

79 FERREIRA FILHO. *Do processo legislativo*, p. 239-240.

Cabe ainda ao Congresso Nacional sustar a lei delegada (art. 49, V, da Constituição Federal), que extrapole os limites da delegação. A medida será tomada por meio de decreto legislativo, que terá efeitos *ex nunc*, já que este ato normativo não anula a lei delegada, mas apenas susta os seus efeitos que exorbitem da delegação legislativa.

4.5 Medidas provisórias – Emenda Constitucional n. 32, de 11 de setembro de 2001

Pretende-se que as medidas provisórias previstas no art. 62 da Constituição encontrem inspiração no art. 77 da Constituição da Itália de 1947, que assim dispõe: "quando em casos extraordinários de necessidade e de urgência o Governo adote, sob sua responsabilidade, medidas provisórias (*provvedimenti provvisori*) com força de lei, deverá apresentá-las no mesmo dia para sua conversão às Câmaras, as quais, inclusive, achando-se dissolvidas, serão devidamente convocadas e se reunirão dentro dos cinco dias seguintes.

Os decretos perderão todo efeito desde o princípio, se não forem convertidos em leis (*convertiti in legge*) dentro de sessenta dias de sua publicação. As Câmaras poderão, sem embargo, regular mediante lei as relações jurídicas surgidas em virtude dos decretos que não tenham sido convertidos."

O dispositivo constitucional brasileiro está assim redigido, segundo a redação da Emenda Constitucional n. 32/2001, de 11 de setembro de 2001:

"Art. 62. Em caso de relevância e urgência,[80] o Presidente da República poderá adotar medidas provisórias, com força de lei, devendo submetê-las de imediato ao Congresso Nacional.

§ 1º É vedada a edição de medidas provisórias sobre matéria:

I – relativa a:

a) nacionalidade, cidadania, direitos políticos, partidos políticos e direito eleitoral;

b) direito penal, processual penal e processual civil;

c) organização do Poder Judiciário e do Ministério Público, a carreira e a garantia de seus membros;

d) planos plurianuais, diretrizes orçamentárias, orçamento e créditos adicionais e suplementares, ressalvado o previsto no art. 167, § 3º;

II – que vise a detenção ou sequestro de bens, de poupança popular ou qualquer outro ativo financeiro;

III – reservada a lei complementar;

---

80 Relevante é o proeminente, importante, essencial, exigível, fundamental, indispensável. A urgência qualifica o momento e define o tempo. Só haverá urgência se a eficácia da disposição não puder se materializar, no âmbito do processo legislativo, após o final do procedimento ordinário ou abreviado previsto na Constituição (CLÈVE. *Medidas provisórias*, p. 89; 93. GRECO. *Medidas provisórias*, p. 24).

Acerca da possibilidade de o Poder Judiciário sindicar os requisitos constitucionais das medidas provisórias (urgência e relevância), cf. Capítulo 13, n. 10.3, do v. 1, desse trabalho.

IV – já disciplinada em projeto de lei aprovado pelo Congresso Nacional e pendente de sanção ou veto do Presidente da República.

§ 2º Medida Provisória que implique instituição ou majoração de impostos, exceto os previstos nos arts. 153, I, II, IV, V, e 154, II, só produzirá efeitos no exercício financeiro seguinte se houver sido convertida em lei até o último dia daquele em que foi editada.

§ 3º As medidas provisórias, ressalvado o disposto nos §§ 11 e 12 perderão eficácia, desde a edição, se não forem convertidas em lei no prazo de sessenta dias, prorrogável, nos termos do § 7º, uma vez por igual período, devendo o Congresso Nacional disciplinar, por decreto legislativo, as relações jurídicas delas decorrentes.

§ 4º O prazo a que se refere o § 3º contar-se-á da publicação da medida provisória, suspendendo-se durante os períodos de recesso do Congresso Nacional.

§ 5º A deliberação de cada uma das Casas do Congresso Nacional sobre o mérito das medidas provisórias dependerá de juízo prévio sobre o atendimento de seus pressupostos constitucionais.

§ 6º Se a medida provisória não for apreciada em até quarenta e cinco dias contados de sua publicação, entrará em regime de urgência, subsequentemente, em cada uma das Casas do Congresso Nacional, ficando sobrestadas, até que se ultime a votação, todas as demais deliberações legislativas da Casa em que estiver tramitando.

§ 7º Prorrogar-se-á uma única vez por igual período a vigência de medida provisória que, no prazo de sessenta dias, contado de sua publicação, não tiver a sua votação encerrada nas duas Casas do Congresso Nacional.

§ 8º As medidas provisórias terão sua votação iniciada na Câmara dos Deputados.

§ 9º Caberá à comissão mista de Deputados e Senadores examinar as medidas provisórias e sobre elas emitir parecer, antes de serem apreciadas, em sessão separada, pelo plenário de cada uma das Casas do Congresso Nacional.

§ 10. É vedada a reedição, na mesma sessão legislativa, de medida provisória que tenha sido rejeitada ou que tenha perdido sua eficácia por decurso de prazo.

§ 11. Não editado o decreto legislativo a que se refere o § 3º até sessenta dias após a rejeição ou perda de eficácia de medida provisória, as relações jurídicas constituídas e decorrentes de atos praticados durante sua vigência conservar-se-ão por ela regidas.

§ 12. Aprovado projeto de lei de conversão alterando o texto original da medida provisória, esta manter-se-á integralmente em vigor até que seja sancionado ou vetado o projeto. (NR)”

Simples comparação dos dois textos revela que, no sistema italiano, a medida provisória será baixada pelo governo, sob sua responsabilidade, o que é natural em se tratando de regime parlamentar, porquanto o governo corre o risco de até ser destituído, caso o Parlamento não aprove os *provvedimenti provvisori*, tendo assim o governo o dever de acertar, sob pena de responsabilidade política. Outro aspecto revelado pelo art. 77 da Constituição italiana reside em que, na hipótese de rejeição das medidas provisórias, o Parlamento *poderá* regular, mediante lei, as relações jurídicas delas decorrentes.

Considere-se ainda o decreto-lei, em nosso Direito, como antecedente da medida provisória, mas que dela se diferencia. O decreto-lei, previsto na Constituição de 1937, que permitia abrangente competência legislativa do Poder Executivo, foi suprimido pela Constituição de 1946. Ressurgiu, contudo, na Constituição de 1967 (art. 58), reforçado pela Emenda Constitucional n. 1/69 (art. 59 e ss), que permitia sua utilização em matérias de segurança nacional, finanças públicas, normas tributárias e criação de cargos públicos. O abuso na edição dos decretos-leis quanto aos seus limites materiais acabou por levar forças políticas a postularem sua transição para uma nova ordem democrática, de que resultaram as medidas provisórias no texto constitucional de 1988. De qualquer modo, o decreto-lei mencionado na Constituição de 1967/69, visa atender uma ordem jurídica autoritária, distinta, portanto, daquela instaurada com o advento da Constituição de 1988.

Algumas distinções entre o decreto-lei e a medida provisória: 1. os pressupostos para a edição do decreto-lei eram ou a urgência ou o relevante interesse público, admitindo-se apenas um deles, enquanto que a medida provisória exige o concurso de ambos os pressupostos; 2. pelo decreto-lei permitia-se ao Executivo o aumento da despesa pública, tema sobre o qual a Constituição de 1988 não se pronunciou; 3. o decreto-lei, na ausência de manifestação do Congresso Nacional, durante o prazo de sua vigência (60 dias), era considerado aprovado pelo Parlamento, e, consequentemente, convertido em lei. Já a medida provisória perde sua eficácia *ex tunc,* ou seja, desde a sua edição, em caso de não conversão em lei pelo Congresso Nacional no prazo de sua vigência, prorrogável por mais 60 dias caso a conversão não ocorra nos primeiros (art. 62, § 7º, acrescentado pela EC 32/2001); 4. nos casos em que o Congresso Nacional rejeitasse o decreto-lei durante o prazo de sua vigência, não se anulavam os atos praticados sua égide, nem se exigia fossem regulados os efeitos desses atos, que permaneciam eficazes. Quanto aos efeitos dos atos praticados em obediência à medida provisória, em caso de sua não conversão em lei dentro de 60 dias, devem ser regulados pelo Congresso Nacional; 5. as matérias suscetíveis de regulamentação pelo decreto-lei eram definidas na Constituição, quais sejam, segurança nacional, criação de cargos públicos e fixação de seus vencimentos, questões de finanças públicas, incluindo matéria tributária. A Constituição de 1988, em sua redação original, não definiu as matérias que poderiam ser regulamentadas pela medida provisória, mas a EC n. 32/2001 definiu aquelas não passíveis de regulamentação, pelo que se depreende ser residual o domínio temático da medida provisória, é dizer, cabe-lhe disciplinar todas as matérias não vedadas pelo texto constitucional.

4.5.1 Natureza jurídica das medidas provisórias

Algumas correntes procuram fixar a natureza jurídica das medidas provisórias, destacando-se as seguintes: a) as medidas provisórias como fatos consentidos pela Constituição, pelo que não passam elas de uma eventualidade disciplinada pela normatividade constitucional, o que faz com que a edição de medida provisória seria intrinsecamente ilícita até o momento de sua conversão em lei, sanatória dos vícios originários; b) as medidas provisórias como poder delegado ao Executivo, notando-se que, neste caso, se a Constituição confere ao Poder Legislativo, com exclusividade, a função de legislar, a edição de medidas provisórias, pelo Governo, não constitui uma potestade autônoma, mas sim delegada, de caráter secundário; c) as medidas provisórias como poder próprio outorgado ao Executivo, pelo que se trata de atribuição constitucional direta, e não configurativa de delegação; d) as medidas provisórias como expressão concreta do poder cautelar geral deferido ao Chefe do Poder Executivo, configurando uma antecipação legislativa de natureza cautelar; e) as medidas provisórias como ato administrativo geral editado pelo Presidente da República, em razão da situação constitucionalmente descrita, o que se explica por se tratar de ato do Poder Executivo editado sem a participação do Congresso Nacional, detentor único do Poder Legislativo, seja porque as medidas provisórias são publicadas no Diário Oficial como *atos do Poder Executivo* e não como *atos do Poder Legislativo*, acrescendo-se a observação de que o órgão de que emanam é administrativo, tornando-se irrelevante o fato de estarem arroladas dentre as espécies normativas constantes do processo legislativo.

De todas as teorias acerca da natureza jurídica das medidas provisórias, a que se afigura como mais explicativa é a que as considera como poder próprio outorgado ao Executivo, pois reflete a evolução histórica dos sistemas políticos, a partir de mutações de natureza política, jurídica e econômica, e que levaram à necessidade de se dotar os governos de meios legiferantes próprios para atuar com agilidade e eficácia, em razão da inércia e morosidade dos Parlamentos, em situações de urgência e relevância. Ademais, as medidas provisórias configuram fonte de Direito, como as demais espécies normativas listadas no art. 59 da Constituição Federal.

4.5.2 Efeitos das medidas provisórias

As medidas provisórias na Constituição brasileira são instrumentos que, se têm pressupostos semelhantes aos da Constituição italiana, apresentam diferenças profundas quanto aos efeitos. É que, sendo editadas em regime presidencial de governo, sua rejeição pelo Congresso Nacional não implica a responsabilidade política nem a destituição do Presidente da República que, ao baixá-las, não terá sempre que considerar ou se preocupar com o acerto dessas medidas no plano de governo.

No que respeita aos efeitos da não aprovação das medidas provisórias, enquanto pela Constituição italiana as Câmaras dispõem da faculdade de disciplinar, mediante lei, as relações jurídicas delas decorrentes, a Constituição brasileira estabelece como *dever* essa providência (art. 62, § 3º).

Se a abrangência das medidas provisórias é mais ampla do que os extintos decretos-leis, previstos na Constituição anterior, por outro lado sua previsão decorre da necessidade de, contemporaneamente, não se desconhecer a participação do Executivo na atividade normativa, seja pela inércia do Legislativo, seja pela circunstância de que a tarefa de governar envolve e depende, hoje mais do que antes, da atividade legislativa.

4.5.3 Regime jurídico-constitucional das medidas provisórias

O abuso na adoção de medidas provisórias, pelo Executivo, e que redundou no comprometimento do princípio da separação de poderes e do próprio Estado Democrático de Direito consagrados no art. 1º, parágrafo único, da Constituição Federal, levou o Congresso Nacional a promulgar a Emenda Constitucional n. 32/2001, acima referida, que deu nova redação ao art. 62 da Constituição Federal, objetivando limitar a atuação normativa do Presidente da República.[81]

Destacam-se, quanto ao novo regime jurídico-constitucional das medidas provisórias, os seguintes pontos:

1 – Enumeração, embora insuficiente, das matérias insuscetíveis de tratamento pela medida provisória, e que são:

a) relativas a: nacionalidade, cidadania, direitos políticos, partidos políticos e direito eleitoral; direito penal (a vedação é absoluta, não se admitindo a adoção de medida provisória ainda que benéfica a matéria penal), processual penal e processual civil; organização do Poder Judiciário e do Ministério Público, a carreira e a garantia de seus membros; planos plurianuais, diretrizes orçamentárias, orçamento e créditos adicionais e suplementares, ressalvado o previsto no art. 167, § 3º, da Constituição, ou seja, crédito extraordinário para atender a despesas imprevisíveis e urgentes, como as decorrentes de guerra, comoção interna ou calamidade pública;
b) que vise a detenção ou sequestro de bens, de poupança popular ou qualquer outro ativo financeiro;
c) reservada a lei complementar;
d) já disciplinada em projeto de lei aprovado pelo Congresso Nacional e pendente de sanção ou veto do Presidente da República. Prevê o § 2º do art. 62 que medida provisória que implique instituição ou majoração de impostos, exceto os previstos nos arts. 153, I, II, IV, V, e 154, II, só produzirá efeitos no exercício financeiro seguinte se houver sido convertida em lei até o último dia daquele em que foi editada, o que significa observância do princípio da anterioridade tributária.

[81] A prolífica reedição das medidas provisórias pelos Presidentes Sarney, Collor, Itamar Franco e Fernando Henrique indicaram a ampliação da esfera de atuação unilateral do Executivo e a subordinação do Congresso Nacional ao sistema político. Nos dois últimos anos do governo Sarney, foram apresentadas 125 medidas provisórias, reeditadas 22, perfazendo o total de 147 medidas. No Governo Collor, foram 88 as medidas apresentadas, 69 as reeditadas, no total de 157 medidas provisórias. No governo Itamar Franco, 142 medidas foram apresentadas, 366 reeditadas, no total de 508 medidas provisórias. No primeiro governo de Fernando Henrique, até o final de outubro de 1996, 1.028 foram as medidas provisórias apresentadas, das quais 964 reeditadas. A maior parte dessas medidas foi aprovada pelo Congresso Nacional. No governo Sarney, de 1988 a 1990, a rejeição de medidas provisórias foi de apenas 6,4%, e a aprovação de 85,6%. No governo Collor, de 1990 a 1992, o índice de rejeição foi de 8,0%, enquanto o de aprovação chegou a 76,1%, destacando-se o ano de 1992, no qual a totalidade (100%) das medidas provisórias apresentadas foram convertidas em lei. No governo Itamar, 74% das medidas provisórias foram transformadas em lei e, no ano de 1995, já no governo Fernando Henrique, 18% delas se converteram em lei (Fontes: Prodasen e jornal *Folha de S.Paulo*, edição de 21 de dezembro de 1996). Anote-se, finalmente, que até setembro de 2001, quando entrou em vigor a Emenda Constitucional n. 32, foram editadas 6.109 medidas provisórias, uma média que beira a 40 ao mês.

2 – Definição expressa de que o prazo de vigência da medida provisória conta-se a partir de sua publicação;

3 – vedação da reedição, na mesma sessão legislativa, da medida que tenha sido rejeitada ou perdido sua eficácia por decurso de prazo.[82]

4 – ampliação do prazo de vigência da medida para sessenta dias, prorrogando-se, por igual período, a vigência daquela que, no prazo de sessenta dias, contado de sua publicação, não tiver a sua votação encerrada nas duas Casas do Congresso Nacional. Não sendo as medidas provisórias convertidas em lei no referido prazo, deverá o Congresso Nacional disciplinar, por decreto legislativo, as relações jurídicas delas decorrentes. De se observar que, segundo dispõe o § 12 do art. 62, aprovado o projeto de lei de conversão alterando o texto original da medida provisória, esta manter-se-á integralmente em vigor até que seja sancionado ou vetado o projeto. *A contrario sensu* se o projeto de lei de conversão não alterar o texto da medida provisória, dispensa-se a sanção, hipótese em que o Presidente do Congresso Nacional promulgará a lei. Como salientado, as medidas provisórias podem ser aprovadas com alterações de mérito, possibilitando aos parlamentares emendá-las. Note-se que, na parte em que foi emendada a medida provisória, as novas normas valerão para o futuro, a partir da vigência da própria lei de conversão, e na parte em que a medida foi confirmada, opera-se a sua ratificação, desde quando editada. Outra discussão é saber se medida provisória que sofra vício de inconstitucionalidade, mas transformada em lei, comunica ou não o vício à lei de conversão. Após discutir amplamente a questão, apontando parte da doutrina que sustenta a não comunicação, Gilmar Mendes conclui pela possibilidade de a lei de conversão ser tida como inconstitucional, já que o processo legislativo se acha maculado na sua origem, por um ato que a Constituição tem como inválido.[83]

5 – Previsão de que o prazo para deliberação do Congresso não ocorre no recesso, o que significa, no entanto, um modo de prorrogação da medida provisória.

6 – Regime especial de votação, ou seja, as medidas provisórias terão sua votação iniciada na Câmara dos Deputados, cabendo à Comissão Mista de Deputados e Senadores examiná-la e sobre elas emitir parecer, antes de serem apreciadas, em sessão separada, pelo plenário de cada uma das Casas do Congresso Nacional. Pela dicção do § 5º do art. 62, a deliberação de cada uma das Casas do Congresso Nacional sobre o mérito das medidas provisórias dependerá do juízo prévio sobre o atendimento de seus pressupostos constitucionais.[84] E segundo dispõe o § 6º do art. 62, se a medida

---

[82] Supremo Tribunal Federal: Súmula n. 651 – A medida provisória não apreciada pelo Congresso Nacional podia, até a EC 32/2001, ser reeditada dentro do seu prazo de eficácia de trinta dias, mantidos os efeitos de lei desde a primeira edição.

[83] MENDES; COELHO; BRANCO. *Curso de direito constitucional,* p. 848-849.

[84] O STF decidiu, na sessão de 8.3.2012, acolhendo questão de ordem levantada pela Advocacia-Geral da União, na ADI 4029, julgada em 7.3.2012 (Rel. Min. Luiz Fux), que a partir de agora as medidas provisórias que vierem a ser encaminhadas pelo Poder Executivo ao Congresso Nacional terão de observar, em sua tramitação, o rito previsto pela Constituição Federal em seu art. 62, § 9º, isto é, deverão ser obrigatoriamente apreciadas por uma comissão integrada por deputados e senadores, não podendo mais ser apreciadas pelo Parlamento apenas com parecer do Relator, quando esgotado o prazo para sua apreciação pela comissão mista. A decisão

provisória não for apreciada em até quarenta e cinco dias contados de sua publicação, entrará em regime de urgência, subsequentemente, em cada uma das Casas do Congresso Nacional, ficando sobrestadas, até que se ultime a votação, todas as demais deliberações legislativas da Casa em que estiver tramitando. Desse modo, a urgência constitucional das medidas provisórias significa que a Câmara dos Deputados e o Senado Federal terão o prazo exíguo de quinze dias para apreciarem a medida provisória, caso a votação não tenha sido concluída no prazo de quarenta e cinco dias contados de sua publicação.[85] Acentue-se que o sobrestamento das deliberações previsto no § 6º do art. 62 só aplicaria aos projetos de lei ordinária. Este entendimento foi formalizado pelo Presidente da Câmara dos Deputados nos seguintes termos: "Responde à questão de ordem (*omissis*) com uma reformulação e ampliação da interpretação sobre quais são as matérias abrangidas pela expressão 'deliberações legislativas' para os fins de sobrestamento da pauta por medida provisória nos termos da Constituição; entende que, sendo a medida provisória um instrumento que só pode dispor sobre temas atinentes a leis ordinárias, apenas os projetos de lei ordinária que tenham por objeto matéria passível de edição de medida provisória estariam por ela sobrestados; desta forma, considera não estarem sujeitas às regras de sobrestamento, além das propostas de emenda à Constituição, dos projetos de lei complementar, dos decretos legislativos e das resoluções – estas objeto inicial da questão de ordem – as matérias elencadas no inciso I do art. 62 da Constituição Federal, as quais tampouco podem ser objeto de medidas provisórias; decide, ainda, que as medidas provisórias continuarão sobrestando as sessões deliberativas ordinárias da Câmara dos Deputados, mas não trancarão a pauta das sessões extraordinárias".[86] Desse modo, essas ma-

---

do Supremo Tribunal Federal, entretanto, não alcança as MPs já convertidas em lei e as que estão em tramitação no Legislativo. Com a decisão, o STF modificou a proclamação do resultado da decisão tomada na ADI 4029, em que se questionava o rito de medida provisória que se transformou na Lei n. 11.516/2007, que criou o Instituto Chico Mendes, para julgar a ADI improcedente, declarando, no entanto, a inconstitucionalidade incidente dos arts. 5º, *caput,* e 6º, §§ 1º e 2º, da Resolução n.1/2002, do Congresso Nacional. O STF levou em consideração a impossibilidade de retroação em relação às MPs convertidas em lei sob o rito previsto na Resolução 1/2002, que interferem nos mais diversos setores da vida do país. Além disso, a retroação levaria o Congresso Nacional a iniciar nova tramitação de todas essas medidas provisórias (*Notícias* STF, 8.3. 2012; *Informativo* 657/STF).

[85] A propósito, observam Fernando Limongi e Argelina Figueiredo que: "Ainda que reedições possam ocorrer, há um forte incentivo para que as MPs sejam aprovadas em sua primeira edição, já que se a MP não for apreciada em 'até 45 dias contados de sua publicação, entrará em regime de urgência, subsequentemente, em cada uma das Casas do Congresso Nacional, ficando sobrestadas, até que se ultime a votação, todas as demais deliberações legislativas da Casa em que estiver tramitando'. Em outras palavras, do 46º ao 60º dia de sua tramitação, uma MP não apreciada tranca a pauta da Casa em que estiver tramitando. Tal consequência altera os cálculos do governo ao editar uma MP, dado que o trancamento da pauta pode impedir a apreciação de outras matérias de seu interesse" (BENEVIDES; VANNUCHI; KERCHE. *Reforma política e cidadania*, p. 296.

[86] Esta decisão foi objeto de mandado de segurança preventivo, cuja liminar foi indeferida para fazer prevalecer a interpretação dada pelo Presidente da Câmara dos Deputados ao § 6º do art. 62 da Constituição (STF, MS 27.931-MC/DF, Rel. Min. Celso de Mello, decisão de 27.3.2009).

térias poderão ser votadas em sessões extraordinárias, mesmo com a pauta trancada por MPs nas sessões ordinárias.

Rejeitada a medida provisória, será o fato comunicado imediatamente ao Presidente da República, pelo Presidente da Casa Legislativa em que ocorreu a rejeição, publicando o ato declaratório de rejeição no Diário do Congresso Nacional. No caso de serem vencidos os prazos para a aprovação, sem que a medida provisória tenha sido convertida em lei, cabe ao Presidente do Congresso Nacional o ato declaratório de encerramento do prazo de vigência da medida.[87]

7 – Transformação da medida provisória de urgência em ato normativo permanente (§ 11 do art. 62), quando, não editado o decreto legislativo até sessenta dias após a rejeição ou perda de eficácia da medida, as relações jurídicas constituídas e decorrentes de atos praticados durante a sua vigência conservar-se-ão por ela regidas. Nesse caso, atribui-se à medida provisória efeito definitivo, tornando permanente o que era provisório, o que se revela incompatível com a natureza dela, apesar da ponderação de que a solução tem por base o princípio da segurança das relações jurídicas.

8 – Perpetuação da vigência das medidas provisórias em vigor, ao dispor o art. 2º da EC n. 32/2001, que as medidas provisórias editadas em data anterior à da publicação da Emenda continuam em vigor até que medida provisória ulterior as revogue explicitamente ou até deliberação definitiva do Congresso Nacional. Tem-se portanto que, diferentemente do que dispunha o texto constitucional primitivo, embora o § 3º do art. 62 continue a prever que as medidas provisórias não convertidas em lei perderão *ex tunc* a eficácia, os seus efeitos perduram válidos, salvo se o decreto legislativo dispuser em contrário.

Observação importante é feita por Alexandre de Moraes quanto à impossibilidade de o Presidente da República retirar da apreciação do Congresso Nacional medida provisória já editada. Ressalva o constitucionalista a possibilidade de ab-rogação, pelo Chefe de Governo, por meio de nova medida provisória, valendo tal ato pela suspensão dos efeitos da primeira, efeitos esses que, todavia, o Congresso poderá restabelecer, mediante a rejeição da medida provisória, como decidiu o Supremo Tribunal Federal (*RTJ* 157/856). Portanto, a revogação de medida provisória por outra medida provisória suspende a eficácia da norma ab-rogada, que voltará a vigorar pelo tempo que lhe reste para apreciação, na hipótese de caducar ou ser rejeitada a medida provisória ab-rogante.

Desse modo, resta ao Presidente da República a possibilidade, "para suspender os efeitos de uma medida provisória, de editar uma nova, que acabe por suspender os efeitos da primeira. Nessa hipótese, o Congresso Nacional poderá agir de três maneiras: aprova a segunda medida provisória, transformando-a em lei. Com isso, a revogação da primeira medida provisória torna-se definitiva; rejeita a segunda medida provisória e aprova a primeira (que estava com seus efeitos temporariamente suspensos), convertendo-a em lei, quando então retornarão seus efeitos; rejeita ambas

[87] MENDES; COELHO; BRANCO. *Curso de direito constitucional,* p. 849.

as medidas provisórias. Nessa hipótese deverá regulamentar as relações jurídicas resultantes através de Decreto legislativo".[88]

Foi vedada a adoção de medida provisória: *a)* pela Emenda Constitucional n. 8, de 15 de agosto de 1995, para a regulamentação do disposto no inciso XXI do art. 21 da Constituição; e *b)* pela Emenda Constitucional n. 9, de 9 de novembro de 1995, para a regulamentação de matéria prevista nos incisos I a IV e dos §§ 1º e 2º do art. 177 da Constituição.

Da leitura do texto constitucional, pode-se extrair o entendimento de que medida provisória não revoga lei anterior, mas apenas suspende sua eficácia enquanto vigorar; poderá ou não ser convertida em lei e, não o sendo, desaparece, e, enquanto perdure, não é lei, mas apenas tem força de lei, dependendo os efeitos por ela produzidos, de disciplina do Congresso Nacional.

Quanto à numeração sequencial, na vigência do texto originário do art. 62 da Constituição, as medidas provisórias seriam numeradas em continuidade às séries iniciadas em 1988: era o que dispunha o art. 17 do Decreto n. 2.954, de 29.1.1999. Este art. foi, no entanto, alterado pelo Decreto n. 3.930, de 19.9.2001, dispondo que as medidas provisórias tenham numeração sequencial iniciada a partir da publicação da EC n. 32/2001, cláusula que restou mantida pelo art. 3º do Decreto n. 4.176, de 28.3.2002.

Finalmente, a Emenda Constitucional n. 32/2001, deu nova redação ao art. 246, dispondo ser vedada a adoção de medida provisória na regulamentação de art. da Constituição cuja redação tenha sido alterada por meio de emenda promulgada entre 1º de janeiro de 1995 até a promulgação daquela emenda, inclusive.

4.6 Decretos legislativos

Os decretos legislativos são "as leis a que a Constituição não exige a remessa ao Presidente da República para a sanção (promulgação ou veto)", declara Pontes de Miranda.[89]

Para José Afonso da Silva, decretos legislativos são "atos destinados a regular matérias de competência exclusiva do Congresso Nacional (art. 49) que tenham efeitos externos a ele; independem de sanção e de veto".[90]

A Constituição conferiu ao Congresso Nacional competência exclusiva (a ser exercida sem a sanção ou veto presidencial). Portanto, as matérias que tenham efeitos externos e que se enquadrem no âmbito da competência privativa do Congresso serão disciplinadas por meio de decreto legislativo, promulgado pela Mesa.

4.6.1 Tratados internacionais e decretos legislativos

Os tratados internacionais submetem-se a procedimento legislativo próprio para que sejam inseridos no ordenamento jurídico brasileiro.

---

88 MORAES. *Direito constitucional*, 17. ed., p. 601.

89 PONTES DE MIRANDA. *Comentários à Constituição de 1967 com a Emenda n. 1, de 1969*, p. 142.

90 SILVA. *Curso de direito constitucional positivo*, p. 452.

Para Francisco Rezek, "tratado é todo acordo formal concluído entre sujeitos de direito internacional público, e destinado a produzir efeitos jurídicos."[91]

Nos termos da Convenção de Viena (art. 2º, I, a), tratado significa um "acordo internacional celebrado por escrito entre Estados e regido pelo Direito Internacional, quer conste de um instrumento único, quer de dois ou mais instrumentos conexos, qualquer que seja sua denominação particular." Por seu turno, a Convenção de Havana sobre tratados, de 1928, considera, em seu art. 2º, ser a forma escrita condição essencial do tratado.

De acordo com o disposto no art. 84, inciso VIII, cabe privativamente ao Presidente da República celebrar tratados, convenções e atos internacionais, sujeitos a referendo do Congresso Nacional. Trata-se, pois, de ato complexo, porquanto depende da conjugação de vontades de dois poderes distintos o seu aperfeiçoamento. Após sua celebração pelo Presidente da República, o tratado internacional vai à ratificação do Congresso Nacional (art. 49, I), o que se dá por decreto legislativo aprovado por maioria simples de votos e promulgado pelo Presidente do Senado Federal. O decreto legislativo expressa apenas a aprovação do tratado. Uma vez aprovado, e feita a sua ratificação junto ao Estado ou organismo internacional correspondente, é o tratado promulgado por decreto do Presidente da República, bem como publicado, o que lhe dá força executiva.

Portanto, o Brasil adota a teoria dualista para explicar as relações do direito externo com o direito interno, já que o tratado depende de aprovação por norma de direito interno (decreto legislativo e posterior decreto presidencial), embora se dispensa a edição de lei formal.

Anote-se que os tratados internacionais, uma vez incorporados ao ordenamento jurídico nacional, têm hierarquia de lei ordinária, estando, portanto, sujeitos ao controle de constitucionalidade: as normas constitucionais têm supremacia sobre as normas que ingressam no ordenamento jurídico através de tratados e atos internacionais.

O Brasil pode ainda aderir ao tratado com ou sem reserva. Neste último caso, é possível que se exclua ou se modifique o efeito jurídico de certas disposições do tratado em relação a ele próprio.

Havendo conflito entre leis e tratados, utiliza-se, em primeiro lugar, como solução, o critério da especialidade, pelo qual normas de natureza especial têm prevalência sobre as normas gerais, incluídas aquelas que lhes são posteriores. Caso o conflito não possa ser solucionado pelo critério da especialidade, observa-se o critério temporal, garantindo-se a prevalência da última manifestação do legislador nacional, levando-se em consideração a data da vigência da lei e do tratado.

Se o tratado envolver matéria tributária, dispõe o art. 98 do Código Tributário Nacional que tem ele força de lei especial e, por isso, prevalece sobre a lei ordinária que lhe é antecedente e não é regrado pela lei geral posterior.

Finalmente, os tratados internacionais de direitos humanos, a despeito de posicionamentos diversos, inclusive jurisprudenciais, devem sujeitar-se a regime jurídico específico

---

[91] REZEK. *Direito internacional público*: curso elementar, p. 14.

quanto à sua incorporação ao direito interno (têm eminência de norma constitucional) e a critérios para solução de conflitos com as leis internas, assunto que foi por nós examinado no Capítulo 15, do v. 1. Vale, a propósito, o registro de que a EC n. 45/2004 acrescentou o § 3º ao art. 5º da Constituição para considerar que os tratados e convenções internacionais sobre direitos humanos que forem aprovados, em cada Casa do Congresso Nacional, em dois turnos, por três quintos dos votos dos respectivos membros, serão equivalentes a emendas constitucionais.

4.7 *Resoluções*

Se os decretos legislativos são atos destinados a disciplinar matéria de competência exclusiva do Congresso Nacional com efeitos externos, as resoluções têm a mesma natureza, porém com efeitos internos,[92] acrescentando-se que as matérias de competência exclusiva de cada Casa Legislativa (arts. 51 e 52) serão reguladas por resoluções.

Nada obstante tais posicionamentos doutrinários, o Regimento Interno da Câmara dos Deputados (art. 109) é bem explícito em definir decreto legislativo como o ato que visa regular matérias de exclusiva competência do Poder Legislativo, sem a sanção do Presidente da República, enquanto que as resoluções visam regular, com eficácia de lei ordinária, matérias de competência privativa da Câmara dos Deputados, de caráter político, processual, legislativo ou administrativo, ou quando deva a Câmara pronunciar-se em casos concretos como: *a)* perda de mandato de Deputado; *b)* criação de Comissão Parlamentar de Inquérito; *c)* conclusões de Comissão Parlamentar de Inquérito; *d)* conclusões de Comissão Permanente sobre proposta de fiscalização e controle; *e)* conclusões sobre as petições, representações ou reclamações da sociedade civil; *f)* matéria de natureza regimental; *g)* assuntos de sua economia interna e dos serviços administrativos.

E segundo o disposto no § 2º do art. 109 do mencionado Regimento Interno, os projetos de decreto legislativo e de resolução podem ser apresentados por qualquer Deputado ou Comissão, quando não sejam de iniciativa privativa da Mesa ou de outro colegiado específico.

As resoluções, considerando os fins a que se destinam, podem concretizar: atos de controle político (resoluções senatoriais que referendam nomeações;) atos deliberativos (fixação de alíquota); atos de coparticipação na função judicial (suspensão de lei declarada inconstitucional pelo Supremo Tribunal Federal), e atos-condição da função legislativa (autorização ao Executivo para elaborar lei delegada: habilitam a produção da lei delegada).[93]

5. LEIS ORÇAMENTÁRIAS

A Constituição indica, em seu art. 165, as leis orçamentárias: lei do plano plurianual, lei de diretrizes orçamentárias e lei do orçamento anual.

---

[92] SILVA. *Op. cit.*

[93] FERRAZ. *Conflito entre poderes*: o poder congressual de sustar atos normativos do Poder Executivo, p. 129.

Essas espécies normativas têm formação legislativa especial.

A iniciativa para sua propositura é reservada ao Presidente da República. Trata-se de iniciativa vinculada, impondo a Constituição a apresentação do projeto, pelo Chefe do Executivo, no prazo que vier a ser fixado em lei complementar (art. 84, XXIII, e art. 165, § 9º, I). Entende Manoel Gonçalves Ferreira Filho que "essa obrigação é sancionada como crime de responsabilidade, conforme permite o art. 85, VI, da Constituição, segundo o art. 10 da Lei n. 1.079, de 1950, que o define".[94]

A apreciação das leis orçamentárias será feita pelas duas Casas do Congresso Nacional, na forma do regimento comum (art. 166). As emendas serão apresentadas na Comissão mista, que sobre elas emitirá parecer, para apreciação do Plenário da Câmara dos Deputados e do Senado Federal. Se tiverem por objeto modificar a lei do plano anual, não poderão ser com ele incompatíveis (art. 166, § 4º).

A Constituição ampliou o poder de emenda dos parlamentares, eis que poderão agora alterar a destinação da despesa. Mas, neste caso, deverão indicar os recursos necessários, admitidos apenas os provenientes de anulação da despesa que não se refiram a dotações de pessoal e seus encargos, serviço da dívida, transferências tributárias constitucionais para os Estados, Municípios e Distrito Federal, ou sejam relacionadas com a correção de erros ou omissões ou com dispositivo do texto do projeto de lei.

A Constituição prevê a hipótese de rejeição ou de veto total ao projeto de lei orçamentária anual, caso em que poderão ser utilizados créditos adicionais (especiais ou suplementares) com prévia e específica autorização legislativa (art. 166, § 8º). O projeto de lei de diretrizes orçamentárias não comporta rejeição, pois o art. 57, § 2º, prescreve que não se interromperá a sessão legislativa anual sem a sua aprovação.[95]

6. PLEBISCITO E REFERENDO

O plebiscito e o referendo constituem institutos da democracia semidireta ou participativa (art. 14, I e II).

A Constituição, no art. 49, XV, confere ao Congresso Nacional competência para autorizar referendo ou convocar plebiscito, podendo a lei ordinária estabelecer os critérios e as circunstâncias em que ocorrerão. Note-se, no entanto, que a própria Constituição já previu um plebiscito para o dia 7 de setembro, antecipado para 21 de abril de 1993, quando o eleitorado definiu a forma (república) e o sistema de governo (presidencialismo) que deverão vigorar no País (art. 2º do Ato das Disposições Transitórias), bem como, na parte permanente da Constituição (art. 18, §§ 3º e 4º), há a exigência de plebiscito para a criação de novos Estados e Municípios.[96]

---

94 FERREIRA FILHO. *Curso de direito constitucional*, p. 165.

95 SILVA. *Curso de direito constitucional positivo*, p. 622.

96 **Plebiscito de 21 de Abril de 1993**

Eleitorado	90.256.629	
Comparecimento	67.010.241	74,24
Abstenções	23.246.311	25,76

A distinção entre as duas modalidades de consulta direta ao eleitorado está em que, no referendo, a deliberação popular aprova ou rejeita ato legislativo ou lei constitucional, e, no plebiscito, o povo é chamado a se manifestar acerca de questão ou fato político ou institucional, normalmente antes de sua concretização normativa.[97]

O plebiscito "envolve manifestação popular sobre determinados fatos ou eventos, assim a decisão política do Chefe de Estado ou de Governo, a anexação ou desmembramento de território, a consagração de regime político. O *referendum* visa à captação do pronunciamento popular sobre atos normativos, especialmente o ato legislativo e o ato constituinte. O *referendum* e o plebiscito, no quadro do governo representativo, não devem constituir objeto de utilização rotineira. São formas extraordinárias de manifestação da vontade popular, buscando conferir coeficiente de maior legitimidade a determinadas decisões políticas, como acontece no plebiscito, ou consolidar a eficácia da lei, no caso do *referendum*, que apura a maior ou menor identidade entre a vontade legislativa do representante e a vontade legislativa do povo".[98]

No dia 23 de outubro de 2005, foi realizado referendo sobre a comercialização de arma de fogo e munição. O "não" recebeu 59.109.265 votos (63, 94) e o "sim", 33.333.045 votos. Foram registrados 1.329.207 (1,39%) de votos em branco e 1.604.307 (1,68%) votos nulos. Dos 122.042.825 eleitores, compareceram às urnas 95.375.824 (78,15%). A abstenção foi de 26.666.791 (21,85%).

7. PROCESSO LEGISLATIVO NOS ESTADOS E MUNICÍPIOS

A Constituição de 1988 não reproduziu cláusula da anterior, segundo a qual os Estados federados se sujeitavam à observância de princípios relativos ao processo legislativo (art. 13, III, da Emenda Constitucional n. 1/69).

Há, portanto, maior liberdade do constituinte estadual no tocante às regras de elaboração legislativa.

Forma de governo	**Votos (%)**	**Votantes (%)**	**Eleitorado**
República	44.266.433	66,05	49,04
Monarquia	6.843.159 10,20	7,58	
Votos em branco	7.030.852 10,49	7,78	
Votos nulos	8.869.797 13,23	9,82	
Sistema de Governo			
Presidencialismo	37.156.841	55,44	41,16
Parlamentarismo	16.517.862	24,64	18,30
Votos em branco	3.467.2045,17	3,84	
Votos nulos	9.868.33414,27	10,93	

Fonte: *Dicionário do voto*. Walter Costa Porto: Editora UnB, p. 313.

[97] COSTA. *Comentários breves à Constituição federal*, p. 62.

[98] HORTA. *Direito constitucional*, p. 538.

Não obstante, a Constituição em vigor determinou que "a lei disporá sobre a iniciativa popular no processo legislativo estadual" (art. 27, § 4º), o mesmo ocorrendo com relação aos Municípios, ao impor-lhes a obrigação de instituir iniciativa popular de projetos de lei de interesse específico do Município, da cidade ou de bairros, por meio de manifestação de, pelo menos, 5% do eleitorado (art. 29, XIII).

É, contudo, de todo conveniente a adoção, pelos Estados federados, de um processo legislativo harmônico com o da Constituição Federal, a fim de que se preserve o equilíbrio federativo.

O Supremo Tribunal Federal já se manifestou no sentido da necessidade da observância, pelos Estados-Membros, de padrões jurídicos inscritos na Constituição Federal, relativos à iniciativa das leis, decidindo que "não obstante a ausência de regra explícita na Constituição de 1988, impõe-se aos Estados-Membros a observância das linhas básicas do correspondente modelo federal, particularmente as de reserva de iniciativa, na medida em que configuram elas prisma relevante do perfil do regime positivo de separação e independência dos poderes, que é princípio fundamental ao qual se vinculam compulsoriamente os ordenamentos das unidades federadas" (ADI 872-RS).

Nada impede a adoção, pelos Estados federados ou Municípios, das medidas provisórias, embora a rigor não haja motivos de ordem local que justifiquem sua introdução nas Constituições estaduais ou nas leis orgânicas municipais.

O Supremo Tribunal Federal tem decidido caber ao Chefe do Poder Executivo Estadual editar medida provisória: "É que o § 1º do art. 25 da Carta Federal reservou aos Estados 'as competências que não lhes sejam vedadas por esta Constituição'. Quis o constituinte que as unidades federadas pudessem adotar o modelo do processo legislativo admitido para a União, uma vez que nada está disposto, no ponto, que lhes seja vedado. Ora, se a Constituição Federal foi silente em relação às espécies normativas, que poderiam ser editadas pelos Estados, não cabe colocar a questão em termos de interpretação restritiva ou ampliativa de preceito inexistente."[99]

Anote-se que o § 2º do art. 25 da Constituição Federal ao vedar aos Estados a adoção de medida provisória para regulamentar matérias envolvendo a exploração de serviços sociais de gás canalizado, está a admitir a competência dos Estados para a sua prática.

8. PROCESSO LEGISLATIVO E CONTROLE DA CONSTITUCIONALIDADE

Há inconstitucionalidade formal quando a lei foi elaborada em desacordo com as normas previstas para sua criação, incluindo-se a incompetência do órgão que a

[99] STF – ADI 425/TO, Rel. Min. Maurício Corrêa, *DJ* 19.12.2003. A orientação fixada pelo STF no sentido da constitucionalidade da adoção de medida provisória pelos Estados-Membros, desde que prevista expressamente na Constituição Estadual e observados os princípios e as limitações estabelecidos pela Constituição Federal, foi adotada no julgamento da ADI 2391/SC, de que foi Relatora a Ministra Ellen Gracie: j. 16.8.2006.

emitiu. A inconstitucionalidade material decorre da incompatibilidade do conteúdo da norma com o texto constitucional.

Constata-se, portanto, relação entre o controle da constitucionalidade e as regras do processo legislativo, pois, se violadas, haverá a aprovação de lei inconstitucional.

A Constituição prevê, como modos de controle, o preventivo ou, *a priori*, que se situa no plano do processo legislativo, e o repressivo ou, *a posteriori*, que incide sobre a lei promulgada.

O controle preventivo é, sobretudo, político, pois se inicia com o exame do projeto pelas comissões parlamentares, que poderão rejeitá-lo por inconstitucionalidade, sendo ainda exercido pelo Presidente da República, por meio do veto (art. 66, § 1º), depois que foi o projeto aprovado pelo Congresso Nacional.

No âmbito jurisdicional, o controle preventivo, que incide apenas sobre o projeto de lei, é difuso e não concentrado, já que este pressupõe a existência da lei promulgada, o que não se verifica no processo legislativo.

O controle de constitucionalidade, no processo legislativo, envolve apenas aspectos formais de constitucionalidade das leis em gestação, e examina a regularidade ou não de cada ato autonomamente isolado, que compõe o processo legislativo, na maioria das vezes qualificado como ato interno das Casas Legislativas. Podem, portanto, ser impugnados no domínio do controle do processo legislativo, a iniciativa, a discussão, a emenda, a votação, a sanção, o veto, a promulgação e a publicação da lei.

Anote-se, todavia, que, em nosso Direito, "os vícios formais de procedimento são de três tipos: vícios constitucionais, por violação às normas constitucionais sobre procedimento legislativo; vícios de legalidade, por infração à lei complementar que dispuser sobre a elaboração, redação, alteração e consolidação das leis; vícios regimentais, por inobservância das normas dos regimentos parlamentares. Os vícios, por infração às regras de técnica legislativa contidas na Lei Complementar 95/98 não acarretam a invalidade da lei (art. 18: 'eventual inexatidão formal de norma elaboradas mediante processo legislativo regular não constitui escusa válida, para o seu descumprimento')".[100]

O controle formal de constitucionalidade da lei baseia-se nos princípios da democracia, da separação de poderes e da supremacia das normas constitucionais.

Ainda sobre o controle preventivo, em especial sobre os vícios regimentais, verifique-se o Capítulo 13 do v. 1, deste trabalho, referente ao controle de constitucionalidade.

9. PROCEDIMENTO LEGISLATIVO

Costuma-se distinguir processo de procedimento legislativo. Este último tem sido entendido como cada um dos ritos do processo legislativo.

Para José Afonso da Silva, "o procedimento legislativo é parte do processo de formação das leis. Este constitui os princípios abstratos, estáticos de que o procedi-

[100] MORAES. *O controle jurisdicional da constitucionalidade do processo legislativo*, p. 56-57.

mento é o fator concreto e dinâmico; é, por assim dizer, o processo em movimento para atingir o fim a que se propõe: a formação da lei".[101]

Na perspectiva reconstrutiva da Teoria Discursiva do Direito e da Democracia o procedimento não é tido apenas como a forma pela qual os atos e as fases processuais se sucedem, mas procedimento é gênero de que o processo é espécie. Em outras palavras: procedimento é a atividade de preparação de provimentos estatais, que são atos de caráter vinculante do Estado a gerarem efeitos sobre a esfera jurídica dos cidadãos, e o processo se caracteriza como espécie de procedimento pela participação na atividade de preparação do provimento dos interessados, com o autor do próprio provimento (processo jurisdicional), ou dos seus representantes, como no caso do processo legislativo. Este posicionamento se deve ao processualista italiano Elio Fazzalari, cuja teoria foi divulgada no Brasil por Aroldo Plínio Gonçalves em sua *Técnica processual e teoria do processo*. Rio de Janeiro: Aide, 1992.

O estudo do procedimento, na moderna Teoria da Constituição, torna-se, desse modo, imprescindível: em primeiro lugar "porque a dinamização de um programa normativo-constitucional – a sua 'entrada no tempo' – implica a transformação da lei constitucional em *law in public action*, isto é, o processo de realização das normas constitucionais aponta para a necessidade de se 'trazer para a rua' (Häberle) a própria Constituição. Um instrumento considerado adequado para a conversão da constituição (considerada, tradicionalmente, de uma forma estática, como uma ordem jurídica fundamental do Estado) em ordem dinâmica de uma comunidade é o procedimento. Em segundo lugar, a democratização do exercício do poder através da participação pressupõe que esta participação se traduza, mediante a sua canalização por meio de 'procedimentos justos', numa influência qualitativa no resultado das decisões."[102] O procedimento constitucional envolve, desse modo, as atividades de produção de atos normativos (arts. 59 a 69 da Constituição brasileira de 1988), como as de execução de normas constitucionais, em especial as que se referem aos direitos fundamentais, por meio de procedimentos legislativos e administrativos.

Importante assinalar que, uma vez apresentado, o projeto de lei, que passa a pertencer, não mais ao seu autor, mas à sociedade, envolve a sua negociação por meio de emendas; a reciprocidade de favores entre os parlamentares (*log-rolling*, ou seja, propensão que um parlamentar tem em colaborar nos projetos de seus colegas em troca de colaboração em seus próprios projetos); a mobilização política e social para dar suporte ao projeto; envolvimento da mídia; início da construção da denominada *supermaioria* (conceito usado para garantir a durabilidade de uma lei e a credibilidade perante o eleitorado, após aprovação do projeto com folga de votos favoráveis, ou seja, muito acima da maioria exigida).

Levando em conta o Regimento Interno da Câmara dos Deputados e do Senado Federal, são identificados seis tipos de procedimento legislativo:

1. procedimento legislativo normal ou comum;
2. procedimento legislativo abreviado;

---

[101] SILVA. *Princípios de processo de formação das leis no direito constitucional*, p. 239.

[102] CANOTILHO. *Direito constitucional e teoria da Constituição*, p. 854.

3. procedimento legislativo sumário;
4. procedimento legislativo sumaríssimo;
5. procedimento legislativo concentrado;
6. procedimento legislativo especial.

É importante esclarecer que a matéria que se submete ao processo legislativo tem a forma de proposição. E, segundo dispõe o art. 100 do Regimento Interno da Câmara dos Deputados, proposição é toda matéria sujeita a sua deliberação, podendo consistir em proposta de emenda à Constituição, projeto, emenda, indicação, requerimento, recurso, parecer e proposta de fiscalização e controle.

O *procedimento legislativo normal ou comum* aplica-se à elaboração das leis ordinárias e complementares. Dele são, no entanto, excluídas as leis financeiras (plano plurianual, diretrizes orçamentárias, orçamentos anuais e projetos de abertura de crédito adicional) e os códigos.

O procedimento se verifica nas Comissões Permanentes e no Plenário de cada uma das Casas Legislativas. É iniciado com a apresentação e a leitura do projeto, realizada em Plenário; prossegue nas Comissões Permanentes, as quais, depois de estudá-lo e debatê-lo, emitem parecer, com o pronunciamento de todas as Comissões a que tenha sido distribuído, o projeto vai a Plenário (fase de discussão e votação).

À exceção das proposições apresentadas por Senador ou Comissão do Senado, e das que se sujeitam a reunião conjunta do Congresso Nacional, todos os projetos de lei têm seu procedimento legislativo iniciado na Câmara dos Deputados (Constituição Federal, art. 61, § 2º, e 64).

Haverá antecipação do término do procedimento legislativo, nas hipóteses de declaração de prejudicialidade ou arquivamento. São consideradas prejudicadas: a proposição idêntica a outra aprovada ou rejeitada na mesma sessão legislativa; aquela que tiver substitutivo aprovado ou for semelhante a outra considerada inconstitucional; aquela cujo objeto perdeu a oportunidade, entre outras (Regimento Interno da Câmara, arts. 163 e 164). Dá-se o arquivamento, entre outras hipóteses, por sugestão da Comissão (art. 57, IV, do RICD), quando todas as Comissões de mérito dão parecer contrário (art. 133 do RICD e art. 254 do Senado)[103] e ao fim da legislatura (art. 105, *caput*,do RICD). Na Câmara dos Deputados, o parecer da Comissão de Constituição e Justiça e de Cidadania, ou de Comissão Especial, é terminativo quanto à constitucionalidade ou juridicidade da matéria, ressalvado recurso ao Plenário (arts. 54 e 144 do RICD). Haverá o arquivamento definitivo da proposição que receber parecer da Comissão de Finanças e Tributação pela inadequação financeira ou orçamentária, salvo recurso ao Plenário (arts. 54, II, e 144 do RICD). Note-se que, pela dicção do art. 139, II, do Regimento Interno da Câmara dos Deputados, com a redação que lhe foi dada pela Resolução n. 10, de 1991, inverteu-se o fluxo de tramitação das proposições, no âmbito das Comissões, passando a Comissão de Constituição e Justiça e de Cidadania a ser ouvida em último lugar.

---

[103] A Constituição de 1988, diferentemente do texto constitucional anterior, não mais determina o arquivamento do projeto que receber parecer contrário de todas as Comissões, passando este assunto a ser tratado no Regimento Interno das Casas Legislativas.

As emendas à proposição são oferecidas tanto na Comissão quanto no Plenário (fase de discussão), hipótese em que retorna às Comissões Técnicas.

Os projetos de lei ordinária sujeitam-se, de regra, a turno único de discussão e votação; os de lei complementar, a dois turnos, salvo na Casa revisora.

Com o encerramento da discussão, os projetos são votados. O *quorum* para aprovação é o da maioria simples de votos, presente a maioria absoluta dos membros da Casa Legislativa. No caso de lei complementar, o *quorum* para aprovação é o da maioria absoluta dos membros de cada Casa Legislativa (Constituição Federal, art. 69).

Aprovada a redação final, o projeto é encaminhado à Casa revisora, onde se repete todo o procedimento. Se receber novas emendas, voltará à Casa iniciadora, que se limitará a aprovar ou rejeitar as emendas, proibida a subemenda. Rejeitadas ou aprovadas as emendas, a Casa de origem envia o projeto para a sanção. Se não houver emenda ao projeto, caberá à Casa revisora remeter o projeto para a sanção.

Tramitação Legislativa – Projeto de Lei – Procedimento comum ordinário[104]

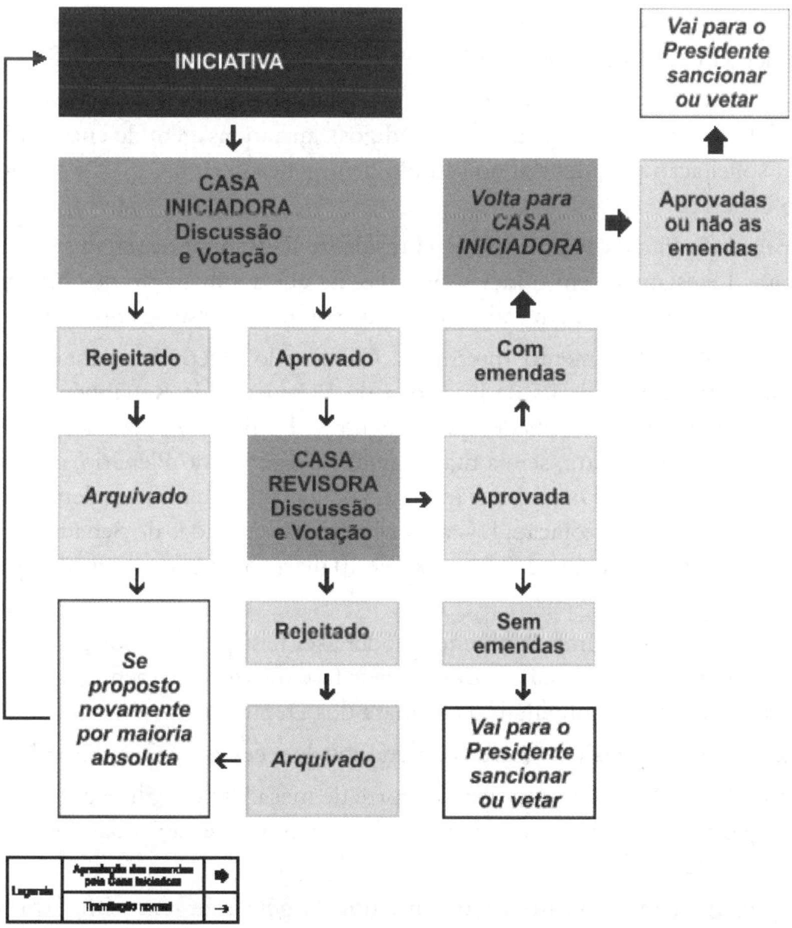

104 CAVALCANTE FILHO. *Processo legislativo constitucional*, p. 90.

O *procedimento legislativo abreviado* dispensa a competência do Plenário, já que a deliberação terminativa ocorre nas próprias Comissões permanentes (art. 58, § 2º, I, da Constituição Federal).

Consta dos Regimentos Internos da Câmara dos Deputados (art. 24, II) e do Senado Federal (art. 91) que esse procedimento não se aplica a projetos de lei complementar; projetos de códigos; projetos de lei de iniciativa popular, matéria não delegável, mencionada no § 1º do art. 68 da Constituição Federal: projetos de lei de Comissões; projetos de lei oriundos da outra Casa do Congresso, onde tenham ido a Plenário; projetos de lei com pareceres divergentes; projetos em regime de urgência. E segundo o § 1º do art. 24 do Regimento Interno da Câmara dos Deputados, e art. 92 do Regimento Interno do Senado, aplicam-se à tramitação dos projetos de lei submetidos à deliberação conclusiva das Comissões as disposições regimentais previstas para as matérias submetidas à apreciação do plenário.

Apesar de conferir celeridade ao processo, as Casas Legislativas, como se observa, reduziram sobremaneira a utilização do procedimento abreviado. Note-se ainda que a Constituição Federal contribuiu para a redução da utilização do rito abreviado, ao prever que um décimo dos membros da Casa Legislativa correspondente possa recorrer da decisão das Comissões, para o Plenário (art. 58, § 2º, I, parte final).

O *procedimento legislativo sumário* é o que se aplica aos projetos de lei de iniciativa do Presidente da República (excluídos os códigos), cuja mensagem de encaminhamento traga a solicitação presidencial no sentido de urgência (art. 64, §§ 1º a 4º, da Constituição Federal).

O prazo de 45 dias solicitado pelo Presidente da República refere-se a cada uma das Casas Legislativas, em razão, sobretudo, de que a apreciação dos projetos de lei se realiza separadamente em cada uma delas, como é da essência do bicameralismo.

O art. 204 do Regimento Interno da Câmara dos Deputados estabelece que a apreciação do projeto de lei de iniciativa do Presidente da República, para o qual tenha solicitado urgência, obedecerá ao seguinte: I – findo o prazo de 45 dias de seu recebimento pela Câmara, sem a manifestação definitiva do Plenário, o projeto será incluído na Ordem do Dia, sobrestando-se a deliberação quanto aos demais assuntos, para que se ultime sua votação; II – a apreciação das emendas do Senado pela Câmara, em função revisora, far-se-á no prazo de 10 dias, ao término do qual se procederá na forma acima mencionada.

A solicitação do regime de urgência poderá ser feita pelo Presidente da República depois da remessa do projeto e em qualquer fase de seu andamento, aplicando-se a partir daí as normas regimentais da Câmara dos Deputados.

O prazo de urgência não corre nos períodos de recesso do Congresso Nacional.

O *procedimento legislativo sumaríssimo* decorre de mecanismo regimental que assegura deliberação instantânea sobre matérias submetidas à apreciação das Casas do Congresso Nacional.

É o regime conhecido informalmente por "urgência urgentíssima", previsto no art. 155 do Regimento Interno da Câmara dos Deputados, e art. 336, alíneas *a* e *b*, do Regimento Interno do Senado Federal.

Nele, todas as formalidades regimentais, entre elas os prazos, mas excluídas as exigências de *quorum*, pareceres e publicações, são dispensadas.

Em se tratando de matéria de relevante e inadiável interesse nacional, é suficiente que, na Câmara dos Deputados, líderes com representação de metade mais um dos Deputados, ou a maioria absoluta destes, requeiram a urgência urgentíssima para a proposição entrar automaticamente na ordem do dia, em discussão e votação imediata (art. 155 do Regimento Interno).

No Senado Federal, da mesma forma, quando se trata de matéria que envolva perigo para a segurança nacional ou calamidade pública, ou simplesmente quando se pretende incluir a matéria na mesma sessão, aplica-se o procedimento sumaríssimo.

O *procedimento legislativo concentrado* é o que envolve a apreciação de matérias sujeitas à reunião conjunta de Deputados e Senadores (leis financeiras e leis delegadas). Cada uma destas matérias se sujeita a um procedimento próprio.

O procedimento legislativo das leis orçamentárias refere-se ao plano plurianual, diretrizes orçamentárias, orçamentos anuais e projetos de abertura de crédito adicional.

A deliberação sobre tais projetos ocorrerá em sessão conjunta do Congresso Nacional, depois de parecer emitido por uma Comissão mista, que os poderá emendar, na forma do art. 166, §§ 3º e 4º, da Constituição Federal.

O Presidente da República, se pretender modificar as proposições orçamentárias, poderá enviar ao Congresso Nacional mensagem aditiva, desde que a Comissão mista não tenha ainda votado a parte a alterar (arts. 166, § 5º, da Constituição Federal).

Os projetos de leis orçamentárias têm a sua tramitação regulada no Regimento Comum (art. 89 e ss.), que passamos a examinar.

A Mensagem do Presidente da República, encaminhando projeto de lei orçamentária, será recebida e lida em sessão conjunta, especialmente convocada para esse fim, que se realizará dentro de 48 horas de sua entrega ao Presidente do Senado. O projeto será distribuído em avulsos nos cinco dias seguintes à sua leitura. O projeto de lei orçamentária será apreciado por uma Comissão Mista que contará com a colaboração das Comissões Permanentes da Câmara dos Deputados e do Senado Federal. As deliberações da Comissão Mista iniciar-se-ão pelos representantes da Câmara dos Deputados, sendo que o voto contrário da maioria dos representantes de uma das Casas importará na rejeição da matéria. As emendas pendentes de decisão do Plenário serão discutidas e votadas em grupos, conforme tenham parecer favorável ou contrário, ressalvados os destaques. Se a Comissão, no prazo fixado, não apresentar o seu parecer, o Presidente do Senado, feita a publicação das emendas, convocará sessão conjunta para a apreciação da matéria, quando designará Relator que proferirá parecer oral. Aplicamse, na tramitação do projeto de lei orçamentária anual, além destas disposições, as normas estabelecidas para os demais projetos de lei. Os projetos de orçamento plurianual de investimentos terão a sua tramitação regulada segundo as normas previstas no Regimento Comum para os projetos de lei orçamentária.

As emendas aos projetos de lei orçamentárias obedecerão às normas fixadas no art. 166, §§ 2º a 4º, da Constituição. Tratando-se de emendas ao projeto de lei do orçamento anual, ou a projetos que o modifiquem, somente podem ser aprovadas caso: *a)* sejam compatíveis com o plano plurianual e com a lei de diretrizes orçamentárias; *b)* indiquem os recursos necessários, admitidos apenas os provenientes de anulação de despesa, excluídas as que incidam sobre dotações para pessoal e seus encargos, serviço da dívida e transferências tributárias constitucionais para Estados, Municípios e Distrito Federal; *c)* sejam relacionadas com a correção de erros materiais, omissões ou com os dispositivos do texto do projeto de lei. As emendas que se destinarem ao projeto de lei de diretrizes orçamentárias somente poderão ser aprovadas se compatíveis com o plano plurianual. Relativamente ao projeto de lei do plano plurianual, não serão admitidas emendas de que resultar aumento de despesa, porquanto este projeto de lei financeira não se acha mencionado na exceção do inciso I do art. 63 da Constituição Federal.

As emendas serão apresentadas na Comissão mista, que sobre elas emitirá parecer, e apreciadas, na forma regimental, pelo Plenário das duas Casas do Congresso Nacional. Segundo a Resolução n. 1, de 2001/CN, o parecer da Comissão mista permanente sobre as emendas será conclusivo e final, salvo requerimento, para que a emenda seja submetida a votos, assinado por um décimo dos congressistas, apresentado à Mesa do Congresso Nacional até o dia anterior ao estabelecido para a discussão da matéria em Plenário.

Além do texto constitucional, as emendas encontram disciplina na Resolução n. 1, de 2001-CN: "Art. 20. As emendas às proposições em tramitação na Comissão serão inadmitidas quando contrariarem as normas constitucionais, legais e regimentais. Parágrafo único. O relator indicará, em demonstrativo específico, as emendas que, no seu entender, deverão ser declaradas inadmitidas pelo Presidente da Comissão, cabendo recurso da decisão ao Plenário da Comissão. Art. 21. As emendas ao projeto de lei orçamentária anual e aos projetos de lei de créditos adicionais que proponham inclusão ou acréscimo de valor somente poderão ser aprovadas pela Comissão caso: I – sejam compatíveis com o plano plurianual e com a lei de diretrizes orçamentárias; II – indiquem os recursos necessários, admitidos apenas os provenientes de anulação de despesa, excluídas as que incidam sobre: a) dotações para pessoal e seus encargos; b) serviço da dívida; c) transferências tributárias constitucionais para Estados, Municípios e Distrito Federal; III – não sejam constituídas de várias ações que devam ser objeto de emendas distintas; e IV – não contrariem as normas desta Resolução, bem como as previamente aprovadas pela Comissão. Parágrafo único. Somente serão apreciadas emendas que proponham anulações de despesa mencionadas nas alíneas do inciso II deste art. quando se referirem a correção de erros ou omissões. Art. 22. Na apreciação do projeto de lei orçamentária anual poderão ser apresentadas, no âmbito do parecer preliminar, emendas que objetivem à correção de erros ou omissões de ordem técnica ou legal nas estimativas de receita.

Parágrafo único. Os valores acrescidos por reestimativa da receita, nos termos do *caput* deste art. ou do § 4º do art. 18, poderão ser utilizados para aprovação de emendas à despesa. Art. 23. As emendas aos projetos de lei de que trata o art. 2º, inciso I, desta Resolução, serão apresentadas, sempre que possível, em meio magnético e terão a assinatura do autor substituída por autenticação eletrônica, segundo as normas e procedimentos fixados pela Comissão. Art. 24. Cada parlamentar poderá apresentar até vinte emendas individuais aos projetos de lei do plano plurianual, de diretrizes orçamentárias, quanto ao seu anexo de metas e prioridades, do orçamento anual e de seus créditos adicionais, excluídas deste limite aquelas destinadas à receita, ao texto da lei e ao cancelamento parcial ou total de dotação. Parágrafo único. O parecer preliminar estabelecerá limite global de valor para apresentação e aprovação de emendas individuais por mandato parlamentar. Art. 25. Aos projetos de lei do plano plurianual, das diretrizes orçamentárias e do orçamento anual poderão ser apresentadas emendas coletivas cuja iniciativa caberá: I – às comissões permanentes do Senado Federal e da Câmara dos Deputados, relativas às matérias que lhes sejam afetas regimentalmente e de caráter institucional ou nacional, acompanhadas da ata da reunião deliberativa, até o limite de cinco emendas por Comissão Permanente; II – às bancadas estaduais no Congresso Nacional, relativas a matérias de interesse de cada Estado ou Distrito Federal, aprovadas por dois terços dos deputados e dois terços dos senadores da respectiva unidade da Federação, acompanhadas da ata da reunião da bancada, respeitados simultaneamente os seguintes limites: a) mínimo de quinze e máximo de vinte emendas; b) as bancadas com mais de onze parlamentares poderão apresentar além do mínimo de quinze emendas, uma emenda adicional para cada grupo completo de dez parlamentares da bancada que excederem a onze parlamentares; III – às bancadas regionais no Congresso Nacional, até o limite de duas emendas, de interesse de cada região macroeconômica definida pelo IBGE, por votação da maioria absoluta dos deputados e maioria absoluta dos senadores que compõem a respectiva região, devendo cada Estado ou Distrito Federal estar representado por no mínimo vinte por cento de sua bancada. § 1º A emenda coletiva e prioritária incluirá na sua justificação elementos necessários para subsidiar a avaliação da ação por ela proposta, apresentando informações sobre a viabilidade econômico-social e a relação custo-benefício, esclarecendo sobre o estágio de execução dos investimentos já realizados e a realizar, com a definição das demais fontes de financiamento e eventuais contrapartidas, quando houver, e definindo o cronograma de execução, além de outros dados relevantes para sua análise. Art. 26. As modificações introduzidas pelas relatorias aos projetos de lei em tramitação na Comissão dependerão da apresentação e publicação da respectiva emenda. § 1º A Comissão não apreciará emenda à despesa, com parecer pela aprovação, cujas fontes de custeio, incluindo-se as condicionadas, não estejam previamente definidas. § 2º Nenhuma emenda poderá ser atendida em valor superior ao da proposição original, ressalvados os casos de remanejamento entre emendas individuais de mesmo autor, preservado o limite global previsto no parágrafo único do art. 24. Art. 27. Os relatores somente poderão apresentar emendas à despesa e à receita com a finalidade de: I – corrigir erros e omissões de ordem técnica ou legal; II – agregar proposições com o mesmo objetivo ou viabilizar o alcance de resultados pretendidos por um conjunto de emendas. § 1º É vedada a apresentação de emendas de relator tendo por objetivo a inclusão de subtítulos novos, bem como o acréscimo de valores a dotações constantes no projeto de lei orçamentária, ressalvado o disposto no inciso I do *caput* e no parecer preliminar. § 2º As emendas de relator serão classificadas de acordo com a finalidade, nos termos do parecer preliminar. Art. 28. Na apreciação do relatório final ao projeto de lei orçamentária anual, serão votadas, inicialmente, as emendas apresentadas à receita, seguidas pelas emendas que proponham cancelamento parcial ou total de dotações e as destinadas a alterar o texto do projeto de lei, ressalvados os destaques. Art. 29. As emendas a projeto de lei de crédito adicional não serão admitidas quando: I – contemplarem subtítulos em unidade orçamentária não prevista no projeto de lei; II – oferecerem como fonte de cancelamento categoria de programação não constante do projeto de lei; III – se destinarem a contrapartida a empréstimos externos, exceto para a correção de erro ou omissão devidamente comprovado. § 1º Fica vedada, em projetos de lei de crédito suplementar, a criação de subtítulos novos. § 2º Aplicam-se aos projetos de lei de crédito adicional, quanto às receitas e cancelamentos, as restrições existentes na apreciação do projeto de lei orçamentária anual."

A Comissão mista permanente, prevista no art. 166, § 1º, da Constituição Federal, denominada de Comissão Mista de Planos, Orçamentos Públicos e Fiscalização – CMPOF – tem a sua organização e funcionamento regulados pela Resolução n. 1, de 2001-CN, que integra o Regimento Comum, cabendo-lhe: I – examinar e emitir parecer sobre: *a)* projetos de plano plurianual, de lei de diretrizes orçamentárias, de orçamento anual e de créditos adicionais; *b)* as contas apresentadas anualmente pelo Presidente da República; *c)* os planos e programas nacionais, regionais e setoriais previstos na Constituição, e exercer o acompanhamento e a fiscalização orçamentária, sem prejuízo da atuação das demais Comissões do Congresso Nacional e de suas Casas; *d)* propostas de emendas aos projetos referidos acima, na letra *a*; II – solicitar às autoridades governamentais responsáveis que, no prazo de cinco dias, prestem esclarecimentos necessários acerca de despesas não autorizadas, solicitando ao Tribunal de Contas pronunciamento conclusivo sobre a matéria, no prazo de trinta dias. Entendendo o Tribunal irregular a despesa, a Comissão, se julgar que o gasto possa causar dano irreparável ou grave lesão à economia pública, proporá ao Congresso Nacional a sua sustação (art. 72, §§ 1º e 2º, da Constituição Federal).

A composição e a direção da Comissão vêm tratadas nos arts. 3º a 8º da Resolução n. 1, de 2001-CN: "Art. 3º A Comissão compõe-se de oitenta e quatro membros titulares, sendo sessenta e três deputados e vinte e um Senadores, com igual número de suplentes. Art. 4º Na segunda quinzena do mês de fevereiro de cada sessão legislativa, a Mesa do Congresso Nacional fixará as representações dos partidos ou blocos parlamentares na Comissão, observado o critério da proporcionalidade partidária. § 1º Aplicado o critério do *caput* deste art. e verificada a existência de vagas, estas serão destinadas aos partidos ou blocos parlamentares, levando-se em conta as frações do quociente partidário, da maior para a menor. § 2º As vagas que eventualmente sobrarem, após aplicado o critério do parágrafo anterior, serão distribuídas, preferentemente, às bancadas ainda não representadas na Comissão, segundo a precedência no cálculo da proporcionalidade partidária. § 3º A proporcionalidade partidária estabelecida na forma deste art. prevalecerá por toda a sessão legislativa. Art. 5º Estabelecidas as representações previstas no artigo anterior, os líderes indicarão ao Presidente do Senado Federal, até o quinto dia útil de março, os nomes que integrarão as respectivas bancadas na Comissão, como titulares e suplentes. § 1º Esgotado o prazo referido neste artigo não havendo eventualmente a indicação das Lideranças, o Presidente do Senado Federal fará a designação dos integrantes das respectivas bancadas. § 2º A instalação da Comissão ocorrerá até o último dia útil de março. Art. 6º A representação, na Comissão, é do partido ou do bloco parlamentar, competindo ao respectivo líder solicitar, por escrito, ao Presidente do Senado Federal, em qualquer oportunidade, a substituição de titular ou suplente por ele indicado ou designado pelo Presidente, na forma do disposto no art. 5º, § 1º, desta Resolução. § 1º Será desligado da Comissão o membro titular que não comparecer, durante a sessão legislativa, sem justificativa, a três reuniões consecutivas ou seis alternadas, convocadas para votação nos termos do art. 39 desta Resolução. § 2º Para efeito do disposto no parágrafo anterior, o Presidente da Comissão comunicará, imediatamente, ao respectivo líder do partido ou bloco parlamentar para que seja providenciada a substituição nos termos do *caput* deste art. . Art. 7º A Comissão terá um Presidente e três Vice-Presidentes, eleitos por seus pares, em reunião a ser realizada nos cinco dias úteis que se seguirem à sua constituição, com mandato anual, encerrando-se com a instalação da Comissão subsequente, vedada a reeleição. § 1º As funções de Presidente, Vice-Presidente, Relator-Geral do projeto de lei orçamentária anual e Relator do projeto de lei de diretrizes orçamentárias, serão exercidas, a cada ano, alternadamente, por representantes do Senado Federal e da Câmara dos Deputados, conforme o disposto nos §§ 3º e 4º deste art. . § 2º O Relator do projeto de lei do plano plurianual será designado, alternadamente, dentre representantes do Senado Federal e da Câmara dos Deputados, não podendo o mesmo pertencer ao partido ou bloco parlamentar a que pertença o Presidente da Comissão. § 3º A primeira eleição, no início de cada legislatura, para Presidente e 2º Vice-Presidente, recairá em representantes do Senado Federal e a de 1º e 3º Vice-Presidentes em representantes da Câmara dos Deputados, alternado-se anualmente conforme disposto no parágrafo anterior. § 4º O Relator do projeto de lei de diretrizes orçamentárias, bem como o Relator-Geral do projeto de lei orçamentária anual, não poderão ser designados entre os membros da Casa ou do partido ou bloco parlamentar a que pertença o Presidente da Comissão. § 5º O suplente da Comissão não poderá ser eleito para funções previstas neste artigo nem ser designado relator. Art. 8º O Presidente será, nos seus impedimentos, ou ausências substituído por Vice-Presidente, na sequência ordinal, e na ausência deles, pelo membro titular mais idoso da Comissão, dentre os de maior número de legislaturas. Parágrafo único. Se vagar o cargo de Presidente ou de Vice-Presidente, proceder-se-á a nova eleição para escolha do sucessor, que deverá recair em representante da mesma Casa, salvo se faltarem menos de três meses para o término do mandato, caso em que será provido na forma indicada no *caput* deste artigo. Art. 9º Compete ao Presidente, designar: I – o Relator-Geral e os Relatores-Setoriais do projeto de lei orçamentária anual; II – os Relatores dos projetos de lei do plano plurianual e das diretrizes orçamentárias; III – o Relator das contas de que trata o art. 56 da Lei Complementar n. 101, de 2000; IV – o Relator das contas do Tribunal de Contas da União, nos termos do art. 56, § 2º, da Lei Complementar n. 101, 2000; V – os Relatores das matérias atinentes ao acompanhamento e à fiscalização da execução orçamentária e financeira, estabelecidas no art. 2º, inciso II, desta Resolução; VI – os Relatores de projetos de lei de créditos adicionais e demais relatores que se fizerem necessários aos trabalhos da Comissão. § 1º A designação dos relatores mencionados nos incisos I a IV do *caput* observará o disposto nos §§ 1º, 3º e 4º do art. 7º e no § 3º deste art.

e será procedida de acordo com a indicação das lideranças partidárias ou dos blocos parlamentares, observado o critério da proporcionalidade partidária. § 2º As designações dos relatores obedecerão ao critério de rodízio dentre os membros titulares da Comissão. § 3º Na designação dos Relatores-Setoriais, será adotado o critério de rodízio de forma que não seja repetido, no ano subsequente, o mesmo relator para a mesma área temática. § 4º O relator que, no prazo regimental, não apresentar o seu parecer, será obrigatoriamente substituído. § 5º Ocorrendo o previsto no § 4º deste artigo quanto aos Relatores-Setoriais do projeto de lei orçamentária anual, a programação da respectiva área temática e as emendas a ela apresentadas serão remetidas à apreciação exclusivamente na fase do Relator-Geral."

As Comissões Permanentes poderão participar do estudo da matéria orçamentária, consoante as seguintes normas: *a)* as Comissões Permanentes interessadas, uma vez constituída a Comissão Mista, deverão solicitar ao Presidente desta, lhe seja remetido o texto do projeto de lei orçamentária; *b)* a Comissão Mista, ao encaminhar o projeto à solicitante, estabelecerá prazos e normas a serem obedecidos na elaboração de seu parecer, o qual deverá abranger, exclusivamente, as partes que versarem sobre matéria de sua competência específica; *c)* a Comissão Permanente emitirá parecer circunstanciado sobre o anexo que lhe for distribuído e elaborará estudo comparativo dos programas e dotações propostas com a prestação de contas do exercício anterior e, sempre que possível, com a execução da lei orçamentária em vigor; *d)* o parecer da Comissão Permanente será encaminhado, pelo Presidente da Comissão Mista, ao relator respectivo para que sirva como subsídio ao estudo da matéria; *e)* o parecer do relator da Comissão Mista deverá fazer referência expressa ao ponto de vista expendido pela Comissão Permanente; *f)* por deliberação da maioria de seus membros, as Comissões Permanentes do Senado e da Câmara dos Deputados, que tiverem competência coincidente, poderão realizar reuniões conjuntas sob a direção alternada dos respectivos Presidentes, podendo concluir pela apresentação de parecer único.

Aprovado, o projeto de lei financeira vai à sanção presidencial.

Como vimos, não há a possibilidade de rejeição do projeto de lei de diretrizes orçamentárias, em virtude do disposto no art. 57, § 2º, da Constituição Federal, que declara, expressamente, que a sessão legislativa ordinária não será interrompida sem a aprovação deste projeto de lei. O mesmo não ocorre com o projeto de lei de orçamento anual, que poderá ser rejeitado, ou vetado totalmente pelo Presidente da República, pois o art. 166, § 8º, da Constituição, prescreve que os recursos que, em decorrência de veto, emenda ou rejeição do projeto de lei de orçamento anual, ficarem sem despesas correspondentes poderão ser utilizados, conforme o caso, mediante créditos especiais ou suplementares, com prévia e específica autorização legislativa.

As leis delegadas estão previstas no art. 68 da Constituição Federal.

A delegação legislativa vem tratada nos arts. 116 a 127 do Regimento Comum.

A proposta de delegação será encaminhada pelo Presidente da República ao Presidente do Senado Federal, que convocará sessão conjunta para, dentro de 72 horas, dela tomar conhecimento (art. 119 do Regimento Comum). Na sessão conjunta, com a distribuição da matéria em avulsos, será constituída Comissão mista para emitir parecer sobre a proposta.

O parecer concluirá pela apresentação de projeto de resolução, em que se especificará o conteúdo da delegação, os termos de seu exercício e a fixação de prazo, não superior a 45 dias, para a remessa do projeto de lei delegada à apreciação do Congresso Nacional (Regimento Comum, art. 119, § 2º, e Constituição Federal, art. 68).

O parecer será discutido em sessão a realizar-se cinco dias após a distribuição de avulsos com o seu texto. Encerrada a discussão, havendo emendas, a matéria retorna à Comissão mista.

Em caso contrário, vai o parecer à votação. Proferido parecer sobre as emendas, convoca-se a sessão de votação.

Aprovado o projeto de resolução, este será promulgado em vinte e quatro horas, comunicando-se o fato ao Presidente da República.

Determinando a resolução do Congresso Nacional que a votação do projeto se faça pelo Plenário, este, ao recebê-lo, examinará sua conformidade com o conteúdo da delegação, e votará o projeto em bloco, admitido o destaque de partes que, segundo a Comissão, haja extrapolado o ato de delegação. Não poderá, nesta fase, haver emendas (art. 68, § 3º, da Constituição Federal).

A delegação será considerada insubsistente, caso o Presidente da República não remeta o projeto de lei delegada à apreciação do Congresso Nacional no prazo assinalado pelo parecer da Comissão mista (arts. 119, § 2º, e 127 do Regimento Comum).

O *procedimento legislativo especial* aplica-se, com ritos distintos, à elaboração de emendas à Constituição, à de códigos e às medidas provisórias.

A emenda à Constituição pode ser proposta a qualquer tempo (não há limitação temporal, que é prevista apenas para a revisão constitucional; neste caso, após cinco anos contados da promulgação da Constituição, conforme consta do art. 3º do ADCT).

Não cabe, todavia, emenda durante intervenção federal, estado de defesa ou de sítio, nem será objeto de deliberação a proposta de emenda tendente a abolir a forma federativa de Estado, o voto direto, secreto, universal e periódico, a separação de Poderes e os direitos e garantias individuais.

É necessário, ainda, que o objeto da emenda não constitua matéria rejeitada ou prejudicada na mesma sessão legislativa (art. 60, §§ 1º a 5º da Constituição Federal).

A iniciativa da proposta de emenda compete a um terço dos membros da Câmara dos Deputados ou do Senado Federal, ao Presidente da República e às Assembleias Legislativas (mais da metade delas com o voto da maioria relativa de seus membros – art. 60, I a III).

Pelo art. 212 do Regimento Interno do Senado Federal, a tramitação da emenda constitucional só não se iniciará na Câmara dos Deputados quando proposta por um terço dos Senadores ou por mais da metade das Assembleias Legislativas das unidades da Federação, hipóteses em que o Senado atuará como Casa iniciadora da proposta de emenda constitucional.

Haverá dois turnos em cada uma das Casas do Congresso. Uma vez aprovada, a emenda será promulgada pelas Mesas da Câmara dos Deputados e do Senado Federal, inexistindo, assim, sanção presidencial.

O Regimento Interno da Câmara dos Deputados prevê o rito da emenda constitucional no art. 202, §§ 1º a 8º, aplicável também à emenda originária do Senado Federal ou quando este subemendou aquela iniciada na Câmara (art. 203).[105]

Já o Regimento Interno do Senado trata do assunto nos arts. 354 a 373.

Tramitação Legislativa – PEC (caso seja proposta na Câmara dos Deputados)[106]

---

[105] Regimento Interno da Câmara dos Deputados: "Art. 202. A proposta de emenda à Constituição será despachada pelo Presidente da Câmara à Comissão de Constituição e Justiça e de Cidadania, que se pronunciará sobre sua admissibilidade, no prazo de cinco sessões, devolvendo-a à Mesa com o respectivo parecer. § 1º Se inadmitida a proposta, poderá o Autor, com o apoiamento de Líderes que representem, no mínimo, um terço dos Deputados, requerer a apreciação preliminar em Plenário. § 2º Admitida a proposta, o Presidente designará Comissão Especial para o exame do mérito da proposição, a qual terá o prazo de quarenta sessões a partir de sua constituição para proferir parecer. § 3º Somente perante a Comissão Especial poderão ser apresentadas emendas, com o mesmo *quorum* mínimo de assinaturas de Deputados e nas condições referidas no inciso II do artigo anterior (ou seja, desde que não se esteja na vigência de estado de defesa ou de estado de sítio e que não proponha a abolição da Federação, do voto direto, secreto, universal e periódico, da separação dos Poderes e dos direitos e garantias individuais), nas dez primeiras sessões do prazo que lhe está destinado para emitir parecer. § 4º O Relator ou a Comissão, em seu parecer, só poderá oferecer emenda ou substitutivo à proposta nas mesmas condições estabelecidas no inciso II do artigo precedente (acima explicitadas). § 5º Após a publicação do parecer e interstício de duas sessões, a proposta será incluída na Ordem do Dia. § 6º A proposta será submetida a dois turnos de discussão e votação, com interstício de cinco sessões. § 7º Será aprovada a proposta que obtiver, em ambos os turnos, três quintos dos votos dos membros da Câmara dos Deputados, em votação nominal. § 8º Aplicam-se à proposta de emenda à Constituição, no que não colidir com o estatuído neste artigo as disposições regimentais relativas ao trâmite e apreciação dos projetos de lei."

De se lembrar que a proposta de emenda à Constituição pode ser aprovada nos termos de emenda parlamentar ou de substitutivo. Aprovada, na Câmara dos Deputados, a proposta de emenda à Constituição do Senado, a matéria retorna ao Senado. Nesse caso, a redação final faz-se somente das emendas, consoante dispõe o § 4º do art. 195 do Regimento Interno da Câmara: "Nas propostas de emenda à Constituição e nos projetos do Senado emendados pela Câmara, a redação final limitar-se-á à emendas, destacadamente, não as incorporando ao texto da proposição, salvo quando apenas corrijam defeitos evidentes de forma sem atingir de qualquer maneira a substância do projeto."

Se, entretanto, a aprovação, na Câmara, da proposta de emenda à Constituição de iniciativa do Senado, se der na forma de substitutivo, passa ele a tramitar no Senado como proposta nova. E caso seja aprovado substitutivo do Senado à proposta nova, oriunda da Câmara à proposta de iniciativa do Senado, a matéria vai à Casa Revisora, tramitando em revisão. Assim ocorre sucessivamente até que se obtenha consenso de ambas as Casas para a aprovação da matéria.

[106] CAVALCANTE FILHO. *Processo legislativo constitucional*, p. 150.

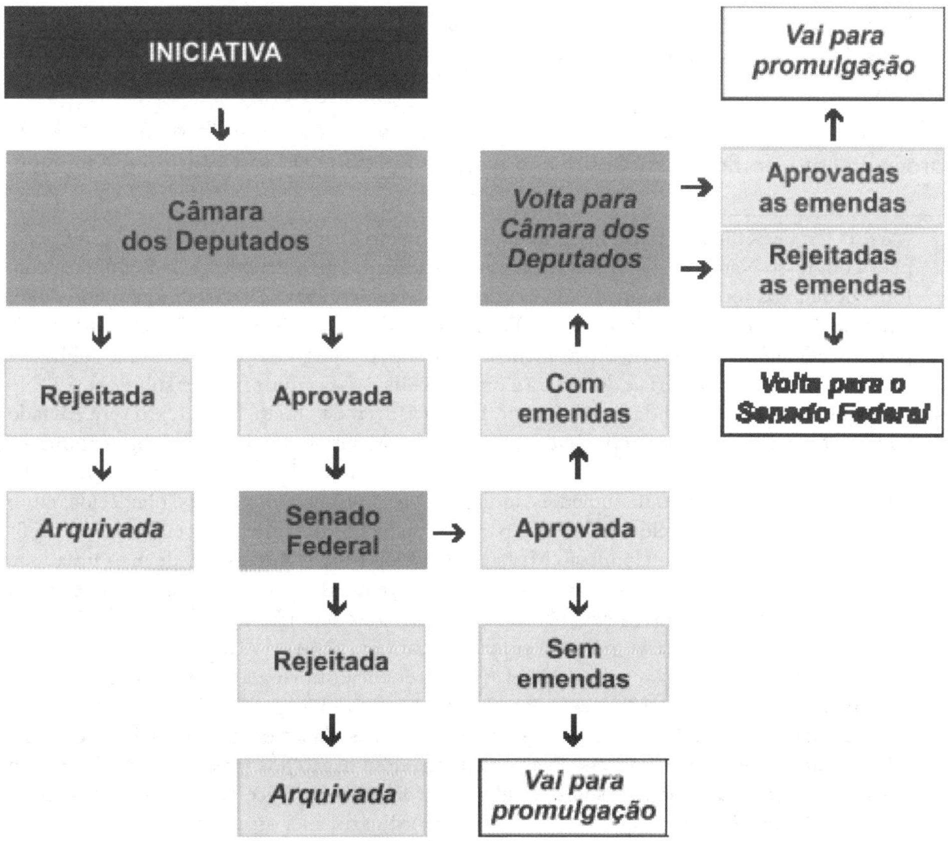

A elaboração de códigos, dada a complexidade e extensão de que se reveste a matéria, condiciona-se a rito extremamente lento, o que possibilita amplo e profundo debate.

Dispõe, com efeito, o art. 374, XVI, do Regimento Interno do Senado Federal, que este rito se aplica exclusivamente "aos projetos de códigos elaborados por juristas, comissão de juristas, comissão ou subcomissão especialmente criada com esta finalidade, e que tenham sido antes amplamente divulgados".

A Câmara dos Deputados, por sua vez, só receberá projetos de lei com o procedimento de que se trata, quando a matéria, pela sua complexidade e abrangência, deva ser apreciada como código (art. 212, parágrafo único, do Regimento Interno).

A tramitação do projeto de código inicia-se com a instalação de órgão específico para cuidar da matéria. Na Câmara dos Deputados, trata-se de Comissão temporária. Haverá a designação de um relator-geral e de tantos relatores parciais quantos sejam necessários para as diversas partes do código.

Os prazos de tramitação do projeto podem ser quadruplicados e mesmo suspensos por até 120 sessões, desde que haja necessidade de análise mais aprofundada do assunto.

Enfim, em virtude da relevância do tema, o Regimento Interno da Câmara dos Deputados (art. 212) admite a tramitação simultânea de apenas dois projetos de código.

As medidas provisórias previstas no art. 62 da Constituição Federal têm o seu procedimento tipificado na Resolução n. 1, de 8.5.2002,[107] do Congresso Nacional,

---

[107] "**Art. 1º** Esta Resolução é parte integrante do Regimento Comum e dispõe sobre a apreciação, pelo Congresso Nacional, de Medidas Provisórias adotadas pelo Presidente da República, com força de lei, nos termos do art. 62 da Constituição Federal. **Art. 2º** Nas 48 (quarenta e oito) horas que se seguirem à publicação, no Diário Oficial da União, de Medida Provisória adotada pelo Presidente da República, a Presidência da Mesa do Congresso Nacional fará publicar e distribuir avulsos da matéria e designará Comissão Mista para emitir parecer sobre ela. § 1º No dia da publicação da Medida Provisória no Diário Oficial da União, o seu texto será enviado ao Congresso Nacional, acompanhado da respectiva Mensagem e de documento expondo a motivação do ato. § 2º A Comissão Mista será integrada por 12 (doze) Senadores e 12 (doze) Deputados e igual número de suplentes, indicados pelos respectivos Líderes, obedecida, tanto quanto possível, a proporcionalidade dos partidos ou blocos parlamentares em cada Casa. § 3º O número de membros da Comissão Mista estabelecido no § 2º é acrescido de mais uma vaga na composição destinada a cada uma das Casas do Congresso Nacional, que será preenchida em rodízio, exclusivamente, pelas bancadas minoritárias que não alcancem, no cálculo da proporcionalidade partidária, número suficiente para participar da Comissão (Res. n. 2, de 2000-CN). § 4º A indicação pelos Líderes deverá ser encaminhada à Presidência da Mesa do Congresso Nacional até as 12 (doze) horas do dia seguinte ao da publicação da Medida Provisória no Diário Oficial da União. § 5º Esgotado o prazo estabelecido no § 4º, sem a indicação, o Presidente da Mesa do Congresso Nacional fará a designação dos integrantes do respectivo partido ou bloco, recaindo essa sobre o Líder e, se for o caso, os Vice-Líderes. § 6º Quando se tratar de Medida Provisória que abra crédito extraordinário à lei orçamentária anual, conforme os arts. 62 e 167, § 3º, da Constituição Federal, o exame e o parecer serão realizados pela Comissão Mista prevista no art. 166, § 1º, da Constituição, observando-se os prazos e o rito estabelecidos nesta Resolução. § 7º A constituição da Comissão Mista e a fixação do calendário de tramitação da matéria poderão ser comunicadas em sessão do Senado Federal ou conjunta do Congresso Nacional, sendo, no primeiro caso, dado conhecimento à Câmara dos Deputados, por ofício, ao seu Presidente. **Art. 3º** Uma vez designada, a Comissão terá o prazo de 24 (vinte e quatro) horas para sua instalação, quando serão eleitos o seu Presidente e o Vice-Presidente, bem como designados os Relatores para a matéria. § 1º Observar-se-á o critério de alternância entre as Casas para a Presidência das Comissões Mistas constituídas para apreciar Medidas Provisórias, devendo, em cada caso, o Relator ser designado pelo Presidente dentre os membros da Comissão pertencentes à Casa diversa da sua. § 2º O Presidente e o Vice-Presidente deverão pertencer a Casas diferentes. § 3º O Presidente designará também um Relator Revisor, pertencente à Casa diversa da do Relator e integrante, preferencialmente, do mesmo Partido deste. § 4º Compete ao Relator Revisor exercer as funções de relatoria na Casa diversa da do Relator da Medida Provisória. § 5º O Presidente designará outro membro da Comissão Mista para exercer a relatoria na hipótese de o Relator não oferecer o relatório no prazo estabelecido ou se ele não estiver presente à reunião programada para a discussão e votação do parecer, devendo a escolha recair sobre Parlamentar pertencente à mesma Casa do Relator e também ao mesmo Partido deste, se houver presente na reunião da Comissão outro integrante da mesma bancada partidária. § 6º Quando a Medida Provisória estiver tramitando na Câmara dos Deputados ou no Senado Federal, a substituição de Relator ou Relator Revisor, na hipótese de ausência, ou a designação desses, no caso de a Comissão Mista não haver exercido a prerrogativa de fazê-lo, será efetuada de acordo com as normas regimentais de cada Casa. **Art. 4º** Nos 6 (seis) primeiros dias que se seguirem à publicação da Medida Provisória no Diário Oficial da União, poderão a ela ser oferecidas emendas, que deverão ser protocoli-

zadas na Secretaria-Geral da Mesa do Senado Federal. § 1º Somente poderão ser oferecidas emendas às Medidas Provisórias perante a Comissão Mista, na forma deste art. . § 2º No prazo de oferecimento de emendas, o autor de projeto sob exame de qualquer das Casas do Congresso Nacional poderá solicitar à Comissão que ele tramite, sob a forma de emenda, em conjunto com a Medida Provisória. § 3º O projeto que, nos termos do § 2º, tramitar na forma de emenda à Medida Provisória, ao final da apreciação desta, será declarado prejudicado e arquivado, exceto se a Medida Provisória for rejeitada por ser inconstitucional, hipótese em que o projeto retornará ao seu curso normal. § 4º É vedada a apresentação de emendas que versem sobre matéria estranha àquela tratada na Medida Provisória, cabendo ao Presidente da Comissão o seu indeferimento liminar. § 5º O autor da emenda não aceita poderá recorrer, com o apoio de 3 (três) membros da Comissão, da decisão da Presidência para o Plenário desta, que decidirá, definitivamente, por maioria simples, sem discussão ou encaminhamento de votação. § 6º Os trabalhos da Comissão Mista serão iniciados com a presença, no mínimo, de 1/3 (um terço) dos membros de cada uma das Casas, aferida mediante assinatura no livro de presenças, e as deliberações serão tomadas por maioria de votos, presente a maioria absoluta dos membros de cada uma das Casas. **Art. 5º** A Comissão terá o prazo improrrogável de 14 (quatorze) dias, contado da publicação da Medida Provisória no Diário Oficial da União para emitir parecer único, manifestando-se sobre a matéria, em itens separados, quanto aos aspectos constitucional, inclusive sobre os pressupostos de relevância e urgência, de mérito, de adequação financeira e orçamentária e sobre o cumprimento da exigência prevista no § 1º do art. 2º. § 1º O exame de compatibilidade e adequação orçamentária e financeira das Medidas Provisórias abrange a análise da repercussão sobre a receita ou a despesa pública da União e da implicação quanto ao atendimento das normas orçamentárias e financeiras vigentes, em especial a conformidade com a Lei Complementar n. 101, de 4 de maio de 2000, a lei do plano plurianual, a lei de diretrizes orçamentárias e a lei orçamentária da União. § 2º Ainda que se manifeste pelo não atendimento dos requisitos constitucionais ou pela inadequação financeira ou orçamentária, a Comissão deverá pronunciar-se sobre o mérito da Medida Provisória. § 3º Havendo emenda saneadora da inconstitucionalidade ou injuridicidade e da inadequação ou incompatibilidade orçamentária ou financeira, a votação far-se-á primeiro sobre ela. § 4º Quanto ao mérito, a Comissão poderá emitir parecer pela aprovação total ou parcial ou alteração da Medida Provisória ou pela sua rejeição; e, ainda, pela aprovação ou rejeição de emenda a ela apresentada, devendo concluir, quando resolver por qualquer alteração de seu texto: I – pela apresentação de projeto de lei de conversão relativo à matéria; e II – pela apresentação de projeto de decreto legislativo, disciplinando as relações jurídicas decorrentes da vigência dos textos suprimidos ou alterados, o qual terá sua tramitação iniciada pela Câmara dos Deputados. § 5º Aprovado o parecer, será este encaminhado à Câmara dos Deputados, acompanhado do processo e, se for o caso, do projeto de lei de conversão e do projeto de decreto legislativo mencionados no § 4º. **Art. 6º** A Câmara dos Deputados fará publicar em avulsos e no Diário da Câmara dos Deputados o parecer da Comissão Mista e, a seguir, dispensado o interstício de publicação, a Medida Provisória será examinada por aquela Casa, que, para concluir os seus trabalhos, terá até o 28º (vigésimo oitavo) dia de vigência da Medida Provisória, contado da sua publicação no Diário Oficial da União. § 1º Esgotado o prazo previsto no caput do art. 5º, o processo será encaminhado à Câmara dos Deputados, que passará a examinar a Medida Provisória. § 2º Na hipótese do § 1º, a Comissão Mista, se for o caso, proferirá, pelo Relator ou Relator Revisor designados, o parecer no Plenário da Câmara dos Deputados, podendo estes, se necessário, solicitar para isso prazo até a sessão ordinária seguinte. § 3º Na hipótese do § 2º, se o parecer de Plenário concluir pela apresentação de Projeto de Lei de Conversão, poderá, mediante requerimento de Líder e independentemente de deliberação do Plenário, ser concedido prazo até a sessão ordinária seguinte para a votação da matéria. **Art. 7º** Aprovada na Câmara dos Deputados, a matéria será encaminhada ao Senado Federal, que, para apreciá-la, terá até o 42º (quadragésimo segundo) dia de vigência da Medida Provisória, contado da sua publicação no Diário Oficial da União. § 1º O texto aprovado pela Câmara dos Deputados será encaminhado ao Senado Federal em autógrafos, acompanhado do respectivo processo, que incluirá matéria eventualmente rejeitada naquela Casa. § 2 º Esgotado o prazo previsto no *caput* do art. 6º, sem que a Câmara dos Deputados haja concluído a votação da matéria, o Senado Federal poderá iniciar a discussão dessa, devendo votá-la somente após finalizada a sua deliberação naquela Casa (CF, art. 62, § 8º). § 3º Havendo modificação no Senado Federal, ainda que decorrente de restabelecimento de matéria ou emenda rejeitada na Câmara dos Deputados, ou de destaque supressivo, será esta encaminhada para exame na Casa iniciadora, sob a forma de emenda, a ser apreciada em turno único, vedadas quaisquer novas alterações. § 4º O prazo para que a Câmara dos Deputados aprecie as modificações do Senado Federal é de 3 (três) dias. § 5º Aprovada pelo Senado Federal Medida Provisória, em decorrência de preferência sobre projeto de lei de conversão aprovado pela Câmara dos Deputados, o processo retornará à esta Casa, que deliberará, exclusivamente, sobre a Medida Provisória ou o projeto de lei de conversão oferecido a esta pelo Senado Federal. § 6º Aprovado pelo Senado Federal, com emendas, projeto de lei de conversão oferecido pela Câmara dos Deputados, o processo retornará à Câmara dos Deputados, que deliberará sobre as emendas, vedada, neste caso, a apresentação, pelo Senado Federal, de projeto de lei de conversão. § 7º Aplicam-se, no que couber, os demais procedimentos de votação previstos nos Regimentos Internos de cada Casa. **Art. 8º** O Plenário de cada uma das Casas do Congresso Nacional decidirá, em apreciação preliminar, o atendimento ou não dos pressupostos constitucionais de relevância e urgência de Medida Provisória ou de sua inadequação financeira ou orçamentária, antes do exame de mérito, sem a necessidade de interposição de recurso, para, ato contínuo, se for o caso, deliberar sobre o mérito. Parágrafo único. Se o Plenário da Câmara dos Deputados ou do Senado Federal decidir no sentido do não atendimento dos pressupostos constitucionais ou da inadequação financeira ou orçamentária da Medida Provisória, esta será arquivada. **Art. 9º** Se a Medida Provisória não for apreciada em até 45 (quarenta e cinco) dias contados de sua publicação no Diário Oficial da União, entrará em regime de urgência, subsequentemente, em cada uma das Casas do Congresso Nacional, ficando sobrestadas, até que se ultime a votação, todas as demais deliberações legislativas do Plenário da Casa em que estiver tramitando. **Art. 10.** Se a Medida Provisória não tiver sua votação encerrada nas 2 (duas) Casas do Congresso Nacional, no prazo de 60 (sessenta) dias de sua publicação no Diário Oficial da União, estará automaticamente prorrogada uma única vez a sua vigência por igual período. § 1º A prorrogação do prazo de vigência de Medida Provisória será comunicada em Ato do Presidente da Mesa do Congresso Nacional publicado no Diário Oficial da União. § 2º A prorrogação do prazo de vigência de Medida Provisória não restaura os prazos da Casa do Congresso Nacional que estiver em atraso, prevalecendo a sequência e os prazos estabelecidos nos arts. 5º, 6º e 7º. **Art. 11.** Finalizado o prazo de vigência da Medida Provisória, inclusive o seu prazo de prorrogação, sem a conclusão da votação pelas 2 (duas) Casas do Congresso Nacional, ou aprovado projeto de lei de conversão com redação diferente da proposta pela Comissão Mista em seu parecer, ou ainda se a Medida Provisória for rejeitada, a Comissão Mista reunir-se-á para elaborar projeto de decreto legislativo que discipline as relações jurídicas decorrentes da vigência de Medida Provisória. § 1º Caso a Comissão Mista ou o relator designado não apresente projeto de decreto legislativo regulando as relações jurídicas decorrentes de Medida Provisória não apreciada, modificada ou rejeitada no prazo de 15 (quinze) dias, contado da decisão ou perda de sua vigência, poderá qualquer Deputado ou Senador oferecê-lo perante sua Casa respectiva, que o submeterá à Comissão Mista, para que esta apresente o parecer correspondente. § 2º Não editado o decreto legislativo até 60 (sessenta) dias após a rejeição ou a perda de eficácia de Medida Provisória, as relações jurídicas constituídas e decorrentes de atos praticados durante sua vigência conservar-se-ão por ela regidas. § 3º A Comissão Mista somente será extinta após a publicação do decreto legislativo ou do transcurso do prazo de que trata o § 2º. **Art. 12.** Aprovada Medida Provisória, sem alteração de mérito, será o seu texto promulgado pelo Presidente da Mesa do Congresso Nacional para publicação, como Lei, no Diário Oficial da União. **Art. 13.** Aprovado projeto de lei de conversão será ele enviado, pela Casa

aplicando-se, no entanto, as disposições da Resolução n. 1, de 1989 – CN, alterada pela Resolução n. 2, de 1989 – CN, às medidas provisórias em vigor na data da publicação da Emenda Constitucional n. 32/2001.

No dia da publicação da medida provisória, no Diário Oficial da União, cabe ao Presidente da República enviar o seu texto ao Congresso Nacional, acompanhado da respectiva mensagem e de documento expondo a motivação do ato. Observe-se que, uma vez encaminhada ao Congresso Nacional, o Presidente da República não pode retirá-la de sua apreciação, "podendo, no entanto, ab-rogá-la por meio de nova medida provisória, valendo tal ato pela simples suspensão dos efeitos da primeira, efeitos esses que, todavia, o Congresso poderá restabelecer, mediante a rejeição da medida ab-rogatória".[108]

Nas quarenta e oito horas que se seguirem à publicação, o Presidente do Congresso Nacional fará publicar e distribuir avulsos da matéria e designará Comissão Mista para emitir parecer.

---

onde houver sido concluída a votação, à sanção do Presidente da República. **Art. 14.** Rejeitada Medida Provisória por qualquer das Casas, o Presidente da Casa que assim se pronunciar comunicará o fato imediatamente ao Presidente da República, fazendo publicar no Diário Oficial da União ato declaratório de rejeição de Medida Provisória. Parágrafo único. Quando expirar o prazo integral de vigência de Medida Provisória, incluída a prorrogação de que tratam os §§ 3º e 7º do art. 62 da Constituição Federal, com a redação dada pela Emenda Constitucional n. 32, de 2001, o Presidente da Mesa do Congresso Nacional comunicará o fato ao Presidente da República, fazendo publicar no Diário Oficial da União ato declaratório de encerramento do prazo de vigência de Medida Provisória. **Art. 15.** A alternância prevista no § 1º do art. 3º terá início, na primeira Comissão a ser constituída, após a publicação desta Resolução, com a Presidência de Senador e Relatoria de Deputado. **Art. 16.** A Câmara dos Deputados e o Senado Federal adaptarão os seus Regimentos Internos com vistas à apreciação de Medidas Provisórias pelos respectivos Plenários de acordo com as disposições e os prazos previstos nesta Resolução. **Art. 17.** Norma específica disporá sobre o funcionamento das Comissões Mistas de que tratam os arts. 2º a 5º desta Resolução. **Art. 18.** Os prazos previstos nesta Resolução serão suspensos durante o recesso do Congresso Nacional, sem prejuízo da plena eficácia de Medida Provisória. Parágrafo único. Se for editada Medida Provisória durante o período de recesso do Congresso Nacional, a contagem dos prazos ficará suspensa, iniciando-se no primeiro dia de sessão legislativa ordinária ou extraordinária que se seguir à publicação de Medida Provisória. **Art. 19.** O órgão de consultoria e assessoramento orçamentário da Casa a que pertencer o Relator de Medida Provisória encaminhará aos Relatores e à Comissão, no prazo de 5 (cinco) dias de sua publicação, nota técnica com subsídios acerca da adequação financeira e orçamentária de Medida Provisória. **Art. 20.** Às Medidas Provisórias em vigor na data da publicação da Emenda Constitucional n. 32, de 2001, aplicar-se-ão os procedimentos previstos na Resolução n. 1, de 1989-CN. § 1º São mantidas em pleno funcionamento as Comissões Mistas já constituídas, preservados os seus respectivos Presidentes, Vice-Presidentes e Relatores, e designados Relatores Revisores, resguardada aos Líderes a prerrogativa prevista no art. 5º do Regimento Comum. § 2º São convalidadas todas as emendas apresentadas às edições anteriores de Medida Provisória. § 3º São convalidados os pareceres já aprovados por Comissão Mista. **Art. 21.** Ao disposto nesta Resolução não se aplica o art. 142 do Regimento Comum. **Art. 22.** Revoga-se a Resolução n. 1, de 1989-CN, prorrogando-se a sua vigência apenas para os efeitos de que trata o art. 20." O STF declarou a inconstitucionalidade incidente dos arts. 5º, *caput,* e 6º, §§ 1º e 2º, da Resolução n.1/2002 (cf. item 4.5.3 deste Capítulo).

[108] ADI 1.315-7-DF – medida liminar – Rel. Min. Ilmar Galvão, *Diário da Justiça* de 22.9.1995, p. 30590.

E nos 6 (seis) primeiros dias que se seguirem à publicação da medida provisória no *Diário Oficial da União*, poderão a ela ser oferecidas emendas, desde que sobre a mesma matéria, que deverão ser protocolizadas na Secretaria-Geral da Mesa do Senado Federal. Somente poderão ser oferecidas emendas perante a Comissão Mista.

Depois de analisada pela Comissão Mista, incluindo os aspectos de constitucionalidade, pressupostos de relevância e urgência, de mérito, de adequação financeira, a medida provisória será encaminhada à Câmara dos Deputados, que, antes de analisar o seu mérito, deverá efetivar juízo sobre a presença dos requisitos constitucionais exigidos.

Aprovada na Câmara dos Deputados, por maioria simples, será a medida provisória encaminhada ao Senado Federal, cabendo-lhe, igualmente, analisar a presença dos requisitos constitucionais para a sua edição, antes da análise do mérito.

Pelo novo regime constitucional, as medidas provisórias não mais se submetem à votação conjunta das duas Casas Legislativas, mas têm votação em sessão separada, iniciando-se na Câmara dos Deputados.

Não se admite a aprovação de medida provisória por comissão temática, porquanto o § 9º do art. 62 da Constituição Federal estabelece que a sua aprovação depende do Plenário de cada uma das Casas do Congresso Nacional.

Se, em quarenta e cinco dias, contados de sua publicação, a medida provisória não for apreciada pela Câmara dos Deputados e pelo Senado Federal, entrará em regime de urgência, sobrestando-se, até que se ultime a votação, todas as demais deliberações legislativas da Casa em que estiver tramitando.

A medida provisória, depois de aprovada, será convertida em lei, devendo ser promulgada pelo Presidente do Congresso Nacional.

Como se verificou anteriormente, se a medida provisória for alterada, o projeto de lei de conversão deverá ser encaminhado ao Presidente da República, para sanção (podendo ser vetado total ou parcialmente), dispensando-se a sanção se o texto da medida provisória não sofrer modificação pela conversão.

Ocorrendo o veto, a medida provisória deverá ser tida por rejeitada.

No processo de conversão, há a absorção de um ato normativo precário editado pelo Poder Executivo pela lei, ato normativo estável editado pelo Poder Legislativo. Nesta perspectiva, é que se deve estabelecer, segundo sustentam Wadih Damous e Flávio Dino, "a relação que possa existir entre a medida provisória e a lei em que se converteu, quanto aos vícios que maculem a primeira. Caso se nomine de inconstitucional uma medida provisória, exclusivamente por ausência dos pressupostos de urgência e relevância, entendemos que a conversão em lei tem o condão de superar a invalidade existente, e*x nunc*. Aqui, o Poder Legislativo julgou atendidos ditos pressupostos e converteu a medida em lei, substituindo aquela na ordem jurídica. O vício não migra para a lei, pois ela não está submetida ao regime estrito da relevância e da urgência. Entretanto, se o vício for de natureza material, evidentemente a lei resultante da conversão não o absorve, tornando-a passível de censura judicial."[109]

---

[109] DAMOUS; DINO. *Medidas provisórias no Brasil*: origem, evolução e novo regime constitucional, p. 115.

Esquema sobre a tramitação da MP dentro do Congresso Nacional[110]

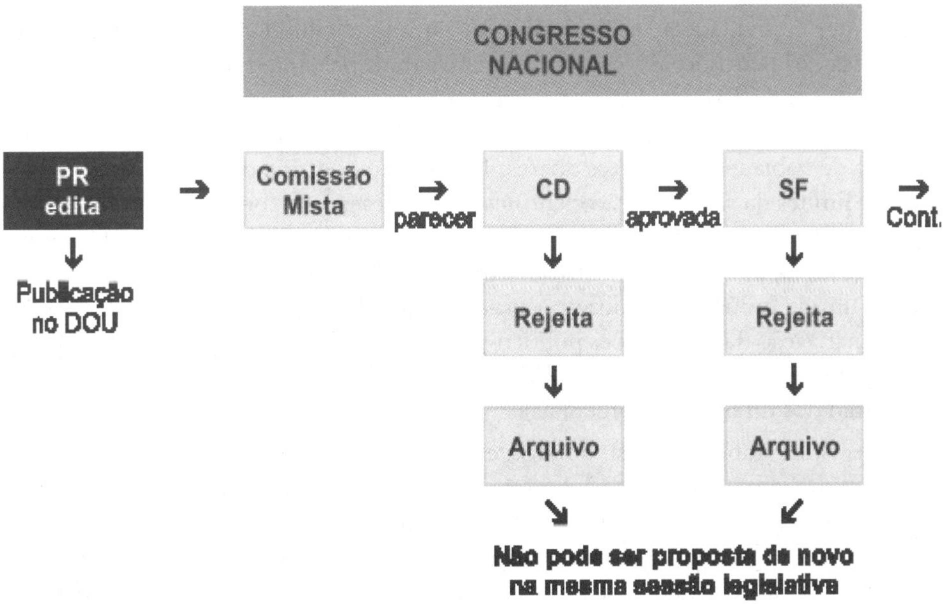

Esquema sobre a tramitação da MP entre os poderes[111]

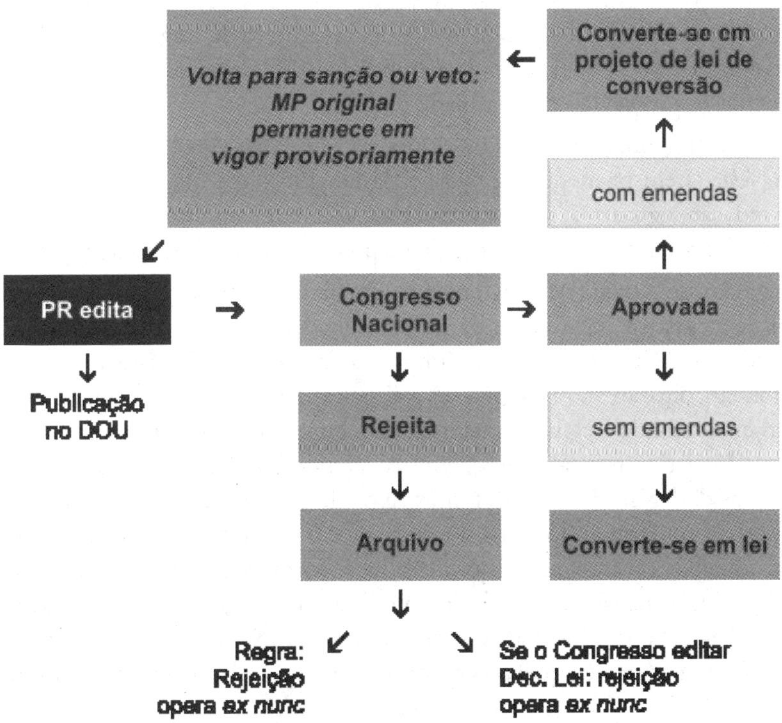

110 CAVALCANTE FILHO. *Processo legislativo constitucional*, p. 229.

111 CAVALCANTE FILHO. *Processo legislativo constitucional*, p. 229.

10. LEGÍSTICA E TÉCNICA LEGISLATIVA

Para dar efetividade à legislação e otimizar a inteligibilidade e acessibilidade democrática dos textos legais, problema que se agrava pela intensa proliferação legislativa, não se pode desconsiderar a Legística. São apontadas, basicamente, como linhas de investigação da Legística, que, além da Técnica Legislativa, abrange, segundo resenha de Fabiana de Menezes Soares: 1. teoria ou doutrina da legislação: possibilidades e limites da reconstrução científica e da aplicação do conhecimento no âmbito da legislação; 2. analítica da legislação: conceitos e ideias fundamentais da norma, lei e legislação; 3. tática da legislação: estudo dos órgãos e procedimentos, métodos com o fim de influenciar e dirigir a produção legislativa; 4. metódica da legislação: problematização das dimensões político-jurídicas e teorético-decisórias da legislação, procurando responder às questões de adequação, razoabilidade e efetividade das leis (a questão dos direitos fundamentais).[112]

A Legística trabalha, nesse horizonte, com questões pertinentes às expectativas populares quanto à aceitação e à duração das leis, de modo a evitar rejeições ou resistências populares à lei, e considera a necessidade de ligação permanente do cidadão ao político. A segurança constitui elemento essencial à Legística, para que as pessoas possam crer nas instituições e nas políticas públicas: as leis têm de ser elaboradas para durarem o tempo dos objetivos a que se propõem. Não se deve elaborar leis desnecessárias. A Legística oferece mecanismos para o acompanhamento das leis, a fim de permitir que seus resultados sejam reavaliados, e, se necessário, sejam as leis alteradas ou substituídas. É de grande utilidade, no âmbito da Legística e da Técnica Legislativa, a informática, que, aplicada à atividade legiferante constitui a legimática, é dizer, a tecnologia a serviço da qualidade das leis.[113]

Deve-se a Peter Noll, jurista suíço, a obra de referência em Legística, intitulada *Gesetzgebungslehre* (Legisprudência), e publicada em 1973, em que, além de aspectos formais de redação legislativa, analisa e enfatiza, sistematicamente, temas pertinentes aos conteúdos normativos e à metodologia de preparação das decisões legislativas.

Na concepção de Luzius Mader, em pronunciamento durante o Congresso Internacional de Legística –qualidade da lei e desenvolvimento, realizado na Assembleia Legislativa de Minas Gerais, "os campos de interesse da Legística hoje podem ser divididos em oito áreas principais. A primeira delas é a metodologia legislativa, também chamada de Legística material. A segunda área de interesse é a técnica legislativa ou Legística formal *stricto sensu*. A técnica legislativa trata dos aspectos formais e legais da legislação: os diferentes tipos de atos normativos, as instituições jurídicas, a estrutura formal dos atos normativos e a forma por meio da qual novas leis são introduzidas ou integradas no arcabouço normativo preexistente. A terceira área é da redação legislativa propriamente dita, ou seja, a forma de se expressar o teor normativo do conteúdo das leis, concernente, especificamente, aos aspectos linguísticos. A quarta área é aquela da comunicação, que tem relação com a redação

[112] SOARES. Legística e desenvolvimento: a qualidade da lei no quadro da otimização de uma melhor legislação. *Revista da Faculdade de Direito da UFMG – Nova Fase,* n. 50, p. 178-179, jan./jun. 2007.

[113] Cf. SOARES. *Teoria da legislação*: formação e conhecimento da lei na idade tecnológica.

legislativa e que inclui as diferentes formas de se publicarem oficialmente as peças legislativas, além de uma ampla gama de atividades de informação e comunicação em torno da legislação. A quinta área é a do procedimento legislativo. O processo de preparação, aprovação e execução de uma lei deve seguir vários níveis e regras, que podem influenciar consideravelmente na qualidade formal e material da legislação. A sexta área de interesse é a da gestão de projetos legislativos. Na maioria dos casos, a preparação da legislação é uma tarefa na qual têm participação várias pessoas, várias unidades administrativas. Além dessas seis áreas, que têm características e objetivos práticos, a Legística inclui também a sociologia jurídica empírica e a teoria da legislação. A sociologia empírica da legislação atém-se ao processo político que antecede o processo de aplicação e execução da lei. A teoria da legislação, por outro lado, pretende tecer reflexões críticas e avaliar as funções da legislação, funções estas que, pelo menos até certo ponto, têm-se modificado como resultado da transformação do papel do Estado na sociedade."[114]

A Legística compreende duas dimensões: material e formal.

A Legística Material trata da matéria que comporá a lei: cuida do planejamento, da necessidade, da utilidade, da harmonização da norma com o sistema jurídico vigente e a avaliação legislativa. Antes mesmo da decisão de legislar, necessário se faz uma correta descrição do problema e uma clara definição dos objetivos, a fim de optar pela melhor solução. A Legística Material propõe, desse modo, uma metodologia de preparação da lei, do conteúdo da lei, com vistas a propiciar elementos para a tomada de uma decisão objetiva. Considere-se, ainda, que atualmente a legitimidade da lei não decorre apenas da observância do cumprimento dos requisitos legais, mas também de seu próprio conteúdo. A Legística Material concorre para uma política de legislação, ao considerar que a lei dê uma resposta às exigências de eficácia, eficiência e efetividade, e cumpra seus objetivos, que os benefícios justifiquem seus custos e que seja aceita por seus destinatários.

A Legística Formal estuda a redação do ato legislativo, de modo a garantir clareza e coerência da norma, tornando-a compreensível e linguisticamente correta.

A Legística caracteriza-se desse modo, como a área do conhecimento relacionada com a feitura das leis de forma metódica e sistemática, com o objetivo de produzir normas de melhor qualidade, mais eficazes e menos onerosas. Na elaboração da lei devem ser levados em conta múltiplos fatores, como a utilidade da norma, a capacidade de produzir os efeitos pretendidos, a sua harmonização com o ordenamento jurídico e adequada relação entre custo e benefício.

O desenvolvimento de um Estado depende da quantidade e da qualidade da legislação, do mesmo modo que esta depende daquele. A feitura de menos leis e a implementação das existentes também é fator de desenvolvimento e de efetivação de políticas pública em países em desenvolvimento. A Legística ocupa-se com o contexto da inserção da nova legislação, relacionando-se e adotando metodologias de outras áreas do conhecimento, como a Administração e a Economia.

---

[114] MADER. Legística: história e objeto, fronteiras e perspectivas. *In: Legística: qualidade da lei e desenvolvimento*, p. 46-49.

Prevê o parágrafo único do art. 59 da Constituição, que lei complementar disporá sobre a elaboração, redação, alteração e consolidação das leis. Trata-se da Lei Complementar n. 95, de 26 de fevereiro de 1998, alterada pela Lei Complementar n. 107, de 26 de abril de 2001.

Com efeito, no Estado Democrático de Direito as leis devem ser dotadas de certos atributos, quais sejam, precisão, clareza e densidade, para que sejam conhecidas do povo e possam ser cumpridas.

Indispensável, portanto, que se conheçam as regras disciplinadoras da Técnica Legislativa entendida como o modo correto de elaborar as leis, de forma a torná-las exequíveis e eficazes, e que compreende aspectos como a linguagem jurídica, a distribuição da matéria tratada, e a forma de dispor o texto da lei.

De fato, uma lei mal redigida e apresentada pode acarretar errôneas interpretações, comprometendo a certeza das relações jurídicas e a segurança social.

É preciso, portanto, que as leis sejam elaboradas e redigidas com clareza, precisão e simplicidade.

As regras que compõem o conteúdo da Técnica Legislativa levam em conta aspectos sociológicos e psicológicos, os preceitos da gramática e as conclusões de tantas outras disciplinas, em suas manifestações tanto teóricas quanto práticas. A Técnica Legislativa "não se caracteriza tão-só como arte ou técnica, mas, transcendendo os limites empíricos da mera redação de textos legais ou regulamentares, é erigida em objeto da Ciência do Direito".[115] A Técnica Legislativa supera, portanto, a sua concepção originária de arte de elaborar a lei para ampliar os seus horizontes, à consideração de que os problemas de bem redigir não se encontram tão só na lei isolada, mas no sistema em que ela se insere. A Técnica Legislativa, sem abandonar o seu núcleo originário, a linguagem jurídica, passa a ocupar do conjunto de diretrizes que devem ser observadas para a construção da estrutura do ordenamento jurídico, inserindo-se, pois, na denominada Ciência da Legislação. Com a Técnica Legislativa, que envolve a qualidade das leis, busca-se a clareza semântica (adequado uso da linguagem ordinária) e a clareza normativa (expressão clara de sua condição de norma, de seu conteúdo e de sua vigência).

Segundo a Lei Complementar n. 95/98, as leis terão uma estrutura básica composta de três partes: I – parte preliminar, que compreende a epígrafe, a ementa, o preâmbulo, o enunciado do objeto e a indicação do âmbito de aplicação das disposições normativas; II – parte normativa, substância da lei, que compreende o texto das normas de conteúdo substantivo relacionadas com a matéria regulada; III – parte final, que compreende as disposições pertinentes às medidas necessárias à implementação das normas de conteúdo substantivo, às disposições transitórias, se for o caso, a cláusula de vigência e a cláusula de revogação, quando couber.

A epígrafe revela a categoria da disposição normativa e sua localização no tempo, sendo grafada em caracteres maiúsculos e formada pelo título designativo da espécie normativa, pelo número respectivo e pelo ano de promulgação.

---

115 FREIRE. *Técnica e processo legislativo*, p. 8.

A ementa é o sumário da lei, devendo ser concisa, precisa nos seus termos, clara e real. Explicitará, sob a forma de título, o objeto da lei, e será grafada por meio de caracteres que a realcem.

O preâmbulo indicará o órgão ou instituição competente para a prática do ato e sua base legal.

Referentemente à parte normativa da lei, nela é que se explicita o seu objeto a ser tratado no primeiro artigo do texto legal, e o âmbito de sua aplicação, sendo que os demais artigos irão desdobrar o objeto da lei.

Veda-se que um mesmo assunto seja disciplinado por mais de uma lei.

Na parte normativa da lei é que se articulam os textos, e devem ser observados os princípios e regras de redação que clarifiquem, precisem e ordenem logicamente os comandos contidos na lei.

O artigo é a unidade básica do enunciado da lei, indicado abreviadamente por "artigo", e seguido de numeração ordinal até o nono e numeração cardinal daí para diante, seguido de ponto. Os artigos não levarão traço antes do início do texto, que será iniciado com letra maiúscula e encerrado com ponto-final, à exceção dos artigos que tiverem incisos, caso em que serão encerrados por dois pontos.

Para a obtenção da clareza, prevê-se o uso das palavras em seu sentido comum, salvo quando a norma versar sobre assunto técnico, hipótese em que se empregará a nomenclatura própria da área em que se esteja legislando, e o uso de frases curtas e concisas. As orações devem ser construídas na ordem direta, evitando o uso de adjetivações, neologismos e preciosismos, ou seja, o emprego de palavras novas ou velhas que tenham adquirido outra acepção corrente, e o de sutilezas de sentido pouco claro. Os tempos verbais devem ser usados tanto quanto possível de modo uniforme e preferentemente no tempo presente ou no futuro simples do presente. Para a obtenção da precisão, a linguagem técnica ou comum deve ser articulada de modo que enseje perfeita compreensão do objetivo da lei e que permita que seu texto evidencie com clareza o conteúdo e alcance que o legislador pretende dar à norma. A ideia deve ser expressa, quando repetida no texto, por meio das mesmas palavras, evitando o emprego de sinonímia com propósito meramente estilístico. O emprego de expressão ou palavra que confira duplo sentido ao texto deve ser evitado, e o uso de expressões locais e regionais, escolhendo-se, no seu lugar, termos que tenham o mesmo sentido e significado na maior parte do território nacional. Quanto às siglas, deve-se usar apenas as consagradas, e na primeira referência acompanhadas de explicitação de seu significado. A grafia de números e percentuais deverá ser feita por extenso, exceto data, número de lei e nos casos em que houver prejuízo para a compreensão do texto. A ordem lógica do texto será obtida pelo uso de categorias de subseção, seção, capítulo, título e livro, das disposições relacionadas com o objeto da lei. Cada art. deve ter como objeto um único assunto ou princípio, expressando a ideia principal no *caput* e as ideias complementares ou as exceções, nos parágrafos. As discriminações e enumerações deverão ser tratadas nos incisos, alíneas e itens.

Os artigos, desse modo, podem desdobrar-se em parágrafos ou incisos, e estes, em alíneas, que se desdobram em itens.

Os parágrafos (*paragraphus*), palavra composta de *para* (ao lado) e *graphein* (escrever) são a imediata subdivisão do artigo, ou disposição acessória, marginal e complementar do trecho onde figura. A disposição principal (do artigo) é explicada, restringida ou modificada pelo parágrafo, disposição acessória. O parágrafo é representado pelo sinal gráfico "§", salvo na disposição em que existe um só parágrafo, quando deve ser escrito por extenso, seguido de ponto. Os parágrafos observarão numeração ordinal até o nono, e cardinal a partir do parágrafo dez. O texto dos parágrafos será iniciado com letra maiúscula e encerrado com ponto-final, exceto se for desdobrado em incisos, quando se encerra com dois pontos.

Os incisos são empregados como elementos discriminativos do artigo se o assunto nele tratado não puder ser condensado no próprio artigo ou se não se mostrar adequado a constituir um parágrafo. Os incisos são grafados por algarismos romanos, seguidos de travessão e terminados por ponto e vírgula, salvo quanto ao último parágrafo, que termina por ponto-final. Haverá o emprego de dois pontos antes das alíneas em que se desdobrem.

As alíneas constituem desdobramento dos incisos e dos parágrafos. As alíneas serão grafas em itálico, indicadas em minúsculo seguidas de parêntese.

Os itens são desdobramentos das alíneas. O texto dos itens inicia-se por letra minúscula e termina em ponto-e-vírgula, salvo o último, que se encerra por ponto-final.

O conjunto de arigos, agrupados por assunto, constitui uma Subseção; o conjunto de subseções constitui uma Seção; o conjunto de seções forma um Capítulo; o conjunto de capítulos forma um Título, e o conjunto de títulos constitui um Livro. Nas leis mais extensas, os livros são reagrupados em Partes, que poderão ser agrupadas em Parte Geral e Parte Especial.

A composição descrita poderá agrupar-se ainda em Disposições Preliminares, Disposições Gerais, Disposições Finais, Disposições Transitórias, conforme haja necessidade de tornar mais clara a articulação do texto.

A parte final da lei tratará de aspectos relativos à sua vigência e, se for o caso, da revogação expressa de leis ou normas anteriores. Portanto, não mais se admite a fórmula genérica "revogam-se as disposições em contrário".

A alteração das leis poderá ocorrer em três hipóteses disciplinadas na Seção III do Capítulo II da Lei Complementar n. 95/98, alterada pela Lei Complementar n. 107/01: I – alteração considerável; II – revogação parcial; III – alterações pequenas.

Na primeira hipótese, a alteração deve ser promovida pela reprodução integral em novo texto. Na segunda hipótese, desaparecerão do direito positivo as normas revogadas. A terceira hipótese implica alteração, por meio de substituição, de normas existentes por outras e por acréscimo de norma nova, observadas as seguintes regras: a) a numeração dos dispositivos alterados não poderá ser modificada; b) mesmo quando forem acrescidos dispositivos novos é vedada a renumeração. Nesse caso, utiliza-se a técnica do mesmo número do artigo ou unidade imediatamente anterior, seguido de letras maiúsculas, em ordem alfabética, tantas quantas forem suficientes para identificar os acréscimos; c) os dispositivos revogados, vetados, declarados inconstitucionais pelo Supremo Tribunal Federal ou de execução suspensa pelo Senado

Federal em face de decisão do Supremo Tribunal Federal, não poderão ter sua numeração aproveitada, devendo a lei alterada manter essa indicação, seguida da expressão "revogado", "vetado", "declarado inconstitucional, em controle concentrado, pelo Supremo Tribunal Federal", ou "execução suspensa pelo Senado Federal, na forma do art. 52, X, da Constituição Federal". É admissível a reordenação interna das unidades em que se desdobra o artigo, identificando-se o artigo assim modificado por alteração de redação, supressão ou acréscimo com as letras "NR" maiúsculas, entre parênteses, uma única vez ao seu final, obedecidas, quando for o caso, as prescrições relativas aos dispositivos revogados.

11. CONSIDERAÇÕES FINAIS

A Constituição de 1988, seguindo terminologia da Carta anterior, estruturou o processo legislativo em Seção própria do Capítulo dedicado ao Poder Legislativo.

Houve, no entanto, supressão do decurso de prazo (aprovação presumida de projeto de lei sem manifestação do Congresso Nacional), preservando o texto de 1988 o procedimento legislativo sumário (art. 64, §§ 1º e 2º) para os projetos de iniciativa do Presidente da República, que poderá solicitar urgência para sua apreciação. Caso o projeto não seja apreciado, sucessivamente, no prazo de 45 dias pelas duas Casas Legislativas, será incluído na ordem do dia, sobrestando-se a deliberação quanto aos demais assuntos, até que se ultime a votação.

A iniciativa geral das leis foi ampliada com o surgimento da iniciativa popular (art. 62, § 2º) e a inclusão do Procurador-Geral da República como titular do poder de iniciativa para os projetos de lei relativos à criação e extinção de cargos e serviços auxiliares do Ministério Público, bem como de lei complementar de organização, atribuições e estatuto da Instituição (art. 127, § 2º, e art. 128, § 5º).

Ampliou-se, também, a matéria de iniciativa exclusiva dos Tribunais, sendo do Supremo Tribunal Federal a iniciativa da lei complementar que estabelecerá o estatuto da magistratura (art. 93), das leis de criação e extinção de cargos e fixação de vencimentos de seus membros e dos seus serviços auxiliares, cabendo aos Tribunais Superiores a iniciativa das leis de alteração de cargos e fixação de vencimentos de seus membros, juízes, inclusive dos tribunais inferiores, onde houver, e dos serviços auxiliares e dos juízes que lhes forem vinculados (art. 96, II, *a*, *b* e *c*), e aos Tribunais de Justiça propor às Assembleias Legislativas a alteração da organização e da divisão judiciárias (art. 96, II, *d*).

A Constituição também restabeleceu a iniciativa da proposta de emenda à Constituição Federal pelas Assembleias Legislativas dos Estados, eliminou, de forma expressa, a irreformabilidade da República, ampliou os casos de irreformabilidade constitucional, instituiu a adoção de medidas provisórias com força de lei, reduziu o *quorum* na deliberação sobre o veto presidencial e incluiu a matéria reservada à lei complementar no elenco da indelegabilidade.

O exame do texto constitucional revela, ainda, o fortalecimento das Comissões permanentes, que terão a faculdade de realizar audiências públicas com entidades da sociedade civil (art. 58, § 2º, II), possibilitando-lhes, assim, no âmbito do processo legislativo, instruírem de maneira adequada os estudos legislativos. Ao valorizar as Comissões, a Constituição valoriza o próprio Poder Legislativo que não se reduz apenas ao Plenário, mas tem nas Comissões uma das suas principais bases de autoridade perante a opinião pública.

O processo legislativo concebido pela Constituição de 1988 tem como paradigmas: a mudança ocorrida no próprio Poder Legislativo, com a sua abertura para a representação de grupos sociais organizados, com interesses complexos e que dependem de discussões amplas visando obter consensos fora e dentro do Parlamento; o incremento de proposições e legislação de urgência do Poder Executivo; o aumento de proposições legislativas especiais cuja tramitação ocorre apenas nas comissões terminativas.

Por último, deve-se considerar que a agilização da tramitação legislativa, sem o comprometimento, como é óbvio, da qualidade das leis, depende, sobretudo, de uma estrutura administrativa e de apoio no âmbito das Casas Legislativas, e de um regimento interno flexível que concorra para a eficiência da produção normativa, tarefa nuclear do Poder Legislativo

CAPÍTULO 11

FISCALIZAÇÃO CONTÁBIL, FINANCEIRA E ORÇAMENTÁRIA

SUMÁRIO

1. SISTEMAS DE CONTROLE – EXTERNO E INTERNO

O art. 70 da Constituição prevê que "a fiscalização contábil, financeira e orçamentária da União e das entidades da administração direta e indireta, quanto à legalidade, legitimidade, economicidade, aplicação das subvenções e renúncias de receitas, será exercido pelo Congresso Nacional, mediante controle externo, e pelo sistema de controle interno de cada Poder"

Verifica-se inicialmente que o mencionado dispositivo inaugura a Seção IX do Capítulo I, que trata do Poder Legislativo, integrante do Título IV da Constituição. Não é, pois, sem motivo que a fiscalização da atividade financeira e do orçamento do Estado esteja prevista na parte dedicada ao Poder Legislativo: é que, de fato, como vimos no item *1* do Capítulo *9* deste trabalho, o Poder Legislativo é tradicionalmente o poder financeiro, pois antes de legislar autorizava a cobrança de tributos e consentia nos gastos públicos (*no taxation without representation*). Permanece, então, nas Constituições democráticas, essa conquista dos Parlamentos, atribuindo-se a um órgão distinto do Executivo a função fiscalizadora de suas contas. A função de controle pelo Poder Legislativo não exclui, contudo, a autofiscalização (sistema de controle interno), exercida pelos Poderes do Estado (Legislativo, Executivo e Judiciário), por meio de órgãos próprios integrantes da sua estrutura administrativa (art. 74), como veremos adiante.

2. O TRIBUNAL DE CONTAS DA UNIÃO

O sistema de controle externo é exercido pelo Poder Legislativo, com o auxílio de um órgão especializado, que, no âmbito federal, é o Tribunal de Contas da União.

Verifica-se, pois, que a posição constitucional do Tribunal de Contas no Brasil é a de auxiliar o Poder Legislativo no controle da execução do orçamento e da aplicação do dinheiro público; o Tribunal de Contas não é órgão do Poder Executivo nem do Poder Judiciário, como se depreende, inclusive da própria colocação topográfica do órgão no texto constitucional, ou seja, no Capítulo destinado ao Poder Legislativo. Os Tribunais de Contas, como salienta o Min. Celso de Mello, "ostentam posição eminente na estrutura constitucional brasileira, não se achando subordinados, por qualquer vínculo de ordem hierárquica, ao Poder Legislativo, de que não são órgãos delegatários nem organismos de mero assessoramento técnico. A competência institucional dos Tribunais de Contas não deriva, por isso mesmo, de delegação dos órgãos do Poder Legislativo, mas traduz emanação que resulta, primariamente, da própria Constituição da República."[1]

Embora não previsto na Constituição de 1824, o Tribunal de Contas já era reclamado por Pimenta Bueno, em seu *Direito público brasileiro e análise da Constituição do Império*, ao escrever: "É de suma necessidade a criação de um Tribunal de Contas, devidamente organizado, que examine e compare a fidelidade das despesas com os créditos votados, as receitas com a lei do imposto, perscrute e siga pelo testemunho dos documentos autênticos em todos os seus movimentos a aplicação e emprego dos valores do Estado, e que, enfim, possa assegurar a realidade das contas. Sem esse poderoso auxiliar nada conseguirão as Câmaras".[2]

Note-se que, pelo art. 172 da Constituição do Império, "o Ministro de Estado da Fazenda, havendo recebido dos outros ministros os orçamentos relativos às despesas das suas repartições, apresentará na Câmara dos Deputados anualmente, logo que esta estiver reunida, um balanço geral da receita e despesa do tesouro nacional do ano antecedente, e igualmente o orçamento geral de todas as despesas públicas do ano futuro, e da importância de todas as contribuições e rendas públicas".

Criado sob a inspiração de Rui Barbosa pelo Decreto n. 966, de 7 de novembro de 1890, do Governo Provisório, o Tribunal de Contas passou a se incorporar a todas as Constituições subsequentes (Constituição de 1891, art. 89; Constituição de 1934, art. 99; Constituição de 1937, art. 114, notando-se que nesse ordenamento não se enquadrou, por motivos óbvios, no âmbito do Poder Legislativo; Constituição de 1946, art. 77; Constituição de 1967 e sua Emenda n. 1/69, art. 70, § 1º).

A Constituição de 1988 mantém o Tribunal de Contas da União no art. 71, ampliando suas funções em razão do próprio fortalecimento do Congresso Nacional, de que é órgão auxiliar.

São funções do Tribunal de Contas:

I – apreciar as contas prestadas anualmente pelo Presidente da República, mediante parecer prévio, que deverá ser elaborado em 60 dias a contar de seu recebimento. Observe-se que, se essas contas não forem prestadas anualmente pelo Presidente da República ao Congresso Nacional, dentro

[1] STF, ADI 4.190, j. 10.3.2010.

[2] BUENO. *Direito público brasileiro e análise da Constituição do Império*, p. 89.

de 60 dias após a abertura da sessão legislativa, cabe à Câmara dos Deputados proceder, de ofício, à sua tomada;

II – julgar as contas dos administradores e demais responsáveis por dinheiros, bens e valores públicos da administração direta e indireta, incluídas as fundações e sociedades instituídas e mantidas pelo Poder Público federal, e as contas daqueles que derem causa a perda, extravio ou outra irregularidade de que resulte prejuízo ao erário público. O Tribunal de Contas, como se viu, não integra o Poder Judiciário, mas é órgão auxiliar do Poder Legislativo no controle da execução do orçamento e da aplicação do dinheiro público. A Constituição, ao usar a expressão "julgar", não transforma o Tribunal de Contas em órgão jurisdicional. A função que exerce é materialmente administrativa: é o que pensam Seabra Fagundes, Wilson Accioli[3] e Michel Temer, entre outros.[4] O consagrado José Afonso da Silva, a propósito do assunto, fala que não se trata de função jurisdicional; o Tribunal de Contas não julga pessoas nem dirime conflitos de interesse, mas apenas exerce um julgamento técnico de contas.[5] A questão vem exposta com clareza por Uadi Lammêgo Bulos, ao afirmar que "a posição dos Tribunais de Contas, perante a Carta de outubro de 1988, não foi a mesma conferida ao Poder Judiciário, e nem poderia sê-lo, pelos seguintes motivos: 1º) no Brasil, vigora o princípio do monopólio ou unidade da jurisdição – *una lex, una jurisdictio*. Portanto, só o Poder Judiciário poder apreciar atos que causem lesão ou ameaças a direitos (art. 5º, XXXV). Daí a impropriedade do uso do signo 'jurisdição', no art. 73, uma vez que inexistem ramificações ou bifurcações do Judiciário, a ponto de haver duas ordens judicantes, independentes e autônomas; 2º) a um primeiro momento, se poderia até pensar que os Tribunais de Contas exercem a *jurisdictio*, devido a sua própria denominação, que sugere a ideia de órgão colegiado. Acrescente-se a isso o fato de a linguagem prescritiva do constituinte mencionar a expressão 'julgar contas'. Ademais, estendem-se aos integrantes das Cortes de Contas as mesmas garantias deferidas aos membros do Poder Judiciário. Acontece, porém, que todos esses argumentos, que partem de premissas verdadeiras, conduzem a conclusões falsas. Se esses motivos fossem levados às suas últimas consequências, esses Tribunais de Contas integrariam a estrutura do Judiciário, o que afrontaria a ordem constitucional pátria, que não os admite no elenco do art. 92; 3º) em verdade, as Cortes de Contas atuam de ofício, como órgãos auxiliares, não julgam, no sentido técnico de dizer o direito, nem eliminam conflitos de interesses qualificados por pretensões resistidas; 4º) nada obstante, a imprecisão terminológica do constituinte, o próprio art. 73, em epígrafe, menciona o termo 'no que couber', para referir-se às atri-

---

3 ACCIOLI. *Instituições de direito constitucional*, p. 384.

4 TEMER. *Elementos de direito constitucional*, p. 134-135.

5 SILVA. *Curso de direito constitucional positivo*, p. 629.

buições que as Cortes de contas podem exercer, à luz do que giza o art. 96." [6] Anote-se, contudo, que, segundo asseverou o Min. Gilmar Mendes, "no âmbito das competências institucionais do Tribunal de Contas, o Supremo Tribunal Federal tem reconhecido a clara distinção entre: 1) a competência para apreciar e emitir parecer prévio sobre as contas prestadas anualmente pelo Chefe do Poder Executivo, especificada no art. 71, inciso I, CR/88; 2) e a competência para julgar as contas dos demais administradores e responsáveis, definida no art. 71, II, CR/88. Na segunda hipótese, o exercício da competência de julgamento pelo Tribunal de Contas não fica subordinado ao crivo posterior do Poder Legislativo", pelo que dispõe o Tribunal de Contas de ampla autonomia; [7]

III – apreciar, para fins de registro, a legalidade dos atos de admissão de pessoal, a qualquer título, na administração direta e indireta, incluídas as fundações instituídas e mantidas pelo Poder Público, excetuadas as nomeações para cargos em comissão, bem como a das concessões de aposentadoria, reformas e pensões, ressalvadas as melhorias posteriores que não alterem o fundamento legal do ato concessório;

IV – realizar por iniciativa própria, da Câmara dos Deputados, do Senado Federal, de Comissão técnica ou de inquérito, inspeções e auditoria de natureza contábil, financeira, orçamentária, operacional e patrimonial, nas unidades administrativas dos Poderes Legislativo, Executivo, Judiciário e demais entidades referidas no n. II;

V – fiscalizar as contas nacionais das empresas supranacionais de cujo capital social a União participe, de forma direta ou indireta, nos termos do tratado constitutivo;

VI – fiscalizar a aplicação de quaisquer recursos repassados pela União, mediante convênio, acordo, ajuste ou outros instrumentos congêneres, a Estado, ao Distrito Federal ou a Municípios;

VII – prestar as informações solicitadas pelo Congresso Nacional, por qualquer de suas Casas, ou por qualquer das respectivas Comissões, sobre a fiscalização contábil, financeira, orçamentária, operacional e patrimonial e sobre resultados de auditorias e inspeções realizadas;

VIII – aplicar aos responsáveis, em caso de ilegalidade de despesa ou irregularidade de contas, as sanções previstas em lei, que estabelecerá, entre outras cominações, multa proporcional ao dano causado ao erário. É importante notar que a resolução do Tribunal de que resulte imputação de débito ou multa terá eficácia de título executivo (art. 71, § 3º). Trata-se de título executivo extrajudicial (art. 58, VIII, do Código de Processo Civil) de eficácia plena, pois seu manejo independe de inscrição como dívida ativa. A eficácia de título executivo refere-se à decisão dos Tribunais de Conta da União, dos Estados, do Distrito Federal, bem como dos Tribunais e Conselhos de Contas dos Municípios (art. 71, § 3º, e

[6] BULOS. *Constituição federal anotada*, p. 894-895.
[7] STF, ADI 3.715-MC, Rel. Min. Gilmar Mendes, j. 24.5.2006.

art. 75, *caput*), de que resulte imputação de débito ou multa. A ação deverá ser proposta pelo ente público beneficiário da condenação;[8]

IX – assinar prazo para que o órgão ou entidade adote as providências necessárias ao exato cumprimento da lei, se verificada ilegalidade;

X – sustar, se não atendido, a execução do ato impugnado, comunicando a decisão à Câmara dos Deputados e ao Senado Federal. No caso de sustação de contrato, a competência é do Congresso Nacional, que solicitará, de imediato, ao Poder Executivo as medidas cabíveis. Se o Congresso Nacional ou o Poder Executivo não efetivarem, no prazo de 90 dias, as medidas cabíveis, o Tribunal de Contas decidirá a respeito, dentro, naturalmente, de suas atribuições constitucionais;

XI – representar ao Poder competente sobre irregularidades ou abusos apurados.

As contas do Tribunal serão prestadas ao Congresso Nacional, que irá fiscalizá-las, aprovando-as ou rejeitando-as.

Ainda a respeito do Tribunal de Contas da União, são feitas as seguintes observações: 1. Nos termos do enunciado da Súmula n. 347, do STF, o Tribunal de Contas, no exercício de suas atribuições, pode apreciar a constitucionalidade das leis e dos atos do Poder Público. Os Tribunais de Contas podem, portanto, desaplicar lei inconstitucional na via incidental de controle e não na via do controle abstrato ou em tese. 2. Há necessidade de se observar o devido processo legal em processo administrativo no âmbito do Tribunal de Contas, a teor da Súmula Vinculante n. 3 do STF: "Nos processos perante o Tribunal de Contas da União asseguram-se o contraditório e a ampla defesa quando da decisão puder resultar anulação ou revogação de ato administrativo que beneficie o interessado, excetuada a apreciação da legalidade do ato de concessão inicial de aposentadoria, reforma e pensão." 3. O Tribunal de Contas da União, embora não tenha poder para anular ou sustar contratos administrativos, tem competência para, conforme o art. 71, IX, da Constituição Federal, determinar à autoridade administrativa que promova a anulação do contrato e, se for o caso, da licitação de que se originou, pena de imediata comunicação ao Congresso Nacional, que deverá tomar as medidas cabíveis.[9] 4. As empresas públicas e as sociedades de economia mista, integrantes da administração indireta, não obstante os seus servidores se sujeitarem ao regime celetista, estão subordinadas à fiscalização do Tribunal de Contas.[10] 5. O Tribunal de Contas da União, como órgão auxiliar do Congresso Nacional, não tem poder para decretar quebra de sigilo bancário;[11] 6. Situação ju-

---

[8] STF, RE 510.034 – AgR, Rel. Min. Eros Grau, j. 24.6.2008, *DJE*, 15.8.2008: "Tribunal de Contas do Estado do Acre. Irregularidades no uso de bens públicos. Condenação patrimonial. Cobrança. Competência. Ente público beneficiário da condenação. Em caso de multa imposta por Tribunal de Contas estadual a responsáveis por irregularidades no uso de bens públicos, a ação de cobrança somente pode ser proposta pelo ente público beneficiário da condenação do Tribunal de Contas."

[9] STF, MS 23.550, Rel. p/acórdão Min. Sepúlveda Pertence, j. 4.4.2001.

[10] STF, MS 25.092, Rel. Min. Carlos Velloso, j. 10.11.2005, *DJ*, 17.3.2006.

[11] STF, MS 22.801, Rel. Min. Menezes Direito, j. 17.12.2007. *Informativo* 493/STF: "O Tribunal concedeu mandado de segurança impetrado pelo Banco Central do Brasil – BACEN contra ato do

rídica acobertada pela autoridade da coisa julgada não pode ser desconstituída por decisão do Tribunal de Contas, mas por ação rescisória, instrumento específico para a hipótese.[12]

3. COMPOSIÇÃO DO TRIBUNAL DE CONTAS DA UNIÃO

O Tribunal de Contas da União é integrado por nove Ministros, escolhidos da seguinte forma: 1/3 (três Ministros) pelo Presidente da República, depois de aprovada a indicação pelo Senado Federal, sendo dois, alternadamente, entre auditores e membros do Ministério Público junto ao Tribunal, indicados em lista tríplice pelo Tribunal, segundo os critérios de antiguidade e merecimento, e 2/3 (seis Ministros) pelo Congresso Nacional. Os Ministros do Tribunal de Contas da União serão nomeados entre brasileiros (natos ou naturalizados), maiores de 35, mas com menos de 65 anos de idade, idoneidade moral e reputação ilibada, notórios conhecimentos jurídicos, contábeis, econômicos e financeiros ou de administração pública, e mais de dez anos de exercício de função ou de efetiva atividade profissional que exija os conhecimentos acima mencionados. Terão os Ministros do Tribunal de Contas da União as mesmas garantias, prerrogativas, impedimentos, vencimentos e vantagens dos Ministros do Superior Tribunal de Justiça e somente poderão aposentar-se com as vantagens do cargo, quando o tiverem exercido efetivamente por mais de cinco anos. O auditor do Tribunal de Contas, convocado para substituir Ministro, terá as mesmas garantias e impedimentos do titular e, quando no exercício das demais atribuições da judicatura, as de juiz de Tribunal Regional Federal.

4. TRIBUNAL DE CONTAS NOS ESTADOS E MUNICÍPIOS

A Constituição Federal esclarece, no parágrafo único do art. 75, que cabe às Constituições estaduais disporem sobre os Tribunais de Contas respectivos, que serão

---

Tribunal de Contas da União – TCU que, ao proceder à auditoria na prestação de contas do impetrante, relativa ao exercício de 1995, determinara-lhe que fosse disponibilizado o acesso às transações do Sistema de Informações do Banco Central – SISBACEN de potencial interesse ao controle externo, sob pena de multa. Entendeu-se que a Lei Complementar 105/2001, que dispôs específica e exaustivamente sobre o sigilo das operações de instituições financeiras, não conferiu ao TCU poderes para determinar a quebra do sigilo bancário de dados constantes do Banco Central do Brasil. Asseverou-se que o art. 38 da Lei 4.595/64, que regulava o sigilo das operações ativas e passivas e serviços prestados pelas instituições financeiras, foi revogado pela referida lei complementar, que previu a possibilidade de quebra do sigilo bancário por determinação do Poder Judiciário, do Poder Legislativo federal, bem como das Comissões Parlamentares de Inquérito, após prévia aprovação do pedido pelo Plenário da Câmara dos Deputados, do Senado Federal ou do plenário de suas respectivas comissões parlamentares de inquérito (LC 105/2001, arts. 3º e 4º, §§ 1º e 2º)."

12 STF, MS 25.460, Rel. Min. Carlos Velloso, j. 15.12.2005, *DJ*, 10.6.2006: "Vantagem pecuniária incorporada aos proventos de aposentadoria de aposentadoria de servidor público, por força de decisão judicial transitada em julgado: não pode o Tribunal de Contas, em caso assim, determinar a supressão de tal vantagem, por isso que a situação jurídica coberta pela coisa julgada somente pode ser modificada pela via da ação rescisória."

integrados por sete Conselheiros.[13] Serão três os Conselheiros nos novos Estados, para os dez primeiros anos de sua criação, nomeados pelo Governador eleito, entre brasileiros de comprovada idoneidade e notório saber (art. 235, III). O controle externo da execução orçamentária e dos gastos públicos dos Municípios vem disciplinado no art. 31: o assunto foi por nós tratado no Capítulo 20, subitem 7.3, para onde remetemos o leitor.

Mencione-se ainda que os Estados, o Distrito Federal e os Municípios deverão observar as normas estabelecidas na Constituição Federal referentes à organização, composição e fiscalização dos Tribunais de Contas respectivos e dos Conselhos ou Tribunais de Contas municipais.

Constitui caso de intervenção Federal no Distrito Federal e nos Estados o não-cumprimento de princípio constitucional enumerado no art. 34, VIII, *d*, referente à obrigatoriedade de prestação de contas da administração pública direta e indireta, prevendo ainda a Constituição Federal intervenção do Estado em Município que deixar de pagar, sem motivo de força maior, por dois anos consecutivos, a dívida fundada; não prestar contas devidas, na forma da lei; não tiver aplicado o mínimo exigido da receita municipal na manutenção e desenvolvimento do ensino, ou seja, 25% por cento da receita resultante de impostos, compreendida a proveniente de transferências (art. 212). Daí a inegável importância do Tribunal de Contas no exame técnico de matérias pertinentes à intervenção da União nos Estados e no Distrito Federal e dos Estados nos Municípios.

5. SISTEMA DE CONTROLE INTERNO

Além do controle externo, a Constituição prevê o sistema de controle interno,[14] realizado de forma integrada nos Poderes Legislativo, Executivo e Judiciário, tendo por finalidade (art. 74, I a IV):

---

13 Supremo Tribunal Federal: Súmula n. 653 – No Tribunal de Contas estadual, composto por sete conselheiros, quatro devem ser escolhidos pela Assembleia Legislativa e três pelo Chefe do Poder Executivo estadual, cabendo a este indicar um dentre auditores e outro dentre membros do Ministério Público, e um terceiro à sua livre escolha.

14 STF, RMS 25.943, Rel. Min. Ricardo Lewandowski, j. 24.11.2010: "A Controladoria-Geral da União – CGU – tem atribuição para fiscalizar a aplicação dos recursos públicos federais repassados, nos termos dos convênios, aos Municípios. Com base nesse entendimento, o Plenário, por maioria, desproveu recurso ordinário em mandado de segurança, afetado pela 1ª Turma, interposto contra ato de Ministro de Estado do Controle e da Transparência que, mediante sorteio público, escolhera determinado Município para que se submetesse à fiscalização e à auditoria, realizadas pela CGU, dos recursos públicos federais àquele repassados. Asseverou-se, de início, que o art. 70 da CF estabelece que a fiscalização dos recursos públicos federais se opera em duas esferas: a do controle externo, pelo Congresso Nacional, com o auxílio do Tribunal de Contas da União – TCU, e a do controle interno, pelo sistema de controle interno de cada Poder. Explicou-se que, com o objetivo de disciplinar o sistema de controle interno do Poder Executivo federal, e dar cumprimento ao art. 70 da CF, fora promulgada a Lei 10.180/2001. Essa legislação teria alterado a denominação de Corregedoria-Geral da União para Controladoria-Geral da União, órgão este que auxiliaria o Presidente da República na sua missão constitucional de controle interno do patrimônio da União. Ressaltou-se que a CGU poderia

I – avaliar o cumprimento das metas previstas no plano plurianual, a execução dos programas de governo e dos orçamentos da União;

II – comprovar a legalidade e avaliar os resultados, quanto à eficácia da gestão orçamentária, financeira e patrimonial, nos órgãos e entidades da administração federal, bem como da aplicação de recursos públicos por entidades de direito privado;

III – exercer o controle das operações de crédito, avais e garantias, bem como dos direitos e haveres da União;

IV – apoiar o controle externo no exercício de sua missão institucional (a Constituição prevê, no art. 74, § 1º, que os responsáveis pelo controle interno, ao tomarem conhecimento de qualquer irregularidade ou ilegalidade, dela darão ciência ao Tribunal de Contas da União, sob pena de responsabilidade solidária).

---

fiscalizar a aplicação de dinheiro da União onde quer que ele fosse aplicado, possuindo tal fiscalização caráter interno, porque exercida exclusivamente sobre verbas oriundas do orçamento do Executivo destinadas a repasse de entes federados. Afastou-se, por conseguinte, a alegada invasão da esfera de atribuições do TCU, órgão auxiliar do Congresso Nacional no exercício do controle externo, o qual se faria sem prejuízo do interno de cada Poder" (*Informativo* 610/STF).

CAPÍTULO 12

PODER EXECUTIVO

SUMÁRIO

1. PODER DE CONTEÚDO INCERTO

O Poder Executivo traduz-se em funções abrangentes, amplas e expressivas, que acabam por congestioná-lo.

Declara o art. 76 da Constituição que o Poder Executivo é exercido pelo Presidente da República, auxiliado pelos Ministros de Estado. Edward S. Corwin assinala que a expressão "Poder Executivo" é de conteúdo incerto, sendo o art. II o mais indefinido da Constituição norte-americana.[1] Essa incerteza quanto às funções do Executivo vem-se tornando mais acentuada depois que o Estado ampliou suas tarefas, quase sempre realizadas pelo Executivo, nos mais variados setores da realidade econômica, social, financeira, cultural e tecnológica, entre outros.

Josaphat Marinho diz que, no Brasil, agravam as dificuldades naturais da estrutura do Poder Executivo "as deformações introduzidas na engrenagem do regime republicano e do governo presidencial entre nós, desde a Constituição de 1891".[2] A propósito do crescimento das atividades do Poder Executivo, de forma a dificultar-lhe o delineamento constitucional, Manoel Gonçalves Ferreira Filho observa que esse crescimento físico é tradução de um fenômeno psicossocial muito mais importante,

---

1 CORWIN. *El Poder Executivo* (función y poderes), p. 1.

2 MARINHO. Poder Executivo. *In*: *Constituição e Constituinte*, p. 145.

pois é do Executivo que o povo passa a esperar a melhoria das condições de vida, e, portanto, é no Executivo que são postas as esperanças do eleitorado.[3]

Tamanhos poderes exercidos por uma única pessoa têm, no Brasil, levado a exageros tais que Campos Sales chegou a caracterizar o presidencialismo como "o governo pessoal, constitucionalmente organizado".

Daí a explicação para a desconfiança das Constituições em relação ao Poder Executivo, mas também a irresistível atração pelo poder pessoal do Presidente da República.[4-5]

---

[3] FERREIRA FILHO. Organização dos Poderes: Poder Legislativo. *In*: *A Constituição brasileira – 1988*: interpretações, p. 152.

[4] DUARTE. Discurso. *Anais da Assembleia Constituinte*, 1948. *Apud* MARINHO, Josaphat. *Op. cit.*, p. 148.

[5] Fabiano Santos destaca que o presidencialismo nasceu no Brasil desprovido de uma prática de freios e contrapesos entre os diversos agentes políticos, o que fez com que se afastasse dos princípios do presidencialismo democrático informado pelo esquema conceitual de controles mútuos. A estabilidade do sistema presidencial de governo ocorreu na Presidência de Campos Sales, com a curiosa doutrina de organização político-federativa, segundo a qual o governo central reconhecia o domínio nos Estados das oligarquias vencedoras das disputas locais. Em razão disso, o Executivo governava o país sem interferência do Congresso, cujos membros se elegiam no mais das vezes por obra e graça da influência dos governadores nos pleitos locais. Foi durante o período de 1946-1964, que o presidencialismo se adequou razoavelmente aos princípios do governo de controles mútuos. Contudo, mesmo sob a égide da Constituição de 1988, o Executivo "não teve suas prerrogativas suficientemente reduzidas. Medidas provisórias, direito de requerer unilateralmente urgência para a tramitação de seus projetos, monopólio de emissão de proposições legislativas de cunho financeiro e administrativo são instrumentos à disposição do Presidente que, além de não existirem ao longo da República de 1946, comprometem sobremaneira a capacidade do Congresso em servir de contrapeso às iniciativas do governo. Portanto, ainda estamos longe de um sistema baseado na noção de 'agenda compartilhada' entre Executivo e Legislativo, quer se observarmos pelo ângulo da rotina de produção legislativa do Congresso, quer pelas taxas de apoio de Deputados e Senadores às iniciativas do Executivo". E as propostas de reforma política, envolvendo o voto distrital misto, o voto facultativo, e a fidelidade partidária, mais parecem um prelúdio para o ingresso do Brasil no sistema parlamentar do que propriamente uma tentativa de aperfeiçoar o sistema presidencial (SANTOS. *O Poder Legislativo no presidencialismo de coalizão*, p. 31-33). Cf. ainda ABRANCHES. Presidencialismo de coalizão: o dilema institucional brasileiro (*Dados, Revista de Ciências Sociais*, v. 31, n. 1, p. 5-34). De acentuar que a taxa de sucesso do Executivo na aprovação de projetos na fase contemporânea da democracia brasileira é de 85%, próxima da obtida em sistemas parlamentaristas, e muito maior do que a que se verificou entre 1945 e 1964. Para Figueiredo e Limongi, a diferença entre os dois regimes democráticos está no fato de o atual ter mantido as extensas prerrogativas legislativas conferidas ao presidente pelos militares. Assim, uma série de faculdades dos presidentes do período pós-autoritário não existia para aqueles que governaram antes de 1964: ter iniciativas exclusivas em projetos orçamentários e tributários; iniciar emendas constitucionais; editar medidas provisórias; editar leis sob requerimento de delegação do Congresso; solicitar urgência; e impor restrições a emendas parlamentares. Figueiredo e Limongi esclarecem ainda que os líderes partidários da fase democrática atual também detêm uma série de poderes que os seus antecessores, antes do regime militar, não possuíam: determinar a agenda do plenário; representar a bancada; retirar projetos de lei das comissões por meio de requerimento de urgência; e indicar e substituir membros das comissões mistas, de CPIs e das comissões do orçamento. Desta forma, é possível afirmar que, no atual período democrático, o excesso de fragmentação e personalismo resultantes das

2. CHEFIA DE ESTADO E CHEFIA DE GOVERNO

No presidencialismo, o Presidente da República exerce as funções de Chefe de Estado e de Chefe de governo, ao contrário do parlamentarismo, em que essas funções são separadas: a de Estado a cargo do Rei ou do Presidente da República, e a de governo a cargo de um Gabinete chefiado pelo Primeiro-Ministro.

A chefia de Estado diz respeito à representação do Estado na sua unidade, que deve ser exercida acima de paixões políticas, de modo a revelar equilíbrio e moderação em atos como representação do Estado nas relações internacionais, recepções a representantes diplomáticos, nomeação para determinados cargos que não tenham caráter político.

No exercício da chefia de Estado, o Presidente da República não presta contas de seus atos ao Legislativo, pois, na realidade, é politicamente irresponsável.

A chefia de governo se acha relacionada com a orientação política geral, mediante permanente atividade voltada para a realização dos objetivos governamentais e tomada de decisões nos diversos setores da realidade do Estado. Nota-se, como se mostrou, que a expansão das atividades do Estado contemporâneo tem exigido constante presença do governo no sentido de traçar rumos e eleger processos e recursos capazes de realizarem os objetivos institucionais que cabem ao Presidente da República como Chefe de governo.

3. PODER REGULAMENTAR

O poder regulamentar constitui uma das mais significativas prerrogativas do Executivo, estabelecendo a Constituição, em seu art. 84, IV, caber privativamente ao Presidente da República "sancionar, promulgar e fazer publicar as leis, bem como expedir decretos e regulamentos para sua fiel execução". Trata-se de atividade indelegável, pois as suscetíveis de delegação vêm enunciadas no parágrafo único do art. 84, que não faz referência ao referido inciso IV.

A Constituição menciona a existência de decretos e regulamentos. Assim, a atividade administrativa do Presidente da República pode instrumentalizar-se em atos de efeitos concretos, consistindo numa determinada categoria de decretos, ou em atos de efeitos genéricos, que são os regulamentos. Num caso ou noutro, os decretos e os regulamentos deverão subordinar-se sempre à lei, pois é nele que encontram seu fundamento de validade. Não podem ainda inovar o Direito, nem introduzir modificações na ordem jurídica.

---

regras do jogo político é contrabalançado por poderes excepcionalmente fortes do Executivo e das lideranças partidárias, quando se compara com o período de 1946 a 1964. Assim, alguns dos mais citados "defeitos" do sistema político nacional, como a ampla autoridade constitucional do presidente e a fragmentação do Congresso, são, na verdade, características que, até certo ponto, se neutralizam (FIGUEIREDO E LIMONGI. Instituições políticas e governabilidade: desempenho do governo e apoio legislativo na democracia brasileira. *In:* MELO, Carlos Ranulfo; SÁEZ, Manuel Alcântara (Orgs.). *A democracia brasileira*: balanço e perspectivas para o século XXI, p. 147-198).

Lembra José Cretella Jr. que "a forma tradicional é redigir regulamento em texto separado e baixar-se decreto que o aprove, mas nada impede que o texto seja um só, isto é, que os preceitos do regulamento estejam consubstanciados no próprio decreto, como já se vem observando em alguns casos".[6]

Note-se que em muitos casos o decreto costuma invadir o campo legislativo, configurando-se aí usurpação de competência. Nessa hipótese, estabelece a Constituição competir ao Congresso Nacional sustar os atos normativos do Poder Executivo que exorbitem do poder regulamentar ou dos limites da delegação legislativa (art. 49, V). Tal circunstância não impede, todavia, que o Poder Judiciário examine a questão, caso entenda o Executivo ter sido o decreto editado nos limites da lei.

A doutrina tem consagrado três tipos de regulamentos: os autônomos, os delegados e os de execução.

Autônomos são os regulamentos que têm por objeto disciplinar a organização ou a atividade administrativa e, por extrair sua validade diretamente da Constituição, inovam o Direito, equivalendo-se então à lei. Posicionamo-nos ao lado daqueles que entendem não existirem os regulamentos autônomos no sistema jurídico brasileiro, em face, sobretudo, do princípio da legalidade declarado no art. 5º, II, da Constituição, segundo o qual "ninguém será obrigado a fazer ou deixar de fazer alguma coisa senão em virtude de lei". Admitir o contrário seria violar o princípio da legalidade, mesmo porque a edição de normas gerais e abstratas é função própria do Poder Legislativo, considerando ainda que a extensão do regulamento deve estar definida em lei. Se o regulamento extrapolar da lei, padecerá de vício de legalidade. Nada obstante, autores há que sustentam tese oposta. Hely Lopes Meirelles, relacionando os decretos autônomos com os poderes implícitos da Administração, afirma que "no poder de chefiar a Administração está implícito o de regulamentar a lei e suprir, com normas próprias, as omissões do Legislativo que estiverem na alçada do Executivo".[7] Também Sergio de Andréa Ferreira sustenta que "os regulamentos autônomos ou independentes têm lugar quando, possuindo a Administração Pública faculdade de optar entre várias soluções, ela se autolimita, editando norma que fixa a escolha em uma dessas alternativas".[8] Com o advento da EC n. 32/2001, que modificou a redação do art. 84, VI, da Constituição Federal, para introduzir na competência privativa do Presidente da República, dispor, mediante decreto, sobre organização e funcionamento da administração federal, quando não implicar aumento de despesa nem criação ou extinção de órgãos públicos, bem como sobre extinção de funções ou cargos públicos, quando vagos, foi positivado, em nosso Direito, o decreto autônomo, fundado diretamente na Constituição. Destaque-se o posicionamento doutrinário de Gilmar Mendes: "A modificação introduzida pela EC n. 32/2001 inaugurou, no sistema constitucional de 1988, o assim chamado 'decreto autônomo', isto é, decreto de perfil não regulamentar, cujo fundamento de validade repousa diretamente na Constituição". Pondera,

---

6 CRETELLA JÚNIOR. *Comentários à Constituição brasileira de 1988*, p. 2897.

7 MEIRELLES. *Direito administrativo brasileiro*, p. 99.

8 FERREIRA. *Direito administrativo didático*, p. 62. Cf. ainda GASPARINI. *Poder regulamentar*, p. 280-285.

entretanto, que "em todas essas situações (previstas na EC n. 32/2001), a atuação do Poder Público não tem força criadora autônoma, nem parece dotada de condições para inovar decisivamente na ordem jurídica, uma vez que se cuida de atividades que, em geral, estão amplamente reguladas na ordem jurídica".[9] Parte da doutrina, em contraponto, não aceita a figura do decreto autônomo, mesmo após a EC n. 32/2001. Na dicção de José dos Santos Carvalho Filho, "mesmo diante da alteração processada na Constituição, permanecemos fiel ao pensamento que expressamos acima (de que não há no quadro constitucional respaldo para admitir a edição de regulamentos autônomos). Aliás, a questão dos decretos e regulamentos autônomos deve ser colocada em termos mais precisos. Para que sejam caracterizados como tais, é necessário que os atos possam criar e extinguir primariamente direitos e obrigações, vale dizer, sem prévia lei disciplinadora da matéria ou, se se preferir, colmatando lacunas legislativas. Atos dessa natureza não podem existir em nosso ordenamento porque a tanto se opõe o art. 5º, II, da CF, que fixa o postulado da reserva legal para a exigibilidade de obrigações. Para que fossem admitidos, seria impositivo que a Constituição deixasse clara, nítida, indubitável, a viabilidade jurídica de sua edição por agentes da Administração, como o fez, por exemplo, ao atribuir ao Presidente da República o poder constitucional de legislar por meio de medidas provisórias (art. 62, CF). Aqui, sim, o poder legiferante é direto e primário, mas os atos são efetivamente legislativos e não regulamentares. Ao contrário, decretos e regulamentos autônomos estampariam poder legiferante indireto e simulado, e este não encontra suporte na Constituição.[10] De observar que o Supremo Tribunal Federal tem admitido o controle, por via de ação direta de inconstitucionalidade, de decreto autônomo revestido de conteúdo normativo.[11]

Delegados são os regulamentos que desenvolvem a lei, inovando a ordem jurídica, e editados segundo autorização legislativa. Também entendemos não existirem em nosso Direito, em decorrência do princípio da separação de Poderes (art. 2º), que acarreta a vedação da delegação de atribuições, excepcionada apenas nos casos expressamente previstos na Constituição.

São *de execução* os regulamentos mencionados no art. 84, IV, ou seja, aqueles emanados diretamente da lei e que não criam, alteram ou extinguem direitos, mas apenas desenvolvem a lei existente e dela dependem. Os regulamentos facilitam, portanto, a aplicação da lei, criando os meios necessários para a sua melhor compreensão, com o detalhamento de pontos específicos que não se encontram na generalidade da lei.

---

9 MENDES; COELHO: BRANCO. *Curso de direito constitucional,* p. 871.

10 CARVALHO FILHO. *Manual de direito administrativo*, p. 55-56.

11 STF, ADI-MC 1590: "Ação direta de inconstitucionalidade: idoneidade do objeto. Tem-se objeto idôneo à ação direta de inconstitucionalidade quando o decreto impugnado não é de caráter regulamentar de lei, mas constitui ato normativo que pretende derivar o seu conteúdo diretamente da Constituição" (Rel. Min. Sepúlveda Pertence, *DJ*, 15.8.1997). Cf. ainda ADI 1.396, *DJ*, 7.8.1998; ADI-MC 435, *DJ*, 6.8.1999; ADI-MC 3936, *DJ*, 9.11.1997; ADI 2458-AL, *DJ*, 16.5.2003.

4. PRESIDENTE DA REPÚBLICA – ELEGIBILIDADE, ELEIÇÃO, MANDATO, POSSE E EXERCÍCIO

O presidencialismo no Brasil é unipessoal, porque exercido por uma só pessoa, o Presidente da República, sendo os Ministros de Estado meros auxiliares do governo, de cuja chefia não participam.

São requisitos de elegibilidade para Presidente da República: *a)* ser brasileiro nato; *b)* estar no pleno exercício dos direitos políticos; *c)* ter idade superior a 35 anos; *d)* não ser inelegível.

O Presidente da República é eleito para mandato de quatro anos, permitida a reeleição para um único período subsequente, novidade introduzida pela Emenda Constitucional n. 16/97. O mandato do Presidente da República, que era fixado em cinco anos, foi reduzido para quatro, por força da Emenda Constitucional de Revisão n. 5, de 7 de junho de 1994, com vigência a partir de 1 de outubro de 1995, e mantido pela Emenda Constitucional n. 16/97, ao dar nova redação ao art. 82 da Constituição, encerrando-se a 31 de dezembro, com a posse e o exercício do eleito a 1º de janeiro. A eleição se realizará no primeiro domingo de outubro do ano anterior ao do término do mandato presidencial vigente. A eleição é pelo sufrágio universal, e o voto, direto e secreto. Haverá um segundo turno (nova eleição), no último domingo de outubro, mês em que se realizou o primeiro turno (art. 77 da Constituição, com a redação dada pela Emenda Constitucional n. 16/97),[12] caso nenhum candidato alcance a maioria absoluta de votos, não computados os votos em branco e os nulos. Concorrerão no segundo turno os dois candidatos mais votados, considerando-se eleito aquele que obtiver a maioria dos votos válidos. Diz a Constituição que, se antes de realizado o segundo turno ocorrer morte, desistência ou impedimento legal de candidato, convocar-se-á, entre os remanescentes, o de maior votação. Remanescendo, em segundo lugar, mais de um candidato com a mesma votação, qualificar-se-á o mais idoso.

O Presidente toma posse em sessão do Congresso Nacional, prestando o compromisso (a Constituição não fala em juramento) de manter, defender e cumprir a Constituição, observar as leis, promover o bem geral do povo brasileiro, sustentar a União, a integridade e a independência do Brasil (art. 78).[13] A Constituição, embora

---

12 Não prevalece, nesta hipótese, a regra do § 3º do art. 77, que prevê a ocorrência de nova eleição em até 20 dias após a proclamação do resultado do primeiro turno, se nenhum dos candidatos alcançar maioria absoluta, por incompatível com o art. 77, que trata do mesmo tema, alterado, todavia, pela Emenda Constitucional EC n. 16/97.

13 A posse do Presidente e do Vice-Presidente da República vem detalhada no Regimento Comum do Congresso Nacional: "Art. 60. Aberta a sessão, o Presidente designará 5 (cinco) Senadores e 5 (cinco) Deputados para comporem a comissão incumbida de receber os empossandos à entrada principal e conduzi-los ao Salão de Honra, suspendendo-a em seguida. Art. 61. Reaberta a sessão, o Presidente e o Vice-Presidente eleitos serão introduzidos no plenário, pela mesma comissão anteriormente designada, indo ocupar os lugares, respectivamente, à direita e à esquerda do Presidente da Mesa. Parágrafo único. Os espectadores, inclusive os membros da Mesa, conservar-se-ão de pé. Art. 62. O Presidente da Mesa anunciará, em seguida, que o Presidente da República eleito irá prestar o compromisso determinado no art. 78 da Constituição, solicitando aos presentes que permaneçam de pé, durante o ato. Art. 63. Cumprido o

não se refira ao exercício da Presidência, fixa o início do mandato para o dia 1º de janeiro do ano seguinte ao da eleição (art. 82).

Vedada pelas Constituições anteriores, a reeleição somente veio a ser introduzida no Brasil pela Emenda Constitucional n. 16/97.

A reelegibilidade do Presidente da República vem sendo adotada em vários países presidencialistas, como a Bolívia, Colômbia, Equador, Venezuela, além dos Estados Unidos, Argentina,Filipinas, Nicarágua, Paraguai e Peru. Não admitem a reeleição as Constituições do Chile, El Salvador, Guatemala,Honduras, México, Panamá e Uruguai. O Panamá só permite um segundo mandato depois de um intervalo de dez anos, e os demais países acima citados, que não consagram a reeleição, concedem um segundo mandato após um intervalo igual ao do mandato presidencial.

Argumenta-se contrariamente à reeleição que a renovação do mandato possibilita a abertura de caminho para a autocracia, e que o Presidente, sucedendo a si mesmo, termina o seu mandato fazendo campanha, o que não ocorreria se vedada fosse a renovação do mandato.

Já os argumentos favoráveis à reeleição são os de que: *a)* com um só mandato, o Presidente logo se enfraquece politicamente, porquanto não há como obter apoio dos que o sustentam no Parlamento, em troca de proteção futura; *b)* tratando-se de um Presidente reformista, manifesta ele uma pressa imprópria em administrar, ou seja, um querer fazer e concluir; *c)* um bom Presidente deve ser premiado, constituindo um desperdício deixar de aproveitá-lo, sendo que a renovação imediata do mandato concorre para que se viabilizem programas e projetos de governo de maior duração.

---

disposto no artigo anterior, o Presidente da Mesa proclamará empossado o Presidente da República. Art. 64. Observadas as mesmas formalidades dos artigos anteriores, será, em seguida, empossado o Vice-Presidente da República. Art. 65. Após a prestação dos compromissos, o 1º Secretário procederá à leitura do termo de posse, que será assinado pelos empossados e pelos membros da Mesa. Art. 66. Ao Presidente da República poderá ser concedida a palavra para se dirigir ao Congresso Nacional e à Nação. Art. 67. Finda a solenidade, a comissão de recepção conduzirá o Presidente e o Vice-Presidente da República a local previamente designado, encerrando-se a sessão."

Nem sempre é no Congresso que o Presidente faz o discurso que ficou gravado na História. Como observa João Bosco Bezerra Bonfim, o "clima das relações Executivo-Legislativo está no centro dessa escolha. JK faz seu discurso mais significativo no TSE, que lhe assegurou a diplomação e a posse. No Congresso, não era ameno o clima. Mas João Goulart fez seu discurso no Congresso, que lhe assegurou a posse. Os presidentes militares fazem seus discursos preferenciais (exceto Castelo) no Palácio do Planalto; e também por rádio ou TV. Getúlio Vargas vai para a praça, em 1951, logo após o juramento solene no Congresso." Os discursos presidenciais de posse pronunciados ao longo de nossa História têm observado uma configuração tradicional. Os principais temas encontrados nos discursos de posse são: "I – cortesias, agradecimentos, elogios; II – menção a problemas, perigos, inimigos; III – advertências; IV – manifestações de regozijo, apoio; V – crenças e valores; e VI – proposições e conclamações (o que fará, com o que se compromete)." (*Palavra de presidente – discursos de posse de Deodoro a Lula*, p. 33-34).

5. VICE-PRESIDENTE DA REPÚBLICA

Como o presidencialismo, o Vice-presidencialismo é obra da Constituição norte-americana.

Consoante *O Federalista*, "o Vice-Presidente deve ser eleito como o Presidente, com a única exceção de que o Senado faz para o primeiro o que a Câmara dos Representantes para o segundo. Tem-se achado supérflua essa nomeação de um Vice-Presidente, alegando-se que era melhor fazer escolher pelo Senado um de seus membros para esse emprego; mas duas considerações justificam as medidas adotadas no sistema proposto: a primeira é que, como o presidente só tem voto em caso de empate (que, de outro modo, casos poderia haver em que não pudesse ter lugar resolução definitiva), fazer o presidente um Senador seria o mesmo que tirar-lhe, e, portanto, ao Estado que representa, o voto certo que em todo o caso lhe compete, para só lhe deixar direito de voto condicional; e a segunda, que, como o Vice-Presidente pode vir a ser substituto do Presidente, as mesmas razões que exigem tanto cuidado na escolha de um, o exigem, ou pouco menor, na escolha de outro. Note-se que as objeções feitas contra o novo sistema também são aplicáveis à Constituição de Nova Iorque. Temos um Vice-Governador, escolhido pelo povo em geral, que preside o Senado e é o substituto constitucional do Governador em casualidades semelhantes às que autorizariam o Vice-Presidente a exercer os poderes e desempenhar as tarefas do Presidente".[14]

Ao analisar a figura do Vice-Presidente, Paulo Bonavides considera que "de todas as peças que compõem o sistema presidencial de governo, a Vice-Presidência fora até então a parte menos estimada e mais exposta à indiferença da crônica e do comentário constitucional. O desapreço à função já se manifestara, de forma patente, na Constituição de Filadélfia, que estabeleceu a Vice-Presidência, numa ocasião de fadiga, com raros argumentos favoráveis e escassos debates acerca de sua real necessidade para as novas instituições. Assinala a história política dos Estados Unidos, desde seu início, referências contrárias à Vice-Presidência por parte de políticos de nomeada, que a exerceram com aparente constrangimento e resignação. Expressando bom humor a esse respeito, o primeiro Vice da história americana, Adams, sugeria que se desse ao titular do cargo o tratamento de 'Sua Excelência, o Supérfluo', depois de asseverar que nunca a imaginação do homem 'concebera função mais insignificante'. Outro Vice, de igual porte e envergadura, que foi Theodore Roosevelt, afirmava, ainda ao começo deste século, ser na realidade o Vice-Presidente apenas 'a quinta roda da carruagem'".[15]

O Vice-Presidente é eleito com a eleição do Presidente da República, pois não admite a Constituição candidatura avulsa do Vice, que deverá ser registrada com a do titular. Pretende-se, com isso, que se evitem dissensões entre ambos, o que geraria um colapso na linha política, caso viesse o Vice-Presidente a governar. É necessário, no entanto, que se atente para a realidade política brasileira, que, ao lon-

---

14 HAMILTON; MADISON; JAY. *O federalista*, p. 411.

15 BONAVIDES. *Ciência política*, p. 305.

go da experiência presidencialista, revelou dissenso entre a concepção teórica do Vice-presidencialismo e os fatos que marcaram a assunção do Vice-Presidente ao Poder. As circunstâncias políticas acabaram por demonstrar a importância que tem a Vice-Presidência no sistema presidencial de governo, ainda que, como assinala Paulo Lopo Saraiva, o companheiro de chapa do titular seja sempre visto como um eterno conspirador, não merecendo, no mais das vezes, a confiança dos que escolheram as listas eleitorais, para então indagar: "Até quando o Vice-presidencialismo brasileiro vai causar temores? Não se sabe. Mas o Vice-Presidente continua a ser uma figura incômoda, mas necessária, terrível, mas aceitável, misteriosa, mas sempre incluída nas negociações político-partidárias."[16] Os requisitos de elegibilidade, eleição e posse se aplicam ao Vice-Presidente.

O Vice-Presidente é o substituto e o sucessor do Presidente. Não mais exerce a Presidência do Senado Federal ou do Congresso Nacional, mas desempenhará atri-

---

[16] SARAIVA. O vice-presidencialismo brasileiro. *Revista Latino-Americana de Estudos Constitucionais*, n. 4, p. 132, jul./dez. 2004.

Na história constitucional brasileira, várias foram as substituições. A 1ª em novembro de 1891, pela renúncia do Presidente Deodoro da Fonseca assumiu o Vice-Presidente Floriano Peixoto. Essa manobra foi considerada inconstitucional, pois o art. 42 da Constituição de 1891 estabelecia que, no caso de vaga, por qualquer causa, da presidência ou da vice-presidência, se não decorridos dois anos do exercício presidencial, proceder-se-á a nova eleição. Logo, por imposição do texto constitucional, cumpria ao Vive-Presidente convocar novas eleições, haja vista que tinham transcorrido, apenas, nove meses do mandato presidencial. A 2ª em junho de 1909, em que, com a morte do Presidente Afonso Pena, assumiu o Vice-Presidente Nilo Peçanha. A 3ª em janeiro de 1919, também pela morte do Presidente eleito Rodrigues Alves, em que assumiu o Vice-Presidente Delfim Moreira, que, dando cumprimento ao art. 42 da Constituição de 1891, convocou novas eleições, das quais saiu vencedor Epitácio Pessoa. A 4ª em outubro de 1945 após a deposição revolucionária de Getúlio Vargas, quando os órgãos legislativos não estavam funcionando, inexistindo quem lhe preferisse na ordem sucessória, tendo assumido o Presidente do Supremo Tribunal Federal, Ministro José Linhares. A 5ª em agosto de 1954, pela morte do Presidente Getúlio Vargas, assumindo o Vice Presidente, João Café Filho. A 6ª em novembro de 1955, por doença do Vice-Presidente em exercício Café Filho, em que assumiu o Presidente da Câmara dos Deputados, Carlos Luz. A 7ª no mesmo mês de novembro de 1955, em seguida ao impedimento e posterior renúncia do Presidente da Câmara dos Deputados, havendo assumido o Presidente do Senado Federal, Nereu de Oliveira Ramos. A 8ª em agosto de 1961, pela renúncia do Presidente Jânio Quadros, quando o Vice-Presidente João Goulart se encontrava fora do Brasil, em visita à China, tendo assumido o Presidente da Câmara dos Deputados, Ranieri Mazzili. A 9ª em abril de 1964, quando o Presidente João Goulart foi deposto pelo movimento militar, assumindo novamente o Presidente da Câmara dos Deputados, Ranieri Mazzili. A 10ª em agosto de 1969, pela doença e posterior morte do Presidente Costa e Silva, circunstância em que deveria ter assumido o Vice-Presidente Pedro Aleixo, mas os Ministros do Exército, da Marinha e da Aeronáutica baixaram o Ato Institucional n. 16, declarando vagos os cargos de Presidente e Vice -Presidente da República, motivo pelo qual foram convocadas novas eleições indiretas das quais saiu vencedor o General Emílio Garrastazu Médici (a Lei n. 12.486, de 12 de setembro de 2011, determinou que Pedro Aleixo, Vice-Presidente da República impedido de exercer a Presidência em 1969 em desrespeito à Constituição Federal então em vigor, figurará na galeria dos que foram ungidos pela Nação Brasileira para a Suprema Magistratura, para todos os efeitos legais). A 11ª em abril de 1985, pois com o falecimento do Presidente Tancredo Neves, assumiu o Vice-Presidente, José Sarney. O Presidente Tancredo Neves não chegou a governar um só dia. A 12ª em setembro de 1992, com a destituição-renúncia do Presidente Fernando Collor de Mello, em que assumiu o Vice-Presidente, Itamar Franco (BULOS. *Constituição federal anotada,* p. 904-905).

buições que lhe forem conferidas por lei complementar, e auxiliará o Presidente, sempre que por ele convocado, para missões especiais. Destacam-se como funções principais do Vice as de substituição e sucessão do Presidente da República. O impedimento do Presidente da República se carateriza pela ocorrência de circunstância ocasional, transitória, implicando simples afastamento temporário da Presidência. Já a vacância do cargo, que leva à sucessão presidencial, significa circunstância permanente, definitiva, que desvincula o Presidente do seu cargo.

Havendo, contudo, impedimento de ambas as autoridades (Presidente e Vice-Presidente da República), diz a Constituição que serão sucessivamente chamados ao exercício da presidência o Presidente da Câmara dos Deputados, o do Senado Federal e o do Supremo Tribunal Federal. Vagando ambos os cargos, far-se-á eleição 90 dias depois de aberta a última vaga.

Prevê a Constituição eleição indireta para Presidente da República quando a vacância dos cargos de Presidente e Vice-Presidente da República ocorrer nos últimos dois anos do período presidencial, sendo a eleição realizada 30 dias depois de aberta a última vaga pelo Congresso Nacional, na forma da lei.

6. VACÂNCIA DA PRESIDÊNCIA

A vacância da presidência ocorre:

a) por crime de responsabilidade, ou comum, mediante decisão do Senado Federal ou do Supremo Tribunal Federal, respectivamente;

b) por morte, renúncia,[17] perda ou suspensão dos direitos políticos e perda da nacionalidade brasileira;

c) não comparecimento para a posse dentro de dez dias contados da data fixada para a mesma, salvo motivo de força maior;

d) ausência do País por mais de 15 dias, sem licença do Congresso Nacional.

Haverá ainda perda do mandato em decorrência de arbitrária desfiliação partidária decretada pelo Tribunal Superior Eleitoral, cabendo ao Congresso Nacional, uma vez cientificado da decisão, empossar, em dez dias, o Vice-Presidente da República.[18]

O Vice-Presidente perde o mandato nas mesmas hipóteses referidas para o Presidente da República.

---

[17] Não há, na Constituição de 1988, previsão expressa relativamente à renúncia do Presidente da República como forma de extinção do mandato. O tema é tratado na Constituição Portuguesa, ao dispor que o Presidente da República pode renunciar ao mandato em mensagem dirigida à Assembleia da República, sendo que a renúncia torna-se efetiva com o conhecimento da mensagem pela Assembleia, sem prejuízo da sua ulterior publicação no Diário da República (art. 131º). É a renúncia um ato livre, voluntário e incondicionado do Presidente da República, que leva à cessação antecipada de suas funções, desvinculando-se do órgão de que é titular, e seu estatuto funcional. A renúncia, no entanto, se consuma pelo conhecimento formal do Parlamento. No Brasil, renunciaram ao cargo de Presidente da República: o Marechal Deodoro da Fonseca, em 21.11.1891; Jânio Quadros, em 25.8.1961, e Fernando Collor de Mello, em 29.12.1992.

[18] TSE, Consulta n. 1.407; Resolução n. 22.610, de 25.10.2007.

7. ATRIBUIÇÕES DO PRESIDENTE DA REPÚBLICA

A Constituição enumera, no art. 84, as atribuições do Presidente da República. Relacionam-se com a chefia de Estado e a chefia de governo, estando as primeiras mencionadas nos incisos VII, VIII, XVIII, segunda parte, XIV (nomeação de Ministros do Supremo Tribunal Federal e dos Tribunais Superiores, cargos sem caráter político), XIX, XX, XXI, XXII, e as de Chefia de governo nos incisos I, III, IV, V, IX, X, XII, XIII, XIV, XVIII, primeira parte, XXIII, XXIV e XXVII.

São poderes próprios ou institucionais, entendidos como os atos e as decisões, que a Constituição autoriza o Presidente da República a praticar pessoalmente, ainda que, para alguns deles, lhe seja exigida consulta a outros órgãos, como o Conselho da República e o Conselho de Defesa Nacional (arts. 89 a 91), que convoca e preside.

Ao Presidente da República são conferidas, pela Constituição, segundo tipologia de Paulo Bonavides, as seguintes atribuições:[19]

1. Em matéria legislativa: *a)* sancionar, vetar, promulgar e fazer publicar as leis, bem como expedir decretos e regulamentos para sua fiel execução; adotar medidas provisórias e editar leis delegadas; *b)* enviar ao Congresso Nacional o plano plurianual, o projeto de lei de diretrizes orçamentárias e as propostas de orçamento; *c)* prestar, anualmente, ao Congresso Nacional dentro de sessenta dias após a abertura da sessão legislativa, as contas relativas ao ano anterior;[20] *d)* remeter mensagem e plano de governo ao Congresso Nacional por ocasião da abertura da sessão legislativa, expondo a situação do País e solicitando as providências que julgar necessárias; *e)* convocar o Congresso Nacional para deliberar em sessão legislativa extraordinária, em caso de urgência ou interesse público relevante. A prerrogativa desta convocação, para estas hipóteses, é ainda dos Presidentes da Câmara dos Deputados e do Senado Federal, ou a requerimento da maioria dos membros de ambas as Casas.

2. Em matéria administrativa: *a)* nomear e exonerar os Ministros de Estado; exercer, com o seu auxílio, a direção superior da administração federal; *b)* nomear os Governadores dos Territórios, o presidente e os diretores do Banco Central e outros servidores, quando determinado em lei; *c)* dispor, mediante decreto, sobre organização e funcionamento da administração federal, quando não implicar aumento de despesa nem criação ou extinção de órgãos públicos, bem como extinção de funções ou cargos públicos, quando vagos, conforme redação dada ao inciso VI do art. 84 pela EC n. 32/2001.

3. No âmbito do poder militar: *a)* declarar guerra no caso de agressão estrangeira, autorizado pelo Congresso Nacional ou referendado por ele quando ocorrida no intervalo das sessões legislativas; *b)* decretar a mobilização nacional, total ou parcial; *c)* celebrar a paz, com autorização ou *ad referendum* do Congresso Nacional; *d)* permitir, nos casos previstos em lei complementar, que forças estrangeiras transitem

---

[19] BONAVIDES, Paulo. *Ciência política*. São Paulo: Malheiros, 2003, p. 300-302.

[20] Nos termos do art. 9º, n. 2, da Lei n. 1.079/1950, constitui crime de responsabilidade do Presidente da República não prestar ao Congresso Nacional, dentro de sessenta dias após a abertura da sessão legislativa, as contas relativas ao exercício anterior.

pelo território nacional ou nele permaneçam temporariamente; *e)* exercer o comando supremo das Forças Armadas; *f)* promover os oficiais-generais das Forças Armadas e nomeá-los para os cargos que lhe são privativos.

4. *Quanto à política exterior, é de sua decisão*: *a)* manter relações com Estados estrangeiros; *b)* acreditar seus representantes diplomáticos; *c)* celebrar tratados, convenções a atos internacionais sujeitos a referendo do Congresso Nacional.

5. *Relativamente aos negócios da ordem federativa*: zelar pela preservação e pelo equilíbrio da ordem federativa, mediante o pronto restabelecimento da ordem pública e da paz social, podendo, para tanto, se necessário, decretar o estado de defesa e o estado de sítio, decretar e executar a intervenção federal.

6. *Na esfera da função judiciária*: *a)* conceder indulto e comutar penas, com anuência, se necessário, dos órgãos instituídos em lei; *b)* nomear, após aprovação pelo Senado Federal, os Ministros do Supremo Tribunal Federal e dos Tribunais Superiores; *c)* nomear magistrados nos casos previstos pela Constituição; *d)* nomear o Procurador-Geral da República e o Advogado-Geral da União.

Permite a Constituição que algumas dessas atribuições sejam delegadas aos Ministros de Estado, ao Procurador-Geral da República ou ao Advogado-Geral da União; as autoridades delegadas deverão observar os limites traçados nas respectivas delegações (parágrafo único do art. 84).

Pontes de Miranda destaca as linhas-mestras dos poderes do Presidente da República:

a) o "Presidente da República deve ter o poder da ordenação política da nação, não exclusivo, mas em sistema que não exclua a ordenação política da função integrativa da Justiça constitucional nem a vigilância da Assembleia quanto à lei fundamental"; *b)* o "Chefe de Estado, ou, no regime parlamentar, o Chefe do Estado e o Governo precisam ter o poder de intervenção nas coletividades interiores e de ação emergencial (estado de sítio, suspensão das garantias constitucionais)"; *c)* "os órgãos do Poder Executivo deliberam sobre matérias cuja cognição lhes seja permitida e decidem, administrativamente, em caso de controvérsias entre o Estado e outras pessoas, privadas ou de direito público, se a lei lhes atribui tal competência"; *d)* o "Poder Executivo tem a função precípua de administrar".[21]

O poder legiferante do Presidente da República se manifesta pela iniciativa das leis; sanção ou veto; promulgação e publicação das leis; poder regulamentar; leis delegadas; medidas provisórias.

De se notar que, pela Emenda Constitucional n. 32/2001, como acima referido, passou para a competência do Presidente da República dispor, mediante decreto, sobre matérias que antes dependiam de lei, quais sejam, organização e funcionamento da administração federal, quando não implicar aumento de despesa nem criação ou extinção de órgãos públicos, e extinção de funções ou cargos públicos, quando vagos (art. 84, VI, *a* e *b*, com a redação dada pela EC n. 32/2001).

---

[21] PONTES DE MIRANDA. *Comentários à Constituição de 1967 com a Emenda n. 1, de 1969*, t. III, p. 267-270.

Países	Decreto com Força de Lei ou Medida Provisória	VETO Total Parcial	Rejeição do Veto	Pedido de Urgência	Iniciativa Exclusiva das Leis	Poder Orçamentário
Argentina	Sim	Sim Sim	2/3	Não	Não	Sim
Bolívia	Não	Sim Sim	2/3	Não	Sim	Sim
Brasil	Sim	Sim Sim	1/2 + 1	Sim	Sim	Sim
Chile	Não	Sim Sim	2/3	Sim	Sim	Sim
Colômbia	Sim	Sim Sim	1/2 + 1	Sim	Sim	Sim
Equador	Sim	Sim Sim	2/3	Sim	Sim	Sim
Paraguai	Não	Sim Sim	1/2 + 1	Sim	Sim	Sim
Peru	Sim	Sim Sim	1/2 + 1	Sim	Sim	Sim
Uruguai	Sim	Sim Sim	3/5	Sim	Sim	Sim
Venezuela	Não	Sim Sim	1/2 + 1	Não	Sim	Sim

Fonte: ANASTASIA; MELO; SANTOS. *Governabilidade e representação política na América do Sul*, p. 63.

8. PRESIDENCIALISMO E PODER LEGISLATIVO

Considerando a realidade política brasileira, no relacionamento do Presidente com o Poder Legislativo surge um modelo de presidencialismo denominado de presidencialismo de coalizão, que consiste num complexo sistema de interações políticas entre membros do Executivo, congressistas e líderes partidários, possibilitando que o Presidente organize sua base de apoio parlamentar nomeando para os Ministérios políticos indicados pelos partidos políticos, que passam a fazer parte da aliança governamental. A coalizão de apoio é formada ou mantida, consoante acentua Fabiano Santos, mediante dois recursos básicos: utilização estratégica da patronagem e utilização do poder de agenda, em especial quando se trata de sistema eleitoral multipartidário, em que, "além do poder parlamentar, fonte aliás incerta de influência legislativa, é fundamental ter acesso aos cargos governamentais que alocam recursos públicos e regulam as atividades dos agentes econômicos e sociais", sendo "irrealista supor que uma coalizão possa se sustentar com base única e exclusivamente na afinidade programática".[22]

Apesar de pontos de vista em contrário, pode-se afirmar que o êxito do Executivo no Congresso tem decorrido de uma estrutura partidária consistente, o que significa que são os Partidos Políticos que influenciam as composições ministeriais. O Presidente negocia com os Partidos e não com cada congressista, cuja sobrevivência em termos eleitorais se acha, de certo modo, vinculada à orientação dos líderes partidários.[23]

Relevante ainda considerar que as coligações eleitorais associadas ao sistema proporcional de lista aberta constituem um dos principais fatores que levam o deputado a transferir suas prerrogativas decisórias para o Presidente, porquanto aquele sistema inviabiliza, na maioria das vezes, que os deputados conheçam de onde vieram os votos que contribuíram para sua eleição. O Presidente, sobre quem recaem as expectativas de desempenho governamental, e ainda por dispor de cargos, do poder de agenda e de mobilização dos meios de comunicação, passa a se transformar no intermediário do representante junto aos representados: fere-se com isso o princípio dos freios e contrapesos.[24]

De modo geral, o que tem ocorrido, em democracias e países mesmo tradicionalmente parlamentaristas, como Inglaterra, França, e ainda Alemanha e Itália, é a transformação, de forma irreversível, a partir da Primeira Guerra Mundial, de procedimentos legislativos usuais, em razão de um conjunto de fatores, a reforçar a interferência do Poder Executivo na produção das leis, com a chamada legislação governamental, que, diga-se, não possui especificidade, tratando de um conjunto genérico de "leis de plenos poderes, leis delegadas, leis quadros ou de princípios, decisões normativas de órgãos jurisdicionais, decretos e regulamentos usurpadores de poderes legislativos".[25]

Nessa ordem de ideias, é que a governabilidade, ou a efetividade decisória, deve ser entendida não apenas como o grau em que o Executivo consegue extrair do Legislativo as decisões de seu interesse, mas como a capacidade conjunta das instituições de gerir as atividades normais do Estado e promover as políticas públicas necessárias, nos limites de um equilíbrio razoável, entre o Legislativo, o Executivo e o sistema partidário.

Nos Estados Unidos, modelo paradigmático de presidencialismo, também houve uma crescente delegação de poderes, pelo Congresso, ao Presidente da República. Assinala, a propósito, Charles Pessanha, que, a despeito de a Constituição norte-americana estabelecer, no art. 1º, que "todos os poderes legislativos conferidos (pela Constituição) serão investidos em um Congresso dos Estados Unidos, composto

---

[22] SANTOS. *O Poder Legislativo no presidencialismo de coalizão*, p. 65.
[23] O tema é estudado por MENEGUELLO. *Partidos e governos no Brasil contemporâneo.*
[24] SANTOS. *O Poder Legislativo no presidencialismo de coalizão*, p. 43-48.
[25] Cf. RAO. *As delegações legislativas no parlamentarismo e no presidencialismo.*

por um Senado e uma Câmara de Representantes", é comum "a prática de aprovação de leis em termos amplos e gerais, deixando ao Poder Executivo a tarefa de sua suplementação, mediante regulamentos baixados pelos secretários de Governo, sob a direção do Presidente. Essas leis, consideradas uma forma de delegação disfarçada, são também conhecidas como *standards* ou *legislation of skeleton type*, leis esqueleto, que posteriormente irão condicionar a elaboração de atos de execução. A crescente delegação de poderes pelo Congresso norte-americano ao presidente foi alvo do Poder Judiciário que, em 1933, chegou a invalidar, pela primeira vez na história do país, ato do Legislativo, alegando que o mesmo desistira de modo demasiado imprudente dos seus poderes, desrespeitando a máxima o 'Legislativo não pode delegar seus poderes', deixando de estabelecer *standards* suficientemente guiadores da ação executiva, e, desse modo, agindo com desnecessária pressa".[26]

O Poder Executivo, ao longo do século XX, passou, da capacidade de impedir, consubstanciada no poder de veto, para a capacidade de estatuir, ao ampliar o seu poder de iniciativa das leis, inibindo, por via de consequência, essa faculdade ao Legislativo.

Com isso, a democracia se enfraquece, o processo político é reduzido às eleições, reduz-se ainda o processo de *accountability*,[27] e maiorias parlamentares acabam por contribuir para a ampliação imoderada dos poderes do Presidente.

Nessa ordem de ideias, é que a governabilidade, ou a efetividade decisória, deve ser entendida não apenas como o grau em que o Executivo consegue extrair do Legislativo as decisões de seu interesse, mas como a capacidade conjunta das instituições de gerir as atividades normais do Estado e promover as políticas públicas necessárias, nos limites de um equilíbrio razoável, entre o Legislativo, o Executivo e o sistema partidário.

No Brasil, a participação do Presidente da República no processo legislativo, seja pela iniciativa das leis, seja pela elaboração da lei delegada, ou sob o exercício disfarçado do poder regulamentar, perpassa todas as Constituições, incluída a Constituição democrática de 1988, com exceção apenas da Constituição de 1946, em que

---

[26] PESSANHA. *A democracia e os três poderes no Brasil*, p. 152.

Registra ainda Charles Pessanha que, diante de problema semelhante, em 1921, no Brasil, o Supremo Tribunal Federal "deliberou de maneira oposta ao decidir que 'o poder regulamentar do presidente é amplo, pode inovar na matéria legislada, sanando qualquer lacuna do ato legislativo". (*op. cit.*) Como anteriormente mencionado, o poder regulamentar "é o que se exerce sem criação de regras jurídicas que alterem as leis existentes e sem alteração da própria lei regulamentada", porquanto "onde se estabelecem, alteram, ou extinguem direitos, não há regulamento; há abuso de poder regulamentar, ou invasão da competência do Poder Legislativo" (PONTES DE MIRANDA. *Comentários à Constituição de 1967 com a Emenda n. 1, de 1969*, p. 312 e 314). Desse modo, o poder regulamentar, não se limitando a exprimir competência normativa da administração, mas traduzindo competência genérica do Executivo, contrasta com o princípio democrático e com o princípio do Estado de Direito.

[27] *Accountability*, embora seja um conceito de difícil tradução em português, é termo que expressa a ideia de responsabilização pública ou política. Refere-se aos mecanismos e processos que asseguram a responsabilização dos agentes políticos pelo exercício das funções de representação política ou de governo concernentes ao mandato que detêm.

houve ampla e diversificada participação do Legislativo no processo de formação das leis, se considerarmos a origem da iniciativa.[28]

A preponderância presidencial no processo legislativo se acentua na medida em que o Presidente da República encontra um Congresso que se "dispõe a cooperar e vota de maneira disciplinada": é o que assinalam Figueiredo e Limongi,[29] escrevendo ainda que, relativamente aos poderes legislativos do Presidente, a "Constituição de 1988 manteve as inovações constitucionais introduzidas pelas Constituições escritas pelos militares com vistas a garantir a preponderância legislativa do Executivo e maior presteza à consideração de suas propostas legislativas. O Executivo domina o processo legislativo porque tem poder de agenda e esta agenda é processada e votada por um Poder Legislativo organizado de forma altamente centralizada em torno de regras que distribuem direitos parlamentares de acordo com princípios partidários. No interior deste quadro institucional o presidente conta com os meios para induzir os parlamentares à cooperação. Da mesma forma, parlamentares não encontram arcabouço próprio para perseguir interesses particularistas. Ao contrário, a melhor estratégia para a obtenção de recursos visando a retornos eleitorais é votar disciplinadamente".[30]

O pedido de urgência constitucional para os projetos de iniciativa do Presidente da República, o que inviabiliza um exame mais acurado do conteúdo da proposta, pelo Legislativo, e o monopólio do direito de iniciar a legislação envolvendo matérias como fixação dos efetivos das Forças Armadas e de natureza financeira, entre outras, são fatores determinantes para que a interação do Executivo com o Legislativo caracterize uma agenda presidencial imposta e não compartilhada, agenda que se mostra diferente, pois enquanto a do Executivo é econômica e administrativa, a do Legislativo é social.

Em resenha histórica, Charles Pessanha assinala que "durante a vigência das três primeiras Constituições brasileiras – de 1824, de 1891 e de 1934 – a crítica ao papel não estritamente constitucional exercido pelo Poder Executivo na produção legal dirigiu-se, basicamente, à interferência no processo legislativo mediante a regulamentação de leis. Tal interferência não respeitava os limites impostos pelas regras constitucionais, nem os estabelecidos pelo poder regulamentar, constituindo-se, por isso mesmo, em um tipo de delegação informal. Outra forma de interferência do Poder Executivo deu-se pela completa usurpação da função legislativa. A Carta de 1937 e os Atos Institucionais n. 2, n. 4 e n. 5, oriundos de regimes autoritários, conferiram ao Poder Executivo o exercício pleno da função legislativa mediante a criação direta

[28] No período 1946-1964, 42,8% das leis aprovadas tiveram origem no Poder Executivo, sendo os 57,2% restantes da formulação inicial no próprio Legislativo. Se considerarmos o cenário que compreende o período 1988-1994, tem-se que 84,9% da legislação aprovada foi patrocinada pelo Poder Executivo, sendo os 15,1% restantes pelo Legislativo, o que revela significativa alteração do padrão de relacionamento nos dois períodos (SANTOS. *O Poder Legislativo no presidencialismo de coalizão*, p. 75).

[29] FIGUEIREDO; LIMONGI. *Executivo e Legislativo na nova ordem constitucional*, p. 20, 22 e 23.

[30] FIGUEIREDO; LIMONGI. *Executivo e Legislativo na nova ordem constitucional*, p. 20. Anote-se, contudo, que, em mais de 50% de todos os países de democracia parlamentarista, os governos controlam a agenda do Legislativo, propondo mais de 90% dos projetos de lei.

de normas legais por meio de decretos-leis. Embora tenha sido tema constante no debate político brasileiro desde o início da República, a delegação legislativa na sua forma ordinária demorou a ser incorporada às Constituições brasileiras. As Constituições de 1934 e 1946 a evitaram temendo o mesmo fantasma: a experiência de Vargas, no Governo Provisório e no Estado Novo. Sua incorporação deu-se no interregno parlamentarista, resultando em onze leis delegadas. A revogação do sistema parlamentarista de governo determinou o retorno ao sistema presidencialista e, como consequência, o cancelamento da delegação. Inscrito na Carta de 1967, na Emenda n. 1/69, e mantido na Constituição de 1988, esse importante mecanismo de agilização legislativa, concedido sob condições pelo Legislativo, foi utilizado apenas uma vez, resultando em duas leis durante o governo Collor. A legislação 'extraordinária' e emergencial, ao contrário, vem merecendo a opção preferencial do Poder Executivo desde 1967. Deflagrada pelo Presidente da República em situações excepcionais, segundo o texto constitucional, com ulterior aprovação pelo Congresso Nacional, ela incorporou modelos que se consolidaram ao longo do século, principalmente do similar italiano, sem, entretanto, absorver seus mecanismos de controle. Em 1967 e 1969 os decretos-leis; em 1988 as medidas provisórias. Vista em perspectiva, a medida provisória dá continuidade a esse processo secular de usurpação da função legislativa pelo Poder Executivo, com aquiescência ou resignação do Legislativo".[31]

A preponderância do Executivo nas suas relações com o Legislativo levou Dalmo de Abreu Dallari a escrever que o presidencialismo "constitui, na realidade, uma ditadura a prazo fixo. Eleito por um tempo certo e sem responsabilidade política efetiva, o Presidente da República pode agir francamente contra a vontade do povo ou do Congresso sem que haja meios normais para afastá-lo da presidência. O *impeachment*, geralmente previsto nos sistemas presidenciais, é uma figura penal, que só permite o afastamento do Presidente se ele cometer um crime".[32]

9. PRESIDENCIALISMO E FEDERAÇÃO

Nos Estados Unidos, uma das linhas mestras do presidencialismo é garantir ao máximo a autonomia dos Estados-Membros, tanto que os Estados que dispõem de maior número de delegados podem decidir a eleição do Presidente da República. A consequência é, muitas vezes, sagrar-se eleito o candidato que, embora havendo obtido menor número de votos populares, conquista os votos de mais delegados por Estado, conhecidos como "grandes eleitores". Estes são escolhidos de acordo com regras locais, em número igual ao total de Senadores (dois por Estado) mais os Deputados Federais, de acordo com a população do Estado.

No Brasil, a defesa do federalismo não tem sido a marca do presidencialismo, especialmente se considerarmos o poder que o Presidente detém para definir temas relevantes na área tributária, o que tem levado a um maior centralismo: foi o que ocorreu, a partir do ano de 1994, quando se iniciou um esvaziamento das competências tributárias dos Estados e Municípios.

---

[31] PESSANHA. *A democracia e os três poderes no Brasil*, p. 178-179.

[32] DALLARI. *Elementos de teoria geral do estado*, p. 207.

Mencione-se ainda, como medidas que tiveram impacto negativo na autonomia dos Estados e Municípios, a privatização de bancos estaduais, o processo de renegociação das dívidas dos Estados, e a aplicação da Lei de Responsabilidade Fiscal.

10. PRESIDENCIALISMO E PODER JUDICIÁRIO

No presidencialismo norte-americano, a Suprema Corte desempenha a inafastável função de controlar os atos do Presidente da República, concretizando o princípio da separação de poderes.

Papel semelhante é atribuído, em nosso País, ao Supremo Tribunal Federal. É preciso, contudo, considerar, ainda que sumariamente, as posições históricas do Supremo Tribunal, nas suas relações com o Executivo, bem como as novas funções que a Constituição de 1988 conferiu ao Poder Judiciário, para que se possa avaliar o nível de resistência, pelo Supremo Tribunal, relativamente às pressões advindas dos poderes presidenciais.[33]

A independência do Supremo Tribunal Federal perante o Executivo tem-se revelado no exercício da jurisdição constitucional das liberdades, no âmbito dos direitos humanos fundamentais (concessões de *habeas corpus* e mandados de segurança), bem como no controle de constitucionalidade das leis, como Corte constitucional. No entanto, os métodos de controle adotados em nosso Direito, quais sejam, difuso e concentrado, com o aprimoramento deste último, vêm comprometendo a racionalidade e a funcionalidade do sistema brasileiro, com reflexos na atuação do Supremo Tribunal Federal (cf. Capítulo 13 do volume 1, deste trabalho).

Instituído pelo Decreto n. 848, de 11.10.1890, o Supremo Tribunal Federal, consoante assinala Álvaro Ricardo de Souza Cruz, foi modelado pelos homens do Governo Provisório "à imagem da Suprema Corte americana muito mais como um instrumento de conservação do regime político e de controle dos atos do Parlamento. O Supremo Tribunal Federal foi concebido como instituição que deveria garantir a Constituição – leia-se República –, mesmo contra eventuais maiorias parlamentares que apoiassem o retorno da Monarquia. Todavia, se de um lado o Supremo exerceu um papel consolidador da forma republicana de governo, certamente também desempenhou na época notável papel de guardião dos direitos fundamentais, vindo a contrariar por diversas vezes o Poder Executivo".[34]

Ao longo de sua existência, em especial nos primeiros anos da República Velha e durante o regime militar inaugurado em 1964, houve momentos de afirmação do

---

[33] José Luiz Quadros de Magalhães, acentuando que no Brasil a escolha dos Ministros do Supremo historicamente tem-se sujeitado à vontade do Executivo, ainda que com a participação do Senado, que só faz reforçar o poder autoritário do chefe do Executivo, pugna por um novo modelo para o Supremo Tribunal Federal, cujos membros seriam escolhidos "pelo Judiciário; pelo Legislativo; 1/3 por cada um dos Poderes; pelo Ministério Público, OAB e pelo Judiciário; enfim, qualquer método democrático que não passe pelo Executivo, Poder tendencialmente autoritário, principalmente no sistema presidencial" (MAGALHÃES. *Direito constitucional*, t. 2, p. 47-48).

[34] SOUZA CRUZ. *Crise e desafios da Constituição*, p. 210 e 212.

Supremo Tribunal Federal, diante das investidas autoritárias do Poder Executivo, havendo, no entanto, episódios em que não logrou resistir.

Exemplo de resistência, na Primeira República, foi a concessão, em 1894, de *habeas corpus* em favor do Almirante Wandenkolk, depois de ter negado sua liberdade em duas oportunidades anteriores, o que desencadeou a ira do Presidente Floriano Peixoto, que, em retaliação, nomeou, como Ministros do Supremo Tribunal Federal, o médico Barata Ribeiro e os generais Inocêncio Galvão de Queiróz e Raimundo Éverton Quadros, já que a Constituição de 1891 não qualificava de jurídico o notável saber como requisito para a investidura no cargo.

Todavia, o Tribunal colocou-se ao lado do Poder Executivo, ao negar *habeas corpus* impetrados para garantir o direito à intimidade das pessoas, quando da conhecida Revolta da Vacina.

Nos governos militares inaugurados com o Movimento Militar de 1964, digno de registro é a concessão, pelo Supremo Tribunal, de *habeas corpus* em favor de Miguel Arraes e Francisco Julião, e a outros presos militares, o que contribuiu para que o Presidente Castelo Branco editasse o Ato Institucional n. 2/65, aumentando a composição do Supremo Tribunal Federal para dezesseis Ministros, reduzida posteriormente pelo Ato Institucional n. 6/69, com a aposentadoria dos cinco Ministros que desagradavam os militares detentores do poder.

O não conhecimento, contudo, de um mandado de segurança impetrado por editorialista do jornal *Estado de São Paulo*, visando impugnar alguns dos efeitos produzidos pelo decreto que instituiu medida de emergência, no Distrito Federal, quando da Emenda Dante de Oliveira, que restabelecia as eleições diretas, por não ser o Presidente da República autoridade coatora, é revelador do constrangimento do Supremo diante do Executivo.[35]

Com o advento da Constituição de 1988, foram ampliadas as garantias da magistratura, e o Supremo Tribunal Federal passou a ter a possibilidade de consolidar sua independência em face do Poder Executivo.

Nota-se, ainda, que o texto constitucional acabou por viabilizar e alargar um novo fenômeno jurídico-político, a *politização do Poder Judiciário*, o que implica na abertura para a aplicação de princípios genéricos impositivos, decidindo o magistrado não somente acerca da legalidade, mas da razoabilidade da lei e da proporcionalidade que acarreta. Por isso mesmo é que o controle vai além da mera legalidade: passa a ser um controle da legitimidade da lei. Estas vicissitudes tornam o Judiciário "corresponsável dos insucessos ou frustrações que para a opinião pública decorrem da má

---

[35] Para um elucidativo conhecimento da história do Supremo Tribunal Federal, consultar: RODRIGUES, Lêda Boechat. *História do Supremo Tribunal Federal*, tomo I, Defesa das Liberdades Civis (1891-1898). Rio de Janeiro: Civilização Brasileira, 1991; tomo II, Defesa do Federalismo. Rio de Janeiro: Civilização Brasileira, 1991; tomo III, Doutrina Brasileira do *Habeas Corpus* (1910-1926). Rio de Janeiro: Civilização Brasileira, 1991; tomo IV, v. I/1930-1963. Consultar também BALEEIRO, Aliomar. *O Supremo Tribunal Federal, esse outro desconhecido*. Rio de Janeiro: Forense: 1968, e COSTA, Emília Viotti da. *O Supremo Tribunal Federal a construção da cidadania*. São Paulo: IEJE, 2001.

atuação do Poder. Mais, veio ele a ser visto como um colaborador do Governo."[36] Diferentemente dos Estados Unidos, em que há um sistema bipartidário, no Brasil é mais difícil medir a correlação entre a orientação político-partidária de Ministro do Supremo Tribunal e do Presidente que o nomeou, em decorrência, sobretudo, do presidencialismo de coalizão, que resulta num alinhamento mais político do que partidário.

Fala-se também em *judicialização da política*, em que os tribunais são chamados a se pronunciar sobre questões em que o Legislativo e o Executivo se omitem ou se mostram falhos ou insatisfatórios, ocorrendo aí uma certa aproximação entre Direito e Política.[37]

11. RESPONSABILIDADE DO PRESIDENTE DA REPÚBLICA

O Presidente da República não é irresponsável no exercício da Presidência. Embora, como Chefe de governo, não possa ser destituído por ter deixado de merecer a confiança do Congresso Nacional, circunstância esta que só ocorre no parlamentarismo, o Presidente da República se sujeita a ser responsabilizado pela prática de crime comum ou de responsabilidade. Não tem ele a garantia da inviolabilidade. Sustenta-se possuir o Presidente da República imunidade formal relativamente ao processo, pois, como se verá, para que seja processado por crime comum ou de responsabilidade, necessário que haja autorização da Câmara dos Deputados tomada pelo voto de 2/3 de seus membros. A imunidade formal diz ainda respeito à prisão, já que não poderá ser preso enquanto não sobrevier sentença condenatória, nas infrações comuns (art. 86, § 3º). Havendo expressa previsão nas Constituições estaduais ou na Lei Orgânica do Distrito Federal, os Governadores de Estado e do Distrito Federal gozam de imunidade formal apenas em relação ao processo, e não referentemente à prisão. O Presidente da República, acobertado pela cláusula da irresponsabilidade penal relativa, não pode ser responsabilizado, no mandato, por atos delituosos praticados antes do início do mandato. Essa imunidade, por ser relativa, é tão-somente penal, não alcançando infrações de natureza civil, administrativa, fiscal ou tributária.

O processo pelo qual se apura a conduta do Presidente da República, destituindo-o do cargo, consiste no *impeachment*. Tem sido controvertida a sua natureza jurídica: para alguns o *impeachment* tem natureza política, para outros possui natureza penal.

Impeachment é palavra de procedência inglesa, que significa "acusação por alta traição", embora etimologicamente (deriva do latim *impedimentum*) queira dizer "a proibição da entrada".[38]

Originário da Inglaterra, o *impeachment* teria surgido no século XIV (usado contra Richard Lyons, ou o Lord Latimer, em 1376), ou no século XIII (acusação contra David, em 1283), e o último foi intentado em 1848 contra Lord Palmerston, há, portanto, mais de um século e meio.

---

36 FERREIRA FILHO. *Aspectos do direito constitucional contemporâneo*, p. 215.

37 O tema da *judicialização da política* é versado no Capítulo 13 dedicado ao Poder Judiciário.

38 CRETELLA JÚNIOR. *Revista de Informação Legislativa* 215/14-18.

Objetivava o *impeachment* inglês punir súditos do reino, pares ou comuns, altas autoridades ou simples cidadãos. Somente a Coroa a ele não se sujeitava (*The King can do not wrong*), mediante a aplicação de penas livremente escolhidas pela Câmara dos Lordes.

Com a racionalização do parlamentarismo, ocorrida no século XVIII, o *impeachment* perdeu importância, já que a ameaça política ao Gabinete, que poderia levar os seus membros ao *impeachment*, implicava a sua substituição, sobrepondo-se desta forma o caráter político ao aspecto judiciário do instituto.

Nos Estados Unidos, o *impeachment* foi previsto em várias Constituições estaduais, e no art. II, Seção IV, da Constituição Federal: "O Presidente e o Vice-Presidente dos Estados Unidos serão afastados do cargo mediante *impeachment*, nos casos de traição, suborno ou outros crimes graves e de má conduta." Verifica-se então que a Constituição norte-americana enumera taxativamente os crimes de responsabilidade.

Se na Inglaterra o *impeachment* tem caráter penal, pois "atinge a um tempo a autoridade e castiga o homem", nos Estados Unidos tem caráter não penal, porque "fere apenas a autoridade, despojando-a do cargo, e deixa imune o homem, sujeito, como qualquer, e quando for o caso, à ação da justiça".[39] Não visa o *impeachment* punir delinquentes, mas proteger o Estado, defendendo-o contra o mau administrador.

No Brasil, a partir da República, o *impeachment* parece ter caráter apenas político (não penal). A Constituição de 1988, na linha das Constituições republicanas anteriores e seguindo o Direito norte-americano, visa, com o *impeachment*, ao afastamento do cargo da autoridade que praticou crime de responsabilidade, com inabilitação para o exercício de função pública, por oito anos. Se houver também ilícito penal na conduta do Presidente, ele será submetido a processo e julgamento pelo Poder Judiciário: a própria Constituição trata, pois, de distinguir as duas sanções, vale dizer, a política e a penal.

Os crimes de responsabilidade do Presidente da República vêm previstos no art. 85 e são classificados por José Afonso da Silva em:

a) infrações políticas (art. 85, I a IV): atentado contra a existência da União, contra o livre exercício do Poder Legislativo, do Poder Judiciário, do Ministério Público e dos Poderes constitucionais das unidades da Federação, contra o exercício dos direitos políticos, individuais e sociais, e contra a segurança interna do País;

b) crimes funcionais (art. 85, V a VII): atentado contra a probidade da administração, a lei orçamentária e o cumprimento das leis e decisões judiciais.[40]

Esses crimes serão definidos em lei especial, que ainda estabelecerá as normas de processo e julgamento (Lei n. 1.079, de 10.4.1950, modificada pela Lei n. 10.028, de 19.10.2000, que ampliou a lista dos crimes de responsabilidade, em especial aqueles contra a lei orçamentária).

---

[39] BROSSARD. *O impeachment*, p. 21.

[40] SILVA. *Curso de direito constitucional positivo*, p. 472.

O processo previsto para os crimes de responsabilidade e os crimes comuns compreende duas fases: a do juízo de admissibilidade do processo e a do processo e julgamento. A primeira fase é privativa da Câmara dos Deputados, a quem cabe autorizar, por 2/3 de seus membros, a instauração de processo contra o Presidente e o Vice-Presidente da República e os Ministros de Estado. Trata-se de pronunciamento jurisdicional e político, esclarecendo Sampaio Dória que a autorização de instauração de processo contra o Presidente da República é ato discricionário, pois "não é o imperativo da lei que se decide. Mas a conveniência aos interesses da nação, a oportunidade de deposição, ainda que merecida. Entre o mal da permanência no cargo de quem tanto mal causou e poderá repeti-lo, além do exemplo de impunidade, e o mal da deposição numa atmosfera social e política carregada de ódios, ainda que culpado o Presidente, poderá a Câmara dos Deputados isentá-lo do julgamento, dando por improcedente a acusação".[41]

Autorizada a instauração do processo contra o Presidente da República, será ele submetido a julgamento perante o Supremo Tribunal Federal, nas infrações penais comuns,[42] ou perante o Senado Federal, nos crimes de responsabilidade, ficando

---

[41] DÓRIA. *Comentários à Constituição de 1946*, p. 388-389.

[42] Lei n. 8.038, de 28.5.1990: "Art. 4º Apresentada a denúncia ou a queixa ao Tribunal, far-se-á a notificação do acusado para oferecer resposta no prazo de quinze dias. (Vide Lei nº 8.658, de 1993) § 1º Com a notificação, serão entregues ao acusado cópia da denúncia ou da queixa, do despacho do relator e dos documentos por este indicados. § 2º Se desconhecido o paradeiro do acusado, ou se este criar dificuldades para que o oficial cumpra a diligência, proceder-se-á a sua notificação por edital, contendo o teor resumido da acusação, para que compareça ao Tribunal, em cinco dias, onde terá vista dos autos pelo prazo de quinze dias, a fim de apresentar a resposta prevista neste artigo. Art. 5º Se, com a resposta, forem apresentados novos documentos, será intimada a parte contrária para sobre eles se manifestar, no prazo de cinco dias. (Vide Lei nº 8.658, de 1993) Parágrafo único. Na ação penal de iniciativa privada, será ouvido, em igual prazo, o Ministério Público. Art. 6º A seguir, o relator pedirá dia para que o Tribunal delibere sobre o recebimento, a rejeição da denúncia ou da queixa, ou a improcedência da acusação, se a decisão não depender de outras provas. (Vide Lei nº 8.658, de 1993) § 1º No julgamento de que trata este artigo, será facultada sustentação oral pelo prazo de quinze minutos, primeiro à acusação, depois à defesa. § 2º Encerrados os debates, o Tribunal passará a deliberar, determinando o Presidente as pessoas que poderão permanecer no recinto, observado o disposto no inciso II do art. 12 desta lei. Art. 7º Recebida a denúncia ou a queixa, o relator designará dia e hora para o interrogatório, mandando citar o acusado ou querelado e intimar o órgão do Ministério Público, bem como o querelante ou o assistente, se for o caso. (Vide Lei nº 8.658, de 1993) Art. 8º O prazo para defesa prévia será de cinco dias, contado do interrogatório ou da intimação do defensor dativo. (Vide Lei nº 8.658, de 1993) Art. 9º A instrução obedecerá, no que couber, ao procedimento comum do Código de Processo Penal. (Vide Lei nº 8.658, de 1993) § 1º O relator poderá delegar a realização do interrogatório ou de outro ato da instrução ao juiz ou membro de tribunal com competência territorial no local de cumprimento da carta de ordem. § 2º Por expressa determinação do relator, as intimações poderão ser feitas por carta registrada com aviso de recebimento. Art. 10. Concluída a inquirição de testemunhas, serão intimadas a acusação e a defesa, para requerimento de diligências no prazo de cinco dias. (Vide Lei nº 8.658, de 1993) Art. 11. Realizadas as diligências, ou não sendo estas requeridas nem determinadas pelo relator, serão intimadas a acusação e a defesa para, sucessivamente, apresentarem, no prazo de quinze dias, alegações escritas. (Vide Lei nº 8.658, de 1993) § 1º Será comum o prazo do acusador e do assistente, bem como o dos co-réus. § 2º Na ação penal de iniciativa privada, o Ministério Público terá vista, por igual prazo, após as alegações das partes. § 3º O relator poderá, após as alegações escritas, determinar de ofício a realização de provas reputadas imprescindíveis para o julgamento da causa. Art.

suspenso de suas funções com o recebimento da denúncia ou queixa-crime pelo Supremo, ou após a instauração do processo pelo Senado Federal. O afastamento cessa, decorrido o prazo de cento e oitenta dias, sem prejuízo do regular prosseguimento do processo.

No Senado Federal, a sessão de julgamento será presidida pelo Presidente do Supremo Tribunal Federal, limitando-se a condenação, que somente será proferida por 2/3 dos votos do Senado Federal, à perda do cargo, com inabilitação, por oito anos, para o exercício de função pública, sem prejuízo das demais sanções cabíveis.

Também o Senado julgará o Presidente fundado em elementos de caráter político, com motivação e inspiração políticas, sendo o julgamento final irrecorrível e definitivo.[43]

---

12. Finda a instrução, o Tribunal procederá ao julgamento, na forma determinada pelo regimento interno, observando-se o seguinte: (Vide Lei nº 8.658, de 1993) I – a acusação e a defesa terão, sucessivamente, nessa ordem, prazo de uma hora para sustentação oral, assegurado ao assistente um quarto do tempo da acusação; II – encerrados os debates, o Tribunal passará a proferir o julgamento, podendo o Presidente limitar a presença no recinto às partes e seus advogados, ou somente a estes, se o interesse público exigir."

[43] Arts. 377 a 382 do Regimento Interno do Senado Federal: "Art. 377. Compete privativamente ao Senado Federal (Constituição, art. 52, I e II); I – processar e julgar o Presidente e Vice-Presidente da República, nos crimes de responsabilidade, e os Ministros de Estado, nos crimes da mesma natureza conexos com aqueles; II – processar e julgar os Ministros do Supremo Tribunal Federal, o Procurador Geral da República e o Advogado Geral da União, nos crimes de responsabilidade. Parágrafo Único. Nos casos previstos neste artigo, o Senado funcionará sob a presidência do Presidente do Supremo Tribunal Federal (Constituição, art. 52, parágrafo único).

Art. 378. Em qualquer hipótese, a sentença condenatória só poderá ser proferida pelo voto de dois terços dos membros do Senado, e a condenação limitar-se-á à perda do cargo, com inabilitação, por oito anos, para o exercício de função pública, sem prejuízo das sanções judiciais cabíveis (Constituição, art. 52, parágrafo único).

Art. 379. Em todos os trâmites do processo e julgamento serão observadas as normas prescritas na lei reguladora da espécie.

Art. 380. Para julgamento dos crimes de responsabilidade das autoridades indicadas no art. 377, obedecer-se-ão às seguintes normas: I – recebida pela Mesa do Senado a autorização da Câmara para instauração do processo, nos casos previstos no art. 377, I, ou a denúncia do crime, nos demais casos, será o documento lido na Hora do Expediente da sessão seguinte; II – na mesma sessão em que se fizer a leitura, será eleita comissão, constituída por um quarto da composição do senado, obedecida a proporcionalidade das representações partidárias ou dos blocos parlamentares, e que ficará responsável pelo processo; III – a comissão encerrará seu trabalho com o fornecimento do libelo acusatório, que será anexado ao processo e entregue ao Presidente do Senado Federal, para remessa, em original, ao Presidente do Supremo Tribunal Federal, com a comunicação do dia designado para o julgamento; IV – o Primeiro-Secretário enviará ao acusado cópia autenticada de todas as peças do processo, inclusive do libelo, intimando-o do dia e hora em que deverá comparecer ao Senado para o julgamento; V – estando o acusado ausente do Distrito Federal, a sua intimação será solicitada pelo Presidente do Senado ao Presidente do tribunal de Justiça do Estado em que ele se encontre; VI – servirá de escrivão um funcionário da Secretaria do Senado designado pelo Presidente do Senado.

Art. 381. Instaurado o processo, o Presidente da República ficará suspenso de suas funções (Constituição, art. 86, § 1º, II). Parágrafo único. Se, decorrido o prazo de cento e oitenta dias,

Poderá assim haver abuso, que ultrapassará os limites da imparcialidade: pela Câmara, ao se abster de decretar a acusação, quando deveria fazê-lo, ou autorizar a acusação, quando deveria se abster de fazê-lo; pelo Senado, no absolver quando deveria condenar o Presidente, ou condená-lo, quando deveria absolver.

A respeito, escreve Paulo Brossard: "Admita-se que o Senado à unanimidade, esteja pela condenação do Presidente. Todavia, em face da inação da Câmara, nada pode aquele fazer, senão assistir à dissolução do país, contemplar a anarquia, presenciar a comoção civil, testemunhar, quiçá, a guerra intestina, até que a Câmara acorde e cumpra seus altos deveres. Falhando o órgão incumbido pela Constituição de praticar o ato inicial do processo, providência legal ou solução jurídica não existe para a catástrofe".[44]

Controverte-se sobre se a renúncia do Presidente extingue o processo de *impeachment* por falta de objeto. Embora o *impeachment* tenha por pressuposto a permanência do acusado no cargo, é certo também que a Constituição prevê não só a perda do cargo, mas ainda a inabilitação, por oito anos, para o exercício de função pública, sendo este um efeito que não poderia ser elidido pela renúncia.

Nesse sentido, entendeu o Supremo Tribunal Federal, ao decidir mandado de segurança impetrado pelo ex-Presidente Fernando Collor, que, embora tenha renunciado momentos antes de seu julgamento pelo Senado Federal, foi considerado inabilitado para o exercício, por oito anos, de função pública.[45]

---

o julgamento não estiver concluído, cessará o afastamento do Presidente da República, sem prejuízo do regular prosseguimento do processo (Constituição, art. 86, § 2º).

Art. 382. No processo e julgamento a que se referem os artigos anteriores aplicar-se-á, no que couber, o disposto na Lei n. 1.079, de 10 de abril de 1950."

44 BROSSARD. *Op. cit.*, p. 176.

45 "Constitucional. *Impeachment.* Controle judicial *Impeachment* do Presidente da República. Pena de inabilitação para o exercício de função pública. CF, art. 52, parágrafo único; Lei n. 27, de 7.1.1892; Lei n. 30, de 8.1.1892. Lei n. 1.079, de 1950.

I – Controle judicial do *impeachment*: possibilidade, desde que se alegue lesão ou ameaça a direito. CF, art. 5º, XXXV. Presidente do STF: MS n. 20.941-DF (RTJ 142/88); MS n. 21.564-DF e MS n. 21.623-DF.

II – O *impeachment* no Brasil, a partir da Constituição de 1891, segundo o modelo americano, mas com características que o distinguem deste; no Brasil, ao contrário do que ocorre nos Estados Unidos, lei ordinária definirá os crimes de responsabilidade, disciplinará a acusação e estabelecerá o processo e o julgamento.

III – Alteração do direito positivo brasileiro. A Lei n. 27, de 1892, art. 3º, estabelecia: a) o processo de *impeachment* somente poderia ser intentado durante o período presidencial; b) intentado, cessaria quando o Presidente, por qualquer motivo, deixasse definitivamente o exercício do cargo. A Lei n. 1.079, de 1950, estabelece, apenas, no seu art. 15, que a denúncia só poderá ser recebida enquanto o denunciado não tiver, por qualquer motivo, deixado definitivamente o cargo. IV – No sistema do direito anterior à Lei n. 1.079, de 1950, isto é, no sistema das Leis ns. 27 e 30, de 1892, era possível a aplicação tão-somente da pena de perda do cargo, podendo esta ser agravada com a pena de inabilitação para exercer qualquer outro cargo (Constituição Federal de 1891, art. 33, § 3º; Lei n. 30, de 1892, art. 2º), emprestando-se à pena de inabilitação o caráter de pena acessória (Lei n. 27, de 1892, arts. 23 e 24). No sistema atual, da Lei n. 1.079, de 1950, não é possível a aplicação da pena de perda do cargo, apenas, nem a pena de inabili-

Se a autoridade retorna ao cargo, restaura-se a jurisdição política, isto é, o *impeachment* pode ser iniciado ou prosseguido. Não há que falar, em se tratando de *impeachment*, nos conceitos de prescrição ou de reincidência, pois neste processo político "as infrações são apreciadas e julgadas em relação à conduta geral da autoridade".[46]

Considere-se, finalmente, o § 4º do art. 86 da Constituição, que estabelece que o Presidente da República não pode ser responsabilizado por atos estranhos ao exercício de suas funções. O dispositivo há de ser entendido no sentido de que somente se sujeitará o Presidente da República, em processo de *impeachment*, ao julgamento do Senado, por atos vinculados às suas funções, o mesmo ocorrendo na esfera penal.

12. MINISTROS DE ESTADO

Os Ministros de Estado são meros auxiliares do Presidente da República, não participando da chefia do Executivo, que é privativa do Presidente. Acentua Marcelo Caetano que "os Ministros de Estado são, pois, na concepção constitucional, auxiliares do Presidente da República e como tais, hão de comungar na orientação política por ele fixada, colaborar com dedicação e lealdade na obra dele".[47]

São os Ministros de Estado escolhidos dentre brasileiros maiores de 21 anos e no exercício dos direitos políticos, sendo livremente nomeados e destituídos pelo Presidente da República. Assim, a sua permanência no cargo repousa na confiança que merecerem do Presidente da República.

Anote-se que o cargo de Ministro de Estado da Defesa é privativo de brasileiro nato (art. 12, § 3º, inciso VII acrescentado pela Emenda Constitucional n. 23, de 2 de setembro de 1999).

Compete ao Ministro de Estado, além de outras atribuições fixadas em lei:

I – exercer a orientação, coordenação e supervisão dos órgãos e entidades da administração federal, na área de sua competência, e referendar os atos e

---

tação assume caráter de acessoriedade (CF, 1934, art. 58, § 7º: CF, 1946, art. 62, § 3º; CF, 1967, art. 44, parágrafo único; EC n. 1/69, art. 42, parágrafo único; CF, 1988, art. 52, parágrafo único. Lei n. 1.079, de 1950, arts. 2º, 31, 33 e 34).

V – A existência, no *impeachment* brasileiro, segundo a Constituição e o direito comum (CF, art. 1988, art. 52, parágrafo único; Lei n. 1.079, de 1950, arts. 2º, 33 e 34), de duas penas: a) perda do cargo; b) inabilitação, por oito anos, para o exercício de função pública.

VI – A renúncia ao cargo, apresentada na sessão de julgamento, quando já iniciado este, não paralisa o processo de *impeachment*.

VII – Os princípios constitucionais da impessoalidade e da moralidade administrativa (CF, art. 37).

VIII – A jurisprudência do Supremo Tribunal Federal relativamente aos crimes de responsabilidade dos Prefeitos Municipais, na forma do Decreto-Lei n. 201, de 27.2.1967. Apresentada a denúncia, estando o Prefeito no exercício do cargo, prosseguirá a ação penal, mesmo após o término do mandato, ou deixando o Prefeito, por qualquer motivo, o exercício do cargo.

IX – Mandado de segurança indeferido." (Mandado de Segurança n. 21.689-1, maioria de votos. *Diário da Justiça*, p. 18.871, 7 de abril de 1995)

[46] BROSSARD. *Op. cit.*, p. 137.

[47] CAETANO. *Direito constitucional*, v. 2, p. 359.

decretos assinados pelo Presidente da República. Quanto ao referendo, vale a observação de que, sem ele, tem-se considerado inexistente o ato, porque a assinatura é imperativo da Constituição. Para Michel Temer a ausência de referendo acarreta a nulidade do ato, pois esta atribuição não deriva da vontade do Presidente da República, mas da Constituição.[48] José Afonso da Silva pensa diferentemente, ao salientar que a falta do referendo ministerial não interfere na validade do ato, mas empenha a responsabilidade do Ministro conexa com a do Presidente da República. O tema do referendo se insere no relacionamento do Ministro com o Presidente da República. Se o Ministro deixa de assinar, o máximo que pode acontecer é a sua exoneração, a pedido ou não.[49] Anote-se que não estão sujeitos ao referendo os atos pessoais do Presidente da República, como as mensagens, a renúncia, dentre outros. Teoricamente, são três as finalidades do referendo: certificar a autenticidade de uma firma; limitar a atuação do Chefe de Governo, mediante a participação do Ministro, indispensável para a validade daquela atuação; transferir a responsabilidade do ato referendado, do Chefe de Governo ao Ministro referendatário. É próprio do parlamentarismo a terceira finalidade do referendo, pois neste sistema, as funções de governo pertencem ao gabinete, que por elas se responsabiliza com exclusividade. Já no presidencialismo, sucede o contrário: o Presidente da República é responsável, constitucional e politicamente, pelos atos dos seus Ministros, que atuam em nome daquele, que os nomeia livremente. Em nenhum momento, nem por nenhum motivo se transfere, no presidencialismo, a responsabilidade do Presidente para os Ministros. O referendo, portanto, não tem a finalidade de eximir de responsabilidade o Presidente, para transferi-la ao referendatário. Ao examinar o referendo à luz do sistema presidencial de governo, Tena Ramírez acentua que atribuir-lhe a única finalidade de certificar a assinatura do Presidente da República seria converter os Ministros de Estado em meros agentes subalternos do Chefe do Executivo, sem outra vontade que a de executar suas ordens ou renunciar, o que repugna com a letra da Constituição. Sustenta, então, que o referendo envolve uma tríplice responsabilidade do agente referendatário: a penal, a técnica e a política. A responsabilidade penal reside no Ministro ao associar-se voluntariamente ao ato do Presidente mediante a aposição de sua assinatura, quando o ato referendado é delituoso. A responsabilidade técnica deriva do fato de não ser possível ao Chefe do Executivo dominar as numerosas e variadas questões técnicas da administração, cabendo ao Ministro preparar o material de informação e decisão. Trata-se, contudo, de uma responsabilidade que se apura no âmbito interno do Poder Executivo, é dizer, nas relações entre o Ministro com o Presidente da República. A responsabilidade política decorrente do referendo é de matiz parlamentar, devendo ainda considerar que no presidencialismo a imputabilidade

---

48 TEMER. *Elementos de direito constitucional*, p. 163.

49 SILVA. *Curso de direito constitucional positivo*, p. 553-554.

do Presidente da República é plena e não pode ser substituída pela do Ministro. Todavia, a responsabilidade política do referendatário, que se acha intimamente relacionada com a técnica, resulta da faculdade de que dispõem as Casas Legislativas de convocar Ministro de Estado para informar ante elas;[50]

II – expedir instruções para a execução das leis, decretos e regulamentos;

III – apresentar ao Presidente da República relatório anual de sua gestão no Ministério;

IV – praticar atos pertinentes às atribuições que lhe forem outorgadas ou delegadas pelo Presidente da República (art. 87, parágrafo único, I a IV).

Os Ministros de Estado poderão comparecer ao Senado Federal, à Câmara dos Deputados ou a qualquer de suas Comissões, por sua iniciativa e mediante entendimentos com a Mesa respectiva, para expor assunto de relevância de seu Ministério (art. 50, § 1º).

Por outro lado, os Ministros de Estado se sujeitam a responder por crime de responsabilidade, caso se recusem, não atendam ou prestem informações falsas, no prazo de 30 dias, decorrentes de pedidos escritos das Mesas da Câmara dos Deputados e do Senado Federal. Também estão sujeitos a crime de responsabilidade, caso não compareçam à Câmara dos Deputados, ou ao Senado Federal, ou a qualquer de suas Comissões, para prestarem, pessoalmente, informações sobre assunto previamente determinado. Nos crimes de responsabilidade, os Ministros de Estado serão processados e julgados pelo Supremo Tribunal Federal (art. 102, I, *b*). Mas se o crime de responsabilidade for conexo com o do Presidente da República, o processo e julgamento será de competência do Senado Federal (art. 52, I), depois que a Câmara dos Deputados, por 2/3 de seus membros, autorizar a instauração do processo (art. 51, I).

13. CONSELHO DA REPÚBLICA

O Conselho da República, cuja organização e funcionamento serão regulados em lei,[51] é órgão superior de consulta do Presidente da República e dele participam: o

---

[50] RAMÍREZ. *Derecho constitucional mexicano*, p. 255-260.

[51] Lei n. 8.041, de 5 de junho de 1990: Art. 1º O Conselho da República, órgão superior de consulta do Presidente da República, tem sua organização e funcionamento estabelecidos nesta lei. Art. 2º Compete ao Conselho da República pronunciar-se sobre: I – intervenção federal, estado de defesa e estado de sítio; II – as questões relevantes para a estabilidade das instituições democráticas. Art. 3º O Conselho da República é presidido pelo Presidente da República e dele participam: I – o Vice-Presidente da República; II – o Presidente da Câmara dos Deputados; III – o Presidente do Senado Federal; IV – os líderes da maioria e da minoria na Câmara dos Deputados, designados na forma regimental; V – os líderes da maioria e da minoria no Senado Federal, designado na forma regimental; VI – o Ministro da Justiça; VII – 6 (seis) cidadãos brasileiros natos, com mais de 35 (trinta e cinco) anos de idade, todos com mandato de 3 (três) anos, vedada a recondução, sendo: a) 2 (dois) nomeados pelo Presidente da República; b) 2 (dois) eleitos pelo Senado Federal: e c) 2 (dois) eleitos pela Câmara dos Deputados. § 1º Nos impedimentos, por motivo de doença ou ausência do País, dos membros referidos nos

Vice-Presidente da República; o Presidente da Câmara dos Deputados; o Presidente do Senado Federal; os líderes da maioria e da minoria na Câmara dos Deputados e no Senado Federal; o Ministro da Justiça; seis cidadãos brasileiros natos, com mais de 35 anos de idade, sendo dois nomeados pelo Presidente da República, dois eleitos pelo Senado Federal e dois eleitos pela Câmara dos Deputados, todos com mandato de três anos, vedada a recondução.

Compete ao Conselho da República pronunciar-se sobre intervenção federal, estado de defesa e estado de sítio, e questões relevantes para a estabilidade das instituições democráticas.

14. CONSELHO DE DEFESA NACIONAL

Esse Conselho substitui o Conselho de Segurança Nacional, previsto na Constituição anterior. É órgão de consulta do Presidente da República nos assuntos relacionados com a soberania nacional e a defesa do Estado democrático. Note-se que a Constituição não fala em segurança nacional, que perde seu sentido ideológico, preferindo mencionar as expressões "soberania nacional" e "defesa do Estado democrático", preocupada com a garantia dos cidadãos contra o Estado e não com a do Estado contra os cidadãos.

Participam do Conselho de Defesa Nacional, como membros natos: o Vice-Presidente da República; os Presidentes da Câmara dos Deputados e do Senado Federal; os Ministros de Justiça, das Relações Exteriores e do Planejamento; o Ministro de Estado da Defesa e os Comandantes da Marinha, do Exército e da Aeronáutica.

Compete ao Conselho de Defesa Nacional opinar nas hipóteses de declaração de guerra e de celebração da paz, decretação de estado de defesa, estado de sítio e intervenção federal; propor critérios e condições de utilização de áreas indispensáveis à

---

incisos II a VI deste artigo, serão convocados os que estiverem no exercício dos respectivos cargos ou funções. § 2º Os membros referidos no inciso VII deste artigo, terão suplentes, com eles juntamente nomeados ou eleitos, os quais serão convocados nas situações previstas no parágrafo anterior. § 3º O tempo de mandato referido no inciso VII deste artigo será contado a partir da data da posse dos Conselheiros. § 4º A participação no Conselho da República é considerada atividade relevante e não remunerada. § 5º A primeira nomeação dos membros do Conselho a que se refere o inciso VII deste artigo deverá ser realizada até 30 (trinta) dias após a entrada em vigor desta lei. § 6º Até 15 (quinze) dias antes do término do mandato dos Conselheiros a que se refere o inciso VII deste artigo, a Presidência da República e cada uma das Casas do Congresso Nacional farão publicar, respectivamente, o nome dos cidadãos a serem nomeados e os eleitos para o Conselho da República. Art. 4º Incumbe à Secretaria-Geral da Presidência da República prestar apoio administrativo ao Conselho da República, cabendo ao Secretário-Geral da Presidência da República secretariar-lhe as atividades. (*Vide* Lei n. 9.649, de 27.5.1998) Art. 5º O Conselho da República reunir-se-á por convocação do Presidente da República. Parágrafo único. O Ministro de Estado convocado na forma do § 1º do art. 90 da Constituição Federal não terá direito a voto. Art. 6º As reuniões do Conselho da República serão realizadas com o comparecimento da maioria dos Conselheiros. Art. 7º O Conselho da República poderá requisitar de órgãos e entidades públicas as informações e estudos que se fizerem necessários ao exercício de suas atribuições. Ainda sobre o Conselho da República, cf. o art. 14 do Decreto n. 4.118, de 7.2.2002.

segurança do território nacional e opinar sobre seu efetivo uso, especialmente na faixa de fronteira e nas relacionadas com a preservação e a exploração dos recursos naturais de qualquer tipo; estudar, propor e acompanhar o desenvolvimento de iniciativas necessárias a garantir a independência nacional e a defesa do Estado democrático.

A organização e o funcionamento do Conselho de Defesa Nacional dependerão de lei.[52]

---

[52] Lei n. 8.183, de 11 de abril de 1991: Art. 1º O Conselho de Defesa Nacional (CDN), órgão de Consulta do Presidente da República nos assuntos relacionados com a soberania nacional e a defesa do estado democrático, tem sua organização e funcionamento disciplinados nesta lei. Parágrafo único. Na forma do § 1º do art. 91 da Constituição, compete ao Conselho de Defesa Nacional: a) opinar nas hipóteses de declaração de guerra e de celebração de paz; b) opinar sobre a decretação do estado de defesa, do estado de sítio e da intervenção federal; c) propor os critérios e condições de utilização das áreas indispensáveis à segurança do território nacional e opinar sobre seu efetivo uso, especialmente na faixa de fronteira e nas relacionadas com a preservação e a exploração dos recursos naturais de qualquer tipo; d) estudar, propor e acompanhar o desenvolvimento de iniciativas necessárias a garantir a independência nacional e a defesa do estado democrático. Art. 2º O Conselho de Defesa Nacional é presidido pelo Presidente da República e dele participam como membros natos: I – o Vice-Presidente da República; II – o Presidente da Câmara dos Deputados; III – o Presidente do Senado Federal; IV – o Ministro da Justiça; V – o Ministro da Marinha; VI – o Ministro do Exército; VII – o Ministro das Relações Exteriores; VIII – o Ministro da Aeronáutica; IX – o Ministro da Economia, Fazenda e Planejamento (pela EC 23/1999, os Ministros Militares não mais compõem o Conselho de Defesa Nacional, mais sim o Ministro de Estado da Defesa. Em consequência da criação do Ministério da Defesa, passam a compor o Conselho os Comandantes da Marinha, Exército e Aeronáutica). § 1º O Presidente da República poderá designar membros eventuais para as reuniões do Conselho de Defesa Nacional, conforme a matéria a ser apreciada. § 2º O Conselho de Defesa Nacional poderá contar com órgãos complementares necessários ao desempenho de sua competência constitucional. § 3º O Conselho de Defesa Nacional terá uma Secretaria-Geral para execução das atividades permanentes necessárias ao exercício de sua competência constitucional. (*Vide* Medida Provisória n. 2216-37, de 2001) Art. 3º O Conselho de Defesa Nacional reunir-se-á por convocação do Presidente da República. Parágrafo único. O Presidente da República poderá ouvir o Conselho de Defesa Nacional mediante consulta feita separadamente a cada um dos seus membros, quando a matéria não justificar a sua convocação. Art. 4º Cabe à Secretaria de Assuntos Estratégicos, órgão da Presidência da República, executar as atividades permanentes necessárias ao exercício da competência do Conselho de Defesa Nacional (CDN). (*Vide* Medida Provisória n. 2216-37, de 2001) Parágrafo único. Para o trato de problemas específicos da competência do Conselho de Defesa Nacional (CDN) poderão ser instituídos, junto à Secretaria de Assuntos Estratégicos, grupos e comissões especiais, integrados por representantes de órgãos e entidades, pertencentes ou não à administração pública federal. (*Vide* Medida Provisória n. 2216-37, de 2001) Art. 5º O exercício da competência do Conselho de Defesa Nacional pautar-se-á no conhecimento das situações nacional e internacional, com vistas ao planejamento e à condução política e da estratégia para a defesa nacional. Parágrafo único. As manifestações do Conselho de Defesa Nacional serão fundamentadas no estudo e no acompanhamento dos assuntos de interesse da independência nacional e da defesa do estado democrático, em especial os que se refere: I – à segurança da fronteira terrestre, do mar territorial, do espaço aéreo e de outras áreas indispensáveis à defesa do território nacional; II – quanto à ocupação e à integração das áreas de faixa de fronteira; III – quanto à exploração dos recursos naturais de qualquer tipo e ao controle dos materiais de atividades consideradas do interesse da defesa nacional. Art. 6º Os órgãos e entidades de Administração Federal realizarão estudos, emitirão pareceres e prestarão toda a colaboração de que o Conselho de Defesa Nacional necessitar, mediante solicitação de sua Secretaria-Geral. (*Vide* Medida Provisória n. 2216-37, de 2001) Art. 7º A participação, efetiva ou eventual,

Ambos os Conselhos opinam em caráter não vinculativo, podendo assim o Presidente da República deixar de acatar o pronunciamento deles.

15. CONCLUSÃO

Os poderes do Presidente da República e as distorções do presidencialismo, consideradas as suas relações com o Legislativo e o papel do Judiciário, têm levado a um progressivo desequilíbrio do regime democrático que pende para a predominância funcional do Executivo, comprometendo o princípio da separação de poderes, como garantia institucional da sociedade política brasileira.

O aumento geral do nível de democratização do sistema presidencial e de sua maturidade depende da capacidade de o Legislativo fiscalizar os atos do Governo, tendo como cenário, em nosso País, a federação, o Legislativo bicameral e o sistema eleitoral de representação proporcional.

Considere-se, todavia, que a carreira dos congressistas, em geral, é dependente e estimulada pelo Executivo, que lhes proporciona amplas possibilidades de intervenção no processo de decisões políticas relevantes tidas como indispensáveis para suas eleições, circunstância que leva ao fortalecimento do Presidente da República nas suas relações com o Poder Legislativo.

A prática do presidencialismo vem mostrando que as distorções de que padece são comprometedoras dos controles mútuos (freios e contrapesos) baseados no princípio da separação de poderes, e que tem como paradigma o Estado Democrático de Direito. Daí a necessidade de aprimoramento dos meios políticos e jurídicos com vistas à correção dos desvios do sistema presidencial, de modo a evitar a exacerbação dos poderes do Presidente da República.[53]

De se considerar, nessa linha de ideias, que o presidencialismo brasileiro, a partir da Constituição de 1988, deve ser reconstruído e redefinido segundo princípios

---

no Conselho de Defesa Nacional, constitui serviço público relevante e seus membros não poderão receber remuneração sob qualquer título ou pretexto.

Cf. ainda o Decreto n. 893, de 12.8.1993, que aprova o Regulamento do Conselho de Defesa Nacional, e o art. 15 do Decreto n. 4.118, de 7.2.2002.

[53] Fábio Konder Comparato propõe, como programa de 'regeneração institucional', que se combine as instituições da democracia participativa com o mecanismo da separação de poderes. Escreve ele que a "instituição de um regime de efetivo governo do povo pelo povo compreende, antes de mais nada, a necessária participação popular na elaboração e na reforma da Constituição, bem como a colaboração, do povo, quando convocado, no desempenho da tarefa legislativa. Ela compreende também, como é óbvio, a indispensável decisão popular para a aprovação de tratados internacionais, ou de políticas públicas, que determinem o futuro da nação. Ela deve se estender, da mesma forma, ao processo de votação dos orçamentos, por meio da aprovação popular das leis de diretrizes orçamentárias. Não só isso. Se os governantes, a começar pelos principais deles – os chefes do Executivo –, devem ser sempre tidos como mandatários ou delegados do povo soberano, nada mais lógico do que permitir a revogação popular de seus mandatos – o *recall* –, por iniciativa de uma maioria qualificada de parlamentares, ou do próprio povo." (*Reforma Política e Cidadania*, p. 53-54).

distintos daqueles que informaram a ordem constitucional autoritária do passado, já que este sistema de governo se acha agora inserido num contexto de cultura e prática democráticas.[54]

[54] A respeito da construção e da reconstrução da identidade constitucional e do discurso constitucional, considerando os problemas que envolvem o Direito Constitucional brasileiro, seus limites e possibilidades, tenha-se presente a concepção de Michel Rosenfeld, que se utiliza das ideias de negação, metáfora e metonímia. Para o Professor Rosenfeld, o "papel da negação no processo de estabelecimento da identidade do sujeito constitucional é multifacetado, intrincado e complexo. Ele envolve, dentre outras coisas, a rejeição, o repúdio, a repressão, a exclusão e a renúncia. A função metafórica exerce um papel essencial tanto na retórica jurídica quanto no discurso constitucional. A argumentação jurídica repousa destacadamente sobre o estabelecimento de analogias e similaridades. Os argumentos jurídicos fundados na metonímia evocam as diferenças mediante a contextualização, repousam sobre as relações de proximidade para delinear um quadro que revele o máximo possível de detalhes concretos" (ROSENFELD. *A identidade do sujeito constitucional*, p. 51, 61, 70). O que se pretende, com isso, dizer, é que tais ideias são instrumentos discursivos que nos permitem entender e reinterpretar o passado e ligá-lo com o futuro a partir da negação do autoritarismo, o que se aplica ao presidencialismo, que conheceu excessos no passado sem democracia, mas busca uma redefinição num contexto de mudanças (ROSENFELD. A identidade do sujeito constitucional e o estado democrático de direito. *In*: *Cadernos da Escola do Legislativo*, v. 7, n. 12, jan./jun. 2004, p. 41-42).

CAPÍTULO 13

PODER JUDICIÁRIO

SUMÁRIO

1. FUNÇÃO JURISDICIONAL

O Poder Judiciário declara o direito defendendo a Constituição. Além disso, cabe ao Poder Judiciário controlar os demais Poderes do Estado, tendo como parâmetro a Constituição.

O Poder Judiciário acha-se também vinculado aos direitos fundamentais, e dessa vinculação resulta-lhe "não só o dever de guardar estrita obediência aos chamados direitos fundamentais de caráter judicial, mas também o de assegurar a efetiva aplicação do direito, em especial dos direitos fundamentais, seja nas relações entre os particulares e o Poder Público, seja nas relações tecidas exclusivamente entre particulares. Da vinculação do Judiciário aos direitos fundamentais decorre, ainda, a necessidade de se aferir a legitimidade das decisões judiciais, tendo em vista sobretudo a correta aplicação desses direitos aos casos concretos".[1]

Utilizando a expressão "poder judicial", Canotilho afirma que após ter sido descurado pela dogmática constitucional, nos últimos tempos parece voltar a reaparecer o interesse doutrinário em torno desse poder. Acentua que ao "renascimento" do poder judicial como poder que suscita delicadas questões jurídico-constitucionais estão ligadas várias causas que podem ser sintetizadas do seguinte modo: "(1) o *problema da legitimação* do po-

[1] MENDES. *Direitos fundamentais e controle de constitucionalidade*, p. 118.

der judicial; (2) o problema do *autogoverno* das magistraturas; (3) o problema da *responsabilidade dos juízes*; (4) o problema da *automovimentação mediática* dos agentes do poder judicial".[2]

A função jurisdicional é substitutiva da vontade das partes na aplicação do Direito: a autotutela (salvo em casos especialíssimos, como a legítima defesa) é substituída pela tutela estatal, ou seja, a lide será resolvida pelos órgãos judiciários próprios que substituem a vontade privada.

Além desse caráter de substituição, caracterizam a função jurisdicional a provocação e a definitividade. Nenhum juiz atua senão mediante provocação do interessado: *nemo iudex sine actore*,[3] enquanto que a Administração age quase sempre de ofício. Também as decisões do Judiciário tendem a definitividade, fazendo coisa julgada, sendo que os atos administrativos são quase sempre revogáveis. A tutela jurisdicional se obtém, ainda, mediante o devido processo legal (de que cuidaremos adiante), nota relevante para a caracterização da jurisdição. Enfim, como na expressão de Pedro Lessa, "o Poder Judiciário é o que tem por missão aplicar contenciosamente a lei a casos particulares". A jurisdição não cria, mas integra o Direito.

Há distinção entre função administrativa e função jurisdicional: "Através da função administrativa realiza-se a prossecução dos interesses públicos correspondentes às necessidades colectivas prescritas pela lei, sejam esses interesses da comunidade política como um todo ou interesses com os quais se articulem relevantes interesses sociais diferenciados. Na função jurisdicional define-se o Direito (*juris dictio*) em concreto, perante situações da vida (litígios entre particulares, entre entidades públicas e entre particulares e entidades públicas, e aplicação de sanções), e em abstracto, na apreciação da constitucionalidade e da legalidade de actos jurídicos (*maxime*, de actos normativos)."

---

2 CANOTILHO. *Direito constitucional e teoria da Constituição*, p. 573.

3 Defende Pedro Lenza (*Teoria geral da ação civil pública*, p. 291-292) que na sociedade moderna os poderes instrutórios do juiz têm aumentado, o que possibilita ao juiz avançar até os limites tolerados pelo ordenamento jurídico, mas sempre observando a integridade do devido processo legal. Menciona o autor diversos instrumentos constantes do CPC (de 1973) que viabilizam tais poderes instrutórios: " a) apreciação pelo magistrado de matérias de ordem pública *ex officio* (arts. 13, 113, 219, § 5º, 267, § 3º; 301, § 4º); b) a determinação, de ofício, em qualquer estado do processo, do comparecimento pessoal das partes, para interroga-las sobre os fatos das causas (art. 342); c) a possibilidade de o juiz ordenar, de ofício, a qualquer das partes, a exibição parcial de livros ou documentos (art.382); d) o interrogatório das testemunhas (arts. 416, 418); e) a possibilidade de determinar, de ofício, a realização de nova perícia, quando a matéria não lhe parecer suficientemente esclarecida (art. 346); f) no tocante à prova pericial, as regras prescritas nos arts. 436 e 437; g) a inspeção judicial (art. 440); h) a competência para o juiz proceder direta e pessoalmente à colheita de das provas (art. 446, II); i) a fixação dos pontos controvertidos (art. 451); j) o prescrito no art. 461, § 5º); k) o poder geral de cautela previsto no art. 798; l) a participação ativa em outras atividades, destacando-se: a abertura do inventário (art. 989); a correção, de ofício, das inexatidões materiais da partilha (art. 1.028); a plenitude do princípio da investigação de ofício na jurisdição voluntária (art. 1.107), podendo, inclusive, decidir por equidade, adotando, em cada caso especial, a solução que reputar mais conveniente ou oportuna (art. 127 c/c o art. 1.109); m) os poderes previstos nos arts. 1.113, 1.129, 1.142, 1.160; n) a possibilidade de suscitar o conflito de competência (art. 116), bem como incidente de uniformização (art. 476); o) o dever de reprimir, de maneira enérgica, a litigância de má-fé, condenando, de ofício, o *improbus litigator* (art. 18); p) a minimização do formalismo (arts. 154, 244 e 250, parágrafo único)."

Donde:

"– O interesse público como causa dos actos da função administrativa; e o cumprimento das normas jurídicas como causa dos actos da função jurisdicional.

– Uma postura essencialmente volitiva e prospectiva a da administração; e uma postura essencialmente intelectiva e retrospectiva a da jurisdição.

– Na função administrativa, o predomínio da componente autoritária, mesmo se tem de se compaginar com a crescente afirmação de garantias dos administrados e com formas associativas de organização; e na função jurisdicional a presença do princípio do contraditório, mesmo se nem sempre o processo é concebido como processo de partes.

– A maior liberdade relativa dos órgãos da função administrativa, com gradações várias no caso do chamado poder discricionário, ainda que o princípio da legalidade, mais do que compatibilidade, implique conformidade dos actos com a lei e nunca o interesse público que se lhe possa sobrepor."[4]

Se a função administrativa vincula-se ao princípio da impessoalidade (art. 37), a magistratura submete-se ao princípio da imparcialidade (art. 95, parágrafo único).

O "juízo estabelecido pelo Judiciário se expressa numa série de proposições encadeadas em raciocínio designadas como 'sentença' quando proferidas por um juiz, e 'acórdão' quando proferidas por um tribunal. Ele se produz durante um ato conhecido como 'julgamento', cujo resultado ou conteúdo é uma 'decisão' a respeito de uma 'causa' que foi levada ao conhecimento judicial. Tendo nascido como subsidiária da ordem, segundo o interesse do poder dominante, a função jurisdicional aos poucos se transformou em serviço. É função do governo prover a existência de serviços judiciários que garantam aos sujeitos em geral a existência e exercício dos seus direitos. Esse é serviço tão vital quanto o fornecimento de água ou de outras necessidades básicas: sem ele as pessoas ficam submetidas aos interesses dos mais fortes, subordinadas às potências econômicas, midiáticas e políticas".[5]

É estreita a relação entre o Judiciário e a Democracia.

Se o povo é titular do poder político, este se subordina à Constituição.

Há, no Estado Democrático de Direito um afrontamento entre a autonomia, a liberdade do indivíduo, e a heteronomia, ou seja, a coerção externa do poder político. E o Judiciário "é o artífice desse equilíbrio. A função ínsita do juiz é pacificar os conflitos. Mediante soluções rápidas e efetivas, ele reduz as tensões. Remove a insatisfação de que se considera lesado e o libera para a convivência social harmônica. As decisões judiciais calibram a convivência entre a liberdade e a coerção. Por isso, o Judiciário avaliza o Estado de Direito de índole democrática e contribui para a concretização desse ideal".[6]

A crescente expansão do direito, dos seus procedimentos e instituições sobre a política e a sociabilidade tem levado o Judiciário a se desbordar do quadro da aplica-

---

4 MIRANDA. *Manual de direito constitucional,* t. 5, p. 29-30.

5 CUNHA. *Fundamentos de direito constitucional,* v. 1, p. 309, 312.

6 NALINI. Proposta concreta para um novo judiciário. *In*: *Lex*, v. 208 (separata), p. 29.

ção contenciosa da lei para uma apreciação do mérito do ato ou fato posto sob a sua apreciação. Desse modo, o exame da estrita legalidade não basta, cabendo ao Judiciário sindicar a legitimidade da questão sob julgamento. Como exemplos desta nova postura que se exige do Judiciário mencione-se a ação civil pública, em que se deve salvaguardar o patrimônio público e social, o meio ambiente, os interesses difusos, o julgamento das ações populares, em que se deve considerar a moralidade administrativa e a tutela do meio ambiente, o patrimônio histórico e cultural, mencionando-se ainda o mandado de segurança, o mandado de injunção, o *habeas corpus*, a ação direta de inconstitucionalidade, a ação declaratória de inconstitucionalidade e a arguição de descumprimento de preceito fundamental.

Há, por isso mesmo, uma judicialização da política e das relações sociais.

A judicialização da política é conceito que envolve: I – a presença de um novo ativismo judicial pelos tribunais; II – o interesse dos políticos e administradores em adotar: a) métodos e procedimentos típicos do processo judicial; b) parâmetros jurisprudenciais adotados pelo Judiciário nas suas decisões. Afirma Marcus Faro de Castro que: "(*omissis*) a transformação da jurisdição constitucional em parte integrante do processo de formulação de políticas públicas deve ser visto como um desdobramento das democracias contemporâneas. A judicialização da política ocorre porque os tribunais são chamados a se pronunciar onde o funcionamento do Legislativo e do Executivo se mostra falho, insuficiente ou insatisfatório. Sob tais condições, ocorre uma certa aproximação entre Direito e Política e, em vários casos, torna-se mais difícil distinguir entre um 'direito' e um 'interesse público', sendo possível se caracterizar o desenvolvimento de uma 'política de direitos'".[7] São apontados ainda como fatores determinantes da judicialização da política o alargamento da comunidade de intérpretes da Constituição (o art. 103 expande o rol de legitimados para a propositura de ações diretas de inconstitucionalidade); a crise do Estado do Bem-Estar, com a redução de direitos sociais, e a hipertrofia do Poder Executivo, com a ocorrência

---

[7] CASTRO. O Supremo Tribunal Federal e a judicialização da política. *Revista Brasileira de Ciências Sociais,* v. 12, 1997, p. 148. Cf. ainda: TATE; VALLINDER (Org.). *The global expansion of judicial power.* VIANNA *et al. A judicialização da política e das relações sociais no Brasil.* No âmbito da jurisprudência brasileira, o tema da judicialização da política tem sido versado pelo Supremo Tribunal Federal, e, de forma emblemática, no Mandado de Segurança n. 23.452-1/RJ, Rel. Min. Celso de Mello (j. em 16.9.1999). Outros temas foram ainda objeto de pronunciamento do STF, envolvendo a judicialização da política e das questões sociais, como políticas públicas (constitucionalidade de aspectos centrais da Reforma da Previdência e da Reforma do Judiciário); relações entre os poderes (determinação dos limites legítimos de atuação das comissões parlamentares de inquérito, de que tratou o Mandado de Segurança acima referido); direitos fundamentais (legitimidade da intervenção da gestação em certos casos de inviabilidade fetal e das pesquisas científicas com células-tronco embrionárias); questões do dia a dia das pessoas (legalidade da cobrança de assinaturas telefônicas, majoração do valor das passagens de transporte coletivo ou a fixação do valor máximo de reajuste de mensalidade de planos de saúde). De qualquer modo, a busca do ponto de equilíbrio entre supremacia da Constituição, interpretação constitucional pelo Judiciário e processo político majoritário vêm sendo objeto de estudos recentes no Brasil, mas dificultados pelo texto prolixo da Constituição, pela disfuncionalidade do Poder Judiciário e pela crise de legitimidade que envolve o Legislativo e o Executivo (BARRROSO. *Curso de direito constitucional contemporâneo:* os conceitos fundamentais e a construção do novo modelo, p. 382-391).

de uma ditadura da maioria do governo no âmbito do Parlamento. Ademais, sendo a vida mais rica e ágil do que o processo legislativo, inevitável que o Juiz crie o Direito para solucionar questões em relação às quais não exista legislação própria.

Na América Latina, a judicialização do conflito social foi radicalizada, sobretudo, pela convergência de três fatores específicos: 1) as novas Constituições que se seguiram ao fim do ciclo de ditaduras, nos anos 70 e 80, fortaleceram o papel das cortes constitucionais, criaram novas instâncias de defesa do direito da cidadania e ampliaram os direitos assegurados pela Constituição; 2) o caráter conjuntural das leis, em função das necessidades da política econômica de luta contra a inflação e de estabilização monetária, implicou quebra dos contratos por parte do Estado (produzindo uma inflação de leis), pôs os cidadãos e as empresas contra os poderes Legislativo e Executivo e transformou o Judiciário no árbitro do conflito social; 3) paradoxalmente, a judicialização do conflito social se desenvolve em um momento em que parte significativa da população trabalhadora do continente vive o sentimento de perda de direitos (trabalhistas e de previdência social). Essa perda de direitos – sem dúvida real – foi acompanhada de uma expansão de direitos em outras áreas (como, por exemplo, em relação à mulher, à infância, à cultura, à ecologia); 4) a prática da impunidade – isto é, de fazer valer no campo jurídico o poder que emana de outras esferas.

A judicialização do conflito social, na América Latina, é expressão da democratização da sociedade e ocupa o espaço das instituições políticas incapazes de gerar respostas e visões de futuro que organizem o conflito social dentro do quadro político-partidário.[8]

Diferentemente do paradigma legal racionalista e universalista de viés moderno, a crescente explosão de conflitos, cada vez mais complexos e pontuais, tem acarretado uma inflação legislativa, caracterizada pela aprovação de leis de circunstância, o que enfraquece o direito em razão de uma pragmaticidade exagerada. Daí a tendência de se editar normas mais abertas e genéricas, cuja falta de precisão e clareza acaba por ampliar a discricionariedade do Poder Judiciário e promover a inserção da atividade jurisdicional na vida política, social e econômica.

Reafirme-se: um direito mais principiológico tende a valorizar o papel da jurisprudência, sobretudo se considerarmos a abertura normativa da própria Constituição, cujo texto passa a ser interpretado e definido pela jurisdição constitucional, especialmente pelas decisões do Supremo Tribunal Federal.

Legislações abertas "exigem que o magistrado complete o direito, reduzindo o poder vinculatório do Legislativo e transformando o juiz em um 'co-legislador permanente'. Tudo poderá ser levado ao Judiciário. Desaparecem as zonas imunes à prestação da justiça".[9] Em contraponto à judicialização da política, fala-se em *politização da justiça*, que consiste na atuação pelo avesso do parlamento visando controlar decisões judiciais desagradáveis, como a neutralização dos seus efeitos, a adoção de normas que tumultuem as atividades judiciárias, por meio, por exemplo, da ampliação das atribuições

---

[8] SORG. *A democracia inesperada*, p. 94.

[9] LUCAS. A crise funcional do estado e o cenário da jurisdição desafiada. *In*: MORAIS, Bolzan de (Org.). *O estado e suas crises*, p. 204.

de determinado tribunal, ou da manipulação da composição da Corte, com alteração do número de juízes indesejados, ou forçando sua saída, a fim de que outros ideologicamente afinados, possam assumir, como já se verificou no Brasil (quando do regime militar de 1964) e nos Estados Unidos, em 1871, em que o Presidente Grant nomeou dois juízes para a Suprema Corte, visando à revogação de decisão tomada pela maioria mínima, no caso *Hepburn vs. Griswold*.

Ao defender a Constituição, o Poder Judiciário exerce a jurisdição constitucional da liberdade, à luz do Estado Democrático de Direito.

Considerando a realidade do Estado Democrático de Direito positivado no art. 1º da Constituição brasileira de 1988, tem-se como imperioso que a jurisdição abandone sua postura tímida e promova a justiça social, já que o Estado Democrático de Direito é um Estado de Justiça Social, assim entendido na dicção do art. 3º da Constituição. Por isso mesmo é que se proclama: "Há um novo tempo e uma nova mentalidade sócio-jurídica. Ao juiz, prolator da jurisdição, não mais se admite um comportamento inerte, de mero aplicador da lei. As teorias tradicionais do direito já exigiam uma completa adesão à realidade social; o mesmo se diz com as doutrinas crítica e alternativa. Portanto, a dimensão axio-política em nenhum momento se conformará com um Judiciário presidente do processo, mas agente de transformações sociais, em benefício da própria sociedade."[10]

A jurisdição é uma das faces do poder político. Assim, o "trabalho judicial é político no sentido de que o juiz, ao decidir, faz opções em função de argumentos políticos em sentido amplo (filosóficos, ideológicos, sociais, etc.) e não apenas lógicos. De modo que a tese positivista da 'apoliticidade' do juiz e de seu trabalho, atualmente, só teria um significado: impedir a penetração no seio da magistratura de uma 'política alternativa' à política do 'sistema'. Por outras palavras, o juiz só pode fazer a política do 'sistema' [...] Outro efeito prático-social procedente do modelo tradicional é afastar o juiz do povo, pois, imaginando exercer um poder 'técnico' e não político, sente-se desvinculado do titular da soberania, inclusive quanto à responsabilidade pelos resultados sociais de suas decisões. Ao mesmo tempo em que se distancia do povo, a magistratura, principalmente dos tribunais, 'aproxima-se' cada vez mais do círculo do poder político e econômico o que explicaria suas tendências conservadoras quando estão em jogo valores fundamentais do sistema e, inversamente, sua 'dificuldade' de efetivar as normas constitucionais e legais promotoras das mudanças sociais necessárias à melhoria das condições de vida da população, justamente por afetarem os interesses dominantes".[11]

No Estado Democrático de Direito, segundo José Alfredo de Oliveira Baracho, "exige-se grande esforço do juiz, para o exercício do desenvolvimento da função promocional do direito:

- construção de uma jurisprudência que consagre os valores constitucionais da igualdade e da solidariedade, realizando-se os avanços normativos necessários à sociedade;

---

[10] PAULA. *Comentários ao Código de Processo Civil*, v. III, p. 48.
[11] ROCHA. *Estudos sobre o Poder Judiciário*, p. 77-78.

- participação, com influência sobre o Poder Legislativo, pelo controle de constitucionalidade das leis;
- plena submissão da Administração Pública à lei;
- transparência do Estado Democrático;
- decidida intervenção em perseguir a criminalidade organizada;
- acabar com os *poderes privados ocultos*."[12]

Ademais, como assinalamos neste trabalho, o fato de a democracia não se restringir à decisão majoritária, mas implicar na instauração de um contexto de diálogo, de respeito pela posição do outro e de garantia dos direitos fundamentais das minorias, a promoção desse contexto e a garantia desses direitos fazem do Judiciário o guardião da democracia, papel que será por ele desempenhado sem, por isso mesmo, atropelar as tarefas que legitimamente cabem às maiorias.

2. MONOPÓLIO DA JURISDIÇÃO

A Constituição Federal de 1988 declara, no art. 5º, XXXV, que "a lei não excluirá da apreciação do Poder Judiciário lesão ou ameaça a direito". Com pequenas variantes, é a mesma redação que surgiu em nosso constitucionalismo com a Carta de 1946. Trata-se aqui do monopólio da jurisdição, do princípio da inafastabilidade do controle jurisdicional de ato ilegal ou eivado de abuso de poder, ou da garantia de acesso aos Tribunais. Assim, o monopólio da jurisdição erige-se em mecanismo de garantia dos direitos individuais, com vistas à aplicação da Justiça. O texto constitucional se dirige ainda ao Poder Legislativo, que não poderá "suprimir ou restringir a apreciação judiciária sobre as violações de qualquer direito subjetivo, e não apenas dos direitos fundamentais do homem", enfatiza Humberto Theodoro Júnior.[13]

3. O DEVIDO PROCESSO LEGAL

Reveste-se de singular importância, para a compreensão do papel do Poder Judiciário, o exame do direito ao devido processo legal (*due process of law*), inscrito na Constituição brasileira de 1988, art. 5º, LIV: "ninguém será privado da liberdade ou de seus bens sem o devido processo legal".

Essa cláusula é, mais do que um direito, uma garantia jurisdicional que a Constituição expressamente confere ao indivíduo. De fato, não basta que o texto constitucional estabeleça direitos, prevendo órgãos judiciais para satisfazê-los segundo regras e mecanismos que assegurem a realização de um processo justo. Surge então o devido processo de lei,[14] instituição do Estado Democrático de Direito e que com-

---

[12] BARACHO. *Direito processual constitucional*: aspectos contemporâneos, p. 226-227.

[13] THEODORO JÚNIOR. *A execução de sentença e a garantia do devido processo legal*, p. 65.

[14] Tratado, embora, no âmbito do Poder Judiciário, por ser típico de decisões concretas e individuais, o devido processo legal não é exclusivo da função jurisdicional, mas se aplica a qualquer processo, como o administrativo, o processo legislativo, e os processos de decisão não-estatais.

preende três categorias: "o juiz natural, o direito de defesa e a adequação das formalidades essenciais do procedimento", como observa o mesmo Humberto Theodoro Júnior,[15] e que devem estar presentes em qualquer espécie de demanda e não apenas nas demandas de natureza penal. Somente com o devido processo legal, "o processo se transforma, de simples instrumento de justiça, em garantia de liberdade".[16]

Além de exigir um procedimento ordenado (*orderly process*), o devido processo legal, por evolução da jurisprudência da Suprema Corte norte-americana, a partir da década de 1930, passou a compreender aspectos materiais exigidos pela Constituição quanto ao conteúdo das leis, para abranger o princípio da *razoabilidade* da decisão como seu fundamento.

Ainda é Humberto Theodoro Júnior quem salienta: "Faz-se modernamente uma assimilação da ideia de devido processo legal à de processo justo. A par da regularidade formal, o processo deve adequar-se a realizar o melhor resultado concreto, em face dos desígnios do direito material. Entrevê-se, nessa perspectiva, também um aspecto substancial na garantia do devido processo legal. A exemplo da Constituição italiana, também a Carta brasileira foi emendada para explicitar que a garantia do devido processo legal (processo justo) deve assegurar a 'razoável duração do processo' e os meios que proporcionem 'a celeridade de sua tramitação' (CF, art. 5º, novo inciso LXXVIII, acrescentado pela Emenda Constitucional n. 45, de 8.12.2004). Nesse âmbito de comprometimento com o 'justo', com a 'correção', com a 'efetividade' e a 'presteza' da prestação jurisdicional, o *due process of law* realiza, entre outras, a função de um superprincípio, coordenando e delimitando todos os demais princípios que informam tanto o processo como o procedimento. Inspira e torna realizável a *proporcionalidade* e *razoabilidade* que deve prevalecer na vigência e harmonização de todos os princípios do direito processual de nosso tempo".[17]

Há, desse modo, uma íntima relação do devido processo legal com o Estado Democrático de Direito, pois mesmo com o devido processo há certos limites intransponíveis para a ação do Estado, jamais podendo haver uma interferência desproporcional ou arbitrária do Parlamento ou do Executivo no campo da liberdade, ou que viole direitos e interesses de minorias vulneráveis.

4. GARANTIAS E VEDAÇÕES DA MAGISTRATURA

Em exposição para a Subcomissão do Poder Judiciário da Assembleia Nacional Constituinte, o Professor Raul Machado Horta assim destacou o papel do Poder Judiciário: "Poder que assegura direitos, aplaca dissídios, compõe interesses, na diu-

---

15 THEODORO JÚNIOR. *Op. cit.*, p. 60.

16 GRINOVER. *As garantias constitucionais do direito de ação*, p. 19.

17 THEODORO JÚNIOR. *Curso de direito processual civil* – Teoria geral do direito processual civil e processo de conhecimento, v. I, p. 28-29.

O novo CPC (versão do Projeto aprovado pelo CN), dispõe, em seu art. 8º, que "ao aplicar o ordenamento jurídico, o juiz atenderá aos fins sociais e às exigências do bem comum, resguardando e promovendo a dignidade da pessoa humana e observando a proporcionalidade, a razoabilidade, a legalidade, a publicidade e a eficiência."

turna aplicação da lei e de sua adaptação às mutáveis condições sociais, econômicas e políticas. É o Poder que enfrenta e deslinda dramas humanos, ouvindo queixas, reivindicações e protestos. É o Poder onde explode o ódio das vítimas e dos condenados, a revolta dos oprimidos, e a arrogância dos opressores. É o Poder que reclama de seus membros serenidade e bravura, paciência e desassombro, humildade e altivez, independência e compreensão. Poder tão próximo do dia-a-dia do Homem e da Sociedade, é natural o interesse dos cidadãos e das instituições pelo seu destino".[18]

Daí assumir fundamental importância o exame das garantias dos magistrados, eis que necessárias para a preservação da sua independência, autonomia e dignidade, afastando-se assim da influência comprometedora dos outros Poderes do Estado e dos próprios particulares.

A Constituição prevê como garantias da magistratura:

I – vitaliciedade, adquirida no primeiro grau de jurisdição, após dois anos de exercício de função judicante, e a partir da posse, para os demais magistrados, não podendo o juiz perder o cargo senão por força de decisão judiciária. Implica ainda a vinculação do juiz ao cargo, salvo disponibilidade compulsória ou aposentadoria pelo voto da maioria absoluta dos membros do respectivo Tribunal, ou do Conselho Nacional de Justiça, ocorrendo interesse público. Os Ministros do Supremo Tribunal Federal poderão perder o cargo por decisão do Senado Federal, nos casos de crimes de responsabilidade, conforme disposto no art. 52, II, e parágrafo único;

II – inamovibilidade, assegurando-se ao magistrado a permanência na sua sede de atividades, de onde só poderá ser removido com a sua concordância ou por interesse público, nas condições previstas para a disponibilidade. De observar que os juízes pertencentes ao ramo militar da Justiça Federal (ver adiante), embora tenham a garantia da inamovibilidade, esta não os exime de acompanhar as forças em operação junto às quais tenham de servir, dado caráter da justiça militar;[19]

III – irredutibilidade de subsídios, ressalvado o disposto nos arts. 37, X e XI, 39, § 4º, 150, II, 153, III, e 153, § 2º, I.

Não são apenas essas as garantias da magistratura, conhecidas como funcionais, pois a elas devem ser acrescentadas "a imunidade material relativa, a prerrogativa de foro, a inexistência de hierarquia funcional entre graus ou entrâncias da carreira, a imparcialidade e outras regras atinentes ao estatuto da magistratura previsto no art. 93 da Constituição.

A prerrogativa ou imunidade material diz respeito à impossibilidade de o juiz ser punido ou prejudicado pelas suas decisões, a não ser que se comporte 'de maneira abusiva e com o propósito inequívoco de ofender', pois estará a cometer 'impropriedade verbal ou de excesso de linguagem' (STF, QO n. 51-DF).

[18] HORTA. Unidade e dualidade da magistratura. *In*: *Exposição em painel da subcomissão do Poder Judiciário*, da Assembleia Nacional Constituinte.

[19] FERREIRA FILHO. *Curso de direito constitucional*, p. 222.

A prerrogativa de foro atende à condição de agente político do juiz, protegendo o cargo e não seu titular, daí a sua indisponibilidade. De acordo com a Constituição brasileira, os ministros do Supremo Tribunal Federal respondem por crime de responsabilidade perante o Senado Federal. O Supremo é foro para seus ministros no caso de crime comum, bem como, neste e nos de responsabilidade, para os membros dos tribunais superiores. O Superior Tribunal de Justiça julga, nas duas modalidades de delitos, os desembargadores dos Tribunais de Justiça dos Estados e do Distrito Federal, os dos Tribunais Regionais Federais, dos Tribunais Regionais Eleitorais e do Trabalho. Já os juízes federais, incluídos os da Justiça Militar e da Justiça do Trabalho, respondem perante o Tribunal Regional Federal da respectiva área de sua jurisdição nos crimes comuns e de responsabilidade. O Tribunal de Justiça é o foro competente para as ações penais ajuizadas contra os magistrados do Estado.[20]

A hierarquia, no sentido que tem essa palavra no direito administrativo, não se aplica aos escalões da carreira judicial. Na condução do processo e na decisão, o juiz está vinculado apenas às suas convicções jurídicas. Se a instância superior entender diferentemente, terá o poder de modificá-las, jamais de considerá-las ilícitos funcionais. Apenas se houver determinação direta de providências, por exemplo, ordem expedida por tribunal no curso de uma reclamação, poderá o desatendimento importar tal falta. Isso se estende a descumprimento de determinação feita por tribunal superior nos autos de apelo ou de ação originária reportados a processo determinado sob sua responsabilidade. No Estado de Direito, nem mesmo o juiz pode esquivar-se a cumprir ordem judicial regularmente expedida".[21]

Ressalta Dalmo de Abreu Dallari que "a discussão sobre a independência da magistratura aparece com frequência ligada às questões da liberdade, da justiça social e da democracia. São vários os fatores que, concretamente, podem ser identificados como responsáveis pelas restrições à independência da magistratura, podendo-se indicar com precisão alguns dos mais significativos, como se passa a fazer em seguida:

---

[20] O STF decidiu que o foro especial por prerrogativa de função não se estende a magistrados aposentados. Aduziu-se que a pretensão do recorrente esbarraria em orientação jurisprudencial fixada pelo Supremo no sentido de que: a) o foro especial por prerrogativa de função teria por objetivo o resguardo da função pública; b) o magistrado, no exercício do ofício judicante, gozaria da prerrogativa de foro especial, garantia voltada não à pessoa do juiz, mas aos jurisdicionados; e c) o foro especial, ante a inexistência do exercício da função, não deveria perdurar, haja vista que a proteção dos jurisdicionados, nesse caso, não seria mais necessária. Ressaltou-se, ainda, que o provimento vitalício seria o ato que garantiria a permanência do servidor no cargo, aplicando-se apenas aos integrantes das fileiras ativas da carreira pública. Consignou-se não haver se falar em parcialidade do magistrado de 1ª instância para o julgamento do feito, porquanto a lei processual preveria o uso de exceções capazes de afastar essa situação. Enfatizou-se, também, cuidar-se de matéria de direito estrito que teria por destinatários aqueles que se encontrassem *in officio*, de modo a não alcançar os que não mais detivessem titularidades funcionais no aparelho de Estado. Assinalou-se, outrossim, que essa prerrogativa seria estabelecida *ratione muneris* e destinar-se-ia a compor o estatuto jurídico de determinados agentes públicos enquanto ostentassem essa particular condição funcional (RE 549560/CE, Rel. Min. Ricardo Lewandowski, j. 22.3.2012; Informativos 485, 495, 585 e 659/STF).

[21] SAMPAIO. *O Conselho Nacional de Justiça e a independência do Judiciário*, p. 150-152.

1º) As ditaduras de todas as espécies são contrárias à independência da magistratura. Por sua própria natureza, os sistemas de governo totalitários não podem admitir limitações de qualquer natureza, não podendo aceitar que um ato de governo seja declarado inconstitucional ou ilegal. Não é raro que tais regimes criem magistraturas especiais – os 'tribunais de exceção' – ou atribuam competências especiais a magistraturas já existentes – as 'competências de exceção' – como biombos convenientes para o acobertamento de suas iniquidades. 2º) Também são contrárias à existência da magistratura independente as estruturas sociais e políticas que, embora não se caracterizem como ditaduras, são intrinsecamente antidemocráticas ou não favoráveis à democracia, mantendo mecanismos de decisão política que asseguram a supremacia de grupos sociais determinados. Um dos modos mais sutis para negar a independência da magistratura, aparentando exaltá-la e defendê-la é a manipulação de elementos teóricos e doutrinários, utilizando-se a fachada de altas indagações filosóficas e de sólido embasamento científico, de tal modo que se reduz o direito a uma forma sofisticada, que aceita o conteúdo mais conveniente aos dominadores, ficando eliminada a preocupação com a justiça. Em muitos países, inclusive o Brasil, tem-se usado muito esse artifício, mediante o predomínio do chamado positivismo jurídico, que reduz o direito à lei e admite que esta seja uma criação arbitrária, desde que observadas formalidades estritas. 3º) São inimigos da independência da magistratura os violentos, os intolerantes, os egoístas, os corruptos, os imorais de todas as espécies que, favorecidos pelo poder econômico, pela força política ou militar ou por uma situação social privilegiada não se preocupam com a dignidade humana e hostilizam quanto podem todos os que pretendem a prevalência da justiça. 4º) Entre os inimigos da independência da magistratura estão os próprios magistrados que, por ações e omissões, renunciam à sua independência".[22]

A imparcialidade do juiz, que não se confunde com neutralidade (não se tem como impedir ao juiz escolhas pessoais e posições acerca da vida, bem como convicções sociopolíticas, com base axiológica), no paradigma do Estado Democrático de Direito e a partir do modelo constitucional de processo, é um princípio codependente com o contraditório, ampla argumentação e fundamentação da decisão. O subjetivismo judicial não pode, nesta perspectiva, sobrepor-se à imparcialidade que seja informada pelos aduzidos princípios, de modo a garantir a equidistância das partes, sua participação no processo, apresentação e discussão de argumentos para a construção da decisão judicial.

Ao lado das garantias da magistratura, a Constituição estabelece algumas vedações cujo propósito é o mesmo daquelas: preservar a dignidade da função judicante, possibilitando aos juízes condições para um julgamento justo e imparcial. São vedações da magistratura: exercício, ainda que em disponibilidade, de outro cargo ou função, salvo uma de magistério (qualquer que seja o nível de ensino);[23] recebi-

[22] DALLARI. *O poder dos juízes*, p. 45, 47, 48, 49, 51.

[23] O Supremo Tribunal Federal, por maioria, referendou liminar concedida pelo Min. Nelson Jobim, Presidente, em ação direta ajuizada pela AJUFE – Associação dos Juízes Federais do Brasil em face da Resolução 336/2003, do Conselho da Justiça Federal, para suspender a eficácia da expressão "*único(a)*" constante do art. 1º da norma impugnada (Resolução 336/2003).

mento, a qualquer título ou pretexto, de custas ou participação em processo (evita-se com isso tendência para o julgamento da causa contra os que poderiam arcar com o pagamento das custas), sendo que as custas e emolumentos serão destinados exclusivamente ao custeio dos serviços afetos às atividades específicas da justiça; dedicação à atividade político-partidária. Há abrandamento dessa vedação, previsto no art. 80, caso o Presidente do Supremo Tribunal Federal venha a exercer temporariamente a Presidência da República.

A EC n. 45/2004 alargou o elenco das vedações aos juízes, acrescentando as seguintes: recebimento, a qualquer título ou pretexto, de auxílios ou contribuições de

---

Entendeu-se que a fixação ou a imposição de que haja apenas uma "*única*" função de magistério não atende, a princípio, ao objetivo da Constituição Federal que, ao usar, na ressalva constante do inciso I do parágrafo único do seu art. 95, a expressão "*uma de magistério*" visa apenas impedir que a cumulação autorizada prejudique, em termos de horas destinadas ao magistério, o exercício da magistratura, sendo a questão, portanto, de compatibilização de horários, a ser resolvida caso a caso. Vencidos, em parte, os Ministros Marco Aurélio e Carlos Britto, que indeferiam a liminar (ADI 3126 MC/DF, Rel. Min. Gilmar Mendes, 17.2.2005) – *Informativo STF* n. 376.

Resolução n. 34, de 24 de abril de 2007, do Conselho Nacional de Justiça, que dispõe sobre o exercício de atividades do magistério pelos integrantes da magistratura nacional: "Art. 1º Aos magistrados da União e dos Estados é vedado o exercício, ainda que em disponibilidade, de outro cargo ou função, salvo o magistério. Parágrafo único. O exercício da docência por magistrados, na forma estabelecida nesta Resolução, pressupõe compatibilidade entre os horários fixados para o expediente forense e para a atividade acadêmica, o que deverá ser comprovado perante o Tribunal. Art. 2º O exercício de cargos ou funções de coordenação acadêmica, como tais considerados aqueles que envolvam atividades estritamente ligadas ao planejamento e/ou assessoramento pedagógico, será admitido se atendidos os requisitos previstos no artigo anterior. § 1º É vedado o desempenho de cargo ou função administrativa ou técnica em estabelecimento de ensino. § 2º O exercício da docência em escolas da magistratura poderá gerar direito a gratificação por hora-aula, na forma da lei. § 3º Não se incluem na vedação referida no § 1º deste artigo as funções exercidas em curso ou escola de aperfeiçoamento dos próprios Tribunais, de associações de classe ou de fundações estatutariamente vinculadas a esses órgãos e entidades. Art. 3º O exercício de qualquer atividade docente deverá ser comunicado formalmente pelo magistrado ao órgão competente do Tribunal, com a indicação do nome da instituição de ensino, da(s) disciplina(s) e dos horários das aulas que serão ministradas. § 1º No prazo máximo de 90 (noventa) dias contados da data da publicação desta Resolução, os tribunais deverão expedir ofícios a seus magistrados, para que informem acerca do exercício de cargo ou função de magistério e respectivos horários. § 2º Verificada a presença de prejuízo para a prestação jurisdicional em razão do exercício de atividades docentes, o Tribunal, por seu órgão competente, determinará ao magistrado que adote de imediato as medidas necessárias para regularizar a situação, sob pena de instauração do procedimento administrativo disciplinar cabível, procedendo a devida comunicação em 24 horas. § 3º Verificado o exercício de cargo ou função de magistério em desconformidade com a presente Resolução, e, excluída a hipótese do parágrafo anterior, o Tribunal, por seu órgão competente, ouvido o magistrado, fixará prazo para as adequações devidas, observado o prazo máximo de 06 (seis) meses. Art. 4º A presente resolução aplica-se inclusive às atividades docentes desempenhadas por magistrados em cursos preparatórios para ingresso em carreiras públicas e em cursos de pós-graduação. Art. 5º Os Tribunais deverão informar ao Conselho Nacional de Justiça, ao início de cada ano judiciário, a relação nominal de magistrados que exercem a docência, com a indicação da instituição de ensino, da(s) disciplina(s) e dos horários das aulas que serão ministradas e as respectivas cargas horárias, sem prejuízo de outras informações."

pessoas físicas, entidades públicas ou privadas, ressalvadas as exceções previstas em lei; exercício da advocacia no juízo ou tribunal do qual se afastou, antes de decorridos três anos do afastamento do cargo por aposentadoria ou exoneração.[24]

5. CONTROLE EXTERNO – O CONSELHO NACIONAL DE JUSTIÇA

A EC n. 45/2004 acrescentou o art. 103-B à Constituição Federal, que institui o denominado controle externo do Judiciário.

O controle externo do Judiciário cabe ao Conselho Nacional de Justiça, que se compõe de quinze membros (a Emenda Constitucional n. 61, de 11 de novembro de 2009, suprimiu o limite de idade fixada anteriormente em mais de trinta e cinco e menos de sessenta e seis anos de idade), com mandato de dois anos, admitida uma recondução, sendo: I – o Presidente do Supremo Tribunal Federal (redação do inciso I do art. 103-B, dada pela EC n. 61/2009); II – um Ministro do Superior Tribunal de Justiça, indicado pelo respectivo tribunal; III – um Ministro do Tribunal Superior do Trabalho, indicado pelo respectivo tribunal; IV – um desembargador de Tribunal de Justiça, indicado pelo Supremo Tribunal Federal; V – um juiz estadual, indicado pelo Supremo Tribunal Federal; VI – um juiz de Tribunal Regional Federal, indicado pelo Superior Tribunal de Justiça; VII – um juiz federal, indicado pelo Superior Tribunal de Justiça; VIII – um juiz de Tribunal Regional do Trabalho, indicado pelo Tribunal Superior do Trabalho; IX – um juiz do trabalho, indicado pelo Tribunal Superior do Trabalho; X – um membro do Ministério Público da União, indicado pelo Procurador-Geral da República; XI – um membro do Ministério Público estadual, escolhido pelo Procurador-Geral da República, dentre os nomes indicados pelo órgão competente de cada instituição estadual; XII – dois advogados, indicados pelo Conselho Federal da Ordem dos Advogados do Brasil; XIII – dois cidadãos, de notável saber jurídico e reputação ilibada, indicados um pela Câmara dos Deputados e outro pelo Senado Federal.

O Conselho, que tem sede na Capital Federal, será presidido pelo Presidente do Supremo Tribunal Federal e, nas suas faltas e impedimentos, pelo Vice-Presidente do Supremo Tribunal Federal, sendo os demais membros do Conselho (com exceção, portanto, do Presidente e do Vice-Presidente do Supremo Tribunal) nomeados pelo Presidente da República, depois de aprovada a escolha pela maioria absoluta do Senado Federal (redação dos §§ 1º e 2º do art. 103-B, dada pela EC n. 61/2009). Não efetuadas, no prazo legal, as indicações previstas, caberá a escolha ao Supremo Tribunal Federal.

---

[24] Resolução n. 10, de 19 de dezembro de 2005, do Conselho Nacional de Justiça, que veda o exercício pelos membros do Poder Judiciário de funções nos Tribunais de Justiça Desportiva e Comissões Disciplinares.

"Art. 1º É vedado o exercício pelos integrantes do Poder Judiciário de funções nos Tribunais de Justiça Desportiva e em suas Comissões Disciplinares (Lei n. 9.615, de 24.03.98, arts. 52 e 53). Art. 2º É determinado aos atuais membros do Poder Judiciário que exercem funções nos Tribunais de Justiça Desportiva e em suas Comissões Disciplinares que se desliguem dos referidos órgãos até o dia 31 de dezembro de 2005."

Compete ao Conselho o controle da atuação administrativa e financeira do Poder Judiciário e do cumprimento dos deveres funcionais dos juízes, cabendo-lhe, além de outras atribuições que lhe forem conferidas pelo Estatuto da Magistratura: I – zelar pela autonomia do Poder Judiciário e pelo cumprimento do Estatuto da Magistratura, podendo expedir atos regulamentares, no âmbito de sua competência, ou recomendar providências; II – zelar pela observância do art. 37 e apreciar, de ofício ou mediante provocação, a legalidade dos atos administrativos praticados por membros ou órgãos do Poder Judiciário, podendo desconstituí-los, revê-los ou fixar prazo para que se adotem as providências necessárias ao exato cumprimento da lei, sem prejuízo da competência do Tribunal de Contas da União; III – receber e conhecer das reclamações contra membros ou órgãos do Poder Judiciário, inclusive contra seus serviços auxiliares, serventias e órgãos prestadores de serviços notariais e de registro que atuem por delegação do poder público ou oficializados, sem prejuízo da competência disciplinar e correicional dos tribunais, podendo avocar processos disciplinares em curso e determinar a remoção, a disponibilidade ou a aposentadoria com subsídios ou proventos proporcionais ao tempo de serviço e aplicar outras sanções administrativas, assegurada ampla defesa. Note-se que, não cabe ao Conselho aplicar pena de demissão aos juízes, porquanto a perda do cargo só poderá ocorrer após o trânsito em julgado de sentença judicial; IV – representar ao Ministério Público, no caso de crime contra a administração pública ou de abuso de autoridade; V – rever, de ofício ou mediante provocação, os processos disciplinares de juízes e membros de tribunais julgados há menos de um ano; VI – elaborar semestralmente relatório estatístico sobre processos e sentenças prolatadas, por unidade da Federação, nos diferentes órgãos do Poder Judiciário; VII – elaborar relatório anual, propondo as providências que julgar necessárias, sobre a situação do Poder Judiciário no País e as atividades do Conselho, o qual deve integrar mensagem do Presidente do Supremo Tribunal Federal a ser remetida ao Congresso Nacional, por ocasião da abertura da sessão legislativa. O Ministro do Superior Tribunal de Justiça exercerá a função de Ministro-Corregedor e ficará excluído da distribuição de processos no Tribunal, competindo-lhe, além das atribuições que lhe forem conferidas pelo Estatuto da Magistratura, as seguintes: I – receber as reclamações e denúncias, de qualquer interessado, relativas aos magistrados e aos serviços judiciários; II – exercer funções executivas do Conselho, de inspeção e de correição geral; III – requisitar e designar magistrados, delegando-lhes atribuições, e requisitar servidores de juízos ou tribunais, inclusive nos Estados, Distrito Federal e Territórios. Junto ao Conselho oficiarão o Procurador-Geral da República e o Presidente do Conselho Federal da Ordem dos Advogados do Brasil.

A União, inclusive no Distrito Federal e nos Territórios, criará ouvidorias de justiça, competentes para receber reclamações e denúncias de qualquer interessado contra membros ou órgãos do Poder Judiciário, ou contra seus serviços auxiliares, representando diretamente ao Conselho Nacional de Justiça.

O Conselho Nacional de Justiça será instalado no prazo de cento e oitenta dias a contar da promulgação da Emenda Constitucional n. 45/2004, ocorrida em 8 de dezembro de 2004, devendo a indicação e escolha de seus membros ser efetuada até trinta dias antes do termo final. Não efetuadas as indicações e escolha dos nomes para o Conselho, dentro do prazo acima fixado, caberá ao Supremo Tribunal Federal realizá-las. Até que entre em vigor o Estatuto da Magistratura, o Conselho Nacional de Justiça, mediante resolução, disciplinará seu funcionamento e definirá as atribuições do Ministro-Corregedor.

O controle externo, tema controvertido, acha-se relacionado com a independência da magistratura, por envolver o princípio da separação de poderes proclamado no art. 2º da Constituição Federal.

Os que se posicionam pela constitucionalidade do controle externo argumentam, como Mario Brockmann Machado, que o objetivo da separação de poderes é a limitação mútua, e não o isolamento e a dilatação independente desses poderes, o que leva à sua expansão isolacionista; com o isolamento podem vir a irresponsabilidade, o privilégio, o abuso. Reportando-se ao pensamento de Locke, seguido de Montesquieu (que concebia o poder de julgar como temporário, invisível e nulo, por ter a sua duração correspondente apenas ao tempo requerido pela necessidade, e exercido por pessoas extraídas do próprio povo), Mario Brockmann conclui que nada há no princípio da separação de poderes que desaconselhe ou muito menos impeça o controle externo do Judiciário, já que na tradição do pensamento liberal, separação não significa independência, pois cada poder deve controlar os demais.[25]

Antônio Álvares da Silva também pensa ser necessário um controle externo do Poder Judiciário. Ressalta, contudo, que o controle é somente um dos instrumentos paralelos na reforma, não o seu elemento principal, nem corrigirá, por si mesmo, o Judiciário, pois é medida que apenas afeta a administração e não a estrutura deste Poder. Argumenta que como ainda se está longe de permitir ao povo a eleição de seus juízes, é preciso que lhe seja permitida alguma forma de controle sobre a magistratura, pois não se admite que um Poder aja em nome da sociedade e não seja por ela controlado. Aduz que o controle pelas Corregedorias, pelo Ministério Público, pelos advogados, pelas partes e pelo Tribunal de Contas é falso e insuficiente, pois tais controles são administrativos, funcionais e internos. O de que se necessita é o controle político, externo e exercido pelo cidadão. E acentua: "O controle político existiria para ver o lado do povo, que em última análise é o destinatário dos serviços do Judiciário. Quais as causas do atraso dos processos? O juiz da comarca está atrasado? Por quê? Qual o motivo do retardo dos julgamentos? Os serviços administrativos são insuficientes? Qual a proposta para melhorá-los? Tais fatos, sem interferirem na liberdade do juiz, serviriam para levar ao conhecimento da sociedade a queixa dos usuários e as razões das falhas do serviço. Portanto, uma espécie de controle administrativo, ajudando os juízes na administração dos tribunais, principalmente no interior, não é nenhuma diminuição do Judiciário, mas, pelo contrário, um meio de afirmá-lo perante aqueles que são os destinatários de seus serviços. Seria até o instrumento adequado de denunciar à sociedade e ao governo a falta de meios e de pessoal, quando esta fosse a causa dos retardos, e assim por diante. O controle externo

[25] MACHADO. *Cadernos de Direito Constitucional e Ciência Política*, n. 9, p. 81-86.

fornece ao povo um instrumento para influenciar num Poder que é exercido em seu nome, mas que não lhe abre espaço para controle e julgamento deste desempenho".[26]

Também José Adércio Leite Sampaio defende a legitimidade do Conselho, sustentando que o controle por ele efetivado não compromete a separação de poderes, a hierarquia e a independência do Judiciário, não contraria o princípio federativo, mas vem ao encontro das exigências da sociedade e das necessidades de legitimação popular.[27]

O Conselho Nacional de Justiça, instituído pela EC n. 45/2004 não se enquadra, segundo Alexandre de Moraes, no modelo de controle externo que se teria por violador do princípio da separação de poderes. Aduz não se tratar de "um verdadeiro controle externo ao Poder Judiciário, nem tampouco de última instância controladora da magistratura nacional, uma vez que, sempre haverá a possibilidade de impugnação das decisões tomadas pelo Conselho Nacional de Justiça, cuja competência para o processo e julgamento de eventuais ações propostas será sempre do Supremo Tribunal Federal, nos termos do art. 102, I, *r*, da Constituição Federal. Dessa forma, independentemente do posicionamento político sobre a conveniência ou não da criação e existência desse órgão de controle central do Poder Judiciário, três importantes pontos caracterizadores do Conselho Nacional de Justiça afastam a possibilidade de declaração de sua inconstitucionalidade, por interferência na Separação de Poderes (CF, art. 60; § 4º, III): *ser órgão integrante do Poder Judiciário, sua composição apresentar maioria absoluta de membros do Poder Judiciário e possibilidade de controle de suas decisões pelo órgão de cúpula do Poder Judiciário (STF)*.

Essas três marcantes características garantem a constitucionalidade do Conselho Nacional de Justiça, além de *reforçarem e centralizarem na força do Supremo Tribunal Federal* todo ordenamento jurídico-constitucional brasileiro, tornando-o não só a *cúpula jurisdicional* do Poder Judiciário brasileiro, como tradicionalmente estabelecido, mas também, a partir da EC n. 45/04, sua *cúpula administrativa, financeira e disciplinar*."[28]

Já a inconstitucionalidade do controle externo é assim destacada: a "criação de um órgão autônomo e externo ao Judiciário, com a missão de fiscalizá-lo e controlá-lo, acabaria por desrespeitar flagrantemente os arts. 2º e 60, § 4º, inciso III, da Constituição Federal, configurando-se em uma intervenção nos demais poderes na magistratura, que ficaria submetida hierárquica e politicamente a um órgão político, composto por integrantes pertencentes aos demais Poderes ou instituições estatais, e, em consequência, haveria o grave risco de comprometimento da imparcialidade dos magistrados".[29]

Além disso, seria questionável a criação, pelo poder constituinte derivado, de um quarto poder, com a função de controlar um dos três poderes da República previstos na Constituição pelo poder constituinte originário. O que parece preocupante é a possibilidade de influência, ainda que indireta, na decisão judicial, dos membros (que não

---

26 SILVA. *Reforma do Judiciário*, p. 106-109.

27 SAMPAIO. *O Conselho Nacional de Justiça e a independência do Judiciário*, p. 249-261.

28 MORAES. *Direito constitucional*, 17. ed., p. 473-475.

29 MORAES. *Direito constitucional*, p. 383.

integram a magistratura) do Conselho Nacional de Justiça, o que resultaria na ineficácia do controle.

O perfil e a moldura do princípio da separação de poderes foram estabelecidos pelo constituinte originário, não cabendo, pois, ao constituinte derivado alterá-los, por expressa vedação do § 4º do inciso III do art. 60 da Constituição Federal.

Ademais, o modelo de controle externo do Judiciário, adotado em países europeus, seria inadequado ao Brasil, por se tratar, na sua maioria, de Estados cujo sistema de governo é parlamentar ou semi-presidencial, vale dizer, sem uma nítida separação de poderes, como ocorre no presidencialismo, em que cada um dos poderes do Estado exerce funções distintas.

A Constituição da República Portuguesa, de 2 de abril de 1976, com a redação decorrente da 5ª Revisão, de 2001, prevê, no art. 218, o Conselho Superior da Magistratura, para os juízes e Tribunais Judiciais, distinto, portanto, dos Tribunais Administrativos e Fiscais e dos magistrados do Ministério Público, os quais não se submetem à sua ação, e que é presidido pelo Presidente do Supremo Tribunal de Justiça e compõe-se de dois membros eleitos pela Assembleia da República e sete juízes eleitos pelos seus pares, de harmonia com a representação proporcional. O n. 3 do artigo prevê que do Conselho façam parte funcionários eleitos por seus pares, opinando em assuntos de carreira e disciplina administrativas.

Na Espanha, a Constituição de 31 de outubro de 1978, em seu art. 122, n. 2, define o Conselho Geral do Poder Judiciário como o órgão de governo do Poder Judiciário, deixando para a lei orgânica o seu estatuto, o regime de incompatibilidade de seus membros e suas funções, particularmente em matéria de nomeações, correições e regime disciplinar. O n. 3 estabelece que o Conselho Geral do Poder Judiciário será integrado pelo Presidente do Supremo Tribunal, que o presidirá, e por vinte membros nomeados pelo rei por um período de cinco anos. Destes, doze entre juízes e magistrados de todas as categorias judiciais, nos termos estabelecidos na lei orgânica; quatro por proposta do Congresso de deputados e quatro por proposta do Senado, eleitos em ambos os casos por maioria de três quintos de seus membros, entre advogados e juristas, todos de reconhecida competência e com mais de quinze anos de exercício de profissão.

A Constituição da República Francesa, de 4 de outubro de 1958, institui, no art. 65, o Conselho Superior da Magistratura, presidido pelo Presidente da República e tendo por Vice-Presidente nato o Ministro da Justiça, podendo, nesta condição, substituir o Presidente da República. Pela Lei Constitucional n. 93.952, de 27 de julho de 1993, é a seguinte a composição do Conselho: o Presidente da República, que o preside; o Ministro da Justiça, seu Vice-Presidente; cinco magistrados judiciais e um magistrado do Ministério Público, eleitos pela Assembleia Geral dos Magistrados; um Conselheiro de Estado e três personalidades designadas, respectivamente, pelo Presidente da República, pelo Presidente da Assembleia Nacional e pelo Presidente do Senado.

A Constituição da República Italiana, aprovada em 22 de dezembro de 1947, em seu art. 194, prevê a existência do Conselho Superior da Magistratura, presidido pelo Presidente da República e dele farão parte, como membros natos, o Presidente do

Tribunal Supremo, e o Procurador-Geral da Corte de Cassação. Os outros componentes serão eleitos, em seus dois terços, pelos magistrados das diversas categorias e, em um terço, pelo Parlamento, entre professores universitários de Direito e entre advogados com quinze anos de exercício da profissão; os membros eleitos permanecerão no cargo por quatro anos, sem reeleição imediata; enquanto estiverem no cargo, não poderão exercer profissão liberal nem fazer parte do Parlamento ou de Conselho Regional.

A Constituição da Grécia, de 11 de junho de 1975, menciona, em seu art. 90, a existência do Conselho Superior da Magistratura (Justiça Civil e Penal), e do Conselho Superior do Tribunal de Contas, que, na Grécia, integra o Poder Judiciário. O Conselho Superior da Magistratura será composto pelo Presidente do Tribunal Superior competente e por membros do mesmo Tribunal, designados, por sorteio, entre aqueles que hajam servido o referido Tribunal por dois anos, além do Procurador-Geral do Tribunal de Cassação. Do Conselho Superior do Tribunal de Contas, participará o comissário-geral do Governo que funcionar perante aquele Tribunal.

Por isso mesmo é que o modelo de administração do Poder Judiciário, na Europa, por meio dos conselhos da magistratura, visa reforçar a independência deste Poder, seja no plano interno, seja no plano externo. Neste, com a diminuição da influência que o Executivo exercia sobre os juízes, e naquele com uma significativa queda do poder hierárquico dos tribunais superiores, uma vez que as competências, ainda que meramente administrativas desses tribunais foram-se transferindo para os conselhos.

Neste quadro, as competências dos Conselhos da Magistratura europeus, como os da França, Portugal, Itália e Espanha referem-se ao estatuto da magistratura e nomeação, ascensão, transferências, seleção, formação e regime disciplinar, entre outras, inocorrendo qualquer ingerência na autonomia para julgar. Na Itália e Espanha cabe ainda aos Conselhos a indicação de magistrados para os Tribunais Constitucionais e Superiores. Na França, Itália e Portugal, verifica-se uma inter-relação com os outros poderes, seja por meio da atribuição da titularidade da presidência ao Presidente da República, seja pelas faculdades a ele reconhecidas para designar, direta ou indiretamente, parte dos membros que devem compor os Conselhos.

Ressalte-se que, no parlamentarismo, o chefe de governo não é escolhido pelo povo, mas pelo Parlamento (há uma integração entre os Poderes Executivo e Legislativo). O chefe de governo, em geral, não é chefe de Estado. E sendo o chefe de Estado, no parlamentarismo, o poder moderador, no presidencialismo a função moderadora acaba por ser exercida pelo Judiciário.

No âmbito dos Estados-Membros, o Supremo Tribunal Federal já decidira pela inconstitucionalidade do controle externo do Poder Judiciário, por afronta ao princípio da separação de poderes (STF – ADI 135-PB – Rel. Min. Octavio Gallotti, 21.11.1996; STF – Pleno – ADI 137-0-PA – Rel. Min. Moreira Alves, Dário da Justiça, Seção I, 3.10.1997, p. 49227). No julgamento da ADI 98-5-MT, o Ministro Sepúlveda Pertence deixou consignado que a "experiência da Europa continental não se pode transplantar sem traumas para o regime brasileiro de poderes: lá, os conselhos superiores da magistratura representaram um avanço significativo no sentido da independência do Judiciário, na medida em que nada lhe tomaram do poder de administrar-se, de que nunca antes dispuseram, mas, ao contrário, transferiram a colegiados onde a magistratura tem presença relevante, quando não majoritária, poderes de administração judicial e sobre os quadros da magistratura que historicamente eram reservados ao Executivo".

Consolidando este entendimento, o Supremo Tribunal Federal editou a Súmula n. 649: "É inconstitucional a criação, por Constituição estadual, de órgão de controle administrativo do Poder Judiciário do qual participem representantes de outros Poderes ou entidades".

O Supremo Tribunal Federal, no entanto, ao julgar, em 13.4.2005, a Ação Direta de Inconstitucionalidade n. 3.367-1-DF, ajuizada pela Associação dos Magistrados Brasileiros (AMB), em que se questionava o controle externo do Poder Judiciário, decidiu pela constitucionalidade do Conselho Nacional de Justiça instituído pela EC n. 45/2004, por não afrontoso ao princípio da separação de poderes e ao princípio federativo.

Considerou o Relator da ADI, Ministro Cezar Peluso, que o confronto analítico dos preceitos constitucionais relativos à organização e ao funcionamento de cada uma das funções públicas do Estado "permite extrair o conteúdo e a extensão de que se reveste a teoria da separação em nosso sistema jurídico-constitucional. Noutra palavras, é seu tratamento normativo, através de todo o corpo constitucional, que nos dá o sentido e os limites dos predicados da independência e da harmonia, previstos no art. 2º. E ao que se lhe vê é que o constituinte desenhou a estrutura institucional dos Poderes de modo a garantir-lhes a independência no exercício de funções típicas, mediante previsão de alto grau de autonomia orgânica, administrativa e financeira. Mas tempera-o com a prescrição doutras atribuições, muitas das quais de controle recíproco, e cujo conjunto forma, com as regras primárias, verdadeiro sistema de integração e cooperação, preordenado a assegurar equilíbrio dinâmico entre os órgãos, em benefício do escopo último, que é a garantia da liberdade. Esse quadro normativo constitui expressão natural do princípio na arquitetura política dos freios e contrapesos. Sob o prisma constitucional brasileiro do sistema da separação dos Poderes, não se vê *a priori* como possa ofendê-lo a criação do Conselho Nacional de Justiça. À luz da estrutura que lhe deu a Emenda Constitucional n. 45/2004, trata-se de órgão próprio do Poder Judiciário (art. 92, I-A), composto, na maioria, por membros desse mesmo Poder (art. 103-B), nomeados sem interferência direta dos outros Poderes, dos quais o Legislativo apenas indica, fora de seus quadros e, pois, sem laivos de representação orgânica, dois dos quinze membros. Donde vem, logo, o erro de o tomar por órgão de controle externo. De modo que, sem profanar os limites constitucionais da independência do Judiciário, agiu dentro de sua competência reformadora o poder constituinte derivado, ao outorgar ao Conselho Nacional de Justiça o proeminente papel de fiscal das atividades administrativa e financeira daquele Poder. A bem da verdade, mais que encargo de controle, o Conselho recebeu aí uma alta função política de aprimoramento do autogoverno do Judiciário, cujas estruturas burocráticas dispersas inviabilizam o esboço de uma estratégia político-institucional de âmbito nacional. São antigos os anseios da sociedade pela instituição de um órgão superior, capaz de formular diagnósticos, tecer críticas construtivas e elaborar programas que, nos limites de suas responsabilidades constitucionais, deem respostas dinâmicas e eficazes aos múltiplos problemas comuns em que se desdobra a crise do Poder. Ao Conselho atribuiu-se esse reclamado papel de órgão formulador de uma indeclinável política judiciária nacional. A segunda modalidade de atribuições do Conselho diz respeito ao controle 'do cumprimento dos deveres funcionais dos juízes' (art. 103-B, § 4º). Representa expressiva conquista do Estado democrático de direito, a consciência de que mecanismos de responsabilização dos juízes por inobservância das obrigações funcionais são também imprescindíveis à boa prestação jurisdicional. Tem-se, portanto, de reconhecer, como imperativo do regime republicano e da própria inteireza e serventia da função, a necessidade de convívio permanente entre a independência jurisdicional e instrumentos de responsabilização dos juízes que não sejam apenas formais, mas que cumpram, com efetividade, o elevado papel que se lhes predica. Para isso, é preciso, com reta consciência e grandeza de espírito, desvestirem-se os juízes de preconceitos corporativos e outras posturas irracionais, como a que vê na imunidade absoluta e no máximo isolamento do Poder Judiciário condições *sine qua non* para a subsistência de sua imparcialidade. Longe, pois, de conspirar contra a independência judicial, a criação de um órgão com poderes de controle nacional dos deveres funcionais dos magistrados responde a uma imperfeição contingente do Poder, no contexto do sistema republicano de governo. Afinal, 'regime republicano é regime de responsabilidade'. Os agentes públicos respondem por seus atos. A presença, aliás minoritária e com mandatos pessoais de duração limitada, de membros não pertencentes aos quadros da magistratura, aparece como um dos remédios contra o mal. Uma persistente conexão entre o Judiciário e o corpo político é, ademais, importante fator de legitimação social e democrática que não deve ser subestimado. Pressuposto agora que a instituição do Conselho, não apenas simboliza, mas também opera ligeira abertura das portas do Judiciário para que representantes da sociedade tomem parte no controle administrativo-financeiro e ético-disciplinar da atuação do Poder, robustecendo-lhe o caráter republicano e democrático, nada mais natural que os dois setores sociais, cujos misteres estão mais próximos das atividades da magistratura, a advocacia e o Ministério Público, integrem o Conselho responsável por esse mesmo controle".

Em seu voto, o Ministro Relator acentua que o Conselho não anula, mas reafirma o princípio federativo. Afasta, desse modo, o argumento de que o pacto federativo restaria violado, por submeter o Poder Judiciário dos Estados-Membros à supervisão administrativa e disciplinar do Conselho Nacional de Justiça. O "pacto federativo não se desenha nem expressa, em relação ao Poder Judiciário, de forma normativa idêntica à que atua sobre os demais Poderes da República. Porque a Jurisdição, enquanto manifestação da unidade do poder soberano do Estado, tampouco pode deixar de ser una e indivisível, é doutrina assente que o Poder Judiciário tem caráter nacional, não existindo senão por metáforas e metonímia 'Judiciários estaduais' ao lado de um 'Judiciário federal'. A divisão da estrutura judiciária brasileira, sob tradicional, mas equivocada denominação em justiças, é só o resultado da repartição racional do trabalho da mesma natureza entre distintos órgãos jurisdicionais. O fenômeno é corriqueiro, de distribuição de competências pela malha de órgãos especializados, que, não obstante portadores de esferas próprias de atribuições jurisdicionais e administrativas, integram um único e mesmo Poder. Negar a unicidade do Poder Judiciário importaria desconhecer o unitário tratamento orgânico que, em termos gerais, lhe dá a Constituição da República. Ademais, o Conselho não é concebido nem estruturado como órgão da União, e sim, do Poder Judiciário nacional".

Por outro lado, ainda consoante o Ministro Cezar Peluso, os Conselhos criados por leis estaduais, de que resultou a Súmula 649, figuravam como autênticos órgãos externos ao Poder Judiciário, já que nenhuma das composições daqueles colegiados contava com presença majoritária de membros pertencentes às magistraturas estaduais: a representação dos juízes era ali, em todos os Conselhos, apenas equiparada, quando não inferior ao número de membros advindos de outros setores sociais. Este não é o caso do Conselho Nacional de Justiça, criado pela EC n. 45/2004, que, em sua formação, apresenta maioria qualificada (três quintos) de membros da magistratura, o que o caracteriza como órgão de controle interno e não externo do Judiciário, embora democratizado na composição por meio da participação minoritária de representantes das áreas profissionais afins.

E a razão final e decisiva para se concluir pela constitucionalidade do Conselho Nacional de Justiça estaria na regra do art. 102, inciso I, letra *r*, que, introduzida na Constituição da República, pela EC n. 45/2004, comete ao Supremo Tribunal competência para, julgando ações, rever os atos praticados pelo Conselho.[30]

6. COMPETÊNCIA DOS TRIBUNAIS

Trata-se aqui de competência não jurisdicional, ou seja, administrativa, normativa, eletiva, financeira e orçamentária, como requisito de independência do Poder Judiciário. São competências que envolvem funções atípicas do Judiciário, quais sejam, de natureza executivo-administrativa, e legislativa.

Com efeito, dispõe o art. 96 que compete privativamente aos Tribunais:

I – elaborar seus regimentos internos, com observância das normas de processo e o funcionamento dos respectivos órgãos jurisdicionais e administrativos; propor ao Poder Legislativo a alteração de membros dos tribunais inferiores, a criação e a extinção de cargos e a remuneração dos seus serviços auxiliares e dos juízos que lhes forem vinculados, bem como a fixação do subsídio de seus membros e dos juízes, inclusive dos tribunais inferiores, onde houver, ressalvado o disposto no art. 48, XV;

[30] Ainda na linha de fortalecimento da competência fiscalizadora do Conselho Nacional de Justiça, o Supremo Tribunal Federal concedeu liminar na Ação Declaratória de Inconstitucionalidade n. 12, para, com efeito vinculante e *erga omnes*, suspender, até exame de mérito da ação, o julgamento dos processos que têm por objeto questionar a constitucionalidade da Resolução n. 7, de 18 de outubro de 2005, do Conselho, que disciplina o exercício de cargos, empregos e funções por parentes, cônjuges e companheiros de magistrados e de servidores investidos em cargos de direção e assessoramento, no âmbito do Poder Judiciário. A liminar foi concedida ainda para impedir que juízes e tribunais venham a proferir decisões que impeçam ou afastem a aplicabilidade da mesma Resolução e suspender, com eficácia *ex tunc*, os efeitos das decisões já proferidas, no sentido de afastar ou impedir a sobredita aplicação (*STF* – Pleno. ADC 12 MC/DF, rel. Min. Carlos Britto, j. 16.2.2006).

a criação ou extinção de tribunais inferiores, a alteração da organização e da divisão judiciárias;[31]

II – eleger seus órgãos diretivos, organizar suas secretarias e serviços auxiliares e os dos juízos que lhes forem vinculados, velando pelo exercício da atividade correcional respectiva; prover, na forma da Constituição, os cargos de juiz de carreira da respectiva jurisdição, e, por concurso público, de provas, ou de provas e títulos, observado o disposto no art. 169, parágrafo único, da Constituição, os cargos necessários à administração da justiça, exceto os de confiança, assim definidos em lei; conceder licença, férias e outros afastamentos a seus membros e aos juízes e servidores que lhes forem imediatamente vinculados (competência administrativa). A Constituição confere ainda ao Poder Judiciário autonomia administrativa e financeira, cabendo aos Tribunais a elaboração de suas propostas orçamentárias, ouvidos os outros Tribunais interessados, dentro dos limites estipulados com os demais Poderes na lei de diretrizes orçamentárias.

Consoante o § 3º do art. 99 da Constituição (redação da EC n. 45/2004), se os Presidentes dos Tribunais não encaminharem as respectivas propostas orçamentárias dentro do prazo estabelecido na lei de diretrizes orçamentárias, o Poder Executivo considerará, para fins de consolidação da proposta orçamentária anual, os valores aprovados na lei orçamentária vigente, ajustados de acordo com os limites estipulados na forma do § 1º do art. 99 da Constituição. Se as propostas orçamentárias de que se trata forem encaminhadas em desacordo com os limites estipulados na forma do referido § 1º, o Poder Executivo procederá aos ajustes necessários para fins de consolidação da proposta orçamentária anual. Finalmente, durante a execução orçamentária do exercício, não poderá haver a realização de despesas ou a assunção de obrigações que extrapolem os limites estabelecidos na lei de diretrizes orçamentárias, exceto se previamente autorizadas, mediante a abertura de créditos suplementares ou especiais.

7. OS MAGISTRADOS E SEU ESTATUTO

Prevê a Constituição que lei complementar, de iniciativa do Supremo Tribunal Federal, disporá sobre o Estatuto da Magistratura, que deverá observar princípios constantes do texto constitucional, que a seguir examinaremos. Antes, porém, é curial que se distingam juízes togados de juízes não-togados ou leigos. Marcelo Caetano assim se pronuncia: "Chamam-se togados, por poderem envergar a toga, traje profissional tradicional, os juízes diplomados em Direito, recrutados para a magistratura

[31] Constituem temas: 1) da divisão judiciária: a criação, a alteração e a extinção de seções, circunscrições, comarcas, termos e distritos judiciários; a criação, bem como a sua classificação; 2) da organização judiciária: constituição, estrutura, atribuições e competências dos tribunais, bem como de seus órgãos de direção e fiscalização; constituição, classificação, atribuições e competências dos juízes; organização, disciplina e atribuições dos serviços auxiliares da justiça, inclusive tabelionatos e ofícios de registros públicos; criação e extinção de cargos nos próprios tribunais, de juízes, de serviços e varas.

judicial mediante concurso de prestação de provas ou por virtude do anterior exercício de uma profissão parajudiciária (Ministério Público, advocacia ou outra). O juiz não togado não é designado em razão dos seus específicos conhecimentos de Direito, mas por outros motivos, como sucede com os juízes militares e os juízes classistas na Justiça do Trabalho (os juízes classistas foram extintos pela EC n. 24/1999). Se se considerarem juízes ou jurados (juízes de fato), também eles serão não togados, bem como os juízes de paz."[32]

Passemos ao exame dos princípios constitucionais que se referem à magistratura, consoante a Emenda Constitucional n. 45/2004:

I – *Sistema de ingresso na carreira e promoções*: o ingresso na carreira da magistratura, cujo cargo inicial é o de juiz substituto, se dará por meio de concurso público de provas e títulos, com a participação da Ordem dos Advogados do Brasil em todas as fases, exigindo-se do bacharel em Direito, no mínimo, três anos de atividade jurídica e obedecendo-se, nas nomeações, à ordem de classificação.

Na fase colonial, a eletividade da magistratura vigorou anomalamente, pois dada a carência de letrados, eram admitidos juízes analfabetos, sendo-lhes facultado dispor de assessores. Durante o Império, havia Juízes de Direito vitalícios, Juízes Árbitros e Juízes de Paz, estes eleitos (arts. 151, 152, 160 e 162 da Constituição de 1824). A Constituição de 1891 previa o Poder Judiciário da União, que tinha por órgãos um Supremo Tribunal Federal, com sede na Capital da República, e tantos juízes e tribunais federais, distribuídos pelo país, quantos o Congresso criar. Os juízes eram nomeados pelo Presidente da República, mediante proposta do Supremo Tribunal Federal (art. 48, II). A Constituição de 1934 contemplava, em seu art. 80, a nomeação dos juízes federais dentre brasileiros natos de reconhecido saber jurídico e reputação ilibada, alistados eleitores, e que não tivessem menos de trinta, nem mais de sessenta anos de idade, dispensado este limite aos que fossem magistrados. A nomeação era feita pelo Presidente da República, dentre cinco cidadãos com os requisitos enunciados, indicados, na forma da lei e por escrutínio secreto, pela Corte Suprema. No art. 104, § 6°, que tratava da Justiça dos Estados, do Distrito Federal e dos Territórios, dispunha a Constituição de 1934 sobre os juízes classistas, ou seja, na composição dos tribunais superiores seriam reservados lugares, correspondentes a um quinto do número total, para que fossem preenchidos por advogados, ou membros do Ministério Público de notório merecimento e reputação ilibada, escolhidos de lista tríplice, na forma do § 3°. A Constituição de 1937 previu o concurso público a ser realizado pelo Tribunal de Apelação para investidura nos primeiros graus, com nomeação pelo Governador do Estado (art. 103, alínea *a*). Contemplou também a criação da Justiça de Paz eletiva (art. 104), e o quinto constitucional (art. 105). O concurso público para ingresso na magistratura, bem como o quinto constitucional foram mantidos nas Constituições posteriores.

[32] CAETANO. *Direito constitucional*, v. 2, p. 394-395.

A Resolução n. 75, de 12 de maio de 2009, que dispõe sobre os concursos públicos para ingresso na carreira da magistratura em todos os ramos do Poder Judiciário nacional, estabelece que, para tais efeitos, somente será computada a atividade jurídica posterior à obtenção do grau de bacharel em Direito, não incluindo, portanto, nesse lapso temporal atividade de estagiário ou qualquer outra atividade anterior à obtenção desse grau (art. 59, § 1º). Quanto ao momento da comprovação do período de três anos de atividade jurídica, se na data da inscrição no concurso ou data da posse, o Supremo Tribunal Federal já decidiu que deve ocorrer na data da inscrição do concurso, "de molde a promover maior segurança jurídica tanto da sociedade quanto dos candidatos."[33] A matéria acha-se também disciplinada pela Resolução n. 75/2009-CNJ, cujo art. 23, § 1º, *a*, estabelece que a comprovação deve ocorrer no momento da inscrição definitiva. De acordo com o art. 59 da Resolução n. 75/2009-CNJ, considera-se atividade jurídica: I – aquela exercida com exclusividade por bacharel em Direito; II – o efetivo exercício de advocacia, inclusive voluntária, mediante a participação anual mínima em 5 (cinco) atos privativos de advogado (Lei n. 8.906, 4 de julho de 1994, art. 1º) em causas ou questões distintas; III – o exercício de cargos, empregos ou funções, inclusive de magistério superior, que exija a utilização preponderante de conhecimento jurídico; IV – o exercício da função de conciliador junto a tribunais judiciais, juizados especiais, varas especiais, anexos de juizados especiais ou de varas judiciais, no mínimo por 16 (dezesseis) horas mensais e durante 1 (um) ano; V – o exercício da atividade de mediação ou de arbitragem na composição de litígios. A Resolução não mais considera como atividade jurídica, mas apenas como título (art. 67, VI), a conclusão, com frequência e aproveitamento, de curso de pós-graduação, assegurando, no entanto, tal reconhecimento para os cursos comprovadamente iniciados anteriormente à data da publicação da Resolução n. 75 (art. 90). A comprovação do tempo de atividade jurídica relativamente a cargos, empregos ou funções não privativos do bacharel em Direito será realizada mediante certidão circunstanciada, expedida pelo órgão competente, com indicação das respectivas atribuições exercidas e a prática reiterada de atos que exijam a utilização preponderante de conhecimento jurídico, cabendo à Comissão de Concurso, em decisão fundamentada, analisar a validade do documento (art. 59, § 2º, da Resolução n. 75/2009-CNJ). Finalmente, nos termos do art. 20 da Resolução n. 75/2009-CNJ, aplicam-se aos membros das comissões os motivos de suspeição e de impedimento previstos nos arts. 134 e 135 do Código de Processo Civil, constituindo também motivo de impedimento: I – o exercício de magistério em cursos formais ou informais de preparação a concurso público para ingresso na magistratura até 3 (três) anos após cessar a referida atividade; II – a existência de servidores funcionalmente vinculados ao examinador ou de cônjuge, companheiro ou parente em linha reta, colateral ou por afinidade, até o terceiro grau, inclusive, cuja inscrição haja sido deferida; III – a participação societária, como administrador, ou não, em cursos formais ou informais de preparação para ingresso na magistratura até 3 (três) anos após cessar a referida atividade, ou contar com parentes nestas condições, até terceiro grau, em linha reta ou colateral. Os motivos de suspeição e de impedimento deverão ser

33 STF, ADI 3460-DF, Relator Min. Carlos Britto (j. 31.8.2006; *DJ*, 15.6.2007; *Informativo* 438/*STF*).

comunicados ao Presidente da Comissão de Concurso, por escrito, até 5 (cinco) dias úteis após a publicação da relação dos candidatos inscritos no Diário Oficial.

O concurso público, é dizer, a seleção por mérito, a despeito de algumas deficiências, tem sido considerada como a melhor forma de ingresso na magistratura, por ser procedimento democrático que seleciona os candidatos mais qualificados para uma função que exige alto grau de profissionalidade.

Na Inglaterra, iniciou-se recentemente uma experiência na escolha de juízes. Cabe ao *Judicial Appointments Committee (JAC)*, instituído em 2005, como órgão público, escolher os candidatos a juízes a partir de um processo seletivo, que se dá com base no mérito, mas por via de concorrência aberta e transparente. O *Lord Chancellor*, responsável pela nomeação de membros da Corte, não mais possui o monopólio da escolha. É que a Comissão entrevista, avalia e seleciona os candidatos, e faz uma recomendação ao *Lord Chancellor*, que, se rejeitá-la, deverá fundamentar a decisão. São prioridades do *Judicial Appointments Committee*, cujos membros são remunerados e trabalham em tempo integral: a) definir o conceito de mérito na seleção de um juiz, ou seja, quais são os atributos necessários e as competências pessoais para um bom julgador; b) refinar e aperfeiçoar o quão efetivo e o quão imparcial e justo são os métodos utilizados pela Comissão para avaliar o conceito de mérito; c) determinar como se pode encorajar um maior número de candidatos, dentro do perfil desejado, a se submeter ao processo seletivo.[34]

A seleção de juízes por meio de eleição se acha em desuso no mundo. Nos Estados Unidos, segundo informa Ricardo Arnaldo Malheiros Fiuza, a Justiça Federal não adota o sistema eleitoral para a escolha de seus juízes, e já não são mais todos os cinquenta Estados da Federação a adotarem o sistema de eleições diretas, além do que os juízes estaduais não têm carreira, não havendo promoções ou remoções: os juízes que são eleitos para um *county* ali ficam até o final de seu mandato, podendo ser reconduzidos ou reeleitos para o mesmo posto.[35] Nada obstante, a eletividade da magistratura, associada à adoção do princípio de apuração da verdade objetiva, nos processos judiciários, em substituição ao livre convencimento do juiz, fora postulada como instrumento de democratização do Poder Judiciário, e de uma prestação jurisdicional mais acessível às amplas camadas sociais, de forma a tornar concreta a realização da Justiça Social.[36]

Para o ingresso na carreira, a Constituição prevê, ainda, cursos oficiais de preparação, cuja manutenção é do próprio Tribunal, diferentemente daqueles relacionados com a preparação para a promoção, que podem ser delegados ou constituir objeto de credenciamento (art. 93, II, *c*, e IV). Não será, portanto, a Universidade a formadora do juiz, mas a Justiça que o capacitará a atuar no mundo contemporâneo para uma postura consequencial relacionada com a repercussão de sua decisão na sociedade em que atua, numa perspectiva pós-positivista e principiológica do Direito, que reclama a intensificação dos estudos da Hermenêutica Constitucional e da reflexão ética. A

34 SADDI. O aperfeiçoamento da escolha de juízes. *Valor Econômico*, 31 mar. 2008.

35 FIUZA. *Direito constitucional comparado*, p. 363.

36 SOARES. *Comentários à Constituição da República Federativa do Brasil*, p. 443-445.

formação do juiz deverá ainda objetivar a sua capacitação para assegurar a todos a razoável duração do processo e de implementar os meios que garantam a celeridade de sua tramitação.

A promoção se fará de entrância para entrância, alternadamente, por antiguidade e merecimento, atendidas as seguintes normas:

a) é obrigatória a promoção do juiz que figure por três vezes consecutivas ou cinco alternadas em lista de merecimento;

b) a promoção por merecimento pressupõe dois anos de exercício na respectiva entrância e integrar o juiz a primeira quinta parte da lista de antiguidade desta, salvo se não houver com tais requisitos quem aceite o lugar vago. Decidiu o Supremo Tribunal Federal que a recomposição da quinta parte da lista de antiguidade, para a inclusão de juiz que preenche apenas o primeiro requisito da alínea *b* do inciso II do art. 93 da Constituição, somente é possível após esgotadas as possibilidades de escolha entre os integrantes da quinta parte original ou recusa dos nomes por *quorum* qualificado: "A lista tríplice elaborada pelo Tribunal deve obedecer aos dois requisitos previstos no art. 93, II, *b*, da Constituição do Brasil (redação anterior à Emenda Constitucional n. 45/2004), levando-se em conta as seguintes premissas, assentadas pela jurisprudência desta Corte: a) para os lugares remanescentes na lista tríplice, na ausência de juízes que atendam cumulativamente às condições ali estabelecidas, apura-se novamente a primeira parte dos mais antigos, incluídos todos os magistrados *(omissis);* b) a quinta parte da lista de antiguidade é um rol de titulares providos nos cargos de determinada classe, cuja apuração não leva em conta os cargos vagos *(omissis)*; c) na existência de apenas dois nomes que perfazem os requisitos constitucionais, não há necessidade de recomposição do quinto de antiguidade, possibilitada a escolha entre os dois nomes ou a recusa pelo *quorum* qualificado *(omissis)*; d) do mesmo modo, existindo apenas um magistrado que preencha os requisitos constitucionais, não há lugar para a recomposição da quinta parte da lista de antiguidade, possibilitada a recusa do nome do magistrado pelo corpo eletivo do Tribunal" (MS 24.575-DF, Rel. Min. Eros Grau, j. 15.12.2004, *DJ*, 4.3.2005).

Ainda a respeito do denominado *quinto sucessivo*, o Conselho Nacional de Justiça deliberou no sentido de que "no caso de existirem candidatos que possuam dois anos de exercício na respectiva entrância, mas não figurem na primeira quinta parte da lista de antiguidade, deve-se apurar novamente a primeira quinta parte dos mais antigos, incluídos todos os magistrados remanescentes" (Pedido de Providências n. 200710000008000 e 200710000010730, Rel. Cons. Paulo Lôbo). Deliberou também o CNJ: "I – A quinta parte da lista de antiguidade, elaborada para a promoção ou remoção por merecimento de magistrados, deve sofrer arredondamento para o número inteiro superior, caso fracionário o resultado da aplicação do percentual, de modo a assegurar a participação de pelo menos vinte por cento dos potenciais candidatos mais antigos. II – Se todos os integrantes da primeira quinta parte não manifestarem interesse, deve ser formada a segunda quinta parte considerando o universo dos magistrados integrantes da mesma entrância ou classe, excluindo-se os integrantes da primeira, e assim sucessivamente. III – Se algum integrante da quinta parte não manifestar interesse, apenas participam os demais integrantes dela, não sendo admissível sua recomposição" (Pedido de Providências n. 200810000020697, 0000020697, Rel. Cons. Paulo Lôbo);

c) aferição do merecimento conforme desempenho e pelos critérios objetivos de produtividade e presteza no exercício da jurisdição e pela frequência e aproveitamento a cursos oficiais ou reconhecidos de aperfeiçoamento. Assinala Walter Claudius Rothenburg que a 'Reforma do Judiciário' substituiu, no texto, a segurança pela produtividade, num paroxismo de eficiência. A redação anterior falava em 'presteza e segurança'; agora, fala-se em 'produtividade e presteza'. A produtividade não apenas desbancou a segurança como assumiu a primazia, vindo antes da presteza. Importante é a quantidade, mais que a velocidade, que paradoxo! Claro que, dos serviços públicos em geral e da prestação jurisdicional em especial, a sociedade cobra atendimento à demanda, e o histórico não é muito favorável. Maquiavel já dizia: 'Com a lentidão ninguém é servido, e prejudica-se a todos.' Todavia, não é razoável escravizar magistrados e outros operadores públicos do direito a estatísticas mensais, desprezando-se a qualidade do trabalho e da vida desses servidores, ainda que a remuneração seja atraente. É preciso fazer acompanhar essas exigências de condições estruturais adequadas – pelo que ressalta a garantia (dada pela Emenda n. 45) de que 'o número de juízes na unidade jurisdicional será proporcional à efetiva demanda judicial e à respectiva população' (novo inciso XIII do art. 93, que oferece um critério objetivo para a criação e instalação de novas unidades, até aqui muitas vezes orientada por outras razões 'políticas') – e de qualificação funcional – pelo que ressalta a referência múltipla a cursos de preparação, aperfeiçoamento e, agora também, promoção (nova redação do inciso IV do art. 93);"[37]

d) na apuração da antiguidade, o tribunal somente poderá recusar o juiz mais antigo pelo voto fundamentado de dois terços de seus membros, conforme procedimento próprio, e assegurada ampla defesa, repetindo-se a votação, até fixar-se a indicação. A Constituição estabelece ainda que o Estatuto da Magistratura deverá prever cursos oficiais de preparação, aperfeiçoamento e promoção de magistrados, constituindo etapa obrigatória do processo de vitaliciamento a participação em curso oficial ou reconhecido por escola nacional de formação e aperfeiçoamento de magistrados;

---

[37] ROTHENBURG. Do processo interventivo, no contorno do estado federal. In: TAVARES, André Ramos (Coord.). *Reforma do Judiciário analisada e comentada*, p. 261.

e) não será promovido o juiz que, injustificadamente, retiver autos em seu poder além do prazo legal, não podendo devolvê-los ao cartório sem o devido despacho ou decisão.

II – *Acesso aos tribunais de segundo grau*: o acesso aos tribunais de segundo grau far-se-á por antiguidade e merecimento, alternadamente, apurados na última ou única entrância.[38]

---

[38] Resolução n. 106, de 6 de abril de 2010, do Conselho Nacional de Justiça, que dispõe sobre os critérios objetivos para aferição do merecimento para promoção de magistrados e acesso aos Tribunais de 2º grau: "Art. 1º As promoções por merecimento de magistrados em 1º grau e o acesso para o 2º grau serão realizadas em sessão pública, em votação nominal, aberta e fundamentada, observadas as prescrições legais e as normas internas não conflitantes com esta resolução, iniciando-se pelo magistrado votante mais antigo. § 1º A promoção deverá ser realizada até 40 (quarenta) dias da abertura da vaga, cuja declaração se fará nos dez dias subsequentes ao seu fato gerador. § 2º O prazo para abertura da vaga poderá ser prorrogado uma única vez, por igual prazo, mediante justificativa fundamentada da Presidência do Tribunal. Art. 2º O magistrado interessado na promoção dirigirá requerimento ao Presidente do Tribunal de 2º grau no prazo de inscrição previsto no edital de abertura do respectivo procedimento. Parágrafo único. Salvo em relação ao art. 9º desta Resolução, as demais condições e elementos de avaliação serão levadas em consideração até à data de inscrição para concorrência à vaga. Art. 3º São condições para concorrer à promoção e ao acesso aos tribunais de 2º grau, por merecimento: I – contar o juiz com no mínimo 2 (dois) anos de efetivo exercício, devidamente comprovados, no cargo ou entrância; II – figurar na primeira quinta parte da lista de antiguidade aprovada pelo respectivo Tribunal; III – não retenção injustificada de autos além do prazo legal. IV – não haver o juiz sido punido, nos últimos doze meses, em processo disciplinar, com pena igual ou superior à de censura. § 1º Não havendo na primeira quinta parte quem tenha os 2 (dois) anos de efetivo exercício ou aceite o lugar vago, poderão concorrer à vaga os magistrados que integram a segunda quinta parte da lista de antiguidade e que atendam aos demais pressupostos, e assim sucessivamente. § 2º A quinta parte da lista de antiguidade deve sofrer arredondamento para o número inteiro superior, caso fracionário o resultado da aplicação do percentual. § 3º Se algum integrante da quinta parte não manifestar interesse, apenas participam os demais integrantes dela, não sendo admissível sua recomposição. § 4º As condições elencadas nos incisos I e II deste artigo não se aplicam ao acesso aos Tribunais Regionais Federais. Art. 4º Na votação, os membros votantes do Tribunal deverão declarar os fundamentos de sua convicção, com menção individualizada aos critérios utilizados na escolha relativos à: I – desempenho (aspecto qualitativo da prestação jurisdicional); II – produtividade (aspecto quantitativo da prestação jurisdicional); III – presteza no exercício das funções; IV – aperfeiçoamento técnico; V – adequação da conduta ao Código de Ética da Magistratura Nacional (2008). § 1º A avaliação desses critérios deverá abranger, no mínimo, os últimos 24 (vinte e quatro) meses de exercício. § 2º No caso de afastamento ou de licença legais do magistrado nesse período, será considerado o tempo de exercício jurisdicional imediatamente anterior, exceto no caso do inciso V, que também levará em consideração o período de afastamento ou licença. § 3º Os juízes em exercício ou convocados no Supremo Tribunal Federal, Tribunais Superiores, Conselho Nacional de Justiça, Conselho da Justiça Federal, Conselho Superior da Justiça do Trabalho e na Presidência, Corregedoria-Geral e Vice-Presidência dos Tribunais, ou licenciados para exercício de atividade associativa da magistratura, deverão ter a média de sua produtividade aferida no período anterior às suas designações, deles não se exigindo a participação em ações específicas de aperfeiçoamento técnico durante o período em que se dê a convocação ou afastamento. Art. 5º Na avaliação da qualidade das decisões proferidas serão levados em consideração: a) a redação; b) a clareza; c) a objetividade; d) a pertinência de doutrina e jurisprudência, quando citadas; e) o respeito às súmulas do Supremo Tribunal Federal e dos Tribunais Superiores. Art. 6º Na avaliação da produtividade

serão considerados os atos praticados pelo magistrado no exercício profissional, levando-se em conta os seguintes parâmetros: I – Estrutura de trabalho, tais como: a) compartilhamento das atividades na unidade jurisdicional com outro magistrado (titular, substituto ou auxiliar); b) acervo e fluxo processual existente na unidade jurisdicional; c) cumulação de atividades; d) competência e tipo do juízo; e) estrutura de funcionamento da vara (recursos humanos, tecnologia, instalações físicas, recursos materiais); II – Volume de produção, mensurado pelo: a) número de audiências realizadas; b) número de conciliações realizadas; c) número de decisões interlocutórias proferidas; d) número de sentenças proferidas, por classe processual e com priorização dos processos mais antigos; e) número de acórdãos e decisões proferidas em substituição ou auxílio no 2º grau, bem como em Turmas Recursais dos Juizados Especiais Cíveis e Criminais; f) o tempo médio do processo na Vara. Parágrafo único. Na avaliação da produtividade deverá ser considerada a média do número de sentenças e audiências em comparação com a produtividade média de juízes de unidades similares, utilizando-se, para tanto, dos institutos da mediana e do desvio padrão oriundos da ciência da estatística, privilegiando-se, em todos os casos, os magistrados cujo índice de conciliação seja proporcionalmente superior ao índice de sentenças proferidas dentro da mesma média. Art. 7º A presteza deve ser avaliada nos seguintes aspectos: I – dedicação, definida a partir de ações como: a) assiduidade ao expediente forense; b) pontualidade nas audiências e sessões; c) gerência administrativa; d) atuação em unidade jurisdicional definida previamente pelo Tribunal como de difícil provimento; e) participação efetiva em mutirões, em justiça itinerante e em outras iniciativas institucionais; f) residência e permanência na comarca; g) inspeção em serventias judiciais e extrajudiciais e em estabelecimentos prisionais e de internamento de proteção de menores sob sua jurisdição; h) medidas efetivas de incentivo à conciliação em qualquer fase do processo; i) inovações procedimentais e tecnológicas para incremento da prestação jurisdicional; j) publicações, projetos, estudos e procedimentos que tenham contribuído para a organização e a melhoria dos serviços do Poder Judiciário; k) alinhamento com as metas do Poder Judiciário, traçadas sob a coordenação do Conselho Nacional de Justiça. II – celeridade na prestação jurisdicional, considerando-se: a) a observância dos prazos processuais, computando-se o número de processos com prazo vencido e os atrasos injustificáveis; b) o tempo médio para a prática de atos; c) o tempo médio de duração do processo na vara, desde a distribuição até a sentença; d) o tempo médio de duraçao do processo na vara, desde a sentença até o arquivamento definitivo, desconsiderando-se, nesse caso, o tempo que o processo esteve em grau de recurso ou suspenso; e) número de sentenças líquidas prolatadas em processos submetidos ao rito sumário e sumaríssimo e de sentenças prolatadas em audiências. § 1º Não serão computados na apuração dos prazos médios os períodos de licenças, afastamentos ou férias. § 2º Os prazos médios serão analisados à luz da sistemática prevista no parágrafo único do art. 6º. Art. 8º Na avaliação do aperfeiçoamento técnico serão considerados: I – a frequência e o aproveitamento em cursos oficiais ou reconhecidos pelas Escolas Nacionais respectivas, considerados os cursos e eventos oferecidos em igualdade a todos os magistrados pelos Tribunais e Conselhos do Poder Judiciário, pelas Escolas dos Tribunais, diretamente ou mediante convênio. II – os diplomas, títulos ou certificados de conclusão de cursos jurídicos ou de áreas afins e relacionados com as competências profissionais da magistratura, realizados após o ingresso na carreira. III – ministração de aulas em palestras e cursos promovidos pelos Tribunais ou Conselhos do Poder Judiciário, pelas Escolas da Magistratura ou pelas instituições de ensino conveniadas ao Poder Judiciário. § 1º Os critérios de frequência e aproveitamento dos cursos oferecidos deverão ser avaliados de forma individualizada e seguirão os parâmetros definidos pelas Escolas Nacionais de Formação e Aperfeiçoamento de Magistrados (ENFAM e ENAMAT) nos âmbitos respectivos. § 2º Os Tribunais e Conselhos do Poder Judiciário deverão custear as despesas para que todos os magistrados participem dos cursos e palestras oferecidos, respeitada a disponibilidade orçamentária. § 3º As atividades exercidas por magistrados na direção, coordenação, assessoria e docência em cursos de formação de magistrados nas Escolas Nacionais ou dos Tribu-

Os Tribunais de Alçada, órgãos colegiados de segundo grau, foram extintos pelo art. 4º da EC n. 45/2004. Os seus membros passam a integrar os Tribunais de Justiça dos respectivos Estados, respeitadas a antiguidade e classe de origem.

Observe-se que 1/5, ou seja, 20% dos lugares dos Tribunais Regionais Federais, dos Tribunais dos Estados e do Distrito Federal e Territórios, e após a EC n. 45/2004, também os Tribunais do Trabalho (o chamado quinto constitucional),[39] serão compostos de membros do Ministério Público, com mais de dez anos de carreira, e de advogados de notório

---

nais são consideradas serviço público relevante e, para o efeito do presente artigo, computadas como tempo de formação pelo total de horas efetivamente comprovadas. Art. 9º Na avaliação da adequação da conduta ao Código de Ética da Magistratura Nacional serão considerados: a) a independência, imparcialidade, transparência, integridade pessoal e profissional, diligência e dedicação, cortesia, prudência, sigilo profissional, conhecimento e capacitação, dignidade, honra e decoro; b) negativamente eventual processo administrativo disciplinar aberto contra o magistrado concorrente, bem como as sanções aplicadas no período da avaliação, não sendo consideradas eventuais representações em tramitação e sem decisão definitiva, salvo com determinação de afastamento prévio do magistrado e as que, definitivas, datem de mais de dois anos, na data da abertura do edital. Art. 10 Na avaliação do merecimento não serão utilizados critérios que venham atentar contra a independência funcional e a liberdade de convencimento do magistrado, tais como índices de reforma de decisões. Parágrafo único. A disciplina judiciária do magistrado, aplicando a jurisprudência sumulada do Supremo Tribunal Federal e dos Tribunais Superiores, com registro de eventual ressalva de entendimento, constitui elemento a ser valorizado para efeito de merecimento, nos termos do princípio da responsabilidade institucional, insculpido no Código Ibero-Americano de Ética Judicial (2006). Art. 11 Na avaliação do merecimento será utilizado o sistema de pontuação para cada um dos 5 (cinco) critérios elencados no art. 4º desta Resolução, com a livre e fundamentada convicção do membro votante do Tribunal, observada a seguinte pontuação máxima: I – desempenho – 20 pontos; II – produtividade – 30 pontos; III – presteza – 25 pontos; IV – aperfeiçoamento técnico – 10 pontos; V – adequação da conduta ao CEMN – 15 pontos. Parágrafo único. Cada um dos cinco itens deverá ser valorado de 0 (zero) até a pontuação máxima estipulada, com especificação da pontuação atribuída a cada um dos respectivos subítens constantes dos arts. 5º a 9º. Art. 12 As Corregedorias-Gerais dos Tribunais centralizarão a coleta de dados para avaliação de desempenho, fornecendo os mapas estatísticos para os magistrados avaliadores e disponibilizando as informações para os concorrentes às vagas a serem providas por promoção ou acesso. § 1º As Escolas Judiciais fornecerão os dados relativos aos cursos de que participaram os magistrados que concorrem à promoção. § 2º Os dados informativos de avaliação dos concorrentes serão enviados aos membros votantes do Tribunal com antecedência razoável da data da sessão. Art. 13 Finalizado o processo de levantamento de dados dos magistrados inscritos, serão eles notificados para tomar ciência das informações relativas a todos os concorrentes, facultando-lhes a impugnação em prazo não inferior a 5 (cinco) dias, com direito de revisão pelo mesmo órgão que examinar a promoção e na mesma sessão. Parágrafo único. Findo o prazo para impugnação aos registros, a informação será participada aos integrantes do órgão do Tribunal ao qual seja afeta a matéria relativa às promoções, para que, decorridos 10 (dez) dias, possam os autos ser levados à primeira sessão ordinária do respectivo Colegiado. Art. 14 Todos os debates e fundamentos da votação serão registrados e disponibilizados preferencialmente no sistema eletrônico."

39 A regra do quinto está prevista também para o STJ (art. 194, parágrafo único, inciso II), em que um sexto de sua composição destina-se a advogados e o outro sexto a membros do Ministério Público.

saber jurídico e de reputação ilibada, com mais de dez anos de efetiva atividade profissional, indicados em lista sêxtupla pelos órgãos de representação das respectivas classes (Procuradorias Federal, Estadual e do Distrito Federal e Conselhos Federal ou Seccional da Ordem dos Advogados do Brasil). Recebidas as indicações, o Tribunal formará lista tríplice,[40] enviando-a ao Poder Executivo, que, nos 20 dias subsequentes, escolherá um de seus integrantes para nomeação. Assim, a nomeação do quinto constitucional não é do Presidente do Tribunal, mas do Chefe do Executivo Federal ou Estadual. A Constituição, contudo, não prevê sanção para o descumprimento do prazo de 20 dias de que dispõe o Chefe do Executivo para a nomeação do quinto constitucional (art. 94).

Quando o quinto constitucional não resulta em número inteiro, o arredondamento deve ser feito para o primeiro número inteiro subsequente. Neste sentido, decidiu o Supremo Tribunal Federal: "Se o número total de sua composição (do Tribunal de Justiça) não for divisível por cinco, arredonda-se a fração restante (seja superior ou inferior à metade) para o número inteiro seguinte, a fim de alcançar-se a quantidade de vagas destinadas ao quinto constitucional destinado ao provimento por advogados e membros do Ministério Público."[41] Nos tribunais em que o número de vagas destinadas ao quinto constitucional for ímpar, uma delas será alternada e sucessivamente preenchida por advogado e por membro do Ministério Público, de tal modo que, também sucessiva e alternadamente, os representantes de uma dessas classes superem o da outra, em unidade.

III – *Subsídios*: o subsídio dos Ministros dos Tribunais Superiores corresponderá a 95% do subsídio mensal fixado para os Ministros do Supremo Tribunal Federal e os subsídios dos demais magistrados serão fixados em lei e escalonados, em nível federal e estadual, conforme as respectivas categorias da estrutura judiciária nacional, não podendo a

[40] Decidiu o STF ser possível ao Tribunal a que foi encaminhada a lista recusá-la por falta de cumprimento dos requisitos constitucionais, desde que fundada a recusa em razões objetivas declinadas na motivação da deliberação do órgão competente do colegiado judiciário (*v.g*, carência dos atributos de notório saber jurídico e de reputação ilibada (MS 25.624, Rel. Min. Sepúlveda Pertence, *DJ*, 19.12.2006). Decidiu ainda o STF ser direito do STJ recusar lista sêxtupla elaborada pela OAB para preenchimento de vaga de Ministro daquela Corte, quando nenhum dos integrantes da lista obtém votação mínima para figurar em lista tríplice a ser encaminhada ao Presidente da República (RMS 27.920, Rel. Min. Eros Grau, j. 6.10.2009). Foi recomendado aos Tribunais Regionais Federais, Tribunais Regionais do Trabalho, e Tribunais dos Estados e do Distrito Federal e Territórios que regulamentem a orientação emanada do CNJ, aplicável a todos, no sentido de que a lista tríplice a que se refere o artigo 94, parágrafo único, da Constituição Federal seja formada em sessão pública, mediante votos abertos, nominais e fundamentados (Recomendação n. 13, de 6 de novembro de 2007-CNJ). Cf. ainda decisão do Min. Celso de Mello no MS 31923 MC/RN, proferida em 17.4.2013 (*Informativo* 702/STF).

[41] STF, AO 493/PA, Rel. Min. Octavio Gallotti, *DJ* de 10.11.2000, p. 81.

diferença entre uma e outra ser superior a 10% ou inferior a 5%, nem exceder a 95% do subsídio mensal dos Ministros dos Tribunais Superiores, obedecido, em qualquer caso, o disposto nos arts. 37, XI, e 39, § 4º.[42]

IV – *Aposentadoria*: a aposentadoria por invalidez, a aposentadoria compulsória aos 70 anos de idade,[43] e a aposentadoria facultativa, observarão o disposto no art. 40 da Constituição.

São três, portanto, os tipos de aposentadoria dos magistrados, na forma prevista no art. 40: 1) aposentadoria por invalidez permanente; 2) aposentadoria compulsória; 3) aposentadoria por tempo de contribuição.

A aposentadoria por invalidez permanente se dará com proventos integrais se a invalidez decorrer de acidente em serviço, doença grave, contagiosa ou incurável, nos termos da lei.

A aposentadoria compulsória se dará aos 70 anos de idade, com proventos proporcionais ao tempo de contribuição.

A aposentadoria por tempo de contribuição é voluntária, e compreende três situações distintas: 1) juízes que ingressaram no serviço público após a edição da EC n. 20/1998; 2) juízes que implementaram o tempo de serviço para se aposentarem até a data da Emenda); 3) juízes que se encontravam no serviço público antes da data da Emenda, mas somente implementarão os requisitos para a aposentadoria por tempo de contribuição após a sua vigência.

A Constituição prevê ainda aposentadoria como penalidade ao magistrado, motivada por interesse público, caso em que a decisão do tribunal deverá ser tomada por voto da maioria absoluta de seus membros ou do Conselho Nacional de Justiça, assegurada ampla defesa (art. 93, VIII, com a redação da EC n. 45/2004).

V – *Publicidade e motivação das decisões*: os julgamentos dos órgãos do Poder Judiciário serão públicos e fundamentadas todas as decisões, sob pena de nulidade, podendo a lei limitar a presença, em determinados atos, às próprias partes, e a seus advogados, ou somente a estes, em casos nos quais a preservação do direito à intimidade do interessado no sigilo não prejudique o interesse público à informação. As decisões administrativas dos tribunais serão motivadas e em sessão pública, sendo as disciplinares tomadas pelo voto da maioria absoluta de seus membros. A fundamentação das decisões judiciais é imprescindível para que se legitime, no Estado Democrático de Direito, a função do juiz. Deve o magistrado exercer "de forma transparente a sua atividade

---

[42] A Resolução n. 14-CNJ, de 21 de março de 2006, dispõe sobre a aplicação do teto remuneratório constitucional para os servidores do Poder Judiciário e para a magistratura dos Estados que não adotam o subsídio.

[43] A aposentadoria compulsória para os magistrados foi prevista pela primeira vez, em nosso ordenamento jurídico, na Constituição de 1934, que a estabelecia aos 75 anos de idade (art. 64, *a*), sendo que a inativação de servidores públicos em geral ocorria aos 68 anos (art. 170, § 3º). A Constituição de 1937 unificou o regime da aposentadoria compulsória aos 68 anos. A Constituição de 1946 elevou a inativação compulsória para 70 anos, limite etário mantido até hoje.

de solucionador de controvérsias. Seus argumentos, embora fundados na lei, precisam ser inteligíveis e conhecidos pelo destinatário e pela comunidade, a cujo serviço a magistratura está preordenada. A fundamentação das decisões é ínsita à atividade jurisdicional. Converteu-se em dogma constitucional sob influxo da tendência de se constitucionalizar tema cuja observância se pretende ver reforçada."[44]

VI – *Órgão especial*: nos Tribunais com número superior a 25 julgadores, poderá ser constituído órgão especial, com o mínimo de 11 e o máximo de 25 membros, para o exercício das atribuições administrativas e jurisdicionais delegadas da competência do tribunal pleno, provendo-se metade das vagas por antiguidade e a outra metade por eleição pelo tribunal pleno. Constitui atribuição relevante do órgão especial a declaração de inconstitucionalidade de lei ou de ato normativo do Poder Público, pelo voto da maioria de seus membros (art. 97).

O Conselho Nacional de Justiça, ao entendimento de que o comando contido no inciso XI do art. 93 da Constituição Federal, que, com a redação da EC n. 45/2004, alterou o modo de composição do Órgão Especial, para estabelecer o provimento de metade das vagas por antiguidade e a outra metade por eleição pelo Tribunal Pleno, é norma de aplicabilidade direta, editou a Resolução n. 16, de 30 de maio de 2006, que estabelece critérios para a composição do Órgão Especial dos Tribunais, até que seja editado o Estatuto da Magistratura previsto no *caput* do art. 93 da Constituição Federal. Nos termos da Resolução n. 16/2006, as vagas por antiguidade no Órgão Especial, nas respectivas classes, serão providas, mediante ato de efetivação do Presidente do Tribunal, pelos membros mais antigos do Tribunal Pleno, conforme ordem decrescente de antiguidade, nas classes a que pertencerem, observando-se os mesmos critérios nos casos de afastamento e impedimento. A Resolução n. 16-CNJ considera que todas as vagas que ocorrerem no Órgão Especial a partir de 1º de janeiro de 2005 serão preenchidas por eleição, como previsto no inciso XI do art. 93, *in fine*, da Constituição Federal, até que se complete a composição de sua metade eleita. As vagas destinadas ao quinto constitucional dos advogados e membros do Ministério Público também serão preenchidas por eleição, respeitadas as classes respectivas.

A eleição será realizada por votação secreta, entre os membros do Tribunal Pleno, convocado especialmente para tal finalidade, sendo inadmitida a recusa do encargo, salvo manifestação expressa antes da eleição. Será considerado eleito o candidato que obtiver maioria simples dos votos dos membros integrantes do Tribunal Pleno, e, no caso de empate da votação, prevalecerá o candidato mais antigo no Tribunal. Serão suplentes, na ordem decrescente da votação, os membros não eleitos. Até que seja editado o Estatuto da Magistratura, o mandato de membro da metade eleita do Órgão Especial será de dois anos, admitida uma recondução. Aquele que tiver exercido por quatro anos a função de membro da metade eleita do Órgão Especial não figurará

[44] NALINI. *A rebelião da toga*, p. 44-45.

mais entre os elegíveis, até que se esgotem todos os nomes, regra que não se aplica ao membro do Tribunal que tenha exercido mandato na qualidade de convocado por período igual ou inferior a seis meses. Quando, no curso do mandato, um membro eleito do Órgão Especial passar a integrá-lo pelo critério de antiguidade, será declarada a vacância do respectivo cargo eletivo, convocando-se imediatamente nova eleição para o provimento da vaga. Para compatibilizar seus regimentos internos aos termos da Resolução n. 16-CNJ, até que seja editado o Estatuto da Magistratura, os Tribunais que tenham constituído ou constituírem Órgão Especial deverão convocar o Tribunal Pleno, no prazo de trinta dias, a contar da publicação da Resolução, para realizar eleições necessárias ao preenchimento das vagas surgidas no Órgão Especial a partir da vigência da EC n. 45, de 30 de dezembro de 2004, ficando, no entanto, preservados, nos Tribunais que já realizaram o preenchimento dessas vagas e dos órgãos diretivos, os resultados das eleições, observadas as regras pertinentes a mandato e elegibilidade, de que trata a Resolução n. 16/2006.

VII – *Deveres e direitos dos magistrados e outras disposições*: o juiz residirá na respectiva comarca, salvo autorização do tribunal; o ato de remoção, disponibilidade e aposentadoria do magistrado, por interesse público, fundar-se-á em decisão por voto da maioria absoluta do respectivo tribunal ou do Conselho Nacional de Justiça, assegurada a ampla defesa; a remoção a pedido ou a permuta de magistrados de comarca de igual entrância atenderá, no que couber, ao disposto nas alíneas *a*, *b*, *c*, e *e*, do inciso II do art. 93; a atividade jurisdicional será ininterrupta, sendo vedado férias coletivas nos juízos e tribunais de 2º grau, funcionando, nos dias em que não houver expediente forense normal, juízes em plantão permanente (observe-se que a Emenda n. 45 não vedou as férias coletivas no Supremo Tribunal Federal, no Superior Tribunal de Justiça, e nos Tribunais Superiores);[45] o número de juízes na unidade jurisdicional

---

[45] O Supremo Tribunal Federal, em sessão realizada no dia 6.12.2006, deferiu medida cautelar em ação direta de inconstitucionalidade ajuizada pelo Procurador-Geral da República (ADI 3823/DF, Relatora Ministra Cármen Lúcia), para suspender a eficácia do Ato Regimental 5/2006, do Tribunal de Justiça do Distrito Federal e Territórios – TJDFT, e da Resolução 24/2006, editada pelo Conselho Nacional de Justiça – CNJ, que dispõem sobre as férias coletivas nos juízos e tribunais de 2º grau. O Ato Regimental 5/2006 estatui o regime de férias para o ano de 2007 dos membros do TJDFT e dos juízes a ele vinculados e a Resolução 24/2006 revoga o art. 2º da Resolução 3/2005, também do CNJ, que determinava que os Tribunais fossem cientificados quanto à inadmissibilidade de quaisquer justificativas, relativas a período futuro, quanto à concessão de férias coletivas, ficando estas definitivamente extintas, nos termos fixados na Constituição Federal. Entendeu-se que os atos normativos impugnados violam, a princípio, o art. 93, XII, da Constituição Federal, que prescreve que a atividade jurisdicional será ininterrupta, sendo vedado férias coletivas nos juízos e tribunais de 2º grau, e o art. 103-B, § 4º, que trata das atribuições do CNJ, ambos da Constituição Federal. No tocante à Resolução questionada, considerou-se que, apesar de não ter o alcance de revogar a norma constitucional proibitiva das férias coletivas – que, pelo seu conteúdo, é autoaplicável –, a revogação do art. 2º da Resolução 3/2005 conduz à equivocada suposição de que o CNJ admitiria justificativas relativas a férias coletivas dos magistrados. Asseverou-se que o CNJ ou qualquer outro órgão, do Judiciário ou de outro poder, não têm competência para tolerar, admitir ou considerar aceitável prática de inconstitucionalidade. Ressaltou-se,

será proporcional à efetiva demanda judicial e à respectiva população (cada tribunal deverá estabelecer critérios objetivos para a instalação de varas e lotação de juízes, dadas as diversidades locais ou regionais. De qualquer modo, a apuração da proporcionalidade deverá ser gerenciada por órgãos de planejamento e controle, cujas atribuições são agora do Conselho Nacional de Justiça); os servidores receberão delegação para a prática de atos de administração e atos de mero expediente sem caráter decisório; a distribuição de processos será imediata, em todos os graus de jurisdição.

O Estatuto da Magistratura, que deverá observar os princípios acima mencionados, estabelecerá os direitos e os deveres dos magistrados, podendo ainda prever sanções pelo seu descumprimento.[46]

---

ainda, não haver embasamento para que o CNJ, órgão de controle da atuação administrativa e financeira do Poder Judiciário e do cumprimento dos deveres funcionais dos juízes, expeça normas sobre o direito dos magistrados ou admita como providência legítima o gozo de férias coletivas desses agentes públicos (*Informativo* STF n. 451).

[46] A Resolução n. 135-CNJ, de 13 de julho de 2011, dispõe sobre a uniformização de normas relativas ao procedimento administrativo disciplinar aplicável aos magistrados, acerca do rito e das penalidades.

Em sessão realizada no dia 8 de fevereiro de 2012, o Plenário do Supremo Tribunal Federal concluiu o julgamento da Medida Cautelar na ADI 4.638 MC/DF, Rel. Min. Marco Aurélio. Foram examinados os seguintes dispositivos da Resolução n. 135/2011, do CNJ:

Art. 2º: por maioria de votos, a Corte acompanhou o Relator da ação e negou o pedido de liminar quanto ao dispositivo, que determina o seguinte: "Considera-se Tribunal, para os efeitos desta resolução, o Conselho Nacional de Justiça, o Tribunal Pleno ou o Órgão Especial, onde houver, e o Conselho da Justiça Federal, no âmbito da respectiva competência administrativa definida na Constituição e nas leis próprias";

Art. 3º, inciso V: o dispositivo estabelece como pena disciplinar – aplicáveis aos magistrados da Justiça Federal, da Justiça do Trabalho, da Justiça Eleitoral, da Justiça Militar, da Justiça dos Estados e do Distrito Federal e Territórios – a aposentadoria compulsória. O Plenário do STF, por unanimidade dos votos, referendou a liminar proferida pelo Relator de forma a manter a eficácia do dispositivo;

Art. 3º, § 1º: o dispositivo prevê a aplicação, a magistrados, de penas previstas na Lei 4.898/65 (Lei de Abuso de Autoridade), desde que não sejam incompatíveis com a Loman (Lei Orgânica da Magistratura). O Min. Marco Aurélio, Relator, acolheu o pedido da AMB e suspendeu a aplicação desse dispositivo no caso de sanção administrativa civil, sob o argumento de que as penas aplicáveis a magistrados já estão previstas de forma taxativa na Loman. "A inobservância de qualquer dos deveres administrativos gera penalidades estabelecidas na própria Lei Orgânica", disse. A decisão do Relator foi referendada, por maioria de votos;

Art. 4º: menciona o dispositivo que o magistrado negligente estará sujeito à pena de advertência, censura ou pena mais grave, se a infração justificar. A vigência do dispositivo foi mantida, confirmando a decisão do Relator, que, nesse ponto, indeferiu o pedido de medida cautelar;

Art. 20: teve sua vigência mantida. Diz o dispositivo que o julgamento de processo administrativo disciplinar contra magistrados será realizado em sessão pública. Confirmou-se a decisão do Relator que, também nesse ponto, indeferiu o pedido de medida cautelar;

Arts. 8º e 9º, §§ 2º e 3º: sua vigência foi mantida, com o entendimento de que cabe ao órgão competente de cada tribunal a apuração de eventuais irregularidades cometidas por magistrados. Porém, segundo se decidiu, não cabe ao CNJ definir de quem é a competência para proceder esta apuração no âmbito dos tribunais;

8. ORGANIZAÇÃO DO PODER JUDICIÁRIO

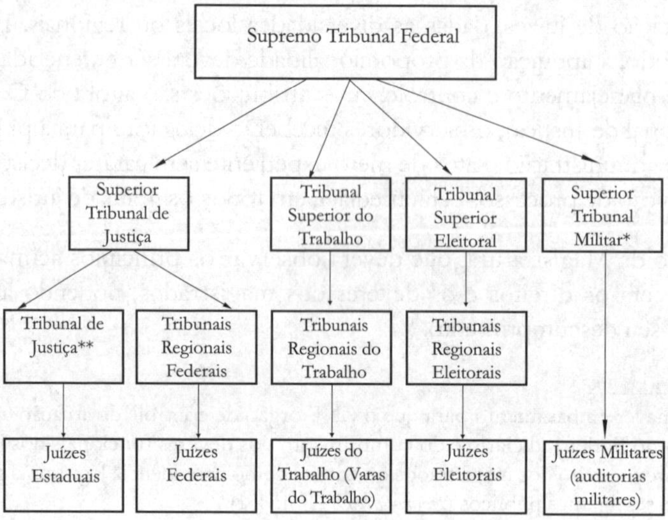

Art. 10: por maioria de votos, o Plenário do STF decidiu manter a sua vigência. O artigo trata da possibilidade de recurso nos casos mencionados nos arts. 8º e 9º da norma. O artigo diz que "das decisões referidas nos artigos anteriores caberá recurso no prazo de 15 dias ao Tribunal, por parte do autor da representação". Decidiu-se, contudo, excluir a parte final do dispositivo, dando interpretação conforme a Constituição ao artigo para que fique claro que podem recorrer das decisões mencionadas todos os interessados no procedimento, seja o autor da representação ou o magistrado acusado;

Art. 12: por 6 votos a 5, foi mantida a competência originária e concorrente do Conselho Nacional de Justiça (CNJ) para investigar magistrados, prevista no art. 12 da Resolução 135/2011, do CNJ. O dispositivo, que havia sido suspenso na decisão liminar do Relator, dizia que "para os processos administrativos disciplinares e para a aplicação de quaisquer penalidades previstas em lei, é competente o Tribunal a que pertença ou esteja subordinado o magistrado, sem prejuízo da atuação do Conselho Nacional de Justiça";

Art. 14, §§ 3º, 7º, 8º e 9º; art. 17, cabeça, e incisos IV e V; e art. 20, § 3º: por maioria de votos, foi negado referendo à liminar neste ponto e reconhecida a competência do Conselho Nacional de Justiça para regulamentar a instauração e instrução de processo disciplinar contra juízes. O tribunal local terá prazo de 140 dias para concluir o processo administrativo, prazo que poderá ser prorrogado por motivo justificado. O Presidente e o Corregedor do tribunal terão direito a voto e o processo não terá revisor. O magistrado que não apresentar defesa no prazo estipulado poderá ser declarado revel e sua defesa então será assumida por um defensor dativo;

Art. 15, § 1º: por maioria de votos, vencida a Min. Rosa Weber, referendou-se a decisão do Relator em relação à suspensão do dispositivo que previa o afastamento cautelar do magistrado do cargo, mesmo antes de instaurado o processo administrativo disciplinar contra ele. Esta possibilidade foi afastada;

Art. 21, parágrafo único: na análise do último dispositivo questionado pela AMB, o Plenário decidiu, também por maioria de votos, que quando houver divergência do tribunal em relação à pena a ser aplicada ao magistrado, cada sugestão de pena deverá ser votada separadamente para que seja aplicada somente aquela que alcançar *quorum* de maioria absoluta na deliberação. Neste ponto, o Plenário deu interpretação conforme ao dispositivo da Resolução 135 do CNJ para que não haja conflito com o que dispõe nos incisos VIII e X do art. 93 da Constituição Federal. (*Notícias* STF, 3.2.2012 e 8.2.2012. *Informativos* 653 e 654/STF).

* Em tempo de guerra, a jurisdição superior militar caberá aos Conselhos Superiores de Justiça Militar (arts. 89 a 97 da Lei n. 8.457/92).

** Lei estadual poderá criar, mediante proposta do Tribunal de Justiça, a Justiça Militar estadual, constituída, em primeiro grau, pelos juízes de direito e pelos Conselhos de Justiça e, em segundo grau, pelo próprio Tribunal de Justiça, ou por Tribunal de Justiça Militar nos Estados em que o efetivo militar seja superior a vinte mil integrantes (art. 125, § 3º, da Constituição Federal, com a redação da EC n. 45/2004 – cf. item 16 adiante).

Vê-se do art. 92 da Constituição (redação da EC n. 45/2004), que são órgãos do Poder Judiciário:

I – o Supremo Tribunal Federal;

I-A – o Conselho Nacional de Justiça;

II – o Superior Tribunal de Justiça;

III – os Tribunais Regionais Federais e Juízes Federais;

IV – os Tribunais e Juízes do Trabalho;

V – os Tribunais e Juízes Eleitorais;

VI – os Tribunais e Juízes Militares;

VII – os Tribunais e Juízes dos Estados e do Distrito Federal e Territórios.

Integram o Poder Judiciário, além do Supremo Tribunal Federal, que é o seu órgão de cúpula, o Conselho Nacional de Justiça, Tribunais (órgãos colegiados) e Juízes Federais e de Direito (órgãos monocráticos).

Mantém a Constituição a dualidade da magistratura, eis que prevê Justiça Federal (Comum e Especializada) e Justiça dos Estados (Comum e Especializada Militar).

A tradição de nosso republicanismo é no sentido de consagrar a dualidade da magistratura, pela coexistência de uma Justiça federal com as Justiças Estaduais, e discriminação das respectivas áreas de atuação.

O texto constitucional republicano de 1891 consagrava apenas, ao tratar da organização do Poder Judiciário, o Judiciário da União, formado pelo Supremo Tribunal Federal e por juízes e tribunais federais (arts. 55 e seguintes). A menção aos juízes e tribunais dos Estados constava dos arts. 61 e 62. Esta orientação foi seguida pela Constituição de 1934, que, em seu art. 63, enumerava como órgãos do Poder Judiciário tão somente os juízes e tribunais da União, com a novidade de incluir os da Justiça Militar e da Justiça Eleitoral. Na Constituição de 1937, pela primeira vez aparecem, no art. 90, *b*, mencionados entre os órgãos do Poder Judiciário, os "juízes e tribunais dos Estados, do Distrito Federal e dos Territórios", o que se explica pela supressão da Justiça Federal de 1ª instância, cuja competência, excetuada a do Supremo Tribunal Federal, passou para a competência da Justiça dos Estados, do Distrito Federal e dos Territórios. Na Constituição de 1946, desapareceu a menção aos tribunais estaduais da enumeração dos órgãos do Poder Judiciário, embora se mantivesse a competência dos juízes estaduais para o julgamento, em 1ª instância, das causas que, no sistema anterior a 1937, pertenciam ao foro dos juízes federais seccionais. A despeito de os juízes e tribunais dos Estados figurarem na enumeração do anteprojeto e do projeto de constituição, ao principal argumento de ser o Poder Judiciário nacional, embora parte de seus órgãos funcionarem nos Estados e a cargo deste, prevaleceu, na Constituição de 1946, o posicionamento dos que se opunham a esta inclusão. É que os Estados devem possuir os três poderes clássicos, e deixariam de ser Estados se lhes fosse tolhida a posse do Poder Judiciário. Desse modo, na Constituição Federal só deve figurar o que à União diga respeito. Ademais, quando em 1965, pelo Ato Institucional n. 2, se restaurou a Justiça Federal de 1ª instância, deixou de ter significado um dos principais argumentos em favor da inclusão dos juízes e tribunais estaduais entre os órgãos da Justiça Estadual, qual seja, o de que a eles cabia julgar as causas em que a União fosse interessada como autora ou ré. Na Constituição de 1967 (art. 107) foi reproduzida a enumeração dos órgãos do Poder Judiciário constante do texto de 1946. A Emenda Constitucional n. 1/69 fez ressurgir, contudo, a menção aos tribunais e juízes estaduais, na organização do Poder Judiciário.

No âmbito teórico, a favor da unidade da organização do Poder Judiciário, reduzida só a tribunais e juízes da União, tese defendida por Rui Barbosa, José Higino Pereira, Amaro Cavalcanti, Alberto Torres, e Alcino de Paula Salazar afirmou-se: "a) abre melhores perspectivas de carreira, quer aos atuais juízes federais quer aos juízes federais; b) garante maior independência de fato à magistratura, subtraída no seu recrutamento, na sua promoção e no exercício das suas funções às influências locais; c) evita os 'males de uma jurisprudência variada, divergente e desajustada, em virtude de dissidentes interpretações de textos legais'; d) assegura igualdade de vantagens, regalias e oportunidades a juízes de Estados pobres e ricos; e) facilita aos interessados o conhecimento dos tribunais competentes para as causas; f) dá maior coesão ao Poder Judiciário; g) assegura melhor proteção aos interesses da União fora das capitais dos Estados. Contra, argumenta-se: a) é da natureza do Estado Federal que os Estados federados possuam os três Poderes, não devendo por isso ser amputados dos órgãos do Poder Judiciário; b) a federalização da Justiça viria aumentar enormemente a força da União, desequilibrando ainda mais a harmonia dentro da Federação; c) por outro lado, aumentaria imenso as despesas da União, obrigando a favorecê-la, ainda mais, na repartição das rendas; d) as deficiências de carreira e a desigualdade de situações dos juízes estaduais podem ser remediadas pela inclusão na Constituição dos princípios básicos da unificação de estatuto da magistratura; e) também por meios processuais se podem corrigir os perigos da divergência de interpretações na jurisprudência".[47] A estrutura dualista do Judiciário, que veio a ser consagrada na Constituição de 1988, foi defendida, entre outros, por Pedro Lessa e José Frederico Marques.

A EC n. 45/2004 inseriu o Conselho Nacional de Justiça na estrutura do Poder Judiciário, o que se mostra inadequado, já que não se trata de órgão de Poder, ausente ainda o exercício de função jurisdicional.

À Justiça Federal Especializada (do Trabalho, Eleitoral e Militar), conforme examinaremos adiante, cabe processar e julgar matérias de natureza do trabalho, eleitoral e militar, e à Justiça Federal Comum cabe processar e julgar o remanescente, ou seja, todo o resíduo, desde que haja interesse da União, exceto as causas de falência, acidentes de trabalho e as sujeitas à Justiça Eleitoral e à Justiça do Trabalho.

---

47 CAETANO. *Direito constitucional*, v. 2, p. 72-73.

À Justiça Estadual cabe aplicar o direito estadual e o federal comum, desde que não haja interesse da União. Na realidade, a Justiça Estadual aplica mais as leis federais do que as estaduais, em razão, sobretudo de que a competência da Justiça Estadual se faz pelo critério residual, que é mais acentuado, pois lhe cabe o julgamento das causas que não se incluem nem na competência das Justiças especiais, nem na competência da Justiça Federal comum.

A Constituição criou um órgão novo de superposição na estrutura do Poder Judiciário: o Superior Tribunal de Justiça, corte de cassação, cuja competência se relaciona com o contencioso da lei federal, ficando o contencioso constitucional com o Supremo Tribunal Federal, a quem compete, "precipuamente, a guarda da Constituição" (art. 102).

9. SUPREMO TRIBUNAL FEDERAL

O Supremo Tribunal Federal é o órgão de cúpula do Poder Judiciário.

No período colonial, identifica-se como embrião do Supremo Tribunal Federal a Casa da Suplicação do Brasil, o mais elevado Tribunal do Reino, criado pelo Príncipe Regente D. João, pelo Alvará de 10 de maio de 1808, com sede no Rio de Janeiro, e a mesma competência da Casa da Suplicação de Lisboa, e que, até 1828, funcionou como órgão de cúpula da organização judiciária brasileira. Além da Casa da Suplicação, que surgiu da elevação do Tribunal da Relação do Rio de Janeiro, foi criada a Mesa do Desembargo do Paço e da Consciência e Ordens (22 de abril), bem como o Conselho Supremo de Justiça Militar (1º de abril) e o Tribunal da Real Junta de Comércio, Agricultura. O Príncipe Regente D. João, ainda em 1808, criou o Juízo Conservador da Nação Inglesa, considerada por muitos como um retrocesso na organização judiciária, por ter sido uma exigência da Inglaterra para o julgamento das causas de seu interesse.

A Constituição de 1824 previa um Supremo Tribunal de Justiça (arts. 163 e 164), instituído pela Lei de 18 de setembro de 1828. A instalação do Supremo Tribunal de Justiça deu-se no dia 9 de janeiro de 1829. Ao Tribunal competia conceder ou denegar recursos de revistas nas causas e pela maneira que a lei determinasse, conhecer dos delitos e erros de ofício que cometessem os seus ministros, os das relações, os empregados no corpo diplomático e os presidentes das províncias, conhecer e decidir sobre os conflitos de jurisdição.

O Supremo Tribunal de Justiça foi sucedido pelo Supremo Tribunal Federal, organizado pelo Decreto n. 848, de 11 de outubro de 1890, mas previsto anteriormente pelo Decreto n. 510, de 22.6.1890, que publicou o texto da Constituição elaborada pela "Comissão dos Cinco" e revisto por Rui Barbosa.

A Constituição de 1891 instituiu o Supremo Tribunal Federal, composto de 15 Juízes, nomeados pelo Presidente da República e aprovados pelo Senado Federal. O cargo era vitalício, e não havia limite de idade para o seu exercício. O Supremo Tribunal Federal foi instalado no dia 28 de fevereiro de 1891, em sessão presidida por João Evangelista de Negreiros Saião Lobato (Visconde de Sabará).

A Constituição de 1934 alterou o nome do Supremo Tribunal para Corte Suprema, reduziu o número de Ministros para 11 (art. 73), facultando, no entanto, sua elevação, por lei, para 16, sob proposta da própria Corte, e estabeleceu limite de idade para o exercício do cargo, ou seja, a aposentadoria compulsória aos 75 anos de idade (art. 64, *a*).

O Supremo teve o seu nome de origem restaurado pela Constituição de 1937.

A Constituição de 1946 manteve o número de Ministros em 11, que foi aumentado para 16 pelo Ato Institucional n. 2, de 27 de outubro de 1965, número este preservado na Constituição de 1967. O Ato Institucional n. 6, de 1º.2.1969, reduziu o número de Ministros para 11, mantido na Emenda Constitucional n. 1, de 1969 (art. 118).

A ideia de se instituir no Brasil o Supremo Tribunal Federal, nos moldes da Suprema Corte norte-americana não se deve aos republicanos, mas a D. Pedro II, que, em julho de 1889, encarregou Salvador de Mendonça que, acompanhado de Lafayette Rodrigues Pereira, viajaria em missão oficial nos Estados Unidos de estudar "com todo o cuidado a organização do Supremo Tribunal de Justiça de Washington. Creio que nas funções da Corte Suprema está o segredo do bom funcionamento da Constituição norte-americana. Quando voltarem, haveremos de ter uma conferência a este respeito. Entre nós as coisas não vão bem, e parece-me que se pudéssemos criar aqui um tribunal igual ao norte-americano, e transferir para ele as atribuições do Poder Moderador da nossa Constituição, ficaria esta melhor. Deem toda a atenção a este ponto. Quatro meses depois o Imperador era deposto, mas essa sua ideia parecia estar na consciência de outros.

Proclamada a República, a Constituição promulgada em 24 de fevereiro de 1891, copiando em grande parte o sistema americano de governo, copiou também em certos pontos a Corte Suprema dos Estados Unidos e outorgou expressamente ao Supremo Tribunal Federal o poder de declarar a inconstitucionalidade das leis."[48]

O Supremo Tribunal Federal foi concebido pelo Governo Provisório republicano como uma instituição que deveria garantir a República, mesmo contra eventuais maiores parlamentares que apoiassem o retorno à Monarquia.[49]

Os primeiros juízes do Supremo Tribunal Federal, embora tenham aderido à República, foram os da velha Corte Judiciária do Império. Já idosos e de espírito conservador, foram chamados à missão política, extremamente complexa, e de todo diversa daquela a que se acostumaram em longa e rotineira experiência, solidificada no Direito Romano e Reinol, e afeiçoados, alguns deles, à cultura francesa e inglesa, distante, portanto, da norte-americana. Devia ser-lhes algo de revolucionário a ideia de declararem inconstitucionais as leis, negando-lhes aplicação, no caso concreto, ou anulando atos do Legislativo e do Executivo. Afastados pela aposentadoria, os Ministros foram sucedidos por integrantes da nova geração republicana, que passaram a desempenhar relevante papel na consolidação do regime republicano.[50]

Durante a 1ª República (1891 a 1930), ocorreram vários conflitos com os Presidentes Floriano Peixoto, Prudente de Moraes e Hermes da Fonseca. Floriano Peixoto,

---

48 RODRIGUES. *História do Supremo Tribunal Federal*, v. I, p. 1.

49 SOUZA CRUZ. Breve histórico do Supremo Tribunal Federal. *In*: SAMPAIO, José Adércio Leite (Coord.). *Crise e desafios da constituição* , p. 210.

50 Cf. BALEEIRO. *O Supremo Tribunal Federal, esse outro desconhecido*, p. 15-26; 58-59. CASTRO NUNES. *Teoria e prática do Poder Judiciário*, p. 168-169.

aproveitando-se de omissão do texto constitucional de 1891, que não qualificava de "jurídico" o notável saber necessário para o cargo de Ministro,[51] nomeou para o Supremo o médico Cândido Barata Ribeiro, que foi Ministro por quase um ano, até que o Senado anulou a nomeação. Indicou ainda para Ministros do Supremo Tribunal dois generais: Inocêncio Galvão de Queiroz e Ewerton Quadros, os quais não chegaram a tomar posse. Também foram rejeitados pelo Senado Antônio Sève Navarro e Demosthenes da Silveira Lobo. No cenário da denominada "Revolta da Armada", ocorrida em setembro de 1893, foi decretado o estado de sítio, que duraria até 1894. Com a aposentadoria e o falecimento de vários Ministros, Floriano Peixoto deixou de indicar seus substitutos para compor o Tribunal, o que implicou na impossibilidade de realização de sessões, por falta de quorum necessário. Omitiu-se ainda o Presidente da República em empossar na Presidência do Supremo Tribunal o Ministro Aquino e Castro, que sucederia o Ministro Freitas Henriques, que se aposentou em fevereiro de 1894, já que era do Presidente da República a competência para dar posse ao Presidente do Supremo, por força de norma constante do seu Regimento Interno. Somente em fins de 1894 é que Floriano Peixoto nomeou mais cinco Ministros e empossou o Presidente do Tribunal.[52] Eleito e empossado Presidente da República Prudente de Moraes, em 1894, uma de suas primeiras medidas foi a sanção da Lei n. 221/1894, que completou a organização da Justiça Federal e previu, em seu art. 26, que a posse e o compromisso do Presidente do Supremo seriam tomados perante o próprio Tribunal. Houve, no entanto, ameaça de renúncia por parte de Prudente de Moraes, por considerar que o cumprimento da ordem de *habeas corpus* concedida pelo Supremo, em favor dos implicados no atentado ao Presidente Floriano Peixoto, e que haviam sido desterrados para a Ilha de Fernando de Noronha, instalaria um quadro de desordem institucional. Tratava-se do *habeas corpus* 1.073, em que o Supremo Tribunal, revendo anterior jurisprudência, consagrou a tese de que "cessam, com o estado de sítio, todas as medidas de repressão durante ele tomadas pelo Executivo", pois a possibilidade desse controle jurisdicional, findo o sítio, não é excluída pela competência atribuída ao Congresso Nacional "para o julgamento político dos agentes do Executivo." Rui Barbosa saudou a decisão do Supremo como "fruto de seis anos de campanha liberal, que tinha o brilho e a solidez e a força dos grandes arestos, que valem mais a liberdade dos povos do que as Constituições escritas." Com o Marechal Hermes da Fonseca, também ocorreu um incidente, em 1911. O Presidente da República se recusou a cumprir uma decisão do Supremo Tribunal, que concedera ordem de *habeas corpus* em favor de vereadores do então Distrito Federal. Em consequência, foi remetida ao Congresso Nacional mensagem em que o Presidente da República justificava sua recusa, qualificando de exorbitante a decisão judicial. Houve reação do Supremo, por meio de eloquente protesto dos Ministros Amaro Cavalcanti e Pedro Lessa.

---

[51] Constituição de 1891: "Art. 56. O Supremo Tribunal Federal compor-se-á de quinze juízes, nomeados na forma do art. 48, n.12, dentre os cidadãos de notável saber e reputação, elegíveis para o Senado."

[52] Apesar do adiamento da indicação de novos nomes com o propósito de paralisar os trabalhos do Supremo Tribunal, o Presidente Floriano Peixoto designou, em seus três anos de mandato, 32 Ministros, número que não foi superado por nenhum outro Presidente da República.

Ainda na 1ª República, foram julgadas pelo Supremo Tribunal Federal inúmeras questões pertinentes à extensão das competências do Poder Judiciário, especialmente do próprio Supremo Tribunal, para invalidar atos e decisões dos Poderes Legislativo e Executivo, em razão, sobretudo, do Decreto n. 848/1890, que organizou o Supremo, e acolheu, pela primeira vez, em nosso Direito, o controle jurisdicional incidental de constitucionalidade das leis. A exposição de motivos do Decreto n. 848, subscrita pelo Ministro da Justiça do governo provisório, Campos Sales, trazia a seguinte consideração acerca da competência do Poder Judiciário para controlar a constitucionalidade, como relata Lêda Boechat Rodrigues: "A magistratura, que agora se instala no País, graças a graças ao regime republicano, não é um instrumento cego, ou mero intérprete, na execução dos atos do Poder Legislativo. Antes de aplicar a lei, cabe-lhe o direito de exame, podendo dar-lhe ou recusar-lhe sanção, se ela lhe parecer conforme, ou contrária à lei orgânica... Aí está posta a profunda diversidade de índole, que existe entre o Poder Judiciário, tal como se achava instituído no regime decaído, e aquele que agora se inaugura, calcado sobre os moldes democráticos do sistema federal. De poder subordinado, qual era, transforma-se em poder soberano, apto, na elevada esfera de sua atividade, para interpor a benéfica influência do seu critério decisivo, a fim de manter o equilíbrio, a regularidade e a própria independência dos outros poderes, assegurando, ao mesmo tempo, o livre exercício dos direitos do cidadão... Ao influxo da sua real soberania se desfazem os erros legislativos, e são entregues à severidade da lei os crimes dos depositários do Poder Executivo."[53]

Também foram julgados significativos *habeas corpus*, para a defesa das liberdades civis, sendo que alguns deles acabaram por contribuir para as crises com o Executivo, logo no início da República. Com efeito, já em 1893, o Tribunal declarou, em processo de *habeas corpus*, a inconstitucionalidade do Código Penal da Marinha. O HC 300, impetrado por Rui Barbosa em favor do Senador Eduardo Wandenkok, entre outros, por desrespeito às imunidades parlamentares, e que deu início à doutrina brasileira do *habeas corpus* (ver adiante), teria levado a opinião pública a atribuir ao Presidente Floriano Peixoto a frase "Se os juízes do Tribunal concederem h*abeas corpus* aos políticos, eu não sei quem amanhã lhes dará o *habeas corpus* de que, por sua vez, necessitarão." No *habeas corpus* 406, também patrocinado por Rui Barbosa, o Supremo apreciou o caso do navio Júpiter, em favor de militares presos por ordem do Presidente Floriano Peixoto. No HC 415, ainda sob o patrocínio de Rui Barbosa, em favor de Eduardo Wandenkok, invocava-se a demora na formação da culpa e proteção da imunidade parlamentar do paciente.

No período, o Supremo Tribunal alargou o âmbito de incidência do *habeas corpus* contra atos de autoridades públicas, para além do direito de locomoção, mesmo porque a Constituição de 1891 não restringia a garantia individual à tutela do direito de locomoção.[54] A partir de 1910, o Supremo Tribunal desenvolveu o que se cunhou de "doutrina brasileira do *habeas corpus*", mediante interpretação extensiva do instituto, afirmando a aptidão do *habeas corpus* para garantir, entre outros direitos, o exercício

---

53 RODRIGUES. *História do Supremo Tribunal Federal*, v. I, p. 2.

54 Constituição de 1891: "Art. 72 (*Omissis*) § 22. Dar-se-á *habeas corpus*, sempre que o indivíduo sofrer ou se achar em iminente perigo de sofrer violência ou coação por ilegalidade ou abuso de poder."

de funções eletivas, os direitos políticos, as imunidades parlamentares, a liberdade de imprensa, a liberdade de religião, as garantias da magistratura.

Na "Era Vargas", inaugurada com a Revolução de 1930, voltaram a surgir atritos entre o Executivo e o Supremo Tribunal. O governo provisório, depois de comunicar ao Tribunal a situação política do Brasil e ter recebido do Presidente do Supremo, Ministro Godofredo Xavier da Cunha os melhores votos para o governo de fato que se instalara, decretou a diminuição dos vencimentos dos Ministros do Supremo Tribunal e a aposentadoria compulsória de alguns deles, notadamente dos Ministros Godofredo Cunha, Edmundo Muniz Barreto, Antônio Joaquim Pires de Carvalho e Albuquerque, Pedro Afonso Mibielli, Pedro dos Santos e Geminiano da França. Com o advento da Carta Política de 1937, novas aposentadorias compulsórias foram decretadas, pois o texto constitucional rebaixara a idade da aposentadoria compulsória dos magistrados de 75 para 68 anos de idade (art. 91, *a*), medida que atingiu cinco integrantes do Supremo, os Ministros Edmundo Lins, Hermenegildo de Barros (que discursara com energia e intrepidez contra a ilegalidade do movimento revolucionário), Ataulfo de Paiva, Cândido Mota e Carlos Maximiliano.

A partir de 1937, o Supremo Tribunal perdeu muito de sua autonomia, pois a Constituição retirou a competência do Poder Judiciário para o controle de questões políticas (art. 94), e dos atos praticados em virtude de estado de emergência ou estado de guerra (art. 170). Demais disso, estabeleceu a possibilidade do Poder Legislativo tornar sem efeito qualquer decisão do Poder Judiciário que declarasse a inconstitucionalidade de lei, mediante requerimento do Presidente da República e o voto de dois terços de cada Câmara (art. 96, parágrafo único), sendo que o próprio Vargas exerceu esta competência por via de decreto-lei.

Com o retorno do regime democrático, depois da Constituição de 1946, só ocorreu uma interferência na autonomia do Supremo Tribunal, oriunda, desta feita, do Poder Legislativo: o Deputado João Agripino apresentou projeto de lei que foi aprovado pelo Congresso Nacional, e sancionado pelo Presidente da República, reduzindo a competência do Supremo, quase subordinando-o ao Legislativo, no que dizia respeito à organização dos serviços de sua secretaria. A lei, no entanto, foi declarada inconstitucional. Em 1955, ocorreram dois julgamentos históricos do Supremo Tribunal. O primeiro referia-se ao mandado de segurança n. 3.557, impetrado pelo Presidente João Café Filho, em 22 de setembro, pleiteando o direito de reassumir a presidência da República, após seu afastamento provisório para tratamento de saúde, em face dos acontecimentos políticos da época. O outro julgamento envolvia o *habeas corpus* n. 33.908, também do mesmo impetrante, no qual pedia a garantia de sua liberdade de locomoção, porque, com sua família, não podia sair do seu apartamento localizado na Av. Copacabana, para onde se deslocaram tropas militares. Ambos os pedidos foram julgados prejudicados: o *habeas corpus*, à consideração das informações recebidas, e o mandado de segurança, cuja decisão fora sustada na sessão do dia 14.12.1955, por maioria, até que fosse suspenso o estado de sítio, para, na sessão do dia 7.11.1956, julgá-lo definitivamente prejudicado, por falta de objeto, em virtude da posse do novo Presidente da República ocorrida em 31.1.1956. Nos julgamentos, ficou vencido o Ministro Ribeiro da Costa, que protestou contra a violência contra o então Presidente. De destacar ainda o julgamento, em 1947, do *habeas corpus* impetrado por Luís Carlos Prestes, então Senador, para que cessassem os atos da polícia de impedi-lo e a outros comunistas de livre ingresso na sede do PCB, e de confisco dos bens que lá se encontravam. A ordem foi denegada, tendo sido Relator do processo o Ministro Castro Nunes. Outro julgamento significativo ocorreu em 1948, relativo a recurso extraordinário interposto pelo PCB contra a decisão do Tribunal Superior Eleitoral que determinou o cancelamento do registro do partido.

O movimento militar de 1964 não atingiu, de imediato, o Supremo Tribunal Federal. Direitos individuais alcançados por medidas arbitrárias foram garantidos pelo Supremo Tribunal, como o caso do Professor Sergio Cidade Resende, enquadrado na Lei n. 1.801/53 (crimes contra o Estado e a ordem política e social), por ter distribuído em aula um manifesto contra a situação política. O *habeas corpus* por ele impetrado foi deferido, por unanimidade, em 24.8.1964, à consideração de que estaria atuando no legítimo exercício das liberdades de pensamento e de cátedra asseguradas pela Constituição de 1946 (arts. 141, § 5º, e 168, VII). Houve também concessão, pelo Supremo Tribunal Federal, de *habeas corpus* a Governadores de Estado ameaçados, depostos ou presos pelas forças de repressão do regime militar, impetrados, nomeadamente, em favor de Seixas Dória (Sergipe), Plínio Coelho (Amazonas), Miguel Arraes (Pernambuco) e Mauro Borges (Goiás). Em análise da atuação do STF, no pós-golpe de 1964, Osvaldo Trigueiro do Vale ressalta: "O Supremo Tribunal Federal se comportaria, dentro do emaranhado revolucionário, atendendo a todos os pedidos que suplicassem proteção, desde que a Constituição e as leis ordinárias assim o permitissem. Cada decisão política, cada concessão de *habeas corpus*, ecoava nos setores militares mais inflexíveis, como verdadeira provocação. Inúmeros foram os pedidos de *habeas corpus* concedidos a políticos, ex-governadores, ex-secretários de Estado, ex-presidente da República, professores, estudantes, profissionais liberais, e o somatório dessas decisões provocou o inconformismo de parte do poder militar para com o Supremo e a arraigada concepção do facciosismo de suas deliberações, sedimentando um preconceito que se tornaria impossível conter."[55]

A Emenda Constitucional n. 16/1965 deu nova redação à alínea *k* do art. 101, inciso I, da Constituição de 1946, para estabelecer o controle direto de constitucionalidade de lei ou ato normativo federal ou estadual em face da Constituição (representação de inconstitucionalidade), perante o Supremo Tribunal Federal.

O papel político do Supremo Tribunal ficou sobremaneira reduzido com o advento da Constituição de 1967/1969, valendo o registro de que A EC n. 1/1969 vedava revisão judicial de praticamente todos os atos de exceção do governo federal.

O Ato Institucional n. 6/1969 reduziu o número de Ministros do Supremo Tribunal de 16 para 11. Foram decretadas as aposentadorias dos Ministros Victor Nunes Leal, Evandro Lins e Silva e Hermes Lima.

A contribuição da Corte, no período autoritário acha-se relacionada com o controle concentrado de constitucionalidade de leis federais e estaduais, com a consolidação da representação de inconstitucionalidade, nada obstante caber a exclusivi-

---

55 VALE. *O Supremo Tribunal Federal e a instabilidade político-institucional*, p. 38.

dade de sua propositura ao Procurador-Geral da República, circunstância que, de certo modo, acabou por inibir a utilização da ação direta contra leis federais. Em julgamento realizado no ano de 1971, o Supremo Tribunal Federal decidiu caber ao Procurador-Geral da República a iniciativa para determinar o arquivamento de representação que lhe fora encaminhada pelo então MDB contra o Decreto-Lei n. 1.077/70, que estabelecia a censura prévia a livros, jornais e periódicos, vencido o Ministro Adaucto Lucio Cardoso: tratava-se da Reclamação n. 849, de que foi Relator o Ministro Adalício Nogueira.[56]

O Supremo Tribunal Federal, pela Constituição de 1988, compõe-se de 11 Ministros, nomeados pelo Presidente da República, dentre cidadãos (brasileiros natos – art. 12, § 3º, IV) com mais de 35 e menos de 65 anos de idade, de notável saber jurídico e reputação ilibada, depois de aprovada a escolha pela maioria absoluta do Senado Federal (art. 101, parágrafo único).

Tem sede na Capital Federal e jurisdição em todo o território nacional (art. 92, §§ 1º e 2º). Cada Ministro, com exceção do Presidente, integra, formalmente, uma Turma. As Turmas têm competências idênticas e os processos não são distribuídos, originariamente, a uma ou a outra Turma, mas a determinado Ministro-Relator, que, por sua vez, pertence à Primeira ou à Segunda Turma. O Presidente de cada Turma é escolhido pelo critério de antiguidade. Tem sido da tradição do Supremo Tribunal que a eleição do seu Presidente e do Vice-Presidente recaia sobre os dois Ministros mais antigos que ainda não exerceram estes cargos.

O Supremo Tribunal Federal não constitui final de carreira da magistratura, pois a Constituição não exige a pré-condição de magistrado para o cargo de Ministro, mas o preenchimento dos requisitos acima referidos.[57]

---

[56] Sobre a história do Supremo Tribunal Federal, consultar: RORIGUES. *História do Supremo Tribunal Federal*, 4 v. CORRÊA. *O Supremo Tribunal Federal, corte constitucional do Brasil.* VALE. *O Supremo Tribunal Federal e a instabilidade político-institucional.* BONFIM. *Supremo Tribunal Federal:* perfil histórico. COSTA. *O Supremo Tribunal Federal e a construção da cidadania.* ALVES JÚNIOR. *O Supremo Tribunal Federal nas constituições brasileiras.* SOUZA CRUZ. Breve histórico do Supremo Tribunal Federal e do controle de constitucionalidade brasileiro. In: SAMPAIO, José Adércio Leite (Coord.). *Crise e desafios da constituição.* MELLO FILHO. *Algumas notas informativas (e curiosas) sobre o Supremo Tribunal Federal* – Império e República. Disponível em: <www.stf.gov.br>. Acesso em: 19 maio 2008.

Cf. ainda o Cap.13 do vol. 1 deste trabalho, em que é considerada a atuação do Supremo Tribunal Federal no âmbito do controle de constitucionalidade das leis e na defesa dos direitos humanos fundamentais.

[57] O processo de escolha dos Ministros do STF e suas implicações no âmbito da jurisdição constitucional é analisado no Capítulo 12, n. 16.1, do v. 1, deste trabalho. Estudo realizado por Maria Fernanda Jaloretto e Bernardo Pinheiro Machado Mueller, demonstra que, no período de junho de 2002 a outubro de 2009, em que houve um aumento gradual do número de Ministros indicados pelo presidente Lula na composição do STF, não há evidência empírica significativa suficiente de que o método de escolha dos Ministros do STF constitui fator de influência nas decisões da Corte. Este método, no âmbito prático, não compromete a independência do Poder Judiciário, pelos dados e metodologias utilizados (O Procedimento de Escolha dos Ministros do Supremo Tribunal Federal – uma análise empírica. Disponível em: <www.stf.gov.br/arquivo/cms/noticiaNoticiaSTF/anexo/>. Acesso em: 15 set. 2011). O Presidente Lula nomeou sete Ministros e ainda mais dois, em razão da aposentadoria do Min. Eros Grau e do falecimento do Min. Menezes Direito.

O texto constitucional de 1988 conferiu ao Supremo Tribunal Federal a função precípua de guarda da Constituição, retirando-lhe, por conseguinte, as funções que anteriormente lhe eram conferidas de guarda da lei federal e uniformizador da jurisprudência, que foram deslocadas para o Superior Tribunal de Justiça, órgão novo integrante da estrutura do Poder Judiciário.

As mudanças trazidas pela Constituição de 1988, "na esfera da jurisdição constitucional, tiveram um forte impacto sobre o papel do Supremo Tribunal Federal no sistema político brasileiro. A ampliação do acesso, o estabelecimento de novas competências, somada à própria extensão do direito constitucional sobre campos antes reservados ao direito ordinário, transformaram o Supremo Tribunal numa importante e cada vez mais demandada arena de solução de conflitos políticos, colocando-o numa posição central em nosso sistema constitucional."[58]

Quanto ao papel político do Supremo Tribunal Federal, Aliomar Baleeiro nos diz que "o Supremo carrega por precípua missão a de fazer prevalecer a filosofia política da Constituição Federal sobre todos os desvios que o Congresso e o Presidente da República, Estados, Municípios e particulares se tresmalhem, quer por leis sancionadas ou promulgadas, quer pela execução delas ou pelos atos naquela área indefinida do discricionarismo facultado, dentro de certos limites, a ambos aqueles Poderes. O traçado desses limites, quer quanto ao legislador quer quanto ao executor, nunca foi, não é, nem será nunca uma linha firme, clara e inconfundível. Há uma terra de ninguém nesta faixa de fronteira. Teoricamente, essas linhas jazem na Constituição, mas como a lei é obra de expressão do pensamento, ela padece de lacunas, antinomias e obscuridades, como os de qualquer outro país em qualquer época. E a ação do tempo, envelhecendo dispositivos ou desafiando o alcance de outros, senão o próprio silêncio do texto, engendra os problemas que o Supremo Tribunal Federal há de enfrentar pelo futuro afora, às vezes como freio dos avanços temerários, outras vezes como acelerador das aspirações agudas e das reformas latentes".[59]

Tem sido polêmica a denominada *doutrina das questões políticas.* Os que defendem uma autocontenção do Supremo Tribunal Federal, de modo a impossibilitar-lhe sindicar as questões políticas e sobre elas exercer controle judicial, argumentam, em síntese de José Elaeres Marques da Silva: "a) certos atos são excluídos do controle judicial porque a sua avaliação se sujeita à prévia verificação de uma complexa quantidade de circunstâncias políticas, econômicas e sociais, as quais estão além das condições de informação e conhecimento dos juízes; b) contraria o sistema democrático o envolvimento dos juízes em controvérsias próprias da política; c) o Judiciário é o menos democrático dos Poderes; d) a experiência histórica demonstra que a independência dos juízes fica comprometida quando eles assumem responsabilidades primárias na opção entre alternativas políticas, econômicas ou sociais; e) o poder dos juízes de declarar a inconstitucionalidade das leis está sujeito a que não opinem sobre o acerto ou a conveniência das leis e que tenham consciência de que a supressão de leis inconvenientes deve ficar a cargo não dos tribunais, mas de órgão legitimado através de eleições".[60]

---

[58] VIEIRA. *Supremo Tribunal Federal*: jurisprudência política, p. 217.

[59] BALEEIRO. *O Supremo Tribunal Federal, esse outro desconhecido*, p. 103.

[60] TEIXEIRA. *A doutrina das questões políticas no Supremo Tribunal Federal*, p. 53.

Em nosso Direito, a doutrina das questões políticas foi introduzida, na Primeira República, com base no modelo adotado pela Suprema Corte dos Estados Unidos. Rui Barbosa chegou até mesmo a elaborar uma lista de matérias exclusivamente políticas, estranhas, portanto, à competência do Judiciário.[61]

O fenômeno a que se denomina de judicialização da política, ocorrido após a Constituição de 1988, acompanhado da necessidade de se densificar os princípios constitucionais, por via da interpretação, tem levado o Supremo Tribunal a estender sua competência de controle dos poderes Legislativo e Executivo, chegando até mesmo ao controle de questões políticas, como adverte Baracho Júnior, ao salientar que "a delimitação de um espaço para questões eminentemente políticas, imunes à apreciação pelo Poder Judiciário, em uma sociedade complexa como a sociedade brasileira atual, é um método inadequado. Toda controvérsia pode ser analisada sob vários aspectos, entre eles os aspectos político e jurídico. Não há, nas sociedades atuais, uma questão que seja exclusivamente política ou exclusivamente jurídica. O problema, portanto, deixa de ser uma delimitação prévia do que pode e do que não pode ser apreciado pelo Poder Judiciário. O grande desafio para o Poder Judiciário, especialmente para o STF, ao apreciar qualquer controvérsia que lhe é apresentada, é buscar preservar os princípios que fundamentam a ordem jurídica, ainda que esses princípios incidam sobre uma controvérsia que tenha ou possa ter grande repercussão em uma abordagem política. É necessário, portanto, o abandono da doutrina da 'questão política', como espaço que torna certas matérias imunes à apreciação do Poder Judiciário".[62] Se as questões políticas, com efeito, não podem ser colocadas à margem do ordenamento jurídico, não há como admitir como possível a existência de questões exclusivamente políticas, pois, do contrário, estar-se-ia reconhecendo "que ocorram no interior do ordenamento positivo fatos políticos sem qualificação jurídica alguma".[63]

Observe-se, de outra parte, que a jurisdição constitucional não é privativa do Supremo Tribunal Federal, pois, como nosso Direito consagra, além do sistema concentrado, o sistema difuso de controle de constitucionalidade, outros órgãos do Poder Judiciário, desde que competentes para apreciar o caso concreto, o são também para a declaração de inconstitucionalidade. De outra parte, o Supremo não teve reduzida sua competência tão só ao controle da constitucionalidade. Pelo que se vê da Constituição, continua competente para, no exercício de sua jurisdição constitucional, processar e julgar outras causas sem controle de constitucionalidade: ações penais, *habeas corpus*; mandados de segurança; litígio entre Estado estrangeiro ou organismo internacional e a União, os Estados, o Distrito Federal e os Territórios;

---

61 Cf. o Capítulo 13, n. 16, do v. 1, deste trabalho, em que abordamos as questões políticas no domínio da jurisdição constitucional.

62 BARACHO JÚNIOR. A interpretação dos direitos fundamentais na Suprema Corte dos EUA e no Supremo Tribunal Federal. *In*: SAMPAIO, José Adércio Leite (Coord.). *Jurisdição constitucional e direitos fundamentais*, p. 337-338.

63 VILANOVA. A dimensão política nas funções do Supremo Tribunal Federal. *Revista de Direito Público,* ano XIV, n. 57-58, p. 52. Cf. ainda: BARBOSA. *Comentários à Constituição federal brasileira*, v. 4. LESSA. *Do Poder Judiciário.* TEIXEIRA. *A doutrina das questões políticas no Supremo Tribunal Federal.* VIANNA *et al. A judicialização da política e das relações sociais no Brasil.*

as causas e os conflitos entre a União e os Estados, a União e o Distrito Federal, ou entre uns e outros, inclusive as respectivas entidades da administração indireta; extradição solicitada por Estado estrangeiro; revisão criminal e ação rescisória de seus julgados, questões que se inserem na sua competência originária. O Supremo Tribunal exerce, portanto, dupla função: a de órgão de cúpula do Poder Judiciário, ao rever decisões dos demais tribunais incompatíveis com a Constituição, além de atribuições de foro privilegiado para julgamento de ações que envolvam determinadas autoridades da República, bem como a função de tribunal constitucional, ao apreciar, de forma concentrada, as ações diretas de inconstitucionalidade e constitucionalidade.[64]

9.1 Competência do Supremo Tribunal Federal

O Supremo Tribunal Federal exerce competência *originária e recursal (ordinária e extraordinária).*

Ao Supremo Tribunal Federal compete processar e julgar, *originariamente:* nas infrações penais comuns, o Presidente da República, o Vice-Presidente da República, os membros do Congresso Nacional,[65] seus próprios Ministros e o Procurador-Geral da República; nas infrações penais comuns e nos crimes de responsabilidade, os Ministros de Estado[66] e os Comandantes da Marinha, do Exército e da Aeronáutica, ressalvado o disposto no art. 52, I, os membros dos Tribunais Superiores, os do Tribunal de Contas da União e os chefes de missão diplomática de caráter permanente (art. 102, I, *c*, com a redação dada pela EC n. 23/99); o *habeas corpus*, sendo paciente qualquer das pessoas acima referidas; o mandado de segurança e o *habeas corpus* contra atos do Presidente da República, das Mesas da Câmara dos Deputados e do Senado Federal, do Tribunal de Contas da União, do Procurador-Geral da República e do próprio Supremo Tribunal Federal; o *habeas corpus*, quando o coator for Tribunal Superior ou quando o coator ou o paciente for autoridade ou funcionário cujos atos estejam sujeitos diretamente à jurisdição do Supremo Tribunal, ou se trate de crime sujeito à mesma jurisdição em uma única instância (redação dada pela EC n. 22/99); o *habeas data* contra atos do Presidente da República, das Mesas da Câmara dos Deputados e do Senado Federal, do Tribunal de Contas da União, do Procurador-Geral da República e do próprio Supremo Tribunal Federal; o mandado de injunção, quando a elaboração da norma regulamentadora

[64] VIEIRA. *Supremo Tribunal Federal*: jurisprudência política, p. 217-218.

[65] A prerrogativa de foro dos membros do Congresso Nacional acha-se examinada no Cap.9, n. 75, deste vol. Segundo o Regimento Interno do STF (art. 9º, *j*) atualizado pela Emenda Regimental n. 49/2014, compete às Turmas processar e julgar originariamente nos crimes comuns, os Deputados e Senadores, ressalvada a competência do Plenário, bem como apreciar pedidos de arquivamento por atipicidade de conduta.

[66] O Supremo Tribunal Federal tem decidido no sentido de que "para efeito de definição da competência penal originária do Supremo Tribunal Federal, não se consideram Ministros de Estado os titulares de cargos de natureza especial da estrutura orgânica da Presidência da República, malgrado lhes confira a lei prerrogativas, garantias, vantagens e direitos equivalentes aos dos titulares dos Ministérios" (Inz. –QO 2.044/SC, Rel. Min. Sepúlveda Pertence, *DJ*, 8.4.2005; Rcl. 2.417/SC, Rel. Min. Carlos Britto, *DJ*, 25.2.2005).

for atribuição do Presidente da República, do Congresso Nacional, da Câmara dos Deputados, do Senado Federal, das Mesas de uma dessas Casas Legislativas, do Tribunal de Contas da União, de um dos Tribunais Superiores, ou do próprio Supremo Tribunal Federal; a execução de sentença nas causas de sua competência originária, facultada a delegação de atribuições para a prática de atos processuais; a ação em que todos os membros da magistratura sejam direta ou indiretamente interessados, e aquela em que mais da metade dos membros do tribunal de origem estejam impedidos ou sejam direta ou indiretamente interessados;[67] os conflitos de competência entre o Superior Tribunal de Justiça e quaisquer tribunais, entre Tribunais Superiores, ou entre estes e qualquer outro tribunal; as ações contra o Conselho Nacional de Justiça e contra o Conselho Nacional do Ministério Público (redação da EC n. 45/2004).[68]

Outras causas que se inserem na competência originária do Supremo Tribunal foram mencionadas no final do item 9 acima.

Destacam-se, na competência originária do Supremo Tribunal Federal, o processo e julgamento da ação direta de inconstitucionalidade de lei ou ato normativo federal ou estadual, e a ação declaratória de constitucionalidade de lei ou ato normativo federal (a inconstitucionalidade de lei ou ato normativo municipal limitada à Constituição estadual é, por via de ação direta, de competência dos Tribunais estaduais – art. 125, § 2º). Poderá haver pedido de medida cautelar (art. 102, I, *p*).

O perfil dessas ações foi examinado no Capítulo 13, volume 1, deste trabalho, dedicado ao Controle de Constitucionalidade, notando-se que o Supremo Tribunal Federal, além do controle concentrado, exerce a jurisdição constitucional, via controle difuso-incidental, no âmbito do recurso extraordinário (ver adiante).

Em todas as arguições de inconstitucionalidade e em todos os processos de competência do Supremo Tribunal Federal, deverá ser previamente ouvido o Procurador-Geral da República.

---

[67] "A jurisprudência do Supremo Tribunal Federal tem-se orientado no sentido de que a letra *n* do inciso I do art. 102 da Constituição Federal, a firmar competência originária do STF para a causa, só se aplica quando a matéria versada na demanda respeita a privativo interesse da magistratura enquanto tal e não quando também interessa a outros servidores" (STF, AO 467, Rel. Min. Néri da Silveira, *DJ*, 3.10.1997).

[68] A respeito do alcance do disposto na alínea *r* do inciso I do art. 102 da CF, ao STF compete julgar apenas as açoes tipicamente constitucionais movidas em face do CNJ, é dizer, o STF possui competência no tocante aos casos em que a atuação do CNJ se dê, precipuamente, na consecução de sua atividade finalística, quando direta e especialmente incidente sobre membros (magistrados) e órgãos a ele diretamente subordinados. Desse modo, proposta ação ordinária contra a União, ainda que alusiva a ato do CNJ, cumpre ao juízo federal processá-la e julgá-la, nos termos do art. 109, I, da CF. 109, I, da CF. Com efeito, o art. 102, I, *r*, da CF, deve ser interpretado de maneira sistemática. A referência a "ações" alcança apenas mandado de segurança, mandado de injunção, *habeas data* e *habeas corpus,* sendo impróprio concluir que toda e qualquer ação a envolver o CNJ ou o CNMP compete ao STF, uma vez que, no tocante a atos do Presidente da República, das Mesas da Câmara dos Deputados e do Senado Federal, do TCU, do Procurador-Geral da República e do próprio STF, cabe a esta Corte apreciar somente mandado de segurança (STF, AO 1814 QO/MG, Rel. Min. Marco Aurélio, j. 24.9.2014; *Informativo* 760/STF).

Ainda na competência originária do Supremo Tribunal Federal, merece relevo a de processar e julgar a reclamação para a preservação de sua competência e garantia da autoridade de suas decisões (art. 102, I, l), tema que será examinado adiante.

O § 1º do art. 102, com a redação dada pela Emenda Constitucional n. 3/1993, prevê que a arguição de descumprimento de preceito fundamental, decorrente da Constituição, será apreciada pelo Supremo Tribunal Federal, na forma da lei, inserindo-se na sua competência originária. Trata-se da Lei n. 9.882, de 3 de dezembro de 1999, por nós examinada no Capítulo 13, do volume 1, deste trabalho.

Na *competência recursal ordinária,* o Supremo Tribunal Federal julga, em grau de recurso ordinário (art. 102, II), o crime político, o *habeas corpus*, o mandado de segurança, o *habeas data* e o mandado de injunção, decididos em única instância pelos Tribunais Superiores, se denegatória a decisão.

Não é fácil a caracterização do crime político. Aníbal Bruno, escrevendo sobre o tema, diz que "o seu objetivo não é egoísta, mas altruísta; não é o dano, mas a melhoria das condições de vida coletiva. Enfim, a evolução dos povos, todas as grandes transformações político-sociais da humanidade processam-se geralmente através de movimentos que integram tipos de crimes políticos. Vitoriosos, os seus autores são proclamados heróis; vencidos, são processados e punidos, mas suas ideias inspiram muitas vezes novos movimentos possivelmente mais felizes, consagrando-se, então, mártires os seus precursores. Tomado assim o conceito, tem-se procurado estabelecer distinções entre os crimes políticos: crimes políticos próprios, os que ofendem a organização política do Estado; crimes políticos impróprios, os que acometem um direito político do cidadão. E, ainda, crimes políticos puros, os que têm exclusivamente caráter político; e crimes políticos relativos, compreendendo os complexos ou mistos, que ofendem ao mesmo tempo um direito político e um bem jurídico tutelado pelo Direito Penal Comum; e os crimes comuns conexos a crimes políticos".[69]

Assinale-se que na competência recursal ordinária não se subtrai do Supremo o exame do fato. Assim, poderá ser apreciado e revisto todo o contexto probatório do processo, o que não é possível em se tratando de recurso extraordinário.

9.2 Recurso extraordinário

O recurso extraordinário, como salienta Gilmar Mendes, "consiste no instrumento processual-constitucional destinado a assegurar a verificação de eventual afronta à Constituição em decorrência de decisão judicial proferida em última ou única instância".[70]

A origem do recurso extraordinário está no modelo do *writ of error* do direito norte-americano, em que se busca a retificação dos erros de direito da decisão recorrida, com a sua cassação ou reforma.

---

[69] BRUNO. *Direito penal*, t. 2, p. 224-226.

[70] MENDES; COELHO; BRANCO. *Curso de direito constitucional*, p. 906-907.

Anteriormente à Constituição de 1988, o recurso extraordinário era o processo mais importante da competência do Supremo Tribunal Federal, pois se destinava não só à defesa da ordem constitucional, como também à da ordem do direito federal.

A partir da Constituição de 1988, no recurso extraordinário (art. 102, III, *a, b, c* e *d*) examina-se matéria apenas constitucional, já que o contencioso da lei federal, que antes era tratado no recurso extraordinário, passou para a competência do Superior Tribunal de Justiça (art. 105, III, *a, b* e *c*). Assim, ao Supremo Tribunal Federal cabe julgar, mediante recurso extraordinário, as causas decididas em única ou última instância, quando a decisão recorrida: *a)* contrariar dispositivo da Constituição federal; *b)* declarar a inconstitucionalidade de tratado ou lei federal; *c)* julgar válida lei ou ato de governo local contestado em face da Constituição Federal; *d)* julgar válida lei local contestada em face de lei federal: observe-se que esta competência foi transferida, por força da EC n. 45/2004, do Superior Tribunal de Justiça para o Supremo Tribunal Federal, uma vez que a lei local, nesta hipótese, invade competência própria de lei federal, o que envolve matéria constitucional.

Ao se referir à "decisão recorrida", a Constituição não exige que a decisão seja proferida por Tribunal, de modo que o recurso extraordinário é cabível contra decisão de juiz singular, desde que não previsto recurso ordinário, e contra as decisões das Turmas Recursais dos Juizados Especiais Criminais e Cíveis.

O recurso extraordinário, para ser admitido, exige o *prequestionamento*, nas decisões recorridas, das questões de que trata o art. 102, III, da Constituição Federal. Daí o manejo de embargos declaratórios contra o acórdão recorrido, no interesse de futuro recurso extraordinário. Se o assunto, como expõe Uadi Lammêgo Bulos, "aparecer no próprio acórdão recorrido, *ex officio*, estará configurado o requisito do *prequestionamento*, pois o tribunal *a quo* se pronunciou acerca do tema a ser alvo de recurso extraordinário ou recurso especial. Há decisões no Pretório Excelso no sentido de que a matéria não pode ser alegada pela primeira vez em embargos de declaração contra o acórdão do qual se pretende aforar recurso extraordinário ou recurso especial. Ademais, não se exige *prequestionamento* quando o direito é superveniente. O *prequestionamento*, na visão do Supremo Tribunal Federal, deve ser explícito, isto é, o acórdão deve decidir efetivamente a questão".[71] Por outro lado, para o cabimento do recurso extraordinário é indispensável que a alegada ofensa à Constituição, pela decisão recorrida, seja direta e frontal, inadmitindo-se o extraordinário na hipótese de ofensa reflexa ou oblíqua ao texto constitucional.

Quanto aos requisitos de admissibilidade do recurso extraordinário e ao procedimento no juízo de origem, aplica-se o disposto nos Capítulos I e II do Título X do Código de Processo Civil,[72] observando-se, no Supremo Tribunal Federal, o seu Regimento Interno.

De notar que o recurso extraordinário será interposto perante o Presidente ou o Vice-Presidente do Tribunal recorrido. Recebida a petição inicial pela secretaria do Tribunal, será o recorrido intimado para contra-arrazoar. Uma vez admitido, os autos serão reme-

---

[71] BULOS. *Curso de direito constitucional*, p. 1.079.

[72] Novo CPC (versão do Projeto aprovado pelo CN): Parte Especial, Livro III, Título II, Capítulo VI.

tidos ao Supremo Tribunal Federal, onde se processará o recurso, segundo o Regimento Interno. Se inadmitido, caberá agravo de instrumento. O recurso extraordinário, quando interposto contra decisão interlocutória em processo de conhecimento, cautelar ou embargos à execução ficará retido nos autos e somente será processado se o reiterar a parte, no prazo para a interposição do recurso contra a decisão final, ou para as contrarrazões.[73]

O Supremo Tribunal Federal editou as seguintes súmulas acerca do recurso extraordinário:

Súmula n. 279 – Para simples reexame de prova não cabe recurso extraordinário.

Súmula n. 281 – É inadmissível o recurso extraordinário, quando couber, na Justiça de origem, recurso ordinário da decisão impugnada.

Súmula n. 282 – É inadmissível o recurso extraordinário quando não ventilada, na decisão recorrida, a questão federal suscitada.

Súmula n. 283 – É inadmissível o recurso extraordinário, quando a decisão recorrida assenta em mais de um fundamento suficiente e o recurso não abrange todos eles.

Súmula n. 284 – É inadmissível o recurso extraordinário quando a deficiência na sua fundamentação não permitiu a exata compreensão da controvérsia.

Súmula n. 286 – Não se conhece do recurso extraordinário fundado em divergência jurisprudencial, quando a orientação do plenário do Supremo Tribunal Federal já se firmou no mesmo sentido da decisão recorrida. As hipóteses de que tratam as Súmulas n. 282 e n. 286 (contencioso da lei federal e dissídio jurisprudencial) não cabem mais na competência recursal extraordinária do Supremo Tribunal Federal, mas desafiam recurso especial a ser aviado para o Superior Tribunal de Justiça (art. 105, III, da Constituição de 1988).

Súmula n. 356 – O ponto omisso da decisão, sobre o qual não foram opostos embargos declaratórios, não pode ser objeto de recurso extraordinário, por faltar o requisito do *prequestionamento*.

Súmula n. 513 – A decisão que enseja a interposição de recurso ordinário ou extraordinário, não é a do plenário que resolve o incidente de inconstitucionalidade, mas a do órgão (câmaras, grupos ou turmas) que completa o julgamento do feito.

Súmula n. 634 – Não compete ao Supremo Tribunal Federal conceder medida cautelar para dar efeito suspensivo a recurso extraordinário que ainda não foi objeto de juízo de admissibilidade na origem.

Súmula n. 635 – Cabe ao Presidente do Tribunal de origem decidir o pedido de medida cautelar em recurso extraordinário ainda pendente do seu juízo de admissibilidade.

Súmula n. 636 – Não cabe recurso extraordinário por contrariedade ao princípio constitucional da legalidade, quando a sua verificação pressuponha rever a interpretação dada a normas infraconstitucionais pela decisão recorrida.

---

[73] O Código de Processo Civil trata do recurso extraordinário no Capítulo VI (arts. 541 a 546) do Título X. No novo CPC (versão do Projeto aprovado pelo CN), a matéria vem tratada nos arts. 1026 a 1038.

Súmula n. 637 – Não cabe recurso extraordinário contra acórdão de Tribunal de Justiça que defere pedido de intervenção estadual em Município.

Súmula n. 638 – A controvérsia sobre a incidência, ou não, de correção monetária em operações de crédito rural é de natureza infraconstitucional, não viabilizando recurso extraordinário.

Súmula n. 639 – Aplica-se a Súmula 288 quando não constarem do traslado do agravo de instrumento as cópias das peças necessárias à verificação da tempestividade do recurso extraordinário não admitido pela decisão agravada.

Súmula n. 640 – É cabível recurso extraordinário contra decisão por juiz de primeiro grau nas causas de alçada, ou por turma recursal de juizado especial cível e criminal.

Súmula n. 727 – Não pode o magistrado deixar de encaminhar ao Supremo Tribunal Federal o agravo de instrumento interposto da decisão que não admite recurso extraordinário, ainda que referente à causa instaurada no âmbito dos juizados especiais.

Súmula n. 728 – É de três dias o prazo para a interposição de recurso extraordinário contra decisão do Tribunal Superior Eleitoral, contado, quando for o caso, a partir da publicação do acórdão, na própria sessão de julgamento, nos termos do art. 12 da Lei n. 6.055/74, que não foi revogado pela Lei n. 8.950/94.

Súmula n. 733 – Não cabe recurso extraordinário contra decisão proferida no processamento de precatórios.

Súmula n. 735 – Não cabe recurso extraordinário contra acórdão que defere medida liminar.

A pletora de recursos extraordinários a congestionar o Supremo Tribunal Federal, em especial quando se discutem matérias repetitivas, os denominados *casos de massa*,[74] tem levado à adoção de procedimentos de racionalização no sentido de evitar que o colegiado se ocupe dessas causas repetidas. Foi o que se deu com a edição da Lei n. 8.038/1990, que prevê a possibilidade de o Relator deixar de admitir recurso quando a matéria já estiver pacificada pelo Tribunal, e da Lei n. 9.756/1998, que atribui ao Relator o poder de prover ou desprover o recurso extraordinário, por decisão monocrática, cabendo da decisão recurso de agravo, no prazo de cinco dias, para o órgão recursal competente. Demais disso, como observa Gilmar Mendes,[75] vem-se criando um modelo de cunho mais objetivo para o recurso extraordinário, de modo a transformá-lo em instrumento de defesa da própria ordem constitucional. É o que se verifica com a chamada repercussão geral (ver adiante), e com os novos parâmetros para o recurso extraordinário contra as decisões dos Juizados Especiais Federais, de que trata a Lei n. 10.259/2001 e a Emenda Regimental n. 12/2003, que regulamentou a matéria no âmbito do Supremo Tribunal Federal.[76] Com efeito, havendo a possi-

[74] A explosão numérica de recursos extraordinários deve-se, sobretudo, às discussões que se verificam em períodos marcados por planos econômicos (por exemplo, o ciclo inflacionário), em que as relações homogêneas são decisivas para a crise.

[75] MENDES; COELHO; BRANCO. *Curso de direito constitucional*, p. 906-914.

[76] Lei n. 10.259, de 12 de julho de 2001, que dispõe sobre a instituição dos Juizados Especiais Cíveis e Criminais no âmbito da Justiça Federal. Art. 14. Caberá pedido de uniformização de

interpretação de lei federal quando houver divergência entre decisões sobre questões de direito material proferidas por Turmas Recursais na interpretação da lei. § 1º O pedido fundado em divergência entre Turmas da mesma Região será julgado em reunião conjunta das Turmas em conflito, sob a presidência do Juiz Coordenador. § 2º O pedido fundado em divergência entre decisões de turmas de diferentes regiões ou da proferida em contrariedade a súmula ou jurisprudência dominante do STJ será julgado por Turma de Uniformização, integrada por juízes de Turmas Recursais, sob a presidência do Coordenador da Justiça Federal. § 3º A reunião de juízes domiciliados em cidades diversas será feita pela via eletrônica. § 4º Quando a orientação acolhida pela Turma de Uniformização, em questões de direito material, contrariar súmula ou jurisprudência dominante no Superior Tribunal de Justiça – STJ, a parte interessada poderá provocar a manifestação deste, que dirimirá a divergência. § 5º No caso do § 4º, presente a plausibilidade do direito invocado e havendo fundado receio de dano de difícil reparação, poderá o relator conceder, de ofício ou a requerimento do interessado, medida liminar determinando a suspensão dos processos nos quais a controvérsia esteja estabelecida. § 6º Eventuais pedidos de uniformização idênticos, recebidos subsequentemente em quaisquer Turmas Recursais, ficarão retidos nos autos, aguardando-se pronunciamento do Superior Tribunal de Justiça. § 7º Se necessário, o relator pedirá informações ao Presidente da Turma Recursal ou Coordenador da Turma de Uniformização e ouvirá o Ministério Público, no prazo de cinco dias. Eventuais interessados, ainda que não sejam partes no processo, poderão se manifestar, no prazo de trinta dias. § 8º Decorridos os prazos referidos no § 7º, o relator incluirá o pedido em pauta na Seção, com preferência sobre todos os demais feitos, ressalvados os processos com réus presos, os *habeas corpus* e os mandados de segurança. § 9º Publicado o acórdão respectivo, os pedidos retidos referidos no § 6º serão apreciados pelas Turmas Recursais, que poderão exercer juízo de retratação ou declará-los prejudicados, se veicularem tese não acolhida pelo Superior Tribunal de Justiça. § 10. Os Tribunais Regionais, o Superior Tribunal de Justiça e o Supremo Tribunal Federal, no âmbito de suas competências, expedirão normas regulamentando a composição dos órgãos e os procedimentos a serem adotados para o processamento e o julgamento do pedido de uniformização e do recurso extraordinário. Art. 15. O recurso extraordinário, para os efeitos desta Lei, será processado e julgado segundo o estabelecido nos §§ 4º a 9º do art. 14, além da observância das normas do Regimento.

Emenda Regimental n. 12 de 12.12.2003, que altera a redação do art. 321, *caput*, do Regimento Interno do Supremo Tribunal Federal, e acrescenta-lhe o § 5º, incisos I a VIII. Art. 2º Fica acrescido ao art. 321 do Regimento Interno o § 5º, incisos I a VIII, com o seguinte teor: § 5º Ao recurso extraordinário interposto no âmbito dos Juizados Especiais Federais, instituídos pela Lei n. 10.259, de 12 de julho de 2001, aplicam-se as seguintes regras: I – verificada a plausibilidade do direito invocado e havendo fundado receio da ocorrência de dano de difícil reparação, em especial quando a decisão recorrida contrariar súmula ou jurisprudência dominante do Supremo Tribunal Federal, poderá o relator conceder, de ofício ou a requerimento do interessado, *ad referendum* do Plenário, medida liminar para determinar o sobrestamento, na origem, dos processos nos quais a controvérsia esteja estabelecida, até o pronunciamento desta Corte sobre a matéria; II – o relator, se entender necessário, solicitará informações ao Presidente da Turma Recursal ou ao Coordenador da Turma de Uniformização, que serão prestadas no prazo de 5 (cinco) dias; III – eventuais interessados, ainda que não sejam partes no processo, poderão manifestar-se no prazo de 30 (trinta) dias, a contar da publicação da decisão concessiva da medida cautelar prevista no inciso I deste § 5º; IV – o relator abrirá vista dos autos ao Ministério Público Federal, que deverá pronunciar-se no prazo de 05 (cinco) dias; V – recebido o parecer do Ministério Público Federal, o relator lançará relatório, colocando-o à disposição dos demais Ministros, e incluirá o processo em pauta para julgamento, com preferência sobre todos os demais feitos, à exceção dos processos com réus presos, *habeas corpus* e mandado de segurança; VI – eventuais recursos extraordinários que versem idêntica controvérsia constitucional, recebidos subsequentemente em quaisquer Turmas

bilidade de reprodução de demandas idênticas, o Relator poderá conceder liminar para suspender, de ofício ou a requerimento do interessado, a tramitação dos processos que versem sobre idêntica controvérsia constitucional (art. 14, § 5º, da Lei n. 10.259/2001). Poderá ainda o Relator pedir informações adicionais ao Presidente da Turma Recursal ou ao Coordenador da Turma de Uniformização, ouvir o Ministério Público no prazo de cinco dias, e permitir que eventuais interessados, ainda que não sejam partes no processo (*amicus curiae*), manifestem-se no prazo de trinta dias.

9.2.1 Recurso extraordinário e repercussão geral

Importante inovação, no âmbito do recurso extraordinário, é o disposto no § 3º do art. 102 (acrescentado pela EC n. 45/2004), segundo o qual o recorrente deverá demonstrar a *repercussão geral das questões constitucionais discutidas no caso*, nos termos da lei, a fim de que o Tribunal examine a admissão do recurso, somente podendo recusá-lo pela manifestação de dois terços de seus membros, ou seja, oito Ministros deverão votar pelo não conhecimento do recurso extraordinário.

Trata-se de procedimento que visa "filtrar" a admissão do recurso extraordinário, a fim de reduzir o volume de questões que chegam ao Supremo Tribunal Federal, bem como dar ao recurso um caráter mais objetivo.

A nova cláusula constitucional tem origem na denominada *relevância da questão federal*, que foi introduzida em nosso Direito, pela Emenda Constitucional n. 7, de 13 de abril de 1977.

Demonstrada, contudo, a sua ocorrência, remove os obstáculos à prolação de juízo positivo de admissão do recurso extraordinário.

No Direito norte-americano, confere-se à Corte Suprema (*Judiciary Act, de 1925*), ampla discrição na concessão do *writ of certiorari* (mandado de certificação), pelo qual é a relevância da questão federal, que leva aquela Corte a tomar conhecimento da questão decidida pelos tribunais federais e dos Estados.

É formada uma *lista de exame*, pelo Presidente da Corte Suprema, contendo os casos de relevância, para que sejam analisados e obtenham sua admissibilidade pelo menos por quatro juízes. Os casos excluídos da lista poderão, contudo, a pedido de qualquer dos demais juízes, ter a sua admissibilidade examinada.

Quanto à delimitação conceitual da ideia de repercussão geral a ensejar o recurso extraordinário, caso não se entenda abrigar na liberdade de conformação do legislador, não se nega que o critério, como esclarece André Ramos Tavares, "é por demais

Recursais ou de Uniformização, ficarão sobrestados, aguardando-se o pronunciamento do Supremo Tribunal Federal; VII – publicado o acórdão respectivo, em lugar especificamente destacado no Diário da Justiça da União, os recursos referidos no inciso anterior serão apreciados pelas Turmas Recursais ou de Uniformização, que poderão exercer o juízo de retratação ou declará-los prejudicados, se cuidarem de tese não acolhida pelo Supremo Tribunal Federal; VIII – o acórdão que julgar o recurso extraordinário conterá, se for o caso, súmula sobre a que estão constitucional controvertida, e dele será enviada cópia ao Superior Tribunal de Justiça e aos Tribunais Regionais Federais, para comunicação a todos os Juizados Especiais Federais e às Turmas Recursais e de Uniformização.

abstrato e indeterminado para funcionar como um balizamento à atuação do Tribunal. Essa abertura, contudo, é própria dos comandos constitucionais, impondo o seu preenchimento por meio do processo hermenêutico de interpretação e realização do direito constitucional. Assim, a eventual política, se existir, deverá ser, no particular, a 'política jurídica defensora da Constituição'. Com a referência seca à 'repercussão geral' não se poderá, aqui, indicar, topicamente, os casos em que a mesma estará necessariamente presente. Até porque a norma constitucional remete à lei. Apenas se podem projetar alguns critérios e diretrizes que balizarão as decisões do Supremo Tribunal Federal nesse ponto, como a já referida ideia de 'interesse público'. Deverá essa expressão compreender a temática que afete um grande número de pessoas; que trate de 'assuntos significativos'; que possua um significado geral, socialmente relevante; que transcenda os interesses egoísticos e pessoais das partes processuais envolvidas; que tenha repercussão considerável sobre o conjunto do ordenamento jurídico e político."[77]

A conotação política da decisão judicial sobre a repercussão geral no recurso extraordinário restaria afastada ou abrandada pela necessidade de sua fundamentação expressa, ou seja, da apresentação dos motivos jurídicos da sua presença ou não, o que contornaria a excessiva liberdade concedida ao Supremo Tribunal, já que, de acordo com art. 93, IX, da Constituição Federal, todas as decisões carecem de fundamento expresso.

A repercussão geral das questões constitucionais discutidas no caso, portanto, é aquela que vai além do interesse das partes, ensejando uma visão ecumênica e não paroquial decorrente da aplicação da norma jurídica, revelada pelo interesse público e pela garantia de direitos fundamentais. Desse modo, o interesse puramente privado, a mera disputa de bens materiais, cujo desate não tenha repercussão fora do processo, inviabilizam a admissão do recurso extraordinário.

De qualquer modo, a Lei n. 11.418, de 19 de dezembro de 2006, que acrescenta ao Código de Processo Civil dispositivos de regulamentação do § 3º do art. 102 da Constituição Federal, explicita que, para efeito da repercussão geral, será considerada a existência, ou não, de questões relevantes do ponto de vista econômico, político, social ou jurídico, que ultrapassem os interesses subjetivos da causa. Indica ainda que haverá repercussão geral sempre que o recurso impugnar decisão contrária a súmula ou jurisprudência dominante do Tribunal.[78]

---

[77] TAVARES. A repercussão geral no recurso extraordinário. *In*: *Reforma do Judiciário analisada e comentada*, p. 215.

[78] Lei n. 11.418, de 19 de dezembro de 2006.

"Art. 1º Esta Lei acrescenta os arts. 543-A e 543-B à Lei n. 5.869, de 11 de janeiro de 1973 – Código de Processo Civil, a fim de regulamentar o § 3º do art. 102 da Constituição Federal.

Art. 2º A Lei n. 5.869, de 11 de janeiro de 1973 – Código de Processo Civil, passa a vigorar acrescida dos seguintes arts. 543-A e 543-B:

'Art. 543-A. O Supremo Tribunal Federal, em decisão irrecorrível, não conhecerá do recurso extraordinário, quando a questão constitucional nele versada não oferecer repercussão geral, nos termos deste artigo. § 1º Para efeito da repercussão geral, será considerada a existência, ou não, de questões relevantes do ponto de vista econômico, político, social ou jurídico, que ultrapassem os interesses subjetivos da causa. § 2º O recorrente deverá demonstrar, em preliminar do recurso, para apreciação exclusiva do Supremo Tribunal Federal, a existência da repercussão geral. § 3º Haverá repercussão geral sempre que o recurso impugnar decisão contrária a súmula ou jurisprudência dominante do Tribunal. § 4º Se a Turma decidir pela existência da repercussão geral por, no mínimo, 4 (quatro) votos, ficará dispensada a remessa do recurso ao Plenário. § 5º Negada a existência da repercussão geral, a decisão valerá para todos os recursos sobre matéria idêntica, que serão indeferidos liminarmente, salvo revisão da tese, tudo nos termos do Regimento Interno do Supremo Tribunal Federal. § 6º O Relator poderá admitir, na análise da repercussão geral, a manifestação de terceiros, subscrita por procurador habilitado, nos termos do Regimento Interno do Supremo Tribunal Federal. § 7º A Súmula da decisão sobre a repercussão geral constará de ata, que será publicada no Diário Oficial e valerá como acórdão.'

'Art. 543-B. Quando houver multiplicidade de recursos com fundamento em idêntica controvérsia, a análise da repercussão geral será processada nos termos do Regimento Interno do Supremo Tribunal Federal, observado o disposto neste artigo. § 1º Caberá ao Tribunal de origem selecionar um ou mais recursos representativos da controvérsia e encaminhá-los ao Supremo Tribunal Federal, sobrestando os demais até o pronunciamento definitivo da Corte. § 2º Negada a existência de repercussão geral, os recursos sobrestados considerar-se-ão automaticamente não admitidos. § 3º Julgado o mérito do recurso extraordinário, os recursos sobrestados serão apreciados pelos Tribunais, Turmas de Uniformização ou Turmas Recursais, que poderão declará-los prejudicados ou retratar-se. § 4º Mantida a decisão e admitido o recurso, poderá o Supremo Tribunal Federal, nos termos do Regimento Interno, cassar ou reformar, liminarmente, o acórdão contrário à orientação firmada. § 5º O Regimento Interno do Supremo Tribunal Federal disporá sobre as atribuições dos Ministros, das Turmas e de outros órgãos, na análise da repercussão geral.'

Art. 3º Caberá ao Supremo Tribunal Federal, em seu Regimento Interno, estabelecer as normas necessárias à execução desta Lei.

Art. 4º Aplica-se esta Lei aos recursos interpostos a partir do primeiro dia de sua vigência. Esta Lei entra em vigor 60 (sessenta dias) após a data de sua publicação."

O novo CPC (versão do Projeto aprovado pelo CN) estabelece, acerca da repercussão geral: "Art. 1032. O Supremo Tribunal Federal, em decisão irrecorrível, não conhecerá do recurso extraordinário, quando a questão constitucional nele versada não oferecer repercussão geral, nos termos deste artigo. § 1º Para efeito da repercussão geral, será considerada a existência, ou não, de questões relevantes do ponto de vista econômico, político, social ou jurídico, que ultrapassem os interesses subjetivos da causa. § 2º O recorrente deverá demonstrar a existência da repercussão geral para apreciação exclusiva do Supremo Tribunal Federal. § 3º Haverá repercussão geral sempre que o recurso: I – impugnar decisão contrária a súmula ou precedente do Supremo Tribunal Federal; II – contrariar tese fixada em julgamento de casos repetitivos; III – questionar decisão que tenha reconhecido a inconstitucionalidade de tratado ou lei federal, nos termos do art. 97 da Constituição Federal. § 4º O relator poderá admitir, na análise da repercussão geral, a manifestação de terceiros, subscrita por procurador habilitado, nos termos do regimento interno do Supremo Tribunal Federal. § 5º Reconhecida a repercussão geral, o relator no Supremo Tribunal Federal determinará a suspensão do processamento de todos os processos pendentes, individuais ou coletivos, que versem sobre a questão e tramitem no território nacional. § 6º O interessado pode requerer, ao presidente ou vice-presidente do tribunal de origem, que exclua da decisão de sobrestamento e inadmita o recurso extraordinário que tenha sido interposto intempestivamente. O recorrente deverá ser ouvido para, em cinco dias, manifestar-se sobre esse requerimento. § 7º Da decisão que indeferir este requerimento caberá agravo, nos termos do art. 1.039. § 8º Negada a repercussão geral, o presidente ou vice-presidente do tribunal de origem negará seguimento aos recursos extraordinários sobrestados na origem que versem sobre matéria idêntica. § 9º O recurso que tiver a repercussão geral reconhecida deverá ser julgado no prazo de um ano e terá preferência sobre os demais feitos, ressalvados os que envolvam réu preso e o pedido de *habeas corpus*. § 10. Não ocorrendo

Quando o Supremo Tribunal negar a existência da repercussão geral, a decisão valerá para todos os recursos que envolverem matéria idêntica, os quais deverão ser indeferidos liminarmente, e, em se tratando de recursos sobrestados, com fundamento em idêntica controvérsia, serão eles automaticamente não admitidos.

Ressalte-se que, embora pelo princípio da irretroatividade da lei, o art. 4º da Lei n. 11.418/2006, estabeleça que o mecanismo da repercussão geral somente se aplica aos recursos extraordinários interpostos a partir do primeiro dia de sua vigência, cuja *vacatio* foi fixada em 60 dias, deve-se entender, com base no princípio da razoabilidade, que, negada a existência da repercussão geral das questões debatidas, por 2/3 dos Ministros do Supremo Tribunal, a decisão valerá para todos os recursos que envolvam matéria idêntica. Assim, mesmo os recursos interpostos anteriormente à data de vigência da Lei n. 11.418/2006 serão alcançados pela decisão que nega a repercussão geral, em virtude do caráter vinculante dessa decisão.

O processamento da repercussão geral acha-se ainda disciplinado no Regimento Interno do Supremo Tribunal Federal com as alterações e os acréscimos da Emenda Regimental n. 21, de 30.4.2007. É da competência do Presidente do Supremo Tribunal, até eventual distribuição, não conhecer do recurso extraordinário que não veicule a preliminar de demonstração da repercussão geral. Igual competência exerce o Ministro Relator, quando o recurso não tiver sido liminarmente recusado pela Presidência. Tal decisão é impugnável por meio de agravo interno (art. 327 do RISTF). O juízo de admissibilidade do recurso extraordinário deve examinar, inicialmente, a presença dos pressupostos constitucionais. Em caso de juízo positivo, investigar-se-á a presença do requisito da repercussão geral (RISTF, art. 323). O Regimento Interno, para obviar a hipótese de multiplicidade de feitos versando a mesma matéria, possibilita à Presidência ou ao Relator, de ofício ou a requerimento da parte interessada, ao receber recurso cuja questão for suscetível de reproduzir-se em outros casos, comunicar o fato aos tribunais ou turmas de juizado especial, a fim de que observem o disposto no art. 543-B do CPC, podendo ainda sobrestar todas as demais causas com questão idêntica (art. 328 do RISTF). A Emenda Regimental n. 21/2007 introduziu como forma de deliberação sobre a existência da repercussão geral o meio eletrônico. Caberá ao Relator, inicialmente, examinar a presença dos pressupostos constitucionais de cabimento do recurso extraordinário (Constituição Federal, art. 102, III). Sendo positivo o juízo de admissibilidade, verificar-se-á se o recurso não guarda identidade com outro cuja repercussão já tenha sido apreciada pelo Supremo Tribunal Federal, bem como se a impugnação não é à decisão contrária a súmula ou a jurisprudência dominante, casos em que se presume a existência da repercussão geral. Se não ocorrer nenhuma dessas hipóteses, o Relator apresentará sua manifestação por meio eletrônico para os demais Ministros (arts. 323 e 324 do RISTF), que têm o prazo comum de vinte dias para se manifestar, também por via eletrônica. Decorrido o prazo sem manifestações suficientes

---

o julgamento no prazo de um ano a contar do reconhecimento da repercussão geral, cessa a suspensão dos processos em todo o território nacional, que retomarão seu curso normal. § 11. A súmula da decisão sobre a repercussão geral constará de ata, que será publicada no diário oficial e valerá como acórdão."

para recusa do recurso, reputar-se-á existente a repercussão geral (art. 324, § 1º, do RISTF). As cópias das manifestações eletrônicas serão juntadas aos autos dos recursos extraordinários, quando não se tratar de processo informatizado. Admitida a existência da repercussão geral, caberá ao Relator julgar o recurso, se for o caso (CPC, art. 557), ou pedir dia para seu julgamento, após vista ao Procurador-Geral, se necessária. Negada a existência da repercussão, o Relator formalizará e subscreverá a decisão. O teor da decisão acerca do conhecimento da repercussão geral integrará a decisão monocrática ou o acórdão, devendo ser publicada no Diário Oficial, com menção clara à matéria do recurso (art. 325, parágrafo único, do RISTF). Esta decisão é irrecorrível, devendo ser comunicada pelo Relator à Presidência do Tribunal, para fins de rejeição liminar dos recursos que versem matéria idêntica, cuja repercussão tiver sido inadmitida, bem como para que promova ampla divulgação da decisão, com a formação de banco eletrônico de dados a respeito.

9.3 Competências implícitas

O Supremo Tribunal Federal vem exercendo competências implícitas entendidas como extensão ou ampliação de sua competência expressa. Gilmar Mendes registra uma interpretação extensiva ou compreensiva do texto constitucional, "nas seguintes hipóteses: a) Mandado de segurança contra ato de Comissão Parlamentar de Inquérito; b) *Habeas corpus* contra a Interpol, em face do recebimento de mandado de prisão expedido por magistrado estrangeiro, tendo em vista a competência do STF para processar e julgar, originariamente, a extradição solicitada por Estado estrangeiro (CF, art. 102, I, *g*); c) Mandado de segurança contra atos que tenham relação com o pedido de extradição (CF, art. 102, I, *g*); d) a competência do STF para julgar mandado de segurança contra atos da Mesa da Câmara dos Deputados (art. 102, I, *d*, 2ª parte) alcança os atos individuais praticados por parlamentar que profere decisão em nome desta; e) *Habeas corpus* contra qualquer decisão do STJ, desde que configurado o constrangimento ilegal. Vê-se, portanto, que, mesmo numa Constituição tão analítica como a brasileira, não há como não adotar a interpretação compreensiva do texto constitucional.[79]

9.4 Súmulas vinculantes – a Lei n. 11.417, de 19 de dezembro de 2006

As súmulas são concisos enunciados que, de maneira objetiva, explicitam a interpretação de tribunal superior a respeito de determinada matéria.

As súmulas podem ser enquadradas em quatro tipos: 1) *súmulas tautológicas*, que dizem exatamente o que diz a lei ou apresentam afirmação óbvia; 2) *súmulas intra legem*, que firmam uma interpretação compatível com o texto legal; 3) *súmulas extra legem*, que têm por finalidade restringir as possibilidades recursais; 4) *súmulas inconstitucionais* ou *contra legem*, que firmam interpretação flagrantemente incompatível com a Constituição ou com o texto legal.

---

[79] MENDES; COELHO; BRANCO. *Curso de direito constitucional*, p. 906.

A pretensão por precedentes judiciais vinculantes no direito brasileiro não é nova. Sua adoção data do período colonial, quando no Brasil vigoravam as Ordenações do Reino, com a previsão dos assentos, regulamentados no Título V, § 5º, Livro I, das Ordenações Filipinas. Em 1769, a Lei da Boa Razão dispunha que os assentos aprovados pelas Relações somente teriam força vinculante depois de aprovados pela Casa de Suplicação de Lisboa, sendo certo que uma lei de 10 de maio de 1808 conferiu à Relação do Rio de Janeiro *status* de Casa de Suplicação para o Brasil, com poderes para aprovar assentos. Com a independência, continuaram a vigorar os assentos emanados da Casa de Suplicação Portuguesa, sem prejuízo de caber ao Supremo Tribunal de Justiça lavrar assentos de observância obrigatória, o que se deu pelo Decreto Legislativo n. 2.684, de 23.10.1875. Esses assentos, a exemplo dos portugueses, uma vez aprovados, não se submetiam à revisão ou ao cancelamento pelo Judiciário, e somente podiam ser revogados por lei. Com a República, ganhou força a jurisprudência do Supremo Tribunal Federal, ao dispor o art. 1º do Decreto n. 23.055, de 9.8.1933, que as "justiças dos Estados, do Distrito Federal e do Território do Acre devem interpretar as leis da União de acordo com a jurisprudência do Supremo Tribunal Federal". A codificação, no entanto, acarretou o desaparecimento, em nosso País, da vinculação da jurisprudência, já que não foi prevista no Código de Processo Civil de 1939, nem no de 1973. No período militar, a Emenda Constitucional n. 7/1977 introduziu na Constituição de 1967, com a redação da Emenda Constitucional n. 1/1969, uma representação ao Supremo Tribunal Federal para que este estabelecesse, de modo definitivo, a interpretação de direito federal, instituto que não teve, contudo, aplicação prática. Acentue-se, por relevante, que, sob a vigência da Constituição de 1988, verificou-se, anteriormente à promulgação da Emenda Constitucional n. 45/2004, que prevê a súmula de efeito vinculante um incremento, em termos de legislação infraconstitucional, da força das decisões jurisprudenciais, como se vê da nova redação que foi dada ao art. 557, § 1º-A, do CPC de 1973, e ao art. 896, *a*, da CLT.

A EC n. 45/2004 acrescentou o art. 103-A à Constituição Federal, instituindo a súmula de efeito vinculante, nos seguintes termos:

"Art. 103-A. O Supremo Tribunal Federal poderá, de ofício ou por provocação, mediante decisão de dois terços dos seus membros, após reiteradas decisões sobre matéria constitucional, aprovar súmula que, a partir de sua publicação na imprensa oficial, terá efeito vinculante em relação aos demais órgãos do Poder Judiciário e à administração pública direta e indireta, nas esferas federal, estadual e municipal, bem como proceder à sua revisão ou cancelamento, na forma estabelecida em lei.

§ 1º A súmula terá por objetivo a validade, a interpretação e a eficácia de normas determinadas, acerca das quais haja controvérsia atual entre órgãos judiciários ou entre esses e a administração pública que acarrete grave insegurança jurídica e relevante multiplicação de processos sobre questão idêntica.

§ 2º Sem prejuízo do que vier a ser estabelecido em lei, a aprovação, revisão ou cancelamento de súmula poderá ser provocada por aqueles que podem propor a ação direta de inconstitucionalidade.

§ 3º Do ato administrativo ou decisão judicial que contrariar a súmula aplicável ou que indevidamente a aplicar, caberá reclamação ao Supremo Tribunal Federal que, julgando-a procedente, anulará o ato administrativo ou cassará a decisão judicial reclamada, e determinará que outra seja proferida com ou sem a aplicação da súmula, conforme o caso."

A súmula de efeito vinculante, como técnica de decisão da Justiça constitucional, é mecanismo diferenciado daqueles utilizados no âmbito da jurisdição ordinária.

Há um outro tipo de súmula, que não a vinculante, denominada de súmula impeditiva de recursos, que é expedida por Tribunal Superior e se constitui em impedimento à interposição de quaisquer recursos contra decisão que a houver aplicado. Essa súmula tem por objetivo, de modo geral, a validade, a interpretação e a eficácia de normas determinadas, acerca das quais haja controvérsia atual entre órgãos judiciários ou entre esses e a administração pública que acarrete grave insegurança jurídica e relevante multiplicação de processos sobre questão idêntica.[80]

O efeito vinculante da súmula pode ser entendido, em geral, como a eficácia de uma decisão judicial proferida sobre uma questão de fato e de direito, mas que ultrapassa o caso concreto.

João Luís Fischer Dias classifica o efeito vinculante dos precedentes jurisprudenciais, quanto à autoridade vinculativa, à fonte jurídica, às consequências de descumprimento, à forma e à matéria, nos seguintes termos:

I – Quanto à autoridade vinculativa:

1. O precedente judicial vinculante advém do Supremo Tribunal Federal, dos Tribunais Superiores e, em alguns casos, dos Tribunais de Justiça. Nesse caso, tem reforçada a vinculação da sua autoridade e abrangência em face de constituírem o posicionamento final sobre uma questão jurídica posta.
2. O precedente persuasivo pode-se formar a partir de órgãos judiciais de mesmo grau de jurisdição, Varas Judiciais, os quais possuem, em princípio, força apenas persuasiva, sem caráter vinculante.

II – Quanto à fonte jurídica:

1. O efeito vinculante costumeiro, ou seja, originado da jurisprudência, surge naturalmente, independente de previsão legislativa, por força do costume, como nos países de *common law*. A natureza do trabalho desenvolvido pelas cortes implica a repetição, em casos idênticos, de critérios legais antes adotados, por questão de coerência em razão da igualdade e previsibilidade das decisões.
2. O efeito vinculante de origem legislativa ou legal advém de uma determinação da própria lei, nesse caso, trata-se de vinculação expressa ou legal.

---

[80] O novo CPC (versão do Projeto aprovado pelo CN) prevê, em seus arts. 973 a 984, " incidente de resolução de demandas repetitivas."

III – Quanto às sanções pelo descumprimento do efeito vinculante:

1. O efeito vinculante sanção, quando norma legal ou consuetudinária, prevê sanção para o juiz que vier a descumprir o precedente, tal como crime de responsabilidade.
2. O efeito vinculante interpretativo, embora inexistente sanção jurídica, acarreta uma obrigação moral para o juiz, que a ele fica vinculado. O descumprimento pode ensejar *error in judicando*, passível de reforma pelo Tribunal *ad quem*. Eventual responsabilização do juiz jamais decorrerá de interpretação divergente do precedente, ainda que não-razoável, assegurando-se assim a sua independência. Não obstante, o magistrado poderá incidir em penalidade, prevista em lei, em casos de mau comportamento, cometimento de crimes, favorecimentos, entre outros previstos também na Lei Orgânica da Magistratura Nacional, assegurando-se sempre o devido processo legal e ampla defesa.

IV – Quanto à forma:

1. O precedente pode assumir o formato de uma súmula, forma conhecida pelo nosso direito, que constitui um enunciado, um verbete escrito, uma assertiva, máxima da experiência, que reflete o pensamento jurídico da maioria dos juízes de determinado Tribunal sobre casos semelhantes julgados reiteradamente. A edição da súmula depende de aprovação por uma comissão de jurisprudência (pela EC n. 45/2004, de decisão de dois terços dos membros do Supremo Tribunal Federal); e, uma vez aprovada, é solenemente publicada pelo Tribunal que a emitir.
2. O efeito vinculante casuístico ou difuso que se constitui formalmente pela reprodução e divulgação da fundamentação (inteiro teor do acórdão) de um julgado específico, porém paradigmático, no qual o Tribunal tenha enfrentado questões centrais, de forma que outros casos semelhantes sejam fortemente influenciados pelo *leading case*.

V – Quanto à matéria:

1. O precedente constitucional cujas implicações são mais abrangentes e o método diferenciado, sendo mais flexível a matéria constitucional, se comparada ao direito privado.
2. E o efeito vinculante, ou precedente comum, relativo à aplicação do direito infraconstitucional.[81]

Depreende-se da dicção do art. 103-A, da Constituição Federal, que os pré-requisitos para a ocorrência da súmula são: a) preexistência de reiteradas decisões sobre matéria constitucional; b) haja controvérsia atual entre órgãos judiciários ou entre esses e a administração pública; c) haja controvérsia sobre a validade, a interpretação e a eficácia de normas determinadas; d) haja controvérsia que acarrete grave insegurança jurídica e relevante multiplicação de processos sobre questão idêntica.

---

[81] DIAS. *O efeito vinculante*: dos precedentes jurisprudenciais: das súmulas dos tribunais, p. 32-34.

Trata-se de instituto controvertido. O questionamento inicial da adoção da súmula vinculante no modelo de direito codificado, como o do Brasil, ao contrário do modelo do precedente judicial anglo-saxão (*common law*), está em que o nosso sistema jurídico se baseia essencialmente na primazia da lei, e não na decisão judicial. Acentue-se, no entanto, que atualmente a rigidez do sistema normativista vem sendo abrandada, com o papel cada vez mais ativo da jurisprudência, do mesmo modo que no sistema judicialista a influência do precedente vem sendo mitigada.

Como anota André Ramos Tavares, são quatro as questões sobre as quais se controverte acerca da súmula vinculante: "1º) A jurisprudência elenca-se entre as fontes do Direito? O juiz cria o Direito ou apenas aplica a lei? (Trata-se, neste ponto, de enfrentar um temor antigo, conhecido como a ditadura dos 'Juízes legisladores'). 2º) O Direito se torna um sistema fechado com a adoção da súmula vinculante? 3º) O princípio do duplo grau de jurisdição fica suprimido? 4º) A independência dos órgãos fracionários do Poder Judiciário é eliminada?"[82]

Todos esses questionamentos acabam por se reduzir a um único ponto: a independência do Poder Judiciário estaria comprometida ou reduzida com a adoção da súmula de efeito vinculante?

O excesso de recursos previstos na legislação processual brasileira, com o consequente congestionamento das instâncias superiores, tem sido mencionado como fator de morosidade da função jurisdicional. A súmula de efeito vinculante serviria, nesse cenário, como "filtro" capaz de eliminar aquela morosidade, e concorrer para um decréscimo significativo no volume de processos.

De se considerar que o intérprete, ao reconstruir o significado e o sentido da norma, também cria o Direito, cabendo à súmula vinculante adotar uma das interpretações possíveis, com exclusão das demais, porém sempre a partir da lei. Nessa perspectiva, não há como considerar que apenas o Legislativo é quem cria o Direito. De qualquer forma, as demandas não podem eternizar-se, sendo então necessária uma última instância para encerrar o processo. Argumenta-se, em contraponto, que a súmula vinculante possibilita que o Supremo Tribunal Federal defina o alcance, em abstrato, das normas editadas pelo Congresso Nacional, cujos efeitos irão atingir não só os litigantes, mas a sociedade em geral, comprometendo o próprio objeto do ato legislativo, a lei, esta sim, de caráter geral, abstrato e obrigatório. Por isso é que a súmula vinculante contraria o princípio da separação de poderes, já que é da competência do Poder Legislativo a função de legislar.

Deve-se registrar, que, contemporaneamente, o princípio da supremacia do legislador tem sido abrandado em decorrência da expansão das funções da jurisdição constitucional, quer no sistema difuso, quer no sistema concentrado de controle, além da crise da representatividade democrática. Essas vicissitudes acabam por concorrer para que a impossibilidade de acesso de grupos minoritários ao poder político seja ultrapassada pela dinâmica e criatividade das Cortes Constitucionais, no exercício da jurisdição constitucional, independentemente dos caprichos momentâneos da maioria parlamentar.

---

[82] TAVARES. *Curso de direito constitucional*, p. 234.

A busca da segurança jurídica, eliminando as antinomias normativas, e preservando a coerência e harmonia do sistema jurídico, constitui outro papel atribuído à súmula vinculante, mesmo porque a legislação não é capaz de acompanhar o dinamismo das mudanças sociais, o que realça o papel da jurisprudência para a consecução dessa meta.

Assim, a súmula vinculante não tornaria o sistema jurídico fechado, já que apenas as suas contradições é que seriam eliminadas, notando-se que o volume das incongruências internas é que poderia até mesmo levar à destruição do Direito como sistema.

De qualquer modo, prevê o § 2º do art. 103-A da Constituição Federal que, sem prejuízo do que vier a ser estabelecido em lei, aqueles legitimados para propor a ação direta de inconstitucionalidade poderão provocar a aprovação, revisão ou cancelamento da súmula.

Relativamente à possibilidade de comprometimento, pela súmula vinculante, do princípio do duplo grau de jurisdição, considere-se que, ao inadmitir recurso que vier a contrariar a súmula, o tribunal estará necessariamente analisando o caso concreto.[83]

De se observar que, pela dicção do § 3º do art. 103-A da Constituição Federal, caberá reclamação para o Supremo Tribunal Federal do ato administrativo ou da decisão judicial que contrariar a súmula aplicável ou que indevidamente a aplicar, o que certamente poderá sobrecarregar o Tribunal, quando justamente uma das finalidades da súmula é o decréscimo do volume de processos.

Prevê o art. 8º da EC n. 45/2004 que as atuais súmulas do Supremo Tribunal Federal somente produzirão efeito vinculante após confirmadas por dois terços de seus integrantes e publicadas na imprensa oficial.

O art. 103-A da Constituição Federal foi regulamentado pela Lei n. 11.417, de 19 de dezembro de 2006, com vigência prevista para três meses após a sua publicação, ocorrida em 20 de dezembro de 2006, disciplinando a edição, a revisão e o cancelamento de enunciado de súmula vinculante pelo Supremo Tribunal Federal.

A Lei n. 11.417/2006 traz, em seu art. 3º, o rol dos legitimados para propor a edição, a revisão ou o cancelamento de enunciado de súmula vinculante, e que são: I – o Presidente da República; II – a Mesa do Senado Federal; III – a Mesa da Câmara dos Deputados; IV – o Procurador-Geral da República; V – o Conselho Federal da Ordem dos

---

[83] Em estudo crítico (*A Súmula de efeito vinculante amplo no direito brasileiro*, p. 73-78), José Anchieta da Silva entende que a súmula de efeito vinculante agride o art. 5º, incisos II, XXXV, XXXVI e LIII, e o art. 60, § 4º, inciso IV, da Constituição. Ao se admitir a obediência à súmula, teria ela se convolado em lei, invadindo o território do legislador ("*ninguém será obrigado a fazer ou deixar de fazer alguma coisa senão em virtude de lei*"); se determinado cidadão, entendendo-se injustiçado, tem o seu pleito inviabilizado por obstrução técnica da súmula, a ele estar-se-ia negando o processo ("*a lei não excluirá da apreciação do Poder Judiciário lesão ou ameaça a direito*"); a segurança das relações jurídicas restará abalada no seu alicerce, pois com a aplicação da súmula ocorrerá coisa julgada para além do processo ("*a lei não prejudicará o direito adquirido, o ato jurídico perfeito e a coisa julgada*"); a adoção da súmula implica uma sentenciação maciça, por intermédio da vinculação, sem processo, ou pelo menos sem o processo na singularidade que as relações jurídicas e a segurança mínima o exigem, levando à supressão de instância ("*ninguém será processado nem sentenciado senão pela autoridade competente*").

Advogados do Brasil; VI – o Defensor Público-Geral da União; VII – partido político com representação no Congresso Nacional; VIII – confederação sindical ou entidade de classe de âmbito nacional; IX – a Mesa de Assembleia Legislativa ou da Câmara Legislativa do Distrito Federal; X – o Governador de Estado ou do Distrito Federal; XI – os Tribunais Superiores, os Tribunais de Justiça de Estados ou do Distrito Federal e Territórios, os Tribunais Regionais Federais, os Tribunais Regionais do Trabalho, os Tribunais Regionais Eleitorais e os Tribunais Militares. Detém ainda legitimidade para propor a edição, a revisão ou o cancelamento de súmula vinculante o Município, mas apenas incidentalmente ao curso de processo em que seja parte, caso em que não haverá a suspensão do processo (art. 3º, § 1º).

O Procurador-Geral da República, nas propostas que não houver formulado, manifestar-se-á previamente à edição, revisão ou cancelamento de enunciado de súmula vinculante, podendo o Relator, no procedimento, admitir, por decisão irrecorrível, a manifestação de terceiros na questão (*amicus curiae*), nos termos do Regimento Interno do Supremo Tribunal Federal (art. 2º, § 2º, e art. 3º, § 2º). A proposta de edição, revisão ou cancelamento de súmula vinculante não autoriza a suspensão dos processos em que se discuta a mesma questão (art. 6º).

A edição, a revisão e o cancelamento de enunciado de súmula vinculante dependerão de decisão tomada por dois terços dos Ministros, em sessão plenária, e, no prazo de dez dias após a sessão, o Supremo Tribunal Federal fará publicar, em seção especial do *Diário da Justiça e do Diário Oficial da União*, o enunciado respectivo (art. 2º, §§ 3º e 4º).

A eficácia da súmula vinculante é imediata, mas o Supremo Tribunal Federal, por decisão de dois terços dos Ministros, poderá restringir os efeitos vinculantes, ou decidir que só tenha eficácia a partir de outro momento, tendo em vista razões de segurança jurídica ou de excepcional interesse público (art. 4º).

Revogada ou modificada a lei em que se fundou a edição da súmula vinculante, o Supremo Tribunal Federal, de ofício ou por provocação, procederá à sua revisão ou cancelamento, conforme o caso (art. 5º).

Da decisão judicial ou do ato administrativo que contrariar enunciado de súmula vinculante, negar-lhe vigência ou aplicá-lo indevidamente caberá reclamação ao Supremo Tribunal, sem prejuízo dos recursos ou outros meios admissíveis de impugnação (art. 7º). Em se tratando de omissão ou ato da administração pública, o uso da reclamação só será admitido após o esgotamento das vias administrativas (art. 7º, § 1º). Ao julgar procedente a reclamação, o Supremo Tribunal anulará o ato administrativo ou cassará a decisão judicial impugnada, determinando que outra seja proferida com ou sem aplicação da súmula, conforme o caso (art. 7º, § 2º).

Ao procedimento de edição, revisão ou cancelamento da súmula vinculante aplica-se subsidiariamente o disposto no Regimento Interno do Supremo Tribunal Federal (art. 10).

9.4.1 Súmulas vinculantes e repercussão geral

O Supremo Tribunal Federal, em sessão realizada no dia 30 de abril de 2008, ao aplicar o critério da repercussão geral no julgamento de recurso extraordinário, decidiu unir a repercussão geral com a súmula vinculante, a fim de evitar a proliferação de questões repetitivas. Assim, identificada a repercussão geral, o Supremo Tribunal passa a adotar o entendimento manifestado no julgamento do recurso extraordinário e, em consequência, editar súmula vinculante sobre a matéria.[84]

9.4.2 Súmulas vinculantes aprovadas pelo Supremo Tribunal Federal

O Supremo Tribunal Federal editou os seguintes enunciados de súmula vinculante:

Súmula Vinculante n. 1 – Ofende a garantia constitucional do ato jurídico perfeito a decisão que, sem ponderar as circunstâncias do caso concreto, desconsidera a validez e a eficácia de acordo constante de termo de adesão instituído pela Lei Complementar n. 110/2001.

Súmula Vinculante n. 2 – É inconstitucional a lei ou ato normativo estadual ou distrital que disponha sobre sistemas de consórcios e sorteios, inclusive bingos e loterias.

Súmula Vinculante n. 3 – Nos processos perante o Tribunal de Contas da União asseguram-se o contraditório e a ampla defesa quando da decisão puder resultar anulação ou revogação de ato administrativo que beneficie o interessado, excetuada a apreciação da legalidade do ato de concessão inicial de aposentadoria, reforma e pensão.

Súmula Vinculante n. 4 – Salvo os casos previstos na Constituição Federal, o salário mínimo não pode ser usado como indexador de base de cálculo de vantagem de servidor público ou de empregado, nem ser substituído por decisão judicial.

Súmula Vinculante n. 5 – A falta de defesa técnica por advogado no processo administrativo disciplinar não ofende a Constituição.

Súmula Vinculante n. 6 – Não viola a Constituição da República o estabelecimento de remuneração inferior ao salário mínimo para as praças prestadoras de serviço militar inicial.

Súmula Vinculante n. 7 – A norma do parágrafo 3º do art. 192 da Constituição, revogada pela Emenda Constitucional 40/2003, que limitava a taxa de juros reais a 12% ao ano, tinha sua aplicabilidade condicionada à edição de lei complementar.

Súmula Vinculante n. 8 – São inconstitucionais o parágrafo único do art. 5º do Decreto-Lei 1.569/1977 e os arts. 45 e 46 da Lei n. 8.212/1991, que tratam de prescrição e decadência de crédito tributário.

Súmula Vinculante n. 9 – O disposto no art. 127 da Lei 7.210/1984 (Lei de Execução Penal) foi recebido pela ordem constitucional vigente e não se lhe aplica o limite temporal previsto no *caput* do art. 58.

Súmula Vinculante n. 10 – Viola a cláusula de reserva de plenário (CF, art. 97) a decisão de órgão fracionário de tribunal que, embora não declare expressamente a

[84] STF, RE 565714/SP, Rel. Min. Cármen Lúcia; RE 570177/MG, Rel. Min. Ricardo Lewandowski, j. em 30.4.2008 (*Informativo* 504/STF).

inconstitucionalidade de lei ou ato normativo do Poder Público, afasta sua incidência, no todo ou em parte.

Súmula Vinculante n. 11 – Só é lícito o uso de algemas em caso de resistência e de fundado receio de fuga ou de perigo à integridade física própria ou alheia, por parte do preso ou de terceiros, justificada a excepcionalidade por escrito, sob pena de responsabilidade disciplinar civil e penal do agente ou da autoridade e de nulidade da prisão ou do ato processual a que se refere, sem prejuízo da responsabilidade civil do Estado.

Súmula Vinculante n. 12 – A cobrança de taxa de matrícula nas Universidades Públicas viola o disposto no art. 206, inciso IV, da Constituição Federal.

Súmula Vinculante n. 13 – A nomeação de cônjuge, companheiro ou parente em linha reta, colateral ou por afinidade, até o terceiro grau, inclusive, da autoridade nomeante ou de servidor da mesma pessoa jurídica, investido em cargo de direção, chefia ou assessoramento, para o exercício de cargo em comissão ou de confiança, ou, ainda, de função gratificada na Administração Pública direta e indireta, em qualquer dos Poderes da União, dos Estados, do Distrito Federal e dos Municípios, compreendido o ajuste mediante designações recíprocas, viola a Constituição Federal.

Súmula Vinculante n. 14 – É direito do defensor, no interesse do representado, ter acesso amplo aos elementos de prova que, já documentados em procedimento investigatório realizado por órgão com competência de polícia judiciária, digam respeito ao exercício do direito de defesa.

Súmula Vinculante n. 15 – O cálculo de gratificações e outras vantagens não incide sobre o abono utilizado para se atingir o salário mínimo do servidor público.

Súmula Vinculante n. 16 – Os arts. 7º, IV, e 39, § 3º (redação da EC n. 19/98), da Constituição, referem-se ao total da remuneração percebida pelo servidor público.

Súmula Vinculante n. 17 – Durante o período previsto no parágrafo primeiro do art. 100 da Constituição, não incidem juros de mora sobre os precatórios que nele sejam pagos.

Súmula Vinculante n. 18 – A dissolução da sociedade ou do vínculo conjugal, no curso do mandato, não afasta a inelegibilidade prevista no § 7º do art. 14 da Constituição Federal.

Súmula vinculante n. 19 – A taxa cobrada exclusivamente em razão dos serviços públicos de coleta, remoção e tratamento ou destinação de lixo ou resíduos provenientes de imóveis, não viola o art. 145, II, da Constituição Federal.

Súmula Vinculante n. 20 – A gratificação de desempenho de atividade técnico-administrativa – GDATA, instituída pela Lei n. 10.404/2002, deve ser deferida aos inativos nos valores correspondentes a 37,5 (trinta e sete vírgula cinco) pontos no período de fevereiro a maio de 2002 e, nos termos do art. 5º, parágrafo único, da Lei n. 10.404/2002, no período de junho até a conclusão dos efeitos do último ciclo de avaliação a que se refere o art. 1º da Medida Provisória n. 198/2004, a partir da qual passa a ser de 60 (sessenta) pontos.

Súmula Vinculante n. 21 – É inconstitucional a exigência de depósito ou arrolamento prévios de dinheiro ou bens para admissibilidade de recurso administrativo.

Súmula Vinculante n. 22 – A Justiça do Trabalho é competente para processar e julgar as ações de indenização por danos morais e patrimoniais decorrentes de acidente de trabalho propostas por empregado contra empregador, inclusive aquelas que ainda não possuíam sentença de mérito em primeiro grau quando da promulgação da Emenda Constitucional n. 45/04.

Súmula Vinculante n. 23 – A Justiça do Trabalho é competente para processar e julgar ação possessória ajuizada em decorrência do exercício do direito de greve pelos trabalhadores da iniciativa privada.

Súmula Vinculante n. 24 – Não se tipifica crime material contra a ordem tributária, previsto no art. 1º, incisos I a IV, da Lei n. 8.137/90, antes do lançamento definitivo do tributo.

Súmula Vinculante n. 25 – É ilícita a prisão civil de depositário infiel, qualquer que seja a modalidade do depósito.

Súmula Vinculante n. 26 – Para efeito de progressão de regime no cumprimento de pena por crime hediondo, ou equiparado, o juízo da execução observará a inconstitucionalidade do art. 2º da Lei n. 8.072, de 25 de julho de 1990, sem prejuízo de avaliar se o condenado preenche, ou não, os requisitos objetivos e subjetivos do benefício, podendo determinar, para tal fim, de modo fundamentado, a realização de exame criminológico.

Súmula Vinculante n. 27 – Compete à Justiça Estadual julgar causas entre consumidor e concessionária de serviço público de telefonia, quando a ANATEL não seja litisconsorte passiva necessária, assistente, nem opoente.

Súmula Vinculante n. 28 – É inconstitucional a exigência de depósito prévio como requisito de admissibilidade de ação judicial na qual se pretenda discutir a exigibilidade de crédito tributário.

Súmula Vinculante n. 29 – É constitucional a adoção, no cálculo do valor de taxa, de um ou mais elementos da base de cálculo própria de determinado imposto, desde que não haja integral identidade entre uma base e outra.

Súmula Vinculante n. 31 – É inconstitucional a incidência do imposto sobre serviços de qualquer natureza – ISS – sobre operações de locação de bens móveis.

Súmula Vinculante n. 32 – O ICMS não incide sobre alienação de salvados de sinistro pelas seguradoras.

Súmula Vinculante n. 33 – Aplicam-se ao servidor público, no que couber, as regras do regime geral da previdência social sobre aposentadoria especial de que trata o artigo 40, § 4º, inciso III da Constituição Federal, até a edição de lei complementar específica.

Súmula Vinculante n. 34 -A gratificação de desempenho de atividade de seguridade social e do trabalho – GDASST, instituída pela Lei 10.483/2002, deve ser estendida aos inativos no valor correspondente a 60 (sessenta) pontos, desde o advento da medida provisória 198/2004, convertida na Lei 10.971/2004, quando tais inativos façam jus à paridade constitucional (EC 20/1998, 41/2003 e 47/2005).

Súmula Vinculante n. 35 – A homologação da transação penal prevista no artigo 76 da Lei 9.099/1995 não faz coisa julgada material e, descumpridas suas cláusulas, retoma-se a situação anterior, possibilitando-se ao Ministério Público a continuidade da persecução penal mediante oferecimento de denúncia ou requisição de inquérito policial.

Súmula Vinculante n. 36 - Compete à justiça federal comum processar e julgar civil denunciado pelos crimes de falsificação e de uso de documento falso quando se tratar de falsificação da caderneta de inscrição e registro (CIR) ou de carteira de habilitação de amador (CHA), ainda que expedidas pela Marinha do Brasil.

Súmula Vinculante n. 37 - Não cabe ao Poder Judiciário, que não tem função legislativa, aumentar vencimentos de servidores públicos sob o fundamento de isonomia.

9.5 Reclamação constitucional

Ao Supremo Tribunal Federal compete, originariamente, processar e julgar a *reclamação* para a preservação de sua competência e garantia da autoridade de suas decisões (art. 102, I, *l*).

A reclamação, que encontra disciplina nos arts. 13 a 18 da Lei n. 8.038, de 28 de maio de 1990,[85] visa assegurar a integridade da competência do Supremo Tribunal e a autoridade de seus julgados.

[85] Lei n. 8.038, de 28 de maio de 1990: Institui normas para os processos que especifica, perante o Superior Tribunal de Justiça e o Supremo Tribunal Federal.

"Art. 13. Para preservar a competência do Tribunal ou garantir a autoridade das suas decisões, caberá reclamação da parte interessada ou do Ministério Público. Parágrafo único. A reclamação, dirigida ao Presidente do Tribunal, instruída com prova documental, será autuada e distribuída ao relator da causa principal, sempre que possível. Art. 14. Ao despachar a reclamação, o relator: I – requisitará informações da autoridade a quem for imputada a prática do ato impugnado, que as prestará no prazo de 10 (dez) dias; II – ordenará, se necessário, para evitar dano irreparável, a suspensão do processo ou do ato impugnado. Art. 15. Qualquer interessado poderá impugnar o pedido do reclamante. Art. 16. O Ministério Público, nas reclamações que não houver formulado, terá vista do processo, por 5 (cinco) dias, após o decurso do prazo para informações. Art. 17. Julgando procedente a reclamação, o Tribunal cassará a decisão exorbitante de seu julgado ou determinará medida adequada à preservação de sua competência. Art. 18. O Presidente determinará o imediato cumprimento da decisão, lavrando-se o acórdão posteriormente."

O novo CPC (versão do Projeto aprovado pelo CN), que revoga os arts. 13 a 18 da Lei n. 8.038/90, cuida da reclamação nos arts. 985 a 990: "Art. 985. Caberá reclamação da parte interessada ou do Ministério Público para: I – preservar a competência do tribunal; II – garantir a autoridade das decisões do tribunal; III – garantir a observância de decisão do Supremo Tribunal Federal em controle concentrado de constitucionalidade; IV – garantir a observância de enunciado de súmula vinculante e de precedente proferido em julgamento de casos repetitivos ou em incidente de assunção de competência. § 1º A reclamação pode ser proposta perante qualquer tribunal e seu julgamento compete ao órgão jurisdicional cuja competência se busca preservar ou autoridade se pretenda garantir. § 2º A reclamação deverá ser instruída com prova documental e dirigida ao presidente do tribunal; assim que recebida, será autuada e distribuída ao relator da causa principal, sempre que possível. § 3º As hipóteses dos incisos III

Na doutrina, controverte-se acerca da natureza jurídica da reclamação, tida como ação, recurso ou sucedâneo recursal, remédio incomum, incidente processual, medida de Direito Processual Constitucional, ou medida processual de caráter excepcional.

De qualquer modo, a reclamação cumpre duas finalidades: assegurar a integridade da competência do Supremo Tribunal e a autoridade de seus julgados. Para a consecução de tais fins, poderá o Supremo Tribunal avocar o processo em que esteja ocorrendo a usurpação de sua competência, ou o desrespeito do seu julgado. Já no que concerne à reclamação que objetiva impor a autoridade de julgado, pressupõe um processo prévio, em que fora proferida a decisão que se busca garantir.

Os contornos jurídicos da reclamação, em se tratando de controle de constitucionalidade, foram considerados no Capítulo 13, do volume 1, deste trabalho.

Consoante o enunciado da Súmula n. 734, do Supremo Tribunal Federal, não cabe reclamação quando já houver transitado em julgado o ato judicial que se alega tenha desrespeitado decisão do Supremo Tribunal Federal.

O STF decidiu que o Ministério Público estadual tem legitimidade para propor reclamação no Supremo Tribunal. O Ministro Ayres Britto salientou que o Ministério Público é uma instituição gênero, compartimentada em duas espécies, o Ministério Público da União e o Ministério Público Estadual. E que cada uma dessas espécies é dotada de autonomia administrativa e funcional. Segundo ele, seja qual for o agente que oficie neste ou naquele processo, o que se faz presente é o Ministério Público. Para o Ministro Gilmar Mendes não há monopólio da representação por parte do Procurador-Geral, nem hierarquia com relação ao MP estadual. Seria um tipo de tutela do MPE pelo órgão federal, o que representaria lesão ao modelo federativo.[86]

10. SUPERIOR TRIBUNAL DE JUSTIÇA

O Superior Tribunal de Justiça, órgão de superposição na estrutura do Poder Judiciário, foi criado pela Constituição de 1988. Sua instalação se deu com a dos cinco Tribunais Regionais Federais, previstos no § 6º do art. 27 do Ato das Disposições Constitucionais Transitórias. A composição inicial do Superior Tribunal de Justiça se

e IV compreendem a aplicação indevida da tese jurídica e sua não-aplicação aos casos que a ela correspondam. § 4º É inadmissível a reclamação proposta após o trânsito em julgado da decisão. § 5º A inadmissibilidade ou o julgamento do recurso interposto contra a decisão proferida pelo órgão reclamado não prejudica a reclamação. Art. 986. Ao despachar a reclamação, o relator: I – requisitará informações da autoridade a quem for imputada a prática do ato impugnado, que as prestará no prazo de dez dias; II – se necessário, ordenará a suspensão do processo ou do ato impugnado, para evitar dano irreparável; III – determinará a citação do beneficiário da decisão impugnada, que terá prazo de quinze dias para apresentar a sua contestação. Art. 987. Qualquer interessado poderá impugnar o pedido do reclamante.Art. 988. Na reclamação que não houver formulado, o Ministério Público terá vista do processo por cinco dias, após o decurso do prazo para informações e para o oferecimento da contestação pelo beneficiário do ato impugnado. Art. 989. Julgando procedente a reclamação, o tribunal cassará a decisão exorbitante de seu julgado ou determinará medida adequada à solução da controvérsia.Art. 990. O presidente do tribunal determinará o imediato cumprimento da decisão, lavrando-se o acórdão posteriormente."

86 STF, RCL 7358, j. 24.2.2011; Notícias STF, 24.2.2011.

efetivou de acordo com o disposto no § 2º do art. 27 das mencionadas Disposições Transitórias.

O Ministro Antônio de Pádua Ribeiro esclarece que "o Superior Tribunal de Justiça nada tem a ver, em última análise, com a Justiça Especial, pois, conforme salientado, é o órgão de cúpula da Justiça Comum, federal e estadual. A Justiça Especializada continua a ser a Eleitoral, a Militar e a do Trabalho. O único elo entre o STJ e a Justiça Especial concerne à sua competência para julgar conflitos de competência".[87]

Segundo a Constituição, o Superior Tribunal de Justiça tem sede na Capital Federal e jurisdição em todo o território nacional (art. 92, §§ 1º e 2º). Compõe-se de, no mínimo, 33 Ministros (número que poderá ser ampliado por lei), nomeados pelo Presidente da República, dentre brasileiros com mais de 35 e menos de 65 anos, de notável saber jurídico e reputação ilibada, depois de aprovada a escolha pela maioria absoluta do Senado Federal (redação da EC n. 45/2004), sendo:

a) 1/3 dentre juízes dos Tribunais Regionais Federais e 1/3 dentre desembargadores dos Tribunais de Justiça, indicados em lista tríplice elaborada pelo próprio Tribunal;[88]

b) 1/3, em partes iguais, dentre advogados e membros do Ministério Público Federal, Estadual, do Distrito Federal e Territórios, alternadamente, indicados na forma do art. 94 da Constituição, ou seja, lista sêxtupla elaborada pelos órgãos de representação de classe, depois lista tríplice formada pelo Tribunal que a encaminhará ao Presidente da República para nomeação.

---

87 RIBEIRO. O Superior Tribunal de Justiça e a Justiça Especial. *In*: *A Constituição brasileira – 1988*: interpretações, p. 215.

88 O STF, no julgamento da ADI 4078/DF, Rel. p/ o acórdão Min. Cármen Lúcia, ocorrido no dia 10.11.2011, decidiu, por maioria de votos, manter a regra prevista no art. 1º, I, da Lei n. 7.746/89 sobre a forma de composição do Superior Tribunal de Justiça. O dispositivo questionado prevê que, dos 33 ministros do STJ, um terço deve ser reservado aos juízes dos Tribunais Regionais Federais e um terço aos desembargadores dos Tribunais. Prevaleceu o voto da Min. Cármen Lúcia, para quem o texto do art. 1º da Lei 7.746 traz, rigorosamente, a repetição textual da Constituição Federal no inciso I do parágrafo único do art. 104. "Se há uma pluralidade de sentidos de que se poderia atribuir a esta norma, evidentemente isso não a faz inconstitucional", afirmou, ao considerar que essa lei, por ser de repetição, não pode conter inconstitucionalidade. "A ausência de proporcionalidade também não se nota pela circunstância de um terço de Ministros do STJ serem advindos de desembargadores ou de juízes dos tribunais regionais federais que fossem egressos da carreira da advocacia porque a escolha da lista é feita pelo STJ", considerou. Segundo a Min. Cármen Lúcia, ao elaborar sua lista, o Superior Tribunal de Justiça pode preferir – por ser ato discricionário – juízes que sejam egressos da magistratura, "mas essa prática não tem absolutamente nada a ver, na minha forma de ver, com qualquer inconstitucionalidade que pudesse tisnar ou macular essa norma". A Ministra ressaltou que se criariam duas categorias de desembargadores e juízes ao se considerar a afirmação de que aqueles magistrados que viessem da advocacia para compor o quadro de Tribunal Regional Federal ou de Tribunal de Justiça, por ser egresso da carreira da advocacia, haveria alguma diferença. "A pessoa não é mais advogado, é juiz, mas não tem os mesmos direitos dos outros juízes ou desembargadores? Aí sim, a meu ver, estaria criada uma desonomia que não tem base no art. 104, nem nos princípios fundamentais da Constituição Federal, um dos quais é a igualdade daqueles que estejam em igualdade de condições" (*Notícias* STF, 10.11.2011).

Funcionarão junto ao Superior Tribunal de Justiça: *a)* a Escola Nacional de Formação e Aperfeiçoamento de Magistrados, cabendo-lhe, entre outras funções, regulamentar os cursos oficiais para o ingresso e promoção na carreira; *b)* o Conselho da Justiça Federal, cabendo-lhe exercer, na forma da lei, a supervisão administrativa e orçamentária da Justiça Federal de primeiro e segundo graus, como órgão central do sistema e com poderes correicionais, cujas decisões terão caráter vinculante (EC n. 45/2004).[89]

10.1 Competência

O Superior Tribunal de Justiça exerce competência originária e recursal ordinária e especial.

No exercício da competência originária, cabe ao Superior Tribunal de Justiça processar e julgar (art. 105, I, *a* até *i*): nos crimes comuns, os Governadores dos Estados e do Distrito Federal, e, nestes e nos de responsabilidade, os Desembargadores dos Tribunais de Justiça dos Estados e do Distrito Federal, os membros dos Tribunais de Contas dos Estados e do Distrito Federal, os dos Tribunais Regionais Federais, dos Tribunais Regionais Eleitorais e do Trabalho, os membros dos Conselhos ou Tribunais de Contas dos Municípios e os do Ministério Público da União que oficiem perante Tribunais; os mandados de segurança e os *habeas data* contra ato de Ministro de Estado, dos Comandantes da Marinha, do Exército e da Aeronáutica ou do próprio Tribunal; os *habeas corpus*, quando o coator ou paciente for qualquer das pessoas mencionadas na alínea *a* do art. 105, ou quando o coator for tribunal sujeito à jurisdição do STJ, Ministro de Estado ou Comandante da Marinha, do Exército ou da Aeronáutica, ressalvada a competência da Justiça Eleitoral (redação da EC n. 23/99);[90] os conflitos de competência entre quaisquer Tribunais, ressalvado o disposto no art. 102, I, *o*, bem como entre Tribunal e juízes a ele não vinculados e entre juízes vinculados a Tribunais diversos; as revisões criminais e as ações rescisórias de seus julgados; a reclamação para a preservação de sua competência e garantia da autoridade de suas decisões; os conflitos de atribuições entre autoridades administrativas e judiciárias da União, ou entre autoridades judiciárias de um Estado e administrativas de outro, ou do Distrito Federal, ou entre as deste e da União; o mandado de injunção, quando a elaboração da norma regulamentadora for atribuição de órgão, entidade ou autoridade federal, da administração direta ou indireta, excetuados os casos

[89] O Conselho da Justiça Federal, regulamentado pela Lei n. 8.472/1992, é integrado por cinco Ministros do Superior Tribunal de Justiça e pelo Presidente e Vice-Presidente do Tribunal. Além das atribuições administrativas e orçamentárias (padronização de procedimentos, planejamento orçamentário a ser encaminhado ao STJ, e de seu acompanhamento), e das funções correicionais – ainda em fase de instalação – o Conselho detém função jurisdicional, nos termos da Lei n. 10.259/2001, nele atuando a Turma Nacional de Uniformização da Jurisprudência dos Juizados Especiais Federais, presidida pelo Coordenador-Geral da Justiça Federal e composta de dez juízes federais, sendo dois de cada região, a quem cabe apreciar, em grau de recurso, processos oriundos dos Juizados.

[90] Portanto, é o Superior Tribunal de Justiça competente para processar e julgar originariamente o *habeas corpus* contra ato ou decisão dos Tribunais Regionais Federais ou dos Tribunais Estaduais, independentemente de tratar-se de atos únicos ou de atos colegiados. Sendo denegatória a decisão, caberá recurso ordinário para o Supremo Tribunal Federal.

de competência do Supremo Tribunal Federal e dos órgãos da Justiça Militar, da Justiça Eleitoral, da Justiça do Trabalho e da Justiça Federal;[91] a homologação de sentenças estrangeiras e a concessão de *exequatur* às cartas rogatórias (esta competência, que era do Supremo Tribunal Federal foi deslocada para o Superior Tribunal de Justiça, pela EC n. 45/2004).[92] As "sentenças proferidas por tribunais estrangeiros só terão eficácia no Brasil depois de homologadas. O processo de homologação de sentença estrangeira reveste-se de caráter constitutivo e faz instaurar uma situação de contenciosidade limitada. A ação de homologação destina-se, a partir da verificação de determinados requisitos fixados pelo ordenamento positivo nacional, propiciar o reconhecimento de decisões estrangeiras pelo Estado brasileiro, com o objetivo de viabilizar a produção dos efeitos jurídicos que são inerentes a esses atos de conteúdo sentencial. O sistema de controle limitado que foi instituído pelo Direito brasileiro em tema de homologação de sentença estrangeira não permite que o Supremo Tribunal Federal (Superior Tribunal de Justiça, depois da EC n. 45/2004), atuando como Tribunal do foro, proceda, no que se refere ao ato sentencial formado no exterior, ao exame da matéria de fundo ou à apreciação de questões pertinentes ao *meritum causae*, ressalvada, tão somente, para efeito do juízo de delibação que lhe compete, a análise dos aspectos concernentes à soberania nacional, à ordem pública e aos bons costumes. Não se discute, no processo de homologação, a relação de direito material subjacente à sentença estrangeira homologanda. A legalização consular da certidão comprobatória do trânsito em julgado da sentença estrangeira constitui requisito que, desatendido, impede a homologação do título sentencial. O ato de chancela consular destina-se a conferir autenticidade ao documento formado no exterior (*RTJ* 49/148). Os cônsules brasileiros, à luz do que prescreve a Convenção de Viena sobre relações consulares (1963), dispõem de funções certificantes de autenticação de documentos

91 É da competência do STJ processar e julgar mandado de injunção no caso de a omissão normativa ser atribuída a Ministro de Estado (RSTJ 10/143).

92 O Supremo Tribunal Federal decidiu que se trata de norma constitucional de aplicabilidade imediata, não se aplicando o princípio da *perpetuatio jurisdictionis*, pelo que, mesmo que a ação homologatória tenha sido ajuizada à época em que o Supremo Tribunal detinha competência originária para processá-la e julgá-la, não lhe cabe prosseguir no julgamento, por se tratar de competência absoluta: "O Congresso Nacional, ao promulgar a EC n. 45/2004, modificou a regra de competência anteriormente inscrita no art. 102, I, *h*, da Carta Política, deslocando, para a esfera de atribuições jurisdicionais originárias do Superior Tribunal de Justiça, o poder para apreciar as ações de homologação de sentenças estrangeiras, de um lado, e para conceder *exequatur* às cartas (ou comissões) rogatórias passivas, de outro. Com efeito, em virtude da superveniência da referida EC n. 45/2004, acresceu-se, ao inciso I do art. 105 da Constituição da República, a alínea *i* (*omissis*). Vê-se, desse modo, que a reforma constitucional em questão suprimiu, ao Supremo Tribunal Federal, a sua antiga competência originária em tema de concessão de *exequatur* e de homologação de sentenças estrangeiras. Note-se que tal modificação reveste-se de aplicabilidade imediata, alcançando, desde logo, todos os pedidos de concessão de *exequatur* de cartas rogatórias e de homologação de sentenças estrangeiras, ainda em curso de processamento no Supremo Tribunal Federal, quando da promulgação da EC n. 45/2004. Não se pode perder de perspectiva, neste ponto, que os preceitos constitucionais aplicam-se imediatamente, projetando-se, desde o início de sua vigência, com eficácia *ex nunc*, salvo disposição em sentido contrário neles fundada" (STF, SEC 5.778/Estados Unidos da América, Rel. Min. Celso de Mello, decisão de 10.2.2005).

produzidos por órgãos públicos do Estado estrangeiro perante o qual desempenham as suas atribuições".[93]

Ao Superior Tribunal de Justiça compete ainda processar e julgar o incidente de deslocamento de competência para a Justiça Federal, suscitado pelo Procurador-Geral da República, nas hipóteses de grave violação de direitos humanos, com a finalidade de assegurar o cumprimento de obrigações decorrentes de tratados internacionais de direitos humanos dos quais o Brasil seja parte (competência introduzida pela EC n. 45/2004).

10.1.1 Competência recursal do Superior Tribunal de Justiça

A competência recursal ordinária do Superior Tribunal de Justiça (há exame do fato e do direito) se refere às seguintes matérias (art. 105, II, *a* a *c*): os *habeas corpus* decididos em única ou última instância pelos Tribunais Regionais Federais ou pelos Tribunais dos Estados, do Distrito Federal e Territórios, quando a decisão for denegatória; os mandados de segurança decididos em única instância pelos Tribunais Regionais Federais ou pelos Tribunais dos Estados, do Distrito Federal e Territórios, quando denegatória a decisão; as causas em que forem partes Estado estrangeiro ou organismo internacional de um lado, e, do outro lado, Município ou pessoa residente ou domiciliada no País.

É na competência recursal especial que se tem justificada a criação do Superior Tribunal de Justiça, pois, por meio do recurso especial, desempenhará a função de guardião da lei federal e de órgão uniformizador da jurisprudência dos Tribunais, tarefas estas atribuídas anteriormente ao Supremo Tribunal Federal.

Assim, cabe ao Superior Tribunal de Justiça (art. 105, III, *a* a *c*) julgar, em recurso especial, as causas decididas, em única ou última instância, pelos Tribunais Regionais Federais ou pelos Tribunais dos Estados, do Distrito Federal e Territórios, quando a decisão recorrida: contrariar tratado ou lei federal, ou negar-lhes vigência; julgar válido ato de governo local contestado em face de lei federal (redação da EC n. 45/2004); der à lei federal interpretação divergente da que lhe haja atribuído outro Tribunal.

Segundo entendimento do Superior Tribunal de Justiça: "I – É pressuposto de admissibilidade do recurso especial o esgotamento das instâncias ordinárias, diante da norma do art. 105, III, da Constituição, que fala em decisão de 'única ou última instância'. II – Desta forma, não se admite recurso especial contra decisão singular, proferida por magistrado de tribunal de segundo grau, uma vez não esgotadas as instâncias ordinárias, pois tal *decisum* poderia ser impugnado via agravo interno 'regimental'.

---

[93] STF, SEC 4738/Estados Unidos da América, Rel. Min. Celso de Mello, j. 24.11.94, *DJ*, 7.4.95). Ainda acerca da homologação de sentença estrangeira, cf. "Súmula 420 – STF: Não se homologa sentença proferida no estrangeiro, sem prova do trânsito em julgado; Súmula 382 – STF: Não se homologa sentença de divórcio obtida por procuração, em país de que os cônjuges não eram nacionais."

O novo CPC (versão do Projeto aprovado pelo CN) trata da homologação de decisão estrangeira e da concessão do *exequatur* à carta rogatória, nos arts. 957 a 962.

III – Aplicam-se ao recurso especial os enunciados sumulares do Supremo Tribunal Federal que dizem respeito à admissibilidade do recurso extraordinário, por ser aquele recurso desdobramento deste último".[94]

O procedimento para o julgamento de recursos repetitivos, no âmbito do Superior Tribunal de Justiça, acha-se disciplinado pelo art. 543-C do Código de Processo Civil, acrescentado pela Lei n. 11.672, de 8.5.2008, observando-se que, neste procedimento infraconstitucional, é cabível a intervenção do *amicus curiae*.[95]

Uma observação final: nada impede que o Superior Tribunal de Justiça examine questão constitucional, restrita, no entanto, às causas de sua competência originária e ordinária, pois na especial só aprecia matéria infraconstitucional.

11. JUSTIÇA FEDERAL COMUM

São órgãos da Justiça Federal Comum os Tribunais Regionais Federais e os Juízes Federais de 1ª instância.

A Justiça Federal Comum foi instituída pelo Decreto n. 848, de 11 de outubro de 1890, antes mesmo da Constituição da República de 1891, estabelecendo que o Poder Judiciário da União seria exercido pelo Supremo Tribunal Federal e tantos Juízes e Tribunais federais, distribuídos pelo País, quantos o Congresso criasse.

A Constituição de 1937 suprimiu a Justiça Federal, passando sua competência para os juízes estaduais. O Ato Institucional n. 2, de 27 de outubro de 1965, restaurou a Justiça Federal de 1ª instância, pois já existia a 2ª instância desde a Constituição de 1946, que criou o Tribunal Federal de Recursos.

A Constituição de 1988 regionalizou a 2ª instância da Justiça Federal, ao prever os Tribunais Regionais Federais, com jurisdição e sede a serem determinadas em lei (art. 107, parágrafo único), notando-se, contudo, que o art. 27, § 6º, do Ato das Disposições Constitucionais Transitórias criou desde logo cinco Tribunais Regionais Federais, cuja sede e jurisdição foram fixadas pelo Tribunal Federal de Recursos, extinto com a instalação desses Tribunais.

A EC n. 73/2013 acrescentou o § 11 ao art. 27 do ADCT para criar mais quatro Tribunais Regionais Federais: o da 6ª Região, com sede em Curitiba, Estado do Paraná, e jurisdição nosEstados do Paraná, Santa Catarina e Mato Grosso do Sul; o da 7ª Região, com sede em Belo Horizonte, Estado de Minas Gerais, e jurisdição no Estado de Minas Gerais; o da 8ª Região, com sede em Salvador, Estado da Bahia, e jurisdição nos Estados da Bahia e Sergipe; e o da 9ª Região, com sede em Manaus, Estado do Amazonas, e jurisdição nos Estados do Amazonas, Acre, Rondônia e

---

94 STJ – Ag. 2002/0056281-0/RJ, Rel. Min. Sálvio de Figueiredo Teixeira, *DJ* de 17.2.2003, p. 294.

STJ – Súmula 7: A pretensão de simples reexame de prova não enseja recurso especial.

STJ – Súmula 203: Não cabe recurso especial contra decisão proferida por órgão de segundo grau dos juizados especiais.

95 O novo CPC (versão do Projeto aprovado pelo CN) trata do julgamento dos recursos extraordinário e especial repetitivos, nos arts. 1033 a 1038.

Roraima. Esses Tribunais Regionais Federais deverão ser instalados no prazo de seis meses, a contar da promulgação da Emenda, que ocorreu em 6 de junho de 2013.[96]

11.1 Tribunais Regionais Federais

Os Tribunais Regionais Federais compõem-se de, no mínimo, sete juízes, recrutados, quando possível, na respectiva região, e nomeados pelo Presidente da República dentre brasileiros com mais de 30 e menos de 65 anos, sendo 1/5 dentre advogados com mais de dez anos de efetiva atividade profissional e membros do Ministério Público Federal com mais de dez anos de carreira, indicados na forma do art. 94, parágrafo único, e os demais, mediante promoção de juízes federais com mais de cinco anos de exercício, por antiguidade e merecimento, alternadamente (art. 107, I e II).

11.1.1 Competência

Compete aos Tribunais Regionais Federais:

I – processar e julgar originariamente os juízes federais da área de sua jurisdição, incluídos os da Justiça Militar e da Justiça do Trabalho, nos crimes comuns e de responsabilidade, e os membros do Ministério Público da União, ressalvada a competência da Justiça Eleitoral; as revisões criminais e as ações rescisórias de julgados seus ou dos juízes federais da região; os mandados de segurança e os *habeas data* contra ato do próprio Tribunal ou de juiz federal; os *habeas corpus*, quando a autoridade coatora for juiz federal; e os conflitos de competência entre juízes federais vinculados ao Tribunal;

II – julgar, em grau de recurso, as causas decididas pelos juízes federais e pelos juízes estaduais no exercício da competência federal da área de sua jurisdição.

Para que se tenha maior rapidez na prestação jurisdicional, os Tribunais Regionais Federais instalarão a justiça itinerante, com a realização de audiências e demais funções de atividade jurisdicional, nos limites territoriais da respectiva jurisdição, servindo-se de equipamentos públicos e comunitários. Poderão ainda funcionar des-

[96] Em decisão de 17.7.2013, o Min. Joaquim Barbosa suspendeu, liminarmente, os efeitos da EC n. 73/2013, por entender que são plausíveis as alegações do proponente da ADI, de vício de iniciativa e de enfraquecimento da independência do Judiciário; "O equilíbrio entre os poderes depende do grau de autonomia que cada um deles tem para planejar sua estrutura, recrutar seus próprios servidores, elaborar seus planos institucionais e contar com recursos para não sofrer pressões", afirmou. A Constituição Federal assegura que toda modificação que crie encargos para o Judiciário ou afete sua estrutura deve ter por iniciativa o órgão jurisdicional competente. O expediente da emenda à Constituição não pode contornar a prerrogativa da iniciativa do Judiciário para propor alterações legislativas de seu interesse. Acentuou ainda que o gasto com os novos tribunais será ineficiente para enfrentar o afogamento da Justiça Federal e que as despesas com a nova estrutura deve absorver recursos da União que poderiam ser destinados a demandas tão ou mais relevantes (STF, ADI 5017 MC/DF, Rel. Min. Luiz Fux). Notícias STF, 18.7.2013.

centralizadamente, constituindo Câmaras regionais, a fim de assegurar o pleno acesso do jurisdicionado à justiça em todas as fases do processo (EC n. 45/2004).

11.2 Juízes Federais

Os juízes federais de 1ª instância ingressam na carreira mediante aprovação, em concurso público de provas e títulos, sendo-lhes aplicáveis, quanto à investidura, o disposto no art. 93, I, e no art. 96, I, *c*.

Diz a Constituição que cada Estado, bem como o Distrito Federal, constituirá uma seção judiciária, que terá por sede a respectiva Capital, varas localizadas, segundo o estabelecido em lei.

11.2.1 Competência

A competência da Justiça Federal é fixada em razão da pessoa interessada, ou seja, União, autarquia ou empresa pública federal, havendo ainda competência em razão da matéria, prevista nos incisos III, IV, V, VI, IX, X e XI do art. 109.

As causas em que a União for autora serão, todavia, aforadas na seção judiciária onde tiver domicílio a outra parte (art. 109, § 1º).

As causas intentadas contra a União poderão ser ajuizadas na seção judiciária em que for domiciliado o autor, naquela onde houver ocorrido o ato ou fato que deu origem à demanda ou onde esteja situada a coisa, ou, ainda, no Distrito Federal (art. 109, § 2º).

Serão processadas e julgadas na Justiça Estadual, no foro do domicílio dos segurados ou beneficiários, as causas em que forem parte instituição de previdência social e segurado, sempre que a comarca não seja sede de vara do juízo federal, e, se verificada essa condição, a lei poderá permitir que outras causas sejam também processadas e julgadas pela Justiça Federal, com recurso cabível para o Tribunal Regional Federal na área de jurisdição do juiz de primeiro grau (art. 109, §§ 3º e 4º).

Relativamente a esta competência delegada, a jurisprudência tem-se encaminhado no sentido de estendê-la às causas que envolvam o benefício assistencial previsto no art. 203, V, da Constituição, isto é, benefício de prestação continuada da Assistência Social.[97]

O Supremo Tribunal Federal tem jurisprudência firmada no sentido de que compete à Justiça comum estadual julgar as ações acidentárias que, propostas pelo segurado contra o Instituto Nacional do Seguro Social (INSS), visem à prestação de benefícios relativos a acidentes de trabalho.[98]

Como o § 3º do art. 109 permite que a lei possa prever outras hipóteses de competência delegada, são processadas e julgadas pela Justiça estadual, quando a comar-

---

[97] TRF da 2ª Região: Apelação n. 200.102.010.325.931/RJ, Rel. Juiz Sergio Schwaitzer, *DJ* de 4.2.2003, p. 193-194; TRF da 3ª Região: Ag. n. 200.103.000.084.994-SP, Rel. Des. Federal André Nabarrete, *DJ* de 26.11.2002, p. 229.

[98] STF, REs 447670, 204204, 592871, 638483.

ca não constitui sede de Vara Federal, as execuções fiscais da dívida ativa federal da União e das suas autarquias, de acordo com o disposto no art. 15, I, da Lei n. 5.010/98.

Pelo enunciado da Súmula 522 do Supremo Tribunal Federal, "salvo ocorrência de tráfico com o exterior, quando, então, a competência será da Justiça Federal, compete à Justiça dos Estados o processo e o julgamento dos crimes relativos a entorpecentes".

De acordo com o disposto no art. 70, parágrafo único, da Lei n. 11.343/2006, o processo e o julgamento dos crimes de tráfico de entorpecentes, se caracterizado ilícito transnacional, são da competência da Justiça Federal, cabendo à vara federal da circunscrição respectiva processar e julgar aqueles praticados nos Municípios que não sejam sede de vara federal.

11.2.2 A federalização das causas relativas a direitos humanos

Significativa competência conferida aos juízes federais refere-se ao processo e julgamento das causas relativas a direitos humanos. Esta competência, introduzida na Constituição pela EC n. 45/2004, somente será exercitada em se tratando de grave violação de direitos humanos, e para que seja assegurado o cumprimento de obrigações decorrentes de tratados internacionais de direitos humanos dos quais o Brasil seja parte. Cabe ao Procurador-Geral da República, presentes aqueles pressupostos, suscitar perante o Superior Tribunal de Justiça, em qualquer fase do inquérito ou processo, incidente de deslocamento de competência para a Justiça Federal.

Desse modo, a denominada federalização das causas relativas aos direitos humanos depende da ocorrência de pressupostos constitucionais: se eles não estiverem presentes, aquelas causas serão processadas e julgadas pela Justiça Estadual.

Argumenta-se contrariamente à federalização dos crimes contra os direitos humanos que: *a)* a Justiça Estadual possuiria maior capilaridade para o julgamento dos casos, por estar mais próxima dos fatos do que a Justiça Federal; *b)* a suscitação do incidente de deslocamento de competência ficaria à discrição do Poder Executivo, por meio do Procurador-Geral da República; *c)* o incidente seria antidemocrático, porquanto deixaria ao arbítrio de alguém ou de alguma entidade, com interesse econômico, político, social, ou outro, sobre determinada demanda, o poder de provocar a fixação da competência de juiz ou tribunal para julgar o litígio; *d)* o incidente acarretaria insegurança jurídica, ao possibilitar que a avocação da causa seja postulado pelo promotor de justiça originário, violando o princípio do juízo natural; *e)* o incidente acarretaria imprecisão, já que o jurisdicionado não saberia, previamente, qual o juízo em que seria julgado, se estadual ou federal; *f)* a cláusula constitucional que prevê o incidente de deslocamento de competência seria de impossível concreção, por não especificar quais são as causas relativas a direitos humanos passíveis de deslocamento de competência para a Justiça Federal, o que afronta o princípio da legalidade relativamente aos crimes e às penas.

Em contraponto, afirma-se que os direitos humanos têm caráter universal, o que reclama um sistema de proteção internacional, acarretando, com isso, a responsabilização do próprio Estado soberano por sua violação, o que justificaria o deslocamento da questão para a União. No âmbito internacional, a responsabilidade do Estado é una e indivisível relativamente às obrigações em matéria de direitos humanos, devendo, pois, deter competência para investigar, processar e julgar a violação destes direitos. Por outro lado, o Procurador-Geral da República não é órgão do Poder Executivo, mas dispõe de autonomia e independência no exercício de suas funções. Acresça-se a estas colocações que os direitos humanos fundamentais não se encontram enumerados em rol exaustivo constante da Constituição, mas se modificam e surgem com as mudanças das condições históricas, o que acarreta o seu alargamento ou ampliação com vistas à realização da dignidade da pessoa humana.

Nessa linha de pensamento, a federalização dos crimes de direitos humanos, conforme elucida Flávia Piovesan, significará um instrumento de avanço para a proteção e defesa destes direitos, com fundamento nos seguintes argumentos, além daquele relacionado com o fortalecimento da responsabilidade da União, em matéria de direitos humanos, no âmbito interno, em consonância com sua responsabilidade internacional: *a)* assegura maior proteção à vítima e fortalece o combate à impunidade. No caso de as instituições locais se mostrarem falhas ou omissas para a proteção dos direitos humanos, a vítima poderá valer-se das instâncias federais, como forma de ampliar a proteção a seus direitos. De igual modo, a federalização permite fortalecer o combate à impunidade em matéria de violação de direitos humanos; *b)* fortalece e dissemina a responsabilidade internacional em matéria de direitos humanos nos diversos entes federativos – particularmente nos Estados. Com a possibilidade da federalização dos crimes de direitos humanos, restará disseminada nos entes federados a responsabilidade de conferir e assegurar melhor cumprimento às obrigações decorrentes de tratados de direitos humanos dos quais o Brasil é parte – sob o risco do incidente de deslocamento de competências. Raciocínio semelhante é desenvolvido diante do sistema internacional de proteção dos direitos humanos, em relação à proteção nacional. Como exemplo, destaca-se o próprio Tribunal Penal Internacional, cuja jurisdição é complementar e subsidiará à jurisdição local – isto é, só poderá ser acionada se as instituições nacionais (que têm a responsabilidade primária) não puderem ou não quiserem exercer sua jurisdição para julgar os mais graves crimes internacionais (ex.: colapso substantivo no sistema de justiça). Desse modo, os Estados estarão mais atentos ao impacto de suas ações ou omissões no plano internacional. Restará difundida e disseminada a importância do cumprimento das obrigações internacionais em direitos humanos pelos Estados, bem como de sua responsabilidade internacional; *c)* aperfeiçoa a sistemática de responsabilidade nacional em face das graves violações dos direitos humanos. A federalização permitirá aprimorar o grau de respostas institucionais, nas diversas instâncias federativas, em caso de graves violações a direitos humanos, o que poderá contribuir para o reforço das instituições nacionais. Para os Estados cujas instituições responderem de forma eficaz às violações, a federalização não terá qualquer incidência maior – tão somente encorajará a importância da eficácia destas propostas. Para os Estados, cujas instituições se mostrarem falhas ou omissas, o deslocamento de competência para a esfera federal: a) assegurará maior proteção à vítima; b) estimulará melhor funcionamento das instituições locais em casos futuros; c) gerará a expectativa de resposta efetiva das instituições federais; d) se ambas as instituições – estadual/federal – se mostrarem falhas ou omissas, daí, sim, será acionável a esfera internacional – contudo, com a possibilidade de, ao menos, dar-se a chance à União de responder ao conflito, esgotando-se a responsabilidade primária do Estado (o que ensejaria a responsabilidade subsidiária da comunidade internacional). Isto equacionará, ademais, a posição da União no contexto de responsabilidade internacional em matéria de direitos humanos.[99]

12. JUSTIÇA DO TRABALHO

A Justiça do Trabalho foi criada, como órgão do Poder Judiciário, na Constituição de 1946.

A Emenda Constitucional n. 24, de 9 de dezembro de 1999, promoveu substancial alteração na organização da Justiça do Trabalho, destacando-se a extinção dos juízes classistas temporários na composição dos seus órgãos, ressalvado, contudo, o cumprimento dos mandatos em curso (art. 2º).

A Emenda Constitucional n. 45/2004 também promoveu profunda transformação na Justiça do Trabalho, pela ampliação de sua competência, de modo a alcançar todas as relações de trabalho que se verificarem na vida social, não se limitando mais ao empregado e ao empregador, como se examina abaixo.

São órgãos da Justiça do Trabalho: o Tribunal Superior do Trabalho, os Tribunais Regionais do Trabalho e Juízes do Trabalho, podendo a lei atribuir a jurisdição trabalhista aos juízes de direito nas comarcas onde não forem criadas Varas da Justiça do Trabalho com recurso para o respectivo Tribunal Regional do Trabalho.

O Tribunal Superior do Trabalho compor-se-á de vinte e sete Ministros, escolhidos dentre brasileiros com mais de trinta e cinco e menos de sessenta e cinco anos, nomeados pelo Presidente da República após aprovação pela maioria absoluta do Senado Federal, sendo um quinto dentre advogados com mais de dez anos de efetiva atividade profissional e membros do Ministério Público do Trabalho com mais de dez anos de efetivo exercício, observado o disposto no art. 94, e os demais dentre juízes dos Tribunais Regionais do Trabalho, oriundos da magistratura da carreira, indicados pelo próprio Tribunal Superior.

A lei disporá sobre a competência do Tribunal Superior do Trabalho.

Funcionarão junto ao Tribunal Superior do Trabalho: I – a Escola Nacional de Formação e Aperfeiçoamento de Magistrados do Trabalho, cabendo-lhe, entre outras funções, regulamentar os cursos oficiais para o ingresso e promoção na carreira; II – o Conselho Superior da Justiça do Trabalho, cabendo-lhe exercer, na forma da lei, a supervisão administrativa, orçamentária, financeira e patrimonial da Justiça do Trabalho de primeiro e segundo graus, como órgão central do sistema, cujas decisões terão efeito vinculante.[100]

---

99 PIOVESAN. Reforma do Judiciário e direitos humanos. *In*: TAVARES, André Ramos (Coord. *et al.*). *Reforma do Judiciário analisada e comentada*, p. 79-81.

100 O Conselho Superior da Justiça do Trabalho é composto de onze membros: o Presidente e o Vice-Presidente do Tribunal Superior do Trabalho e o Corregedor-Geral da Justiça do Trabalho, como membros natos, mais três Ministros do Tribunal Superior do Trabalho, eleitos pelo Tribunal Pleno,

Os Tribunais Regionais do Trabalho compõem-se de, no mínimo, sete juízes, recrutados, quando possível, na respectiva região, e nomeados pelo Presidente da República dentre brasileiros com mais de trinta e menos de sessenta e cinco anos, sendo um quinto dentre advogados com mais de dez anos de efetiva atividade profissional e membros do Ministério Público do Trabalho com mais de dez anos de efetivo exercício, observado o disposto no art. 94, e os demais, mediante promoção de juízes do trabalho por antiguidade e merecimento, alternadamente.

Os Tribunais Regionais do Trabalho instalarão a justiça itinerante, com a realização de audiências e demais funções de atividade jurisdicional, nos limites territoriais da respectiva jurisdição, servindo-se de equipamentos públicos e comunitários.

Poderão ainda os Tribunais Regionais do Trabalho funcionar descentralizadamente, constituindo Câmaras regionais, a fim de assegurar o pleno acesso do jurisdicionado à justiça em todas as fases do processo.

Haverá pelo menos um Tribunal Regional do Trabalho em cada Estado e no Distrito Federal.

Nas Varas do Trabalho, a jurisdição será exercida por um juiz singular.

No âmbito infraconstitucional, visando a composição pacífica dos conflitos nas relações trabalhistas, foram previstas na Lei n. 9.958, de 12.1.2000, que acrescentou o Título VI-A na Consolidação das Leis do Trabalho, as Comissões de Conciliação Prévia, de composição paritária, com representantes dos empregados e dos empregadores, com a atribuição de tentar conciliar os conflitos individuais do trabalho.[101] O termo de conciliação firmado perante as Comissões de Conci-

---

e cinco Presidentes de Tribunais Regionais do Trabalho, eleito cada um deles por região geográfica do país.

[101] Lei n. 9. 958, de 12.1.2000: Art. 1º A Consolidação das Leis do Trabalho – CLT, aprovada pelo **Decreto-Lei nº 5.452, de 1º de maio de 1943**, passa a vigorar acrescida do seguinte Título VI-A: "**Art. 625-A.** As empresas e os sindicatos podem instituir Comissões de Conciliação Prévia, de composição paritária, com representantes dos empregados e dos empregadores, com a atribuição de tentar conciliar os conflitos individuais do trabalho. Parágrafo único. As Comissões referidas no *caput* deste artigo poderão ser constituídas por grupos de empresas ou ter caráter intersindical. **Art. 625-B.** A Comissão instituída no âmbito da empresa será composta de, no mínimo, dois e, no máximo, dez membros, e observará as seguintes normas: I – a metade de seus membros será indicada pelo empregador e a outra metade eleita pelos empregados, em escrutínio secreto, fiscalizado pelo sindicato da categoria profissional; II – haverá na Comissão tantos suplentes quantos forem os representantes titulares; III – o mandato dos seus membros, titulares e suplentes, é de um ano, permitida uma recondução. § 1º E vedada a dispensa dos representantes dos empregados membros da Comissão de Conciliação Prévia, titulares e suplentes, até um ano após o final do mandato, salvo se cometerem falta grave, nos termos da lei. § 2º O representante dos empregados desenvolverá seu trabalho normal na empresa, afastando-se de suas atividades apenas quando convocado para atuar como conciliador, sendo computado como tempo de trabalho efetivo o despendido nessa atividade. **Art. 625-C.** A Comissão instituída no âmbito do sindicato terá sua constituição e normas de funcionamento definidas em convenção ou acordo coletivo. **Art. 625-D.** Qualquer demanda de natureza trabalhista será submetida à Comissão de Conciliação Prévia se, na localidade da prestação de serviços, houver sido instituída a Comissão no âmbito da empresa ou do sindicato da categoria. § 1º A demanda será formulada por escrito ou reduzida a termo por qualquer dos membros da Comissão, sendo entregue cópia datada e assinada pelo membro aos interessados.

liação Prévia é título executivo extrajudicial, sendo competente para o julgamento da correspondente execução o juiz que teria competência para o processo de conhecimento relativo à matéria.

12.1 Competência da Justiça do Trabalho

Compete à Justiça do Trabalho processar e julgar: I – as ações oriundas da relação de trabalho, abrangidos os entes de direito público externo e da administração pública direta e indireta da União, dos Estados, do Distrito Federal e dos Municípios;[102]

---

§ 2º Não prosperando a conciliação, será fornecida ao empregado e ao empregador declaração da tentativa conciliatória frustrada com a descrição de seu objeto, firmada pelos membros da Comissão, que deverá ser juntada à eventual reclamação trabalhista. § 3º Em caso de motivo relevante que impossibilite a observância do procedimento previsto no *caput* deste artigo, será a circunstância declarada na petição inicial da ação intentada perante a Justiça do Trabalho. § 4º Caso exista, na mesma localidade e para a mesma categoria, Comissão de empresa e Comissão sindical, o interessado optará por uma delas para submeter a sua demanda, sendo competente aquela que primeiro conhecer do pedido. **Art. 625-E.** Aceita a conciliação, será lavrado termo assinado pelo empregado, pelo empregador ou seu preposto e pelos membros da Comissão, fornecendo-se cópia às partes. Parágrafo único. O termo de conciliação é título executivo extrajudicial e terá eficácia liberatória geral, exceto quanto às parcelas expressamente ressalvadas. **Art. 625-F.** As Comissões de Conciliação Prévia têm prazo de dez dias para a realização da sessão de tentativa de conciliação a partir da provocação do interessado. Parágrafo único. Esgotado o prazo sem a realização da sessão, será fornecida, no último dia do prazo, a declaração a que se refere o § 2º do art. 625-D. **Art. 625-G.** O prazo prescricional será suspenso a partir da provocação da Comissão de Conciliação Prévia, recomeçando a fluir, pelo que lhe resta, a partir da tentativa frustrada de conciliação ou do esgotamento do prazo previsto no art. 625-F. **Art. 625-H.** Aplicam-se aos Núcleos Intersindicais de Conciliação Trabalhista em funcionamento ou que vierem a ser criados, no que couber, as disposições previstas neste Título, desde que observados os princípios da paridade e da negociação coletiva na sua constituição."

[102] Quanto aos servidores públicos civis sujeitos às normas estatutárias, o Supremo Tribunal Federal manifestou-se no sentido de que a decisão sobre litígios entre a Administração Pública e seus servidores excede da competência da Justiça do Trabalho (STF. Conflito de Jurisdição n. 6.829-8-SP. *DJ* 14.4.1989). O Superior Tribunal de Justiça também entendeu que "a disposição ínsita no art. 114 da Constituição não abrange o pessoal estatutário, dizendo unicamente com aquele submetido ao regime celetista" (STJ. Conflitos de Competências n. 1.203-PR e 1.336-SP. *DJ* 24.9.1990).

Não obstante tais pronunciamentos, previa o art. 240, *e*, da Lei n. 8.112, de 11 de dezembro de 1990 (disposição mantida pelo Congresso Nacional, em decorrência da rejeição de veto presidencial), que era assegurado ao servidor público civil, entre outros direitos, o de ajuizamento, individual e coletivamente, perante a Justiça do Trabalho.

O Supremo Tribunal Federal, apreciando a ação direta de inconstitucionalidade n. 492-1, proposta pelo Procurador-Geral da República, declarou inconstitucionais as alíneas *d* e *e* do art. 240 da Lei n. 8.112/90, que asseguravam ao servidor público civil da União os direitos de negociação coletiva (alínea *d*) e de ajuizamento de dissídio coletivo e individual perante a Justiça do Trabalho (decisão de 12 de novembro de 1992).

Anote-se que, em 27 de janeiro de 2005, foi deferida liminar, *ad referendum* do Pleno do Supremo Tribunal Federal, na Ação Direta de Inconstitucionalidade n. 3.395, proposta pela Associação dos Juízes Federais do Brasil – AJUFE, para suspender toda e qualquer interpretação dada ao

II – as ações que envolvam exercício do direito de greve, observando-se que, em caso de greve em atividade essencial, com possibilidade de lesão do interesse público, o Ministério Público do Trabalho poderá ajuizar dissídio coletivo, competindo à Justiça do Trabalho decidir o conflito[103]; III – as ações sobre representação sindical, entre sindicatos, entre sindicatos e trabalhadores, e entre sindicatos e empregadores; IV – os mandados de segurança, *habeas corpus* e *habeas data*, quando o ato questionado envolver matéria sujeita à sua jurisdição; V – os conflitos de competência entre órgãos com jurisdição trabalhista, ressalvado o disposto no art. 102, I, *o*; VI – as ações de indenização por dano moral ou patrimonial, decorrentes da relação de trabalho;[104] VII – as ações relativas às penalidades administrativas impostas aos empregadores pelos órgãos de fiscalização das relações de trabalho; VIII – a execução, de ofício, das contribuições sociais previstas no art. 195, I, *a*, e II, e seus acréscimos legais, decor-

---

inciso I do art. 114 da Constituição Federal, na redação da EC n. 45/2004, que inclua, na competência da Justiça do Trabalho, a apreciação de causas que sejam instauradas entre o Poder Público e seus servidores, a ele vinculados por típica relação de ordem estatutária ou de caráter jurídico-administrativo. É que não há que se entender que a Justiça do Trabalho, a partir do texto promulgado, possa analisar questões relativas aos servidores públicos regidos pela Lei n. 8.112/90 e pelo direito administrativo, cujas demandas são diversas dos contratos de trabalho regidos pela CLT. Em 5 de abril de 2006, a liminar foi referendada, por maioria, pelo STF: "Inconstitucionalidade. Ação direta. Competência. Justiça do Trabalho. Incompetência reconhecida. Causas ente o Poder Público e seus servidores estatutários. Ações que não se reputam oriundas de relação de trabalho. Conceito estrito desta relação. Feitos da competência da Justiça Comum. Interpretação do art. 114, inc. I, da CR, introduzido pela EC 45/2004. Precedentes. Liminar deferida para excluir outra interpretação. O disposto no art. 114, I, da Constituição da República, não abrange as causas instauradas entre o Poder Público e servidor que lhe seja vinculado por relação jurídico-estatutária" (Rel. Min, Cezar Peluso, DJ, 10.11.2006).

[103] Súmula Vinculante n. 23 – A Justiça do Trabalho é competente para processar e julgar ação possessória ajuizada em decorrência do exercício do direito de greve pelos trabalhadores da iniciativa privada.

[104] Dano moral ou patrimonial sofrido pelo empregado e causado pelo empregador, por dolo ou culpa, configura direito trabalhista, a ser apreciado pela Justiça do Trabalho. Nesse sentido, pacificou-se a jurisprudência do Supremo Tribunal Federal: CComp 7.204/MG, Rel. Min. Carlos Britto, *DJ*, 9.12.2005: "Constitucional. Competência judicante em razão da matéria. Ação de indenização por danos morais e patrimoniais decorrentes de acidente do trabalho, proposta pelo empregado em face de seu (ex)empregador. Competência da Justiça do Trabalho. Art. 114 da Magna Carta. Redação anterior e posterior à Emenda Constitucional n. 45/04. Evolução da jurisprudência do Supremo Tribunal Federal. Processos em curso na Justiça comum dos Estados. Imperativo de política judiciária." A matéria é objeto da Súmula Vinculante n. 22 – A Justiça do Trabalho é competente para processar e julgar as ações de indenização por danos morais e patrimoniais decorrentes de acidente de trabalho propostas por empregado contra empregador, inclusive aquelas que ainda não possuía sentença de mérito em primeiro grau quando da promulgação da Emenda Constitucional n. 45/04.

É da Justiça do Trabalho a competência para processar e julgar ação de indenização por danos morais e materiais decorrentes de acidente do trabalho proposta por sucessores do empregado, pois o ajuizamento da ação pelos sucessores não altera a competência da Justiça Especializada. A transferência do direito patrimonial em decorrência do óbito do empregado é irrelevante (STF, CC 7.545, Rel. Min. Eros Grau, j. 3.6.2009, *DJE*, 14. 8.2009). A Súmula n. 366 do STJ, cujo enunciado afirmava que a competência era da Justiça Comum Estadual ou Federal, foi cancelada quando do julgamento do CC 101.977-SP, em 16.9.2009.

rentes das sentenças que proferir; IX – outras controvérsias decorrentes da relação de trabalho, na forma da lei.

Na hipótese de recusa, por qualquer das partes, da negociação coletiva ou da arbitragem, lhes é facultado, de comum acordo, ajuizar dissídio coletivo de natureza econômica, podendo a Justiça do Trabalho decidir o conflito, respeitadas as disposições mínimas legais de proteção ao trabalho, bem como as convencionadas anteriormente.

Ainda a respeito da competência da Justiça do Trabalho, de observar que: a) não tem ela competência para processar e julgar ações penais, por ser incompatível com as garantias constitucionais da legalidade e do juiz natural inferir-se, por meio de interpretação arbitrária e expansiva, competência criminal genérica da Justiça do Trabalho;[105] b) a competência da Justiça do Trabalho para processar e julgar ações sobre representação sindical, entre sindicatos e trabalhadores e entre sindicatos e empregadores, presente no inciso III do art. 114 da Constituição da República, com a redação da EC n. 45/2004, abrange demandas propostas por sindicato de categoria econômica contra empregador, objetivando o reconhecimento do direito à contribuição assistencial;[106] c) a Justiça do Trabalho não tem competência para processar e julgar ação referente a relações contratuais de caráter eminentemente civil, diversa da relação de trabalho.[107]

13. JUSTIÇA ELEITORAL

A Justiça Eleitoral data do Código Eleitoral de 1932, tendo sido constitucionalizada na Carta de 1934. Antes de sua instituição, cabia às próprias Câmaras o processo de verificação de poderes. Diz Victor Nunes Leal que "duas falsificações mais importantes dominavam as eleições da Primeira República: o *bico de pena* e a *degola* ou *depuração*. A primeira era praticada pelas Mesas eleitorais, com funções de junta apuradora: inventavam-se nomes, eram ressuscitados os mortos, e os ausentes compareciam; na feitura das atas, a pena toda-poderosa dos mesários realizava milagres portentosos. A segunda metamorfose era obra das Câmaras legislativas no reconhecimento de poderes: muitos dos que escapavam das ordálias preliminares tinham seus diplomas cassados na provação final".[108]

De fato, dispunha o art. 18, parágrafo único, da Constituição de 1891, competir a cada uma das Câmaras verificar e reconhecer os poderes de seus membros. O processo de verificação e reconhecimento de poderes se desenrolava no Parlamento. Com efeito, o resultado das eleições era frequentemente contestado pelo partido derrotado nas urnas, que alegava uso da violência, fraude eleitoral e da máquina governamental. As denúncias eram encaminhadas ao Parlamento, que as submetia à Comissão de Verificação de Poderes. A Comissão era presidida pelo membro mais idoso do Legis-

---

105 STF, ADI 3.684-MC/DF, Rel. Min. Cezar Peluso, j. 1º. 2.2007.

106 STF, CC 7.221/RS, j.1º.6.2006.

107 Súmula 363 do STJ: Compete à Justiça Estadual processar e julgar a ação de cobrança ajuizada por profissional liberal contra cliente.

108 LEAL. *Coronelismo, enxada e voto*, p. 229.

lativo (que posteriormente passou a ser o Presidente da Câmara anterior) e composta por quatro parlamentares escolhidos pelos partidos, e tinha o poder de averiguar as denúncias de irregularidade do pleito e investigar a lisura da eleição. Concluindo pela irregularidade, à Comissão cabia anular o resultado da eleição e proclamar o candidato derrotado como o vencedor. João Barbalho, em seus *Comentários*, salientava que a "Constituição seguiu o exemplo geral das outras nações, embora não se possa deixar de reconhecer que a verificação de poderes pelos próprios eleitos é por vezes ocasião de grandes abusos devidos ao espírito de facção e cujo corretivo está a desafiar a cogitação dos publicistas e homens de Estado".[109] Também Aurelino Leal lembrava: "o que, principalmente se critica não é que as Câmaras pratiquem o poder de reconhecer a eleição dos seus membros, porque esta ideia faz, sem nenhuma dúvida, parte da sua independência. O que se censura e o que tem feito pensar na instituição de uma ou outra autoridade para desempenhar tal atribuição, é o modo subversivo, atentatório da lei, e não raro da moralidade, com que as Câmaras inúmeras vezes a praticam".[110]

Não há carreira na Justiça Eleitoral, que se compõe na forma prevista nos arts. 119 e 120.

13.1 Tribunal Superior Eleitoral e Justiça Eleitoral

São órgãos da Justiça Eleitoral:

a) Tribunal Superior Eleitoral;

b) Tribunais Regionais Eleitorais;

c) Juízes Eleitorais, que são os Juízes de Direito Estaduais ou do Distrito Federal;

d) Juntas Eleitorais.

O Tribunal Superior Eleitoral compor-se-á, no mínimo, de sete membros, escolhidos:

I – mediante eleição, pelo voto secreto: *a)* três juízes dentre os Ministros do Supremo Tribunal Federal; *b)* dois juízes dentre os Ministros do Superior Tribunal de Justiça;

II – por nomeação do Presidente da República, dois juízes dentre seis advogados de notável saber jurídico e idoneidade moral, indicados pelo Supremo Tribunal Federal.[111] O Presidente e o Vice-Presidente do Tribunal Superior Eleitoral serão eleitos pelo próprio Tribunal dentre os Ministros do Supremo Tribunal Federal, e o Corregedor Eleitoral, dentre os Ministros do Superior Tribunal de Justiça.

---

[109] BARBALHO. *Constituição federal brasileira* – comentários, p. 90.

[110] LEAL. *Teoria e prática da constituição federal brasileira*, p. 256. Nesta obra, o autor faz ainda abrangente e minucioso estudo sobre o funcionamento da Comissão de Verificação de Poderes, p. 254-265.

[111] Na Justiça Eleitoral, os representantes dos advogados poderão ser escolhidos dentre profissionais com mais de 70 anos de idade. Não há juízes oriundos do Ministério Público, mas da advocacia, os quais compõem o TSE e os TREs.

De acordo com o Código Eleitoral, compete ao Tribunal Superior Eleitoral julgar originariamente:

a) o registro e a cassação de registro de partidos políticos, dos seus diretórios nacionais e de candidatos à Presidência e Vice-Presidência da República;
b) os conflitos de jurisdição entre Tribunais Regionais e juízes eleitorais de Estados diferentes; a suspeição ou impedimento dos seus membros, do Procurador-Geral e dos funcionários da sua secretaria;
c) os crimes eleitorais e os comuns que lhes forem conexos cometidos pelos seus próprios juízes e pelos juízes dos Tribunais Regionais; o *habeas corpus* ou mandado de segurança, em matéria eleitoral, relativos a atos do Presidente da República, dos Ministros de Estado e dos Tribunais Regionais;
d) o *habeas corpus*, quando houver perigo de se consumar a violência antes de que o juiz competente possa prover sobre a impetração;
e) as reclamações relativas a obrigações impostas por lei aos partidos políticos, quanto à sua contabilidade e à apuração da origem dos seus recursos;
f) as impugnações à apuração do resultado geral, proclamação dos eleitos e expedição de diploma na eleição de Presidente e Vice-Presidente da República;
g) as reclamações contra os seus próprios juízes que, no prazo de trinta dias a contar da conclusão, não houverem julgados os feitos a eles distribuídos;
h) a ação rescisória, nos casos de inelegibilidade, desde que intentada dentro de cento e vinte dias de decisão irrecorrível, possibilitando-se o exercício do mandato eletivo até o seu trânsito em julgado.

São irrecorríveis as decisões do Tribunal Superior Eleitoral, salvo as que contrariarem a Constituição e as denegatórias de *habeas corpus* ou mandado de segurança, dada a existência de um calendário eleitoral com prazos exíguos, que devem ser cumpridos à risca, em razão do próprio processo eleitoral.

Haverá um Tribunal Regional Eleitoral na Capital de cada Estado e no Distrito Federal, cuja composição é a seguinte:

I – mediante eleição, pelo voto secreto: *a)* dois juízes dentre os Desembargadores do Tribunal de Justiça; *b)* dois juízes, dentre Juízes de Direito, escolhidos pelo Tribunal de Justiça;

II – um juiz do Tribunal Regional Federal com sede na Capital do Estado ou no Distrito Federal, ou, não havendo, de juiz federal, escolhido, em qualquer caso, pelo Tribunal Regional Federal respectivo;

III – por nomeação, pelo Presidente da República, de dois juízes dentre seis advogados de notável saber jurídico e idoneidade moral, indicados pelo Tribunal de Justiça. O Presidente e o Vice-Presidente do Tribunal Regional Eleitoral serão eleitos pelo próprio Tribunal, dentre os Desembargadores. O Vice-Presidente quase sempre acumula as funções de Corregedor Regional Eleitoral.

Aos Tribunais Regionais Eleitorais compete, de acordo com o Código Eleitoral, processar e julgar originariamente o registro e o cancelamento do registro dos diretórios estaduais e municipais de partidos políticos, bem como de candidatos a governador, vice-governador, e membros do Congresso Nacional e das Assembleias Legislativas; os conflitos de jurisdição entre juízes eleitorais do respectivo Estado; a suspeição ou impedimento dos seus membros, do Procurador Regional e dos funcionários da sua secretaria, assim como dos juízes e escrivães eleitorais; os crimes eleitorais cometidos pelos juízes eleitorais; o *habeas corpus* ou mandado de segurança, em matéria eleitoral, contra ato de autoridades que respondam perante os Tribunais de Justiça por crime de responsabilidade e, em grau de recurso, os denegados ou concedidos pelos juízes eleitorais; ou, ainda, o *habeas corpus* quando houver perigo de se consumar a violência que o juiz competente possa prover sobre a impetração; as reclamações relativas a obrigações impostas por lei aos partidos políticos, quanto à sua contabilidade e à apuração da origem dos seus recursos; os pedidos de desaforamento dos feitos não decididos pelos juízes eleitorais em trinta dias da sua conclusão para julgamento, formulados por partido, candidato, pelo Ministério Público ou parte legitimamente interessada, sem prejuízo das sanções decorrentes do excesso de prazo.

A competência das Juntas e dos Juízes Eleitorais também se acha fixada no Código Eleitoral.

São também irrecorríveis as decisões dos Tribunais Regionais Eleitorais, pelos mesmos motivos antes apontados, e somente caberá recurso quando: forem proferidas contra disposição expressa da Constituição ou de lei; ocorrer divergência na interpretação da lei entre dois ou mais Tribunais eleitorais; versarem sobre inelegibilidade ou expedição de diplomas nas eleições federais e estaduais; anularem diplomas ou decretarem a perda de mandatos eletivos federais ou estaduais e denegarem *habeas corpus*, mandado de segurança, *habeas data* ou mandado de injunção (art. 121, § 4º, I a V).

13.2 Competência da Justiça Eleitoral

A competência da Justiça Eleitoral será fixada em lei complementar, diz o art. 121 da Constituição, sendo certo que a ela cabe fiscalizar todo o processo eleitoral, desde a qualificação do eleitor até a proclamação dos eleitos. A Constituição de 1988 estabeleceu, no § 10 do art. 14, que o mandato eletivo obtido mediante abuso do poder econômico, corrupção ou fraude poderá ser impugnado ante a Justiça Eleitoral, no prazo de 15 dias contados da diplomação. Resultam ainda da Constituição as competências da Justiça Eleitoral relativas ao alistamento eleitoral, à apreciação das questões relativas à inelegibilidade, à expedição ou à anulação de diploma. A Resolução n. 22.610, de 25 de outubro de 2007, do Tribunal Superior Eleitoral, que disciplina o processo de perda de cargo eletivo, bem como de justificação de desfiliação partidária, prevê, em seu art. 2º, ser o Tribunal Superior Eleitoral competente para processar e julgar pedido relativo a mandato federal, e, nos demais casos, o tribunal eleitoral do respectivo Estado.[112]

Peculiaridade da Justiça Eleitoral, no que concerne à composição de seus Tribunais, é a regra segundo a qual os juízes dos tribunais eleitorais, salvo motivo justificado, servirão por dois anos, no mínimo, e nunca por mais de dois biênios consecutivos (§ 2º do art. 121), procurando assim garantir os juízes eleitorais contra a suspeita da parcialidade, pela natureza mesma do processo eleitoral que envolve intensa paixão partidária. Os substitutos dos juízes dos tribunais eleitorais serão escolhidos na mesma ocasião e pelo mesmo processo, em número igual para cada categoria representada.

14. JUSTIÇA MILITAR

A Justiça Militar foi organizada em 1808, por meio de alvará assinado por D. João VI, e era composta do Conselho Supremo Militar de Justiça, e dos Conselhos de Guerra de 1ª instância. A Constituição Republicana de 1891 instituiu um Supremo Tribunal Militar no âmbito do Poder Executivo. A Justiça Militar passou a integrar o Poder Judiciário com a Constituição de 1934, tendo a Constituição de 1946 alterado a denominação do Supremo Tribunal Militar para Superior Tribunal Militar.

A Constituição de 1988 dispõe sobre a organização da Justiça Militar, no art. 122, e no art. 123 trata da composição do Superior Tribunal Militar.

São órgãos da Justiça Militar: *a)* o Superior Tribunal Militar; *b)* os Tribunais e Juízes instituídos por lei.

A 1ª instância da Justiça Militar é constituída pelos seguintes órgãos: Auditoria de Correição, Conselhos de Justiça, Juízes-Auditores e Juízes-Auditores Substitutos. Para efeito de administração da Justiça Militar em tempo de paz, o território nacional divide-se em doze Circunscrições Judiciárias Militares, abrangendo: a) a 1ª – Estados do Rio de Janeiro e Espírito Santo; b) a 2ª – Estado de São Paulo; c) a 3ª – Estado do Rio Grande do Sul; d) a 4ª – Estado de Minas Gerais; e) a 5ª – Estados do Paraná e Santa Catarina; f) a 6ª – Estados da Bahia e Sergipe; g) a 7ª – Estados de Pernambuco, Rio Grande do Norte, Paraíba e Alagoas; h) a 8ª – Estados do Pará, Amapá e Maranhão; i) a 9ª – Estados do Mato Grosso do Sul e Mato Grosso; j) a 10ª – Estados do Ceará e Piauí; l) a 11ª – Distrito Federal e Estados de Goiás e Tocantins; m) a 12ª – Estados do Amazonas, Acre, Roraima e Rondônia. As Auditorias têm jurisdição mista, cabendo-lhes conhecer dos feitos relativos à Marinha, Exército e Aeronáutica. É de competência dos Conselhos: I – Especial de Justiça, processar e julgar oficiais, exceto oficiais-generais, nos delitos previstos na legislação penal militar; II – Permanente de Justiça, processar e julgar acusados que não sejam oficiais, nos delitos de que trata o inciso anterior, excetuado o disposto no art. 6º, inciso I, alínea b, da Lei n. 8.457/92. Compete ainda aos Conselhos: I – decretar a prisão preventiva de acusado, revogá-la ou restabelecê-la; II – conceder menagem e liberdade provisória, bem como revogá-las; III – decretar medidas preventivas e assecuratórias, nos processos pendentes de seu

[112] Cf. o Capítulo 9, item 8.1 deste trabalho, em que examinamos com maior abrangência a perda do mandato resultante de desfiliação partidária sem justa causa.

julgamento; IV – declarar a inimputabilidade de acusado nos termos da lei penal militar, quando constatada aquela condição no curso do processo, mediante exame pericial; V – decidir as questões de direito ou de fato suscitadas durante instrução criminal ou julgamento; VI – ouvir o representante do Ministério Público sobre as questões suscitadas durante as sessões; VII – conceder a suspensão condicional da pena, nos termos da lei; VIII – praticar os demais atos que lhe forem atribuídos em lei. Os Conselhos de Justiça são os escabinatos, pois formados por um juiz civil e quatro juízes militares. Dividem-se, como se verificou acima, em Conselho Permanente e Conselho Especial. O juiz civil é o juiz-auditor provido no cargo mediante concurso de provas e títulos, com a participação da Ordem dos Advogados do Brasil, na forma da Constituição Federal. Os juízes militares servem no Colegiado por um período de três meses, vedada a recondução. O Conselho Permanente, em regra geral, é presidido por um oficial superior, major a coronel, ou capitão de corveta a capitão de mar e guerra, podendo ser composto por um oficial subalterno, 2º e 1º tenentes, e um oficial intermediário, capitão ou capitão tenente. Já nos Conselhos Especiais, a composição do escabinato dependerá do posto ou patente do acusado.[113]

A 2ª instância da Justiça Militar é constituída pelo Superior Tribunal Militar, que se compõe de 15 Ministros vitalícios, nomeados pelo Presidente da República, depois de aprovada a indicação pelo Senado Federal, sendo três dentre oficiais-generais da Marinha, quatro dentre oficiais-generais do Exército, três dentre oficiais-generais da Aeronáutica, todos da ativa e do posto mais elevado da carreira, e cinco dentre civis. Note-se que a patente de oficial-general, para ser atingida, exige, entre outras, a condição de brasileiro nato (art. 12, § 3º, VI, da Constituição). Os Ministros civis serão escolhidos pelo Presidente da República dentre brasileiros maiores de 35 anos, sendo:

- I – três dentre advogados de notório saber jurídico e conduta ilibada, com mais de dez anos de efetiva atividade profissional;
- II – dois, por escolha paritária, dentre juízes auditores e membros do Ministério Público da Justiça Militar.

Na estrutura da Justiça Militar não há Tribunais Regionais Militares, nos moldes dos Tribunais Regionais Federais e dos Tribunais Regionais do Trabalho.[114]

Compete à Justiça Militar processar e julgar os crimes militares definidos em lei. Poderão os civis se submeter ao foro militar, desde que sejam considerados autores, coautores, ou partícipes de crime militar.

O Superior Tribunal Militar exerce competência originária e recursal para processar e julgar os recursos provenientes das Auditorias Militares. É de competência do Superior Tribunal Militar: I – processar e julgar originariamente: a) os oficiais-generais das Forças Armadas, nos crimes militares definidos em lei; c) os pedidos de *habeas corpus* e *habeas data*, nos casos permitidos em lei; d) o mandado de segurança contra seus atos, os do Presidente do Tribunal e de outras autoridades da Justiça Militar; e)

---

113 Arts. 1º, 2º, 16, 27 e 28 da Lei n. 8.457, de 4 de setembro de 1992, que organiza a Justiça Militar da União e regula o funcionamento de seus Serviços Auxiliares.

114 ROSA. Reforma do Poder Judiciário e Justiça Militar. *In*: TAVARES; LENZA; ALARCÓN (Coords.). *Reforma do Judiciário analisada e comentada*, p. 385.

a revisão dos processos findos na Justiça Militar; f) a reclamação para preservar a integridade da competência ou assegurar a autoridade de seu julgado; g) os procedimentos administrativos para decretação da perda do cargo e da disponibilidade de seus membros e demais magistrados da Justiça Militar, bem como para remoção, por motivo de interesse público, destes últimos, observado o Estatuto da Magistratura; h) a representação para decretação de indignidade de oficial ou sua incompatibilidade para com o oficialato; i) a representação formulada pelo Ministério Público Militar, Conselho de Justiça, Juiz-Auditor e advogado, no interesse da Justiça Militar; II – julgar: a) os embargos apostos às suas decisões; b) os pedidos de correição parcial; c) as apelações e os recursos de decisões dos juízes de primeiro grau; d) os incidentes processuais previstos em lei; e) os agravos regimentais e recursos contra despacho de relator, previstos em lei processual militar ou no regimento interno; f) os feitos originários dos Conselhos de Justificação; g) os conflitos de competência entre Conselhos de Justiça, entre Juízes-Auditores, ou entre estes e aqueles, bem como os de atribuição entre autoridades administrativa e judiciária militares; h) os pedidos de desaforamento; i) as questões administrativas e recursos interpostos contra atos administrativos praticados pelo Presidente do Tribunal; j) os recursos de penas disciplinares aplicadas pelo Presidente do Tribunal, Corregedor da Justiça Militar e Juiz-Auditor; III – declarar a inconstitucionalidade de lei ou ato normativo do Poder Público, pelo voto da maioria absoluta de seus membros; IV – restabelecer a sua competência quando invadida por juiz de primeira instância, mediante avocatória; V – resolver questão prejudicial surgida no curso de processo submetido a seu julgamento; VI – determinar medidas preventivas e assecuratórias previstas na lei processual penal militar, em processo originário ou durante julgamento de recurso, em decisão sua ou por intermédio do relator; VII – decretar prisão preventiva, revogá-la ou restabelecê -la, de ofício ou mediante representação da autoridade competente, nos feitos de sua competência originária; VIII – conceder ou revogar menagem e liberdade provisória, bem como aplicar medida provisória de segurança nos feitos de sua competência originária; IX – determinar a restauração de autos extraviados ou destruídos, na forma da lei; X – remeter à autoridade competente cópia de peça ou documento constante de processo sob seu julgamento, para o procedimento legal cabível, quando verificar a existência de indícios de crime.[115]

Em tempo de guerra, altera-se a organização da Justiça Militar, que passa a ser constituída pelos seguintes órgãos junto às forças em operações: I – os Conselhos Superiores de Justiça Militar; II – os Conselhos de Justiça Militar; III – os Juízes-Auditores. É da competência dos órgãos referidos o processo e julgamento dos crimes praticados em teatro de operações militares ou em território estrangeiro, militarmente ocupados por forças brasileiras, ressalvado o disposto em tratados e convenções internacionais. O agente é considerado em operações militares desde o momento de seu deslocamento para o teatro de operações ou para o território estrangeiro ocupado. O Conselho Superior de Justiça é órgão de segunda instância e compõe-se de dois oficiais-generais, de carreira ou reserva convocado, e um Juiz-Auditor, nomeados pelo Presidente da República. A Presidência do Conselho Superior de Justiça Militar

---

115 Art. 6º da Lei n. 8.457/92.

é exercida pelo juiz de posto mais elevado, ou pelo mais antigo, em caso de igualdade de posto. Em cada Conselho Superior de Justiça funcionarão um Procurador e um Defensor Público, nomeados pelo Presidente da República, dentre os membros do Ministério Público da União junto à Justiça Militar e da Defensoria Pública da União, respectivamente. O Presidente do Conselho Superior de Justiça requisitará, ao Ministro militar competente, o pessoal necessário ao serviço de secretaria, designando o Secretário, que será de preferência bacharel em Direito. O Conselho de Justiça compõe-se de um Juiz-Auditor ou Juiz-Auditor Substituto e dois oficiais de posto superior ou igual ao do acusado, observado, na última hipótese, o princípio da antiguidade de posto. O Conselho será constituído para cada processo e dissolvido após o término do julgamento, cabendo a presidência ao juiz de posto mais elevado, ou ao mais antigo em caso de igualdade de posto. Os Oficiais da Marinha, do Exército e da Aeronáutica serão julgados, quando possível, por juízes militares da respectiva Força. Haverá, no teatro de operações, tantas Auditorias quantas forem necessárias. A Auditoria é composta de um Juiz-Auditor, um Procurador, um Defensor Público, um Secretário e auxiliares necessários, podendo as duas últimas funções ser exercidas por praças graduadas. Um dos auxiliares exercerá, por designação do Juiz-Auditor, a função de oficial de justiça. Compete ao Conselho Superior de Justiça: I – processar e julgar originariamente os oficiais-generais; II – julgar as apelações interpostas das sentenças proferidas pelos Conselhos de Justiça e Juízes-Auditores; III – julgar os embargos opostos às decisões proferidas nos processos de sua competência originária. O comandante do teatro de operações responderá a processo perante o Superior Tribunal Militar, condicionada a instauração da ação penal à requisição do Presidente da República. Compete ao Conselho de Justiça: I – o julgamento dos oficiais até o posto de coronel, inclusive; II – decidir sobre arquivamento de inquérito e instauração de processo, nos casos de violência praticada contra inferior para compeli-lo ao cumprimento do dever legal, ou em repulsa a agressão. Compete ao Juiz-Auditor: I – presidir a instrução criminal dos processos em que forem réus praças, civis ou oficiais até o posto de capitão-de-mar-e-guerra ou coronel, inclusive; II – julgar as praças e os civis.[116]

15. JUIZADOS ESPECIAIS E JUSTIÇA DE PAZ

A Constituição prevê, no art. 98, I e II, a criação, pela União, no Distrito Federal e nos Territórios, e pelos Estados, de:

I – juizados especiais, providos por juízes togados, ou togados e leigos, competentes para a conciliação e julgamento e a execução de causas cíveis de menor complexidade e infrações penais de menor potencial ofensivo, mediante os procedimentos oral e sumaríssimo, permitidos, nas hipóteses previstas em lei, a transação e o julgamento de recursos por turmas de juízes de primeiro grau. Observe-se que poderá haver recurso extraordinário para o Supremo Tribunal Federal contra a decisão desses juizados especiais ou da turma julgadora, na hipótese de violação

---

116 Lei n. 8.457/92 (arts. 89 a 97).

da Constituição (art. 102, III, *a*).[117] Não cabe, no entanto, recurso especial para o Superior Tribunal de Justiça.[118] É da própria Turma Recursal a competência para julgar mandado de segurança ato de juizado especial.[119] A competência para o julgamento de *habeas corpus* contra decisão de Turma Recursal de juizados especiais criminais é do Tribunal de Justiça local.[120] Pela Emenda Constitucional n. 22/99, foi acrescido o parágrafo único (renumerado pela EC n. 45/2004, para § 1º) ao art. 98 da Constituição, prevendo que lei federal disporá sobre a criação de juizados especiais no âmbito da Justiça Federal.[121] Nos termos da legislação, considera-se causas cíveis de menor complexidade: I – as causas cujo valor não exceda a quarenta vezes o salário mínimo; II – as enumeradas no art. 275, II, do CPC; III – a ação de despejo para uso próprio; IV – as ações possessórias sobre bens imóveis de valor não excedente a quarenta vezes o salário mínimo. São consideradas infrações penais de menor potencial ofensivo as contravenções penais e os crimes a que a lei comine pena máxima não superior a dois anos, cumulada ou não com multa. Segundo a Lei n. 12.153/2009, é da competência dos Juizados Especiais da Fazenda Pública processar, conciliar e julgar causas cíveis de interesse dos Estados, do Distrito Federal, dos Territórios e dos Municípios, até o valor de sessenta salários mínimos. Não se incluem na competência do Juizado Especial da Fazenda Pública: I – as ações de mandado de segurança, de desapropriação, de divisão e demarcação, populares, por improbidade administrativa, execuções fiscais

---

[117] Supremo Tribunal Federal: Súmula n. 640 – É cabível recurso extraordinário contra decisão proferida por juiz de primeiro grau nas causas de alçada, ou por turma recursal de juizado especial cível ou criminal.

[118] Superior Tribunal de Justiça: Súmula n. 203 – Não cabe recurso especial contra decisão proferida por órgão de segundo grau dos juizados especiais.

[119] Superior Tribunal de Justiça: Súmula n. 376 – Compete a Turma Recursal processar e julgar o mandado de segurança contra ato de juizado especial.

[120] STF, HC 86.834/SP, Rel. Min. Marco Aurélio, j. 23.8.2000. Nesse julgamento ficou superada a Súmula n. 690 do STF, cujo enunciado era no sentido de competir ao STF o julgamento de *habeas corpus* contra decisão de turma recursal dos juizados especiais criminais. Entendeu o STF que, "em razão de competir aos tribunais de justiça o processo e julgamento dos juízes estaduais nos crimes comuns e de responsabilidade, ressalvada a competência da Justiça Eleitoral (CF, art. 96, III), a eles deve caber o julgamento de *habeas corpus* impetrado contra ato de turma recursal de juizado especial criminal. Asseverou-se que, em reforço a esse entendimento, tem-se que a competência originária e recursal do STF está prevista na própria Constituição, inexistindo preceito que delas trate que leve à conclusão de competir ao Supremo a apreciação de *habeas* ajuizados contra atos de turmas recursais criminais. Considerou-se que a EC 22/99 explicitou, relativamente à alínea i do inciso I do art. 102 da CF, que cumpre ao Supremo julgar os *habeas* quando o coator for tribunal superior, constituindo paradoxo admitir-se também sua competência quando se tratar de ato de turma recursal criminal, cujos integrantes sequer compõem tribunal."

[121] O sistema dos Juizados Especiais dos Estados e do Distrito Federal compreende: Juizados Especiais Cíveis; Juizados Especiais Criminais (Lei n. 9.099/1995); Juizados Especiais da Fazenda Pública (Lei n. 12.153/ 2009). Os Juizados Especiais Cíveis e Criminais, no âmbito da Justiça Federal, foram instituídos pela Lei n. 10.259/2001.

e as demandas sobre direitos ou interesses difusos e coletivos; II – as causas sobre bens imóveis dos Estados, Distrito Federal, Territórios e Municípios, autarquias e fundações públicas a eles vinculadas; III – as causas que tenham como objeto a impugnação da pena de demissão imposta a servidores públicos civis ou sanções disciplinares aplicadas a militares. Ainda segundo a Lei dos Juizados Especiais da Fazenda Pública, quando a pretensão versar sobre obrigações vincendas, para fins de competência do Juizado Especial, a soma de 12 (doze) parcelas vincendas e de eventuais parcelas vencidas não poderá exceder o valor de sessenta salários mínimos. Os juizados especiais serão providos por juízes togados, juízes leigos e conciliadores. O juiz togado, que integra a magistratura em virtude de aprovação em concurso público de provas e títulos, é o responsável pela condução do processo. Os conciliadores e juízes leigos são auxiliares da Justiça, recrutados, os primeiros, preferentemente, entre os bacharéis em Direito, e os segundos, entre advogados com mais de cinco anos de experiência. Os juízes leigos ficarão impedidos de exercer a advocacia perante os Juizados Especiais, enquanto no desempenho de suas funções. Os atos processuais serão públicos e poderão realizar-se em horário noturno, conforme dispuserem as normas de organização judiciária. O processo instaurar-se-á com a apresentação do pedido, escrito ou oral, à Secretaria do Juizado. Aberta a sessão, o juiz togado ou leigo esclarecerá as partes presentes sobre as vantagens da conciliação, mostrando-lhes os riscos e as consequências do litígio. O processo orientar-se-á pelos critérios da oralidade, simplicidade, informalidade, economia processual e celeridade, buscando, sempre que possível, a conciliação ou a transação.

II – justiça de paz, remunerada, composta de cidadãos eleitos pelo voto direto, universal e secreto, com mandato de quatro anos e competência para, na forma da lei, celebrar casamentos, verificar, de ofício ou em face de impugnação apresentada, o processo de habilitação e exercer atribuições conciliatórias, sem caráter jurisdicional, além de outras previstas na legislação. Nos termos do art. 30 do ADCT, a legislação que criar a justiça de paz manterá os atuais juízes de paz até a posse dos novos titulares, assegurando-lhes os direitos e atribuições conferidos a estes, e designará o dia para a eleição prevista no art. 98, II, da Constituição. Cabe à lei federal viabilizar a Justiça de Paz para a União, Distrito Federal e Territórios, e à lei estadual disciplina-la no âmbito dos Estados. A Justiça de Paz integra o sistema eleitoral global da Constituição Federal (o juiz de paz exercerá o mandato por quatro anos), sendo a filiação partidária condição compatível com o exercício da Justiça de Paz.[122]

---

[122] Em Minas Gerais, foi editada a Lei n. 13.454/2000, que dispõe sobre processo eleitoral, atribuições e competência de juiz de paz. No julgamento da ADI 2.938, o STF fixou a amplitude desta Lei, e de eventuais leis estaduais sobre o tema: "AÇÃO DIRETA DE INCONSTITUCIONALIDADE. LEI N. 13.454/00 DO ESTADO DE MINAS GERAIS. JUIZ DE PAZ. ELEIÇÃO E

INVESTIDURA. SIMULTANEIDADE COM AS ELEIÇÕES MUNICIPAIS. PRINCÍPIO MAJORITÁRIO. PREVISÃO NO ART. 117, DA CONSTITUIÇÃO DO ESTADO DE MINAS GERAIS. AUSÊNCIA DE IMPUGNAÇÃO. INVIABILIDADE DA AÇÃO DIRETA. 1. A viabilidade da ação direta reclama a impugnaçãO conjunta dos preceitos que tratam da matéria, sob pena de inocuidade da própria declaração de inconstitucionalidade. 2. A ausência de impugnação do teor de preceitos constitucionais repetidos na lei impugnada impede o conhecimento da ação direta. Precedentes [ADI n. 2.132/MC, Relator o Ministro MOREIRA ALVES, DJ 05.04.2002; ADI n. 2.242, Relator o Ministro MOREIRA ALVES, DJ 19.12.2001 e ADI n. 2.215, Relator o Ministro CELSO DE MELLO, DJ 26.04.2001]. JUIZ DE PAZ. ELEIÇÃO E INVESTIDURA. APLICAÇÃO SUBSIDIÁRIA DO CÓDIGO ELEITORAL E DA LEGISLAÇÃO FEDERAL ESPECÍFICA. INCONSTITUCIONALIDADE. NORMA COGENTE. 3. Não há falar-se, no que tange à legislação atinente à criação da justiça de paz, em aplicação subsidiária do Código Eleitoral [Lei n. 4.737/65], bem como da legislação federal específica, de observância obrigatória em todo território nacional. JUIZ DE PAZ. ELEIÇÃO E INVESTIDURA. FILIAÇÃO PARTIDÁRIA. OBRIGATORIEDADE. PROCEDIMENTOS NECESSÁRIOS À REALIZAÇÃO DAS ELEIÇÕES. CONSTITUCIONALIDADE. ART. 14, § 3º, E 98, II, DA CB/88. COMPETÊNCIA FEDERAL. 4. A obrigatoriedade de filiação partidária para os candidatos a juiz de paz [art. 14, § 3º, da CB/88] decorre do sistema eleitoral constitucionalmente definido. 5. Lei estadual que disciplina os procedimentos necessários à realização das eleições para implementação da justiça de paz [art. 98, II, da CB/88] não invade, em ofensa ao princípio federativo, a competência da União para legislar sobre direito eleitoral [art. 22, I, da CB/88]. JUIZ DE PAZ. ELEIÇÃO E INVESTIDURA. FIXAÇÃO DE CONDIÇÕES DE ELEGIBILIDADE PARA CONCORRER ÀS ELEIÇÕES. INCONSTITUCIONALIDADE. COMPETÊNCIA DA UNIÃO. ART. 14 E ART. 22, I, DA CB/88. 6. A fixação por lei estadual de condições de elegibilidade em relação aos candidatos a juiz de paz, além das constitucionalmente previstas no art. 14, § 3º, invade a competência da União para legislar sobre direito eleitoral, definida no art. 22, I, da Constituição do Brasil. JUIZ DE PAZ. COMPETÊNCIAS FUNCIONAIS. ARRECADAR BENS DE AUSENTES OU VAGOS. FUNCIONAR COMO PERITO. NOMEAR ESCRIVÃO AD HOC. CONSTITUCIONALIDADE. MATÉRIA MERAMENTE ADMINISTRATIVA. COMPETÊNCIA FEDERAL. ART. 98, II, DA CB/88. 7. Lei estadual que define como competências funcionais dos juízes de paz a arrecadação provisória de bens de ausentes e vagos, nomeando escrivão ad hoc, e o funcionamento como perito em processos não invade, em ofensa ao princípio federativo, a competência da União para legislar sobre direito processual civil [art. 22, I, da CB/88]. JUIZ DE PAZ. COMPETÊNCIAS FUNCIONAIS. PROCESSAR AUTO DE CORPO DE DELITO. LAVRAR AUTO DE PRISÃO. RECUSA DA AUTORIDADE POLICIAL. INCONSTITUCIONALIDADE. PROCESSO PENAL. COMPETÊNCIA DA UNIÃO PARA LEGISLAR. ART. 22, I, DA CB/88. 8. Lei estadual que define como competências funcionais dos juízes de paz o processamento de auto de corpo de delito e a lavratura de auto de prisão, na hipótese de recusa da autoridade policial, invade a competência da União para legislar sobre direito processual penal [art. 22, I, da CB/88]. JUIZ DE PAZ. COMPETÊNCIAS FUNCIONAIS. PRESTAR ASSISTÊNCIA AO EMPREGADO NAS RESCISÕES DE CONTRATO DE TRABALHO. INEXISTÊNCIA DOS ÓRGÃOS PREVISTOS NO ART. 477 DA CLT. INCONSTITUCIONALIDADE. DIREITO DO TRABALHO. COMPETÊNCIA DA UNIÃO PARA LEGISLAR. ART. 22, I, DA CB/88. 9. Lei estadual que define como competências funcionais dos juízes de paz, na ausência dos órgãos previstos no art. 477 da CLT, a prestação de assistência ao empregado nas rescisões de contrato de trabalho, invade a competência da União para legislar sobre direito do trabalho [art. 22, I, da CB/88]. Função já assegurada pelo § 3º do mesmo preceito legal. JUIZ DE PAZ. COMPETÊNCIAS FUNCIONAIS. ZELAR PELA OBSERVÂNCIA DAS NORMAS RELATIVAS À DEFESA DO MEIO AMBIENTE E VIGILÂNCIA ECOLÓGICA SOBRE AS MATAS. PROVIDÊNCIAS NECESSÁRIAS AO SEU CUMPRIMENTO. CONSTITUCIONALIDADE. ART. 225 E 98, II, DA CB/88. 10. Lei estadual que define como competência funcional do juiz de paz zelar, na área territorial de sua jurisdição, pela observância das normas

16. JUSTIÇA DOS ESTADOS

A Constituição, como se viu, embora inclua de maneira imprópria os Tribunais e Juízes dos Estados na estrutura do Poder Judiciário nacional, dispõe, em seu art. 125, que os Estados organizarão a sua Justiça, observados os princípios nela estabelecidos.[123]

O Poder Judiciário dos Estados, que tem como órgão de cúpula o Tribunal de Justiça, será examinado à luz da EC n. 45/2004.

A 1ª instância da Justiça estadual é composta por órgãos monocráticos, isto é, Juízes de Direito. Há ainda, na 1ª instância da Justiça Estadual, os tribunais do júri, reconhecidos pela Constituição como competentes para o julgamento dos crimes dolosos contra a vida (art. 5º, XXXVIII), desde que, no âmbito do Estado-Membro, se enquadrem em hipótese de sua competência. Ao lado dos Juízos comuns acima elencados, haverá, no plano da justiça estadual, os Juizados Especiais Cíveis e Criminais (art. 98, I). Poderá também ser instituída Justiça Militar estadual, desde que atendidos os requisitos constitucionais de que adiante trataremos. Cabe finalmente aos Estados criar justiça de paz.

Os Tribunais de Alçada, como órgãos de 2ª instância da Justiça Estadual, foram extintos pelo art. 4º da EC n. 45/2004, passando os seus membros a integrar os Tribunais de Justiça dos respectivos Estados, respeitadas a antiguidade e classe de origem.

Consoante o disposto no parágrafo único do art. 4º da EC n. 45/2004, cabe aos Tribunais de Justiça, no prazo de cento e oitenta dias, contado da promulgação da Emenda, por ato administrativo, promover a integração, em seus quadros, dos membros dos Tribunais de Alçada extintos, fixando-lhes a competência, e remeter, em igual prazo, ao Poder Legislativo, proposta de alteração da organização e da divisão judiciária correspondentes, assegurados os direitos dos inativos e pensionistas e o aproveitamento dos servidores no Poder Judiciário estadual.

---

concernentes à defesa do meio ambiente e à vigilância sobre as matas, rios e fontes, tomando as providências necessárias ao seu cumprimento, está em consonância com o art. 225 da Constituição do Brasil, desde que sua atuação não importe em restrição às competências municipal, estadual e da União. JUIZ DE PAZ. PRERROGATIVAS. PRISÃO ESPECIAL. INCONSTITUCIONALIDADE. PROCESSO PENAL. COMPETÊNCIA DA UNIÃO PARA LEGISLAR. ART. 22, I, DA CB/88. DIREITO ASSEGURADO PELO ART. 112, § 2º, DA LOMAN [LC 35/75]. 11. Lei estadual que prevê em benefício dos juízes de paz o recolhimento a prisão especial invade a competência da União para legislar sobre direito processual penal [art. 22, I, da CB/88]. Direito já assegurado pelo art. 112, § 2º, da LOMAN [LC n. 35/75]. 12. Ação direta julgada parcialmente procedente." (Rel. Min. Eros Grau, j. 9.5.2005, *DJ*, 9.12.2005).

[123] A organização da Justiça Estadual reflete, segundo salienta Dalmo de Abreu Dallari, "uma das contradições básicas do federalismo brasileiro, que é a padronização compulsória, negadora da autonomia estadual. Estabeleceu-se, desde 1891 e nas Constituições subsequentes, uma simetria organizacional que não leva em conta as diferenças regionais, anulando-se, desse modo, um dos maiores benefícios do federalismo, que é a possibilidade de diversificar segundo as peculiaridades locais e regionais. Assim, aplica-se o mesmo direito, o das codificações, com a mesma organização judiciária" (*O poder dos juízes*, p. 137).

A competência dos tribunais será definida na Constituição do Estado, sendo a lei de organização judiciária de iniciativa do Tribunal de Justiça (art. 125, § 1º).[124] O acesso aos Tribunais de segundo grau se dará por antiguidade ou merecimento, alternadamente, apurados na última ou única entrância. A composição numérica dos Tribunais estaduais de 2ª instância será fixada em lei, e sua competência será definida na Constituição do Estado. Um quinto desses Tribunais será composto de membros do Ministério Público, com mais de dez anos de carreira, e de advogados de notório saber jurídico e de reputação ilibada, com mais de dez anos de efetiva atividade profissional, indicados na forma do art. 94 e seu parágrafo único.

Poderá ser criado nos Tribunais estaduais de 2ª instância, desde que sua composição seja superior a vinte e cinco julgadores, órgão especial para o exercício das atribuições administrativas e jurisdicionais delegadas da competência do Tribunal pleno (art. 93, XI).

Cabe ao Tribunal de Justiça a iniciativa privativa para propor à Assembleia Legislativa projeto de lei de alteração da organização e da divisão judiciárias (art. 96, II, *d*).

Os Estados instituirão a representação de inconstitucionalidade de leis ou atos normativos estaduais ou municipais, em face da Constituição Estadual, vedada a um único órgão a legitimação para agir.

O Tribunal de Justiça, para dirimir conflitos fundiários, proporá a criação de varas especializadas, com competência exclusiva para questões agrárias.

Pensamos que essa competência deveria ter sido deferida à Justiça Federal, porque a maioria dos conflitos fundiários se acha relacionada com a reforma agrária, cuja competência para efetivá-la (declaração de interesse social e consequente processo expropriatório) é privativa da União.

De qualquer modo, a criação de varas agrárias apenas se justifica nas comarcas em que o volume de demandas agrárias é expressivo e em que se acentuam os conflitos de terras, sendo que a competência das varas agrárias estaduais somente diante do critério da natureza do litígio é que poderia ser determinada. Nesse sentido, "devem ser de competência das varas agrárias estaduais as questões agrárias decorrentes e referentes: 1. do domínio da posse da terra e de direitos de vizinhança em terras rurais; assim, por exemplo, as ações possessórias, reivindicatórias, usucapião, demarcatórias e divisórias; 2. à disputa do solo, seus acessórios naturais e benfeitorias; assim, também, as relativas aos direitos reais sobre propriedades rurais, considerada a especificidade da propriedade imobiliária rural; 3. do registro público dos imóveis rurais; 4. à prática da atividade agrária, assim consideradas as atividades agrárias de produção, as rurais típicas, como de lavoura, pecuária, hortigranjeira, extrativismo animal e vegetal, exploração florestal, exploração florestal atípica, como a agroindústria, atividade agrária de conservação dos recursos naturais renováveis, atividades agrárias de pesquisa experimentação, e atividades complementares da atividade agrária,

[124] Supremo Tribunal Federal: Súmula n. 721 – A competência constitucional do Tribunal do Júri prevalece sobre o foro por prerrogativa de função estabelecido exclusivamente pela Constituição estadual.

excluindo-se as atividades relacionadas com energia hidráulica, exploração de minérios e recursos marítimos; 5. dos negócios com os bens agrários e assim dos contratos agrários, incluindo-se as causas referentes ao crédito e fomento da atividade agrária, e as da produção e comercialização de produtos; 6. para ações de reparação de dano com origem na atividade agrária."[125]

Os Juízes de Direito têm as garantias da magistratura em geral e se sujeitam ao seu estatuto, sendo-lhes aplicáveis o que dissemos nos itens 4 e 7 acima.

Poderão ainda os Estados instituir, por lei, mediante proposta do Tribunal de Justiça,[126] a Justiça Militar Estadual, constituída, em primeiro grau, pelos juízes de direito e pelos Conselhos de Justiça e, em segundo, pelo próprio Tribunal de Justiça, ou por Tribunal de Justiça Militar nos Estados em que o efetivo militar seja superior a 20 mil integrantes.

Compete à Justiça Militar Estadual processar e julgar os militares dos Estados, nos crimes militares definidos em lei e as ações judiciais contra atos disciplinares militares, ressalvada a competência do júri quando a vítima for civil, cabendo ao tribunal competente decidir sobre a perda do posto e da patente dos oficiais e da graduação das praças.

É da competência dos juízes de direito do juízo militar processar e julgar, singularmente, os crimes militares cometidos contra civis e as ações judiciais contra atos disciplinares militares, cabendo ao Conselho de Justiça, sob a presidência de juiz de direito, processar e julgar os demais crimes militares.

Vê-se, portanto, que os crimes praticados por militares estaduais contra civis não mais serão julgados pelo Conselho de Justiça, Especial ou Permanente, mas pelo juízo militar de forma singular, notando-se, ainda, que a ele caberá a prática dos atos processuais, instrução e julgamento, independentemente do grau hierárquico do militar acusado, praça ou oficial, já que a competência se fixará, não mais pelo posto ou graduação, mas em virtude de a vítima ser civil.

Ao juiz civil da Justiça Militar cabe também, pela nova redação dada ao § 5º do art. 125 da Constituição Federal, pela EC n. 45/2004, processar e julgar as ações envolvendo questões de natureza disciplinar, o que retira dos Conselhos de Justiça a possibilidade de apreciarem esta matéria. Trata-se de nova competência conferida à Justiça Militar Estadual, e que vai além da competência que detinha em matéria criminal. De se observar que a definição de ato disciplinar deverá ser compreendida como sendo o ato administrativo pelo qual a Administração Pública Militar

---

125 OLIVEIRA MATOS. Varas agrárias na Emenda Constitucional 45/2004. *In*: TAVARES, André Ramos *et al* (Coord.). *Reforma do Judiciário analisada e comentada*, p. 436-438.

126 O STF vem entendendo que o art. 125, § 3º, da Constituição Federal, atribui à lei ordinária a criação da Justiça Militar Estadual, cuja iniciativa à reservada ao Tribunal de Justiça local, não podendo a Constituição Estadual criar ou manter a criação já existente, organizar ou extinguir a Justiça Militar Estadual, o que implica retirar a própria prerrogativa do Tribunal de encaminhamento do projeto de lei. Haverá, portanto, vício formal no texto da Constituição Estadual, seja em razão da iniciativa reservada, seja em razão da espécie normativa adotada (ADI 725-RS, Rel. Min. Moreira Alves, *DJ*, 4.9.1998; ADI 471-9-GO, Rel.Min. Eros Grau, j. 3.4.2008).

impõe uma sanção ao militar infrator, acusado da prática de transgressão militar, prevista em norma própria. Não é mais da Justiça Comum (Vara de Fazenda Pública) a competência para processar e julgar a ação a ser proposta com o objetivo de questionamento do ato disciplinar, mas do juiz civil da Justiça Militar Estadual, observadas as regras procedimentais do Código de Processo Civil. Cabe à Lei de Organização Judiciária do Estado-Membro disciplinar a matéria. Ressalva-se, no entanto, a competência dos Tribunais de Justiça para processar e julgar, originariamente, mandado de segurança contra ato disciplinar praticado por autoridade coatora sujeita à sua jurisdição, já que, neste caso, a competência se estabelece em razão do coator.

O Tribunal de Justiça poderá funcionar descentralizadamente, constituindo Câmaras regionais, a fim de assegurar o pleno acesso do jurisdicionado à justiça em todas as fases do processo.

O Tribunal de Justiça instalará a justiça itinerante, com a realização de audiências e demais funções da atividade jurisdicional, nos limites territoriais da respectiva jurisdição, servindo-se de equipamentos públicos e comunitários.

17. PRECATÓRIOS JUDICIAIS

Entende-se por precatório uma ordem de pagamento emitida pelo juízo da execução. Ao Presidente do Tribunal cabe requisitar da entidade de direito público devedora o pagamento da quantia devida, mediante a inclusão, no orçamento do exercício seguinte, da verba necessária ao adimplemento de todos os precatórios apresentados até o dia 1º de julho.

É que a execução contra o Poder Público, após sua condenação judicial, não se faz pelo processo ordinário de execução, mas mediante precatório judicial, já que os bens da entidade devedora não podem sofrer constrição judicial (penhora).

O art. 100 da Constituição trata dos precatórios judiciais. Segundo o disposto no seu § 5º, com a redação da EC n. 62/2009, é obrigatória a inclusão, no orçamento das entidades de direito público, de verba necessária ao pagamento de seus débitos oriundos de sentenças transitadas em julgado, constantes de precatórios apresentados até 1º de julho, fazendo-se o pagamento até o final do exercício seguinte, quando terão seus valores atualizados monetariamente.

Desse modo, destinatário dos precatórios é o Tribunal e não a Administração Pública, já que os mesmos devem ser atualizados quando do seu pagamento.

Apesar desta afirmativa, há entendimentos no sentido de que o resíduo inflacionário apurado entre a data da atualização, ou seja, 1º de julho, e o dia do efetivo pagamento, que pode ser até superior ao principal, deveria constituir objeto de novo precatório. O Supremo Tribunal Federal posicionou-se, no entanto, no sentido de que não se expedem repetidos precatórios, mas somente um, no qual devem ser realizados, no exercício seguinte ao da apresentação até 1º de julho, todos os pagamentos relativos à solução do débito (ADI 1.098-1-SP, Rel. Min. Marco Aurélio).

Há ainda na Constituição duas espécies de precatórios: os alimentícios e os não alimentícios, sendo que os primeiros receberam tratamento preferencial. O § 1º do art. 100, com a redação dada pela EC n. 62/2009, define os débitos de natureza alimentícia como sendo aqueles decorrentes de salários, vencimentos, proventos, pensões e suas complementações, benefícios previdenciários e indenizações por morte ou invalidez, fundadas na responsabilidade civil, em virtude de sentença judicial transitada em julgado, e serão pagos sobre todos os demais débitos, exceto sobre aqueles a que se refere o § 2º do art. 100. Segundo o § 2º do art. 100 (redação da EC n. 62/2009), os débitos de natureza alimentícia, cujos titulares tenham sessenta anos de idade ou mais na data de expedição do precatório[127], ou sejam portadores de doença grave, definidos na forma da lei, serão pagos com preferência sobre todos os demais débitos, até o valor equivalente ao triplo do fixado em lei para os precatórios de pequeno valor, admitido o fracionamento para essa finalidade, sendo que o restante será pago na ordem cronológica de apresentação do precatório.

Note-se que o texto constitucional não afasta o regime do precatório, na satisfação de crédito de natureza alimentícia, mas apenas a imposição de ordem própria para o seu pagamento.[128]

A distinção, portanto, entre os precatórios alimentares e os não alimentares reside exclusivamente na existência de ordens autônomas, sendo preferencial a que se refere aos primeiros e não preferencial a que se refere aos segundos. Neste caso, o pagamento dos precatórios obedece a uma ordem cronológica de apresentação, é dizer, assim que apresentados ao tribunal competente, recebem um número de ordem, que confere ao seu titular o direito ao não preterimento, devendo a entidade pública devedora, de acordo com a ordem cronológica, de apresentação, efetuar, primeiro, o pagamento do precatório com menor número de ordem e sucessivamente os seguintes. O preterimento do direito de precedência ou de não alocação orçamentária do valor necessário à satisfação do débito gera para o titular do crédito o direito de sequestro da quantia necessária à satisfação do débito (art. 100, § 6º, com a redação da EC n. 62/2009).

Exceção à regra da observância da ordem cronológica foi estabelecida pelo § 3º do art. 100, com a redação da EC n. 62/2009, que exclui de sua aplicação os pagamentos

---

127 O STF julgou inconstitucional a expressão "na data de expedição do precatório", constante do § 2º do art. 100 (redação da EC n.100/2009), que restringe o pagamento preferencial àqueles que já têm 60 anos completos quando da expedição do título judicial. A expressão, se mantida, significaria que um credor já com 80 anos poderia ficar sem preferência, enquanto outro com 60 anos recém completos poderia ser contemplado rapidamente. Segundo o voto do Min. Ricardo Lewandowski, "excluir da preferência o sexagenário que completa a idade ao longo do processo ofende a isonomia e também a dignidade da pessoa humana e o princípio da proteção aos idosos, assegurado constitucionalmente". (ADIs 4357 e 4425, Rel. Min. Ayres Britto, red. p/ o acórdão Min. Luiz Fux, j. 14.3.2013; Notícias STF, 14.3.2013; *Informativos* 631, 643, 697 e 698/STF).

128 Supremo Tribunal Federal: Súmula n. 655 – A exceção prevista no art. 100, *caput*, da Constituição, em favor dos créditos de natureza alimentícia, não dispensa a expedição de precatório, limitando-se a isentá-los da observância da ordem cronológica dos precatórios decorrentes de condenações de outra natureza.

de obrigações definidas em lei como de pequeno valor que a Fazenda Federal, Estadual, Distrital ou Municipal deva fazer em virtude de sentença judicial transitada em julgado. E segundo o § 4º do art. 100 (redação da EC n. 62/2009), poderão ser fixados, por leis próprias, valores distintos para as obrigações de pequeno valor, segundo as diferentes capacidades das entidades de direito público, sendo o mínimo igual ao valor do maior benefício do regime geral de previdência social.[129]

Veda-se a expedição de precatórios complementares ou suplementares de valor pago, bem como o fracionamento, repartição ou quebra do valor da execução para fins de enquadramento de parcela do total do que dispõe o § 3º do art. 100 (obrigações de pequeno valor).

Faculta-se ao credor, conforme estabelecido em lei da entidade federativa devedora, a entrega de créditos em precatórios para compra de imóveis públicos do respectivo ente federativo.

Segundo disposto no § 12 do art. 100, com a redação da EC n. 62/2009, a partir da promulgação da Emenda, ou seja, 9 de dezembro de 2009, a atualização de valores de requisitórios, após sua expedição, até o efetivo pagamento, independentemente de sua natureza, será feito pelo índice oficial de remuneração básica da caderneta de poupança, e, para fins de compensação da mora, incidirão juros simples no mesmo percentual de juros incidentes sobre a caderneta de poupança, ficando excluída a incidência de juros compensatórios. O STF julgou, no entanto, inconstitucional o fraseado "independentemente de sua natureza", para que aos precatórios de natureza tributária se apliquem os mesmos juros de mora incidentes sobre o crédito tributário. Julgou-se ainda inconstitucional a expressão "índice oficial de remuneração básica da caderneta de poupança", por ficar entendido que ele não é suficiente para recompor as perdas inflacionárias.[130]

O credor pode ceder, total ou parcialmente, seus créditos em precatórios a terceiros, independentemente da concordância do devedor, hipótese em que não se aplica ao cessionário o disposto nos §§ 2 e 3º do art. 100. A cessão de precatórios somente produz efeitos após comunicação, por meio de petição protocolizada, ao tribunal de origem e à entidade devedora. A União poderá, a seu critério exclusivo e na forma da lei, assumir débitos, oriundos de precatórios, de Estados, Distrito Federal e Municípios, refinanciando-os diretamente.

A EC n. 30/2000 acrescentou o art. 78 ao Ato das Disposições Transitórias[131] possibilitando o parcelamento em até dez vezes, dos precatórios pendentes de pagamento que não tenham por objeto créditos alimentares ou alcançados pelas disposições

---

[129] O STF decidiu ser devida correção monetária no período compreendido entre a data de elaboração do cálculo da requisição de pequeno valor - RPV e sua expedição para pagamento (ARE 638195/RS, Rel. Min. Joaquim Barbosa, j. 29.5.2013; *Informativo* 708/STF).

[130] ADIs 4357 e 4425, Rel. Min. Ayres Britto, red. p/ o acórdão Min. Luiz Fux, j. 14.3.2013. (Notícias STF, 14.3.2013; *Informativos* 631, 643, 697 e 698/STF).

[131] O STF suspendeu a expressão constante do *caput* do art. 78, do ADCT, incluído pela EC 30/2000 – "os precatórios pendentes na data da promulgação desta emenda" –, que permite o pagamento de precatórios pendentes na data da promulgação da Emenda Constitucional n. 30/2000, de forma parcelada, em até dez anos (ADIs 2356 e 2362, j. 25.11.2010).

do art. 33 das Disposições Transitórias, estabelecendo ainda que o não pagamento oportuno das parcelas pode ensejar o sequestro de rendas públicas bem como compensação tributária.

O § 15 do art. 100 da Constituição Federal, e o art. 97 do ADCT (redação da EC n. 62/2009), previam regime especial para pagamento de crédito de precatórios de Estados, Distrito Federal e Municípios, e que consistia na adoção de sistema de parcelamento de 15 anos da dívida, combinado o regime que destina parcelas variáveis entre 1% a 2% da receita desses entes federativos para uma conta especial voltada para o pagamento de precatórios. Desses recursos, 50% eram destinados ao pagamento por ordem cronológica, e os valores restantes a um sistema que combina pagamentos por ordem crescente de valor, por meio de leilões ou em acordos diretos com credores. O regime especial foi declarado inconstitucional pelo STF, por afrontar cláusulas pétreas, como a de garantia de acesso à Justiça, a independência entre os Poderes e a proteção à coisa julgada. [132]

O Presidente do Tribunal competente que, por ato comissivo ou omissivo, retardar ou tentar frustrar a liquidação regular de precatório incorre em crime de responsabilidade.

18. A REFORMA DO PODER JUDICIÁRIO

No dia 8 de dezembro de 2004, após quase treze anos de tramitação, foi promulgada a Emenda Constitucional n. 45/2004, que promoveu a reforma do Poder Judiciário.

São três os pilares que informaram a reforma: acesso amplo à Justiça, celeridade na prestação jurisdicional, afastando-se a sua morosidade, e independência da magistratura.

Entre as matérias tratadas na EC n. 45/2004, e examinadas neste trabalho, acham-se: o controle externo do Judiciário e do Ministério Público; a súmula de efeito vinculante; a *quarentena* de juízes e membros do Ministério Público, para o retorno à advocacia, após a aposentadoria; a federalização das causas relativas a direitos humanos; a extinção dos Tribunais de Alçada; a autonomia da Defensoria Pública dos Estados; a unificação dos critérios nos concursos públicos para juízes e membros do Ministério Público; a remodelação e a instituição de princípios constitucionais relativos à magistratura; a alteração da competência do Supremo Tribunal Federal,

---

Ainda por decisão do STF, não incidem juros moratórios e compensatórios nas parcelas dos precatórios previstos no art. 78 do ADCT (RE 590751, Rel. Min. Ricardo Lewandowski, j. 9.12.2010; *Informativo* 612/STF).

[132] ADIs 4357 e 4425, Rel. Min. Ayres Britto, red. p/ o acórdão Min. Luiz Fux, j. 14.3.2013 (Notícias STF, 14.3.2013; *Informativos* 631, 643, 697e 698/STF). Em despacho de 11.4.2013, o Min. Relator determinou, *ad cautelam*, que os Tribunais de Justiça de todos os Estados e do Distrito Federal deem imediata continuidade aos pagamentos de precatórios, na forma como já vinham realizando até a decisão proferida pelo Supremo Tribunal Federal em 14/03/2013, segundo a sistemática vigente à época, respeitando-se a vinculação de receitas para fins de quitação da dívida pública, sob pena de sequestro (DJE, 16.4.2013).

do Superior Tribunal de Justiça, da Justiça do Trabalho e da Justiça Militar Estadual; a constitucionalização do que dispõe a Lei n. 9.299, de 7 de agosto de 1996, ou seja, a competência do júri para julgar os militares dos Estados, pelos crimes militares definidos em lei, quando a vítima for civil; a previsão de funcionamento descentralizado dos Tribunais Regionais Federais e do Tribunal de Justiça, em Câmaras regionais, a fim de assegurar o pleno acesso do jurisdicionado à justiça em todas as fases do processo, bem como de justiça itinerante.

A EC n. 45/2004 ainda trouxe relevantes alterações no texto constitucional, envolvendo temas fora do âmbito específico da reforma do Judiciário, também analisados neste trabalho, e que a seguir se mencionam.

O regime relativo às relações dos tratados internacionais de direitos humanos e o direito interno foi alterado, mediante o acréscimo, pela Emenda, do § 3º ao art. 5º da Constituição da República, dispondo que os tratados e convenções internacionais sobre direitos humanos aprovados, em cada Casa do Congresso Nacional, em dois turnos, por três quintos dos votos dos respectivos membros, serão equivalentes às emendas constitucionais. O § 4º, também acrescentado ao art. 5º, declara que o Brasil se submete à jurisdição de Tribunal Penal Internacional a cuja criação tenha manifestado adesão.

A Emenda alterou o perfil da ação direta de inconstitucionalidade e da ação declaratória de constitucionalidade, prevendo que as decisões definitivas de mérito, proferidas pelo Supremo Tribunal Federal, nestas ações, produzirão eficácia contra todos e efeito vinculante, relativamente aos demais órgãos do Poder Judiciário e à administração pública direta e indireta, nas esferas federal, estadual e municipal. Quanto à ação declaratória de constitucionalidade, a Emenda ampliou o elenco dos legitimados para a sua propositura, que passam a ser os mesmos da ação direta de inconstitucionalidade.

No setor destinado à intervenção federal nos Estados, alterou-se a redação do inciso III do art. 36, para excluir a competência do Superior Tribunal de Justiça para processar e julgar a representação do Procurador-Geral da República para fins de intervenção, na hipótese de recusa, pelo Estado-Membro, de execução de lei federal, concentrando no Supremo Tribunal Federal esta competência, resgatando, assim, tradição de nosso constitucionalismo, já que o Supremo Tribunal sempre desempenhou, no Brasil, o papel de guardião da autonomia dos Estados-Membros.

Ressalte-se, finalmente, que, para tornar mais amplo o acesso à Justiça e mais célere a prestação jurisdicional, o art. 7º da Emenda determina que o Congresso Nacional instalará, imediatamente após a sua promulgação, comissão especial mista, destinada a elaborar, em cento e oitenta dias, os projetos de lei necessários à regulamentação da matéria nela tratada, bem como promover alterações na legislação federal.

CAPÍTULO 14

FUNÇÕES ESSENCIAIS À JUSTIÇA

SUMÁRIO

1. MINISTÉRIO PÚBLICO – POSIÇÃO CONSTITUCIONAL

A Constituição dispensa ao Ministério Público tratamento especial, instituindo princípios, ampliando suas funções e fixando garantias tanto para a instituição como para seus membros.

Não é um quarto poder do Estado,[1] mas a Constituição coloca o Ministério Público a salvo de ingerências dos outros Poderes, assegurando aos seus membros independência no exercício de suas funções. Com efeito, o Ministério Público é conceituado pela Constituição como instituição permanente, essencial à função jurisdicional do Estado, incumbindo-lhe a defesa da ordem jurídica, do regime democrático e dos interesses sociais e individuais indisponíveis. Assim, o Ministério Público não promove a defesa dos interesses dos governantes, de quem se acha desvinculado, mas busca a realização dos interesses da sociedade.

A tendência dos ordenamentos jurídicos democráticos tem sido a de garantir a independência do Ministério Público. Sua subordinação ocorre apenas ao Estado de Direito, e não a qualquer dos poderes do Estado, já que sua principal função é a de

[1] Ao analisar a posição do Ministério Público na Constituição de 1988, à luz da teoria da separação de poderes e da divisão das funções autônomas do Estado contemporâneo, José Luiz Quadros de Magalhães ressalta que, "embora o constituinte de 1987-1988 não tenha dito expressamente tratar-se o Ministério Público de um quarto poder, a análise sistêmica do texto assim o caracteriza, ao conceder-lhe autonomia funcional de caráter especial", lembrando ainda que a Constituição da Venezuela de 1999 explicita ser o Ministério Público e a Defensoria Pública o Poder Cidadão (*Direito constitucional*, t. III, p. 59-60).

fiscalizar e garantir a democracia e os direitos fundamentais. Além do exercício da ação penal, o Ministério Público defende a constitucionalidade e a legalidade.

1.1 Princípios, autonomia e garantias

Diz a Constituição que são princípios institucionais do Ministério Público a unidade, a indivisibilidade e a independência funcional, assegurada autonomia funcional e administrativa.

Unidade quer dizer que os membros do Ministério Público integram um só órgão sob a direção de um só chefe; "indivisibilidade significa que seus membros podem ser substituídos uns pelos outros, não arbitrariamente, porém, sob pena de grande desordem, mas segundo a forma estabelecida em lei".[2] Assim, os poderes dos procuradores-gerais encontram limite na própria independência funcional dos membros da instituição.

Não fala a Constituição expressamente em autonomia orçamentária e financeira, restando, pois, a controvérsia. Entende, contudo, Hugo Nigro Mazzilli que o Ministério Público dispõe de tal autonomia, "que é inerente aos órgãos funcionalmente independentes, como são o Ministério Público e os Tribunais de Contas, os quais não poderiam realizar plenamente as suas funções se ficassem na dependência financeira de outro órgão controlador de suas dotações orçamentárias"[3] (a Constituição dispõe que o Ministério Público elaborará sua proposta orçamentária dentro dos limites estabelecidos na Lei de Diretrizes Orçamentárias – art. 127, § 3º).

A autonomia financeira do Ministério Público vem, no entanto, assegurada expressamente no art. 3º da Lei n. 8.625, de 12 de fevereiro de 1993, que instituiu a Lei Orgânica Nacional do Ministério Público.

Passa o Ministério Público a dispor, pelo texto constitucional de 1988, de iniciativa para propor ao Poder Legislativo projeto de lei sobre a criação e extinção de seus cargos e serviços auxiliares, bem como sobre a organização, atribuições e o estatuto de cada Ministério Público, sendo esta última matéria, no âmbito da União, de iniciativa concorrente com o Presidente da República (art. 61, § 1º, II, *d*).[4]

O provimento dos cargos e serviços auxiliares da Instituição é de competência privativa do Chefe do respectivo Ministério Público (art. 127, § 2º).

As garantias asseguradas pela Constituição aos membros do Ministério Público são as da vitaliciedade, inamovibilidade e irredutibilidade de subsídio, fixado na forma do art. 39, § 4º, e ressalvado o disposto nos art.s 37, X e XI, 150, II, 153, III, e 153, § 2º, I. É a eles vedado, de acordo com os acréscimos da EC n. 45/2004: receber, a qualquer título e sob qualquer pretexto, honorários, percentagens ou custas

---

2 MAZZILLI. *O Ministério Público na Constituição de 1988*, p. 53.

3 MAZZILLI. *Op. cit.*, p. 61.

4 A Lei n. 8.625, de 12.2.1993, institui a Lei Orgânica Nacional do Ministério Público, dispondo sobre normas gerais para a organização, do Ministério Público dos Estados; a Lei Complementar n. 75, de 20.5.1993, dispõe sobre a organização, as atribuições e o estatuto do Ministério Público da União.

processuais; exercer a advocacia; participar de sociedade comercial, na forma da lei; exercer, ainda que em disponibilidade, qualquer outra função pública, salvo uma de magistério; exercer atividade político-partidária; receber, a qualquer título ou pretexto, auxílios ou contribuições de pessoas físicas, entidades públicas ou privadas, ressalvadas as exceções previstas em lei; exercer a advocacia no juízo ou tribunal do qual se afastou, antes de decorridos três anos do afastamento do cargo por aposentadoria ou exoneração – a denominada *quarentena*. Note-se que a Constituição, em disposição transitória dirigida aos Procuradores da República, possibilitou opção pelo regime anterior, quanto a garantias e vantagens, bem como quanto a vedações (art. 29, § 3º, do Ato das Disposições Constitucionais Transitórias).

Ao vedar aos membros do Ministério Público a atividade político-partidária, a EC n. 45/2004 acabou por instituir uma forma de inelegibilidade absoluta, já que não poderão eles filiar-se a partidos políticos, nem tampouco disputar qualquer cargo eletivo, salvo se aposentados ou exonerados.

A vedação não se aplica aos membros do Ministério Público que tenham ingressado na carreira anteriormente à Constituição de 1988, desde que façam a opção prevista no art. 29, § 3º, do ADCT, acima referida.

A Resolução n. 5, de 20 de março de 2006, do Conselho Nacional do Ministério Público, órgão encarregado do controle externo da instituição, como examinaremos neste capítulo, disciplina o exercício de atividade político-partidária e de cargos públicos por membros do Ministério Público, e a Resolução n. 8, de 8 de maio de 2006, dispõe sobre os impedimentos e vedações ao exercício de advocacia por membros do Ministério Público, com base no § 3º do art. 29 do ADCT da Constituição Federal de 1988.

1.1.1 Princípio do promotor natural

O princípio do promotor natural, à semelhança do juiz natural, embora não expresso na Constituição, repele a figura do promotor de exceção. O jurisdicionado tem a garantia constitucional de se ver processado por autoridades competentes, previamente estabelecidas pelas leis processuais e de organização judiciária. Portanto, tem o direito, não só de ser julgado por um órgão independente, como de receber a acusação independente, de um órgão do Estado previamente escolhido segundo critérios legais. Deste modo, somente o promotor natural é quem deve atuar no processo, nele intervindo de acordo com o seu convencimento.

Se a Constituição garante a independência funcional e a inamovibilidade do membro do Ministério Público, inviável que suas atribuições sejam usurpadas e entregues a outro membro predeterminado. Em razão do princípio do promotor natural, acham-se vedadas as designações discricionárias de promotores *ad hoc*, reduz-se a possibilidade de criação de grupos especiais de atuação para atendimento apenas a situações autorizadas em lei ou ato normativo interno. Hugo Nigro Mazzilli observa que o "princípio do promotor natural é o mesmo princípio do juiz natural, mas agora sob um enfoque diverso. Nos crimes de ação pública, o primeiro direito do acusado, antes de ser julgado por um órgão independente do Estado, consiste em ser acusado por um órgão estatal dotado de igual independência, escolhido previamente e apenas mediante critérios e atribuições legais. Para esse fim, devem, pois, ser abolidos não só o procedimento de ofício e a acusação privada, como enfim e principalmente impõe-se a eliminação do próprio acusador público de encomenda, escolhido pelos governantes ou pelo próprio procurador-geral de justiça, o que não raro dá azo a perseguições ou a acobertamento por razões políticas ou de qualquer natureza".[5]

O Supremo Tribunal Federal reconheceu o princípio do promotor natural, ao decidir que "o postulado do Promotor Natural, que se revela imanente ao sistema constitucional brasileiro, repele, a partir da vedação de designações casuísticas efetuadas pela Chefia da Instituição, a figura do acusador de exceção. Esse princípio consagra uma garantia de ordem jurídica, destinada a proteger o membro do Ministério Público, na medida em que lhe assegura o exercício pleno e independente do seu ofício, quanto a tutelar a própria coletividade, a quem se reconhece o direito de ver atuando, em quaisquer causas, apenas o Promotor cuja intervenção se justifique a partir de critérios abstratos e predeterminados, estabelecidos em lei. A matriz constitucional desse princípio assenta-se nas cláusulas da independência funcional e na inamovibilidade dos membros da Instituição. O postulado do Promotor Natural limita, por isso mesmo, o poder do Procurador-Geral que, embora expressão visível da unidade institucional, não deve exercer a Chefia do Ministério Público de modo hegemônico e incontrastável".[6]

O princípio do promotor natural é, portanto, não só uma garantia dos membros da instituição, mas também deferida aos cidadãos como decorrência do devido processo legal.

1.2 Funções do Ministério Público

O Ministério Público teve suas funções institucionais ampliadas pela Constituição. Assim, cabe-lhe, de acordo com o art. 129:

a) promover, privativamente, a ação penal pública, na forma da lei;[7]

b) zelar pelo efetivo respeito dos Poderes Públicos e dos serviços de relevância pública aos direitos assegurados na Constituição, promovendo as medidas necessárias a sua garantia;

c) promover o inquérito civil e a ação civil pública, para a proteção do patrimônio público e social, do meio ambiente e de outros interesses difusos e coletivos;

---

5 MAZZILLI. *Regime jurídico do Ministério Público*, p. 148.

6 *HC* n. 67.759-RJ, Rel. Min. Celso de Mello, *RTJ* 150/123.

7 Não mais subsistem, em nosso sistema jurídico, a portaria ou o auto de prisão em flagrante como procedimentos instauradores da ação penal. E a ação penal privada subsidiária, de que trata o art. 5º, LIX, da Constituição, não excepciona o art. 129, I, não podendo, pois, ser instaurada, se o titular da ação penal pública manifestar-se, ou propondo denúncia, promovendo o arquivamento ou requisitando diligências à autoridade policial, ou, nas infrações de menor potencial ofensivo, oferecendo a transação penal.

d) promover a ação de inconstitucionalidade ou representação para fins de intervenção da União e dos Estados;

e) defender judicialmente os direitos e interesses das populações indígenas;

f) expedir notificações nos procedimentos administrativos de sua competência, requisitando informações e documentos para instruí-los, na forma da lei complementar respectiva;

g) exercer o controle externo da atividade policial, na forma da referida lei complementar;[8]

h) requisitar diligências investigatórias e a instauração de inquérito policial, indicados os fundamentos jurídicos de suas manifestações processuais;

i) exercer outras funções que lhe forem conferidas, desde que compatíveis com sua finalidade.

A Lei n. 8.625/93 (Lei Orgânica Nacional do Ministério Público), em seu art. 25 enumera as seguintes atribuições do Ministério Público: I – propor ação de inconstitucionalidade de leis ou atos normativos estaduais ou municipais, em face da Constituição Estadual; II – promover o inquérito civil e a ação civil pública, na forma da lei: a) para a proteção, prevenção e reparação dos danos causados ao meio ambiente, ao consumidor, aos bens e direitos de valor artístico, estético, histórico, turístico e paisagístico, e a outros interesses difusos, coletivos e individuais indisponíveis e homogêneos; b) para a anulação ou declaração de nulidade de atos lesivos ao patrimônio público ou à moralidade administrativa do Estado ou de Município, de suas administrações indiretas ou fundacionais ou de entidades privadas de que participem; III – manifestar-se nos processos em que sua presença seja obrigatória por lei e, ainda, sempre que cabível a intervenção, para assegurar o exercício de suas funções institucionais, não importando a fase ou grau de jurisdição em que se encontrem os processos; IV – exercer a fiscalização dos estabelecimentos prisionais e dos que abriguem idosos, menores, incapazes ou pessoas portadoras de deficiência; V – deliberar sobre a participação em organismos estatais de defesa do meio ambiente, neste compreendido o do trabalho, do consumidor, de política penal e penitenciária e outros afetos à sua área de atuação; VI – ingressar em juízo, de ofício, para responsabilizar os gestores do dinheiro público condenados por tribunais e conselhos de contas; VII – interpor recursos ao Supremo Tribunal Federal e ao Superior Tribunal de Justiça.

No exercício de suas funções, o Ministério Público atua como agente ou interveniente, sendo exemplo, no primeiro caso, a titularidade da ação penal pública, da

---

[8] O STF, no julgamento do *Habeas Corpus* 93930, ajuizado em favor de um policial militar acusado de suposta prática de tortura, juntamente com outros militares, contra adolescentes apreendidos na posse de substâncias entorpecentes, de que foi Relator o Min. Gilmar Mendes, decidiu que a atividade investigativa supletiva do Ministério Público, ante a possibilidade de favorecimento aos investigados policiais, vem sendo aceita em recentes pronunciamentos da Corte, e que o MP é um órgão com "poder de investigação subsidiária em casos em que é pelo menos plausível a suspeita de que falha a investigação policial" (*Notícias* STF, 7.12.2010).

A Lei n. 12.830, de 20.6.2013, dispõe sobre a investigação criminal conduzida pelo delegado de polícia.

ação civil pública, dentre outras, e, no outro, a intervenção em processos onde haja de atuar como fiscal da lei. Hugo Nigro Mazzilli fala ainda em funções típicas, como nos casos acima citados, em que incumbe ao Ministério Público atividades peculiares ou intrínsecas às suas finalidades e funções atípicas, como, por exemplo, o patrocínio do reclamante trabalhista, ou nas hipóteses de substituição processual do revel ficto, dentre outras.[9]

É importante destacar que a Constituição veda ao Ministério Público a representação judicial e a consultoria jurídica de entidades públicas (art. 129, IX, parte final), pois, na realidade, nada justificava o exercício dessa atribuição, e que agora foi proibida pelo texto constitucional, dentro do princípio de que os membros do Ministério Público são "partes imparciais" e não advogados de entidades públicas.

As funções do Ministério Público só podem ser exercidas por integrantes da carreira, que deverão residir na comarca da respectiva lotação, salvo autorização do chefe da instituição.

1.3 Os diversos Ministérios Públicos

A Constituição prevê os seguintes Ministérios Públicos:

I – O Ministério Público da União, que compreende: *a)* o Ministério Público Federal; *b)* o Ministério Público do Trabalho; *c)* o Ministério Público Militar; *d)* o Ministério Público do Distrito Federal e Territórios.

II – Os Ministérios Públicos dos Estados.

Dentro do propósito de fortalecimento da instituição, a Constituição estabeleceu novos critérios para a indicação do Procurador-Geral da República, Chefe do Ministério Público da União, que será nomeado pelo Presidente da República dentre integrantes da carreira, maiores de 35 anos, após a aprovação do nome pela maioria absoluta do Senado Federal, para mandato de dois anos, permitida a recondução, sendo que sua destituição, por iniciativa do Presidente da República, deverá ser precedida de autorização do Senado Federal, por sua maioria absoluta. Dessa forma, evita-se a tutela presidencial sobre o Procurador-Geral da República, que assim vê ampliada sua independência.

Assinale-se, no entanto, que a possibilidade de recondução, para mandatos sucessivos do Procurador-Geral da República (a Constituição não menciona a expressão "uma única recondução"), longe de fortalecer o Ministério Público, afronta o princípio da periodicidade do mandato, o qual o próprio Ministério Público está obrigado a defender (art. 127).[10]

A nomeação dos procuradores-gerais dos Estados, Distrito Federal e Territórios se faz mediante lista tríplice elaborada pela respectiva instituição.

---

9 MAZZILLI. *Op. cit.*, p. 95-96.

10 Em Minas Gerais, a Lei Orgânica do Ministério Público (Lei Complementar n. 34/94) estabelece, em seu art. 5º, § 1º, que poderá haver apenas uma recondução do Procurador-Geral de Justiça.

Quanto ao Procurador-Geral de Justiça dos Estados, dispõe o art. 9º da Lei n. 8.625/1993, a lista tríplice será elaborada pelo próprio Ministério Público, na forma da correspondente lei estadual, mediante o voto plurinominal de todos os integrantes da carreira. A destituição do Procurador-Geral cabe à Assembleia Legislativa, por deliberação de sua maioria absoluta, nos termos da lei orgânica local.

Relativamente ao Procurador-Geral de Justiça do Distrito Federal e Territórios, o art. 2º, parágrafo único, da Lei n. 8.625/1993, dispõe que a sua organização, atribuições e estatuto serão objeto da Lei Orgânica do Ministério Público da União, ou seja, a Lei Complementar n. 75/1993, cujo art. 156 estabelece que aquele Procurador-Geral de Justiça será nomeado pelo Presidente da República dentre integrantes de lista tríplice elaborada pelo Colégio de Procuradores e Promotores de Justiça, para mandato de 2 anos, permitida uma recondução precedida de nova lista tríplice. Concorrerão à lista tríplice os membros do Ministério Público do Distrito Federal com mais de 5 anos de exercício nas funções da carreira e que não tenham sofrido, nos últimos quatro anos, qualquer condenação definitiva ou não estejam respondendo a processo penal ou administrativo. A destituição do Procurador-Geral se dará por deliberação da maioria absoluta do Senado Federal, mediante representação do Presidente da República: é o que prevê o art. 156, § 2º, da Lei n. 75/1993. De notar que o art. 128, § 4º, da Constituição Federal dispõe que os Procuradores-Gerais nos Estados e no Distrito Federal e Territórios poderão ser destituídos por deliberação da maioria absoluta do Poder Legislativo, na forma da lei complementar respectiva.

O Procurador-Geral do Trabalho, Chefe do Ministério Público do Trabalho, será nomeado pelo Procurador-Geral da República, dentre membros da Instituição, com mais de 35 anos de idade e 5 anos na carreira, integrante de lista tríplice escolhida mediante voto plurinominal, facultativo e secreto, pelo Colégio de Procuradores, para mandato de 2 anos, permitida uma recondução, observado o mesmo procedimento. Se não houver número suficiente de candidatos com mais de 5 anos na carreira, poderá concorrer à lista tríplice quem contar mais de 2 anos na carreira. A sua exoneração, antes do término do mandato, será proposta ao Procurador-Geral da República pelo Conselho Superior, mediante deliberação tomada com base em voto secreto de 2/3 de seus integrantes.

O Procurador-Geral da Justiça Militar, Chefe do Ministério Público Militar, será nomeado pelo Procurador-Geral da República, dentre integrantes da Instituição, com mais de 35 anos de idade e de 5 anos na carreira, escolhido segundo o mesmo procedimento previsto para o Procurador-Geral do Trabalho, que também será o adotado para sua exoneração (ver acima).

A Constituição não faz referência expressa ao Ministério Público Eleitoral, que, portanto, não tem estrutura própria. Sua composição que é mista, vem tratada na legislação infraconstitucional, compreendendo membros do Ministério Público da União e membros do Ministério Público dos Estados. No Tribunal Superior Eleitoral atuará o Procurador-Geral Eleitoral, que é o Procurador-Geral da República (pode designar membros do Ministério Público Federal para oficiar, com sua aprovação, perante o TSE), bem como o Vice-Procurador-Geral, substituto do Procurador-Geral Eleitoral em seus impedimentos e que exercerá o cargo, em caso de vacância, até o seu provimento definitivo, tendo como matéria de competência originária a eleição presidencial. Nos Tribunais Regionais Eleitorais e junto aos Juízes Auxiliares oficiarão os Procuradores Regionais Eleitorais, que integram o Ministério Público Federal (o Procurador-Geral Eleitoral poderá designar, por necessidade de serviço, outros membros do Ministério Público Federal para oficiar, sob a coordenação do Procurador Regional Eleitoral, perante os TREs), tendo como matéria de competência originária as eleições federais, estaduais e distritais. Junto aos Juízes Eleitorais e às Juntas Eleitorais atuarão os Promotores Eleitorais, que integram o Ministério Público Estadual, tendo como matéria de competência originária as eleições municipais. O Vice-Procurador-Geral Eleitoral será designado pelo Procurador-Geral Eleitoral. Cabe também ao Procurador-Geral Eleitoral designar o Procurador Regional Eleitoral em cada Estado e no Distrito Federal, com o seu substituto, dentre os Procuradores Regionais da República no Estado e no Distrito Federal, ou, onde não houver, dentre os Procuradores da República vitalícios, para mandato de 2 anos, podendo ser reconduzido uma única vez. O Procurador Regional Eleitoral poderá ser destituído, antes do término do mandato, por iniciativa do Procurador-Geral Eleitoral, anuindo a maioria absoluta do Conselho Superior do Ministério Público Federal.

Pelo art. 73, § 2º, I, da Constituição Federal, haverá um Ministério Público junto ao Tribunal de Contas da União e, pelo art. 130, aos membros deste Ministério Público aplicam-se as disposições que regem a Instituição, pertinentes a direitos, vedações e forma de investidura.

Surgiu então a dúvida sobre o perfil jurídico-constitucional do Ministério Público organizado junto ao Tribunal de Contas, ou seja, se estaria ele integrado ao Ministério Público da União, tendo por chefe o Procurador-Geral da República, ou se seria dele independente, portanto, estruturalmente ligado ao próprio Tribunal de Contas.

O Supremo Tribunal Federal entendeu que o Ministério Público de Contas não integra o Ministério Público da União, e se encontra consolidado na intimidade estrutural da Corte de Contas: "O Ministério Público que atua junto ao TCU qualifica-se como órgão de extração constitucional, eis que a sua existência jurídica resulta de expressa previsão normativa constante da Carta Política (art. 72, § 2º, I, e art. 130), sendo indiferente, para efeito de sua configuração jurídico-institucional, a circunstância de não constar do rol taxativo inscrito no art. 128, I, da Constituição, que define a estrutura orgânica do Ministério Público da União.

O Ministério Público junto ao TCU não dispõe de fisionomia institucional própria e, não obstante as expressivas garantias de ordem subjetiva concedidas aos seus Procuradores pela própria Constituição (art. 130), encontra-se consolidado na 'intimidade estrutural' dessa Corte de Contas, que se acha investida – até mesmo em função do poder de autogoverno que lhe confere a Carta Política (art. 73, *caput, in fine*) – da prerrogativa de fazer instaurar o processo legislativo concernente a sua organização, a sua estruturação interna, a definição do seu quadro de pessoal e a criação dos cargos respectivos.

Acha-se vocacionada, no âmbito de sua destinação tutelar, a proteger os membros do Ministério Público especial no relevante desempenho de suas funções perante os

Tribunais de Contas. Esse preceito da Lei Fundamental da República submete os integrantes do MP junto aos Tribunais de Contas ao mesmo estatuto jurídico que rege, no que concerne a direitos, vedações e forma de investidura no cargo, os membros do Ministério Público comum".[11]

No âmbito dos Estados-Membros, o Supremo Tribunal decidiu, em liminar, a relevância da arguição de inconstitucionalidade, perante o art. 130 da Constituição Federal, de lei complementar estadual que implica o funcionamento, junto ao Tribunal de Contas, de órgão do Ministério Público comum,[12] e ainda reconheceu que o modelo federal de organização e composição do Tribunal de Contas da União (art. 75 da Constituição Federal) é compulsório para os Estados-Membros.[13]

O ingresso na carreira do Ministério Público far-se-á mediante concurso público de provas e títulos, assegurada a participação da Ordem dos Advogados do Brasil em sua realização, exigindo-se do bacharel em direito, no mínimo, três anos de atividade jurídica e observando-se, nas nomeações, a ordem de classificação (EC n. 45/2004).[14]

---

[11] ADI 798-1/DF – Rel. Min. Celso de Mello, *Diário da Justiça*, Seção I, 19.12.1994.

[12] ADI 1.545-1/SE – Rel. Octavio Gallotti, *Diário da Justiça*, Seção I, 24.10.1997.

[13] ADI 892-7-RS – Rel. Min. Sepúlveda Pertence, *Diário da Justiça*, Seção I, 26.4.2002.

[14] Resolução n. 40, de 26 de maio de 2009, do Conselho Nacional do Ministério Público, que regulamenta o conceito de atividade jurídica para concursos públicos de ingresso nas carreiras do Ministério Público: "Art. 1º Considera-se atividade jurídica, desempenhada exclusivamente após a conclusão do curso de bacharelado em Direito: I – O efetivo exercício de advocacia, inclusive voluntária, com a participação anual mínima em 5 (cinco) atos privativos de advogado (Lei nº 8.906, de 4 Julho de 1994), em causas ou questões distintas. II – O exercício de cargo, emprego ou função, inclusive de magistério superior, que exija a utilização preponderante de conhecimentos jurídicos. III – O exercício de função de conciliador em tribunais judiciais, juizados especiais, varas especiais, anexos de juizados especiais ou de varas judiciais, assim como o exercício de mediação ou de arbitragem na composição de litígios, pelo período mínimo de 16 (dezesseis) horas mensais e durante 1 (um) ano. § 1º É vedada, para efeito de comprovação de atividade jurídica, a contagem de tempo de estágio ou de qualquer outra atividade anterior à conclusão do curso de bacharelado em Direito. § 2º A comprovação do tempo de atividade jurídica relativa a cargos, empregos ou funções não privativas de bacharel em Direito será realizada por meio da apresentação de certidão circunstanciada, expedida pelo órgão competente, indicando as respectivas atribuições e a prática reiterada de atos que exijam a utilização preponderante de conhecimentos jurídicos, cabendo à comissão de concurso analisar a pertinência do documento e reconhecer sua validade em decisão fundamentada. Art. 2º Também serão considerados atividade jurídica, desde que integralmente concluídos com aprovação, os cursos de pós-graduação em Direito ministrados pelas Escolas do Ministério Público, da Magistratura e da Ordem dos Advogados do Brasil, bem como os cursos de pós-graduação reconhecidos, autorizados ou supervisionados pelo Ministério da Educação ou pelo órgão competente. § 1º Os cursos referidos no *caput* deste artigo deverão ter toda a carga horária cumprida após a conclusão do curso de bacharelado em Direito, não se admitindo, no cômputo da atividade jurídica, a concomitância de cursos nem de atividade jurídica de outra natureza. *(Texto alterado pela Resolução nº 57, de 27 de abril de 2010).* § 2º Os cursos *lato sensu* compreendidos no *caput* deste artigo deverão ter, no mínimo, um ano de duração e carga horária total de 360 horas-aulas, distribuídas semanalmente. § 3º Independente do tempo de duração superior, serão computados como prática jurídica: *a)* Um ano para pós-graduação *lato sensu. b)* Dois anos para Mestrado. *c)* Três anos para Doutorado. § 4º Os cursos de pós-graduação (*lato sensu* ou *stricto sensu*) que exigirem apresentação de trabalho monográfico final serão considerados integralmente concluídos na data da respectiva aprovação desse trabalho. § 5º Os casos omissos serão decididos pela comissão de concurso. Art. 3º A comprovação do

Aplica-se ao Ministério Público, no que couber, o disposto no art. 93 da Constituição Federal (EC n. 45/2004).

A Resolução n. 2, de 21 de novembro de 2005, do Conselho Nacional do Ministério Público dispõe sobre os critérios objetivos e o voto aberto e fundamentado nas promoções e remoções por merecimento de membros dos Ministérios Públicos da União e dos Estados, que serão realizadas em sessão pública, em votação nominal, aberta e fundamentada. O merecimento será apurado e aferido conforme o desempenho e por critérios objetivos de produtividade e presteza no exercício das atribuições e pela frequência e aproveitamento em cursos oficiais ou reconhecidos de aperfeiçoamento, sendo obrigatória a promoção do membro do Ministério Público que figure por três vezes consecutivas ou cinco alternadas em lista de merecimento.

Dispõe a Resolução que, no prazo de cento e vinte dias, os Conselhos Superiores dos Ministérios Públicos deverão editar atos administrativos, disciplinando a valo-

---

período de três anos de atividade jurídica deverá ser feita no ato da inscrição definitiva ao concurso. Art. 4º É vedada a participação de quem exerce o magistério e/ou a direção de cursos destinados à preparação de candidatos a concursos públicos em comissão de concurso ou em banca examinadora. Parágrafo único. A vedação prevista neste artigo prevalece por três anos, após o encerramento das referidas atividades. Art. 5º Aplicam-se ao membro da comissão de concurso ou da banca examinadora, no que couber, as causas de suspeição e de impedimento previstas nos arts. 134 e 135 do Código de Processo Civil. Art. 6º Considera-se fundada a suspeição de membro da comissão de concurso ou da banca examinadora, quando: I – For deferida a inscrição de candidato que seja seu servidor funcionalmente vinculado, cônjuge, companheiro, ex-companheiro, padrasto, enteado ou parente em linha reta, colateral ou por afinidade, até o terceiro grau, inclusive. II – Tiver participação societária, como administrador ou não, em cursos formais ou informais de preparação de candidatos para ingresso no Ministério Público, ou contar com parentes em até terceiro grau, em linha reta, colateral ou por afinidade nessa condição de sócio ou administrador. § 1º O impedimento ou a suspeição decorrente de parentesco por afinidade cessará pela dissolução do casamento que lhe tiver dado causa, salvo sobrevindo descendentes; mas, ainda que dissolvido o casamento sem descendentes, não poderá ser membro da comissão de concurso ou da banca examinadora o ex-cônjuge, os sogros, o genro ou a nora de quem for candidato inscrito ao concurso. § 2º Poderá, ainda, o membro da comissão de concurso ou da banca examinadora, declarar-se suspeito por motivo íntimo. § 3º O impedimento ou suspeição deverá ser comunicado ao presidente da comissão de concurso, por escrito, até 5 (cinco) dias úteis após a publicação da relação dos candidatos inscritos no diário oficial respectivo. § 4º Não prevalecerá o impedimento ou a suspeição para integrar a comissão de concurso ou a banca examinadora, para as fases subsequentes, se o candidato gerador dessa restrição for excluído definitivamente do concurso. § 5º A suspeição por motivo íntimo não poderá ser retratada."

Note-se que o Supremo Tribunal Federal já havia julgado improcedente a ADI 3460-DF, de que foi Relator o Min.Carlos Britto, ajuizada pela Associação Nacional dos Membros do Ministério Público, contra o art. 1º da Resolução n. 55, de 17 de dezembro de 2004, do Conselho Superior do Ministério Público do Distrito Federal e Territórios, e decidiu que a comprovação dos três anos de atividade jurídica deve ocorrer na data da inscrição definitiva do concurso público, de forma a promover maior segurança jurídica tanto da sociedade quanto dos candidatos (j. 31.8.2006 – *Informativo* 438/STF).

O art. 2º da Resolução n. 40/2009-CNMP, que permite sejam considerados como atividade jurídica e para o ingresso nas carreiras do Ministério Público, os cursos de pós-graduação, acha-se questionado na ADI 4.219-DF, Rel. Min. Cármen Lúcia, ajuizada pelo Conselho Federal da OAB em 20.3.2009.

ração objetiva dos critérios, para efeito de promoção e remoção por merecimento dos membros do Ministério Público da União e dos Estados, considerando: 1. o desempenho, produtividade e presteza nas manifestações processuais; 2. o número de vezes em que tenha participado de listas; 3. a frequência e o aproveitamento em cursos oficiais ou reconhecidos de aperfeiçoamento, atribuindo-se respectiva gradação, observados, para efeito de participação nesses cursos, critérios de isonomia e razoabilidade, respeitado sempre o interesse público. Durante o prazo de cento e vinte dias e até que sejam editados os respectivos atos, os membros dos Conselhos Superiores dos Ministérios Públicos que participarem dos procedimentos de votação para promoção por merecimento deverão fundamentar, detalhadamente, suas indicações, apontando os critérios valorativos que os levaram à escolha. Inexistindo especificação de critérios valorativos que permitam diferenciar os membros do Ministério Público inscritos, deverão ser indicados os de maior antiguidade na entrância ou no cargo.

Enfim, de se notar que a distribuição de processos no Ministério Público será imediata (EC n. 45/2004).

1.4 O controle externo do Ministério Público

O controle externo do Ministério Público foi instituído pela EC n. 45/2004, que acrescentou o art. 130-A à Constituição Federal.

O Conselho Nacional do Ministério Público compõe-se de quatorze membros nomeados pelo Presidente da República, depois de aprovada a escolha pela maioria absoluta do Senado Federal, para um mandato de dois anos, admitida uma recondução, sendo: I – o Procurador-Geral da República, que o preside; II – quatro membros do Ministério Público da União, assegurada a representação de cada uma de suas carreiras; III – três membros do Ministério Público dos Estados; IV – dois juízes, indicados um pelo Supremo Tribunal Federal e outro pelo Superior Tribunal de Justiça; V – dois advogados, indicados pelo Conselho Federal da Ordem dos Advogados do Brasil; VI – dois cidadãos de notável saber jurídico e reputação ilibada, indicados um pela Câmara dos Deputados e outro pelo Senado Federal. Os membros do Conselho oriundos do Ministério Público serão indicados pelos respectivos Ministérios Públicos, na forma da lei.

Compete ao Conselho Nacional do Ministério Público o controle da atuação administrativa e financeira do Ministério Público e do cumprimento dos deveres funcionais de seus membros, cabendo-lhe: I – zelar pela autonomia funcional e administrativa do Ministério Público, podendo expedir atos regulamentares, no âmbito de sua competência, ou recomendar providências; II – zelar pela observância do art. 37 e apreciar, de ofício ou mediante provocação, a legalidade dos atos administrativos praticados por membros ou órgãos do Ministério Público da União e dos Estados, podendo desconstituí-los, revê-los ou fixar prazo para que se adotem as providências necessárias ao exato cumprimento da lei, sem prejuízo da competência dos Tribunais de Contas; III – receber e conhecer das reclamações contra membros ou órgãos do Ministério Público da União ou dos Estados, inclusive contra seus serviços auxiliares, sem prejuízo da competência disciplinar e correicional da instituição, podendo avocar processos disciplinares em curso, determinar a remoção, a disponibilidade ou a aposentadoria com subsídios ou proventos proporcionais ao tempo de serviço e aplicar outras sanções administrativas, assegurada ampla defesa; IV – representar ao Ministério Público, no caso de crime contra a administração pública ou de abuso de autoridade; V – rever, de ofício ou mediante provocação, os processos disciplinares de membros do Ministério Público da União ou dos Estados julgados há menos de um ano; VI – elaborar relatório anual, propondo as providências que julgar necessárias sobre a situação do Ministério Público no País e as atividades do Conselho, o qual deve integrar a mensagem prevista no art. 84, XI.

O Conselho escolherá, em votação secreta, um Corregedor nacional, dentre os membros do Ministério Público que o integram, vedada a recondução, competindo-lhe, além das atribuições que lhe forem conferidas pela lei, as seguintes: I – receber reclamações e denúncias, de qualquer interessado, relativas aos membros do Ministério Público e dos seus serviços auxiliares; II – exercer funções executivas do Conselho, de inspeção e correição geral; III – requisitar e designar membros do Ministério Público, delegando-lhes atribuições, e requisitar servidores de órgãos do Ministério Público.

O Presidente do Conselho Federal da Ordem dos Advogados do Brasil oficiará junto ao Conselho. Leis da União e dos Estados criarão ouvidorias do Ministério Público, competentes para receber reclamações e denúncias de qualquer interessado contra membros ou órgãos do Ministério Público, inclusive contra seus serviços auxiliares, representando diretamente ao Conselho Nacional do Ministério Público.

O Conselho Nacional do Ministério Público será instalado no prazo de cento e oitenta dias a contar da promulgação da Emenda, devendo a indicação e escolha de seus membros ser efetuada até trinta dias antes do termo final.

Não efetuadas as indicações e escolha dos nomes, dentro do prazo acima fixado, caberá ao Supremo Tribunal Federal realizá-las.

2. ADVOCACIA PÚBLICA

A Advocacia Pública, denominada de Advocacia-Geral da União, é a instituição que representa judicial e extrajudicialmente a União, sendo vedada ao Ministério Público essa função.[15]

A Advocacia-Geral da União tem por chefe o Advogado-Geral da União, de livre nomeação (e, portanto, de livre exoneração) pelo Presidente da República dentre cidadãos maiores de 35 anos, de notável saber jurídico e reputação ilibada. O ingresso nas classes iniciais da carreira far-se-á por concurso público de provas e títulos (art. 131, §§ 1º e 2º). O Advogado-Geral da União, de livre nomeação do Presidente da República, poderá ser estranho à carreira, tem *status* de Ministro de Estado (art. 25, parágrafo único, da Lei n. 10.683/2003), e é o mais elevado órgão de as-

---

15 A representação da União se efetiva também no plano internacional, como nos processos perante a Corte Interamericana de Direitos Humanos.

sessoramento jurídico do Poder Executivo, submetido à direta, pessoal e imediata supervisão do Presidente da República. Na execução da dívida ativa de natureza tributária, a representação da União cabe à Procuradoria-Geral da Fazenda Nacional (art. 131, § 3º).[16]

Nos termos do art. 2º da LC n. 73/1993, são órgãos da Advocacia-Geral da União: I – órgãos de direção superior: a) o Advogado-Geral da União; b) a Procuradoria-Geral da União e a da Fazenda Nacional; c) Consultoria-Geral da União; d) o Conselho Superior da Advocacia-Geral da União; e, e) a Corregedoria-Geral da Advocacia da União; II – órgãos de execução: a) as Procuradorias Regionais da União e as da Fazenda Nacional e as Procuradorias da União e as da Fazenda Nacional nos Estados e no Distrito Federal e as Procuradorias Seccionais destas; b) a Consultoria da União, as Consultorias Jurídicas dos Ministérios, da Secretaria-Geral e das demais Secretarias da Presidência da República e do Estado-Maior das Forças Armadas; III – órgão de assistência direta e imediata ao Advogado-Geral da União: o Gabinete do Advogado-Geral da União. Subordinam-se diretamente ao Advogado-Geral da União, além do seu gabinete, a Procuradoria-Geral da União, a Consultoria-Geral da União, a Corregedoria-Geral da Advocacia-Geral da União, a Secretaria de Controle Interno e, técnica e juridicamente, a Procuradoria-Geral da Fazenda Nacional. As Procuradorias Seccionais, subordinadas às Procuradorias da União e da Fazenda Nacional nos Estados e no Distrito Federal, serão criadas, no interesse do serviço, por proposta do Advogado-Geral da União. As Procuradorias e Departamentos Jurídicos das autarquias e fundações públicas são órgãos vinculados à Advocacia-Geral da União.

À Procuradoria-Geral da Fazenda Nacional compete, especialmente, apurar a liquidez e certeza da dívida ativa da União de natureza tributária, inscrevendo-a para fins de cobrança, amigável ou judicial; representar privativamente a União, na execução de sua dívida ativa de caráter tributário; examinar previamente a legalidade dos contratos, acordos, ajustes e convênios que interessem ao Ministério da Fazenda, inclusive os referentes á dívida pública externa, e promover a respectiva rescisão por via administrativa ou judicial; representar a União nas causas de natureza fiscal; desempenhar as atividades de consultoria e assessoramento jurídicos no âmbito do Ministério da Fazenda e seus órgãos autônomos e entes tutelados (arts. 12 e 13 da LC n. 73/1993). [17]

A representação judicial e extrajudicial das autarquias e fundações públicas federais cabe à Procuradoria-Geral Federal, vinculada à Advocacia-Geral da União (art. 9º da Lei n. 10.480/2002, e arts. 2º, § 3º e 17 da LC n. 73/1993). Aos órgãos jurídicos das autarquias e fundações, que dispõem de autonomia administrativa e financeira, compete: a sua representação judicial e extrajudicial; as respectivas atividades de con-

---

16 A Advocacia-Geral da União é regulada pela Lei Complementar n. 73, de 10 de fevereiro de 1993.

17 O Banco Central do Brasil, apesar de se configurar como autarquia, dispõe de uma Procuradoria-Geral, com regras específicas e previsão de carreira própria, vinculada à Advocacia-Geral da União, cabendo-lhe com exclusividade, o assessoramento jurídico e a representação judicial e extrajudicial da autarquia (art. 4º da Lei n. 9.650/1998).

sultoria e assessoramento jurídicos; a apuração da liquidez e certeza dos créditos, de qualquer natureza, inerentes às suas atividades, inscrevendo-os em dívida ativa, para fins de cobrança amigável ou judicial.

Trata ainda a Constituição das Procuradorias dos Estados, quando dispõe no art. 132, com a nova redação dada pela Emenda Constitucional n. 19/98, que os Procuradores dos Estados e do Distrito Federal, organizados em carreira, na qual o ingresso dependerá de concurso público de provas e títulos, com a participação da Ordem dos Advogados do Brasil em todas as suas fases, exercerão a representação judicial e a consultoria jurídica das respectivas unidades da federação. Prevê ainda o parágrafo único daquele artigo que aos procuradores é assegurada estabilidade após três anos de efetivo exercício, mediante avaliação de desempenho perante os órgãos próprios, após relatório circunstanciado das corregedorias. Ressalte-se, no entanto, que o art. 69 do Ato das Disposições Constitucionais Transitórias permitiu aos Estados manter consultorias jurídicas separadas de suas Procuradorias Gerais ou Advocacias-Gerais, desde que, na data da promulgação da Constituição, tivessem órgãos distintos para as respectivas funções.

O Supremo Tribunal Federal tem decidido caber às Constituições Estaduais fixar a forma de nomeação do Procurador-Geral do Estado, não estando o Estado-Membro obrigado a observar o modelo federal para o provimento do cargo de Advogado-Geral da União. Afigura-se, portanto, constitucional a previsão, na Constituição e na legislação estaduais, da faculdade do Chefe do Poder Executivo local de nomear e exonerar livremente o Procurador-Geral do Estado, que pode ser escolhido entre membros da carreira ou não.[18]

Ainda relativamente aos Procuradores do Estado, além da garantia da estabilidade, valem as seguintes observações quanto às suas garantias, direitos e impedimentos: a) remuneração: são remunerados exclusivamente por subsídio, e têm a garantia da irredutibilidade de vencimentos (art. 135, c/c os arts. 37, XV, e 39, § 4º, definidoras do teto e subteto); b) não têm a garantia da inamovibilidade, pois, segundo decidiu o STF, "a garantia da inamovibilidade é conferida pela Constituição Federal apenas aos Magistrados, aos membros do Ministério Público e aos

---

[18] ADI 2682/AP, Rel. Min. Gilmar Mendes, j. 12.2.2009, *Informativo* 535/STF: "Julgou-se improcedente o pedido relativamente ao art. 153, § 1º, da Constituição do Estado do Amapá – que prevê que a Procuradoria-Geral do Estado será chefiada pelo Procurador-Geral do Estado, com prerrogativas de Secretário de Estado, sendo o cargo provido em comissão, pelo Governador, preferencialmente, entre membros da carreira – e aos demais dispositivos impugnados no que diz respeito ao Procurador-Geral do Estado. Adotou-se o entendimento fixado na ADI 2581/SP (*DJE* em 15.8.2008) consoante o qual a forma de nomeação do Procurador-Geral do Estado, não prevista pela Constituição Federal (art. 132), pode ser definida pela Constituição Estadual, competência esta que se insere no âmbito de autonomia de cada Estado-membro. Citou-se, também, a orientação firmada no julgamento da ADI 217/PB (*DJU* de 13.9.2002) no sentido da constitucionalidade da previsão, na Constituição e na legislação estaduais, da faculdade do Chefe do Executivo local de nomear e exonerar livremente o Procurador-Geral do Estado. Asseverou-se, assim, que o Estado-membro não está obrigado a observar o modelo federal para o provimento do cargo de Advogado-Geral da União (art. 131, § 1º)." Cf. ainda: ADI 2581/SP, DJE de 15.8.2008; ADI 217/PB, *DJ* de 13.9.2002.

membros da Defensoria Pública, não podendo ser estendida aos Procuradores dos Estados;"[19] c) a prerrogativa de foro, apesar da inexistência de regra constitucional expressa, pode ser fixada nas Constituições estaduais, conforme vem admitindo o STF;[20] d) o exercício da advocacia fora das atribuições institucionais constitui tema a ser tratado na legislação estadual, que poderá permiti-la, desde que não haja contrariedade aos interesses da pessoa jurídica de direito público à qual pertença o Procurador do Estado.

3. DEFENSORIA PÚBLICA

Constitui um dos princípios da igualdade jurisdicional o acesso ao Poder Judiciário pelos ricos e pobres. A Constituição prescreve, no seu art. 5º, LXXIV, que o Estado prestará assistência jurídica integral e gratuita aos que comprovarem insuficiência de recursos.

O benefício da justiça gratuita, como direito à dispensa de despesas processuais, é regulado pela Lei n. 1.060, de 5 de fevereiro de 1950, cujos arts. 1º e 4º foram alterados pela Lei n. 7.510, de 4 de julho de 1986.[21]

A assistência jurídica a ser prestada pelo Estado aos necessitados é integral: aquele que se encontre em situação de miserabilidade será dispensado de despesas processuais, providenciando-lhe ainda o Estado defensor em juízo.

A Defensoria Pública é, assim, órgão essencial à função jurisdicional do Estado, incumbindo-lhe a orientação jurídica e a defesa, em todos os graus, dos necessitados, e será organizada no âmbito da União, do Distrito Federal e dos Territórios, por lei complementar, que fixará ainda normas gerais para sua organização nos Estados, em cargos de carreira, providos, na classe inicial, mediante concurso público de provas e títulos, assegurada a seus integrantes a garantia da inamovibilidade e vedado o exercício da advocacia fora das atribuições institucionais (art. 134, 1º, com a redação da EC n. 45/2004). Trata-se da Lei Complementar n. 80, de 12.1.1994, alterada pelas Leis Complementares ns. 98, de 3.12.1999, e 132, de 7.10.2009.[22]

---

19 STF, ADI 291, Rel. Min. Joaquim Barbosa, j. 7.4.2010, *DJE*, 10.9.2010.

20 STF, ADI 541, j. 10.5.2007.

21 O novo CPC (versão do Projeto aprovado pelo CN) revoga o art. 4º, *caput,* da Lei nº 1.060/50, passando a tratar, de forma minudente, da gratuidade da justiça nos arts. 98 a 102.

22 O STF julgou procedentes as ADIs 3892 e 4270, Rel. Min. Joaquim Barbosa, para declarar a inconstitucionalidade de normas da Constituição e de lei complementar do Estado de Santa Catarina que dispõem sobre a defensoria dativa e a assistência judiciária gratuita. Esse Estado-Membro não possui defensoria pública e a população hipossuficiente recebe prestação jurídica gratuita por meio de advogados dativos indicados pela seccional catarinense da Ordem dos Advogados do Brasil (OAB-SC). O STF decidiu que essa situação no Estado-Membro deve durar por mais um ano, quando os dispositivos contestados [art. 104 da Constituição de Santa Catarina e Lei Complementar Estadual 155/97] perderão eficácia no ordenamento jurídico. O Min. Marco Aurélio restou vencido, com o entendimento de que a declaração de inconstitucionalidade dos dispositivos na lei estadual deveria valer desde quando foram editados (j. 14.3.2012; *Notícias STF,* 14.3.2012).

A EC n. 45/2004 acrescentou o § 2º ao art. 134 da Constituição, para assegurar às Defensorias Públicas Estaduais, e, pela EC n. 74/2013, às Defensorias Públicas da União e do Distrito Federal,autonomia funcional e administrativa,[23] e a iniciativa de sua proposta orçamentária dentro dos limites estabelecidos na lei de diretrizes orçamentárias e subordinação ao disposto no art. 99, § 2º.

A Constituição Federal, em sua redação originária, assegurou a isonomia de vencimentos para as carreiras que acabamos de examinar.

A propósito do tema, acentua Celso Bastos: "Em alguns casos poderá apresentar alguma dificuldade o dizer se determinado cargo tem funções senão iguais, ao menos assemelhados, como exige o dispositivo acima transcrito (art. 39, § 1º). Todavia, com respeito às carreiras do Ministério Público, da Advocacia Geral da União, das Procuradorias Estaduais e das Defensorias Públicas em geral, não pode haver dúvidas quanto à sua inserção debaixo do preceito equiparador, por força do art. 135 da Constituição que manda à lei regulamentar dar implemento a essa medida isonômica".[24]

---

[23] Em sessão realizada no dia 7.3.2012, o STF declarou a inconstitucionalidade da alínea *h* do inciso I do art. 26 da Lei Delegada 112/2007 e da expressão "e a Defensoria Pública" constante do art. 10 da Lei Delegada 117/2007, ambas do Estado de Minas Gerais: "Art. 26. Integram a Administração Direta do Poder Executivo do Estado, os seguintes órgãos autônomos: I - subordinados diretamente ao Governador do Estado: ... *h*) Defensoria Pública do Estado de Minas Gerais"; LD 117/2007: "Art. 10. A Polícia Militar, a Polícia Civil, o Corpo de Bombeiros Militar e a Defensoria Pública do Estado de Minas Gerais subordinam-se ao Governador do Estado, integrando, para fins operacionais, a Secretaria de Estado de Defesa Social"]. Também foi declarada a inconstitucionalidade: 1) do inciso VII do art. 7º; 2) do termo "Defensor Geral do Estado" constante do *caput* e do parágrafo único do art. 16; e 3) do excerto "Defensoria Pública do Estado" contido no § 1º do art. 17, todos da Lei 8.559/2006, do Estado do Maranhão ("Art. 7º Integram a Administração Direta: ... VII - Defensoria Pública do Estado - DPE;... Art. 16. O Poder Executivo, exercido pelo Governador do Estado, é auxiliado pelo Secretário Chefe da Casa Civil, Procurador Geral do Estado, Defensor Geral do Estado, Auditor Geral do Estado, Presidente da Comissão Central de Licitação, Corregedor Geral do Estado, Secretários de Estado, inclusive os Extraordinários e os cargos equivalentes. Parágrafo único. O Secretário Chefe da Casa Civil, o Procurador Geral do Estado, o Defensor Geral do Estado, o Corregedor Geral do Estado, o Auditor Geral do Estado, o Presidente da Comissão Central de Licitação, o Chefe da Assessoria de Comunicação Social, o Chefe da Assessoria de Programas Especiais, o Secretário Chefe do Gabinete Militar e os Secretários de Estado Extraordinários são do mesmo nível hierárquico e gozam das mesmas prerrogativas e vencimentos de Secretário de Estado; ... Art. 17 ... § 1º Integram, ainda, a Governadoria, a Controladoria Geral do Estado, a Corregedoria Geral do Estado, a Comissão Central de Licitação e a Defensoria Pública do Estado"). A decisão foi tomada em julgamento conjunto das ADIs 3965 e 4056, relatadas, respectivamente, pela Min. Cármen Lúcia e pelo Min. Ricardo Lewandowski. Ambas as ações foram ajuizadas pela Procuradoria-Geral da República (PGR), com o argumento de que os dispositivos impugnados afrontam o artigo 134, § 2º, da Constituição Federal, que assegurou autonomia funcional e administrativa às Defensorias Públicas Estaduais. O Min. Gilmar Mendes ponderou que, se se tratasse apenas de equiparação do defensor público geral do Estado aos secretários de Estado para efeito de *status* sem, entretanto, subordiná-lo formalmente à estrutura dos governos estaduais, isso não seria motivo para proposição das ADIs. Reconheceu, porém, que as legislações de ambos os Estados não deixam dúvida de que se trata, efetivamente, de violação do art. 134, § 2º, da CF (*Notícias* STF, 7.3.2012; *Informativo* 657/STF).

[24] BASTOS. *Curso de direito constitucional*, p. 342.

Não obstante esse entendimento, o Supremo Tribunal Federal, no julgamento da Ação Direta de Inconstitucionalidade n. 171-0, ocorrida em sessão do dia 15.4.1993, não reconheceu a isonomia das carreiras jurídicas com o Ministério Público.[25]

Essa matéria recebeu, no entanto, novo contorno constitucional, quando pela redação dada ao art. 135, pela Emenda Constitucional n. 19/98, ficou expresso que os servidores integrantes das carreiras disciplinadas nas Seções II e III do Capítulo IV do Título IV, serão remunerados na forma do art. 39, § 4º, é dizer, por subsídio fixado em parcela única, vedado o acréscimo de qualquer gratificação, adicional, abono, prêmio, verba de representação ou outra espécie remuneratória.

Pela Lei Complementar n. 80/1994, a Defensoria Pública abrange: a) a Defensoria Pública da União; b) a Defensoria Pública do Distrito Federal e dos Territórios; c) a Defensoria Pública dos Estados. Não há, portanto, Defensoria Pública dos Municípios.

A EC n. 69/2012 instituiu a Defensoria Pública do Distrito Federal, cuja organização e manutenção passam a ser de competência do próprio Distrito Federal, e não mais da União. À Defensoria Pública do Distrito Federal aplicam-se os mesmos princípios e regras que, nos termos da Constituição Federal, regem as Defensorias Públicas dos Estados.

A Defensoria Pública é regida pelos princípios da unidade, indivisibilidade e independência funcional. A Lei Complementar n. 80/1994 prevê como objetivos da Defensoria Pública a primazia da dignidade da pessoa humana e a redução das desigualdades sociais; a afirmação do Estado Democrático de Direito; a prevalência e efetividade dos direitos humanos; a garantia dos princípios constitucionais da ampla defesa e do contraditório.

São funções institucionais da Defensoria Pública, entre outras, nos termos do art. 4º da LC n. 80/1994: I – prestar orientação jurídica e exercer a defesa dos necessitados, em todos os graus; II – promover, prioritariamente, a solução extrajudicial dos litígios, visando à composição entre as pessoas em conflito de interesses, por meio de mediação, conciliação, arbitragem e demais técnicas de composição e administração de conflitos; III – promover a difusão e a conscientização dos direitos humanos, da cidadania e do ordenamento jurídico; IV – prestar atendimento interdisciplinar, por meio de órgãos ou de servidores de suas Carreiras de apoio para o exercício de suas atribuições; V – exercer, mediante o recebimento dos autos com vista, a ampla defesa e o contraditório em favor de pessoas naturais e jurídicas, em processos administrativos e judiciais, perante todos os órgãos e em todas as instâncias, ordinárias ou extraordinárias, utilizando todas as medidas capazes de propiciar a adequada e efetiva defesa de seus interesses; VI – representar aos sistemas internacionais de proteção dos direitos humanos, postulando perante seus órgãos; VII – promover ação civil pública e todas as espécies de ações capazes de propiciar a adequada tutela dos direitos difusos, coletivos ou individuais homogêneos quando o resultado da demanda puder beneficiar grupo de pessoas hipossuficientes; VIII – exercer a defesa dos direitos e interesses individuais, difusos, coletivos e individuais homogêneos e dos direitos do consumidor, na forma do inciso LXXIV do art. 5º da

[25] *DJU* 3.6.1994, p. 13853.

Constituição Federal; IX – impetrar *habeas corpus*, mandado de injunção, *habeas data* e mandado de segurança ou qualquer outra ação em defesa das funções institucionais e prerrogativas de seus órgãos de execução; X – promover a mais ampla defesa dos direitos fundamentais dos necessitados, abrangendo seus direitos individuais, coletivos, sociais, econômicos, culturais e ambientais, sendo admissíveis todas as espécies de ações capazes de propiciar sua adequada e efetiva tutela; XI – exercer a defesa dos interesses individuais e coletivos da criança e do adolescente, do idoso, da pessoa portadora de necessidades especiais, da mulher vítima de violência doméstica e familiar e de outros grupos sociais vulneráveis que mereçam proteção especial do Estado; XII – acompanhar inquérito policial, inclusive com a comunicação imediata da prisão em flagrante pela autoridade policial, quando o preso não constituir advogado; XIII – patrocinar ação penal privada e a subsidiária da pública; XIV – exercer a curadoria especial nos casos previstos em lei; XV – atuar nos estabelecimentos policiais, penitenciários e de internação de adolescentes, visando a assegurar às pessoas, sob quaisquer circunstâncias, o exercício pleno de seus direitos e garantias fundamentais; XVI – atuar na preservação e reparação dos direitos de pessoas vítimas de tortura, abusos sexuais, discriminação ou qualquer outra forma de opressão ou violência, propiciando o acompanhamento e o atendimento interdisciplinar das vítimas; XVII – atuar nos Juizados Especiais; XVIII – participar, quando tiver assento, dos conselhos federais, estaduais e municipais afetos às funções institucionais da Defensoria Pública, respeitadas as atribuições de seus ramos; XIX – executar e receber as verbas sucumbenciais decorrentes de sua atuação, inclusive quando devidas por quaisquer entes públicos, destinando-as a fundos geridos pela Defensoria Pública e destinados, exclusivamente, ao aparelhamento da Defensoria Pública e à capacitação profissional de seus membros e servidores; XX – convocar audiências públicas para discutir matérias relacionadas às suas funções institucionais.

Os defensores públicos têm direito a receber intimação pessoal em qualquer processo e grau de jurisdição e ter em dobro todos os prazos. No âmbito do processo penal, como o Ministério Público não é dotado dessa prerrogativa, houve questionamento no STF que decidiu no sentido de que tal regra é constitucional até que a Defensoria Pública seja efetivamente instalada, após o que haverá inconstitucionalidade. Trata-se da denominada "lei ainda constitucional", ou "inconstitucionalidade progressiva", tema estudado neste texto no capítulo dedicado ao controle de constitucionalidade. No que respeita ao defensor dativo, não tem ele a prerrogativa do prazo em dobro. Já no que concerne à intimação pessoal em matéria penal, se a intimação ocorreu antes da vigência da Lei n. 9.271/1996, que incluiu o § 4º no art. 370 do CPP, não tem o defensor dativo essa prerrogativa. Se, no entanto, a intimação se realiza após a Lei em destaque, o advogado dativo deve ser intimado pessoalmente. No âmbito dos Juizados Especiais, é dispensável a intimação pessoal das partes, incluindo o Ministério Público e os defensores públicos nomeados, bastando que a intimação se faça pela imprensa oficial. A Defensoria Pública da União não tem exclusividade para atuação nos Tribunais Superiores, podendo as Defensorias Públicas dos Estados interpor recurso nesses tribunais.[26] Não cabe à Defensoria Pública prestar assistência

[26] STF, HC 92.399, Rel. Min. Ayres Britto, j. 29.6.2010, *DJE*, 27.8.2010.

judiciária a servidor público processado civil ou criminalmente, em razão de ato praticado no exercício regular de suas funções, sendo do Procurador do Estado essa incumbência.[27] O defensor público não pode exercer a advocacia fora de suas atribuições institucionais, mesmo aqueles investidos na função até a data da instalação da Assembleia Nacional Constituinte: o art. 22 do ADCT, ao garantir-lhes o direito de opção pela carreira da defensoria, prescreveu que se observassem as garantias e vedações previstas no art. 134, parágrafo único (atual § 1º), da Constituição da República, e nas vedações está a proibição de prestar serviço de advocacia fora das atribuições institucionais.[28]

4. ADVOCACIA

O art. 133 da Constituição diz que o advogado é indispensável à administração da justiça, sendo inviolável por seus atos e manifestações no exercício da profissão e nos limites da lei.

---

[27] STF, ADI 3.022/RS, Rel. Min. Joaquim Barbosa, *DJ*, 18.8.2004. *Informativo* 355-STF: "O Tribunal julgou improcedente, em parte, pedido de ação direta de inconstitucionalidade ajuizada pelo Procurador-Geral da República, a pedido da Procuradoria-Geral de Justiça do Estado do Rio Grande do Sul, contra o art. 45, da Constituição desse Estado ("Art. 45. O servidor público processado, civil ou criminalmente, em razão de ato praticado no exercício regular de suas funções terá direito à assistência judiciária do Estado.") e a alínea a do Anexo II da Lei Complementar gaúcha 10.194, de 30 de maio de 1994, que definia como atribuição da Defensoria Pública estadual a assistência judicial aos servidores processados por ato praticado em razão do exercício de suas atribuições funcionais. Entendeu-se que o art. 45 da Constituição estadual não viola a CF, uma vez que apenas outorga, de forma ampla, um direito funcional de proteção do servidor que, agindo regularmente no exercício de suas funções, venha a ser processado civil ou criminalmente. No tocante à alínea a do Anexo II da Lei Complementar 10.194/94, considerou-se que a norma ofendia o art. 134 da CF, haja vista alargar as atribuições da Defensoria Pública estadual, extrapolando o modelo institucional preconizado pelo constituinte de 1988 e comprometendo a sua finalidade constitucional específica. Dessa forma, por unanimidade, declarou-se a constitucionalidade do art. 45, da Constituição Estadual do Rio Grande do Sul e a inconstitucionalidade da alínea a do Anexo II da Lei Complementar 10.194, do Estado do Rio Grande do Sul e, por maioria, atribuiu-se o efeito dessa decisão a partir do dia 31.12.2004, a fim de se evitar prejuízos desproporcionais decorrentes da nulidade *ex tunc*, bem como permitir que o legislador estadual disponha adequadamente sobre a matéria."

[28] STF, ADI 3.043/MG, Rel. Min. Eros Grau, j. 26.4.2006. *Informativo* 424/STF: "Por entender caracterizada a ofensa ao art. 134 da CF, que veda aos membros da Defensoria Pública o desempenho de atividades próprias da advocacia privada, o Tribunal julgou procedente pedido formulado em ação direta proposta pelo Procurador-Geral da República para declarar a inconstitucionalidade do art. 137 da Lei Complementar 65/2003, do Estado de Minas Gerais, que permite que os defensores públicos exerçam a advocacia fora de suas atribuições institucionais até que sejam fixados os subsídios dos membros da carreira. Afastou-se, ainda, o argumento de se inferir, da interpretação sistemática do art. 134 c/c o art. 135 e o § 4º do art. 39, da CF, que o exercício da advocacia pelos defensores públicos estaria proibido apenas após fixação dos respectivos subsídios, visto que tal assertiva conduziria à conclusão de que a vedação trazida pelo art. 134, texto normativo constitucional originário, teria sido relativizada com a EC 19/98, que introduziu o art. 135 e o § 4º do art. 39. Asseverou-se, ainda, a vigência da Lei Complementar 80/94 – que organiza a Defensoria Pública da União, do DF e dos Territórios e prescreve normas gerais para sua organização nos Estados-Membros – que também prevê a aludida vedação."

É a primeira vez que uma Constituição Federal brasileira dedica disposição ao advogado. Na realidade, os advogados têm tido papel destacado na vida judiciária e política brasileira, sendo agora de se lhes exigir a defesa não só da ordem jurídica, mas sobretudo das instituições do Estado Democrático de Direito.

Quanto à atuação do advogado como indispensável à administração da justiça, observe-se que há processos em que as partes vêm por si mesmas postulando em juízo: reclamações trabalhistas, alguns recursos eleitorais interpostos pelos delegados de partido.

Como ficariam essas exceções diante do princípio constitucional da indispensabilidade do advogado na administração da justiça?

Elcias Ferreira da Costa acha que a expressão "indispensável" no dispositivo constitucional tem sentido histórico-objetivo do momento sociológico que lhe serviu de inspiração, qual seja: "respeitadas as exceções consagradas pela prática jurisprudencial, o advogado continua sendo indispensável à justiça".[29]

Já para Randolpho Gomes, somente constituiria exceção à obrigatoriedade da presença do advogado nos feitos judiciais a impetração de *habeas corpus*, dado o princípio maior da liberdade.[30]

A Lei n. 8.906, de 4 de julho de 1994, que dispõe sobre o Estatuto da Advocacia e a Ordem dos Advogados do Brasil (OAB), esclarece ser atividade privativa de Advocacia a postulação a qualquer órgão do Poder Judiciário e aos juizados especiais, dela excepcionando apenas a impetração de *habeas corpus* (art. 1º, I, § 1º).

O STF, já ao apreciar a ADI 1.127-8-DF, deferira medida cautelar para suspender a eficácia, no inciso I do art. 1º do novo Estatuto, da palavra "qualquer", explicitando que não é necessária a presença do advogado nos Juizados de Pequenas Causas, na Justiça de Paz e na Justiça do Trabalho.[31]

E segundo dispõe o art. 9º da Lei n. 9.099, de 26 de setembro de 1995, no âmbito dos Juizados Especiais Cíveis a assistência de advogado só é exigida nas causas de valor superior a vinte salários mínimos, sendo até esse limite facultativa a assistência.

A ADI 1.127-DF, em que se buscava questionar vários dispositivos da Lei n. 8.906/94 (Estatuto da OAB), foi julgada em 17 de maio de 2006.[32] O Supremo Tribunal Federal:

1. por unanimidade, em relação ao inciso I do art. 1º, julgou prejudicada a alegação de inconstitucionalidade relativamente à expressão"juizados especiais", e, por maioria, quanto à expressão "qualquer", julgou procedente a ação direta. A alegação de inconstitucionalidade da expressão "juizados especiais" foi tida por prejudicada tendo em vista a superveniência do art. 9º da Lei n. 9.099/95, acima referida;

---

[29] COSTA. *Comentários breves à Constituição federal*, p. 204.

[30] GOMES. *O advogado e a Constituição federal*, p. 17-18.

[31] *DJU* 14.10.1994, Sec. I, p. 27596.

[32] STF, ADI 1.127-DF, Rel. p/ o ac. Min. Ricardo Lewandowski, *DJE*, 11.6.2010. Cf ainda: ADIs 1.194, 2.522, 3026 e 3. 168.

2. por unanimidade, julgou improcedente a ação direta, quanto ao § 3º do art. 2º, nos termos do voto do Relator ("Art. 2º O advogado é indispensável à administração da justiça (*omissis*). § 3º No exercício da profissão, o advogado é inviolável por seus atos e manifestações, nos limites desta Lei");

3. por maioria, julgou parcialmente procedente a ação para declarar a inconstitucionalidade da expressão "ou desacato", contida no § 2º do art. 7º ("Art. 7º São direitos do advogado (*omissis*) § 2º O advogado tem imunidade profissional, não constituindo injúria, difamação ou desacato puníveis qualquer manifestação de sua parte, no exercício de sua atividade, em juízo ou fora dele, sem prejuízo das sanções disciplinares perante a OAB, pelos excessos que cometer");

4. por unanimidade, julgou improcedente a ação direta, quanto ao inciso II do art. 7º ("Art. 7º São direitos do advogado (*omissis*) II – ter respeitada, em nome da liberdade de defesa e do sigilo profissional, a inviolabilidade de seu escritório ou local de trabalho, de seus arquivos e dados, de sua correspondência e de suas comunicações, inclusive telefônicas ou afins, salvo o caso de busca ou apreensão determinada por magistrado e acompanhada de representante da OAB"); [33]

5. por unanimidade, julgou improcedente a ação direta, quanto ao inciso IV do art. 7º ("Art. 7º São direitos do advogado (*omissis*) IV – ter a presença de representantes da OAB, quando preso em flagrante, por motivo ligado ao exercício da advocacia, para lavratura do auto respectivo, sob pena de nulidade e, nos demais casos, a comunicação expressa à seccional da OAB"). Consignou-se, no entanto, que a prisão em flagrante é válida se a OAB, devidamente comunicada, não encaminhar representante em tempo hábil e razoável;

6. por maioria, julgou inconstitucional a expressão "assim reconhecidos pela OAB", constante do inciso V do art. 7º ("Art. 7º São direitos do advogado (*omissis*) V – não ser recolhido preso, antes de sentença transitada em julgado, senão em sala de Estado Maior, com instalações e comodidades, assim reconhecidas pela OAB, e, na sua falta, em prisão domiciliar");

---

[33] A Lei n. 11.767, de 7.8.2008, alterou o art. 7º da Lei n. 8.906, de 4.7.1994, para dispor sobre o direito à inviolabilidade do local e instrumentos de trabalho do advogado, bem como de sua correspondência, nos seguintes termos: "Art. 7º São direitos do advogado: II – a inviolabilidade de seu escritório ou local de trabalho, bem como de seus instrumentos de trabalho, de sua correspondência escrita, eletrônica, telefônica e telemática, desde que relativas ao exercício da advocacia; § 5º (VETADO). § 6º Presentes indícios de autoria e materialidade da prática de crime por parte de advogado, a autoridade judiciária competente poderá decretar a quebra da inviolabilidade de que trata o inciso II do *caput* deste artigo, em decisão motivada, expedindo mandado de busca e apreensão, específico e pormenorizado, a ser cumprido na presença de representante da OAB, sendo, em qualquer hipótese, vedada a utilização dos documentos, das mídias e dos objetos pertencentes a clientes do advogado averiguado, bem como dos demais instrumentos de trabalho que contenham informações sobre clientes. § 7º A ressalva constante do § 6º deste artigo não se estende a clientes do advogado averiguado que estejam sendo formalmente investigados como seus partícipes ou co-autores pela prática do mesmo crime que deu causa à quebra da inviolabilidade. § 8º (VETADO). § 9º (VETADO)."

7. por maioria, declarou a inconstitucionalidade do inciso IX do art. 7º ("Art. 7º São direitos do advogado (*omissis*) VII – sustentar oralmente as razões de qualquer recurso ou processo, nas sessões de julgamento, após o voto do relator, em instância judicial ou administrativa, pelo prazo de quinze minutos, salvo se prazo maior for concedido");

8. por unanimidade, julgou improcedente o a ação direta quanto ao § 3º do art. 7º ("Art. 7º São direitos do advogado (*omissis*) § 3º O advogado somente poderá ser preso em flagrante, por motivo de exercício da profissão, em caso de crime inafiançável, observado o disposto no inciso IV deste artigo") ;

9. por votação majoritária, deu pela procedência parcial da ação direta para declarar a inconstitucionalidade da expressão "e controle" contida no § 4º do art. 7º ("Art. 7º São direitos do advogado (*omissis*) § 4º O Poder Judiciário e o Poder Executivo devem instalar, em todos os juizados, fóruns, tribunais, delegacias de polícia e presídios, salas especiais permanentes para os advogados, com uso e controle assegurados à OAB");

10. por maioria, julgou parcialmente procedente a ação direta, quanto ao inciso II do art. 28, para, dando interpretação conforme, excluir da proibição do dispositivo impugnado, os juízes eleitorais e seus suplentes, (da classe de advogados) que poderão continuar advogando ("A advocacia é incompatível, mesmo em causa própria, com as seguintes atividades (*omissis*) § II – membros de órgãos do Poder Judiciário, do Ministério Público,dos tribunais e conselhos de contas, dos juizados especiais, da justiça de paz, juízes classistas, bem como de todos os que exerçam função de julgamento em órgãos de deliberação coletiva da administração pública direta e indireta");

11. por votação majoritária, quanto ao art. 50, julgou parcialmente procedente a ação direta para, sem resolução de texto, dar interpretação conforme ao dispositivo, de modo a fazer compreender a palavra 'requisitar" como dependente de motivação, compatibilização com a finalidade da lei e atendimento de custos desta requisição, ressalvados os documentos cobertos por sigilo ("Art. 50. Para os fins desta Lei, os Presidentes dos Conselhos da OAB e das Subseções podem requisitar cópias de peças de autos e documentos a qualquer tribunal, magistrado, cartório e órgão da Administração Pública direta, indireta e fundacional").

No julgamento do RE 603.583, o Supremo Tribunal Federal afirmou a constitucionalidade da exigência de aprovação prévia em exame da Ordem dos Advogados do Brasil (OAB) para que bacharéis em direito possam exercer a advocacia, de que trata o art. 8º, IV, § 1º, da Lei n. 8.906/1994. O Relator, Min. Marco Aurélio, considerou que o dispositivo questionado do Estatuto da Advocacia não afronta a liberdade de ofício prevista no inciso XIII, art. 5º, da Constituição Federal. Embora o referido comando constitucional impeça o Estado de opor qualquer tipo de embaraço ao direito dos cidadãos de obter habilitação para a prática profissional, quando o exercício de determinada profissão transcende os interesses individuais e implica riscos para a coletividade, "cabe limitar o acesso à profissão em função do interesse coletivo". "O constituinte limitou as restrições de liberdade de ofício às exigências de qualificação profissional." Já o Min. Luiz Fux apontou que o exame da OAB caminha para a inconstitucionalidade se não forem criadas formas de tornar sua organização mais pluralista. "Parece plenamente razoável que outros setores da comunidade jurídica passem a ter assento nas comissões de organização e nas bancas examinadoras do exame de Ordem, o que, aliás, tende a aperfeiçoar o certame, ao proporcionar visão mais pluralista da prática jurídica", disse. Ainda para o Min. Luiz Fux, manter a elaboração e organização do exame somente nas mãos de integrantes da OAB pode suscitar questionamentos em relação à observância, pela entidade, de princípios democráticos e republicanos. "Cumpre à OAB atender às exigências constitucionais de legitimação democrática da sua atuação, que envolve, entre outros requisitos, a abertura de seus procedimentos à participação de outros seguimentos da sociedade", reiterou. A forma como o exame é produzido atualmente é uma "falha" que acarretará, no futuro, "a efetiva inconstitucionalidade da disciplina do exame da OAB". Antes, porém, ele afirmou que o exame em si é a medida adequada à finalidade a que se destina, ou seja, a "aferição da qualificação técnica necessária ao exercício da advocacia em caráter preventivo, com vistas a evitar que a atuação do profissional inepto cause prejuízo à sociedade". [34]

[34] STF, RE 603.583, Rel. Min. Marco Aurélio, j. 26.10.2011. *Notícias* STF 26.10.2011. Ainda no julgamento, "lembrou-se que a exigência da prova de suficiência técnica para inscrição nos quadros da Ordem teria surgido com a Lei 4.215/63 e que, a partir da regência do atual diploma, o bacharel em Direito podia optar entre o estágio profissional ou a submissão à prova de conhecimentos jurídicos, situação que perdurou até 1996. Com o término de vigência do dispositivo que conferia essa escolha, o exame tornara-se obrigatório para todos os egressos do curso superior. Assim, a imprescindibilidade do teste seria relativamente nova no ordenamento jurídico pátrio, muito embora a prova de conhecimentos fosse mais antiga. Constatou-se o elevado número de formados em Direito e de cursos jurídicos no país, criados sem a observância do critério qualitativo, imprescindível à formação do bom profissional. Ressaltou-se que esse fato não seria determinante para o julgamento, porque extrajurídico, mas se evidenciou a necessidade de refletir a respeito. No tocante à proporcionalidade e compatibilidade entre o exame de conhecimentos jurídicos e a garantia do livre exercício profissional, inicialmente reputou-se que, a fim de assegurar a liberdade de ofício, impor-se-ia ao Estado o dever de colocar à disposição dos indivíduos, em condições equitativas de acesso, os meios para que aquela fosse alcançada. Destacou-se que esse dever entrelaçar-se-ia sistematicamente com a previsão do art. 205, caput, da CF ("A educação, direito de todos e dever do Estado e da família, será promovida e incentivada com a colaboração da sociedade, visando ao pleno desenvolvimento da pessoa, seu preparo para o exercício da cidadania e sua qualificação para o trabalho"). Frisou-se que a obrigação estatal seria a de não opor embaraços irrazoáveis ou desproporcionais ao exercício de determinada profissão, e que existiria o direito de se obterem as habilitações previstas em lei para a prática do ofício, observadas condições equitativas e qualificações técnicas previstas também na legislação. Sublinhou-se que essa garantia constitucional não se esgotaria na perspectiva do indivíduo, mas teria relevância social (CF, art. 1º, IV). Assim, nas hipóteses em que o exercício da profissão resultasse em risco predominantemente individual, como, por exemplo, mergulhadores e técnicos de rede elétrica, o sistema jurídico buscaria compensar danos à saúde com vantagens pecuniárias (adicional de insalubridade, de periculosidade) ou adiantar-lhes-ia a inativação. Essas vantagens, entretanto, não feririam o princípio da isonomia. Quando, por outro lado, o risco suportado pela atividade profissional fosse coletivo, hipótese em que incluída a advocacia, caberia ao Estado limitar o acesso à profissão e o respectivo exercício (CF, art. 5º, XIII). Nesse sentido, o exame de suficiência discutido seria compatível com o juízo de proporcionalidade e não alcançaria o núcleo essencial da liberdade de ofício. No concernente à adequação do exame à finalidade prevista na Constituição – assegurar que as atividades de risco sejam desempenhadas por pessoas com

conhecimento técnico suficiente, de modo a evitar danos à coletividade – aduziu-se que a aprovação do candidato seria elemento a qualificá-lo para o exercício profissional. Dessa forma, o argumento no sentido de que o exame não se prestaria para esse fim seria improcedente, pois o mesmo raciocínio seria aplicável às provas instituídas pelas próprias universidades, essenciais para a obtenção do bacharelado. Consignou-se que o exame da OAB atestaria conhecimentos jurídicos, o que seria congruente com o fim pretendido e com a realidade brasileira. Sob esse aspecto, a fiscalização posterior dos atos dos profissionais da advocacia, como meio de se controlar a qualidade do exercício de seu mister, seria inequivocamente menos efetiva do que o escrutínio prévio. Ademais, o poder de polícia poderia ser exercitado em momento concomitante, prévio ou posterior ao ato ou à conduta, com o objetivo de impedir lesões ao patrimônio econômico e moral dos indivíduos. Rememorou-se haver decisões anteriores da Corte a respeito da restrição ao exercício profissional e constatou-se que o vetor preponderante do posicionamento do STF fora o risco trazido à coletividade. Quanto mais arriscada a atividade, maior o espaço de conformação deferido ao Poder Público. Portanto, se inexistente o risco, inadmissível qualquer restrição. No tocante à advocacia, asseverou-se que quem a exerce sem a capacidade técnica necessária afetaria outrem, tanto o cliente, indivíduo, como a coletividade, pois lhe denegaria Justiça, pressuposto da paz social. Sob esse prisma, destacou-se o papel central e fundamental do advogado na manutenção do Estado Democrático de Direito e na aplicação e defesa da ordem jurídica, razão pela qual o constituinte o proclamara indispensável à administração da Justiça (CF, art. 133). Frisou-se o interesse social no sentido de existirem mecanismos de controle, objetivos e impessoais, concernentes à prática da advocacia, visto que o Direito envolveria questões materiais e existenciais, como o patrimônio, a liberdade ou a honra. Acrescentou-se que a garantia do acesso à justiça (CF, art. 5º, XXXV), imporia que fosse posto à disposição da coletividade corpo de advogados capazes de exercer livre e plenamente a profissão. Lembrou-se que os advogados comporiam todos os tribunais do país (CF, arts. 94; 111-A, I; 119; 103, II), exceto no STF. Integrariam, também, o Conselho Nacional de Justiça e o Conselho Nacional do Ministério Público (CF, artigos 103-B, XIII; 130-A, V), o que reforçaria sua relevância social. No tocante à suposta violação ao princípio da isonomia, decorrente da inexistência de exame imposto a médicos, por exemplo, antes de ingressarem na carreira, reputou-se descabida a pretensão de aplicar idêntico regime jurídico a atividades distintas, marcadas por conhecimentos e técnicas próprios. Além disso, o equívoco não estaria nas rígidas exigências para o exercício da advocacia. Ao contrário, caberia ao legislador determinar a obrigatoriedade de exame para o exercício da Medicina, o que estaria em consonância com a Constituição. Em relação à assertiva do recorrente no sentido de que os baixos índices de aprovação no atual exame seriam reflexo da reserva de mercado empreendida pelos atuais membros da OAB, aduziu-se que a redução do percentual de aprovados seria resultado do acúmulo de bacharéis que, sem êxito, repetiriam o exame sucessivamente. Consignou-se que, de acordo com os parâmetros impostos pelo exame, mostrar-se-iam grandes as chances de aprovação. Assinalou-se que o teste seria impessoal e objetivo, e sua aplicação observaria os princípios constitucionais relativos aos concursos públicos, conquanto não fosse espécie desse gênero. Destacou-se, ainda, que as questões estariam circunscritas aos conhecimentos adquiridos ao longo do curso superior. O quadro, portanto, afastaria qualquer subjetivismo ou inidoneidade por parte dos organizadores e aplicadores do exame. Embora fosse saudável haver membros de outras instituições públicas na comissão examinadora, a ausência destes não tornaria a exigência do teste inconstitucional. Ressaltou-se, ainda, a possibilidade de controle judicial para avaliar as eventuais ilegalidades cometidas pelas bancas, bem como a adequação entre o edital e a prova. Afirmou-se que os papéis das universidades e das organizações seriam distintos, uma vez que, às primeiras, caberia ministrar o conteúdo educacional necessário à profissionalização do indivíduo e atribuir o grau respectivo, correspondente ao curso terminado. Descaberia pensar que a formação universitária constituiria presunção absoluta de capacidade para o exercício profissional, visto que a atividade censória das autarquias

Anota-se que a inviolabilidade do advogado garante o profissional relativamente a atos e manifestações no exercício da profissão, ou seja, em juízo ou fora dele: não se reveste, pois, de caráter absoluto.

A inviolabilidade deve ser entendida como imunidade material penal do advogado por suas manifestações, palavras e atos que possam ser ofensivos a qualquer pessoa ou autoridade.

---

profissionais demonstraria que, não raro, a obtenção de grau acadêmico seria insuficiente para a realização correta de determinado trabalho. Ademais, o bacharel em direito poderia exercer diversas atividades além da advocacia, como a magistratura, por exemplo. Considerou-se caber às autarquias implementar o poder de polícia das profissões respectivas. Anotou-se que, especificamente, caberia à OAB promover, com exclusividade, a representação, a defesa, a seleção e a disciplina dos advogados no país e, embora não submetida a vinculação quanto à Administração direta, exerceria função pública, valendo-se, para tanto, de poderes próprios do Estado, como os de tributar e de punir. Não seria, portanto, instituição privada e deslegitimada para assumir esse encargo. No ponto, o Min. Ricardo Lewandowski salientou que quando o legislador conferira a esse órgão – estatal ou de colaboração com o Estado – determinadas atribuições, implicitamente também lhe outorgara os meios para realizá-las, como as provas de seleção. O Colegiado anotou, ainda, haver instituições de ensino a configurar pessoas jurídicas de direito público e de direito privado e, ao se aplicar entendimento contrário ao exposto, de modo a excluir os estudantes daquelas da necessidade do exame da OAB, implementar-se-ia regime incompatível com a isonomia. No que se refere à suposta ofensa ao princípio da legalidade, porquanto a regulamentação do exame, a teor do disposto no art. 8º, § 1º, da Lei 8.906/94, deveria ocorrer por meio de provimento – competência do Presidente da República –, reputou-se que a interpretação do dispositivo deveria ser realizada considerando-se a sistematicidade do ordenamento. Nesse sentido, as matérias constantes do exame não poderiam discrepar das enquadradas nas diretrizes curriculares do curso de graduação em Direito, assim definido pelo Ministério da Educação. O teste poderia exigir, também, regras pertinentes ao exercício da advocacia, como o Código de Ética e os ditames do Estatuto da OAB. Asseverou-se, portanto, não haver, no aludido dispositivo, genuína delegação de poderes legislativos à autarquia corporativa. Assim, o provimento da entidade não seria capaz de criar obrigação nova, mas daria concretude àquela prevista em caráter abstrato. Nesse sentido, considerar-se que o princípio da legalidade implicaria impor ao legislador o exaurimento de toda a matéria alusiva ao exercício do poder de polícia significaria alargá-lo. Discorreu-se que o princípio da legalidade estrita deveria ser tomado em termos, considerada a velocidade atual das transformações ocorridas em diversas áreas. No caso em exame, a previsão do art. 8º, § 1º, da Lei 8.906/94 reclamaria a edição de regulamento executivo, destinado a tornar efetivo o mandamento legal. A Constituição não teria, ademais, imposto reserva absoluta de lei para restrição à liberdade de ofício. Quanto à alegada violação ao art. 84, IV, da CF, consignou-se não haver impedimento para que a lei conferisse a entidades da Administração, públicas ou privadas, a prerrogativa de concretizar, por meio de atos gerais e abstratos, alguns aspectos práticos que lhe concernissem. Explicitou-se a nova feição da Administração Pública moderna, na qual a estrutura absolutamente hierárquica e piramidal não corresponderia perfeitamente à organização do Estado. Como exemplo, citaram-se as agências reguladoras, autarquias dotadas de autonomia reforçada, que exerceriam atividade administrativa, mas não se submeteriam aos mecanismos clássicos de hierarquia ou tutela. Editariam regulamentos e tomariam decisões, sem possibilidade de revisão pelo Chefe do Executivo. Sob esse prisma, a OAB não poderia ficar subordinada à regulamentação presidencial ou a qualquer órgão público, pois deveria prevalecer a vontade dos representantes da própria categoria, somente" (*Informativo* 646/STF).

O Estatuto da Advocacia protege o advogado acusado de injúria e difamação, mas exclui as ofensas que caracterizam crime de calúnia.

Ainda relativamente aos direitos do advogado, enunciam-se os seguintes, conforme resenha de Chimenti:

"a.1) Não há hierarquia nem subordinação entre advogados, magistrados, membros do Ministério Público, devendo todos tratar-se com consideração e respeito recíprocos.

a.2) O advogado tem imunidade profissional, não constituindo injúria, difamação ou desacato puníveis qualquer manifestação de sua parte, no exercício de sua atividade, em juízo ou fora dele, sem prejuízo das sanções disciplinares perante a OAB, pelos excessos que cometer.

a.3) O advogado somente será preso em flagrante, por motivo de exercício da profissão, em caso de crime inafiançável, observado o disposto no inciso IV do art. 7º do EOAB.

a.4) O advogado tem o direito de ter respeitada, em nome da liberdade de defesa e do *sigilo profissional*, a inviolabilidade de seu escritório ou local de trabalho, de seus arquivos e dados, de sua correspondência e de suas comunicações, inclusive telefônicas e afins, salvo de busca ou apreensão determinada por magistrado[35]. O sigilo profissional constitui direito ao silêncio, bem como dever de se calar. A quebra de sigilo profissional é admitida em caso de estado de necessidade, legítima defesa própria ou e terceiro e para defender-se de acusações formuladas pelo próprio cliente. Assim sendo, estando ciente de que o cliente planeja cometer um crime, pode comunicar às autoridades competentes.

a.5) O advogado possui o direito-dever de recusar-se a depor como testemunha em processo no qual funcionou ou deva funcionar, ou sobre fato relacionado com pessoa de quem seja ou tenha sido advogado, mesmo que autorizado ou solicitado pelo constituinte. Não pode recusar-se a depor quando chamado não na qualidade de profissional, mas de sócio de firma envolvida em litígio, por exemplo.

a.6) Com relação ao sigilo das comunicações telefônicas, prevalece o seguinte entendimento: 'A hipótese prevista no inciso XII do art. 5º da CF não autoriza a interceptação telefônica do local de trabalho do advogado, por motivo de exercício profissional, mesmo que autorizada por magistrado. Aplica-se a hipótese de interceptação de comunicação telefônica apenas no caso do próprio advogado cometer ilícitos penais'.

a.7) O advogado tem direito de comunicar-se com seus clientes, pessoal e reservadamente, mesmo sem procuração, quando estes se acharem presos, detidos ou recolhidos em estabelecimentos civis ou militares, ainda que considerados incomunicáveis.

[35] Cf. Lei n. 11.767, de 7.8.2008, que alterou o art. 7º da Lei n. 8.906, de 4.7.1994, para dispor sobre o direito à inviolabilidade do local e instrumentos de trabalho do advogado, bem como de sua correspondência (ver acima).

a.8) Tem o direito de examinar, em qualquer órgão dos Poderes Judiciário e Legislativo, ou da Administração Pública em geral, autos de processos, inquéritos e flagrantes, findos ou em andamento, mesmo sem procuração, quando não estejam sujeitos ao segredo de justiça. De acordo com o estatuto processual, a retirada de autos do cartório pode ser vedada: quando neles existirem documentos originais de difícil restauração ou na presença de circunstância relevante que justifique a permanência dos autos em cartório, conforme reconhecido pela autoridade competente (de ofício ou a requerimento da parte) em despacho motivado. De qualquer forma garante-se a extração de certidão.

a.9) Tem direito de retirar-se do recinto onde se encontre aguardando pregão para ato judicial, após trinta minutos do horário designado e ao qual ainda não tenha comparecido a autoridade que deva presidir a ele. Contudo, deve protocolizar sua comunicação em juízo antes de retirar-se."[36]

[36] CHIMENTI *et al. Curso de direito constitucional*, p. 434-436.

CAPÍTULO 15

DEFESA DO ESTADO E DAS INSTITUIÇÕES DEMOCRÁTICAS

SUMÁRIO

1. ESTADO DEMOCRÁTICO DE DIREITO E CRISE

O Estado Democrático de Direito, conforme vimos no Capítulo 2, item 4, compreende a limitação jurídica do arbítrio do poder político e a estabilidade jurídica das garantias individuais, tendo ainda a Constituição como norma suprema, o que reclama uma adequação de todo o ordenamento infraconstitucional com as normas constitucionais.

Como acentua Queiroz Lima, "não se pode admitir o progresso político, desde que falhe alguma destas duas condições, das quais a segunda é uma consequência da primeira. E, sendo o arbítrio político incompatível com a segurança individual, pode-se dizer que o traço prático pelo qual se reconhece o Estado de Direito é o grau de garantia de que são cercados os indivíduos".[1]

Na vida de uma comunidade política, pode, no entanto, ocorrer situações de crise (econômicas, bélicas, políticas, sociais, físicas, como epidemias, terremotos, inundações, etc.), acarretando a ruptura do equilíbrio institucional. As crises que incidem sobre a organização estatal foram tipificadas por Paul Leroy: "a) crises deflagradas com a finalidade de destruir a independência ou a integridade territorial do Estado; b) crises engenhadas para derrubar o regime político-institucional e, assim, a ordem constitucional vigente; c) crises econômico-financeiras".[2]

---

1 LIMA. *Teoria do estado*, p. 54.

2 LEROY. *L'organisation constitutuionnelle et les crises*, p. 13-15.

Para debelar a anormalidade, superando a situação de crise, surge a necessidade da "constitucionalização das circunstâncias excepcionais" (Burdeau), vale dizer, a Constituição passa a estabelecer medidas destinadas à defesa do Estado e de suas instituições. Fala-se então em direito constitucional de crise ou legalidade especial, cuidando-se de fixar o alcance, os limites e as garantias das medidas excepcionais, sobretudo as referentes ao retorno à normalidade.

As medidas excepcionais devem ser necessárias, adequadas e proporcionais para o restabelecimento da normalidade institucional, cuja utilização ficará na dependência de uma causa de justificação que exclua a ideia de ilicitude pelos fatos e medidas adotados para a defesa da ordem constitucional.

Advirta-se, contudo, com Ivo Dantas,[3] que a atual Constituição Federal brasileira, ao falar em "Defesa do Estado e das Instituições Democráticas" (Título V), não está autorizando a defesa do governo, que é transitório, ou de um determinado sistema político, que nem sempre representa o verdadeiro conceito de democracia, mas a integridade do sistema jurídico-constitucional com respeito às liberdades e garantias individuais, traduzida na origem popular do poder político e na prevalência da legalidade.

2. SISTEMA CONSTITUCIONAL DAS CRISES – FLEXÍVEL E RÍGIDO

O sistema constitucional das crises, entendido como o conjunto de normas constitucionais estruturadas, ordenadas e coerentes, tendo como ponto comum as crises, é fundado nos princípios da necessidade e da temporariedade. O primeiro caracteriza-se pela ocorrência de situações que, pela sua gravidade, colocam em risco a estabilidade do regime, objetivando, por isso mesmo, a manutenção e a preservação da ordem constitucional e das instituições. O princípio da temporariedade significa que a exceção constitucional terá duração e prazo determinados. Esses princípios acarretam a decretação de medidas excepcionais que, por traduzirem uma legalidade especial, não podem ser efetivadas sem a ocorrência fundada em elementos seguros da emergência; não podem exceder os limites da defesa do regime e das instituições democráticas, nem quanto à natureza das medidas, nem quanto à extensão no espaço e duração no tempo, necessárias e suficientes; não se podem furtar ao controle político do Legislativo, ainda que *a posteriori*, e não podem fugir ao controle jurisdicional que repare desvios e abusos.[4]

A "constitucionalização" do direito de necessidade estadual, escreve Canotilho, "considera-se a solução mais conforme com a 'ideia constitucional', porque é preferível ser a Constituição a consagrar e definir os pressupostos dos estados de excepção, a ter de recorrer-se a princípios de necessidade extra ou supraconstitucional, susceptíveis de manipulação a favor de uma qualquer 'razão de Estado' ou de 'segurança e ordem pública', invocada por 'chefes' ou 'governos', sem qualquer arrimo normativo-constitucional. A regulamentação constitucional já é uma limitação: *enumeratio ergo*

---

3 DANTAS. *Da defesa do Estado e das instituições democráticas na nova Constituição*, p. 26-29.

4 CORRÊA. *A defesa do estado de direito e a emergência constitucional*, p. 28.

limitatio. Neste sentido, pode-se acolher a afirmação de quanto mais um Estado se torna constitucional tanto mais se impõe a regulamentação constitucional do direito de necessidade (K. Stern). Concretizando melhor: se a 'essência' do Estado constitucional é a vinculação dos poderes públicos à Constituição, então não existe qualquer outra fonte de legitimidade, que não seja a 'magna carta' do país, relativamente à fixação de competências e à definição dos pressupostos objectivos dos estados de necessidade (K. Hesse). O direito de necessidade constitucional não é um direito fora da Constituição, mas um direito normativo-constitucionalmente conformado. O regime das 'situações de excepção' não significa 'suspensão da Constituição' ou 'exclusão da Constituição' (excepção de Constituição), mas sim um 'regime extraordinário' incorporado na Constituição e válido para situações de anormalidade constitucional."[5] Jorge Miranda observa, acerca das situações de exceção ou de necessidade, à luz da experiência histórico-comparativa e da teoria constitucional, que: 1º) as formas de organização e as providências para tempo de excepção e de crise relevam directamente da Constituição (em sentido institucional), escrita ou não, não ficam à sua margem; não existem senão na medida em que dela decorrem; são meios de garantia, não de ruptura constitucional; 2º) tais formas de organização e tais providências são solidárias com a ideia de Direito vertida em cada Constituição, a dois títulos – por um lado, por terem de ser coerentes com essa ideia, com o modo como aí se estrutura o poder, com as demais instituições políticas, e, por outro lado, por, em última análise, se destinarem a preservar não só o Estado mas também o regime político vigente; 3º) *salus populi suprema lex* – todavia, sempre de acordo com certo princípio de legitimidade, sempre utilizando determinadas formas jurídicas e sempre tendo em vista o restabelecimento da normalidade; 4º) não há, em cada Estado, duas Constituições aparelhadas – uma Constituição da normalidade e uma Constituição da necessidade; há uma só Constituição, assente nos mesmos princípios e valores, embora com regras adequadas à diversidade de situações; 5º) a chamada suspensão da Constituição em estado de necessidade apenas pode ser parcial, traduzindo-se na aplicação – na medida das exigências desse estado – das normas previstas para o efeito, em vez das normas previstas para tempo de normalidade; mais do que uma vicissitude constitucional, trata-se de um específico fenômeno de aplicação de normas em circunstâncias diversas; 6º) no Estado Constitucional, representativo ou de Direito, com Constituição (em sentido material, e não só institucional), a extensão e a intensificação da normatividade acompanham-se da extensão e da intensificação das regras sobre situações de necessidade; o alargamento e o rigor do estatuto jurídico do Estado envolvem o rigor e o alargamento do estatuto jurídico das situações de necessidade; 7º) uma Constituição normativa acentua o carácter excepcional das situações de necessidade, mas, ao mesmo tempo, assume-as plenamente, sujeita-as ao seu império, ajusta os mecanismos de controlo do poder a essas circunstâncias; 8º) num regime político baseado no respeito dos direitos e liberdades fundamentais, o estatuto das situações de necessidade centra-se na salvaguarda desses mesmos direitos e liberdades – se não pode deixar de admitir a sua suspensão, fá-lo na observância de precisos formalismos e com acrescidas garantias; pelo contrário, um regime

[5] CANOTILHO. *Direito constitucional e teoria da Constituição*, p. 962.

totalitário ou autoritário não carecerá de recorrer a providências de suspensão, salvo no limite (porque aí já em época de normalidade se vive em permanente compressão das liberdades)."[6]

Anote-se que as medidas excepcionais têm sido executadas pelo Poder Executivo. Lembra Camus, citado por Francisco Fernandes Segado, que o Executivo reúne três vantagens essenciais: a permanência, a homogeneidade e a orientação habitual para tarefas análogas a uma missão de salvação pública. A permanência permite-lhe seguir, dia a dia, a atividade política do País, dirigi-la e orientá-la em função dos acontecimentos. Sua composição relativamente restrita enseja-lhe certa homogeneidade. Finalmente, o Executivo se acha preparado para o exercício dos poderes excepcionais, em face da rotina de suas atividades.[7]

Note-se que o fato de as medidas de defesa do Estado serem ocasionadas por situações de exceção não previsíveis aprioristicamente e destinadas a enfrentá-las, faz com que não seja possível determinar-lhe o regime *a priori* e que deva ser normalmente decidido, em cada caso, pelo órgão competente. A este órgão, com efeito, é que cabe o poder e o dever de predispor dos instrumentos extraordinários adaptados às necessidades que a excepcionalidade da situação criou. E a constatação de uma situação de emergência é que atua como condição da aplicabilidade do regime particular constitucionalmente fixado de antemão.

Vale lembrar, contudo, que a Constituição não impede golpes de Estado. Sendo assim, não há dispositivo legal que impeça os riscos de abuso das medidas excepcionais. Adverte, a propósito, Oscar Dias Corrêa que "nessa perplexidade – entre a hipótese de prever a emergência e vê-la utilizada com ou sem real necessidade e conveniência, o que será sempre difícil distinguir, na realidade, e correndo o risco de não retornar, facilmente, à normalidade; e a hipótese de não a prever, com o risco da subversão e dissolução do regime, pela vitória, sobre ele, das forças, internas ou externas, que o enfrentam e minam –, claro que a democracia só poderia optar pelo risco menor da primeira alternativa".[8]

No magistério de Manoel Gonçalves Ferreira Filho, "consideram-se flexíveis todos os sistemas de emergência que não predeterminam as ações de resposta por ocasião de grave crise", autorizando as medidas que forem necessárias, em cada caso concreto, para o restabelecimento da normalidade (lei marcial e art. 16 da Constituição francesa de 1958). Rígidos "são todos os sistemas em que o rol de medidas extraordinárias que a declaração da emergência consente, é predeterminado, sendo taxativamente enumerado na lei"[9] (Estado de sítio).

Já entre os povos antigos – hebreus, cartagineses e gauleses – havia magistrados que se investiam de poderes extraordinários em certas circunstâncias. A Grécia antiga também conheceu as medidas excepcionais por meio da eleição do *esineta*, um tirano com poderes discricionários a serem exercidos em situações de anormalidade,

---

6 MIRANDA. *Manual de direito constitucional*, t. 4, p. 311-312.
7 SEGADO. *El estado de excepción en el derecho constitucional español*, p. 60.
8 CORRÊA. *Op. cit.*, p. 24.
9 FERREIRA FILHO. *A reconstrução da democracia*, p. 215-216.

caracterizadas pelas lutas internas. Eleito por tempo certo, o tirano demitia-se após a normalização do estado de guerra e a restauração da paz.

Roma conheceu também a figura do ditador, que se assemelhava à do tirano grego. É que as situações de emergência determinavam a adoção de providências enérgicas, com a supressão de algumas instituições jurídico-constitucionais, tais como a *intercessio*, a fim de que os demais magistrados não se opusessem às decisões superiores do ditador, e a *provocatio ad populum*, vedando-se qualquer apelação das sentenças do ditador romano, que, por isso mesmo, era considerado irresponsável por seus atos. Note-se que a ditadura romana compreendeu o período de 501 a.C. a 216 a.C., antes de se degenerar em instrumento de poder pessoal dos ditadores perpétuos (César e outros). O ditador romano que exercia poderes extraordinários era, como o *esineta* grego, eleito para um período de seis meses, podendo-se identificar nessa temporariedade um remoto antecedente do estado de sítio.[10]

Na Inglaterra, menciona-se a lei marcial, que também se juridicizou nos Estados Unidos. Para Alberto Veen Dicey, a lei marcial serve para designar "o direito que em *common law* possuem a Coroa e seus agentes, de repelir a força pela força em casos de insurreição, tumulto ou mais geralmente de resistência violenta à lei".[11] Admitida, portanto, pelo direito comum, a lei marcial, embora possibilite a utilização da força para a repressão de tumultos ou outras desordens, não exclui a responsabilidade pelos atos abusivos ou excessivos eventualmente praticados pelos agentes do Executivo, militares ou simples cidadãos, que deverão responder perante o Judiciário.

Prevê a Constituição norte-americana, em seu artigo I, 9ª Seção, n. 2, a suspensão do *habeas corpus* como instrumento necessário para a defesa da ordem constitucional, em casos de rebelião ou invasão. A medida excepcional deve ser declarada em ato formal do poder competente.

O estado de sítio, previsto na França por um Decreto de 10 de julho de 1791, como instrumento excepcional de defesa do Estado (sua origem remonta-se à cidade sitiada, cercada, que, para a defesa comum, levava a autoridade militar a praticar atos arbitrários que excediam o respeito aos direitos individuais), constitui-se no mecanismo preferido das Constituições liberais. O estado de sítio consiste "na suspensão temporária e localizada das garantias constitucionais, ou mais explicitamente, regime excepcional das liberdades públicas, caracterizado pela suspensão localizada e temporária, autorizada pela Constituição para ocasiões de grave crise, de todas ou de algumas garantias".[12] Compõe, assim, o estado de sítio o sistema constitucional rígido das crises de que acima tratamos, pois as medidas de coação necessárias para debelar as crises se acham taxativamente enumeradas na Constituição.

Não se pode concluir o exame dos sistemas constitucionais das crises sem referência, ainda que breve, ao art. 16 da Constituição francesa de 1958 (considerado como exemplo do sistema flexível), inspirado por De Gaulle, então Presidente do Conselho

10 CARVALHO. *As medidas de emergência, o estado de sítio e o estado de emergência no direito constitucional comparado*, p. 7-11.

11 SANTOS. *O estado de emergência*, p. 27.

12 FERREIRA FILHO. *O estado de sítio*, p. 98.

de Ministros, e que não via no estado de sítio o instrumento próprio para debelar a crise que se instaurara na França da IV República, considerando-se ainda a questão da Argélia, em face da guerra de argelinos e árabes contra a França e os franceses que lá residiam, em busca da libertação nacional.

Dispõe, com efeito, o citado art. 16: "Quando as instituições da República, a independência do país, a integridade do seu território ou o cumprimento de seus compromissos internacionais estiverem ameaçados de maneira grave e imediata, e o funcionamento regular dos poderes públicos constitucionais estiver interrompido, o Presidente da República tomará as medidas exigidas por estas circunstâncias, após consultar oficialmente o Primeiro-Ministro, os Presidentes das Assembleias bem como o Conselho Constitucional.

O Presidente da República informará a nação por meio de uma mensagem.

Tais medidas deverão ser inspiradas por um desejo de garantir aos poderes públicos constitucionais, com a mínima demora, os meios de cumprir a sua missão. O Conselho Constitucional será consultado a respeito.

O Parlamento se reunirá de pleno direito.

A Assembleia Nacional não poderá ser dissolvida durante o exercício dos poderes extraordinários."

Como se vê, os poderes extraordinários do Presidente da República vão além das medidas correspondentes ao estado de sítio, tendo sido utilizados pelo Presidente De Gaulle durante a rebelião na Argélia. Observa Jimenez de Parga, em anotação de Segado, que "basta ler o art. 16 para ver que a V República francesa se acha atrás de República romana, pois são menos numerosos os requisitos que o citado preceito exige para que apareça o Presidente da República convertido em ditador, que os exigidos na antiga Roma para que ele surgisse".[13]

3. ESTADO DE DEFESA

As nossas Constituições têm adotado tradicionalmente o estado de sítio. Assim, a Constituição de 1891 (art. 80, alíneas 1ª e 2ª, do § 2º); a Constituição de 1934 (itens e parágrafos do art. 175); a Constituição de 1946 (arts. 207 e 209); a Constituição de 1967 (§§ 2º e 3º do art. 152).

A Constituição de 1988 consagra, além do estado de sítio, que examinaremos adiante, o estado de defesa, em substituição às medidas de emergência instituídas pela Emenda Constitucional n. 11, de 13 de outubro de 1978. O estado de defesa, previsto no art. 136 da Constituição, tem, contudo, "características mais amplas e precisas do que as medidas de emergência: quanto ao poder de iniciativa, aos órgãos de consulta, finalidade, alcance, duração e controle".[14]

---

13 SEGADO. *Op. cit.*, p. 59.

14 PRADO. A defesa do Estado e das instituições democráticas. *In*: *A Constituição brasileira – 1988*: interpretações, p. 287.

Dispõe o art. 136 da Constituição que "o Presidente da República pode, ouvidos o Conselho da República e o Conselho de Defesa Nacional, decretar estado de defesa para preservar ou prontamente restabelecer, em locais restritos e determinados, a ordem pública ou a paz social ameaçadas por grave e iminente instabilidade institucional ou atingidas por calamidades de grandes proporções na natureza".

Examinaremos o estado de defesa quanto às condições de fundo, forma, extensão, alcance e controle político e judicial. Esclarece Aricê Moacyr Amaral Santos que as condições de fundo encerram os pressupostos revelados pelo Direito como de real e imediato perigo à existência do Estado, da ordem constitucional e das suas instituições, e os interesses objeto de sua proteção jurídica. As condições de forma referem-se, para o citado autor, aos aspectos extrínsecos juridicizados na Constituição como necessários à formalização jurídico-existencial da medida excepcional.[15]

São condições de fundo do estado de defesa a ocorrência de grave e iminente instabilidade institucional que ameace a ordem pública ou a paz social, e a existência de calamidade de grandes proporções na natureza que atinja a ordem pública ou a paz social.

As condições formais do estado de defesa consistem:

a) na prévia manifestação dos Conselhos da República e de Defesa Nacional, cujos pronunciamentos têm caráter meramente consultivo, não vinculando o Presidente da República. Não obstante, lembra Ivo Dantas que, na hipótese de haver divergência entre os dois Conselhos, ou seja, "um entendendo que deva ser decretado o estado de defesa e o outro entendendo de modo contrário", o Presidente da República deverá acatar a decisão do Conselho da República pelo maior sentido de representatividade que possui;[16]

b) decretação pelo Presidente da República;

c) fixação do tempo de duração do estado de defesa, que não poderá ser superior a 30 dias, podendo ser prorrogado uma vez, por igual período, se persistirem as razões que justificaram sua decretação;

d) especificação das áreas a serem por ele abrangidas;

e) indicação das medidas coercitivas entre as indicadas no § 1º do art. 136.

Não fala a Constituição em designação do executor das medidas, embora a ele se refira no inciso I do § 3º do art. 136 e no art. 141. Entendemos, assim, que o decreto do estado de defesa deverá indicar o seu executor, sem o qual não se viabilizará a medida de exceção.

Quanto ao alcance, o estado de defesa importará, nos termos da lei, nas seguintes medidas coercitivas:

a) restrições aos direitos de reunião, ainda que exercida no seio das associações;

b) sigilo de correspondência;

---

15 SANTOS. *Op. cit.*, p. 81-87.

16 DANTAS. *Op. cit.*, p. 44.

c) sigilo de comunicação telegráfica e telefônica;

d) ocupação e uso temporário de bens e serviços públicos, na hipótese de calamidade pública, respondendo a União pelos danos e custos decorrentes.

O controle político do estado de defesa, pelos §§ 4º, 5º, 6º e 7º do art. 136, consiste em que, "decretado o estado de defesa ou sua prorrogação, o Presidente da República, dentro de vinte e quatro horas, submeterá o ato com a respectiva justificação ao Congresso Nacional, que decidirá por maioria absoluta. Se o Congresso Nacional estiver em recesso, será convocado, extraordinariamente, no prazo de dez dias contados de seu recebimento, devendo continuar funcionando enquanto vigorar o estado de defesa. Rejeitado o decreto, cessa imediatamente o estado de defesa".

Haverá ainda controle legislativo *a posteriori*, previsto no art. 141, ou seja, cessado o estado de defesa, cessarão também os seus efeitos, e as medidas aplicadas serão relatadas pelo Presidente da República, em mensagem ao Congresso Nacional, com especificação e justificação das providências adotadas, com relação nominal dos atingidos, e indicação das restrições aplicadas. Note-se, finalmente, que haverá um controle simultâneo com a execução do estado de defesa, mencionado no art. 140, em que a Mesa do Congresso Nacional, ouvidos os líderes partidários, designará Comissão composta de cinco de seus membros para acompanhar e fiscalizar a execução das medidas referentes ao estado de defesa. Trata-se de Comissão temporária, pois a sua existência estará limitada ao período de duração da medida excepcional.

O controle pelo Judiciário vem previsto no § 3º, incisos I a III, do art. 136 (a prisão por crime contra o Estado, determinada pelo executor da medida, será por este comunicada imediatamente ao juiz competente, que a relaxará, se não for legal, facultado ao preso requerer exame de corpo de delito à autoridade policial; a comunicação será acompanhada de declaração, pela autoridade, do estado físico e mental do detido no momento de sua autuação, e a prisão ou detenção de qualquer pessoa não poderá ser superior a dez dias, salvo quando autorizada pelo Poder Judiciário, sendo ainda vedada a incomunicabilidade do preso). Dispõe ainda o art. 141 sobre o controle jurisdicional do estado de defesa, ao estabelecer a responsabilidade dos seus executores ou agentes pelos ilícitos cometidos.

4. ESTADO DE SÍTIO

Constituem condições de fundo para a decretação do estado de sítio:

a) comoção grave de repercussão nacional ou ocorrência de fatos que comprovem a ineficácia de medida tomada durante o estado de defesa. Note-se que a expressão *comoção* apareceu duas vezes em nosso Direito: a primeira na Constituição de 1891 (comoção intestina) e a segunda, na de 1946 (comoção intestina grave). Comoção deve ser entendida como perturbação, revolta ou motim. Segundo esclarece Carlos Maximiliano, "agitações comuns, simples desordens, motins sem importância reprimem-se com os meios ordinários da polícia e dos tribunais. Somente quando estes recursos vulgares forem insuficientes para assegurar a paz ou restabelecer a ordem, decretar-se-á o estado de sítio";[17]

b) declaração de estado de guerra ou resposta à agressão armada estrangeira.

São dois, portanto, os tipos do estado de sítio: o repressivo e o defensivo.

O estado de sítio repressivo é aquele de que trata o art. 137, I, ou seja, que tem como pressuposto material a ocorrência de uma comoção grave, de repercussão nacional, não podendo ser debelada com os instrumentos normais de segurança, ou ocorrência de fatos que comprovem a ineficácia do estado de defesa.

O estado de sítio defensivo é aquele que tem como pressuposto material a declaração de guerra ou agressão armada estrangeira (art. 137, II).

Evidencia-se do exame das condições de fundo do estado de sítio que a diferença é de grau em relação ao estado de defesa, pressupondo o estado de sítio a ocorrência de situações de maior gravidade que as justificadoras do estado de defesa.

As condições de forma do estado de sítio são:

a) prévia audiência dos Conselhos da República e de Defesa Nacional, aplicando-se aqui o que foi dito no item anterior;

b) decretação, pelo Presidente da República, após autorizado pelo voto da maioria absoluta do Congresso Nacional, diante de mensagem em que são relatados os motivos determinantes do sítio;

c) fixação do tempo de duração do estado de sítio, que não poderá ser superior a trinta dias, nem prorrogado, de cada vez, por prazo superior. Quando se tratar de estado de sítio decretado com base no inciso II do art. 137, poderá ser prorrogado pelo tempo que perdurar a guerra ou a agressão armada estrangeira;

d) normas necessárias à sua execução;

e) garantias constitucionais que ficarão suspensas, entre as discriminadas no art. 139, quando se tratar de sítio preventivo, ou seja, decretado com fundamento no art. 137, I. Após a publicação do decreto de estado de sítio, o Presidente da República designará o executor das medidas específicas e as áreas abrangidas. Assim, embora para a justificação do estado de sítio com fundamento no inciso I do art. 137, a comoção grave deva ter repercussão nacional, a medida excepcional poderá abranger área específica do território nacional. Mencione-se ainda que tanto a indicação das áreas abrangidas como a designação do executor das medidas independem de autorização do Congresso Nacional, sendo ato unilateral do Presidente da República, eis que, pelo art. 138, serão estabelecidas, como se viu, após a publicação do decreto do sítio.

No que concerne ao alcance do estado de sítio preventivo, decretado com base no art. 137, I, na sua vigência só poderão ser tomadas contra as pessoas as seguintes medidas:

---

[17] MAXIMILIANO. *Comentários à Constituição brasileira*, p. 288.

a) obrigação de permanência em localidade determinada;

b) detenção em edifício não destinado a acusados ou condenados por crimes comuns;

c) restrições relativas à inviolabilidade da correspondência, ao sigilo das comunicações, à prestação de informações e à liberdade de imprensa, radiodifusão e televisão, na forma da lei, não se incluindo nessas restrições a difusão de pronunciamentos de parlamentares efetuados em suas Casas Legislativas, desde que liberada pela respectiva Mesa;

d) suspensão da liberdade de reunião;

e) busca e apreensão em domicílio;

f) intervenção nas empresas de serviços públicos;

g) requisição de bens.

Já no estado de sítio defensivo (art. 137, II), pode ser suspensa toda e qualquer garantia constitucional que constar do decreto presidencial, e for autorizada pelo Congresso Nacional (art. 138).

O controle político do estado de sítio cabe ao Congresso Nacional:

a) antes de sua decretação, pois é ele quem autoriza o decreto do sítio. Se a autorização for solicitada durante o recesso parlamentar, o Presidente do Senado Federal, de imediato, convocará extraordinariamente o Congresso Nacional para se reunir dentro de cinco dias a fim de apreciar o ato, permanecendo em funcionamento até o término das medidas coercitivas;

b) durante a duração do estado de sítio, porquanto a Mesa do Congresso Nacional, ouvidos os líderes parlamentares, deverá designar Comissão (temporária) composta de cinco de seus membros para acompanhar e fiscalizar a execução das medidas referentes ao estado de sítio;

c) posteriormente à cessação do estado de sítio, em que o Presidente da República relatará em mensagem ao Congresso Nacional as medidas aplicadas, com especificação e justificação das providências adotadas, relação nominal dos atingidos, e indicação das restrições aplicadas.

Haverá ainda controle jurisdicional, eis que, pelo art. 141, cessado o estado de sítio, cessarão também seus efeitos, sem prejuízo da responsabilidade pelos ilícitos cometidos por seus executores ou agentes. Note-se, contudo, que, mesmo durante a execução das medidas excepcionais, não se afasta o controle jurisdicional, em virtude do que dispõe o art. 5º, XXXV, isto é, havendo abuso ou excesso de poder, o prejudicado poderá recorrer ao Poder Judiciário, utilizando-se para tanto das ações judiciais.

5. O ESTADO DE EXCEÇÃO

O núcleo das medidas excepcionais de defesa do Estado Democrático de Direito, como até aqui examinado, é a ideia de limitação e vinculação dessas medidas à Constituição, já que não há outra fonte de legitimidade que não seja o texto constitucional. Daí por que o direito de necessidade não é um direito fora da Constituição, mas normativo e constitucionalmente conformado.

Não há como evitar, muitas vezes, que as medidas excepcionais permaneçam, quase sempre, prisioneiras de um círculo vicioso, no qual se por um lado elas se justificam como sendo necessárias para a defesa das instituições democráticas, por outro lado são elas que levam à ruína destas mesmas instituições democráticas. Foi o que assinalou Carl J. Friedrich, aduzindo que não há nenhuma salvaguarda institucional capaz de garantir que os poderes de emergência sejam efetivamente usados com o objetivo de salvar a Constituição. Só a determinação do próprio povo em verificar se são usados para tal fim é que pode assegurar isso. As disposições quase ditatoriais dos sistemas constitucionais modernos, sejam elas a lei marcial, o estado de sítio ou os poderes de emergência constitucionais, não podem exercer controles efetivos sobre a concentração dos poderes. Consequentemente, todos esses institutos correm o risco de serem transformados em sistemas totalitários, se condições favoráveis se apresentarem.[18]

Há, portanto, a configuração de um estado de exceção, conceito incerto, que se situa no limite entre a política e o direito. E se estes limites resultam de períodos de crise política, devem ser compreendidos no terreno político e não no jurídico-constitucional. O estado de exceção não é um direito especial, mas um vazio de direito, um espaço sem direito, forma legal daquilo que não pode ter forma legal. O estado de exceção não é uma ditadura (constitucional, inconstitucional ou soberana), mas uma zona de anomia em que todas as determinações jurídicas, e a própria distinção entre direito público e direito privado são desconsideradas.

Os aspectos do estado de exceção são estudados e analisados por Giorgio Agamben, valendo transcrever alguns pontos de seu livro em que considera o estado de exceção como paradigma de governo: "Entre os elementos que tornam difícil uma definição do estado de exceção, encontra-se, certamente, sua estreita relação com a guerra civil, a insurreição e a resistência. Dado que é o oposto do estado normal, a guerra civil se situa numa zona de indecidibilidade quanto ao estado de exceção, que é a resposta imediata do poder estatal aos conflitos internos mais extremos. Diante do incessante avanço do que foi definido como uma 'guerra civil mundial', o estado de exceção tende cada vez mais a se apresentar como o paradigma de governo dominante na política contemporânea. Esse deslocamento de uma medida provisória e excepcional para uma técnica de governo ameaça transformar radicalmente – e, de fato, já transformou de modo muito perceptível – a estrutura e o sentido da distinção tradicional entre os diversos tipos de constituição. O estado de exceção apresenta-se, nessa perspectiva, como um patamar de indeterminação entre democracia e absolutismo.

O significado biopolítico do estado de exceção como estrutura original em que o direito inclui em si o vivente por meio de sua própria suspensão aparece claramente na *military order*, promulgada pelo presidente dos Estados Unidos no dia 13 de no-

[18] FRIEDRICH. *Constitutional government and democracy*, p. 828 e seguintes.

vembro de 2001, e que autoriza a *indefinite detention* e o processo perante as *military commissions* (não confundir com os tribunais militares previstos no direito da guerra) dos não cidadãos suspeitos de envolvimento em atividades terroristas.

Já o *USA Patriot Act*, promulgado pelo Senado no dia 26 de outubro de 2001,[19] permite ao *Attorney general* 'manter preso' o estrangeiro (*alien*) suspeito de atividades que ponham em perigo 'a segurança nacional dos Estados Unidos'; mas, no prazo de sete dias, o estrangeiro deve ser expulso ou acusado de violação da lei sobre a imigração ou de algum outro delito. A novidade da 'ordem' do presidente Bush está em anular radicalmente todo estatuto jurídico do indivíduo, produzindo, dessa forma, um ser juridicamente inominável e inclassificável. Os talibãs capturados no Afeganistão, além de não gozarem do estatuto de POW (prisioneiro de guerra) de acordo com a Convenção de Genebra, tampouco gozam daquele de acusado segundo as leis norte-americanas. Nem prisioneiros nem acusados, mas apenas *detainees*, são objeto de uma pura dominação de fato, de uma detenção indeterminada não só no sentido temporal mas também quanto à sua própria natureza, porque totalmente fora da lei e do controle judiciário.

O estado de exceção, hoje, atingiu exatamente seu máximo de desdobramento planetário. O aspecto normativo do direito pode ser, assim, impunemente, eliminado e contestado por uma violência governamental que, ao ignorar no âmbito externo o direito internacional e produzir no âmbito interno um estado de exceção permanente, pretende, no entanto, ainda aplicar o direito. No campo de tensões de nossa cultura, agem, portanto, duas forças opostas: uma que institui e que põe e outra que desativa e depõe. O estado de exceção constitui o ponto da maior tensão dessas forças e, ao mesmo tempo, aquele que, coincidindo com a regra, ameaça hoje torná-las indiscerníveis. Viver sob o estado de exceção significa fazer a experiência dessas duas possibilidades e entretanto, separando a cada vez as duas forças, tentar, incessantemente, interromper o funcionamento da máquina que está levando o Ocidente para a guerra civil mundial".[20]

---

[19] O Ato Patriótico (unindo e fortalecendo a América com as medidas necessárias para interceptar e obstruir o terrorismo) foi convertido na Lei n. 107-56/2001, cuja vigência foi prorrogada até junho de 2015, pelo Presidente Barack Obama. O Ato Patriótico, dividido em dez títulos, estabelece uma série de medidas de caráter penal, administrativo, financeiro e constitucional, destinadas a proteger os Estados Unidos de outros atentados similares. O Ato concede aos oficiais federais mais poderes para investigar e interceptar a comunicação entre terroristas, fortalece as leis para o aprimoramento da inteligência internacional, endurece as leis federais antilavagem de dinheiro, para impedir os terroristas de obterem os recursos necessários para ataques futuros. As leis de imigração passaram a permitir o fechamento das fronteiras americanas para terroristas estrangeiros e a expulsão dos que estiverem nos Estados Unidos. O Ato ainda criou alguns novos crimes federais, como os ataques às massas, aumentou as penalidades e instituiu uma série de mudanças de procedimentos administrativos. Alguns pontos constantes do Ato Patriótico, que interferem no núcleo central de direitos civis, são: a concessão de poderes às autoridades para o monitoramento do trânsito de mensagens eletrônicas; a divisão de informações do grande júri com a inteligência e oficiais da imigração; o confisco de bens; a imposição de um novo meio de guardar dados de instituições financeiras.

[20] AGAMBEN. *Estado de exceção*, p. 12, 13, 14, 131, 132.

Cf. ainda: DAL RI JÚNIOR. *O estado e seus inimigos*: a repressão política na história do direito penal, p. 296-352; TRINDADE. *A humanização do direito internacional*.

6. FORÇAS ARMADAS

As Forças Armadas, constituídas pelo Exército, Marinha e Aeronáutica, que desde a Constituição de 1824 têm merecido tratamento constitucional, são instituições nacionais permanentes e regulares, organizadas com base na hierarquia e na disciplina, sob a autoridade suprema do Presidente da República (a quem cabe a orientação política da guerra, não a estratégica, que é específica dos chefes militares), destinam-se à defesa da Pátria, à garantia dos Poderes constitucionais e, por iniciativa de qualquer destes, da lei e da ordem.

Verifica-se que as Forças Armadas não são mais executoras da política de segurança nacional, tendo a Constituição de 1988 eliminado disposição que, nesse sentido, constava do art. 91 da Emenda Constitucional n. 1, de 1969.

As Forças Armadas são consideradas instituições nacionais permanentes e regulares. Quer isso dizer que os Estados federados não podem possuir Exército, Marinha ou Aeronáutica, dado o caráter nacional das Forças Armadas. É-lhes permitido, contudo, instituir polícias militares e corpos de bombeiros militares, considerados forças auxiliares e reserva do Exército (art. 144, § 6º). De outra parte, por serem conceituadas como "instituições permanentes e regulares", sua existência independe de pessoas e de momentos históricos para se protrair e se prolongar de forma duradoura, permanente e regular.

Adverte, contudo, Karl Loewenstein que só naqueles Estados nos quais existe uma ininterrupta tradição da primazia do poder civil sobre o militar – como sucede sobretudo nos países anglo-saxões e escandinavos, e também na Suíça – carece de possibilidade de triunfo a implantação de uma ditadura militar,[21] falando, a propósito, Manoel Gonçalves Ferreira Filho em "tentação militar" para pôr fim à agitação política, mediante intervenções militares diante das falhas ou da corrupção do poder civil, às vezes até mesmo imprescindíveis, nada obstante mencionar a possibilidade de riscos, pois "sempre há, por exemplo, o perigo de que a ambição de chefes veja necessidade onde não existe."[22] Anote-se ainda que o Exército, como instituição permanente, não é reconhecido nas Constituições da Costa Rica, Japão e Islândia.

A hierarquia e a disciplina constituem as bases da organização das Forças Armadas. Hierarquia, segundo dispõe o § 1º do art. 14 da Lei n. 6.880, de 9 de dezembro de 1980 (Estatuto dos Militares), é conceituada como "a ordenação da autoridade, em níveis diferentes, dentro da estrutura das Forças Armadas. A ordenação se faz por postos ou graduações; dentro de um mesmo posto ou graduação se faz pela antiguidade no posto ou na graduação. O respeito à hierarquia é consubstanciado no espírito de acatamento à sequência de autoridade".

Já disciplina, segundo o § 2º do citado art. 14 do Estatuto dos Militares, "é a rigorosa observância e o acatamento integral das leis, regulamentos, normas e disposições que fundamentam o organismo militar e coordenam seu funcionamento regular

---

21 LOEWENSTEIN. *Teoría de la Constitución*, p. 497-498.

22 FERREIRA FILHO. *Curso de direito constitucional*, p. 209.

e harmônico, traduzindo-se pelo perfeito cumprimento do dever por parte de todos e de cada um dos componentes desse organismo".

Tendo qualquer um dos Poderes constitucionais iniciativa para provocar a atuação das Forças Armadas, no sentido de garantir a lei e a ordem (art. 142, parte final), como se proceder na hipótese de desavença entre eles? A quem as Forças Armadas terão de obedecer? Ivo Dantas responde que ao Supremo Tribunal Federal cabe dar a palavra final.[23] Não se deve esquecer, contudo, de que, se cabe à lei complementar estabelecer normas gerais a serem adotadas na organização, no processo e no emprego das Forças Armadas (art. 142, § 1º), tal espécie normativa deveria indicar a solução para os eventuais conflitos entre os poderes constitucionais.

Adota a Constituição de 1988 o princípio da "nação em armas", pelo qual o serviço militar é obrigatório para todos nos termos da lei.

Os brasileiros, no ano em que completam 18 anos de idade, são obrigados ao alistamento militar. Aquele que não cumpre essa obrigação é considerado "refratário" e os selecionados para o serviço militar que não se apresentarem tornam-se "insubmissos".

Pelo princípio da "nação em armas" as Forças Armadas, além de responsáveis pela defesa nacional, seriam uma espécie de escola da nacionalidade, pois, idealmente, recrutariam indivíduos de todos os setores da população e origens sociais, dotando-os de um sentimento nacional. A doutrina da "nação em armas" disseminou por todos os Exércitos do mundo após a vitória da Prússia na guerra de 1870-71, contra a França, pois o sistema prussiano de constrição era baseado no serviço militar obrigatório. No Brasil, durante o período imperial, o recrutamento de praças se fazia nas classes pobres. Um decreto de 1835 determinou que, no caso de fracasso do recrutamento voluntário, proceder-se-ia a recrutamento forçado e o recrutado serviria por seis anos, somente recebendo soldo simples, seria conduzido preso ao quartel e nele conservado em segurança até que a disciplina o constituísse em estado de se lhe facultar maior liberdade. Os voluntários eram obrigados a servir por seis anos e os recrutados, nove anos. Em 1874, uma lei alterou o sistema de recrutamento, instituindo o sorteio para o serviço militar, a ser realizado entre todos os cidadãos aptos. A lei de recrutamento universal, que previa o sorteio para cobrir as vagas não preenchidas pelo voluntariado e pelo reengajamento, não saiu do papel, pois admitia várias exceções, permitindo àqueles que não quisessem servir o pagamento de certa quantia em dinheiro, ou apresentação de substitutos, concedendo ainda isenções a bacharéis, padres, proprietários de empresas agrícolas e pastoris, caixeiros de lojas de comércio, entre outros. Ademais, o alistamento e o sorteio ficavam a cargo de juntas paroquiais, presididas pelo juiz de paz e completadas pelo pároco e pelo subdelegado, o que levaria a lei ao fracasso. Em 1908, nova lei de sorteio foi editada. Implantada tão só em 1907, ano em que ocorreu o primeiro sorteio, a lei também fracassou. Vale o registro de que, entre a primeira e a segunda lei do sorteio houve intensa propaganda a favor e contra a adoção do serviço militar obrigatório. Na defesa da lei do sorteio, de se destacar o apoio de Olavo Bilac, para quem a lei iria acabar com o "divórcio monstruoso" entre o Exército e a sociedade brasileira. A questão do serviço militar

---

23 DANTAS. *Op. cit.*, p. 128-129.

somente viria a ser resolvida nas décadas de 1939 e 1940, com a universalização da exigência do documento de serviço militar e normas jurídicas mais eficazes, mencionando-se o Decreto n. 22.885, de 1933, que tornou o certificado do serviço militar obrigatório para o exercício de cargo público, exigência incorporada à Constituição de 1934. Em 1935 foi criada a Diretoria do Serviço Militar e da Reserva, e em 1939 editada a nova Lei do Serviço Militar. O sorteio militar só foi extinto em 1945, pelo Decreto-Lei n. 7.343, de 26 de fevereiro desse mesmo ano[24]. O serviço militar vem tratado na Lei n. 4.375/64 (Lei do Serviço Militar), regulamentada pelo Decreto n. 57.654/66, e na Lei n. 9.982/2000.

Anote-se que a Constituição reconhece a escusa de consciência (art. 5º, VIII), não se sujeitando, em tempo de paz, ao serviço militar obrigatório os que, depois de alistados, aleguem motivos de crença religiosa ou de convicção filosófica ou política. Prestarão, contudo, serviço alternativo, regulamentado pela Lei n. 8.239, de 4 de outubro de 1991.

Mulheres e eclesiásticos ficam, também, isentos do serviço militar obrigatório, em tempo de paz, sujeitos, porém, a outros encargos que a lei lhes atribuir.

Cabe à lei complementar estabelecer normas gerais a serem adotadas na organização, no preparo e no emprego das Forças Armadas.

Os Comandantes da Marinha, do Exército e da Aeronáutica são nomeados pelo Presidente da República (art. 84, XIII). Pela EC n. 23/1999, criou-se o Ministério da Defesa, em substituição aos antigos Ministérios Militares. O cargo de Ministro da Defesa é privativo de brasileiro nato (art. 12, § 3º, VII).

É do Presidente da República a iniciativa reservada de lei para a fixação ou modificação dos efetivos das Forças Armadas, e para as leis que disponham sobre militares das Forças Armadas, seu regime jurídico, provimento de cargos, estabilidade e transferência para a reserva (art. 61, § 1º, I, II, *f*).

Aos militares (membros das Forças Armadas) são aplicáveis, além das que vierem a ser fixadas em lei, as seguintes disposições constitucionais:

a) as patentes, com prerrogativas, direitos e deveres a elas inerentes, são conferidas pelo Presidente da República e asseguradas em plenitude aos oficiais da ativa, da reserva ou reformados, sendo-lhes privativos os títulos e postos militares e, juntamente com os demais membros, o uso dos uniformes das Forças Armadas;

b) o militar em atividade que tomar posse em cargo ou emprego público civil permanente, ressalvada a hipótese prevista no art. 37, inciso XVI, alínea "c", será transferido para a reserva, nos termos da lei (redação da EC n. 77/2014);

c) o militar da ativa que, de acordo com a lei, tomar posse em cargo, emprego ou função pública civil temporária, não eletiva, ainda que da administração indireta, ressalvada a hipótese prevista no art. 37, inciso XVI, alínea "c", ficará agregado ao respectivo quadro e somente pode-

[24] CASTRO. A resistência à implantação do serviço militar obrigatório no Brasil: *In*: GOMES, (Coord.). *Direitos e cidadania*: justiça, poder e mídia, p. 239-259.

rá, enquanto permanecer nessa situação, ser promovido por antiguidade, contando-se-lhe o tempo de serviço apenas para aquela promoção e transferência para a reserva, sendo depois de dois anos de afastamento, contínuos ou não, transferido para a reserva, nos termos da lei (redação da EC n. 77/2014);

d) ao militar são proibidas a sindicalização e a greve;

e) o militar, enquanto em serviço ativo, não pode estar filiado a partidos políticos;

f) o oficial só perderá o posto e a patente se for julgado indigno do oficialato ou com ele incompatível, por decisão de tribunal militar de caráter permanente, em tempo de paz, ou de tribunal especial, em tempo de guerra;

g) o oficial condenado na justiça comum ou militar a pena privativa de liberdade superior a dois anos, por sentença transitada em julgado, será submetido ao julgamento acima previsto;

h) aplica-se aos militares o disposto no art. 7º, incisos VIII, XII, XVII, XVIII, XIX e XXV, e no art. 37, incisos XI, XIII, XIV e XV, bem como, na forma da lei e com prevalência da atividade militar, no art. 37, inciso XVI, alínea "c" (redação da EC n. 77/2014); a lei disporá sobre o ingresso nas Forças Armadas, os limites de idade, a estabilidade e outras condições de transferência do militar para a inatividade, os direitos, os deveres, a remuneração, as prerrogativas e outras situações especiais dos militares, consideradas as peculiaridades de suas atividades, inclusive aquelas cumpridas por força de compromissos internacionais e de guerra.[25]

---

[25] STF, RE 570177/MG, Rel. Min. Ricardo Lewandowski; data do julgamento: 30.4.2008. Soldo de Praça e Salário-Mínimo. O Supremo Tribunal Federal decidiu que não se estende às praças que prestam serviço militar inicial obrigatório a garantia do salário mínimo contida na Constituição Federal ("Art. 7º São direitos dos trabalhadores urbanos e rurais, além de outros que visem à melhoria de sua condição social: IV – salário mínimo, fixado em lei, nacionalmente unificado, capaz de atender a suas necessidades vitais básicas e às de sua família com moradia, alimentação, educação, saúde, lazer, vestuário, higiene, transporte e previdência social, com reajustes periódicos que lhe preservem o poder aquisitivo, sendo vedada sua vinculação para qualquer fim (*omissis*); VII – garantia de salário, nunca inferior ao mínimo, para os que percebem remuneração variável;"). Essa foi a conclusão do Tribunal ao negar provimento a recurso extraordinário interposto contra acórdão de Turma Recursal de Juizado Especial Federal que, com base em enunciado de súmula do próprio Juizado, reputara constitucional o art. 18, § 2º, da Medida Provisória 2.215-10/2001, que possibilita o pagamento de soldo inferior a um salário mínimo a praça que presta serviço militar inicial obrigatório. Salientando que a Constituição Federal, ao tratar dos militares, tanto na sua redação original quanto na dada pela EC n. 18/98, não fez remissão aos incisos IV e VII do art. 7º da CF, entendeu-se inexistente a alegada violação ao princípio da isonomia. Asseverou-se que, diversamente do que ocorre com os trabalhadores urbanos e rurais, bem como os servidores civis, aos quais os arts. 7º, IV, e 39, § 2º (atual § 3º, na redação da EC 19/98), da CF, asseguram remuneração nunca inferior ao salário mínimo, aos militares não teria sido conferida essa garantia constitucional. Afirmou-se que a aprovação da EC 18/98, que suprimiu dos militares a qualificação de servidores públicos, não teria tido caráter exclusivamente terminológico, e que as regras pertinentes ao regime

7. SEGURANÇA PÚBLICA

A segurança pública tem por objeto a manutenção da ordem pública. A Constituição eliminou do Capítulo referente à Defesa do Estado a expressão "segurança nacional", constante do ordenamento anterior, o que revela preocupação com a segurança do cidadão.

A segurança pública tem em vista a convivência pacífica e harmoniosa da população, fundando-se em valores jurídicos e éticos, imprescindíveis à existência de uma comunidade, distinguindo-se, neste passo, da segurança nacional, que se refere mais à segurança do Estado.

Diogo de Figueiredo Moreira Neto elucida que, na segurança pública, o que se garante é o inefável valor da convivência pacífica e harmoniosa, que exclui a violência nas relações sociais; quem garante é o Estado, já que tomou para si o monopólio do uso da força na sociedade e é, pois, o responsável pela ordem pública; garante-se a ordem pública contra a ação de seus perturbadores, e garante-se a ordem pública por meio do exercício, pela Administração, do Poder de Polícia.[26]

A Constituição de 1988 declara que a segurança pública, dever do Estado, direito e responsabilidade de todos, é exercida para a preservação da ordem pública e da incolumidade das pessoas e do patrimônio (art. 144), indicando em seguida os órgãos encarregados de exercê-la:

a) Polícia Federal;
b) Polícia Rodoviária Federal;
c) Polícia Ferroviária Federal;
d) Polícias Civis;
e) Polícias Militares e Corpos de Bombeiros Militares.

A polícia federal, instituída por lei como órgão permanente, organizado e mantido pela União e estruturado em carreira, destina-se a: 1. apurar infrações penais contra a ordem política e social ou em detrimento de bens, serviços e interesses da União ou de suas entidades autárquicas e empresas públicas, assim como outras infrações cuja prática tenha repercussão interestadual ou internacional e exija repressão uniforme, segundo se dispuser em lei; 2. prevenir e reprimir o tráfico ilícito de entorpecentes e drogas afins, o contrabando e o descaminho, sem prejuízo da ação fazendária e de

jurídico dos servidores públicos apenas se aplicariam aos militares quando o texto constitucional expressamente assim o previsse (CF, art. 142, § 3º). Afastando, de igual forma, ofensa ao princípio da dignidade da pessoa humana ou a outro postulado constitucional, destacou-se que os recrutados para o serviço militar obrigatório exerceriam um verdadeiro múnus público, um dever do cidadão no tocante a sua pátria, e se submeteriam a treinamento militar, por tempo determinado, percebendo do Estado todas as condições necessárias para bem cumprir essa obrigação constitucional. Precedente citado: RE 198982/RS (*DJU* de 19.4.2002) – *Informativo* 504/STF.

O Supremo Tribunal Federal ainda editou a Súmula Vinculante n. 6, com este enunciado: "Não viola a Constituição da República o estabelecimento de remuneração inferior ao salário mínimo para os praças prestadores de serviço militar inicial".

26 MOREIRA NETO. Direito administrativo da segurança pública. *In*: *Direito administrativo da ordem pública*, p. 127-128.

outros órgãos públicos nas respectivas áreas de competência; 3. exercer as funções de polícia marítima, aeroportuária e de fronteiras; 4. exercer, com exclusividade, as funções de polícia judiciária da União.

A Polícia Rodoviária Federal, órgão permanente, organizado e mantido pela União e estruturado em carreira, destina-se, na forma da lei, ao patrulhamento ostensivo das rodovias federais.

A Polícia Ferroviária Federal, órgão permanente, organizado e mantido pela União e estruturado em carreira, destina-se, na forma da lei, ao patrulhamento ostensivo das ferrovias federais.

As polícias civis, que deverão ser dirigidas por delegados de polícia de carreira, têm por incumbência, ressalvada a competência da União, as funções de polícia judiciária e a apuração de infrações penais, exceto as militares.

Às polícias militares é atribuída a polícia ostensiva e a preservação da ordem pública.[27]

Aos corpos de bombeiros militares, além das atribuições definidas em lei, cabe a execução de atividades de defesa civil.

A polícia é dividida em dois ramos: a polícia administrativa (preventiva) e a polícia judiciária (repressiva). A "Polícia Administrativa é regida pelos princípios jurídicos do Direito Administrativo e incide sobre bens, direitos ou atividades, enquanto que a polícia judiciária é regida pelas normas de Direito Processual Penal e incide sobre as pessoas. A Polícia Administrativa é preventiva. A Polícia Judiciária é repressiva. A primeira desenvolve a sua atividade, procurando evitar a ocorrência do ilícito e daí ser denominada preventiva. A segunda é repressiva, porque atua após a eclosão do ilícito penal, funcionando como auxiliar do Poder Judiciário".[28]

---

[27] A EC n. 38/2002 acrescentou o art. 89 ao ADCT para incorporar os Policiais Militares do extinto Território Federal de Rondônia aos Quadros da União, desde que comprovadamente, se encontrassem no exercício regular de suas funções prestando serviços àquele ex-Território na data em que foi transformado em Estado. O art. 89 do ADCT foi alterado pela EC n. 60, de 11.11.2009, nos seguintes termos: "Art. 89. Os integrantes da carreira policial militar e os servidores municipais do ex-Território Federal de Rondônia que, comprovadamente, se encontravam no exercício regular de suas funções prestando serviço àquele ex-Território na data em que foi transformado em Estado, bem como os servidores e os policiais militares alcançados pelo disposto no art. 36 da Lei Complementar nº 41, de 22 de dezembro de 1981, e aqueles admitidos regularmente nos quadros do Estado de Rondônia até a data de posse do primeiro Governador eleito, em 15 de março de 1987, constituirão, mediante opção, quadro em extinção da administração federal, assegurados os direitos e as vantagens a eles inerentes, vedado o pagamento, a qualquer título, de diferenças remuneratórias. § 1º Os membros da Polícia Militar continuarão prestando serviços ao Estado de Rondônia, na condição de cedidos, submetidos às corporações da Polícia Militar, observadas as atribuições de função compatíveis com o grau hierárquico. § 2º Os servidores a que se refere o caput continuarão prestando serviços ao Estado de Rondônia na condição de cedidos, até seu aproveitamento em órgão ou entidade da administração federal direta, autárquica ou fundacional." (NR) Dispõe ainda o art. 1º da EC n. 60/2009, que é vedado o pagamento, a qualquer título, em virtude da alteração da redação do art. 89 do ADCT, de ressarcimentos ou indenizações, de qualquer espécie, referentes a períodos anteriores à data de publicação da Emenda, que não produzirá efeitos retroativos.

[28] LAZZARINI. Polícia de manutenção da ordem pública e a justiça. *In: Direito administrativo da ordem pública*, p. 36.

A polícia administrativa visa impedir a prática de atos lesivos por infração a regras de Direito Administrativo; não aplica sanções de privação da liberdade. A sua missão é zelar pela boa conduta dos administrados relativamente a leis e regulamentos administrativos envolvendo o exercício do direito de propriedade e de liberdade. A polícia judiciária atua como suporte do Judiciário e do sistema criminal repressivo, e tem por objeto o infrator da lei penal.

Mencione-se, ainda, a previsão, no texto constitucional, de guardas municipais, cuja instituição é facultada aos Municípios, destinando-se à proteção de bens, serviços e instalações municipais, conforme dispuser a lei. Vê-se, assim, que os Municípios não dispõem de órgão policial de segurança, mas de guardas próprios para a proteção de seu patrimônio.[29]

A EC n. 82/2014 acrescentou o § 10 ao art. 144 da Constituição para instituir a segurança viária, exercida para a preservação da ordem pública e da incolumidade das pessoas e o seu patrimônio nas vias públicas, e que compreende a educação, engenharia e fiscalização de trânsito, além de outras atividades previstas em lei, que assegurem ao cidadão o direito à mobilidade urbana eficiente. A segurança viária caberá, no âmbito dos Estados, do Distrito Federal e dos Municípios, aos respectivos órgãos ou entidades executivos e seus agentes de trânsito, estruturados em Carreira, na forma da lei.

A Força Nacional de Segurança Pública consiste num programa de cooperação federativa, ao qual poderão voluntariamente aderir os Estados interessados. O programa de cooperação acha-se previsto no Decreto n. 5.289, de 29 de novembro de 2004, e na Lei n. 11.473, de 10 de maio de 2007, que resultou da conversão da Medida Provisória n. 345, de 2007.[30]

---

[29] Lei n. 10.826, de 22 de dezembro de 2003, que dispõe sobre registro, posse e comercialização de armas de fogo e munição, sobre o Sistema Nacional de Armas – Sinarm, define crimes e dá outras providências, alterada pela Lei n. 10.867, de 12 de maio de 2004: "Art. 6º É proibido o porte de arma de fogo em todo o território nacional, salvo para os casos previstos em legislação própria e para: IV – os integrantes das guardas municipais dos Municípios com mais de 50.000 (cinquenta mil) e menos de 500.000 (quinhentos mil) habitantes, quando em serviço; § 3º A autorização para o porte de arma de fogo das guardas municipais está condicionada à formação funcional de seus integrantes em estabelecimentos de ensino de atividade policial e à existência de mecanismos de fiscalização e de controle interno, nas condições estabelecidas no regulamento desta Lei, observada a supervisão do Comando do Exército. § 6º Aos integrantes das guardas municipais dos Municípios que integram regiões metropolitanas será autorizado porte de arma de fogo, quando em serviço."

A Lei n. 13.022, de 8 de agosto de 2014, dispõe sobre o Estatuto Geral das Guardas Municipais.

[30] Decreto n. 5.289, de 29.11.2004: "Art. 1º Este Decreto disciplina as regras gerais de organização e funcionamento da administração pública federal, para desenvolvimento do programa de cooperação federativa denominado Força Nacional de Segurança Pública, ao qual poderão voluntariamente aderir os Estados interessados, por meio de atos formais específicos. Art. 2º A Força Nacional de Segurança Pública atuará em atividades destinadas à preservação da ordem pública e da incolumidade das pessoas e do patrimônio, nas hipóteses previstas neste Decreto e no ato formal de adesão dos Estados e do Distrito Federal. (Redação dada pelo Decreto nº 7.318, de 2010). Art. 2º-A. A atuação dos servidores civis nas atividades desenvolvidas no âmbito da Força Nacional de Segurança Pública, conforme previsto nos arts. 3º e 5º da Lei nº 11.473, de 10 de maio de

2007, compreende: (Incluído pelo Decreto nº 7.318, de 2010). I – auxílio às ações de polícia judiciária estadual na função de investigação de infração penal, para a elucidação das causas, circunstâncias, motivos, autoria e materialidade; (Incluído pelo Decreto nº 7.318, de 2010). II – auxílio às ações de inteligência relacionadas às atividades destinadas à preservação da ordem pública e da incolumidade das pessoas e do patrimônio; (Incluído pelo Decreto nº 7.318, de 2010). III – realização de atividades periciais e de identificação civil e criminal destinadas a colher e resguardar indícios ou provas da ocorrência de fatos ou de infração penal; (Incluído pelo Decreto nº 7.318, de 2010). IV – auxílio na ocorrência de catástrofes ou desastres coletivos, inclusive para reconhecimento de vitimados; e (Incluído pelo Decreto nº 7.318, de 2010). V – apoio a ações que visem à proteção de indivíduos, grupos e órgãos da sociedade que promovem e protegem os direitos humanos e as liberdades fundamentais. (Incluído pelo Decreto nº 7.318, de 2010). § 1º As atividades de cooperação federativa serão desenvolvidas sob a coordenação conjunta da União e do ente convenente. (Incluído pelo Decreto nº 7.318, de 2010). § 2º A presidência do inquérito policial será exercida pela autoridade policial da circunscrição local, nos termos do art. 4º do Decreto-Lei nº 3.689, de 3 de outubro de 1941 – Código de Processo Penal. (Incluído pelo Decreto nº 7.318, de 2010). Art. 3º Nas atividades da Força Nacional de Segurança Pública, serão atendidos, dentre outros, os seguintes princípios: I – respeito aos direitos individuais e coletivos, inclusive à integridade moral das pessoas; II – uso moderado e proporcional da força; III – unidade de comando; IV – eficácia; V – pronto atendimento; VI – emprego de técnicas proporcionais e adequadas de controle de distúrbios civis; VII – qualificação especial para gestão de conflitos; e VIII – solidariedade federativa. Art. 4º A Força Nacional de Segurança Pública poderá ser empregada em qualquer parte do território nacional, mediante solicitação expressa do respectivo Governador de Estado ou do Distrito Federal. § 1º Compete ao Ministro de Estado da Justiça determinar o emprego da Força Nacional de Segurança Pública, que será episódico e planejado. § 2º O contingente mobilizável da Força Nacional de Segurança Pública será composto por servidores que tenham recebido, do Ministério da Justiça, treinamento especial para atuação conjunta, integrantes das polícias federais e dos órgãos de segurança pública dos Estados que tenham aderido ao programa de cooperação federativa. § 3º O ato do Ministro de Estado da Justiça que determinar o emprego da Força Nacional de Segurança Pública conterá: I – delimitação da área de atuação e limitação do prazo nos quais as atividades da Força Nacional de Segurança Pública serão desempenhadas; II – indicação das medidas de preservação da ordem pública a serem implementadas; e III – as diretrizes que nortearão o desenvolvimento das operações de segurança pública. § 4º As atribuições dos integrantes dos órgãos de segurança pública envolvidos em atividades da Força Nacional de Segurança Pública são aquelas previstas no art. 144 da Constituição e na legislação em vigor. § 5º O Ministério da Justiça deverá assegurar contingente permanente mínimo de quinhentos homens da Força Nacional de Segurança Pública treinados para emprego imediato. (Incluído pelo Decreto nº 6.189, de 2007) Art. 5º Os servidores de órgãos de segurança pública mobilizados para atuar de forma integrada, no programa de cooperação federativa, ficarão sob coordenação do Ministério da Justiça enquanto durar sua mobilização, mas não deixam de integrar o quadro funcional de seus respectivos órgãos. Parágrafo único. Os servidores civis e militares dos Estados e do Distrito Federal que participarem de atividades desenvolvidas em decorrência de convênio de cooperação de que trata este Decreto farão jus ao recebimento de diária, a ser paga na forma prevista pelo art. 6º da Lei nº 11.473, de 10 de maio de 2007. (Incluído pelo Decreto nº 6.189, de 2007) Art. 6º O Ministério da Justiça, consultados os Estados que aderirem ao programa de cooperação federativa, elaborará proposta para a provisão de assistência médica e seguro de vida e de acidentes dos servidores mobilizados, vitimados quando em atuação efetiva em operações da Força Nacional de Segurança Pública. Art. 7º Caso algum servidor militar mobilizado venha a responder a inquérito policial ou a processo judicial por sua atuação efetiva em operações da Força Nacional de Segurança Pública, poderá ser ele representado judicialmente pela Advocacia-Geral da União, nos termos do art. 22, parágrafo único, da Lei nº 9.028, de 12 de abril de 1995. Art. 8º Os servidores dos Estados mobilizados para atuar em operação da Força Nacional de Segurança Pública serão designados pelo Ministério da Justiça. Art. 9° A União poderá fornecer recursos humanos e materiais complementares ou suplementares quando forem inexistentes, indisponíveis, inadequados ou insuficientes os recursos dos órgãos estaduais, para o desempenho das atividades da Força Nacional de Segurança Pública. § 1° As Forças Armadas, por autorização específica do Presidente da República, e outros órgãos federais desvinculados do Ministério da Justiça poderão oferecer instalações, recursos de inteligência, transporte, logística e treinamento de modo a contribuir com as atividades da Força Nacional de Segurança Pública. § 2° Em caso de emprego das Forças Armadas para a garantia da lei e da ordem, na forma da legislação específica, o Presidente da República poderá determinar ao Ministério da Justiça que coloque à disposição do Ministério da Defesa os recursos materiais da Força Nacional de Segurança Pública. § 3° Os Estados também poderão participar de operações conjuntas da Força Nacional de Segurança Pública, fornecendo recursos materiais e logísticos. Art. 10. Caberá ao Ministério da Justiça: I – coordenar o planejamento, o preparo e a mobilização da Força Nacional de Segurança Pública, compreendendo: a) mobilização, coordenação e definição da estrutura de comando dos integrantes da Força Nacional de Segurança Pública; b) administração e disposição dos recursos materiais e financeiros necessários ao emprego da Força Nacional de Segurança Pública; c) realização de consultas a outros órgãos da administração pública federal sobre quaisquer aspectos pertinentes às atividades da Força Nacional de Segurança Pública; d) solicitação de apoio da administração dos Estados e do Distrito Federal às atividades da Força Nacional de Segurança Pública, respeitando-se a organização federativa; e e) inteligência e gestão das informações produzidas pelos órgãos de segurança pública; II – providenciar a aquisição de bens e equipamentos necessários às atividades da Força Nacional de Segurança Pública e gerir programas de apoio material e reaparelhamento dirigidos aos órgãos de segurança pública dos Estados e do Distrito Federal, com recursos do Fundo Nacional de Segurança Pública, após o aprovo do seu Conselho Gestor, na forma do parágrafo único do art. 3° e § 1° do art. 4° da Lei n° 10.201, de 14 de fevereiro de 2001; III – estabelecer os critérios de seleção e treinamento dos servidores integrantes da Força Nacional de Segurança Pública; IV – selecionar e treinar os servidores policiais que os Governadores dos Estados participantes do programa de cooperação federativa colocarem à disposição da Força Nacional de Segurança Pública; V – realizar o planejamento orçamentário e a gestão financeira relativos à execução das atividades da Força Nacional de Segurança Pública, de acordo com as autorizações do Conselho Gestor do Fundo Nacional de Segurança Pública, na forma do parágrafo único do art. 3° e § 1° do art. 4° da Lei n° 10.201, de 2001; VI – estabelecer a interlocução com os Estados e o Distrito Federal, bem assim com órgãos de segurança pública e do Governo Federal, para a disponibilização de recursos humanos, materiais e financeiros necessários ao funcionamento da Força Nacional de Segurança Pública; e VII – definir, de acordo com a legislação específica em vigor, os sinais exteriores de identificação e o uniforme dos servidores policiais mobilizados para atuar nas operações da Força Nacional de Segurança Pública. Art. 11. A estrutura hierárquica existente nos órgãos de segurança pública da União, dos Estados e do Distrito Federal e o princípio da unidade de comando serão observados nas operações da Força Nacional de Segurança Pública. Art. 12. As aquisições de equipamentos, armamentos, munições, veículos, aeronaves e embarcações para uso em treinamento e operações coordenadas da Força Nacional de Segurança Pública serão feitas mediante critérios técnicos de qualidade, quantidade, modernidade, eficiência e resistência, apropriados ao uso em ações de segurança destinadas à preservação da ordem pública, com respeito à integridade física das pessoas. Parágrafo único. Caberá ao Ministério da Justiça estabelecer os parâmetros administrativos e especificações técnicas para o atendimento do contido neste artigo. Art. 13. Fica o Ministério da Justiça autorizado a celebrar com os Estados interessados convênio de cooperação federativa, nos termos e para os fins específicos deste Decreto."

Lei n. 11.473, de 10.5.2007: "Art. 1° A União poderá firmar convênio com os Estados e o Distrito Federal para executar atividades e serviços imprescindíveis à preservação da ordem pública e da incolumidade das pessoas e do patrimônio. Art. 2° A cooperação federativa de que trata o art. 1° desta Lei, para fins desta Lei, compreende operações conjuntas, transferências de recursos e desenvolvimento de atividades de capacitação e qualificação de profissionais, no âmbito da Força Nacional de Segurança Pública. Parágrafo único. As atividades de cooperação federativa têm caráter consensual e serão desenvolvidas sob a coordenação conjunta da União e do Ente convenente. Art. 3º Consideram-se atividades e serviços imprescindíveis à preservação da ordem pública e da incolumidade das pessoas e do patrimônio, para os fins desta Lei: I – o policiamento ostensivo; II – o cumprimento de mandados de prisão; III – o cumprimento de alvarás de soltura; IV – a guarda, a vigilância e a custódia de presos; V – os serviços técnico-periciais, qualquer que seja sua modalidade; VI – o registro de ocorrências policiais. Art. 4º Os ajustes celebrados na forma do art. 1º desta Lei deverão conter, essencialmente: I – identificação do objeto; II – identificação de metas; III – definição das etapas ou fases de execução; IV – plano de aplicação dos recursos financeiros; V – cronograma de desembolso; VI – previsão de início e fim da execução do objeto; e VII – especificação do aporte de recursos, quando for o caso. Parágrafo único. A União, por intermédio do Ministério da Justiça, poderá colocar à disposição dos Estados e do Distrito Federal, em caráter emergencial e provisório, servidores públicos federais, ocupantes de cargos congêneres e de formação técnica compatível, para execução do convênio de cooperação federativa de que trata esta Lei, sem ônus. Art. 5º As atividades de cooperação federativa, no âmbito da Força Nacional de Segurança Pública, serão desempenhadas por militares e servidores civis dos entes federados que celebrarem convênio, na forma do art. 1º desta Lei."

Capítulo 16

TRIBUTAÇÃO E ORÇAMENTO

SUMÁRIO

1. SISTEMA TRIBUTÁRIO NACIONAL – CONSIDERAÇÕES GERAIS

A Constituição de 1988 trata, no Capítulo dedicado ao Sistema Tributário Nacional, de três assuntos preferidos pelos ordenamentos constitucionais federais: *a)* limitações constitucionais do poder de tributar; *b)* discriminação constitucional de rendas; *c)* repartição das receitas tributárias. Além desses temas, encontra-se no texto constitucional brasileiro seção dedicada aos princípios gerais sobre tributação.

O Sistema Tributário tem suas raízes na Emenda Constitucional n. 18/65, que introduziu a reforma tributária no Brasil, de modo a dar maior consistência e cientificidade à matéria. A propósito, escreve Gilberto de Ulhôa Canto que "em 1965 e 1966 tentou-se fazer um planejamento apoiado, primordialmente, em pressupostos econômicos lógicos adequados ao Brasil. Naquela oportunidade foram eliminados tributos sem base lógica, tributos que se superpunham a outros, tributos que não evidenciavam capacidade contributiva, e foi reestruturado o sistema com o propósito de fazê-lo racional, científico".[1]

[1] ULHÔA CANTO. O sistema tributário nacional. *In*: *A Constituição brasileira – 1988*: interpretações, p. 306.

Promulgada a Constituição de 1988, várias emendas foram aprovadas alterando disposições acerca do Sistema Tributário Nacional, destacando-se a Emenda Constitucional n. 42, de 19 de dezembro de 2003. De se observar, incialmente, que a Emenda acrescentou ao inciso III do artigo 146 a alíena *d*, da Constituição, prevendo caber à lei complementar, além de outros temas mencionados nos incisos I e II, estabelecer normas gerais em matéria de legislação tributária, especialmente sobre a definição de tratamento diferenciado e favorecido para as microempresas e para as empresas de pequeno porte, inclusive regimes especiais ou simplificados no caso do ICMS, das contribuições previstas no artigo 195, I e §§ 12 e 13, e da contribuição a que se refere o artigo 239. A Emenda acrescentou ainda parágrafo único ao inciso III do artigo 146 da Constituição, para permitir à lei complementar nele referida instituir um regime único de arrecadação dos impostos e contribuições da União, dos Estados, do Distrito Federal e dos Municípios, observado que: I – será opcional para o contribuinte; II – poderão ser estabelecidas condições de enquadramento diferenciadas por Estado; III – o recolhimento será unificado e centralizado e a distribuição da parcela de recursos pertencentes aos respectivos entes federados será imediata, vedada qualquer retenção ou condicionamento; IV – a arrecadação, a fiscalização e a cobrança poderão ser compartilhadas pelos entes federados, adotado cadastro nacional único de contribuintes.

Pela Emenda foi ainda acrescentado à Constituição o artigo 146-A, prevendo que lei complementar poderá estabelecer critérios especiais de tributação, com o objetivo de prevenir desequilíbrios da concorrência, sem prejuízo da competência de a União, por lei, estabelecer normas de igual objetivo.

Observa-se, por significativo, das alterações constitucionais ocorridas no Sistema Tributário Nacional, o objetivo de tornar toda a tributação patrimonial progressiva, como ocorre com o IR, o IPTU e o ITR.

2. TRIBUTOS

A Constituição enuncia, no artigo 145, os tributos que compõem o Sistema Tributário: impostos, taxas e contribuição de melhoria. A eles devem ser acrescidos o empréstimo compulsório (artigo 148) e as contribuições sociais (artigo 149).

O tributo é, assim, o gênero do qual são espécies as categorias acima enunciadas. O conceito de tributo decorre do artigo 3º do Código Tributário Nacional: "Tributo é toda prestação pecuniária compulsória, em moeda ou cujo valor nela se possa exprimir, que não constitua sanção de ato ilícito, instituída em lei e cobrada mediante atividade administrativa plenamente vinculada." Esclarece Sacha Calmon Navarro Coelho que o tributo caracteriza-se pela sua essência jurídica. E "a essência jurídica do tributo é ser prestação pecuniária compulsória em favor do Estado ou de pessoa por este indicada (parafiscalidade) que não constitua sanção de ato ilícito (não seja multa) instituída em lei (não decorrente de contrato)".[2]

Por meio do tributo, o Estado obtém dinheiro para a satisfação de suas necessidades e finalidades. Diz-se que se trata de receita derivada, já que, além desta, existe a

---

2 COELHO. *Comentários à Constituição de 1988* (sistema tributário), p. 14.

receita originária, conceituada pelo saudoso mestre Alberto Deodato como "a que o Estado aufere dos seus próprios recursos, da venda de seus bens, do exercício de sua própria atividade, como se fosse um indivíduo".[3]

Não se perca de vista, contudo, que contemporaneamente o tributo vem sendo utilizado para a formulação e o atingimento de uma política econômica e social do Estado, quando, por exemplo, se cuida dos incentivos fiscais que visam estimular o desenvolvimento de determinadas regiões ou indústrias, ou ainda da progressividade da alíquota de certos tributos, visando promover uma equânime distribuição de rendas.

2.1 *Impostos*

O conceito de imposto decorre do artigo 16 do Código Tributário Nacional: é o tributo cuja obrigação tem por fato gerador uma situação independente de qualquer atividade estatal específica, relativa ao contribuinte. Destaca-se, pois, a ideia de que no imposto não há nenhuma contraprestação estatal com vistas à sua cobrança; trata-se, dessa maneira, de tributo classificado como "não-vinculado", eis que sua instituição independe de qualquer participação ou intervenção do Estado relativamente ao contribuinte. O fato que ensejará sua cobrança (fato gerador) vem descrito na lei, bastando que o contribuinte realize o nela descrito para se sujeitar à incidência do imposto.

2.2 *Taxas*

As taxas são tributos que podem ser cobrados em razão do exercício do poder de polícia ou pela utilização, efetiva ou potencial, de serviços públicos, específicos e divisíveis, prestados ao contribuinte ou postos a sua disposição (artigo 145, II). O Código Tributário Nacional, em seu artigo 77, esclarece: "As taxas cobradas pela União, pelos Estados, pelo Distrito Federal ou pelos Municípios, no âmbito de suas respectivas atribuições, têm como fato gerador o exercício regular do poder de polícia, ou a utilização, efetiva ou potencial, de serviço público específico e divisível, prestado ao contribuinte ou posto à sua disposição."

Segundo o parágrafo único desse dispositivo, a taxa não pode ter base de cálculo ou fato gerador idênticos aos que correspondam a imposto, nem ser calculada em função do capital das empresas.

Verifica-se tratar a taxa de "tributo vinculado", pois, ao contrário do imposto, sua cobrança depende de uma atividade do Estado, ou em razão do exercício do poder de polícia, ou em decorrência da prestação efetiva ou potencial, de um serviço público.

O serviço público a ser prestado deve ser específico e divisível. Considera-se específico aquele serviço que pode ser destacado em unidade autônoma, e divisível o que é suscetível de utilização individual pelo contribuinte, não se confundindo com os serviços gerais.

---

[3] DEODATO. *Manual de ciência das finanças*, p. 30.

Não se exige, para a cobrança da taxa, que o contribuinte tenha-se utilizado efetivamente do serviço proporcionado pelo Estado: basta que tal serviço seja colocado à disposição do usuário.

O Código Tributário Nacional conceitua, no artigo 78, o poder de polícia, que constitui o outro fundamento para a cobrança da taxa: "Considera-se poder de polícia a atividade da administração que, limitando ou disciplinando direito, interesse ou liberdade, regula a prática de ato ou abstenção de fato, em razão de interesse público concernente à segurança, à higiene, à ordem, aos costumes, à disciplina da produção e do mercado, ao exercício de atividades econômicas dependentes de concessão ou autorização do Poder Público, à tranquilidade pública ou ao respeito à propriedade e aos direitos individuais ou coletivos."

Explicita o parágrafo único do artigo 78: "Considera-se regular o exercício do poder de polícia quando desempenhado pelo órgão competente nos limites da lei aplicável, com observância do processo legal e, tratando-se de atividade que a lei tenha como discricionária, sem abuso ou desvio de poder."

O Poder se acha obrigado a respeitar, como princípios regentes na fixação das taxas, as garantias da reserva de competência, da legalidade, da isonomia e da anterioridade.[4]

As taxas diferenciam-se dos preços públicos. As taxas decorrem do poder de polícia do Estado, ou são de serviço, resultantes da utilização efetiva ou potencial, de serviços públicos específicos e divisíveis, prestados ao contribuinte ou postos a sua disposição; o preço público decorre da exploração, pelo particular, de um bem ou serviço.

2.3 Contribuição de melhoria

A Constituição prevê, no artigo 145, III, a instituição de contribuição de melhoria, decorrente de obras públicas. Embora não fale em valorização do imóvel por ela atingido, nem no limite representado pelo custo total da obra, pelo menos doutrinariamente muitos autores têm entendido que implicitamente tais exigências ainda persistem. Nesse sentido, argumenta Celso Bastos: "Além da realização da obra pública é necessário que esta tenha repercutido no eventual contribuinte de uma determinada maneira, é dizer, causando-lhe uma *plus valia*. Seria o maior dos absurdos imaginar-se a contribuição de melhoria cobrada de alguém não beneficiado pela obra realizada, ou, até mesmo, por ela prejudicado."[5]

Também assim pensam José Afonso da Silva,[6] Ruy Barbosa Nogueira[7] e Ives Gandra.[8] Ponto de vista contrário tem Sacha Calmon Navarro Coelho, ao entender que

---

4 STF. Pleno – ADI 1.378-5, Rel. Min. Celso de Mello, *DJU*, Seção I, 30.5.1997.

5 BASTOS. *Curso de direito financeiro e de direito tributário*, p. 155.

6 SILVA. *Curso de direito constitucional positivo*, p. 590.

7 NOGUEIRA. *Curso de direito tributário*, p. 168.

8 BASTOS; MARTINS. *Comentários à Constituição do Brasil*, v. 6, t. 1, p. 55-56.

a supressão constitucional da exigência do limite da valorização do imóvel alterou a natureza jurídica da contribuição de melhoria.[9]

2.4 Empréstimos compulsórios

Segundo o artigo 148 da Constituição, a União, mediante lei complementar, poderá instituir empréstimos compulsórios para atender a despesas extraordinárias, decorrentes:

a) de calamidade pública, de guerra externa ou sua iminência;

b) no caso de investimento público de caráter urgente e de relevante interesse nacional, observado o disposto no artigo 150, III, *b*, da Constituição.

Sendo assim, somente na hipótese dos empréstimos compulsórios referidos na letra *b*, é que não se dispensa a exigência do princípio da anterioridade, o que vem reforçado pelo disposto no § 1º do artigo 150, com a nova redação que lhe foi dada pela EC n. 42/2003.

Observe-se finalmente que o empréstimo compulsório é tributo que só pode ser instituído em lei complementar pela União (veda-se aos Estados e Municípios sua criação).

2.5 Contribuições sociais

De acordo com o disposto no artigo 149 da Constituição, compete exclusivamente à União instituir contribuições sociais, de intervenção no domínio econômico e de interesse das categorias profissionais ou econômicas, como instrumento de sua atuação nas respectivas áreas, observado o disposto nos artigos 146, III, e 150, I e III, e sem prejuízo do previsto no artigo 195, § 6º, relativamente às contribuições a que alude o dispositivo (contribuições de seguridade social, que poderão também ser instituídas pelos Estados, Distrito Federal e Municípios, e cobrada de seus servidores, para o custeio, em benefício destes, de sistemas de previdência e assistência social, não se lhes aplicando o princípio da anterioridade, eis que poderão ser cobradas após decorridos 90 dias da data da publicação da lei que as houver instituído ou modificado).

Note-se que as contribuições são de três espécies: *sociais*, *interventivas* e *corporativas*. Sacha Calmon Navarro Coelho escreve que "nitidamente apresentam-se como impostos afetados a finalidades específicas (raramente são taxas), o que justifica o discurso de que podem, teoricamente, ser taxas ou impostos, dependendo do fato jurígeno escolhido pelo legislador para estruturar o gravame".[10]

A Emenda Constitucional n. 33/2001 acrescentou os §§ 1º a 4º ao artigo 149, renumerando o § 1º, para parágrafo único, dando novo tratamento às contribuições sociais e de intervenção no domínio econômico.

---

[9] COELHO. *Op. cit.*, p. 77.

[10] COELHO. *Op. cit.*, p. 164.

Já a Emenda Constitucional n. 39/2002 acrescentou o artigo 149-A à Constituição para possibilitar aos Municípios e ao Distrito Federal a instituição de contribuição, na forma das respectivas leis, destinada ao custeio do serviço de iluminação pública, observado o disposto no artigo 150, I e III. Facultou-lhes ainda a cobrança desta contribuição, na fatura de consumo de energia elétrica.

A contribuição instituída pela Emenda Constitucional n. 39/2002 veio substituir, na realidade, a taxa de iluminação pública criada pelos Municípios e pelo Distrito Federal. A taxa, impugnada ante os tribunais, teve a sua inconstitucionalidade, em inúmeros casos, declarada pelo Poder Judiciário.

A seu turno, a Emenda Constitucional n. 42/2003 deu nova redação ao inciso II do § 2º do artigo 149, prevendo que as contribuições sociais e de intervenção no domínio econômico incidirão também sobre a importação de produtos estrangeiros ou serviços.

O STF decidiu ser inconstitucional a inclusão do ICMS, bem como do PIS/Pasep e da Cofins na base de cálculo dessas contribuições incidentes sobre a importação de bens e serviços.[11] Decidiu ainda o STF que as contribuições sociais não incidem sobre créditos de Imposto sobre Circulação de Mercadorias e Serviços (ICMS) obtidos por empresas exportadoras. Os valores obtidos com a transferência dos créditos de ICMS a terceiros não constitui receita tributável, pois é mera recuperação do ônus econômico advindo da incidência do ICMS sobre suas operações, tratando-se de uma recuperação de custo ou despesa tributária.[12]

3. LIMITAÇÕES CONSTITUCIONAIS DO PODER DE TRIBUTAR

A Constituição, nos artigos 150 a 152, estabelece um conjunto de princípios e vedações que delimitam o poder de tributar do Estado, garantindo o contribuinte contra o Fisco:

I – *princípio da estrita legalidade*, que vem inscrito no artigo 150, inciso I, vedando-se à União, aos Estados, ao Distrito Federal e aos Municípios instituir ou aumentar tributos sem que a lei o estabeleça. Assim, para que se crie ou majore tributos (ampliação da base de cálculo ou elevação de alíquota), é necessária a ocorrência de lei. Esclareça-se ainda que a lei referida no inciso constitucional há de ser formal, isto é, elaborada pelo Poder Legislativo, segundo tramitação própria, bem como material, vale dizer, norma geral, impessoal, abstrata e obrigatória. Além dessas características, os tributaristas exigem que a lei seja típica no que se refere ao seu conteúdo. Explicando: é preciso que a lei

---

[11] STF, RE 559937/RS, Rel. Min. Ellen Gracie, red. p/o acórdão Min. Dias Toffoli: "O Tribunal negou provimento ao recurso extraordinário para reconhecer a inconstitucionalidade da expressão "acrescido do valor do Imposto sobre Operações Relativas à Circulação de Mercadorias e sobre Prestação de Serviços de Transporte Interestadual e Intermunicipal e de Comunicação - ICMS incidente no desembaraço aduaneiro e do valor das próprias contribuições", contida no inciso I do art. 7º da Lei nº 10.865/04". (j. 20.3.2013; Notícias STF, 20.3.2013; *Informativos* 605 e 699/STF).

[12] STF, RE 606107, Rel. Min. Rosa Weber, j. 22.5.2013 (Notícias STF, 22.5.2013).

tributária tipifique os sujeitos ativo e passivo, base de cálculo, alíquota, e outros fatores de quantificação tributária.

Há, contudo, exceção ao princípio: a Constituição permite a alteração, por decreto, das alíquotas dos impostos sobre importação, exportação, produto industrializado e operações financeiras, atendidas as condições e limites estabelecidos em lei, bem como de empréstimos compulsórios para atender a despesas extraordinárias, decorrentes de calamidade pública, de guerra externa ou sua iminência (§ 1º do artigo 153, com a nova redação dada pela EC n. 42/2003). Observe-se que a suspensão do princípio da legalidade se refere somente à alteração (para cima ou para baixo) da alíquota dos citados tributos.

A introdução, no texto constitucional de 1988, das medidas provisórias, suscita a indagação de serem elas cabíveis ou não em matéria tributária, ou, em especial, na instituição ou majoração de tributos.

Verifica-se, inicialmente, que as medidas provisórias previstas no artigo 62 da Constituição têm como pressuposto a ocorrência de relevância e urgência. E, segundo se depreende do dispositivo constitucional, as medidas provisórias têm efeitos imediatos, desde a data de sua publicação. Ora, em primeiro lugar, a Constituição prevê dois tributos com fundamento na urgência: os *empréstimos compulsórios*, para atender a despesas extraordinárias decorrentes de calamidade pública, de guerra externa ou sua iminência (artigo 148, I); *impostos extraordinários*, na iminência ou no caso de guerra externa (artigo 154, II). "Afora estes dois casos de extrema urgência e relevância, a autorizar o uso das medidas de emergência, o constituinte previu, adrede, todas as hipóteses de urgência e relevância em matéria tributária, liberando-a, ora do princípio da legalidade escrita e estrita (*lex escripta et stricts*), ora do princípio da anterioridade, ora do princípio da repartição."[13] Em segundo lugar, a eficácia imediata, desde a edição das medidas provisórias, é incompatível com o princípio da anterioridade, isto é, o de que é vedado ao Poder Político cobrar tributos no mesmo exercício financeiro em que haja sido publicada a lei que os instituiu ou aumentou (artigo 150, III, *b*), reforçado pelo princípio da irretroatividade tributária, pelo qual se proíbe a cobrança de tributos em relação a fatos geradores ocorridos antes do início da vigência da lei que os houver instituído ou aumentado (artigo 150, III, *a*).

Assim, enquanto as leis ordinárias ou complementares, que instituem ou majorem tributos, têm eficácia e aplicabilidade adiada, em razão do princípio da anterioridade, as medidas provisórias, pois que fundadas em urgência e relevância, têm eficácia e aplicabilidade imediatas e antecipadas à lei de conversão.

Por tudo isso é que não se deve admitir a instituição ou majoração de tributos em sede de medidas provisórias, exceção feita para os dois impostos acima referidos: empréstimos compulsórios de emergência (guerra, sua iminência e calamidade) e impostos extraordinários de guerra, assim pensa Sacha Calmon Navarro Coelho. Observe-se ainda que, para aqueles que não aceitam a adoção de medidas provisórias em matéria reservada à lei complementar, elas ficariam limitadas aos impostos extra-

---

[13] COELHO. *Op. cit.*, p. 313.

ordinários de guerra, pois os empréstimos compulsórios de emergência (artigo 148, I) dependem de lei complementar.

Finalmente, mencione-se, entre várias outras, a posição de Ives Gandra, para quem medida provisória pode instituir tributos. Adverte, contudo, este publicista, da tipicidade fechada e da reserva absoluta da lei formal".[14]

Tais posicionamentos doutrinários restaram ultrapassados pelo novo modelo constitucional das medidas provisórias. É que a Emenda Constitucional n. 32/2001, deu nova redação ao artigo 62 da Constituição Federal, a ele acrescentando o § 2º, para dispor que medida provisória que implique instituição ou majoração de impostos, exceto os previstos nos arts. 153, I, II, IV, V e 154, II, só produzirá efeitos no exercício financeiro seguinte se houver sido convertida em lei até o último dia daquele em que foi editada;

II – *princípio da isonomia*, mencionado no artigo 150, II, segundo o qual é vedado ao Estado instituir tratamento desigual entre contribuintes que se encontrem em situação equivalente, proibida qualquer distinção em razão de ocupação profissional ou função por eles exercida, independentemente da denominação jurídica dos rendimentos, títulos ou direitos;

III – *princípio da capacidade contributiva*. Enunciado no artigo 145, § 1º, significa esse princípio que os impostos terão caráter pessoal e serão graduados segundo a capacidade econômica do contribuinte, facultado à administração tributária, especialmente para conferir efetividade a esses objetivos, identificar, respeitados os direitos individuais e nos termos da lei, o patrimônio, os rendimentos e as atividades econômicas do contribuinte. Visa esse princípio possibilitar uma oneração maior dos contribuintes que têm mais recursos para suportá-la;

IV – *princípio da irretroatividade tributária* (artigo 150, III, *a*), pelo qual é vedado cobrar tributos em relação a fatos geradores ocorridos antes do início da vigência da lei que os houver instituído ou aumentado;

V – *princípio da anterioridade*. Assim denominado, tem-se que esse princípio, consagrado no artigo 150, III, *b*, sucedeu ao princípio da anualidade. É que a cobrança de tributos não mais está condicionada à autorização na lei orçamentária. Assim, o que a Constituição veda é a cobrança do tributo no mesmo exercício financeiro em que haja sido publicada a lei que o instituiu ou aumentou (ano calendário). As exceções ao princípio da anterioridade são: impostos extraordinários de guerra (artigo 154, I); empréstimos compulsórios para atender a despesas extraordinárias, decorrentes de calamidade pública, de guerra externa ou sua iminência (artigo 148, I); contribuições sociais (previdenciárias) previstas no § 6º do artigo 195, que poderão ser exigidas após decorridos 90 dias da data da lei que as houver instituído ou modificado. O princípio também não se aplica aos impostos de importação, exportação, produtos industrializados, operações de crédito, câmbio e seguro, ou relativas a títulos ou valores mobiliários – artigo 153, I, II, IV e V –, cujas alíquotas poderão ser alteradas por decreto do Presidente da República, atendidas as condições e os limites estabelecidos em lei, por força do artigo 153, § 1º.

---

[14] BASTOS; MARTINS. *Op. cit.*, p. 147.

O princípio da anterioridade veio reforçado com a introdução, pela Emenda Constitucional n. 42/2003, da alínea *c* no inciso III do artigo 150, que veda a cobrança de tributos antes de decorridos noventa dias da data em que haja sido publicada a lei que os instituiu ou aumentou, notando-se, contudo, que o princípio não se aplica aos tributos acima referidos, nem à fixação da base de cálculo do imposto sobre a propriedade de veículos automotores, nem à do imposto sobre a propriedade predial e territorial urbana;

VI – *princípio da uniformidade geográfica*, segundo o qual é vedado aos Poderes Públicos instituírem tributo que não seja uniforme em todo território nacional, ou que implique distinção ou preferência em relação a Estado, ao Distrito Federal ou a Município, em detrimento de outro, admitida a concessão de incentivos fiscais destinados a promover o equilíbrio do desenvolvimento socioeconômico entre as diferentes regiões do País, o que, de certa forma, concorre para atenuar as desigualdades regionais;

VII – *princípio da não-diferenciação tributária*, que veda aos Estados, ao Distrito Federal e aos Municípios estabelecer diferença tributária entre bens e serviços, de qualquer natureza, em razão de sua procedência ou destino (artigo 152);

VIII – *princípio da não-cumulatividade*, válido para determinados tributos, pelo qual subtrai-se do imposto devido na operação posterior o que foi exigido na anterior. O princípio se aplica aos impostos sobre produtos industrializados e sobre operações relativas à circulação de mercadorias e prestação de serviços (artigo 153, IV, § 3º, II, e artigo 155, I, *b*, § 2º, I).

Além dos princípios acima considerados, a Constituição veda a utilização do tributo com efeito de confisco (artigo 150, IV). A propósito, Ives Gandra leciona que "não é fácil definir o que seja confisco, entendendo eu que, sempre que a tributação agregada retire a capacidade de o contribuinte se sustentar e se desenvolver (ganhos para necessidades essenciais e ganhos superiores ao atendimento destas necessidades para reinvestimento ou desenvolvimento), estar-se-á perante o confisco". Dizendo que o confisco ultrapassa os limites tributários, pois além do tributo confiscatório existe um sistema confiscatório interferindo no direito de propriedade, finaliza o apontado autor: "desta forma, por confisco deve-se entender toda a violação ao direito de propriedade dos bens materiais e imateriais, retirado do indivíduo sem justa e prévia indenização, não podendo a imposição tributária servir de disfarce para não o configurar."[15]

Ressalte-se finalmente a chamada imunidade fiscal, limitada, contudo, aos impostos. O inciso VI do artigo 150 dispõe sobre os casos de imunidade ao poder impositional. Esclarece o eminente tributarista Ruy Barbosa Nogueira que "a imunidade é categoria muito mais ampla que a da isenção. Enquanto a isenção exclui apenas o crédito tributário (CTN, artigo 175, I), a imunidade exclui o próprio poder de instituir imposto sobre determinados bens ou situações que, por sua natureza e por interesse público, não devem ficar sujeitos a impostos".[16]

---

15 MARTINS; BASTOS. *Op. cit.*, p. 161-164.

16 NOGUEIRA. *Op. cit.*, p. 130.

Dispõe, com efeito, o artigo 150, VI, referentemente aos cinco casos de imunidade, que é vedado à União, aos Estados, ao Distrito Federal e aos Municípios instituir imposto sobre:

a) patrimônio, renda ou serviços uns dos outros;

b) templos de qualquer culto;

c) patrimônio, renda ou serviços dos partidos políticos, inclusive suas fundações, das entidades sindicais dos trabalhadores, das instituições de educação e de assistência social, sem fins lucrativos, atendidos os requisitos da lei;

d) livros, jornais, periódicos e o papel destinado à sua impressão;

e) fonogramas e videofonogramas musicais produzidos no Brasil contendo obras musicais ou literomusicais de autores brasileiros e/ou obras em geral interpretadas por artistas brasileiros bem como os suportes materiais ou arquivos digitais que os contenham, salvo na etapa de replicação industrial de mídias ópticas de leitura a laser (EC n. 75/2013).

A imunidade mencionada na letra *a* estende-se às autarquias e fundações instituídas e mantidas pelo Poder Público exclusivamente no que se refere ao patrimônio, à renda e aos serviços vinculados às suas finalidades essenciais ou dela decorrentes (artigo 150, § 2º). E a imunidade das letras *b* e *c* compreendem somente o patrimônio, a renda e os serviços, relacionados com as finalidades essenciais das entidades nelas mencionadas (artigo 150, § 4º). Por sua vez, a imunidade não beneficia a União, Estados, Distrito Federal, Municípios, autarquias e fundações instituídas ou mantidas pelo Poder Público, na exploração de atividades econômicas mencionadas no artigo 173: é o que se depreende do disposto no § 3º do artigo 150.

4. DISCRIMINAÇÃO CONSTITUCIONAL DE RENDAS

Sendo vários os entes que compõem a Federação, a Constituição cuida de distribuir as competências tributárias entre a União, os Estados, o Distrito Federal e os Municípios.

A discriminação de rendas, no texto constitucional, é rígida, vale dizer, a Constituição conferiu a cada um dos entes políticos que compõem a federação competências exclusivas, individualizando-lhes os tributos.

Há, além da competência exclusiva, a chamada competência nominalmente comum, voltada para a instituição, por todas as entidades tributantes, de taxas e contribuição de melhoria (artigo 145, II e III).

Fala-se ainda em competência residual (artigo 154, I), que é conferida tão somente à União, para instituir, mediante lei complementar, outros impostos que não tenham fato gerador nem base de cálculo idênticos aos impostos expressamente discriminados na Constituição e não serão cumulativos. É importante ressaltar que 20% do produto da arrecadação desses impostos caberão aos Estados e ao Distrito Federal (artigo 157, II).

Ao Distrito Federal cabem os impostos estaduais e municipais e à União, em Territórios federais, os impostos estaduais e, se eles não forem divididos em Municípios, cumulativamente os impostos municipais (artigo 147).

4.1 Impostos da União

Os impostos federais, de competência exclusiva da União (artigo 153), são os seguintes:

I – importação de produtos estrangeiros;
II – exportação, para o exterior, de produtos nacionais ou nacionalizados;
III – renda e proventos de qualquer natureza;
IV – produtos industrializados;
V – operações de crédito, câmbio e seguro, ou relativas a títulos ou valores mobiliários;
VI – propriedade territorial rural;
VII – grandes fortunas, nos termos de lei complementar.

Vale observar que os impostos de importação e de exportação são chamados de impostos regulatórios, pois se revestem de uma função reguladora da economia, em especial no que concerne ao comércio exterior.

O imposto de renda, segundo estabelece o § 2º do artigo 153, será informado pelos critérios da generalidade, da universalidade e da progressividade, e não incidirá sobre rendimentos provenientes de aposentadoria e pensão, pagos aos maiores de 65 anos, cuja renda seja constituída exclusivamente de rendimentos do trabalho.

O IPI será seletivo em função da essencialidade do produto, não cumulativo, compensando-se o que for devido em cada operação com o montante cobrado nas anteriores, e terá reduzido seu impacto sobre a aquisição de bens de capital pelo contribuinte do imposto, na forma da lei (artigo 153, § 3º, I a IV com a redação da EC n. 42/2003).

O imposto sobre a propriedade territorial rural será progressivo e terá suas alíquotas fixadas de forma a desestimular a manutenção de propriedades improdutivas; não incidirá sobre pequenas glebas rurais, definidas em lei, quando as explore o proprietário que não possua outro imóvel, e será fiscalizado e cobrado pelos Municípios que assim optarem, na forma da lei, desde que não implique redução do imposto ou qualquer outra forma de renúncia fiscal (redação do § 4º, incisos I a III do artigo 153, dada pela EC n. 42/2003).

Desse modo, pela dicção da EC n. 42/2003, a titularidade da competência tributária do ITR permanece com a União, passando a sua cobrança para os Municípios que assim optarem. A progressividade do imposto passa a ser explícita, estabelecidas suas alíquotas de forma a desestimular a manutenção de propriedades improdutivas.

A transferência da cobrança do ITR para os Municípios que assim optarem decorre, sobretudo, da dificuldade de a União dar eficácia à ação controladora do tributo, diante do elevado número de imóveis rurais no Brasil, estimado em torno de oito milhões, quando da promulgação da EC n. 42/2003.

O imposto sobre grandes fortunas será instituído em lei complementar. Constitui um imposto novo previsto na Constituição. Para alguns, esse imposto desestimula a criação de bens e riquezas, mas para outros poderá ser utilizado com vistas a uma melhor distribuição de rendas.

Além dos impostos acima referidos, à União cabe instituir, por lei complementar, impostos de sua competência residual, bem como impostos extraordinários na iminência ou no caso de guerra externa (artigo 154, I e II).

A Emenda Constitucional n. 21/99 prorrogou, por 36 meses, a cobrança da contribuição provisória sobre movimentação ou transmissão de valores e de créditos e direitos de natureza financeira de que trata o artigo 74 do ADCT, instituída pela Lei n. 9.311, de 24 de outubro de 1996, modificada pela Lei n. 9.539, de 12 de dezembro de 1997, cuja vigência é também prorrogada por idêntico prazo. A alíquota da contribuição será de 0,038%, nos primeiros 12 meses, e de 0,030% nos meses subsequentes, facultado ao Poder Executivo reduzi-la total ou parcialmente, nos limites aqui definidos.

Já a Emenda Constitucional n. 37/2002 estabelece que a referida contribuição será cobrada até 31 de dezembro de 2004, sendo a sua alíquota de 0,038% nos exercícios financeiros de 2002 e 2003, e de 0,08% no de 2004, quando será integralmente destinada ao Fundo de Combate e Erradicação da Pobreza.

A Emenda Constitucional n. 42/2003 prorrogou, até 31 de dezembro de 2007, o prazo previsto para a cobrança da contribuição em destaque, com a alíquota de 0,08%, bem como a vigência da Lei n. 9.311/1996.

O produto de arrecadação da referida contribuição não será repartido com outra unidade federada.

4.2 Impostos dos Estados

Compete aos Estados e ao Distrito Federal (artigo 155, I e II) instituir impostos sobre:

1) transmissões *causa mortis* e doação de quaisquer bens ou direitos;
2) operações relativas à circulação de mercadorias e sobre prestações de serviços de transporte interestadual e de comunicação, ainda que as operações e as prestações se iniciem no exterior;
3) propriedade de veículos automotores;
4) adicional de até 5% do que for pago à União por pessoas físicas ou jurídicas domiciliadas nos respectivos Territórios, a título do imposto de renda incidente sobre lucros, ganhos e rendimentos de capital. Este imposto foi, contudo, excluído da competência tributária dos Estados pela Emenda Constitucional n. 3, de 1993. A sua eliminação somente produzirá efeitos a partir de 1º de janeiro de 1996, reduzindo-se, no entanto, a correspondente alíquota, pelo menos, a 2,5% no exercício financeiro de 1995.

Referentemente ao imposto sobre transmissão *causa mortis* e doação, a competência para instituí-lo é dos Estados e do Distrito Federal, ficando com os Municípios o imposto sobre transmissão *inter vivos* de bens imóveis. No caso de bens imóveis e respectivos direitos, sua arrecadação cabe ao Estado da situação do bem ou ao Distrito Federal (artigo 155, § 1º, I). Quando se tratar de bens móveis, títulos e créditos, a competência será definida pelo domicílio do doador ou pelo Estado ou Distrito Federal onde se processar o inventário ou arrolamento (artigo 155, § 1º, II).

Se o doador tiver domicílio ou residência no exterior, e se o *de cujus* possuía bens, era residente ou domiciliado, ou teve o seu inventário processado no exterior, a competência para a instituição do imposto será regulada por lei complementar (artigo 155, § 1º, III, *a* e *b*).

Cabe ao Senado Federal fixar as alíquotas máximas do imposto (artigo 155, § 1º, IV)[17].

O imposto sobre operações relativas à circulação de mercadorias e prestação de serviços de transporte interestadual e intermunicipal e de comunicação (ICMS) vem minuciosamente tratado nos diversos dispositivos em que se desdobra o § 2º do artigo 155.

Inicialmente é de se notar que a Constituição deixou para a lei complementar:

a) definir seus contribuintes;

b) dispor sobre substituição tributária;

c) disciplinar o regime de compensação do imposto;

d) fixar, para efeito de sua cobrança e definição do estabelecimento responsável, o local das operações relativas à circulação de mercadorias e das prestações de serviços;

e) excluir da incidência do imposto, nas exportações para o exterior, serviços e outros produtos, além dos produtos industrializados;

f) prever casos de manutenção de crédito, relativamente à remessa para outro Estado e exportação para o exterior, de serviços e mercadorias;

g) regular a forma como, mediante deliberação dos Estados e do Distrito Federal, isenções, incentivos e benefícios fiscais serão concedidos e revogados (artigo 155, § 2º, XII).

Observe-se que o artigo 34, § 8º, do Ato das Disposições Transitórias esclarece que, se no prazo de 60 dias, contados da promulgação da Constituição, não for editada a lei complementar necessária à instituição do ICMS, os Estados e o Distrito Federal, mediante convênio celebrado nos termos da Lei Complementar n. 24, de 7 de janeiro de 1975, fixarão normas para regular provisoriamente a matéria.

Se cabe, contudo, à lei complementar federal regular todos os itens básicos do ICMS, que também é disciplinado por deliberação conjunta dos Estados e do Distrito Federal, pouco resta à criatividade legislativa dos Estados, *de per se*, é o que constata Ruy Barbosa Nogueira.[18]

O ICMS será não cumulativo, compensando-se o que for devido em cada operação relativa à circulação de mercadorias ou prestação de serviços com o montante cobrado nas anteriores pelo mesmo ou outro Estado, ou pelo Distrito Federal. Es-

---

[17] O STF reconheceu a possibilidade de cobrança progressiva do ITCD, decidindo que essa progressividade não é incompatível com a Constituição Federal nem fere o princípio da capacidade contributiva. (RE 562045/RS, Rel. Min. Ricardo Lewandowski, j. 6.2.2013. Cf. ainda: REs 544298/RS, 544438/RS, 551401/RS, 552553/RS, 552707/RS, 552862/RS, 553921/RS, 555495/RS, e 570849/RS).

[18] NOGUEIRA. *Op. cit.*, p. 130.

clarece, no entanto, o artigo 155, § 2º, II, *a* e *b*, que a isenção ou não incidência, salvo determinação em contrário da legislação, não implicará em crédito para compensação com o montante devido nas operações ou prestações seguintes, acarretando a anulação do crédito relativo às operações anteriores.

Poderá ainda o imposto ser seletivo, em função da essencialidade das mercadorias e dos serviços, matéria de política fiscal a ser regulada em lei complementar (artigo 155, § 2º, XII, *g*).

Com relação às alíquotas, cabe ao Senado Federal estabelecer as aplicáveis às operações e prestações interestaduais e de exportação. Quanto às operações internas, a Constituição esclarece que é facultado ao Senado Federal estabelecer alíquotas mínimas e fixar alíquotas máximas para resolver conflito específico que envolva interesse de Estados. As alíquotas internas não poderão ser inferiores às previstas para as operações interestaduais, salvo deliberação em contrário dos Estados e do Distrito Federal, nos termos do disposto na alínea *g* do inciso XII do § 2º do artigo 155. Dispõe ainda a Constituição que, em relação às operações e prestações que destinem bens e serviços a consumidor final localizado em outro Estado, adotar-se-á:

a) a alíquota interestadual, quando o destinatário for contribuinte do imposto;

b) a alíquota interna, quando o destinatário não for contribuinte dele. Na hipótese da alínea *a*, a diferença entre a alíquota interna e a interestadual caberá ao Estado da localização do destinatário.

A Constituição estabelece que o ICMS incide sobre:

a) a entrada de bem ou mercadoria importados do exterior por pessoa física ou jurídica, ainda que não seja contribuinte habitual do imposto, qualquer que seja a sua finalidade, assim como sobre o serviço prestado no exterior, cabendo o imposto ao Estado onde estiver situado o domicílio ou o estabelecimento do destinatário da mercadoria, bem ou serviço (redação da alínea *a* do inciso IX do artigo 155, pela Emenda Constitucional n. 33/2001);

b) o valor total da operação, quando mercadorias forem fornecidas com serviços não compreendidos na competência tributária dos Municípios, notando-se que, havendo serviços listados com fornecimento de mercadorias, há incidência de ICMS sobre o valor das mercadorias e do ISS sobre o valor dos serviços;

c) operações relativas à energia elétrica, aos combustíveis líquidos e gasosos, aos lubrificantes e minerais do País.

O ICMS não incide sobre:

a) operações que destinem mercadorias para o exterior, nem sobre serviços prestados a destinatários no exterior, assegurada a manutenção e o aproveitamento do montante do imposto cobrado nas operações e prestações anteriores (redação da EC n. 42/2003);

b) operações que destinem a outros Estados petróleo, inclusive lubrificantes, combustíveis líquidos e gasosos dele derivados, e energia elétrica;

c) o ouro, quando definido em lei complementar como ativo financeiro ou instrumento cambial.

O imposto ainda não incide nas prestações de serviço de comunicação nas modalidades de radiodifusão sonora e de sons e imagens de recepção livre e gratuita (alinea *d* acrescentada ao inciso X do § 2º do artigo 155, pela EC n. 42/2003).

Será excluída da base de cálculo do ICMS o montante do IPI quando a operação, realizada entre contribuintes e relativas a produto destinado à industrialização ou à comercialização, configurar fato gerador dos dois impostos.

Anote-se finalmente que as isenções do ICMS somente poderão ser concedidas e revogadas por meio de convênios celebrados pelos Estados, segundo o disposto em lei complementar. A propósito, tem prevalecido a tese de que basta o convênio para que se considere efetivada a isenção, nada obstante haver duas outras teses: uma condicionando a eficácia do convênio à ratificação das Assembleias Legislativas, e a outra entendendo que ao convênio cabe tão só estabelecer normas gerais para a isenção que será concedida por lei.

O imposto sobre a propriedade de veículos automotores terá alíquotas mínimas fixadas pelo Senado Federal e poderá ter alíquotas diferenciadas em função do tipo e utilização, novidades da EC n. 42/2003, que acrescentou o § 6º, incisos I e II, ao artigo 155.

4.3 Impostos dos Municípios

Aos Municípios compete instituir impostos sobre:

I – propriedade predial e territorial urbana;

II – transmissão *inter vivos*, a qualquer título, por ato oneroso, de bens imóveis, por natureza ou acessão física, e de direitos reais sobre imóveis, exceto os de garantia, bem como cessão de direitos a sua aquisição;

III – serviços de qualquer natureza, não compreendidos no artigo 155, II, *b*, definidos em lei complementar (trata-se de serviços tributados pelo ICMS).

Sem prejuízo da progressividade no tempo a que se refere o artigo 182, § 4º, o imposto sobre a propriedade predial e territorial urbana poderá ser progressivo em razão do valor do imóvel e ter alíquotas diferentes de acordo com a localização e o uso do imóvel (redação dada ao § 1º do artigo 156, pela EC n. 29/2000).[19]

---

[19] Examinando esta questão sob o influxo do princípio da unidade da Constituição (compreensão sistemática, harmônica e lógica do texto constitucional), José Adércio Leite Sampaio afirma que a "doutrina brasileira não havia chegado a um acordo sobre a possibilidade de progressividade fiscal do IPTU, levando em conta o teor dos artigos 145, § 1º, 156, § 1º, I, e 182, § 4º, II, da Constituição. Para os defensores daquela possibilidade, o grande argumento estava centrado na interpretação no primeiro desses artigos: 'sempre que possível, os impostos terão caráter pessoal e serão graduados segundo a capacidade econômica do contribuinte'. A reserva da possibilidade estava dirigida ao caráter pessoal e não à capacidade contributiva, que seria princípio informador da espécie impostos. Nessa linha, podia-se falar em uma progressividade fiscal, fundada na capacidade contributiva (arts. 156, I, e 145, § 1º), numa progressividade extrafiscal para cumprimento

O imposto sobre a transmissão *inter vivos* não incide sobre a transmissão de bens e direitos incorporados ao patrimônio de pessoa jurídica em realização de capital, nem sobre a transmissão de bens ou direitos decorrentes da fusão, incorporação, cisão ou extinção de pessoa jurídica, salvo se, nestes casos, a atividade preponderante do adquirente for a compra e venda desses bens ou direitos, locação de bens imóveis ou arrendamento mercantil. O mencionado imposto compete ao Município da situação do bem.[20]

Cabe à lei complementar fixar as alíquotas máximas e mínimas do imposto sobre serviços de qualquer natureza, excluir da sua incidência exportações de serviços para o exterior, e regular a forma e as condições como isenções, incentivos e benefícios fiscais que serão concedidos e revogados (artigo 156, § 3º, I a III, com a redação da EC n. 37/2002). Observe-se que, enquanto lei complementar não dispuser sobre tais matérias, o imposto terá alíquota mínima de dois por cento, exceto para os itens 32, 33 e 34 da Lista de Serviços anexa ao Decreto-lei n. 406/1968, e não será objeto de concessão de isenções, incentivos e benefícios fiscais, que resulte, direta ou indiretamente, na redução daquela alíquota mínima, conforme prevê o artigo 88 acrescentado ao ADCT pela EC n. 37/2002.

5. REPARTIÇÃO DAS RECEITAS TRIBUTÁRIAS

Além da partilha de rendas mediante a atribuição do poder de tributar às pessoas políticas (União, Estados, Distrito Federal e Municípios), a Constituição possibilita a participação de uma entidade no produto da arrecadação de outra, surgindo assim uma cooperação financeira entre governos locais e o Governo Federal, o que caracteriza o chamado federalismo cooperativo.

A Constituição de 1988 desenvolveu e aprofundou os mecanismos de cooperação financeira dentro do Estado Federal, por meio da repartição de receitas. Assim, prevê que pertencem aos Estados, ao Distrito Federal e aos Municípios o imposto da União sobre rendimentos pagos por eles, suas autarquias ou fundações (artigo 157, I, e 158, I). Do produto da arrecadação do imposto da União sobre a propriedade territorial rural, 50% da arrecadação relativa aos imóveis situados nos Municípios pertencerão a cada um deles; e a sua totalidade na hipótese da opção a que se refere o artigo 153, § 4º, III (redação da EC n. 42/2003); aos Municípios também serão entregues 50% do im-

---

da função social da propriedade (artigo 156, § 1º, I) e noutra, igualmente extrafiscal, 'progressividade no tempo', destinada a ser uma sanção ao proprietário do solo urbano não edificado, subutilizado ou não utilizado (artigo 182, § 4º, II). Embora tenha sido esse, em certa medida, o posicionamento do Ministro Carlos Velloso, sobretudo na diferenciação entre a progressividade do artigo 156, § 1º, e aquela do artigo 182, § 4º, II, os outros Ministros não se convenceram da tese" (SAMPAIO. *A Constituição reinventada pela jurisdição constitucional*, p. 786-787). Supremo Tribunal Federal: Súmula n. 668 – É inconstitucional a lei municipal que tenha estabelecido, antes da Emenda Constitucional n. 29/2000, alíquotas progressivas para o IPTU, salvo se destinada a assegurar o cumprimento da função social da propriedade urbana.

[20] Supremo Tribunal Federal: Súmula n. 656 – É inconstitucional a lei que estabelece alíquotas progressivas para o imposto de transmissão *inter vivos* de bens imóveis – ITBI – com base no valor venal do imóvel.

posto sobre a propriedade de veículos automotores neles licenciados (artigo 158, III) e 25% do ICMS (artigo 158, IV). O artigo 159 menciona a existência de fundos de participação dos Estados, do Distrito Federal e dos Municípios, constituídos de parcelas da arrecadação do imposto sobre a renda e produtos industrializados. Assim, a União entregará: I – do produto da arrecadação dos impostos sobre renda e proventos de qualquer natureza e sobre produtos industrializados quarenta e nove por cento na seguinte forma (redação da EC n. 84/2014): *a)* vinte e um inteiros e cinco décimos por cento ao Fundo de Participação dos Estados e do Distrito Federal; *b)* vinte e dois inteiros e cinco décimos por cento ao Fundo de Participação dos Municípios; *c)* três por cento, para aplicação em programas de financiamento ao setor produtivo das Regiões Norte, Nordeste e Centro-Oeste, por meio de suas instituições financeiras de caráter regional, de acordo com os planos regionais de desenvolvimento, ficando assegurada ao semi-árido do Nordeste a metade dos recursos destinados à Região, na forma que a lei estabelecer; *d)* um por cento ao Fundo de Participação dos Municípios, que será entregue no primeiro decêndio do mês de dezembro de cada ano (a alínea *d* foi acrescentada ao inciso I do art. 159, pela EC n. 55/2007). Ainda de acordo com o art. 2º da EC n. 55/2007, no exercício de 2007, as alterações do art. 159 da Constituição Federal previstas na Emenda somente se aplicam sobre a arrecadação dos impostos sobre renda e proventos de qualquer natureza e sobre produtos industrializados realizadas a partir de 1º de setembro de 2007; *e*) segundo previsão da EC n. 84/2014, um por cento ao Fundo de Participação dos Municípios,sendo que, para os fins da alínea *e* do inciso I do art. 159, a União entregará, no primeiro decêndio do mês de julho de cada ano, ao Fundo de Participação dos Municípios o percentual de 0,5% (cinco décimos por cento) do produto da arrecadação dos impostos sobre renda e proventos de qualquer natureza e sobre produtos industrializados no primeiro exercício em que a EC n. 84/2014 gerar efeitos financeiros, acrescentando-se 0,5% (cinco décimos por cento) a cada exercício, até que se alcance o percentual de 1% (um por cento). A EC n. 84/2014 entrou em vigor no dia 3.12.2014 (data de sua publicação), com efeitos financeiros a partir de 1º de janeiro do exercício subsequente; II – do produto da arrecadação do imposto sobre produtos industrializados, dez por cento aos Estados e ao Distrito Federal, proporcionalmente ao valor das respectivas exportações de produtos industrializados. Menciona também o artigo 159, em seu inciso III, acrescentado pela EC n. 42/2003, a participação dos Estados, do Distrito Federal em parcelas do produto de arrecadação da contribuição de intervenção no domínio econômico prevista no artigo 177, § 4º.

A EC n. 68/2011 deu nova redação ao art. 76 do ADCT para desvincular de órgão, fundo ou despesa, até 31 de dezembro de 2015, 20% (vinte por cento) da arrecadação da União de impostos, contribuições sociais e de intervenção no domínio econômico, já instituídos ou que vierem a ser criados até a referida data, seus adicionais e respectivos acréscimos legais. Anote-se, contudo, que a desvinculação não reduzirá a base de cálculo das transferências a Estados, Distrito Federal e Municípios, na forma do § 5º do art. 153, do inciso I do art. 157, dos incisos I e II do art. 158 e das alíneas *a*, *b* e *d* do inciso I e do inciso II do art. 159 da Constituição Federal, nem a base de cálculo das destinações a que se refere a alínea *c* do inciso I do art. 159 da Constituição Federal. Excetua-se também da desvinculação a arrecadação da contribuição social do salário-educação a que se refere o § 5º do art. 212 da Constituição Federal. E para efeito do cálculo dos recursos para manutenção e desenvolvimento do ensino de que trata o art. 212 da Constituição Federal, o percentual referido no *caput* do art. 76 será nulo.

Finalmente a Constituição, cuidando de evitar a interferência de fatores de ordem política ou administrativa na liberação de tais recursos, dispõe ser vedada a retenção ou qualquer restrição à entrega e ao emprego das receitas repartidas aos Estados, Distrito Federal e Municípios, os quais, juntamente com a União, divulgarão, até o último dia do mês subseqente ao da arrecadação, os montantes de cada um dos tributos arrecadados, os recursos recebidos, os valores de origem tributária entregues e a entregar, e a expressão numérica dos critérios de rateio. Os dados divulgados pela União serão discriminados por Estado e por Município; os do Estado, por Município.

6. FINANÇAS PÚBLICAS

A Constituição dedica um Capítulo às finanças públicas, dentro do Título que trata da tributação e do orçamento.

As finanças públicas são disciplinadas, pela Constituição, através: a) de normas gerais; b) da emissão de moeda; c) do Banco Central; d) do sistema financeiro nacional.

O perfil das finanças públicas tem sofrido sensíveis alterações, notadamente com a evolução da própria economia política e das transformações do Estado, passando assim a compreender, além da temática das receitas públicas e aplicação dos recursos do Estado, em bens, empreendimentos e obras, outras matérias relacionadas com mecanismos de fiscalização e estabilização desses recursos.

Segundo esclarece Uadi Lammêgo Bulos, a expressão 'finanças públicas' foi utilizada na Constituição "numa acepção especulativa, e não jurídica, precisamente para demarcar o conteúdo da despesa, da receita e do crédito público, sem levar em conta qualquer consideração de ordem normativa. Aliás, finanças é um termo cunhado pela Economia Política para designar o crédito de um Estado. Noutro sentido, significa tesouro ou erário. Os ingleses cognominam a palavra de *exchequer*, os romanos de *fisco* e os alemães de *finantz*. O jurista português José Ferreira Borges chegou até a rubricar o estudo das finanças públicas de *Sintelologia*, com o intuito de caracterizar as contribuições e as despesas."[21]

O texto constitucional de 1988, no seu artigo 163, remete para a lei complementar extensa relação de assuntos relativos às finanças públicas, na qual ela mesma se inclui, mas com o sentido de direito financeiro:

I – dívida pública externa e interna, inclusive a das autarquias, fundações e demais entidades controladas pelo Poder Público. A dívida pública, tomada a expressão no sentido amplo (alcança tanto o empréstimo público como as operações de crédito), abrange a dívida interna e a dívida externa. Interna é a dívida contraída dentro do país, mediante lançamento de empréstimos subscritos por pessoas ou instituições in-

21 BULOS. *Constituição federal anotada*, p. 1231.

tegrantes da comunidade nacional. Externa é a dívida contraída fora do país, com instituições internacionais de crédito ou agentes financeiros do exterior, estranhos à comunidade do governo contraente. A dívida pública, além de interna e externa, pode ser federal, estadual, do Distrito Federal e municipal;

II – concessão de garantias pelas entidades públicas. As garantias pelas entidades públicas compreendem todas as obrigações acessórias dos Estados-Membros, Municípios, autarquias, fundações e entes submetidos ao controle do Poder Público. Estas entidades podem conceder avais. Nos termos da Lei Complementar n. 101/2000, a concessão de garantia é o compromisso de adimplência de obrigação financeira ou contratual assumida pelos entes acima nominados, observados os limites e condições fixados pelo Senado, conforme o art. 52, VIII, da Constituição. A garantia está ainda condicionada ao oferecimento de contragarantia, em valor igual ou superior ao da garantia a ser concedida, e à adimplência da entidade que a pleitear relativamente a suas obrigações junto ao garantidor e às entidades por esse controladas. Não se exige, no entanto, contragarantia de órgãos e entidades do próprio ente;

III – emissão e resgate de títulos de dívida pública. Os títulos da dívida pública "compelem o Estado a transferir meios de liquidez, constituindo-se na ulterior obrigação de os reembolsar, pagando, inclusive, os juros."[22]

A Lei n. 6.385/1976, que regula o mercado de valores mobiliários, exclui de sua incidência os títulos da dívida pública federal, estadual e municipal;

IV – fiscalização financeira da administração pública direta e indireta (redação dada pela Emenda Constitucional n. 40/2003). Esta matéria vinha tratada no texto primitivo da Constituição como "fiscalização das instituições financeiras" (artigo 163, inciso V). A Emenda Constitucional n. 40/2003 alterou a redação deste inciso, nos termos acima enunciados. O Senador José Serra, primeiro signatário da proposta de emenda à Constituição, de que resultou a referida Emenda, esclareceu, em sua justificação, que o objetivo inicial do artigo 163 era o de prescrever um código de finanças públicas. Assim, a redação anterior do seu inciso V – fiscalização financeira – referia-se, naturalmente, à fiscalização financeira da administração pública, e não das instituições financeiras, o que distorcia o sentido do inciso constitucional;

V – operações de câmbio realizadas por órgãos e entidades da União, dos Estados, do Distrito Federal e dos Municípios;

VI – compatibilização das funções das instituições oficiais de crédito da União, resguardadas as características e condições operacionais plenas das voltadas para o desenvolvimento regional.

Note-se que ao Banco Central é vedado conceder, direta ou indiretamente, empréstimos ao Tesouro Nacional e a qualquer órgão ou entidade que não seja institui-

---

[22] BULOS. *Constituição federal anotada*, p. 1232.

ção financeira, podendo, no entanto, comprar e vender títulos de emissão do Tesouro Nacional, com o objetivo de regular a oferta de moeda ou a taxa de juros. Pelo § 3º do artigo 164, as disponibilidades de caixa da União serão depositadas no Banco Central; as dos Estados, do Distrito Federal, dos Municípios e dos órgãos ou entidades do Poder Público e das empresas por ele controladas, em instituições financeiras oficiais, ressalvados os casos previstos em lei.

7. ORÇAMENTO: NOÇÃO, NATUREZA E ELEMENTOS

A atividade financeira do Estado encontra no orçamento disciplina normativa que a delimita do ponto de vista da previsão da receita e fixação da despesa num determinado período.

De simples ato prevendo a receita e a despesa pública, o orçamento passou a refletir um plano financeiro complexo, em decorrência, sobretudo, do intervencionismo estatal na economia. Mas, como tal, há de estar em sintonia e se compatibilizar com os demais planos e programas estatais, especialmente com o plano plurianual, que estabelecerá, de forma regionalizada, as diretrizes, objetivos e metas da administração pública federal para as despesas de capital e outras delas decorrentes e para as relativas aos programas de duração continuada (artigo 165, § 1º).

O orçamento é, pois, uma lei que traduz "um programa de obras, serviços e encargos públicos, expresso em termos de dinheiro, com estimativa da receita e fixação da despesa, a ser executado dentro de um exercício financeiro".[23]

O orçamento encerra, ao mesmo tempo, três elementos fundamentais. No dizer de Celso Bastos, em escólio a Sousa Franco, tais elementos são o econômico, o político e o jurídico.

"O elemento econômico traduz-se no fato de o orçamento assumir, inequivocamente, a forma de uma previsão da gestão orçamental do Estado, o que seria um autêntico plano financeiro. O elemento político consubstancia-se na autorização política para a efetivação desse plano ou projeto de gestão estadual. E, finalmente, o ingrediente jurídico traduzido nos efeitos próprios dos orçamentos e regulamentados pelos diversos sistemas jurídicos."[24]

Relativamente ao orçamento anual, vale a observação de que o art. 2º da Lei n. 4.320/64, prevê que a Lei Orçamentária conterá a discriminação da receita e da despesa, de forma a evidenciar a política econômico-financeira e o programa de trabalho do governo, o que dá transparência ao orçamento.

Observe-se ainda que a Lei n. 4.320/64, em seu art. 11, classifica as receitas em receitas correntes e receitas de capital, passando a discriminá-las da seguinte forma: 1. Receitas Correntes: "as receitas tributárias, de contribuições, patrimonial, agropecuária, industrial, de serviços e outras e, ainda, as provenientes de recursos financeiros recebidos de outras pessoas de direito público ou privado, quando destinadas a atender despesas classificáveis em Despesas Correntes". 2. Receitas de Capital: "as

---

[23] MEIRELLES. *Direito municipal brasileiro*, p. 238.

[24] BASTOS. *Op. cit.*, p. 75.

provenientes da realização de recursos financeiros oriundos de constituição de dívidas; de conversão em espécie, de bens e direitos; os recursos recebidos de outras pessoas de direito público ou privado destinados a atender despesas classificáveis em Despesas de Capital e, ainda, o superávit do Orçamento Corrente."

A especificação de despesas correntes e despesas de capital vem estabelecida no art. 12 da Lei n. 4.320/64, que as agrupa do seguinte modo: 1. Consideram-se Despesas Correntes: a) Despesas de Custeio: as dotações para manutenção de serviços anteriormente criados, inclusive as destinadas a atender a obras de conservação e adaptação de bens imóveis; b) Transferências Correntes: as dotações para despesas às quais não corresponda contraprestação direta de bens ou serviços, inclusive para contribuições e subvenções destinadas a atender à manutenção de outras entidades de direito público ou privado. 2. Consideram-se Despesas de Capital: a) Investimentos: basicamente as dotações para o planejamento e a execução de obras; b) Inversões Financeiras: a aquisição de imóveis ou bens de capital já em utilização; a aquisição de títulos representativos do capital de empresas ou entidades de qualquer espécie, já constituídas, quando a operação não importe aumento de capital; e a constituição ou aumento do capital de entidades ou empresas que visem a objetivos comerciais ou financeiros, inclusive operações básicas ou de seguros; c) Transferências de Capital: as dotações para investimentos ou inversões financeiras que outras pessoas de direito público ou privado devam realizar, independentemente de contraprestação direta em bens ou serviços, constituindo essas transferências auxílios ou contribuições, segundo derivem diretamente da Lei de Orçamento ou de lei especial anterior, bem como as dotações para amortização da dívida pública.

Ao comentarem a Lei n. 4.320/64, J. Teixeira Machado Jr. e Heraldo da Costa Reis conceituam dotação orçamentária como devendo "ser a medida ou quantificação monetária do recurso aportado a um programa, atividade, projeto, categoria econômica ou objeto de despesa", e crédito orçamentário como "a autorização através da lei de orçamento ou de créditos adicionais, para a execução de programa, projeto ou atividade ou para o desembolso de quantia aportada a objeto de despesa, vinculado a uma categoria econômica, e, pois, a um programa. Assim, o crédito orçamentário seria portador de uma dotação e esta o limite autorizado, quantificado monetariamente".[25]

8. CARACTERÍSTICAS DO ORÇAMENTO

O orçamento reveste-se de algumas características que o singularizam[26]:

a) *anualidade*: o orçamento é executado num determinado período financeiro, que tem sido anual em nosso Direito. Atualmente esse período coincide com o ano civil: 1º de janeiro a 31 de dezembro. Observe-se,

[25] MACHADO JR.; REIS. *A Lei n. 4.320 comentada*, p. 21.

[26] A PEC n. 358, de 2013, altera os arts. 165, 166 e 198 da Constituição Federal, para tornar obrigatória a execução das emendas parlamentares ao orçamento até o limite de 1,2% da receita corrente líquida, sendo que a metade deste percentual será destinada a ações e serviços públicos de saúde.

no entanto, que, segundo o disposto no artigo 165, § 1º, I, da Constituição, cabe à lei complementar dispor sobre o exercício financeiro, que poderá, obviamente, não coincidir com o ano civil, embora se preserve a anualidade, pois a própria Constituição se refere à lei orçamentária anual nos artigos 48, II, 165, III e § 5º, e 166;

b) *universalidade*: o orçamento deve conter todas as rendas e despesas dos Poderes, fundos, órgãos e entidades da administração direta e indireta. José Afonso da Silva chama a atenção para o fato de que o orçamento-programa dá nova configuração à universalidade do orçamento, eis que, embora não sejam nele incluídas todas as receitas e despesas, "eliminando-se inflexivelmente os Fundos especiais e a autonomia financeira de certas empresas governamentais", deverão, no entanto, ser incluídos no orçamento os elementos substantivos necessários à articulação do programa total do governo.[27] Pinto Ferreira mostra, por outro lado, que "verdadeira anarquia financeira já se operou no Brasil, por causa das autarquias e sociedades de economia mista, cujos déficits de operação eram cobertos pelo orçamento, mas sem terem sido incluídos na proposta orçamentária remetida ao Congresso".[28]

c) *equilíbrio orçamentário*: a equivalência entre o montante das despesas e o volume da receita prevista revela a igualdade matemática entre ingressos e gastos públicos. Essa regra do orçamento clássico tem sido renovada nos países de inflação crônica pela revisão de outras modalidades que irão cobrir o déficit: rendas patrimoniais, empréstimos públicos ou emissão de moeda;

d) *exclusividade*: a lei orçamentária anual não conterá dispositivo estranho à previsão da receita e à fixação da despesa, não se incluindo na proibição a autorização para a abertura de créditos suplementares e contratação de operações de crédito, ainda que por antecipação de receita, nos termos da lei (artigo 165, § 8º). São, dessa forma, proibidas as chamadas "causas orçamentárias", isto é, matérias de natureza não-financeira. Note-se que a Constituição não veda a autorização para abertura de crédito suplementar, isto é, aquele a ser aberto por decreto do Presidente da República no curso do exercício financeiro visando reforçar alguma dotação que se tornou insuficiente. Não se confunda o crédito suplementar com o crédito especial, embora sejam ambos modalidades de crédito adicional. O crédito especial visa atender despesas para as quais não haja dotação orçamentária: assim, ao contrário do suplementar, o crédito especial só poderá ser aberto por lei específica. A seu turno, operação de crédito por antecipação de receita são os empréstimos que o Poder Público toma para saldar compromissos no mesmo exercício financeiro. Os créditos extraordinários, entendidos como tais os que visam atender despesas impre-

[27] SILVA. *Curso de direito constitucional positivo*, p. 619-620.

[28] PINTO FERREIRA. *Curso de direito constitucional*, p. 562.

visíveis e urgentes, como as decorrentes de grave comoção interna ou calamidade pública, independem de autorização legislativa;

e) *especialidade de créditos*: tanto as receitas prováveis quanto as despesas vêm determinadas e particularizadas no orçamento, de tal forma que o Poder Legislativo controle o uso do dinheiro público, evitando-se assim a sua destinação, pelo Poder Executivo, para finalidade diferente daquela prevista na lei orçamentária;

f) *responsabilidade fiscal*: não se trata de princípio expresso na Constituição, mas de princípio infraconstitucional, inserido na Lei Complementar n. 101, de 4.5.2000, que estabelece normas de finanças públicas voltadas para a responsabilidade na gestão fiscal e dá outras providências. O princípio da responsabilidade fiscal implica na imposição de restrições aos governantes e administradores públicos quanto à gestão das verbas públicas, em especial quanto ao equilíbrio das contas públicas. De qualquer modo, segundo se extrai do art. 1º, § 1º, da Lei Complementar n. 101/2000, conhecida como Lei de Responsabilidade Fiscal, a responsabilidade na gestão fiscal pressupõe a ação planejada e transparente, em que se previnem riscos e corrigem desvios capazes de afetar o equilíbrio das contas públicas, mediante o cumprimento de metas de resultados entre receitas e despesas e a obediência a limites e condições no que tange a renúncia de receita, geração de despesas com pessoal, da seguridade social e outras, dívidas consolidadas e mobiliárias, operações de crédito, inclusive por antecipação de receita, concessão de garantia e inscrição em *Restos a Pagar*.

9. MODALIDADES DE ORÇAMENTO

A Constituição prevê três orçamentos, todos consubstanciados em leis de iniciativa do Poder Executivo:

a) o plano plurianual, cujo objeto são as despesas de capital para os pro gramas de duração continuada, isto é, que superem o orçamento anual em que foram iniciadas;

b) as diretrizes orçamentárias, que compreenderão as metas e prioridades da administração pública federal, incluindo as despesas de capital para o exercício financeiro subsequente, e orientarão a elaboração da lei orçamentária anual, disporão sobre as alterações na legislação tributária e estabelecerão a política de aplicação das agências financeiras oficiais de fomento. Estabelece ainda a Constituição que o Poder Executivo publicará, até trinta dias após o encerramento de cada bimestre, relatório resumido da execução orçamentária. Mencione-se ainda que os planos e programas nacionais, regionais e setoriais previstos na Constituição serão elaborados em consonância com o plano plurianual e apreciados pelo Congresso Nacional;

c) o orçamento anual, que compreenderá: o orçamento fiscal referente aos Poderes da União, seus fundos, órgãos e entidades da administração direta e indireta, inclusive fundações instituídas e mantidas pelo Poder Público; o orçamento de investimentos das empresas em que a União, direta ou indiretamente, detenha a maioria do capital social com direito a voto; o orçamento de seguridade social, abrangendo todas as entidades e órgãos da administração direta ou indireta a ela vinculados, bem como os fundos e fundações instituídos e mantidos pelo Poder Público.

10. LEI COMPLEMENTAR E ORÇAMENTO

A Constituição remete para a lei complementar alguns temas relativos ao orçamento, e que são as normas sobre o exercício financeiro, a vigência, os prazos, a elaboração e a organização do plano plurianual, da lei de diretrizes orçamentárias e da lei orçamentária anual, gestão financeira e patrimonial da administração direta e indireta, bem como condições para a instituição e funcionamento de fundos, compreendendo ainda os limites para a despesa com pessoal ativo e inativo da União, dos Estados, do Distrito Federal e dos Municípios. Observe-se, a propósito, que, até a edição da lei complementar acima referida, segundo dispõe os artigos 35, § 2º, e 38 do Ato das Disposições Constitucionais Transitórias:

I – o projeto do plano plurianual, para vigência até o final do primeiro exercício financeiro do mandato presidencial subsequente, será encaminhado até quatro meses antes do encerramento do primeiro exercício financeiro e devolvido para sanção até o encerramento da sessão legislativa;

II – o projeto de lei de diretrizes orçamentárias será encaminhado até oito meses e meio antes do encerramento do exercício financeiro e devolvido para sanção até o encerramento do primeiro período da sessão legislativa;

III – o projeto de lei orçamentária da União será encaminhado até quatro meses antes do encerramento do exercício financeiro e devolvido para sanção até o encerramento da sessão legislativa;

IV – a União, os Estados, o Distrito Federal e os Municípios não poderão despender com pessoal mais do que 65% do valor das respectivas receitas correntes. Quando a respectiva despesa de pessoal exceder o mencionado limite, deverão a ele retornar, mediante redução do percentual excedente à razão de 1/5 por ano.

A Emenda Constitucional n. 19/20 introduziu na Constituição outras providências que deverão ser adotadas pela União, Estados, Distrito Federal e Municípios com vistas à contenção da despesa com seu pessoal ativo e inativo, que não poderá exceder os limites estabelecidos em lei complementar, medidas essas consubstanciadas no artigo 169, §§ 1º a 7º, da Constituição:

1. a concessão de qualquer vantagem ou aumento de remuneração, a criação de cargos, empregos e funções ou alteração de estrutura de carreiras, bem como a admissão ou contratação de pessoal, a qualquer título, pelos órgãos e entidades da administração direta e indireta, inclusive fundações instituídas e mantidas pelo poder público, só poderão ser feitas:

a) se houve prévia dotação orçamentária suficiente para atender às projeções de despesa de pessoal e aos acréscimos dela decorrentes;

b) se houver autorização específica na lei de diretrizes orçamentárias, ressalvadas as empresas públicas e as sociedades de economia mista;

2. decorrido o prazo estabelecido na lei complementar acima referida para a adaptação aos parâmetros ali previstos, serão imediatamente suspensos todos os repasses de verbas federais ou estaduais aos Estados, ao Distrito Federal e aos Municípios que não observarem os referidos limites;

3. para o cumprimento dos limites estabelecidos com base no artigo 169, durante o prazo fixado na lei complementar, a União, os Estados, o Distrito Federal e os Municípios adotarão as seguintes providências:

a) redução em pelo menos 20% das despesas com cargos em comissão e funções de confiança;

b) exoneração dos servidores não estáveis;

4. se as medidas acima mencionadas não forem suficientes para assegurar o cumprimento da determinação da lei complementar a que se faz referência, o servidor estável perderá o cargo, desde que ato normativo motivado de cada um dos Poderes especifique a atividade funcional, o órgão ou unidade administrativa objeto da redução de pessoal. Assinale-se que o servidor que perder o cargo nessa circunstância fará jus a indenização correspondente a um mês de remuneração por ano de serviço. Além disso, o cargo objeto da citada redução será extinto, vedada a criação de cargo, emprego ou função com atribuições iguais ou assemelhadas pelo prazo de quatro anos;

5. lei federal disporá sobre as normas a serem obedecidas na efetivação das medidas referidas no n. 4 acima.

11. VEDAÇÕES CONSTITUCIONAIS ORÇAMENTÁRIAS

A Constituição enumera, no artigo 167, as vedações em matéria orçamentária. São vedados:

I – o início de programas ou projetos não incluídos na lei orçamentária anual;

II – a concessão ou utilização de créditos ilimitados;

III – a realização de despesas ou a assunção de obrigações diretas que excedam os créditos orçamentários ou adicionais;

IV – a realização de operações de créditos que excedam o montante das despesas de capital, ressalvadas as autorizadas mediante créditos suplementares ou especiais com finalidade precisa, aprovados pelo Poder Legislativo por maioria absoluta, notando-se que os incisos II a IV, mencionados, consignam o chamado princípio da quantificação dos créditos orçamentários, impedindo-se a atualização monetária do orçamento;

V – a vinculação de receita de impostos a órgão, fundo ou despesa, ressalvadas a repartição do produto da arrecadação dos impostos a que se referem os arts. 158 e 159, a destinação de recursos para as ações e serviços públicos de saúde, para manutenção e desenvolvimento do ensino e para a realização de atividades da administração tributária, como determinado, respectivamente, pelos arts. 198, § 2º, 212 e 37, XXII, e a prestação de garantias às operações de crédito por antecipação de receita, previstas no artigo 165, § 8º, ressalvada ainda a vinculação de receitas próprias, para a prestação de garantia ou contragarantia à União e para pagamento de débitos para com ela, geradas pelos impostos e recursos a que se refere o § 4º do artigo 167 (redação dada ao inciso IV do artigo 167 pela EC n. 42/2003). A EC n. 56/2007 deu nova redação ao *caput* do art. 76 do Ato das Disposições Constitucionais Transitórias, para desvincular de órgão, fundo ou despesa, até 31 de dezembro de 2011, vinte por cento da arrecadação da União de impostos, contribuições sociais e de intervenção no domínio econômico, já instituídos ou que vierem a ser criados até a referida data, seus adicionais e respectivos acréscimos legais;

VI – a abertura de crédito suplementar ou especial, sem prévia autorização legislativa e sem indicação dos recursos correspondentes;

VII – a transposição, o remanejamento ou a transferência de recurso de uma categoria de programação para outra ou de um órgão para outro, sem prévia autorização legislativa;

VIII – a utilização, sem autorização legislativa, específica, de recursos dos orçamentos fiscal e de seguridade social para suprir necessidade ou cobrir déficit de empresas, fundações e fundos, inclusive dos mencionados no artigo 165, § 5º;

IX – a instituição de fundos de qualquer natureza, sem prévia autorização legislativa;

X – a transferência voluntária de recursos e a concessão de empréstimos, inclusive por antecipação de receita, pelos Governos Federal e Estaduais e suas instituições financeiras, para pagamento de despesas com pessoal ativo, inativo e pensionista, dos Estados, do Distrito Federal e dos Municípios (inciso acrescentado pela EC n. 19/1998).

Note-se, finalmente, que pelo art. 168, com a redação que lhe foi dada pela EC n. 45/2004, os recursos correspondentes às dotações orçamentárias, compreendidos os créditos suplementares e especiais, destinados aos órgãos dos Poderes Legislativo e Judiciário, do Ministério Público e da Defensoria Pública, ser-lhes-ão entregues até o dia 20 de cada mês, em duodécimos, na forma da lei complementar a que se refere o art. 165, § 9º.

12. PROCESSO LEGISLATIVO DAS LEIS ORÇAMENTÁRIAS

As leis orçamentárias sujeitam-se a processo legislativo próprio, estudado no Capítulo 10, itens 5 e 9, deste trabalho.

CAPÍTULO 17

ORDEM ECONÔMICA E FINANCEIRA

SUMÁRIO

1. FUNDAMENTOS DA ORDEM ECONÔMICA – LIBERALISMO, INTERVENCIONISMO E DIRIGISMO ECONÔMICO – O NEOLIBERALISMO

A Constituição de 1988 dedica à "ordem econômica" (que se destaca da "ordem social") o Título VII, compreendendo os Capítulos I a III – arts. 170 a 191 –, tratando ainda, em único artigo (192), do sistema financeiro nacional.

Eros Roberto Grau acentua que a Constituição, ao separar a Ordem Econômica da Ordem Social "reproduz o equívoco semântico que supõe econômica a produção e social a repartição".[1]

Trata-se da "constituição econômica", que materialmente consiste no "conjunto de normas fundamentais que estabelecem juridicamente os elementos estruturais de uma forma concreta de um determinado sistema econômico; se é, portanto, uma estrutura de relações sociais de produção traduzida em normas jurídicas, então a constituição econômica, neste sentido jurídico-material, existe em toda e qualquer formação social. Em todos os Estados uma determinada ordem econômica é expressamente fixada ou pressuposta como imanente pela ordem jurídica, seja diretamente pela constituição, seja por institutos fundamentais do direito privado e administrativo".[2]

---

1 GRAU. *A ordem econômica na Constituição de 1988*, p. 54.

2 MOREIRA. *Economia e Constituição*, p. 69.

A opção do texto constitucional, embora não o diga expressamente, é pelo capitalismo e a apropriação privada dos meios de produção, com alguns preceitos apontando para uma socialização, sem, contudo, comprometer a essência do sistema.

Diz a Constituição, no art. 170, que a ordem econômica, fundada na valorização do trabalho humano e na livre iniciativa, tem por fim assegurar a todos existência digna, conforme os ditames da justiça social.

Constituem, pois, seus fundamentos a valorização do trabalho humano e a livre iniciativa, que são elevadas inclusive à categoria de fundamentos do próprio Estado brasileiro (art. 1º, IV).

Declara ainda o texto constitucional que os objetivos da ordem econômica são garantir a todos existência digna e realizar a justiça social.

Dentro do modo capitalista de produção, tais objetivos constituem um desafio, pois tendo o lucro como fator predominante, com a consequente acumulação e concentração da riqueza, o sistema capitalista gera gritantes desigualdades sociais, difíceis de serem evitadas sem a intervenção do Estado. Por outro lado, o socialismo radical elimina a propriedade privada e esmaga, a pretexto de promover a igualdade, as liberdades fundamentais. Assim, a operacionalização dos preceitos constitucionais programáticos, por meio da atuação do Executivo e da intervenção legislativa, é que irá propiciar a plena realização dos objetivos a que se propõe a Constituição econômica, devendo-se a todo custo evitar o capitalismo selvagem e o socialismo radical.

Deveras, os excessos da concepção liberal é que foram os responsáveis pelo intervencionismo estatal na economia, culminando com a apropriação dos meios de produção pelo Estado, e eliminando a propriedade privada.

De outra parte, a experiência socialista radical parece ter falhado nos seus objetivos, pois, nos últimos anos, o que se tem visto na Rússia e na China são fatos que revelam a necessidade da redução do papel do Estado como agente econômico, admitindo-se a prática de certas instituições próprias do modelo capitalista e de uma economia de mercado.

Nos países do Terceiro Mundo, a presença do Estado na economia é apontada como um dos fatores do processo inflacionário, sobretudo porque as emissões de papel moeda e os empréstimos públicos têm sido destinados a cobrir as necessidades das empresas públicas e, em dimensão mais abrangente, do próprio déficit público. Fala-se então em desestatização, afastando-se o Estado progressivamente da economia, privatizando-se empresas públicas com obediência às leis do mercado.

Como acentua José Afonso da Silva, "o problema do estatismo é que ele nem sempre importa na libertação do homem; não raro é despótico, tecnocrático, burocrático e gerador de uma nova classe dominante, como se reconhece no Estado produzido pela revolução russa, sem negar que o estatismo, assim mesmo, pode revelar-se uma força de progresso na medida mesma em que constitua uma ruptura com a mundialização do capitalismo",[3] mostrando ainda que no Brasil o estatismo "importou

---

[3] SILVA. *Curso de direito constitucional positivo*, p. 670.

especialmente em acudir situações desastrosas da iniciativa privada, prejudicando a classe trabalhadora e comprometendo o desenvolvimento nacional".

Assim, a intervenção do Estado na economia só se justifica na medida em que "se busque condicionar a ordem econômica ao cumprimento de seu fim de assegurar a existência digna a todos, conforme os ditames da justiça social e por imperativo de segurança nacional".[4]

Mencione-se então o surgimento do neoliberalismo como um sistema político e econômico, que visa à renovação de certas posições do liberalismo do século XVIII.

No plano econômico, considera insubstituível a iniciativa individual que cria a economia de mercado e reconhece que somente o Estado pode preservar o princípio fundamental da concorrência contra a ameaça do monopólio, considerado este como a liberdade de alguns à custa da liberdade dos demais.

Já no plano político, sustenta a crença nas liberdades formais, que não podem ser substituídas pelas chamadas liberdades reais, pois somente aquelas é que constituem a garantia contra a ambição totalitária.

2. PRINCÍPIOS DA ORDEM ECONÔMICA

A Constituição explicita, no art. 170, os princípios da ordem econômica:

I – *soberania nacional*: além de constituir fundamento do Estado Democrático de Direito (art. 1º, I), a soberania figura na ordem econômica, revelando assim a Constituição a existência de uma soberania econômica, no sentido de preservar e defender as riquezas nacionais, dentro de uma ideia nacionalista. Não se pode hoje ignorar, contudo, que a economia se internacionalizou, não cabendo o seu enclausuramento numa determinada sociedade. Assim, o princípio da soberania econômica há de ser entendido como autonomia e independência nas negociações externas, em que deverá prevalecer o interesse nacional ao confronto com a economia externa.

Dentro das concepções neoliberais de flexibilização da economia, foram promulgadas as Emendas Constitucionais n. 6, 7 e 8, de 15 de agosto de 1995, e 9, de 9 de novembro de 1995, que introduziram relevantes modificações restritivas do princípio da soberania econômica, no texto constitucional. Assim, foi eliminada a figura da empresa brasileira, distenderam-se as regras sobre transporte aquático, navegação de cabotagem,[5] serviços de telecomunicações, pesquisa e lavra de jazidas de petróleo e gás natural e outros carbonetos fluidos, refinação de petróleo nacional ou estrangei-

---

4 SILVA. *Op. cit.*

5 Entende-se por "*proprietário* a pessoa física ou jurídica em nome de quem a embarcação está registrada. *Armador* é a pessoa física ou jurídica que, em seu nome ou sob sua responsabilidade apresta a embarcação para sua utilização. *Comandante* é a pessoa física responsável pela embarcação, seus equipamentos, passageiros, bagagem, disciplina a bordo, etc. A navegação de cabotagem (realizada em portos brasileiros e entre portos da costa atlântica da América do Sul, das Antilhas e da Costa Leste da América Central, exceto os portos de Ilhas Virgens e Porto Rico) e a navegação interior eram privativas de embarcação nacional, salvo quando ocorresse necessidade pública, assim definida em lei. Com a EC n. 7, de 15 de agosto de 1995, caberá à lei estabelecer as condições em que o transporte de mercadorias na cabotagem e a navegação

ro, importação e exportação dos produtos e derivados básicos resultantes dessas atividades, transporte marítimo do petróleo bruto de origem nacional ou de derivados básicos de petróleo produzido no País, bem assim o transporte, por meio de conduto, de petróleo bruto, seus derivados e gás natural de qualquer origem. Foi preservado, no entanto, o monopólio estatal sobre a pesquisa, a lavra, o enriquecimento, o reprocessamento, a industrialização e o comércio de minério e minerais nucleares e seus derivados.

Pela EC n. 49/2006, foram, no entanto, excepcionados do monopólio da União os radioisótopos, cuja produção, comercialização e utilização poderão ser autorizadas sob regime de permissão, conforme as alíneas *b* e *c* do inciso XXIII do *caput* do art. 21 da Constituição Federal.

Com relação ao capital estrangeiro, a Constituição não veda seu ingresso no País; apenas acautela os interesses nacionais, estabelecendo, no art. 172, que "a lei disciplinará, com base no interesse nacional, investimentos de capital estrangeiro, incentivará os reinvestimentos e regulará a remessa de lucros".

A Constituição assegura (art. 20, § 1º), nos termos da lei, aos Estados, Distrito Federal e Municípios, assim como a órgãos da administração direta da União, a participação no resultado da exploração de petróleo ou gás natural, de recursos hídricos para fins de geração de energia elétrica e de outros recursos minerais do respectivo Território, plataforma continental, mar territorial ou zona econômica exclusiva, ou compensação financeira por essa participação;

II – *propriedade privada e função social da propriedade*: embora consagrando a propriedade privada, a Constituição a condiciona à sua função social. No domínio econômico, parece haver relação entre a função social da propriedade privada e os fins da ordem econômica, isto é, propiciar dignidade a todos, segundo os ditames da justiça social.

Eros Grau salienta que "apenas em relação aos bens de produção se pode colocar o problema do conflito entre propriedade e trabalho e do binômio propriedade-empresa. Esse novo direito – nova legislação – implica prospecção de uma nova fase (um aspecto, um perfil) do direito de propriedade, diversa e distinta da tradicional: a fase dinâmica."[6]

Desse modo, a propriedade privada, na perspectiva da ordem econômica, é aquela que se insere no processo produtivo, e envolve fundamentalmente a propriedade (dinâmica) dos bens de consumo e dos bens de produção;

III – *livre concorrência*: tal princípio se relaciona com o da livre iniciativa e vem assegurado no § 4º do art. 173, ao estabelecer que "a lei reprimirá o abuso do poder econômico que vise à dominação dos mercados, à eliminação da concorrência e ao aumento arbitrário dos lucros". Pondere-se, no entanto, com *Fávila Ribeiro*, que "o capitalismo contemporâneo em sua conformação dominante é comprometido com a crescente expansão das gigantescas organizações, e quando estas chegam, espantam e destroem as unidades de inferior densidade econômica. Entre estruturas tão

---

interior poderão ser feitos por embarcações estrangeiras" (CHIMENTI *et al. Curso de direito constitucional*, p. 496).

[6] GRAU. *A ordem econômica na Constituição de 1988*, p. 253-254.

profundamente desiguais não podem ser estabelecidas relações competitivas, mas de dominação dependência, essencialmente hegemônicas. Difícil, senão impossível, nessa montagem estrutural em que avulta a formação capitalista concentradora, ter êxito na contenção ao expansionismo ganglionar, por maiores que sejam os influxos intervencionistas do Estado".[7] O Supremo Tribunal Federal decidiu que o serviço postal desenvolvido pela Empresa Pública de Correios e Telégrafos, que detém o privilégio de entrega de correspondências, não viola a livre concorrência e a livre iniciativa;[8]

IV – *defesa do consumidor*: a Constituição revela preocupação com a exploração do consumo coletivo, pois, além de instituir a defesa do consumidor como princípio da ordem econômica no art. 5º, inciso XXXII, que trata dos direitos fundamentais do homem, estabelece que "o Estado promoverá, na forma da lei,[9] a defesa do consumidor", e arrola, entre as funções do Ministério Público, a de promover o inquérito civil e ação civil pública, para a proteção de interesses difusos e coletivos, neles incluída a defesa do consumidor.

---

[7] RIBEIRO. *A Constituição e a realidade brasileira*, p. 120.

[8] STF, ADPF 46-DF, Rel. Min. Eros Grau, j. 5.8.2009, *DJ* 26.2.2010. Ementa do acórdão: "Arguição de Descumprimento de Preceito Fundamental. Empresa Pública de Correios e Telégrafos. Privilégio de entrega de correspondências. Serviço Postal. Controvérsia referente à Lei Federal 6.538, de 22 de junho de 1978. Ato normativo que regula direitos e obrigações concernentes ao serviço postal. Previsão de sanções nas hipóteses de violação do privilégio postal. Compatibilidade com o sistema constitucional vigente. Alegação de afronta ao disposto nos arts. 1º, inciso IV; 5º, inciso XIII, 170, *caput*, inciso IV e parágrafo único, e 173 da Constituição do Brasil. Violação dos princípios da livre concorrência e livre iniciativa. Não caracterização. Arguição julgada improcedente. Interpretação conforme à constituição conferida ao art. 42 da Lei n. 6.538, que estabelece sanção, se configurada a violação do privilégio postal da União. Aplicação às atividades postais descritas no art. 9º, da Lei.

1. O serviço postal – conjunto de atividades que torna possível o envio de correspondência, ou objeto postal, de um remetente para endereço final e determinado – não consubstancia atividade econômica em sentido estrito. Serviço postal é serviço público. 2. A atividade econômica em sentido amplo é gênero que compreende duas espécies, o serviço público e a atividade econômica em sentido estrito. Monopólio é de atividade econômica em sentido estrito, empreendida por agentes econômicos privados. A exclusividade da prestação dos serviços públicos é expressão de uma situação de privilégio. Monopólio e privilégio são distintos entre si; não se os deve confundir no âmbito da linguagem jurídica, qual ocorre no vocabulário vulgar. 3. A Constituição do Brasil confere à União, em caráter exclusivo, a exploração do serviço postal e o correio aéreo nacional [art. 20, inciso X]. 4. O serviço postal é prestado pela Empresa Brasileira de Correios e Telégrafos – ECT, empresa pública, entidade da Administração Indireta da União, criada pelo decreto-lei n. 509, de 10 de março de 1.969. 5. É imprescindível distinguirmos o regime de privilégio, que diz com a prestação dos serviços públicos, do regime de monopólio sob o qual, algumas vezes, a exploração de atividade econômica em sentido estrito é empreendida pelo Estado. 6. A Empresa Brasileira de Correios e Telégrafos deve atuar em regime de exclusividade na prestação dos serviços que lhe incumbem em situação de privilégio, o privilégio postal. 7. Os regimes jurídicos sob os quais em regra são prestados os serviços públicos importam em que essa atividade seja desenvolvida sob privilégio, inclusive, em regra, o da exclusividade. 8. Arguição de descumprimento de preceito fundamental julgada improcedente por maioria. O Tribunal deu interpretação conforme à Constituição ao art. 42 da Lei n. 6.538 para restringir a sua aplicação às atividades postais descritas no art. 9º desse ato normativo."

[9] Trata-se da Lei n. 8.078, de 11 de setembro de 1990.

Como acentua Nagib Slaib Filho, a "defesa do consumidor é elemento essencial da ordem econômica liberal ou capitalista porque assegura a livre competição que é conteúdo do regime – não se protege o consumidor como ação social ou coletivista em defesa do menos aquinhoado, como se fosse um benefício paternalista do Poder. O consumidor é protegido porque é o fundamento da ordem econômica, a razão de ser da competição, aquele que despenderá consigo os bens que foram produzidos levando em conta os seus interesses. A defesa do consumidor é direito fundamental porque o indivíduo – como unidade mínima da humanidade – não pode ser visto como um número ou, na visão repudiada de Schumpeter, como integrante de uma multidão sem rosto, mas porque, no regime liberal, é o fundamento da organização social, sujeito, e não objeto, de sua história."[10]

V – *defesa do meio ambiente*: toda atividade produtiva deve respeitar o meio ambiente como bem indispensável à vida, à fauna e à flora. A Constituição prevê, no art. 225, mecanismos de defesa do meio ambiente. A defesa do meio ambiente se fará, inclusive, mediante tratamento diferenciado conforme o impacto ambiental dos produtos e serviços e de seus processos de elaboração e prestação, consoante dicção do inciso VI do art. 170, com a redação da EC n. 42/2003;

VI – *redução das desigualdades regionais e sociais*. Esse é um princípio que vem previsto como um dos objetivos fundamentais do Estado brasileiro, constante do art. 3º, III. Na ordem econômica, implica a necessidade de melhor distribuição de renda, mediante a formulação e execução de políticas que visem promover a integração nacional nos aspectos geográficos e demográficos;

VII – *busca de pleno emprego*: diz a respeito Fávila Ribeiro que "não se trata de assumir o próprio Estado a posição cartorária de absorver o trabalho de um modo geral, com uma crescente publicização das atividades produtivas. Não é de tal que se cogita. É da influência a ser exercida na economia, amparando os desprotegidos, além das proteções sobre seguro-desemprego, a que se refere o art. 7º, II, da vigente Constituição";[11]

VIII – *tratamento favorecido para as empresas de pequeno porte*, que se efetiva, segundo o art. 179, sobretudo pelo tratamento jurídico diferenciado, visando incentivá-las pela simplificação de suas obrigações administrativas, tributárias, previdenciárias e creditícias, ou pela eliminação ou redução destas por meio de lei.

3. ATUAÇÃO DO ESTADO NO DOMÍNIO ECONÔMICO

O Estado é agente normativo e regulador da atividade econômica (art. 174), cabendo-lhe as funções de fiscalização, incentivo e planejamento.

A Constituição prevê a exploração direta da atividade econômica pelo Estado, que será permitida quando necessária aos imperativos da segurança nacional ou a relevante interesse coletivo, conforme definidos em lei (art. 173). José Afonso da Silva sustenta que as duas formas de exploração direta do Estado na atividade econômica (a

[10] SLAIBI FILHO. *Direito constitucional*, p. 708.
[11] RIBEIRO. *Op. cit.*, p. 124.

necessária – art. 173 – e a monopolística – art. 177) não significam participação suplementar ou subsidiária da iniciativa privada, pois essa participação sempre ocorrerá desde que presentes as exigências estabelecidas nos citados dispositivos constitucionais.[12]

Para Eros Grau, a exploração direta da atividade econômica pelo Estado classifica-se em "intervenção por absorção" e "intervenção por participação", no primeiro caso o regime de monopólio, e no segundo, o regime de competição.[13]

Mas a flexibilização da economia promovida pelas Emendas Constitucionais n. 6, 7, 8 e 9, de 1995, irá certamente acarretar a diminuição da exploração da atividade econômica pelo Estado, reduzindo-se, consequentemente, os níveis de estatização.

Segundo o disposto no § 1º do art. 173, com a nova redação dada pela Emenda Constitucional n. 19/98, a lei estabelecerá o estatuto jurídico da empresa pública, da sociedade de economia mista e de suas subsidiárias que explorem atividades econômicas de produção ou comercialização de bens ou de prestação de serviços, dispondo sobre:

I – sua função social e formas de fiscalização pelo Estado e pela sociedade;

II – a sujeição ao regime jurídico próprio das empresas privadas, inclusive quanto aos direitos e obrigações civis, comerciais, trabalhistas e tributários;

III licitação e contratação de obras, serviços, compras e alienações, observados os princípios da administração pública;

IV – a Constituição e o funcionamento dos conselhos de administração e fiscal, com a participação de acionistas minoritários;

V – os mandatos, a avaliação de desempenho e a responsabilidade dos administradores.

De se notar que a regra constitucional que sujeita as empresas estatais ao regime jurídico próprio das empresas privadas (art. 173, § 1º, II) não se aplica às empresas estatais que explorem atividade econômica sob regime de monopólio, já que visam assegurar o regime de competição.

Assinale-se ainda que as empresas estatais que explorem atividade econômica ou aquelas outras previstas na cláusula constitucional referida, embora submetidas a regime jurídico de direito privado, não se acham, contudo, sujeitas a falência, mas somente a penhorabilidade de seus bens, em virtude da origem pública dos recursos para sua constituição e funcionamento. A admissão de seus empregados deve realizar-se por meio de concurso público, a teor do disposto no art. 37, I e II, da Constituição, que subordina os entes da administração indireta aos princípios da acessibilidade e do concurso para cargos, funções e empregos públicos.

4. PLANEJAMENTO

Modalidade de intervenção indireta do Estado na economia é o planejamento, determinante para o setor público e indicativo para o setor privado, sendo certo que "a lei estabelecerá as diretrizes e bases de planejamento do desenvolvimento nacional

---

[12] SILVA. *Op. cit.*, p. 673.

[13] GRAU. *A ordem econômica na Constituição de 1988*, p. 64, 130.

equilibrado, o qual incorporará e compatibilizará os planos nacionais e regionais de desenvolvimento" (art. 174, § 1º).

O planejamento econômico, entendido como o processo de racionalização da economia, definindo e ordenando os fins econômicos a serem alcançados, se efetiva mediante planos estabelecidos pelo Estado como agente normativo e regulador da atividade econômica, que serão determinantes para o setor público e indicativos para o setor privado, conforme se viu.

Advirta-se, no entanto, com Raul Machado Horta, que "a linguagem elástica e ambígua – 'planejamento do desenvolvimento nacional equilibrado' – sujeita à interpretação dilatora da iniciativa presidencial e de maiorias no Congresso Nacional, poderá converter-se em 'cláusula transformadora' da Constituição, para instaurar o planejamento central da economia, sufocando a economia de mercado, a livre iniciativa e a livre concorrência".[14]

O planejamento global da economia há, contudo, de se compatibilizar, no Estado federal, com as diferenciações geográficas, econômicas e culturais do País, devendo-se, pois, evitar uma absoluta uniformidade em sua concepção e execução.

De acordo com o art. 21, IX, compete à União elaborar e executar planos nacionais e regionais de ordenação do território e de desenvolvimento econômico e social.

5. SERVIÇOS PÚBLICOS

Serviço público é o prestado pela Administração para a realização de uma necessidade de interesse geral.

Situando o serviço público no âmbito do Estado Democrático de Direito, Marçal Justen Filho salienta que "certa atividade é qualificada como serviço público em virtude de dirigir-se à satisfação direta e imediata de direitos fundamentais."[15]

Diz a Constituição que "incumbe ao Poder Público, na forma da lei, diretamente ou sob regime de concessão ou permissão, sempre através de licitação, a prestação de serviços públicos" (art. 175).

Assim, a prestação dos serviços públicos será direta quando envolver órgãos da própria Administração; indireta, a cargo de autarquias, empresas públicas, sociedades de economia mista e mediante concessão ou permissão, envolvendo pessoas de direito privado ou de direito público.

Os textos constitucionais pretéritos não mencionavam a figura da permissão, prevendo somente a concessão.

Tem-se por concessão o contrato administrativo de que resulta um vínculo bilateral, oneroso, precedido de licitação, entre o poder concedente e o concessionário.

A permissão consiste no ato administrativo discricionário, precário, que pode ser revogado unilateralmente, havendo, no entanto, a possibilidade de permissão a curto

---

[14] HORTA. A ordem econômica na nova Constituição: problemas e contradições. *In*: *A Constituição brasileira – 1988*: interpretações, p. 391.

[15] JUSTEN FILHO. *Curso de direito administrativo*, p. 482.

prazo, hipótese em que não há revogação. A permissão pode ser, no entanto, condicionada, quando o permitente estabelece certas regras, como prazo e outras, o que exclui a discricionariedade e a precariedade.

A distinção entre concessão e permissão aqui apontada, não se sustenta perante a Constituição, segundo José Afonso da Silva, "pois o parágrafo único do art. 175 concebe ambos os institutos igualmente como contratos de caráter especial. Logo, nesse campo não existe permissão unilateral, discricionária e precária, não estando conforme com a Constituição o conceito da Lei n. 8.987/1995 (art. 2º, IV), ao conceituá-la como delegação, a título precário, da prestação de serviço."[16]

Anote-se que, além da concessão e da permissão, o texto constitucional faz referência, à autorização, que consiste no "ato administrativo unilateral, discricionário e precário; não se destina apenas à execução de serviço público, pois há autorização administrativa ao particular também para a prática de certas atividades e para a utilização de bens públicos."[17]

Hipóteses de concessão, permissão e autorização vêm referidas no art. 21, inciso XI, bem como no inciso XII e alíneas, da Constituição, para:

1. os serviços de telecomunicações, nos termos da lei, que disporá sobre a organização dos serviços, a criação de um órgão regulador e outros aspectos institucionais;
2. os serviços de radiodifusão sonora e de sons e imagens, observado o princípio da complementaridade dos sistemas privado, público e estatal (art. 223);
3. os serviços e instalações de energia elétrica e o aproveitamento energético dos cursos de água, em articulação com os Estados onde se situam os potenciais hidroenergéticos;
4. a navegação aérea, aeroespacial e a infra-estrutura aeroportuária;
5. os serviços de transporte ferroviário e aquaviário entre portos brasileiros e fronteiras nacionais, ou que transponham os limites de Estado ou Território;
6. os serviços de transporte rodoviário interestadual e internacional de passageiros;
7. os portos marítimos, fluviais e lacustres.

Nos termos do parágrafo único do art. 175 da Constituição Federal, a lei disporá sobre o regime das empresas concessionárias e permissionárias de serviços públicos, o caráter especial de seu contrato e de sua prorrogação, bem como as condições de caducidade, fiscalização e rescisão da concessão ou permissão; os direitos dos usuários; política tarifária; a obrigação de manter serviço adequado. Esses princípios se acham desenvolvidos na Lei n. 8.987/1995, que estabelece as cláusulas essenciais do contrato e sua prorrogação, legisla sobre as condições de caducidade, fiscalização e

[16] SILVA. *Comentário contextual à Constituição*, p. 726.

[17] SILVA. *Comentário contextual à Constituição*, p. 725.

rescisão do contrato, e dispõe sobre os direitos dos usuários, a política tarifária e a obrigação de manter serviços adequados.

O poder concedente pode ser federal, estadual, distrital e municipal. Além dos entes federativos, as entidades públicas, como autarquias, fundações públicas, sociedades de economia mista, empresas públicas, não podem conceder a prestação de serviços públicos, porquanto os serviços por elas prestados lhes são delegados pelas entidades políticas a que se vinculam.

6. REGIME DAS JAZIDAS, MINAS, RIQUEZAS MINERAIS E POTENCIAIS DE ENERGIA HIDRÁULICA

A Constituição separa expressamente a propriedade do solo do domínio das jazidas, em lavra ou não, e demais recursos minerários, e os potenciais de energia hidráulica que pertencem à União (art. 176), assegurando-se ao proprietário do solo participação nos resultados da lavra, na forma e no valor que dispuser a lei.

A exploração (pesquisa e lavra) desses recursos minerais e o aproveitamento dos potenciais de energia hidráulica somente poderão ser efetuados mediante autorização ou concessão da União, no interesse nacional, a brasileiros ou a empresa constituída sob as leis brasileiras e que tenha sua sede e administração no País.

7. POLÍTICA URBANA

Prevê a Constituição (art. 182) que os Municípios deverão adotar política de desenvolvimento urbano, executada conforme diretrizes gerais fixadas em lei, tendo por objetivo ordenar o pleno desenvolvimento das funções sociais da cidade e garantir o bem-estar de seus habitantes.

Note-se que a política urbana não deve ser incompatível com a política nacional de desenvolvimento urbano, pois cabe à União (art. 21, XX) instituir diretrizes para o desenvolvimento urbano, inclusive habitação, saneamento básico e transportes urbanos.

Na redefinição de um novo espaço-tempo, fala-se no direito à cidade a envolver o direito de regulação de espaços urbanos e práticas democráticas de poder compartilhado, e que tem como princípios: o princípio da cidadania plena, o princípio da gestão democrática e o princípio da função social.

A Carta Mundial pelo Direito à Cidade considera a gestão democrática da cidade como o controle e a participação da sociedade através de formas diretas e representativas, no planejamento e governo da cidade, priorizando o fortalecimento e a autonomia das administrações públicas locais.[18]

---

[18] Carta Mundial pelo Direito à Cidade

Fórum Social das Américas – Quito – Julho 2004

Fórum Mundial Urbano – Barcelona – Setembro 2004

V Fórum Social Mundial – Porto Alegre – Janeiro 2005. Disponível em: <www. Direitoacidade. org.br>. Acesso em: 22 set. 2008).

O Estatuto da Cidade (Lei n. 10.257, de 10 de julho de 2001) explicita, em seus arts. 43 a 45, que a gestão democrática da cidade envolve a utilização, entre outros, de órgãos colegiados de política urbana, nos níveis nacional, estadual e municipal; debates, audiências e consultas públicas; conferências sobre assuntos de interesse urbano, nos níveis nacional, estadual e municipal; e, iniciativa popular de projeto de lei e de planos, programas e projetos de desenvolvimento urbano. A gestão orçamentária participativa, no âmbito municipal, incluirá a realização de debates, audiências e consultas públicas sobre as propostas do plano plurianual, da lei de diretrizes orçamentárias e do orçamento anual, como condição obrigatória para sua aprovação pela Câmara Municipal. Os organismos gestores das regiões metropolitanas e aglomerações urbanas incluirão obrigatória e significativa participação da população e de associações representativas dos vários segmentos da comunidade, de modo a garantir o controle direto de suas atividades e o pleno exercício da cidadania.

O Estatuto da Cidade prevê, em seu art. 2º, como diretrizes gerais da política urbana: I – garantia do direito a cidades sustentáveis, entendido como o direito à terra urbana, à moradia, ao saneamento ambiental, à infra-estrutura urbana, ao transporte e aos serviços públicos, ao trabalho e ao lazer, para as presentes e futuras gerações; II – gestão democrática por meio da participação da população e de associações representativas dos vários segmentos da comunidade na formulação, execução e acompanhamento de planos, programas e projetos de desenvolvimento urbano; III – cooperação entre os governos, a iniciativa privada e os demais setores da sociedade no processo de urbanização, em atendimento ao interesse social; IV – planejamento do desenvolvimento das cidades, da distribuição espacial da população e das atividades econômicas do Município e do território sob sua área de influência, de modo a evitar e corrigir as distorções do crescimento urbano e seus efeitos negativos sobre o meio ambiente; V – oferta de equipamentos urbanos e comunitários, transporte e serviços públicos adequados aos interesses e necessidades da população e às características locais; VI – ordenação e controle do uso do solo, de forma a evitar: a) a utilização inadequada dos imóveis urbanos; b) a proximidade de usos incompatíveis ou inconvenientes; c) o parcelamento do solo, a edificação ou o uso excessivos ou inadequados em relação à infraestrutura urbana; d) a instalação de empreendimentos ou atividades que possam funcionar como pólos geradores de tráfego, sem a previsão da infraestrutura correspondente; e) a retenção especulativa de imóvel urbano, que resulte na sua subutilização ou não utilização; f) a deterioração das áreas urbanizadas; g) a poluição e a degradação ambiental; VII – integração e complementaridade entre as atividades urbanas e rurais, tendo em vista o desenvolvimento socioeconômico do Município e do território sob sua área de influência; VIII – adoção de padrões de produção e consumo de bens e serviços e de expansão urbana compatíveis com os limites da sustentabilidade ambiental, social e econômica do Município e do território sob sua área de influência; IX – justa distribuição dos benefícios e ônus decorrentes do processo de urbanização; X – adequação dos instrumentos de política econômica, tributária e financeira e dos gastos públicos aos objetivos do desenvolvimento urbano, de modo a privilegiar os investimentos geradores de bem-estar geral e a fruição dos bens pelos diferentes segmentos sociais; XI – recuperação dos investimentos do Poder Público de que tenha resultado a valorização de imóveis urbanos; XII – proteção, preservação e recuperação do meio ambiente natural e construído, do patrimônio cultural, histórico, artístico, paisagístico e arqueológico; XIII – audiência do Poder Público municipal e da população interessada nos processos de implantação de empreendimentos ou atividades com efeitos potencialmente negativos sobre o meio ambiente natural ou construído, o conforto ou a segurança da população; XIV – regularização fundiária e urbanização de áreas ocupadas por população de baixa renda mediante o estabelecimento de normas especiais de urbanização, uso e ocupação do solo e edificação, consideradas a situação socioeconômica da população e as normas ambientais; XV – simplificação da legislação de parcelamento, uso e ocupação do solo e das normas edilícias, com vistas a permitir a redução dos custos e o aumento da oferta dos lotes e unidades habitacionais; XVI – isonomia de condições para os agentes públicos e privados na promoção de empreendimentos e atividades relativos ao processo de urbanização, atendido o interesse social.

Ainda nos termos do Estatuto da Cidade (art. 4º), são instrumentos em geral da política urbana: I – planos nacionais, regionais e estaduais de ordenação do território e de desenvolvimento econômico e social; II – planejamento das regiões metropolitanas, aglomerações urbanas e microrregiões; III – planejamento municipal, em especial: a) plano diretor; b) disciplina do parcelamento, do uso e da ocupação do solo; c) zoneamento ambiental; d) plano plurianual; e) diretrizes orçamentárias e orçamento anual; f) gestão orçamentária participativa; g) planos, programas e projetos setoriais; h) planos de desenvolvimento econômico e social; IV – institutos tributários e financeiros: a) imposto sobre a propriedade predial e territorial urbana – IPTU; b) contribuição de melhoria; c) incentivos e benefícios fiscais e financeiros; V – institutos jurídicos e políticos: a) desapropriação; b) servidão administrativa; c) limitações administrativas; d) tombamento de imóveis ou de mobiliário urbano; e) instituição de unidades de conservação; f) instituição de zonas especiais de interesse social; g) concessão de direito real de uso; h) concessão de uso especial para fins de moradia; i) parcelamento, edificação ou utilização compulsórios; j) usucapião especial de imóvel urbano; l) direito de superfície; m) direito de preempção; n) outorga onerosa do direito de construir e de alteração de uso; o) transferência do direito de construir; p) operações urbanas consorciadas; q) regularização fundiária; r) assistência técnica e jurídica gratuita para as comunidades e grupos sociais menos favorecidos; s) referendo popular e plebiscito; VI – estudo prévio de impacto ambiental (EIA) e estudo prévio de impacto de vizinhança (EIV). Depreende-se deste enunciado que os instrumentos de concretização da política urbana são constitucionais, legislativos, jurídico e financeiro-tributários.

As cidades com mais de 20 mil habitantes terão, obrigatoriamente, um plano diretor, aprovado pela Câmara Municipal, considerado como o instrumento básico da política de desenvolvimento e de expansão urbana.

O Estatuto da Cidade estabelece, em seu art. 41, ser o plano diretor obrigatório para cidades: 1) com mais de vinte mil habitantes; 2) integrantes de regiões metropolitanas e aglomerações urbanas; 3) onde o Poder Público municipal pretenda utilizar os instrumentos previstos no § 4º do art. 182 da Constituição Federal; 4) integrantes de áreas de especial interesse turístico; 5) inseridas na área de influência de empreendimentos ou atividades com significativo impacto ambiental de âmbito regional ou nacional. Estabelece ainda o Estatuto da Cidade, que, no caso de cidades com mais de quinhentos mil habitantes, deverá o ser elaborado um plano de transporte urbano integrado, compatível com o plano diretor ou nele inserido (art. 41, § 2º).

Dispõe o texto constitucional que a propriedade urbana cumpre sua função social quando atende às exigências fundamentais de ordenação da cidade, expressas no plano diretor (art. 182, § 2º). A propriedade urbana está condicionada aos princípios e normas do Direito Urbanístico, voltados para a organização dos espaços habitáveis, de modo a propiciar ao homem o exercício de suas funções comunitárias essenciais: habitação, trabalho, recreação e circulação

Fala-se em mobilidade urbana como "a possibilidade de deslocar-se facilmente para fins de lazer, trabalho, estudo, prática de exercícios físicos etc. A mobilidade urbana, assim conceituada, resulta de três processos, os quais implicam ações de curto, médio e longo prazos: o planejamento dos transportes (o que inclui veículos, redes viárias, infraestrutura de apoio e integração, serviços de transporte público), o planejamento urbano e regional (o uso do solo) e a gestão das áreas metropolitanas." [19]

As desapropriações de imóveis urbanos serão feitas com prévia e justa indenização em dinheiro ou com pagamento mediante títulos da dívida pública (art. 182, § 4º, III), no caso de descumprimento pelo proprietário do solo urbano não edificado, subutilizado ou não utilizado, das exigências de seu adequado aproveitamento. Trata-se da desapropriação-sanção, relacionada com a função social da propriedade urbana, de que cuidamos no Capítulo 16 deste trabalho.

A Constituição ainda faculta o parcelamento e edificação compulsórios ao proprietário que descumpre a função social da propriedade, nos termos acima referidos, bem como alíquota progressiva no tempo. O Estatuto da Cidade prevê que a alíquota seja dobrada, ano a ano, até o limite de cinco anos, quando poderá representar 15% do valor do imóvel. É vedada a concessão de isenções ou de anistia relativas à tributação progressiva.

A Constituição estabelece o usucapião urbano. Segundo o art. 183, a pessoa que possuir como sua área urbana de até 250 m^2, por cinco anos, ininterruptamente e sem oposição, utilizando-a para sua moradia ou de sua família, adquirir-lhe-á o domínio, desde que não seja proprietário de outro imóvel urbano ou rural.

Ressalte-se que, segundo decidiu o Supremo Tribunal Federal, para os fins previstos no art. 183, não se considera o tempo de posse anterior à promulgação da Constituição de 1988, inaplicando-se o enunciado da Súmula 445 daquela Corte Suprema

O título de domínio (propriedade) e a concessão de uso serão conferidos ao homem ou à mulher, ou a ambos, independentemente do estado civil. Esses direitos não serão reconhecidos ao mesmo possuidor mais de uma vez. Enfim, proíbe a Constituição o usucapião de imóveis públicos.

---

[19] GOMES, *Mobilidade urbana*: tentando sair da inércia. *In:* Ciência Hoje, n.317, vol. 53/agosto 2014, p. 26.

A Lei n. 12.587, de 3.1.2012, institui as diretrizes de Política Nacional de Mobilidade Urbana.

Ainda segundo o Estatuto da Cidade, o direito de superfície confere ao superficiário a utilização do imóvel urbano, com os direitos e obrigações de proprietário. É instituído por escritura pública registrada no cartório de registro de imóveis. O superficiário é possuidor direto do espaço físico, e se torna quase-proprietário, temporariamente, só não podendo alienar o imóvel. Como o proprietário, exerce os poderes exerce os poderes dominiais sobre o conteúdo econômico da propriedade. O direito de superfície pode ser transferido a terceiros, e, por morte do superficiário, os seus direitos transmitem-se a seus herdeiros. O direito de superfície extingue-se pelo vencimento do termo ou pelo descumprimento das obrigações contratuais assumidas pelo superficiário.

O direito de preempção, fixado em lei municipal, confere ao Poder Público preferência para aquisição de imóvel, em igualdade de preço e condições de outra oferta, para a execução de projetos ou equipamentos urbanos definidos em lei. O direito de preempção será exercido sempre que o Poder Público necessitar de áreas para: I – regularização fundiária; II – execução de programas e projetos habitacionais de interesse social; III – constituição de reserva fundiária; IV – ordenamento e direcionamento da expansão urbana; V – implantação de equipamentos urbanos e comunitários; VI – criação de espaços públicos de lazer e áreas verdes; VII – criação de unidades de conservação ou proteção de outras áreas de interesse ambiental; VIII – proteção de áreas de interesse histórico, cultural ou paisagístico. O proprietário deverá notificar sua intenção de alienar o imóvel, para que o Município, no prazo máximo de trinta dias, manifeste por escrito seu interesse em comprá-lo. O Município fará publicar, em órgão oficial e em pelo menos um jornal local ou regional de grande circulação, edital de aviso da intenção de aquisição do imóvel nas condições da proposta apresentada. Transcorrido o prazo de trinta dias, sem manifestação, fica o proprietário autorizado a realizar a alienação para terceiros, nas condições da proposta apresentada. Concretizada a venda a terceiro, o proprietário fica obrigado a apresentar ao Município, no prazo de trinta dias, cópia do instrumento público de alienação do imóvel. A alienação processada em condições diversas da proposta apresentada é nula de pleno direito, hipótese em que o Município poderá adquirir o imóvel pelo valor da base de cálculo do IPTU ou pelo valor indicado na proposta apresentada, se este for inferior àquele. A preempção é válida pelo prazo de cinco anos, renovável a partir de um ano após o decurso do prazo inicial de vigência.

A outorga onerosa do direito de construir é o instrumento que visa compatibilizar a preservação do patrimônio histórico e cultural com as possibilidades financeiras do Município. Por ela, o proprietário obriga-se a conservar o imóvel, no estado em que se encontra, e recebe o direito de construir acima do coeficiente de aproveitamento básico adotado, mediante contrapartida a ser por ele prestada. O Município em situação de deficiência financeira poderá indenizar o tombamento, mediante condições especiais de construção, no próprio terreno ou em terreno de outra localização.

Operações urbanas consorciadas constituem o conjunto de intervenções urbanas e medidas coordenadas pelo Poder Público municipal, com a participação dos proprietários, moradores, usuários permanentes e investidores privados, com o objetivo de alcançar em uma área transformações urbanísticas estruturais, melhorias sociais e a valorização ambiental. Poderão ser previstas nas operações urbanas consorciadas, entre outras medidas: I – a modificação de índices e características de parcelamento, uso e ocupação do solo e subsolo, bem como alterações das normas edilícias, considerado o impacto ambiental delas decorrente; II – a regularização de construções, reformas ou ampliações executadas em desacordo com a legislação vigente. As operações urbanas consorciadas serão definidas em lei municipal específica, baseada no plano diretor. Especialmente em favelas e cortiços, onde os terrenos são exíguos ou ocupados por várias famílias, é que se tem por necessárias as operações urbanas consorciadas. Os recursos para essas operações são orçamentários, provenientes da contribuição de melhoria e de investimentos privados. A lei específica que aprovar a operação urbana consorciada poderá prever a emissão pelo Município de quantidade determinada de certificados de potencial adicional de construção, que serão alienados em leilão ou utilizados diretamente no pagamento das obras necessárias à própria operação. Os certificados de potencial adicional de construção serão livremente negociados, mas conversíveis em direito de construir unicamente na área objeto da operação. Apresentado pedido de licença para construir, o certificado de potencial adicional será utilizado no pagamento da área de construção que supere os padrões estabelecidos pela legislação de uso e ocupação do solo, até o limite fixado pela lei específica que aprovar a operação urbana consorciada.

O estudo de impacto de vizinhança (EIV) é definido por lei municipal para empreendimentos e atividades, privados ou públicos, que afetem a qualidade de vida da população residente na área e em suas proximidades. O EIV inclui a análise, no mínimo, das seguintes questões: I – adensamento populacional; II – equipamentos urbanos e comunitários; III – uso e ocupação do solo; IV – valorização imobiliária; V – geração de tráfego e demanda por transporte público; VI – ventilação e iluminação; VII – paisagem urbana e patrimônio natural e cultural. A elaboração do EIV não substitui a elaboração e a aprovação de estudo prévio de impacto ambiental (EIA), requeridas nos termos da legislação ambiental (Estatuto da Cidade, arts. 21 a 38).

8. POLÍTICA AGRÍCOLA, FUNDIÁRIA E REFORMA AGRÁRIA

Os latifúndios improdutivos no Brasil têm acarretado as questões agrárias, notadamente as relacionadas com a função social da propriedade rural, que é cumprida quando esta atende, simultaneamente, segundo critérios e graus de exigência estabelecidos em lei, aos seguintes requisitos:

a) aproveitamento racional e adequado;
b) utilização adequada dos recursos naturais disponíveis e preservação do meio ambiente;
c) observância das disposições que regulam as relações de trabalho;
d) exploração que favorece o bem-estar dos proprietários e dos trabalhadores (art. 186).

A propriedade produtiva terá tratamento especial garantido pela lei, que fixará normas para o cumprimento dos requisitos relativos à sua função social, é o que prevê o parágrafo único do art. 185.

O imóvel rural que não esteja cumprindo sua função social poderá ser desapropriado para fins de reforma agrária. A reforma agrária, segundo estabelece o art. 16 do Estatuto da Terra, "visa estabelecer um sistema de relações entre o homem, a propriedade rural e o uso da terra, capaz de promover a justiça social, o progresso e o bem-estar do trabalhador rural e o desenvolvimento econômico do País, com a gradual extinção do minifúndio e do latifúndio". Pinto Ferreira sustenta que "a reforma agrária consiste numa distribuição das terras ao campesinato, com o objetivo de aumentar a produtividade. O seu objetivo não é tão somente a redistribuição das terras, mas de outro lado, ainda, o aumento da produção a fim de beneficiar a coletividade".[20]

Para se ter ideia da injusta distribuição de terras no Brasil, basta verificar que o Plano Nacional de Reforma Agrária, divulgado pelo Governo da chamada Nova República, reconhecia a existência de 170 milhões de hectares improdutivos no País e de 6 milhões de famílias de trabalhadores sem terra.

Após assinalar que o conceito de reforma agrária adotado no Brasil seria o de reforma integral, José Luiz Quadros de Magalhães observa que preconizada "nos estatutos dos países latino-americanos, significa que deve haver uma substituição total dos sistemas de latifúndio, que, conforme Octavio Mello Alvarenga, também é um sistema integral. Dessa forma, deve haver uma substituição 'integral' em todos os setores da agricultura: fundiário, associativista, de crédito, assistência técnica, comercialização e serviços. Segundo Coutinho Cavalcanti, para se atingir a reforma deve haver uma modificação nos alicerces jurídicos, sociais, econômicos e financeiros, alterando-se o regime jurídico da propriedade, a assistência social, a técnica agrícola, o sistema de crédito, com os objetivos básicos de valorizar o trabalhador do campo e incrementar a produção. Convém deduzir que, se podemos chegar a um conceito mais amplo a respeito de reforma agrária, no seu aspecto geral, é de fundamental importância reconhecer que, para sua realização, não haverá jamais uma receita universal. A reforma agrária não é uma simples repartição de terras. Assim, ela seria contraproducente, pois poderia levar a formas mais individualistas de produção, prejudicando a divisão social do trabalho e as formas coletivas de produção, que normalmente são mais eficientes e mais rentáveis."[21]

Segundo a Constituição, compete à União desapropriar por interesse social, para fins de reforma agrária, o imóvel rural que não esteja cumprindo sua função social, mediante prévia e justa indenização em títulos da dívida agrária.[22] Por imóvel rural entende-se o prédio rústico de área contínua, qualquer que seja a sua localização, que se destine ou possa se destinar à exploração agrícola, pecuária, extrativa vegetal, florestal ou agroindustrial.

---

[20] PINTO FERREIRA. *Curso de direito constitucional*, p. 590.

[21] MAGALHÃES. *Direito constitucional*, t. I, p. 137 e 140.

[22] A Lei n. 8.629, de 25 de fevereiro de 1993, regulamenta os dispositivos constitucionais relativos à reforma agrária, previstos no Capítulo III, Título VII, da Constituição Federal.

O pagamento da indenização em títulos da dívida agrária foi introduzido pela Emenda Constitucional n. 10, de 9 de novembro de 1964, à Constituição de 1946, que, no § 16 do art. 141, do texto originário, previa a indenização em dinheiro para todas as modalidades de desapropriação.[23]

A pequena e média propriedade rural, assim definida em lei, desde que seu proprietário não possua outra, e a propriedade produtiva são insuscetíveis de desapropriação para fins de reforma agrária.

As benfeitorias úteis e necessárias serão indenizadas em dinheiro.[24] Cabe à lei complementar estabelecer procedimento contraditório especial, de rito sumário, para o processo judicial de desapropriação.[25] O orçamento anual fixará o volume total de títulos da dívida agrária, assim como o montante de recursos para atender ao programa de reforma agrária no exercício. São isentas de impostos federais, estaduais e municipais as operações de transferência de imóveis desapropriados para fins de reforma agrária. Serão compatibilizadas as ações de política agrícola e de reforma agrária. A destinação de terras públicas e devolutas será compatibilizada com a política agrícola e com o plano nacional de reforma agrária. A alienação ou a concessão, a qualquer título, de terras públicas com área superior a 2.500 hectares à pessoa física ou jurídica, ainda que por interposta pessoa, dependerá de prévia aprovação do Congresso Nacional, dispensável esta quando se tratar de terras públicas para fins de reforma agrária.

Sobre o conceito de terras devolutas, verificar o n. 5.2 do capítulo 7.

Os beneficiários da distribuição de imóveis rurais pela reforma agrária receberão títulos de domínio ou de concessão de uso, inegociáveis pelo prazo de dez anos.

---

23 O Superior Tribunal de Justiça tem decidido que os Títulos da Dívida Agrária (TDA's) têm autonomia cambial, equiparam-se a bem móvel, com circulação no comércio. Não se sujeitam à tributação, e, uma vez repassados, mediante alienação, a pessoas diversas e na posse de estranhos à expropriação, conservam o vínculo inicial pertinente à indenização justa e prévia. O Estado, ao tempo em que se considere exonerado pela indenização, compromete-se a resgatá-los de qualquer portador ou endossatário que os apresente, sem indagar como ou por que se deu a transferência (*RSTJ*, 31:237; 34:180, 28:227). Os TDA's não podem ser nomeados à penhora, por serem de valoração duvidosa (STJ, RE 0108914/SP, Rel. Min. Demócrito Reinaldo, *DJ* de 3.11.1997, p. 56221).

24 Tem-se admitido a indenização das coberturas florísticas, entendidas como o revestimento natural das florestas, abrigando formações arbóreas densas e de alto porte, que cobrem áreas territoriais mais ou menos extensas, de onde surgem as denominadas madeiras de lei. O Supremo Tribunal Federal decidiu: "As matas de preservação permanente são indenizáveis, visto que, embora proibida a derrubada pelo proprietário, persiste o seu valor econômico e ecológico." (*RTJ*, 108:1314).

O Código Civil de 2002 prevê uma terceira categoria, além do bem principal e do bem acessório, as pertenças, que são os bens que, não constituindo partes integrantes, se destinam, de modo duradouro, ao uso, ao serviço ou ao aformoseamento de outro (art. 93). Para que as pertenças sejam indenizadas, a questão dependerá das circunstâncias, como dispõe o art. 94 do Código Civil: "Os negócios jurídicos que digam respeito ao bem principal não abrangem as pertenças, salvo se o contrário resultar da lei, da manifestação de vontade, ou das circunstâncias do caso."

25 A Lei Complementar n. 76, de 6 de julho de 1993, dispõe sobre o procedimento contraditório especial, de rito sumário, para o processo de desapropriação de imóvel rural, por interesse social, para fins de reforma agrária.

O título de domínio e a concessão de uso serão conferidos ao homem ou à mulher, ou a ambos, independentemente do estado civil, nos termos e condições previstos em lei.

A política agrícola será planejada e executada na forma da lei,[26] com a participação efetiva do setor de produção, envolvendo produtores e trabalhadores rurais, bem como dos setores de comercialização, de armazenamento e de transporte, levando em conta, especialmente, os instrumentos creditícios e fiscais, os preços compatíveis com os custos de produção e a garantia da comercialização, o incentivo à pesquisa e à tecnologia, a assistência técnica e extensão rural e irrigação, e a habitação para o trabalhador rural. Incluem-se no planejamento agrícola as atividades agroindustriais, agropecuárias, pesqueiras e florestais.

Institui a Constituição o usucapião *pro labore*, em favor da pessoa que, não sendo proprietária de imóvel rural ou urbano, possua como seu, por cinco anos ininterruptos, sem oposição, área de terra em zona rural, não superior a 50 hectares, tornando-a produtiva por seu trabalho ou de sua família, tendo nela sua moradia. O usucapião aqui previsto não alcança os imóveis públicos.

A aquisição ou o arrendamento de propriedade rural por pessoa física ou jurídica estrangeira serão regulados por lei, que também estabelecerá os casos que dependerão de autorização pelo Congresso Nacional.[27]

9. SISTEMA FINANCEIRO NACIONAL

A Constituição, na sua redação primitiva, deferiu as regras pertinentes ao sistema financeiro nacional à legislação complementar, prefixando, todavia, o seu conteúdo material, que se achava previsto nos incisos e parágrafos em que se desdobrava o art. 192.

O art. 192 foi, no entanto, alterado pela Emenda Constitucional n. 40, de 29 de maio de 2003, ficando assim redigido: "Art. 192. O sistema financeiro nacional, estruturado de forma a promover o desenvolvimento equilibrado do País e a servir aos interesses da coletividade, em todas as partes que o compõem, abrangendo as cooperativas de crédito, será regulado por leis complementares que disporão, inclusive, sobre a participação do capital estrangeiro nas instituições que o integram."

Foram ainda revogados pela EC n. 40/2003 todos os incisos, alíneas e parágrafos em que se desdobrava o art. 192, permanecendo apenas o *caput* com a nova redação acima mencionada.

Busca-se com a nova redação do art. 192 viabilizar a aprovação de leis estruturadoras do sistema financeiro nacional. Ao contrário do texto anterior, que remetia tal regulamentação para lei complementar única, o atual dispositivo constitucional possibilita que a tarefa regulamentar se faça de modo fracionado, no conteúdo e no tempo, dando tratamento separado aos diversos mercados que compõem o sistema financeiro.

---

[26] A Lei n. 8.171, de 17 de janeiro de 1991, dispõe sobre a política agrícola.

[27] A Lei n. 5.709, de 7 de outubro de 1971, regula a aquisição de imóvel rural por estrangeiro no País ou pessoa jurídica estrangeira autorizada a funcionar no Brasil.

De se notar que a exigência de lei complementar única, quando da vigência da antiga redação do art. 192 decorrera de entendimento do Supremo Tribunal Federal que, ao julgar a ação direta de inconstitucionalidade n. 4/DF, em que se questionava a autoaplicabilidade da cláusula constitucional relativa ao limite da taxa de juros reais, deixou expresso: Só o tratamento global do Sistema Financeiro Nacional, na futura lei complementar, com a observância de todas as normas do *caput*, dos incisos e parágrafos do art. 192, é que permitirá a incidência da referida norma sobre juros reais e desde que estes também sejam conceituados em tal diploma.

Por outro lado, não se pode deixar de considerar que, se a nova redação do art. 192 irá viabilizar a regulamentação do sistema financeiro nacional, com a sua expansão, poderá, contudo, frustrar as expectativas da sociedade brasileira, ao desconstitucionalizar os temas versados nos dispositivos que compunham aquela cláusula constitucional, destacando-se, dentre eles, o que limitava os juros reais a 12% ao ano.

Tema constante do sistema financeiro nacional, a ser disciplinado em lei complementar, diz respeito ao banco central e a sua autonomia, pois quando forte e independente desempenha papel relevante no processo político. As variáveis que devem ser consideradas para medir o índice de independência dos bancos centrais, são a autonomia legal, a formulação da política monetária, os objetivos do banco e limitações aos empréstimos, e a indicação e permanência no cargo do presidente do banco, segundo expõe Arend Lijphart. Aduz este autor que: "A tarefa mais importante dos bancos centrais é a execução da política monetária – isto é, a regulação da taxas de juros e o fornecimento de dinheiro. A política monetária tem um efeito direto sobre a estabilidade de preços e o controle da inflação, e um efeito indireto, mas também muito forte, sobre os níveis de desemprego, o crescimento econômico e as flutuações no ciclo de negócios. Outras funções frequentemente desempenhadas pelos bancos centrais são: a gerência das transações comerciais do governo, o financiamento dos déficits orçamentários do governo por meio da compra de ações governamentais, a concessão de empréstimos de suas reservas, ou a emissão de moeda; financiamento de projetos de desenvolvimento, regulação e supervisão dos bancos comerciais e, se necessário, ajuda aos bancos e empresas públicas insolventes. Essas outras tarefas podem entrar em conflito com o controle da inflação, e o poder dos bancos centrais relativo à política monetária pode, assim, ser ampliado, se não lhe forem dadas essas tarefas adicionais."[28]

A permanência do presidente do banco central por um maior período, ou que não pode ser dispensado, ou que também não pode assumir, simultaneamente, outros cargos no governo, constitui fator de maior independência do banco.[29]

Lembra ainda Arend Lijphart que "os bancos centrais e o seu papel na política monetária se tornaram especialmente importantes a partir de 1971, quando o presidente Nixon desvalorizou o dólar americano – rompendo a relação fixa do dólar com o ouro, e das outras moedas com o dólar, estabelecida no acordo de Bretton Woods, em 1944. Entretanto, na maioria dos países, a autonomia do banco central não foi muito ampliada, a não ser a partir de 1990."[30]

---

28 LIJPHART. *Modelos de democracia*, p. 266-267.

29 LIJPHART. *Op. cit.*, p. 268.

30 LIJPHART. *Op. cit.*, p. 267.

CAPÍTULO 18

ORDEM SOCIAL

SUMÁRIO

1. Considerações gerais – 2. A seguridade social – 3. Educação e cultura – 4. Desporto – 5. Ciência e tecnologia – 6. Comunicação social – 7. Meio ambiente – 8. Família – 9. Criança, adolescente, jovem e idoso – 10. Índios.

1. CONSIDERAÇÕES GERAIS

A Constituição dedica o Título VIII à "ordem social", que se desvincula da "ordem econômica". Afasta-se, assim, o texto constitucional de 1988 da orientação das Constituições anteriores, que, a partir de 1934, incluíam a "ordem social" no Título da "ordem econômica".

O Título que examinaremos contém inúmeros princípios e preceitos programáticos, dependendo sua eficácia de legislação integrativa, mas, de qualquer forma, direcionando a atuação dos Poderes Legislativo, Executivo e Judiciário, que deverão ater-se às diretrizes nele enunciadas.

A ordem social tem como base o primado do trabalho, e, como objetivos, o bem-estar e a justiça sociais, diz o art. 193. Privilegia o texto constitucional o trabalho nas suas relações com o capital, visando precipuamente à realização da justiça social. O capital constitui, pois, instrumento para a promoção do bem-estar dos indivíduos, e não um fim em si mesmo.

A doutrina social da Igreja valoriza o trabalho, conforme declara a Encíclica *Rerum Novarum*, seguida da Carta Encíclica *Laborem Exercens*, do Papa João Paulo II, editada em comemoração aos noventa anos daquela. Somente o trabalho dignifica o homem, propiciando-lhe atuar no corpo social, e participar do progresso social e econômico, sentindo-se igual aos demais. O homem, criado à semelhança e imagem de Deus, é o sujeito do trabalho. O trabalho, contudo, não pode ser usado contra o homem, em situações de trabalho forçado (campos de concentração) ou de trabalho escravo, sob pena de atentar-se contra a dignidade da pessoa humana. O homem não se pode degradar por causa do trabalho, mas deve tornar-se mais homem no trabalho. A ausência de trabalho impede a igualdade entre os homens, porquanto, sem trabalho comprometem-se os demais direitos sociais.

2. A SEGURIDADE SOCIAL

Até alcançar eminência constitucional, a seguridade social passou por algumas etapas. A primeira delas foi a da assistência pública, de proteção dos pobres, fundada exclusivamente na caridade exercida pela sociedade que dava socorro aos necessitados, primeiro mediante atividades religiosas, e, depois, por meio de instituições públicas. Os recursos angariados destinavam-se a casos de desemprego, enfermidade e invalidez. A assistência aos poucos desvinculou-se da caridade, e evoluiu para a ideia de que ao Estado cabia amparar os necessitados de proteção social. Na Inglaterra, em 1601, Isabel I editou o *Act of the Relief of the Poor* – Lei dos Pobres – com o que surgiu a assistência pública ou social. A Igreja, por suas paróquias, passou a administrar o Fundo, integrado por uma taxa obrigatória. Na Idade Média, algumas corporações profissionais, principalmente os armadores de navios, passaram a formar fundos ou caixas de socorro para proteção de seus membros.

E da assistência pública passa-se à fase do seguro social, em virtude da questão social e das conquistas da Revolução Francesa, tendo sido a primeira forma de seguro, de que se tem notícia, o seguro marítimo, que surgiu em decorrência das reivindicações dos comerciantes italianos. O seguro privado deu força ao surgimento de diversas outras formas de cobertura: o seguro de vida, seguro contra danos, contra invalidez, contra doenças etc. Mas as empresas seguradoras, ao contrário das mútuas, tinham fins lucrativos, e utilizavam cálculos atuariais, de modo que tivessem sustentáculo financeiro e pudessem ter confiabilidade como instrumentos de progresso social. O seguro voluntário, contratual, não logrou garantir proteção social à classe trabalhadora, pois se destina apenas à minoria que podia custeá-lo, deixando ao desabrigo os mais necessitados.

Nasce, então, no final do século XIX, o seguro social, que inaugurou a etapa de proteção dos trabalhadores. Nada obstante ter como modelo o do seguro privado, de cuja relação participavam empregador, empregado e Estado, a este se passou a incumbência de recolher e administrar os recursos para financiamento.

O primeiro plano de previdência social, de que se tem notícia, foi o de Bismarck, na Prússia, em 1883, que, pela Lei do Seguro-Doença, criou o seguro-enfermidade, iniciando-se aí uma nova conceituação de proteção social, com o fortalecimento do seguro e sua extensão a cobertura de riscos de doença, acidente, invalidez, velhice, viuvez, orfandade, desemprego.

O seguro de Bismarck foi adotado por toda a Europa. Com a 1ª Guerra Mundial, esfacelaram-se os sistemas de seguro social da Europa, já que foram consumidos os fundos de reserva. Terminada da Guerra, fundou-se, em 1919, pelo Tratado de Versailles, a Repartição Internacional do Trabalho, que propiciou o desenvolvimento da previdência social e sua implantação nos países signatários do Tratado. Na Primeira Conferência Internacional do Trabalho, de 1919, foi adotada Recomendação para o seguro-desemprego, e, posteriormente, destaca-se a extensão dos seguros por velhice, invalidez e morte.

Como consequência da 2ª Guerra Mundial, há a transição para a terceira etapa da seguridade social, a de proteção dos cidadãos, e que se caracteriza pela proteção de quaisquer pessoas, em todos os seus estados de necessidades, em todas as etapas de sua vida. Destaque-se, em 1941, a formação, pelo Governo Inglês, por intermédio do Ministro sem Pasta Arthur Greenwood, da Comissão dos Problemas de Reconstrução, presidida por Willian Beveridge, de que surgiu o Plano Beveridge apresentado ao Parlamento em 1942. O Plano considerava que o seguro social deixava sem cobertura pessoas que trabalhavam por conta própria, muitas vezes mais pobres e necessitadas do amparo do Estado do que as que tinham emprego, por ser limitado às pessoas vinculadas por contrato de trabalho e submetidas a certa remuneração. Para o Plano, a seguridade social é apenas parte de uma política ampla de progresso social porque, se desenvolvida na sua plenitude, pode garantir renda, atacando a indigência, nada obstante os cinco "gigantes" que dificultam a reconstrução: miséria, doença, ignorância, ociosidade e insalubridade.

A evolução dos sistemas de proteção social revela que deixaram de atingir somente aqueles que contribuíram para o seu custeio, já que a noção de risco, própria do seguro, não se mostrou adequada à instrumentalização das prestações, passando então a ser utilizado o conceito de necessidade social (há contingências desejadas que não causam dano, mas geram necessidades), resultando em proteção mais abrangente em que a álea dá lugar à contingência, que pode ou não ser desejada. Os benefícios de seguridade social não se revestem mais de caráter indenizatório, mas podem ser voluntários, e não são necessariamente proporcionais à cotização, destinando se a prover os mínimos vitais.[1]

A seguridade social compreende um conjunto integrado de ações de iniciativa dos Poderes Públicos e da sociedade, destinadas a assegurar os direitos relativos à saúde, à previdência e à assistência social.

A seguridade social, como um conjunto de medidas que se destinam a atender às necessidades humanas, e que se refere à ideia de liberação de preocupações relativas à sociedade, constitui o instrumento jurídico de que dispõe o Estado para a liberação das necessidades sociais, na forma fixada pelo Direito. A seguridade social envolve legislação de caráter sempre "transitório porque os anseios da sociedade mudam na mesma medida em que mudam as contingências que causam insegurança."[2]

A seguridade social será custeada por toda a sociedade, de forma direta e indireta, nos termos da lei, mediante recursos provenientes da União, neles compreendidos os impostos de sua competência residual, dos Estados, do Distrito Federal e dos Municípios; de contribuições sociais dos empregadores, dos trabalhadores, e dos demais segurados da previdência social, não incidindo sobre aposentadoria e pensão concedidas pelo regime geral de previdência social de que trata o art. 201; sobre a receita

1 CHIMENTI *et al. Curso de direito constitucional*, p. 481-486.

2 CHIMENTI *et al. Curso de direito constitucional*, p. 481.

de concursos de prognósticos; do importador de bens ou serviços do exterior, ou de quem a lei a ele equiparar.

As contribuições sociais para o custeio da seguridade social, a cargo do empregador, da empresa e da entidade a ela equiparada, poderão ter alíquotas ou bases de cálculo diferenciadas, em razão da atividade econômica, da utilização intensiva de mão de obra, do porte da empresa ou da condição estrutural do mercado de trabalho, como dispõe o § 12º do art. 201, com a redação dada pela EC n. 47/2005.

Cabe à lei definir os setores de atividade econômica para os quais as contribuições do empregador, da empresa ou entidade a ela equiparada, incidentes sobre a receita ou faturamento, bem como do importador de bens ou serviços do exterior, ou de quem a lei a ele equiparar, serão não cumulativas (§ 12 acrescentado ao art. 195 pela EC n. 42/2003).

Anote-se que as contribuições sociais para o custeio do sistema de seguridade social somente poderão ser exigidas após decorridos 90 dias da data da publicação da lei que as houver instituído ou modificado, não se lhes aplicando o disposto no art. 150, III, *b*, referente ao princípio da anterioridade tributária.

Os objetivos da seguridade social vêm discriminados nos incisos I a VII do parágrafo único do art. 194, destacando-se: a universalidade da cobertura e do atendimento (inciso I), no sentido de que todos têm direito aos benefícios do sistema, independentemente de contribuição prévia; uniformidade e equivalência dos benefícios e serviços às populações urbanas e rurais (inciso II), seletividade e distributividade na prestação dos benefícios e serviços (inciso III), que deverão se voltar para os mais necessitados; irredutibilidade do valor dos benefícios (inciso IV), determinando a Constituição seu reajuste, nos termos do art. 201, §§ 3º e 4º; equidade na forma de participação no custeio (inciso V); diversidade de base de financiamento (inciso VI); caráter democrático e descentralizado da administração, mediante gestão quadripartite, com participação dos trabalhadores, dos empregadores, dos aposentados e do Governo nos órgãos colegiados (inciso VII acrescentado pela EC n. 20/98).

2.1 Saúde

A Constituição declara, no art. 196, que "a saúde é direito de todos e dever do Estado, garantido mediante políticas sociais e econômicas que visem à redução do risco de doença e de outros agravos e ao acesso universal e igualitário às ações e serviços para sua promoção, proteção e recuperação".

A respeito, pondera Elcias Ferreira da Costa que a redação é pouco adequada. "Não é dever do Estado dar saúde, mas proteger a saúde. O adimplemento pelo Estado consiste nas políticas social e econômica a serem executadas nessa área."[3] A Constituição de Portugal prevê, em disposição tecnicamente correta (art. 64), que "todos têm direito à proteção da saúde e o dever de a defender e promover".

---

3 COSTA. *Comentários breves à Constituição federal*, p. 264.

O direito à saúde, de que trata o texto constitucional brasileiro, implica não apenas no oferecimento da medicina curativa, mas também na medicina preventiva, dependente, por sua vez, de uma política social e econômica adequadas. Assim, o direito à saúde compreende a saúde física e mental, iniciando pela medicina preventiva, esclarecendo e educando a população, higiene, saneamento básico, condições dignas de moradia e de trabalho, lazer, alimentação saudável na quantidade necessária, campanhas de vacinação, entre outras.

A propósito, observa Wagner Balera: "Na esfera social, uma política que persiga esse objetivo (levar saúde a todos) implica no cumprimento de amplos programas de combates a epidemias; de cuidados básicos; de proteção e recuperação dos doentes. Concorrente com essa esfera, à órbita econômica cabe investir em programas de alimentação e nutrição, de higiene e saneamento ambiental."[4]

Observe-se ainda que foi criado, pela Constituição, um sistema único de saúde integrado por uma rede pública regionalizada e hierarquizada, descentralizado, com direção única em cada esfera de governo, devendo oferecer atendimento e qualidade a toda a população e priorizar as atividades preventivas, sem que haja prejuízo dos serviços assistenciais. O sistema único será financiado com recursos provenientes dos orçamentos da Seguridade Social, da União, dos Estados, do Distrito Federal e dos Municípios. "O serviço público de saúde será organizado, formalmente como um sistema único. Quer isto significar que não mais haverá a difusa administração da matéria na esfera da União (que implicava, por absurdo, na existência de dois ministérios e um sem-número de órgãos federais atuando no setor), nem a dispersão e superposição de órgãos e atribuições em esfera estadual e municipal. Sendo único, o sistema deverá possuir um específico modelo de relações entre o todo (o que dá unidade ao conjunto de órgãos, sujeitos a atribuições) e as partes que o integram.[5]

A Constituição prevê um regime de cooperação entre a União, os Estados e os Municípios, que devem concorrer para incrementar o atendimento à saúde da população. Cada uma dessas esferas de governo, que deve agir em concurso e de forma solidária, uma suplementando a outra, tem a sua competência administrativa estabelecida na Lei n. 8.080/90.

A EC n. 51/2006 acrescentou os §§ 4º, 5º e 6º ao art. 198 da Constituição Federal, para estabelecer que os gestores do sistema único de saúde poderão admitir agentes comunitários de saúde e agentes de combate às endemias por meio de processo seletivo público, de acordo com a natureza e complexidade de suas atribuições e requisitos específicos para sua atuação. Pela dicção do § 5º do art. 198, com a redação da EC n. 63/2010, lei federal disporá sobre o regime jurídico, o piso salarial profissional nacional, as diretrizes para os Planos de Carreira e a regulamentação das atividades de agente comunitário de saúde e agente de combate às endemias, competindo à União, nos termos da lei, prestar assistência financeira complementar aos Estados, ao Distrito Federal e aos Municípios, para o cumprimento do referido piso salarial. Além das hipóteses previstas no § 1º do art. 41 e § 4º do art. 169 da Constituição Federal, o servidor que exerça funções equivalentes

---

4 BALERA. *A seguridade social na Constituição de 1988*, p. 74.

5 BALERA. *Op. cit.*, p. 77.

às dos agentes em destaque poderá perder o cargo em caso de descumprimento dos requisitos específicos, fixados em lei, para o seu exercício. Após a promulgação da EC n. 51/2006, os agentes comunitários de saúde e os agentes de combate às endemias somente poderão ser contratados diretamente pelos Estados, pelo Distrito Federal ou pelos Municípios na forma acima mencionada, observado o limite de gasto estabelecido na Lei Complementar de que trata o art. 169 da Constituição Federal.

Por ressalva da Emenda, os profissionais que, na data de sua promulgação (14 de fevereiro de 2006) e a qualquer título desempenharem as atividades de agente comunitário de saúde ou de agente de combate às endemias, na forma da lei, ficam dispensados de se submeter ao processo seletivo público, desde que tenham sido contratados a partir de anterior processo de Seleção Pública efetuado por órgãos ou entes da administração direta ou indireta de Estado, Distrito Federal ou Município ou por outras instituições com a efetiva supervisão e autorização da administração direta dos entes da federação.

O § 4º do art. 199 permite a remoção de órgãos, tecidos e substâncias humanas, mas a restringe a finalidades de transplante, pesquisa e tratamento. Cabe à lei ordinária determinar as condições e requisitos que facilitem aquela remoção e a coleta, processamento e transfusão de sangue e seus derivados, vedada a comercialização de órgãos a qualquer título.

Para que ocorra a retirada de tecidos é necessária declaração em vida do falecido, ou autorização da família. A presunção da declaração, que constava da Lei n. 9.434, de 4 de fevereiro de 1997, foi afastada pela Lei n. 10.211, de 23 de março de 2001.

A doutrina registra, consoante elucida Gilmar Ferreira Mendes, "dois modelos jurídicos básicos adotados na disciplina das transplantações homólogas:

1) o modelo do consentimento (*opting-in system*), adotado nos Estados Unidos e na Inglaterra, exige consentimento expresso manifestado pelo doador (consentimento restrito) ou por sua família (consentimento alargado);

2) o modelo da oposição ou dissentimento (*opting-out system*) ou consentimento presumido (*presumed consent*), que reconhece ao doador o direito de deduzir oposição a colheita de órgãos ou tecidos.

Além dessas configurações, cogita-se de um *modelo de informação*, no qual, na ausência de manifestação do doador, comunica-se a família sobre a intenção de se proceder à retirada de órgãos do falecido, a qual, se quiser, poderá manifestar-se contrariamente. É o que se adota na Itália. Trata-se de uma variante do modelo de oposição.

Na mesma linha, poder-se-ia falar, ainda, de um modelo de declaração obrigatória, calcado em estrutura binária de consentimento ou oposição, restando ao legislador disciplinar eventual significação do silêncio."[6]

O Brasil adotou, com a Lei n. 10.211/2001, o modelo do consentimento.

Considera-se doador o juridicamente capaz, apto a expressar a sua vontade, com o resguardo de sua sobrevivência íntegra, preservada, ainda, a gratuidade da doação.

---

6 MENDES. *Direitos fundamentais e controle de constitucionalidade*, p. 164.

Para que ocorra a retirada de órgãos, tecidos ou partes do corpo, em se tratando de individuo morto, é necessário diagnóstico precedente de morte encefálica, que deverá ser constatada e registrada por dois médicos não integrantes da equipe de remoção e transplante. Os critérios clínicos e tecnológicos são os definidos pela Resolução n. 1.480/97 do Conselho Federal de Medicina: coma aperceptivo com ausência de atividade motora supra-espinal e apnéia.

A Constituição enuncia, no art. 200, as competências do sistema único de saúde e que são, além de outras previstas em lei, o controle e a fiscalização dos procedimentos, produtos e substâncias de interesse para a saúde, e participação da produção de medicamentos e equipamentos; a execução de ações de vigilância sanitária e epidemiológica, bem como as de saúde do trabalhador; o ordenamento da formulação de recursos humanos na área de saúde; a participação na formulação da política e da execução das ações de saneamento básico; a incrementação do desenvolvimento científico e tecnológico na área de saúde; a fiscalização e a inspeção de alimentos, compreendido o controle de seu teor nutricional, bem como bebidas e águas para consumo humano; a participação no controle e fiscalização da produção, transporte, guarda e utilização de substâncias e produtos psicoativos, tóxicos e radiativos; e ainda a colaboração na proteção do meio ambiente, nele compreendido o do trabalho.

Cabe ao Sistema Único de Saúde executar ações de assistência terapêutica integral, inclusive farmacêutica: é o que dispõe o art. 6º, I, *d*, da Lei n. 8.080/90. O tema envolve a questão acerca do fornecimento de medicamentos a quem não tem condições financeiras para adquiri-los. Haveria, por isso, um direito público subjetivo ao fornecimento de medicamento, pelo Poder Público, além da assistência médico -hospitalar? Apesar de se poder aplicar a esta hipótese o princípio da seletividade e distributividade das prestações de seguridade social, pelo qual se dimensiona a extensão do direito à saúde, configurando, portanto, o fornecimento de remédios prestação de seguridade social na espécie serviços, caberia tanto ao legislador quanto ao administrador selecionar, no campo da saúde, as contingências geradoras de necessidade de medicamentos, tendo em vista, sempre, o seu maior potencial distributivo. No âmbito do Poder Judiciário, nomeadamente do Supremo Tribunal Federal, como examinamos neste trabalho, no Capítulo dedicado aos direitos fundamentais, os conflitos que envolvem o direito ao fornecimento de medicamentos têm sido decididos, em sua maioria, reiteradamente em favor dos que necessitam de tratamento, sob o fundamento de estar inserido no direito à saúde e à garantia da vida digna, que é dever do Estado.[7]

A judicialização da saúde acabou por levar a jurisprudência a reconhecer esse direito como fundamental subjetivo, exigível em juízo, e não mais como direito de enunciado meramente programático.

Revisitando a jurisprudência dos tribunais brasileiros, podem ser extraídas algumas conclusões: a) o direito à saúde, como direito subjetivo, assume dimensão individual e coletiva; b) é solidária a responsabilidade do Estado, que abrange todos os

---

7 *RTJ* 175/1212-1213.

entes federativos; c) o objeto do direito à saúde, embora deva ser estabelecido pelos órgãos políticos legitimados, Legislativo e Executivo, excepcionalmente quando estiver em causa o direito à vida digna, o Estado tem o dever de disponibilizar bens e serviços correspondentes; d) nas diversas dimensões da reserva do possível, a desproporcionalidade entre a afetação do sistema de saúde e o comprometimento da ordem pública deve ser demonstrada pelo Poder Público; e) medicamento novo, ainda que não tenha sido aprovado pela Anvisa ou inserido na lista pelas autoridades de saúde nacionais, poderá, em caráter experimental, ser concedido por meio de ação judicial, vedada, no entanto, a imposição de fornecimento de medicamento experimental.

2.2 Previdência social

A previdência social, de acordo com o disposto no art. 201, com a redação dada pela Emenda Constitucional n. 20/98, será organizada sob a forma de regime geral, de caráter contributivo e de filiação obrigatória, observados critérios que preservem o equilíbrio financeiro e atuarial. A previdência social atenderá, nos termos da lei, os seguintes preceitos:

1. cobertura dos eventos de doença, invalidez, morte e idade avançada;
2. proteção à maternidade, especialmente à gestante;
3. proteção ao trabalhador em situação de desemprego involuntário;
4. salário-família e auxílio-reclusão para os dependentes dos segurados de baixa renda;
5. pensão por morte do segurado, homem ou mulher, ao cônjuge ou companheiro e dependentes.[8]

[8] Beneficiários do Regime Geral de Previdência Social são as pessoas físicas classificadas como segurados e dependentes, a teor dos arts. 10 e 16 da Lei n. 8.213/1991 e do Decreto n. 3.048/1999.

Segurados são as pessoas físicas que contribuem para o custeio da seguridade social. O art. 11 da Lei n. 8.213/1991 arrola os segurados empregados, empregado doméstico, contribuinte individual, trabalhador avulso, e segurado especial.

Dependentes são os beneficiários taxativamente enumerados pelo art. 16 da Lei n. 8.213/1991, e que, sem nunca ter contribuído para o sistema, são alcançados pela proteção previdenciária, em decorrência do princípio da universalidade. O dependente só se integra à relação jurídica previdenciária quando dela é excluído o segurado. São considerados dependentes: o cônjuge, a companheira, o companheiro e o filho não emancipado, de qualquer condição, menor de 21 anos ou inválido. Pelo art. 16 do Decreto n. 3.048/1999, são equiparados aos filhos, mediante declaração escrita do segurado, comprovada a dependência econômica na forma estabelecida em seu art. 22, § 3º, o enteado e o menor tutelado que esteja sob a guarda do segurado e não possua bens suficientes para seu próprio sustento e educação. Tem-se por companheiro ou companheira a pessoa que sem ser casada mantém união estável com o segurado ou segurada. Há presunção absoluta de dependência econômica desses beneficiários, não se lhes exigindo prova dessa condição. A segunda classe de dependentes são os pais, que devem provar a sua dependência econômica do segurado para fazerem jus aos benefícios. A terceira classe de dependentes é constituída pelo irmão não emancipado, de qualquer condição, menor de 21 anos ou inválido, que deve provar a dependência econômica. Note-se que a existência de dependentes de uma classe exclui do direito

São três os regimes de previdência social, que integram o sistema previdenciário brasileiro: a) o Regime Geral de Previdência Social, previsto nos arts. 201 e 202; b) o regime previdenciário próprio dos servidores públicos, na forma dos arts. 39 e 40, acrescidos das disposições constantes da EC n. 20/1998, e legislação federal e estadual pertinente ao tema; c) o regime previdenciário próprio dos militares.

Pelo § 1º do art. 201 da Constituição, veda-se a adoção de requisitos diferenciados para a concessão de aposentadoria aos beneficiários do regime geral de previdência social, ressalvados os casos de atividades exercidas sob condições especiais que prejudiquem a saúde ou a integridade física e quando se tratar de segurados portadores de deficiência, nos termos definidos em lei complementar (redação da EC n. 47/2005). Todos os salários de contribuição, considerados para o cálculo do benefício, serão devidamente atualizados, na forma da lei, assegurado o reajustamento dos benefícios, no intuito de preservar-lhe, em caráter permanente, o valor real. Veda-se ainda a filiação ao regime geral de previdência social, na qualidade de segurado facultativo, de pessoa participante de regime próprio de previdência. Anote-se que são autoaplicáveis, conforme decisão do Supremo Tribunal Federal, as normas constitucionais que prevêem que nenhum benefício que substitua o salário de contribuição, ou o rendimento do trabalho do segurado, terá valor mensal inferior ao salário mínimo, e a de que a gratificação natalina dos aposentados e pensionistas terá por base o valor dos proventos do mês de dezembro de cada ano (art. 201, § 6º).

às prestações os da classe seguinte, e os dependentes da mesma classe concorrem em igualdade de condições, ou seja, eventual benefício será rateado em partes iguais entre eles.

A perda da qualidade de dependente se acha prevista no art. 17 do Decreto n. 3.048/1999.

O rol de prestações do Regime Geral de Previdência Social é composto por benefícios e serviços.

Os benefícios são as prestações pagas em dinheiro, e os serviços são destinados a promover a readaptação e reintegração do segurado ao mercado de trabalho.

Constituem benefícios, com fundamento constitucional e previsão em legislação infraconstitucional: aposentadoria por invalidez; auxílio-doença; pensão por morte; proteção à maternidade, especialmente à gestante; proteção ao trabalhador em situação de desemprego involuntário; salário-família para os dependentes dos segurados de baixa renda; auxílio-reclusão para os dependentes dos segurados de baixa renda. Enuncia-se ainda algumas disposições aplicáveis aos benefícios previdenciários: aposentadoria especial, de que trata o § 1º do art. 201 da Constituição Federal, ao ressalvar a possibilidade de adoção de requisitos diferenciados para a concessão de benefícios previdenciários do Regime Geral de Previdência Social, nas hipóteses de atividades exercidas sob condições especiais que prejudiquem a saúde ou a integridade física, definidos em lei complementar; valor mínimo da renda mensal dos benefícios, que equivale ao salário-mínimo; garantia de correção monetária de todos os salários de contribuição utilizados no cálculo do benefício; preservação do valor real do benefício; vedação de filiação como segurado facultativo para quem já participe de regime próprio de previdência; gratificação natalina com base nos proventos do mês de dezembro de cada ano; ganhos habituais, a qualquer título, considerados para efeito de contribuição previdenciária e consequente repercussão em benefícios; limite máximo (teto) do valor dos benefícios; cobertura dos riscos de acidente do trabalho; inclusão de trabalhadores de baixa renda no sistema previdenciário, com a garantia de acesso a benefícios de renda mensal igual a um salário mínimo, excluindo, no entanto, a concessão de aposentadoria por tempo de contribuição; previdência complementar do Regime Geral de Previdência Social.

A aposentadoria é assegurada, nos termos da lei, no regime geral de previdência social, desde que atendidas as seguintes condições:

1. 35 anos de contribuição, se homem, e 30 anos de contribuição, se mulher;
2. 65 anos de idade, se homem, e 60 anos de idade, se mulher;
3. 60 anos de idade, se homem, e 55 anos de idade, se mulher, para os trabalhadores rurais e para os que exerçam suas atividades em regime de economia familiar, nestes incluídos o produtor rural, o garimpeiro e o pescador artesanal;
4. no caso de professor, 30 anos de contribuição, se homem, e 25 anos de contribuição, se mulher, desde que comprove exclusivamente tempo de efetivo exercício das funções de magistério na educação infantil e no ensino fundamental e médio.

Há regras de transição da aposentadoria voluntária integral e proporcional. Possibilita-se, ressalvado o direito de opção à aposentadoria pelas normas estabelecidas para o regime geral de previdência social, o direito à aposentadoria pelas normas estabelecidas para o regime geral de previdência social, o direito à aposentadoria do segurado que se tenha filiado ao regime geral de previdência social, até a data de sua publicação, desde que preencha os requisitos previstos no art. 9º da Emenda Constitucional n. 20/98. Ao professor também se dirigem as regras de transição, nos termos do § 2º do art. 9º da Emenda Constitucional n. 20/98.

Segundo a EC n. 47/2005, que deu nova redação ao § 12 do art. 201, da Constituição Federal, e acrescentou-lhe o § 13, lei disporá sobre sistema especial de inclusão previdenciária com vistas a atender a trabalhadores de baixa renda e àqueles sem renda que se dediquem exclusivamente ao trabalho doméstico no âmbito de sua residência, desde que pertencentes a famílias de baixa renda, garantindo-lhes acesso a benefícios de valor igual a um salário mínimo. O sistema especial de inclusão previdenciária, de que se trata, terá alíquotas e carências inferiores às vigentes para os demais segurados do regime geral de previdência social.

Permite a Constituição Federal, no art. 202, com a redação dada pela Emenda Constitucional n. 20/98, regime de previdência privada, que será baseado na constituição de reservas que garantam o benefício contratado.

2.3 Assistência social

A assistência social é um direito assegurado pela Constituição a quem dela necessitar, independentemente de contribuição à seguridade social. Os recursos para as ações governamentais na área da assistência social serão provenientes do orçamento da seguridade social, previstos no art. 195, além de outras fontes.

Dispõe o parágrafo único acrescentado ao art. 204 pela EC n. 42/2003, que é facultado aos Estados e ao Distrito Federal vincular a programa de apoio à inclusão e promoção social até cinco décimos por cento de sua receita tributária líquida, vedada a aplicação desses recursos no pagamento de despesas com pessoal e encargos sociais, serviço da dívida, e qualquer outra despesa corrente não vinculada diretamente aos investimentos ou ações apoiados.

A assistência social tem por objetivos:

I – proteção à família, à maternidade, à infância, à adolescência e à velhice;

II – amparo às crianças e adolescentes carentes;

III – promoção da integração ao mercado de trabalho;

IV – habilitação e reabilitação das pessoas deficientes e a promoção de sua integração à vida comunitária, bem como garantia de um salário mínimo a elas e ao idoso que comprovem não possuírem meios de prover a manutenção deles ou de tê-la provida por suas famílias, conforme dispuser a lei.

Portanto, há uma relação estreita entre cada um dos objetivos da assistência social com o objetivo fundamental da República Federativa do Brasil, expresso no art. 3º, III, da Constituição, qual seja, a erradicação da pobreza e da marginalização, que encontra o instrumento de sua viabilização naqueles objetivos, dentro de um modelo ideal de assistência social.[9]

3. EDUCAÇÃO E CULTURA

A educação é direito de todos e dever do Estado e da família, tendo por objetivo o pleno desenvolvimento da pessoa, seu amparo para o exercício da cidadania e sua qualificação para o trabalho. O ensino será ministrado com base nos seguintes princípios:

I – igualdade de condições para o acesso e permanência na escola;

II – liberdade de aprender, ensinar, pesquisar e divulgar o pensamento, a arte e o saber;

III – pluralismo de ideias e de concepções pedagógicas, e coexistência de instituições públicas e privadas de ensino, mas, neste último caso, mediante o cumprimento das normas gerais da educação nacional, autorização e avaliação de qualidade pelo Poder Público (art. 209, I e II);

IV – gratuidade do ensino público em estabelecimentos oficiais;

V – valorização dos profissionais da educação escolar, garantidos, na forma da lei, planos de carreira, com ingresso exclusivamente por concurso público de provas e títulos, aos das redes públicas (redação da EC n. 53/2006);

VI – gestão democrática do ensino público, na forma da lei;

VII – garantia de padrão de qualidade;

---

[9] O art. 4º da Lei n. 8.742/93 estabelece os princípios que regem a assistência social, e que são: 1. supremacia do atendimento às necessidades sociais sobre as exigências de rentabilidade econômica; 2. universalização dos direitos sociais; 3. respeito à dignidade do cidadão, a sua autonomia e a seu direito a benefícios e serviços de qualidade; 4. reconhecimento do direito à convivência familiar e comunitária; 5. igualdade de direitos no acesso ao atendimento, com equivalência entre as populações urbanas e rurais; 6. divulgação ampla de todos os benefícios, serviços, programas e projetos assistenciais, bem como dos recursos oferecidos pelo Poder Público e dos critérios para sua concessão.

VIII – piso salarial profissional nacional para os profissionais da educação escolar pública, nos termos de lei federal, sendo que a lei disporá sobre as categorias de trabalhadores considerados profissionais da educação básica e sobre a fixação de prazo para a elaboração ou adequação de seus planos de carreira, no âmbito da União, dos Estados, do Distrito Federal e dos Municípios (redação da EC n. 53/2006).

Constitui dever do Poder Público zelar, com os pais, pela frequência escolar.

Determina a Constituição, em seu art. 210, a fixação de conteúdos mínimos para o ensino fundamental, de maneira a assegurar formação básica comum e respeito aos valores culturais e artísticos nacionais e regionais. Com isso, preserva-se a cultura regional e nacional, o que se completa pela obrigação de o ensino fundamental regular ser ministrado na língua portuguesa, respeitando-se as comunidades indígenas que poderão, também, utilizar sua língua materna, adotando processos próprios de aprendizagem, o que implica na preservação da cultura indígena.

Observa José Luiz Quadros de Magalhães que "é o direito à educação um dos mais importantes direitos sociais, pois é essencial para o exercício de outros direitos fundamentais. É a educação instrumento para o direito à saúde e para a proteção do meio ambiente, preparando e informando a população sobre a preservação da saúde e respeito ao meio ambiente. Educação não é apenas o ato de informar. Educação é a conscientização, ultrapassando o simples ato de reproduzir o que foi ensinado, preparando o ser humano para pensar, questionar e criar".[10] Anote-se que a educação ofertada pelo Estado deverá complementar a que foi recebida em casa, com a preparação do ser humano para o exercício da cidadania, educando-o para o trabalho, e oferecendo-lhe uma qualificação voltada para o desenvolvimento da pessoa.

A Constituição declara que o ensino é livre à iniciativa privada, desde que sejam cumpridas as normas gerais de educação nacional, e a qualidade do ensino seja avaliada pelo Poder Público, que autorizará o funcionamento da escola particular.

O dever do Estado com a educação será efetivado mediante a garantia de educação básica obrigatória e gratuita dos 4 (quatro) aos 17 (dezessete) anos de idade, assegurada inclusive sua oferta gratuita para todos os que a ela não tiveram acesso na idade própria;[11] progressiva universalização do ensino médio gratuito; atendimento educacional especializado aos portadores deficiência, preferencialmente na rede regular de ensino; educação infantil, em creche e pré-escola, às crianças até 5 (cinco) anos de idade; acesso aos níveis mais elevados do ensino, da pesquisa e da criação artística, segundo a capacidade de cada um; oferta de ensino noturno regular, adequado às condições do educando; e o atendimento ao educando, em todas as etapas da educação básica, por meio de programas suplementares de material didático-escolar,

---

10 MAGALHÃES. *Direito constitucional*, t. I, p. 279.

11 Nos termos da EC n. 59/2009 (art. 6º), este preceito deverá ser implementado progressivamente, até 2016, nos termos do Plano Nacional de Educação, com apoio técnico e financeiro da União.

transporte, alimentação e assistência à saúde (art. 208, I a VII, com a redação da EC n. 59/2009).

Observe-se que as universidades gozam de autonomia didático-científica, administrativa e de gestão financeira e patrimonial. Obedecerão ao princípio da indissociabilidade entre ensino, pesquisa e extensão.

O Poder Público estabelecerá os seus objetivos, na área da educação, na lei do plano nacional de educação que visará a erradicação do analfabetismo, a universalização do atendimento escolar, a formação para o trabalho, e a promoção humanística, científica e tecnológica do País.

A Constituição faculta às universidades admitir professores, técnicos e cientistas estrangeiros, na forma da lei, o que se estende às instituições de pesquisa científica e tecnológica (§§ 1º e 2º acrescentados ao art. 207 pela EC n. 11/1996).

Sendo o ensino fundamental obrigatório e gratuito e constituindo direito público subjetivo (art. 208, § 1º), Manoel Gonçalves Ferreira Filho acentua que "o titular desse direito poderá fazer valê-lo em juízo, contra o Estado, que deverá assegurar-lhe matrícula em escola pública, ou bolsa de estudos em escola particular (art. 213, § 1º), se houver falta de vagas nos cursos públicos".[12]

O Supremo Tribunal Federal, ao examinar litígio envolvendo a obrigatoriedade de vagas na educação infantil, decidiu que é possível ao juiz determinar a implementação de políticas públicas sempre que órgãos estatais comprometerem, com a sua omissão, a eficácia dos direitos sociais. A decisão do Min. Celso de Mello, relator do RE 436996/SP, encontra-se assim ementada:

– "A educação infantil representa prerrogativa constitucional indisponível, que, deferida às crianças, a estas assegura, para efeito de seu desenvolvimento integral, e como primeira etapa do processo de educação básica, o atendimento em creche e o acesso à pré-escola (CF, art. 208, IV).

– Essa prerrogativa jurídica, em consequência, impõe ao Estado, por efeito da alta significação social de que se reveste a educação infantil, a obrigação constitucional de criar condições objetivas que possibilitem, de maneira concreta, em favor das 'crianças de zero a seis anos de idade' (CF, art. 208, IV – refere-se à redação originária do texto constitucional, antes, portanto, da EC n. 53/2006), o efetivo acesso e atendimento em creches e unidades de pré-escola, sob pena de se configurar inaceitável omissão governamental, apta a frustrar, injustamente, por inércia, o integral adimplemento, pelo Poder Público, de prestação estatal que lhe impôs o próprio texto da Constituição Federal.

– A educação infantil, por qualificar-se como direito fundamental de toda criança, não se expõe, em seu processo de concretização, a avaliações meramente discricionárias da Administração Pública, nem se subordina a razões de puro pragmatismo governamental. – Os Municípios – que atuarão, prioritariamente, no ensino fundamental e na educação infantil (CF, art. 211, § 2º) – não poderão demitir-se do mandato constitucional, juridicamente vinculante, que lhes foi outorgado pelo art. 208,

---

[12] FERREIRA FILHO. *Curso de direito constitucional*, p. 312.

IV, da Lei Fundamental da República, e que representa fator de limitação da discricionariedade político-administrativa dos entes municipais, cujas opções, tratando-se do atendimento das crianças em creche (CF, art. 208, IV), não podem ser exercidas de modo a comprometer, com apoio em juízo de simples conveniência ou de mera oportunidade, a eficácia desse direito básico de índole social.

– Embora inquestionável que resida, primariamente, nos Poderes Legislativo e Executivo, a prerrogativa de formular e executar políticas públicas, revela-se possível, no entanto, ao Poder Judiciário, ainda que em bases excepcionais, determinar, especialmente nas hipóteses de políticas públicas definidas pela própria Constituição, sejam estas implementadas, sempre que os órgãos estatais competentes, por descumprirem os encargos político-jurídicos que sobre eles incidem em caráter mandatório, virem a comprometer, com a sua omissão, a eficácia e a integridade de direitos sociais e culturais impregnados de estatura constitucional. A questão pertinente à 'reserva do possível'. Doutrina."[13]

Na organização de seus sistemas de ensino, a União, os Estados, o Distrito Federal e os Municípios definirão formas de colaboração, de modo a assegurar a universalização do ensino obrigatório, é o que dispõe o § 4º do art. 211, com a redação da EC n. 59/2009.

Na dicção do art. 214, incisos I a VI (redação da EC n. 59/2009), cabe à lei estabelecer o plano nacional de educação, de duração decenal, com o objetivo de articular o sistema nacional de educação em regime de colaboração e definir diretrizes, objetivos, metas e estratégias de implementação para assegurar a manutenção e desenvolvimento do ensino em seus diversos níveis, etapas e modalidades por meio de ações integradas dos poderes públicos das diferentes esferas federativas que conduzam a: I – erradicação do analfabetismo; II – universalização do atendimento escolar; III – melhoria da qualidade do ensino; IV – formação para o trabalho; V – promoção humanística, científica e tecnológica do País; VI – estabelecimento de meta de aplicação de recursos públicos em educação como proporção do produto interno bruto.

A Constituição determina a aplicação, anualmente, pela União, de nunca menos de 18%, e pelos Estados, Distrito Federal e Municípios, de 25%, no mínimo, da receita resultante de impostos, compreendida a proveniente de transferência, na manutenção e desenvolvimento do ensino.[14] No caso dos Municípios, o descumprimento dessa

---

13 STF – RE 436996-SP, *DJU* de 7.11.2005.

14 A Emenda Constitucional n. 53, de 19 de dezembro de 2006, em seu art. 2º, altera a redação do art. 60 do Ato das Disposições Constitucionais Transitórias, para estabelecer critérios com vistas à distribuição de parte dos recursos a que se refere o art. 212 da Constituição, mediante a criação, no âmbito de cada Estado e do Distrito Federal, de um Fundo de Manutenção e Desenvolvimento da Educação Básica e de Valorização dos Profissionais da Educação – FUNDEB, de natureza contábil, que substitui o Fundo de Manutenção e Desenvolvimento do Ensino Fundamental e de Valorização do Magistério.

Ao seu turno, a EC n. 59/2009 acrescenta o § 3º ao art. 76 do ADCT, estabelecendo que, para efeito do cálculo dos recursos para manutenção e desenvolvimento do ensino de que trata o art. 212 da Constituição, o percentual referido no caput deste artigo será de 12,5% (doze inteiros e

determinação constitucional acarreta intervenção do Estado federado (art. 35, III). De acordo com o § 3º do art. 212, na redação que lhe foi dada pela EC n. 59/2009, a distribuição dos recursos públicos será efetivada de modo a assegurar prioridade ao atendimento das necessidades do ensino obrigatório, no que se refere a universalização, garantia de padrão de qualidade e equidade, nos termos do plano nacional de educação.

A educação básica pública atenderá prioritariamente ao ensino regular, e terá como fonte adicional de financiamento a contribuição social do salário-educação, recolhida pelas empresas na forma da lei, segundo previsão do § 5º do art. 211, e do § 5º do art. 212, da Constituição, com a redação da EC n. 53/2006. E de acordo com o § 6º, que foi acrescentado ao art. 212, pela EC n. 53/2006, as cotas estaduais e municipais da arrecadação da contribuição social do salário-educação serão distribuídas proporcionalmente ao número de alunos matriculados na educação básica nas respectivas redes públicas de ensino.

O Estado garantirá a todos o pleno exercício dos direitos culturais e acesso às fontes da cultura nacional, e apoiará e incentivará a valorização e a difusão das manifestações culturais, enfatizando as manifestações das culturas populares, indígenas e afro-brasileiras, e das culturas de outros grupos participantes do processo civilizatório nacional (art. 215, § 1º).[15]

José Afonso da Silva assinala que "a cultura passou a integrar os textos constitucionais a partir do momento em que as Constituições abriram um título especial para a ordem econômica, social, educação e cultura – o que se deu primeiro com a Constituição mexicana de 1918, e esta com maior influência sobre as Cartas Políticas produzidas entre as duas Grandes Guerras Mundiais. Foi daí que veio a norma do art. 48 da Constituição de 1934, que dispôs sobre a proteção das ciências, das artes, das letras e da cultura em geral". Ainda segundo o citado constitucionalista, o direito à cultura é "um direito constitucional fundamental que exige a ação positiva do Estado, cuja realização efetiva postula uma política cultural oficial". Tais direitos são: 1) liberdade de expressão da atividade intelectual, artística e científica; 2) direito de criação cultural, ou seja, a criação artística, científica e tecnológica devem ser tuteladas; 3) direito de acesso às fontes da cultura nacional; 4) direito de difusão das manifestações culturais, sem qualquer discriminação ou censura; 5) direito de proteção às manifestações das culturas populares indígenas e afro-brasileiras e de outros grupos civilizatórios da nação brasileira; 6) direito-dever do Estado de formar e manter o patrimônio cultural brasileiro, bem comum do povo.[16]

O patrimônio cultural brasileiro é constituído, segundo o art. 216, pelos bens de natureza material e imaterial, tomados individualmente ou em conjunto, portadores de referência à identidade, à ação, à memória dos diferentes grupos formadores da

---

cinco décimos por cento) no exercício de 2009, 5% (cinco por cento) no exercício de 2010, e nulo no exercício de 2011.

[15] A colisão entre a proteção e o incentivo de práticas culturais, como a defesa dos animais contra práticas cruéis (farra do boi, rinhas ou brigas de galo, rodeios de animais) é tratada no Capítulo 12, n. 5, do volume 1, deste trabalho).

[16] SILVA. *Ordenação constitucional da cultura*, p. 39, 48, 53.

sociedade brasileira, nos quais se incluem: I – as formas de expressão; II – os modos de criar, fazer e viver; III – as criações científicas, artísticas e tecnológicas; IV – as obras, objetos, documentos, edificações e demais espaços destinados às manifestações artístico-culturais; V – os conjuntos urbanos e sítios de valor histórico, paisagístico, artístico, arqueológico, paleontológico, ecológico e científico.

O Poder Público, com a colaboração da comunidade, promoverá e protegerá o patrimônio cultural brasileiro, por meio de inventários, registros, vigilância, tombamento e desapropriação, e de outras formas de acautelamento e preservação.

Observe-se, com Uadi Lammêgo Bulos, que: "*Promover* significa divulgar, levando ao público o conhecimento dos bens de interesse para a cultura pátria. *Inventariar* é relacionar todo um acervo de bens culturais brasileiros. *Registrar* é consignar a existência de livros, telas, esculturas, dentre inúmeros bens que merecem acautelamento e preservação, para não ficarem perdidos ou destituídos da importância que possuem. *Vigiar* é defender a própria cidadania, impedindo pichamentos de prédios, monumentos ou edificações de valor histórico inestimável. É o zelo que se dispensa à conservação de locais públicos, envolvidos numa atmosfera de cultura, como escolas, teatros, museus, logradouros, não raro agredidos pelo vandalismo alheio. *Tombar* é o ato clássico de se tutelar o patrimônio público."[17]

O tombamento, segundo José Afonso da Silva, "é o ato do Poder Público que, reconhecendo o valor cultural (histórico, arqueológico, etnográfico, artístico ou paisagístico) de um bem, mediante sua inscrição no Livro próprio, subordina-o a regime jurídico especial, que lhe impõe vínculos de destinação, de imodificabilidade e de relativa inalienabilidade".[18]

Tombar é inscrever bens culturais no Livro do Tombo, que ficam na repartição competente para realizar o tombamento. Em razão da variedade dos bens culturais que podem ser tombados, foram instituídos vários livros do tombo, e que são, de acordo com o Decreto-Lei n. 25, de 30.11.1937: *a)* Livro do Tombo Arqueológico, Etnográfico e Paisagístico; *b)* Livro do Tombo Histórico; *c)* Livro do Tombo das Belas Artes; *d)* Livro do Tombo das Artes Aplicadas.

O tombamento impõe ao proprietário limitações ao exercício do direito sobre o bem (é, segundo J. Cretella Júnior, "o início duma escala de limitações em que a desapropriação ocupa o ponto extremo"), já que o afeta de característica pública, que ainda se sujeita ao controle e fiscalização pública especiais, por interessar à coletividade.

Quanto à natureza jurídica do tombamento, há divergência doutrinária, entendendo alguns autores que se trata de ato declaratório, outros que se trata de ato constitutivo. Controverte-se ainda se o ato de tombar é ato discricionário ou vinculado.

Quanto ao primeiro aspecto, observe-se que é o tombamento que constitui o bem tombado em patrimônio cultural nacional, estadual, municipal ou do Distrito Federal; anteriormente não ostenta esta qualidade. As restrições impostas pelo Estado ao

---

17 BULOS. *Constituição federal anotada*, p. 1384.

18 SILVA. *Comentário contextual à Constituição*, p. 810.

bem tombado, embora continue ele no domínio do proprietário, são posteriores ao tombamento, motivo por que o ato se apresenta como constitutivo.

No que respeita à discricionariedade ou não do ato de tombamento, deve-se considerar que há no procedimento administrativo aspectos discricionários e vinculantes. De qualquer modo, tem-se que o tombamento é ato discricionário (a autoridade pública pode escolher entre tombar este ou aquele bem, ou o momento de fazê-lo), mas sempre vinculado à condição caracterizadora de bem cultural.

São três as espécies de tombamento previstos no Decreto-Lei n. 25/37: *a)* de ofício, pela autoridade competente, quando o bem, objeto da proteção pretendida, pertencer à União, ao Estado, ao Distrito Federal e ao Município; *b)* voluntário, quando o proprietário do bem, pessoa natural ou jurídica, pedir ao órgão competente para promover o tombamento ou aquiescer com a iniciativa estatal; *c)* compulsório, quando o particular se opõe à pretensão de tombar o seu bem.

A competência para legislar sobre patrimônio cultural e respectivo tombamento é concorrente entre a União, os Estados e o Distrito Federal (art. 24, VII, da Constituição Federal). Os Municípios, como entes federativos, também participam dessa competência, pois, como se viu no Capítulo deste trabalho dedicado ao Estado Federal, a eles compete suplementar a legislação federal e a estadual no que couber. Portanto, cabe aos Municípios editar lei própria que defina os critérios e modos de atuação para a proteção do patrimônio cultural local, observadas as normas gerais da União e a ação fiscalizadora do Estado-Membro.

A EC n. 42/2003 acrescentou o § 6º ao art. 216 para facultar aos Estados e ao Distrito Federal vincular a fundo estadual de fomento à cultura até cinco décimos por cento de sua receita tributária líquida, para o financiamento de programas e projetos culturais, vedada a aplicação desses recursos no pagamento dos mesmos encargos e despesas mencionados no parágrafo único do art. 204, relativamente à assistência social, de que já tratamos.

Pela EC n. 48/2005, foi acrescentado o § 3º ao art. 215, instituindo o Plano Nacional de Cultura. A lei estabelecerá o Plano, de duração plurianual, visando ao desenvolvimento cultural do País e à integração das ações do poder público que conduzem à: I – defesa e valorização do patrimônio cultural brasileiro; II – produção, promoção e difusão de bens culturais; III – formação de pessoal qualificado para a gestão da cultura em suas múltiplas dimensões; IV – democratização do acesso aos bens de cultura; V – valorização da diversidade étnica e regional.

4. DESPORTO

A Constituição declara ser dever do Estado fomentar práticas desportivas formais e não formais, como direito de cada um, observados os princípios mencionados no art. 217.

São eles: *a)* a autonomia das entidades desportivas dirigentes e associações, quanto a sua organização e funcionamento; *b)* a destinação de recursos públicos para a promoção prioritária do desporto educacional e, em casos específicos, para a do desporto de alto rendimento; *c)* o tratamento diferenciado para o desporto profissional e o não profissional; *d)* a proteção e o incentivo às manifestações desportivas de criação nacional.

O desporto, de que trata a Constituição, tem sentido genérico, abrangendo a ideia de recreação, lazer e divertimento, notando-se que o § 3º do art. 217 dispõe que o Poder Público incentivará o lazer como forma de promoção social. O desporto, desse modo, é forma de lazer, parte de atividade educativa e se reveste de caráter profissional.

O desporto abrange práticas formais e não formais, inspirado nos fundamentos constitucionais do Estado Democrático de Direito.

A prática desportiva formal é regulada por normas nacionais e internacionais e pelas regras de prática desportiva de cada modalidade, aceitas pelas respectivas entidades nacionais de administração do desporto.

A prática desportiva não formal é caracterizada pela liberdade lúdica de seus praticantes.

O desporto pode ser educacional, de participação e de rendimento.

O desporto educacional é o praticado nos sistemas de ensino e em formas assistemáticas de educação, evitando-se a seletividade, a hipercompetitividade de seus praticantes, com a finalidade de alcançar o desenvolvimento integral do indivíduo e a sua formação para o exercício da cidadania e a prática do lazer.

O desporto de participação, de modo voluntário, compreende as modalidades desportivas praticadas com a finalidade de contribuir para a integração dos praticantes na plenitude da vida social, na promoção da saúde e educação e na preservação do meio ambiente.

O desporto de rendimento pode ser profissional ou não profissional (amador), e tem por finalidade obter resultados e integrar pessoas e comunidades do País e estas com as de outras nações. O desporto profissional é caracterizado pela remuneração pactuada em contrato formal de trabalho entre o atleta e a entidade de prática desportiva.

O desporto não profissional é identificado pela liberdade de prática e pela inexistência de contrato de trabalho, sendo permitido o recebimento de incentivos materiais e de patrocínio.

São princípios do desporto, como direito individual: I – a soberania, caracterizado pela supremacia nacional na organização da prática desportiva; II – a autonomia, definido pela faculdade e liberdade de pessoas físicas e jurídicas organizarem-se para a prática desportiva; III – a democratização, garantido em condições de acesso às atividades desportivas sem quaisquer distinções ou formas de discriminação; IV – a liberdade, expresso pela livre prática do desporto, de acordo com a capacidade e interesse de cada um, associando-se ou não a entidade do setor; V – o direito social, caracterizado pelo dever do Estado em fomentar as práticas desportivas formais e não formais; VI – a diferenciação, consubstanciado no tratamento específico dado ao desporto profissional e não profissional; VII – a identidade nacional, refletido na proteção e incentivo às manifestações desportivas de criação nacional; VIII – a educação, voltado para o desenvolvimento integral do homem como ser autônomo e participante, e fomentado por meio da prioridade dos recursos públicos ao desporto educacional; IX – a qualidade, assegurado pela valorização dos resultados desportivos, educativos e dos relacionados à cidadania e ao desenvolvimento físico e moral; X – a descentralização, consubstanciado na organização e funcionamento harmônicos de sistemas desportivos diferenciados e autônomos para os níveis federal, estadual, distrital e municipal; XI – a segurança, propiciado ao praticante de qualquer modalidade desportiva, quanto a sua integridade física, mental ou sensorial; XII – a eficiência, obtido por meio do estímulo à competência desportiva e administrativa.[19]

A exploração e a gestão do desporto profissional constituem exercício de atividade econômica sujeitando-se, especificamente, à observância dos princípios: I – da transparência financeira e administrativa; II – da moralidade na gestão desportiva; III – da responsabilidade social de seus dirigentes; IV – do tratamento diferenciado em relação ao desporto não profissional; e V – da participação na organização desportiva do País.[20]

O Poder Judiciário só admitirá ações relativas à disciplina e às competições desportivas após esgotarem-se as instâncias da Justiça desportiva, regulada em lei, que terá o prazo máximo de 60 dias, contados da instauração do processo, para proferir decisão final. Assim, prevê a Constituição um requisito de ordem processual para o ingresso no Poder Judiciário, relativamente às ações que versem sobre disciplina e competições desportivas.

Observe-se, contudo, que o acesso ao Judiciário não se acha condicionado ao término do processo administrativo, pois a Justiça Desportiva terá o prazo máximo de sessenta dias para proferir a decisão final.

Cabe à Justiça do Trabalho apreciar e julgar as ações trabalhistas que envolvem clubes de futebol e jogadores.

A Justiça Desportiva acha-se prevista nas Leis ns. 8.028, de 12.4.1990 (art. 33) e 9.615, de 24.3.1998 (arts. 50 a 55), bem como no Código Brasileiro de Justiça Desportiva (Res. CNE n.1/03 e Res. 11/06).

Os Tribunais de Justiça Desportiva constituem unidades autônomas e independentes das entidades de administração do desporto de cada sistema, competindo-lhes processar e julgar, em última instância, as questões de descumprimento de normas relativas à disciplina e às competições desportivas, assegurados o contraditório e a ampla defesa. Os membros desses Tribunais exercem função considerada de relevante interesse público e, sendo servidores públicos, terão abonadas suas faltas computando-se como de efetivo exercício a participação nas respectivas sessões. O mandato é de quatro anos, admitida apenas uma recondução. Podem ser bacharéis em direito ou pessoas de notório saber jurídico (no domínio do direito desportivo) e de conduta ilibada.

São órgãos da Justiça Desportiva: I – o Superior Tribunal de Justiça Desportiva (STJD), com a mesma jurisdição da correspondente entidade nacional de adminis-

---

[19] A Lei n. 10.671, de 15 de maio de 2003, que dispõe sobre o Estatuto de Defesa do Torcedor, foi declarada totalmente constitucional pelo STF, ao julgar, em 23 de fevereiro de 2012, a ADI 2937/DF, ajuizada pelo Partido Progressista, Rel. Min. Cezar Peluso (*Notícias* STF, 23.2.2012; *Informativo* 655/STF).

[20] Lei n. 9.615, de 24 de março de 1998 que institui normas gerais sobre desportos, regulamentada pelo Decreto n. 7.984, de 8 de abril de 2013.

tração do desporto; II – os Tribunais de Justiça Desportiva (TJDs), com a mesma jurisdição da correspondente entidade regional de administração do desporto; III – as Comissões Disciplinares Nacionais e Regionais (CDN e CDR), colegiados de primeira instância dos órgãos judicantes referidos.

O Superior Tribunal de Justiça Desportiva e os Tribunais de Justiça Desportiva serão compostos por nove membros, sendo: I – dois indicados pela entidade de administração do desporto; II – dois indicados pelas entidades de prática desportiva que participem de competições oficiais da divisão principal; III – dois advogados com notório saber jurídico desportivo, indicados pela Ordem dos Advogados do Brasil; IV – um representante dos árbitros, por estes indicado; V – dois representantes dos atletas, por estes indicados.

No âmbito da Justiça Desportiva há a previsão do mandado de garantia, que deve ser concedido sempre que ilegalmente ou com abuso de poder, alguém sofrer violação em seu direito ou tenha justo receio de sofrê-la por parte de qualquer autoridade desportiva.

5. CIÊNCIA E TECNOLOGIA

Cabe ao Estado promover e incentivar o desenvolvimento científico, a pesquisa e a capacitação tecnológicas.

A pesquisa pode ser científica básica, que receberá tratamento prioritário do Estado, tendo em vista o bem público e o progresso das ciências, e tecnológica, que se voltará preponderantemente para a solução dos problemas brasileiros e para o desenvolvimento do sistema produtivo nacional e regional.

A ciência, a que se refere a Constituição, tem sentido genérico, e diz respeito a todas elas, como conhecimento sistematizado. Considera o texto constitucional que, sem investimentos na área científica e tecnológica, não há como se promover o desenvolvimento, pela impossibilidade de o Brasil alcançar o estágio do conhecimento aplicado.

A ciência (do latim *scientia*, oriunda de *scire*, isto é, saber), no sentido amplo e clássico, "é um saber metódico e rigoroso, vale dizer, um conjunto de conhecimentos metodicamente adquiridos, mais ou menos sistematicamente organizados, e suscetíveis de serem transmitidos por um processo pedagógico de ensino. Mais modernamente, ela é a modalidade de saber constituída de um conjunto de aquisições intelectuais que tem por finalidade propor uma explicação racional e objetiva da realidade. Mais precisamente ainda: a ciência é a forma de conhecimento que não somente pretende apropriar-se do real para explicá-lo de modo racional e objetivo, mas procura estabelecer entre os fenômenos observados relações universais e necessárias autorizando a previsão de resultados (efeitos) cujas causas podem ser detectadas mediante procedimentos de controle experimental".[21]

A ciência é, portanto, "uma ordem de constatações verdadeiras, logicamente relacionadas entre si, apresentando a coerência interna do pensamento consigo mesmo, com

[21] JAPIASSU *et al. Dicionário básico de filosofia*, verbete ciência, p. 48.

seu objeto e com as diversas operações implicadas na tarefa cognoscitiva. Para que haja ciência, deve haver as seguintes notas: caráter metódico, sistemático, certo, fundamentado ou demonstrado, limitado ou condicionado a um certo setor do objeto".[22]

A técnica refere-se à aplicação prática do conhecimento científico teórico a um campo específico da atividade humana. Para José Afonso da Silva, a tecnologia "é uma fase da técnica que não se limita à aplicação do conhecimento fornecido pelas ciências para fabricar ou construir algo, porque ela própria incorpora pesquisa semelhante à pesquisa científica para obter resultados produtivos em geral. A ciência descobre; a tecnologia usa essa descoberta e lhe acrescenta os processos de aferição de sua validade pela produção de resultados concretos, de aperfeiçoamento e reprodução no interesse do desenvolvimento econômico e social".[23] A ciência é, portanto, indutora da tecnologia. Nessa perspectiva, ciência e tecnologia são dinâmicas, aprimoram-se e aprofundam-se continuamente, a despeito de que, sobretudo no domínio da ciência, muitas conquistas superadas não desapareçam, desde que fundamentos básicos de vários segmentos do saber permanecem a orientar os passos evolutivos da humanidade.[24]

Destaca-se, no domínio da tecnologia, a biotecnologia, que envolve, entre outras atividades, o estudo de células do ser vivo, e cria novos organismos vivos ou geneticamente modificados, com destaque para a manipulação genética. Envolve questões polêmicas como a clonagem, seja a reprodutiva, seja a terapêutica, destinada a criar órgão a partir de célula da própria pessoa para nela ser implantado em substituição ao tecido ou órgão doente, sem risco de rejeição.

De se destacar a exceção constante do § 5º do art. 218 ao disposto no art. 167, IV, da Constituição. Aquela cláusula constitucional faculta aos Estados e ao Distrito Federal vincular parcela de sua receita orçamentária a entidades públicas de fomento ao ensino e à pesquisa científica e tecnológica, vinculação que não é permitida à União e ao Município.

6. COMUNICAÇÃO SOCIAL

A Constituição trata, em setor próprio, da comunicação social, complementando, de certo modo, a declaração de direitos humanos fundamentais no que pertine à livre

---

[22] DINIZ. *Compêndio de introdução à ciência do direito*, p. 17 e 19.

As ciências são classificadas sob diversos critérios.

Augusto Comte as classifica em: I – ciências abstratas, que compreendem: *a)* matemática; *b)* astronomia; *c)* física; *d)* química; *e)* biologia; *f)* sociologia; II – concretas.

Para Wilhelm Dilthey as ciências se classificam em: I – ciências da natureza; II – ciências do espírito: a) ciências do espírito subjetivo, ou psicológicas; b) ciências do espírito objetivo (são as ciências culturais propriamente ditas, históricas, morais, sociais e jurídicas). Aristóteles nos oferece a seguinte classificação: I – ciências teóricas, que compreendem: 1. ciências físicas ou naturais: a) ciências naturais propriamente ditas; b) ciências culturais; 2. ciências matemáticas; 3. ciências metafísicas; II – ciências práticas, que podem ser: 1) ciências morais ou ativas; 2) ciências artísticas, factivas ou produtivas, que abrangem: a) as ciências artísticas propriamente ditas; b) as ciências técnicas.

[23] SILVA. *Comentário contextual à Constituição*, p. 816.

[24] PEREIRA-DINIZ. *Ciência e tecnologia*: origem, evolução e perspectiva, p. 21-22.

expressão do pensamento, ao direito de resposta, à proibição da censura, ao direito à intimidade, vida privada, honra e imagem das pessoas, e ao acesso à informação, resguardado o sigilo da fonte, quando necessário ao exercício profissional.

Os objetivos das comunicações são quatro: "o de informar, o de divertir, o de convencer, o de manipular".[25]

A comunicação social, segundo anotação de Uadi Lammêgo Bulos, "é palavra que deriva do latim *comunicare*, significando trocar opiniões, conferenciar. Em sentido lato, abrange toda e qualquer forma de exteriorização do pensamento escrito ou oral, através de impressos, sons e imagens, como no caso dos alto-falantes colocados numa árvore ou no cume de igrejas. Em sentido estrito, porém, comunicação é o ato de emitir ideias, veiculadas em jornais, revistas, rádio, televisões, dentre tantos instrumentos técnicos que propiciam a manifestação do pensamento, quer através da criação e da expressão, quer por intermédio da informação. O qualificativo social designa o meio pelo qual a informação se veicula, isto é, através dos meios de informação da massa, atingindo pessoas indeterminadas e em número ilimitado."[26]

A comunicação social, portanto, é aquela que se destina ao público em geral e se transmite por qualquer processo ou veículo denominado meio de comunicação social. Abrange ainda a comunicação social o direito de antena, entendido entre nós como a possibilidade de se captar ou transmitir informações por meio de ondas mecânicas ou eletromagnéticas (em Portugal, o direito de antena envolve o direito de resposta e de réplica política; destina-se, segundo Jorge Miranda, a permitir a expressão, em plano de relativa igualdade, de ideias e opiniões nos meios de comunicação social, só possível por via dele[27]).

Declarando livre a manifestação do pensamento, a criação, a expressão e a informação, sob qualquer forma, processo ou veículo, a Constituição veda toda e qualquer censura de natureza política, ideológica e artística. A influência, no entanto, que detêm os meios de comunicação de massa sobre o comportamento individual e de grupos, fez com que a Constituição estabelecesse princípios para a produção e a programação das emissoras de rádio e televisão, dentre os quais se destaca o do respeito aos valores éticos e sociais da pessoa e da família (art. 221, IV),[28] assegu-

---

25 CUNHA. *Princípios constitucionais*, p. 85.

26 BULOS. *Constituição federal anotada*, p. 1390.

27 MIRANDA. *Manual de direito constitucional*, t. IV, p. 76.

28 Acentuando que a reverência para com a dignidade da pessoa humana é a base do próprio Estado Democrático de Direito (art. 1º, III), Gilmar Mendes salienta que este princípio bem como o respeito aos valores da família são erigidos à condição de limite da liberdade de programação de rádio e de televisão. Há desrespeito à dignidade da pessoa quando ela é "tratada como objeto, como meio para a satisfação de algum interesse imediato. O ser humano não pode ser exposto – máxime contra a sua vontade – à mera curiosidade de terceiros, para satisfazer instintos primários, nem pode ser apresentado como instrumento de divertimento alheio, com vistas a preencher o tempo de ócio de certo público. Em casos assim, não haverá exercício legítimo da liberdade de expressão. Dificilmente se poderá incluir no âmbito protegido pela liberdade de expressão um programa televisivo, por exemplo, que caracterize quem goza de presunção constitucional da inocência como feroz criminoso, de índole animalesca. 'Pegadinhas', que abalem moralmente a vítima da suposta brincadeira, tampouco se inserem no âmbito de proteção do direito". (MENDES; COELHO; BRANCO. *Curso*

rando-se ainda, nos termos da lei federal, meios legais que garantam à pessoa e à família a possibilidade de se defenderem de programas ou programações de rádio e televisão que contrariarem os princípios a que estão sujeitos a observar, bem como da propaganda de produtos, práticas e serviços que possam ser nocivos à saúde e ao meio ambiente.[29] A propaganda comercial de tabaco, bebidas alcoólicas, agrotóxicos, medicamentos e terapias estará sujeita às restrições legais, nos termos do inciso II do § 3º do art. 220, e conterá, sempre que necessário, advertência sobre os malefícios decorrentes de seu uso.[30]

O sistema de comunicação social deve atender, desse modo, à sua função social, ao respeito à verdade, à compreensão mútua entre os indivíduos e aos fundamentos éticos da sociedade, como constava do art. 399 do Anteprojeto da Comissão Afonso Arinos.

Compete ainda à lei federal regular as diversões e espetáculos públicos, cabendo ao Poder Público informar sobre a natureza deles, as faixas etárias a que não se recomendem, locais e horários em que sua apresentação se mostre inadequada, buscando a Constituição, assim, compatibilizar a comunicação social com os preceitos relativos à proteção da criança e do adolescente (art. 220, § 3º, I, e arts. 226 a 230)[31]. Previsão constitucional do pluralismo na mídia, de modo a impedir que os governos ditatoriais assumam, direta ou indirectamente, o controle dos meios de comunicação social é a cláusula constitucional que veda, sejam eles objeto de monopólio ou oligopólio (art. 220, § 5º). Outra disposição constitucional pertinente à liberdade de imprensa é a previsão de que a publicação de veículo impresso de comunicação independe de licença de autoridade (art. 220, § 6º).

A Constituição passou a permitir, a partir da Emenda Constitucional n. 36, de 28 de maio de 2002, a participação de pessoas jurídicas constituídas sob as leis brasileiras e que tenham sede no País, no capital social de empresas jornalísticas e de radiodifusão sonora de sons e imagens, deixando, portanto, a propriedade destes veículos

---

de direito constitucional, p. 365). Considere-se, no ponto, que a concordância da pessoa na divulgação de fatos atinentes à sua privacidade pode caracterizar autolimitação ao direito, desde que não esbarre no núcleo essencial da dignidade da pessoa.

29 A Lei n. 10.359, de 27.12.2001, dispõe sobre a obrigatoriedade de os novos aparelhos de televisão conterem dispositivo que possibilite o bloqueio temporário da recepção de programação inadequada.

30 A Lei n. 9.294, de 15.7.1996, regulamentada pelo Decreto n. 2.018, de 1º.12.1996, dispõe sobre as restrições ao uso e à propaganda de produtos fumígeros, bebidas alcoólicas, medicamentos, terapias e defensivos agrícolas. O seu art. 1º, parágrafo único, considera como bebida alcoólica, para os efeitos da Lei, as bebidas potáveis com teor alcoólico superior a 13 graus Gay Lussac, o que, certamente, é insuficiente para proteger a saúde, já que inúmeras bebidas, como a cerveja, não estão abrangidas pela norma. O Supremo Tribunal Federal, ao julgar, em 15.10.1998, a ADI 1.755/DF, Rel. Min. Nelson Jobim, não reconheceu a inconstitucionalidade desse dispositivo, ao fundamento de que, caso viesse a estender a restrição nele prevista, atuaria como legislador positivo.

A Lei n. 12.921, de 26.12.2013, proíbe a fabricação, a comercialização, a distribuição e a propaganda de produtos nacionais e importados, de qualquer natureza, bem como embalagens, destinados ao público infantojuvenil, reproduzindo a forma de cigarros e similares.

31 Cf. Capítulo 3, n.5.4.7, deste volume.

de comunicação de ser privativa apenas de brasileiros natos ou naturalizados há mais de dez anos (art. 222).

Para tanto, o § 1º do art. 222 dispõe que em qualquer das aduzidas hipóteses, pelo menos setenta por cento do capital total e do capital votante das empresas de comunicação social deverá pertencer, direta ou indiretamente, a brasileiros natos ou naturalizados há mais de dez anos, que exercerão obrigatoriamente a gestão das atividades e estabelecerão o conteúdo da programação. Também a responsabilidade editorial e as atividades de seleção e direção da programação veiculada, em qualquer meio de comunicação social, são privativas daqueles brasileiros (§ 2º do art. 222). As alterações de controle acionário serão comunicadas ao Congresso Nacional.

A Constituição determina ainda que os meios de comunicação social, independentemente da tecnologia utilizada para a prestação do serviço, deverão observar os princípios enunciados no art. 221, na forma de lei específica, que também garantirá a prioridade de profissionais brasileiros na execução de produções nacionais (§ 3º do art. 222).

Há distinção entre serviços de comunicação e de radiodifusão em decorrência da nova redação dada ao art. 21, XI e XII, *a*, da Constituição, pela EC n. 8/95. De acordo com o art. 4º do Código Brasileiro de Telecomunicações (CBT), aprovado pela Lei n. 4.117/62, constituem serviços de telecomunicações a transmissão, emissão ou recepção de símbolos, caracteres, sinais, escritos, imagens, sons ou informações de qualquer natureza, por fio, rádio, eletricidade, meios óticos ou qualquer outro processo eletromagnético. Telegrafia é o processo de telecomunicação destinado à transmissão de escritos, pelo uso de um código de sinais. Telefonia é o processo de telecomunicação destinado à transmissão da palavra falada ou de sons. Já a Lei n. 9.472/97 (Lei Geral de Telecomunicações – LGT) dispõe sobre a organização dos serviços de telecomunicações e a criação e funcionamento de um órgão regulador, a Agência Nacional de Telecomunicações (ANATEL). Pelo Decreto n. 5.820/2006, foi prevista a implantação do Sistema Brasileiro de Televisão Digital Terrestre (SBTVD-T), e a fixação de diretrizes para a transição, em 10 anos contados da publicação do Decreto, do sistema de transmissão analógica para o sistema de transmissão digital do serviço de radiodifusão de sons e imagens e do serviço de retransmissão de televisão.

Os atos do Poder Público de concessão e renovação de concessão de emissoras de rádio e televisão serão apreciados pelo Congresso Nacional, cuja aprovação ou rejeição dependem do voto nominal de dois quintos dos seus membros.[32] Tem-se entendido que a autorização, por ser ato precário e seu objeto de pequena monta, não se sujeita ao controle pelo Congresso Nacional.[33]

Para o controle das atividades de comunicação social, foi criado pela Lei n. 8.389, de 30.12.1991, o Conselho de Comunicação Social, como órgão auxiliar do

---

32 A Lei n. 10.610, de 20.12.2002, disciplina a participação de capital estrangeiro nas empresas jornalísticas e de radiodifusão sonora e de sons e imagens.

33 STF, RMS 22.665, Rel. / o acórdão, Min. Nelson Jobim, j. 14.3.06, *DJ*, 4.8.06. Na doutrina: SILVA. *Comentário contextual à Constituição*, p. 829.

Congresso Nacional (art. 224).[34] Anote-se, por fim, a existência do Conselho Nacional de Auto-Regulamentação Publicitária – CONAR integrado por representantes de anunciantes, agências de publicidade, jornais, revistas, rádios, televisão, entre outros, com função semelhante a de um tribunal de ética. Havendo uma peça publicitária considerada antiética, abre-se um procedimento marcado pela celeridade, mas com garantia da ampla defesa. Caso a decisão do CONAR seja desfavorável, a veiculação é suspensa.

6.1 Os meios de comunicação social e sua interação com a democracia e a cidadania

Relativamente aos meios de comunicação social e sua interação com a democracia e a cidadania, vários termos são designados para expressar essa realidade, como videocracia, videopolítica, telecracia, democracia midiacentrada, cibersociedade. As relações entre mídia e sociedade têm merecido, por sua vez, reflexões de inúmeros pensadores como Umberto Eco, Pierre Bourdieu, e Manuel Castells.

O segundo pós-guerra foi o marco histórico dos questionamentos sobre as possíveis consequências políticas dos meios de comunicação de massa, quando o nazismo havia acarretado uma onda de pessimismo e espanto quanto à onipotência persuasiva dos meios de comunicação de massa manipulados por Hitler.

No domínio da comunicação, duas vertentes antagônicas são hoje referidas: a) a que concebe os meios de comunicação como todo poderoso, e que atribui os efeitos da comunicação via mídia exclusivamente à ação do emissor sobre o receptor, que passa a desempenhar um papel mais ou menos passivo; b) a que dá ênfase na capacidade interpretativa do receptor, que, como qualquer leitor, pode modificar o significado das mensagens de acordo com suas próprias contingências.

Já no campo da ciência política, há uma certa dificuldade para as teorias democráticas trabalharem os meios de comunicação, o que se deve, em princípio, ao fato de que os meios de comunicação minimizam o aspecto de construção social das preferências, presente na luta política, seja porque idealizam o processo comunicativo, seja porque ignoram os seus constrangimentos concretos.[35] Não se pode desconsiderar, no entanto, a relevância que os meios de comunicação de massa têm na formação das atitudes políticas dos cidadãos, especialmente se levarmos em conta o declínio e a distância da influência dos partidos políticos e das relações entre representantes e representados. A mídia passa a ser o referencial das atitudes políticas dos cidadãos e a interagir com eles na busca de rumos e expectativas quanto ao papel que os representantes desempenham no Parlamento: a comunicação entre os candidatos e os eleitores se faz diretamente através do rádio e da televisão, dispensando a intermediação partidária, ou reduzindo a importância do programa partidário. A campanha política acaba por construir antagonismo de imagem entre os candidatos, pois os debates eleitorais são deslocados para a televisão, que exige dos candidatos

---

[34] Cf. Capítulo 3, n.5.4.7, deste volume.

[35] ALDÉ. *A construção da política:* democracia, cidadania e meios de comunicação de massa, p. 19-20.

agilidade crescente diante de situações muitas vezes imprevistas. Também é de consignar que numa democracia que tem como uma de suas características a visibilidade e a transparência das políticas públicas e decisões governamentais, o amplo acesso à informação necessita que os cidadãos tenham acesso à informação política, o que torna relevante a atuação da mídia. Outro ponto a destacar é o de que democracia pressupõe discussão de ideias, o que depende de debates públicos para que se legitime uma tomada de decisão, fator que também releva os poderes dos meios de comunicação social no universo político. No ponto, muitas vezes os eleitores têm maior interação com temas específicos de cada eleição, e os candidatos se empenham em identificar as questões que melhor dividem o eleitorado. Os próprios candidatos, muitas vezes, alteram seu comportamento em função da televisão, o que vale também na arena de discussões para a renovação de mandatos eletivos.

7. MEIO AMBIENTE

A Constituição declara, no art. 255, que "todos têm direito ao meio ambiente ecologicamente equilibrado, bem de uso comum do povo e essencial à sadia qualidade de vida, impondo-se ao Poder Público e à coletividade o dever de defendê-lo e preservá-lo para as presentes e futuras gerações".

Por meio ambiente deve-se entender o complexo de relações entre o mundo natural e os seres vivos. Ecologia consiste no domínio científico que se dedica aos estudos dessas relações. Ecossistema é o conjunto de relacionamentos mútuos entre determinado meio ambiente e a flora, a fauna[36] e os microorganismos que nele habitam, e que incluem fatores de equilíbrio geológico, atmosférico, meteorológico e biológico, sendo os mais ameaçados os ecossistemas de água doce, terras alagadiças, recifes de coral, ilhas oceânicas, áreas de clima mediterrâneo, florestas úmidas tropicais, dentre outros.

Verifica-se inicialmente que o direito ao meio ambiente se relaciona com o próprio direito à vida do qual é uma de suas manifestações, dizendo José Afonso da Silva que "as normas constitucionais assumiram a consciência de que o direito à vida, como matriz de todos os demais direitos fundamentais do homem, é que há de orientar todas as formas de atuação no campo da tutela do meio ambiente".[37]

Trata-se, contudo, de direito à sadia qualidade de vida em todas as suas formas, e não simplesmente de direito à vida.

Assim, a deterioração do meio ambiente acarreta inevitável lesão à saúde, com o comprometimento da vida digna, um dos fundamentos da República Federativa do Brasil mencionado no inciso III do art. 1º da Constituição, e graves consequências para as gerações futuras. A propósito, mencione-se as más-formações congênitas

[36] Lei n. 5.197/1997: "Art. 1º Os animais de quaisquer espécies, em qualquer fase de seu desenvolvimento e que vivem naturalmente fora do cativeiro, constituindo a fauna silvestre, bem como seus ninhos, abrigos e criadouros naturais são propriedade do Estado, sendo proibida a sua utilização, perseguição, destruição, caça ou apanha."

[37] SILVA. *Curso de direito constitucional positivo*, p. 708.

humanas e de outros seres vivos decorrentes de contatos com agentes poluidores, degenerações e mutações cromossômicas, alterações embrionárias, que geram seres deformados, incidência da anencefalia que vem aumentando a cada dia.

De ressaltar, ademais, a existência de princípios norteadores de uma política ambiental, compreendendo os princípios de política global e os princípios de política nacional do meio ambiente. Aqueles foram instituídos pela Conferência de Estocolmo de 1978 e ampliados pela ECO-92, sendo os fundamentos genéricos e diretores aplicáveis à proteção do meio ambiente, e estes são a implementação dos princípios globais adaptados à realidade cultural e social de cada país.

O conceito de meio ambiente tem caráter unitário, que compreende os seguintes aspectos: "meio ambiente natural ou físico: nos termos do art. 3º, I, da Lei n. 6.938/81 (que dispõe sobre a Política Nacional do Meio Ambiente), pode ser definido como o conjunto de condições, leis, influências e interações de ordem física, química, biológica, que permite, abriga e rege a vida em todas as suas formas. Em outras palavras, o meio ambiente natural ou físico é constituído pelo solo, água, ar atmosférico, energia, flora, fauna, qual seja, a correlação entre os seres vivos e o meio em que vivem (cf. art. 225, *caput,* e § 1º, I e VII); meio ambiente cultural: aponta história e a cultura de um povo, as suas raízes e identidade, sendo integrado pelo patrimônio histórico, artístico, arqueológico, paisagístico e turístico (cf. arts. 225, *caput*, 215 e 216); meio ambiente artificial ou humano: materializa-se no espaço urbano construído, destacando-se as edificações (espaço urbano fechado) e também os equipamentos públicos, como as ruas, espaços livres, parques, áreas verdes, praças etc. (espaço urbano aberto) (cf. entre outros, os arts. 225, *caput,* 5º, XXIII, 182 e ss. etc.); meio ambiente do trabalho: espécie de meio ambiente artificial, ganha destaque, e, tratado em categoria autônoma, caracteriza-se como o local em que o trabalhador exerce a sua atividade. Nos termos do art. 200, VIII, é atribuição do Sistema Único de Saúde a colaboração com a proteção do meio ambiente, nele compreendido o do trabalho. Assim, a proteção encontra fundamento também nos direitos ligados à saúde, uma vez que é indispensável que se garantam aos trabalhadores condições de salubridade e segurança (cf. arts. 196 e ss. e 7º da CF/88)." [38]

Pode-se identificar na Constituição de 1988 (art. 225), os seguintes princípios de política global do meio ambiente:

1. princípio da obrigatoriedade da intervenção estatal (*caput* e § 1º);
2. princípio da prevenção e da precaução (*caput* e § 1º, inciso IV);
3. princípio da informação e da notificação ambiental (*caput*, e § 1º, inciso VI);
4. princípio da educação ambiental (*caput* e § 1º, inciso VI);
5. princípio da participação (*caput*);
6. princípio do poluidor pagador (§ 2º);
7. princípio da responsabilidade da pessoa física e jurídica (§ 3º);
8. princípio da soberania dos Estados para estabelecer sua política ambiental e de desenvolvimento com cooperação internacional (§ 1º do art. 225, e as normas constitucionais de competência legislativa);

[38] LENZA. *Direito constitucional esquematizado*, p. 1.088.

9. princípio da eliminação de modos de produção e consumo e da política demográfica adequada;
10. princípio do desenvolvimento sustentado: direito das intergerações (*caput*).[39]

Passa-se ao exame de alguns destes princípios.

O *princípio da obrigatoriedade da intervenção estatal* significa que constitui dever do Poder Público defender e preservar o meio ambiente. As questões ambientais, com efeito, têm grande relevância, o que lhes traz um caráter público, motivo pelo qual o Estado, no exercício do poder de polícia, tem a incumbência de zelar pela ordem pública ambiental. A intervenção estatal não exclui, todavia, a obrigatoriedade de a própria coletividade zelar pela qualidade ambiental.

Pelo *princípio da prevenção*, a Constituição determina que sejam empregadas as técnicas conhecidas para corrigir impactos ambientais negativos, provocados sobre o meio ambiente, para assegurar a preservação ambiental. Há significativas medidas que têm por finalidade evitar que sejam causados danos ao meio ambiente, destacando-se, dentre elas: adotar planos de gestão ambiental sustentável; usar os melhores métodos e técnicas disponíveis, eliminando tecnologia obsoleta; evitar o uso de substâncias perigosas; manter o programa de monitoramento ambiental e realizar audiências públicas. Relacionado com este princípio, fala-se no *princípio do estudo do impacto ambiental*, pois, para prever e depois prevenir, exige-se o estudo prévio do impacto ambiental, com a realização de uma análise sobre a potencialidade de danos ou modificações indesejadas que determinada obra, atividade ou empreendimento pode acarretar ao meio ambiente, ensejando ao Poder Público fundamentar suas decisões e tomar as precauções exigidas em favor da conservação ambiental. O estudo do impacto ambiental (EIA) será realizado por equipe multidisciplinar habilitada, que apresentará um relatório de impacto ambiental (RIMA).[40]

O *princípio da precaução* estabelece a premissa da cautela, em especial porque existem certas atividades que, postas em prática, podem provocar efeitos ainda não conhecidos, ou também provocar danos ambientais irreversíveis. Precaução, que significa a tomada de providências para evitar o indesejado, implica em que deve ser evitada toda conduta, empreendimento, obra ou atividade que possa vir a causar dano ambiental. Se o princípio da atuação preventiva exige que os perigos comprovados sejam eliminados, o da precaução determina que a ação para eliminar possíveis impactos danosos ao meio ambiente seja tomada antes de o nexo causal ter sido estabelecido com evidência científica absoluta.[41] A biossegurança se acha intimamente relacionada com o princípio da precaução, evitando-se a nocividade de determinados projetos, como as proibições de experiências genéticas que tragam riscos à saúde da população, o impedimento à sua realização quando não haja certeza de que não há perigo. Expressivas são, portanto, no âmbito do processo judicial, as medidas cautelares ou a antecipação de tutela no processo de conhecimento, a fim de que se

[39] PACHECO; ABELHA; ANDRADE. *Direito processual ambiental brasileiro*, p. 25.

[40] Res. CONAMA n. 1/86.

[41] LEITE. *Dano ambiental*: do individual ao coletivo extrapatrimonial, p. 48.

impeça o início de um fato danoso ou para que faça cessá-lo, se já tiver sido iniciado. Destaque-se ainda que o princípio da precaução leva à inversão do ônus da prova, isto é, todo aquele que pretende realizar uma atividade, obra ou empreendimento, que tenha alguma repercussão sobre o meio ambiente, é quem deverá demonstrar a ausência do perigo.

O *princípio da participação* acha-se expresso na dicção constitucional de que o meio ambiente é bem de uso comum do povo e essencial à sadia qualidade de vida, impondo-se ao Poder Público e à coletividade o dever de defendê-lo e preservá-lo para as presentes e futuras gerações. Desse modo, necessário o alargamento dos espaços públicos e dos direitos humanos fundamentais, o que se obtém, sobretudo, pelo exercício da cidadania e pela conscientização dos cidadãos acerca de seus direitos e responsabilidades. Note-se que o princípio da participação não é excludente do dever do Estado de realizar políticas de conservação ambiental, atribuição que lhe é indelegável. O princípio estabelece a conjugação de esforços públicos e privados para que se assegure o equilíbrio do sistema.

O *princípio do poluidor pagador* visa, "primeiramente, que o poluidor repare o local atingido, fazendo retornar o estado anterior ao atentado. Porém, nem sempre tal situação é possível, logo será compelido a pagar pelo próprio dano em si e por suas consequências para as futuras gerações. O princípio expressa uma quantificação econômica do dano ambiental, que traduz um sentido de imposição de um ônus ao degradador. Tal solução subsequente certamente não é a mais adequada, pois vai de encontro com a maior questão deste princípio: a quantificação dos custos causados pelo dano ambiental. De fato, ainda não foi encontrada uma metodologia totalmente adequada para apurar, quantificar em termos econômicos o valor devido por um dano ambiental. Ressalte-se, ainda, que o princípio ora analisado não deve se resumir a uma licença para poluir. Não significa que poluir torna-se lícito, pois não é possível mercantilizar o meio ambiente".[42]

O *princípio da responsabilidade da pessoa física ou jurídica* por danos causados ao meio ambiente vem expresso no § 3º do art. 225 da Constituição, ao dispor que as condutas lesivas ao meio ambiente sujeitarão os infratores, pessoas físicas ou jurídicas, a sanções penais e administrativas, independentemente da obrigação de reparar os danos causados. A responsabilidade em estudo pode dar-se no âmbito administrativo, civil e penal. No âmbito civil, a responsabilidade é objetiva, segundo preceitua o art. 14, § 1º, da Lei n. 6.938/81, que determina ser o poluidor obrigado, independentemente da existência de culpa, a indenizar ou reparar os danos causados ao meio ambiente e a terceiros, afetados por sua atividade.

O *princípio do desenvolvimento sustentado* (direito das intergerações) postula que os seres humanos têm direito a uma vida saudável, em harmonia com a natureza. Há, pois, o reconhecimento do direito fundamental ao meio ambiente protegido. Por desenvolvimento sustentado entende-se aquele que se estrutura de modo a assegurar o respeito à integridade e à dignidade dos seres vivos, tendo como premissa, entre outras medidas, a ampliação dos espaços de participação democrática, a erradicação

---

42 GUERRA; LIMMER. *Os princípios da Constituição de 1988*, p. 582-583.

da pobreza, a adoção de estratégias conjuntas, pelos Estados, com vistas à transformação do modo de consumo que não implique no esgotamento dos recursos naturais, e ao estabelecimento de políticas públicas que tenham por meta a prudência no trato das questões ambientais.

Saúde e desenvolvimento se acham relacionados, havendo a possibilidade de ocorrer problemas na área da saúde, quando os investimentos na área social forem insuficientes, ou o desenvolvimento inadequado levar a um consumo excessivo. Necessário então que se enfatize a busca da garantia de um desenvolvimento socioeconômico racional e sobretudo ético, mediante programas que visem a satisfação das necessidades de atendimento primário da saúde, controle de moléstias contagiosas, proteção de grupos vulneráveis, redução de riscos para a saúde decorrentes da poluição e dos perigos ambientais.

O meio ambiente é tratado ainda na Constituição, ao discriminar as competências dos entes federativos (art. 23, VI e VII; art. 24, VIII); ao estabelecer os princípios da ordem econômica e financeira (art. 170, VI; art. 174, § 3º); ao inserir o ambiente de trabalho no conceito do meio ambiente (art. 200, VIII); e ao incluir no conceito de patrimônio cultural brasileiro os sítios de valor ecológico (art. 216, V).

A Constituição declara a Floresta Amazônica brasileira, a Mata Atlântica, a Serra do Mar, o Pantanal Mato-Grossense e a Zona Costeira patrimônios nacionais, e determina que a sua utilização far-se-á, na forma da lei, dentro de condições que assegurem a preservação do meio ambiente, inclusive quanto ao uso dos recursos naturais. A propósito, decidiu o Supremo Tribunal Federal, que a regra acima enunciada, "além de não ter convertido em bens públicos os imóveis abrangidos pelas florestas e pelas matas nele referidas, também não impede a utilização pelos próprios particulares, dos recursos naturais existentes naquelas áreas que estejam sujeitas ao domínio privado, desde que observadas as prescrições legais e respeitadas as condições necessárias à preservação ambiental".[43]

Destacam-se na Constituição, como instrumentos de tutela ambiental: a ação popular (art. 5º, LXXIII); a ação civil pública (art. 129, III); o mandado de segurança coletivo (art. 5º, LXX, *b*); o mandado de injunção (art. 5º, LXXI).

Raul Machado Horta, ressaltando que a Constituição da República de 1988, confrontada com as Constituições estrangeiras, demonstra que nenhuma outra a excedeu no volume e na profundidade da matéria constitucional dedicada ao meio ambiente, classifica as referências constitucionais ao meio ambiente em:

I – *regra de garantia*, a que "se contém no art. 5º, LXXIII, localizado no Título II – Dos Direitos e Garantias Fundamentais – e respectivo Capítulo I – Dos Direitos e Deveres Individuais e Coletivos – considerando qualquer cidadão parte legítima para propor *ação popular* que vise anular atos lesivos ao *meio ambiente*";

II – *regras de competência*, "que se relacionam com atribuições conferidas à União Federal, aos Estados, ao Distrito Federal, aos Municípios e a órgãos do Estado, para legislar, preservar ou defender o meio am-

---

[43] ADI 1.086-7/SC, Medida Liminar, DJ, Seção I, 16.9.1994.

biente. Nesta categoria de regras, a Constituição integra, sucessivamente, na *competência comum* da União, dos Estados, do Distrito Federal e dos Municípios proteger o meio ambiente e combater a poluição em qualquer de suas formas (art. 23, VI); na *competência concorrente* da União, dos Estados e do Distrito Federal, legislar sobre proteção ao meio ambiente e controle da poluição (art. 24, VI) e responsabilidade por dano ao maio ambiente (art. 24, VIII); na *competência dos Municípios* suplementar a legislação federal e a estadual, abrangendo nesta complementação o meio ambiente e o controle da poluição (art. 30, II); nas *funções institucionais do Ministério Público* promover o inquérito civil e a ação civil pública, para a proteção do meio ambiente e de outros interesses difusos e coletivos (art. 129, III)";

III – *regras gerais*, as que "identificam definições de princípios ou de conduta. Incluem-se nesta categoria de regras gerais o preceito do art. 170, VI, que define a defesa do meio ambiente como princípio da Ordem Econômica, o art. 173, § 5º, que prevê a responsabilidade da pessoa jurídica por atos praticados contra a ordem econômica, na qual se insere a defesa do meio ambiente; o art. 174, § 3º, estabelecendo que o Estado na organização da atividade garimpeira atenderá à proteção do meio ambiente; o art. 186, II, que impõe à propriedade rural a preservação do meio ambiente; o art. 200, VIII, que inclui entre as atribuições do sistema único colaborar na proteção do meio ambiente; o art. 216, V, que considera patrimônio cultural brasileiro os conjuntos urbanos e sítios de valor ecológico; o art. 231, § 1º, que declara as terras tradicionalmente ocupadas pelos índios imprescindíveis à preservação dos recursos ambientais necessários a seu bem-estar: "IV – *regras específicas*, as que, "ao contrário das regras gerais que se dispersam no corpo da Constituição, aglutinam-se no Capítulo VI, que trata exclusivamente do *Meio Ambiente*, como parte do Título VIII da Ordem Social. As regras específicas se dividem em dois grupos: o das normas autoaplicáveis e o das normas não auto-aplicáveis e incompletas, que dependem de complementação ulterior."[44]

8. FAMÍLIA

A família, como grupo social primário, não é constituída apenas pelo casamento, como ocorria no direito anterior, pois a Constituição a ela equipara a união estável entre homem e mulher, devendo a lei facilitar sua conversão em casamento, e a comunidade formada por qualquer dos pais e seus descendentes.

O Supremo Tribunal Federal reconheceu a união estável para casais do mesmo sexo. Argumentou-se que o art. 3º, inciso IV, da Constituição Federal veda qualquer discriminação em virtude de sexo, raça, cor e que, nesse sentido, ninguém pode ser

[44] HORTA. *Direito constitucional*, p. 271 e 279.

diminuído ou discriminado em função de sua preferência sexual. Segundo o Min. Ayres Britto, "o sexo das pessoas, salvo disposição contrária, não se presta para desigualação jurídica", para concluir que qualquer depreciação da união estável homoafetiva colide, portanto, com o inciso IV do art. 3º do texto constitucional. Deu-se interpretação conforme a Constituição Federal para excluir qualquer significado do art. 1.723 do Código Civil que impeça o reconhecimento da união entre pessoas do mesmo sexo como entidade familiar.[45] Já o transexualismo é reconhecido pela Or-

---

[45] STF, ADI 4277/DF e ADPF 132-RJ, Rel. Ministro Ayres Britto, j. 5.5.2011 (*Notícias* STF, 5.5.2011). No julgamento, o Min. Relator entendeu que o reconhecimento da união estável homoafetiva deveria ser feito segundo as mesmas regras e com idênticas consequências da união estável heteroafetiva. Enfatizou que a Constituição proibiria, de modo expresso, o preconceito em razão do sexo ou da natural diferença entre a mulher e o homem. Além disso, apontou que fatores acidentais ou fortuitos, a exemplo da origem social, idade, cor da pele e outros, não se caracterizariam como causas de merecimento ou de desmerecimento intrínseco de quem quer que fosse. Assim, observou que isso também ocorreria quanto à possibilidade da concreta utilização da sexualidade. Afirmou, nessa perspectiva, haver um direito constitucional líquido e certo à isonomia entre homem e mulher: a) de não sofrer discriminação pelo fato em si da contraposta conformação anátomo-fisiológica; b) de fazer ou deixar de fazer uso da respectiva sexualidade; e c) de, nas situações de uso emparceirado da sexualidade, fazê-lo com pessoas adultas do mesmo sexo, ou não. Em passo seguinte, assinalou que, no tocante ao tema do emprego da sexualidade humana, haveria liberdade do mais largo espectro ante silêncio intencional da Constituição. Apontou que essa total ausência de previsão normativo-constitucional referente à fruição da preferência sexual, em primeiro lugar, possibilitaria a incidência da regra de que "tudo aquilo que não estiver juridicamente proibido, ou obrigado, está juridicamente permitido". Em segundo lugar, o emprego da sexualidade humana diria respeito à intimidade e à vida privada, as quais seriam direito da personalidade e, por último, dever-se-ia considerar a âncora normativa do § 1º do art. 5º da CF. Destacou, outrossim, que essa liberdade para dispor da própria sexualidade inserir-se-ia no rol dos direitos fundamentais do indivíduo, sendo direta emanação do princípio da dignidade da pessoa humana e até mesmo cláusula pétrea. Frisou que esse direito de exploração dos potenciais da própria sexualidade seria exercitável tanto no plano da intimidade (absenteísmo sexual e onanismo) quanto da privacidade (intercurso sexual). Asseverou, de outro lado, que o século XXI já se marcaria pela preponderância da afetividade sobre a biologicidade. Ao levar em conta todos esses aspectos, indagou se a Constituição sonegaria aos parceiros homoafetivos, em estado de prolongada ou estabilizada união – realidade há muito constatada empiricamente no plano dos fatos –, o mesmo regime jurídico protetivo conferido aos casais heteroafetivos em idêntica situação. Após mencionar que a família deveria servir de norte interpretativo para as figuras jurídicas do casamento civil, da união estável, do planejamento familiar e da adoção, registrou que a diretriz da formação dessa instituição seria o não atrelamento a casais heteroafetivos ou a qualquer formalidade cartorária, celebração civil ou liturgia religiosa. Realçou que família seria, por natureza ou no plano dos fatos, vocacionalmente amorosa, parental e protetora dos respectivos membros, constituindo-se no espaço ideal das mais duradouras, afetivas, solidárias ou espiritualizadas relações humanas de índole privada, o que a credenciaria como base da sociedade (CF, art. 226, *caput*). Desse modo, anotou que se deveria extrair do sistema a proposição de que a isonomia entre casais heteroafetivos e pares homoafetivos somente ganharia plenitude de sentido se desembocasse no igual direito subjetivo à formação de uma autonomizada família, constituída, em regra, com as mesmas notas factuais da visibilidade, continuidade e durabilidade (CF, art. 226, § 3º: "Para efeito da proteção do Estado, é reconhecida a união estável entre o homem e a mulher como entidade familiar, devendo a lei facilitar sua conversão em casamento"). Mencionou, ainda, as espécies de família constitucionalmente previstas (art. 226, §§ 1º

ganização Mundial de Saúde como uma patologia. Segundo dispõe o art. 3º da Res. CFM (Conselho Federal de Medicina) n. 1.652/2002, o transexualismo pressupõe: a) desconforto com o sexo anatômico natural; b) desejo expresso de eliminar os genitais, perder as características primárias e secundárias do próprio sexo e ganhar as do sexo oposto; c) permanência desses distúrbios de forma contínua e consistente por, no mínimo, dois anos; d) ausência de outros transtornos mentais.

O transexualismo como vontade de viver e ser aceito como membro do sexo oposto envolve cirurgias de transgenitalização do fenótipo masculino em feminino (neocolpovulvoplastias) como do fenótipo feminino em masculino (neofaloplastias).

Na família, os direitos e deveres são exercidos igualmente pelo homem e pela mulher.

O casamento é civil, e gratuita a celebração, não o seu processamento, sendo que o casamento religioso tem efeito civil, nos termos da lei. Acerca do casamento religioso indaga-se se aquele realizado em centro espírita, templo, catedral, sinagoga, terreiro, casa religiosa, ou casamento celebrado por líder de qualquer religião teria o mesmo efeito civil do casamento realizado na religião católica. A questão envolve a liberdade de religião de que trata o art. 5º, VI, e a inexistência de religião oficial em nosso País.[46]

A paternidade responsável[47] vem mencionada na Constituição, ao declarar que o planejamento familiar é livre decisão do casal, competindo ao Estado propiciar

---

a 4º), a saber, a constituída pelo casamento e pela união estável, bem como a monoparental. Arrematou que a solução apresentada daria concreção aos princípios da dignidade da pessoa humana, da igualdade, da liberdade, da proteção das minorias, da não discriminação e outros (*Informativo* 625/STF).

A Resolução n. 175, de 14 de maio de 2013, do Conselho Nacional de Justiça, dispõe sobre a habilitação, celebração de casamento civil, ou de conversão de união estável em casamento, entre pessoas de mesmo sexo: "Art. 1º É vedada às autoridades competentes a recusa de habilitação, celebração de casamento civil ou de conversão de união estável em casamento entre pessoas de mesmo sexo. Art. 2º A recusa prevista no artigo 1º implicará a imediata comunicação ao respectivo juiz corregedor para as providências cabíveis."

46 Pedro Lenza destaca acórdão do Tribunal de Justiça do Rio Grande do Sul: "Nesse particular, entendo, primeiro, que o casamento no candomblé ou na umbanda tem o mesmo valor dos casamentos realizados nas religiões católicas e israelitas. Não devemos valorar mais os pactos realizados em grandes sinagogas ou catedrais pomposas, pelo fato de o casamento ter sido realizado em terreiros. Em todas essas cerimônias, o que está em questão, antes de mais nada é a fé que cada um dos parceiros tem numa força sobrenatural. Além disso, vale também, a confiança nos padres, pais de santo, rabinos e pastores, legítimos representantes das entidades dignas de fé de cada um. Enfim, mais do que um frio e burocrático casamento civil, a relevância do casamento religioso centra-se em valores transcendentes que o direito deve aprender a reconhecer seus efeitos" (TJ/RS, AC 70003296555, 8ª C. Cível, Rel Des. Rui Portanova, j. 27.6.2002), Cf. ainda LENZA. *Direito constitucional esquematizado*, p. 1109-1110.

47 O Supremo Tribunal Federal tem decidido no sentido de que, à luz do princípio da proporcionalidade ou da razoabilidade, impõe-se evitar afronta à dignidade pessoal envolvendo a realização de métodos invasivos (por exemplo, ser o réu conduzido coercitivamente ao laboratório para a coleta de material) quanto a exame de DNA com vistas à efetivação do princípio da paternidade responsável.

recursos educacionais e científicos para o exercício desse direito, vedada qualquer forma coercitiva por parte de instituições oficiais ou privadas.[48]

O casamento civil pode ser dissolvido pelo divórcio. A EC n. 66, de 13 de julho de 2010, deu nova redação ao § 6º do art. 226 da Constituição Federal, suprimindo, quanto à dissolubilidade do casamento civil, o requisito da prévia separação judicial por mais de um ano ou de comprovada separação de fato por mais de dois anos. Com o advento da Emenda, a corrente majoritária dos familiaristas entende que a separação judicial não foi recepcionada, é dizer, não permanecem os dispositivos do Código Civil que regulamentam os requisitos da separação e do divórcio, pois admitir o contrário seria tornar inócua a deliberação do poder de emenda. Desse modo, não mais sobrevive a separação judicial no direito brasileiro.[49] Em contraponto, sustenta a corrente minoritária que foi mantida a separação judicial fundada em que: a) a crença religiosa tem o casamento como indissolúvel; b) há sempre a possibilidade de reconciliação; c) a prévia separação judicial possibilita que haja um prazo de reflexão para o casal decidir se pretende mesmo dissolver o casamento.

A adoção será assistida pelo Poder Público, na forma da lei, que estabelecerá casos e condições de sua efetivação por parte de estrangeiros. A adoção se fará mediante processo judicial, e os seus efeitos, em regra, só começam a partir do trânsito em julgado da sentença, salvo se o adotante vier a falecer no curso do procedimento, caso em que retroage à data do óbito.[50]

9. CRIANÇA, ADOLESCENTE, JOVEM E IDOSO

Pelo que dispõe o art. 2º do Estatuto da Criança e do Adolescente (Lei n. 8.069, de 13 de julho de 1990), considera-se criança a pessoa até 12 anos de idade incompletos, e adolescente aquela entre 12 e 18 anos de idade. Tem-se considerado jovem, no Brasil, o grupo de idade entre 15 a 24 anos, em que ocorre a transição para a vida adulta. Em alguns países, o arco é considerado maior, indo até os 29 ou mesmo 35 anos.

É dever da família, da sociedade e do Estado assegurar à criança, ao adolescente e ao jovem, com absoluta prioridade, o direito à vida, à saúde, à alimentação, à educação, ao lazer, à profissionalização, à cultura, à dignidade, ao respeito, à liberdade e à convivência familiar e comunitária, além de colocá-los a salvo de toda forma de negligência, discriminação, exploração, violência, crueldade e opressão (EC n. 65,

---

[48] A Lei n. 9.263, de 12 de janeiro de 1996, regula o § 7º do art. 226 da Constituição Federal. Entende-se por planejamento familiar o conjunto de ações de regulação da fecundidade que garanta direitos iguais de constituição, limitação ou aumento da prole pela mulher, pelo homem ou pelo casal (art. 2º).

[49] Por todos: DIAS. *Divórcio já!*, p. 13-27.

[50] A Lei n. 12.010, de 3.8.2009, dispõe sobre a adoção. A adoção internacional é regulada pelo Estatuto da Criança e do Adolescente e pela Convenção Relativa à Proteção das Crianças e à Cooperação em Matéria de Adoção Internacional, concluída na Haia, em 29.5.1993, e promulgada pelo Decreto n. 3.087, de 21.6.1999.

de 13 de julho de 2010, que incluiu o jovem no Capítulo VII do Título VIII da Constituição).[51]

O direito à proteção especial abrangerá os seguintes aspectos: *a)* idade mínima de 16 anos para admissão ao trabalho, observado o disposto no art. 7º, XXXIII, que com a redação que lhe deu a Emenda Constitucional n. 20/98, proíbe o trabalho noturno, perigoso ou insalubre a menores de 18 e qualquer trabalho a menores de 16 anos, salvo na condição de aprendiz, a partir dos 14 anos; *b)* garantia de direitos previdenciários e trabalhistas; *c)* garantia de acesso do trabalhador adolescente à escola; *d)* garantia de pleno e formal conhecimento da atribuição de ato infracional, igualdade na relação processual e defesa técnica por profissional habilitado, segundo dispuser a legislação tutelar específica; *e)* obediência aos princípios de brevidade, excepcionalidade e respeito à condição peculiar de pessoa em desenvolvimento, quando da aplicação de qualquer medida privativa da liberdade; *f)* estímulo do Poder Público, por meio de assistência jurídica, incentivos fiscais e subsídios, nos termos da lei, ao acolhimento, sob a forma de guarda, de criança ou adolescente órfão ou abandonado. A Lei n. 13.010, de 26 de junho de 2014, alterou a Lei n. 8.069, de 13 de julho de 1990 (Estatuto da Criança e do Adolescente), para estabelecer o direito da criança e do adolescente de serem educados e cuidados sem o uso de castigos físicos ou de tratamento cruel ou degradante. Segundo a nova previsão normativa, a criança e o adolescente têm o direito de ser educados e cuidados sem o uso de castigo físico ou de tratamento cruel ou degradante, como formas de correção, disciplina, educação ou qualquer outro pretexto, pelos pais, pelos integrantes da família ampliada, pelos responsáveis, pelos agentes públicos executores de medidas socioeducativas ou por qualquer pessoa encarregada de cuidar deles, tratá-los, educá-los ou protegê-los.

A Constituição prevê a criação de programas de prevenção e atendimento especializado para os portadores de deficiência física, sensorial e mental, bem como de integração social do adolescente e do jovem portador de deficiência, mediante o treinamento para o trabalho e a convivência, e a facilitação do acesso aos bens e serviços coletivos, com a eliminação de preconceitos e obstáculos arquitetônicos e de

---

[51] A Lei n. 12.318, de 26 de agosto de 2010, dispõe sobre a alienação parental e altera o art. 236 da Lei n. 8.069, de 13 de julho de 1990: De acordo com o seu art. 2º, considera-se ato de alienação parental a interferência na formação psicológica da criança ou do adolescente promovida ou induzida por um dos genitores, pelos avós ou pelos que tenham a criança ou adolescente sob a sua autoridade, guarda ou vigilância para que repudie genitor ou que cause prejuízo ao estabelecimento ou à manutenção de vínculos com este. São formas exemplificativas de alienação parental, além dos atos assim declarados pelo juiz ou constatados por perícia, praticados diretamente ou com auxílio de terceiros: I – realizar campanha de desqualificação da conduta do genitor no exercício da paternidade ou maternidade; II – dificultar o exercício da autoridade parental; III – dificultar contato de criança ou adolescente com genitor; IV – dificultar o exercício do direito regulamentado de convivência familiar; V – omitir deliberadamente a genitor informações pessoais relevantes sobre a criança ou adolescente, inclusive escolares, médicas e alterações de endereço; VI – apresentar falsa denúncia contra genitor, contra familiares deste ou contra avós, para obstar ou dificultar a convivência deles com a criança ou adolescente; VII – mudar o domicílio para local distante, sem justificativa, visando a dificultar a convivência da criança ou adolescente com o outro genitor, com familiares deste ou com avós.

todas as formas de discriminação (art. 227, § 1º, II, com a redação da EC n. 65/2010). Cabe à lei dispor sobre normas de construção dos logradouros e dos edifícios de uso público e de fabricação de veículos de transporte coletivo, a fim de garantir o acesso adequado às pessoas portadoras de deficiência (art. 227, § 2º).[52]

Importante inovação do texto constitucional refere-se ao § 6º do art. 227, ao declarar que "os filhos, havidos ou não de relação do casamento, ou por adoção, terão os mesmos direitos e qualificações, proibidas quaisquer designações discriminatórias relativas à filiação". A proibição constitucional alcança os assentos civis, bem como o direito sucessório.

Há ainda, na Constituição, duas normas de proteção às crianças e aos adolescentes: a que prevê que a lei punirá severamente o abuso, a violência e a exploração sexual da criança e do adolescente (art. 227, § 4º), e a que declara serem penalmente inimputáveis os menores de 18 anos, sujeitos às normas da legislação especial (art. 228).

No domínio do Direito Penal comparado, segundo registra Orlando Soares, "a idade fixada, para efeito de responsabilidade penal, em diversos países, é a seguinte: Haiti – 14 anos; Índia, Paquistão, Honduras, El Salvador, Iraque – 15 anos; Birmânia, Filipinas, Ceilão, Hong-Kong, Bélgica, Nicarágua, Israel – 16 anos; Malásia. Polônia, Grécia, Costa Rica – 17 anos; Brasil, Tailândia, Áustria, Luxemburgo, Dinamarca, Finlândia, França, Suíça, (ex) Iugoslávia, Peru, Uruguai, Turquia, – 18 anos; EUA –

---

52 Lei n. 10.098, de 19 de dezembro de 2000, que estabelece normas gerais e critérios básicos para a promoção da acessibilidade de pessoas portadoras de deficiência ou com mobilidade reduzida, mediante a supressão de barreiras e de obstáculos nas vias e espaços públicos, no mobiliário urbano, na construção e reforma de edifícios e nos meios de transporte e de comunicação. "Art. 2º Para os fins desta Lei são estabelecidas as seguintes definições: I – acessibilidade: possibilidade e condição de alcance para utilização, com segurança e autonomia, dos espaços, mobiliários e equipamentos urbanos, das edificações, dos transportes e dos sistemas e meios de comunicação, por pessoa portadora de deficiência ou com mobilidade reduzida; II – barreiras: qualquer entrave ou obstáculo que limite ou impeça o acesso, a liberdade de movimento e a circulação com segurança das pessoas, classificadas em: a) barreiras arquitetônicas urbanísticas: as existentes nas vias públicas e nos espaços de uso público; b) barreiras arquitetônicas na edificação: as existentes no interior dos edifícios públicos e privados; c) barreiras arquitetônicas nos transportes: as existentes nos meios de transportes; d) barreiras nas comunicações: qualquer entrave ou obstáculo que dificulte ou impossibilite a expressão ou o recebimento de mensagens por intermédio dos meios ou sistemas de comunicação, sejam ou não de massa; III – pessoa portadora de deficiência ou com mobilidade reduzida: a que temporária ou permanentemente tem limitada sua capacidade de relacionar-se com o meio e de utilizá-lo; IV – elemento da urbanização: qualquer componente das obras de urbanização, tais como os referentes a pavimentação, saneamento, encanamentos para esgotos, distribuição de energia elétrica, iluminação pública, abastecimento e distribuição de água, paisagismo e os que materializam as indicações do planejamento urbanístico; V – mobiliário urbano: o conjunto de objetos existentes nas vias e espaços públicos, superpostos ou adicionados aos elementos da urbanização ou da edificação, de forma que sua modificação ou traslado não provoque alterações substanciais nestes elementos, tais como semáforos, postes de sinalização e similares, cabines telefônicas, fontes públicas, lixeiras, toldos, marquises, quiosques e quaisquer outros de natureza análoga; VI – ajuda técnica: qualquer elemento que facilite a autonomia pessoal ou possibilite o acesso e o uso de meio físico."

há variação de critérios nos diversos Estados-Membros da Federação, pois adotam entre 16, 17, 18, 19 e 21 anos. Percentualmente, a variação de idade, nos diferentes países, é a seguinte: 14 anos (0,5%); 15 anos (8,0%); 16 anos (13,0%); 17 anos (19%); 18 anos (55,0%); 19 anos (0,5%); e, 21 anos (4,0%).[53]

Ao estabelecer a idade-limite de 18 anos de imputabilidade penal, o Brasil segue, portanto, a legislação que prevalece na maioria dos países.

Ao ato infracional praticado por criança corresponderão as seguintes medidas protetivas: a) encaminhamento aos pais ou responsável, mediante termo de responsabilidade; b) orientação, apoio e acompanhamento temporários; c) matrícula e frequência obrigatórias em estabelecimento oficial de ensino fundamental; d) inclusão em programa comunitário ou oficial de auxílio à família, à criança e ao adolescente; e) requisição de tratamento médico, psicológico ou psiquiátrico, em regime hospitalar ou ambulatorial; f) inclusão em programa oficial comunitário de auxílio, orientação e tratamento a alcoólatras e toxicômanos; g) abrigo em entidade – medida provisória e excepcional, utilizável como forma de transição para a colocação em família substituta, não implicando privação da liberdade; h) colocação em família substituta. Já os atos infracionais cometidos por adolescentes sujeitam-se às seguintes medidas, denominadas de socioeducativas: advertência; b) obrigação de reparar o dano; c) prestação de serviços à comunidade; d) liberdade assistida; e) inserção em regime de semiliberdade; f) internação em estabelecimento educacional; g) qualquer uma das medidas específicas de proteção à criança.[54]

Nos termos do § 8º do art. 227, acrescentado pela EC n. 65/2010, a lei estabelecerá o estatuto da juventude, destinado a regular os direitos dos jovens, e o plano nacional de juventude, de duração decenal, visando à articulação das várias esferas do poder público para a execução de políticas públicas.[55]

O tempo de duração da privação de liberdade imposta ao adolescente que comete infração limita-se a três anos (art. 121, § 3º, do ECA). Há variações deste tempo em diversos países: dois anos na Espanha e Suiça; três anos na Colômbia e Eslovênia; quatro anos no Equador; dez anos no Egito e Alemanha; quinze anos na Áustria, Finlândia e Coreia do Sul; vinte e cinco anos em Israel; tempo indeterminado no Chile, Itália, Japão e Inglaterra, na hipótese de crimes graves.

Normas de tutela dos idosos também constam da Constituição. Os filhos maiores têm o dever de ajudar e amparar os pais na velhice, carência ou enfermidade. Também a família, a sociedade e o Estado têm o dever de amparar as pessoas idosas, assegurando sua participação na comunidade, defendendo sua dignidade e bem-estar e garantindo-lhes o direito à vida.

Os programas de amparo aos idosos serão executados preferencialmente em seus lares.

---

[53] SOARES. *Comentários à Constituição da república federativa do Brasil*, p. 734.

[54] Estatuto da Criança e do Adolescente (Lei n. 8.069/90, art. 101).

[55] Trata-se da Lei n. 12.852, de 5.8.2013, que institui o Estatuto da Juventude e dispõe sobre os direitos dos jovens, os princípios e diretrizes das políticas públicas de juventude e o Sistema Nacional de Juventude - SINAJUVE.

Nos termos do Estatuto do Idoso (Lei n. 10.741, de 1º.10.2003), considera-se idoso, em geral, a pessoa com idade igual ou superior a 60 anos. Para fins de gratuidade dos transportes coletivos, considera-se idoso o maior de 65 anos (art. 230, § 2º, da Constituição Federal), e para fins de aposentadoria compulsória no serviço público os maiores de 70 anos de idade (art. 40, II, da Constituição Federal).

O idoso deve ser amparado pelo Estado, pela família e pela sociedade, tendo assegurada sua participação na comunidade, com dignidade, bem-estar e garantia do direito à vida.

O princípio da solidariedade vem afirmado pelo Estatuto, ao obrigar a família, a comunidade, a sociedade em geral e o Poder Público a assegurarem, com absoluta prioridade, a efetivação dos direitos referentes à vida, à saúde, à alimentação, à educação, à cultura, ao esporte, ao lazer, ao trabalho, à cidadania, à liberdade, à dignidade, ao respeito e à convivência familiar e comunitária.

O envelhecimento é reconhecido como um direito social protegido pela garantia (entre outras formas de prioridade à terceira idade) preferencial de atendimento, imediato e individualizado, junto aos órgãos prestadores de serviços da população, viabilização de formas alternativas de participação, ocupação e convívio do idoso com as demais gerações, capacitação e reciclagem dos recursos humanos nas áreas de geriatria e gerontologia e na prestação de serviços aos idosos, estabelecimento de mecanismos que favoreçam a divulgação de informações de caráter educativo sobre os aspectos biopsicossociais de envelhecimento e garantia de acesso à rede de serviços de saúde e de assistência social locais.

A garantia à proteção da vida e da saúde do idoso constitui obrigação do Estado, mediante efetivação de políticas sociais públicas que permitam um envelhecimento saudável e em condições de dignidade. Relativamente à saúde do idoso, é-lhe assegurada atenção integral, por intermédio do Sistema Único de Saúde, e garantia do acesso universal e igualitário, em conjunto articulado e contínuo das ações e serviços, para a prevenção, proteção e recuperação da saúde, incluindo a atenção especial às doenças que afetam o idoso.

Estabelece ainda o Estatuto que a prevenção e a manutenção da saúde do idoso serão efetivadas por meio de cadastramento da população idosa em base territorial; atendimento geriátrico e gerontológico em ambulatórios, unidades geriátricas de referência, com pessoal especializado nas áreas de geriatria e gerontologia social, atendimento domiciliar, incluindo a internação, para a população que dele necessitar e esteja impossibilitada de se locomover, inclusive para idosos abrigados e acolhidos por instituições públicas, filantrópicas ou sem fins lucrativos e eventualmente conveniadas com o Poder Público, nos meios urbano e rural, e, ainda, reabilitação orientada pela geriatria e gerontologia, para redução das sequelas decorrentes do agravo da saúde.

Constitui ainda encargo do Poder Público o fornecimento gratuito, ao idoso, de medicamentos, especialmente de uso continuado, assim como próteses, órteses e outros recursos relativos ao tratamento, habilitação ou reabilitação, sendo vedada a discriminação do idoso nos planos de saúde pela cobrança de valores diferenciados em razão da idade.

No âmbito da proteção e vigilância sanitária, o Estatuto determina que as entidades governamentais e não governamentais de assistência ao idoso ficarão sujeitas à inscrição de seus programas, junto ao órgão competente da Vigilância Sanitária e Conselho Municipal da Pessoa Idosa, e, em sua falta, junto ao Conselho Estadual ou Nacional da Pessoa Idosa, especificando os regimes de atendimento.

Estabelece ainda o Estatuto algumas medidas específicas a serem, obrigatoriamente, seguidas pelas entidades de atendimento aos idosos, como oferecer instalações físicas em condições adequadas de habitabilidade, higiene, salubridade e segurança; apresentar objetivos estatutários e plano de trabalho compatíveis com o Estatuto; estar regularmente constituída; demonstrar a idoneidade de seus dirigentes; fornecer vestuário adequado e alimentação suficiente; manter no quadro de pessoal profissionais com formação específica.

10. ÍNDIOS

A Constituição protege os índios, que, segundo estimativa de 1990, são, no Brasil, em número de aproximadamente 245 mil, constituindo-se em 200 grupos distintos, que falam mais de 170 línguas e dialetos diferentes. Os dados demográficos sobre os índios atuais são, no entanto, muito precários, como adverte Julio Cezar Melatti, que, comparando estudo feito por Darcy Ribeiro, em 1957, e o volume *Povos Indígenas no Brasil: 1996/2000,* organizado por Carlos Alberto Ricardo e publicado pelo Instituto Socioambiental (ISA, 2000), chega a um total de 336919, por etnias e 332191, por terras. Quanto às línguas indígenas faladas no Brasil, Julio Cezar Melatti, após afirmar que não há como dizer com exatidão quantas são elas, chega a uma estimativa de 150.[56]

Índios ou silvícolas são todos os indivíduos de origem e ascendência pré-colombiana que se identificam, e são identificados como pertencentes a um grupo étnico cujas características culturais os distinguem da sociedade nacional, e que formam comunidades indígenas ou grupo tribais, constituídos por um conjunto de famílias ou comunidades índias, quer vivendo em estado de completo isolamento em relação aos outros setores da comunhão nacional, quer em contatos intermitentes ou permanentes, sem contudo estarem neles integrados.

Os índios são considerados: I – isolados, quando vivem em grupos desconhecidos ou de que se possuem poucos e vagos informes através de contatos eventuais com elementos da comunhão nacional; II – em vias de integração, quando, em contato intermitente ou permanente com grupos estranhos, conservam menor ou maior parte das condições de sua vida nativa, mas aceitam algumas práticas e modos de existência comuns aos demais setores da comunhão nacional, da qual vão necessitando cada vez mais para o próprio sustento; III – integrados, quando incorporados à comunhão nacional e reconhecidos no pleno exercício dos direitos civis, ainda que conservem usos, costumes e tradições característicos da sua cultura.[57]

---

[56] MELATTI. *Índios do Brasil*, p. 43-73.

[57] Lei n. 6001/73 – Estatuto do Índio (arts. 3º e 4º).

Segundo resenha de Gersem Baniwa, a Constituição de 1988 trouxe mudanças no campo das políticas indigenistas e indígenas do país, destacando-se, no âmbito dos direitos fundamentais dos povos indígenas: "a) superação da tutela, reconhecendo a capacidade civil dos índios; b) abandono do pressuposto integracionista, em favor do reconhecimento do direito à diferença sociocultural dos povos indígenas, na linha do multiculturalismo contemporâneo; c) reconhecimento da autonomia societária dos povos indígenas, garantindo para isso o direito ao território, à cultura, à educação, à saúde, ao desenvolvimento econômico, de acordo com os seus projetos coletivos presentes e futuros; d) reconhecimento do direito à cidadania híbrida: étnica, nacional e global."[58]

É da União a competência para legislar privativamente sobre populações indígenas (art. 22, XIV, da Constituição Federal).

Cabe, no entanto, à União, aos Estados e aos Municípios, bem como aos órgãos das respectivas administrações indiretas, nos limites de sua competência, para a proteção das comunidades indígenas e a preservação dos seus direitos (art 2º do Estatuto do Índio): I – estender aos índios os benefícios da legislação comum, sempre que possível a sua aplicação; II – prestar-lhes assistência e às comunidades indígenas ainda não integrados à comunhão nacional; III – respeitar, ao proporcionar aos índios meios para o seu desenvolvimento, as peculiaridades inerentes à sua condição; IV – assegurar aos índios a possibilidade de livre escolha dos seus meios de vida e subsistência; V – garantir aos índios a permanência voluntária no seu *habitat*, proporcionando-lhes ali recursos para seu desenvolvimento e progresso; VI – respeitar, no processo de integração do índio à comunhão nacional, a coesão das comunidades indígenas, os seus valores culturais, tradições, usos e costumes; VII – executar, sempre que possível mediante a colaboração dos índios, os programas e projetos tendentes a beneficiar as comunidades indígenas; VIII – utilizar a cooperação, o espírito de iniciativa e as qualidades pessoais do índio, tendo em vista a melhoria de suas condições de vida e a sua integração no processo de desenvolvimento; IX – garantir aos índios e comunidades indígenas, nos termos da Constituição, a posse permanente das terras que habitam, reconhecendo-lhes o direito ao usufruto exclusivo das riquezas naturais e de todas as utilidades naquelas terras existentes; X – garantir aos índios o pleno exercício dos direitos civis e políticos que em face da legislação lhes couberem. A Lei n. 12.960, de 27.3.2014, alterou a Lei n. 9.394, de 20 de dezembro de 1996, que estabelece as diretrizes e bases da educação nacional, para fazer constar a exigência de manifestação de órgão normativo do sistema de ensino para o fechamento de escolas do campo, indígenas e quilombolas.

Quanto à capacidade, o art. 9º do Estatuto prevê em seu art. 7º, que os índios e as comunidades indígenas ainda não integrados à comunhão nacional ficam sujeitos ao regime tutelar estabelecido na lei especial. À União incumbe a tutela, que a exercerá através do competente órgão federal de assistência aos silvícolas (Fun-

---

[58] BANIWA. A conquista da cidadania indígena e o fantasma da tutela no Brasil contemporâneo. *In: Constituições nacionais e povos indígenas* (RAMOS (Org.), p. 206-207.

dação Nacional do Índio – FUNAI).[59] São nulos os atos praticados entre o índio não integrado e qualquer pessoa estranha à comunidade indígena quando não tenha havido assistência do órgão tutelar competente. A nulidade não será declarada, no caso em que o índio revele consciência e conhecimento do ato praticado, desde que não lhe seja prejudicial, e da extensão dos seus efeitos (art. 8º do Estatuto do Índio).

Os índios prestam o serviço militar como voluntários.[60]

Qualquer índio poderá requerer ao Juiz competente a sua liberação do regime tutelar, investindo-se na plenitude da capacidade civil, desde que preencha os requisitos seguintes: I – idade mínima de 21 anos; II – conhecimento da língua portuguesa; III – habilitação para o exercício de atividade útil, na comunhão nacional; IV – razoável compreensão dos usos e costumes da comunhão nacional (art. 9º do Estatuto do Índio).

O texto constitucional reconhece aos índios o direito à organização social, costumes, línguas, crenças e tradições e às terras que tradicionalmente ocupam, competindo à União demarcá-las, proteger e fazer respeitar todos os seus bens.

Acerca da demarcação de terras indígenas, houve decisão do Supremo Tribunal Federal no julgamento da denominada Reserva Raposa Serra do Sol, situada no Estado de Roraima. A questão debatida envolvia, além de vícios no processo de demarcação, a forma escolhida, qual seja, o modelo contínuo ou a demarcação por ilhas. Sobre o tema, o Supremo Tribunal Federal declarou constitucional a demarcação contínua e determinou que fossem observadas as seguintes condições "a partir das explicitações feitas pelo Min. Menezes Direito: I – o usufruto das riquezas do solo, dos rios e dos lagos existentes nas terras indígenas (art. 231, § 2º, da Constituição Federal) pode ser relativizado sempre que houver, como dispõe o art. 231, § 6º, da Constituição, relevante interesse público da União, na forma de lei complementar; II – o usufruto dos índios não abrange o aproveitamento de recursos hídricos e potenciais energéticos, que dependerá sempre de autorização do Congresso Nacional; III – o usufruto dos índios não abrange a pesquisa e lavra das riquezas minerais, que dependerá sempre de autorização do Congresso Nacional, assegurando-se-lhes a participação nos resultados da lavra, na forma da lei; IV – o usufruto dos índios não abrange a garimpagem nem a faiscação, devendo, se for o caso, ser obtida a permissão de lavra garimpeira; V – o

---

59 Compete também à FUNAI estabelecer as diretrizes e garantir o cumprimento da política indigenista, baseada nos seguintes princípios: a) respeito à pessoa do índio e às instituições e comunidades tribais; b) garantia à inalienabilidade e à posse das terras que ocupam e ao usufruto exclusivo das riquezas nelas existentes; c) preservação do equilíbrio biológico e cultural do índio, no seu contato com a sociedade nacional; e d) preservação da aculturação espontânea do índio, de forma a processar-se sua evolução sócio-econômica, a salvo de mudanças bruscas (art. 2º do Decreto n. 4.645, de 25 de março de 2003).

60 A Portaria n. 20 – EME –, de 2 de abril de 2003, que aprova a diretriz para o relacionamento do Exército Brasileiro com as comunidades indígenas, dispõe, na letra *g*, n. 3, que o Exército deverá, quando da seleção para o serviço militar inicial, priorizar a incorporação de jovens oriundos das comunidades indígenas, desde que voluntários e aprovados no processo de seleção. Cf. também: *Uma crônica da relação índios e militares na cabeça do cachorro (AM), texto da antropóloga Roberta Mélaga*. Disponível em: <w.w.w. socioambiental. org>. Acesso em: 27 maio 2008.

usufruto dos índios não se sobrepõe ao interesse da política de defesa nacional; a instalação de bases, unidades e postos militares e demais intervenções militares, a expansão estratégica da malha viária, a exploração de alternativas energéticas de cunho estratégico e o resguardo das riquezas de cunho estratégico, a critério dos órgãos competentes (Ministério da Defesa e Conselho de Defesa Nacional), serão implementados independentemente de consulta às comunidades indígenas envolvidas ou à FUNAI; VI – a atuação das Forças Armadas e da Polícia Federal na área indígena, no âmbito de suas atribuições, fica assegurada e se dará independentemente de consulta às comunidades indígenas envolvidas ou à FUNAI; VII – o usufruto dos índios não impede a instalação, pela União Federal, de equipamentos públicos, redes de comunicação, estradas e vias de transporte, além das construções necessárias à prestação de serviços públicos pela União, especialmente os de saúde e educação; VIII – o usufruto dos índios na área afetada por unidades de conservação fica sob a responsabilidade do Instituto Chico Mendes de Conservação da Biodiversidade; IX – o Instituto Chico Mendes de Conservação da Biodiversidade responderá pela administração da área da unidade de conservação também afetada pela terra indígena com a participação das comunidades indígenas, que deverão ser ouvidas, levando-se em conta os usos, tradições e costumes dos indígenas, podendo para tanto contar com a consultoria da FUNAI; X – o trânsito de visitantes e pesquisadores não índios deve ser admitido na área afetada à unidade de conservação nos horários e condições estipulados pelo Instituto Chico Mendes de Conservação da Biodiversidade; XI – devem ser admitidos o ingresso, o trânsito e a permanência de não índios no restante da área da terra indígena, observadas as condições estabelecidas pela FUNAI; XII – o ingresso, o trânsito e a permanência de não índios não pode ser objeto de cobrança de quaisquer tarifas ou quantias de qualquer natureza por parte das comunidades indígenas; XIII – a cobrança de tarifas ou quantias de qualquer natureza também não poderá incidir ou ser exigida em troca da utilização das estradas, equipamentos públicos, linhas de transmissão de energia ou de quaisquer outros equipamentos e instalações colocadas a serviço do público, tenham sido excluídos expressamente da homologação, ou não; XIV – as terras indígenas não poderão ser objeto de arrendamento ou de qualquer ato ou negócio jurídico que restrinja o pleno exercício do usufruto e da posse direta pela comunidade indígena ou pelos índios (art. 231, § 2º, Constituição Federal, c/c art. 18, *caput,* Lei n. 6.001/1973); XV – é vedada, nas terras indígenas, a qualquer pessoa estranha aos grupos tribais ou comunidades indígenas, a prática de caça, pesca ou coleta de frutos, assim como de atividade agropecuária ou extrativa (art. 231, § 2º, Constituição Federal, c/c art. 18, § 1º, Lei n. 6.001/1973); XVI – as terras sob ocupação e posse dos grupos e das comunidades indígenas, o usufruto exclusivo das riquezas naturais e das utilidades existentes nas terras ocupadas, observado o disposto nos arts. 49, XVI, e 231, § 3º, da CR/88, bem como a renda indígena (art. 43 da Lei n. 6.001/1973), gozam de plena imunidade tributária, não cabendo a cobrança de quaisquer impostos, taxas ou contribuições sobre uns ou outros; XVII – é vedada a ampliação da terra indígena já demarcada; XVIII – os direitos dos índios relacionados às suas terras são imprescritíveis e estas são inalienáveis e indisponíveis (art. 231, § 4º, CR/88); e XIX – é assegurada a participação dos entes federados no procedimento administrativo de demarcação das terras indígenas, encravadas em seus territórios, observada a fase em que se encontrar o procedimento."[61]

São terras tradicionalmente ocupadas pelos índios as por eles habitadas em caráter permanente, as utilizadas para suas atividades produtivas, as imprescindíveis à preservação dos recursos ambientais necessários ao bem-estar e as necessárias à sua reprodução física e cultural, segundo seus usos, costumes e tradições.

As terras tradicionalmente ocupadas pelos índios destinam-se à posse permanente dos mesmos, cabendo-lhes o usufruto exclusivo das riquezas do solo, dos rios e dos lagos nelas existentes.

Tais terras, que constituem patrimônio da União, são inalienáveis e indisponíveis, e os direitos sobre elas, imprescritíveis. São nulos e extintos os atos que tenham por objeto a ocupação, o domínio e a posse dessas terras, bem como a exploração das riquezas naturais do solo, dos rios e dos lagos nelas existentes, ressalvado relevante interesse público da União, segundo o que dispuser lei complementar. A nulidade e extinção não geram direito à indenização ou ação contra a União, salvo, na forma da lei, quanto às benfeitorias derivadas da ocupação de boa-fé.[62]

---

[61] STF, Pet. 3.388/RR, Rel. Min. Ayres Britto, j. 18 e 19.3.2009, *DJE* 14.e 25.9.2009. O STF esclareceu que a decisão tomada na Pet. 3.388 não tem efeito vinculante, não se estendendo a outros litígios que envolvam terras indígenas. Apesar de não vincular juízes e tribunais, quando do exame de outros processos relativos a terras indígenas diversas, a ausência de vinculação formal não impede que a jurisprudência construída pelo STF, estabelecendo diretrizes, possa ser seguida pelas demais instâncias. Isso porque, embora não possua efeitos vinculantes, "a decisão ostenta a força intelectual e persuasiva da mais alta Corte do País" (ED na Pet. 3.388, Rel. Min. Roberto Barroso, j. 23.10.2013; *Notícias* STF, 23.10.2013).

[62] Esclarecedor é o texto de José Afonso da Silva acerca do direito sobre as terras indígenas: "Os dispositivos constitucionais sobre a relação dos índios com suas terras e no reconhecimento de seus direitos originários sobre elas nada mais fizeram do que consagrar e consolidar o *indigenato*, velha e tradicional instituição jurídica luso-brasileira que deita suas raízes já nos primeiros tempos da Colônia, quando o Alvará de 1º de abril de 1680, confirmado pela Lei de 6 de junho de 1755, firmara o princípio de que, nas terras outorgadas a particulares, seria sempre reservado o direito dos índios, primários e naturais senhores delas. Vindo a Lei 601/1850, os grileiros de sempre, ocupando terras indígenas, pretendiam destes a exibição de registro de suas posses. João Mendes Júnior, num texto que bem reflete o sentimento do autêntico jurista que era, rebateu a pretensão nos termos seguintes: 'Desde que os índios já estavam aldeados com cultura e morada habitual, essas terras por eles ocupadas, se já não fossem deles, também não poderiam ser de posteriores posseiros, visto que estariam devolutas; em qualquer hipótese, suas terras lhe pertenciam em virtude do direito à reserva, fundado no Alvará de 1º de abril de 1680, que não foi revogado, direito esse que jamais poderá ser confundido com uma posse sujeita à legitimação e registro'. É que, conforme ele mostra, o *indigenato* não se confunde com a *ocupação*, com a mera posse. O *indigenato* é a fonte primária e congênita da posse territorial; é um direito congênito, enquanto a *ocupação* é título *adquirido*. O *indigenato* é legítimo por si, 'não é um fato dependente de legitimação, ao passo que que a *ocupação*, como fato posterior, depende de requisitos que a legitimem'. Em face do Direito Constitucional indigenista, relativamente aos índios com habitação permanente, não há uma simples posse, mas um reconhecido direito originário e preliminarmente reservado a eles. Essas considerações, só por si, demonstram que

O aproveitamento dos recursos hídricos, incluídos os potenciais energéticos, a pesquisa e a lavra das riquezas minerais em terras indígenas, só pode ser efetivado com autorização do Congresso Nacional (art. 49, XVI), ouvidas as comunidades afetadas, ficando-lhes assegurada a participação nos resultados da lavra, na forma da lei.

Dispõem os índios, suas comunidades e organizações de legitimação para ingressar em juízo em defesa de seus direitos e interesses, intervindo o Ministério Público em todos os atos do processo.

Portanto, a coletividade indígena poderá, reunindo legitimidade, ajuizar ação coletiva ou ação civil pública, desde que demonstrada a pertinência temática, ou seja, o interesse se configure como próprio ou se refira aos integrantes da comunidade organizada.

A teor da Súmula 140 do STJ, compete à Justiça estadual processar e julgar crime em que o indígena figure como autor ou vítima. A Súmula somente deve ser aplicada quando o crime não envolve questões ligadas à cultura indígena ou direitos sobre as suas terras.[63] Se houver este envolvimento, a competência é da Justiça federal (art. 109, XI, da Constituição).

---

a relação entre o indígena e suas terras não se rege pelas normas do Direito Civil. Sua posse extrapola da órbita puramente privada, porque não é e nunca foi uma simples ocupação da terra para explorá-la, mas base de seu *habitat*, no sentido ecológico de interação do conjunto de elementos naturais e culturais que propiciam o desenvolvimento equilibrado da vida humana" (*Curso de direito constitucional positivo*, p. 716-717).

[63] STF, RE 419.528, Rel. p. acórdão Min. Cezar Peluso, j. 3.8.2006. *Informativo* 434/ST: O Tribunal, por maioria, negou provimento a recurso extraordinário interposto contra acórdão do STJ que, resolvendo conflito de competência suscitado nos autos de inquérito policial instaurado com o objetivo de apurar a prática dos crimes de ameaça, lesão corporal, constrangimento ilegal e/ou tentativa de homicídio, atribuídos a índios, concluíra pela competência da Justiça Comum Estadual, aplicando o Enunciado da Súmula 140 daquela Corte. Prevaleceu o voto do Min. Cezar Peluso, primeiro na divergência, que afirmou sua inclinação no sentido de acompanhar os fundamentos do voto do Min. Maurício Corrêa, quanto ao alcance do art. 109, XI, da CF, no julgamento do HC 81827/MT (*DJU* de 23.8.2002), qual seja, de caber à Justiça Federal o processo quando nele veiculadas questões ligadas aos elementos da cultura indígena e aos direitos sobre terras, não abarcando delitos isolados praticados sem nenhum envolvimento com a comunidade indígena (CF: "Art. 109. Aos juízes federais compete processar e julgar:... XI – a disputa sobre direitos indígenas."). Para o Min. Cezar Peluso, a expressão "disputa sobre direitos indígenas", contida no mencionado inciso XI do art. 109, significa: a existência de um conflito que, por definição, é intersubjetivo; que o objeto desse conflito sejam direitos indígenas; e que essa disputa envolva a demanda sobre a titularidade desses direitos. Asseverou, também, estar de acordo com a observação de que o art. 231 da CF se direciona mais para tutela de bens de caráter civil que de bens objeto de valoração estritamente penal (CF: "Art. 231. São reconhecidos aos índios sua organização social, costumes, línguas, crenças e tradições, e os direitos originários sobre as terras que tradicionalmente ocupam, competindo à União demarcá-las, proteger e fazer respeitar todos os seus bens."). Esclareceu, no entanto, que a norma também inclui todo o crime que constitua um atentado contra a existência do grupo indígena, na área penal, ou crimes que tenham motivação por disputa de terras indígenas ou outros direitos indígenas. Acentuou, por fim, que essa norma, portanto, pressupõe a especificidade da questão indígena. Ou seja, o delito comum cometido por índio contra outro índio ou contra um terceiro que não envolva nada que diga singularmente respeito a sua

O regime geral da previdência social será extensivo aos índios, atendidas as condições sociais, econômicas e culturais das comunidades beneficiadas.

condição de indígena, não guarda essa especificidade que reclama da Constituição a tutela peculiar prevista no art. 231, nem a competência do art. 109, XI. Afastou, assim, a possibilidade de se ter uma competência "ratione personae" neste último dispositivo."

CAPÍTULO 19

DISPOSIÇÕES CONSTITUCIONAIS GERAIS

SUMÁRIO

1. DISPOSIÇÕES CONSTITUCIONAIS GERAIS – NATUREZA

Disposições gerais são "aquelas que interessam a toda a Constituição e que não foram objeto de capítulo especial".[1] No texto constitucional de 1988, as disposições gerais constituem o Título IX. Nota-se a existência, em sede de disposições gerais, de alguns assuntos que a rigor deveriam inserir-se em outros Títulos, como, por exemplo, os artigos 234, 235, 240, 241 e 246, ou o próprio artigo inaugural dessas disposições.

2. SERVIÇOS NOTARIAIS E DE REGISTRO

O artigo 236 estabelece que os serviços notariais e de registro serão exercidos em caráter privado por delegação do Poder Público. Trata-se de disposição geral que inova substancialmente o regime anterior de serventias extrajudiciais. Destaca-se, a propósito, que os serviços notariais foram privatizados, nada obstante os atos dos notários e registradores submeterem-se à fiscalização pelo Poder Judiciário. Serão

[1] JACQUES. *Curso de direito constitucional*, p. 521.

regulados em lei as atividades, a responsabilidade civil e criminal dos notários, dos oficiais de registro e de seus prepostos.

Dispõe o § 3º do artigo 236 que o ingresso na atividade notarial e de registro depende de concurso público de provas e títulos, não se permitindo que qualquer serventia fique vaga por mais de seis meses, sem abertura de concurso de provimento ou de remoção.

Se a Constituição estabelece expressamente que a fiscalização dos atos notariais cabe ao Poder Judiciário (art. 236, § 1º), a delegação efetiva para a atividade é do Poder Executivo, pois a competência do Judiciário vem mencionada apenas para a sua fiscalização. A propósito, confira-se a Lei n. 8.935, de 18 de novembro de 1994.

Relativamente à aposentadoria dos notários, o Supremo Tribunal Federal, que anteriormente entendia sujeitarem-se eles às regras da aposentadoria compulsória (RE 199.801-6-SP, publicado no *DJU* de 29.4.1996, p. 1.996), após o advento da Emenda Constitucional n. 20/98, deferiu medida cautelar, na ação de direta de inconstitucionalidade n. 2602/MG, para excluí-los da incidência das regras da aposentadoria compulsória aos setenta anos.[2]

Em sessão realizada no dia 24 de novembro de 2005, a Ação Direta de Inconstitucionalidade foi julgada procedente, vencido o Relator, Ministro Joaquim Barbosa. Decidiu o Supremo Tribunal Federal que, relativamente à natureza jurídica da atividade exercida pelos notários e registradores, são serviços exercidos em caráter privado por delegação do Poder Público. Essas atividades, embora tipicamente estatais, não são públicas propriamente. Ademais, a Emenda Constitucional n. 20/98, ao alterar o art. 40 da Constituição Federal, limitou a aposentadoria compulsória aos servidores titulares de cargos efetivos, o que não é o caso dos notários e registradores.

A Lei federal estabelecerá normas gerais para fixação de emolumentos relativos aos atos praticados pelos serviços notariais e de registro. Trata-se da Lei n. 10.169, de 29 de dezembro de 2000.

---

[2] "ADI 2602/MG Ação Direta de Inconstitucionalidade Rel. Min. Moreira Alves Requerente: Associação dos Notários Registradores do Brasil – Anoreg/Br Requerido: Corregedor-Geral de Justiça do Estado de Minas Gerais Ementa – Ação Direta de Inconstitucionalidade. Provimento n. 055/2001 do Corregedor-Geral de Justiça do Estado de Minas Gerais. Pela redação dada pela Emenda Constitucional n. 20/1998 ao artigo 40 e seu § 1º e inciso II, da Carta Magna, a aposentadoria compulsória aos setenta anos só se aplica aos servidores titulares de cargos efetivos da União, dos Estados, do Distrito Federal e dos Municípios, incluídas suas autarquias e fundações, tendo, sem dúvida, relevância jurídica a arguição de inconstitucionalidade do ato normativo em causa que é posterior a essa Emenda Constitucional sob o fundamento de que os notários e registradores, ainda que considerados servidores públicos em sentido amplo, não são, por exercerem suas atividades em caráter privado por delegação do Poder Público, titulares dos cargos efetivos acima referidos. Ocorrência quer do *periculum in mora*, quer da conveniência da Administração Pública, para a concessão da liminar requerida. Liminar deferida para suspender, *ex nunc*, a eficácia do Provimento n. 055/2001 da Corregedoria-Geral de Justiça do Estado de Minas Gerais até a decisão final desta ação direta." Decisão proferida em 3.4.2003, publicada no *DJ* e no *DOU* em 10.4.2003.

O Supremo Tribunal Federal decidiu que a lei que isenta os reconhecidamente pobres do pagamento dos emolumentos relativos à expedição de registro civil de nascimento e de óbito e a primeira certidão não viola o princípio da proporcionalidade, uma vez que os serviços notariais e de registro são delegações do Poder Público.[3]

3. NOVOS ESTADOS

O art. 235 estabelece normas básicas a serem observadas nos dez primeiros anos da criação de Estados. Foram criados, pela Constituição, os Estados de Tocantins, por desmembramento da parte norte do Estado de Goiás, de Roraima e Amapá, por transformação de antigos territórios federais (arts. 13 e 14 do ADCT). As regras constantes da cláusula constitucional são de controle de gastos públicos com as novas unidades da federação, durante o primeiro decênio de sua criação, após o que adquirirão a plena autonomia de que trata o art. 25 da Constituição.

O art. 234 veda à União assumir, direta ou indiretamente, em decorrência da criação de Estado, encargos referentes às despesas com pessoal inativo e com encargos e amortizações da dívida interna ou externa da administração pública, inclusive da indireta. O preceito visa não onerar a União com encargos de responsabilidade dos novos Estados. Relativamente aos Estados criados a partir de territórios federais, como o caso de Roraima, nota-se que as dívidas anteriormente existentes eram da própria União, e não de nenhum Estado que se desmembrou. Nesse caso, a União não estaria assumindo dívida de terceiros, mas que já era dela, posto que lhe cabia a administração dos territórios. Nesse sentido, o posicionamento de Ives Gandra: "(*omissis*) o artigo só pode ser de aplicação para os novos Estados a serem criados conforme as regras dos artigos 18 e 19 da Constituição Federal. Não para aqueles que passaram a existir com a promulgação da Lei Suprema, visto que estes, no momento da promulgação, já eram Estados e, portanto, não poderiam ser considerados 'novos' Estados."[4]

4. PIS E PASEP

O art. 239 determina que a arrecadação decorrente da contribuição para o PIS e para o PASEP passa a financiar, nos termos que a lei dispuser, o programa do seguro-desemprego e um abono anual no valor de um salário mínimo para os empregados que percebam até dois salários mínimos de remuneração mensal.

O PIS e o PASEP passaram a ter caráter nacional e a contribuição deixou de ser facultativa para ser obrigatória.

Desses recursos, 40%, no mínimo, serão destinados a financiar programas de desenvolvimento Econômico e Social, com critério de remuneração que lhes preservem o valor. O texto constitucional assegurou uma fonte permanente com a finalidade de fomentar o desenvolvimento econômico e social do País. O financiamento do

---

3 STF, ADI 1.800, Rel. p/ o acórdão Min. Ricardo Lewandowski, j, 11.6.2007, *DJ*, 28.9.2007.

4 MARTINS; BASTOS. *Comentários à Constituição do Brasil,* v. 9, p. 4.

seguro-desemprego receberá uma contribuição adicional da empresa cujo índice de rotatividade da força de trabalho superar o índice médio de rotatividade do setor, na forma estabelecida pela Lei n. 7.998/90, que regula o Programa do Seguro-Desemprego, o Abono Salarial e institui o Fundo de Amparo ao Trabalhador – FAT. Ficam ressalvadas do disposto no art. 195, que trata das contribuições sociais, as atuais contribuições compulsórias dos empregadores sobre a folha de salários, destinadas às entidades privadas de serviço social e de formação profissional vinculadas ao sistema sindical. Essas contribuições, no entanto, já se encontravam previstas no art. 149, que trata de todas as contribuições de caráter social ou no interesse das categorias.[5]

5. ENSINO OBRIGATÓRIO

Prevê o § 1º do art. 242 que o ensino da História do Brasil levará em conta as contribuições das diferentes culturas e etnias para a formação do povo brasileiro. Pela Lei n. 10.639/2003, o ensino da História do Brasil levará em conta, além dessas contribuições, especialmente as culturas e etnias das matrizes indígena, africana e europeia, e que nos estabelecimentos de ensino fundamental e médio, oficiais e particulares, torna-se obrigatório o ensino sobre História e Cultura Afro-Brasileira, incluindo nesse conteúdo o estudo da História da África e dos Africanos, a luta dos negros no Brasil, a cultura negra brasileira e o negro na formação da sociedade nacional, resgatando a contribuição do povo negro nas áreas social, econômica e política pertinentes à História do Brasil.

Relativamente à educação, o art. 241 dispõe que não se aplica o princípio da gratuidade do ensino público em estabelecimentos oficiais previsto no art. 206, IV, às instituições oficiais criadas por lei estadual ou municipal e existentes na data da promulgação da Constituição, que não sejam total ou preponderantemente mantidas com recurso público.

6. COMBATE AOS TÓXICOS E À EXPLORAÇÃO DE TRABALHO ESCRAVO

Segundo dispõe o art. 243, com a redação da EC n. 81, de 5.6.2014, as propriedades rurais e urbanas de qualquer região do País onde forem localizadas culturas ilegais de plantas psicotrópicas ou a exploração de trabalho escravo na forma da lei serão expropriadas e destinadas à reforma agrária e a programas de habitação popular, sem qualquer indenização ao proprietário e sem prejuízo de outras sanções previstas em lei, observado, no que couber, o disposto no art. 5º.[6]

---

[5] O Supremo Tribunal Federal fixou entendimento no sentido de que a contribuição para o SEBRAE, SESI e entidades semelhantes configura contribuição de intervenção no domínio econômico (RE 396.266, Rel. Min. Carlos Velloso, j. 26.11.2003, *DJ*, 27.2.2004).

[6] A Lei n. 8.257, de 26 de novembro de 1991, dispõe sobre a expropriação das glebas nas quais se localizem culturas ilegais de plantas psicotrópicas.

Além da ausência de indenização, todo e qualquer bem de valor econômico apreendido em decorrência do tráfico ilícito de entorpecentes e drogas afins e da exploração de trabalho escravo será confiscado e reverterá a fundo especial com destinação específica, na forma da lei.

A prática do confisco de bens que possam estar envolvidos em crime é antiga: na antiguidade grega era habitual punir objetos inanimados que causassem dano, e durante a Idade Média, na Europa, julgavam-se e executavam-se animais que houvessem matado um ser humano. Pelo direito consuetudinário inglês decretava-se a apreensão de carroças ou de barcos responsáveis por danos.[7]

O Supremo Tribunal Federal decidiu que a expropriação a que se refere a cláusula constitucional deve incidir sobre toda a propriedade rural e não apenas da parcela da terra onde se encontra a plantação ilegal.

Em seu voto, o Ministro Eros Grau, relator do processo, frisou que o argumento de que o termo "gleba" (que constava do artigo 243 da Constituição, em sua redação primitiva), faz referência apenas à parcela do imóvel onde se encontra a droga, não é aceitável. Gleba é área de terra, não porção ou parcela dessa área, é o imóvel, simplesmente.

O termo glebasó pode ser entendido como "propriedade". E é essa propriedade que se sujeita à expropriação quando é encontrada plantação de drogas psicotrópicas. O preceito não falava na expropriação de áreas, mas, sim, da gleba em seu todo.[8]

Com o advento da EC n. 81/2014, o termo gleba foi substituído por propriedade rural ou urbana, o que vem reforçar o entendimento jurisprudencial referido.

A expropriação s das propriedades rurais ou urbanas independe da propositura de ação penal, podendo ser levada a efeito pelo juízo civil.

7. PROTEÇÃO AOS DEFICIENTES FÍSICOS

O art. 244 estabelece a necessidade de adaptação, em decorrência de lei ordinária, dos logradouros, dos edifícios de uso público e dos veículos de transporte coletivo atualmente existentes, a fim de garantir acesso adequado às pessoas portadoras de deficiência.

8. ASSISTÊNCIA ÀS VÍTIMAS DE CRIMES DOLOSOS

O art. 245 remete para o legislador ordinário o estabelecimento das hipóteses e condições em que o Poder Público dará assistência aos herdeiros e dependentes carentes de pessoas vitimadas por crime doloso, sem prejuízo da responsabilidade civil do autor do ilícito.[9]

---

7 PIPER. *Propriedade e liberdade*, p. 299.

8 STF, RE 543974/MG, Rel. Min. Eros Grau, j. 26.3.2009, *Informativo* 540/ STF.

9 A Lei Complementar n. 79, de 7 de janeiro de 1994, institui o Fundo Penitenciário Nacional.

9. VEDAÇÃO DE MEDIDAS PROVISÓRIAS

Pelo art. 246, fica vedada a edição de medida provisória na regulamentação de artigo da Constituição cuja redação tenha sido alterada por meio de emenda promulgada entre 1º de janeiro de 1995, até a promulgação da EC n. 32, de 11 de setembro de 2001.

Esta cláusula se acha equivocadamente inserida como norma geral, pois de geral nada tem. Trata-se de norma específica que restringe a faculdade da edição de medida provisória, e que deveria, portanto, estar prevista no setor normativo da Constituição dedicado às medidas provisórias (art. 62).

CAPÍTULO 20

ATO DAS DISPOSIÇÕES CONSTITUCIONAIS TRANSITÓRIAS

SUMÁRIO

1. DISPOSIÇÕES TRANSITÓRIAS – NATUREZA E FORMA

As disposições transitórias são estabelecidas em caráter temporário e se destinam à transição de um regime constitucional para outro. Relacionam-se com o direito intertemporal, vinculadas que se acham aos efeitos da lei no tempo, sua retroatividade e imediata aplicação.

Daí sustentar Pontes de Miranda que "o princípio jurídico fundamental é o da incidência imediata da nova Constituição. Se o legislador constituinte prefere que se regule a transição, cabe-lhe dizê-lo explicitamente, ou, pelo menos, implicitamente".[1]

Como assinala Anna Cândida da Cunha Ferraz, uma Constituição raramente cai num vazio jurídico; o que mais frequentemente ocorre é que, via de regra, é ela posta em Estado existente e juridicamente organizado, vivendo fundado em outra ordem jurídico-constitucional e submetido, portanto, a uma normatividade precedente e muitas vezes profundamente arraigada em razão de fatores os mais diversos. Destarte, não é razoável, nem se pode pragmaticamente pretender que, de pronto, a partir mesmo da sua promulgação, todos os princípios, normas e regras de uma nova Constituição interajam imediatamente sobre a ordem jurídica preexistente e estabeleçam, desde a promulgação, todo um novo ordenamento para o Estado, instituindo efetivamente, desde então, uma nova vida jurídica, com estrutura e arcabouço inteiramente novos.[2]

---

1 PONTES DE MIRANDA. *Comentários à Constituição de 1967 com a Emenda n. 1, de 1969*, p. 386.

2 FERRAZ. *Cadernos de Direito Constitucional e Ciência Política*, p. 56.

Segundo Maria Helena Diniz, as disposições transitórias, chamadas de direito intertemporal, constituem um dos critérios de solução para determinar o âmbito temporal, espacial material e pessoal de validade da norma. São elaboradas pelo legislador, no próprio texto normativo, com o objetivo de resolver e evitar os conflitos ou lesões que emergem da nova lei em confronto com a antiga.[3]

A vigência de uma nova Constituição impõe, com efeito, a necessidade de se ajustar a ela certos assuntos ou situações, a fim de facilitar a passagem a uma outra situação, sem choques ou colisões.

Esse ajustamento se faz pela inserção, na nova Constituição, de disposições transitórias.

Alguns publicistas chamam as disposições transitórias de elemento formal ou adjetivo, em contraposição ao elemento material ou substantivo, que seria a parte permanente da Constituição.

José Afonso da Silva, ao tratar da estrutura normativa das Constituições, considera as disposições transitórias normas de aplicabilidade da Constituição, posto que regulam os elementos formais de aplicabilidade do texto constitucional. Assevera que as "normas das disposições transitórias fazem parte integrante da Constituição. Tendo sido elaboradas e promulgadas pelo constituinte, revestem-se do mesmo valor jurídico da parte permanente da Constituição. Mas seu caráter transitório indica que regulam situações individuais e específicas, de sorte que, uma vez aplicadas e esgotados os interesses regulados, exaurem-se, perdendo a razão de ser pelo desaparecimento do objeto cogitado, não tendo, pois, mais aplicação no futuro".[4]

Luiz Alberto David Araujo e Vidal Serrano Nunes Júnior também entendem que as disposições transitórias, do mesmo modo que o preâmbulo, são elementos formais de aplicabilidade da Constituição, por traçarem regras referentes ao modo de sua aplicação.[5]

As disposições transitórias, portanto, como elementos de aplicabilidade da nova Constituição, têm como objetivo promover a sua adequação ao sistema constitucional anterior, sendo de duração previamente estabelecida e determinada, já que se exaurem uma vez aplicadas e esgotados os interesses nelas regulados.

Note-se, contudo, que, na ocorrência de mudança radical de um regime político para outro, alterando-se a estrutura do Estado, tornam-se desnecessárias as disposições transitórias: foi o que ocorreu com a Constituição do Império de 1824, a Constituição norte-americana de 1787, e as Constituições da França de 1793 e 1795, de cujos textos não constaram disposições transitórias, para citarmos alguns exemplos.

A Constituição de 1988 contempla as disposições transitórias, que constituem ato autônomo em relação ao texto permanente, com numeração própria seguindo assim

---

[3] DINIZ. *Compêndio de introdução à ciência do direito*, p. 356.

[4] SILVA. *Aplicabilidade das normas constitucionais*, p. 165 e 190.

[5] ARAÚJO; NUNES JÚNIOR. *Curso de direito constitucional*, p. 8.

a linha das Constituições de 1891, 1934 e 1946, já que as de 1937, 1967 e sua Emenda n. 1, de 1969, incluíram as disposições transitórias na parte permanente. Embora separado do texto permanente da Constituição, não se deve esquecer de que as disposições transitórias são elaboradas, votadas e promulgadas pelo próprio poder criador da Constituição.

É extensa a matéria tratada no Ato das Disposições Constitucionais Transitórias da Constituição de 1988. Observa-se que grande parte dela exorbitou de sua natureza técnica, para promover o acertamento de situações funcionais de servidores públicos e conjunturais.

Até o ano de 2008, quando a Constituição completou vinte anos de vigência, o setor constitucional que mais sofreu acréscimos foi o Ato das Disposições Constitucionais Transitórias. Com as emendas constitucionais, houve pouca expansão do corpo constitucional, que passou de 245 artigos para 250, e de 41.529 palavras para 49.202, enquanto que o ADCT passou a ter 96 artigos. Em número de palavras, o ADTC, que trazia, quando promulgada a Constituição, 8.151 palavras, passou para 15.780, o que mostra que as reformas constitucionais, que representaram um acréscimo de 13% no texto constitucional, por terem incidido principalmente sobre o ADCT, tendem a ser mais temporárias do que permanentes.

As disposições transitórias não seguem a técnica redacional da parte permanente da Constituição, eis que não vêm divididas em Títulos, Capítulos ou Seções. Os temas são regulados de maneira desordenada e assistemática.[6]

O terreno das disposições transitórias, segundo ensina Raul Machado Horta, é o do "depósito residual, da miscelânea e da mistura normativa. O traço que aproxima as normas heterogêneas é a temporariedade e a transitoriedade. São normas que vão desaparecer. Esse desaparecimento que as torna mais efêmeras ou de menor duração no tempo advirá do prazo fixado para cumprimento de atos ou de determinações do constituinte ou, ainda, pela sucumbência no tempo do direito, da garantia ou da situação assegurada aos respectivos titulares e que findarão com eles. Norma permanente nas Disposições Transitórias é norma anômala. Foi dessa categoria o conhecido art. 180 da Carta de 1937, que, prevendo competência transitória do Presidente da República – 'enquanto não se reunir o Parlamento Nacional', como a condição não se verificou na vigência da Carta de 1937, o art. 180 tornou-se regra permanente, para fundamentar a pletórica atividade legislativa do Presidente da República na via dos Decretos-Leis.

Analisando o conteúdo do Ato das Disposições Constitucionais Transitórias da Constituição da República de 1988, durante o ano inicial de sua vigência (1988-1989), nele identificamos as seguintes categorias normativas, em classificação abrangente:

---

6 A Lei Complementar n. 95/1998, que dispõe sobre a elaboração, a redação, a alteração e a consolidação das leis, conforme determina o parágrafo único do art. 59 da Constituição Federal, e estabelece normas para a consolidação dos atos normativos que menciona, permite, para evitar essa desarticulação, que as disposições transitórias poderão agrupar-se em Subseções, Seção, Capítulo, Título, Livro e Parte.

1. normas exauridas;
2. normas dependentes de legislação e de execução;
3. normas dotadas de duração temporária expressa;
4. normas de recepção;
5. normas sobre benefícios e direitos;
6. normas com prazos constitucionais ultrapassados".[7]

Não se há de falar em conflito entre disposições permanentes e disposições transitórias, pois enquanto aquelas pressupõem vigência perene, estas se esgotam com a ocorrência do tempo. A propósito, esclarece Roberto Magalhães que "a doutrina de que as disposições permanentes devem prevalecer sobre as disposições transitórias conduziria a consequências da maior gravidade, tornando inoperante, por vezes, o próprio instrumento constitucional, pela impossibilidade de sua adaptação às condições de fato preexistentes".[8] Na maioria das situações, pode ocorrer assim que a norma transitória não esteja em consonância com as regras gerais da parte permanente da Constituição.

Acerca da eficácia das disposições transitórias, o Supremo Tribunal Federal deixou consignado que: "O Ato das Disposições Constitucionais Transitórias, promulgado em 1988, pelo legislador constituinte, qualifica-se, juridicamente, como um estatuto de índole constitucional. A estrutura normativa que nele se acha consubstanciada ostenta, em consequência, a rigidez peculiar às regras inscritas no Texto Básico da Lei Fundamental da República. Disso decorre o reconhecimento de que inexistem, entre as normas inscritas no ADCT e os preceitos constantes da Carta Política, quaisquer desníveis ou prevalência de sua autoridade. Situam-se, ambos, no mais elevado grau de positividade jurídica."[9]

---

7 HORTA. *Direito constitucional*, p. 294-295.
8 MAGALHÃES. *A Constituição de 1967 comentada*, p. 533.
9 STF, RE n. 152.103, Rel. Min. Celso de Mello, j. em 11.10.1994, *DJU* de 4.8.1995.

BIBLIOGRAFIA

ABRANCHES, Sérgio Henrique. Presidencialismo de coalizão: o dilema institucional brasileiro. *Dados, Revista de Ciências Sociais,* v. 31, n. 1.

ACCIOLI, Wilson. *Instituições de direito constitucional.* Rio de Janeiro: Forense, 1984.

ACKEL FILHO, Diomar. *Writs constitucionais*: *habeas corpus*, mandado de segurança, mandado de injunção, *habeas data*. São Paulo: Saraiva, 1988.

ACKERMAN, Bruce. *Nós, o povo soberano*: fundamentos do direito constitucional. Trad. Mauro Raposo de Mello. Belo Horizonte: Del Rey, 2006.

ACKERMAN, Bruce. *Transformação do direito constitucional:* nós, o povo soberano. Trad. Julia Sichieri Moura e Mauro Raposo de Mello. Belo Horizonte: Del Rey, 2009.

ACKERMAN, Bruce. *A nova separação dos poderes*. Trad. Isabelle Maria Campos Vasconcelos; Eliana Valadares Santos. Rio de Janeiro: Lumen Juris, 2009.

ADVERSE, Helton. *Maquiavel:* política e retórica. Belo Horizonte: Editora UFMG, 2009.

ADVERSE, Helton (Org.). *Maquiavel:* Diálogo sobre nossa língua e discurso sobre as formas de governo de Florença. Belo Horizonte: Editora UFMG, 2010.

AGAMBEN, Giorgio. *Estado de exceção.* Trad. Iraci D. Poleti. São Paulo: Boitempo, 2004.

AGRA, Walber de Moura. *Manual de direito constitucional.* São Paulo: Revista dos Tribunais, 2003.

AGRA, Walber de Moura. *Republicanismo.* Porto Alegre: Livraria do Advogado, 2005.

AGRA, Walber de Moura. *A taxionomia das inelegibilidades. In*: Estudos Eleitorais, Brasília, vol. 6., n.2., maio/ago.2011.

ALCALÁ, Humberto Nogueira. Consideraciones sobre las sentencias de los tribunales constitucionales y sus efectos en América del Sur. *Revista Ius et Praxis.* Talca: Universidad de Talca, ano 10, n. 1, 2004.

ALDÉ, Alexandra. *A construção da política:* democracia, cidadania e meios de comunicação de massa. Rio de Janeiro: Editora FGV, 2004.

ALEIXO, Pedro. *Imunidades parlamentares.* Belo Horizonte: RBEP, 1961.

ALEXY, Robert. *Teoria de los derechos fundamentales.* Madrid: Centro de Estudios Constitucionales, 1993.

ALEXY, Robert. *Teoria da argumentação jurídica*: a teoria do discurso racional como teoria da fundamentação jurídica. Trad. Zilda Hutchinson Schild Silva. São Paulo: Landy, 2005.

ALEXY, Robert. Direitos fundamentais no estado constitucional democrático: relação entre direitos do homem, direitos fundamentais, democracia e jurisdição constitucional. Trad. Luís Afonso Heck. *Revista de Direito Administrativo*, n. 217/55-66.

ALEXY, Robert. *Conceito e validade do direito.* Trad. Gercélia Batista de Oliveira Mendes. São Paulo: Martins Fontes, 2009.

ALMEIDA, Alberto Carlos. *A cabeça do brasileiro.* Rio de Janeiro: Record, 2007.

ALMEIDA, Fernanda Dias Menezes. *Competências na Constituição de 1988.* São Paulo: Atlas, 1991.

ALMEIDA, Fernanda Dias Menezes. Súmula do Supremo Tribunal Federal: natureza e interpretação. *Revista de Direito Constitucional e Internacional*, v. 14, n. 57, out./dez. 2006.

ALMEIDA, Gregório Assagra de. *Manual das ações constitucionais.* Belo Horizonte: Del Rey, 2007.

ALMEIDA MELO, José Tarcízio de. *A restauração e o controle político do Poder Legislativo.* Belo Horizonte: Assembleia Legislativa, 1987 (tese).

ALMEIDA MELO, José Tarcízio de. *Reformas – administrativa – previdenciária – do Judiciário.* Belo Horizonte: Del Rey, 2000.

ALMEIDA MELO, José Tarcízio de. *Direito constitucional do Brasil.* Belo Horizonte: Del Rey, 2008.

AMARAL, Gustavo. *Direito, escassez & escolha:* critérios jurídicos para lidar com a escassez de recursos e as decisões trágicas. Rio de Janeiro: Lumen Juris, 2010.

AMARAL JÚNIOR, José Levi Mello do. *Incidente de arguição de inconstitucionalidade*: comentários ao art. 97 da Constituição e aos arts. 480 a 482 do Código de Processo Civil. São Paulo: Revista dos Tribunais, 2002.

ALVES FILHO, Ivan. *Brasil, 500 anos em documentos.* Rio de Janeiro: Mauad, 1999.

ALVES JÚNIOR, Luis Carlos Martins. *O Supremo Tribunal Federal nas Constituições brasileiras.* Belo Horizonte: Mandamentos, 2004.

ALVES, J.A. Lindgren. *Os direitos humanos como tema global.* São Paulo: Perspectiva, 1994.

ALVES, Moreira. Poder Judiciário. *In: A Constituição brasileira – 1988*: interpretações. Rio de Janeiro: Forense, 1988.

AMARAL, Gustavo. *Interpretação dos direitos fundamentais e o conflito entre os poderes.* Teoria dos direitos fundamentais. Rio de Janeiro: Renovar, 2001.

AMES, Barry. Os entraves da democracia no Brasil. Trad. Vera Pereira. Rio de Janeiro: FGV, 2003.

ANASTASIA, Antonio Augusto Junho. *Regime jurídico único do servidor público.* Belo Horizonte: Del Rey, 1990.

ANDERSON, Benedict. *Comunidades imaginadas:* reflexões sobre a origem e a difusão do nacionalismo. Trad. Denise Bottman. São Paulo: Companhia das Letras, 2008.

ANDRADE, André (Org.). *A constitucionalização do direito*: a Constituição como *locus* da hermenêutica jurídica. Rio de Janeiro: Lumen Juris, 2003.

ANDRADE, José Carlos Vieira de. *Os direitos fundamentais na Constituição portuguesa de 1976.* Coimbra: Almedina, 1987.

ANTUNES, Marcus Vinicius Martins. *Mudança constitucional* – o Brasil pós-88. Porto Alegre: Livraria do Advogado, 2003.

ARATO, Andrew. Construção Constitucional e Teorias da Democracia. *Lua Nova*, n. 42.

ARAÚJO, Luiz Alberto David; NUNES JÚNIOR, Vidal Serrano. *Curso de direito constitucional.* São Paulo: Saraiva, 1998.

ARAÚJO, Sérgio Luiz Souza. *Dos preâmbulos nas constituições* (dissertação de mestrado). Belo Horizonte, 1989. (Mimeo.).

ARBOUR, Louise. O dia dos direitos humanos e a pobreza. *Folha de S.Paulo.* Caderno A, p. 3, 2 dez 2007.

ARENDT, Hannah. *A condição humana.* Trad. Roberto Raposo. Rio de Janeiro: Forense Universitária, 1997.

ARENDT, Hannah. *Eichmann em Jerusalém:* um relato sobre a banalidade do mal. Trad. José Rubens Siqueira. São Paulo: Companhia das Letras, 1999.

ARNAUD, Jean *et al. Dicionário enciclopédico de teoria e de sociologia do direito.* Rio de Janeiro: Renovar, 1999. (Verbete: terrorismo).

ARISTÓTELES. *A política.* Trad. Roberto Leal Ferreira. São Paulo: Martins Fontes, 1991.

ARMITAGE, David. *Declaração de independência:* uma história global. Trad. Angela Pessoa. São Paulo: Companhia das Letras, 2011.

ARON, Raymond. *Paz e guerra entre as nações.* Trad. Sérgio Bath. Brasília: Editora Universidade de Brasília, 1979.

ARON, Raymond. *Estudos políticos.* Trad. Sérgio Bath. Brasília: Editora Universidade de Brasília, 1980.

ARON, Raymond. *As etapas do pensamento sociológico.* Trad. Sérgio Bath. São Paulo: Martins Fontes, 1993.

ASSMANN, Hugo (Ed.). *A trilateral:* nova fase do capitalismo mundial. Trad. Hugo Pedro Boff. Petrópolis: Vozes, 1986.

ATALIBA, Geraldo. *Regime jurídico do crédito público.* São Paulo: RT, 1973.

ÁVILA, Humberto. *Teoria dos princípios* – da definição à aplicação dos princípios jurídicos. São Paulo: Malheiros, 2003.

AVRITZER, Leonardo *et al* (Org.). *Corrupção*: ensaios e críticas. Belo Horizonte: Editora UFMG, 2008.

AZAMBUJA, Darcy. *Teoria geral do estado.* Porto Alegre: Globo, 1980.

AZEVEDO, Caio Nelson Vono de. *Democracia, totalitarismo e autoritarismo.* Poços de Caldas, 2003. (Mimeo).

AZEVEDO, Luiz H. Cascelli de. *O controle legislativo de constitucionalidade.* Porto Alegre: Fabris, 2001.

AZEVEDO, Márcia Maria Corrêa de. *Prática do processo legislativo.* São Paulo: Atlas, 2001.

BACHOF, Otto. *Jueces y constitución.* Trad. Rodrigo Bercovitz Rodríguez-Cano. Madrid: Civitas, 1987.

BACHOF, Otto. *Normas constitucionais inconstitucionais?* Trad. José Manuel M. Cardoso da Costa. Coimbra: Almedina, 1994.

BALERA, Wagner. *A seguridade social na Constituição de 1988.* São Paulo: RT, 1989.

BALEEIRO, Aliomar. *O Supremo Tribunal Federal, esse outro desconhecido.* Rio de Janeiro: Forense, 1968.

BANDEIRA DE MELLO, Celso Antônio. *Apontamentos sobre os agentes e órgãos públicos.* São Paulo: RT, 1975.

BANDEIRA DE MELLO, Celso Antônio. *Prestação de serviços públicos e administração direta e indireta*. São Paulo: RT, 1979.

BANDEIRA DE MELLO, Celso Antônio. Competências dos municípios para fixar horários de bancos. Parecer. *RDP*, n. 69.

BANDEIRA DE MELLO, Celso Antônio. *Curso de direito administrativo*. São Paulo: Malheiros, 1994.

BANDEIRA DE MELLO, Celso Antônio. *Regime constitucional dos servidores da administração direta e indireta*. São Paulo: RT, 1990.

BANDEIRA DE MELLO, Lydio Machado. *O criminoso, o crime e a pena*. Belo Horizonte: Prisma, 1970.

BANDEIRA DE MELLO, Oswaldo Aranha. *A teoria das constituições rígidas*. São Paulo: Bushatsky, 1980.

BANDEIRA DE MELLO, Oswaldo Aranha. *Princípios gerais do direito administrativo*. Rio de Janeiro: Forense, 1979.

BANIWA, Gersem. A conquista da cidadania indígena e o fantasma da tutela no Brasil contemporâneo. *In:* (RAMOS, Alcida Rita (Org.). *Constituições nacionais e povos indígenas*. Belo Horizonte: Editora UFMG, 2012.

BARACHO, José Alfredo de Oliveira. Teoria geral do veto. *Revista de Informação Legislativa*, n. 83, jul./set. 1984.

BARACHO, José Alfredo de Oliveira. *Direito processual constitucional*: aspectos contemporâneos. Belo Horizonte: Fórum, 2006.

BARACHO, José Alfredo de Oliveira. *Processo constitucional*. Rio de Janeiro: Forense, 1984.

BARACHO, José Alfredo de Oliveira. *Teoria geral da cidadania*. São Paulo: Saraiva, 1995.

BARACHO, José Alfredo de Oliveira. *Teoria geral do federalismo*. Belo Horizonte: Funarc/UFMG, 1982.

BARACHO, José Alfredo de Oliveira. *O princípio da subsidiariedade* – conceito e evolução. Rio de Janeiro: Forense, 1996.

BARACHO, José Alfredo de Oliveira. *Teoria geral das comissões parlamentares*. Rio de Janeiro: Forense, 1988.

BARACHO, José Alfredo de Oliveira. *Direito do mar*. Belo Horizonte: Imprensa da UFMG, 1979.

BARACHO, José Alfredo de Oliveira. *Teoria da Constituição*. São Paulo: Resenha Universitária, 1979.

BARACHO, José Alfredo de Oliveira. *Regimes políticos*. São Paulo: Resenha Universitária, 1977.

BARACHO JÚNIOR, José Alfredo de Oliveira. Efeitos do pronunciamento judicial de inconstitucionalidade no tempo. *Cadernos da Pós-Graduação*. Belo Horizonte: Faculdade de Direito da UFMG, mar. 1995.

BARACHO JÚNIOR, José Alfredo de Oliveira. A interpretação dos direitos fundamentais na Suprema Corte dos EUA e no Supremo Tribunal Federal. *In:* SAMPAIO, José Adércio Leite (Coord.). *Jurisdição constitucional e direitos fundamentais*. Belo Horizonte: Del Rey, 2003.

BARBALHO, João. *Constituição Federal brasileira*: comentários. Rio de Janeiro: F. Briguiet, 1924.

BARBI, Celso Agrícola. *Ação declaratória*: principal e incidente. Rio de Janeiro: Forense, 1977.

BARBI, Celso Agrícola. Mandado de segurança na Constituição de 1988. *In*: *Mandados de segurança e de injunção*. São Paulo: Saraiva, 1990.

BARBOSA, Leonardo Augusto de Andrade. *Processo legislativo e democracia*. Belo Horizonte: Del Rey, 2010.

BARBOSA, Rui. Os atos inconstitucionais do congresso e do executivo. *In*: *Trabalhos Jurídicos*, v. 11. Rio de Janeiro: Casa de Rui Barbosa, 1962.

BARBOSA, Rui. *Comentários à Constituição Federal brasileira* (coligidos e ordenados por Homero Pires). São Paulo: Livraria Acadêmica, 1933.

BARBOSA, Rui. *Escritos e discursos seletos*. Rio de Janeiro: Aguilar, 1960.

BARCELLOS, Ana Paula de. *A eficácia jurídica dos princípios constitucionais*: o princípio da dignidade da pessoa humana. Rio de Janeiro: Renovar, 2002.

BARCELLOS, Ana Paula de. *Ponderação, racionalidade e atividade jurisdicional*. Rio de Janeiro: Renovar, 2005.

BARRETO, Aires. Os municípios na nova Constituição brasileira. *In*: *A Constituição brasileira – 1988*: interpretações. Rio de Janeiro: Forense Universitária, 1988.

BARROS, Sérgio Resende de. Leis autorizativas. *Revista do Instituto de Pesquisas e Estudos*. São Paulo: Instituto Toledo de Ensino, n. 29, 2000.

BARROSO, Luís Roberto. *Curso de direito constitucional contemporâneo*: os conceitos fundamentais e a construção do novo modelo. São Paulo: Saraiva, 2009.

BARROSO, Luís Roberto. *O controle de constitucionalidade no direito brasileiro*. São Paulo: Saraiva, 2006.

BARROSO, Luís Roberto. *Interpretação e aplicação da Constituição*. São Paulo: Saraiva, 1999.

BARROSO, Luís Roberto. *O direito constitucional e a efetividade de suas normas*. Rio de Janeiro: Renovar, 1990.

BARROSO, Luís Roberto. Princípios constitucionais brasileiros ou de como o papel aceita tudo. *Revista Jurídica* n. 7, out. 1991.

BARROSO, Luís Roberto. Neoconstitucionalismo e constitucionalização do direito (o triunfo tardio do direito constitucional do Brasil). *In:* SOUZA NETO; SARMENTO (Coords.). *A constitucionalização do direito: fundamentos teóricos e aplicações específicas*. Rio de Janeiro: Lumen Juris, 2007.

BARROSO, Luís Roberto. *A dignidade da pessoa humana no direito constitucional contemporâneo*: a construção de um conceito jurídico à luz da jurisprudência mundial. Belo Horizonte: Fórum, 2012.

BARZOTTO, Luis Fernando. *A democracia na Constituição*. São Leopoldo: Unisinos, 2003.

BASTOS, Celso Ribeiro. *Curso de direito constitucional*. São Paulo: Saraiva, 1989.

BASTOS, Celso Ribeiro. *Curso de direito financeiro e de direito tributário*. São Paulo: Saraiva, 1991.

BASTOS, Celso Ribeiro. Perfil constitucional na ação direta de declaração de inconstitucionalidade. *Revista de Direito Público,* n. 22.

BASTOS, Celso Ribeiro; BRITTO, Carlos Ayres. *Interpretação e aplicabilidade das normas constitucionais*. São Paulo: Saraiva, 1982.

BASTOS, Celso Ribeiro; MARTINS, Yves Gandra. *Comentários à Constituição do Brasil*. São Paulo: Saraiva, 1988, v. 1; 1989, v. 2; 1990, v. 6, t. 1; 1991, v. 6, t. 2; 1990, v. 7.

BAUDOUIN, Jean. *Introdução à sociologia política*. Trad. Ana Moura. Lisboa: Editorial Estampa, 2000.

BAUMAM, Zygmunt. *Legisladores e intérpretes:* sobre modernidade, pós-modernidade e intelectuais. Trad. Renato Aguiar. Rio de Janeiro: Zahar, 2010.

BECCARIA, Cesare. *Dei delitti e delle pene*. Turim: Einandi, 1965.

BEDAU, H.A. *Civil desobedience*. New York: Macmillan, 1969.

BELLO, José Maria. *História da república*. São Paulo: Nacional, 1976.

BERCOVICI, Gilberto. *Desigualdades regionais, estado e Constituição*. São Paulo: Max Limonad, 2003.

BERCOVICI, Gilberto. *Constituição e estado de exceção permanente*: atualidade de Weimar. Rio de Janeiro: Azougue, 2004.

BERLIN, Isaiah. *Quatro ensaios sobre a liberdade*. Trad. Wumberto Hudson Ferreira. Brasília: Editora UNB, 1981.

BERTOLOTE, José Manoel. *O suicídio e sua prevenção*. São Paulo: UNESP, 2012.

BERNARDES, Juliano Taveira. *Efeitos das normas constitucionais no sistema normativo brasileiro*. Porto Alegre: Fabris, 2002.

BERNARDES, Wilba Lúcia Maia. *Da nacionalidade*: brasileiros natos e naturalizados. Belo Horizonte: Del Rey, 1996.

BERNARDES, Wilba Lúcia Maia. *Federação e federalismo:* uma análise com base na superação do Estado Nacional e no contexto do Estado Democrático de Direito. Belo Horizonte: Del Rey, 2010.

BERTEN, André. *Filosofia política*. Trad. Márcio Anatole de Souza Romeiro. São Paulo: Paulus, 2004.

BERTI, Silma Mendes. *Direito à própria imagem*. Belo Horizonte: Del Rey, 1993.

BESTER, Gisela Maria. *Direito constitucional* – fundamentos teóricos. São Paulo: Manole, 2005, v. 1.

BEVILÁQUA, Clóvis. *Teoria geral do direito civil*. 3. ed. Brasília: Ministério da Justiça e Negócios Interiores – Serviço de Documentação, 1966.

BHABHA, Homi K. *The location of culture*. Londres. Routledge, 1994.

BIGNOTTO, Newton. *Republicanismo e realismo:* um perfil de Francesco Guicciardini. Belo Horizonte: Editora UFMG, 2006.

BINENBOJM, Gustavo. *A nova jurisdição constitucional brasileira*: legitimidade democrática e instrumentos de realização. Rio de Janeiro: Renovar, 2004.

BILHALVA, Jacqueline Michels. *A aplicabilidade e a concretização das normas constitucionais*. Porto Alegre: Livraria do Advogado, 2005.

BITTAR, Carlos Alberto. *Os direitos da personalidade*. Rio de Janeiro: Forense Universitária, 1989.

BITTENCOURT, C. A. Lúcio. *O controle jurisdicional da constitucionalidade das leis*. Rio de Janeiro: Forense, 1968.

BOBBIO, Norberto. *O positivismo jurídico*: estudos de filosofia do direito. Trad. Márcio Pugliesi, Edson Bini, Carlos E. Rodrigues. São Paulo: Ícone, 1999.

BOBBIO, Norberto. *A era dos direitos*. Trad. Carlos Nelson Coutinho. Rio de Janeiro: Campus, 1992.

BOBBIO, Norberto. *As ideologias e o poder em crise:* pluralismo, democracia, socialismo, comunismo, terceira via e terceira força. Trad. João Ferreira. Brasília: Editora Universidade de Brasília; São Paulo: Polis, 1988.

BOBBIO, Norberto. *A teoria das formas de governo.* Trad. Sérgio Bath. Brasília: UnB, 1976.

BOBBIO, Norberto; MATTEUCCI, Nicola; PASQUINO, Gianfranco. *Dicionário de política.* Brasília: Editora Universidade de Brasília, 1986.

BOBBIO, Norberto. *Liberalismo e democracia.* São Paulo: Brasiliense, 1988.

BOBBIO, Norberto. *Igualdade e liberdade.* Trad. Carlos Nelson Coutinho. Rio de Janeiro: Ediouro, 1996.

BOBBIO, Norberto. *Locke e o direito natural.* Trad. Sérgio Bath. Brasília: Editora Universidade de Brasília, 1997.

BOBBIO, Norberto. *Teoria geral da política:* a filosofia política e as lições dos clássicos. Trad. Daniela Beccaccia Versiani. Rio de Janeiro: Campus, 2000.

BOBBIO, Norberto. *Da estrutura à função.* Trad. Daniela Beccaccia Versiani. Barueri, SP: Manole, 2007.

BONAVIDES, Paulo. *Ciência política.* Rio de Janeiro: Forense, 1988.

BONAVIDES, Paulo. *Constituinte e Constituição.* Fortaleza: EUFC, 1985.

BONAVIDES, Paulo. *Curso de direito constitucional.* São Paulo: Malheiros, 1994.

BONAVIDES, Paulo. *Do Estado liberal ao Estado social.* Belo Horizonte: Del Rey, 1993.

BONAVIDES, Paulo; ANDRADE, Paes de. *História constitucional do Brasil.* Brasília: Paz e Terra, 1989.

BONAVIDES, Paulo; AMARAL, Roberto. *Textos políticos da história do Brasil.* Brasília: Senado Federal, Conselho Editorial, 2002. 10v.

BONAVIDES, Paulo. *Teoria constitucional da democracia participativa* – por um direito constitucional de luta e resistência – por uma nova hermenêutica – por uma repolitização da legitimidade. São Paulo: Malheiros, 2003.

BONAVIDES, Paulo. *Teoria do estado.* São Paulo: Malheiros, 2003.

BONFIM, Edson Rocha. *Supremo Tribunal Federal:* perfil histórico. Rio de Janeiro: Forense, 1979.

BONFIM, João Bosco Bezerra. *Palavra de presidente* – discursos de posse de Deodoro a Lula. Brasília: LGE, 2004.

BORGES, José Ribeiro. *Tortura: aspectos históricos e jurídicos*: o crime de tortura na legislação brasileira – análise da Lei 9.455/97. Campinas: Romana, 2004.

BORGES, José Souto Maior. Eficácia e hierarquia da lei complementar. *Revista de Direito Público*, 25/93.

BORSANI, Hugo. *Eleições e economia*: instituições políticas e resultados macroeconômicos na América Latina (1979-1998). Belo Horizonte: Editora UFMG; Rio de Janeiro: IUPERJ, 2003.

BOVERO, Michelangelo. *Contra o governo dos piores.* Trad. Daniela Beccaria Versiani. Rio de Janeiro: Campus, 2002.

BRANCO, Paulo Gustavo Gonet. *Juízo de ponderação na jurisdição constitucional.* São Paulo: Saraiva, 2009.

BRITTO, Carlos Ayres. *Teoria da Constituição.* Rio de Janeiro: Forense, 2003.

BROSSARD, Paulo. *O impeachment:* aspectos da responsabilidade política do presidente da República. São Paulo: Saraiva, 1992.

BROSSARD, Paulo. O Senado e as leis inconstitucionais. *Revista de Informação Legislativa* 50/545-64. Brasília, 1976.

BRUNO, Aníbal. *Direito penal*. Rio de Janeiro: Forense Universitária, 1988, t. 2.

BRYCE, James. *Constituciones flexibles y constituciones rígidas*. Madrid: Instituto de Estudios Políticos, 1962.

BUENO, Cássio Scarpinella. *Mandado de segurança*. São Paulo: Saraiva, 2009.

BUENO, José Antônio Pimenta. *Direito público brasileiro e análise da Constituição do Império*. Rio de Janeiro: Imprensa Nacional, 1958.

BULOS, Uadi Lammêgo. *Curso de direito constitucional*. São Paulo: Saraiva, 2007.

BULOS, Uadi Lammêgo. *Constituição federal anotada*. São Paulo: Saraiva, 2005.

BULOS, Uadi Lammêgo. CPI: requerimento nulo e arquivamento. *Revista Latino-Americana de Estudos Constitucionais*. n. 4, jul./dez. 2004.

BULOS, Uadi Lammêgo. *Mutação constitucional*. São Paulo: Saraiva, 1997.

BURDEAU, Georges. *Traité de science politique*. Paris: LGDJ, 1980, t. 1, v. 1 e 2; 1980, t. 2; 1968, t. 3; 1969, t. 4; 1970, t. 5; 1971, t. 6, v. 1 e 2; 1972, t. 7; 1974, t. 8; 1976, t. 9; 1977, t. 10.

BURDEAU, Georges. *Droit constitutionnel et institutions politiques*. Paris: LGDJ, 1980.

BURDEAU. Remarques sur la classification des fonctions étatiques. *Revue du droit public*, 1945.

BUZAID, Alfredo. *Da ação direta de declaração de inconstitucionalidade no direito brasileiro*. São Paulo: Saraiva, 1958.

BUZANELLO, José Carlos. *Direito de resistência constitucional*. Rio de Janeiro: Lumen Juris, 2006.

CADART, Jacques. *Institutions politiques et droit constitutionnel*. Paris: Económica, 1990.

CAETANO, Marcelo. *Direito constitucional*. Rio de Janeiro: Forense, 1977, v. 1; 1978, v. 2.

CAGGIANO, Monica Herman Salem. *Direito parlamentar e direito eleitoral*. Barueri, São Paulo: Manole, 2004.

CAHALI, Yussef Said. *Estatuto do estrangeiro*. São Paulo: Saraiva, 1983.

CAHALI, Yussef Said. *Responsabilidade civil do estado*. São Paulo: Malheiros, 1995.

CALIMAN, Auro Augusto. *Mandato parlamentar*: aquisição e perda. São Paulo: Atlas, 2005.

CAMBI, Eduardo. *Neoconstitucionalismo e neoprocessualismo*: direitos fundamentais, políticas públicas e protagonismo judiciário. São Paulo: Revista dos Tribunais, 2009.

CAMPOS, Francisco. *O Estado nacional*: sua estrutura, seu conteúdo ideológico. Brasília: Conselho Editorial do Senado Federal, Conselho Editorial, 2001.

CAMPOS, German Jose Bidart. *Derecho político*. Buenos Aires: Aguilar, 1972.

CAMPOS, German Jose Bidart. *Doctrina del estado democrático*. Buenos Aires: EJEA, 1961.

CAMPUZANO, Alfonso de Julios. Notas para um debate contemporáneo sobre la justicia. *In*: OLIVEIRA JUNIOR, José Alcebíades de (Org.). *O novo em direito e política*. Porto Alegre: Livraria do Advogado, 1997.

CANFORA, Luciano. *Crítica da retórica democrática*. Trad. Valéria Silva. São Paulo: Estação Liberdade, 2007.

CANOTILHO, José Joaquim Gomes. *Constituição dirigente e vinculação do legislador*: contributo para a compreensão das normas constitucionais programáticas. Coimbra: Coimbra Editora, 1994.

CANOTILHO, José Joaquim Gomes. *"Brancosos" e interconstitucionalidade.* Itinerários dos discursos sobre a historicidade constitucional. Coimbra: Almedina, 2006.

CANOTILHO, José Joaquim Gomes. *Estado de direito.* Lisboa: Gradiva, 1999.

CANOTILHO, José Joaquim Gomes. *Direito constitucional e teoria da Constituição.* Coimbra: Almedina, 1998.

CANOTILHO, José Joaquim Gomes. *Direito constitucional.* Coimbra: Almedina, 1980.

CANOTILHO, José Joaquim Gomes; MOREIRA, Vital. *Fundamentos da Constituição.* Coimbra: Coimbra Editora, 1991.

CANOTILHO, José Joaquim Gomes. *Direito constitucional.* 6. ed. Coimbra: Almedina, 1993.

CANOTILHO, José Joaquim Gomes. *Estudos sobre direitos fundamentais.* São Paulo: Revista dos Tribunais; Portugal: Coimbra Editora, 2008.

CAPELLARI, Eduardo. *A crise da modernidade e a Constituição*: elementos para a compreensão do constitucionalismo contemporâneo. Rio de Janeiro: América Jurídica, 2004.

CAPPELLETTI, Mauro. *O controle judicial de constitucionalidade das leis no direito comparado.* Trad. Aroldo Plínio Gonçalves. Porto Alegre: Fabris, 1984.

CARDUCCI, Michele. *Por um direito constitucional altruísta.* Trad. Sandra Regina Martini Vial, Patrick Lucca da Ros, Cristina Lazzarotto Fortes. Porto Alegre: Livraria do Advogado, 2003.

CARMONA, Paulo Afonso Cavichioli. *Das normas gerais:* alcance e extensão da competência legislativa concorrente. Belo Horizonte: Fórum, 2012.

CARVALHO, Cristiano Viveiros de. *Controle judicial e processo legislativo*: a observância dos regimentos internos das casas legislativas como garantia do estado democrático de direito. Porto Alegre: Fabris, 2002.

CARVALHO FILHO, José dos Santos. *Manual de direito administrativo.* Rio de Janeiro. Lumen Juris, 2007.

CARVALHO, José Murilo de. *Os bestializados*: o Rio de Janeiro e a república que não foi. São Paulo: Companhia das Letras, 1987.

CARVALHO, José Murilo de. *A formação das almas*: o imaginário da república no Brasil. São Paulo: Companhia das Letras, 1990.

CARVALHO, José Murilo de. *Cidadania no Brasil*: o longo caminho. Rio de Janeiro: Civilização Brasileira, 2001.

CARVALHO, José Murilo de. *Forças armadas e política no Brasil.* Rio de Janeiro: Jorge Zahar 2005.

CARVALHO, José Murilo de. *Pontos e bordados*: estudos de história e política. Belo Horizonte: Ed. UFMG, 2ª reimpressão, 2005.

CARVALHO, Kildare Gonçalves. *As medidas de emergência, o estado de sítio e o estado de emergência no direito constitucional comparado.* Belo Horizonte, 1979 (mimeo).

CARVALHO, Kildare Gonçalves.*Técnica legislativa* (Legística Formal). Belo Horizonte: Del Rey, 2014.

CARVALHO, Manuel Emílio Gomes de. *Os deputados brasileiros nas cortes gerais de 1821.* Brasília: Senado Federal, 2003.

CARVALHO, Orlando Magalhães. *O mecanismo do governo britânico.* Belo Horizonte: Os Amigos do Livro, 1943.

CARVALHO, Orlando Magalhães. *Resumos de teoria geral do estado*. Belo Horizonte: Os Amigos do Livro, 1942, v. 2.

CARVALHO, Orlando Magalhães. *Caracterização da teoria geral do estado*. Belo Horizonte: Kriterion, 1951.

CARVALHO NETTO, Menelick de. *A sanção no procedimento legislativo*. Belo Horizonte: Del Rey, 1992.

CARVALHO NETTO, Menelick. A Constituição da Europa. *In:* SAMPAIO, José Adércio Leite (Coord.). *Crise e desafios da Constituição*. Belo Horizonte: Del Rey, 2004.

CASASANTA, Mário. *O poder de veto*. Belo Horizonte: Os Amigos do Livro, s/d.

CASTRO, Carlos Roberto Siqueira. *A Constituição aberta e os direitos fundamentais* – Ensaios sobre o constitucionalismo pós-moderno e comunitário. Rio de Janeiro: Forense, 2003.

CASTRO, Celso. A resistência à implantação do serviço militar obrigatório no Brasil. *In*: GOMES, Angela de Castro (Coord.). *Direitos e cidadania: justiça, poder e mídia*. Rio de Janeiro: FGV, 2007.

CASSEB, Paulo Adib. *Processo legislativo:* atuação das comissões permanentes e temporárias. São Paulo: Revista dos Tribunais, 2008.

CASTRO, Iná Elias de. *Geografia e política*: território, escalas de ação e instituições. Rio de Janeiro: Bertrand Brasil, 2005.

CASTRO, José Nilo de. *Direito municipal positivo*. Belo Horizonte: Del Rey, 1991.

CASTRO, Celso Antonio Pinheiro de; FALCÃO, Leonor Peçanha. *Ciência política* – uma introdução. São Paulo: Atlas, 2004.

CATTONI DE OLIVEIRA, Marcelo Andrade. *Direito processual constitucional*. Belo Horizonte: Mandamentos, 2001.

CATTONI DE OLIVEIRA, Marcelo Andrade. *Devido processo legislativo*. Belo Horizonte: Mandamentos, 2002.

CATTONI DE OLIVEIRA, Marcelo Andrade. *Direito constitucional*. Belo Horizonte: Mandamentos, 2002.

CATTONI DE OLIVEIRA, Marcelo Andrade. *Poder constituinte e patriotismo constitucional*. Belo Horizonte: Mandamentos, 2006.

CAVALCANTE, Berenice. *Passaporte para o futuro*: Afonso Arinos de Melo Franco, um ensaísta da república. Rio de Janeiro: Vieira & Lent, 2006.

CAVALCANTI, Amaro. *Regime federativo e a república brasileira*. Brasília: Editora Universidade de Brasília, 1983.

CAVALCANTE FILHO, João Trindade. *Processo legislativo constitucional*. Salvador: *Jus*PodiVm, 2012.

CELSO, Afonso. *Oito anos de parlamento*. Brasília: Senado Federal, 1998.

CENEVIVA, Walter. *Direito constitucional brasileiro*. São Paulo: Saraiva, 2003.

CERQUEIRA, Marcello. *Cartas constitucionais* – Império, república e autoritarismo (ensaio, crítica e documentação). Rio de Janeiro: Renovar, 1997.

CERQUEIRA, Marcello. *A Constituição na história*: origem e reforma. Rio de Janeiro: Revan, 1993.

CHACON, Vamireh. *História dos partidos brasileiros*. Brasília: Editora Universidade de Brasília, 1998.

CHAGAS, Magno Guedes. *Federalismo no Brasil*: o poder constituinte decorrente na jurisprudência do Supremo Tribunal Federal. Porto Alegre: Fabris, 2006.

CHARAUDEAU, Patrick. *Discurso político*. Trad. Fabiana Komesu e Dilson Ferreira da Cruz. São Paulo: Contexto, 2006.

CHEVALLIER, Jacques. *O estado pós-moderno*. Trad. Marçal Justen Filho. Belo Horizonte: Fórum, 2009.

CHIMENTI, Ricardo Cunha *et al*. *Curso de direito constitucional*. São Paulo: Saraiva, 2005.

CITTADINO, Gisele. *Pluralismo, direito e justiça distributiva*: elementos da filosofia constitucional contemporânea. Rio de Janeiro: Lumen Juris, 1999.

CLÈVE, Clèmerson Merlin. *Atividade legislativa do Poder Executivo*. São Paulo: Revista dos Tribunais, 2000.

CLÈVE, Clèmerson Merlin. *A fiscalização abstrata da constitucionalidade no direito brasileiro*. São Paulo: Revista dos Tribunais, 2000.

CLÈVE, Clèmerson Merlin. *Medidas provisórias*. São Paulo: Revista dos Tribunais, 2011.

COELHO, Fábio Alexandre. *Processo legislativo*. São Paulo: Juarez de Oliveira, 2007.

COELHO, Inocêncio Mártires. *Interpretação constitucional*. Porto Alegre: Fabris, 1997.

COELHO, Sacha Calmon Navarro. *Comentários à Constituição de 1988* (sistema tributário). Rio de Janeiro: Forense, 1990.

COMPARATO, Fábio Konder. *A afirmação histórica dos direitos humanos*. São Paulo: Saraiva, 2001.

COMPARATO, Fábio Konder. A garantia institucional contra o abuso de poder. *In*: CORVAL, Paulo Roberto dos Santos. *Teoria constitucional e exceção permanente:* uma categoria para a teoria constitucional do século XXI. Curitiba: Juruá, 2009.

BENEVIDES, Maria Victoria; COMPARATO, Fábio Konder; VANNUCHI, Paulo (Org.). *Reforma política e cidadania*. São Paulo: Perseu Abramo, 2003.

COMPARATO, Fábio Konder. *Ética*: direito, moral e religião no mundo moderno. São Paulo: Companhia das Letras, 2006.

CONSTANT, Benjamin. *Escritos de política*. Trad. Eduardo Brandão. São Paulo: Martins Fontes, 2005.

COOLEY, Thomas M. *The general principles of constitutional law*. 4th ed. Boston: Little, Bronw and Company, 1931.

CORRÊA, Oscar Dias. *A defesa do estado de direito e a emergência constitucional*. Rio de Janeiro: Presença, 1980.

CORRÊA, Oscar Dias. *O Supremo Tribunal Federal, corte constitucional do Brasil*. Rio de Janeiro: Forense, 1987.

CORRÊA, Oscar Dias. *Estudos de direito político-constitucional*. Rio de Janeiro: Renovar, 2010.

CORWIN, Edward S. *El poder executivo* (función y poderes). Trad. Laura E. Pelegrino. Buenos Aires: Ed. Bibliográfica Argentina, 1959.

COSER, Ivo. *Visconde do Uruguai*: centralização e federalismo no Brasil /1823-1866. Belo Horizonte: Editora UFMG; Rio de Janeiro: IUPERJ, 2008.

COSER, Ivo. Federal/Federalismo. *In*: FEREZ JÚNIOR (Org.). *Léxico da história dos conceitos políticos do Brasil*. Belo Horizonte: Editora UFMG, 2009.

COSI, G. *Saggio sulla disobbedienza civile*. Milano: Giuffrè, 1984.

COSTA JÚNIOR, Paulo José da. *O direito de estar só*. São Paulo: Revista dos Tribunais, 1995.

COSTA, Adriano Soares da. *Instituições de direito eleitoral*. 4. ed. Belo Horizonte: Del Rey, 2000.

COSTA, Elcias Ferreira da. *Comentários breves à Constituição Federal*. Porto Alegre: Fabris, 1989.

COSTA, Emília Viotti da. *O Supremo Tribunal Federal e a construção da cidadania*. São Paulo: UNESP, 2006.

COSTA, Pietro; ZOLO, Danilo (Orgs.). *O Estado de direito*: história, teoria, crítica. Trad. Carlos Alberto Dastoli. São Paulo: Martins Fontes, 2006.

COULANGES, Fustel de. *A cidade antiga*. Trad. Fernando de Aguiar. Lisboa: Clássica, 1971.

COUTINHO, Jacinto Nelson de Miranda (Org.). *Canotilho e a Constituição dirigente*. Rio de Janeiro: Renovar, 2003.

CRETELLA JÚNIOR, José. A administração pública. *In*: *A Constituição brasileira – 1988*: interpretações. Rio de Janeiro: Forense Universitária, 1988.

CRETELLA JÚNIOR, José. *Comentários à Constituição brasileira de 1988*. Rio de Janeiro: Forense, 1989, v. 1; 1989; v. 2; 1990, v. 3; 1991, v. 4 e v. 5; 1992, v. 6 e 7; 1993, v. 8.

CRETELLA JÚNIOR, José. *Curso de direito administrativo*. Rio de Janeiro: Forense, 1977.

CRETELLA JÚNIOR, José. *Liberdades públicas*. São Paulo: Bushatsky, 1974.

CRETELLA JÚNIOR, José. Natureza jurídica do impeachment. *Revista de Informação Legislativa*, 215.

CRISAFULLI, Vezio. *La costituzione e le sue disposizioni di principio*. Milão: Giuffrè, 1952.

CRISTIANI, Claudio Valentim. O direito no Brasil colonial. *In*: WOLKMER, Antonio Carlos (Org.). *Fundamentos de história do direito*. Belo Horizonte: Del Rey, 2006.

CRUZ, Álvaro Ricardo de Souza. *O direito à diferença*. Belo Horizonte: Arraes, 2009.

CUNNINGHAM, Frank. *Teorias da democracia*: uma introdução crítica. Trad. Delmar José Volpato Dutra. Porto Alegre: Artmed, 2009.

CUNHA, Fernando Whitaker da. *Representação política e poder*. Rio de Janeiro: Freitas Bastos, 1981.

CUNHA, Fernando Whitaker da. *Teoria geral do estado*. Rio de Janeiro: Freitas Bastos, 1990.

CUNHA, Sérgio Sérvulo da. *Princípios constitucionais*. São Paulo: Saraiva, 2006.

CUNHA, Sérgio Sérvulo da. *Fundamentos de direito constitucional*. São Paulo: Saraiva, 2004, v. 1; 2008; v. 2.

CUNHA, Paulo Ferreira da. *Direito constitucional geral*: uma perspectiva luso-brasileira. São Paulo: Método, 2007.

CUNHA JÚNIOR, Dirley da. *Controle de constitucionalidade*: teoria e prática. Salvador: JusPODIVM, 2006.

CUPIS, Adriano de. *Os direitos da personalidade*. Lisboa: Morais, 1961.

DALLARI, Dalmo de Abreu. *Elementos de teoria geral do estado*. São Paulo: Saraiva, 1989.

DAL RI JÚNIOR, Arno. *O estado e seus inimigos*: a repressão política na história do direito penal. Rio de Janeiro: Revan, 2006.

DAHL, Robert A. *Sobre a democracia*. Trad. Beatriz Sidou. Brasília: Editora Universidade de Brasília, 2009.

DAMOUS, Wadih; DINO, Flávio. *Medidas provisórias no Brasil*: origem, evolução e novo regime constitucional. Rio de Janeiro: Lumen Juris, 2005.

DANTAS, Francisco Ivo Cavalcanti. *Aspectos jurídicos das medidas provisórias*. Salvador: A Nossa Livraria/Ciência Jurídica, 1991.

DANTAS, Francisco Ivo Cavalcanti. *Teoria do estado*. Belo Horizonte: Del Rey, 1989.

DANTAS, Francisco Ivo Cavalcanti. *Da defesa do estado e das instituições democráticas na nova Constituição*. Rio de Janeiro: Aide, 1989.

DANTAS, Francisco Ivo Cavalcanti. *O valor da Constituição* – do controle de constitucionalidade como garantia da supralegalidade constitucional. Rio de Janeiro: Renovar, 2001.

DAVID, Held. *Modelos de democracia*. Trad. Alexandre Sobreira Martins. Belo Horizonte: Paidéia, 1987

DAVID, René. *Os grandes sistemas do direito contemporâneo*. Trad. Hermínio A. Carvalho. Lisboa: Meridiano, 1978.

D'ÁVILA, Luiz Felipe. *Os virtuosos*: os estadistas que fundaram a república brasileira. São Paulo: A Girafa, 2006.

DEODATO, Alberto. *Manual de ciência das finanças*. 2. ed. São Paulo: Saraiva, 1984.

DELLA GIUSTINA, Vasco. *Controle de constitucionalidade das leis*: ação direta de inconstitucionalidade: tribunal de justiça e município: doutrina e jurisprudência. Porto Alegre: Livraria do Advogado, 2006.

DELACAMPAGNE, Christian. *A filosofia política hoje*. Trad. Lucy Magalhães. Rio de Janeiro: Jorge Zahar, 2001.

DELPÉRÉE, Francis. O Direito à dignidade humana. *In*: BARROS, Sérgio Resende de; ZILVETE, Fernando Aurélio. *Direito Constitucional* (Orgs.). Estudos em homenagem a Manoel Gonçalves Ferreira Filho. São Paulo: Dialética, 1999.

DEMANT, Peter. *O mundo muçulmano*. São Paulo: Contexto, 2004.

DENNINGER, Erhard. Segurança, diversidade e solidariedade, ao invés de liberdade, igualdade e fraternidade. *Revista Brasileira de Estudos Políticos*, n. 88, dez. de 2003.

DEL NEGRI, André. *Controle de constitucionalidade no processo legislativo*: teoria da legitimidade democrática. Belo Horizonte: Fórum, 2003.

DENNIS, Lloyd. *A ideia da lei*. Trad. Álvaro Cabral. São Paulo: Martins Fontes, 2000.

DI CELSO, Manlio Mazziotti. *Lezioni di diritto costituzionale*. Milão: Giuffrè, 1985.

DI PIETRO, Maria Sylvia Zanella. *Direito administrativo*. 10. ed. São Paulo: Atlas, 1998.

DI PIETRO, Maria Sylvia Zanella. *Direito administrativo*. São Paulo: Atlas, 2000.

DI PIETRO, Maria Sylvia Zanella. *Discricionariedade administrativa na Constituição de 1988*. São Paulo: Atlas, 1991.

DIAS, João Luís Fischer. *O efeito vinculante*: dos precedentes jurisprudenciais: das súmulas dos tribunais. São Paulo: IOB Thomson, 2004.

DIAS, Maria Berenice. *Divórcio já!* São Paulo: Revista dos Tribunais, 2010.

DIAS, Maria Tereza Fonseca. *Direito administrativo pós-moderno*: novos paradigmas do direito administrativo a partir do estudo da relação entre o Estado e a sociedade. Belo Horizonte: Mandamentos, 2003.

DICEY, A. V. *Introduction to the law of Constitution*. 9. ed. London: MacMillan, 1952.

DIDIER JR., Fredie (Org.) *Ações constitucionais*. Salvador: JusPODIVM, 2008.

DIMOULIS, Dimitri; MARTINS, Leonardo. *Teoria geral dos direitos fundamentais*. São Paulo: Revista dos Tribunais, 2007.

DINIZ, Maria Helena. *Compêndio de introdução à ciência do direito*. São Paulo: Saraiva, 1988.

DINIZ, Maria Helena. *Constituição de 1988*: legitimidade, vigência e eficácia, supremacia. São Paulo: Atlas, 1989.

DINIZ, Maria Helena. *Norma constitucional e seus efeitos*. São Paulo: Saraiva, 1989.

DINIZ, Maria Helena. *O estado atual do biodireito*. São Paulo: Saraiva, 2010.

DOLHNIKOFF, Miriam. *O pacto imperial*: origens do federalismo no Brasil. São Paulo: Globo, 2005.

DÓRIA, Sampaio. *Comentários à Constituição de 1946*. São Paulo: Max Limonad, 1960, v. 3.

DÓRIA, Sampaio. Parlamentarismo v. federação. *O Estado de S.Paulo*, 13 out. 1961.

DOEHRING, Karl. *Teoria do estado*. Trad. Gustavo Castro Alves Araujo. Belo Horizonte: Del Rey, 2008.

DRIVER, Stephanie Schwartz. *A declaração de independência dos Estados Unidos*. Trad. Mariluce Pessoa. Rio de Janeiro: Jorge Zahar, 2006.

DROMI, José Roberto. *La* reforma constitucional: el constitucionalismo del 'por-venir'. *In*: *El derecho público de finales de siglo*: una perspectiva iberoamericana. Madrid: Fundación BBV, 1997.

DUARTE, Écio Oto Ramos; POZZOLO, Susanna. *Neoconstitucionalismo e positivismo jurídico*: as faces da teoria do direito em tempos de interpretação moral da Constituição. São Paulo: Landy, 2006.

DUGUIT, Léon. *Traité de droit constitutionnel*. Paris: Ancienne Librairie Fontemoing, 1924, 5 v.

DUMAZEDIER, Joffre. *Sociologia empírica do lazer*. Trad. Silvia Mazza e J. Guinsburg. São Paulo: Perspectiva, 1979.

DUSO, Giuseppe (Org.). *O poder*. História da filosofia política moderna. Trad. Andrea Ciacchi, Líssia da Cruz e Silva e Giuseppe Tosi. Petrópolis: Vozes, 2005.

DUTRA. Carlos Roberto de Alckmin. *O controle estadual de constitucionalidade de leis e atos normativos*. São Paulo: Saraiva, 2005.

DUTRA, Yuri Frederico. *Democracia e controle de constitucionalidade*: a partir da teoria discursiva do direito de Jürgen Habermas: Belo Horizonte: Del Rey, 2012.

DUVERGER, Maurice. *Ciência política*. Trad. Heloísa de Castro Lima. Rio de Janeiro: Jorge Zahar, 1976.

DUVERGER, Maurice. *O regime semipresidencialista*. Trad. Noemia de Arantes Ramos e Elzira Rezende Arantes. São Paulo: Sumaré, 1993.

DUVERGER, Maurice. *Instituciones políticas y derecho constitucional*. Trad. Pablo Lucas Verdú. Barcelona: Ariel, 1984.

DUVERGER, Maurice. *Os partidos políticos*. Trad. Cristiano Monteiro Oiticica. Brasília. UnB, 1980.

DWORKIN, Ronald. *Levando os direitos a sério*. Trad. Nelson Boeira. São Paulo: Martins Fontes, 2002.

DWORKIN, Ronald. *O império do direito*. Trad. Jefferson Luiz Camargo. São Paulo: Martins Fontes, 1999.

DWORKIN, Ronald. *Uma questão de princípio.* Trad. Luís Carlos Borges. São Paulo: Martins Fontes, 2000.

DWORKIN, Ronald. *O direito da liberdade:* a leitura moral da Constituição norte-americana. Trad. Marcelo Brandão Cipolla. São Paulo: Martins Fontes, 2006.

DWORKIN, Ronald. *A justiça de toga.* Trad. Jefferson Luiz Camargo. São Paulo: Martins Fontes, 2010.

EASTON, David. *The political system.* Nova York: Knopf, 1953.

EAGLETON, Terry. *Ideologia:* uma introdução. Trad. Luís Carlos Borges, Silvana Vieira. São Paulo: Editora da Universidade Estadual Paulista; Boitempo, 2007.

ELSTER, Jon; RUNE, Slagstal. *Constitutionalism and democracy.* Cambridge: Cambridge University, 1993.

ELSTER, Jon. *Ulisses liberto:* estudos sobre racionalidade, pré-compromisso e restrições. Trad.Cláudia Sant 'Ana Martins. São Paulo: Editora UNESP, 2009.

ELSTER, Jon. *The Optimal Design of a Constituent Assembly.* Trabalho apresentado na conferência sobre *Comparative Constitutional Design*, University of Chicago, 16-17 out. 2009.

ELY, John Hart. *Democracy and distrust.* A theory of judicial review. Cambridge: Harvard University, 1998.

EISENMANN, Charles. *La justice constitutionnelle et la haute cour constitutionnelle d'Autriche.* Paris: Económica, 1986.

ESMEIN, A. *Éléments de droit constitutionnel, français et comparé.* Paris: Sirey, 1928, 2 v.

ESPINDOLA, Angela Araujo da Silveira *et al.* In: MORAIS, José Luis Bolzan de (Org.). *O estado e suas crises.* Porto Alegre: Livraria do Advogado, 2005.

ESTEVES, M. A. *A constitucionalização do direito de resistência.* Lisboa: AAFDL, 1989.

FALCON Y TELLA, M. J. *Desobediencia civil.* Madrid: Marcial Pons, 2000.

FAORO, Raymundo. *Os donos do poder*: formação do patronato brasileiro. Porto Alegre: Globo. São Paulo: Ed. Universidade de São Paulo, 1975, 2v.

FARIAS, Edilsom Pereira de. *Colisão de direitos*: a honra, a intimidade, a vida privada e a imagem *versus* a liberdade de expressão e informação. Porto Alegre: Fabris, 1996.

FARIAS, Edilsom Pereira de. *Liberdade de expressão e comunicação.* Teoria e proteção constitucional. São Paulo: Revista dos Tribunais, 2004.

FAZZALARI, Elio. *Instituições de direito processual.* Trad. Elaine Nassif. Campinas: Bookseller, 2006.

FAUSTO, Boris. *História do Brasil.* São Paulo: Edusp, 1995.

FAVOREU, Louis. La constitutionnalization du droit. *In:* AUBY, Jean-Bernard *et al. L'unité du droit*: mélange en hommage à Roland Drago. Paris: Economica, 1996.

FAVOREU, Louis. *As cortes constitucionais.* Trad. Dunia Marinho Silva. São Paulo: Landy, 2004.

FAYT, Carlos S. *Derecho político.* Buenos Aires. Depalma, 1988, 2 v.

FERGUSON, John H., McHENRY, E. *The american government.* 2. ed. New York/London: McGraw-Hill Book Company, 1950.

FERNANDES, Bernardo Gonçalves. *Curso de direito constitucional.* Rio de Janeiro: Lumen Juris, 2010.

FERRAJOLI, Luigi. *A soberania no mundo moderno*: nascimento e crise do estado nacional. Trad. Carlo Coccioli, Márcio Lauria Filho. São Paulo: Martins Fontes, 2002.

FERRAJOLI, Luigi. *Direito e razão*: teoria do garantismo penal. São Paulo: Revista dos Tribunais, 2002.

FERRARI, Regina Maria Macedo Nery. *Controle da constitucionalidade das leis municipais*. São Paulo: Revista dos Tribunais, 2003.

FERRARI, Regina Maria Macedo Nery. *Efeitos da declaração de inconstitucionalidade*. São Paulo: Revista dos Tribunais, 1987.

FERRARI, Regina Maria Macedo Nery. *Normas constitucionais programáticas*. São Paulo: Revista dos Tribunais, 2001.

FERRAZ, Anna Cândida da Cunha. União, Estados e Municípios na nova Constituição: enfoque jurídico-formal. *In*: *A nova Constituição paulista*. São Paulo: Fundação Faria Lima/ Fundação de Desenvolvimento Administrativo, 1989.

FERRAZ, Anna Cândida da Cunha. *Processos informais de mudança da Constituição, mutações constitucionais e mutações inconstitucionais*. São Paulo: Max Limonad, 1986.

FERRAZ, Anna Cândida da Cunha. *Poder constituinte do Estado-Membro*. São Paulo: Revista dos Tribunais, 1979.

FERRAZ, Anna Cândida da Cunha. *Conflito entre poderes*: o poder congressual de sustar atos normativos do poder executivo. São Paulo: RT, 1994.

FERRAZ, Anna Cândida da Cunha. A transição constitucional e o ato das disposições constitucionais transitórias da Constituição de 5.10.1988. *Cadernos de Direito Constitucional e Ciência Política*. São Paulo: Revista dos Tribunais, jan./mar. 1999.

FERRAZ JÚNIOR, Tercio Sampaio. *Interpretação e estudos da Constituição de 1988*. São Paulo: Atlas, 1990.

FERRAZ JUNIOR, Tercio Sampaio. *Introdução ao estudo do direito:* técnica, decisão, dominação. São Paulo: Atlas, 2003.

FERREIRA, Manoel Rodrigues. *A evolução do sistema eleitoral brasileiro*. Brasília: Senado Federal, 2001.

FERREIRA FILHO, Manoel Gonçalves. *Aspectos do direito constitucional contemporâneo*. São Paulo: Saraiva, 2003.

FERREIRA FILHO, Manoel Gonçalves. *Comentários à Constituição brasileira de 1988*. São Paulo: Saraiva, 1990, v. 1; 1992, v. 2.

FERREIRA FILHO, Manoel Gonçalves. *Curso de direito constitucional.* São Paulo: Saraiva, 1989.

FERREIRA FILHO. Manoel Gonçalves. *Curso de direito constitucional*, 31. ed. São Paulo: Saraiva, 2005.

FERREIRA FILHO, Manoel Gonçalves. *A democracia no limiar do século XXI*. São Paulo: Saraiva, 2001.

FERREIRA FILHO, Manoel Gonçalves. *Direito constitucional comparado*. São Paulo: Bushatsky, 1974, v. 1.

FERREIRA FILHO, Manoel Gonçalves. *Direito constitucional econômico*. São Paulo: Saraiva, 1990.

FERREIRA FILHO. Manoel Gonçalves. *Direitos humanos fundamentais*. São Paulo: Saraiva, 1998.

FERREIRA FILHO, Manoel Gonçalves. *Enciclopédia Saraiva de Direito*. São Paulo: Saraiva, v. 64, verbete Reforma Constitucional.

FERREIRA FILHO, Manoel Gonçalves. *Estado de direito e Constituição*. São Paulo: Saraiva, 1988.

FERREIRA FILHO, Manoel Gonçalves. *O estado de sítio*. São Paulo: RT, 1964.

FERREIRA FILHO, Manoel Gonçalves. Organização dos Poderes: Poder Legislativo. *In*: *A Constituição brasileira – 1988*: interpretações. Rio de Janeiro: Forense Universitária, 1988.

FERREIRA FILHO, Manoel Gonçalves. *Princípios fundamentais do direito constitucional*: o estado da questão no início do século XXI, em face do direito comparado e, particularmente, do direito positivo brasileiro. São Paulo: Saraiva, 2009.

FERREIRA FILHO, Manoel Gonçalves. *Do processo legislativo*. São Paulo: Saraiva, 1984.

FERREIRA FILHO, Manoel Gonçalves. *A reconstrução da democracia*. São Paulo: Saraiva, 1979.

FERREIRA, Sérgio de Andréa. *Direito administrativo didático*. Rio de Janeiro: Forense, 1981.

FIGUEIREDO, Argelina Cheibub; LIMONGI, Fernando. *Executivo e Legislativo na nova ordem constitucional*. Rio de Janeiro: Editora FGV, 1999.

FIGUEIREDO, Argelina Cheibub; LIMONGI, Fernando. Instituições políticas e governabilidade: desempenho do governo e apoio legislativo na democracia brasileira. *In:* MELO, Carlos Ranulfo; SÁEZ, Manuel Alcântara (Orgs.). *A democracia brasileira*: balanço e perspectivas para o século XXI. Belo Horizonte: Editora UFMG, 2007.

FIGUEIREDO, Lucas. *Ministério do silêncio*. Rio de Janeiro: Record, 2005.

FIGUEIREDO, Marcelo. *Teoria geral do estado*. São Paulo: Atlas, 1993.

FIGUEIREDO, Marcus. *A decisão do voto:* democracia e racionalidade. Belo Horizonte: Editora UFMG; Rio de Janeiro: IUPERJ, 2008.

FILGUEIRAS, Fernando. República, confiança e sociedade. *Dados – Revista de Ciências Socais*, v. 50, n. 4, 2007.

FIORAVANTI, Maurizio. *Constitución*. De la antigüedad a nuestros días. Trad. Manuel Martínez Neira. Madrid: Editorial Trotta, 2001.

FISCHBACH, Oskar Georg. *Teoría general del estado*. Trad. Rafael Luengo Tapia. Buenos Aires: Labor, 1934.

FIUZA, Ricardo Arnaldo Malheiros; FERREIRA E COSTA, Mônica Aragão. *Aulas de teoria do estado*. Belo Horizonte: Del Rey, 2006.

FIUZA, Ricardo Arnaldo Malheiros. *Lições de direito constitucional e teoria geral do Estado*. Belo Horizonte: Lê, 1991.

FIUZA, Ricardo Arnaldo Malheiros. *Direito constitucional comparado*. Belo Horizonte: Del Rey, 2004.

FLEINER-GERSTER, Thomas. *Teoria geral do estado*. Trad. Marlene Holzhausen. São Paulo: Martins Fontes, 2006.

FLEISCHER, David V. (Org.). *Os partidos políticos no Brasil*. Brasília: Editora Universidade de Brasília, 1981, v. 1.

FOUCAULT, Michel. *Microfísica do poder*. Rio de Janeiro: Graal, 1979.

FOUCAULT, Michel. *Vigiar e punir*. Petrópolis: Vozes, 2001.

FOUCAULT, Michel. *História da sexualidade*: a vontade de saber: Rio de Janeiro, Graal, 2001. v. 1.

FRANCO, Afonso Arinos de Melo. *Um estadista da república*: Afrânio de Melo Franco e seu tempo. Rio de Janeiro: José Olympio, 1955. 3 v.

FRANCO, Afonso Arinos de Melo. *Algumas instituições políticas no Brasil e nos Estados Unidos*. Rio de Janeiro: Forense, 1975.

FRANCO, Afonso Arinos de Melo. *Curso de direito constitucional brasileiro*. Rio de Janeiro: Forense, 1968. 2 v.

FRANCO, Afonso Arinos de Melo. *Desenvolvimento da civilização material no Brasil*. Rio de Janeiro: Topbooks, 2005.

FRANCO, Afonso Arinos de Melo. *Direito constitucional*: teoria da Constituição; as constituições do Brasil. Rio de Janeiro: Forense, 1981.

FRANCO, Afonso Arinos de Melo. *Evolução da crise brasileira*. Rio de Janeiro: Topbooks, 2005.

FRANCO, Afonso Arinos de Melo. *História e teoria dos partidos políticos no Brasil*. São Paulo: Alfa-Ômega, 1980.

FRANCO, Afonso Arinos de Melo. *Rodrigues Alves*: apogeu e declínio do presidencialismo. Brasília: Senado Federal, 2001. 2v.

FRANCO, Afonso Arinos de Melo; PILLA, Raul. *Presidencialismo ou parlamentarismo?* Brasília: Senado Federal, 1999.

FRANCO, Afonso Arinos de Melo. *Rosa de ouro*. Belo Horizonte: Ed. UFMG, 2007.

FRANCO SOBRINHO, Manoel de Oliveira. *Parlamentarismo/presidencialismo*. Curitiba: Juruá, 1991.

FRANKENBERG, Günter. *A gramática da Constituição e do direito*. Trad. Elisete Antoniuk. Belo Horizonte: Del Rey, 2007.

FRANKLIN, J. *Constitution and resistance in the sixteenth century*. New York: Pegasus, 1969.

FREEMAN, H.A. *Civil disobedience*. Santa Bárbara: Center of the Study of Democratic Institutions, 1966.

FREIRE, Natália de Miranda. *Técnica e processo legislativo*. Belo Horizonte: Del Rey, 2002.

FREITAS, Luiz Fernando Calil de. *Direitos fundamentais*: limites e restrições. Porto Alegre: Livraria do Advogado, 2007.

FREUND, Julien. *L'essence du politique*. Paris: Sirey, 1965.

GADAMER, Hans-Georg. *Verdade e método*. Trad. Flávio Paulo Meurer. Petrópolis: Vozes; Bragança Paulista: Editora Universitária São Francisco, 2007, v. 1.

GADAMER, Hans-Georg. *Verdade e método*. Trad. Enio Paulo Giachini Petrópolis: Vozes; Bragança Paulista: Editora Universitária São Francisco, 2007, v. 2.

GALEOTTI, Serio. *Contributo alla teoria del procedimento legislativo*. Milano: Giuffrè, 1957.

GARCÍA DE ENTERRÍA, Eduardo. Justicia constitucional: la doctrina prospectiva en la declaración de ineficácia de las leyes inconstitucionales. *Revista de Direito Público*, n. 92, out./dez. 1989.

GARCÍA DE ENTERRÍA, Eduardo. *La constitución como norma y el tribunal constitucional*. Madrid: Civitas, 2001.

FRY, Peter. *A persistência da raça*. Rio de Janeiro: Civilização Brasileira, 2005.

GARCÍA-COTARELO, Ramón. *Resistencia y desobediencia civil*. Madrid: EUDEMA, 1987.

GARCIA, Maria. *Desobediência civil*: direito fundamental. São Paulo: Revista dos Tribunais, 1994.

GARCÍA-PELAYO, Manuel. *Derecho constitucional comparado*. Madrid: Manuales de la Revista de Occidente, 1950.

GARCÍA-PELAYO, Manuel. *As transformações do estado contemporâneo*. Trad. Agassiz Almeida Filho. Rio de Janeiro: Forense, 2009.

GASPARI, Elio. *A ditadura envergonhada*. São Paulo: Companhia das Letras, 2002.

GASPARI, Elio. *A ditadura escancarada*. São Paulo: Companhia das Letras, 2002.

GASPARI, Elio. *A ditadura derrotada*. São Paulo: Companhia das Letras, 2003.

GASPARI, Elio. *A ditadura encurralada*. São Paulo: Companhia das Letras, 2004.

GASPARINI, Diógenes. *Poder regulamentar*. São Paulo: Bushatsky, 1978.

GOMES, Joaquim B. Barbosa. *A ação afirmativa & princípio constitucional da igualdade*: o direito como instrumento de transformação social. A experiência dos E.U.A. Rio de Janeiro: Renovar, 2001.

GOMES, José Jairo. *Direito eleitoral*. 5. ed. Belo Horizonte: Del Rey, 2010.

GOMES, Randolfo. *O advogado e a Constituição Federal*. Rio de Janeiro: Edições Trabalhistas, 1990.

GONÇALVES, Aroldo Plínio. *Técnica processual e teoria do processo*. Rio de Janeiro: Aide, 1999.

GONÇALVES, Maria Eduarda. *Direito da informação*: novos direitos e formas de regulação na sociedade da informação. Coimbra: Almedina, 2003.

GOUVEIA, Jorge Bacelar. *Manual de direito constitucional*. Coimbra: Almedina, 2005. 2 v.

GOUVEIA, Jorge Bacelar. *As constituições dos estados de língua portuguesa*. Coimbra: Almedina, 2006.

GRAU. Eros Roberto. *O direito posto e o direito pressuposto*. São Paulo: Malheiros, 2003.

GRAU, Eros Roberto. *A ordem econômica na Constituição de 1988*. São Paulo: Malheiros, 2000.

GRECO, Marco Aurélio. *Medidas provisórias*. São Paulo: Revista dos Tribunais, 1991.

GRIMM, Dieter. *Constituição e política*. Trad. Geraldo de Carvalho. Belo Horizonte: Del Rey, 2006.

GRINBERG, Lucia. *Partido político ou bode expiatório:* um estudo sobre a Aliança Renovadora Nacional (Arena), 1965-1979. Rio de Janeiro: Mauad X, 2009.

GRINOVER, Ada Pellegrini. *As garantias constitucionais do direito de ação*. São Paulo: RT, 1973.

GROPPALI, Alexandre. *Doutrina do estado*. Trad. Paulo Edmar de Souza Queiroz. São Paulo: Saraiva, 1968.

GROTTI, Dinorá Adelaide Musetti. *Inviolabilidade do domicílio na Constituição*. São Paulo: Malheiros, 1993.

GUANABARA, Alcindo. *A presidência Campos Sales*. Brasília: Senado Federal, 2002.

GUASTINI, Riccardo. *Teoría e ideología de la interpretatación constitucional*. Trad. Miguel Carbonell e Pedro Salazar. Madrid. Trotta, 2008.

GUERRA FILHO, Willis Santiago. *Autopoiese do direito na sociedade pós-moderna*: introdução a uma teoria social sistêmica. Porto Alegre: Livraria do Advogado, 1997.

GUERRA FILHO, Willis Santiago. Jurisdição constitucional no Brasil e tutela da ordem jurídica subjetiva. *In*: QUARESMA, Regina; OLIVEIRA, Maria Lúcia de Paula (Coords.).

Direito constitucional brasileiro: perspectivas e controvérsias contemporâneas. Rio de Janeiro: Forense, 2006.

GUIMARÃES, Francisco de Silva Xavier. *Nacionalidade*: aquisição, perda e reaquisição. Rio de Janeiro: Forense, 1995.

GUIMARÃES, Ylves José de Miranda. *Comentários à Constituição*: direitos e garantias individuais e coletivas. Rio de Janeiro: Forense, 1989.

GUIZOT, François. *A história das origens do governo representativo na Europa*. Trad. Vera Lucia Joscelyne. Rio de Janeiro: Topbooks, 2008.

GÜNTHER, Klaus. *Teoria da argumentação no direito e na moral*: justificação e aplicação. Trad. Claudio Molz. São Paulo: Landy, 2004.

HART, H.L.A. *El concepto de derecho*. Trad. Genaro R. Carrio. Mexico. DF: Nacional, 1978.

HÄBERLE, Peter. *Hermenêutica constitucional* – A sociedade aberta dos intérpretes da Constituição: contribuição para a interpretação pluralista e "procedimental" da Constituição. Trad. Gilmar Ferreira Mendes. Porto Alegre: Sergio Antonio Fabris, 1997.

HÄBERLE, Peter. *Estado constitucional cooperativo*. Trad. Marcos Augusto Maliska e Elisete Antoniuk. São Paulo: Renovar, 2007.

HÄBERLE, Peter. *Constituição e cultura*: o direito ao feriado como elemento de identidade cultural do estado constitucional. Trad. Marcos Augusto Maliska e Elisete Antoniuk. Rio de Janeiro: Lumen Júris, 2008.

HABERMAS, Jürgen. *Communication and the evolution of society*. Boston: Beacon, 1979.

HABERMAS, Jürgen. *Mudança estrutural da esfera pública*. Trad. Flávio R. Kothe. Rio de Janeiro: Tempo Brasileiro, 1984.

HABERMAS, Jürgen. *Teoría de la acción comunicativa*. Trad. Manuel Jiménez Redondo. Madrid: Tarus, 1987.

HABERMAS, Jürgen. *Más allá del estado nacional*. Madrid: Trota, 1997.

HABERMAS, Jürgen. *Direito e democracia:* entre facticidade e validade. Trad. Flávio Beno Siebeneichler. Rio de Janeiro: Tempo Brasileiro, 1997. 2 v.

HABERMAS, Jürgen. *Fatti e norme*. Contributi a una teoria discorsiva del diritto e della democrazia. A cura di Leonardo Cippa. Milão: Guerini e Associati, 1996.

HABERMAS, Jürgen. *Betwen facts and norms*. Londres: Polity, 1996.

HABERMAS, Jürgen. *Ensayos políticos*. Trad. Ramón García Cotarelo.l Barcelona: Península, 1988.

HABERMAS, Jürgen. *A constelação pós-nacional*: ensaios políticos. Trad. Márcio Seligmann Silva. São Paulo: Littera Mundi, 2001.

HABERMAS, Jürgen. *A inclusão do outro*: estudos de teoria política. Trad. George Sperber e Paulo Astor Soethe. São Paulo: Loyola, 2002.

HABERMAS, Jürgen. *La desobediencia civil*. Piedra de toque del estado democrático de derecho. Trad. R. Garcia-Cotarelo. Barcelona: Pensínsula, 1988.

HABERMAS, Jürgen. *O ocidente dividido*. Trad. Luciana Villas Bôas. Rio de Janeiro: Tempo Brasileiro, 2006.

HAGE, Jorge. *Omissão inconstitucional e direito subjetivo*. Brasília: Brasília Jurídica, 1999.

HAMILTON; MADISON; JAY. *O federalista*. Trad. Heitor Almeida. Brasília: UnB, 1984.

HARDT, Michael; NEGRI, Antonio. *Multidão*. Trad. Clóvis Marques. Rio de Janeiro: Record, 2005.

HAURIOU, Maurice. *Précis de droit constitutionnel.* Paris: Recueil Sirey, 1923.

HEGEL, Georg. *Princípios da filosofia do direito.* Trad. Orlando Vitorino. Lisboa: Guimarães Editores, 1959.

HELD, David. *Modelos de democracia.* Trad. Alexandre Sobreira Martins: Belo Horizonte: Paidéia, 1987.

HELD, David; MCGREW, Anthony. *Prós e contras da globalização.* Rio de Janeiro: Jorge Zahar, 2000.

HELLER, Hermann. *Teoria do estado.* Trad. Lycurgo Gomes da Motta. São Paulo: Mestre Jou, 1968.

HERAS, Jorge Xifra. *Formas e fuerzas políticas.* Barcelona: Bosch, 1958.

HERAS, Jorge Xifra. *Introducción al estudio de las modernas tendencias políticas.* Barcelona: Bosch, 1959.

HESSE, Konrad. *A força normativa da Constituição.* Trad. Gilmar Ferreira Mendes. Porto Alegre: Sergio Fabris, 1991.

HESSE, Konrad. *Elementos de direito constitucional da República Federal da Alemanha.* Trad. Luís Afonso Heck. Porto Alegre: Fabris, 1998.

HESSE, Konrad. *Escritos de derecho constitucional.* Trad. Pedro Cruz Villalón. Madrid: Centro de Estudios Constitucionales, 1983.

HOBBES, Thomas. *Leviatán.* Trad. Antonio Escohotado. Madrid: Nacional, 1979.

HOBSBAWM, Eric. *Era dos extremos:* o breve século XX: 1914-1991. Trad. Marcos Santarrita. São Paulo: Companhia das Letras, 1995.

HOBSBAWM, Eric. *Nações e nacionalismos desde 1780.* Rio de Janeiro: Paz e Terra, 2002.

HOBSBAWM, Eric. *Globalização, democracia e terrorismo.* Trad. José Viegas. São Paulo: Companhia das Letras, 2007.

HÖFFE, Otfried. *Justiça política*: fundamentação de uma filosofia crítica do direito e do estado. Trad. Ernildo Stein. Petrópolis: Vozes, 1991.

HOFMEISTER, Wilhelm. Problemas da democracia partidária. América Latina à luz das experiências internacionais. *Cadernos Adenauer*, ano VIII, n. 3, 2007.

HOLANDA, Sérgio Buarque de. *Raízes do Brasil.* Rio de Janeiro: José Olympio, 1986.

HOLLANDA, Cristina Buarque de. *Modos da representação política:* o experimento da primeira república brasileira. Belo Horizonte: Editora UFMG; Rio de Janeiro: IUPERJ, 2009.

HOLLANDA, Cristina Buarque de. *Teoria das elites.* Rio de Janeiro: Zahar, 2011.

HOLSTON, James. *Insurgent citizenship*: disjunctions of democracy and modernity in Brazil. New Jersey: University of Princeton, 2007.

HORTA, Raul Machado. Limitações constitucionais dos poderes de investigação. *Revista de Direito Público*, n. 5, 1968.

HORTA, Raul Machado. A Constituição da república portuguesa de 1976 e o regime semipresidencial. *Revista do Instituto dos Advogados de Minas Gerais*, n. 10, 2004.

HORTA, Raul Machado. *Direito constitucional.* Belo Horizonte: Del Rey, 2002.

HORTA, Raul Machado. *A autonomia do estado-membro no direito constitucional brasileiro.* Belo Horizonte, 1964.

HORTA, Raul Machado. A ordem econômica na nova Constituição: problemas e contradições. *In*: *A Constituição brasileira – 1988*: interpretações. Rio de Janeiro: Forense.

HORTA, Raul Machado. Estado federal e regime parlamentar: a introdução do regime parlamentar nos estados federados. *In*: *Conferência proferida no Ciclo de Estudos do Centenário da Faculdade de Direito da UFMG, sobre revisão constitucional e parlamentarismo, promovido pelo Instituto dos Advogados de Minas Gerais*, em 10 set. 1992.

HORTA, Raul Machado. Natureza do poder constituinte do estado-membro. *RDP* 85/63.

HORTA, Raul Machado. O parlamentarismo no mundo de hoje. *In*: PEREIRA, Ivan Nunes (Org.). *O plebiscito*. Rio de Janeiro: Nova Fronteira, 1993.

HORTA, Raul Machado. O processo legislativo nas constituições federais brasileiras. *Revista de Informação Legislativa* 101/05.

HORTA, Raul Machado. Regime político e a doutrina das formas de governo. *Revista Brasileira de Estudos Políticos* 3/49.

HORTA, Raul Machado. O estado-membro na Constituição federal brasileira. *Revista Brasileira de Estudos Políticos* 69/70, jul. 1989/jan. 1990.

HORTA, Raul Machado. Unidade e dualidade da magistratura. *In*: *Exposição em Painel da Subcomissão do Poder Judiciário, da Assembleia Nacional Constituinte*.

HORTA, Raul Machado. Tendências atuais dos regimes de governo. *Revista de Informação Legislativa*, 95/139.

HSÜ DAU-LIN. *Mutación de constitución*. Bilbao: Instituto Vasco de Administración Pública, 1998.

HUNT, Lynn. *A invenção dos direitos humanos*: uma história. Trad. Rosaura Eichenberg. São Paulo: Companhia das Letras, 2009.

HUNTINGTON, Samuel P. *O choque de civilizações e a recomposição da ordem mundial*. Trad. M. H. C. Côrtes. Rio de Janeiro: Objetiva, 1997.

ILBERT, Courtenay P. *El parlamento*: sua historia, constitución y práctica. Trad. Julio Calvo Alfaro. Barcelona: Labor, 1926.

INÁCIO, Magna; RENNÓ, Lucio (Orgs.). *Legislativo brasileiro em perspectiva comparada*. Belo Horizonte: Editora UFMG, 2009.

IVO, Gabriel. *Constituição estadual*: competência para a elaboração da Constituição do estado-membro. Rio de Janeiro: Max Limonad, 1997.

JACQUES, Paulino. *Curso de direito constitucional*. Rio de Janeiro: Forense, 1983.

JACQUES, Paulino. *Da igualdade perante a lei*. Rio de Janeiro: A Noite, 1947.

JAMPAULO JÚNIOR, João. *O processo legislativo*: sanção e vício de iniciativa. São Paulo: Malheiros, 2008.

JAQUARIBE, Helio. *O posto do homem no cosmos*. São Paulo: Paz e Terra, 2006.

JAQUARIBE, Helio. *Breve ensaio sobre o homem e outros estudos*. São Paulo: Paz e Terra, 2007.

JAQUARIBE, Helio. *Brasil, mundo e homem na atualidade:* estudos diversos. Brasília: Fundação Alexandre de Gusmão, 2008.

JAPIASSU, Hilton; Filho, Danilo Marcondes de Souza. *Dicionário básico de filosofia*. Rio de Janeiro: Jorge Zahar, 1990.

JASMIN, Marcelo Gantus. *Alexis de Tocqueville*: a historiografia como ciência da política. Belo Horizonte: Editora UFMG: IUPERJ, 2005.

JAYME, Fernando Gonzaga. *Mandado de segurança.* Belo Horizonte: Del Rey, 2011.

JELLINEK, Georg. *Teoría general del estado.* Trad. Fernando de los Rios. Buenos Aires: Albatros, 1978.

JENNINGS, Ivor. *A Constituição britânica.* Trad. Carlos Alberto Lamback. Brasília: Editora Universidade de Brasília, 1981.

JENNINGS, Ivor. *Governo de gabinete.* Trad. Lêda Boechat R. Rodrigues. Brasília: Senado Federal, 1979.

JEVEAUX, Geovany Cardoso. *Direito constitucional*: teoria da Constituição. Rio de Janeiro: Forense, 2008.

JOUVENEL, Bertrand de. *As origens do estado moderno.* Trad. Mamede de Souza Freitas. Rio de Janeiro: Jorge Zahar, 1978.

JÚNIOR, Antônio Umberto de Souza. *O Supremo Tribunal Federal e as questões políticas*: o dilema brasileiro entre o ativismo e a autocontenção no exame judicial das questões políticas. Porto Alegre: Síntese, 2004.

JUSTEN FILHO, Marçal. *Curso de direito administrativo.* São Paulo: Saraiva, 2005.

KALDOR, Mary. *New and old wars* – organized violence in a global era. Stanford: Stanford University, 2001.

KELSEN, Hans. *Jurisdição constitucional.* Trad. Alexandre Krug; Eduardo Brandão; Maria Ermantina Galvão. São Paulo: Martins Fontes, 2003.

KELSEN, Hans. *Teoría general del estado.* Trad. Luiz Legaz Lacambra. México, DF: Nacional, 1979.

KELSEN, Hans *Teoria pura do direito.* Trad. João Baptista Machado. Coimbra: Armenio Amado, 1962. 2 v.

KELSEN, Hans. Essência e valor da democracia. *Arquivos do Ministério da Justiça*, n. 170, Brasília, 1987.

KELSEN, Hans. *Teoria geral do direito e do estado.* Trad. Luís Carlos Borges. São Paulo: Martins Fontes. Brasília: Editora Universidade de Brasília, 1990.

KLEIN, Odacir. *Comissões parlamentares de inquérito*: a sociedade e o cidadão. Porto Alegre: Fabris, 1999.

KYMLICKA, Will. *Liberalism, community and culture.* Oxford: Oxford University, 1989.

KYMLICKA, Will. *Multicultural citizenship:* a liberal theory of minority rights. Oxford: Oxford University, 1995.

KONDER, Leandro. *A questão da ideologia.* São Paulo: Companhia das Letras, 2002.

KORZENIAK, Jose. *Derecho constitucional.* Montevidéu: Acal, 1978.

KOZIMA, José Wanderley. Instituições, retórica e o bacharelismo no Brasil. *In*: WOLKMER, Antonio Carlos (Org.). *Fundamentos de história do direito.* Belo Horizonte: Del Rey, 2006.

KRADER, Laurance. *A formação do estado.* Trad. Regina Lúcia M. Moral. Rio de Janeiro: Zahar, 1970.

KRAUSE, Silvana; SCHMITT, Rogério (Orgs.). *Partidos e coligações eleitorais no Brasil.* Rio de Janeiro: Fundação Konrad Adenauer; São Paulo: Editora UNESP, 2005.

KRIELE, Martin. *Introducción a la teoría del estado.* Trad. Eugenio Bulygin. Buenos Aires: Depalma, 1980.

KRITSCH, Raquel. *Soberania*: a construção de um conceito. São Paulo: Humanitas FFLCH/USP: Imprensa Oficial do Estado, 2002.

LAFARGUE, Paul. *O direito à preguiça*. Trad. Otto Lamy de Correa. São Paulo: Claridade, 2003.

LAFER, Celso. *A reconstrução dos direitos humanos*. São Paulo: Cia. das Letras, 1991.

LAFER, Celso. Declaração universal dos direitos humanos (1948). *In:* MAGNOLI, Demétrio, (Org.). *História da paz*: os tratados que desenharam o planeta. São Paulo: Contexto, 2008.

LAFERRIÈRE, Julien. *Manuel de droit constitutionnel*. Paris: Domat Montcherestien, 1947.

LARENZ, Karl. *Metodologia da ciência do direito*. Trad. José de Sousa e Brito e José António Veloso. Lisboa: Calouste Gulbenkian, 1969.

LASKI, Harold J. *La libertad en el estado moderno*. Trad. Eduardo Watshaver. Buenos Aires: Editorial Abril, 1945.

LASSALE, Ferdinand. *Que é uma Constituição?* Trad. Walter Stonner. Porto Alegre: Villa Martha, 1980.

LAVIÉ, Humberto Quiroga. *Derecho constitucional*. Buenos Aires: Depalma, 1993.

LAVIÉ, Humberto Quiroga. *Las constituciones latinoamericanas:* estudio introductorio. México: Fondo de Cultura Economica, 1994.

LEAL, Aurelino. *Teoria e prática da Constituição Federal brasileira*. Rio de Janeiro: F. Briguiet, 1925.

LEAL, Roger Stiefelmann. A convergência dos sistemas de controle de constitucionalidade: aspectos processuais e institucionais. *Revista de Direito Constitucional e Internacional*, v. 14, n. 57, out./dez. 2006.

LEAL, Rogério Gesta. *O estado-juiz na democracia contemporânea*: uma perspectiva procedimentalista. Porto Alegre: Livraria do Advogado, 2007.

LEAL, Rogério Gesta. *Teoria do estado*. Cidadania e poder político na modernidade. Porto Alegre: Livraria do Advogado, 1997.

LEAL, Victor Nunes: *Coronelismo, enxada e voto*. São Paulo: Alfa-Ômega, 1978.

LEITÃO, J. M. Silva. *Constituição e direito de oposição*. Coimbra: Almedina, 1987.

LEITE, José Rubens Morato. *Dano ambiental*: do individual ao extrapatrimonial. São Paulo: Revista dos Tribunais, 2000.

LEITE, George Salomão (Coord.). *Dos princípios constitucionais*: considerações em torno das normas principiológicas da Constituição. São Paulo: Método, 2008.

LEME, Ernesto. *A intervenção federal*. São Paulo: RT, 1930.

LEMOS, Leany Barreiro. O controle legislativo no Brasil pós-1988. *In:* NICOLAU, Jairo; POWER, Timothy J. (Orgs). *Instituições representativas no Brasil*: balanço e reforma. Belo Horizonte, Editora UFMG, 2007.

LEONCY, Léo Ferreira. *Controle de constitucionalidade estadual*: as normas de observância obrigatória e a defesa abstrata da Constituição do estado-membro. São Paulo: Saraiva, 2007.

LEROY, Paul. *L'organization constitutionnelle et les crises*. Paris: LGDJ, 1966.

LESSA, Pedro. *Do Poder Judiciário*. Rio de Janeiro: Francisco Alves, 1915.

LEYDET, Dominique. Crise da representação. Trad. Cleonice Paes Barreto Mourão. *In*: CARDOSO, Sérgio (Org.). *Retorno ao Republicanismo*. Belo Horizonte: Editora UFMG, 2004.

LEWANDOWSKI, Enrique Ricardo. *Pressupostos materiais e formais da intervenção federal no Brasil*. São Paulo: Revista dos Tribunais, 1994.

LEWIS, Anthony. *Liberdade para as ideias que odiamos*: uma biografia da primeira emenda à Constituição americana. Trad. Rosana Nucci. São Paulo: Aracati, 2011.

LIMA, Christina Aires Correa. Os efeitos da declaração de inconstitucionalidade perante o Supremo Tribunal Federal. *Cadernos de Direito Constitucional e Ciência Política*, n. 27, 1997.

LIMA, Eusébio Queiroz. *Teoria do Estado*. Rio de Janeiro: A Casa do Livro, 1951.

LIMA, Oliveira. *Formação histórica da nacionalidade brasileira*. Rio de Janeiro: Topbooks; São Paulo: Publifolha, 2000.

LIMA, Paulo Roberto de Oliveira. *Isonomia entre os sexos no sistema jurídico nacional*. São Paulo: Revista dos Tribunais, 1993.

LIMONGI, Fernando; FIGUEIREDO, Argelina. Medidas provisórias. *In*: BENEVIDES, Maria Victoria; VANNUCHI, Paulo; KERCHE, Fábio (Org.). *Reforma política e cidadania*. São Paulo: Fundação Perseu Abramo, 2003.

LIJPHART, Arend. *Modelos de democracia:* desempenho e padrões de governo em 36 países. Trad. Roberto Franco. Rio de Janeiro: Civilização Brasileira, 2003.

LOCKE, John. *Segundo tratado sobre o governo civil*. Trad. Anoar Aiex e Jaci Monteiro. São Paulo: Abril Cultural, 1979.

LLOYD OF HAMPSTEAD, Dennis Lloyd, Baron. *A ideia de lei*. Trad. Álvaro Cabral. São Paulo: Martins Fontes, 1998.

LOEWENSTEIN, Karl. *Teoría de la constitución*. Trad. Alfredo Galego Anabitarte. Barcelona: Ariel, 1979.

LOURENÇO, Rodrigo Lopes. *Controle da constitucionalidade à luz da jurisprudência do STF*. Rio de Janeiro: Forense, 1999.

LUDWIG, Marcos. Direito público e direito privado: a superação da dicotomia. *In:* COSTA (Org.). *A reconstrução do direito privado*. São Paulo: Revista dos Tribunais, 2002.

LUHMANN, Niklas. *A nova teoria dos sistemas*. Trad. Eva Machado Barbosa Samios. Porto Alegre: UFRGS, Goethe Institut/ICBA, 1997.

LUHMANN, Niklas. *Poder*. Trad. Martine Creusot de Rezende Martins. Brasília: Ed. Universidade de Brasília, 1992.

LUHMANN, Niklas. *Social systems*. Trad. John Bednarz e Dirk Baeker. California: Stanford, 1999.

LUHMANN, Niklas. *Sociologia do direito I*. Trad. Gustavo Bayer. Rio de Janeiro: Tempo Brasileiro, 1983.

LUHMANN, Niklas. *Sociologia do direito II*. Trad. Gustavo Bayer. Rio de Janeiro: Tempo Brasileiro, 1985.

LUKES, Steven. *Power:* a radical view. Nova York: Palgrave Macmillan, 2004.

LUSTOSA, Isabel. *As trapaças da sorte*: ensaios de história política e de história cultural. Belo Horizonte: Editora FMG, 2004.

LUZ, Milton. *A história dos símbolos nacionais*. Brasília: Senado Federal, 1999.

LYRA TAVARES, Ana Lucia de. A Constituição brasileira de 1988: subsídios para os comparatistas. *Revista de Informação Legislativa,* n. 109, jan./mar.1991.

MACEDO, Paulo Sérgio Novais de. Democracia participativa na Constituição brasileira. *Revista de Informação Legislativa,* n.178, abr./jun. 2008.

MACEDO, Silvio de. *Enciclopédia Saraiva do Direito*. Verbete: princípio, v. 60.

MACEDO, Ubiratan Borges de. Mudança de paradigma da teoria da justiça. *In*: TÔRRES, Heleno Taveira (Coord.). *Direito e poder nas instituições e nos valores do público e do privado contemporâneos*: Barueri: Manole, SP, 2005.

MACHADO, Hugo de Brito. *Curso de direito tributário.* São Paulo: Malheiros, 2001.

MACHADO, Jônatas E.M. *Liberdade de expressão.* Dimensões constitucionais da esfera pública no sistema social. Coimbra: Coimbra Editora, 2002.

MACHADO, Mario Brockmann. Separação de poderes e controle externo do judiciário. *Cadernos de Direito Constitucional e Ciência Política.* São Paulo: Revista dos Tribunais, n. 9.

MACHIAVELLI, Nicolò. *O príncipe.* Trad. Torrieri Guimarães. São Paulo: Hemus, 1977.

MACHIAVELLI, Nicolò. *Comentários sobre a primeira década de Tito Lívio.* Trad. Sérgio Bath. Brasília: Editora Universidade de Brasília, 1979.

MACIEL, Adhemar Ferreira. O acaso, John Marshall e o controle de constitucionalidade. *Revista de Informação Legislativa*, a. 43, n. 172, out/dez. 2006.

MACPHERSON, C. B. *A democracia liberal.* Origens e evolução. Trad. Nathanael C. Caixeiro. Rio de Janeiro: Zahar, 1978.

MAGALHÃES, Roberto Barcelos de. *A Constituição de 1967 comentada.* Rio de Janeiro: José Konfino, 1967, t. 2.

MAGALHÃES, José Luiz Quadros de. *Direitos humanos na ordem jurídica interna.* Belo Horizonte: Interlivros de Minas Gerais, 1992.

MAGALHÃES, José Luiz Quadros de. As garantias dos direitos fundamentais. *Revista de Informação Legislativa*, a. 31, n. 122, maio/jul.1994.

MAGALHÃES, José Luiz Quadros de. *Direito constitucional.* Belo Horizonte: Mandamentos, 2000, t. 1.

MAGALHÃES, José Luiz Quadros de. *Direito constitucional.* Belo Horizonte: Mandamentos, 2002, t. 2.

MAGALHÃES, José Luiz Quadros de. *Direito constitucional.* Belo Horizonte: Mandamentos, 2006, t. 3.

MALBERG, Carré de. *Teoría general del Estado.* Trad. José Lión Depetre. México, DF: Fondo de Cultura Económica, 1948.

MALEN SEÑA, J. F. *Concepto y justificación de la desobediencia civil.* Barcelona: Ariel, 1988.

MALHEIROS FILHO, Arnaldo. Se um é, outro não é. *Revista Veja* n. 1.087.

MALUF, Sahid. *Teoria geral do estado.* São Paulo: Sugestões literárias, 1988.

MANGABEIRA, João. *Em torno da Constituição.* São Paulo: Nacional, 1934.

MANGABEIRA, João. *Rui*: o estadista da república. Brasília: Senado Federal, 1999.

MARCHIONNI, Antonio. *Ética:* a arte do bom. Petrópolis: Vozes, 2008.

MARIANO, Cynara Monteiro. *Legitimidade do direito e do Poder Judiciário:* neoconstitucionalismo ou poder constituinte permanente? Belo Horizonte: Del Rey, 2011.

MARINHO, Josaphat. Poder Executivo. *In*: *Constituição* e *constituinte.* São Paulo: RT, 1987.

MARINHO, Josaphat. Intervenção em município. *Revista de Direito Público* n. 64, out./dez. 1982.

MARINHO, Josaphat. *À margem da constituinte.* Brasília: Editora Brasília, 1992.

MARMELSTEIN, George. *Curso de direitos fundamentais.* São Paulo: Atlas, 2009.

MARQUES, Ângela Cristina Salgueiro (Org.). *A deliberação pública e suas dimensões sociais, políticas e comunicativas:* textos fundamentais. Trad. Ângela Cristina Salgueiro Marques. Belo Horizonte: Autêntica, 2009.

MARSHALL, John. *Decisões constitucionais.* Rio de Janeiro: Imprensa Oficial, 1908.

MARTINEZ, Esteban Mestre. *Dicionário de ciências sociais.* Rio de Janeiro: Fundação Getúlio Vargas, 1987.

MARTINES-PUJALTE, Antonio-Luis. *La garantía del contenido esencial de los derechos fundamentales.* Madrid: Centro de Estudios Constitucionales, 1997.

MATHIAS, Carlos Fernando. *Notas para uma história do judiciário no Brasil.* Brasília: Fundação Alexandre de Gusmão, 2009.

MATTIETTO, Leonardo. O direito civil constitucional e a nova teoria dos contratos. *In:* TEPEDINO (Coord.). *Problemas de direito civil constitucional. Rio de Janeiro*: Renovar, 2000.

MAUÉS, Antonio G. Moreira. *Poder e democracia*: o pluralismo político na Constituição federal de 1988. Porto Alegre: Síntese, 1999.

MAUÉS, Antonio G. Moreira. O federalismo brasileiro na jurisprudência do Supremo Tribunal Federal. *In:* ROCHA; MORAES (Coords.). Direito constitucional contemporâneo: estudos em homenagem ao Professor Paulo Bonavides Belo Horizonte: Del Rey, 2005.

MAUS, Ingeborg. *O direito e a política:* teoria da democracia. Trad. Elisete Antoniuk. Belo Horizonte: Del Rey, 2009.

MAXIMILIANO, Carlos. *Hermenêutica e aplicação do direito.* Rio de Janeiro: Forense, 1979.

MAXIMILIANO, Carlos. *Comentários à Constituição brasileira.* Rio de Janeiro: Freitas Bastos, 1954, v. 3.

MAZZILLI, Hugo Nigro. *O Ministério Público na Constituição de 1988.* São Paulo: Saraiva, 1989.

MAZZILLI, Hugo Nigro. *Regime jurídico do Ministério Público.* São Paulo: Saraiva, 1995.

MAXWEL, Kenneth. *A devassa da devassa*: a inconfidência mineira, Brasil-Portugal, *1750-1808.* Trad. João Maia. Rio de Janeiro: Paz e Terra, 1978.

MEDEIROS, Borges de. *O poder moderador na república presidencial.* Brasília: Senado Federal, 2004 (Ed. fac-similar).

MEDINA, Paulo Roberto de Gouvêa. *Direito processual constitucional.* Rio de Janeiro: Forense, 2006.

MEDINA, José Miguel Garcia; ARAÚJO, Fábio Caldas de. *Mandado de segurança individual e coletivo*: comentários à Lei 12.016, de 7 de agosto de 2009. São Paulo: Revista dos Tribunais, 2009.

MEEHAN, José Héctor. *Teoría y técnica legislativas.* Buenos Aires: Depalma, 1976.

MEIRELLES, Hely Lopes. *Direito administrativo brasileiro.* São Paulo: RT, 1975.

MEIRELLES, Hely Lopes. *Mandado de segurança, ação popular, ação civil pública, mandado de injunção, habeas data, ação direta de inconstitucionalidade e ação declaratória de constitucionalidade.* 22. ed. atualizada por Arnoldo Wald e Gilmar Ferreira Mendes. São Paulo: Malheiros, 2000.

MEIRELLES, Hely Lopes. *Direito municipal brasileiro.* São Paulo: RT, 1981.

MEIRELLES, Hely Lopes; WALD, Arnoldo; MENDES, Gilmar Ferreira. *Mandado de segurança e ações constitucionais.* 32. ed. São Paulo: Malheiros, 2009.

MEIRELLES, Hely Lopes. *Mandado de segurança e ação popular.* São Paulo: RT, 1969.

MÉLAGA, Roberta. Uma crônica da relação índios e militares na cabeça do cachorro (AM). Disponível em: <w.w.w. socioambiental. org>. Acesso em: 27 maio 2008.

MELATTI, Julio Cezar. *Índios do Brasil.* São Paulo: EDUSP, 2007.

MELO, Carlos Ranulfo. *Retirando as cadeiras do lugar*: migração partidária na Câmara dos Deputados (1985-2002). Belo Horizonte: Editora UFMG, 2004.

MELO, Marcus André. *Reformas constitucionais no Brasil* – instituições políticas e processo decisório. Rio de Janeiro: Revan, 2002.

MELO, Marcus André. Hiperconstitucionalização e qualidade da democracia. *In: A democracia brasileira:* balanço e perspectivas para o século 21 (MELO; SÁEZ, Orgs.).

MELLO, Celso D. de Albuquerque. *Curso de direito internacional público.* Rio de Janeiro: Renovar, 2004, vols. I e II.

MELLO, José Luiz de Anhaia. *Da separação de poderes à guarda da Constituição.* São Paulo: RT, 1968.

MELLO FILHO, José Celso de. *Constituição federal anotada.* São Paulo: Saraiva, 1984.

MELLO FILHO, José Celso de. *Algumas notas informativas (e curiosas) sobre o Supremo Tribunal Federal* – Império e República. Disponível em: <www.stf.gov.br>. Acesso em: 19 maio 2008.

MENDES, Antônio Carlos. *Introdução à teoria das inelegibilidades.* São Paulo: Malheiros, 1994.

MENDES, Conrado Hübner. *Controle de constitucionalidade e democracia.* Rio de Janeiro: Elsevier, 2008.

MENDES, Gilmar Ferreira. O controle incidental de normas no direito brasileiro. *Cadernos de Direito Constitucional e Ciência Política*, n. 23, abr./jun. 1998.

MENDES, Gilmar Ferreira. *Arguição de descumprimento de preceito fundamental*: comentários à Lei n. 9.882, de 3.12.1999. São Paulo: Saraiva, 2007.

MENDES, Gilmar Ferreira; COELHO, Inocêncio Mártires; BRANCO, Paulo Gustavo Gonet. *Curso de direito constitucional.* São Paulo: Saraiva, 2007.

MENDES, Gilmar Ferreira. *Controle de constitucionalidade*: aspectos jurídicos e políticos. São Paulo: Saraiva, 1990.

MENDES, Gilmar Ferreira. *Jurisdição constitucional.* 3. ed. São Paulo: Saraiva, 1999.

MENDES, Gilmar Ferreira. *Moreira Alves e o controle de constitucionalidade no Brasil.* São Paulo: Celso Bastos, 2004.

MENDES, Gilmar Ferreira. As decisões no controle de constitucionalidade de normas e seus efeitos. *Revista da Escola Nacional da Magistratura,* ano II, n. 3.

MENDES, Gilmar Ferreira. *Direitos fundamentais e controle de constitucionalidade*: estudos de direito constitucional. São Paulo: Saraiva, 2004.

MENDES, Gilmar Ferreira; VALE, André Rufino do; QUINTAS, Fábio Lima (Orgs.). *Mandado de injunção*: estudos sobre sua regulamentação. São Paulo: Saraiva, 2013.

MENEGUELLO, Rachel. *Partidos e governos no Brasil contemporâneo.* São Paulo: Paz e Terra, 1998.

MENEZES, Aderson de. *Teoria geral do estado.* Rio de Janeiro: Forense, 1984.

MENEZES, Paulo Lucena de. *A ação afirmativa (affirmative action) no direito norte-americano.* São Paulo: Revista dos Tribunais, 2001.

MERLE, Marcel. *Sociologia das relações internacionais.* Trad. Ivonne Jean. Brasília: Editora Universidade de Brasília, 1981.

MEYER, Emílio Peluso Neder. *A decisão no controle de constitucionalidade*. São Paulo: Método, 2008.

MEYER-PFLUG, Samantha Ribeiro. *Liberdade de expressão e discurso do ódio*. São Paulo: Revista dos Tribunais, 2009.

MEZZAROBA, Orides. *Introdução ao direito partidário brasileiro*. Rio de Janeiro: Lumen Juris, 2003.

MEZAROBBA, Glenda. *Um acerto de contas com o futuro*: a anistia e suas consequências – um estudo do caso brasileiro. São Paulo: Humanitas/FFLCH/USP, 2007.

MEZAROBBA. A lei da anistia e a justiça de transição. *Juízes para a democracia*, ano 12, n. 47, dez. 2008/fev. 2009.

MILL, Jonh Stuart. *Considerações sobre o governo representativo*. Trad. Manoel Innocêncio de Lacerda Santos Jr. Brasília: UnB, 1981.

MIRANDA, Jorge. *Manual de direito constitucional*. Coimbra: Coimbra Editora, 1982, t. 1; 1983, t. 2; 1983, t. 3; 1988, t. 4; 1997, t. 5; 2001, t. 6; 2007, t. 7.

MIRANDA, Jorge. *Textos históricos do direito constitucional*. Lisboa: Imprensa Nacional – Casa da Moeda, 1980.

MIRANDA, Jorge. *Teoria do estado e da Constituição*. Rio de Janeiro: Forense, 2002.

MIRANDA, Jorge. *Contributo para uma teoria da inconstitucionalidade*. Coimbra: Coimbra Editora, 1996.

MIRANDA, Jorge. *Constituição e cidadania*. Coimbra: Coimbra Editora, 2003.

MIRANDA, Jorge. Sobre o direito constitucional comparado. *Revista de Direito Constitucional e Internacional*, v. 14, n. 55, abr./jun. 2006.

MIRANDA, Jorge. *Formas e sistemas de governo*. Rio de Janeiro: Forense, 2007.

MIRANDA, Marcos Paulo de Souza. *Tutela do patrimônio cultural brasileiro*: doutrina, jurisprudência, legislação. Belo Horizonte: Del Rey, 2006.

MODENA, Cesar Augusto. *Medida provisória e lei de conversão:* horizonte estreito para aplicação em matéria tributária e ambiental. Caxias do Sul, RS: Educs, 2011.

MONCADA, Luís S. Cabral de. *Ensaio sobre a lei*. Coimbra: Coimbra Editora, 2002.

MONTEIRO, Ruy Barros. O argumento de inconstitucionalidade e o repúdio da lei pelo Poder Executivo. *Revista Forense*, n. 284, 1983.

MONTESQUIEU. *Do espírito das leis*. Trad. Fernando Henrique Cardoso e Leôncio Martins Rodrigues. São Paulo: Abril Cultural, 1979.

MORAES, Alexandre de. *Presidencialismo*. São Paulo: Atlas, 2004.

MORAES, Alexandre de. *Jurisdição constitucional e tribunais constitucionais*. São Paulo: Atlas, 2000.

MORAES, Alexandre de. *Direito constitucional*. 6. ed. São Paulo: Atlas, 1999.

MORAES, Alexandre de. *Direito constitucional*. 17. ed. São Paulo: Atlas, 2005.

MORAES, Germana de Oliveira. *O controle jurisdicional da constitucionalidade do processo legislativo*. São Paulo: Dialética, 1998.

MORAES, Guilherme Peña de. *Dos direitos fundamentais*: contribuição para uma teoria. São Paulo: LTr, 1997.

MORAES, Guilherme Peña de. *Direito constitucional* – teoria da Constituição. Rio de Janeiro: Lumen Juris, 2003.

MORAES, Guilherme Peña de. *Direito constitucional* – teoria do estado. Rio de Janeiro: Lumen Juris, 2006.

MORAES FILHO, José Filomeno de. Separação de poderes no Brasil pós-88: princípio constitucional e práxis política. *In*: *Teoria da Constituição.* Rio de Janeiro: Lumen Juris, 2003.

MORAIS, José Luis Bolzan de. *As crises do estado e da Constituição e a transformação espacial dos direitos humanos.* Porto Alegre: Livraria do Advogado, 2002.

MORAIS, José Luis Bolzan de. Direitos humanos, direitos sociais e justiça: uma visão contemporânea. *In*: LEAL, Rogério Gesta; ARAÚJO, Luiz Ernani Bonesso (Org.). *Direitos sociais e políticas públicas*: desafios contemporâneos. Santa Cruz do Sul: EDUNISC, 2001.

MORANGE, Jean. *Direitos humanos e liberdades públicas.* Trad. Eveline Bouteiller. Barueri, São Paulo: Manole, 2004.

MOREIRA, José Carlos Barbosa. *Comentários ao Código de Processo Civil.* Rio de Janeiro: Forense, 1974, v. 5.

MOREIRA, Adriano. *Ciência política.* Coimbra: Almedina, 1984.

MOREIRA, José Carlos Barbosa. A ação civil pública e a língua portuguesa. *In:* MIRALÉ, Edis (Coord.). *Ação Civil Pública.* São Paulo: Revista dos Tribunais, 2001.

MOREIRA, Luiz. *A Constituição como simulacro.* Rio de Janeiro: Lumen Juris, 2007.

MOREIRA NETO, Diogo de Figueiredo. Competência concorrente limitada. O problema de conceituação de normas gerais. *Revista de Informação Legislativa,* n. 100, ano 25, out./dez. 1988.

MOREIRA NETO, Diogo de Figueiredo. *Constituição e revisão*: temas de direito político e constitucional. Rio de Janeiro: Forense, 1991.

MOREIRA NETO, Diogo de Figueiredo. *Curso de direito administrativo.* Rio de Janeiro: Forense, 1976.

MOREIRA NETO, Diogo de Figueiredo. Direito administrativo da segurança pública. *In*: *Direito administrativo da ordem pública.* Rio de Janeiro: Forense, 1986.

MOREIRA NETO, Diogo de Figueiredo. *Direito da participação política.* Rio de Janeiro: Renovar, 1992.

MOREIRA, Vital. *Economia e Constituição.* 2. ed. Coimbra: Coimbra Editora.

MORRIS, Christopher W. *Um ensaio sobre o estado moderno.* Trad. Sylmara Beletti. São Paulo: Landy, 2005.

MORRISON, Wayne. *Filosofia do direito:* dos gregos ao pós-modernismo. Trad. Jefferson Luiz Camargo. São Paulo: Martins Fontes, 2006.

MORTATI, Costantino. *Istituzioni di diritto pubblico.* Padua: Cedam, 1976. 2 v.

MORTATI, Costantino. *La constitución em sentido material.* Madrid: Centro de Estúdios Políticos y Constitucionales, 2000.

MOSCA, Gaetano; BOUTHOUL, Gaston. *História das doutrinas políticas.* Rio de Janeiro: Zahar, 1980.

MOSSÉ, Claude. *Atenas*: a história de uma democracia. Trad. João Batista da Costa. Brasília: Editora Universidade de Brasília, 1979.

MOSSÉ, Claude. *Péricles*: o inventor da democracia. Trad. Luciano Vieira Machado. São Paulo: Estação Liberdade, 2008.

MOTTA, Moacyr Parra. *Interpretação constitucional sob princípios.* Belo Horizonte: Mandamentos, 2003.

MOTTA, Luiz Eduardo; MOTA, Mauricio (Orgs.). *O Estado democrático em questão*: teorias críticas da judicialização da política. Rio de Janeiro: Elsevier, 2011.

MOUSKHELY, M. *La théorie juridique de l'état fédéral.* Paris: A. Pedone, 1931.

MÜLLER, Friedrich. *Quem é o povo?* A questão fundamental da democracia. Trad. Peter Naumann. São Paulo: Max Limonad, 1998.

MÜLLER, Friedrich. *Discours de la méthode juridique.* Trad. Olivier Jouanjan. Paris: Universitaires de France, 1996.

MÜLLER, Friedrich. *Métodos de trabalho do direito constitucional.* Trad. Peter Naumann. São Paulo: Max Limonad, 2000.

MÜLLER, Friedrich. *Fragmento (sobre) o poder constituinte do povo.* Trad. Peter Naumann. São Paulo: Revista dos Tribunais, 2004.

MÜLLER, Friedrich. *Teoria estruturante do direito.* Trad. Peter Naumann, Eurides Avance de Souza. São Paulo: Revista dos Tribunais, 2008.

MÜLLER, Friedrich. *O novo paradigma do direito*: introdução à teoria e metódica estruturantes. São Paulo: Revista dos Tribunais, 2007.

MUNRO, William Bennett. *The government of the United States.* New York: The MacMillan, 1947.

NABUCO, Joaquim. *Minha formação.* Brasília: Senado Federal, 1998.

NABUCO, Joaquim. *O abolicionismo.* Brasília: Senado Federal, 2003.

NABUCO, Joaquim. *Balmaceda.* Brasília: Senado Federal, 2003.

NABUCO, Joaquim. *A intervenção estrangeira durante a revolta de 1893.* Brasília: Senado Federal, 2003.

NALINI, José Renato. *A rebelião da toga.* São Paulo: Millennium, 2006.

NALINI, José Renato. Proposta concreta para um novo judiciário. *Lex*, v. 208 (separata).

NEGRI, Antonio. *O poder constituinte*: ensaio sobre as alternativas da modernidade. Trad. Adriano Pilatti. Rio de Janeiro: DP&A, 2002.

NERY JUNIOR, Nelson *Princípios do processo civil na Constituição federal.* São Paulo: Revista dos Tribunais, 2000.

NETO, Eurico Bitencourt. *O direito ao mínimo para uma existência digna.* Porto Alegre: Livraria do Advogado, 2010.

NETO, Octavio Amorim. *Presidencialismo e governabilidade nas Américas.* Rio de Janeiro: Editora FGV; Konrad Adenauer Stiftung, 2006.

NEVES, Lúcia M. Bastos Pereira das; NEVES, Guilherme Pereira das. Constituição. *In:* FEREZ JÚNIOR (Org.). *Léxico da história dos conceitos políticos do Brasil.* Belo Horizonte: Editora UFMG, 2009.

NEVES, Marcelo. *Teoria da inconstitucionalidade das leis.* São Paulo: Saraiva, 1988.

NEVES, Marcelo. *A constitucionalização simbólica.* São Paulo: Acadêmica, 1994.

NEVES, Marcelo. *Transconstitucionalismo.* São Paulo: Martins Fontes, 2009.

NICOLAU, Jairo Marconi. *Sistemas eleitorais*: uma introdução. Rio de Janeiro: FGV, 1999.

NICOLAU. Jairo Marconi. *História do voto no Brasil.* Rio de Janeiro: Jorge Zahar Editor, 2002.

NIEBUHR, Joel de Menezes. *O novo regime constitucional da medida provisória.* São Paulo: Dialética, 2001.

NOGUEIRA, Ataliba. *O Estado é meio e não fim*. São Paulo: Saraiva, 1945.

NOGUEIRA, Marco Aurélio. Potência, limites e seduções do poder. São Paulo: Ed. Unesp, 2008.

NOGUEIRA FILHO, Octaciano da Costa. *A constituinte de 1946*: Getúlio, o sujeito oculto. São Paulo: Martins Fontes, 2005.

NOGUEIRA FILHO, Octaciano da Costa. *Sistemas políticos e o modelo brasileiro*. Brasília: Senado Federal, Unilegis, 2007.

NOVAIS, Fernando Antônio. *Aproximações*: estudos de história e historiografia. São Paulo: Cosac Nayf, 2005.

NOVELINO, Marcelo. *Direito constitucional*. Rio de Janeiro: Forense; São Paulo: Método, 2009.

NORTON, Luís. *A corte de Portugal no Brasil:* (notas, alguns documentos diplomáticos e cartas da imperatriz Leopoldina). São Paulo: Companhia Editora Nacional, 2008 (Coleção Brasiliana).

NUNES, Anelise Coelho. *A titularidade dos direitos fundamentais na Constituição federal de 1988*. Porto Alegre: Livraria do Advogado, 2007.

OLIVEIRA, Arthur Vasco Itabaiana. *Tratado de direito das sucessões*. Rio de Janeiro: Freitas Bastos, 1987.

OLIVEIRA, Daniel Almeida de. Stephen Griffin e a teoria constitucional americana: quem detém legitimidade para dizer o que a Constituição significa e qual é a Constituição dos Estados Unidos hoje? *In:* VIEIRA, José Ribas (Org.). *Teoria constitucional norte-americana contemporânea.*. Rio de Janeiro: Lumen Juris, 2011.

OLIVEIRA FILHO, João de. *Origem cristã dos direitos fundamentais*. Rio de Janeiro: Forense, 1968.

OLIVEIRA VIANNA, Francisco José de. *O idealismo da Constituição*. Rio de Janeiro: Terra do Sol, 1927.

OLIVEIRA, Fábio Corrêa de Souza. *Por uma teoria dos princípios* – o princípio constitucional da razoabilidade. Rio de Janeiro: Lumen Juris, 2003.

O'NEIL, Thomas. *A vinda da família real portuguesa para o Brasil*. Trad. Ruth Sylvia de Miranda Salles. Rio de Janeiro: José Olympio, 2008.

ORRUTEA, Rogério Moreira. *Da propriedade e a sua função social no direito constitucional moderno*. Londrina: UEL, 1998.

OTHON SIDOU, J.M. *Habeas corpus, mandado de segurança, ação popular*. Rio de Janeiro: Forense, 1989.

PACHECO, Celso Antonio; ABELHA, Marcelo; ANDRADE, Rosa Maria. *Direito processual ambiental brasileiro*. Belo Horizonte: Del Rey, 1996.

PAIM, Antonio. *O liberalismo contemporâneo*. Rio de Janeiro: Tempo Brasileiro, 2000.

PAINE, Thomas. *Os direitos do homem*. Uma resposta ao ataque do Sr. Burke à Revolução Francesa. Trad. Jaime A. Clasen. Petrópolis: Vozes, 1989.

PAIXÃO, Cristiano; BIGLIAZZI, Renato. *História constitucional inglesa e norte-americana:* do surgimento à estabilização da forma constitucional. Brasília: Ed. Universidade de Brasília, 2011.

PAMPLONA, Marco Antônio Villela; DOYLE, Don Harrison (Orgs.). *Nacionalismo no novo mundo*. Trad. Waldéa Barcellos. Rio de Janeiro: Record, 2008.

PALU, Oswaldo Luiz. *Controle de constitucionalidade*: conceitos, sistemas e efeitos. São Paulo: Revista dos Tribunais, 1999.

PANCERA, Carlo Gabriel Kszan. *Maquiavel entre repúblicas*. Belo Horizonte: Editora UFMG, 2010.

PANEBIANCO, Angelo. *Modelos de partido*: organização e poder nos partidos políticos. Trad. Denise Agostinetti. São Paulo: Martins Fontes, 2005.

PARGA, Manuel Jimenez de. *Los regímenes políticos contemporaneos*. Madrid: Tecnos, 1974.

PASSOS, J. J. Calmon de. *Mandado de segurança coletivo, mandado de injunção, habeas data:* Constituição e processo. Rio de Janeiro: Forense, 1989.

PAULA, Jônatas Luiz Moreira de. *Comentários ao Código de Processo Civil*. Leme: LED, 2001, v. III.

PAUPÉRIO, A. Machado. *Anatomia do estado*. Rio de Janeiro: Forense, 1987.

PAUPÉRIO, A. Machado. *O conceito polêmico de soberania*. Rio de Janeiro: Forense, 1958.

PAUPÉRIO, A. Machado. *Teoria geral do estado*. Rio de Janeiro: Forense, 1958.

PELBART, Peter Pál. *A vertigem por um fio*. São Paulo: Iluminuras, 2000.

PELLOUX, Robert. Le preambule de la constitucion du 27 octobre 1946. *Revue de Droit Public et Science Politique*. Paris, 1947.

PENNA, José Osvaldo de Meira. *Quando mudam as capitais*. Brasília: Senado Federal, 2002.

PERELMAN, Chaïm. *Lógica jurídica*. Trad. Vergínia K. Pupi. São Paulo: Martins Fontes, 2004.

PEREIRA-DINIZ, Hindemburgo Chateaubriand. *Federação hemiplégica e semidemocracia:* a realidade do Brasil. Belo Horizonte: BDMG, 2009. 2 v.

PEREIRA, Rodolfo Viana. *Hermenêutica filosófica e constitucional*. Belo Horizonte: Del Rey, 2007.

PEREIRA, Rodolfo Viana. *Direito constitucional democrático*: controle e participação como elementos fundantes e garantidores da constitucionalidade. Rio de Janeiro: Lumen Juris, 2008.

PESSANHA, Charles. O Poder Executivo e o processo legislativo nas constituições brasileiras – teoria e prática. *In*: PINHEIRO, Douglas Antônio Rocha. *Direito, estado e religião:* a constituinte de 1987-1988 e a (re)construção da identidade religiosa do sujeito constitucional brasileiro. Belo Horizonte: Argvmentvm, 2008.

POUND, Roscoe. *Desenvolvimento das garantias constitucionais da liberdade*. Trad. E. Jacy Monteiro. São Paulo: Ibrasa, 1965.

POWER, Timothy J.; ZUCCO Jr. César (Orgs.). *O Congresso por ele mesmo*: autopercepções da classe política brasileira. Belo Horizonte: Ed. UFMG, 2011.

VIANNA, Luiz Werneck (Org.). *A democracia e os três poderes no Brasil*. Belo Horizonte: Ed. UFMG; Rio de Janeiro: IUPERJ/FAPERJ, 2002.

PETTI, Philip. *Teoria da liberdade*. Trad. Renato Sérgio Pubo Maciel. Belo Horizonte: Del Rey, 2007.

PIÇARRA, Nuno. *A separação dos poderes como doutrina e princípio constitucional* – um contributo para o estudo das suas origens e evolução. Coimbra: Coimbra Editora, 1989.

PILATTI, Adriano. *A constituinte de 1987-1988:* progressistas, conservadores, ordem econômica e regras do jogo. Rio de Janeiro: Editora PUC-Rio; Lumen Juris, 2008.

PIMENTA, Paulo Roberto Lyrio. *O controle difuso de constitucionalidade das leis no ordenamento brasileiro:* aspectos constitucionais e processuais. São Paulo: Malheiros, 2010.

PINTO, Céli Regina Jardim. *A banalidade da corrupção:* uma forma de governar o Brasil. Belo Horizonte: Ed. UFMG, 2011.

PINTO FERREIRA, Luiz. *Capitais estrangeiros e dívida externa do Brasil.* Rio de Janeiro: Forense, 1991.

PINTO FERREIRA, Luiz. *Comentários à Constituição brasileira.* São Paulo: Saraiva, 1989, v. 4.

PINTO FERREIRA, Luiz. *Curso de direito constitucional.* São Paulo: Saraiva, 1991.

PINTO FERREIRA, Luiz. *Manual de direito constitucional.* Rio de Janeiro: Forense, 1989.

PINTO FERREIRA, Luiz. *Princípios gerais do direito constitucional moderno.* São Paulo: Saraiva, 1971. 2 v.

PINTO FERREIRA, Luiz. *Teoria geral do estado.* Rio de Janeiro: José Konfino, 1957. 2 v.

PINTO FERREIRA, Luiz. *Enciclopédia Saraiva do Direito.* São Paulo: Saraiva, v. 30, Verbete: Eficácia.

PINTO, Júlio Roberto de Souza. *Poder Legislativo brasileiro:* institutos e processos. Rio de Janeiro: Forense, 2009.

PINTO, Marcos Barbosa. *Constituição e democracia.* Rio de Janeiro: Renovar, 2009.

PINTO, Simone Rodrigues. Justiça transicional: perspectivas para a reconciliação social. *In:* SILVA; SIMIÃO (Orgs.). *Timor-Leste por trás do palco:* cooperação internacional e a dialética da formação do Estado Belo Horizonte: Editora UFMG, 2007.

PIOVESAN, Flávia. *Direitos humanos e o direito constitucional internacional.* São Paulo: Max Limonad, 1996.

PIOVESAN, Flávia. *Proteção judicial contra omissões legislativas*: ação direta de inconstitucionalidade por omissão e mandado de injunção. São Paulo: Revista dos Tribunais, 2003.

PIOVESAN, Flávia; VIEIRA, Renato Stanziola. TAVARES, André Ramos; ROTHENBURG, Walter Claudius (Orgs.). *Aspectos atuais do controle de constitucionalidade no Brasil*: recurso extraordinário e arguição de descumprimento de preceito fundamental. Rio de Janeiro: Forense: 2003.

PIOVESAN, Flávia. Reforma do judiciário e direitos humanos. *In*: TAVARES, André Ramos *et al* (Coord.). *Reforma do Judiciário analisada e comentada* São Paulo: Método, 2005.

PIPES, Richard. *Propriedade e liberdade.* Trad. Luiz Guilherme B. Chaves e Carlos Humberto Pimentel Duarte da Fonseca. Rio de Janeiro: Record, 2001.

PISIER, Evelyne. *História das ideias políticas.* Trad. Maria Alice Farah Calil Antonio. Barueri, São Paulo: Manole, 2004.

PITKIN, H.F. *The concept of representation.* Berkeley: University of California, 1967.

POLETTI, Ronaldo. *Controle da constitucionalidade das leis.* Rio de Janeiro: Forense, 1985.

POLETTI, Ronaldo. *Introdução ao direito.* São Paulo: Saraiva, 1996.

POLETTI, Ronaldo. *Constituição anotada.* Rio de Janeiro: Forense, 2009.

PONTES DE MIRANDA, Francisco Cavalcanti. *Comentários à Constituição de 1967 com a Emenda n. 1, de 1969.* São Paulo: RT, 1970. 6 v.

PONTES DE MIRANDA, Francisco Cavalcanti. *História e prática do habeas corpus.* São Paulo: Bookseller, 2003. 2 v.

PONTES DE MIRANDA, Francisco Cavalcanti. *Democracia, liberdade, igualdade*: os três caminhos. Rio de Janeiro: José Olímpio, 1945.

PORTO, Walter Costa. *O voto no Brasil*. Rio de Janeiro: Topbooks, 2002.

PRADO, Ney. A defesa do estado e das instituições democráticas. *In*: *A Constituição brasileira – 1988*: interpretações. Rio de Janeiro: Forense Universitária, 1988.

PROUDHON, Pierre-Joseph. *Do princípio federativo*. Trad. Francisco Trindade. São Paulo: Imaginário, 2001.

QUEIROZ, Cristina. *Direito constitucional:* as instituições do Estado democrático e constitucional. São Paulo: Revista dos Tribunais; Coimbra: Coimbra Editora, 2009.

QUINTÃO, Aylê-Salassié Filgueiras. *Americanidade-Mercosul:* passaporte para a integração. Brasília: Senado Federal, 2010.

RABELLO FILHO, Benjamin Alves. *Partidos políticos no Brasil* – doutrina e legislação. Belo Horizonte: Del Rey, 2001.

RAMÍREZ, Felipe Tena. *Derecho constitucional mexicano*. México, DF, 2003.

RAMOS, Carlos Roberto. Origem, conceito, tipos de Constituição, poder constituinte e história das constituições brasileiras. *Revista de Informação Legislativa* (Separata), ano 24, n. 93, jan./mar. 1987.

RAMOS, Carlos Roberto. *Da medida provisória*. Belo Horizonte: Del Rey, 1994.

RAMOS, Elival da Silva. *A inconstitucionalidade das leis*: vício e sanção. São Paulo: Saraiva, 1994.

RAMOS, Dircêo Torrecillas. *O federalismo assimétrico*. 2. ed. Rio de Janeiro: Forense, 2000.

RÁO, Vicente. *As delegações legislativas no parlamentarismo e no presidencialismo*. São Paulo: Max Limonad, 1966.

RÁO, Vicente. *O direito e a vida dos direitos*. São Paulo: Revista dos Tribunais, 1999.

RAWLS, John. *O liberalismo político*. Trad. Dinah de Abreu Azevedo. São Paulo: Ática; Brasília: Instituto Teotônio Vilela, 2000.

RAWLS, John. *Uma teoria da justiça*. Trad. Almiro Pisetta e Lenita Maria Rímoli Esteves. São Paulo: Martins Fontes, 2002.

RAWLS, John. *Justice et démocratie*: La structure de base comme objet. Paris: Seuil, 1993.

REALE, Miguel. *Teoria do direito e do estado*. São Paulo: Saraiva, 1984.

REALE, Miguel. *Filosofia do direito*. 11. ed. São Paulo: Saraiva, 1986.

REALE, Miguel. *Liberdade e democracia*. São Paulo: Saraiva, 1987.

REALE, Miguel. *O estado de direito e o conflito das ideologias*. São Paulo: Saraiva, 1998.

REIS, Fábio Wanderley. *Política e racionalidade:* problemas de teoria e método de uma sociologia crítica da política. Belo Horizonte: Ed. UFMG, 2000.

REIS, Fábio Wanderley. *Tempo presente:* do MDB a FHC. Belo Horizonte: Ed. UFMG, 2002.

REZEK, José Francisco. *Direito internacional público* (curso elementar). São Paulo: Saraiva, 1989.

REZEK, José Francisco. Princípios fundamentais. *In*: *A Constituição brasileira – 1988*: interpretações. Rio de Janeiro: Forense Universitária, 1988.

RIBEIRO, Fávila. *A Constituição e a realidade brasileira*. Rio de Janeiro: Freitas Bastos, 1990.

RIBEIRO, Fávila. *Direito eleitoral.* Rio de Janeiro: Forense, 2000.

RIBEIRO, Antônio de Pádua. O Superior Tribunal de Justiça e a Justiça Especial. *In: A Constituição brasileira – 1988*: interpretações. Rio de Janeiro: Forense, 1988.

RIBEIRO, Renato Janine. *Ao leitor sem medo:* Hobbes escrevendo contra o seu tempo. Belo Horizonte: Editora UFMG, 1999.

RIBEIRO, Renato Janine. BIGNOTTO, Newton (Org.). Democracia *versus* república. A questão do desejo nas lutas sociais. *In: Pensar a república* Belo Horizonte: Editora UFMG, 2000.

RIBEIRO, Renato Janine. *A ética na política.* São Paulo: Lazuli, 2006.

RICCI, Paolo. A produção legislativa de iniciativa parlamentar no Congresso: diferenças e similaridades entre a Câmara dos Deputados e o Senado Federal. In: BARREIRO, Leany, (Org.) *O Senado Federal no pós-constituinte.* Brasília: Senado Federal, Unilegis, 2008.

RICOEUR, Paul. *O justo 1:* a justiça como regra moral e como instituição. Trad. Ivone C. Benedetti. São Paulo: Martins Fontes, 2008.

RICOEUR, Paul. *O justo 2:* justiça e verdade e outros estudos. Trad. Ivone C. Benedetti. São Paulo: Martins Fontes, 2008.

RIGOLIN, Ivan Barbosa. *O servidor público na Constituição de 1988.* São Paulo: Saraiva, 1989.

ROCHA, Cármen Lúcia Antunes. *Constituição e constitucionalidade.* Belo Horizonte: Lê, 1991.

ROCHA, Cármen Lúcia Antunes. *O princípio constitucional da igualdade.* Belo Horizonte: Lê, 1991.

ROCHA, Cármen Lúcia Antunes. Conceito de urgência no direito público brasileiro. *Revista Trimestral de Direito Público*, n. 1, 1993.

ROCHA, Fernando Luiz Ximenes; MORAES, Filomeno (Org.). *Direito constitucional contemporâneo*: estudos em homenagem ao professor Paulo Bonavides. Belo Horizonte: Del Rey, 2005.

ROCHA, José de Albuquerque. *Estudos sobre o Poder Judiciário.* São Paulo: Malheiros. 1995.

ROCHA, Maria Elizabeth Guimarães Teixeira. *Limitações dos mandatos legislativos*: uma nova visão do contrato social. Porto Alegre: Sergio Fabris, 2003.

RODRIGUES, Lêda Boechat. *A corte suprema e o direito constitucional americano.* Rio de Janeiro: Forense, 1958.

RODRIGUES, Ernesto. *O veto no direito comparado.* São Paulo: Revista dos Tribunais, 1993.

RODRIGUES, Lêda Boechat. *Direito e política.* Porto Alegre: Ajuris, 1977.

RODRIGUES, Leôncio Martins. *Mudanças na classe política brasileira.* São Paulo: Publifolha, 2006.

RODRIGUES, Leda Boechat. *História do Supremo Tribunal Federal.*

RODRIGUES, Leôncio Martins. *Partidos, ideologia e composição social.* São Paulo: Edusp, 2002.

RODRIGUES, Maurício Andreiuolo. *Poder constituinte supranacional*: esse novo personagem. Porto Alegre: Sérgio Antonio Fabris, 2000.

RODRIGUES, Silvio. *Direito civil.* São Pau1lo: Saraiva, 1976, v. 1.

RODRIGUES, Simone Martins. *Segurança internacional e direitos humanos:* a prática da intervenção humanitária no pós-guerra fria. Rio de Janeiro: Renovar, 2000.

ROMANO, Santi. *Princípios de direito constitucional geral.* Trad. Maria Helena Diniz. São Paulo: RT, 1977.

ROMERO, Sílvio. *O Brasil social e outros estudos sociológicos.* Brasília: Senado Federal, 2001.

RORTY, Richard. *Pragmatismo e política*. Trad. Paulo Ghiraldelli Jr. São Paulo: Martins Fontes, 2005.

ROSENFELD, Michel. *A identidade do sujeito constitucional*. Trad. Menelick de Carvalho Netto. Belo Horizonte: Mandamentos, 2003.

ROSENFELD, Michel. A identidade do sujeito constitucional e o estado democrático de direito. *Cadernos da Escola do Legislativo*, v. 7. n. 12, jan./jun. 2004. Belo Horizonte: Assembleia Legislativa do Estado de Minas Gerais, Escola do Legislativo, 2004.

ROTHENBURG, Walter Claudius. *Princípios constitucionais*. Porto Alegre: Fabris, 1999.

ROTHENBURG, Walter Claudius. Do processo interventivo, no contorno do estado federal. *In*: TAVARES, André Ramos *et al* (Coord.). *Reforma do Judiciário analisada e comentada*. São Paulo: Método, 2005.

ROTHENBURG, Walter Claudius. Arguição de descumprimento de preceito fundamental. *In*: TAVARES, André Ramos; ROTHENBURG, Walter Claudius (Orgs.). *Arguição de descumprimento de preceito fundamental*: análises à luz da Lei n. 9.882/99. São Paulo: Atlas, 2001.

ROTHENBURG, Walter Claudius. Velhos e novos rumos das ações de controle abstrato de constitucionalidade à luz da Lei n. 9.868/99. *In*: *O Controle de Constitucionalidade e a Lei n. 9.868/99*. Rio de Janeiro: Lumen Juris, 2002.

ROUSSEAU, Jean-Jacques. *Do contrato social*. Trad. Márcio Pughesi e Norberto de Paula Lima. São Paulo: Hemus, 1981.

RUFFIA, Paolo Biscaretti di. *Derecho constitucional*. Trad. Pablo Lucas Verdú. Madrid: Tecnos, 1973.

RUSSEL, Bertrand. *O poder* (uma nova análise social). Trad. Brenno Silveira. São Paulo: Nacional, 1957.

RUSSOMANO, Rosah. *Curso de direito constitucional*. Rio de Janeiro: Freitas Bastos, 1978.

RUSSOMANO, Rosah. *O princípio do federalismo na Constituição brasileira*. Rio de Janeiro: Freitas Bastos, 1965.

RUSSOMANO, Rosah. *O Poder Legislativo na república*. Rio de Janeiro: Freitas Bastos, 1960.

SÁCHICA, Luis Carlos. *Esquema para una teoría del poder constituyente*. Bogotá: Temis, 1978.

SÁ FILHO, Francisco. *Relações entre os poderes do estado*. Rio de Janeiro: Borsoi, 1959.

SÁ, Maria de Fátima Freire de; NAVES, Bruno Torquato de Oliveira. *Manual de biodireito*. Belo Horizonte: Del Rey, 2009.

SALDANHA, Nelson. *Formação da teoria constitucional*. Rio de Janeiro: Forense, 1983.

SALDANHA, Nelson. *Pequeno dicionário da teoria do direito e filosofia política*. Porto Alegre: Fabris, 1987.

SALDANHA, Nelson. *O estado moderno e a separação de poderes*. São Paulo: Saraiva, 1987.

SALGADO, Joaquim Carlos. *A ideia de justiça no mundo contemporâneo*: fundamentação e aplicação do direito como *maximum* ético. Belo Horizonte: Del Rey, 2006.

SALGADO, Plínio. *Comissões parlamentares de inquérito*: doutrina, jurisprudência e legislação. Belo Horizonte: Del Rey, 2001.

SALVETTI NETTO, Pedro. *Curso de teoria do estado*. São Paulo: Saraiva, 1981.

SAMPAIO, José Adércio Leite. As sentenças intermediárias e o mito do legislador negativo. *In:* CRUZ; SAMPAIO (Orgs.). *Hermenêutica e jurisdição constitucional*. Belo Horizonte: Del Rey, 1999.

SAMPAIO, José Adércio Leite. *Direito à intimidade e à vida privada:* uma visão jurídica da sexualidade, da família, da comunicação e informações pessoais, da vida e da morte. Belo Horizonte: Del Rey, 1998.

SAMPAIO, José Adércio Leite. *O Conselho Nacional de Justiça e a independência do Judiciário.* Belo Horizonte. Del Rey, 2007.

SAMPAIO, José Adércio Leite. *Direito adquirido e expectativa de direito.* Belo Horizonte: Del Rey, 2005.

SAMPAIO, José Adércio Leite. Teorias constitucionais em perspectiva. *In*: Crise e desafios da Constituição. Belo Horizonte: Del Rey, 2004.

SAMPAIO, José Adércio Leite. *Direitos fundamentais*: retórica e historicidade. Belo Horizonte: Del Rey, 2004.

SAMPAIO, José Adércio Leite. *A Constituição reinventada pela jurisdição constitucional.* Belo Horizonte: Del Rey, 2002.

SAMPAIO, Nelson de Sousa. *O poder de reforma constitucional.* Salvador: Progresso, 1954.

SAMPAIO, Nelson de Sousa. *O processo legislativo.* São Paulo: Saraiva, 1968.

SAMPAIO, Marco Aurélio. *A medida provisória no presidencialismo brasileiro.* São Paulo: Malheiros, 2007.

SANCHES, Mário Antonio. *Bioética* – Ciência e transcendência. São Paulo: Loyola, 2004.

SANDERCOCK, Leonie. *Towards cosmopolis*: planning for multicultural cities. London: John Wiley, 1998.

SANTANA, Jair Eduardo. *Revisão constitucional*: reforma e emendas. Belo Horizonte: Del Rey, 1993.

SANTORO, Emílio. *Estado de direito e interpretação*: por uma concepção jusrealista e antiformalista do estado de direito. Trad. Maria Carmela Juan Buonfiglio, Giuseppe Tosi. Porto Alegre: Livraria do Advogado, 2005.

SANTOS, Aricê Moacir Amaral. *O estado de emergência.* São Paulo: Sugestões Literárias, 1981.

SANTOS, Fabiano. *O Poder Legislativo no presidencialismo de coalizão.* Belo Horizonte: Ed. UFMG; Rio de Janeiro: IUPERJ, 2003.

SANTOS, Fabiano (Org.). *O Poder Legislativo nos estados*: diversidade e convergência. Rio de Janeiro: FGV Editora, 2001.

SANTOS, Wanderley Guilherme dos. *O cálculo do conflito* – estabilidade e crise na política brasileira. Belo Horizonte: Editora UFMG, Rio de Janeiro: IUPERJ, 2003.

SANTOS, Wanderley Guilherme dos. *Décadas de espanto e uma apologia democrática.* Rio de Janeiro: Rocco, 1998.

SANTOS, Wanderley Guilherme dos. *Governabilidade e democracia natural.* Rio de Janeiro: Editora FGV, 2007.

SANTOS, Wanderley Guilherme dos. *O paradoxo de Rousseau*: uma interpretação democrática da vontade geral. Rio de Janeiro: Rocco, 2007.

SANTOS, Wanderley Guilherme dos. *Horizonte do desejo*: instabilidade, fracasso coletivo e inércia social. Rio de Janeiro: FGV Editora, 2006.

SARAIVA, Paulo Lopo. *Garantia constitucional dos direitos sociais no Brasil.* Rio de Janeiro: Forense, 1983.

SARAIVA, Paulo Lopo. O vice-presidencialismo brasileiro. *Revista Latino-Americana de Estudos Constitucionais*, n. 4, jul./dez. 2004.

SARLET, Ingo Wolfgang. Os direitos fundamentais sociais na Constituição de 1988. *In*: SARLET, Ingo Wolfgang (Org.). *Direito público em tempos de crise*: estudos em homenagem a Ruy Ruben Ruschel. Porto Alegre: Livraria do Advogado, 1999.

SARLET, Ingo Wolfgang. Direitos fundamentais e direito privado: algumas considerações em torno da vinculação dos particulares aos direitos fundamentais. *In*: SARLET, Ingo Wolfgang (Org.). *A Constituição concretizada*: construindo pontes com o público e o privado Porto Alegre: Livraria do Advogado, 2000.

SARLET, Ingo Wolfgang. *Dignidade da pessoa humana e direitos fundamentais na Constituição federal de 1988*. Porto Alegre: Livraria do Advogado, 2004.

SARLET, Ingo Wolfgang. *A eficácia dos direitos fundamentais*. Porto Alegre: Livraria do Advogado, 2008.

SARMENTO, Daniel. Eficácia temporal do controle de constitucionalidade (O princípio da proporcionalidade e a ponderação de interesses) das leis. *Revista de Direito Administrativo*, n. 212, abr./jun. 1998.

SARMENTO, Daniel. *A ponderação de interesses na Constituição federal*. São Paulo: Lumen Juris, 2002.

SARMENTO, Daniel. *Direitos fundamentais e relações privadas*. Rio de Janeiro: Lumen Juris, 2004.

SARMENTO, Daniel. O neoconstitucionalismo no Brasil: riscos e possibilidades. *In:* LEITE; George Salomão; SARLET, Ingo Wolfgang (Coord.). *Direitos fundamentais e estado constitucional:* estudos em homenagem a J. J. Gomes Canotilho São Paulo: Revista dos Tribunais; Coimbra: Coimbra Editora, 2009.

SARTORI, Giovanni. *Engenharia constitucional*. Trad. Sérgio Bath. Brasília: Editora Universidade de Brasília, 1996.

SCHÄFER, Jairo. *Classificação dos direito fundamentais*: do sistema geracional ao sistema unitário: uma proposta de compreensão. Porto Alegre: Livraria do Advogado, 2005.

SCHMITT, Carl. *O conceito do político* – Teoria do Partisan. Trad. Geraldo de Carvalho. Belo Horizonte: Del Rey, 2009.

SCHMITT, Carl. *La defensa de la constitución*. Trad. Manuel Sanches. Madrid: Tecnos, 1983.

SCHMITT, Carl. *O guardião da Constituição*. Trad. Geraldo de Carvalho. Belo Horizonte: Del Rey, 2007.

SCHMITT, Carl. *Teologia política*. Trad. Elisete Antoniuk. Belo Horizonte: Del Rey, 2006.

SCHMITT, Carl. *Teoría de la constitución* (*Verfassungslehre*). Trad. Francisco Ayala. Madrid: Revista de Derecho Privado, 1934.

SCHMITT, Carl. *Legalidad y legitimidad*. Trad. José Diaz Garcia. Madrid: Aguilar, 1971.

SCHUMPETER, Joseph. *Capitalism, socialism and democracy*. Nova York: Harper & Brothers, 1975.

SCHWARTZ, Bernard. *Direito constitucional americano*. Trad. Carlos Nayfeld. Rio de Janeiro: Forense, 1966.

SCHWARTZ, Bernard. *O federalismo norte-americano*. Trad. Hélcio Cerqueira. Rio de Janeiro: Forense, 1984.

SCHWARTZ, Germano. *A Constituição, a literatura e o direito*. Porto Alegre: Livraria do Advogado, 2006.

SEABRA FAGUNDES, Miguel. *O controle dos atos administrativos pelo Poder Judiciário*. Rio de Janeiro: Forense, 1979.

SECCO, Lincoln. *História do PT 1978-2011*. Cotia, SP: Ateliê Editorial, 2011.

SEGADO, Francisco Fernández. La justicia constitucional ante el siglo XXI: la progresiva convergencia de los sistemas americano y europeo-kelseniano. *Revista Latino-americana de estudos constitucionais*. Belo Horizonte: Del Rey, n. 2, jul./dez. 2003.

SEGADO, Francisco Fernandez. *El estado de excepción en el derecho constitucional espanhol*. Madrid: Revista de Derecho Privado, 1977.

SEILER, Daniel-Louis. *Os partidos políticos*. Trad. Renata Maria Parreira Cordeiro. Brasília: Ed. Universidade de Brasília. São Paulo: Imprensa Oficial do Estado, 2000.

SEN, Amartya. *A ideia de justiça*. Trad. Nuno Castello-Branco Bastos. Coimbra: Almedina, 2010.

SEN, Amartya; BERNARDO Kliksberg. *As pessoas em primeiro lugar*: a ética do desenvolvimento e os problemas do mundo globalizado. Trad. Bernardo Ajzemberg, Carlos Eduardo Lins da Silva. São Paulo: Companhia das Letras, 2010.

SÉROUSSI, Roland. *Introdução ao direito inglês e norte-americano*. Trad. Renata Maria Parreira Cordeiro. São Paulo: Landy, 2006.

SHATTUCK, Roger. *Conhecimento proibido*. Trad. S. Duarte. São Paulo: Companhia das Letras, 1998.

SIEYÈS, Emmanuel. *Qu'est-ce que le tiers État?* Paris: Universitaires de France, 1982.

SILVA, Antônio Álvares da. *Reforma do Judiciário*: uma justiça para o século XXI. Belo Horizonte: Del Rey, 2004.

SILVA, Antonio Marcelo Jackson F. da. Por que se deve ter e por que não se deve ter a pena de morte. Aspectos jurídicos e políticos. *In: Revista de Informação Legislativa*. Brasília. v. 41, n. 164, out./dez. 2004.

SILVA, De Plácido e. *Vocabulário jurídico*. Rio de Janeiro: Forense, 1991.

SILVA, Floriano Vaz Corrêa da. *Direito constitucional do trabalho*. São Paulo: LTr, 1977.

SILVA, José Afonso da. *Princípios do processo de formação das leis no direito constitucional*. São Paulo: RT, 1964.

SILVA, José Afonso da. *Curso de direito constitucional positivo*. São Paulo: RT, 1989.

SILVA, José Afonso da. *O município na Constituição de 1988*. São Paulo: RT, 1989.

SILVA, José Afonso da. Tribunais constitucionais e jurisdição constitucional. *Revista Brasileira de Estudos Políticos*, 60/61.

SILVA, José Afonso da. *Aplicabilidade das normas constitucionais*. São Paulo: Revista dos Tribunais, 1982.

SILVA, José Afonso da. A dignidade da pessoa humana como valor supremo da democracia. *Revista de Direito Administrativo, v. 212, 1998.*

SILVA, José Afonso da. *Poder constituinte e poder popular* (Estudos sobre a Constituição). São Paulo: Malheiros, 2000.

SILVA, José Afonso da. *Ordenação constitucional da cultura*. São Paulo: Malheiros, 2001.

SILVA, José Afonso da. *Comentário contextual à Constituição*. São Paulo: Malheiros, 2005.

SILVA, José Afonso da. *Processo constitucional de formação das leis*. São Paulo: Malheiros, 2006.

SILVA, José Afonso da. *Um pouco de direito constitucional comparado*. São Paulo: Malheiros, 2009.

SILVA, José Afonso da. *O constitucionalismo brasileiro:* evolução institucional. São Paulo: Malheiros, 2011.

SILVA, José Anchieta da. *A súmula de efeito vinculante amplo no direito brasileiro*. Belo Horizonte: Del Rey, 1998.

SILVA, Leila Maria Bittencourt da. *Teoria da Constituição e controle da constitucionalidade*. Belo Horizonte: Del Rey, 2011.

SILVA, Paulo Napoleão Nogueira da. *Direito constitucional*. São Paulo: RT, 1996.

SILVA, Paulo Napoleão Nogueira da. *Direito constitucional do Mercosul*. Rio de Janeiro: Forense, 2000.

SILVA, Virgílio Afonso da. *Sistemas eleitorais*. São Paulo: Malheiros, 1999.

SILVA, Virgílio Afonso da. *A constitucionalização do direito*: os direitos fundamentais nas relações entre particulares. São Paulo: Malheiros, 2005.

SILVA, Virgílio Afonso da. *Direitos fundamentais:* conteúdo essencial, restrições e eficácia. São Paulo: Malheiros, 2009.

SILVA, Paulo Napoleão Nogueira da. *A evolução do controle da constitucionalidade e a competência do Senado Federal*. São Paulo: RT, 1992.

SILVEIRA NETO. *Teoria do estado*. Rio de Janeiro: Forense, 1985.

SKIDMORE, Thomas. *Brasil*: de Getúlio a Castelo: 1930-1964. Rio de Janeiro: Paz e Terra, 1979.

SKIDMORE, Thomas. *Brasil*: de Castelo a Tancredo:1964-1985. Rio de Janeiro: Paz e Terra, 1988.

SKINNER, Quentin. *As fundações do pensamento político moderno*. Trad. Renato Janine Ribeiro e Laura Teixeira Motta. São Paulo: Companhia das Letras, 1996.

SLAIBI FILHO, Nagib. *Ação declaratória de constitucionalidade*. 2. ed. Rio de Janeiro: Forense, 1995.

SLAIBI FILHO, Nagib. *Direito constitucional*. Rio de Janeiro: Forense, 2006.

SINGER, Paul. A cidadania para todos. *In*: PINSKY, Jaime; PINSKY, Carla Bassanezi (Org.). *História da cidadania*. São Paulo: Contexto. 2003.

SINTOMER, Yves. *O poder ao povo:* júris de cidadãos, sorteio e democracia participativa. Trad. André Rubião. Belo Horizonte: Editora UFMG, 2010.

SIQUEIRA CASTRO. *O devido processo legal e a razoabilidade das leis na nova Constituição do Brasil*. Rio de Janeiro: Forense, 1989.

SIQUEIRA JR., Paulo Hamilton; OLIVEIRA, Miguel Augusto Machado de. *Direitos humanos e cidadania*. São Paulo: Revista dos Tribunais, 2007.

SOARES, Guido Fernando Silva. *Common law*: introdução ao direito dos EUA. São Paulo: Revista dos Tribunais, 2000.

SOARES, Fabiana de Menezes. *Teoria da legislação*: formação e conhecimento da lei na idade tecnológica. Porto Alegre: Sergio Antonio Fabris, 2004.

SOARES, Fabiana Menezes. *Legística e desenvolvimento:* a qualidade da lei no quadro da otimização de uma melhor legislação. *Revista da Faculdade de Direito da UFMG – Nova Fase*, n. 50, jan./jun. 2007.

SOARES, Mário Lúcio Quintão. *Teoria do estado.* Belo Horizonte: Del Rey, 2001.

SOARES, Orlando. *Comentários à Constituição da república federativa do Brasil.* Rio de Janeiro: Forense, 1991.

SOARES, Rosinethe Monteiro. Fiscalização e controle do Executivo pelo Legislativo. *Revista de Informação Legislativa*, 101/147.

SORG, Bernardo. *A democracia inesperada.* Rio de Janeiro: Jorge Zahar, 2004.

SORIANO, Ramón. *La desobediencia civil.* Barcelona: PPU, 1991.

SOUTO, João Carlos. *Suprema Corte dos Estados Unidos* – principais decisões. Rio de Janeiro: Lumen Juris, 2008.

SOUZA CRUZ, Álvaro Ricardo de. *Jurisdição constitucional democrática.* Belo Horizonte: Del Rey, 2004.

SOUZA CRUZ, Álvaro Ricardo de. Breve histórico do Supremo Tribunal Federal e do controle de constitucionalidade brasileiro. *In:* SAMPAIO, José Adércio Leite (Coord.). *Crise e desafios da Constituição.* Belo Horizonte: Del Rey, 2004.

SOUZA CRUZ, Álvaro Ricardo. Poder constituinte e patriotismo constitucional. *In*: GALUPPO, Marcelo Campos (Org.). *O Brasil que queremos*: reflexões sobre o estado democrático de direito. Belo Horizonte: Ed. PUC-Minas, 2006.

SOUSA, Marcelo Rebelo de. Legitimação da justiça constitucional e composição dos tribunais constitucionais. *In: Legitimação da Justiça Constitucional. Colóquio no 10º Aniversário do Tribunal Constitucional.* Coimbra: Coimbra Editora, 1995.

SOUSA, António Francisco de. *"Conceitos indeterminados" no direito administrativo.* Coimbra: Almedina, 1994.

SOUZA, Celina. Regras e contexto: as reformas da Constituição de 1988. *DADOS – Revista de Ciências Sociais*, v. 51, n. 4.

SOUSA, Marcelo Rebelo de. *Direito constitucional.* Braga: Livraria Cruz, 1979.

SOUSA, José Pedro Galvão de; GARCIA, Clovis Lema; CARVALHO, José Fraga Teixeira de. *Dicionário de política.* São Paulo: T. A. Queiroz, 1998.

SOUZA, Hilda de. *Processo legislativo*: linhas jurídicas essenciais. Porto Alegre: Sulina, 1998.

SOUZA, Sérgio Iglesias Nunes de. *Direito à moradia e de habitação:* análise comparativa e suas implicações teóricas e práticas com os direitos da personalidade. São Paulo: Revista dos Tribunais, 2008.

SOUZA JÚNIOR, Cezar Saldanha. *O tribunal constitucional como poder* – uma nova teoria da divisão dos poderes. São Paulo: Memória Jurídica, 2002.

SOUZA JÚNIOR, Cezar Saldanha. *Constituições do Brasil.* Porto Alegre: Sagra Luzzatto, 2002.

SOUZA JÚNIOR, Cezar Saldanha. *Consenso e democracia constitucional.* Porto Alegre: Sagra Luzzatto, 2002.

SOUZA JÚNIOR, Cezar Saldanha. *Consenso e tipos de estado no ocidente.* Porto Alegre: Sagra Luzzatto, 2002.

SOUZA JÚNIOR, Cezar Saldanha. *Consenso e constitucionalismo no Brasil.* Porto Alegre: Sagra Luzzatto, 2002.

SOUZA NETO, Cláudio Pereira de. *Teoria constitucional e democracia deliberativa*: um estudo sobre o papel do direito na garantia das condições para a cooperação na deliberação democrática. Rio de Janeiro: Renovar: 2006.

SPENGLER, Fabiana Marion. *Tempo, direito e Constituição:* reflexos na prestação jurisdicional do estado. Porto Alegre: Livraria do Advogado, 2008.

STERN, Ana Luiza Saramago. História e teoria constitucional norte-americana: as interpretações de Edward White e Bruce Ackerman. *In:* VIEIRA, José Ribas (Org.). *Teoria constitucional norte-americana contemporânea.* Rio de Janeiro: Lumen Juris, 2011.

STRASSER, Carlos. *Teoría del estado.* Buenos Aires: Abeledo-Perrot, 1986.

STRECK, Lenio Luiz; MORAIS, José Luis Bolzan de. *Ciência política e teoria geral do estado.* Porto Alegre, 2001.

STRECK, Lenio Luiz. *Jurisdição constitucional e hermenêutica.* Rio de Janeiro: Forense, 2004.

STRECK, Lenio Luiz. Da interpretação de textos à concretização de direitos: o desafio da hermenêutica comprometida com o estado democrático de direito. *Revista Latino-Americana de Estudos Constitucionais,* n. 6, jul./dez. 2005.

STRECK, Lenio Luiz. *Verdade e consenso.* Rio de Janeiro: Lumen Juris, 2009.

STUMM, Raquel Denize. *Princípio da proporcionalidade no direito constitucional brasileiro.* Porto Alegre: Livraria do Advogado, 1995.

SUNDFELD, Carlos Ari. *Fundamentos de direito público.* São Paulo: Malheiros, 1992.

SUNSTEIN, Cass R. *A Constituição parcial.* Trad. Manasses Teixeira Martins e Rafael Triginelli. Belo Horizonte: Del Rey, 2009.

TATE, C. Neal; VALLINDER, Tobjörn (Orgs.). *The global expansion of judicial power.* New York: New York University, 1995.

TAVARES, André Ramos. *Tribunal e jurisdição constitucional.* São Paulo: IBDC, 1998.

TAVARES, André Ramos. *Tratado da arguição de preceito fundamental.* São Paulo: Saraiva, 2001.

TAVARES, André Ramos. Arguição de descumprimento de preceito fundamental: aspectos essenciais do instituto na Constituição e na lei. *In:* TAVARES, André Ramos; ROTHENBURG, Walter Claudius (Orgs.). *Arguição de descumprimento de preceito fundamental*: análises à luz da Lei n. 9.882/99. São Paulo: Atlas, 2001.

TAVARES, André Ramos. *Curso de direito constitucional.* São Paulo: Saraiva, 2002.

TAVARES, André Ramos. *Teoria da justiça constitucional.* São Paulo: Saraiva, 2005.

TAVARES, André Ramos. Ciência e tecnologia na Constituição. *Revista de Informação Legislativa,* ano 44, n.175, jul./set.- 2007.

TAVARES, André Ramos. Teoria processual e processo constitucional "objetivo". *Cadernos de Soluções Constitucionais.* São Paulo: Malheiros, 2008, n. 3.

TAVARES, André Ramos. *Manual do novo mandado de segurança:* Lei 12.016/2009. Rio de Janeiro: Forense, 2009.

TAVARES, José Antônio Giusti. *Sistemas eleitorais nas democracias contemporâneas*: teoria, instituições, estratégia. Rio de Janeiro: Relume-Dumará, 1994.

TAYLOR, Charles. The politics of recognition. *In*: TAYLOR, C; GUTMANN, A. *Multiculturalism: examining the politics of recognition.* Princeton: Princeton University, 1992.

TEIXEIRA, José Elaeres Marques. *A doutrina das questões políticas no Supremo Tribunal Federal.* Porto Alegre: Sergio Fabris, 2005.

TEIXEIRA, José Horácio Meirelles. *Curso de direito constitucional.* Rio de Janeiro: Forense Universitária, 1991.

TELES, Edson; SAFATLE, Vladimir (Orgs.). *O que resta da ditadura:* a exceção brasileira. São Paulo: Boitempo, 2010.

TELLES, Vera da Silva. *Direitos sociais:* afinal do que se trata? Belo Horizonte: Editora UFMG, 1999.

TEMER, Michel. *Elementos do direito constitucional.* São Paulo: RT, 1989.

THEODORO JÚNIOR, Humberto. *A execução de sentença e a garantia do devido processo legal.* Rio de Janeiro: Aide, 1987.

THEODORO JÚNIOR, Humberto. *Curso de direito processual civil* – Teoria geral do direito processual civil e processo de conhecimento. Rio de Janeiro: Forense, 2006, v. I.

THEODORO JÚNIOR, Humberto. *O mandado de segurança segundo a Lei n. 12.016, de 7 de agosto de 2009.* Rio de Janeiro: Forense, 2009.

THEODORO JÚNIOR, Humberto; FARIA, Juliana Cordeiro de. A coisa julgada inconstitucional e os instrumentos processuais para seu controle. *Revista da Faculdade de Direito Milton Campos*, v. 8, 2001.

THEODORO JÚNIOR, Humberto; CALMON, Petrônio; NUNES, Dierle (Coords.) *Processo e Constituição:* os dilemas do processo constitucional e dos princípios processuais constitucionais. Rio de Janeiro: GZ Editora, 2012.

TOCQUEVILLE, Alexis de. *A democracia na América.* Trad. Neil Ribeiro da Silva. Belo Horizonte: Itatiaia. EDUSP (São Paulo), 1977.

TODOROV, Tzvetan. *O espírito das luzes.* Trad. Mônica Cristina Corrêa. São Paulo: Barcarolla, 2008.

TOLEDO, Cláudia Lima. *Direito adquirido e estado democrático de direito.* São Paulo: Landy, 2003.

TOMAZ, Carlos Alberto Simões de. *Direito à felicidade.* Belo Horizonte: Folium, 2010.

TOMAZ, Carlos Alberto Simões de. *Constituição, política e a ordem internacional heterárquica:* uma reflexão a partir da visão pragmático-sistêmica de Luhmann. Curitiba: CRV, 2011.

TORRES, Alberto. *A organização nacional.* Rio de Janeiro: Imprensa Nacional, 1914.

TORRES, João Camilo de Oliveira. *Harmonia política.* Belo Horizonte: Itatiaia, 1961.

TORRES, João Camilo de Oliveira. *A democracia coroada:* teoria política do império do Brasil. Rio de Janeiro: José Olympio, 1957.

TORRES, Ricardo Lobo. Fundamentação, conteúdo e contexto dos direitos sociais: a metamorfose dos direitos sociais em mínimo existencial. *In:* SARLET, Ingo Wolfgang (Orgs.). *Direitos fundamentais sociais:* estudos de direito constitucional, internacional e comparado. Rio de Janeiro: Renovar, 2003.

TORRES, Silvia Faber. *O princípio da subsidiariedade no direito público contemporâneo.* Rio de Janeiro: Renovar, 2001.

TRANSMONTE, Baldomero Cores. *Dicionário de ciências sociais.* Rio de Janeiro: Fundação Getúlio Vargas, 1987.

TRAVESSO, Juan Antonio. *Historia de los derechos humanos y garantias.* Buenos Aires: Heliasta, 1993.

TRAVESSO, Juan Antonio. *Derechos humanos y derecho internacional.* Buenos Aires: Heliasta, 1990.

TRIBE, Laurence H. *American constitutional law.* New York: New York Foundation, 2000.

TRIBE, Laurence; DORF, Michael. *Hermenêutica constitucional.* Trad. Amarílis de Souza Birchal. Belo Horizonte: Del Rey, 2007.

TRIGUEIRO, Oswaldo. A federação na nova Constituição do Brasil. *Revista Brasileira de Estudos Políticos* 60/61.

TRINDADE, Antônio Augusto Cançado. *A humanização do direito internacional.* Belo Horizonte: Del Rey, 2006.

TRINDADE, Antônio Augusto Cançado. *A proteção internacional dos direitos humanos.* São Paulo: Saraiva, 1991.

TRINDADE, Antônio Augusto Cançado. *A proteção dos direitos humanos nos planos nacional e internacional*: perspectivas brasileiras. San José da Costa Rica/ Brasília: Instituto Interamericano de Derechos Humanos, 1992.

TRINDADE, Antônio Augusto Cançado. A interação entre o direito internacional e o direito interno na proteção dos direitos humanos. *Arquivos do Ministério da Justiça*, v. 46, n. 182.

TSEBELIS, George. *Atores com poder de veto:* como funcionam as instituições políticas. Trad. Micheline Christophe. Rio de Janeiro: Editora FGV, 2009.

UGARTEMENDIA, J. I. *La desodediencia civil en el estado constitucional democrático.* Madrid: Marcial Pons, 1999.

ULHÔA CANTO, Gilberto de. O sistema tributário nacional. *In*: *A Constituição brasileira – 1988*: interpretações. Rio de Janeiro: Forense Universitária, 1988.

VALDÉS, Roberto L. Blanco. *O valor da Constituição:* separação dos poderes, supremacia da lei e controle de constitucionalidade nas origens do estado liberal. Trad. Margarita María Furlong. Rio de Janeiro: Lumen Juris, 2011.

VALE, Osvaldo Trigueiro do. *O Supremo Tribunal Federal e a instabilidade político-institucional.* Rio de Janeiro: Civilização Brasileira, 1976.

VANOSSI, Jorge Reinaldo A. *Teoria constitucional.* Buenos Aires: Depalma, 1975, v. 1; 1976, v. 2.

VASCONCELLOS, Raymundo da Silva. *O tempo na Constituição da república federativa do Brasil de 5 de outubro de 1988.* Porto Alegre: Fabris, 1989.

VAZ, Isabel. *Direito econômico das propriedades.* Rio de Janeiro: Forense, 1992.

VELLOSO, Carlos Mário da Silva. *Temas de direito público.* Belo Horizonte: Del Rey, 1993.

VELOSO, Zeno. *Controle jurisdicional de constitucionalidade.* 2. ed. Belo Horizonte: Del Rey, 2000.

VERDÚ, Pablo Lucas. *Curso de derecho político.* Madrid: Tecnos, 1972, v. 1, 1986, v. 2.

VERDÚ, Pablo Lucas. *O sentimento constitucional*: aproximação ao estudo do sentir constitucional como modo de integração política. Trad. Agassiz Almeida Filho. Rio de Janeiro: Forense, 2004.

VERGOTTINI, Giuseppe de. *Derecho constitucional comparado.* Madrid: Espasa-Calpe, 1985.

VIANNA, Hermano. Mestiçagem fora de lugar. Caderno 'Mais', *Folha de S.Paulo*, 27 de junho de 2004.

VIANNA, Luiz Werneck *et al.* *A judicialização da política e das relações sociais no Brasil.* Rio de Janeiro: Revan, 1999.

VIANNA, Luiz Werneck. *Liberalismo e sindicato no Brasil.* Belo Horizonte: Ed. UFMG, 1999.

VIANNA, Luiz Werneck (Org.). *A democracia e os três poderes no Brasil.* Belo Horizonte: Editora UFMG, 2002.

VIANA, Márcio Túlio. *Direito de resistência*. São Paulo: LTr, 1996.

VIEHWEG, Theodor. *Tópica e jurisprudência*. Trad. Tércio Sampaio Ferraz Jr. Brasília: Departamento de Imprensa Nacional, 1979.

VIEIRA, Oscar Vilhena. *A Constituição e sua reserva de justiça*. São Paulo: Malheiros, 1999.

VIEIRA, Oscar Vilhena. *Supremo Tribunal Federal*: jurisprudência política. São Paulo: Malheiros, 2002.

VIEIRA, Oscar Vilhena. *Direitos fundamentais* – uma leitura da jurisprudência do STF. São Paulo: Malheiros, 2006.

VIEIRA, Simone Bastos (Org.). *A Constituição que não foi: história da emenda constitucional n.1, de 1969*. Brasília: Senado Federal, 2002.

VIGEVANI, Tullo; OLIVEIRA, Marcelo Fernandes de; LIMA, Thiago. *Diversidade étnica, conflitos regionais e direitos humanos*. São Paulo: Editora UNESP, 2008.

VILA, Marco Antonio. *A história das constituições brasileiras*. São Paulo: Leya, 2011.

VILANOVA, Lourival. A dimensão política nas funções do Supremo Tribunal Federal. *Revista de Direito Público*, ano XIV, n. 57-58, jan./jun. 1981.

VILAS-BÔAS, Renata Malta. *Ações afirmativas e o princípio da igualdade*. Rio de Janeiro: América Jurídica, 2003.

VIVEIROS DE CASTRO, Eduardo. *A inconstância da alma selvagem*. São Paulo: Cosac & Nayf, 2002.

WALDRON, Jeremy. *Law and disagreement*. Oxford: Oxford University, 2001.

WALDRON, Jeremy. *A dignidade da legislação*. Trad. Luís Carlos Borges. São Paulo: Martins Fontes, 2003.

WEBER, Max. *Ensaios de sociologia*. Trad. Waltensir Dutra. Rio de Janeiro: Jorge Zahar, 1979.

WEHLING, Arno; WEHLING, Maria José C. M. *Formação do Brasil colonial*. Rio de Janeiro: 2005.

WEIS, Carlos. *Direitos humanos fundamentais*. São Paulo: Malheiros, 2006.

WILLOUCBY, Westel W. *Principles of the constitutional law of the United States*. 2. ed. New York: Baker, Voorhis, 1938.

WOLKMER, Antonio Carlos. *História do direito no Brasil*. Rio de Janeiro: Forense, 2006.

WOLKMER, Antonio Carlos. *Pluralismo* – Fundamentos para uma nova cultura no direito. São Paulo: Alfa-Omega, 2001.

ZAGREBELSKY, Gustavo. *El derecho dúctil*: ley, derechos, justicia. Madrid: Madrid Trotta, 1999.

ZAVASCKI, Teori Albino. *Eficácia das sentenças na jurisdição constitucional*. São Paulo: Revista dos Tribunais, 2001.

ZILVETI, Fernando Aurelio; LOPES, Silvia. Coordenadores. *O regime democrático e a questão da corrupção política*. São Paulo: Atlas, 2004.

ZIPPELIUS, Reinhold. *Teoria geral do estado*. Trad. Cabral de Moncada. Lisboa: Fundação Calouste Gulbenkian, 1974.

ZIZEK, Slavog. *Bem-vindo ao deserto do real!*: cinco estudos sobre o 11 de setembro e datas relacionadas. Trad. Paulo Cezar Castanheira. São Paulo: Boitempo, 2003.

ZOLLER, E. *Droit constitutionnel*. Paris: PUF, 2000.

Impresso em janeiro de 2015